Excel-VBA programmieren

PROGRAMMER'S CHOICE

Die Wahl für professionelle Programmierer und Softwareentwickler. Anerkannte Experten wie z. B. Bjarne Stroustrup, der Erfinder von C++, liefern umfassendes Fachwissen zu allen wichtigen Programmiersprachen und den neuesten Technologien, aber auch Tipps aus der Praxis.
Die Reihe von Profis für Profis!

Hier eine Auswahl:

Visual Basic 6

Michael Kofler
1200 Seiten
€ 49,95 (D), € 51,40 (A)
ISBN 3-8273-1428-3

Dieses Buch gibt eine ebenso kompetente wie tiefgehende Beschreibung von Visual Basic. Seit der ersten Auflage zu Version 1 bildet es das Fundament für zehntausende professionelle Visual-Basic-Programmierer.

Dank seiner Grundlagenorientierung beschreibt es nicht nur, wie Visual Basic funktioniert, sondern auch warum. Unzählige Beispielprogramme und Programmiertechniken helfen dabei, Visual Basic rasch und effizient einzusetzen.

Das Buch macht dabei nicht an den Grenzen Visual Basic's halt, sondern beschreibt auch das Zusammenspiel mit anderen Komponenten (Office, Internet Explorer etc.). Kompakte Syntaxzusammenfassungen ergänzen die Online-Dokumentation Visual Basic's und vermitteln den Überblick, der dort fehlt. Die vorliegende Neuauflage wurde vollständig überarbeitet; besondere Berücksichtigung finden die ADO-Datenbankbibliothek, die neuen Zusatzsteuerelemente und HTMLHelp.

Visual Basic .NET

Michael Kofler
1076 Seiten
€ 49,95 (D), € 51,40 (A)

Sind Sie professioneller Programmierer? Suchen Sie nach einem soliden Fundament für die VB.NET-Programmierung im bewährten und preisgekrönten Kofler-Schreibstil? Möchten Sie eine tiefgehende Einführung in die wichtigsten .NET-Bibliotheken? Dann ist das das richtige Buch für Sie:

Schwerpunkte sind die Neuerungen gegenüber VB6, Variablen- und Objektverwaltung, objektorientierte Programmierung, Umgang mit Dateien, Windows-Programmierung, Windows.Forms) sowie Grafik und Drucken (GDI+). Praxisnahe Beispiele veranschaulichen die Entwicklung von .NET-Projekten.

Michael Kofler

Excel-VBA programmieren

Anwendungen entwickeln mit
Excel 2000 bis 2003

6. Auflage

 ADDISON-WESLEY

An imprint of Pearson Education

München • Boston • San Francisco • Harlow, England
Don Mills, Ontario • Sydney • Mexico City
Madrid • Amsterdam

Bibliografische Information Der Deutschen Bibliothek

Die Deutsche Bibliothek verzeichnet diese Publikation in der Deutschen Nationalbibliografie; detaillierte bibliografische Daten sind im Internet über http://dnb.ddb.de abrufbar.

Die Informationen in diesem Buch werden ohne Rücksicht auf einen eventuellen Patentschutz veröffentlicht. Warennamen werden ohne Gewährleistung der freien Verwendbarkeit benutzt.

Bei der Zusammenstellung von Texten und Abbildungen wurde mit größter Sorgfalt vorgegangen. Trotzdem können Fehler nicht vollständig ausgeschlossen werden. Verlag, Herausgeber und Autor können für fehlerhafte Angaben und deren Folgen weder eine juristische Verantwortung noch irgendeine Haftung übernehmen. Für Verbesserungsvorschläge und Hinweise auf Fehler sind Verlag und Herausgeber dankbar.

Alle Rechte vorbehalten, auch die der fotomechanischen Wiedergabe und der Speicherung in elektronischen Medien. Die gewerbliche Nutzung der in diesem Produkt gezeigten Modelle und Arbeiten ist nicht zulässig. Fast alle Hardware- und Softwarebezeichnungen, die in diesem Buch erwähnt werden, sind gleichzeitig eingetragene Warenzeichen oder sollten als solche betrachtet werden.

Umwelthinweis: Dieses Buch wurde auf chlorfrei gebleichtem Papier gedruckt.

10 9 8 7 6 5 4 3 2 1
06 05 04

ISBN 3-8273-2189-1

© 2004 by Addison-Wesley Verlag,
ein Imprint der Pearson Education Deutschland GmbH,
Martin-Kollar-Straße 10–12, D-81829 München/Germany
Alle Rechte vorbehalten
Einbandgestaltung: Marco Lindenbeck, webwo GmbH (mlindenbeck@webwo.de)
Titelbild: © Karl Blossfeldt Archiv; Ann und Jürgen Wilde, Zülpich/VG Bild-Kunst, 2004
Lektorat: Irmgard Wagner, irmwager@t-online.de
Korrektorat: Andrea Stumpf und Ingola Lammers, München
Herstellung: Elisabeth Prümm, epruemm@pearson.de
Satz: Michael Kofler, Graz, www.kofler.cc
Druck und Verarbeitung: Bercker, Kevelaer
Printed in Germany

Kapitelübersicht

Vorwort   17
Konzeption   19

TEIL I: INTUITIVER EINSTIEG   21

1   **Das erste Makro**   23

Einige in der Ausführung einfache, aber in der Idee allgemein gültige Beispiele zeigen, wie Sie eigene Makros erstellen und wozu Sie Makros verwenden können: um Excel nach Ihren Wünschen zu konfigurieren, eine Literaturdatenbank zu verwalten, ein »intelligentes« Formular zu erstellen, neue Tabellenfunktionen zu definieren etc.

2   **Neuerungen in Excel**   61

Das Kapitel gibt einen Überblick über die wichtigsten Neuerungen gegenüber den Vorgängerversionen. Bei Excel 2000 erleichtert die neue Datenbankbibliothek ADO den Zugriff auf externe Datenbanken. In Excel 2002 hat sich die Objektbibliothek nochmals vergrößert: die neuen Objekte ermöglichen beispielsweise den Zugriff auf Smart Tags oder die Steuerung der erweiterten Blattschutzoptionen. Excel 2003 stellt den Anwendern Funktionen zur Verarbeitung von XML-Dateien zur Verfügung.

TEIL II: GRUNDLAGEN   81

3   **Die Entwicklungsumgebung**   83

Dieses Kapitel beschreibt detailliert die Bedienung der VBA-Entwicklungsumgebung. Die Entwicklungsumgebung ermöglicht die Eingabe von Programmcode und die Definition neuer Formulare, hilft bei der Fehlersuche, enthält eine Objektreferenz (Objektkatalog) mit Querverweisen zur Hilfe, einen Direktbereich zum Test einzelner Anweisungen etc.

4 VBA-Konzepte — 101

Wenn Ihnen Begriffe wie Variablen, Schleifen, Verzweigungen, Objekte, Methoden und Eigenschaften noch unbekannt sind, finden Sie in diesem Kapitel aussagekräftige Erklärungen. Das Kapitel umreißt die formalen Aspekte der Programmiersprache VBA und beschreibt Anwendung und Syntax aller elementaren Sprachelemente.

5 Programmiertechniken — 189

Dieses Kapitel gibt Antworten auf alltägliche Programmierfragen: Wie erfolgt der Zugriff auf Tabellen, Bereiche oder Zellen? Wie werden Berechnungen mit Datum und Uhrzeit durchgeführt? Wie werden Zeichenketten bearbeitet? Wie werden neue Tabellenfunktionen definiert? Wie werden Dateien verwaltet? Wo werden die Konfigurationseinstellungen von Excel gespeichert? Wie kann eine Eurokonvertierung durchgeführt werden? Wie und wo finden sich weiterführende Informationen?

6 Fehlersuche und Fehlerabsicherung — 355

Dass Programme nie fehlerfrei sind (und sein werden), hat sich inzwischen herumgesprochen. Die Softwarehersteller liefern mit unausgegorenen Versionen immer neue Belege für ihre Unvollkommenheit. Wie Sie Fehler in eigenen Anwendungen entdecken und Ihre Programme gegen Fehler absichern, ist Thema dieses Kapitels.

7 Dialoge (MS-Forms-Bibliothek) — 371

Dialoge sind zumeist kleine Fenster zur bequemen Eingabe verschiedener Daten. Excel kennt zahllose Dialoge, etwa zur Dateiauswahl oder zur Einstellung von Optionen. Dieses Kapitel zeigt, wie Sie mit dem Dialogeditor von Excel eigene Dialoge erstellen und verwalten können.

8 Menüs und Symbolleisten — 433

In diesem Kapitel erfahren Sie, wie Sie die Bedienungsoberfläche von Excel individuell gestalten können. Eine besonderes Augenmerk liegt dabei auf der Erstellung von eigenen Menüs und Symbolleisten ein (*Command-Bar*-Objekt), mit denen Sie die Bedienung von Excel bzw. von eigenen Excel-Anwendungen vereinfachen können.

TEIL III: ANWENDUNG — 467

9 Mustervorlagen und »intelligente« Formulare — 469

Eine ebenso einfache wie praktische Anwendung von Excel stellen vorgefertigte Formulare dar. Der Anwender muss nur einige Zahlenwerte einsetzen, dann werden alle weiteren Ergebnisse automatisch berechnet (daher auch die Bezeichnung »intelligent«). Anschließend kann das Formular sofort ausgedruckt und gespeichert werden.

10 Diagramme und Zeichnungsobjekte (Shapes) — 501

Diagramme stehen im Zentrum vieler Excel-Anwendungen. Dieses Kapitel beschreibt, wie Sie Diagramme programmgesteuert erstellen und ausdrucken können. Das Kapitel geht auch auf die *Shape*-Objekte ein, mit denen gleichermaßen Diagramme und normale Tabellenblätter beschriftet bzw. verziert werden können.

11 Datenbankverwaltung in Excel — 539

Excel ist zwar selbst kein richtiges Datenbankprogramm, es ermöglicht aber die einfache Verwaltung kleiner Datenmengen. Das Kapitel beschreibt, wie diese Funktionen in Programmen eingesetzt werden können und wo ihre Grenzen liegen.

12 Zugriff auf externe Daten — 585

Größere Datenmengen werden besser mit einem richtigen Datenbanksystem als mit Excel verwaltet. Dieses Kapitel zeigt, welche Möglichkeiten es gibt, in Excel dennoch auf diese Daten zuzugreifen. Im Mittelpunkt steht dabei die neue ADO-Bibliothek (ActiveX Data Objects).

13 Datenanalyse in Excel — 647

Die Stärken Excels liegen weniger bei der Verwaltung der Daten als bei deren Analyse. Dieses Kapitel behandelt in erster Linie Pivottabellen. Dabei handelt es sich um ein ungemein leistungsfähiges Werkzeug, mit dem man Tabellen nach mehreren Parametern gruppieren und gliedern kann.

14   **XML- und Listenfunktionen (Excel 2003)**   687

Die einzige wesentliche Neuerung, die Excel 2003 VBA-Programmierern bietet, sind diverse Funktionen zur Bearbeitung von Listen sowie zum Import und Export von XML-Dokumenten. Dieses Kapitel gibt einen Überblick über die neuen Objekte, Methoden und Eigenschaften und demonstriert deren Anwendung.

15   **VBA-Programmierung für Profis**   705

Ob Sie nun Add-Ins erstellen, DLL-Funktionen aufrufen, Web Services nutzen oder über ActiveX-Automation fremde Programme steuern möchten, dieses Kapitel vermittelt das erforderliche Know-how.

TEIL IV: REFERENZ   763

Objektreferenz   765

16   Den größten Nachteil von VBA stellt die schier unüberblickbare Zahl von Objekten, Methoden und Eigenschaften dar. Dieses Kapitel beschreibt alle Excel- und ADO-Objekte sowie die wichtigsten Objekte einiger anderer Bibliotheken in alphabetischer Reihenfolge.

Anhang A: Inhalt der CD-ROM   841

Quellenverzeichnis   843

Stichwortverzeichnis   845

Inhalt

		Vorwort	17
		Konzeption des Buchs	19
I		**Intuitiver Einstieg**	**21**
1		DAS ERSTE MAKRO	23
1.1		Begriffsdefinition	24
1.2		Was ist Visual Basic für Applikationen?	26
1.3		Beispiel – Eine Formatvorlage mit einem Symbol verbinden	28
1.4		Beispiel – Makro zur Eingabeerleichterung	34
1.5		Beispiel – Einfache Literaturdatenbank	36
1.6		Beispiel – Formular zur Berechnung der Verzinsung von Spareinlagen	42
1.7		Beispiel – Benutzerdefinierte Funktionen	47
1.8		Beispiel – Analyse komplexer Tabellen	48
1.9		Beispiel – Vokabeltrainer	50
1.10		Weitere Beispiele zum Ausprobieren	56
2		NEUERUNGEN IN EXCEL	61
2.1		Neu in Excel 2003	62
2.2		Neu in Excel 2002	63
2.3		Neu in Excel 2000	66
2.4		Neu in Excel 97	70
2.5		Neu in Excel 7	74
2.6		Probleme und Inkompatibilitäten	74
II		**Grundlagen**	**81**
3		ENTWICKLUNGSUMGEBUNG	83
3.1		Komponenten von VBA-Programmen	84
3.2		Komponenten der Entwicklungsumgebung	85
3.3		Codeeingabe in Modulen	91
3.4		Makros ausführen	95
3.5		Makroaufzeichnung	97
3.6		Tastenkürzel	99
4		VBA-KONZEPTE	101
4.1		Variablen und Felder	102
4.1.1		Variablenverwaltung	102
4.1.2		Felder	107
4.1.3		Syntaxzusammenfassung	110

4.2	**Prozedurale Programmierung**	**112**
4.2.1	Prozeduren und Parameter	112
4.2.2	Gültigkeitsbereich von Variablen und Prozeduren	121
4.2.3	Verzweigungen (Abfragen)	126
4.2.4	Schleifen	129
4.2.5	Syntaxzusammenfassung	132
4.3	**Objekte**	**135**
4.3.1	Der Umgang mit Objekten, Methoden und Eigenschaften	135
4.3.2	Der Objektkatalog (Verweise)	141
4.3.3	Übersichtlicher Objektzugriff durch das Schlüsselwort With	145
4.3.4	Objektvariablen	146
4.3.5	Syntaxzusammenfassung	149
4.4	**Ereignisse**	**150**
4.4.1	Ereignisprozeduren	151
4.4.2	Ereignisprozeduren deaktivieren	154
4.4.3	Überblick über wichtige Excel-Ereignisse	154
4.4.4	Ereignisse beliebiger Objekte empfangen	160
4.4.5	Ereignisprozeduren per Programmcode erzeugen	161
4.4.6	Syntaxzusammenfassung	164
4.5	**Programmierung eigener Klassen**	**166**
4.5.1	Eigene Methoden, Eigenschaften und Ereignisse	168
4.5.2	Collection-Objekt	172
4.5.3	Beispiel für ein Klassenmodul	173
4.5.4	Beispiel für abgeleitete Klassen (Implements)	174
4.5.5	Syntaxzusammenfassung	180
4.6	**Operatoren in VBA**	**181**
4.7	**Virenschutz**	**184**
5	**PROGRAMMIERTECHNIKEN**	**189**
5.1	**Zellen und Zellbereiche**	**190**
5.1.1	Objekte, Methoden, Eigenschaften	190
5.1.2	Anwendungsbeispiele	204
5.1.3	Syntaxzusammenfassung	214
5.2	**Arbeitsmappen, Fenster und Arbeitsblätter**	**216**
5.2.1	Objekte, Methoden und Eigenschaften	216
5.2.2	Anwendungsbeispiele	221
5.2.3	Syntaxzusammenfassung	225
5.3	**Datentransfer über die Zwischenablage**	**227**
5.3.1	Zellbereiche kopieren, ausschneiden und einfügen	227
5.3.2	Zugriff auf die Zwischenablage mit dem DataObject	229
5.3.3	Syntaxzusammenfassung	230
5.4	**Umgang mit Zahlen und Zeichenketten**	**231**
5.4.1	Numerische Funktionen, Zufallszahlen	231
5.4.2	Zeichenketten	234
5.4.3	Umwandlungsfunktionen	239
5.4.4	Syntaxzusammenfassung	241

5.5	**Rechnen mit Datum und Uhrzeit**	**243**
5.5.1	VBA-Funktionen	247
5.5.2	Tabellenfunktionen	249
5.5.3	Anwendungs- und Programmiertechniken	250
5.5.4	Feiertage	253
5.5.5	Syntaxzusammenfassung	259
5.6	**Umgang mit Dateien, Textimport/-export**	**261**
5.6.1	File System Objects – Überblick	261
5.6.2	Laufwerke, Verzeichnisse und Dateien	263
5.6.3	Textdateien (TextStream)	269
5.6.4	Binärdateien (Open)	271
5.6.5	Excel-spezifische Methoden und Eigenschaften	276
5.6.6	Textdateien importieren und exportieren	278
5.6.7	Textexport für Mathematica-Listen	287
5.6.8	Syntaxzusammenfassung	292
5.7	**Benutzerdefinierte Tabellenfunktionen**	**296**
5.7.1	Grundlagen	296
5.7.2	Beispiele	304
5.8	**Schutzmechanismen**	**307**
5.8.1	Bewegungsradius einschränken	307
5.8.2	Zellen, Tabellenblätter und Arbeitsmappen schützen	309
5.8.3	Schutzmechanismen für den gemeinsamen Zugriff	313
5.8.4	Programmcode und Symbolleiste schützen	313
5.8.5	Syntaxzusammenfassung	315
5.9	**Konfigurationsdateien, individuelle Konfiguration**	**315**
5.9.1	Optionen	315
5.9.2	Optionseinstellungen per Programmcode	317
5.9.3	Konfigurationsdateien	319
5.10	**Excel und der Euro**	**327**
5.10.1	Die Euroconvert-Funktion	327
5.10.2	Excel-Dateien auf Euro umstellen	331
5.11	**Tipps und Tricks**	**342**
5.11.1	Geschwindigkeitsoptimierung	342
5.11.2	Zeitaufwendige Berechnungen	343
5.11.3	Effizienter Umgang mit Tabellen	347
5.11.4	Zusammenspiel mit Excel-4-Makros	350
5.11.5	Excel-Version feststellen	351
5.11.6	Hilfe zur Selbsthilfe	352
5.11.7	Syntaxzusammenfassung	353
6	**FEHLERSUCHE UND FEHLERABSICHERUNG**	**355**
6.1	**Hilfsmittel zur Fehlersuche (Debugging)**	**356**
6.1.1	Syntaxkontrolle	356
6.1.2	Reaktion auf Fehler	357
6.1.3	Kontrollierte Programmausführung	359
6.2	**Fehlertolerantes Verhalten von Programmen**	**362**
6.3	**Reaktion auf Programmunterbrechungen**	**367**
6.4	**Syntaxzusammenfassung**	**368**

7		**DIALOGE (MS-FORMS-BIBLIOTHEK)**	**371**
7.1		Vordefinierte Dialoge	372
7.1.1		Excel-Standarddialoge	372
7.1.2		Die Funktionen MsgBox und InputBox	375
7.1.3		Die Methode Application.InputBox	376
7.2		Selbst definierte Dialoge	378
7.2.1		Veränderungen gegenüber Excel 5/7	378
7.2.2		Einführungsbeispiel	380
7.3		Der Dialogeditor	384
7.4		Die MS-Forms-Steuerelemente	388
7.4.1		Bezeichnungsfeld (Label)	389
7.4.2		Textfeld (TextBox)	390
7.4.3		Listenfeld (ListBox) und Kombinationslistenfeld (ComboBox)	393
7.4.4		Kontrollkästchen (CheckBox) und Optionsfelder (OptionButton)	399
7.4.5		Buttons (CommandButton) und Umschaltbuttons (ToggleButton)	401
7.4.6		Rahmenfeld (Frame)	402
7.4.7		Multiseiten (MultiPage), Register (TabStrip)	403
7.4.8		Bildlaufleiste (ScrollBar) und Drehfeld (SpinButton)	408
7.4.9		Anzeige (Image)	409
7.4.10		Formelfeld (RefEdit)	410
7.4.11		Das UserForm-Objekt	412
7.5		Steuerelemente direkt in Tabellen verwenden	415
7.6		Programmiertechniken	423
7.6.1		Zahleneingabe	423
7.6.2		Dialoge gegenseitig aufrufen	424
7.6.3		Dialoge dynamisch verändern	427
7.6.4		Umgang mit Drehfeldern	428
8		**MENÜS UND SYMBOLLEISTEN**	**433**
8.1		Menüs und Symbolleisten	434
8.1.1		Manuelle Veränderung von Menüs und Symbolleisten	434
8.1.2		Veränderungen speichern	439
8.1.3		Objekthierarchie	441
8.1.4		Programmiertechniken	446
8.1.5		Blattwechsel über die Symbolleiste	453
8.1.6		Unterschiede gegenüber Excel 5/7	456
8.1.7		Syntaxzusammenfassung	457
8.2		Oberflächengestaltung für eigenständige Excel-Anwendungen	459
8.2.1		Erweiterung des Standardmenüs	460
8.2.2		Eigene Symbolleisten ein- und ausblenden	462
8.2.3		Eigenes Standardmenü verwenden	463

III Anwendung 467

9 MUSTERVORLAGEN UND »INTELLIGENTE« FORMULARE 469

9.1	Grundlagen	470
9.1.1	Gestaltungselemente für »intelligente« Formulare	471
9.1.2	Mustervorlagen mit Datenbankanbindung	478
9.2	Beispiel – Das »Speedy«-Rechnungsformular	482
9.3	Beispiel – Abrechnungsformular für einen Car-Sharing-Verein	491
9.4	Grenzen »intelligenter« Formulare	497

10 DIAGRAMME UND ZEICHNUNGSOBJEKTE (SHAPES) 501

10.1	Umgang mit Diagrammen	502
10.1.1	Grundlagen	502
10.1.2	Diagrammtypen	503
10.1.3	Diagrammelemente (Diagrammobjekte) und Formatierungsmöglichkeiten	504
10.1.4	Ausdruck	508
10.2	Programmierung von Diagrammen	509
10.2.1	Objekthierarchie	510
10.2.2	Programmiertechniken	513
10.3	Beispiel – Automatische Datenprotokollierung	517
10.3.1	Die Bedienung des Beispielprogramms	517
10.3.2	Programmcode	519
10.4	Syntaxzusammenfassung Diagramme	531
10.5	Zeichnungsobjekte (Shapes)	532
10.6	Organigramme und andere Diagramme	536

11 DATENVERWALTUNG IN EXCEL 539

11.1	Grundlagen	540
11.1.1	Einleitung	540
11.1.2	Kleines Datenbankglossar	541
11.1.3	Excel versus Datenbanksysteme	542
11.2	Datenverwaltung innerhalb von Excel	545
11.2.1	Eine Datenbank in Excel erstellen	545
11.2.2	Daten über die Datenbankmaske eingeben, ändern und löschen	548
11.2.3	Daten sortieren, suchen, filtern	550
11.3	Datenverwaltung per VBA-Code	557
11.3.1	Programmiertechniken	557
11.3.2	Beispiel – Word-Serienbrief	560
11.3.3	Syntaxzusammenfassung	563
11.4	Datenbank-Tabellenfunktionen	563
11.5	Tabellen konsolidieren	567
11.5.1	Grundlagen	567
11.5.2	Konsolidieren per VBA-Code	569

11.6		**Beispiel – Abrechnung eines Car-Sharing-Vereins**	**570**
11.6.1		Bedienung	570
11.6.2		Überblick über die Komponenten der Anwendung	574
11.6.3		Programmcode	575
12		**ZUGRIFF AUF EXTERNE DATEN**	**585**
12.1		**Grundkonzepte relationaler Datenbanken**	**586**
12.2		**Import externer Daten**	**592**
12.2.1		Daten aus Datenbanken importieren (MS Query)	592
12.2.2		Das QueryTable-Objekt	604
12.2.3		Excel-Daten exportieren	608
12.3		**Datenbankzugriff mit der ADO-Bibliothek**	**609**
12.3.1		Einführung	609
12.3.2		Verbindungsaufbau (Connection)	614
12.3.3		Datensatzlisten (Recordset)	617
12.3.4		SQL-Kommandos (Command)	624
12.3.5		SQL-Grundlagen	625
12.3.6		Syntaxzusammenfassung	629
12.4		**Beispiel – Fragebogenauswertung**	**630**
12.4.1		Überblick	630
12.4.2		Aufbau des Fragebogens	634
12.4.3		Aufbau der Datenbank	635
12.4.4		Programmcode	637
13		**DATENANALYSE IN EXCEL**	**647**
13.1		**Daten gruppieren (Teilergebnisse)**	**648**
13.1.1		Einführung	648
13.1.2		Programmierung	649
13.2		**Pivottabellen (Kreuztabellen)**	**651**
13.2.1		Einführung	651
13.2.2		Gestaltungsmöglichkeiten	656
13.2.3		Pivottabellen für externe Daten	662
13.2.4		Pivottabellenoptionen	666
13.2.5		Pivotdiagramme	667
13.3		**Programmiertechniken**	**668**
13.3.1		Pivottabellen erzeugen und löschen	668
13.3.2		Aufbau und Bearbeitung vorhandener Pivottabellen	673
13.3.3		Interne Verwaltung (PivotCache)	678
13.3.4		Syntaxzusammenfassung	685
14		**XML- UND LISTEN-FUNKTIONEN (EXCEL 2003)**	**687**
14.1		**Bearbeitung von Listen**	**688**
14.2		**XML-Grundlagen**	**690**
14.3		**XML-Funktionen interaktiv nutzen**	**693**
14.4		**XML-Programmierung**	**696**

15	**VBA-PROGRAMMIERUNG FÜR PROFIS**	**705**
15.1	Add-Ins	706
15.2	Excel und das Internet	710
15.2.1	Excel-Dateien als E-Mail versenden	710
15.2.2	HTML-Import	712
15.2.3	HTML-Export, Webkomponenten	714
15.3	Smart Tags	717
15.4	Web Services nutzen	720
15.5	Dynamic Link Libraries (DLLs) verwenden	727
15.6	ActiveX-Automation	732
15.6.1	Excel als Client (Steuerung fremder Programme)	734
15.6.2	Excel als Server (Steuerung durch fremde Programme)	739
15.6.3	Neue Objekte für Excel (ClipBoard-Beispiel)	744
15.6.4	Object Linking and Embedding (OLE)	747
15.6.5	Automation und Visual Basic .NET	751
15.6.6	Programme ohne ActiveX starten und steuern	760
15.6.7	Syntaxzusammenfassung	762
IV	**Referenz**	**763**
16	**OBJEKTREFERENZ**	**765**
16.1	Objekthierarchie	766
16.2	Alphabetische Referenz	773
	ANHANG	**841**
A	Die beiliegende CD	841
	Quellenverzeichnis	843
	Stichwortverzeichnis	845

Vorwort

Excel bietet von Haus aus ein riesiges Spektrum von Funktionen. Wozu also brauchen Sie dann noch Makros? Mit VBA können Sie ...

- eigene Tabellenfunktionen programmieren, die einfacher anzuwenden sind als komplizierte Formeln.
- Excel nach Ihren Vorstellungen konfigurieren und auf diese Weise eine einfachere und effizientere Bedienung erreichen.
- komplexe Arbeitsschritte wie etwa das Ausfüllen von Formularen durch »intelligente« Formulare (Mustervorlagen) strukturieren und erleichtern.
- immer wieder auftretende Arbeitsvorgänge automatisieren. Das empfiehlt sich besonders dann, wenn regelmäßig große Datenmengen anfallen, die verarbeitet, analysiert und grafisch aufbereitet werden sollen.
- eigenständige Excel-Programme erstellen, die sich durch eigene (kurze) Menüs, eigene Dialoge etc. auszeichnen. Damit lassen sich Excel-Anwendungen in ihrer Bedienung so weit vereinfachen, dass sie von anderen Personen (auch von Excel-Laien) ohne lange Einweisung verwendet werden können.

Was ist neu in Excel 2000, Excel 2002 und Excel 2003?

Mit Excel 97 haben sich sowohl das VBA-Programmiermodell als auch die wichtigsten Objektbibliotheken weitgehend stabilisiert. Zwar wurden auch in Excel 2000, 2002 und 2003 diverse neue Objekte eingeführt, davon hat sich aber nur ein Teil in der Praxis durchgesetzt. Die größte Bedeutung haben sicherlich die *Scripting*- und die ADO-Bibliothek, die beide seit Excel 2000 zur Verfügung stehen und den Zugang auf Dateien, Verzeichnisse und externe Datenbanken erleichtern. In ganz neue Anwendungswelten stößt Excel 2003 mit seinen XML-Funktionen vor (siehe Kapitel 14).

Excel und .NET

Im Zusammenhang mit der .NET-Offensive von Microsoft sollte erwähnt werden, dass Office 2000 bis 2003 keine .NET-Programme sind. Die Makroprogrammiersprache VBA basiert auf Visual Basic 6, nicht auf Visual Basic .NET. Eine wesentliche Funktion von .NET, nämlich so genannte Web Services, können Sie freilich schon jetzt nutzen: Das Web Services Toolkit, eine einfache und kostenlose Erweiterung für die VBA-Entwicklungsumgebung, macht es möglich. (Details zur Anwendung dieses Toolkits finden Sie in Kapitel 15.)

Warum dieses Buch?

Das eigentliche Problem bei der VBA-Programmierung ist nicht VBA an sich: Die Formulierung einer Schleife oder Abfrage, der Umgang mit Methoden und Eigenschaften etc. ist wie in jeder anderen Programmiersprache leicht zu verstehen und wird Ihnen nach zwei oder drei Tagen keine Schwierigkeiten mehr machen. Das Problem besteht darin, die komplexen Objektbibliotheken von Excel mit ihren Tausenden von Schlüsselwörtern zu überblicken und effizient zu nutzen. Der Schwerpunkt dieses Buchs und der vorgestellten Beispiele liegt daher bei der Erläuterung eben jener Objektbibliotheken.

Anders als bei der Excel-Hilfe besteht das Ziel dieses Buchs nicht darin, eine – oft nichts sagende – Referenz von Schlüsselwörtern zu bieten. Vielmehr geht es darum, die Zusammenhänge zwischen den zahlreichen Objekten zu verdeutlichen und konkrete Anwendungsmöglichkeiten aufzuzeigen, wie sie in der Praxis tatsächlich vorkommen. Gleichzeitig werden aber auch die Probleme Excels beim Namen genannt, um Ihnen die langwierige Suche nach Fehlern zu ersparen, die Sie gar nicht selbst verursacht haben.

Viel Erfolg!

Die Beispiele dieses Buchs zeigen, wie weit Excel-Programmierung gehen kann. Die Möglichkeiten sind wirklich beinahe unbegrenzt! Dieses Buch soll Ihnen helfen, sich so rasch wie möglich in das Objektmodell von Excel einzuarbeiten. Wenn diese Hürde einmal überwunden ist (rechnen Sie mit mindestens ein, zwei Wochen!), beginnt die VBA-Programmieren richtig Spaß zu machen. In diesem Sinne wünsche ich Ihnen viel Erfolg und vielleicht sogar Spaß und Freude bei der Excel-Programmierung!

Michael Kofler, August 2004
http://www.kofler.cc

Konzeption des Buchs

Visual Basic für Applikationen ist zwar eine moderne objektorientierte Programmiersprache, die schier unglaubliche Zahl von Schlüsselwörtern bringt aber auch viele Probleme mit sich. Während des Einstiegs ist es so gut wie unmöglich, auch nur einen Überblick über VBA zu gewinnen. Und selbst nach monatelanger Programmierung mit VBA wird die Hilfe der wichtigste Ratgeber zu den Details eines bestimmten Schlüsselwortes bleiben. Dieses Buch versucht deswegen ganz bewusst das zu bieten, was in der Originaldokumentation bzw. in der Hilfe zu kurz kommt:

- »echte« Anwendungen in Form von konkreten, realitätsbezogenen Beispielen
- themenorientierte Syntaxzusammenfassungen (z. B. alle Eigenschaften und Methoden zur Bearbeitung von Zellbereichen)
- detaillierte Informationen zur Anwendung von DLL-Funktionen, zu ActiveX-Automation, zur Programmierung eigener Add-Ins, zur Verwendung von Web Services etc.
- aussagekräftige Beschreibungen aller Objekte von VBA und ihre Einordnung in die Objekthierarchie
- Informationen über Ungereimtheiten und Fehler von VBA

Einem Anspruch wird das Buch aber ganz bewusst nicht gerecht: dem der Vollständigkeit. Es erscheint mir sinnlos, Hunderte von Seiten mit einer Referenz aller Schlüsselwörter zu füllen, wenn Sie beinahe dieselben Informationen auch in der Hilfe finden können. Anstatt auch nur den Anschein der Vollständigkeit zu vermitteln zu versuchen, habe ich mich bemüht, wichtigeren Themen den Vorrang zu geben und diese ausführlich und fundiert zu behandeln.

Formalitäten

Tastaturabkürzungen werden in der Form Strg+F2 angegeben, Dateinamen als c:\readme.txt. Menükommandos, Symbole (also deren gelber Info-Text) und Buttontexte werden in Kapitälchen dargestellt: DATEI|ÖFFNEN, ABBRUCH oder OK. Die Anweisung BEARBEITEN|INHALTE EINFÜGEN|VERKNÜPFUNG EINFÜGEN meint, dass Sie zuerst das Menükommando BEARBEITEN| INHALTE EINFÜGEN ausführen und im daraufhin erscheinenden Dialog den Button VERKNÜPFUNG EINFÜGEN auswählen sollen.

VBA-Schlüsselwörter sowie eigene Variablen und Prozeduren werden *kursiv* angegeben, etwa *Application*-Objekt oder *Visible*-Eigenschaft. Tabellenfunktionen sind in der gleichen Schrift, aber in Großbuchstaben angegeben, etwa *WENN*. (Tabellenfunktionen sind auch anhand der Sprache von VBA-Schlüsselwörtern zu unterscheiden:

VBA-Schlüsselwörter sind englisch, Tabellenfunktionen deutsch.) Schlüsselwörter, die zum ersten Mal im Text auftreten und näher erklärt werden oder die gerade besonders wichtig sind, werden durch *diese Schrift* hervorgehoben.

Beispielcode, Beispieldateien

Aus Platzgründen sind in diesem Buch immer nur die wichtigsten Codepassagen der Beispielprogramme abgedruckt. Den vollständigen Code finden Sie in den Beispielprogrammen auf der beiliegenden CD. Die Beispieldateien sind kapitelweise organisiert. Code in diesem Buch beginnt immer mit einem Kommentar, der auf die entsprechende Beispieldatei verweist.

```
' Beispiel 01\format.xls
Sub FormatAsResult()
   Selection.Style = "result"
End Sub
```

Excel XP oder Excel 2002?
Office XP oder Office 2002?

Microsoft bezeichnet die 2002er-Generation des Office-Pakets als Office XP, wohl in Anlehnung an Windows XP. Die einzelnen Komponenten von Office XP heißen aber Word 2002, Excel 2002 etc. Mit anderen Worten: Excel XP = Excel 2002. Dieses Buch verwendet generell nur die Bezeichnung Excel 2002 bzw. Office 2002.

Bei Office 2003 hat der Benennungsunfug zum Glück wieder aufgehört, sowohl das Gesamtpaket als auch die Einzelkomponenten werden gleich bezeichnet.

Und eine Entschuldigung

Ich bin mir bewusst, dass unter den Lesern dieses Buchs auch zahlreiche Frauen sind. Dennoch ist in diesem Buch immer wieder von *dem Anwender* die Rede, wenn ich keine geschlechtsneutrale Formulierung gefunden habe. Ich bitte dafür alle Leserinnen ausdrücklich um Entschuldigung. Ich bin mir des Problems bewusst, empfinde Doppelgleisigkeiten der Form *der/die Anwender/in* oder kurz *AnwenderIn* aber sprachlich nicht schön – und zwar sowohl beim Schreiben als auch beim Lesen.

Teil I

Intuitiver Einstieg

1 Das erste Makro

Im Verlauf des Kapitels lernen Sie Begriffe wie Makro oder Visual Basic für Applikationen kennen, zeichnen selbst Makros auf, verbinden Makros mit neuen (und von Ihnen gestalteten) Symbolen in der Symbolleiste, verändern die Menüstruktur, stellen eine einfache Datenbankanwendung zusammen etc. Das Kapitel gibt – soweit dies mit einfachen Beispielen möglich ist – einen ersten Einblick in einige Themen, die im Buchs später viel ausführlicher aufgegriffen werden.

Kapitelübersicht

1.1	Begriffsdefinition	24
1.2	Was ist Visual Basic für Applikationen?	26
1.3	Beispiel – Eine Formatvorlage mit einem Symbol verbinden	28
1.4	Beispiel – Makro zur Eingabeerleichterung	34
1.5	Beispiel – Einfache Literaturdatenbank	36
1.6	Beispiel – Berechnung der Verzinsung von Spareinlagen	42
1.7	Beispiel – Benutzerdefinierte Funktionen	47
1.8	Beispiel – Analyse komplexer Tabellen	48
1.9	Beispiel – Vokabeltrainer	50
1.10	Weitere Beispiele zum Ausprobieren	56

1.1 Begriffsdefinition

Makro

Das Kapitel steht unter dem Motto »Das erste Makro«. Daher soll zunächst einmal der Begriff »Makro« erklärt werden:

Ein Makro bezeichnet eine Reihe von Anweisungen an den Computer, die dieser ausführt, sobald er dazu aufgefordert wird.

Welchen Zweck haben Makros? Mit Makros können Arbeitsschritte vereinfacht und automatisiert werden, die sich häufig wiederholen. Sie können Excel ganz an Ihre Bedürfnisse anpassen und mit neuen Menükommandos und Symbolen ausstatten. Zudem können Sie die Bedienung von Excel für andere Anwender vereinfachen, so dass diese praktisch ohne Schulung konkrete Excel-Anwendungen bedienen können. Und schließlich können Sie echte »Programme« schreiben, denen man kaum mehr anmerkt, dass sie in Excel entstanden sind.

Da der Computer Anweisungen wie »Speichere diese Datei!« oder »Stelle die drei markierten Zellen in einer größeren Schrift dar!« leider nicht versteht, müssen Makroanweisungen in einer speziellen Sprache formuliert werden. Aus Kompatibilitätsgründen stellt Excel zwei Sprachen zur Auswahl:

- Die herkömmliche Makroprogrammiersprache hat sich im Verlauf der ersten Excel-Versionen gebildet. Makros in dieser Sprache heißen herkömmliche Makros oder Excel-4-Makros, weil die Grundkonzepte dieser Sprache seit Version 4 nicht mehr verändert oder erweitert wurden. Die Schlüsselwörter der herkömmlichen Makroprogrammiersprache werden in deutscher Sprache angegeben.

- Mit Version 5 wurde die neue Sprache Visual Basic für Applikationen (kurz VBA) eingeführt. Sie bietet mehr und ausgefeiltere Möglichkeiten der Programmsteuerung, wirkt aber vielleicht auf den ersten Blick etwas umständlich (insbesondere dann, wenn Sie schon einmal ein herkömmliches Makro geschrieben haben).

> **HINWEIS** In Version 5 war der deutsche VBA-Dialekt die Defaulteinstellung. Bereits mit Version 7 vollzog Microsoft dann aber eine Kehrtwendung: plötzlich wurden englische Schlüsselwörter bevorzugt. In Version 97 wurde der deutsche Dialekt dann vollständig gestrichen. Deutschsprachiger VBA-Code wird beim Laden alter Dateien automatisch konvertiert. Dieses Buch beschreibt daher ausschließlich die englische VBA-Variante!

Zu den Makrosprachen gleich ein Beispiel, in dem die aktuelle Datei gespeichert wird (zuerst als herkömmliches Makro, dann in VBA):

1.1 Begriffsdefinition

```
=SPEICHERN()                          'herkömmliches Makro (Excel 4)
AktiveArbeitsmappe.Speichern          'VBA deutsch    (Excel 5 und 7)
ActiveWorkbook.Save                   'VBA englisch (Excel 5, 7, 97, 2000 etc.)
```

Das zweite Beispiel stellt in zuvor markierten Zellen eine etwas größere Schriftart ein (wiederum zuerst als herkömmliches Makro, dann in VBA):

```
=SCHRIFTART.EIGENSCHAFTEN(;;ZELLE.ZUORDNEN(19)+2)     'Excel 4
Selection.Font.Size = Selection.Font.Size + 2         'VBA englisch
```

Aus dem Begriff Makro allein geht die gewählte Makrosprache nicht hervor. In diesem Buch meint Makro aber immer ein VBA-Makro.

> **ANMERKUNG**
> Die obigen Beispiele sind in dieser Form nicht verwendbar. Ein Excel-4-Makro muss mit dem Namen des Makros beginnen und mit dem Kommando =*RÜCK-SPRUNG()* enden. VBA-Makros müssen zwischen *Sub Name()* und *End Sub* eingeklammert werden. Die Syntaxkonventionen von Visual Basic gehen aus den Beispielen dieses Kapitels hervor. Eine detaillierte Beschreibung der VBA-Syntax bietet Kapitel 4.

Makros aufzeichnen

Generell gibt es zwei Möglichkeiten, Makros zu erstellen: Entweder Sie tippen die Kommandos über die Tastatur ein oder Sie lassen sich das Makro von Excel »aufzeichnen«. Damit ist gemeint, dass Sie (über Maus und Tastatur) Daten eingeben, Zellen formatieren, Kommandos ausführen etc. Excel verfolgt Ihre Aktionen und schreibt die entsprechenden VBA-Anweisungen in ein Modul. Wenn Sie das so erzeugte Makro später ausführen, werden exakt dieselben Arbeitsschritte, die Sie vorher manuell ausgeführt haben, durch das Makro wiederholt.

In der Realität erfolgt die Erstellung von Makros zumeist in einem Mischmasch aus beiden Methoden. Sie werden zwar immer wieder einzelne Arbeitsschritte von Excel aufzeichnen lassen, ebenso wird es aber auch oft notwendig sein, diese Makros später zu ändern oder zu erweitern.

Makros ausführen

Die unbequemste Form, ein Makro auszuführen, bietet das Kommando EXTRAS|MAKRO. Es stellt Ihnen eine Liste mit allen definierten Makros in allen geladenen Arbeitsmappen zur Auswahl. Sobald Sie einen der Makronamen anklicken, wird das entsprechende Makro ausgeführt.

Daneben bestehen aber zahlreiche elegantere Varianten: Sie können ein Makro mit einem beliebigen (neuen) Symbol in der Symbolleiste, mit einem neuen Menüeintrag oder mit einer Tastaturabkürzung **Strg+Anfangsbuchstabe** verbinden. Sobald Sie den Menüeintrag auswählen, das Symbol anklicken oder die Tastaturabkürzung eingeben, wird das Makro sofort ausgeführt. Solcherart definierte Makros können eine enorme Arbeitserleichterung bedeuten, wie die Beispiele der folgenden Abschnitte beweisen.

Es besteht sogar die Möglichkeit, Makros automatisch beim Eintreten bestimmter Ereignisse ausführen zu lassen. Excel kennt eine ganze Menge solcher Ereignisse – etwa den Wechsel des aktiven Blatts, die Neuberechnung des Blatts, das Speichern der Arbeitsmappe etc. Ereignisprozeduren werden in Abschnitt 4.4 ausführlich behandelt.

Programm

Vielen Excel-Anwendern – sogar solchen, die bereits Makros erstellt haben – stehen die Haare zu Berge, wenn sie den Begriff »programmieren« hören. Programmieren, das sei nur etwas für Profis mit Fach- oder Hochschulausbildung, lautet eine immer wieder vertretene Ansicht. In Wirklichkeit sind Sie bereits ein Programmierer, sobald Sie das erste – vielleicht nur dreizeilige – Makro erstellt haben. Jedes Makro stellt im Prinzip ein echtes Programm dar.

In diesem Buch wird der Begriff Programm zumeist etwas weiter gefasst. Ein Programm meint eine eigenständige Excel-Anwendung, die sich zumeist durch eigene Menükommandos, eigene Dialoge und eine oft große Anzahl von Makros auszeichnet. Dieses Buch leitet Sie vom ersten Makro (in diesem Kapitel) bis zu umfangreichen Programmen.

1.2   Was ist Visual Basic für Applikationen?

Visual Basic für Applikationen ist eine Makroprogrammiersprache. Mit VBA können Sie Excel-Anwendungen automatisieren oder in ihrer Bedienung vereinfachen. Die Einsatzmöglichkeiten von VBA reichen so weit, dass Sie damit vollkommen eigenständige Programme erstellen können, denen kaum mehr anzumerken ist, dass es sich eigentlich um Excel-Anwendungen handelt. Einführungs- und Anwendungsbeispiele einfacher Makros finden Sie in diesem Kapitel.

Geschichtliches

Die herkömmliche Makrosprache von Excel hat sich ursprünglich aus dem Wunsch heraus entwickelt, neue Tabellenfunktionen zu definieren und wiederholt auftretende Kommandos zu einer Einheit (zu einem Makro) zusammenzufassen. Um die Bedienung von Excel-Anwendungen möglichst einfach zu gestalten, wurde außerdem die Veränderung der Menüs und die Definition eigener Dialoge ermöglicht. Verbunden mit dem riesigen Funktionsspektrum von Excel hat sich daraus bis Version 4 eine ziemlich unübersichtliche Makrosprache entwickelt.

Diese Makrosprache hat zwar eine fast uneingeschränkte Programmierung aller Excel-Funktionen erlaubt, viele Programmierprobleme ließen sich allerdings nur umständlich lösen. Die resultierenden Programme waren fehleranfällig und langsam. Bei größeren Projekten traten die Grenzen dieser Makrosprache besonders deutlich zum Vorschein. Für Anwender, die gleichzeitig mehrere Microsoft-Programme (Excel, Word, Access) verwenden, kam als weiteres Problemen hinzu, dass jedes Programm mit einer eigenen Makrosprache ausgestattet ist.

Auf Grund all dieser Unzulänglichkeiten beschloss Microsoft, eine vollkommen neue Makroprogrammiersprache zu entwickeln, die zuerst für Excel zur Verfügung stand, mittlerweile aber in alle Office-Komponenten integriert ist.

Die besonderen Merkmale von VBA

- VBA ist im Gegensatz zu bisherigen Makrosprachen eine vollwertige Programmiersprache: VBA kennt alle in »echten« Programmiersprachen üblichen Variablentypen, kann mit Zeichenketten umgehen, dynamische Felder verwalten, zur Definition rekursiver Funktionen eingesetzt werden etc.

- VBA ist objektorientiert: Als *Objekte* gelten beispielsweise markierte Zellbereiche, Diagramme etc. Typische Merkmale von Objekten – etwa die Ausrichtung des Zellinhalts, die Hintergrundfarbe eines Diagramms – werden über so genannte *Eigenschaften* eingestellt. Eigenschaften sind also vordefinierte Schlüsselwörter, die zur Manipulation von Objekten vorgesehen sind. Neben den Eigenschaften gibt es noch *Methoden*, die zur Ausführung komplexer Operationen vorgesehen sind: etwa zum Erzeugen von Objekten (neuen Diagrammen, Pivottabellen etc.) oder zum Löschen vorhandener Objekte. Methoden lassen sich am ehesten mit herkömmlichen Kommandos vergleichen. Der wesentliche Unterschied besteht darin, dass Methoden nur auf speziell dafür vorgesehene Objekte angewendet werden können.

- VBA ist ereignisorientiert: Die Auswahl eines Menüeintrags, das Anklicken eines Buttons oder eines Symbols führt zum automatischen Aufruf des dazugehörigen Makros. Als Programmierer müssen Sie sich nicht um die Verwaltung der Ereignisse kümmern, sondern lediglich Makros erstellen, die dann von Excel selbstständig aufgerufen werden.

- VBA stellt professionelle Hilfsmittel zur Fehlersuche zur Verfügung: Programmteile können Schritt für Schritt ausgeführt und die Inhalte von Variablen überwacht werden. Die Programmausführung kann beim Eintreffen von bestimmten Bedingungen unterbrochen werden.

- VBA ist erweiterungsfähig: In jedem VBA-Dialekt kann auf Objekte anderer Anwendungen zugegriffen werden. Beispielsweise ist es möglich, in einem Excel-VBA-Programm auch die Schlüsselwörter (im Fachjargon: die Objektbibliothek) von Access oder Word zu nutzen. Mit Add-Ins können Sie neue Excel-Funktionen und Objekte erstellen.

- Mit in VBA integriert sind ein Dialog- und ein Menüeditor. Die Verwaltung von Dialogen erfolgt nach dem gleichen objekt- und ereignisorientierten Schema wie die Verwaltung von Excel-Objekten.

> **HINWEIS**
> Gelegentlich stiftet der Umstand Verwirrung, dass es bei Microsoft mehrere Produkte gibt, die mit Visual Basic zu tun haben. Thema dieses Buchs ist Excel, das über die integrierte Sprache VBA gesteuert werden kann. Es gibt aber auch die eigenständigen Produkt 'Visual Basic 6' und das neue 'Visual Basic .NET'. Dabei handelt es sich um Programmiersprachen, mit denen Sie unabhängig vom Office-Paket Programme entwickeln können; die Ausführung solcher Programme setzt also nicht voraus, dass beim Anwender ebenfalls das Office-Paket installiert ist. VBA auf der einen Seite und VB6 bzw. VB.NET auf der anderen Seite weisen zwar Ähnlichkeiten auf, sind aber durchaus nicht immer kompatibel. (Insbesondere bei VB.NET gibt es sehr viele Änderungen.)

Nachteile

Nach der Beschreibung der Vorzüge von VBA könnten Sie als Programmierer den Eindruck gewinnen, sich bereits im siebten Himmel zu befinden. Das wäre eine Fehleinschätzung. VBA hat viele Vorzüge, es hat aber auch erhebliche Nachteile:

- Der Sprachumfang von VBA ist unübersichtlich, um nicht zu sagen unüberschaubar. Mit weit über 1000 Schlüsselwörtern (ohne die vordefinierten Konstanten) sprengt die VBA-Programmierung für Excel bei weitem den Rahmen dessen, was ein Programmierer bisher zu erdulden hatte. Sie werden bei der Suche nach der für eine konkrete Aufgabe gerade geeigneten Methode oder Eigenschaft eine Menge Zeit verlieren.

- VBA-Programme sind langatmig in ihrer Formulierung. Wenn Sie ein und dasselbe Kommando mit der Makroaufzeichnung einmal als herkömmliches Makro und ein zweites Mal als VBA-Makro aufzeichnen, wird der VBA-Code im Mittel mindestens 50 Prozent länger ausfallen. (Es ist aber unbestritten, dass er dafür auch etwas leichter zu lesen ist.)

1.3 Beispiel – Eine Formatvorlage mit einem Symbol verbinden

Im ersten Beispiel wird zuerst eine Formatvorlage definiert. (Eine Formatvorlage sammelt ein Bündel von Formatinformationen zu Schriftart, Ausrichtung, Rahmen und Farben. Formatvorlagen können zur Formatierung von Zellen verwendet werden.) Anschließend wird ein Makro aufgezeichnet, das den markierten Zellen diese Formatvorlage zuweist. Dann wird in die Symbolleiste ein neues Symbol eingefügt und diesem Makro zugewiesen. Damit besteht die Möglichkeit, die zuvor markierten Zellen durch einen Klick auf das neue Symbol mit der definierten Formatvorlage zu formatieren.

1.3 Beispiel – Eine Formatvorlage mit einem Symbol verbinden

 Alle Beispiele dieses Kapitels befinden sich natürlich auch in den Beispieldateien der beiliegenden CD-ROM (Verzeichnis 01 für das erste Kapitel).

Bevor Sie beginnen

Vorweg drei Tipps, die Ihnen das Leben und die Programmierung mit Excel 2000 erleichtern:

- Bei Excel 2002 lautet die Defaulteinstellung für die Sicherheit von Makros HOCH. Das bedeutet, dass VBA-Code nur dann ausgeführt werden kann, wenn die Excel-Datei aus einer vertrauenswürdigen Quelle stammt und signiert ist. Für selbst entwickelte Excel-Dateien bzw. für die Beispieldateien zu diesem Buch ist das nicht der Fall.

  Um selbst VBA-Code zu testen und zu entwickeln, müssen Sie die Makrosicherheit daher mit EXTRAS|MAKRO|SICHERHEIT auf MITTEL einstellen. (Weitere Informationen zur Sicherheit von Makros folgen in Abschnitt 4.7.)

- Ein Merkmal von Office 2000 und 2002, das jeden Anwender zur Verzweiflung bringt, ist der Umgang mit Menüs: In der Defaulteinstellung werden nur die wichtigsten Einträge angezeigt, die übrigen erscheinen erst nach einiger Zeit. Um diesem Unsinn ein Ende zu bereiten, führen Sie ANSICHT|SYMBOLLEISTEN|ANPASSEN aus, aktivieren das Blatt OPTIONEN und deaktivieren dort die Option MENÜS ZEIGEN ZULETZT ... Von nun an erscheinen in sämtlichen Office-Programmen wieder die vollständigen Menüs.

- In der VBA-Entwicklungsumgebung (die Sie mit Alt+F11 erreichen) sind ebenfalls einige Optionen verquer voreingestellt. Den Optionsdialog erreichen Sie mit EXTRAS OPTIONEN.

  Dort deaktivieren Sie AUTOMATISCHE SYNTAXÜBERPRÜFUNG. (Die Syntax wird weiterhin überprüft, fehlerhafte Zeilen werden rot markiert. Es entfällt nur die lästige Fehlermeldung samt Piepston.)

  Dann aktivieren Sie die Option VARIABLENDEKLARATION ERFORDERLICH. (Eine ausführliche Begründung folgt in Abschnitt 4.1.)

  Im Dialogblatt ALLGEMEIN deaktivieren Sie die Option KOMPILIEREN BEI BEDARF (siehe Abschnitt 3.2).

  Schließlich deaktiveren Sie im Dialogblatt VERANKERN alle Optionsfelder. (Damit erreichen Sie, dass Sie auch in der Entwicklungsumgebung Fenster übereinander schieben können. In der Defaulteinstellung verhält sich die Umgebung wie Windows 1.0 – und diese Zeiten sollten eigentlich vorbei sein.)

▶ Schritt 1: Definition der Formatvorlage »Result«

Zellen, die das (Zwischen)-Ergebnis einer Berechnung beinhalten, sollen folgendermaßen aussehen:

Schrift: Arial, 14 Punkt, fett
Rahmen: doppelte Linie unten
Zahlenformat: zwei Dezimalstellen

Wenn Sie möchten, können Sie natürlich auch andere Formatierungsmerkmale auswählen. Es geht in diesem Beispiel nur darum, ein neues, eindeutig erkennbares Format zu definieren.

Zur Definition der Formatvorlage öffnen Sie eine neue Arbeitsmappe mit DATEI|NEU, schreiben in eine beliebige Zelle eine Zahl und formatieren diese Zelle anschließend mit den oben aufgezählten Merkmalen. Anschließend führen Sie das Kommando FORMAT|FORMATVORLAGE aus. Im nun erscheinenden Dialog geben Sie als Formatvorlagenname »Result« ein und klicken zuerst HINZUFÜGEN und dann OK an.

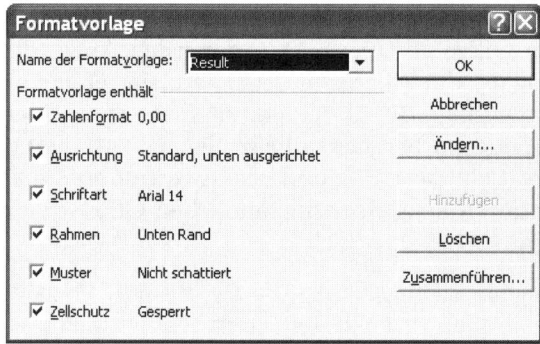

Bild 1.1: Die Definition einer neuen Formatvorlage

Geben Sie in Ihrer Tabelle in einer beliebigen Zelle eine weitere Zahl ein, und testen Sie die neue Formatvorlage: Führen Sie FORMAT|FORMATVORLAGE aus, wählen Sie als Vorlage »Result« und klicken Sie OK an. Die zweite Zelle sollte nun ebenso formatiert sein wie die erste.

▶ Schritt 2: Makro aufzeichnen

Die Arbeitsschritte, die Sie gerade zur Formatierung einer Testzelle ausgeführt haben, sollen in Zukunft automatisch von einem Makro erledigt werden. Dazu müssen diese Arbeitsschritte in einem Makro aufgezeichnet werden. Bewegen Sie den Zellzeiger in eine neue Zelle, und geben Sie dort (um das Ergebnis zu kontrollieren) eine Zahl ein. Schließen Sie die Eingabe mit Return ab und bewegen Sie den Zellzeiger gegebenenfalls zurück in die gerade veränderte Zelle. Wählen Sie in Excel (nicht in der VBA-Entwicklungsumgebung) das Kommando EXTRAS|MAKRO|AUFZEICHNEN und geben Sie als Makronamen »FormatAsResult« ein (siehe Bild 1.2).

1.3 Beispiel – Eine Formatvorlage mit einem Symbol verbinden

Sobald Sie OK drücken, beginnt Excel mit der Aufzeichnung des neuen Makros. Formatieren Sie die gerade aktive Zelle mit dem Druckformat »Result« (ebenso wie am Ende von Schritt 1, als Sie die Formatvorlage getestet haben). Beenden Sie die Makroaufzeichnung mit EXTRAS|MAKRO|AUFZEICHNUNG BEENDEN oder durch das Anklicken des rechteckigen schwarzen Quadrats, das seit Beginn der Aufzeichnung in einem winzigen Symbolfenster am Bildschirm angezeigt wird.

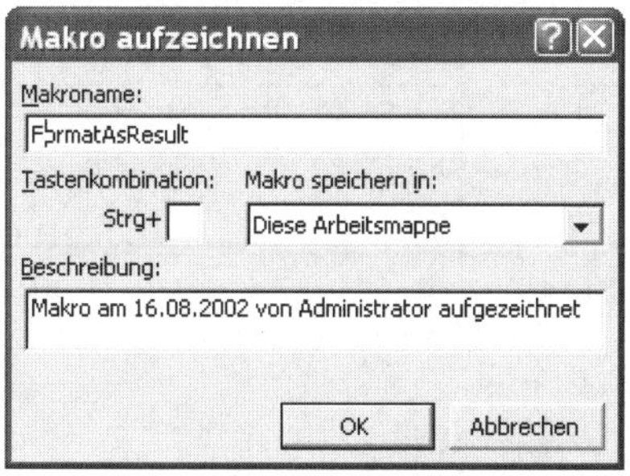

Bild 1.2: Der Dialog zum Aufzeichnen von Makros

Jetzt können Sie sich das fertige Makro ansehen, indem Sie mit Alt+F11 in die Entwicklungsumgebung wechseln und dort »Modul1« ansehen. (Dieses Modul wurde im Zuge der Makroaufzeichnung automatisch erzeugt. Wenn »Modul1« schon existiert, legt Excel ein neues Modul mit dem Namen »Modul2« an.) Das neue Modul sollte folgendermaßen aussehen:

```
' Beispieldatei 01\format.xls
' FormatAsResult Makro
' Makro am 11.10.2001 von mk aufgezeichnet
'
Sub FormatAsResult()
    Selection.Style = "result"
End Sub
```

Jetzt sollten Sie das neue Makro noch testen: Wechseln Sie wieder zurück in das Tabellenblatt, geben Sie in einer beliebigen Zelle eine weitere Zahl ein und schließen Sie die Eingabe mit Return ab. Wählen Sie mit dem Kommando EXTRAS|MAKROS das Makro »FormatAsResult« aus. Excel führt Ihr Makro aus, die Zelle sollte anschließend in dem nun schon vertrauten Ergebnisformat erscheinen.

▶ Schritt 3: Definition eines neuen Symbols

Damit das Makro bequemer aufgerufen werden kann, soll jetzt eine neue Symbolleiste erzeugt werden. In diese Symbolleiste wird ein Symbol zum Aufruf des Makros eingefügt. ANSICHT|SYMBOLLEISTEN|ANPASSEN führt in den dafür vorgesehenen Dialog. Mit dem Button NEU erzeugen Sie eine neue, vorerst leere Symbolleiste, der Sie beispielsweise den Namen »Intro1« geben. Nun wechseln Sie im ANPASSEN-Dialog in das Blatt

BEFEHLE. Von dort verschieben Sie mit der Maus den Eintrag SCHALTFLÄCHE ANPASSEN aus der Gruppe MAKROS in Ihre neue Symbolleiste.

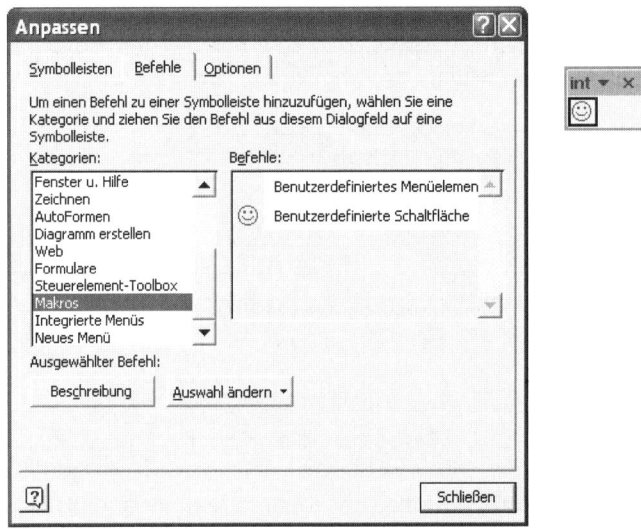

Bild 1.3: Der Dialog zur Veränderung von Menüs und Symbolleisten

Nun muss das neue Symbol geändert und korrekt beschriftet werden. Außerdem muss ihm das vorhin aufgezeichnete Makro *FormatAsResult* zugewiesen werden. Diese Schritte erledigen Sie, indem Sie das Symbol mit der rechten Maustaste anklicken. (Der ANPASSEN-Dialog bleibt dabei weiterhin geöffnet.)

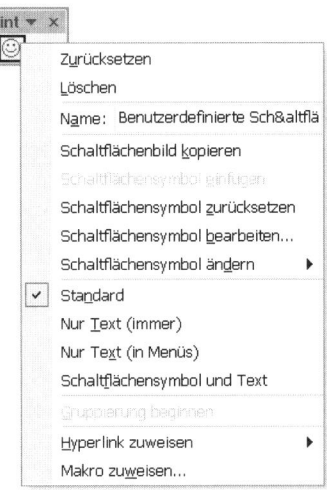

Bild 1.4: Symbol verändern

Die Beschriftung ändern Sie im Menüfeld NAME. Geben Sie beispielsweise »Formatvorlage Ergebnis« ein. (Der hier eingegebene Text wird in einem gelben Infofeld angezeigt, sobald der Anwender einige Momente mit der Maus über dem Symbol verharrt.) Die Makrozuweisung erfolgt über den Eintrag MAKRO ZUWEISEN. Es erscheint ein Dialog, in dem alle zur Verfügung stehenden Makros zur Auswahl angezeigt werden.

▶ Schritt 4: Gestalten Sie das neue Symbol nach Ihren Vorstellungen

Da Sie sich vermutlich nur wenige Tage merken werden, welche Bedeutung das Smiley-Symbol hat, sollten Sie es grafisch gestalten. Der Kontextmenüeintrag SYMBOL BEARBEITEN führt in einen kleinen Symboleditor. Dort wurde versucht, die Formatierungsmerkmale der Formatvorlage (fette Schrift, doppelt unterstrichen) in einem Symbol darzustellen.

Bild 1.5: Der Symboleditor

Das Symbol wieder aus der Symbolleiste entfernen

Wenn Sie das Beispiel beendet haben, wird Ihnen das neue Symbol vermutlich im Weg stehen. Mit ANSICHT | SYMBOLLEISTEN | ANPASSEN können Sie die neue Symbolleiste auswählen und löschen.

Anmerkungen für Fortgeschrittene

Obwohl das Beispiel recht einfach war, wirft es interessante Probleme auf. Es ist nicht ohne weiteres möglich, die gesamten Informationen dieses Beispiels (also die Definition der Formatvorlage, des neuen Symbols und des Makros) in einer Makroarbeitsmappe so zu speichern, dass ein anderer Excel-Anwender das neue Symbol zur Formatierung von Zellen in seiner eigenen Tabelle verwenden kann. Selbst wenn Sie den

Button nur dazu verwenden möchten, um eine Zelle in einer anderen Arbeitsmappe zu formatieren, kommt es zu einer Fehlermeldung. Die Gründe:

- Formatvorlagen gelten nur für eine Arbeitsmappe und können nicht problemlos in einer anderen Arbeitsmappe verwendet werden. (Das Makro könnte natürlich so erweitert werden, dass es die Formatvorlage zuerst in die jeweilige Arbeitsmappe kopiert. Das übersteigt aber den Charakter eines Einführungsbeispiels.)

- Symbole werden normalerweise in einer eigenen Datei gespeichert und gehören zu den persönlichen Konfigurationsdaten von Excel. (Unter Windows 2000 wird Dokumente und Einstellungen*Benutzername*\Anwendungsdaten\Microsoft\Excel\Excel.xlb verwendet. Details zu den Orten der Konfigurationsdateien finden Sie in Abschnitt 5.9.)

  Das neu definierte Symbol steht daher nur zur Verfügung, wenn Sie sich unter Ihrem Namen anmelden. Andere Benutzer desselben Rechners (mit eigenen Login-Namen) können das neue Symbol nur dann verwenden, wenn Sie die Symbolleiste mit der Arbeitsmappe verbinden: Dazu führen Sie in Excel das Kommando ANSICHT | SYMBOLLEISTEN | ANPASSEN | ANFÜGEN für die betreffende Symbolleiste aus.

Die Beispieldatei Format.xls enthält im Modul *Diese Arbeitsmappe* zwei Prozeduren, die sich darum kümmern, dass die Symbolleiste beim Laden der Datei automatisch angezeigt und beim Schließen ebenso automatisch entfernt wird. Die Hintergründe sollen bei diesem einführenden Beispiel nicht erläutert werden. Detaillierte Informationen zu Ereignisprozeduren und zum Umgang mit eigenen Menüs und Symbolleisten finden Sie in den Abschnitten 4.4 und 8.1.

1.4 Beispiel – Makro zur Eingabeerleichterung

Bei der Eingabe tabellarischer Daten kommt es häufig vor, dass in einer Zelle derselbe Wert bzw. derselbe Text eingegeben werden muss, der bereits in der unmittelbar darüber stehenden Zelle zu finden ist. Excel stellt zwar verschiedene Möglichkeiten zur Verfügung, mit der Sie die Zelle nach unten kopieren können, alle Varianten setzen aber entweder die Verwendung der Maus voraus (das stört bei einer reinen Tastatureingabe erheblich) oder erfordern umständliche Cursorbewegungen. Es liegt nahe, hierfür wiederum ein Makro aufzuzeichnen, das mit einer einfachen Tastenkombination (z. B. Strg+K zum Kopieren) aufgerufen werden kann.

Vorbereitungsarbeiten

Excel kann bei der Makroaufzeichnung zwischen absoluten und relativen Zellbezügen unterscheiden:

- Normalerweise gilt der absolute Modus. Wenn Sie den Zellzeiger während der Aufzeichnung von B2 nach D4 bewegen, resultiert daraus das Kommando *Range("D4").Select*.

1.4 Beispiel – Makro zur Eingabeerleichterung

- Im relativen Modus würde das Kommando dagegen folgendermaßen aussehen: *ActiveCell.Offset(2, 2).Range("A1").Select*. Mit *ActiveCell.Offset(2,2)* wird also die Zelle zwei Zeilen unterhalb und zwei Spalten neben der gerade aktiven Zelle angesprochen. *Range("A1")* bezieht sich auf diese neue Adresse.

Unterschiede zwischen diesen beiden Varianten ergeben sich erst bei der Ausführung der Makros. Im ersten Fall wird immer die Zelle D4 bearbeitet, ganz egal, wo sich der Zellzeiger vorher befindet. Im zweiten Fall wird die zu bearbeitende Zelle relativ zur aktuellen Zelle ausgewählt.

Zur Umschaltung zwischen relativer und absoluter Aufzeichnung ist seit Excel 97 kein Menükommando mehr vorgesehen. Stattdessen müssen Sie das Symbol RELATIVER BEZUG in der Symbolleiste AUFZEICHNUNG BEENDEN anklicken. Diese Symbolleiste erscheint automatisch, sobald Sie mit der Aufzeichnung eines Makros beginnen. Wenn das Symbol als gedrückter Button angezeigt wird, gilt die relative Aufzeichnung, sonst die absolute. Der Modus kann auch während der Aufzeichnung umgeschaltet werden. Für das Makro dieses Abschnitts sind relative Bezüge erforderlich.

Bild 1.6: Mit dem rechten Button schalten Sie zwischen absoluter und relativer Aufzeichnung um

Makroaufzeichnung

Bevor Sie mit der Aufzeichnung des Makros beginnen, bereiten Sie die Tabelle vor: Geben Sie in einer Zelle irgendeinen Text ein, und bewegen Sie den Zellzeiger anschließend in die Zelle unmittelbar darunter.

Starten Sie die Aufzeichnung mit EXTRAS|MAKRO|AUFZEICHNEN, und geben Sie dabei als Makronamen *CopyFromCellAbove*, als Shortcut (das ist die Tastaturabkürzung) **Strg+K** und als Zielort die persönliche Makroarbeitsmappe an. Anschließend stellen Sie den Aufzeichnungsmodus auf RELATIV, falls dies nicht bereits der Fall ist. Das ist bei diesem Makro erforderlich, weil es an jeder beliebigen Stelle in der Tabelle funktionieren soll (und immer die – relativ zum Zellzeiger – darüber liegende Zelle kopieren soll).

Während die Aufzeichnung läuft, führen Sie die folgenden Tastatureingaben bzw. Kommandos aus: **Shift+↑** (damit markieren Sie die aktuelle und die darüber liegende Zelle), BEARBEITEN|AUSFÜLLEN|UNTEN (damit kopieren Sie die Zelle nach unten) und schließlich **→** (damit bewegen Sie den Zellzeiger in die nächste Zelle nach rechts, wo die nächste Eingabe erfolgen kann). Beenden Sie die Aufzeichnung mit EXTRAS|MAKRO|AUFZEICHNUNG|BEENDEN.

In der persönlichen Arbeitsmappe sollte sich jetzt folgendes Visual-Basic-Makro befinden:

```
' Beispiel 01\shortcut.xls
Sub CopyFromCellAbove()
  ActiveCell.Offset(-1, 0).Range("A1:A2").Select
  ActiveCell.Activate
  Selection.FillDown
  ActiveCell.Offset(0, 1).Range("A1").Select
End Sub
```

Wenn Sie das Makro nun ausprobieren, werden Sie feststellen, dass es zwar prinzipiell funktioniert, dass sich der Zellzeiger anschließend aber nicht wie bei der Aufzeichnung rechts von der Startzelle befindet, sondern eine Zeile weiter oben. Hier gibt es also einen kleinen Widerspruch zwischen den aufgezeichneten Kommandos und dem resultierenden Code (d.h., die automatische Makroaufzeichnung hat nicht ganz perfekt funktioniert). Sie können das Problem beseitigen, indem Sie den ersten *Offset*-Wert in der letzten Zeile des Makros folgendermaßen ändern:

```
ActiveCell.Offset(1, 1).Range("A1").Select
```

> **ANMERKUNG** Wenn Sie bei der Aufzeichnung vergessen, das Tastenkürzel **Strg+K** anzugeben, können Sie einem vorhandenen Makro auch nachträglich ein Kürzel zuweisen. Dazu führen Sie in Excel (nicht in der Entwicklungsumgebung) EXTRAS|-MAKROS|MAKRO aus, wählen das Makro aus und stellen das Kürzel mit OPTIONEN ein.

1.5 Beispiel – Einfache Literaturdatenbank

Das folgende Beispiel ist eine schon ziemlich konkrete (wenn auch noch immer sehr einfache) Anwendung. Es befindet sich auf der CD-ROM unter dem Dateinamen books.xls.

Die Arbeitsmappe (oder »das Programm«) ermöglicht die Verwaltung von Büchern, beispielsweise für eine kleine Bibliothek. Die Liste der Bücher kann beliebig erweitert, nach Autoren oder Titeln sortiert, nach verschiedenen Kriterien selektiert (z. B. nur Computerbücher), nach Begriffen durchsucht werden etc. Die Bedienung der Anwendung ist durch einige Buttons vereinfacht, so dass zum Suchen eines Buchs oder zur Erweiterung der Datenbank kaum Excel-spezifische Kenntnisse erforderlich sind.

▶ Schritt 1: Datenbank einrichten, Fenstergestaltung

Die Erstellung dieser Anwendung beginnt damit, dass Sie die Daten einiger Bücher eingeben und die Tabelle in etwa nach dem Vorbild von Bild 1.7 gestalten. Das hat vorläufig noch nichts mit Makroprogrammierung zu tun, es handelt sich lediglich um den ganz normalen Aufbau einer neuen Excel-Tabelle. Die Buttons und Filterpfeile sollten Sie vorläufig ignorieren.

1.5 Beispiel – Einfache Literaturdatenbank

(Wenn Sie möchten, können Sie genauso gut eine Adressdatenbank, eine Schülerkartei oder was auch immer anlegen. Sie müssen sich durchaus nicht exakt an die Vorlage halten! Lernen werden Sie umso mehr, je kreativer und eigenständiger Sie vorgehen.)

Einige Hinweise zur Formatierung der Tabelle: Alle Zellen der Tabelle wurden vertikal nach oben ausgerichtet (FORMAT | ZELLEN | AUSRICHTUNG). Bei den Zellen der Titelspalte wurde außerdem das Attribut ZEILENUMBRUCH aktiviert, so dass längere Titel automatisch über mehrere Zeilen verteilt werden. Bei den beiden obersten Zeilen wurde die Zeilenhöhe deutlich vergrößert. Die gesamte zweite Zeile wurde mit der Hintergrundfarbe Hellgrau formatiert (FORMAT | ZELLEN | MUSTER).

In Zelle C2 (Inhalt: Kategorie-Überschrift) wurde eine Notiz gespeichert. (Notizen werden mit EINFÜGEN | KOMMENTAR eingegeben. Seit Excel 7 werden Notizen automatisch angezeigt, sobald die Maus über eine Zelle mit einer Notiz bewegt wird.) Die Notiz in Zelle C2 wird dazu verwendet, den Kategorie-Code zu erklären: B ... Belletristik, C ... Computerliteratur etc. Zellen, zu denen eine Notiz gespeichert ist, werden in der rechten oberen Ecke mit einem roten Punkt markiert. Falls dieser Punkt bei Ihnen nicht erscheint, wählen Sie EXTRAS | OPTIONEN | ANSICHT, und aktivieren Sie die Option INDIKATOREN.

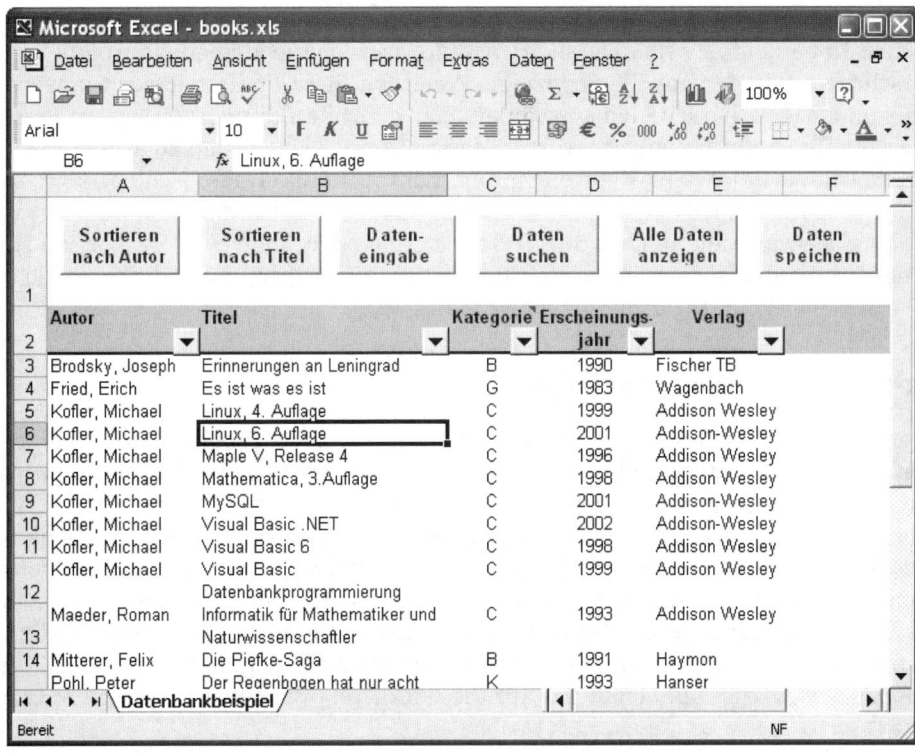

Bild 1.7: Eine einfache Datenbankanwendung

Einige Tipps zur Gestaltung des Fensters: Das Fenster wurde horizontal geteilt und so fixiert, dass im oberen Fensterbereich die Überschrift der Datenbank (zwei ziemlich hohe Zeilen) zu sehen ist (FENSTER|TEILEN, das Teilungskreuz mit der Maus einstellen, FENSTER|FIXIEREN). Mit EXTRAS|OPTIONEN|ANSICHT wurde die Beschriftung der Zeilen- und Spaltenköpfe sowie die Anzeige der Gitternetzlinien, der horizontalen Bildlaufleiste und der Blattregister abgeschaltet.

Dass es sich bei der Tabelle um eine Datenbank handelt, brauchen Sie Excel nicht mitzuteilen. (In Version 4 gab es ein Menükommando DATENBANK EINRICHTEN. In Version 5 wurde dieses Kommando entfernt. Damit Excel die Datenbank erkennt, müssen Sie lediglich den Zellzeiger irgendwo in die Datenbank bewegen. Als »Datenbank« gilt in Excel einfach jeder zusammenhängende Zellbereich.)

Sie können daher sofort die Datenbankkommandos ausprobieren, etwa zum Sortieren der Tabelle nach einem beliebigen Kriterium (Autor, Titel, Erscheinungsjahr etc.). Führen Sie einfach DATEN|SORTIEREN aus. Ein weiteres wichtiges Datenbankkommando lautet DATEN|MASKE: Damit wird ein Dialogfeld zur Eingabe und Veränderung der Daten angezeigt.

▶ Schritt 2: Die Datenbank mit Filtern ausstatten

Mit dem Kommando DATEN|FILTER|AUTOFILTER werden die kleinen Filterpfeile in den Überschriftszellen der Tabelle angezeigt. Wenn Sie diese Pfeile mit der Maus anklicken, können Sie Filterkriterien auswählen, z. B. einen bestimmten Verlag, ein Erscheinungsjahr etc. In der Datenbank werden dann nur noch jene Daten angezeigt, die dieses Kriterium erfüllen. Zur Kennzeichnung, dass nicht alle Daten sichtbar sind, stellt Excel den Filterpfeil jetzt blau dar. Es können mehrere Filterkriterien kombiniert werden (beispielsweise alle Bücher des Verlags *xxx* aus dem Jahr *yyy*). Sie können sogar eigene Kriterien aufstellen, etwa um alle Bücher anzuzeigen, die zwischen 1980 und 1990 erschienen sind (Kriterium BENUTZERDEFINIERT).

▶ Schritt 3: Buttons und Makros

Als erfahrener Excel-Anwender haben Sie vermutlich keine Probleme, die Datenbank im aktuellen Zustand zu bedienen. Über die Menüleiste können Sie die Daten nach beliebigen Kriterien sortieren, Sie können Daten eingeben und verändern etc. Wenn Sie aber möchten, dass auch ein vollkommener Excel-Laie mit dieser Datenbank umgehen kann, müssen Sie die Bedienung noch ein wenig vereinfachen. Im vorliegenden Beispiel wurden dazu einige Buttons in die Tabelle eingefügt, mit denen die wichtigsten Funktionen ohne langes Suchen in der Menüleiste ausgeführt werden können. (Natürlich wären auch andere Gestaltungsmöglichkeiten denkbar: Etwa eine eigene Symbolleiste, ein eigenes Menü, das auf die wirklich notwendigen Einträge reduziert ist etc.)

1.5 Beispiel – Einfache Literaturdatenbank

Zum Einfügen von Buttons aktivieren Sie die Symbolleiste STEUERELEMENT-TOOLBOX. Anschließend klicken Sie das Symbol BEFEHLSSCHALTFLÄCHE an und fügen den Button mit der Maus in das Tabellenblatt ein. (Dabei wird automatisch der Entwurfsmodus aktiviert, der eine weitere Bearbeitung des Buttons ermöglicht.)

Nun folgt die Formatierung des Buttons: Per Kontextmenükommando BEFEHLSSCHALT-FLÄCHE-OBJEKT|BEARBEITEN können Sie die Beschriftung ändern. Strg+Return beginnt eine neue Zeile, Esc schließt die Eingabe ab.

Alle anderen Eigenschaften werden mit einem eigenen Eigenschaftsfenster eingestellt (Bild 1.8), das ebenfalls per Kontextmenü oder durch das EIGENSCHAFTEN-Symbol aufgerufen wird. Dort sollten Sie die folgenden Einstellungen vornehmen:

- *Name:* Geben Sie dem Steuerelement einen aussagekräftigen Namen, etwa *btnSort* für den Button zum Sortieren.

- *Font:* Vergrößern Sie die Schriftart auf 10 Punkt und wählen Sie das Attribut fett.

- *ForeColor:* Wenn Sie bunte Buttons mögen, stellen Sie eine andere Textfarbe ein.

- *TakeFocusOnClick:* Stellen Sie diese Eigenschaft auf *False*, damit der VBA-Code später korrekt verarbeitet wird (siehe auch Abschnitt 7.5).

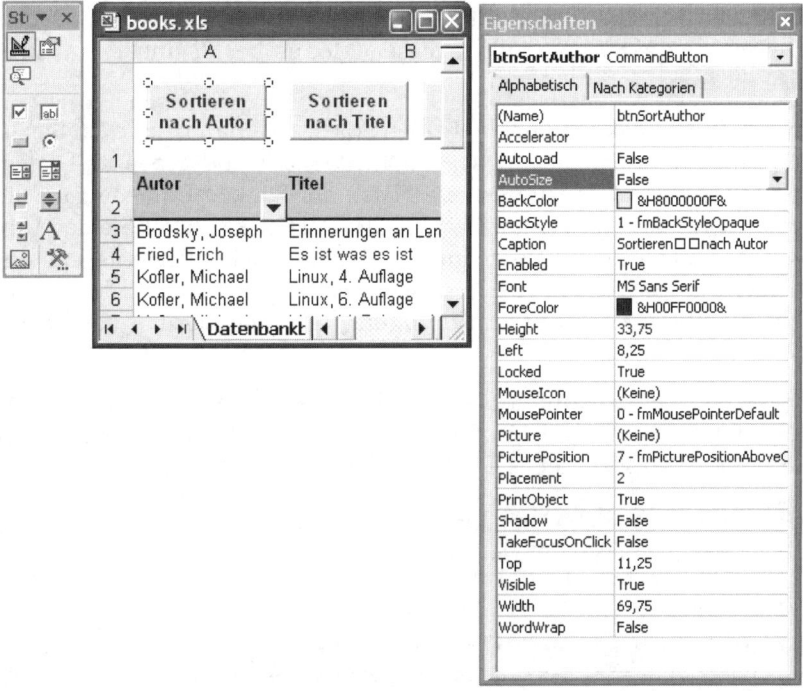

Bild 1.8: Links die Steuerelement-Toolbox, in der Mitte das Tabellenfenster, rechts das Eigenschaftsfenster mit den Einstellungen des ausgewählten Buttons

> **TIPP**
> Sie können etwas Zeit sparen, wenn Sie diese Formatierungsschritte nur für den ersten Button durchführen. Anschließend kopieren Sie den Button mehrmals, indem Sie ihn mit der Maus bei gedrückter Strg-Taste verschieben. Wenn Sie zusätzlich Shift drücken, bleibt außerdem die horizontale Position gleich, so dass die Steuerelemente zueinander ausgerichtet erscheinen. Anschließend müssen Sie nur noch die Beschriftung und den Steuerelementnamen einstellen.

Jetzt müssen Sie die Buttons noch mit Programmcode verbinden. Ein Doppelklick auf den Button fügt im Modul *Tabelle1* eine Schablone für die Ereignisprozedur ein, die beim Anklicken des Buttons später automatisch ausgeführt wird. Der Name der Prozedur setzt sich aus dem Steuerelementnamen (etwa *btnSortAuthor*) und dem Ereignis (meist *Click*) zusammen:

```
' Beispiel 01\books.xls, Modul Tabelle1
Private Sub btnSortAuthor_Click()

End Sub
```

Zur Aufzeichnung des Programmcodes gehen Sie wie in den vorangegangenen Beispielen vor. Die resultierenden Anweisungen übertragen Sie anschließend mit KOPIEREN und EINFÜGEN vom Aufzeichnungsmodul in die Codeschablone. Falls Sie zuletzt das Beispiel des vorherigen Abschnitts abgearbeitet haben, ist noch der Modus »relative Aufzeichnung« aktiv. Sie sollten diesen Modus bei Beginn der Aufzeichnung wieder deaktivieren.

Nun zum Inhalt der Makros: Für die beiden SORTIEREN-Makros klicken Sie zuerst die Zelle A2 an, führen anschließend DATEN|SORTIEREN aus und geben im Dialog das gewünschte Sortierkriterium (Autoren oder Titel) an. Für die Dateneingabe stellen Sie den Zellzeiger abermals auf A2 und wählen DATEN|MASKE. Bevor Sie das Makro ALLE DATEN ANZEIGEN aufzeichnen können, müssen Sie irgendein Filterkriterium auswählen (z. B. alle Bücher anzeigen, die 1993 erschienen sind). Das Kommando DATEN|FILTER|ALLE ANZEIGEN steht nämlich nur zur Verfügung, wenn mindestens ein Filterkriterium aktiv ist.

Für das SPEICHERN-Makro führen Sie einfach das Kommando DATEI|SPEICHERN aus. Das Makro DATEN SUCHEN müssen Sie im Modul über die Tastatur eingeben (Code siehe unten). Die Makros sollten schließlich folgendermaßen aussehen:

```
' Beispiel 01\books.xls, »Tabelle1«
' Sortieren nach Autorennamen
Private Sub btnSortAuthor_Click()
  Range("A2").Select
  Selection.Sort Key1:=Range("A3"), Order1:= _
    xlAscending, Header:=xlGuess, OrderCustom:=1, _
    MatchCase:=False, Orientation:=xlTopToBottom
End Sub
```

1.5 Beispiel – Einfache Literaturdatenbank

```
' Sortieren nach Titeln
Private Sub btnSortTitle_Click()
  Range("A2").Select
  Selection.Sort Key1:=Range("B3"), Order1:= _
    xlAscending, Header:=xlGuess, OrderCustom:=1, _
    MatchCase:=False, Orientation:=xlTopToBottom
End Sub

' Datenbankmaske anzeigen, »Neu«-Button anklicken
Private Sub btnInput_Click()
  Range("A2").Select
  SendKeys "%n"
  ActiveSheet.ShowDataForm
End Sub

' Dialog zum Suchen anzeigen
Private Sub btnFind_Click()
  SendKeys "^f"
End Sub

' alle Datensätze anzeigen
Private Sub btnShowAll_Click()
  On Error Resume Next
  ActiveSheet.ShowAllData
End Sub

' Speichern
Private Sub btnSave_Click()
  ActiveWorkbook.Save
End Sub
```

> **TIPP** Zum Ausprobieren der Buttons müssen Sie den Entwurfsmodus für die Steuerelemente deaktivieren (erstes Symbol in der Symbolleiste STEUERELEMENTE-TOOLBOX).

Anmerkungen für Fortgeschrittene

Das Anklicken der Zelle A2 beim Aufzeichnen der Makros (es könnte auch eine beliebige andere Zelle des Datenbankbereichs sein) ist notwendig, weil die Datenbankkommandos nur funktionieren, wenn der Zellzeiger sich im Datenbankbereich befindet. Da die Buttons später auch dann angeklickt werden können, wenn der Zellzeiger an anderer Stelle steht, muss er am Beginn des Makros explizit in den Datenbankbereich gestellt werden.

In das Makro *btnInput_Click* muss nach der Makroaufzeichnung das *SendKeys*-Kommando eingefügt werden. Es simuliert die Tastatureingabe Alt+N, durch die im Dialog der Datenbankmaske der Button NEU ausgewählt wird. Damit wird verhindert, dass der Anwender irrtümlich einen bereits bestehenden Eintrag überschreibt. (Wegen der nicht ganz einleuchtenden Bedienung der Datenbankmaske passiert das beim ersten Mal fast zwangsläufig.)

Die Anordnung der Kommandos *SendKeys* und *ShowDataForm* erscheint zugegebenermaßen unlogisch. Eigentlich sollte man meinen, dass zuerst der Dialog geöffnet und erst anschließend die Tastatureingabe simuliert werden muss. Das Kommando *SendKeys* bewirkt aber lediglich, dass die Tastenkombination Alt+N in einen Tastaturpuffer eingetragen und von dort (irgendwann) vom Windows-System weiterverarbeitet wird. Würde *SendKeys* unter *ShowDataForm* im Makro stehen, würde Excel mit der Ausführung von *SendKeys* warten, bis die Eingaben in der Datenbankmaske ausgeführt sind – und dann ist es natürlich zu spät.

Die Methode *ShowDataForm* setzt voraus, dass die Datenbank im Zellbereich A1:B2 anfängt. Die aktuelle Position des Zellzeigers ist egal. Wenn die Datenbank an einer anderen Position anfängt, müssen Sie den gesamten Zellbereich mit dem Namen *datenbank* benennen (EINFÜGEN | NAMEN | DEFINIEREN). Weitere Informationen gibt die folgende Seite:

http://support.microsoft.com/default.aspx?scid=kb;en-us;213835

Das Makro *btnFind_Click* verwendet ebenfalls *SendKeys* zum Aufruf des SUCHEN-Dialogs. Es wäre zwar auch möglich, den Dialog mit *Dialogs(xlDialogFormulaFind).Show* anzuzeigen, es ist aber nicht möglich, tatsächlich Daten zu finden. (Die Suche beschränkt sich aus unerklärlichen Gründen auf die gerade aktuelle Zelle.) Dieses Problem besteht übrigens schon seit Version 5!

Im Makro *btnShowAll_Click* wird Ihnen vielleicht die Anweisung *On Error Resume Next* auffallen. Diese Anweisung bewirkt, dass das Makro auch dann ohne Fehlermeldung in der nächsten Zeile fortgesetzt wird, wenn ein Fehler auftritt. In dem Makro kann es sehr leicht zu einem Fehler kommen: nämlich immer dann, wenn der Anwender den Button ALLE DATEN ANZEIGEN anklickt, obwohl in dem Moment gar kein Filterkriterium aktiv ist.

1.6 Beispiel – Formular zur Berechnung der Verzinsung von Spareinlagen

Das vorletzte Beispiel dieses Kapitels beweist, dass die Gestaltung vorgefertigter Anwendungen nicht zwangsläufig mit Programmieren verbunden ist. In der in Bild 1.9 dargestellten Tabelle können Sie im gelb unterlegten Bereich vier Parameter eingeben: Die jährliche Verzinsung der Spareinlagen, die monatlichen Spareinlagen, den ersten Einzahlungstag und die Laufzeit des Sparvertrags. Die Tabelle ist so dimensioniert, dass die Laufzeit maximal sechs Jahre betragen kann.

Aus den Eingaben berechnet Excel selbstständig den Termin der letzten Einzahlung, das Vertragsende, die monatliche Verzinsung, die im Verlauf der Vertragszeit er-

1.6 Beispiel – Formular zur Berechnung der Verzinsung von Spareinlagen

reichte Zinsgutschrift sowie das Gesamtguthaben nach Ende der Laufzeit. Außerdem generiert Excel eine Tabelle mit den monatlichen Zinsgutschriften und Guthaben, so dass leicht festgestellt werden kann, wie groß das Guthaben zu einem beliebigen Zeitpunkt innerhalb der Laufzeit ist.

Die Tabelle eignet sich beispielsweise als Grundlage (und Werbemittel) in einem Bankinstitut, das die Kunden von der Sinnhaftigkeit eines Sparvertrags überzeugen möchte. Das Erstellen einer Tabelle nach den Vorstellungen des Kunden erfolgt in Sekunden. Die Tabelle kann anschließend in einer ansprechenden Form ausgedruckt werden.

> **VERWEIS** Das Beispiel kommt zwar ohne Makroprogrammierung aus, basiert dafür aber auf ziemlich komplexen *WENN*-Formeln. Wenn Ihnen der Umgang mit *WENN*-Formeln Probleme bereitet, finden Sie in Abschnitt 9.1 dazu Informationen.

Das Formelmodell

Das Formular sieht einen vierzelligen Eingabebereich vor, in dem sich zur einfacheren Orientierung bereits voreingestellte Werte befinden:

E5 (jährlicher Zinssatz): 2.5 Prozent
E6 (Sparbetrag): 100 €
E7 (erster Einzahlungstermin): =*HEUTE()*
E8 (Laufzeit): 1 Jahr

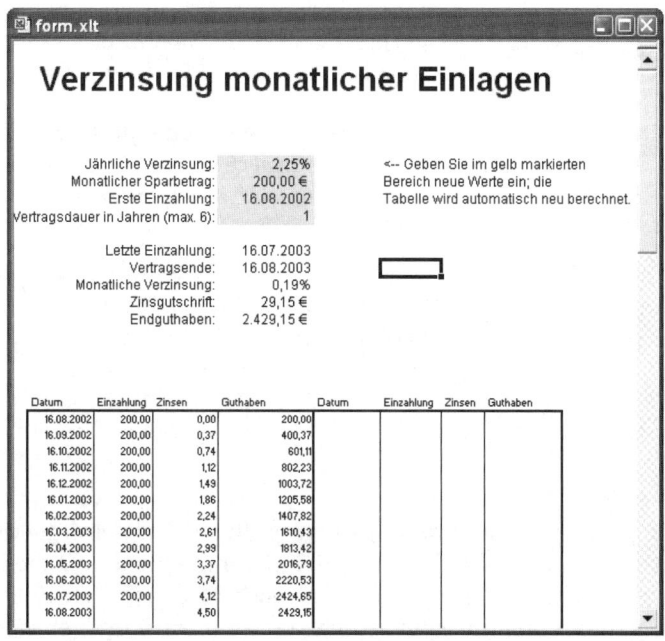

Bild 1.9: Verzinsung monatlicher Spareinlagen

Daraus werden drei Ergebnisse berechnet: das Datum der letzten Einzahlung (*n* Jahre minus 1 Monat nach der ersten Einzahlung), das Ende der Laufzeit (1 Monat später) und der monatliche Zinssatz.

Die Datumsberechnungen demonstrieren den Umgang mit der Funktion *DATUM*, mit der ein gültiges Datum aus der Angabe *(Jahr; Monat; Tag)* erstellt wird. Die *DATUM*-Funktion ist dabei unglaublich flexibel: *DATUM(1997;13;1)* führt zum 1.1.1998, *DATUM(1998; 2; 31)* zum 3.3.1998, *DATUM(1998; -3; -3)* zum 28.8.1997. Es kann also wirklich beinahe bedenkenlos gerechnet werden; ungültige Monats- und Tagesangaben werden automatisch in sinnvolle Daten umgerechnet.

Bei der Berechnung des monatlichen Zinssatzes wird angenommen, dass die Verzinsung wirklich monatlich erfolgt. Daher darf der Zinssatz nicht einfach durch 12 dividiert werden, weil der daraus resultierende Jahreszinssatz dann wegen des resultierenden Zinseszins zu hoch ausfallen würde.

E10 (letzte Einzahlung): *=DATUM(JAHR(E7)+E8;MONAT(E7)-1;TAG(E7))*
E11 (Vertragsende): *=DATUM(JAHR(E7)+E8;MONAT(E7);TAG(E7))*
E12 (monatlicher Zinssatz): *=(1+E5)^(1/12)-1*

Die eigentlichen Ergebnisse des Formulars – die im Verlauf der Vertragsdauer gutgeschriebenen Zinsen und das Endguthaben – resultieren aus der Monatstabelle im unteren Bereich des Formulars (B17:I53). Die Zinsgutschrift ergibt sich aus der Summe aller monatlichen Zinsen, das Endguthaben aus dem maximalen Betrag, der in den beiden Guthabenspalten gefunden werden kann. (Da die Länge der Tabelle von der Laufzeit des Vertrags abhängt, existiert keine genau definierte Zelle, in der das Ergebnis steht.)

E13 (gesamte Zinsgutschrift): *=SUMME(D17:D53;H17:H53)*
E14 (Gesamtguthaben): *=MAX(E17:E53;I17:I53)*

Nun zur Monatstabelle, deren Aufbau die meisten Formelprobleme verursacht. Die Tabelle ist aus Platzgründen zweispaltig konzipiert. Dadurch kann das gesamte Formular bis zu einer Laufzeit von sechs Jahren auf einer einzigen Seite ausgedruckt werden.

Die erste Zeile der Tabelle ist trivial und verweist einfach auf die entsprechenden Zellen des Eingabebereichs. In der Zinsspalte steht starr der Wert 0, weil am ersten Einzahlungstag noch keine Zinsen angefallen sind.

B17 (Datum): *=E7*
C17 (Einzahlung): *=E6*
D17 (Zinsen): 0
E17 (Guthaben): *=C17*

Ab der zweiten Zeile beginnen die allgemein gültigen Formeln, die nach einer einmaligen Eingabe durch Ausfüllen bzw. Kopieren auf die gesamte Tabelle verteilt werden. Wesentlich beim Formelapparat ist, dass sich zwar in allen Zellen der Tabelle Formeln befinden, aber nur in einer durch die Laufzeit vorgegebenen Anzahl von Zellen Ergebnisse angezeigt werden sollen. In den verbleibenden Zellen müssen die

Formeln erkennen, dass die Vertragslaufzeit überschritten ist, und daher als Ergebnis eine leere Zeichenkette """ liefern.

In der Datumsspalte wird getestet, ob die Zelle oberhalb ein Datum enthält (also nicht leer ist) und ob dieses Datum kleiner als das Datum des Vertragsendes ist. Wenn das der Fall ist, wird das neue Datum durch die Vergrößerung des Monats um 1 berechnet. In der Einzahlungsspalte wird getestet, ob sich in der Datumsspalte des *Vormonats* ein Datum befindet. Wenn das der Fall ist, wird der monatliche Einzahlungsbetrag angezeigt, sonst """. Der Vormonatstest ist deswegen notwendig, weil in der letzten Zeile der Tabelle (Vertragsende) keine Einzahlung mehr erfolgt, wohl aber ein letztes Mal Zinsen gutgeschrieben werden.

Auch in der Zinsspalte erfolgt der Datumstest. Die Formel liefert als Ergebnis das Vormonatsguthaben multipliziert mit dem monatlichen Zinssatz oder """. In der Guthabenspalte werden zum Guthaben des Vormonats die Zinsen und die Einzahlung des aktuellen Monats addiert.

B18 (Datum): *=WENN(UND(B17<>"";B17<$E$11);*
  DATUM(JAHR(B17);MONAT(B17)+1;TAG(B17)); "")
C18 (Einzahlung): *=WENN(B19<>"";C17;"")*
D18 (Zinsen): *=WENN(B18<>"";E17*$E$12;"")*
E18 (Guthaben): *=WENN(B18<>"";SUMME(E17;C18:D18);"")*

Beachten Sie bei der Eingabe der Formeln, dass einige Zellbezüge ($E$11, $E$12) absolut sind, sonst gibt es beim Kopieren bzw. Ausfüllen der Zellen Probleme.

Die für eine Zeile eingegebenen Formeln können nun durch Ausfüllen nach unten kopiert werden. Markieren Sie dazu die vier Zellen B18:E18, und ziehen Sie das kleine Ausfüllkästchen (rechte untere Ecke des Zellbereichs) bis zur Zelle E53 nach unten.

Excels Ausfüllfunktion ist nicht in der Lage, die Formeln selbstständig so zu adaptieren, dass die Tabelle in der zweiten Spalte fortgesetzt wird. Sie können sich aber leicht behelfen, indem Sie die Formeln der ersten Spalte zwei Zeilen weiter ausfüllen (bis E55) und anschließend den Zellbereich B54:E55 nach F17 verschieben (Zellen markieren und am Rand der Markierung mit der Maus verschieben). Anschließend können Sie die zweite Spalte ebenso wie die erste Spalte der Tabelle mit Formeln ausfüllen.

> **ANMERKUNG** Die Datumsformel (B18) ist in einer Beziehung nicht optimal: Wenn als Startdatum der 31.1.94 angegeben wird, dann ergibt sich als nächstes Datum der 3.3.94 (es gibt ja keinen 31.2.94). In der Folge verrutschen alle Einzahldaten um drei Tage, das Enddatum stimmt nicht mit E11 überein etc. Dieses Problem kann vermieden werden, wenn eine weitere Spalte mit durchlaufenden Nummern für die Einzahlungen eingeführt wird (1 für die erste Einzahlung, 2 für die zweite etc.). Damit kann das Einzahldatum in der Form *DATUM(JAHR(E7); MONAT(E7)+Laufnummer-1; TAG(E7))* berechnet werden.

Tabellenlayout, Zellschutz, Druckoptionen

Mit dem Aufbau des Formelmodells ist die mühsamste Arbeit erledigt. Sie müssen jetzt die Tabelle noch so formatieren, dass sie äußerlich ansprechend aussieht (kleine Schrift (8 Punkt) für die Monatstabelle, Rahmenlinien, Zahlen- und Datumsformate, Ausrichtung, Hintergrundfarbe für den Eingabebereich etc.). Über EXTRAS|OPTIONEN|ANSICHT können Sie die Anzeige der Rasterlinien, der Zeilen- und Spaltenköpfe, der horizontalen Bildlaufleiste und der Blattregister deaktivieren.

Testen Sie mit DATEI|SEITENANSICHT, ob das Formular auf einer Druckseite Platz hat und sie gut füllt. Gegebenenfalls können Sie die Breite und Höhe einzelner Zeilen oder Spalten anpassen, um eine bessere Nutzung der Seite zu erzielen. Über den Button LAYOUT (oder das Menükommando DATEI|SEITE EINRICHTEN) können Sie Kopf- und Fußzeilen verändern (am besten stellen Sie »keine« ein) und im Diagrammblatt RÄNDER eine horizontale und vertikale Zentrierung des Ausdrucks einstellen.

Als Nächstes sollten Sie die Tabelle vor irrtümlichen Veränderungen durch den Anwender schützen. Markieren Sie dazu zuerst den Eingabebereich und deaktivieren Sie für diese Zellen die Option »gesperrt« (Kontextmenü ZELLEN FORMATIEREN|SCHUTZ). Anschließend schützen Sie die gesamte Tabelle (mit Ausnahme der soeben formatierten Zellen) durch EXTRAS|DOKUMENT SCHÜTZEN|BLATT. Auf die Angabe eines Kennworts sollten Sie dabei verzichten.

Validitätskontrolle

Die vier Eingabezellen des Tabellenblatts sind gegen fehlerhafte Eingaben abgesichert. Dazu wurden mit DATEN|GÜLTIGKEIT das gewünschte Datenformat, Gültigkeitsregeln, ein kurzer Infotext und eine Text für die Fehlermeldung (im Fall einer ungültigen Eingabe formuliert). Die Möglichkeit, Validitätsregeln zu formulieren, besteht seit Excel 97.

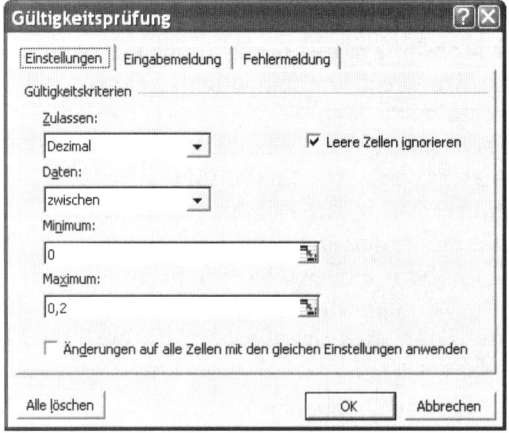

Bild 1.10: Formulierung der Gültigkeitsregeln für die Verzinsung

Mustervorlagen

Die Tabelle hat jetzt einen Zustand, in dem der Anwender sie mühelos verwenden kann: Er muss lediglich die vier Daten des Eingabebereichs verändern und kann das Ergebnis sofort ausdrucken. Damit die Tabelle in diesem Zustand bleibt und nicht unbeabsichtigt verändert wird, speichern Sie sie mit DATEI|SPEICHERN UNTER als Mustervorlage im Verzeichnis Programme\Microsoft Office\Office<*n*>\Xlstart (global) oder Dokumente und Einstellungen*Benutzername*\Anwendungsdaten\Microsoft\Vorlagen (benutzerspezifisch).

Mustervorlagen sind Excel-Dateien, die als Vorlagen für neue Tabellen dienen. Der Benutzer lädt die Mustervorlage, ändert darin einige Informationen und speichert die Tabelle anschließend unter einem neuen Namen ab. Excel sorgt automatisch dafür, dass der Benutzer beim Speichern einen eigenen Dateinamen angeben muss und die Mustervorlage nicht durch eigene Veränderungen überschreiben kann. Damit Mustervorlagen von Excel als solche erkannt werden, müssen sie in einem eigenen Format (Dateikennung *.xlt) und an einem bestimmten Ort (siehe oben) gespeichert werden.

> **HINWEIS** Um die Besonderheiten von Mustervorlagen richtig ausprobieren zu können, müssen Sie die Beispieldatei form.xlt in eines der beiden oben genannten Verzeichnisse kopieren. Außerdem müssen Sie zum Öffnen das Kommando DATEI|NEU verwenden, nicht aber DATEI|ÖFFNEN! (Damit würden Sie die Mustervorlage als solche öffnen, etwa um Veränderungen an der Vorlage durchzuführen.)

> **VERWEIS** Weitere Beispiele für Mustervorlagen und »intelligente« Formulare finden Sie in Kapitel 9. Dieses Kapitel ist zur Gänze der Programmierung und Anwendung solcher Tabellen gewidmet. Beispielsweise kann durch Programmcode erreicht werden, dass die Vorlage beim Laden automatisch initialisiert wird, dass Buttons zum Ausdruck bereitgestellt werden etc.

1.7 Beispiel – Benutzerdefinierte Funktionen

Das vorangegangene Beispiel hat gezeigt, wie eine Tabelle durch den Einsatz ziemlich komplizierter Formeln »intelligent« gestaltet werden kann. Die Verwendung von Formeln wie im vorherigen Beispiel stößt allerdings bald an Grenzen – die Formeln werden zu lang und praktisch nicht mehr handhabbar. Dieses Problem können Sie vermeiden, indem Sie selbst neue Funktionen definieren. Eigene Funktionen können aber auch Aufgaben erfüllen, die durch Tabellenformeln unlösbar wären – etwa die Umwandlung einer Zahl in einen Text (etwa 12,34 in "eins zwei Komma drei vier"), wie es bei der Ausstellung von Schecks erforderlich ist.

Die Definition eigener Funktionen setzt bereits ein etwas tiefer gehendes Wissen über die Programmierung in VBA voraus. Die Makroaufzeichnung ist für diesen Zweck leider nicht brauchbar, weil es sich ja um eine Rechenfunktion und nicht um eine Kommandoabfolge handelt. Die folgenden Beispiele sind allerdings ganz einfach gehalten und sollten eigentlich auch ohne Programmierkenntnisse verständlich sein.

Die erste Funktion berechnet den Flächeninhalt eines Kreises. Bevor Sie die neue Funktion in einer Tabelle verwenden können, müssen Sie den Code in ein Modul eingeben. Dazu wechseln Sie mit Alt+F11 in die Entwicklungsumgebung und führen EINFÜGEN|MODUL aus.

```
' Beispiel 01\function.xls
Function CircleArea(radius As Double) As Double
   CircleArea = radius ^ 2 * Application.Pi
End Function
```

Function leitet ähnlich wie *Sub* aus den vorangegangenen Beispielen eine Prozedur ein. Der Unterschied zu einer *Sub*-Prozedur besteht darin, dass eine *Function*-Prozedur einen Wert zurückgeben kann. Aus diesem Grund wird dem Funktionsnamen *CircleArea* in der zweiten Zeile ein Berechnungsausdruck zugewiesen. *radius* ist ein Parameter der Funktion. Wenn Sie im Tabellenblatt die Formel =*CircleArea(5)* eingeben, dann führt Excel die Funktion aus und setzt dabei automatisch den Wert 5 in den Parameter *radius* ein. Mit *Application.Pi* greifen Sie auf die Zahl 3,1415927 zurück.

Nun zur zweiten Funktion, die schon ein bisschen sinnvoller ist: Sie berechnet das Produkt aus Preis und Anzahl. Dabei wird automatisch ein Rabatt von fünf Prozent berücksichtigt, wenn die Stückzahl mindestens zehn beträgt. Zur Erkennung dieses Sonderfalls wird eine *If*-Abfrage eingesetzt.

```
Public Function Discount(unitprice, pieces)
   If pieces >= 10 Then
      Discount = pieces * unitprice * 0.95
   Else
      Discount = pieces * unitprice
   End If
End Function
```

> **VERWEIS** Normalerweise werden benutzerdefinierte Funktionen natürlich für anspruchsvollere Aufgaben eingesetzt. Details zur Programmierung benutzerdefinierter Funktionen finden Sie in Abschnitt 5.7.

1.8 Beispiel – Analyse komplexer Tabellen

Als Excel-Anwender sind Sie immer wieder mit komplexen Tabellen konfrontiert, die Sie nicht selbst (oder vor sehr langer Zeit) erstellt haben. Im Regelfall ist es schwierig, sich in solchen Tabellen zu orientieren. Es ist nicht klar, welche Zellen aus Eingaben

1.8 Beispiel – Analyse komplexer Tabellen

resultieren, welche Zellen sich aus Formeln ergeben etc. Die Symbole der DETEKTIV-Symbolleiste sind bei der Analyse eines komplexen Formelmodells zwar äußerst hilfreich, sind für eine erste Orientierung aber auch nicht optimal geeignet. Eben diese Aufgabe übernimmt das hier vorgestellte Makro: Es analysiert alle Zellen des aktiven Arbeitsblatts. Zeichenketten werden blau, Formeln rot formatiert. (Natürlich wären auch weitere Untersuchungen des Inhalts oder andere Formatierungen möglich.)

Das Beispiel zeichnet sich unter anderem dadurch aus, dass es nicht mit der Makroaufzeichnung erstellt werden kann – es gibt ja keine vergleichbaren eingebauten Funktionen in Excel. Die Programmierung eines Makros in dieser Art erfordert daher schon ein relativ ausführliches Wissen über die Objektbibliothek von Excel und insbesondere über den Umgang mit Zellen (siehe Abschnitt 5.1).

Der Programmcode beginnt mit einem Test, ob es sich beim aktiven Blatt überhaupt um ein Tabellenblatt handelt (es könnte ja auch ein Diagramm sein). *TypeName* liefert als Ergebnis den Namen des Objekttyps, also beispielsweise *Worksheet* oder *Chart*. Wenn ein Tabellenblatt vorliegt, werden aus Geschwindigkeitsgründen vorübergehend die automatische Neuberechnung und Bildschirmaktualisierung abgeschaltet. Anschließend werden alle benutzten Zellen der Reihe nach analysiert:

Mit *HasFormula* kann ganz einfach festgestellt werden, ob es sich um eine Formel handelt. Mit *TypeName(c.Value)="String"* werden Zeichenketten erkannt. (Mit vergleichbaren Abfragen könnten Sie auch Daten oder Währungswerte – etwa 25,50 Euro – feststellen.) Zur Formatierung wird die *Color*-Eigenschaft des *Font*-Objekts der gerade bearbeiteten Zelle verändert.

```
' Beispiel 01\analyse.xls
Sub AnalyseWorksheet()
  Dim c As Range    'cell
  If TypeName(ActiveSheet) <> "Worksheet" Then Exit Sub
  Application.Calculation = xlCalculationManual
  Application.ScreenUpdating = False
  For Each c In ActiveSheet.UsedRange
    If c.HasFormula Then
      c.Font.Color = RGB(192, 0, 0)
    ElseIf TypeName(c.Value) = "String" Then
      c.Font.Color = RGB(0, 0, 192)
    Else
      c.Font.Color = RGB(0, 0, 0)
    End If
  Next
  Application.Calculation = xlCalculationAutomatic
  Application.ScreenUpdating = True
End Sub
```

1.9 Beispiel – Vokabeltrainer

Beim letzten Beispiel dieses Kapitels ist der spielerische Aspekt ein wenig stärker ausgeprägt. Das Programm hilft beim Lernen von Vokabeln. Ausgangspunkt ist die in Bild 1.11 dargestellte Tabelle mit Vokabeln in zwei Sprachen (hier Schwedisch und Deutsch). Die Spalten C, D, E und F geben an, ob das Wort in die eine oder in die andere Richtung (also Schwedisch → Deutsch oder Deutsch → Schwedisch) schon einmal erkannt bzw. erraten worden ist bzw. wie oft es danach abgefragt wurde.

Wenn Sie den Trainer starten, erscheint der Dialog aus Bild 1.12. Aus der Vokabelliste wird zufällig ein Wort ausgewählt, wobei Vokabeln bevorzugt werden, die noch nie korrekt erraten wurden. Die Vokabelabfrage erfolgt (ebenfalls zufällig) in beide Richtungen. Wenn Sie das Wort schon kennen, drücken Sie OK, sonst NOCHMALS FRAGEN.

Mit EINTRAG KORRIGIEREN und TRAINER BEENDEN verlassen Sie den Dialog. Im ersten Fall wird der Eingabecursor in die Zeile der Vokabeltabelle gesetzt, aus der das zuletzt abgefragte Wort stammt. Das ermöglicht eine einfache Korrektur von Vokabeln.

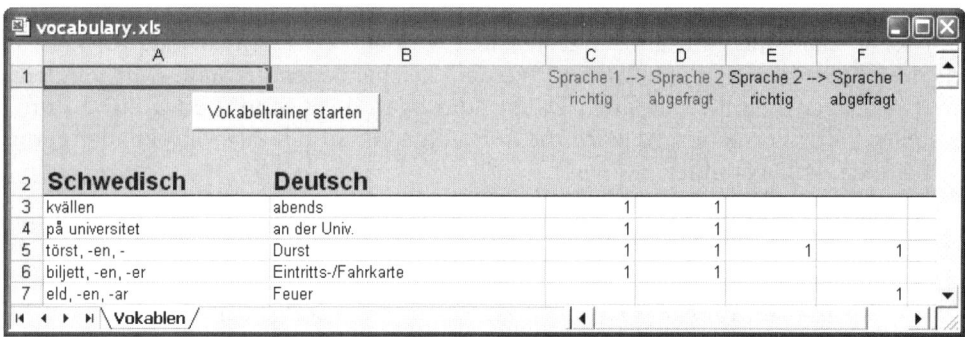

Bild 1.11: Die Vokabelliste mit Abfrage- und Lernergebnissen (Spalte C bis F)

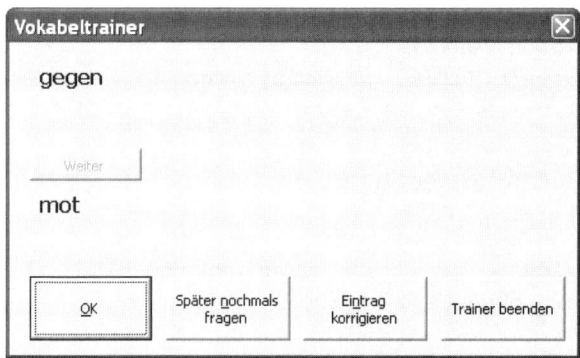

Bild 1.12: Der Dialog des Vokabeltrainers

Dialogaufbau

> **ANMERKUNG** Fast der gesamte Programmcode dieses Beispiels ist mit dem Dialog aus Bild 1.12 verbunden. Die größte Hürde besteht denn auch darin, diesen Dialog zu bilden. Wenn Sie noch nie mit einem Dialogeditor gearbeitet haben, sollten Sie vielleicht zuerst einen Blick in Kapitel 7 werfen, um die folgenden, relativ knappen Ausführungen nachvollziehen zu können.

Die Arbeit beginnt in der VBA-Entwicklungsumgebung (also Alt+F11). Dort erzeugen Sie mit EINFÜGEN|USERFORM einen neuen Dialog. Mit ANSICHT|EIGENSCHAFTEN öffnen Sie das Eigenschaftsfenster, dessen Inhalt sich immer auf das gerade ausgewählte Objekt im Dialog bezieht. Den internen Namen des Dialogs sowie seine Beschriftung stellen Sie über die Eigenschaften *Name* und *Caption* ein. Im Beispiel wird *formQuery* als Objektname und *Vokabeltrainer* als Überschrift verwendet.

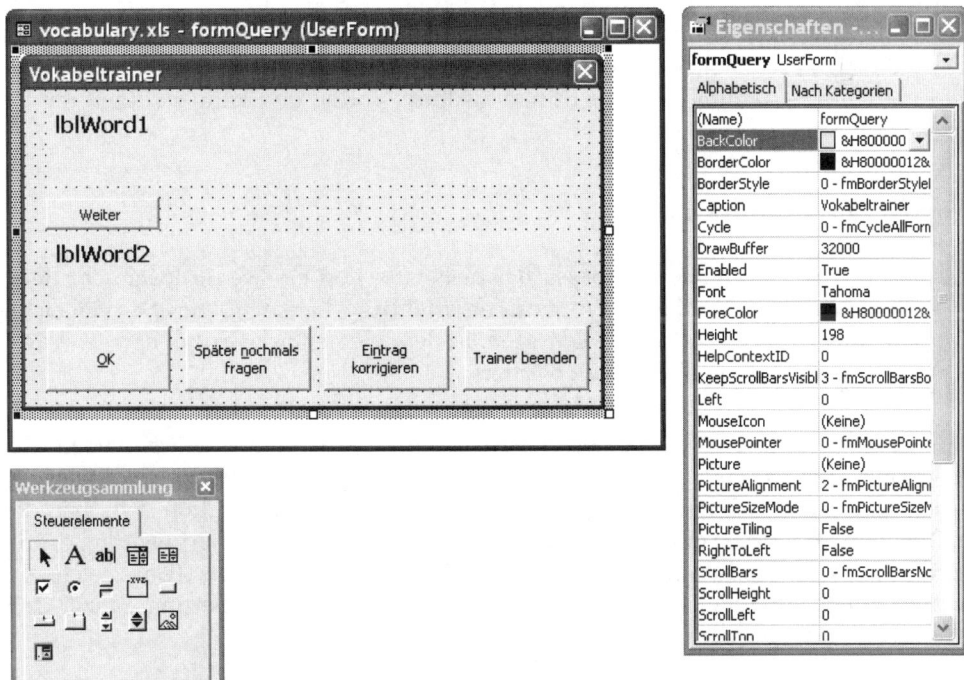

Bild 1.13: Dialogentwurf

Jetzt fügen Sie wie in Bild 1.13 erkennbar zwei Bezeichnungsfelder (Label) und fünf Buttons in den Dialog ein. Dazu wählen Sie zuerst das betreffende Steuerelement in der Werkzeugsammlung aus (ANSICHT|WERKZEUGSAMMLUNG) und zeichnen dann mit der Maus den Rahmen des Steuerelements im Dialog. Das Bezeichnungsfeld ist in der Werkzeugsammlung durch den Großbuchstaben A gekennzeichnet.

Bei allen sieben Steuerelementen müssen Sie wie schon zuvor für den Dialog die *Name-* und *Caption*-Eigenschaften einstellen. Im Beispielprogramm gelten die folgenden Einstellungen:

Name	Caption	Verwendungszweck
lblWord1	lblWord1	Anzeige der ersten Vokabel
lblWord2	lblWord2	Anzeige der zweiten Vokabel
btnNext	WEITER	zweite Vokabel anzeigen
btnOK	OK	Wort erkannt, weiter mit nächstem Wort
btnAgain	SPÄTER NOCHMALS ...	Wort nicht erkannt, weiter
btnEdit	EINTRAG KORRIGIEREN	Dialog verlassen, Wort in Tabelle ändern
btnEnd	TRAINER BEENDEN	Dialog verlassen

Einige weitere Einstellungen sind für die korrekte Funktion des Programms zwar nicht unbedingt erforderlich, erleichtern aber die Bedienung: Bei den beiden Bezeichnungsfeldern können Sie im Eigenschaftsfenster bei der Eigenschaft *Font* eine größere Schrift einstellen. Bei den Buttons können Sie bei der Eigenschaft *Accelerator* einen Buchstaben angeben – dann können Sie den Button später mit Alt+Buchstabe bequem auswählen. Und schließlich können Sie für den BEENDEN-Button die Eigenschaft *Cancel* auf *True* stellen – damit gilt dieser Button als ENDE-Button und kann jederzeit mit Esc ausgewählt werden.

Programmcode zum Dialog

> **HINWEIS** Auch der Programmcode dieses Beispiels ist schon ein wenig fortgeschritten. Wenn Sie noch gar keine Programmiererfahrung haben, sollten Sie vielleicht zuerst einen Blick in Kapitel 4 werfen, in dem elementare Grundbegriffe (Variablen, Schleifen etc.) behandelt werden.

Die Vorbereitungsarbeiten sind jetzt abgeschlossen. Jetzt geht es noch darum, den Dialog mit Prozeduren zu erweitern, die bei der Anzeige des Dialogs bzw. beim Anklicken der diversen Buttons ausgeführt werden. Zur Kommunikation zwischen diesen Prozeduren müssen einige Informationen in Variablen gespeichert werden, die am Beginn des Codemoduls zum *queryForm*-Dialog definiert werden. (Das Zeichen & dient übrigens zur Identifizierung von *Long*-Variablen zur Speicherung ganzer Zahlen.)

```
' Beispiel 01\vocabulary.xls
Option Explicit
Dim firstline&          'erste Zeile mit Vokabeln
Dim lastline&           'letzte Zeile mit Vokabeln
Dim linenr&             'aktuelle Zeile in der Vokabeltabelle
Dim querymodus&         'Fragemodus (0: Sprache 1 --> Sprache 2,
                        '            1: Sprache 2 --> Sprache 1)
```

1.9 Beispiel – Vokabeltrainer

```
Dim startcell As Range    'Zelle, bei der die Vokabelliste beginnt
Const maxTries = 20       'Suche nach noch unbekannten Vokabeln
```

Die Prozedur *UserForm_Initialize* wird automatisch ausgeführt, sobald der Dialog angezeigt wird. Solange Sie sich in der Entwicklungsumgebung befinden, können Sie dazu einfach F5 drücken.

In der Prozedur wird der Inhalt der beiden Bezeichnungsfelder gelöscht. Außerdem werden die Variablen *startcell*, *firstline* und *lastline* initialisiert. *startcell* bezeichnet die erste Tabellenzelle der Vokabelliste und wird im Rest des Programms als Startpunkt für die Adressierung der weiteren Zellen der Vokabelliste verwendet. *firstline* und *lastline* geben die erste und die letzte Zeilennummer des Vokabelbereichs an.

Bei der Berechnung von *lastline* wird *CurrentRegion* verwendet, um den gesamten Tabellenbereich (inklusive Überschrift) der Vokabelliste zu ermitteln. *Rows* zerlegt diesen Bereich in Zeilen, *Count* ermittelt deren Anzahl. (Diese Eigenschaften werden in Abschnitt 5.1 ausführlich beschrieben.)

```
Private Sub UserForm_Initialize()
  lblWord1 = ""      'Inhalt der beiden Bezeichnungsfelder löschen
  lblWord2 = ""
  Set startcell = Worksheets(1).Range("a3")
  firstline = startcell.Row
  lastline = startcell.CurrentRegion.Rows.Count
  Randomize          'Zufallszahlengenerator neu initialisieren
  ShowNewWord        'erstes Wort anzeigen
End Sub
```

Die Prozedur *ShowNewWord* hat die Aufgabe, ein (möglichst noch ungelerntes) Wort aus der Tabelle zu lesen und im ersten Bezeichnungsfeld anzuzeigen. Der Suchalgorithmus ist ziemlich trivial: Mit der Zufallszahlenfunktion *Rnd*, die Zahlen zwischen 0 und 1 liefert, wird eine Zeile (*linenr*) und eine Abfragerichtung (*querymodus*) erzeugt. Mit der Methode *Offset(zeile, spalte)* wird dann je nach *querymodus* die Spalte C oder E der Vokabeltabelle überprüft (siehe Bild 1.11). Wenn die entsprechende Zelle leer ist bzw. wenn sie den Wert 0 enthält, gilt das Wort noch als ungelernt und die Schleife wird vorzeitig verlassen.

Falls auch nach *maxTries* Versuchen kein ungelerntes Wort entdeckt wird, wird eben ein schon bekanntes Wort abgefragt. Für die Vorgehensweise spielt das ohnedies keine Rolle – das Wort wird abermals via *Offset* aus der Tabelle gelesen und im ersten Bezeichnungsfeld angezeigt. Der Inhalt des zweiten Bezeichnungsfelds, in dem noch die Vokabel der vorigen Abfrage steht, wird gelöscht. Die folgenden drei Anweisungen aktivieren den Button WEITER und deaktivieren die Buttons OK und NOCHMALS. Außerdem wird der Eingabefokus in den WEITER-Button versetzt, so dass dieser Button bequem mit RETURN ausgewählt werden kann.

```
' ein Wort zufällig auswählen und anzeigen
Sub ShowNewWord()
  Dim i&
  ' versucht, ein noch unbekanntes Wort zu finden
  For i = 1 To maxTries
    linenr = Int(Rnd * (lastline - firstline + 1))
    querymodus = Int(Rnd * 2)
    If Val(startcell.Offset(linenr, 2 + querymodus * 2)) = 0 Then
      Exit For
    End If
  Next
  lblWord1 = startcell.Offset(linenr, querymodus)
  lblWord2 = ""
  btnNext.Enabled = True
  btnOK.Enabled = False
  btnAgain.Enabled = False
  btnNext.SetFocus
End Sub
```

Der Anwender sieht jetzt den Dialog mit nur einem Wort und versucht, das andere zu erraten. Schließlich klickt er den Button WEITER an. In der Prozedur *btnNext_Click* wird die Vokabel in der jeweils anderen Sprache im zweiten Bezeichnungsfeld *lblWord2* angezeigt. Der Button WEITER wird deaktiviert, dafür werden OK und NOCHMALS aktiviert.

```
' das passende Wort in der anderen Sprache anzeigen
Private Sub btnNext_Click()
  lblWord2 = startcell.Offset(linenr, 1 - querymodus)
  btnNext.Enabled = False
  btnOK.Enabled = True
  btnAgain.Enabled = True
  btnOK.SetFocus
End Sub
```

> **TIPP** Der Prozedurname *btnNext_Click* ergibt sich aus dem Namen des Objekts (hier also *btnNext*) und dem Namen des Ereignisses (*Click*). Zur Codeeingabe führen Sie im Dialogfenster einfach einen Doppelklick für das betreffende Steuerelement aus. Damit werden die Zeilen *Private Sub name* und *End Sub* automatisch in den Programmcode eingefügt.

Wenn der Anwender das Wort erkannt hat, drückt er nun auf OK. In *btnOK_Click* wird daraufhin in der Spalte C oder E (abhängig von *querymodus*) gespeichert, wie oft das Wort bereits richtig erraten wurde. Weiter wird in Spalte D oder F gespeichert, wie oft bereits gefragt wurde. Der Aufruf von *ShowNewWord* löst nun die Anzeige des nächsten Worts aus.

1.9 Beispiel – Vokabeltrainer

```
' Vokabel ist bekannt
Private Sub btnOK_Click()
  ' Spalte C/E (richtig)
  startcell.Offset(linenr, 2 + querymodus * 2) = _
    Val(startcell.Offset(linenr, 2 + querymodus * 2) + 1)
  ' Spalte D/F (abgefragt)
  startcell.Offset(linenr, 3 + querymodus * 2) = _
    Val(startcell.Offset(linenr, 3 + querymodus * 2) + 1)
  ShowNewWord
End Sub
```

btnAgain_Click funktioniert wie *btnOK_Click*. Der einzige Unterschied besteht darin, dass nur die Spalten D und F verändert werden, nicht aber die Spalten C und E.

```
' Vokabel ist noch unbekannt
Private Sub btnAgain_Click()
  startcell.Offset(linenr, 3 + querymodus * 2) = _
    Val(startcell.Offset(linenr, 3 + querymodus * 2) + 1)
  ShowNewWord
End Sub
```

Die beiden Prozeduren *btnEdit_Click* und *btnEnd_Click* beenden beide den Dialog. Dazu wird die Anweisung *Unload Me* verwendet. Im ersten Fall wird der Zellzeiger anschließend zum zuletzt angezeigten Wort bewegt, damit dieses korrigiert werden kann. Im zweiten Fall wird eine Dialogbox gefragt, ob die geänderte Vokabelliste gespeichert werden soll.

```
' Vokabel soll korrigiert werden
Private Sub btnEdit_Click()
  Worksheets(1).Activate
  startcell.Offset(linenr).Activate
  Unload Me
End Sub

' Dialog beenden, Tabelle speichern
Private Sub btnEnd_Click()
  Dim result&
  Unload Me
  result = MsgBox("Soll die Vokabelliste gespeichert werden?", _
    vbYesNo)
  If result = vbYes Then ActiveWorkbook.Save
End Sub
```

Sonstiger Code

Damit der Dialog aus der Vokabeltabelle bequem gestartet werden kann, wird dort ein Button (*btnStartTrainer*) eingefügt. In der Ereignisprozedur wird der Dialog mit *Show* angezeigt. Dadurch kommt es automatisch zum Aufruf von *UserForm_Initialize*, und der weitere Programmablauf erfolgt wie oben beschrieben.

```
' Beispiel 01\Vocabulary.xls, Tabelle 1
Private Sub btnStartTrainer_Click()
   formQuery.Show
End Sub
```

Verbesserungsmöglichkeiten

Natürlich gäbe es zahllose Möglichkeiten, dieses Programm zu verbessern: Durch einen komfortablen Eingabedialog für neue Vokabeln, durch einen Optionsdialog zur Steuerung des Abfragemodus (z.B. Abfragen nur in eine Richtung), durch einen raffinierteren Algorithmus zur Auswahl der abzufragenden Vokabeln, durch die Ergänzung der Vokabeltabelle um eine zusätzliche Lautschriftspalte etc.

1.10 Weitere Beispiele zum Ausprobieren

Dieser Abschnitt gibt eine kurze Beschreibung der interessantesten Beispiele dieses Buchs. Die Abbildungen sollen dazu einladen, die Beispiele einfach einmal zu laden und anzusehen. Gleichzeitig soll der Abschnitt vermitteln, wie weit die Möglichkeiten der VBA-Programmierung reichen.

> **HINWEIS**
>
> Ein Teil der Beispieldateien kann nicht direkt von der CD-ROM verwendet werden. Installieren Sie die Beispieldateien zuerst wie im Anhang beschrieben in ein Verzeichnis Ihrer Festplatte!
>
> Wenn die Programme in etwa dem entsprechen, was Sie selbst mit Excel vorhaben, können Sie in den angegebenen Abschnitten die Details nachlesen. Eine Querreferenz darüber, welche Beispieldatei wo im Buch beschrieben wird, finden Sie ebenfalls im Anhang.

Euroumstellung per Makro

Ihre Tabellen sollen also von DM (oder einer anderen Währung) in Euro umgestellt werden? Nun, ganz automatisieren lässt sich dieser Prozess wohl kaum. Aber die in 05\Euro.xls vorgestellten Prozeduren helfen zumindest bei der Arbeit.

Bild 1.14: Symbolleiste der Eurokonvertierungstools

Kalender und Feiertage

In vielen Excel-Anwendungen tritt das Problem auf, dass Feiertage korrekt berücksichtigt werden sollen. 05\Holidays.xls zeigt, wie Feiertage berechnet werden. Ganz nebenbei fällt noch ein kleines Programm ab, das einen Kalender für ein beliebiges Jahr erzeugt.

2000			
Januar	Februar	März	April
Neujahr	1	1	1
2	2	2	2
3	3	3	3
4	4	4	4
5	5	5	5
Hl. 3 Könige	6	6	6
7	7	7	7
8	8	8	8
9	9	9	9
10	10	10	10
11	11	11	11
12	12	12	12
13	13	13	13
14	14	14	14
15	15	15	15
16	16	16	16
17	17	17	17
18	18	18	18
19	19	19	19
20	20	20	20
21	21	21	Karfreitag
22	22	22	22
23	23	23	Ostersonntag
24	24	24	Ostermontag

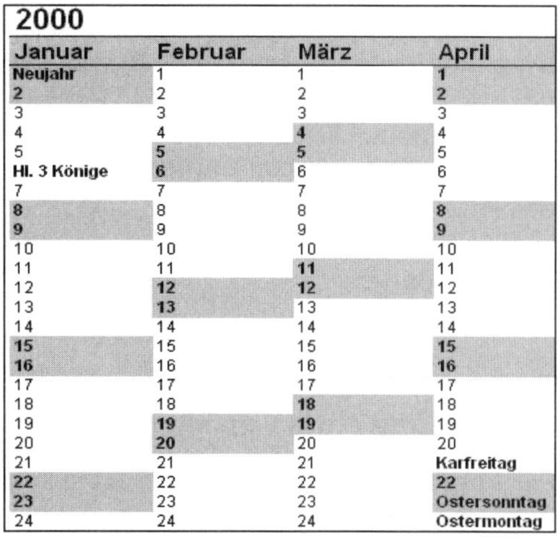

Bild 1.15: Ein mit Excel erstellter Kalender

Eigene Dialoge gestalten

Excel bietet die Möglichkeit, selbst Dialoge zu gestalten, anzuzeigen und per Programmcode auszuwerten. Eine große Anzahl solcher Dialoge finden Sie in der Datei 07\Userform.xls. Die Dialoge können per Mausklick aufgerufen werden.

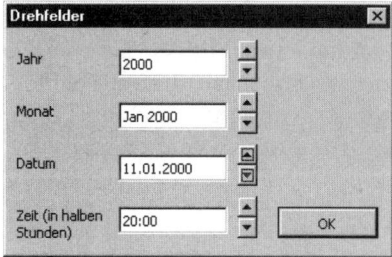

Bild 1.16: Ein UserForm-Dialog

»Intelligentes« Rechnungsformular für eine Versandgesellschaft

Das Schreiben von Rechnungen kann durch so genannte »intelligente« Formulare in einem hohen Maß erleichtert werden. Die Mustervorlage 09\Speedy.xlt gibt dafür ein einfaches Beispiel.

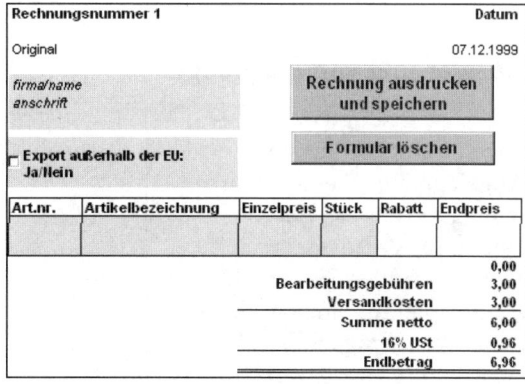

Bild 1.17: Ein intelligentes Formular

Automatische Datenprotokollierung mit Diagrammen

Die umfassenden Möglichkeiten zur Gestaltung von Diagrammen in Excel werden oft dazu verwendet, um große Datenmengen in grafischer Form zu protokollieren. Dieser Prozess lädt natürlich zur Automatisierung ein. In 10\Chart.xls wird gezeigt, wie (ausgehend von simulierten Testdaten) automatisch Tages- und Monatsprotokolle erstellt werden können.

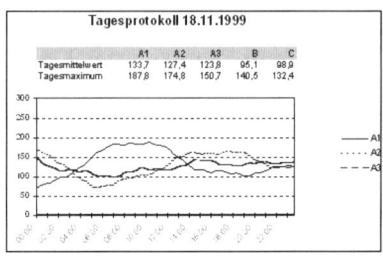

Bild 1.18: Ein automatisch erzeugtes Diagramm

Abrechnung eines Car-Sharing-Vereins

Als Mitglied eines Car-Sharing-Vereins besitzen Sie kein eigenes Auto, sondern leihen es sich aus, wenn Sie es benötigen. Das Beispiel 11\DB_Share.xls zeigt, wie ein »intelligentes« Formular (nämlich 09\Share.xlt) zu einer einfachen Datenbankanwendung ausgebaut werden kann. Mit DB_Share verwalten Sie den Fuhrpark, die Teilnehmeradressen und drucken die Abrechnungen für einzelne Fahrten aus.

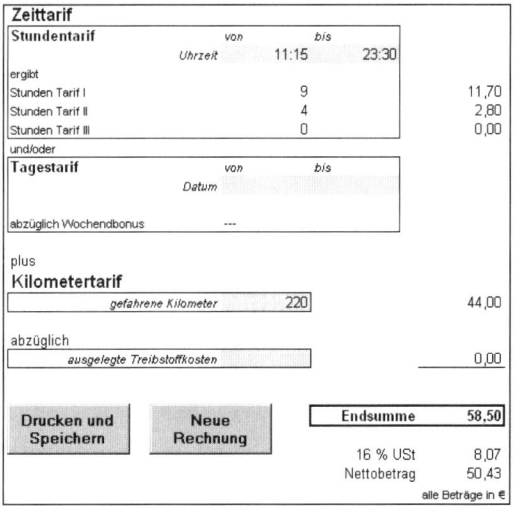

Bild 1.19: Das Formular ist mit einer kleinen Datenbankanwendung verbunden

Auswertung von Fragebögen

Die Auswertung von Fragebögen ist eine mühsame Angelegenheit – es sei denn, man lässt sich von Excel helfen. Im Verzeichnis 12\survey finden Sie sowohl ein Beispiel für einen in Excel realisierten Fragebogen als auch Makros für deren automatische Auswertung.

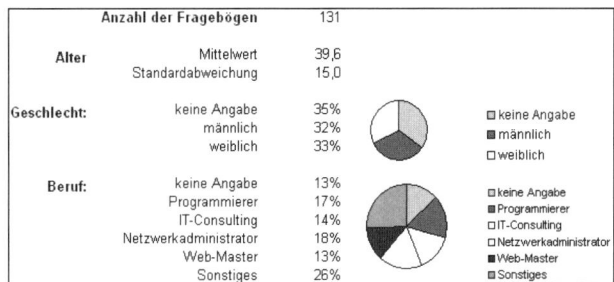

Bild 1.20: Auswertung von Fragebögen

Datenanalyse mit Excel (Pivottabellen)

Excel ist ein hervorragendes Werkzeug zur Analyse von Daten – egal, ob diese sich in einer Excel-Datei oder in einer externen Datenbank befinden. 13\Pivot.xls gibt eine Menge Beispiele für Pivottabellen und deren Programmierung.

		Qual.		
Kat.	Daten	I	II	Gesamtergebnis
a	Anzahl - Artikel	4	2	6
	Mittelwert - Preis	38,75	27,50	35,00
b	Anzahl - Artikel	4	2	6
	Mittelwert - Preis	83,75	60,00	75,83
c	Anzahl - Artikel	6	4	10
	Mittelwert - Preis	132,50	87,50	114,50
Gesamt: Anzahl - Artikel		14	8	22
Gesamt: Mittelwert - Preis		91,79	65,63	82,27

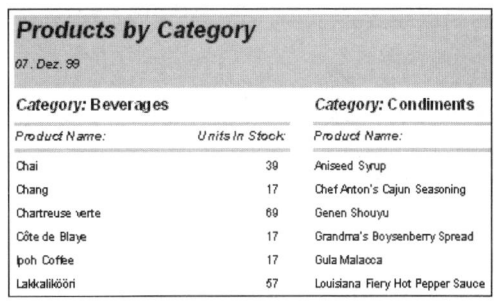

Bild 1.21: Eine einfache Pivottabelle

ActiveX-Automation

Das Beispiel 14\ActiveX-Access.xls zeigt, wie Access – ferngesteuert via ActiveX-Automation – einen Bericht mit der Produktaufstellung der *Northwind*-Datenbank ausdruckt. Voraussetzung ist allerdings, dass Sie Access besitzen.

Products by Category
07. Dez. 99

Category: Beverages		Category: Condiments
Product Name:	Units In Stock:	Product Name:
Chai	39	Aniseed Syrup
Chang	17	Chef Anton's Cajun Seasoning
Chartreuse verte	69	Genen Shouyu
Côte de Blaye	17	Grandma's Boysenberry Spread
Ipoh Coffee	17	Gula Malacca
Lakkaliköö ri	57	Louisiana Fiery Hot Pepper Sauce

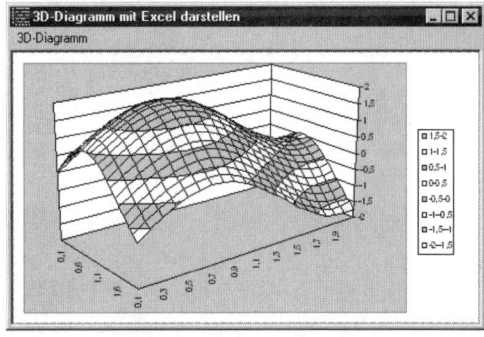

Bild 1.22: Mit Excel externe Programme steuern

Nicht nur Excel kann via ActiveX-Automation fremde Programme steuern – auch der umgekehrte Weg ist möglich. Das Visual-Basic-Programm 14\Vb6\Chart\ExcelChart.exe nutzt die Diagrammfunktionen von Excel, um eigene Daten in einem Excel-Diagramm anzuzeigen.

Bild 1.23: Excel via ActiveX-Automation steuern

2 Neuerungen in Excel

Dieses Kapitel vermittelt einen Überblick über die wichtigsten Neuerungen und Änderungen der Excel-Versionen 2003, 2002, 2000, 97, 7 und 5. Um es gleich vorwegzunehmen: Die Unterschiede zwischen Excel 2003, 2002, Excel 2000 und Excel 97 sind gering und es gibt nur relativ wenig Kompatibilitätsprobleme.

Wenn Sie aber einen Versionswechsel von Excel 5 oder 7 auf eine neuere Excel-Version planen, werden Sie überwältigt sein von den zahllosen neuen Bibliotheken und Objekten und von den Umstellungsproblemen.

Kapitelübersicht

2.1	Neu in Excel 2003	62
2.2	Neu in Excel 2002	63
2.3	Neu in Excel 2000	66
2.4	Neu in Excel 97	70
2.5	Neu in Excel 7	74
2.6	Probleme und Inkompatibilitäten	74

2.1 Neu in Excel 2003

Für VBA-Programmierer ändert sich in Excel 2003 wenig. An den VBA-Grundfunktionen gibt es überhaupt keine sichtbaren Neuerungen, und in der Excel-Bibliothek gibt es nur wenige neue Objekte, deren Anwendung sich auf zwei Anwendungsaspekte beschränkt:

- **Listenfunktionen:** Zellbereiche innerhalb eines Tabellenblatts können in eine Liste umgewandelt werden. An den Daten ändert sich dadurch nichts, der Zellbereich wird nun aber blau umrandet und es stehen eine Reihe neuer Funktionen zur Verfügung, die die Bearbeitung der Liste im Vergleich zu früheren Excel-Versionen vereinfachen. Diese Funktionen können auch per VBA-Code gesteuert werden.

- **XML-Funktionen:** Excel 2003 bietet wesentlich mehr und ausgefeiltere Möglichkeiten zum Import, zur Bearbeitung und zum Export von XML-Daten. Diese Funktionen werden in Kapitel 14 ausführlich vorgestellt.

> **ACHTUNG**
> Die neuen XML-Funktionen stehen nur zur Verfügung, wenn Sie Excel 2003 als Einzelprogramm gekauft haben bzw. wenn Sie mit Office 2003 Professional arbeiten. In den Excel-Versionen von Office 2003 Small Business Edition und Office 2003 Standard Edition fehlen die XML-Funktionen! (Mit anderen Worten: Nur die teuerste Variante des Office-2003-Pakets enthält eine Excel-Version mit den neuen XML-Funktionen.)

Update-Empfehlung: Vielleicht fragen Sie sich, ob ein Update auf Excel 2003 überhaupt lohnt. Die Antwort hängt davon ab, ob man Excel 2003 isoliert oder als Teil des Office-Pakets betrachtet. In Excel 2003 selbst sind die Veränderungen wie gesagt eher bescheiden; ein Update ist nur sinnvoll, wenn Excel zur Bearbeitung externer XML-Daten eingesetzt werden soll.

Anders sieht es aus, wenn man Office als Ganzes betrachtet: In einigen Office-Komponenten gibt es durchaus fundamentale Verbesserungen und Erweiterungen. Die wichtigsten Punkte sind im Folgenden aufgezählt. (Unzählige weitere Argumente und Werbeversprechungen finden Sie auf der Office-Website von Microsoft.)

- Das E-Mail- und Kommunikationsprogramm Outlook wurde stark verbessert und enthält endlich Schutzmechanismen gegen Spam (also gegen die Zusendung unerwünschter E-Mails).

- Es gibt neue Funktionen zur gemeinsamen Bearbeitung von Office-Dokumenten. (Viele der neuen Funktionen erfordern allerdings, dass ein so genannter SharePoint-Server – ein neues Microsoft-Programm – im lokalen Netzwerk zur Verfügung steht.)

- Die neue Office-Komponente InfoPath erleichtert die Verarbeitung von Formularen.

- Die neue Office-Komponente OneNote ermöglicht ein problemloses Verfassen von Notizen und Ideen.

- Die Integration von XML-Funktionen ist ausgereifter und vielseitiger als in Office 2002.

Insgesamt drängt sich der Eindruck auf, dass Office vor allem im Hinblick auf vernetzte Firmenanwendungen optimiert wurde, während sich für Privatanwender nur wenig ändert. Auch die Tatsache, dass Office 2003 als Betriebssystem Windows 2000/XP voraussetzt, belegt diese Vermutung. (Windowx 9x/ME werden also explizit nicht mehr unterstützt!)

Office 2003 und .NET

Hinter dem Kürzel .NET verbirgt sich eine neue Entwicklungsplattform, die sich unter anderem aus neuen Programmiersprachen (Visual Basic .NET und C#) und Bibliotheken zusammensetzt. Office 2003 basiert intern nicht auf .NET und kann daher auch keine .NET-Funktionen nutzen. Die einzige Ausnahmen stellen so genannte **Web Services** dar, die mit dem in Abschnitt 15.4 beschriebenen, kostenlos zur Verfügung stehenden *Web Services Toolkit* auch unter Excel genutzt werden können.

Die Excel-Makroprogrammierung erfolgt also weiterhin mit VBA (worüber sicher viele Programmierer erleichtert sind). Für alle, die sich schon mit .NET angefreundet haben, gibt es aber immerhin die *Visual Studio Tools for Office* (VSTO). In Kombination mit Visual Studio .NET 2003 können Sie damit Word- und Excel-Programme entwickeln, wobei als Programmiersprachen und deren VB.NET oder C# zum Einsatz kommen. (Andere Office-Komponenten werden allerdings noch nicht unterstützt.) Die *Visual Studio Tools for Office* sind kein Bestandteil von Office 2003, sondern werden getrennt zum Verkauf angeboten. Weitere Informationen finden Sie hier:

http://msdn.microsoft.com/vstudio/office/officetools.aspx

> **HINWEIS** Beachten Sie, dass die Office-Programmiersprache VBA zwar weitgehend kompatibel zur Windows-Programmiersprache Visual Basic 6 ist, aber vollkommen inkompatibel zur neuen .NET-Sprache Visual Basic .NET!

2.2 Neu in Excel 2002

Im Vergleich zu Excel 2000 bietet Excel 2002 zwar rund 35 neue Objekte, dabei handelt es sich aber primär um kosmetische Veränderungen. Bei den wenigen wirklichen Neuerungen (z.B. den so genannten Smart Tags) ist eher zweifelhaft, ob sich diese in der Praxis wirklich durchsetzen werden. Zudem ist es problematisch, die neuen Objekte in VBA-Code einzusetzen, weil derartiger Code damit nicht mehr kompatibel zu Excel 2000 ist.

Ärgerlich ist, dass Excel 2002 weder stabiler noch ausgereifter wirkt als Excel 2000. Fehler aus Excel 2000 finden sich auch in Excel 2002 wieder, Abstürze gibt es nach wie vor. Dafür ist die Zwangsaktivierung bei Hardware-Umbauten oder beim Kauf eines neuen Rechners ärgerlich. Ich habe bei der Arbeit an diesem Buch kein einziges Argument gefunden, das für einen Umstieg von Excel 2000 auf 2002 sprechen würde (sorry, Microsoft).

VBA-Sprachmerkmale

VBA (Visual Basic für Applikationen) stellt die Basis aller Programmiermöglichkeiten innerhalb von Office dar. Mit Office 2002 wird die VBA-Version 6.3 mitgeliefert. Gegenüber VBA 6.0 aus Office 2000 gibt es keine relevanten Änderungen.

Neu in Excel 2002 ist die Möglichkeit, Excel bzw. das ganze Office-Paket explizit ohne VBA-Unterstützung zu installieren. Diese Option bietet einen perfekten Schutz vor VBA-Viren (siehe Abschnitt 4.7), macht aber natürlich jede Anwendung von VBA-Makros unmöglich. Viele Assistenten und Add-Ins können nicht mehr verwendet werden und Access kann überhaupt nicht mehr gestartet werden.

Selbst für sehr sicherheitsbewusste Leser dieses Buchs kommt diese Option daher nicht in Frage. Sie sollten sich als Entwickler aber bewusst sein, dass es diese Möglichkeit gibt und dass von Ihnen entwickelte Makros auf einer anderen Excel-Installation möglicherweise nicht ausgeführt werden können, weil dort VBA gar nicht installiert ist.

> **VERWEIS**
> Weitere Informationen zur Deaktivierung bzw. Deinstallation der VBA-Funktionen finden Sie in den Knowledge-Base-Artikeln **Q281954** und **Q281953**, die zuletzt hier zu finden waren:
>
> http://support.microsoft.com/default.aspx?scid=kb;[LN];Q281954
> http://support.microsoft.com/default.aspx?scid=kb;[LN];Q281953

Neue bzw. geänderte Objekte, Eigenschaften und Methoden

Automatische Sicherheitskopien: Excel 2002 kann nun endlich, was Word schon immer konnte: nämlich regelmäßig (z.B. alle zehn Minuten) eine Sicherheitskopie der aktuellen Dateien erstellen. Per VBA-Code können Sie diese Funktion über das neue *AutoRecover*-Objekt steuern. Vielleicht kann man das als Eingeständnis Microsofts werten, dass Excel doch nicht immer ganz so stabil läuft, wie es eigentlich sollte ...

Blattschutz: In Excel 2002 ist es möglich, Zellen so zu schützen, dass zwar der Inhalt unveränderlich ist, die Formatierung, Sortierung und andere Gestaltungsdetails aber vom Anwender gesteuert werden können. Zur Steuerung der neuen Schutzoptionen wurde die *Protect*-Methode des *Worksheet*-Objekts erweitert. Außerdem gibt das neue *Protection*-Objekt Auskunft über die aktuellen Schutzoptionen.

Neu ist auch die Möglichkeit, einzelnen Benutzern (mit oder ohne Passwort) Zugriff auf ausgewählte Zellbereiche innerhalb eines geschützten Tabellenblatts zu geben. Das ist dann praktisch, wenn mehrere Benutzer auf dieselbe Excel-Datei zugreifen dürfen, aber nicht jeder alles verändern darf. Zur Verwaltung dieser Einstellungen dienen die neuen Objekte *AllowEditRange[s]* und *UserAccess[List]*.

Dateiauswahldialog: Die *Office*-Bibliothek enthält ein neues *FileDialog*-Objekt zur Durchführung einer Datei- oder Verzeichnisauswahl. Das Objekt kann statt den Methoden *GetOpen-* bzw. *GetSaveAsFilename* eingesetzt werden und steht allen Office-Komponenten (nicht nur Excel) zur Verfügung.

Fehlerüberprüfung: EXTRAS | FEHLERÜBERPRÜFUNG durchsucht das aktive Tabellenblatt nach möglichen Fehlern, z.B. als Text gespeicherte Zahlen, Daten mit zweistelliger Jahreszahl, Formeln, die auf leere Zellen verweisen etc. Ob diese Fehlerüberprüfung automatisch auch im Hintergrund erfolgen soll und welche Fehlerursachen überprüft werden, kann durch das *ErrorCheckingOptions*-Objekt gesteuert werden. Gefundene Fehler können über die *Errors*-Aufzählung ausgewertet werden.

Formatsuche: Bei den Methoden *Find* und *Replace* zum Suchen bzw. Ersetzen von Zellinhalten kann nun auch die Formatierung der Zelle berücksichtigt bzw. verändert werden. Die Formateinstellung erfolgt über zwei neue *CellFormat*-Objekte, die über die Eigenschaften *FindFormat* und *ReplaceFormat* angesprochen werden.

Organigramme: Mit EINFÜGEN | SCHEMATISCHE DARSTELLUNG können einfache Organigramme in das Excel-Tabellenblatt eingefügt und gestaltet werden. Per VBA-Code erfolgt der Zugriff auf diese neuen Objekte durch diverse *DiagramXxx*-Objekte. Getrübt wird die Freude über diese Funktion allerdings dadurch, dass die neuen Objekte schlecht durchdacht sind und noch voller Fehler stecken.

Pivottabellen: Beim Herstellen bzw. Schließen einer Datenbankverbindung zu *Pivot-Table*-Objekten treten *PivotTableOpen-* und *-Close*-Ereignisse auf. Die Ereignisse stehen unter verschiedenen Namen für die Klassen *Application*, *Workbook* und *Worksheet* zur Verfügung.

Smart Tags: Smart Tags sind kleine, kontextabhängige Menüs, mit denen der Inhalt einer Zelle in besonderer Weise bearbeitet werden kann. Wenn eine Zelle beispielsweise ein Aktienkürzel enthält, können Sie über das Smart-Tag-Menü direkt eine Webseite öffnen, die den aktuellen Kurs enthält. Per VBA können Sie zwar keine neuen Smart Tags erzeugen, Sie können aber immerhin mit sieben neuen *SmartTagXxx*-Objekten auf vorhandene Smart Tags zugreifen.

Sprachausgabe: Nur bei der englischen Version von Excel 2002 können Sie über das neue *Speech*-Objekt die automatische Sprachausgabe steuern bzw. selbst Texte über die Soundkarte ausgeben.

Überwachungsobjekte: Mit dem *Watch*-Objekt und der dazugehörenden *Watches*-Aufzählung können einzelne Zellen aus unterschiedlichen Tabellenblättern in einem Überwachungsfenster angezeigt werden (EXTRAS | FORMELÜBERWACHUNG | ÜBERWACHUNGSFENSTER).

> **VERWEIS**
> Alle Excel-Objekte sind in der Objektreferenz in Kapitel 16 dokumentiert. Objekte, die in Excel 2002 neu dazugekommen sind, sind dort speziell markiert.

Sonstiges

XML: Microsoft bewirbt Excel 2002 als XML-kompatibel. (XML steht für *Extensible Markup Language* und ist ein Textformat zur Darstellung beliebiger hierarchischer Daten.) Allerdings besteht die einzige XML-Funktion darin, dass Sie Excel-Arbeitsmappen in einem speziellen XML-Format speichern können. Die praktische Bedeutung dieses Formats ist zurzeit gleich Null:

- Es gibt noch keine anderen Programme, die damit umgehen können.
- In XML-Dateien können weder VBA-Code noch eingebettete Objekte oder Diagramme gespeichert werden.
- Die resultierenden *.xml-Dateien sind um ein Vielfaches größer als *.xls-Dateien.

Weitere XML-Funktionen – etwa zur Verarbeitung allgemeiner XML-Dateien – suchen Sie in Excel 2002 leider vergeblich. Die gibt es erst in Excel 2003 (siehe den vorigen Abschnitt).

2.3 Neu in Excel 2000

VBA-Sprachmerkmale

VBA 6.0 (Office 2000) unterscheidet sich von VBA 5.0 (Office 97) durch einige Zusatzfunktionen.

- Es gibt einige neue Funktionen zur Bearbeitung und Formatierung von Zeichenketten: *Join, InstrRev, Replace, Split, MonthName, WeekdayName, FormatCurrency, FormatDateTime, FormatPercent* und *FormatNumber*.
- Einige kleinere Fortschritte gibt es bei der objektorientierten Programmierung. Auf echte Vererbung (eigentlich *das* entscheidende Merkmal objektorientierter Programmiersprachen) müssen Sie zwar weiterhin verzichten, aber immerhin ermöglicht das Schlüsselwort *Implements* nun eine – wenn auch halbherzige – Weiterverwendung vorhandener Klassen.
- Sie können nun auch eigene Klassen mit Ereignissen ausstatten und diese Ereignisse selbst auslösen (Schlüsselwörter *Event* und *RaiseEvent*).
- Mit *CallByName* können Sie Eigenschaften und Methoden ausführen, wobei Sie den Namen als Zeichenkette übergeben. In manchen Fällen bietet das mehr Flexibilität.

Neue bzw. geänderte Objekte, Eigenschaften und Methoden

Diagramme: Die Beschriftung von Koordinatenachsen kann nun skaliert werden. Statt also Zahlen wie 21.000.000, 22.500.000 etc. anzuzeigen, kann als Skalierungsfaktor 'Millionen' angegeben werden; daraus resultieren dann die Zahlenwerte 21 und 22,5. Für die VBA-Programmierung lässt sich dieses Merkmal über einige neue *DisplayUnit-Xxx*-Eigenschaften steuern.

Neu sind auch so genannte Pivotdiagramme: Dabei handelt es sich eigentlich um ganz normale Diagramme (*Chart*-Objekte), deren Inhalt aber durch einige Pivotlistenfelder dynamisch verändert werden kann (wie bei einer Pivottabelle). Die VBA-Steuerung erfolgt über das neue *PivotLayout*-Objekt, das über die gleichnamige Eigenschaft des *Chart*-Objekts angesprochen wird.

Verzeichnisse: Die neue Eigenschaft *UserLibraryPath* des *Application*-Objekts liefert den Pfad zum persönlichen Verzeichnis mit Add-In-Dateien. Geändert hat sich die Wirkung von zwei anderen *Application*-Eigenschaften: *TemplatesPath* und *StartupPath* verweisen auf die persönlichen Vorlagen- bzw. Xlstart-Verzeichnisse. (In Excel 97 lieferten die beiden Eigenschaften dagegen den Pfad zu den globalen Vorlagen- bzw. Xlstart-Verzeichnissen.) Leider gibt es keine neuen Eigenschaften, um die globalen Vorlagen- oder Xlstart-Verzeichnisse zu ermitteln.

Datenbankanwendungen

Excel ist zwar kein Datenbankprogramm, es wird aber sehr häufig zur Analyse von extern gespeicherten Daten verwendet (etwa in Form von Diagrammen oder Pivottabellen). Daher war der Zugriff auf externe Daten schon immer von großer Bedeutung für Excel-Programmierer.

Die einfachste Möglichkeit zur Extraktion von Daten aus einer Datenbank ist zumeist das Programm MS Query, das über DATEN|EXTERNE DATEN|NEUE ABFRAGE gestartet wird. Die in MS Query durchgeführten Einstellungen können per VBA-Code über das *QueryTable*-Objekt verwaltet werden. Dieses Objekt wurde in Excel 2000 mit einer Fülle neuer Eigenschaften ausgestattet.

Erheblich mehr Flexibilität und vor allem die Möglichkeit, Datenbanken auch zu ändern, bietet die neue ADO-Bibliothek (*ActiveX Data Objects*). Die bisher für diesen Zweck verwendete DAO-Bibliothek kann zwar weiterhin eingesetzt werden, wird von Microsoft aber nicht mehr weiterentwickelt. Insofern sollten vor allem neue Datenbankanwendungen die ADO-Bibliothek nutzen. (Es spricht aber selten etwas dagegen, vorhandene Anwendungen bei DAO zu belassen.) Eine Einführung in die ADO-Programmierung finden Sie in Kapitel 12.

Ein beliebtes Hilfsmittel bei der Analyse von Daten innerhalb von Excel – egal ob die Daten nun von herkömmlichen Datenbanksystemen oder aus einem *Data Warehouse* stammen – sind so genannte Pivottabellen. Diese Tabellen gibt es zwar schon seit geraumer Zeit, sie wurden aber in Excel 2000 mit einigen Erweiterungen ausgestattet (etwa 30 neue Eigenschaften und Methoden). Pivottabellen stehen im Mittelpunkt von Kapitel 13.

Internet

Obwohl Office 2000 von Microsoft gleichsam als das Internet-Office angepriesen wurde, gibt es aus der Sicht von VBA-Programmierer nur wenige wirklich relevante Neuerungen:

- **HTML-Export/Import:** Excel bietet neue Funktionen zum Export von Excel-Objekten (z.B. eines Tabellenbereichs) im HTML-Format sowie zum Import von Daten aus HTML-Dateien. Per Programmcode können diese Funktionen über die Objekte *PublishObject* (Export) und *WebQuery* (Import) gesteuert werden.

- **Webkomponenten:** Dabei handelt es sich um internettaugliche Steuerelemente, in denen eine Excel-Tabelle bzw. -Diagramm dargestellt werden kann. In den Steuerelementen stehen zwar nicht alle, aber doch recht viele Funktionen von Excel zur Verfügung. Der Vorteil besteht darin, dass die Daten im HTML-Dokument dynamisch bearbeitet werden können. Das ist aber auch mit Nachteilen verbunden, deren wesentlichster darin besteht, dass Webkomponenten nur von Personen benutzt werden dürfen, die eine Office-2000-Lizenz besitzen. Insofern sind die Webkomponenten für das Internet ungeeignet und eher für den Einsatz in Intranets gedacht (etwa in großen Firmen).

- **E-Mails versenden:** Mit der *Workbook*-Eigenschaft *EnvelopeVisible* können Sie am oberen Rand des Tabellenfensters einige Textfelder zur Eingabe der E-Mail-Adresse und des Betreffs einblenden. Sie erleichtern es damit dem Anwender, die Arbeitsmappe interaktiv zu versenden.

Sonstiges

Umgang mit Dateien (FSO-Bibliothek): Wenn Sie auf Dateien oder Verzeichnisse zugreifen möchten oder Textdateien lesen bzw. schreiben müssen, können Sie statt der bisher üblichen Kommandos (*Open, Close, Print* etc.) die neue FSO-Bibliothek verwenden (*File Scripting Objects*). Die darin definierten Objekte bieten nicht nur mehr Eleganz beim Dateizugriff, sondern erstmals auch Unicode-Unterstützung. Bedauerlicherweise sind die FSO-Methoden nicht zum Umgang mit Binärdateien geeignet – dazu müssen Sie weiterhin die herkömmlichen Funktionen verwenden.

Dialoge (UserForm): Dialoge können nun auch ungebunden geöffnet werden (*Show vbModeless*), d.h., das unter dem Dialog sichtbare Excel kann weiterhin verwendet werden, ohne den Dialog dazu verlassen zu müssen. Verwenden Sie diese neue Funktion aber nicht in Kombination mit dem *RefEdit*-Steuerelement zur Eingabe von Zellbereichen – sonst verliert Excel die Kontrolle über den Tastaturfokus und kann nur noch gewaltsam beendet werden (Task-Manager bzw. **Strg+Alt+Entf**)!

Textimport: Eine Quelle beständigen Ärgers mit der bisherigen Excel-Version war der Versuch, den Import von ASCII-Dateien zu automatisieren. Dankenswerterweise sind hier Fortschritte zu verzeichnen. Endlich kann das Kommasymbol (. oder ,) und das Tausendertrennzeichen explizit durch zusätzliche Parameter der Methode *OpenText* gesteuert werden. Zum Textimport kann auch das überarbeitete *QueryTable*-Objekt eingesetzt werden.

Konfigurationsdateien: Die Orte der Konfigurationsdateien haben sich – wie schon bei allen vorangegangenen Versionen – wieder geändert. Das allseits beliebte Spiel heißt: *Such mich!*

Hilfesystem: Das gesamte Hilfesystem wurde vollständig überarbeitet und basiert intern jetzt auf dem so genannten HTMLHelp-System. Inhaltlich sind die gebotenen Informationen zwar oft in Ordnung, das Problem besteht aber darin, die Informationen auch zu finden. F1 führt durchaus nicht immer zum Ziel, und die aus dem früheren Hilfesystem bekannte Volltextsuche ist aus nicht nachvollziehbaren Gründen verschwunden. Dafür gibt es jetzt einen so genannten Antwortassistenten, der aber keinen vollwertigen Ersatz darstellt. Seine Ergebnisse sind manchmal ganz gut, viel öfter aber schlicht unbrauchbar. (Gibt es denn noch immer nicht genug Assistenten, die ständig im Weg sind?)

Falls Sie eigene Excel-Anwendungen mit einer Hilfedatei ausstatten möchten, können Sie dafür jetzt ebenfalls HTMLHelp verwenden. Zur Entwicklung eigener Hilfedateien benötigen Sie den HTMLHelp-Workshop, den Sie von der Microsoft-Website (kostenlos) herunterladen können.

Eurounterstützung: Bei älteren Office-Versionen konnte das Eurosymbol nur nach der Installation spezieller Updates verwendet werden. Office 2000 ist in dieser Beziehung natürlich schon weiter – aber viel mehr zum Thema Euro hat sich Microsoft nicht einfallen lassen. Die als Excel-Add-In verfügbare Funktion *EuroConvert* ist nicht dokumentiert, andere Hilfsmittel zur Konvertierung vorhandener Tabellen von einer beliebigen europäischen Währungseinheit in Euro sucht man vergeblich. (Diesen Mangel versucht Abschnitt 5.10 so gut es geht zu beheben.)

2.4 Neu in Excel 97

Neu in dieser Version sind die Entwicklungsumgebung und die Konzeption benutzerdefinierter Formulare (MS-Forms-Bibliothek). Außerdem wurden beinahe die Hälfte der rund 120 Excel-7-Objekte durch neue Objekte ersetzt. Darüber hinaus wurden zahllose neue Objekte eingeführt.

Entwicklungsumgebung

Die offensichtlichste Neuerung in Excel 97 war die von Excel getrennte Entwicklungsumgebung. Diese Trennung ist zwar gewöhnungsbedürftig, bringt aber viele Vorteile mit sich. Der wohl größte Fortschritt ist die Erweiterung unvollständiger Schlüsselwörter durch automatisch angezeigte Auswahllisten bzw. durch **Strg+Leertaste**.

Modulblätter: Die Zweiteilung in eine Anwendungs- und eine Programmierkomponente hat auch Auswirkungen auf die Programmierung: Die Aufzählung *Modules* und die Objektklasse *Module* für Modulblätter werden nicht mehr unterstützt und stehen nur noch aus Kompatibilitätsgründen zur Verfügung.

Schutz von Modulblättern: Wegen der Trennung von Excel in eine Anwendungs- und eine VBA-Komponente wurden auch die Schutzfunktionen für Module überarbeitet. Das wäre nicht weiter schlimm, wenn dabei ein Minimum an Kompatibilität gewahrt worden wäre. Das ist leider nicht der Fall: In Excel 7 ausgeblendete und geschützte Module werden in Excel 97 angezeigt, als wären sie ungeschützt. Na ja, Ihre Kunden bzw. Anwender wollten ja schon immer wissen, wie Sie all die Funktionen programmiert haben ...

VBA-Sprachkonzepte

Ereignisse: Die Verwaltung von Ereignissen wurde in Excel 97 vollständig überarbeitet. Während in Excel 5 und 7 eine kleine Zahl vordefinierter Ereignisse über *OnEvent*-Eigenschaften angemeldet wurden, werden Ereignisse jetzt wie in Visual Basic verwaltet: Zu allen möglichen Ereignissen – etwa dem Aktivieren eines Tabellenblatts – sind die Namen von Ereignisprozeduren fix vorgegeben (etwa *Worksheet_Activate*). Wenn Sie diese Prozedur mit Code füllen, wird der Code automatisch jedes Mal ausgeführt, wenn das Ereignis auftritt. Auch Ereignisse zu Objekten, die in der Entwicklungsumgebung nicht in eigenen Modulen angezeigt werden, können über den Umweg eines Klassenmoduls empfangen werden.

Die Schattenseite des neuen Ereigniskonzepts besteht darin, dass die Excel-Programmierer vielleicht ein wenig zu überschwenglich waren: Beinahe jedes Objekt ist mit zahllosen Ereignissen ausgestattet. Die Übersichtlichkeit ist dabei auf der Strecke geblieben. Abzuwarten bleibt, ob es wirklich Anwendungen für all diese Ereignisse gibt.

Klassenmodule: In VBA können nun wie in Visual Basic neue Objektklassen mit Methoden und Eigenschaften definiert werden (allerdings ohne eigene Ereignisse und ohne *Enum*-Konstanten). Die Implementierung macht allerdings einen halbfertigen Eindruck. Zudem stellt sich die Frage, ob für selbst definierte Klassenmodule innerhalb von Excel-Anwendungen ein großer Bedarf besteht.

***Collection*-Objekt:** Das *Collection*-Objekt stellt eine komfortable Alternative zu Feldern dar. Der Vorteil gegenüber normalen Feldern besteht darin, dass *Collections* nicht im Voraus in einer bestimmten Größe deklariert werden müssen. Außerdem kann als Index ein beliebiger Text verwendet werden (statt einer fortlaufenden Nummer).

Benutzerdefinierte Funktionen: In Excel 5 und 7 konnten selbst definierte Tabellenfunktionen unterschiedlichen Kategorien zugeordnet werden, die im Dialog EINFÜGEN|FUNKTION (dem ehemaligen Funktionsassistenten) berücksichtigt wurden. Seit Excel 97 gibt es diese Möglichkeit offiziell nicht mehr, alle selbst definierten Funktionen werden einfach der Gruppe *benutzerdefiniert* zugeordnet. (Diese Einschränkung lässt sich umgehen – siehe Abschnitt 5.7.)

Veränderte oder erweiterte Objekte

Eine Menge Excel-Objekte wurden in Version 97 neu eingeführt oder geändert bzw. anderen Bibliotheken zugeordnet (und dabei auch neu benannt). Die wichtigsten Änderungen – soweit sie durch Excel 2000/2002 nicht schon wieder obsolet geworden sind – werden auf den folgenden Seiten zusammengefasst.

Die wichtigsten Erweiterungen beim ***Workbook*-Objekt** betreffen die gemeinsame Nutzung einer Excel-Datei durch mehrere Anwender (Freigabefunktionen). Um eine Excel-Datei gemeinsam nutzen zu können, muss sie mit *SaveAs* mit *AccessMode:=xlShared* als freigegebene Datei gespeichert werden. (Manuell erfolgt die Freigabe von Excel-Dateien übrigens nicht durch SPEICHERN UNTER, sondern durch EXTRAS|ARBEITSMAPPE FREIGEBEN.)

Um die Freigabe wieder aufzuheben, steht die Methode *ExclusiveAccess* zur Verfügung. (Dadurch wird die aktuelle Arbeitsmappe unter dem aktuellen Namen gespeichert.) Der aktuelle Zustand kann der Eigenschaft *MultiUserEditing* entnommen werden. Zur Protokollierung, Verwaltung und Synchronisation gemeinsam genutzer Dateien gibt es eine Menge neuer Eigenschaften und Methoden: *AcceptAllChanges*, *AutoUpdateFrequency*, *AutoUpdateSaveChanges*, *HighlightChangesOnScreen*, *HighlightChangesOptions*, *KeepChangesHistory*, *ListChangesOnNewSheet*, *PersonalViewListSettings*, *PersonalViewPrintSettings*, *ProtectSharing*, *RejectAllChanges* und *UnprotectSharing*.

Mit dem ***FormatCondition*-Objekt** kann die Formatierung einer Zelle bzw. eines Zellbereichs (*Range*-Objekt) von dessen Inhalt abhängig gemacht werden. Beispielsweise können Sie erreichen, dass sich die Farbe eines Zahlenwerts ändert, wenn dieser größer als der Inhalt einer Vergleichszelle ist. Pro Zelle können maximal drei Bedingungen angegeben werden. Manuell können Sie diese Art der Formatierung mit FORMAT|BEDINGTE FORMATIERUNG durchführen. (Ähnliche Effekte konnten in früheren

Excel-Versionen durch bedingte Zahlenformate erreicht werden. Allerdings gab es dabei viel weniger Gestaltungsmöglichkeiten und keine VBA-Schnittstelle.)

Mit dem *Validation*-Objekt können Validitätskontrollen für die Eingabe in Zellen definiert werden. Damit lassen sich beispielsweise Eingaben auf ein bestimmtes Format (Datum) oder auf einen bestimmten Wertebereich eingrenzen. Manuell können Sie solche Regeln mit DATEN | GÜLTIGKEIT formulieren.

Mit dem *Hyperlink*-Objekt können Verweise zu Excel-Blättern ebenso wie zu anderen Dateien (lokal oder im Internet) hergestellt werden.

Eine ganze Objektfamilie (*Shape, ShapeRange, ShapeNode, GroupShapes* etc.) ersetzt die Zeichnungsobjekte aus Excel 5/7 (*Arc, Line* etc.) Außer den Zeichnungsobjekten, die jetzt AutoForm-Objekte heißen und erheblich mehr Gestaltungsmöglichkeiten bieten, werden auch alle anderen Objekte in Tabellen durch *Shape*-Objekte verwaltet: Steuerelemente, OLE-Objekte, Objektgruppen etc.

Neue Eigenschaften und Methoden

Durch die Einstellung *AutoScaleFont=True* kann für diverse Objekte (*AxisTitle, LegendEntry* etc.) erreicht werden, dass die Schriftgröße an die Größe des Objekts angepasst wird.

Durch *FormulaLabel=xlColumn/RowLabel* kann der Inhalt einer Zelle als Name für die durch diese Zelle laufende Zeile oder Spalte definiert werden. In der Folge können diese Namen in Formeln verwendet werden. Formeln werden dadurch besser lesbar. Voraussetzung ist, dass *AcceptLabelsInFormulas* auf *True* gestellt ist (Defaulteinstellung). Manuell kann *FormulaLabel* mit EINFÜGEN | NAMEN | BESCHRIFTUNG verändert werden.

In Bild 2.1 gilt für die Zellen A1:C1 *FormulaLabel=xlColumnLabels*. Daher kann in C2 die Formel =*Einnahmen-Ausgaben* verwendet werden. Wenn in A1 ein anderer Text eingegeben wird, wird die Formel automatisch geändert!

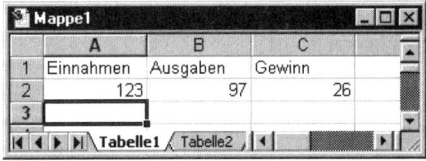

Bild 2.1: Beispiel für FormulaLabel

VORSICHT Das gerade beschriebene Merkmal gibt es zwar in Excel 2000/2002 noch immer, dort ist es aber per Default deaktiviert! Um es auch in Excel 2000/2002 zu nützen, müssen Sie vorher in EXTRAS | OPTIONEN | BERECHNUNG die Option BESCHRIFTUNGEN IN FORMELN aktivieren.

Gleich eine ganze Reihe neuer Formatierungsmöglichkeiten ergibt sich durch neue Eigenschaften zum *Range*-Objekt: **IndentLevel** gibt an, wie weit der Inhalt einer Zelle eingerückt werden soll. (Der zulässige Wertebereich geht von 0 bis 15.) Über **Borders** lassen sich jetzt auch diagonale Linien durch eine Zelle zeichnen (bisher konnte die Zelle nur eingerahmt werden). Mit **Orientation** kann die Textausrichtung im Bereich zwischen -90 bis 90 Grad beliebig eingestellt werden (bisher waren nur Vielfache von 90 Grad möglich). Die *Orientation*-Eigenschaft steht auch für zahlreiche andere Objekte zur Verfügung, etwa um die Beschriftung von Diagrammen zu verändern.

Objektbibliotheken

Menüs/Symbolleisten (Office-Bibliothek): Sicher ist Ihnen aufgefallen, dass sich das Aussehen von Menüs und Symbolleisten geändert hat. Die Auswirkung für VBA-Programmierer besteht darin, dass die *Toolbar*- und *Menu*-Objekte durch eine Familie neuer *CommandBar*-Objekte (Office-Bibliothek) ersetzt wurde.

Daraus ergeben sich nicht nur gravierende Änderungen für die Verwaltung eigener Menüs und Symbolleisten, sondern auch eine Reihe von Inkompatibilitäten. Es gibt keinen Menüeditor mehr, stattdessen müssen Sie sich beim Entwurf neuer Menüleisten durch eine Fülle unübersichtlicher Kontextmenüs quälen (Startpunkt ist ANSICHT|SYMBOLLEISTEN|ANPASSEN). Der einzige Vorteil als Gegenleistung für den Adaptions- und Umstellungsaufwand besteht darin, dass die neuen Menü- und Symbolleisten bzw. die zugrunde liegende Office-Objektbibliothek in allen Office-Komponenten gemeinsam genutzt werden kann.

Dialoge (MS-Forms-Bibliothek): Zur Gestaltung von Dialogen steht die neue MS-Forms-Bibliothek zur Auswahl. Damit erstellte Dialoge sehen genauso aus wie Dialoge in Excel 5 und 7, der Dialogeditor ist aber anders zu bedienen und die Verwaltung des Dialogs per Programmcode weist erhebliche Unterschiede auf. Es gibt zwei wesentliche Vorteile: Sie können nun mehrblättrige Dialoge erstellen (in der Art der Optionen-Dialoge) und externe Steuerelemente nutzen (so genannte ActiveX-Steuerelemente).

Im Gegensatz zu herkömmlichen Menüs und Symbolleisten werden Excel-5-/-7-Dialoge auch unter Excel 2000 noch unterstützt, d.h., auch der Dialogeditor wird noch mitgeliefert. Allerdings treten bei der Ausführung von VBA-Code zur Verwaltung alter Dialoge recht häufig Fehlermeldungen auf, es gibt also zum Teil erhebliche Kompatibilitätsprobleme.

VBIDE-Bibliothek: Die Entwicklungsumgebung ist durch eine eigene Bibliothek programmierbar: Microsoft Visual Basic for Applications Extensibility, VBIDE im Objektkatalog, Startobjekt *VBE*. Die Bibliothek ist dann von Nutzen, wenn Sie die Bedienung der Entwicklungsumgebung verbessern möchten oder per Programmcode den Code einer Excel-Datei verändern möchten.

2.5 Neu in Excel 7

In Excel 7 wird VBA-Code per Default nicht mehr in der jeweiligen Landessprache, sondern in Englisch angegeben. Aus der Sprachumstellung können diverse Probleme resultieren.

Neu in Excel 7 ist der Mechanismus ActiveX-Automation (der damals noch Object Automation hieß). Er wird dazu genutzt, um verschiedene Erweiterungen in Excel einzugliedern. Die entsprechenden Bibliotheken müssen vor ihrer Verwendung mit EXTRAS|VERWEISE aktiviert werden.

Office-Bibliothek: Um die Suche nach Office-Dokumenten zu vereinfachen und zu vereinheitlichen, werden jetzt mit jedem Dokument zusätzliche Informationen gespeichert. Die Möglichkeiten, die sich daraus ergeben, erkennen Sie an den Dialogen bei DATEI|ÖFFNEN zum Suchen nach Dateien bzw. bei DATEI|EIGENSCHAFTEN zum Einstellen von Zusatzinformationen. Im VBA-Code können Sie auf die Zusatzinformationen über die Eigenschaften *BuiltinDocumentProperties* und *CustomDocumentProperties* zugreifen.

Office-Binder-Bibliothek: Eine weitere Neuerung des Office-Pakets besteht darin, dass beliebige Office-Dokumente (Texte, Tabellen, Datenbanken etc.) in Form von Sammelmappen zusammengefasst werden können. In der normalen Anwendung lassen sich damit zusammengehörige Dateien übersichtlicher verwalten. Im Programmcode werden Sammelmappen über die neuen Objekte *Binder* und *Section* verwaltet.

2.6 Probleme und Inkompatibilitäten

> **VORSICHT**
>
> In allen Excel-Versionen kann es beim Bearbeiten bzw. Testen von VBA-Code zu Abstürzen kommen. Speichern Sie regelmäßig! Beachten Sie auch, dass Excel nicht immer vollständig abstürzt. Manchmal kommt zwar die obligatorische Systemfehlermeldung, Excel bleibt aber im Speicher und blockiert weiter alle zuletzt geöffneten Dateien (ohne dass aber eine Möglichkeit besteht, diese noch zu speichern). Damit Sie wieder richtig weiterarbeiten können, müssen Sie Excel ganz beenden. Unter Windows NT/2000/XP verwenden Sie dazu den Task-Manager. Unter Windows 9x/ME führen Sie Strg+Alt+Entf aus; es erscheint eine Task-Liste, aus der Sie Excel auswählen und gewaltsam stoppen können.

Allgemeine Probleme

- VBA kennt noch immer keine Optimierungen bei der Auswertung von Bedingungen: Eine Abfrage in der Form *If x>=0 And Sqr(x)<3* führt bei negativen Zahlen in *x* zu einem Fehler. (Dieses Problem besteht in Visual Basic schon seit der ersten Version, d.h., ich habe die Hoffnung auf Besserung in diesem Punkt aufgegeben.)

2.6 Probleme und Inkompatibilitäten

- Bei allen Excel-Versionen gibt es Probleme mit dem Operator *Is* zum Objektvergleich. Dieser Operator sollte feststellen, ob zwei Variablen auf dasselbe Objekt verweisen. Leider funktioniert das nicht immer.

- Der Wechsel von der VBA-Entwicklungsumgebung zu Excel klappt nicht, wenn gerade der Objektkatalog das aktive Fenster ist. Sie müssen in der Entwicklungsumgebung zuerst ein anderes Fenster anklicken.

- Beinahe ebenso lästig ist es, dass Symbolleisten von Excel immer wieder in der Entwicklungsumgebung auftauchen und dort im Weg sind. Sobald sie angeklickt werden, erfolgt ein (meist ungewollter) Wechsel zurück zu Excel.

- Wenn Sie eine Logitech-Radmaus verwenden, funktioniert das Mausrad in der VBA-Entwicklungsumgebung nur, wenn Sie die dazugehörende Maus-Software installieren. Warum das Mausrad bei allen anderen Programmen auf Anhieb (ohne Software-Installation) funktioniert und nur im VBA-Editor den Dienst verweigert, ist rätselhaft geblieben.

Probleme mit MS-Forms-Dialogen bzw. -Steuerelementen

Excel und die meisten VBA-Kommandos sind blockiert, solange sich der Eingabecursor in einem MS-Forms-Steuerelement in einem Tabellenblatt befindet. Nur bei Buttons kann das durch *TakeFocusOnClick=False* verhindert werden. (Die Defaulteinstellung lautet allerdings *True* und ist der Grund, weswegen es mit Buttons in Tabellenblättern oft Probleme gibt. Die auftretenden Fehlermeldungen sind ohne jede Aussagekraft.)

Wenn im Tabellenblatt auch andere Steuerelemente verwendet werden, muss der Eingabecursor per Programmcode (etwa durch *Worksheets(n).[A1].Activate*) in eine Zelle gesetzt werden, um damit sicherzustellen, dass er nicht auf ein Steuerelement gerichtet ist.

Generell bereitet die Verwendung von Steuerelementen in Tabellenblättern (statt in Formularen) enorme Probleme und löst – besonders unter Excel 2002 – nicht nachvollziehbare Fehler und zum Teil sogar Excel-Abstürze aus. Betroffen von diesen Problemen ist insbesondere die Beispieldatei 07\userform.xls, aus der bei der Neuauflage dieses Buchs einige Beispiele entfernt werden mussten; diese Beispiele funktionierten unter Excel 2000 noch problemlos, verursachten unter Excel 2002 aber Abstürze.

Probleme in Excel 2003, Inkompatibilitäten gegenüber Excel 2002

Erfreulicherweise habe ich beim Test der Beispieldateien zu diesem Buch so gut wie keine Kompatibilitätsprobleme im Vergleich zu Excel 2002 festgestellt. Die einzige Ausnahme betraf das Web-Services-Beispiel aus Kapitel 15. (Microsoft betrachtet das Web Services Toolkit aber ohnedies als ein *not supported product*.)

Probleme in Excel 2002, Inkompatibilitäten gegenüber Excel 2000

Durch den Wechsel von Excel 2000 auf Excel 2002 treten nur relativ wenige VBA-Probleme auf – aber die von Microsoft versprochene vollständige Kompatibilität ist leider nur ein frommer Wunsch. Beim Testen der Beispielprogramme dieses Buchs gab es unter anderem die folgenden Probleme:

- Die Defaultsicherheitseinstellungen für Makros lautet nun HOCH statt MITTEL. Deswegen können nur VBA-Makros erst dann ausgeführt werden, wenn Sie die Einstellung auf MITTEL stellen (siehe Abschnitt 4.7).

- VBE-Code zur dynamischen Veränderung von Code kann nur ausgeführt werden, wenn die neue Option ZUGRIFF AUF VISUAL-BASIC-PROJEKT VERTRAUEN im Dialog EXTRAS|MAKRO|SICHERHEIT|VERTRAUENSWÜRDIGE QUELLEN aktiviert wird. (Per Default ist das nicht der Fall.)

- Die Eigenschaften *Bold*, *Italic* etc. der *Font*-Klasse liefern nicht mehr wie bisher nur *True* und *False*, sondern manchmal auch *Nothing*. Daher können die Eigenschaften nicht mit mehr mit *Boolean*-Variablen verarbeitet werden. Verwenden Sie stattdessen *Variant*-Variablen.

- Manche Assistenten und Add-Ins werden nicht mehr mitgeliefert und sind (wenn überhaupt) nur noch als Download im Internet zugänglich. Das betrifft z.B. den in Kapitel 9 beschriebenen Vorlagenassistenten.

- Pivotfelder werden bisweilen anders benannt als bisher (z.B. "*Summe von xy*" statt "*Summe - xy*"). Code, der sich auf die alte Schreibweise verlässt, funktioniert nicht mehr.

- Zuweisungen der Form *QueryTable.Name* = "*xyz*" werden nicht exakt ausgeführt: Wenn es schon einmal eine *QueryTable* mit dem Namen "*xyz*" gegeben hat, dann wird die neue *QueryTable* mit "*xyz_1*", "*xyz_2*" etc. bezeichnet – auch wenn die alte *QueryTable* längst gelöscht wurde und daher keine Verwechslungsgefahr mehr besteht.

- In Tabellenblättern eingebettete Buttons erscheinen nach dem Loslassen der Maus manchmal weiterhin niedergedrückt (d.h., die Darstellung springt nicht zurück in die Ausgangslage). Daraus ergeben sich zwar keine weiteren Probleme, die Buttons wirken aber optisch falsch.

Probleme in Excel 2000, Inkompatibilitäten gegenüber Excel 97

Auch zwischen Excel 97 und den Nachfolgeversionen 2000 und 2002 gibt es nur wenige Kompatibilitätsprobleme. Am ehesten führen die geänderten Orte von Konfigurationsdateien zu Schwierigkeiten. Neu ist etwa, dass die so genannte »persönliche Makroarbeitsmappe« erstmals wirklich persönlich ist, d.h., dass diese Datei für jeden Benutzer angelegt und an einem eigenen Ort gespeichert wird. Daher gelten darin durchgeführte Änderungen nicht mehr global für alle Excel-Anwender. Grundsätzlich ist das ein Vorteil, zumal noch immer die Möglichkeit besteht, globale Makros zu definieren. Details zu Excel-Konfigurationsdateien finden Sie in Abschnitt 5.9.3.

Ebenfalls mit den Konfigurationsdateien zu tun haben die *Application*-Eigenschaften *TemplatesPath* und *StartupPath*, deren Wirkung sich mit Excel 2000 geändert hat. Sie verweisen jetzt auf die persönlichen Vorlagen- bzw. Xlstart-Verzeichnisse (statt wie bisher auf die globalen Verzeichnisse). Weitere Informationen zu diesen Eigenschaften gibt Abschnitt 5.6.5.

Probleme kann auch das Löschen von Tabellenblättern bereiten: Werden diese mit *Worksheets(...).Delete* gelöscht, kommt es manchmal vor, dass die resultierende Datei intern defekt ist. Sie kann zwar gespeichert werden, jeder Versuch sie später wieder zu laden, führt aber zu einem Absturz von Excel. Es ließ sich nicht feststellen, unter welchen Umständen dieser Fehler ausgelöst wird. (Er hat aber an sich nichts mit der *Delete*-Methode zu tun. Dasselbe Problem kann auch auftreten, wenn das Blatt manuell gelöscht wird.)

Daneben sind bei der Arbeit mit Excel 2000 sporadisch Detailprobleme aufgetreten, deren Ursache unklar geblieben ist: Da stürzte Excel ab, bis eine bisher undeklarierte Variable explizit als *Variant* deklariert wurde, dort gab es »Automatisierungs-Fehler«, bis aus einem *Select* ein *Activate* gemacht wurde etc.

Kompatibilitätsprobleme gegenüber Excel 5 und Excel 7

Die folgenden Informationen gelten, wenn Sie Excel-5- oder Excel-7-Programme auf Excel 97, 2000 oder 2002 umstellen möchten. Was das betrifft, sieht es leider wenig rosig aus.

> **VERWEIS**
> Selbst Microsoft räumt die Umstellungsprobleme ein und führt auf der Seite http://support.microsoft.com/default.aspx?scid=KB;EN-US;q162721& (das ist der Knowledge-Base-Artikel Q162721 in der MSDN-Library) nicht weniger als 75 Einzelprobleme auf.

Die folgende Liste ist daher nicht vollständig, sondern zählt nur die wichtigsten Probleme auf. Die meisten der hier geschilderten Probleme sind zweifellos Kleinigkeiten. Aber es sind solche »Kleinigkeiten«, die oft einen Tag intensiver Fehlersuche kosten.

- Wenn auf Tabellenblätter zugegriffen wird, funktionieren manche Methoden nur mit *Worksheets(n)*, nicht aber mit *Sheets(n)* (auch wenn in beiden Fällen auf dasselbe Tabellenblatt verwiesen wird).

- Die Formatierung von Diagrammen per Programmcode liefert zum Teil andere Ergebnisse als unter Excel 7.

- VBA-Code, der auf *Selection* zurückgreift, bereitet manchmal Schwierigkeiten. Das ist umso ärgerlicher, weil im Regelfall die automatische Makroaufzeichnung die Quelle problematischen Codes ist. Abhilfe: Ändern Sie die beiden folgenden Zeilen

```
object.Select oder object.Activate
Selection.methode
```

zu

```
object.methode.
```

Dieselbe Vorgehensweise gilt natürlich auch, wenn *Selection* durch *With* für mehrere Zeilen verwendet wird. (Geben Sie beim *With*-Kommando statt *Selection* das tatsächliche Objekt an.)

- Zuweisungen an *OnEventXxx*-Eigenschaften werden seit Excel 97 in der Excel-Datei gespeichert, in Excel-5/7 hingegen nicht. Die meisten Excel-5-/-7-Anwendungen verlassen sich daher darauf, dass beim Laden einer Datei alle *OnEventXxx*-Eigenschaften leer sind. Dies trifft jetzt nicht mehr zu und kann erhebliche Probleme bereiten.

  Probleme gibt es zumeist auch beim Versuch, *OnEventXxx*-Prozeduren durch die in Excel 97 neu eingeführten Ereignisprozeduren zu ersetzen: Excel beklagt sich plötzlich darüber, dass es die in *OnEventXxx*-Eigenschaften eingestellten Prozeduren nicht mehr findet.

  Erschwerend kommt hinzu, dass keine Möglichkeit dazu besteht, alle initialisierten *OnEventXxx*-Eigenschaften festzustellen. Sie müssen vielmehr im Direktfenster für jede mögliche *OnEventXxx*-Eigenschaft (für jedes Tabellenblatt!) testen, ob die Eigenschaft belegt ist. Wenn ja, müssen Sie die Eigenschaft durch die Zuweisung einer leeren Zeichenkette "" löschen. Viel Spaß!

- Die Methode *OpenText* lieferte in Excel 7 als Rückgabewert *True* oder *False*, je nachdem, ob der Import der Daten gelungen ist oder nicht. Seit Excel 97 darf die Methode überhaupt nicht mehr als Funktion verwendet werden, Rückgabewert gibt es keinen mehr. Mögliche Fehler müssen mit einer Fehlerbehandlungsroutine abgefangen werden.

- Die Syntax der Parameter *Destination* und *Connection* zur Angabe externer Datenquellen bei der Methode *PivotTableWizard* hat sich geändert. Excel-7-Programmcode läuft im Regelfall nicht mehr.

- MS-Forms-Dialoge (neu seit Excel 97) können nicht mit Zeichenelementen, Textfeldern oder anderen Office-Objekten dekoriert werden. Es gibt daher viel weniger optische Gestaltungsmöglichkeiten als bei Dialogen aus Excel 5/7.

- Im Kompatibilitätsmodus zur Anzeige und Verwaltung von Dialogen aus Excel 5/7 tritt ein Problem auf, wenn Sie einem Listenfeld einen Zellbereich zuzuweisen versuchen:

```
Set listenfeld.List = Sheets("Tabelle1").[a1:a4]
```

Die direkte Zuweisung von Zellbereichen an Listen wird offensichtlich nicht mehr unterstützt. Sie müssen entweder eine Schleife über alle Zellen ausführen und die Einträge einzeln mit *AddItem* hinzufügen oder aber auf das neue MS-Forms-Listenfeld umsteigen.

Ein Kapitel für sich sind die seit Office 97 neuen Menü- und Symbolleisten, die durchaus nicht nur mit Verbesserungen verbunden sind:

- Vorhandenen Menüs, die auf der Basis der *Menu*-Objekte von Excel 5/7 erstellt wurden, können keine neuen Ereignisprozeduren zugewiesen werden. (Genau genommen funktioniert die Zuweisung, nur wird diese nicht gespeichert.) Sie können vorhandene Menüs also weiterverwenden, aber nicht mehr ändern. Die Umwandlung in neue *CommandBar*-Menüs ist nur manuell und mit großem Aufwand möglich.

- Es gibt keinen Menüeditor mehr. Das manuelle Zusammenstellen neuer Menüs erfolgt über den Dialog ANSICHT|SYMBOLLEISTEN|ANPASSEN und ist mit Hunderten von Mausklicks verbunden. Kontextmenüs können überhaupt nur noch per Programmcode verändert werden.

- Veränderungen in vordefinierten Menüs werden nicht mehr in der Excel-Datei gespeichert, sondern seperat für jeden Benutzer in einer eigenen Datei. Daher ist zusätzlicher Code notwendig, wenn in Excel-Anwendungen Veränderungen an vorhandenen Menüs oder Symbolleisten durchgeführt werden sollen. (Neue Symbolleisten können wie in Excel 5/7 angebunden werden.)

Kompatibilitätsprobleme gegenüber Excel 5

Der wesentlichste Unterschied zwischen Excel 5 und allen nachfolgenden Versionen besteht darin, dass VBA-Code nicht mehr in der jeweiligen Landessprache formuliert wird, sondern immer auf Englisch. (In der deutschen Version von Excel 5 lautete eine Schleife z.B. *Für i=1 Bis 3: Nächste i!*) Seit Excel 97 wird der Code beim Laden automatisch ins Englische übersetzt, wobei sich aber manchmal kleine Fehler einschleichen.

Teil II

Grundlagen

3 Entwicklungsumgebung

Dieses Kapitel beschreibt detailliert die Bedienung der VBA-Entwicklungsumgebung. Diese Entwicklungsumgebung steht seit Excel 97 zur Verfügung und wurde seither nur mehr in wenigen Details verändert. Sie erscheint in einem getrennten Fenster mit eigenen Menüs, Symbolleisten etc. Die Entwicklungsumgebung ermöglicht die Eingabe von Programmcode und die Definition neuer Formulare, hilft bei der Fehlersuche, enthält eine Objektreferenz (Objektkatalog) mit Querverweisen zur Hilfe, einen Direktbereich zum Test einzelner Anweisungen etc.

Kapitelübersicht

3.1	Komponenten von VBA-Programmen	84
3.2	Komponenten der Entwicklungsumgebung	85
3.3	Codeeingabe in Modulen	91
3.4	Makros ausführen	95
3.5	Makroaufzeichnung	97
3.6	Tastenkürzel	99

3.1 Komponenten von VBA-Programmen

Ein VBA-Programm ist immer Teil einer Excel-Arbeitsmappe – es ist also unmöglich, Excel-Programme außerhalb einer normalen Excel-Datei zu speichern, zu editieren oder auszuführen. Wenn hier von den Komponenten eines VBA-Programms die Rede ist, sind also die VBA-Komponenten einer Excel-Datei gemeint, die in der VBA-Entwicklungsumgebung angezeigt werden.

> **ANMERKUNG**
> Es gibt zwei Sonderfälle zur Speicherung von VBA-Code: Zum einen können Sie den Code eines Moduls oder Dialogs als ASCII-Datei exportieren – Sie können diese Dateien aber nicht ausführen. Zum anderen können Sie eine Excel-Datei als Add-In speichern – dann werden die Tabellenblätter unsichtbar, der Code kann nicht mehr geändert werden. Obwohl ein Add-In rein optisch wenig mit einer Excel-Arbeitsmappe gemeinsam hat und eine ganz andere Aufgabe erfüllen soll (siehe Abschnitt 15.2), handelt es sich nichtsdestoweniger nur um einen Sonderfall einer normalen Excel-Datei.

Eine Excel-Anwendung kann folgende VBA-Komponenten umfassen:

- Normalen Programmcode (Module): Programmcode mit der Definition von Variablen, Prozeduren und Funktionen wird in so genannten Modulen gespeichert. Ein Modul ist also eine Gruppe eigens programmierter Prozeduren (Unterprogramme), die in Excel genutzt werden können. In der Entwicklungsumgebung wird ein Modul in einem Textfenster für den Code angezeigt.

- Programmcode zur Definition von neuen Objektklassen (Klassenmodule): Rein optisch sieht ein Klassenmodul wie ein normales Modul aus – es handelt sich also ebenfalls um ein Textfenster mit Programmcode. Der Unterschied besteht darin, dass Klassenmodule zur Definition neuer Objekte dienen. Eine Einführung in die Programmierung von Klassenmodulen gibt Abschnitt 4.5.3.

- Programmcode mit Ereignisprozeduren zu Excel-Objekten: Jedes Excel-Blatt (Tabelle, Diagramm) sowie die gesamte Excel-Arbeitsmappe kennt Ereignisse – etwa den Wechsel von einem Blatt zum anderen, das Speichern oder Drucken der Arbeitsmappe etc. Wenn ein solches vordefiniertes Ereignis eintritt, kann automatisch eine so genannte Ereignisprozedur ausgelöst werden. Der Programmcode für diese Ereignisprozeduren befindet sich in eigenen Modulen, die jeweils dem entsprechendem Excel-Objekt zugeordnet sind. Detaillierte Informationen zu Ereignisprozeduren gibt Abschnitt 4.4.

- Dialoge (*UserForm*): Dialoge bestehen seit Excel 97 aus zwei zusammengehörigen Teilen: dem eigentlichen Dialog mit seinen Steuerelementen und dem Programmcode mit den Ereignisprozeduren zu den Steuerelementen. (Diese Ereignisprozeduren sind zur Verwaltung des Dialogs erforderlich.) Der Entwurf und die Verwaltung von Dialogen sind Thema von Kapitel 7.

- Verweise: Solange Sie nur die Excel-Standardobjekte verwenden, brauchen Sie sich um Verweise nicht zu kümmern. Sobald Sie aber Objekte verwenden möchten, die in externen Objektbibliotheken definiert sind (etwa in der ADO-Bibliothek zur Datenbankprogrammierung), müssen Sie diese mit EXTRAS|VERWEISE aktivieren. Die Verweise auf die genutzten Objektbibliotheken werden in der Excel-Datei gespeichert.

Die ersten vier Punkte dieser Aufzählung haben eine Gemeinsamkeit: Der VBA-Code wird in immer gleich aussehenden Codefenstern angezeigt. Die Werkzeuge zur Codeeingabe und zur Fehlersuche sind also in jedem Fall dieselben.

3.2 Komponenten der Entwicklungsumgebung

Primäre Aufgabe der Entwicklungsumgebung ist es, die Eingabe von Programmcode und die Definition von Formularen zu ermöglichen. Seit Excel 97 ist die VBA-Entwicklungsumgebung nicht mehr in Excel integriert, sondern verhält sich beinahe wie ein eigenständiges Programm. Die Entwicklungsumgebung wird in Excel durch EXTRAS| MAKRO|VISUAL BASIC EDITOR bzw. mit Alt+F11 aufgerufen und erscheint dann in einem eigenen Fenster.

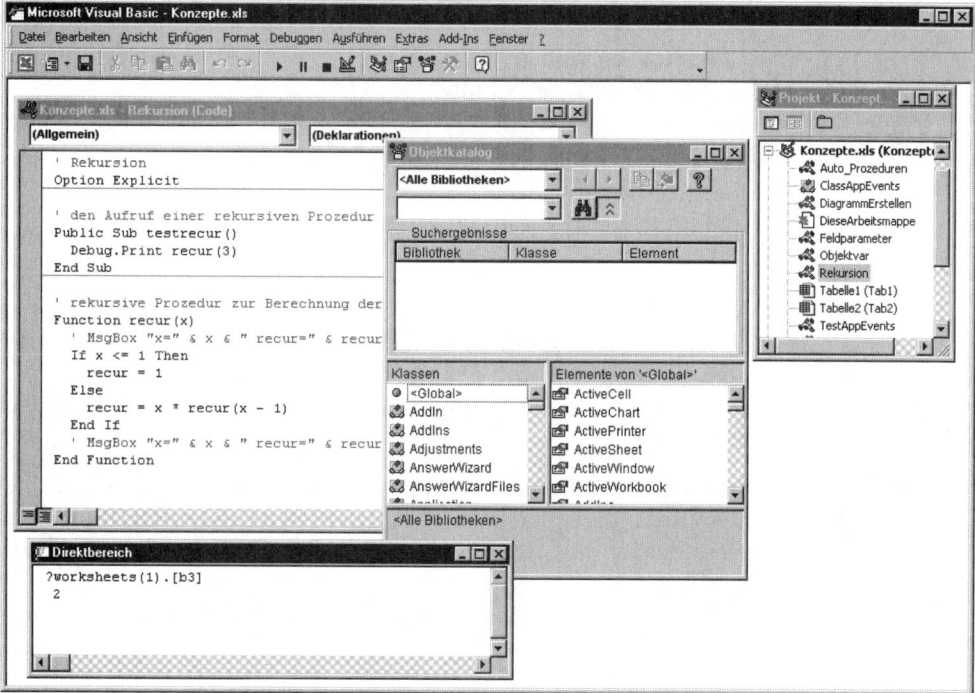

Bild 3.1: Die VBA-Entwicklungsumgebung

Statt mit EXTRAS | MAKRO | VISUAL BASIC EDITOR bzw. mit Alt+F11 kann der Wechsel von Excel in die Entwicklungsumgebung auch durch ein Symbol erfolgen: Führen Sie in Excel ANSICHT | SYMBOLLEISTEN | ANPASSEN | BEFEHLE aus und ziehen Sie mit der Maus das Symbol VISUAL BASIC EDITOR in die Standardsymbolleiste. Jetzt reicht ein einfacher Mausklick aus, um in das Fenster der Entwicklungsumgebung zu springen.

Zu beinahe allen Komponenten der Entwicklungsumgebung sind Kontextmenüs definiert, die mit der rechten Maustaste aufgerufen werden und eine effiziente Ausführung der wichtigsten Kommandos ermöglichen. Probieren Sie es aus!

> **HINWEIS**
>
> Der Wechsel zwischen Excel und der Entwicklungsumgebung funktioniert nur, wenn in der gerade aktiven Komponente kein Dialog geöffnet ist. In Excel darf keine Zelle bzw. kein Objekt bearbeitet werden. In der Entwicklungsumgebung darf der Objektkatalog nicht das aktive Fenster sein. In all diesen Fällen wird der Blattwechsel (ohne Fehlermeldung) verweigert.

> **VERWEIS**
>
> Nicht alle Schritte zur Programmentwicklung werden tatsächlich in der VBA-Entwicklungsumgebung durchgeführt. Beispielsweise wird die Makroaufzeichnung direkt in Excel gesteuert. Ebenso erfolgt die Definition neuer Symbolleisten oder Menüeinträge in Excel. Aus diesem Grund, und um thematisch zusammengehörige Themen gemeinsam zu behandeln, finden Sie weitere Informationen zur Entwicklungsumgebung in anderen Kapiteln:
>
> Objektkatalog, Bibliotheksverweise: Abschnitt 4.3
> Hilfsmittel zur Fehlersuche: Abschnitt 6.1
> Dialogeditor: Abschnitt 7.3
> Definition von Menüs und Symbolleisten: Abschnitt 8.1

Projektfenster

Das Projektfenster (ANSICHT | PROJEKTFENSTER oder Strg+R) dient zur Orientierung in Excel-Programmen. Zu jeder geladenen Excel-Datei wird im Projektfenster eine Gruppe mit allen dazugehörigen Modulen und Dialogen angezeigt. Durch einen Doppelklick auf den jeweiligen Eintrag werden die Komponenten in einem Fenster angezeigt und können bearbeitet werden.

Die einzelnen Komponenten eines Projekts können wahlweise alphabetisch geordnet oder wie in Bild 3.1 thematisch gruppiert werden. Die Umschaltung erfolgt durch das dritte Symbol im Projektfenster (mit der irreführenden Bezeichnung ORDNER WECHSELN).

3.2 Komponenten der Entwicklungsumgebung

> **TIPP** Wenn Sie mehrere Excel-Dateien gleichzeitig bearbeiten, können Sie einzelne Dateien (»Projekte«) im Projektfenster zusammenklappen (Klick auf das Symbol + oder -). Alle Fenster dieses Projekts werden damit ausgeblendet. Das erleichtert die Orientierung im Fensterwirrwarr der Entwicklungsumgebung ganz erheblich.

> **TIPP** In der Defaulteinstellung werden das Projektfenster und die meisten anderen Komponenten nicht als frei verschiebbare Fenster angezeigt, sondern sind am Randbereich der Entwicklungsumgebung fixiert. Das ist nur dann praktisch, wenn Sie mit einem riesigen Monitor arbeiten. Andernfalls wird der zur Verfügung stehende Platz schlecht genutzt. Um die Komponenten der Entwicklungsumgebung frei platzieren zu können, führen Sie EXTRAS|OPTIONEN|VERANKERN aus und deaktivieren sämtliche Optionen dieses Dialogblatts.

Eigenschaftsfenster

Im Eigenschaftsfenster (ANSICHT|EIGENSCHAFTSFENSTER oder F4) können diverse Merkmale des gerade aktuellen Objekts eingestellt werden. Als »Objekte« gelten Module ebenso wie Dialoge und die darin enthaltenen Steuerelemente. Die größte Rolle spielt das Eigenschaftsfenster beim Entwurf neuer Dialoge: Jedes Element eines solchen Dialogs kennt Dutzende von Eigenschaften. Bei normalen Codemodulen kann dagegen nur der Name des Moduls eingestellt werden. Dieser Name darf keine Leerzeichen enthalten. Bei Objektmodulen weicht der VBA-Name im Regelfall vom Excel-Blattnamen ab.

Wie im Projektfenster können auch im Eigenschaftsfenster die Einträge alphabetisch oder nach Gruppen geordnet werden. Die Umschaltung erfolgt hier allerdings mit Blattregistern und ist nur dann sinnvoll, wenn Objekte sehr viele Eigenschaften unterstützen.

Falls Sie Steuerelemente direkt in Tabellenblätter einbetten, können Sie das Eigenschaftsfenster auch in Excel benutzen. Der Aufruf in Excel erfolgt allerdings nicht mit F4, sondern über den Kontextmenüeintrag EIGENSCHAFTEN bzw. über das EIGENSCHAFTEN-Symbol der Symbolleiste STEUERELEMENTE-TOOLBOX.

Objektkatalog

Die Programmierung in Excel basiert auf mehreren Objektbibliotheken, deren wichtigste die *Excel*-Bibliothek ist. Jede Bibliothek ist mit zahlreichen Objekten ausgestattet, die Objekte wiederum mit vielen Eigenschaften, Methoden und Ereignissen. Die einzige Chance, in dieser Fülle von Schlüsselwörtern den Überblick zu bewahren, bietet der Objektkatalog, der mit ANSICHT|OBJEKTKATALOG bzw. F2 angezeigt wird. (Wenn sich der Cursor gerade über einem Schlüsselwort im Codefenster befindet, kann mit

Shift+F2 wird im Objektkatalog automatisch danach gesucht.) Der Objektkatalog bietet in vielen Situationen auch den schnellsten Weg zur Hilfe.

Im Objektkatalog werden sowohl die Objekte aller aktivierten Bibliotheken als auch (in fetter Schrift) alle in Modulen selbst definierten Funktionen und Prozeduren angezeigt. Im Listenfeld links oben können Sie die Anzeige auf Objekte einer bestimmten Bibliothek einschränken. Das ist besonders praktisch, wenn die Suche nach einer Zeichenkette sehr viele Ergebnisse liefert. Eine Suche führen Sie durch, indem Sie im zweiten Listenfeld eine Zeichenkette eingeben und Return drücken.

Normalerweise werden im Katalog nur »offiziell« unterstützte Schlüsselwörter angezeigt. Daneben gibt es eine Menge verborgener Schlüsselwörter, die entweder intern verwendet werden oder aus Gründen der Kompatibilität zu früheren Versionen aufgenommen wurden. Mit dem Kontextmenükommando AUSGEBLENDETE ELEMENTE ANZEIGEN können Sie auch diese Schlüsselwörter in grauer Schrift anzeigen.

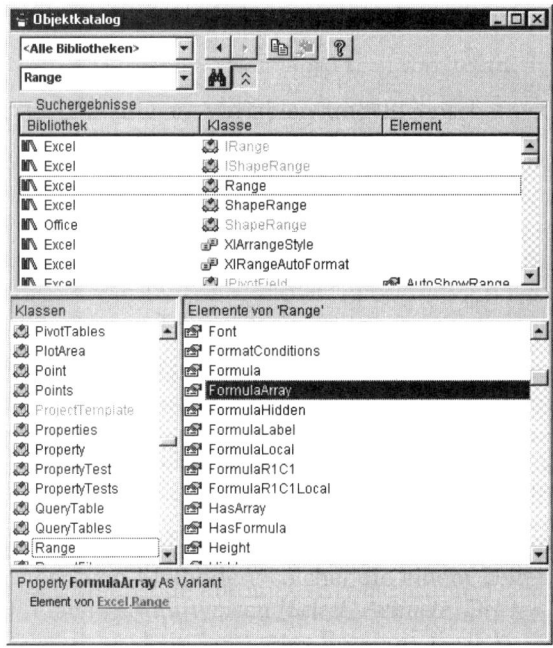

Bild 3.2: Der Objektkatalog

> **TIPP**
> Normalerweise sind alle Schlüsselwörter alphabetisch geordnet. Durch das Kontextmenükommando ELEMENTE GRUPPIEREN erreichen Sie, dass die Einträge stattdessen in Gruppen geordnet werden, d.h. zuerst alle Eigenschaften, dann die Methoden und schließlich die Ereignisse. Im Regelfall ist diese Form der Anzeige übersichtlicher.

Editoroptionen

Durch EXTRAS|OPTIONEN wird ein vierblättriger Dialog für diverse Einstellungen der Entwicklungsumgebung angezeigt. Die meisten Einstellungen sind leicht verständlich; zu den anderen einige Anmerkungen:

AUTOMATISCHE SYNTAXÜBERPRÜFUNG (Blatt EDITOR): Wenn diese Option aktiviert ist, wird nach der Eingabe einer fehlerhaften Zeile eine Fehlermeldung angezeigt. Während der ersten VBA-Gehversuche ist das vielleicht ganz nützlich, nach ein paar Tagen werden die ständigen Fehlermeldungen aber lästig. Wenn Sie Sie die Option deaktivieren, werden fehlerhafte Zeilen immer noch in roter Farbe angezeigt, was vollkommen ausreichend ist.

VARIABLENDEKLARATION ERFORDERLICH: Wenn diese Option aktiviert ist, wird in jedes neue Modul die Zeile *Option Explicit* eingefügt. Das bedeutet, dass Sie nur Variablen verwenden können, die Sie mit *Dim* deklariert haben. Diese Option vermeidet Tippfehler und führt zu einem korrekten Code. Unbedingt aktivieren!

ELEMENTE AUFLISTEN, QUICKINFOS, DATENTIPPS: Diese drei Optionen geben an, ob im Codefenster automatisch Informationen über die erlaubten Methoden und Eigenschaften, den aktuellen Inhalt von Variablen und über die erlaubten Parameter eingeblendet werden. Lassen Sie die Optionen in der Defaulteinstellung (also aktiviert) – die Informationen sind ausgesprochen nützlich.

GANZES MODUL ANZEIGEN: Diese Option bewirkt, dass im Codefenster nicht nur eine einzelne Prozedur, sondern alle Prozeduren des gesamten Moduls angezeigt werden.

Blatt EDITORFORMAT: Hier können Sie den gewünschten Zeichensatz sowie die Farben für verschiedene Syntaxelemente einstellen.

Allgemeine Optionen

PROJEKTAUSBLENDUNG SCHLIESST FENSTER (Blatt ALLGEMEIN): Wenn diese Option aktiviert ist, werden alle Fenster eines Projekts geschlossen, sobald das Projekt im Projektfenster zusammengeklappt wird (Klick auf Minussymbol). Beim Aufklappen erscheinen die Fenster wieder. Die Option dient dazu, auch bei mehreren Projekten gleichzeitig eine gewisse Ordnung in der Entwicklungsumgebung zu halten.

BEARBEITEN UND FORTFAHREN: Bei manchen Änderungen im Code – etwa bei der Deklaration neuer Variablen – müssen alle aktuellen Variableninhalte gelöscht werden. Wenn die Option BENACHRICHTIGEN aktiviert ist, werden Sie vor der Durchführung solcher Änderungen gewarnt.

BEI JEDEM FEHLER UNTERBRECHEN: Diese Option hebt die Wirkung von Fehlerbehandlungsroutinen auf. Trotz *On-Error*-Anweisungen wird das Programm unterbrochen. Die Option ist manchmal zur Fehlersuche sehr praktisch (siehe auch Kapitel 6).

IN KLASSENMODUL/BEI NICHT VERARBEITETEN FEHLERN UNTERBRECHEN: Die beiden Optionen führen nur dann zu unterschiedlichen Resultaten, wenn Sie Klassenmodule entwickeln. Wenn in einem Klassenmodul ein Fehler auftritt, wird das Programm im ersten Fall im Klassenmodul und im zweiten Fall dort unterbrochen, wo die Methode oder Eigenschaft der Klasse aufgerufen wurde, die den Fehler verursacht hat (siehe auch Abschnitt 4.5).

KOMPILIEREN: VBA-Programme werden automatisch zu einem Pseudocode kompiliert, der effizienter ausgeführt werden kann als der zugrunde liegende ASCII-Code. (Es handelt sich aber nicht um einen Maschinencode, wie er von C-Compilern erzeugt wird.) Die beiden KOMPILIEREN-Optionen steuern, wann kompiliert wird. Die Defaulteinstellung (beide Optionen aktiviert) bedeutet, dass sofort mit der Programmausführung begonnen wird und nur jene Prozeduren kompiliert werden, die gerade benötigt werden. Der Vorteil: ein rascher Programmstart. Der Nachteil: manche offensichtlichen Fehler werden erst spät gemeldet. Bei größeren Projekten ist es zumeist sinnvoll, die Optionen zu deaktivieren, weil dann mögliche Syntaxfehler im Code sofort gemeldet werden (und nicht irgendwann später, wenn die Prozedur erstmalig benötigt wird).

Blatt VERANKERN: Wie bereits oben in einem Tipp erwähnt, gelten in der Defaultkonfiguration die meisten Komponenten der Entwicklungsumgebung als so genannte verankerte Fenster. Diese Fenster kleben gewissermaßen an einem Ende der Entwicklungsumgebung. Wenn Sie nicht gerade mit einem 21-Zoll-Monitor arbeiten, kosten diese verankerten Fenster zu viel Platz und stellen einen Rückschritt in die Zeiten von Windows 1 dar (als überlappende Fenster noch nicht erlaubt waren). Sie können diesen Unfug abstellen, indem Sie die meisten (am besten alle) Kontrollkästchen dieses Dialogblatts deaktivieren. Anschließend können Sie alle Fenster ohne Einschränkungen verschieben und überlappend anordnen.

Projekteigenschaften

Mit EXTRAS | EIGENSCHAFTEN wird ein Dialog zur Einstellung der Eigenschaften des gerade aktuellen Projekts angezeigt. Im Blatt ALLGEMEIN können Sie eine Kurzbeschreibung des Projekts und den Dateinamen einer dazugehörigen Hilfedatei angeben. Im Blatt SCHUTZ können Sie den VBA-Teil einer Excel-Datei ausblenden und durch ein Passwort absichern.

> **VORSICHT**
>
> Welchen Stellenwert Microsoft dem Passwortschutz in Excel gibt, hat man beim Versionswechsel von Excel 7 auf Excel 97 gesehen. In Excel 7 ausgeblendete und per Passwort abgesicherte Module waren in Excel 97 ohne weiteres jedermann zugänglich! Der Passwortschutz von Excel 2000 ist zwar etwas besser, wurde aber ebenfalls bereits geknackt. Es gibt kommerzielle Tools, mit denen 'vergessene' Passwörter gefunden oder durch bekannte Passwörter ersetzt werden können (z.B. http://soft4you.com/mso/vba.htm).

Bedingte Kompilierung

Manchmal kommt es vor, dass Sie parallel zu einem Programm eine zweite Version verwalten möchten (etwa eine Demoversion mit eingeschränkten Merkmalen oder eine Debugversion mit zusätzlichen Sicherheitsabfragen). Dazu können Sie in PROJEKT | EIGENSCHAFTEN | ALLGEMEIN im Textfeld ARGUMENTE FÜR BEDINGTE KOMPILIERUNG eine Konstante definieren, beispielsweise *demo=1*. Im Programmcode können Sie den Inhalt der Konstanten dann mit *#If*-Anweisungen auswerten.

Je nach Ergebnis der *#If*-Abfrage wird entweder der eine oder der andere Zweig ausgeführt. Im Unterschied zu normalen *If*-Abfragen erfolgt die Unterscheidung zwischen den beiden Varianten allerdings schon bei der Kompilierung. Das Kompilat enthält nur eine Variante und keine *#If*-Abfragen, es ergibt sich also kein Geschwindigkeitsnachteil. Die folgenden Zeilen zeigen, wie Programmcode mit *#If*-Anweisungen aussehen kann:

```
Sub Command1_Click()
  #If demo Then
    MsgBox "In der Demoversion kann nichts gespeichert werden"
  #Else
    ' ... Programmcode zum Speichern
  #End If
End Sub
```

3.3 Codeeingabe in Modulen

In jedem Codefenster kann VBA-Code eingegeben werden. Wie bereits erwähnt, gibt es zahlreiche Objekte, die mit Code ausgestattet werden: die Excel-Datei als Ganzes (Modul *Diese Arbeitsmappe* im Projektfenster), jedes Tabellenblatt (*Tabelle 1, Tabelle 2* etc.), Dialoge, normale Module und Klassenmodule.

Während die Objekte *Diese Arbeitsmappe* und *Tabelle n* durch Excel vorgegeben sind, müssen Dialoge und Module durch EINFÜGEN | USERFORM, -MODUL und -KLASSENMODUL in der Entwicklungsumgebung erst erzeugt werden. (Bei der Makroaufzeichnung wird automatisch ein Modul erzeugt.)

Anschließend sollten Sie dem Dialog bzw. Modul einen aussagekräftigen Namen geben. Dazu müssen Sie das Eigenschaftsfenster (F4) verwenden. Leerzeichen und die meisten Sonderzeichen sind dabei verboten.

Während der Name bei normalen Modulen hauptsächlich die Orientierung in großen Projekten erleichtert, ist der Name von Dialogen und Klassenmodulen auch für die Codeausführung wichtig. Nachträgliche Änderungen führen dann zu zusätzlichem Aufwand und sollten möglichst vermieden werden.

Erste Experimente

Für erste VBA-Experimente öffnen Sie in Excel eine neue Arbeitsmappe, wechseln mit Alt+F11 in die Entwicklungsumgebung und fügen dort mit EINFÜGEN|MODUL ein neues Modul ein. Das kürzeste mögliche VBA-Makro, das Sie zu Testzwecken eingeben können, sieht folgendermaßen aus:

```
Sub beispiel()
  Debug.Print "Mein erstes Programm!"
End Sub
```

Mit der Methode *Print*, die auf das Objekt *Debug* angewendet wird, gibt dieses Programm den Text »Mein erstes Programm« im Direktbereich aus. Sie können dieses Programm einfach mit F5 starten (dazu muss sich der Eingabecursor innerhalb der Prozedur befinden). Das Ergebnis wird im Direktbereich angezeigt. Da dieses Fenster normalerweise unsichtbar ist, muss es über ANSICHT|DIREKTFENSTER oder mit Strg+G aktiviert werden.

Wenn Sie das Programm eingeben, werden Sie feststellen, dass Excel einige Programmteile – nämlich die Schlüsselwörter *Sub*, *Debug*, *Print*, *End* und *Sub* – farbig hervorhebt. Das erhöht nicht nur die Übersichtlichkeit, es deutet auch darauf hin, dass die Programmzeilen syntaktisch korrekt sind.

Falls Excel bei der Eingabe einer Programmzeile einen Fehler erkennt, meldet es sich mit einer Fehlermeldung. Sie können diese Meldung vorläufig ignorieren; die gesamte Zeile wird dann rot dargestellt. Das Makro kann aber erst ausgeführt werden, wenn alle Syntaxfehler beseitigt sind.

Automatische Vervollständigung von Schlüsselwörtern und Variablennamen

Die Codeeingabe wird durch so genannte *IntelliSense*-Funktionen erleichtert. So werden während der Eingabe automatisch kleine Listenfelder angezeigt, die alle möglichen – im Kontext der bisherigen Eingabe gültigen – Vervollständigungen der Eingabe anzeigen. Bei der Eingabe von Funktionen bzw. Methoden wird deren Parameterliste angezeigt etc.

IntelliSense hat einige neue Tastenkürzel mit sich gebracht: Wenn gerade kein Listenfeld angezeigt wird, können Sie mit Strg+Leertaste das gerade eingegebene Schlüsselwort (oder den Variablenname) vervollständigen. Wenn es dabei mehrere Möglichkeiten gibt, erscheint automatisch das Listenfeld.

Wenn das Listenfeld bereits angezeigt wird, können Sie mit den Cursortasten den gewünschten Eintrag auswählen. Tab (nicht Return!) vollendet die Auswahl. Mit Esc entkommen Sie dem Listenfeld und können die manuelle Eingabe fortsetzen (beispielsweise zur Eingabe eines noch nicht definierten Variablennamens).

Definition neuer Prozeduren

Wenn Sie eine neue Prozedur schreiben möchten, bestehen dazu mehrere Möglichkeiten. Bei allgemeinen Prozeduren (Unterprogrammen, Funktionen) können Sie mit EINFÜGEN | PROZEDUR eine Schablone für eine neue Prozedur per Mausklick erstellen. (Die Bedeutung der Schlüsselwörter *Sub*, *Function*, *Property*, *Public*, *Privat* und *Static* werden in Abschnitt 4.2 genau beschrieben.)

Wenn Sie ein wenig Übung und Erfahrung mit Visual Basic haben, werden Sie die Definition einer neuen Prozedur noch schneller erledigen, indem Sie die Anweisungen *Function Name* oder *Sub Name* im Codefenster eingeben. Visual Basic vervollständigt die Prozedurdefinition automatisch durch *End Function* oder *End Sub*.

Cursorbewegung im Programmcodefenster

Der Textcursor kann innerhalb eines Unterprogramms bzw. einer Funktion wie gewohnt mit den Cursortasten bewegt werden. Bild ↑ und Bild ↓ bewegen den Textcursor seitenweise durch eine Prozedur. Wenn der Cursor bereits am Anfang bzw. am Ende des Unterprogramms steht, wird die vorangegangene bzw. die nächste Prozedur angezeigt. (Die Reihenfolge der Prozeduren orientiert sich an der Reihenfolge, in der die Prozeduren definiert wurden.)

Strg+↑ und Strg+Bild ↑ bzw. Strg+↓ und Strg+Bild ↓ zeigen unabhängig von der aktuellen Position des Textcursors in jedem Fall das vorige bzw. nächste Unterprogramm an. F6 wechselt den aktiven Ausschnitt, wenn das Fenster geteilt ist.

Shift+F2 bewegt den Cursor zum Code der Prozedur, auf dessen Name der Cursor gerade steht (Kommando ANSICHT | DEFINITION). Wenn die betroffene Prozedur in einer anderen Datei des Projekts definiert ist, wechselt Visual Basic automatisch in das betreffende Codefenster. Strg+Shift+F2 springt zurück zur vorherigen Position. Visual Basic verwaltet dazu einen mehrstufigen Puffer für die Rücksprungpositionen.

Zum raschen Springen zu einem anderen Programmteil können Sie schließlich auch den Objektkatalog verwenden, in dem (unter anderem) sämtliche von Ihnen programmierte Prozeduren verzeichnet sind – siehe den folgenden Abschnitt.

Blöcke ein- und ausrücken

Damit der Programmcode leichter zu lesen ist, werden Blöcke innerhalb von Verzweigungen und Schleifen normalerweise eingerückt (wie in allen Programmlistings dieses Buchs). Die Einrückungen erfolgen nicht automatisch, sondern müssen durch die Eingabe von Leer- oder Tabulatorzeichen vorgenommen werden. Wenn Sie später die Struktur des Programms ändern (z.B. durch eine zusätzliche Sicherheitsabfrage), müssen Sie oft zahlreiche Zeilen ein- oder ausrücken. Anstatt das für jede Zeile manuell zu erledigen, können Sie sich von Visual Basic helfen lassen: Markieren Sie den gesamten Zeilenblock mit der Maus, und geben Sie dann Tab bzw. Shift+Tab ein. Visual Basic rückt den gesamten Block um eine Tabulatorposition ein oder aus.

Die Tabulatorweite kann im Optionenfenster (EXTRAS|OPTIONEN|EDITOR) beliebig eingestellt werden – sogar auf ein einziges Zeichen. Die Defaulteinstellung lautet 4 Zeichen, in diesem Buch wurden aber nur 2 Zeichen verwendet, was zu einem weniger stark auseinander gezogenen Programmcode führt. (Visual Basic arbeitet übrigens nicht mit echten Tabulatoren. Die Tabulatorweite gibt nur an, wie viele Leerzeichen durch Tab eingefügt werden.)

Variablendeklaration

In leeren Modulen steht in der ersten Zeile zumeist die Anweisung *Option Explicit*. Die Anweisung bewirkt, dass alle Variablen vor ihrer Verwendung deklariert werden müssen. Wenn die Anweisung nicht automatisch erscheint, sollten Sie in EXTRAS| OPTIONEN|EDITOR den Eintrag VARIABLENDEKLARATION ERFORDERLICH aktivieren. Excel fügt die Anweisung dann in neuen Modulen automatisch ein. (In bereits geöffneten Modulen müssen Sie die beiden Schlüsselwörter selbst eintippen.)

Kommentare

Das Zeichen »'« (Shift+#) leitet Kommentare ein. Kommentare sind sowohl am Zeilenanfang als auch im Anschluss an eine Anweisung erlaubt. Das Kommentarzeichen kann unter anderem dazu verwendet werden, fehlerhafte Zeilen vorläufig in Kommentare zu verwandeln. Kommentare werden üblicherweise grün angezeigt.

> **TIPP**
> Während des Tests eines Programms ist es oft praktisch, einige Zeilen Code vorübergehend durch vorangestellte Kommentarzeichen zu deaktivieren. Die Entwicklungsumgebung sieht zum Auskommentieren mehrerer Zeilen bzw. zum Widerrufen dieses Kommandos zwar zwei Symbole in der BEARBEITEN-Symbolleiste, aber keine Menükommandos vor. Diesen Mangel können Sie mit ANSICHT|SYMBOLLEISTEN|ANPASSEN leicht beheben.

Mehrzeilige Anweisungen

Sehr lange Anweisungen können auf mehrere Zeilen verteilt werden. Dazu muss an einer beliebigen Stelle (aber nicht *in* einem Schlüsselwort) ein Leerzeichen und anschließend der Unterstrich »_« eingegeben werden. Beispiel:

```
Selection.Sort Key1:=Range("A3"), Order1:= xlAscending, _
  Header:=xlGuess, OrderCustom:=1, MatchCase:=False, _
  Orientation:=xlTopToBottom
```

> **HINWEIS**
>
> Variablen können so deklariert werden, dass sie nur in einer Prozedur, im ganzen Modul oder im gesamten Programm (global) verwendet werden können. Details zum Gültigkeitsbereich von Variablen finden Sie in Abschnitt 4.2.2.
>
> Wenn Sie mehrzeilige Anweisungen mit Kommentaren versehen, dürfen Sie das erst in der letzten Zeile der Anweisung tun. Die folgende Anweisung ist syntaktisch falsch:
>
> ```
> Selection.Sort Key1:=Range("A3"), _    'nicht erlaubt!
>   Order1:= xlAscending, _              'nicht erlaubt!
>   Header:=xlGuess                      'dieser Kommentar ist ok
> ```

Änderungen rückgängig machen

Wenn Sie versehentlich einen markierten Bereich löschen oder eine Änderung am Programmcode rückgängig machen möchten, können Sie den bisherigen Zustand des Programms mit dem Kommando BEARBEITEN|RÜCKGÄNGIG bzw. mit Alt+Backspace wiederherstellen. Mit BEARBEITEN|WIEDERHERSTELLEN bzw. mit Strg+Z können Sie auch das RÜCKGÄNGIG-Kommando wieder rückgängig machen. Diese Undo- und Redo-Funktion arbeitet mehrstufig, d.h., Sie können mehrere Änderungen zurücknehmen.

Automatisch speichern

Excel läuft zwar einigermaßen stabil, aber ein Absturz ist nie ganz ausgeschlossen. Aus diesem Grund sollten Sie Ihre Arbeitsmappe möglichst oft speichern! Bei Excel 2000 können Sie die Add-In-Erweiterung AUTOMATISCH SPEICHERN aktivieren, die Ihre Arbeitsmappe in regelmäßigen Abständen speichert. Dazu führen Sie in Excel (nicht in der Entwicklungsumgebung) EXTRAS|ADD-IN-MANAGER aus und aktivieren die Option AUTOMATISCHES SPEICHERN. Es erscheint nun alle zehn Minuten eine Rückfrage, ob Sie noch ungesicherte Dateien speichern möchten. Ab Excel 2002 ist eine vergleichbare Funktion direkt in Excel integriert (also nicht mehr als Add-In). Das Speicherintervall kann nun mit EXTRAS|OPTIONEN|SPEICHERN eingestellt werden.

3.4 Makros ausführen

Es wurde oben bereits erwähnt, dass Sie das Makro, in dessen Codebereich sich der Cursor gerade befindet, sehr bequem durch F5 aufrufen können. Diese Art des Makrostarts ist allerdings nur in der Entwicklungsumgebung möglich. Allgemein gültig ist dagegen das Kommando EXTRAS|MAKRO, das sowohl in Excel als auch in der Entwicklungsumgebung zur Verfügung steht. Damit können Sie alle parameterlosen Makros starten, die in irgendeiner der zurzeit geladenen Dateien definiert sind.

Daneben bestehen einige wesentlich elegantere Möglichkeiten zum Makrostart:

- Im Dialog EXTRAS|MAKROS können Sie über den Button OPTIONEN jedem Makro eine Tastaturabkürzung der Art **Strg+Anfangsbuchstabe** zuweisen. Aus unerfindlichen Gründen steht der OPTIONEN-Button nur im MAKROS-Dialog von Excel, nicht aber im MAKROS-Dialog der Entwicklungsumgebung zur Verfügung.

- Makros können mit dafür vorgesehenen Ereignisroutinen verbunden werden. Sie werden dann beim Auftreten bestimmter Ereignisse (etwa dem Verstreichen einer vorgegebenen Zeit, dem Aktivieren eines Tabellenblatts etc.) automatisch aufgerufen. Ereignisse sind Thema von Abschnitt 4.4.

- Über das Kommando ANSICHT|SYMBOLLEISTEN|ANPASSEN|BEFEHLE können Sie den Menüeintrag MENÜELEMENT ANPASSEN oder das Symbol SCHALTFLÄCHE ANPASSEN (beide in der Gruppe MAKROS) in ein Menü oder in eine Symbolleiste einfügen. Anschließend können Sie per Kontextmenü den Menütext bzw. das Symbol ändern. Wenn Sie den Eintrag bzw. das Symbol zum ersten Mal anklicken, können Sie bequem das Makro auswählen, dem der Eintrag in Zukunft zugewiesen wird. Mehr Informationen zu eigenen Menüs und Symbolleisten finden Sie in Kapitel 8.

Die gerade aufgezählten Verfahren gelten für Befehlsmakros, die mit dem Schlüsselwort *Sub* eingeleitet werden. Funktionsmakros (Schlüsselwort *Function*) sind dagegen nicht zum direkten Aufruf geeignet. Sie können innerhalb anderer Makros sowie als Rechenfunktionen in der Formel einer Tabellenzelle eingesetzt werden.

Makros unterbrechen

Alle Makros können jederzeit mit **Strg+Untbr** gestoppt werden. Wenn Sie im daraufhin erscheinenden Dialog MAKROFEHLER den Button TESTEN auswählen, können Sie den Code bearbeiten. Sie können sich dort einzelne Variablen ansehen und das Makro anschließend mit F5 fortsetzen.

Der Direktbereich (Testfenster)

Das Fenster des Direktbereichs stellt eine Hilfe zum Testen neuer Prozeduren und zur Fehlersuche dar. (In früheren Versionen wurde der Direktbereich als Testfenster bezeichnet.) Die Anweisung *Debug.Print* führt eine Ausgabe im Direktbereich durch. Der Direktbereich wird über ANSICHT|DIREKTFENSTER oder mit **Strg+G** aktiviert.

Das Direktfenster enthält die letzten 200 mit *Debug.Print* durchgeführten Ausgaben. Im Direktbereich können Sie Anweisungen angeben, die mit **Return** sofort (direkt) ausgeführt werden. Der Direktbereich eignet sich besonders zum Austesten von Variablen oder Eigenschaften – etwa durch Anweisungen wie *?varname* oder *?Application.ActiveSheet.Name* (gibt den Namen des gerade aktiven Tabellenblatts aus). Das Fragezeichen gilt dabei als Abkürzung für die *Print*-Methode. Fließkommazahlen werden im Testfenster generell mit maximal acht Nachkommastellen angezeigt, auch wenn 16 Nachkommastellen existieren.

Im Direktbereich sind auch Wertzuweisungen an Variablen oder Eigenschaften sowie der Start von Makros durch die Angabe des Namens möglich. Sie dürfen im Direktbereich ohne vorherige Deklaration neue Variablen einführen (auch dann, wenn im Programmcode *Option Explicit* gilt).

> **VERWEIS**
>
> Das Überwachungsfenster ermöglicht die stetige Anzeige des Inhalts diverser Eigenschaften oder Variablen. Der Umgang mit diesem Fenster wird ausführlich in Kapitel 6 beschrieben, in dem es um die Fehlersuche (Debugging) geht. Dort wird auch das Fenster zur Anzeige aller gerade aktiven Prozeduren beschrieben.

3.5 Makroaufzeichnung

Prinzipiell bestehen zwei Möglichkeiten zur Erstellung eines Makros: Entweder Sie geben das Makro über die Tastatur ein oder Sie verwenden das Kommando EXTRAS | MAKRO AUFZEICHNEN | AUFZEICHNEN, um die Abfolge einiger Excel-Kommandos in Form von VBA-Anweisungen aufzuzeichnen. In der Realität kommt die Mischform dieser beiden Varianten am häufigsten vor: Sie verwenden zuerst die Makroaufzeichnung, um das Grundgerüst des Makros zu erstellen, und verändern anschließend via Tastatur die Details des Makros nach Ihren Vorstellungen.

Der große Vorteil der Makroaufzeichnung besteht darin, dass Sie sich die endlose Suche nach den gerade erforderlichen Schlüsselwörtern ersparen. Selbst wenn das aufgezeichnete Makro nur in Grundzügen dem entspricht, was Sie eigentlich erreichen möchten, sind doch zumindest die angegebenen Objekte, Eigenschaften und Methoden brauchbar.

Nachteile der Makroaufzeichnung bestehen unter anderem darin, dass Excel oft einen unnötig umständlichen Code aufzeichnet; bei der Aufzeichnung von Dialogeingaben werden etwa *alle* Einstellmöglichkeiten in den Code aufgenommen werden (auch wenn nur eine einzige Einstellung verändert wurde).

Aufzeichnung starten und beenden

Die Makroaufzeichnung beginnt normalerweise in einem Tabellenblatt mit dem oben erwähnten Kommando. Anschließend müssen Sie den Namen des aufzuzeichnenden Makros und die gewünschte Arbeitsmappe angeben, in der das Makro aufgezeichnet werden soll (üblicherweise in »Dieser Arbeitsmappe«).

Die Makroaufzeichnung wird durch EXTRAS | MAKRO AUFZEICHNEN | AUFZEICHNUNG BEENDEN oder durch das Anklicken des entsprechenden Symbols (ein kleines schwarzes Quadrat) beendet.

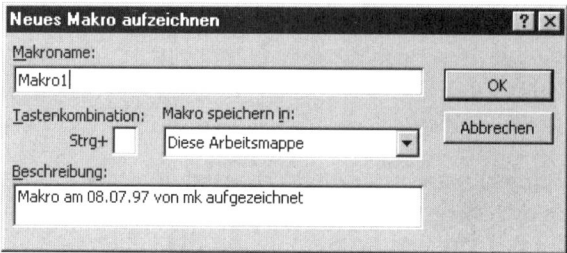

Bild 3.3: Start der Makroaufzeichnung

Excel erzeugt bei der Makroaufzeichnung meistens ein neues Modul. Sie können den Code des Makros aber ohne weiteres nach der Aufzeichnung über die Zwischenablage in ein anderes Modul kopieren und das nun leere Modul wieder löschen.

Die persönliche Makroarbeitsmappe

Makros, die speziell zur gerade aktiven Excel-Datei gehören, sollten immer in »Dieser Arbeitsmappe« aufgezeichnet werden. Makros, die immer zur Verfügung stehen sollen (unabhängig davon, welche Excel-Datei gerade geladen ist), sollten dagegen in der »Persönlichen Makroarbeitsmappe« gespeichert werden. Diese Arbeitsmappe wird unter dem Namen Personl.xls im Benutzerverzeichnis Anwendungsdaten\Microsoft\Excel\-Xlstart gespeichert und bei jedem Start von Excel automatisch geladen. Damit stehen die darin gespeicherten Makros jederzeit zur Verfügung.

Häufig ist das Fenster der persönlichen Makroarbeitsmappe ausgeblendet, damit die Arbeitsmappe keinen Platz am Bildschirm wegnimmt. Gleichzeitig stellt dieses Verfahren einen Schutz gegen ungewollte Veränderungen dar. Die Arbeitsmappe kann über FENSTER | EINBLENDEN sichtbar gemacht werden.

Absolute und relative Makroaufzeichnung

Zellbezüge können während der Makroaufzeichnung wahlweise relativ zur Startposition oder mit absoluten Adressen aufgezeichnet werden. Welche der beiden Varianten günstiger ist, hängt von der Anwendung Ihres Makros ab. Zur Umschaltung zwischen den beiden Modi müssen Sie das Symbol RELATIVER/ABSOLUTER BEZUG der Symbolleiste AUFZEICHNUNG BEENDEN verwenden.

Es ist erlaubt, diese Einstellung während der Makroaufzeichnung (beliebig oft) zu verändern. Die falsche Einstellung dieses Menüeintrags ist häufige Ursache dafür, dass zuvor aufgezeichnete Makros nicht richtig funktionieren!

3.6 Tastenkürzel

Der Abschnitt gibt einen Überblick über die wichtigsten Tastenkürzel, die während der Programmentwicklung benötigt werden. Nicht mit aufgenommen wurden Tastenkürzel, die generell unter Windows gelten (etwa Strg+C zum Kopieren in die Zwischenablage). Die Tastenkürzel wurden nach Bereichen geordnet, in denen sie am häufigsten benötigt werden.

Wechsel des aktuellen Fensters

Alt+F11	wechselt zwischen Excel und der Entwicklungsumgebung
Strg+Tab	wechselt zwischen allen Visual-Basic-Fenstern
Alt+F6	wechselt zwischen den beiden zuletzt aktiven Fenstern
Strg+G	ins Direktfenster (Debugfenster) wechseln
Strg+R	ins Projektfenster wechseln
F2	in den Objektkatalog wechseln
F4	ins Eigenschaftsfenster wechseln
F7	ins Codefenster wechseln

Eigenschaftsfenster

Shift+Tab	springt ins Objektlistenfeld
Strg+Shift+X	springt zur Eigenschaft mit dem Anfangsbuchstaben X

Programmausführung

F5	Programm starten
Strg+Untbr	Programm unterbrechen
F8	ein einzelnes Kommando ausführen (single step)
Shift+F8	Kommando/Prozeduraufruf ausführen (procedure step)
Strg+F8	Prozedur bis zur Cursorposition ausführen
Strg+Shift+F8	aktuelle Prozedur bis zum Ende ausführen
F9	Haltepunkt setzen
Strg+F9	Ort des nächsten Kommandos bestimmen

Codefenster

Tab	markierten Zeilenblock einrücken
Shift+Tab	markierten Zeilenblock ausrücken
Strg+Y	Zeile löschen
Alt+Backspace	Änderung widerrufen (Undo)
Strg+Z	Widerruf rückgängig machen (Redo)

Codefenster	
Strg+↑ / ↓	Cursor zur vorigen/nächsten Prozedur
Shift+F2	zur Prozedurdefinition bzw. zur Variablendeklaration
Strg+Shift+F2	zurück zur letzten Cursorposition (Undo zu Shift+F2)
F6	Codeausschnitt wechseln (bei zweigeteiltem Fenster)
Strg+F	Suchen
F3	Weitersuchen
Strg+H	Suchen und Ersetzen
Strg+Leertaste	Schlüsselwort/Variablennamen vervollständigen
Tab	Auswahl im IntelliSense-Listenfeld durchführen
Esc	IntelliSense-Listenfeld verlassen

4 VBA-Konzepte

Dieses Kapitel beschreibt die Sprachkonzepte von VBA und liefert den theoretischen Hintergrund für die Programmierung in VBA. Die behandelten Themen umfassen den Umgang mit Variablen, die prozedurale Programmierung (Schleifen, Verzweigungen), die Objekt- und die Ereignisverwaltung. Es liegt in der Natur der Sache, dass dieses Kapitel eher trocken ist. Das vermittelte Wissen ist aber unabdingbar für die Programmierung eigener Makros.

Kapitelübersicht

4.1	Variablen und Felder	102
4.2	Prozedurale Programmierung	112
4.3	Objekte	135
4.4	Ereignisse	150
4.5	Programmierung eigener Klassen	166
4.6	Operatoren in VBA	181
4.7	Virenschutz	184

4.1 Variablen und Felder

 Die meisten Beispielprogramme dieses Kapitels befinden sich in der Datei 04\-VBA-Concepts.xls.

4.1.1 Variablenverwaltung

Variablen sind Platzhalter für Zahlen, Textzeichen oder andere Daten. Variablen werden dazu verwendet, Daten während des Programmablaufs vorübergehend zu speichern und mit ihnen Berechnungen durchzuführen. Das folgende Beispielprogramm zeigt eine triviale Anwendung von Variablen:

```
' Beispieldatei 04\VBA-Concepts.xls, Modul Variables
Option Explicit
Sub macro1()
  Dim length, width, area
  length = 3
  width = 4
  area = length * width
  Debug.Print area
End Sub
```

In den Variablen *length* und *width* werden Länge und Breite eines Rechtecks gespeichert. Daraus wird der Flächeninhalt berechnet und in *area* gespeichert. Das Ergebnis der Berechnung wird mit *Debug.Print* im Direktbereich ausgegeben und kann dort mit Strg+G angesehen werden.

Die Anweisungen *Sub macro1()* und *End Sub* sind erforderlich, weil VBA nur Programmcode in Prozeduren ausführen kann. Mehr Details zum Thema Prozeduren finden Sie in Abschnitt 4.2. Für die Variablenverwaltung sind hingegen die Zeilen *Option Explicit* und *Dim length, width, area* relevant.

Variablendefinition

Sofern am Beginn des Moduls die Anweisung *Option Explicit* angegeben wird, müssen alle Variablen vor ihrer Verwendung mit dem Kommando **Dim** definiert werden. Das sieht auf den ersten Blick lästig aus, ist in Wirklichkeit aber ein wichtiger und wirksamer Schutz gegen Tippfehler. Excel weigert sich jetzt nämlich, eine Prozedur auszuführen, bevor es nicht alle darin vorkommenden Variablennamen kennt.

4.1 Variablen und Felder

> **HINWEIS**
>
> Wenn Sie in EXTRAS|OPTIONEN|MODUL ALLGEMEIN die Option VARIABLENDEKLARATION ERFORDERLICH aktivieren, fügt Excel in jedes neue Modul automatisch die Anweisung *Option Explicit* ein.
>
> Variablen können so deklariert werden, dass sie nur in einer Prozedur, im ganzen Modul oder in der gesamten Arbeitsmappe verwendet werden können. Auf den Gültigkeitsbereich von Variablen und auf das Schlüsselwort *Static* wird in Abschnitt 4.2.2 näher eingegangen.

Variablennamen

Variablennamen müssen mit einem Buchstaben beginnen, dürfen maximal 255 Zeichen lang sein und keine Leerzeichen, Punkte und einige weitere Sonderzeichen enthalten. Deutsche Sonderzeichen (ä, ö, ü, ß) sind hingegen erlaubt. Zwischen Groß- und Kleinschreibung wird nicht unterschieden. Variablennamen dürfen nicht mit den in VBA vordefinierten Schlüsselwörtern übereinstimmen. Beispiele für vordefinierte Schlüsselwörter sind etwa *Sub*, *Function*, *End*, *For*, *To*, *Next*, *Dim* oder *As*.

> **HINWEIS**
>
> Objekt-, Methoden- und Eigenschaftsnamen gelten in der Regel *nicht* als Schlüsselwörter, können also auch als Variablennamen verwendet werden. VBA hat damit normalerweise keine Probleme und erkennt aus dem Zusammenhang, ob Sie die Variable oder die gleichnamige Eigenschaft oder Methode meinen. (Bei Eigenschaften oder Methoden, bei denen die Objektangabe sonst optional ist, muss im Fall von gleichnamigen Variablen eine Objektangabe erfolgen – siehe Abschnitt 4.3 zum Thema Objekte.) Gleichnamige Variablennamen stiften allerdings beim Lesen oder Analysieren von Makros oft Verwirrung und sollten aus diesem Grund eher vermieden werden.

Variablentypen (Datentypen)

Im obigen Beispiel wurden die drei Variablen zwar mit *Dim* als Variablen definiert, es wurde aber kein Variablentyp angegeben. Das ist in VBA zulässig – das Programm wählt dann automatisch einen geeigneten Variablentyp aus. Dennoch ist es sinnvoll, wenn Sie die in VBA vorgesehenen Variablentypen kennen und Variablen mit der Angabe des gewünschten Variablentyps definieren. Auf diese Weise erhöhen Sie die Verarbeitungsgeschwindigkeit, reduzieren den Speicherverbrauch und vermindern die Fehlergefahr.

> **VBA-Variablentypen**
>
>   *Byte*: ganze Zahlen zwischen 0 und 255; 1 Byte Speicherbedarf
>   *Boolean*: Wahrheitswerte (*True*, *False*); 2 Byte
> % *Integer*: ganze Zahlen zwischen -32768 und +32767; 2 Byte
> & *Long*: ganze Zahlen zwischen -2147483648 und +2147483647; 4 Byte
> @ *Currency*: Festkommazahlen mit 15 Stellen vor und 4 Stellen nach dem Komma; 8 Byte
>   *Decimal*: hierbei handelt es sich nicht um einen eigenständigen Datentyp, sondern um einen Untertyp von *Variant*; die Genauigkeit beträgt 28 Stellen; die Anzahl der Stellen hinter dem Komma hängt von der Größe der Zahl ab – bei einer zehnstelligen Zahl bleiben noch 18 Stellen hinter dem Komma; der zulässige Zahlenbereich beträgt $\pm 10^{28}$; 12 Byte
> # *Double*: Fließkommazahlen mit 16 Stellen Genauigkeit; 8 Byte
> ! *Single*: Fließkommazahlen mit 8 Stellen Genauigkeit; 4 Byte
>   *Date*: für Datum und Uhrzeit; der Datumsbereich ist eingeschränkt auf den Bereich zwischen dem 1.1.100 und dem 31.12.9999, die Uhrzeit auf den Bereich zwischen 00:00 und 23:59:59; 8 Byte
> $ *String*: Zeichenketten; die Zeichenanzahl ist nur durch das RAM beschränkt (2147483647 Zeichen); 10 Byte plus 2 Byte pro Zeichen
>   *Object*: Objekte; die Variable speichert einen Verweis auf ein Objekt; 4 Byte
>   *Variant*: Defaultvariablentyp, nimmt je nach Bedarf einen der obigen Variablentypen an (mit automatischer Konvertierung); der Speicherbedarf beträgt mindestens 16 Byte, bei Zeichenkette sogar 22 Byte plus 2 Byte pro Zeichen

Neben den hier aufgezählten Datentypen dürfen Variablen in allen in Excel definierten Objekttypen (beispielsweise als *Chart*, *Worksheet* etc.) definiert werden. In diesem Fall wird die Variable als Objektvariable bezeichnet. Der Umgang mit Objekten wird in Abschnitt 4.3 noch näher beschrieben.

Bei der Definition von Variablen mit *Dim* kann der Variablentyp entweder durch die Angabe des Kennungszeichens unmittelbar hinter dem Variablennamen oder durch die Angabe von *As datentyp* bestimmt werden.

> **VORSICHT**
>
> Es ist syntaktisch erlaubt, mehrere Variablen zwischen *Dim* und *As* zu stellen. Allerdings bekommt nur die letzte Variable den gewünschten Variablentyp, alle anderen Variablen gelten als *Variant*-Variablen!
>
> ```
> Dim a, b, c As Integer    'nur c ist eine Integerzahl, a und b
>                           'haben den Datentyp Variant!
> ```

Mit den Schlüsselwörtern *DefBool*, *DefCur*, *DefDbl*, *DefDate*, *DefInt*, *DefLng*, *DefObj*, *DefSng*, *DefStr* und *DefVar* kann der Defaultdatentyp für Variablen mit bestimmten Anfangsbuchstaben anders voreingestellt werden. Die Kommandos müssen am Beginn eines Moduls (vor dem Beginn der ersten Prozedur) angegeben werden und gelten für das gesamte Modul. Die Wirkungsweise ist am einfachsten anhand eines Beispiels zu verstehen:

```
DefSng a-f
DefLng g, h
```

Alle Variablen, die mit »a« bis »f« bzw. mit »g« oder »h« anfangen, weisen jetzt den Defaultdatentyp *Single* bzw. *Long* auf. Der Defaultdatentyp gilt nur für jene Variablen, bei denen im *Dim*-Befehl nicht explizit ein anderer Datentyp angegeben wurde!

Der Datentyp Variant

Variant ist der bei weitem universellste Datentyp. Er gilt gleichzeitig als Voreinstellung für alle Variablen, deren Typ nicht explizit angegeben ist. *Variant*-Variablen passen sich automatisch an die gespeicherten Daten an, können also ganze Zahlen, Fließkommazahlen, Texte, Daten, Excel-Objekte etc. enthalten. Allerdings ist der Verwaltungsaufwand für *Variant*-Variablen am höchsten.

Variant-Variablen können im Gegensatz zu anderen Variablen auch Fehlernummern sowie zwei Sonderwerte beinhalten: *Empty* (zeigt an, dass die Variable leer ist; *Empty* ist nicht identisch mit 0 oder einer leeren Zeichenkette) und *Null* (zeigt an, dass die Variable überhaupt nicht belegt ist). Der in einer *Variant*-Variable gerade aktuelle Datentyp kann über die Funktionen *VarType*, *IsObject*, *IsError*, *IsEmpty* und *IsNull* festgestellt werden. Die Funktionen *IsNumeric* und *IsDate* stellen fest, ob der Inhalt der Variablen in eine Zahl oder in einen Datumswert verwandelt werden kann.

> **ACHTUNG** Der Vergleich $x = Null$ ist zwar syntaktisch korrekt, wird aber falsch verarbeitet. Selbst wenn x tatsächlich *Null* ist, liefert der Vergleich *Null* anstatt *True* als Ergebnis! Verwenden Sie daher unbedingt *IsNull(x)*!

Rechnen mit ganzen Zahlen

Das Rechnen mit ganzen Zahlen bereitet VBA gewisse Schwierigkeiten. So liefert das folgende Beispiel einen »Überlauffehler«. Ein Überlauffehler tritt normalerweise dann auf, wenn der zulässige Zahlenbereich überschritten wird. Die Multiplikation der beiden Zahlen liefert den Wert 65280, der eigentlich mühelos in einer *Long*-Variablen gespeichert werden kann (siehe oben).

```
Sub macro_overflow()
  Dim l As Long
  l = 255 * 256    'hier tritt ein Überlauffehler auf
End Sub
```

Das Problem des Beispiels liegt darin, dass Excel die Zahlen 255 und 256 intern jeweils als *Integer*-Zahlen interpretiert und daher auch die Multiplikationsroutine für *Integer*-Zahlen verwendet. Das Ergebnis überschreitet den Zahlenbereich für *Integer*-Zahlen und führt daher schon vor der Zuweisung an *l* zur Fehlermeldung. Abhilfe liefert das

Kennungszeichen »&«, das einer der beiden Zahlen nachgestellt werden muss. Daran erkennt Excel, dass es die Multiplikationsroutine für *Long*-Zahlen verwenden soll:

```
Sub macro_no_overflow()
  Dim l As Long
  l = 255& * 256    'jetzt klappt es
End Sub
```

Zuweisungen zwischen unterschiedlichen Datentypen

VBA nimmt Typenkonvertierungen normalerweise automatisch vor. Je nach Format der Zielvariablen kann es dabei zu Datenverlusten kommen. Wenn Sie etwa eine *Variant*-Variable mit dem Wert 3.6 einer *Integer*-Variablen zuweisen, dann wird dort der Wert 4 gespeichert. *Date*-Werte werden bei Zuweisungen in Fließkommazahlen umgewandelt, deren Nachkommateil die Uhrzeit und deren ganzzahliger Teil das Datum angibt.

Definitionen eigener Datentypen

Aus den in VBA vordefinierten Datentypen können Sie auch eigene Datentypen zusammensetzen. Solche Datentypen (die in anderen Programmiersprachen als Strukturen, Records oder ähnlich bezeichnet werden) können zur übersichtlichen Verwaltung zusammengehöriger Daten verwendet werden.

Die Definition eines neuen Datentyps wird durch das Kommando *Type* eingeleitet und endet mit *End Type*. Innerhalb des Datentyps dürfen beliebig viele einzelne Variablen in der Form *name As vartyp* (jeweils in einer eigenen Zeile) angegeben werden. Bei Zeichenketten kann dem Schlüsselwort *String* ein »*« und eine Zahl nachgestellt werden. In diesem Fall wird die Länge der Zeichenkette auf eine vorgegebene Maximalzahl von Zeichen beschränkt.

Im Beispiel unten wird der neue Datentyp *article* definiert, in dem Artikelname und Preis gespeichert werden können. In realen Anwendungen würden Sie vermutlich einige weitere Elemente wie Artikelnummer, Lieferant etc. vorsehen. *macro* zeigt die Verwendung des Datentyps: Auf einzelne Elemente wird durch die nachgestellte Angabe des Elementnamens zugegriffen.

```
' Beispieldatei 04\VBA-Concepts.xls, Modul Type_Article
Option Explicit
Type article
  artname As String
  price As Currency
End Type
```

4.1 Variablen und Felder

```
Sub macro()
  Dim a As article, b As article
  a.artname = "Schraube"
  a.price = 3.5
  b = a
  Debug.Print b.price
End Sub
```

Datentypen gelten normalerweise nur innerhalb des Moduls, in dem sie definiert sind. Sie können aber *Type* das Schlüsselwort *Public* voranstellen – dann gilt der Datentyp für alle Module der Arbeitsmappe. Die möglichen Gültigkeitsbereiche von Variablen werden in Abschnitt 4.2.2 noch behandelt. Innerhalb von eigenen Datentypen sind auch Felder erlaubt. Felder werden im folgenden Abschnitt behandelt.

Konstanten

Wenn Sie Symbole verwenden, die während des gesamten Programmablaufs ihren Wert nicht verändern, sollten Sie diese Symbole mit *Const* als Konstanten definieren. Dabei können Sie wie bei normalen Variablen einen Variablentyp angeben.

```
Const maxsize = 3
Const Pi2 As Double = 1.570796327   'Pi/2
```

In VBA sind zahllose Konstanten bereits vordefiniert. Neben den Wahrheitswerten *True* und *False* und den *Variant*-Werten *Null* und *Empty* handelt es sich dabei um diverse Werte, die zur Einstellung von Eigenschaften oder zur Auswertung von Methoden verwendet werden können. Diese Konstanten beginnen mit den Buchstaben *vb* (für Visual-Basic-Konstante) oder *xl* (für Excel-Konstante). *Pi* ist nur als Methode von *Application* definiert, muss also in der Form *Application.Pi* angeschrieben werden.

4.1.2 Felder

Felder sind Listen von Variablen gleichen Namens, die über eine oder mehrere Indexnummern angesprochen werden. Felder werden immer dann eingesetzt, wenn mehrere ähnliche Informationen (z. B. Namenslisten, die Zahlenwerte einer Matrix) bearbeitet werden sollen.

Felder dimensionieren

Vor der Verwendung von Feldern müssen diese definiert werden. Dazu dient abermals der Befehl *Dim*, wobei hinter dem Feldnamen der größte erlaubte Index in Klammern angegeben wird. Der Datentyp des Felds wird wie bei Variablen mit dem Kennungszeichen oder mit dem Schlüsselwort *As* angegeben.

> **HINWEIS**
> Sie sollten sich bei großen Feldern unbedingt überlegen, welcher Datentyp erforderlich ist. Wenn Sie keinen Datentyp angeben, wählt VBA automatisch *Variant*-Variablen, die mit Abstand den meisten Speicherplatz beanspruchen. Bei einem Feld mit 1000 Elementen spielt es schon eine Rolle, ob ein einzelnes Element 2 oder 16 Byte beansprucht!

```
Dim a(10) As Integer
```

Der Zugriff auf das Feld erfolgt dann immer mit der Angabe des Indexes. Das Beispiel unten demonstriert gleichzeitig, dass zwei Anweisungen in einer Zeile angeschrieben werden dürfen, wenn sie durch einen Doppelpunkt voneinander getrennt werden.

```
a(4) = 10: a(5) = a(4)/2
```

Der Index darf im Bereich zwischen 0 und *max_index* liegen (es sei denn, Sie verwenden *Option Base 1*, siehe unten). Mit *Dim a(10)* wird daher ein Feld mit elf Elementen erzeugt. Wenn Sie möchten, können Sie Felder dimensionieren, deren erlaubte Index-Werte in einem beliebigen Bereich liegen – etwa zwischen -5 und +7:

```
Dim a(-5 To 7) As Integer
```

Visual Basic erlaubt auch die Dimensionierung mehrdimensionaler Felder, etwa in der Form:

```
Dim a(10, 20) As Integer
```

Es liegt jetzt ein Feld mit 11 mal 21 Elementen vor. Auch bei mehrdimensionalen Feldern dürfen die Indizes als Bereiche angegeben werden.

Mit der Anweisung *Option Base 1* am Beginn eines Moduls erreichen Sie, dass der Index 0 nicht zulässig ist. Alle Felder werden dadurch ein wenig kleiner. *Option Base* hat keinen Einfluss auf die Indizes von Aufzählmethoden, die durch Excel vorgegeben sind. (In den meisten Fällen lautet der kleinste zulässige Index dort 1.)

Dynamische Felder

Visual Basic unterstützt auch Felder, deren Größe während des Programmablaufs verändert wird. Solche Felder müssen zuerst ohne die Angabe von Indizes als Feld dimensioniert werden, also beispielsweise:

```
Dim a() As Integer
```

An der Stelle im Programm, an der das Feld in einer bestimmten Größe benötigt wird, steht der Befehl **ReDim**, beispielsweise:

```
ReDim a(anzahl)
```

Die Größe des Felds kann später mit einem weiteren *ReDim*-Befehl verändert werden. Wenn Sie das zusätzliche Schlüsselwort **Preserve** verwenden, bleibt dabei sogar der Inhalt des Felds erhalten.

```
ReDim Preserve a(anzahl+10)
```
Felder dürfen beliebig groß und in beliebig vielen Dimensionen definiert werden. Die einzige Einschränkung stellt der zur Verfügung stehende Speicherplatz dar.

Felder löschen

Die Anweisung *Erase* löscht den Inhalt der Elemente von statischen Feldern (d.h., Zahlenwerte werden auf 0 zurückgesetzt, Zeichenketten auf "", *Variant*-Variablen auf *Empty*). Bei dynamischen Feldern wird durch *Erase* das ganze Feld gelöscht und der belegte Speicher freigegeben. Das Feld muss vor einer weiteren Verwendung mit *ReDim* neu dimensioniert werden.

Indexgrenzen ermitteln

Die Funktionen *LBound* und *UBound* ermitteln den kleinsten und größten erlaubten Index eines Felds. Bei mehrdimensionalen Feldern muss im optionalen zweiten Parameter die Dimension angegeben werden, deren Indexgrenze bestimmt werden soll. Ein Beispiel zur Anwendung der beiden Funktionen finden Sie in Abschnitt 4.2.1, wo unter anderem die Übergabe von Feldern an Prozeduren behandelt wird.

Datenfelder

Als ob normale Felder nicht ausreichen würden, hat Microsoft in VBA auch den Begriff des »Datenfelds« geprägt. Datenfelder werden intern in einer einzelnen *Variant*-Variablen gespeichert, obwohl sie sich nach außen hin ähnlich wie ein Feld verhalten. Manche Operationen sind nur mit normalen Feldern möglich, andere nur mit Datenfeldern, wieder andere mit beiden Feldtypen. Umwandlungsfunktionen zwischen den beiden Feldtypen fehlen.

Datenfelder werden mit dem Kommando *Array* erzeugt, in dem die einzelnen Feldelemente aufgezählt werden. Der *Array*-Ausdruck wird dann der *Variant*-Variablen zugewiesen. Das erste Element hat je nach der Einstellung von *Option Base* den Index 0 oder 1.

In der Praxis haben Datenfelder gegenüber normalen Feldern den Vorteil, dass sie sich bequemer initialisieren lassen. Bei normalen Feldern müssen Sie jedes Element einzeln zuweisen, also: *a(0)=1; a(1)=7; a(2)=3* etc. Bei Datenfeldern geht das einfacher: *a= Array(1, 7, 3)*. Das Schlüsselwort *Array* kann leider nicht für Zuweisungen an normale Felder verwendet werden.

```
Dim x
x = Array(10, 11, 12)
Debug.Print x(1)           'liefert 11
```

Im obigen Beispiel stellt *x* eigentlich ein *Variant*-Feld dar. Im Unterschied zu einem normalen Feld, das mit *Dim x(2)* deklariert wird, kann *x* ohne die Angabe eines leeren Klammerpaares als Feld an eine Prozedur übergeben werden.

Datenfelder können (im Gegensatz zu normalen Feldern) auch als Parameter für manche Excel-Methoden verwendet werden. In den beiden folgenden Beispielen werden die als Datenfeld angegebenen Blätter der Arbeitsmappe ausgewählt bzw. die vier nebeneinander liegenden Zellen von »Tabelle1« mit Inhalten gefüllt.

```
Sheets(Array("Tabelle1", "Tabelle2", "Tabelle3")).Select
Sheets("Tabelle1").[a1:d1] = Array("abc", "def", 1, 4)
```

> **HINWEIS**
>
> Es ist nicht immer ganz offensichtlich, wann ein Datenfeld unterstützt wird und wann nicht. Wenn Sie im vorherigen Beispiel *[a1:d1]* durch *[a1:a4]* ersetzen, also vier untereinander liegende Zellen ändern möchten, funktioniert die Zuweisung nicht mehr! Die korrekte Anweisung würde jetzt so lauten:
> ```
> Sheets("Tabelle1").[a1:a4] = _
>   Array(Array("abc"), Array("def"), Array(1), Array(4))
> ```
> Es ist also ein zweidimensionales (verschachteltes) Datenfeld erforderlich. Da ist es schon einfacher, die Zellen gleich einzeln zu belegen.

> **VERWEIS**
>
> Wie die obigen Beispiele bereits angedeutet haben, eignen sich Datenfelder unter anderem dazu, Zellbereiche mittlerer Größe zwischen Tabellenblättern und Programmcode effizient zu übertragen. (Das geht um ein Vielfaches schneller als der Zugriff auf jede einzelne Zelle!) Mehr Informationen dazu finden Sie in Abschnitt 5.11.3.

4.1.3 Syntaxzusammenfassung

Variablentypen (Datentypen)

$	*String*	Zeichenketten
%	*Integer*	ganze Zahlen (-32768 bis +32767)
&	*Long*	ganze Zahlen (-2^{31} bis $+2^{31}$)
!	*Single*	Fließkommazahlen mit 8 Stellen
#	*Double*	Fließkommazahlen mit 16 Stellen
@	*Currency*	Ganzkommazahlen (15 Vor-, 4 Nachkommastellen)
	Date	Datums- und Zeitwerte
	Boolean	wahr oder falsch (Wahrheitswerte)
	Object	Verweis auf Objekte
	Variant	beliebige Daten

4.1 Variablen und Felder

Deklaration von Variablen und Konstanten

Option Explicit
Dim var1, var2%, var3 As typ
Const konst1, konst2#, konst3 As typ

Vordefinierte Konstanten

True	*Empty*	*vbXxx*
False	*Null*	*xlXxx*

Umgang mit Variant-Variablen

IsNumeric(variable)	Test, ob Konvertierung in Zahl möglich
IsDate(variable)	Test, ob Konvertierung in Datum oder Uhrzeit möglich
IsObject(variable)	Test, ob Verweis auf Objekt
IsError(variable)	Test, ob Fehlerwert
IsEmpty(variable)	Test, ob leer
IsNull(variable)	Test, ob nicht initialisiert
VarType(variable)	numerischer Wert, der den Datentyp angibt
TypeName(variable)	Zeichenkette, die Daten-/Objekttyp beschreibt

Eigene Datentypen

Type neuertyp
  element1 As typ
  element2 As typ
  ...
End Type

Felder

Option Base 1	kleinster zulässiger Index ist 1 (statt Default 0)
Dim feld1(5), feld2(10,10)	ein- und zweidimensionales Feld
Dim feld3(-3 bis 3)	Feld mit negativen Indizes
Dim feld4()	vorläufig leeres Feld
Redim feld4(10)	dynamische Neudimensionierung
Redim Preserve feld4(20)	wie oben, aber ohne Daten zu löschen
Erase feld()	löscht das Feld
LBound(feld())	ermittelt den kleinsten erlaubten Index
UBound(feld())	ermittelt den größten erlaubten Index
L/UBound(feld(), n)	wie oben, aber für die *n*-te Dimension

Datenfelder

| *Dim x* | normale Variant-Variable |
| *x = Array(x1, x2, ...)* | Zuweisung |

4.2 Prozedurale Programmierung

Prozedurale Programmiersprachen zeichnen sich dadurch aus, dass der Programmcode in kleinen, voneinander getrennten Programmteilen angeschrieben wird. Diese Programmteile (Prozeduren) können sich gegenseitig aufrufen und Parameter übergeben. Beinahe alle zurzeit populären Programmiersprachen – etwa Pascal, C und modernere Basic-Dialekte – zählen zu den prozeduralen Programmiersprachen (im Gegensatz etwa zu den Sprachen LISP oder Prolog).

Dieser Abschnitt beschreibt die für eine prozedurale Sprache charakteristischen Kommandos zur Steuerung des Programmablaufs und zur Unterteilung des Programms in Funktionen und Prozeduren.

4.2.1 Prozeduren und Parameter

Aus den vorangegangenen Beispielen sind die beiden generellen Syntaxvarianten für Prozeduren bereits deutlich geworden: *Sub name()* ... *End Sub* definiert ein *Unterprogramm* (= Makro, = Befehlsmakro). Prozeduren dieser Art können zwar bestimmte Aktionen durchführen (beispielsweise die aktuelle Arbeitsmappe speichern), aber keine Ergebnisse zurückgeben. Aus diesem Grund gibt es einen zweiten Prozedurtyp, die *Funktion* (= Funktionsmakro, = benutzerdefinierte Funktion). Funktionen werden mit *Function name()* eingeleitet und mit *End Function* beendet. Vor dem Verlassen der Funktion, also spätestens in der letzten Zeile, muss der Rückgabewert der Funktion durch eine Zuweisung an *name* angegeben werden.

Beachten Sie bitte, dass Prozeduren sich gegenseitig aufrufen dürfen. Wenn Sie ein neues Kommando programmieren möchten, darf die dem Kommando unmittelbar zugewiesene Prozedur durchaus andere Unterprogramme oder Funktionen aufrufen. Prozeduren dienen nicht zuletzt dazu, umfangreiche Programmierprobleme in kleine, überschaubare Module zu zerlegen.

Am leichtesten ist das Konzept von Unterprogrammen und Funktionen anhand eines Beispiels zu verstehen. Das Unterprogramm *macro* ruft zweimal die Funktion *func* auf. In *func* wird getestet, ob der erste Parameter größer als der zweite Parameter ist. Wenn das der Fall ist, berechnet die Funktion die Differenz der beiden Parameter und gibt diesen Wert zurück. Andernfalls wird das Ergebnis der Funktion aus dem Produkt der beiden Werte gebildet. Nach der Ausführung von *macro* werden im Direktbereich die beiden Werte 12 (3*4) und 1 (7-6) angezeigt.

```
' Beispieldatei 04\VBA-Concepts.xls, Modul Procedures
Sub macro()
  Dim result1 As Double, result2 As Double
  result1 = func(3, 4)
  result2 = func(7, 6)
  Debug.Print result1, result2
End Sub
```

```
Function func(a As Double, b As Double) As Double
  If a > b Then func = a - b: Exit Function
  func = a * b
End Function
```

Die Funktion *func* kann übrigens auch in Tabellen verwendet werden: Geben Sie in A1 und B1 beliebige Werte und in C1 die Formel *=func(A1;B1)* ein – Sie werden feststellen, dass die soeben definierte Funktion anstandslos ausgeführt wird! (Beachten Sie, dass in Tabellenformeln Parameter durch einen Strichpunkt getrennt werden, während in VBA ein Komma verwendet wird.) Im Funktionsassistenten wird die Funktion in der Kategorie BENUTZERDEFINIERT angeführt (allerdings ohne Hilfefunktion). Über den Objektkatalog (F2) und OPTIONEN können Sie der Funktion eine andere Kategorie zuweisen und eine kurze Beschreibung zur Funktion angeben, die dann im Funktionsassistenten angezeigt wird. Praktische Beispiele zur Definition benutzerdefinierter Funktionen finden Sie in Abschnitt 5.7.

Prozedurnamen

Für Prozedurnamen gelten dieselben Regeln wie für Variablennamen: Der Name muss mit einem Buchstaben beginnen, darf maximal 255 Zeichen lang sein und sollte außer dem Unterstrich »_« keine Sonderzeichen enthalten. Er darf nicht mit dem Namen eines vordefinierten Schlüsselwortes übereinstimmen (siehe VBA-Hilfe zum Suchbegriff »Schlüsselwörter«). Namen von Objekten, Eigenschaften und Methoden zählen in der Regel *nicht* zu diesen Schlüsselwörtern und können daher auch als Prozedurnamen verwendet werden. Es ist somit erlaubt, einer Prozedur den Namen *Add* zu geben, obwohl für zahlreiche Objekte die gleichnamige Methode *Add* existiert. VBA erkennt aus der Objektangabe, ob es sich um die *Add*-Methode oder um Ihre *Add*-Prozedur handelt.

Es ist nicht erlaubt, zwei Prozeduren innerhalb eines Moduls denselben Namen zu geben. Gleichnamige Prozeduren in unterschiedlichen Modulen sind hingegen erlaubt, allerdings muss dann beim Aufruf der Name des Moduls vorangestellt werden. Siehe auch Abschnitt 4.2.2.

Prozeduren vorzeitig verlassen

Das obige Beispiel *func* enthält die Schlüsselwörter **Exit Function**. Damit wird die Funktion vorzeitig – d. h. vor dem Erreichen von *End Function* – verlassen. *Exit Function* kann an jeder beliebigen Stelle in der Funktion stehen. Allerdings sollte der Rückgabewert der Funktion durch die Zuweisung an den Funktionsnamen vorher bestimmt werden (sonst gibt die Funktion je nach Datentyp 0, "", *False* oder *Empty* zurück). Unterprogramme können jederzeit durch **Exit Sub** beendet werden. Sie kennen keinen Rückgabewert, auf den Rücksicht genommen werden muss.

Der Datentyp des Rückgabewerts von Funktionen

Funktionen unterscheiden sich von Unterprogrammen durch den Rückgabewert. Der Datentyp des Rückgabewerts sollte wie bei einer Variablendefinition angegeben werden. Im Beispiel oben wurde darauf verzichtet, *func* gibt das Ergebnis daher im Defaultdatentyp *Variant* zurück. Die zwei Zeilen unten demonstrieren die beiden Varianten, mit denen die Funktion *func* für den Datentyp *Double* definiert werden kann.

```
Function func(a, b) As Double
Function func#(a, b)
```

Die Parameterliste

Was für die Definition des Datentyps von Variablen und Funktionen gilt, hat natürlich auch für die Parameter eines Unterprogramms bzw. einer Funktion Gültigkeit: Aus Gründen der Effizienz und der Zuverlässigkeit sollten für alle Parameter einer Prozedur Datentypen angegeben werden. Wenn die beiden Parameter der Funktion *func* als *Double*-Parameter deklariert werden, dann sehen die beiden Definitionsvarianten folgendermaßen aus:

```
Function func(a As Double, b As Double) As Double
Function func#(a#, b#)
```

Aus dem Beispiel geht hervor, dass die Verwendung der Kennungszeichen zu deutlich kürzeren und übersichtlicheren Funktionsdefinitionen führt.

Wert- und Rückgabeparameter

Normalerweise gelten die Parameter in VBA-Prozeduren als Rückgabeparameter. Das bedeutet, dass ihr Inhalt in der Prozedur verändert werden kann und sich diese Änderung auch auf die Variable der aufrufenden Prozedur auswirkt. Am schnellsten werden Sie dieses Prinzip anhand eines Beispiels verstehen:

```
Sub array_macro1()
  Dim a%, b%
  a = 4: b = 6
  array_macro2 a, b
  Debug.Print a, b
End Sub

Sub array_macro2(x%, y%)
  x = x * 2
  y = y / 2
End Sub
```

Nach der Ausführung von *array_macro1* stehen im Direktbereich die Werte 8 und 3. *array_macro2* hat also die beiden Variablen *a* und *b* aus *array_macro1* nachhaltig verändert. Die Parameter *x* und *y* in *array_macro2* heißen Rückgabeparameter, weil sich eine Veränderung auf den Ursprung der Daten auswirkt. (In höheren Programmiersprachen wird diese Art der Datenübergabe als Referenz- oder Zeigerübergabe bezeichnet, weil nicht die eigentlichen Daten übergeben werden, sondern ein Verweis auf die Daten an die Prozedur.) Eine Wertrückgabe ist natürlich nur dann möglich, wenn beim Aufruf der Prozedur tatsächlich eine Variable angegeben wird. Beim Makroaufruf *array_macro2 1,2* kann keine Rückgabe erfolgen (1 und 2 sind Konstanten), ebenso wenig bei zusammengesetzten Ausdrücken, etwa *array_macro2 a+1,b/c*.

Wenn Sie generell vermeiden möchten, dass die Prozedur die übergebenen Variablen verändern kann, müssen Sie in der Parameterliste der Prozedurdefinition das Schlüsselwort **ByVal** angeben. Der jeweilige Parameter gilt dann als Wertparameter und tritt innerhalb der Prozedur wie eine eigenständige Variable auf. Eine Veränderung des Parameters in der Prozedur hat keinen Einfluss auf Variablen außerhalb der Prozedur.

```
Sub array_macro2(ByVal x%, ByVal y%)
```

Übergabe von Feldern

An Prozeduren können nicht nur einzelne Werte, sondern auch Felder übergeben werden. Dazu muss der Parameter in der Parameterliste als Feld gekennzeichnet sein (Klammernpaar () anhängen). Felder gelten immer als Rückgabeparameter, das Schlüsselwort *ByVal* ist nicht erlaubt.

Der Variablentyp des Felds, das beim Aufruf der Prozedur angegeben wird, muss mit dem Variablentyp des Prozedurparameters übereinstimmen. Es ist daher nicht erlaubt, ein *Integer*-Feld an eine Prozedur zu übergeben, deren Parameter als *Variant*-Feld definiert ist. (Das ist ein Unterschied zu normalen Parametern: Sie können ohne weiteres eine *Integer*-Zahl an eine Prozedur übergeben, die einen *Variant*-Wert erwartet – bei der Übergabe erfolgt eine automatische Konvertierung.)

Das Beispiel unten zeigt eine Schleife, in der alle Elemente des Felds im Direktbereich ausgegeben werden. Bei mehrdimensionalen Feldern werden in dieser Schleife zuerst die vorderen Indizes variiert (d. h. Reihenfolge *f(0,0), f(1,0), ...; f(0,1), f(1,1), ...;* etc.). Dieses Verhalten ist allerdings nicht dokumentiert, es ist daher nicht auszuschließen, dass es sich in künftigen VBA-Versionen ändert! Die *For*-Schleife wird in Abschnitt 4.2 noch näher erklärt.

```
Sub array_macro3(arr() As Variant)
  Dim var As Variant
  For Each var In arr()
    Debug.Print var
  Next var
End Sub
```

Innerhalb der Prozedur können Sie mit den Funktionen *LBound* und *UBound* die zulässigen Indexbereiche innerhalb der einzelnen Dimensionen des Felds ermitteln. Eine Funktion, die die Anzahl der Dimensionen des übergebenen Felds bestimmt, fehlt allerdings. Sie können die Anzahl der Dimensionen aber relativ leicht ermitteln, wenn Sie eine einfache Fehlerbehandlungsroutine einrichten.

Im Beispiel unten werden drei Felder dimensioniert, das erste leer, das zweite mit drei Dimensionen und das dritte mit zwei Dimensionen. *array_macro4* ruft die Prozedur *arraytest* für jedes dieser Felder auf und übergibt als Parameter die einzelnen Felder. In *arraytest* wird zuerst eine Schleife durchlaufen, die gezielt einen Fehler verursacht, sobald *UBound* für eine gar nicht vorhandene Dimension ausgeführt wird. (Das ist die einzige Möglichkeit, die Anzahl der Dimensionen eines Felds festzustellen!)

Dieser Fehler wird im Programmteil *arraytest_error* abgefangen, die Prozedur wird bei *arraytest_continue* fortgesetzt. In der nachfolgenden Schleife wird für jede Dimension der Indexbereich angegeben.

> **TIPP** Informationen zur *For*-Schleife finden Sie in Abschnitt 4.2.4. Die Mechanismen der Fehlerbehandlung werden in Kapitel 6 beschrieben.

```
' Beispieldatei 04\VBA-Concepts.xls, Modul Procedures
Sub array_macro4()
  Dim array1() As Variant
  Dim array2(4, 5, 6) As Variant
  Dim array3(-2 To 2, 1 To 4) As Variant
  array2(1, 2, 3) = 4
  arraytest array1()
  arraytest array2()
  arraytest array3()
End Sub

Sub arraytest(arr() As Variant)
  Dim i&, dimensions%
  On Error GoTo arraytest_error
  For i = 1 To 10: dimensions = UBound(arr, i): Next i
arraytest_continue:
  dimensions = i - 1
  Debug.Print dimensions, " Dimensionen"
  For i = 1 To dimensions
    Debug.Print "Dimension "; i; ": "; LBound(arr, i);
    Debug.Print " Bis "; UBound(arr, i)
  Next i
  Exit Sub
arraytest_error:
  ' dieser Programmteil wird aufgerufen, sobald in der Schleife auf
  ' eine nicht vorhandene arrdimension zugegriffen wird
  Resume arraytest_continue
End Sub
```

arrray_macro4 führt zu folgender Ausgabe im Direktbereich:

```
0  Dimensionen
3  Dimensionen
```

```
Dimension 1 : 0 bis 4
Dimension 2 : 0 bis 5
Dimension 3 : 0 bis 6
 2 Dimensionen
Dimension 1 : -2 bis 2
Dimension 2 : 1 bis 4
```

Übergabe von Matrizen

An Prozeduren dürfen auch Excel-Matrizen übergeben werden. Matrizen sind zusammengehörige Zellbereiche in Excel-Tabellen. Excel kennt einige Tabellenfunktionen wie *RGP* (englisch *LINEST*), die als Ergebnis nicht einen einzelnen Wert, sondern eine Matrix mit mehreren Werten zurückgeben. Siehe auch Abschnitt 5.7, wo die Verwendung der Funktion *RGP* und die Programmierung eigener Matrixfunktionen beschrieben wird.

Excel wandelt Matrizen automatisch in ein- oder zweidimensionale Felder um. Dennoch müssen Matrixparameter in der Form normaler *Variant*-Variablen in der Parameterliste angegeben werden und nicht etwa (was logischer wäre) als Feld-Parameter. (Intern werden Matrizen nicht wie normale Felder behandelt, sondern als Datenfelder (Arrays) betrachtet.) Innerhalb der Prozedur kann dann auf die einzelnen Elemente der Matrix wie bei einem Feld zugegriffen werden (*matrix(n)* bei ein-, *matrix(n,m)* bei zweidimensionalen Matrizen).

Das folgende Beispiel zeigt eine Funktion, die die Anzahl der Matrizenelemente zurückgibt. Innerhalb der Tabelle können Sie diese Funktion als *=matrix_func(D17:D19)* aufrufen, sofern D17:D19 als Matrix formatiert ist (Zellbereich markieren, Formel eingeben und mit **Shift+Strg+Return** abschließen). Die Funktion liefert dann das Ergebnis 3. *=matrix_func(RGP(...))* liefert die Anzahl der Ergebniszellen, die die Funktion *RGP* ermittelt.

```
Function matrix_func(matrix As Variant) As Variant
  Dim x As Variant
  For Each x In matrix
    matrix_func = matrix_func + 1
  Next x
End Function
```

Optionale Parameter

Normalerweise müssen beim Aufruf einer Prozedur alle Parameter angegeben werden, die in der Prozedurdefinition angeführt sind. Durch das Schlüsselwort *Optional* entfällt der Zwang zur Parameterangabe. Innerhalb der Funktion müssen Sie jetzt allerdings mit *IsMissing* testen, ob beim Prozeduraufruf überhaupt ein Parameter angegeben wurde.

Sobald ein Parameter als *Optional* gekennzeichnet wird, müssen auch alle weiteren Parameter in dieser Form gekennzeichnet werden. (Es ist also erforderlich, zuerst alle nicht-optionalen Parameter und anschließend alle optionalen Parameter in der Parameterliste anzugeben.)

Die folgende Prozedur erhöht den Inhalt des Parameters *x* wahlweise um eins oder um *y*, sofern ein zweiter Parameter angegeben wurde.

```
Sub increment(x As Variant, Optional y As Variant)
  If IsMissing(y) Then
    x = x + 1
  Else
    x = x + y
  End If
End Sub
```

> **HINWEIS** Seit Excel 97 können optionale Parameter jeden Datentyp aufweisen. (Vorher war nur der Typ *Variant* erlaubt.) Allerdings funktioniert *IsMissing* nur für *Variant*-Parameter! Wenn Sie einen anderen Variablentyp verwenden, enthält der Parameter einfach 0 bzw. eine leere Zeichenkette, wenn nichts übergeben wurde.

Variable Parameteranzahl

Optionale Parameter haben den Nachteil, dass ihre Anzahl vorgegeben ist. Wenn Sie eine Prozedur formulieren möchten, an die beliebig viele Parameter übergeben werden können, müssen Sie das Schlüsselwort **ParamArray** verwenden und ein *Variant*-Feld angeben. An die Prozedur können dann beliebig viele Parameter übergeben werden, die in einer *For-Each*-Schleife ausgewertet werden können. *ParamArray* verträgt sich nicht mit *Optional* – Sie müssen sich entweder für optionale Parameter oder für eine variable Parameteranzahl entscheiden. Beachten Sie außerdem, dass alle Parameter von *ParamArray* Wertparameter sind. Eine Veränderung der ursprünglichen Variablen ist daher nicht möglich!

Das Beispiel unten zeigt die Funktion *sum*, die die Summe aller übergebenen Parameter bildet. Die *For*-Schleife wird in Abschnitt 4.2 noch näher behandelt. Sie können auf die einzelnen Parameter auch über *x(0)*, *x(1)*, *x(2)* zugreifen – das Problem dabei ist, dass VBA keine Möglichkeit vorsieht, die Anzahl der übergebenen Parameter festzustellen (siehe oben).

```
Function sum(ParamArray x() As Variant) As Variant
  Dim var As Variant
  For Each var In x()
    sum = sum + var
  Next var
End Function
```

Der Aufruf von Prozeduren

Beim Aufruf von Prozeduren muss prinzipiell zwischen Unterprogrammen und Funktionen unterschieden werden. Bei Unterprogrammen wird einfach der Name der Prozedur und anschließend die Liste der Parameter angeschrieben. Bei Funktionen müssen die Parameter in Klammern gestellt werden, außerdem muss der Rückgabewert in irgendeiner Form weiterverarbeitet werden (etwa in einer Variablenzuweisung oder als Parameter einer anderen Funktion):

```
macro1                       'Unterprogramm ohne Parameter
macro2 para1, para2          'Unterprogramm mit zwei Parametern
result = func1()             'Funktion ohne Parameter
result = func2(para1, para2) 'Funktion mit zwei Parametern
```

Wenn Sie eine Prozedur aufrufen möchten, deren Name in einer Zeichenkettenvariable angegeben ist, können Sie die Methode *Application.Run* verwenden:

```
result = Application.Run("func2", para1, para2)
```

Benannte Parameter

Bei Prozeduren mit sehr vielen optionalen Parametern führt die oben beschriebene Form der Parameterübergabe oft zu sehr unübersichtlichen Anweisungen. Sollen z. B. der 1., 2. und 8. Parameter angegeben werden, sieht der Aufruf folgendermaßen aus:

```
macro para1, para2, , , , , , para8
```

Es ist jetzt nur noch durch mühsames Zählen zu ergründen, welche Bedeutung der Parameter *para8* eigentlich besitzt. Aus diesem Grund besteht eine alternative Form der Parameterübergabe, bei der nur jene Parameter angegeben werden müssen, die wirklich erforderlich sind. Damit VBA erkennt, welche Bedeutung die Parameter haben, muss jeweils auch der Parametername angegeben werden.

Das Konzept ist anhand eines Beispiels leicht zu verstehen. Nehmen Sie an, Sie hätten für eine Datenbankanwendung folgendes Unterprogramm erstellt:

```
Sub insertRecord(name, address, Optional telNr, _
      Optional birthdate, Optional email)
```

Sie müssen beim Aufruf dieser Prozedur also mindestens Name und Adresse angeben. Wenn Sie außerdem noch das Geburtsdatum angeben, sehen die beiden Aufrufvarianten – zuerst herkömmlich, dann mit benannten Parametern – folgendermaßen aus:

```
insertRecord "Huber M.", "Langg. 7, 12345 Wiesbach", , _
   #03/24/1965#
insertRecord name:="Huber M.", _
   address:="Langg. 7, 12345 Wiesbach", birthdate:=#03/24/1965#
```

Obwohl es nirgendwo dokumentiert ist, besteht auch die Möglichkeit, beide Formen der Parameterübergabe zu kombinieren: Sie können die ersten *n* Parameter unbenannt und alle weiteren Parameter benannt angeben. Daraus ergibt sich eine dritte Variante zum Aufruf von *DatensatzEinfügen*, die kürzer und übersichtlicher als die beiden anderen Varianten ist:

```
insertRecord"Huber M.", "Langg. 7, 12345 Wiesbach", _
  birthdate:=#03/24/1965#
```

Wenn Sie mit benannten Parametern arbeiten, spielt die Reihenfolge der Parameter keine Rolle. Es ist aber in jedem Fall erforderlich, dass Sie alle nicht-optionalen Parameter angeben. Das Konzept der benannten Parameter gilt selbstverständlich auch für alle VBA-Methoden und Funktionen. Die automatische Makroaufzeichnung nutzt das Konzept der benannten Parameter intensiv, was dann zu Anweisungen wie der folgenden führen kann:

```
ActiveChart.ChartWizard Source:=Range("A1:A4"), Gallery:=xlColumn, _
  Format:=6, PlotBy:=xlColumns, CategoryLabels:=0, SeriesLabels:=0, _
  HasLegend:=1
```

Rekursion

Ein Unterprogramm oder eine Funktion wird als »rekursiv« bezeichnet, wenn sie sich selbst aufruft. Durch rekursive Unterprogramme oder Funktionen können insbesondere Programmierprobleme bei der Bearbeitung komplexer Datenstrukturen sehr elegant und einfach gelöst werden. Das bekannteste und einfachste Beispiel für rekursive Funktionen ist die Berechnung der Fakultätsfunktion. Die Fakultät ganzer Zahlen ist definiert als das Produkt aller Zahlen zwischen 1 und der angegebenen Zahl. Die Fakultät von 5 beträgt somit 1*2*3*4*5=120.

```
' Beispieldatei 04\VBA-Concepts.xls, Modul procedures
Public Sub testrecur()
  Debug.Print recur(3)
End Sub

' rekursive Prozedur zur Berechnung der Fakultät von x
Function recur(x As Double) As Double
  If x <= 1 Then
    recur = 1
  Else
    recur = x * recur(x - 1)
  End If
End Function
```

Der Programmablauf sieht für die Berechnung der Fakultät von 3 folgendermaßen aus: Die Funktion *recur* wird aufgerufen, *x* hat den Wert drei. In der *If*-Bedingung wird daher der *Else*-Block abgearbeitet. Dort wird *recur* neuerlich mit *x*=2 aufgerufen. Abermals wird der *Else*-Block ausgeführt, jetzt mit *x*=1. Diesmal ist die *If*-Bedingung erfüllt, der dritte Aufruf gibt den Wert 1 zurück. Die Programmausführung befindet sich jetzt in der zweiten Ebene, in der *x*=2 ist. Das Ergebnis wird mit dem Rückgabewert 1 multipliziert (ergibt 2) und an die erste Aufrufebene zurückgegeben, wo *x*=3

4.2 Prozedurale Programmierung

gilt. Dort wird der Rückgabewert 2 mit x=3 multipliziert und an die *Print*-Methode in *restrecur* zurückgegeben, wo die Berechnung gestartet wurde.

Im Verlauf dieser Berechnung gab es also zugleich (!) drei verschiedene Variablen x mit unterschiedlichen Werten! Mit jedem neuen Aufruf der Funktion wird eine neue (»lokale«) Variable x definiert. (Siehe auch den folgenden Abschnitt zum Gültigkeitsbereich von Variablen.)

Wenn Sie bei der Berechnung der Fakultätsfunktion zum ersten Mal mit rekursiven Funktionen gearbeitet haben, werden Sie vermutlich Schwierigkeiten haben, sich den Programmablauf vorzustellen. Fügen Sie als erste und als letzte Zeile in die Fakultätsfunktion

```
MsgBox "x=" & x & " recur=" & recur
```

ein: Sie können dann den Ablauf der Berechnung besser verfolgen. *MsgBox* zeigt den Text, der aus den Zeichenketten "x=" und "recur=" und den dazugehörigen Variablenwerten besteht, in einem kleinen Dialogfenster an, das Sie mit OK bestätigen müssen.

TIPP Sie können auch die Möglichkeiten von Visual Basic zur Fehlersuche nutzen, um die Berechnung besser nachzuvollziehen (siehe Kapitel 6).

4.2.2 Gültigkeitsbereich von Variablen und Prozeduren

Alle Variablen und Prozeduren können nur in einem bestimmten Gültigkeitsbereich verwendet werden. Der »Gültigkeitsbereich« bezeichnet jenen Bereich im Programmcode bzw. in Excel, in dem eine Variable gelesen und verändert bzw. eine Prozedur aufgerufen werden kann. VBA kennt je nach Betrachtungsweise drei oder vier Gültigkeitsebenen:

- innerhalb einer Prozedur (lokale Variablen)
- innerhalb eines Moduls (Modulvariablen)
- innerhalb einer Arbeitsmappe (globale Variablen)
- innerhalb Excels (also für mehrere Excel-Dateien)

Für Variablen kommen alle vier Ebenen in Frage, für Prozeduren nur die letzten drei.

Variablen und Konstanten

Variablen, die am Beginn eines Moduls (noch außerhalb einer Prozedur) mit *Dim* definiert werden, können im gesamten Modul, also in allen darin definierten Prozeduren, verwendet werden. Modulvariablen ermöglichen somit die Verwendung gemeinsamer Daten in mehreren Prozeduren und erleichtern einen effizienten Datenaustausch.

Im Gegensatz dazu stehen Variablen, die innerhalb einer Prozedur definiert werden: Diese »lokalen« Variablen können ausschließlich im Code der Prozedur verwendet werden.

Dieses Konzept erlaubt es, in verschiedenen Prozeduren gleichnamige Variablen zu verwenden, die einander nicht beeinflussen. Wenn zwei gleichnamige Variablen sowohl auf Modul- als auch auf Prozedurebene definiert werden, gilt innerhalb der Prozedur die Prozedurvariable, außerhalb (d. h. in allen anderen Prozeduren) die gleichnamige Modulvariable.

Öffentliche (= globale) Variablen

Statt des Schlüsselworts *Dim* kann auf Modulebene (außerhalb von Prozeduren) **Public** verwendet werden. *Public* hat dieselbe Syntax wie *Dim* (siehe Abschnitt 4.1.1).

Die so definierten Variablen können dann in *allen* Modulen der Arbeitsmappe verwendet werden. Wenn es in mehreren Modulen gleichnamige öffentliche Variablen gibt, sollte der Zugriff in der Form *modulname.variablenname* erfolgen, um Verwechslungen zu vermeiden.

Wenn Sie auf eine öffentliche Variable der einen Arbeitsmappe auch in einer zweiten Arbeitsmappe zugreifen möchten, müssen Sie in der zweiten Arbeitsmappe einen Verweis auf die erste Arbeitsmappe einrichten (Kommando EXTRAS|VERWEISE; siehe auch Abschnitt 4.3 zum Thema Objektbibliotheken und Verweise).

Wenn am Beginn des Moduls die Anweisung **Option Private Module** angegeben wird, kann auf die Variablen nur innerhalb der Arbeitsmappe zugegriffen werden. Ohne die Anweisung (also standardgemäß) können globale Variablen auch von anderen Arbeitsmappen verwendet werden.

Modulvariablen

Alle Variablen, die außerhalb einer Prozedur mit *Private* oder *Dim* definiert sind, gelten als Modulvariablen. *Private* unterscheidet sich hier in seiner Wirkung nicht von *Dim*, ist aber möglicherweise übersichtlicher (weil der Gültigkeitsbereich der Variable so zweifelsfrei feststeht).

Lokale Variablen

Lokale Variablen werden durch *Dim* definiert. Das Kommando muss dazu innerhalb einer Prozedur verwendet werden. (*Private* und *Public* können innerhalb einer Prozedur nicht verwendet werden.)

Statische Variablen

Lokale Variablen werden normalerweise nach dem Ende der Prozedur wieder gelöscht, der von ihnen beanspruchte Speicher wird also wieder freigegeben. Wenn Sie möchten, dass eine Variable zu einem späteren Zeitpunkt jenen Inhalt aufweist, den sie beim letzten Aufruf der Prozedur hatte, müssen Sie die Variable als »statisch« definieren. Dazu verwenden Sie statt *Dim* das Schlüsselwort **Static**. Wenn Sie das Schlüsselwort *Static* in der Prozedurdefinition vor *Sub* oder *Function* angeben, gelten *alle* Variablen der Prozedur als statisch.

Prozedurparameter

Parameter von Prozeduren wirken innerhalb der Prozedur wie lokale (durch *Dim* definierte) Variablen. Beim rekursiven Aufruf von Prozeduren wirken *ByVal*-Parameter wie statische Variablen, d. h., ihr alter Wert steht nach dem rekursiven Rücksprung wieder zur Verfügung.

Zusammengesetzte Variablennamen

Wenn Sie auf gleichnamige Variablen außerhalb der gerade aktuellen Modul- oder Prozedurebene zugreifen möchten, müssen Sie den Namen des Moduls und gegebenenfalls auch den Namen der Arbeitsmappe voranstellen, also etwa:

```
modulname.variablenname
[MAPPE.XLS].modulname.variablenname
```

Lebensdauer von Variablen

Normalerweise werden die Inhalte von Variablen nur so lange gespeichert, wie Code im gültigen Kontextbereich ausgeführt wird. Beispielsweise verliert eine lokale Variable in einer Prozedur ihre Gültigkeit (und ihren Inhalt), sobald die Ausführung des Prozedurcodes beendet wird. Die einzige Ausnahme von dieser Regel sind statische Variablen (Schlüsselwort *Static*), die auch nach dem Verlassen einer Prozedur gespeichert werden, bis die Datei geschlossen wird.

Globale Variablen, die in Modulen definiert sind, haben dieselbe Lebensdauer wie statische Variablen – ihr Wert bleibt also erhalten, bis die Datei geschlossen wird.

Unabhängig vom Typ werden die Inhalte aller Variablen auch dann gelöscht, wenn der Programmcode geändert (und daher neu kompiliert) wird.

> **HINWEIS** Die Inhalte von Variablen – ganz egal, ob lokal, global oder statisch – werden auf keinen Fall in der Excel-Datei der Arbeitsmappe gespeichert. Wenn Sie das erreichen möchten, müssen Sie den Variableninhalt vor dem Speichern in Zellen eines Tabellenblatts kopieren und beim Öffnen der Datei von dort wieder auslesen. Zur automatischen Ausführung des dazu erforderlichen Codes können Sie Ereignisprozeduren verwenden (siehe Abschnitt 4.4).

Konstanten

Für Konstanten gilt im Wesentlichen dasselbe wie für Variablen. Konstanten, die in allen Modulen einer Arbeitsmappe gelten sollen, muss das Schlüsselwort *Public* vorangestellt werden.

Prozeduren

Prozeduren gelten generell als öffentlich, d. h., sie können in allen Modulen derselben Arbeitsmappe verwendet werden. Soll eine Prozedur auch in anderen Arbeitsmappen verwendet werden, muss in jener Arbeitsmappe ein Verweis auf die Arbeitsmappe eingerichtet werden, in der die Funktion definiert ist (mit dem Kommando EXTRAS|VERWEISE; siehe auch Abschnitt 4.3.2 zum Thema Objektbibliotheken und Verweise).

Wenn innerhalb einer Arbeitsmappe gleichnamige Prozeduren existieren, muss der Modulname vorangestellt werden. Bei gleichnamigen Prozeduren in unterschiedlichen Arbeitsmappen muss zur eindeutigen Identifizierung auch der Dateiname der Arbeitsmappe angegeben werden.

```
modulname.makro            'innerhalb der aktuellen Arbeitsmappe
[MAPPE.XLS].makro          'in anderer Arbeitsmappe
[MAPPE.XLS].modulname.makro  'in anderer Arbeitsmappe
```

Falls Sie die Verwendung einer Prozedur außerhalb des Moduls, in dem sie definiert ist, ausschließen möchten, müssen Sie **Private** vor dem Schlüsselwort *Sub* oder *Function* angeben. Das empfiehlt sich für all jene Prozeduren, die nur für den internen Gebrauch innerhalb eines Moduls konzipiert sind. Die Deklaration als »privat« schließt nicht nur eine irrtümliche und oft fehlerhafte Verwendung aus, sondern bewirkt auch eine bessere Übersichtlichkeit in den Listen zur Auswahl von Makros (EXTRAS|MAKROS) und im Funktionsassistenten.

Wenn Sie die Anweisung *Option Private Module* am Beginn des Moduls verwenden, werden *alle* Prozeduren des Moduls von einer Verwendung außerhalb des Arbeitsblatts ausgeschlossen. Die Option ist missverständlich formuliert: Die Prozeduren können nämlich weiterhin in anderen Modulen derselben Arbeitsmappe verwendet werden. Die Option ist damit weniger restriktiv als das Schlüsselwort *Private*.

Ebenso wie *Private* können Sie Prozeduren auch das Schlüsselwort *Public* voranstellen. Dieses Schlüsselwort bleibt aber ohne Wirkung, da Prozeduren ja ohnedies automatisch als »öffentlich« gelten. Der Programmcode wird dadurch allerdings etwas klarer.

> **ANMERKUNG** Wenn Sie Prozeduren als *Private* deklarieren, hat das unter anderem den Vorteil, dass diese Prozeduren in den Dialogen »Makro ausführen« und »Makro zuweisen« nicht mit aufgezählt werden. Das erhöht die Übersichtlichkeit dieser Dialoge ganz erheblich (vor allem bei umfangreichen Projekten oder wenn mehrere Arbeitsmappen gleichzeitig geladen sind).

Add-Ins

Excel-Programme, die zu Add-Ins kompiliert wurden (siehe Kapitel 15), unterscheiden sich in einem Punkt von normalen Arbeitsmappen: Den Prozedurnamen muss kein Dateiname vorangestellt werden, auch dann nicht, wenn die Prozeduren außerhalb des Add-Ins verwendet werden.

Zugriff auf Variablen und Prozeduren aus anderen Arbeitsmappen

Damit Sie innerhalb einer Arbeitsmappe auf Variablen bzw. Prozeduren anderer Arbeitsmappen zugreifen können, müssen zwei Voraussetzungen erfüllt sein: Erstens müssen Variablen in der anderen Arbeitsmappe als *Public* deklariert sein, und Prozeduren dürfen nicht als *Private* definiert sein. Zweitens muss über EXTRAS|VERWEISE ein Verweis auf jene Arbeitsmappe eingerichtet werden, deren Variablen bzw. Prozeduren verwendet werden sollen. Falls in den Arbeitsmappen gleichnamige Variablen/Prozeduren definiert sind, muss dem Variablennamen auch der Modul- und/oder Dateiname vorangestellt werden (siehe oben).

Interna der Variablenverwaltung

Excel speichert in einer unsichtbaren Tabelle alle Variablen- und Prozedurnamen, die während der Programmentwicklung auftreten. Erfahrungsgemäß ändern sich Variablennamen während der Programmierung häufig, manche Testprozeduren werden wieder gelöscht etc. Daher besteht diese interne Namenstabelle nach einiger Zeit zum größten Teil aus Datenmüll und bläht Excel-Dateien unnötig auf. Die einzige Methode, diese unsichtbare Tabelle zu löschen, besteht darin, alle Module als Textdateien zu speichern, dann alle Module zu löschen und schließlich aus den Textdateien wieder neue Module anzulegen. Diese umständliche Vorgehensweise ist eigentlich nur sinnvoll, wenn Sie eine Anwendung in Form eines Add-Ins weitergeben möchten.

Zusammenfassung der Schlüsselwörter

Dim var	definiert lokale Prozedur- oder Modulvariablen.
Private var	hat bei der Variablendeklaration die gleiche Wirkung wie *Dim*.
Public var	definiert globale Variablen (nur auf Modulebene möglich); der Gültigkeitsbereich richtet sich nach der Einstellung durch *Option Private Module*.
Static var	definiert lokale statische Variablen (nur auf Prozedurebene möglich).
Sub/Function	definiert öffentliche Prozeduren; Gültigkeitsbereich je nach *Option Private Module*.
Private Sub/Function	definiert lokale Prozeduren, nur innerhalb des Moduls verwendbar.
Public Sub/Function	wie normales *Sub/Function*, d. h. ebenfalls öffentlich.

Static Sub/Function definiert alle *Variablen* der Prozedur als statisch.

Option Private Module schränkt den Gültigkeitsbereich öffentlicher Variablen und Prozeduren auf die aktuelle Arbeitsmappe ein. Ohne die Option können die Variablen/Prozeduren auch in anderen Arbeitsmappen verwendet werden, sofern dort Verweise eingerichtet werden.

4.2.3 Verzweigungen (Abfragen)

Verzweigungen mit If – Then – Else

Mit *If*-Abfragen können Programmteile wahlweise – je nach dem Eintreffen einer Bedingung – ausgeführt werden. Der Programmcode »verzweigt« sich also auf mehrere Äste, von denen in einem Durchlauf immer nur einer ausgeführt werden kann.

Das folgende Beispiel demonstriert das Schema einer *If*-Abfrage: *InputBox* (Details siehe Abschnitt 7.1.2) fordert Sie zur Eingabe einer Zahl auf. Die Eingabe wird anschließend ausgewertet: In der ersten *If*-Abfrage wird überprüft, ob Sie womöglich gar keine Zahl, sondern Text eingegeben haben. Wenn das der Fall ist, erscheint die Meldung »Das ist keine Zahl«. Andernfalls wird mit *ElseIf* weiter differenziert, ob die Zahl größer oder kleiner-gleich 10 ist.

```
' Beispieldatei 04\VBA-Concepts.xls, Modul LoopsAndConditions
Sub macro_if()
  Dim number As Variant
  number = InputBox("Geben Sie eine Zahl ein!")
  If Not IsNumeric(number) Then
    MsgBox "Das ist keine Zahl"
  ElseIf number > 10 Then
    MsgBox "Die Zahl ist größer 10"
  Else
    MsgBox "Die Zahl ist kleiner oder gleich 10"
  End If
End Sub
```

Das Beispiel veranschaulicht fast alles, was zu *If*-Abfragen erklärenswert ist: Die generelle Syntax wird durch *If bedingung Then* eingeleitet und durch *End If* abgeschlossen. Dazwischen kann ein einfacher Codeteil (eine oder mehrere Zeilen) stehen, der nur dann ausgeführt wird, wenn die Bedingung erfüllt ist. Zusätzlich kann nach *Else* ein zweiter Codeteil stehen, der dann zur Geltung kommt, wenn alle vorher ausgeführten Bedingungen nicht erfüllt waren. Und schließlich können vor *Else* beliebig viele *ElseIf-bedingung-Then*-Blöcke eingeschoben werden, um zwischen verschiedenen Einzelfällen zu unterscheiden.

4.2 Prozedurale Programmierung

Jeder Block nach *Then* oder *Else* darf selbst wiederum prozedurale Strukturen (also weitere Verzweigungen oder Schleifen) enthalten. Neben der mehrzeiligen *If*-Syntax existiert auch eine einzeilige Syntax. Diese ist aber nur für einfache Abfragen geeignet:

```
If nr > 10 Then MsgBox "..."
If nr < 5 Then nr = nr * 2 Else MsgBox "..."
```

Formulierung und Auswertung logischer Bedingungen

In *If*-Verzweigungen und in Schleifen (siehe den folgenden Abschnitt) müssen Sie immer wieder logische Bedingungen formulieren. Dazu stehen Ihnen die Vergleichsoperatoren =, <>, <, >, <= und >= zur Verfügung, mit denen Sie feststellen, ob zwei Ausdrücke gleich/ungleich sind bzw. ob einer der beiden Ausdrücke kleiner, kleinergleich, größer oder größer-gleich ist. Für den Vergleich von Zeichenketten steht außerdem noch der Operator *Like* zur Verfügung, mit dem Sie Zeichenkettenmuster ("M*r" für "Mayr", "Meier" oder "Mayer") erkennen.

Das Ergebnis eines Vergleichs ist der so genannte Wahrheitswert. Im binären System eines Computers kommen nur zwei Werte in Frage: *True* oder *False*. Für die beiden Schlüsselwörter *True* und *False* verwendet VBA intern die Werte -1 und 0. In logischen Bedingungen gilt jeder Wert ungleich 0 als *True*, d. h., bei der Anweisung *If 3 Then* gilt die *If*-Bedingung ebenfalls als erfüllt.

Neben Bedingungen können auch diverse Funktionen einen Wahrheitswert als Ergebnis liefern: Etwa die *IsXxx*-Funktionen, die feststellen, ob ein Ausdruck einem bestimmten Datentyp entspricht (*IsNumeric*, *IsDate* etc.).

In VBA können Sie mehrere Vergleiche (Teilbedingungen) miteinander verknüpfen. Auch in diesem Fall ergibt sich als Gesamtergebnis ein Wahrheitswert. Das erste Beispiel unten testet, ob *a* kleiner 5 oder größer 10 ist, das zweite Beispiel, ob *a* zwischen diesen beiden Werten liegt. Im dritten Beispiel wird ausgeschlossen, dass die Variant-Variable *a* den Wert *Null* enthält oder noch nicht belegt ist.

```
If a < 5 Or a > 10 Then ...
'
If a > 5 And a < 10 Then ...
'
If Not (IsEmpty(a) Or IsNull(a)) Then ...
```

Als Verknüpfungsoperatoren kommen *And*, *Or* sowie seltener *Xor*, *Imp* und *Eqv* in Frage. Durch *Not* kann der Wahrheitswert »umgedreht« werden (entspricht dem negativen Vorzeichen bei Zahlen).

> **ACHTUNG**
>
> VBA kennt keine Optimierungen bei der Auswertung von Bedingungen: Eine Abfrage in der Form *If x>=0 And Sqr(x)<3* führt bei negativen Zahlen in *x* zu einem Fehler. (In vielen Programmiersprachen wird der zweite Teil der Abfrage gar nicht mehr ausgewertet, wenn der erste Teil ohnedies schon falsch und somit das Ergebnis der zusammengesetzten *And*-Bedingung klar ist.)

> **VERWEIS**
>
> Abschnitt 4.6 gibt eine Übersicht über die in VBA definierten Operatoren. Informationen zum Umgang mit Zeichenketten (inklusive des Vergleichs zweier Zeichenketten) finden Sie in Abschnitt 5.4.

Verzweigungen mit Select Case

Alternativ zur *If*-Abfrage kennt VBA eine zweite Verzweigungsstruktur, die mit den Schlüsselwörtern **Select Case** eingeleitet wird. Diese Variante kann bei der Formulierung von Verzweigungen mit vielen Fällen übersichtlicher sein. Auch diese Verzweigungsstruktur ist am leichtesten anhand eines Beispiels zu verstehen, das abermals den Wertebereich einer eingegebenen Zahl feststellt. Beachten Sie, dass diesmal auf die Überprüfung verzichtet wird, ob es sich bei der Eingabe überhaupt um eine Zahl handelt. Wenn Sie ein »x« eingeben, wird sich VBA mit einem Fehler melden (weil es den Text »x« nicht mit einer Zahl vergleichen kann).

```
Sub macro_select()
  Dim number As Double
  number = InputBox("Geben Sie eine Zahl ein!")
  Select Case number
  Case 1, 2, 3
    MsgBox "1, 2 oder 3"
  Case 4 To 10
    MsgBox "Zwischen 4 und 10"
  Case Is > 10
    MsgBox "Größer 10"
  Case Else
    MsgBox "Kleiner 1"
  End Select
End Sub
```

Die Syntax von *Select Case* ist an diesem Beispiel gut erkennbar. Im Anschluss an *Select Case* muss der zu analysierende Ausdruck angegeben werden. Dieser gilt für die gesamte Verzweigungskonstruktion (was gegenüber *If*-Verzweigungen eine Einschränkung darstellt). In den nachfolgenden *Case*-Zweigen müssen Bedingungen formuliert werden, die der Ausdruck erfüllt. Dazu können Sie einzelne Werte aufzählen, Bereiche mit dem Schlüsselwort *To* angeben oder mit *Is*-Bedingungen ähnlich wie in *If*-Verzweigungen formulieren. *Is* stellt dabei eine Referenz auf den anfangs angegebenen Ausdruck dar.

4.2.4 Schleifen

Schleifen dienen dazu, Programmteile mehrfach hintereinander auszuführen. VBA kennt dazu drei Kommandogruppen: *For-Next*, *Do-Loop* und *While-Wend*.

Schleifen mit For – Next

Die einfachste Schleifenform wird mit den Kommandos *For* und *Next* gebildet. Dabei wird einer Variablen zu Beginn der Schleifen ein Startwert zugewiesen. Dieser Wert wird mit jedem Schleifendurchlauf erhöht, bis schließlich der Endwert erreicht ist. Das folgende Beispiel zeigt die einfachste Variante einer *For*-Schleife. Die Variable *i* durchläuft dabei die Werte von 1 bis 5.

```
Sub macro_loop1()
  Dim i As Integer
  For i = 1 To 10
    If i > 5 Then Exit For
    Debug.Print i
  Next i
End Sub
```

Durch das optionale Schlüsselwort *Step* kann jener Wert angegeben werden, der mit jedem Durchlauf zur Schleifenvariablen addiert wird (Defaultwert ohne *Step*: 1). Im Beispiel unten wird die Schleife von -0.3 bis +0.3 mit der Schrittweite 0.1 durchlaufen. Für die Schleifenvariable *i* wird dazu der Datentyp *Double* angegeben.

```
Sub macro_loop2()
  Dim i As Double
  For i = -0.3 To 0.3 Step 0.1
    Debug.Print i
  Next i
End Sub
```

Das Ergebnis dieser Schleife ist allerdings nicht restlos überzeugend. Im Direktbereich werden folgende Zahlenwerte ausgegeben:

```
-0,3
-0,2
-0,1
2,77555756156289E-17
0,1
0,2
```

Durch die beständige Addition von 0.1 tritt ein Rundungsfehler auf. Dieser Rundungsfehler führt nicht nur zur optisch wenig ansprechenden Anzeige von $2.8 \cdot 10^{-17}$, sondern vor allem dazu, dass der Endwert 0.3 nicht erreicht wird. (Am Ende der Schleife hat *i* den Wert 0,30000000000000006. Dieser Wert ist minimal größer als 0.3 und führt dazu, dass die Schleife vorzeitig abgebrochen wird.)

Das Problem lässt sich beheben, indem die Schleife etwas vorsichtiger formuliert wird:

```
For i = -0.3 To 0.300000001 Step 0.1
```

> **ANMERKUNG** Rundungsfehler im Umgang mit Fließkommazahlen gehören zu den charakteristischen Eigenschaften *aller* Programmiersprachen. Sie stellen also keine besondere Schwäche von VBA dar (auch wenn es Programmiersprachen gibt, denen der obige Fehler nicht passiert). Sie sollten sich als Programmierer dieses Problems immer bewusst sein.

For-Schleifen sind abweisend. Das bedeutet, dass bereits vor dem ersten Schleifendurchgang überprüft wird, ob die Schleifenbedingungen sinnvoll sind. Eine Schleife, die mit *For i=5 To 1* beginnt, wird daher kein einziges Mal durchlaufen (es sei denn, es wird mit *Step* ein negativer Schrittwert bestimmt).

Am Ende einer *For*-Schleife weist die Schleifenvariable jenen Wert auf, der die Schleifenbedingung zum ersten Mal nicht erfüllt. Nach der Schleife *For i=1 To 10* beinhaltet *i* daher den Wert 11.

For-Schleifen können vorzeitig mit **Exit For** beendet werden. Im folgenden Beispiel werden die Werte 1, 2, 3, 4 und 5 ausgegeben. Bei *i=6* ist die *If*-Bedingung erfüllt, was zum vorzeitigen Ausstieg aus der Schleife führt.

```
For i = 1 To 10
  If i > 5 Then Exit For
  Debug.Print i
Next i
```

Schleifen mit For Each – Next

In VBA existiert eine Sonderform der *For*-Schleife, die speziell zur Abarbeitung von Feldern bzw. von Aufzählmethoden geeignet ist. (Aufzählmethoden werden Sie in Abschnitt 4.3 noch kennen lernen. Damit können Sie auf eine Gruppe zusammengehöriger Objekte – etwa auf alle Blätter einer Arbeitsmappe oder auf alle Symbole einer Symbolleiste – zugreifen.) Das Beispiel unten gibt die Namen aller Tabellenblätter der aktuellen Arbeitsmappe aus:

```
Sub macro_loop3()
  Dim w As Worksheet
  For Each w In ThisWorkbook.Worksheets
    Debug.Print w.Name
  Next w
End Sub
```

Die Syntax unterscheidet sich ein wenig von der normaler *For*-Schleifen: Die Variable wird nach **For Each** angegeben, die Aufzählmethode nach dem Schlüsselwort *In*. Während der Abarbeitung der Schleife kann über die Laufvariable direkt auf die Aufzählelemente zugegriffen werden.

Bei der Anwendung von *For-Each*-Schleifen sollten Sie nicht von einer bestimmten Reihenfolge der Elemente ausgehen. Es ist nicht dokumentiert, in welcher Abfolge die Elemente der Schleifenvariablen zugewiesen werden. Sie können aber bei den meisten Aufzählmethoden statt einer *For-Each*-Schleife auch eine herkömmliche Schleife verwenden und auf die einzelnen Elemente wie bei Feldern über Indizes zugreifen.

```
Sub macro_loop4()
  Dim i As Integer
  For i = 1 To ThisWorkbook.Worksheets.Count
    Debug.Print ThisWorkbook.Worksheets(i).Name
  Next i
End Sub
```

Schleifen mit Do – Loop

For-Schleifen sind in einer Beziehung unflexibel: Es steht von Anfang an fest, wie oft die Schleife durchlaufen wird. Die Schlüsselwörter *Do* und *Loop* helfen bei der Formulierung von allgemein gültigen Schleifen. In der einfachsten Form bilden diese beiden Kommandos eine Endlosschleife:

```
Sub macro_loop5()
  Do
    Debug.Print "und so weiter"
  Loop
End Sub
```

Wenn Sie die obige Prozedur starten, können Sie die Ausführung der Schleife nur noch mit der Tastenkombination **Strg+Untbr** stoppen. Endlosschleifen sind in der Praxis selten sinnvoll. Daher bestehen zwei Möglichkeiten, die obige Schleife zu beenden: Durch das schon aus der *For*-Schleife bekannte Kommando *Exit*, dem hier das Schlüsselwort *Do* (nicht etwa *Loop*) folgen muss, oder durch die Angabe einer Bedingung am Anfang oder am Ende der Schleife. Bedingungen können wahlweise durch die Schlüsselwörter *While* oder *Until* angegeben werden. Im ersten Fall wird die Schleife so lange ausgeführt, wie die angegebene Bedingung erfüllt ist. Im zweiten Fall verhält es sich gerade umgekehrt: Die Schleife wird ausgeführt, bis die Bedingung wahr wird (oder anders formuliert: so lange die Bedingung *nicht* erfüllt ist).

Obwohl es auf den ersten Blick so aussieht, als wäre es egal, ob man die Bedingung oben oder unten angibt, ist das nicht der Fall: Wenn Sie die Bedingung nach *While* angeben, kann es passieren, dass die Schleife überhaupt nie durchlaufen wird. Wenn die Bedingung dagegen bei *Loop* formuliert wird, muss der Inhalt der Schleife mindestens einmal ausgeführt werden.

Im Beispiel unten wird die Variable *i* mit jedem Schleifendurchlauf um eins erhöht, bis die Schleife beim Erreichen des Werts 11 abgebrochen wird.

```
Sub macro_loop6()
  Dim i As Integer
  i = 1
  Do
    Debug.Print i
    i = i + 1
  Loop Until i > 10
End Sub
```

Schleifen mit While – Wend

Schleifen mit *While ... Wend* bieten inhaltlich nichts Neues im Vergleich zu den soeben behandelten Schleifen mit *Do ... Loop*. Der einzige Unterschied besteht darin, dass keine Möglichkeit besteht, die Schleife vorzeitig mit *Exit* abzubrechen.

```
While i < 10
  i = i + 1: Debug.Print i
Wend
'
Do While i < 10    'dieselbe Schleife mit Durchlaufe
  i = i + 1: Debug.Print i
Loop
```

4.2.5 Syntaxzusammenfassung

Eckige Klammern kennzeichnen optionale Kommandos, die angegeben werden dürfen, aber nicht angegeben werden müssen.

Prozedurdefinition	
Sub makro([parameterliste])	
...	
[Exit Sub]	Unterprogramm vorzeitig verlassen
...	
End Sub	
Function func([parameterliste]) [As datentyp]	
...	
[func = ...: Exit Function]	Funktion vorzeitig verlassen
...	
func = ...	
End Function	

4.2 Prozedurale Programmierung

Definition der Parameterliste

para1, para2, para3	3 Parameter im Defaultdatentyp *Variant*
para As datentyp	Parameter im angegebenen Datentyp
para() [As datentyp]	Feld
ByVal para [As datentyp]	Wertparameter
Optional para [As datentyp]	optionaler Parameter
ParamArray para()	Liste mit variabler Anzahl von Parametern

Auswertung der Parameter im Prozedurcode

wahr_falsch = IsMissing(para)	Test, ob optionaler Paramater übergeben wurde
For Each x In para()	Schleife für alle Parameter einer Argumentliste
...	
Next x	

Prozeduraufruf

makro x1, x2, x3	herkömmliche Angabe aller Parameter (Unterprogramm)
ergebnis = funktion(x1, x2, x3)	herkömmliche Angabe aller Parameter (Funktion)
makro para1:=x1, para3:=x3	benannte Parameter (Unterprogramm)
ergebnis = funktion(para1:=x1)	benannte Parameter (Funktion)
Application.Run "makro", para1	Prozedur aufrufen (Prozedurname als Zeichenkette)
ergebnis = Application.Run(...)	Funktion aufrufen (Funktionsname als Zeichenkette)

Definition von Variablen auf Modulebene

Dim var	Modulvariable
Private var	Modulvariable (gleiche Wirkung wie *Dim*)
Public var	öffentliche Variable (alle Module)
Option Private Module	öffentliche Variablen nur innerhalb der Arbeitsmappe verwendbar (auch bei Verweis)

Definition von Variablen auf Prozedurebene

Dim var	lokale Variable, nur in Prozedur verwendbar
Static var	wie oben, behält aber Wert andauernd
Static Sub/Function name()	alle Variablen der Prozedur sind statisch

Definition von Prozeduren

Sub/Function name()	öffentlich, für alle Arbeitsblätter
Private Sub/Function name()	nur im aktuellen Modul verwendbar
Option Private Module	öffentliche Prozeduren nur innerhalb der Arbeitsmappe verwendbar (auch bei Verweis)

Verzweigungen mit If – Then

If bedingung Then kommando	einzeilige Variante
If bedingung Then k1 Else k2	einzeilige Variante mit *Else*
If bedingung1 Then	mehrzeilige Variante
kommandos	
ElseIf bedingung2 Then	optional, beliebig oft
kommandos	
Else	optional
kommandos	
End If	

Verzweigungen mit Select – Case

Select Case ausdruck	
Case möglichkeit1	beliebig viele Fälle
kommandos	
Case Else	optional
kommandos	
End Select	

Möglichkeiten in Select – Case

wert	Einzelwert
wert1, wert2, wert3	Aufzählung
wert1 To wert2	Wertebereich
Is operator vergleichswert	Vergleichsbedingung mit =, < oder >

Schleifen mit While – Wend

While bedingung
  kommandos
Wend

Schleifen mit Do – Loop

Do [While bedingung oder Until bedingung]	Variante 1
kommandos	
[If bedingung Then Exit Do]	
kommandos	
Loop	
Do	Variante 2
kommandos	
[If bedingung Then Exit Do]	
kommandos	
Loop [While bedingung oder Until bedingung]	

> **Schleifen mit For – Next**
>
> For var=start To ende [Step schritt]
> kommandos
> [If bedingung Then Exit For]
> kommandos
> Next var

> **Schleifen mit For Each – Next**
>
> For Each var In Aufzählmethode oder feld()
> kommandos
> [If bedingung Then Exit For]
> kommandos
> Next var

4.3 Objekte

4.3.1 Der Umgang mit Objekten, Methoden und Eigenschaften

Objekte

Als Objekte werden in VBA Elemente von Excel bezeichnet. Die folgende Liste zählt einige häufig vorkommende Objekte auf:

Application (Anwendung, also Excel als Ganzes), *PageSetup* (Seitengestaltung für den Ausdruck), *Workbook* (Arbeitsmappe), *Window* (Fenster), *Worksheet* (Tabellenblatt), *Range* (Bereich von Zellen in einer Tabelle), *Chart* (Diagramm), *ChartArea* (Hintergrund eines Diagramms), *Axis* (Koordinatenachse eines Diagramms), *Line* (Linie zur optischen Gestaltung von Tabellen, Dialogen etc.), *Oval* (Kreis oder Ellipse) etc.

Insgesamt sind in Excel rund 150 Objekte definiert (dazu kommen noch Objekte anderer Bibliotheken – doch dazu später mehr). Diese Objekte sind hierarchisch organisiert. An oberster Stelle steht das *Application*-Objekt. Über Eigenschaften dieses Objekts kann auf die geladenen Arbeitsmappen (*Workbooks*) zugegriffen werden, über deren Eigenschaften wiederum auf die Blätter (*Chart* und *Worksheet*) der Arbeitsmappe etc. Kapitel 16 enthält eine Referenz aller in Excel definierten Objekte und veranschaulicht die Hierarchie der Objekte.

Der Zugriff auf die Objekte von Excel ist erst dann sinnvoll, wenn der Programmierer deren spezifische Daten lesen und verändern sowie neue Objekte hinzufügen und löschen kann. Um das zu ermöglichen, stehen zu allen Objekten zahllose Eigenschaften und Methoden zur Verfügung.

Eigenschaften

Eigenschaften bestimmen die Merkmale eines Objekts, also etwa die Hintergrundfarbe eines Diagramms, die Ausrichtung einer Tabellenzelle, die zahlreichen Optionen von Excel oder die Parameter einer Seite (z. B. Kopf- und Fußzeilen). Für den Programmierer sehen Eigenschaften wie vordefinierte Variablen aus. Der einzige formale Unterschied besteht darin, dass fast ausnahmslos vor der Eigenschaft das Objekt angegeben werden muss, auf das sich die Eigenschaft bezieht (z. B. *Application.DisplayFullScreen*). Die meisten Eigenschaften können sowohl gelesen als auch verändert werden.

```
' gibt an, ob sich Excel im Modus »ganzer Bildschirm«
' befindet (True) oder nicht (False)
Debug.Print Application.DisplayFullScreen

' aktiviert den Modus »ganzer Bildschirm«
Application.DisplayFullScreen = True

' verändert den Modus
Application.DisplayFullScreen = Not Application.DisplayFullScreen
```

Ein weiterer Unterschied zwischen Variablen und Eigenschaften besteht darin, dass die Veränderung einer Eigenschaft in vielen Fällen sofort sichtbar wird. Wenn Sie wie im obigen Beispiel die Eigenschaft *DisplayFullScreen* verändern, hat das die gleiche Wirkung wie die Ausführung des Menükommandos ANSICHT|GANZER BILDSCHIRM. Excel reagiert also unmittelbar auf die Veränderung von Eigenschaften.

Methoden

Während Eigenschaften am ehesten mit Variablen vergleichbar sind, entsprechen Methoden eher Prozeduren. Mit Methoden führen Sie Anweisungen aus, speichern also beispielsweise die aktuelle Arbeitsmappe unter einem neuen Namen, löschen ein Diagramm, erstellen eine neue Symbolleiste etc. Methoden ermöglichen auch den Zugriff auf andere Objekte: beispielsweise geben *Sheets(n)* oder *Sheets("blattname")* ein bestimmtes Blatt der Arbeitsmappe zurück.

Es existieren zwei Typen von Methoden: solche, die einem Unterprogramm entsprechen und keinen Rückgabewert aufweisen (*Select*, *Activate*, *Delete* etc.), und solche, die einer Funktion entsprechen und ein konkretes Ergebnis zurückgeben. Viele Methoden können sowohl mit als auch ohne Rückgabewert verwendet werden, etwa die *Add*-Methode.

Aufzählmethoden und -objekte

Eine besondere Rolle spielen die so genannten Aufzählmethoden, die mit Plural-s enden (*Sheets*, *Windows* etc.). Über diese Methoden kann auf eine Gruppe gleichartiger Subobjekte zugegriffen werden (Subobjekt meint dabei ein hierarchisch untergeordnetes Objekt, etwa *Window* zu *Application*). Aufzählmethoden können auch als Ausgangspunkt für Schleifen mit *For Each* verwendet werden.

Wenn Aufzählmethoden ohne Parameterangabe verwendet werden, verweisen sie auf zumeist gleichnamige Aufzählobjekte. Ein Aufzählobjekt meint also die Gesamtheit mehrerer gleichartiger Objekte. Für diese Objekte existieren – unabhängig von ihrem Inhalt – einige übereinstimmende Eigenschaften und Methoden: *Count* gibt die Anzahl der vorhandenen Objekte an. Durch *Add* und *Delete* können die meisten Aufzählungen erweitert bzw. verkleinert werden.

Wird die *Objects*-Methode dagegen mit einem Parameter verwendet, dann verweist sie auf das Element mit dem angegebenen Namen (*Sheets("name")*) oder auf das *n*-te Element (*Sheets(n)*), in jedem Fall also auf ein einzelnes Objekt. Der Index des ersten Elements lautet immer 1 (nicht 0). Diese Parameterangabe erfolgt eigentlich in einer Kurzschreibweise. Die vollständige Syntax würde lauten: *Sheets.Item("name")*.

Defaultobjekte

Generell muss zu jeder Eigenschaft und Methode das Objekt angegeben werden, auf das sich die Eigenschaft/Methode bezieht. Das ist nicht zuletzt deswegen erforderlich, weil es viele Eigenschaften/Methoden gibt, die (zum Teil sogar mit unterschiedlicher Syntax) verschiedene Objekte bearbeiten können. (Mit *Add* können Sie je nach Ausgangsobjekt ein neues Diagramm, einen neuen Menüeintrag, eine neue Arbeitsmappe etc. erstellen.)

Es gibt allerdings einige Eigenschaften und Methoden, zu denen Defaultobjekte definiert sind. Wenn diese Eigenschaften/Methoden ohne die Angabe eines Objekts verwendet werden, beziehen sie sich automatisch auf das Defaultobjekt. Die Eigenschaft *ActiveSheet* bezieht sich etwa automatisch auf das Defaultobjekt *Application*. Die Eigenschaft kann sich auch auf ein Fenster oder auf eine Arbeitsmappe beziehen – dann muss dieses Objekt aber angegeben werden.

> **HINWEIS** *Application* gilt zwar in allen normalen Modulen als Defaultobjekt, nicht jedoch in Klassenmodulen! Dort gilt das durch das Modul beschriebene Objekt als Defaultobjekt. In den Klassenmodulen »DieseArbeitsmappe«, »Tabelle1« etc. gelten daher *Workbook* bzw. *Worksheets(...)* als Defaultobjekte.

Defaulteigenschaften

Bei manchen Objekten existieren Defaulteigenschaften. Das bedeutet, dass Sie diese Eigenschaft lesen bzw. verändern können, ohne sie im Code zu nennen. Aus diesem Grund sind die beiden folgenden Anweisungen gleichwertig:

```
Debug.Print Application
Debug.Print Application.Value
```

Im obigen Beispiel ist *Value* also die Defaulteigenschaft von *Application*. (*Value* liefert in diesem Fall eine Zeichenkette mit dem Inhalt "*Microsoft Excel*".) Defaulteigenschaften haben zwei Nachteile: Erstens machen sie den Code unübersichtlich und zweitens sind sie nicht dokumentiert.

Unterscheidung zwischen Objekten, Eigenschaften und Methoden

Für die Unterscheidung zwischen Methoden und Eigenschaften gilt im Allgemeinen die Faustregel: »Schlüsselwort mit Parameter gleich Methode, Schlüsselwort ohne Parameter gleich Eigenschaft« Aufzählobjekte wie *Sheets* stellen dazu eine Ausnahme dar, sie können sowohl mit als auch ohne Parameter verwendet werden.

Es ist nicht immer möglich, nach inhaltlichen Aspekten zwischen Methoden und Eigenschaften zu unterscheiden: Viele Aktionen, die in VBA durch Methoden ausgelöst werden, könnten ebenso gut durch anders formulierte Eigenschaften gesteuert werden (und umgekehrt). Letzten Endes ist es eine Entscheidung von Microsoft, was als Methode und was als Eigenschaft gilt.

Zur Unterscheidung zwischen Objekten im Gegensatz zu Methoden und Eigenschaften kann folgende Regel aufgestellt werden: »Objekte kommen in Anweisungen des Programmcodes fast nie direkt vor.« Auch wenn es oft so aussieht, als würden Objekte direkt genannt, handelt es sich immer um gleichnamige Methoden oder Eigenschaften. Zu dieser Regel gibt es eine wesentliche Ausnahme: Bei der Deklaration von Objektvariablen werden Objekte (genau genommen Objektklassen) direkt genannt.

Beispiel 1

Die folgende Anweisung fügt der aktuellen Arbeitsmappe ein leeres Diagrammblatt hinzu. Das Beispiel demonstriert gleich mehrere Aspekte im Umgang mit Objekten: das Zusammenspiel von Objekten, Methoden und Eigenschaften, die Verwendung benannter Parameter, den Einsatz vordefinierter Konstanten etc.

```
Application.ActiveWorkbook.Sheets.Add Type:=xlChart
```

Application gibt das Basisobjekt an (das Anwendungsprogramm Excel). *ActiveWorkbook* ist eine Eigenschaft des Objekts *Application* und verweist auf ein *Workbook*-Objekt. *Sheets* ist eine Methode (auch wenn sie wie eine Eigenschaft aussieht), die auf ein *Sheets*-Objekt verweist. *Add* ist wiederum eine Methode von *Sheets* und ermöglicht das Hinzufügen neuer Arbeitsblätter. *Add* kennt vier benannte Parameter, die alle vier optional sind. Wenn kein Parameter angegeben wird, erzeugt die Methode ein neues Tabellenblatt, das vor dem gerade aktiven Blatt eingefügt wird. Durch die vier Parameter kann die Einfügeposition, der Typ des Blatts (Diagramm, Tabelle, Modul, Makrovorlage etc.) und die Anzahl der einzufügenden Blätter bestimmt werden. Im Beispiel oben wurde nur der Typ spezifiziert, und zwar mit der vordefinierten Konstante *xlChart*.

Die Eigenschaft *ActiveSheet* und die Methode *Sheets* beziehen sich automatisch auf die aktive Arbeitsmappe von Excel (die aktive Arbeitsmappe gilt als Defaultobjekt). Aus diesem Grund ist es in der obigen Anweisung erlaubt, auf die Objektangabe *Application.ActiveWorkbook* zu verzichten. In den drei folgenden Anweisungen wird diese Eingabeerleichterung wahrgenommen.

Der Name des neuen Blatts kann mit *Add* nicht eingestellt werden. Das neue Blatt ist nach der *Add*-Methode das aktive Blatt. Der Name kann daher problemlos in einer weiteren Anweisung durch die Veränderung der *Name*-Eigenschaft eingestellt werden.

```
Sheets.Add Type:=xlChart
ActiveSheet.Name = "Mein Diagramm"
```

Statt der beiden obigen Zeilen reicht auch eine einzige, etwas längere Zeile aus:

```
Sheets.Add(Type:=xlChart).Name = "Mein Diagramm"
```

Die Methode *Add* wird jetzt nicht mehr wie ein Unterprogramm ohne Rückgabewert eingesetzt, sondern wie eine Funktion. Aus diesem Grund ist der Parameter jetzt eingeklammert. Das Ergebnis der Methode (nämlich ein Verweis auf das neue *Chart*-Objekt) wird über die Eigenschaft *Name* gleich weiterverarbeitet.

Beispiel 2

Manche Methoden sind mit einer Unmenge von Parametern ausgestattet. Ein in dieser Hinsicht bemerkenswertes Beispiel ist die Methode *ChartWizard* mit nicht weniger als 11 Parametern (alle optional). Diese Methode ist sowohl zur Erstellung neuer als auch zur raschen Veränderung vorhandener Diagramme geeignet. (Siehe auch Kapitel 10, das sich speziell mit Diagrammen beschäftigt.)

Wenn Sie mit so komplexen Methoden wie *ChartWizard* arbeiten, können Sie sich eine Menge Zeit und Mühe sparen, wenn Sie zuerst die Makroaufzeichnung verwenden. Damit gelangen Sie auf Anhieb zu einem lauffähigen Code, den Sie dann sukzessive so verändern können, bis er Ihren Anforderungen entspricht.

Im Beispiel unten wird im aktiven Tabellenblatt ein neues Diagrammobjekt erzeugt. Die vier Zahlenwerte geben Position und Größe des Diagramms innerhalb der Tabelle an und resultieren aus der Auswahl eines Rahmens während der Makroaufzeichnung. (Die Positionsangaben erfolgen in der Einheit »Punkt«, wobei ein Punkt mit 0.35 mm definiert ist.) Die Methode *Add* wird hier als Funktion (und nicht wie oben als Kommando) eingesetzt: die Parameter sind eingeklammert. Das Ergebnis der Methode wird durch *Select* gleich weiterbearbeitet und zum aktiven Diagramm gemacht. Auf dieses Objekt (das aktive Diagramm) bezieht sich im Folgenden die Methode *Chart-Wizard*.

```
' Beispieldatei 04\VBA-Concepts.xls, Modul CreateChart
Sub CreateChart()
  Sheets("Tab1").Activate
  ActiveSheet.ChartObjects.Add(184.5, 110.25, 187.5, 69.75).Select
  ActiveChart.ChartWizard Source:=Range("B3:B7"), _
    Gallery:=xlColumn, Format:=6, PlotBy:=xlColumns, _
    CategoryLabels:=0, SeriesLabels:=0, _
    HasLegend:=1
End Sub
```

Zugriff auf »aktive« Objekte

Excel kennt eine Menge »aktiver« Objekte. Damit sind markierte oder ausgewählte Teile von Excel gemeint – das aktive Fenster, das darin ausgewählte Blatt, die dort markierten Zellen etc. Der Zugriff auf diese Objekte erfolgt durch diverse *ActiveXxx*- oder *SelectXxx*-Eigenschaften. Die meisten dieser Eigenschaften sind für das *Application*-Objekt definiert, das nicht extra angegeben werden muss (*Application* gilt also als Defaultobjekt). Ein Teil der Eigenschaften kann aber auch explizit auf ein anderes Objekt angewendet werden. Beispielsweise liefert *ActiveSheet* automatisch das aktuelle Blatt der aktiven Arbeitsmappe. *ActiveSheet* kann aber auch die Bezeichnung einer anderen Arbeitsmappe oder ein *Window*-Objekt vorangestellt werden – dann liefert die Eigenschaft einen Verweis auf das jeweils aktive Blatt der jeweiligen Arbeitsmappe bzw. des Fensters.

Besondere Erwähnung verdient die Eigenschaft *ThisWorkbook*: Diese Eigenschaft verweist auf die Arbeitsmappe, in der sich der VBA-Code befindet, der gerade ausgeführt wird. Diese Arbeitsmappe muss nicht automatisch mit *ActiveWorkbook* übereinstimmen – es kann ja mit dem Code aus einer Arbeitsmappe ein Tabellenblatt einer anderen Arbeitsmappe bearbeitet werden.

In Modulen zu Tabellenblättern und Dialogen sowie in Klassenmodulen kann das Schlüsselwort *Me* verwendet werden, um auf das zugeordnete Objekt zu verweisen. In einem Tabellenblattmodul verweist *Me* daher auf ein *Worksheet*-Objekt, in einem Dialogmodul auf ein *UserForm*-Objekt etc.

Eigenschaften zum Zugriff auf aktive Objekte	
ActiveCell	aktive Zelle in einem Tabellenblatt
ActiveChart	aktives Diagramm in Tabellenblatt/Fenster/Arbeitsmappe/Excel
ActiveMenuBar	aktive (zurzeit sichtbare) Menüleiste in Excel
ActivePane	aktiver Ausschnitt eines Fensters
ActivePrinter	eingestellter Drucker in Excel
ActiveSheet	aktives Blatt in Fenster/Arbeitsmappe/Excel
ActiveWorkbook	aktive Arbeitsmappe in Excel
SelectedSheets	ausgewählte Blätter eines Fensters
Selection	ausgewählte Objekte in Blatt/Fenster/Arbeitsmappe/Excel; die Eigenschaft kann je nach Auswahl auf die unterschiedlichsten Objekte verweisen; am häufigsten wird *Selection* zum Zugriff auf die ausgewählten Zellen eines Tabellenblatts verwendet
ThisWorkbook	Arbeitsmappe, deren Code gerade ausgeführt wird
Me	zum Modul gehöriges Objekt (z.B. *Worksheet*, *UserForm*)

Eigenschaften/Methoden aufrufen, deren Name als Zeichenkette bekannt ist

Mit der VBA-Methode *CallByName* (verfügbar ab Excel 2000) können Sie Methoden und Eigenschaften aufrufen, deren Name aus einer Zeichenkette entnommen wird. Das bietet in seltenen Fällen zusätzliche Flexibilität beim Programmieren, weil der

Name erst zur Laufzeit bestimmt werden kann. Wenn mehr als ein Parameter übergeben werden muss, kann dazu ein *Variant*-Feld eingesetzt werden. *CallByName* kann nicht für gewöhnliche Prozeduren verwendet werden. (Zu deren Aufruf können Sie die Methode *Application.Run* verwenden.)

Die folgenden Zeilen zeigen den Code einer selbst definierten Klasse *class1*. (Detaillierte Informationen zur Deklaration eigener Klassen folgen in Abschnitt 4.5.)

```
' Klassenmodul class1
Public Function testmethod(x As Variant) As Variant
  testmethod = 2 * x
End Function
```

Der Aufruf der Methode *testmethod* kann nun durch *obj.testmethod(...)* oder durch *CallByName* erfolgen:

```
' Modul modul1
Sub testCallByName()
  Dim result As Variant
  Dim obj As New class1
  result = CallByName(obj, "testmethod", VbMethod, 3)
  MsgBox result
End Sub
```

4.3.2 Der Objektkatalog (Verweise)

Eine unverzichtbare Arbeitshilfe im Umgang mit Objekten, Methoden und Eigenschaften stellt der Objektkatalog dar. Dabei handelt es sich um einen Dialog, der mit ANSICHT|OBJEKTKATALOG oder bequemer mit F2 aufgerufen wird. Die Bedienung des Dialogs wurde bereits in Abschnitt 3.2 beschrieben.

In diesem Katalog sind (fast) alle zurzeit verfügbaren Objekte, Methoden und Eigenschaften inklusive der selbst definierten Prozeduren enthalten. Die Einträge im Objektkatalog sind nach so genannten Bibliotheken geordnet. Die beiden wichtigsten Bibliotheken lauten »VBA« und »Excel«.

Die *VBA-Bibliothek* enthält alle Anweisungen und Funktionen, die zur Programmiersprache VBA gehören, die aber nicht spezielle Excel-Merkmale betreffen. Unter anderem finden Sie in der VBA-Bibliothek Kommandos zur Bearbeitung von Zeichenketten, zur Verwaltung von Dateien, zur Bearbeitung von Datums- und Zeitwerten etc. Die VBA-Bibliothek ist leider unvollständig. Zum einen fehlen alle Schlüsselwörter zur prozeduralen Programmierung. (Diese Einschränkung ist möglicherweise systembedingt, d. h., es kann sein, dass dieser Typ von Schlüsselwörtern in das Katalogkonzept nicht integrierbar ist. Es wäre natürlich angenehm, wenn die Dokumentation auf diesen Umstand hinweisen würde, was aber nicht der Fall ist.) Zum anderen fehlen auch ganz normale Funktionen, die schlicht und einfach vergessen wurden (etwa die Zeichenkettenfunktion *InStr*).

Die *Excel-Bibliothek* umfasst eine vollständige Referenz aller definierten Objekte (rund 150), der zugeordneten Eigenschaften und Methoden und der vordefinierten Konstanten. Der Objektkatalog stellt gleichzeitig eine wichtige Schnittstelle zur Hilfe dar: Nach dem Auswählen eines Schlüsselworts kann mit dem »?«-Button der Hilfetext zu diesem Schlüsselwort aufgerufen werden.

Ebenfalls im Objektkatalog enthalten sind Bibliotheken der gerade geladenen Arbeitsmappen und Add-Ins. Mit der Bibliothek einer Arbeitsmappe ist ganz einfach das Verzeichnis aller Module und der darin enthaltenen Prozeduren gemeint. (In Arbeitsmappen definierte Konstanten werden nicht angezeigt.)

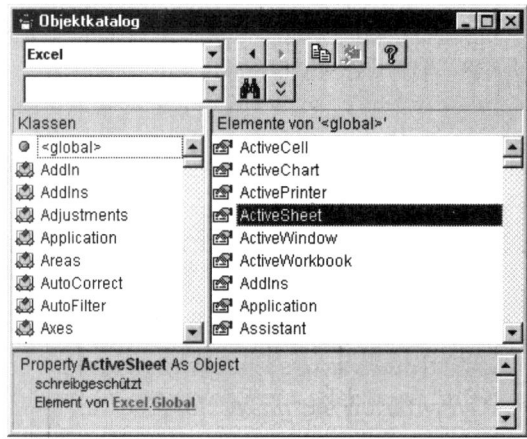

Bild 4.1: Der Objektkatalog

Wichtige Objektbibliotheken von Excel 2000

Mit Excel 2000 werden unter anderem folgende Objektbibliotheken mitgeliefert:

StdOle2.tlb	Basisfunktionen für ActiveX-Automation (Windows-Systemverzeichnis)
Vbe6.dll	VBA-Objektbibliothek (Verzeichnis Gemeinsame Dateien\Microsoft Shared\VBA\VBA6\)
Excel9.olb	Excel-Objektbibliothek (Verzeichnis Office\Office)
Mso9.dll	MS-Office-Objektbibliothek mit gemeinsamen Objekten aller Office-Komponenten (Verzeichnis Office\Office)
Fm20.dll	MS-Forms-Bibliothek zur Gestaltung von Formularen (Windows-Systemverzeichnis)
Scrrun.dll	MS-Scripting-Runtime-Bibliothek mit den FSO-Objekten zum komfortablen Zugriff auf Datenen (Windows-Systemverzeichnis)
Msado15.dll	ADO-2.1-Objektbibliothek zur Datenbankprogrammierung (Verzeichnis Gemeinsame Dateien\System\Ado)

4.3 Objekte

Normalerweise sind die ersten vier der oben aufgezählten Bibliotheken aktiv. Die MS-Forms-Bibliothek wird automatisch aktiviert, sobald Sie der Excel-Datei einen Dialog hinzufügen. Die ADO-Bibliothek muss manuell mit EXTRAS|VERWEISE aktiviert werden, wenn Sie im VBA-Code Datenbankfunktionen verwenden möchten.

> **VERWEIS**
> Die VBA- und Excel-Bibliotheken sind so umfangreich, dass deren Beschreibung auf das gesamte hier vorliegende Buch verteilt wurde. Darüber hinaus werden die meisten Objekte der Scripting-Bibliothek in Abschnitt 5.6 beschrieben, die der MS-Forms-Bibliothek in Kapitel 7, die der Office-Bibliothek in Kapitel 8 und die der ADO-Bibliothek in Kapitel 12.

Wichtige Objektbibliotheken von Excel 2002

Die folgende Tabelle nennt die wichtigsten Bibliotheken von Excel 2002. Gegenüber Excel 2000 haben sich zum Teil die Verzeichnisse und Versionsnummern geändert.

StdOle2.tlb	Basisfunktionen für ActiveX-Automation (Windows-Systemverzeichnis)
Vbe6.dll	VBA-Objektbibliothek (Verzeichnis Gemeinsame Dateien\Microsoft Shared\VBA\VBA6\)
Excel.exe	Excel-Objektbibliothek (Verzeichnis Office\Office10)
Mso.dll	MS-Office-Objektbibliothek mit gemeinsamen Objekten aller Office-Komponenten (Verzeichnis Gemeinsame Dateien\Microsoft Shared\Office10)
Fm20.dll	MS-Forms-Bibliothek zur Gestaltung von Formularen (Windows-Systemverzeichnis)
Scrrun.dll	MS-Scripting-Runtime-Bibliothek mit den FSO-Objekten zum komfortablen Zugriff auf Datenen (Windows-Systemverzeichnis)
Msado21.tlb	ADO-2.1-Objektbibliothek zur Datenbankprogrammierung (Verzeichnis Gemeinsame Dateien\System\Ado)

Weitere Bibliotheken

Zusammen mit Excel 2000 werden im Verzeichnis Office\Office\Makro bzw. in dessen Unterverzeichnissen eine Reihe von Add-In-Dateien mitgeliefert. Einige dieser Dateien enthalten Funktionen, die via VBA genutzt werden können – etwa Analyse\-Atpvbaen.xla, Solver\Solver.xla und MSQuery\Xlquery.xla. Dazu müssen Sie die jeweilige Datei mit EXTRAS|VERWEISE|DURCHSUCHEN auswählen. (Es reicht also nicht aus, einfach das betreffende Add-In mit dem Add-In-Manager zu aktivieren.) In der Vergangenheit hat die Verwendung dieser Add-In-Bibliotheken allerdings zu zahlreichen Problemen geführt, die besonders bei der Weitergabe der Anwendung aufgetreten sind. Insofern überrascht es nicht, dass diese Add-Ins in Excel 2002 fehlen und nur noch als optionaler Download per Internet verfügbar sind.

Das Objektmodell kann auch durch Bibliotheken erweitert werden, die nichts mit Excel zu tun haben. Auf diese Weise können fremde Programme – etwa Word oder Access – von Excel aus gesteuert werden. Mehr Informationen zu diesem Steuerungsmechanismus finden Sie in Kapitel 15, Stichwort ActiveX-Automation.

Verweise auf Objektbibliotheken einrichten

Damit die in externen Objektbibliotheken definierten Funktionen, Objekte, Methoden und Eigenschaften beim Programmieren verwendet werden können, muss mit EXTRAS|VERWEISE ein Verweis darauf aktiviert werden.

Falls der Name der benötigten Objektbibliothek im VERWEISE-Dialog noch nicht angezeigt wird, können Sie die Datei über den Button DURCHSUCHEN auswählen und hinzufügen. Automatisch angezeigt werden nur die registrierten Dateien. Als aktiv gelten jene Bibliotheken, die mit einem Auswahlhäkchen gekennzeichnet sind. Das bloße Anzeigen der Bibliothek im VERWEISE-Dialog ist also nicht ausreichend.

Die Informationen darüber, welche Verweise aktiv sind, werden für jede Arbeitsmappe getrennt gespeichert. Auch wenn in einer Arbeitsmappe eine Objektbibliothek aktiviert ist, gilt diese Bibliothek in einer anderen Arbeitsmappe weiterhin als inaktiv, bis sie auch dort aktiviert wird.

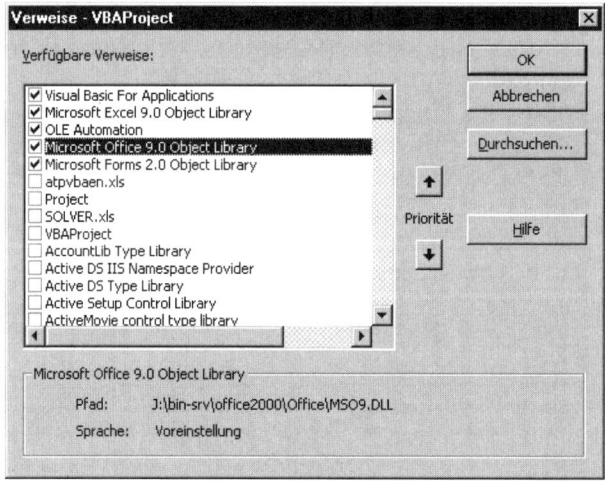

Bild 4.2: Der Dialog Verweise

Verweise auf nicht mehr benötigte Dateien können einfach durch die Deaktivierung des Auswahlkästchens gelöscht werden. Die Verweise auf die Excel-, Office- und VBA-Bibliotheken werden immer benötigt und können daher nicht deaktiviert werden.

Verweise auf andere Arbeitsmappen

So wie Sie Verweise auf Objektbibliotheken einrichten können, können Sie auch Verweise auf andere Arbeitsmappen einrichten. Dazu werden im VERWEISE-Dialog die Dateinamen aller gerade aktiven Objektbibliotheken angezeigt. (Der Name der gerade aktiven Arbeitsmappe ist nicht enthalten. Begründung: Die Arbeitsmappe benötigt keinen Verweis auf sich selbst.)

Das Einrichten eines Verweises auf eine andere Arbeitsmappe hat den Vorteil, dass Sie deren öffentliche Prozeduren und Variablen auch in der gerade aktiven Arbeitsmappe nutzen können. (Öffentliche Variablen müssen mit *Public* deklariert werden. Prozeduren gelten automatisch als öffentlich, sofern nicht das Schlüsselwort *Private* verwendet wird.)

Die Verweise zählen zu den Daten der gerade aktiven Arbeitsmappe und werden zusammen mit ihr gespeichert. Wenn die Arbeitsmappe später wieder geladen wird, ist Excel auf Grund der Verweise in der Lage, auch die dazugehörigen anderen Arbeitsmappen und Bibliotheken zu aktivieren.

4.3.3 Übersichtlicher Objektzugriff durch das Schlüsselwort With

Die in den vorherigen Abschnitten angeführten Beispiele haben bereits gezeigt, dass sich oft endlose Verschachtelungen von Eigenschaften und Methoden ergeben, von denen jeweils die eine das Objekt für die nächste Eigenschaft/Methode liefert. Bis Sie zu dem Objekt gelangen, das Sie eigentlich ansprechen möchten, ist die Zeile voll.

Durch die Schlüsselwortkombination *With ... End With* können Sie ein bestimmtes Objekt vorübergehend festhalten und anschließend diverse Eigenschaften einstellen oder Methoden ausführen, ohne jedes Mal den gesamten Objektverweis neu einzugeben.

Ein Beispiel macht die Wirkungsweise sofort sichtbar. In der ersten Variante werden die einzelnen Anweisungen so lang, dass sie auf je zwei Zeilen verteilt werden müssen. In der zweiten Variante wird das Objekt (nämlich das erste Symbol der Symbolleiste NEUE SYMBOLLEISTE) durch *With* fixiert. Achten Sie darauf, dass innerhalb von *With* und *End With* alle Anweisungen, die sich auf das fixierte Objekt beziehen, mit einem Punkt beginnen müssen.

```
' herkömmlich
CommandBars("Neue Symbolleiste").Controls("Datei").Controls(1). _
    Caption = "Beenden"
CommandBars("Neue Symbolleiste").Controls("Datei").Controls(1). _
    OnAction = "Menu_Quit"
```

```
' mit dem Schlüsselwort With
With CommandBars("Neue Symbolleiste").Controls("Datei").Controls(1)
  .Caption = "Beenden"
  .OnAction = "Menu_Quit"
End With
```

With darf auch verschachtelt verwendet werden. Im Beispiel unten wird durch das erste *With* die Symbolleiste und durch das zweite *With* zuerst das erste und dann das zweite Symbol innerhalb der Symbolleiste festgehalten.

```
With Toolbars("Neue Symbolleiste")
  With .ToolbarButtons(1)
    .PasteFace
    .OnAction = "Button1_Click"
  End With
  With .ToolbarButtons(2)
    .PasteFace
    .OnAction = "Button2_Click"
  End With
End With
```

Innerhalb von *With*-Konstrukten sind auch »normale« VBA-Anweisungen erlaubt, die sich nicht auf das aktuelle Objekt beziehen (und daher ohne ».« beginnen). Im Beispiel unten werden in alle Symbole der Symbolleiste neue Bilder aus der Zwischenablage kopiert. Außerdem werden den Symbolen die Makros *Buttoni_Click* zugewiesen, wobei für *i* der aktuelle Inhalt der Schleifenvariablen eingesetzt wird.

```
Dim i As Integer
With Toolbars("Neue Symbolleiste")
  For i=1 To .Count
    With ToolbarButtons(i)
      .PasteFace
      .OnAction = "Button" & i & "_Click"
    End With
  Next i
End With
```

Alternativ zu *With* ist übrigens auch eine Vorgehensweise mit Objektvariablen (siehe nächsten Abschnitt) möglich. Dadurch kann ebenfalls eine umständliche Referenzierung von Objekten vermieden werden.

4.3.4 Objektvariablen

Normalerweise werden in Variablen Zahlen oder Zeichenketten gespeichert. Variablen können aber auch auf Objekte verweisen. Die Zuweisung von Objektvariablen erfolgt nicht durch den Zuweisungsoperator »=«, sondern durch *Set*.

4.3 Objekte

Das folgende Beispiel demonstriert den Umgang mit Objektvariablen: In *objvar1* wird die Variable *f* vom Objekttyp *Window* definiert. In dieser Variablen wird ein Verweis auf das aktive Fenster gespeichert, anschließend wird das Unterprogramm *objvar2* aufgerufen. Dort wird der Fenstertitel der Objektvariablen *x* verändert. Das Beispiel beweist, dass Objektvariablen auch als Parameter an Unterprogramme und Funktionen übergeben werden können.

```
' Beispieldatei 04\VBA-Concepts.xls, Modul Objects
Sub objvar1()
  Dim w As Window
  Set w = Application.ActiveWindow
  objvar2 w
End Sub

Sub objvar2(w As Window)
  w.Caption = "neuer Fenstertitel"
End Sub
```

Manche Objekte können auch mit *Dim x As* **New** *Object* deklariert werden. Dabei wird das entsprechende Objekt gleich erzeugt. Diese Syntax ist normalerweise nur bei Objektklassen möglich, die entweder durch externe Bibliotheken (ActiveX-Server) zur Verfügung gestellt werden oder durch Excel-Klassenmodule definiert sind (siehe den folgenden Abschnitt).

Objektvariablen werden vor allem zur übersichtlicheren Gestaltung des Programmcodes eingesetzt. Wenn Sie auf ein Objekt zugreifen möchten, müssen Sie nicht jedes Mal eine oft endlose Kette von Methoden und Eigenschaften angeben, sondern können über eine Objektvariable darauf verweisen (siehe Beispiel unten). Diese Vorgehensweise ist flexibler als die Verwendung von *With* (siehe vorangegangenen Abschnitt), weil parallel mehrere Objektvariablen verwendet werden können. Die Möglichkeit der Übergabe von Objektvariablen lässt eine noch bessere Modularisierung des Programmcodes zu.

```
' herkömmlich
CommandBars("Neue Symbolleiste").Controls(1).CopyFace
CommandBars("Neue Symbolleiste"). _
  Controls(1).OnAction = "Button1_Click"

' mit Objektvariablen
Dim cbc As CommandBarControl
Set cbc = CommandBars("Neue Symbolleiste").Controls(1)
cbc.CopyFace
cbc.OnAction = "Button1_Click"
```

Objektvariablen unterscheiden sich von normalen Variablen dadurch, dass nur ein Verweis auf das Objekt und nicht eine Kopie gespeichert wird. Die Objektvariable zeigt also auf ein Objekt, dessen Verwaltung aber weiterhin Excel obliegt. Es existiert für den Programmierer keine Möglichkeit, wirklich *neue* Objekte zu erzeugen (außer mit den dafür vorgesehenen Methoden wie *Add*).

Mehrere Objektvariablen können auf das gleiche Objekt zeigen. Eine Veränderung der Eigenschaften über die eine Objektvariable wirkt sich dann auch auf alle anderen Objektvariablen aus.

Der Verweis auf Objekte kann durch *Set var = **Nothing*** gelöscht werden. (Das Objekt selbst wird durch diese Anweisung nicht beeinflusst oder gar gelöscht!)

Objektvariablen können mit *Dim*, *Private* oder *Public* in einem bestimmten Objekttyp definiert werden und sind dann explizit auf diesen Objekttyp eingeschränkt (beispielsweise *Dim w As Window*). Weniger restriktiv ist die Definition als allgemeine Objektvariable (*Dim o As Object*) – denn dann kann *o* zwar Verweise auf Objekte, aber keine normalen Variableninhalte (Werte, Zeichenketten) aufnehmen. Es ist aber auch eine allgemeine Deklaration als *Variant*-Variable ausreichend (*Dim v*). Die Variable nimmt dann automatisch den geeigneten Typ an. VBA reagiert auf Zuweisungen mit falschen Typen zum Teil allergisch (nämlich mit Absturz). Daher kann es sinnvoll sein, statt der Definition mit einem konkreten Objekttyp eine allgemeine Definition als *Object*- oder *Variant*-Variable anzugeben.

Objektvariablen treten implizit auch in *For-Each*-Schleifen (Abschnitt 4.2.4) auf. Die beiden folgenden Schleifen sind gleichwertig und geben jeweils die Namen aller Blätter der aktiven Arbeitsmappe aus:

```
Sub objvar3()
  Dim s As Object, i As Long
  For Each s In Sheets
    Debug.Print s.Name
  Next s
  For i = 1 To Sheets.Count
    Set s = Sheets(i)
    Debug.Print s.Name
  Next i
End Sub
```

> **HINWEIS** Es gibt in der Excel-Bibliothek kein *Sheet*-Objekt. Die Aufzählung *Sheets* kann gleichermaßen auf Objekte des Typs *WorkSheet* und *Chart* verweisen. Daher muss *s* im Beispiel oben allgemein gültig als *Object* definiert werden.

Mit dem Operator ***Is*** können zwei Objektvariablen verglichen werden. Das Ergebnis lautet *True*, wenn beide Variablen auf dasselbe Objekt verweisen. (Beachten Sie aber, dass *Is* leider nicht immer korrekt funktioniert! Wenn Sie beispielsweise *Set a=ActiveWindow* und *Set b=ActiveWindow* ausführen, liefert *a Is b* sowohl in Excel 2000 als auch in Excel 2002 das Ergebnis *False*!)

Über die Funktion ***TypeName*** können Sie den Typ einer Objektvariablen ermitteln. *TypeName* liefert als Ergebnis eine Zeichenkette, etwa "Window" oder "Workbook".

```
Sub obtest()
  Dim a As Object, b As Object
  Set a = Sheets(1)
  Set b = Sheets(1)
  If a Is b Then Debug.Print "a und b verweisen auf dasselbe Objekt"
  Debug.Print TypeName(a), TypeName(b)   'liefert jeweils "Worksheet"
  Debug.Print a.Name, b.Name             'liefert jeweils den Blattnamen
End Sub
```

4.3.5 Syntaxzusammenfassung

Methoden und Eigenschaften	
ergebnis = objekt.eigenschaft	Eigenschaft lesen
objekt.eigenschaft = ...	Eigenschaft verändern
objekt.methode para1, para2	Methode ohne Rückgabewert
erg = objekt.methode(para1, para2)	Methode mit Rückgabewert
obj.methode(para1, para2).methode	sofortige Weiterverarbeitung durch weitere Methode

Zugriff auf aktive Objekte	
ActiveCell	aktive Zelle in einem Tabellenblatt
ActiveChart	aktives Diagramm
ActiveMenuBar	aktive (zurzeit sichtbare) Menüleiste
ActivePane	aktiver Ausschnitt eines Fensters
ActivePrinter	eingestellter Drucker
ActiveSheet	aktives Blatt in Fenster/Arbeitsmappe/Excel
ActiveWorkbook	aktive Arbeitsmappe
SelectedSheets	ausgewählte Blätter eines Fensters
Selection	ausgewählte Objekte in Blatt/Fenster/Arbeitsmappe
ThisWorkbook	Arbeitsmappe, deren Code gerade ausgeführt wird

Aufzählmethoden und -objekte	
Objects	das Plural-s verweist auf eine Aufzählung; z. B. *Axes, Sheets, Windows*
Objects(n)	verweist auf das *n*-te Objekt
Objects("name")	verweist auf das benannte Objekt
Objects.Count	gibt die Anzahl der Objekte an
Objects.Add obj	fügt der Aufzählung ein neues Objekt hinzu
obj.Delete	löscht das Objekt aus der Aufzählung

Objektzugriff durch With	
With objekt	fixiert das Objekt
.Eigenschaft = ...	der einleitende Punkt verweist auf das fixierte Objekt
.Methode para1, para2	
End With	

Objektvariablen

Dim var As objekttyp	Platzhalter für Objekte
Dim var As New objekttyp	Objekt gleich erzeugen
Set var = objekt	*var* verweist auf das angegebene Objekt
Set var = Nothing	löscht den Verweis (nicht das Objekt)
name = TypeName(var)	ermittelt den Objektnamen

4.4 Ereignisse

VBA ist eine ereignisorientierte Programmiersprache. Mit ereignisorientiert ist gemeint, dass Makros als Reaktion auf bestimmte Ereignisse automatisch von Excel gestartet werden. Wenn Sie ein Symbol anklicken, einen Menüeintrag auswählen etc., führt Excel selbstständig die zugeordnete Prozedur aus. »Ereignisse« werden also vom Anwender durch eine Eingabe über Maus oder Tastatur ausgelöst. (In herkömmlichen Programmiersprachen müssten Sie – beispielsweise in einer Endlosschleife – ständig auf das Eintreffen eines Ereignisses warten, dieses Ereignis auswerten und im Anschluss daran die dafür vorgesehene Prozedur aufrufen. Diese Arbeit nimmt Ihnen Excel mit dem Konzept von Ereignissen ab.)

Folgende Ereignisse können zum Aufruf von selbst erstellten Prozeduren führen:

- Die Auswahl des Makros über EXTRAS | MAKROS.
- Die Auswahl eines eigenen Menüeintrags oder Symbols, dem ein Makro zugewiesen ist (siehe Kapitel 8).
- Das Anklicken von Steuerelementen (unabhängig davon, ob sich diese in einem Dialog oder direkt auf einem Tabellenblatt befinden).
- Die Neuberechnung eines Tabellenblatts (wenn darin benutzerdefinierte Funktionen verwendet werden).
- Das Öffnen, Speichern und Schließen einer Arbeitsmappe, das Aktivieren und Deaktivieren eines Tabellenblatts, das Verstreichen einer bestimmten Zeit, das Drücken einer Taste, der Doppelklick auf ein Tabellenblatt etc.

> **VERWEIS**
>
> Das Drücken von **Strg+Untbr** führt üblicherweise zu einer Unterbrechung des Programms. Dieses Ereignis wird in VBA nicht im Rahmen von Ereignisprozeduren verarbeitet, sondern als Fehler betrachtet. Abschnitt 6.3 beschreibt, wie auf Programmunterbrechungen reagiert werden kann.

Automatisches Laden von Excel-Dateien

Alle Dateien, die sich im Verzeichnis Xlstart befinden, werden beim Start von Excel automatisch geladen. In Verbindung mit einer *Auto_Open*- oder *Workbook_Open*-Ereignisprozedur kann dies dazu genutzt werden, automatisch beim Programmstart von Excel diverse Einstellungen durchzuführen. Eine besondere Rolle innerhalb der Xlstart-Dateien spielt die »persönliche« Arbeitsmappe Personl.xls. Diese Datei ist zur Speicherung von ständig verfügbaren Makros, Symbolen, Menüeinträgen etc. vorgesehen. Weitere Informationen über den genauen Ort des Xlstart-Verzeichnisses sowie zur individuellen Konfiguration von Excel durch darin gespeicherte Dateien finden Sie in Abschnitt 5.9.

4.4.1 Ereignisprozeduren

Ereignisse in Excel 97/2000/...

Seit Excel 97 sind für die meisten Objekte explizit Ereignisse definiert, die im Objektkatalog auch als solche angezeigt werden und durch einen gelben Blitz gekennzeichnet sind. Der Name von Ereignisprozeduren ist starr vorgegeben und setzt sich aus dem Objektnamen und dem Ereignisnamen zusammen – etwa *Worksheet_Activate*. Wenn eine entsprechend benannte Prozedur existiert, wird sie von Excel automatisch ausgeführt. (Damit entfällt die Anmeldung durch *OnEventXxx*-Eigenschaften, wie dies bei Excel 5/7 erforderlich war.)

Am einfachsten ist dieses Konzept anhand eines Beispiels zu erklären. Öffnen Sie eine neue Arbeitsmappe, wechseln Sie in die Entwicklungsumgebung und öffnen Sie dort das Modul zu »Diese Arbeitsmappe«.

Um eine Prozedur immer dann auszuführen, wenn die Excel-Datei geladen wird, wählen Sie zuerst im ersten Listenfeld das Objekt *Workbook* und dann im zweiten Listenfeld das Ereignis *Open* aus. Die Entwicklungsumgebung erzeugt daraufhin automatisch eine Codeschablone bestehend aus den *Sub*- und *End-Sub*-Anweisungen. Sie brauchen jetzt nur noch den gewünschten Code einzugeben.

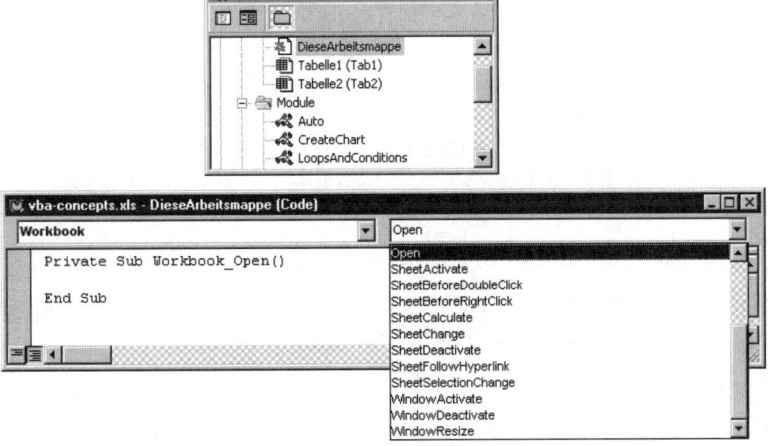

Bild 4.3: Auswahl der Worksheet-Ereignisprozeduren im Codefenster

Das hier angegebene Beispiel verkleinert alle anderen zurzeit in Excel sichtbaren Fenster anderer Arbeitsmappen in Icons.

```
' Beispieldatei 04\VBA-Concepts.xls, Modul Diese Arbeitsmappe
Private Sub Workbook_Open()
  Dim w As Window
  MsgBox "Die Ereignisprozedur Workbook_Open wird ausgeführt."
  For Each w In Application.Windows
    If w.Parent.Name <> ActiveWorkbook.Name And w.Visible Then
      w.WindowState = xlMinimized
    End If
  Next
End Sub
```

Die Verarbeitung von Ereignissen von Blättern und der Arbeitsmappe ist besonders einfach, weil in der Entwicklungsumgebung für diese Objekte ein eigenes Klassenmodul mit Codeschablonen für die Ereignisprozeduren vorgesehen ist. Auch andere Objekte können Ereignisse auslösen – deren Empfang ist aber etwas umständlicher; er wird in Abschnitt 4.4.4 behandelt.

> **ACHTUNG**
> In normalen Modulen gilt *Application* als Defaultobjekt, alle davon abgeleiteten Methoden und Eigenschaften können daher ohne explizite Nennung von *Application* verwendet werden. In Modulen zu Excel-Objekten (»Diese Arbeitsmappe«, Tabellen- und Diagrammblätter etc.) gilt dagegen das Objekt als Defaultobjekt, auf dem die Klasse basiert – also etwa *Worksbook* beim Modul *Diese Arbeitsmappe* bzw. *Worksheet(...)* bei einem Modul für ein Tabellenblatt. Aus diesem Grund müssen Sie in Klassenmodulen *Application* explizit angeben, wenn Sie dessen Eigenschaften oder Methoden verwenden möchten!

Ereignisse in Excel 5/7

Bei den Excel-Versionen 5 und 7 sah das Ereigniskonzept noch ganz anders aus: Damit Ereignisse ausgelöst werden, mussten Sie vorher *OnEventXxx*-Eigenschaften oder -Methoden diverser Objekte den Namen einer Prozedur zuweisen. Diese Prozedur wurde in der Folge automatisch aufgerufen, wenn das betreffende Ereignis auftrat. Dazu gleich ein Beispiel: Die Anweisung unten führt dazu, dass bei jeder Aktivierung des ersten Tabellenblatts die Prozedur *MacroXy* aufgerufen wird.

```
Worksheets(1).OnSheetActivate = "MacroXy"
```

Der automatische Aufruf der Prozedur wird durch die Zuweisung einer leeren Zeichenkette *""* an die jeweilige Eigenschaft wieder gestoppt.

```
Worksheets(1).OnSheetActivate = ""
```

Die eigentliche Ereignisprozedur kann in irgendeinem Modul stehen:

```
Public Sub MacroXy()
  MsgBox "Ereignisprozedur Excel 5/7"
End Sub
```

> **HINWEIS**
> Beginnend mit Excel 97 wurden zwar die meisten *OnEventXxx*-Methoden und -Eigenschaften durch neue Ereignisse ersetzt, vier Schlüsselwörter sind aber unverändert erhalten geblieben: *OnKey*, *OnRepeat*, *OnTime* und *OnUndo*. Die vier Methoden werden zusammen mit wichtigen Excel-Ereignissen im nächsten Abschnitt beschrieben.

> **ACHTUNG**
> Aus Kompatibilitätsgründen können alle *OnEventXxx*-Prozeduren weiter verwendet werden. Beachten Sie aber, dass seit Excel 97 alle *OnEventXxx*-Einstellungen mit in der Excel-Datei gespeichert werden und beim nächsten Laden wieder zur Verfügung stehen. An sich ist das keine schlechte Idee. Das Problem besteht aber darin, dass dieses Verhalten inkompatibel zu Excel 5/7 ist. Viele Excel-5-/-7-Programme verlassen sich darauf, dass sämtliche *OnEventXxx*-Eigenschaften beim Laden einer Datei leer sind. Das ist nicht mehr der Fall!

Autoprozeduren in Excel 5/7

Konzeptionell noch älter als Ereignisprozeduren sind so genannte Autoprozeduren: Wenn in einem beliebigen Modul einer Excel-Datei eine Prozedur mit dem Namen *Auto_Open* existiert, wird diese Prozedur automatisch beim Öffnen der Datei ausgeführt. Analog dazu ist auch eine *Auto_Close*-Prozedur vorgesehen, die unmittelbar vor dem Schließen der Datei ausgeführt wird (d. h. spätestens vor dem Programmende von Excel).

> **HINWEIS**
> Seit Excel 97 stehen auch die Autoprozeduren nur noch aus Kompatibilitätsgründen zur Verfügung. Die »richtige« Vorgehensweise besteht jetzt darin, statt *Auto_Open* oder *_Close* die Ereignisse **Open** bzw. **BeforeClose** des *Workbook*-Objekts zu verwenden (Excel-Objekt »Diese Arbeitsmappe« im Projektfenster).

> **ANMERKUNG**
> Autoprozeduren werden nicht ausgeführt, wenn das Laden oder Schließen einer Excel-Datei durch VBA-Code ausgelöst wird (also durch die *Workbook*-Methoden *Open* oder *Close*). Um die Prozeduren dennoch auszuführen, müssen Sie die Methode *RunAutoMacros* für die betreffende Arbeitsmappe ausführen.

Autoprozeduren in Excel-4-Makros

Auch in der alten Makrosprache gab es die Möglichkeit Automakros einzurichten: Beim Laden einer Arbeitsmappe führt Excel – auch noch in der aktuellen Version – alle Makros aus, deren Name mit *Auto_Öffnen* beginnt, also beispielsweise *Auto_Öff-*

nen1, Auto_Öffnen_Test etc. Entsprechend werden beim Schließen bzw. beim Aktivieren oder Deaktivieren der Datei alle Makros ausgeführt, deren Namen mit *Auto_Schließen*, *Auto_Aktivieren* oder *Auto_Deaktivieren* beginnen. (Beachten Sie, dass die Automakros bei der deutschen Excel-Version deutsche Namen aufweisen müssen.)

4.4.2 Ereignisprozeduren deaktivieren

Der einzige wesentliche Nachteil des neuen Ereigniskonzepts ab Excel 97 besteht darin, dass das Aktivieren und Deaktivieren von Ereignissen per Programmcode schwierig ist. Wenn Sie beispielsweise den Aufruf einer bestimmten Ereignisprozedur vorübergehend deaktivieren möchten, müssen Sie sich mit dem folgenden Code behelfen:

```
' im Klassenmodul eines Tabellenblatts
Public activateEvents
Private Sub Worksheet_Activate()
  If activateEvents <> True Then Exit Sub
  MsgBox "Worksheet_Activate " & Me.Name
End Sub
```

Durch die Variable *activateEvents* kann also gesteuert werden, ob Ereignisse verarbeitet werden sollen (*True*) oder nicht. Beachten Sie, dass Sie zur Veränderung von *activateEvents* den internen Namen des Tabellenblatts voranstellen müssen, also etwa *Tabelle1.activateEvents=True*. (Dieser Name muss nicht mit dem im Blattregister angezeigten Namen übereinstimmen! Es gilt der Name, der im Projektfenster angezeigt und über das Eigenschaftsfenster verändert werden kann.)

Wenn Sie alle Ereignisprozeduren vorübergehend deaktivieren möchten (und nicht nur eine einzelne Prozedur wie im Beispiel oben), können Sie die Eigenschaft **EnableEvents** für das *Application*-Objekt auf *False* setzen. Das kann beispielsweise in Prozeduren sinnvoll sein, deren VBA-Codeanweisungen normalerweise Ereignisse hervorrufen würden.

4.4.3 Überblick über wichtige Excel-Ereignisse

Im Objektmodell von Excel sind rund 50 Ereignisse definiert. Manche Ereignisse sind sogar gleich mehrfach definiert. Beispielsweise kennt das *Worksheet*-Objekt ein *Activate*-Ereignis, das *Workbook*-Objekt und das *Application*-Objekt jeweils ein *SheetActivate*-Ereignis. Diese Doppelgleisigkeit ist beabsichtigt. Wenn Sie beispielsweise das Aktivieren eines *jeden* Blatts einer Arbeitsmappe durch eine Ereignisprozedur feststellen möchten, müssen Sie nicht jedes *Worksheet*-Objekt mit einer *Activate*-Prozedur ausstatten – es reicht eine *Workbook_SheetActivate*-Prozedur, die fortan bei jedem Blattwechsel aufgerufen wird. Der Prozedur wird als Parameter ein Verweis auf das jeweilige Blatt übergeben. Wenn Sie stattdessen eine Ereignisprozedur für *SheetActivate* des *Application*-Objekts einrichten (siehe den nächsten Abschnitt), wird diese Prozedur sogar für jedes Blatt *jeder* Arbeitsmappe aufgerufen.

Die folgende Beschreibung beschränkt sich auf die wichtigsten Ereignisse der Objekte *Workbook* und *Worksheet*, die in der Entwicklungsumgebung besonders einfach zu implementieren sind. Außerdem werden die vier weiterhin unterstützten *OnEventXxx*-Ereignisse gemäß dem alten Ereigniskonzept behandelt. Die Syntaxzusammenfassung am Ende dieses Abschnitts zählt alle Ereignisse für einige wichtige Excel-Objekte auf.

Datei öffnen/schließen (Ereignisse Open/BeforeClose)

Nach dem Laden einer Excel-Datei wird die Prozedur *Workbook_Open* ausgeführt, sofern diese existiert. Analog wird vor dem Schließen einer Arbeitsmappe (d.h. auch beim Programmende von Excel) *Workbook_Close* ausgeführt, wenn diese Prozedur im Modul *Diese Arbeitsmappe* Code enthält. Die beiden Prozeduren stellen eine Alternative zu den etwas weiter oben beschriebenen *Auto_Open* und *_Close*-Prozeduren dar.

Datei speichern/drucken (Ereignisse BeforeSave/BeforePrint)

Bevor eine Datei gespeichert wird, wird die Ereignisprozedur *Workbook_BeforeSave* ausgeführt. Das ermöglicht es, unmittelbar vor dem Speichern diverse Informationen in der Arbeitsmappe zu aktualisieren, etwa den Inhalt einer Variablen in ein Tabellenblatt zu kopieren. An die Prozedur werden zwei Parameter übergeben: *SaveAsUI* zeigt an, ob der Dialog SPEICHERN UNTER angezeigt wird. *Cancel* ermöglicht es, den Speichervorgang abzubrechen (etwa um dem Anwender die Möglichkeit zu geben, noch vorhandene Fehler in der Arbeitsmappe zu korrigieren).

Ganz ähnlich funktioniert die Ereignisprozedur *Workbook_BeforePrint*, die immer dann aufgerufen wird, wenn ein Teil einer Arbeitsmappe ausgedruckt wird. (Überraschenderweise gibt es keine eigenen Ereignisse für den Ausdruck eines speziellen Arbeitsblatts oder Diagramms. An die *BeforePrint*-Prozedur werden auch keinerlei Informationen übergeben, welche Daten ausgedruckt werden sollen.)

Blattwechsel (Ereignisse Activate/Deactivate)

Ein Blattwechsel findet statt, wenn ein Anwender innerhalb einer Arbeitsmappe ein anderes Blatt aktiviert. Mögliche Reaktionen in der Ereignisprozedur können eine Validitätskontrolle für Eingaben oder eine Adaption des Menüs bzw. der Symbolleiste an das neu angezeigte Blatt sein.

Für jedes einzelne Blatt kann ein *Activate*- und ein *Deactivate*-Ereignis festgestellt werden. Außerdem kann auf der Ebene der Arbeitsmappe (*Workbook*-Objekt) das *Sheet[De]Activate* festgestellt werden, wenn Sie nicht für jedes Blatt eine eigene Ereignisprozedur schreiben möchten.

Falls Sie Ereignisprozeduren sowohl für einzelne Blätter- als auch für die ganze Arbeitsmappe schreiben, sieht die Reihenfolge der Prozeduraufrufe bei einem Wechsel von Tabelle1 zu Tabelle2 folgendermaßen aus:

Ereignisprozedur	Objekt
Worksheet_Deactivate	Tabellenblatt 1
Workbook_SheetDeactivate	Arbeitsmappe, Verweis auf Tabellenblatt 1 als Parameter
Worksheet_Activate	Tabellenblatt 2
Workbook_SheetActivate	Arbeitsmappe, Verweis auf Tabellenblatt 2 als Parameter

Über das Anlegen einer neuen Arbeitsmappe werden Sie ebenfalls informiert, und zwar durch die *Workbook_NewSheet*-Ereignisprozedur. Ein analoges Ereignis, das vor dem Löschen eines Blatts ausgelöst wird, fehlt überraschenderweise.

Wechsel der aktiven Arbeitsmappe (Ereignisse Activate/Deactivate)

Die Ereignisse *[De]Activate* sind auch für die Arbeitsmappe definiert. Sie treten dann auf, wenn nicht ein Blatt innerhalb einer Arbeitsmappe, sondern in das Fenster einer anderen Arbeitsmappe gewechselt wird. Ansonsten ist die Funktionsweise wie oben.

Mausereignisse (Ereignisse BeforeDoubleClick/BeforeRightClick)

Der etwas merkwürdige Name der beiden Ereignisse bedeutet nicht, dass die Ereignisse in hellseherischer Voraussicht bereits ausgelöst werden, bevor Sie sich zum Mausklick überhaupt entschlossen haben – so weit sind selbst modernste Microsoft-Produkte noch nicht. Das *Before* bezieht sich vielmehr darauf, dass die Ereignisprozedur (für Blätter oder Diagramme) ausgeführt wird, bevor Excel auf den Mausklick reagiert.

Als Parameter wird (bei Tabellenblättern) ein *Range*-Objekt übergeben, das auf die angeklickte Zelle verweist. Durch eine Veränderung des *Cancel*-Parameters kann eine mögliche Reaktion Excels auf den Doppelklick verhindert werden. Vor der Verarbeitung eines Klicks mit der rechten Maustaste können unter Umständen noch die Einträge eines Kontextmenüs verändert werden. Für das *Workbook*-Objekt lauten die Ereignisnamen *SheetBeforeDoubleClick* bzw. *SheetBeforeRightClick*.

Veränderung einer Zelle (Ereignis Change)

Das *Change*-Ereignis für Tabellenblätter bzw. das *SheetCalculate*-Ereignis für die Arbeitsmappe tritt ein, *nachdem* eine Zelle in einem Tabellenblatt durch eine Eingabe verändert oder gelöscht wurde. Als Parameter wird ein *Range*-Objekt des veränderten Bereichs übergeben. Als Ereignis gilt nur die Veränderung des Inhalts über die Eingabezeile bzw. direkt in der Zelle, nicht aber eine Formateinstellung. Wenn Zellbereiche über die Zwischenablage verschoben werden, treten zwei *Change*-Ereignisse auf.

Veränderung der Markierung (Ereignis SelectionChange)

Das *SelectionChange*-Ereignis tritt auf, wenn der Anwender die Auswahl der markierten Zellen verändert. Als Parameter wird der neu markierte Zellbereich übergeben.

Neuberechnung des Tabellenblatts (Ereignis Calculate)

Das *Calculate*-Ereignis für Tabellenblätter bzw. das *SheetCalculate*-Ereignis für die Arbeitsmappe tritt ein, *nachdem* ein Tabellenblatt neu berechnet wurde (auch wenn nur eine einzige Zelle von der Neuberechnung betroffen ist). Sie könnte beispielsweise dazu verwendet werden, um von Tabellendaten abhängige Variablen zu aktualisieren.

Fensterereignisse (Ereignisse WindowActivate, -Deactivate, -Resize)

Überraschenderweise kennt das *Window*-Objekt keine Ereignisse. Stattdessen werden Fensterereignisse an das zugehörige *Workbook*-Objekt weitergegeben. In den Ereignisprozeduren dieser Objekte kann ein Fensterwechsel oder die Veränderung der Fenstergröße festgestellt werden.

Mausklick (OnAction-Eigenschaft)

OnAction war in Excel 5/7 vermutlich die am häufigsten benutzte Eigenschaft zur Zuweisung von Ereignisprozeduren an diverse Objekte (Steuerelemente, Menükommandos, Bildfelder etc.). Seit Excel 97 wird die Eigenschaft offiziell nur noch für das *Shape*-Objekt sowie für diverse *CommandBar*-Objekte unterstützt. Für alle anderen Objekte gibt es als Ersatz »echte« Ereignisse. Aus Kompatibilitätsgründen steht *OnAction* aber auch bei diesen Objekten weiter zur Verfügung.

Tastaturereignisse (OnKey-Methode)

Über die Methode *OnKey* kann eine Prozedur definiert werden, die beim Drücken einer bestimmten Taste aufgerufen wird. Die Methode kann nur für das *Application*-Objekt eingestellt werden, weswegen eine differenzierte Reaktion auf eine Taste je nachdem, welche Arbeitsmappe bzw. welches Blatt gerade aktiv ist, nur mit erhöhtem Aufwand möglich ist (nämlich durch die Auswertung der Eigenschaften *ActiveWorkbook* oder *ActiveSheet*).

OnKey ist keine Eigenschaft, sondern eine Methode. Diese Unterscheidung ist notwendig, weil an eine Eigenschaft kein zusätzlicher Parameter (zur Angabe der Taste) übergeben werden kann. Aus diesem Grund sieht die Aktivierung von *OnKey*-Ereignisprozeduren ein wenig anders aus als bei anderen Ereignissen:

```
Application.OnKey "{F4}", "Makro"    '<F4> ruft die Prozedur Makro auf
Application.OnKey "{F4}", ""         'automatischen Aufruf stoppen
```

Die Syntax zur Angabe der Tasten können Sie der Hilfe entnehmen. Das obige Beispiel führt dazu, dass mit jeder Eingabe von F4 die Prozedur *Makro* aufgerufen wird. Beachten Sie bitte, dass durch die Definition einer Prozedur für eine bestimmte Tastenkombination die automatische Reaktion Excels auf diese Tastenkombination deaktiviert wird! Normalerweise bewirkt F4 die Wiederholung des letzten Kommandos – stattdessen wird jetzt *Makro* aufgerufen.

Die Neubelegung der Tasten gilt übrigens nicht in allen Bereichen Excels. Während der Eingabe einer Formel sowie in Dialogen gelten weiterhin die üblichen Tastaturkonventionen. So kann F4 in der Eingabeleiste weiterhin zum Umschalten zwischen absoluter und relativer Adressierung verwendet werden.

Ein weiteres Beispiel zu *OnKey* finden Sie in Abschnitt 5.2.2, wo für die Tastaturkombinationen Shift+Strg+Bild ↑ sowie Shift+Strg+Bild ↓ Makros für den Sprung zum ersten bzw. zum letzten Blatt einer Arbeitsmappe definiert werden.

Rückgängig und Wiederholen (Methoden OnUndo, OnRepeat)

Durch die beiden Methoden *OnUndo* und *OnRepeat* können Prozeduren angegeben werden, die Excel ausführt, wenn der Anwender die Kommandos BEARBEITEN|RÜCKGÄNGIG oder -|WIEDERHOLEN ausführt. Die beiden Methoden sind nur für das Objekt *Application* definiert. Die Verwendung der Methoden ist in Makros sinnvoll, die der Anwender zur Durchführung verschiedener Aktionen ausführen kann.

An die beiden Methoden werden zwei Parameter übergeben: Der erste gibt den im Menü angezeigten Text an und sollte die Form "Rückgängig: Xxx" bzw. "Wiederholen: Xxx" aufweisen. Der zweite Parameter gibt die Prozedur an, die bei der Auswahl dieser Menükommandos ausgeführt werden soll.

```
Application.OnRepeat "Wiederholung: Daten analysieren", "MakroXxx"
```

Die durch die beiden Methoden eingestellten Menütexte und Prozeduren gelten nur bis zur Ausführung des nächsten Kommandos (unabhängig davon, ob es sich dabei um ein normales Excel-Kommando oder um ein weiteres Makro handelt). Es ist daher nicht notwendig, die Einträge später wieder durch die Zuweisung von leeren Zeichenketten zu löschen.

Die Methoden müssen in der letzten Prozedur einer Prozedurkette ausgeführt werden. Bei einer Ausführung in einer *Sub*-Prozedur werden die Einstellungen von *OnUndo* bzw. *OnRepeat* beim Rücksprung in die aufrufende Prozedur wieder gelöscht!

Wenn in einem Makro die beiden Methoden *nicht* verwendet werden, zeigt Excel in den beiden dafür vorgesehenen Einträgen des BEARBEITEN-Menüs die Einträge RÜCKGÄNGIG: NICHT MÖGLICH sowie WIEDERHOLEN: MAKRONAME an und führt gegebenenfalls das gerade ausgeführte Makro noch einmal aus.

Zeitereignisse (Methode OnTime)

Auch das Zeitereignis ist nur für das *Application*-Objekt definiert. Durch die Ausführung der *OnTime*-Methode können Sie eine Prozedur zu einem bestimmten Zeitpunkt starten – etwa um 12 Uhr mittags oder in 10 Minuten. An die Methode werden mindestens zwei Parameter übergeben: der Zeitpunkt, zu dem die Prozedur gestartet werden soll, und der Name der Prozedur. Die folgende Anweisung startet das Makro 30 Sekunden nach der Ausführung der Anweisung.

```
Application.OnTime Now + TimeValue("0:00:30"), "Makro"
```

Über *OnTime* dürfen mehrere Prozeduren für verschiedene Zeitpunkte vorgemerkt werden. VBA kümmert sich automatisch um die Verwaltung der Liste der auszuführenden Prozeduren. Es ist sogar erlaubt, mehrere Prozeduren für eine bestimmte Zeit vorzumerken.

Die Ausführung der vorgemerkten Prozeduren kann sich verzögern, wenn Excel gerade mit anderen Dingen beschäftigt ist. Beispielsweise ist der Aufruf einer Prozedur nicht möglich, solange ein Dialog aktiv ist, ein Makro ausgeführt wird, Excel auf MS-Query wartet, in Excel gerade OLE-Daten bearbeitet werden etc.

Die *OnTime*-Methode kennt zwei weitere, optionale Parameter: Im dritten Parameter kann der späteste Zeitpunkt angegeben werden, zu dem die Prozedur gestartet wird. Verstreicht dieser Zeitpunkt, ohne dass Excel die Möglichkeit hat, die Prozedur aufzurufen, wird auf einen Aufruf ganz verzichtet.

Durch die Angabe von *False* im vierten Parameter kann eine terminisierte Prozedur wieder gelöscht werden. Dazu muss sowohl die anvisierte Zeit als auch der Name der Prozedur angegeben werden. Wenn VBA in der Liste der vorgemerkten Prozeduren die zu löschende Prozedur für den angegebenen Zeitpunkt nicht findet, kommt es zu einem Fehler.

```
Application.OnTime #8:30#, "Makro"              'Makro für 8:30 anmelden
Application.OnTime #8:30#, "Makro", , False     'Makro wieder abmelden
```

Wenn Sie einen periodischen Aufruf einer Prozedur erreichen möchten, müssen Sie mit *OnTime* innerhalb der Prozedur einen weiteren Aufruf anmelden. Die folgende Prozedur ändert, wenn sie einmal gestartet ist, alle zehn Sekunden den Text der Statuszeile und zeigt dort die aktuelle Uhrzeit an.

```
Sub statuszeile()
  Application.OnTime Now + Timevalue("0:00:10"), "statuszeile"
  Application.Statusbar = Now
End Sub
```

Es ist übrigens nicht ganz einfach, diese Prozedur wieder zu stoppen. Sie können entweder den Namen der Prozedur verändern (dann kommt es zum Zeitpunkt des nächsten Aufrufs zur Fehlermeldung: »Kann Makro *statuszeile* nicht finden.«) oder die *OnTime*-Anweisung durch »'« in einen Kommentar umwandeln (dann endet der Spuk nach dem nächsten Aufruf der Prozedur). Wenn Sie möchten, dass in der Statuszeile wieder die normalen Infotexte von Excel angezeigt werden, müssen Sie im Direktbereich die folgende Anweisung ausführen:

```
Application.Statusbar = False
```

> **TIPP** Weitere Informationen zum Umgang mit der Statuszeile finden Sie in Abschnitt 5.11.2.

4.4.4 Ereignisse beliebiger Objekte empfangen

Für Tabellenblätter und für die Arbeitsmappe sind im Projektfenster der Entwicklungsumgebung bereits Module mit Codeschablonen für die Ereignisprozeduren vorgesehen. Die Programmierung derartiger Ereignisprozeduren ist daher sehr einfach und intuitiv.

Es gibt aber unzählige andere Objekte, die Ereignisse auslösen können (auch Objekte aus externen Bibliotheken, die mit EXTRAS|VERWEISE aktiviert werden). Besonders reich mit Ereignissen ausgestattet sind die Excel-Objekte *Application* (21 Ereignisse) und *Chart* (13). Im Gegensatz zu Visual Basic, wo derartige Objekte mit Ereignissen überall deklariert werden können, ist dies in Excel nur in Klassenmodulen möglich. Aus diesem Grund ist das Empfangen von Ereignissen leider ziemlich umständlich.

Der erste Schritt besteht darin, dass Sie ein Klassenmodul anlegen (ein gewöhnliches Modul reicht nicht aus) und darin eine öffentliche Variable der Objektklasse definieren, deren Ereignisse Sie empfangen möchten. Dabei verwenden Sie das Schlüsselwort *WithEvents*. In den Listenfeldern des Modulfensters können Sie daraufhin alle für dieses Objekt bekannten Ereignisse auswählen und so die gewünschten Ereignisprozeduren einfügen.

```
' Klassenmodul ereignisklasse
Public WithEvents x As objname
Private Sub x_Ereignisname(parameterliste)
   ' ... die Ereignisprozedur
End Sub
```

VERWEIS

Klassenmodule stellen eigentlich einen Vorgriff auf den nächsten Abschnitt dieses Kapitels dar, der sich mit der Programmierung neuer Klassen beschäftigt.

Damit nun tatsächlich Ereignisse empfangen werden, muss zuerst ein Objekt der neuen Klasse und darin wiederum ein Objekt der Klasse mit den Ereignissen erstellt werden:

```
' in einem beliebigen Modul
Dim obj As New ereignisklasse     'obj ist ein Objekt der
                                  '»ereignisklasse«
Sub startevents()
   Set obj.x = [New] objname      'x ist ein Objekt der Klasse »objname«
End Sub
```

Nachdem *startevents* ausgeführt wurde, wird die Ereignisprozedur im Klassenmodul so lange ausgeführt, bis *obj.x* oder überhaupt *obj* gelöscht wird (also *Set obj = Nothing*).

Beispiel

Ein konkretes Beispiel macht die Vorgehensweise deutlicher: Das *NewWorkbook*-Ereignis des Excel-*Application*-Objekts soll dazu benutzt werden, um in jede neu erzeugte Arbeitsmappe in die Zelle A1 des ersten Tabellenblatts einen Text einzutragen. (In der Praxis könnte eine vergleichbare Prozedur dazu verwendet werden, um für jede neue Arbeitsmappe diverse Initialisierungsarbeiten durchzuführen.)

Der Code besteht aus zwei Teilen: Die Ereignisprozedur wird im Klassenmodul *ClassAppEvents* definiert. An die Prozedur *app_NewWorkbook* wird automatisch ein Verweis auf das neue *Workbook*-Objekt übergeben.

```
' Datei 04\VBA-Concepts.xls, Klassenmodul ClassAppEvents
Public WithEvents app As Application
Private Sub app_NewWorkbook(ByVal wb As Excel.Workbook)
   wb.Worksheets(1).[A1] = "dieser Text wurde von einer " & _
                          "Application-Ereignisprozedur eingefügt"
End Sub
```

Der zweite Teil des Testprogramms befindet sich im Modul *TestAppEvents*. In *InitializeApplicationEvents* wird der Variablen *app* des *ClassAppEvents*-Objekts ein Verweis auf das *Application*-Objekts zugewiesen. Wenn Sie nach der Ausführung dieser Prozedur eine neue Arbeitsmappe einfügen (DATEI|NEU), wird *app_NewWorkbook* zum ersten Mal ausgeführt. *StopApplicationEvents* beendet die automatische Veränderung neuer Arbeitsmappen wieder.

```
' Datei 04\VBA-Concepts.xls, Modul TestAppEvents
Option Explicit
Dim appObject As New ClassAppEvents
' startet die Ereignisprozeduren
Sub InitializeApplicationEvents()
   Set appObject.app = Application
End Sub
' beendet die Ereignisprozeduren wieder
Sub StopApplicationEvents()
   Set appObject.app = Nothing
End Sub
```

4.4.5 Ereignisprozeduren per Programmcode erzeugen

Dieses Beispiel zeigt, wie in eine Arbeitsmappe ein neues Tabellenblatt eingefügt wird und für dieses Blatt anschließend eine *Worksheet_Activate*-Ereignisprozedur erzeugt wird. Das Programm setzt auf der VBE-Bibliothek auf, mit der die VBA-Entwicklungsumgebung gesteuert werden kann. Der Code ist explizit für fortgeschrittene Programmierer gedacht und setzt voraus, dass Sie einige Routine im Umgang mit Objekten haben.

> **VERWEIS** Seit Excel 2000 können Sie neue Klassen mit eigenen Ereignissen programmieren (siehe Abschnitt 4.5). Das hier beschriebene Einfügen von Ereignisprozeduren in Excel-Dateien hat damit nichts zu tun.

Die VBE-Bibliothek

Auf eine detaillierte Beschreibung dieser Bibliothek wird in diesem Buch verzichtet. Zur Verständnis des Beispiels ist es aber erforderlich, dass Sie zumindest die wichtigsten Objekte kennen:

```
VBE                            Startobjekt (Zugriff via Application.VBE)
  └─ VBProject[s]              Projekte (Excel-Dateien)
       └─ VBComponent[s]       Module, Klassen, Dialoge der Datei etc.
            ├─ CodeModule      Codeanteil der Komponente
            └─ Properties/Property  Zugriff auf Objekteigenschaften (Eigenschaftsfenster)
```

Die für dieses Beispiel interessanten Methoden *CreateEventProc* und *InsertLine* sind beide dem *CodeModule*-Objekt zugeordnet. Das Problem besteht nun darin, bis zu diesem Objekt vorzudringen: Die *Name*-Eigenschaft eines Excel-*Workbook*-Objekts ist nämlich nicht mit der *Name*-Eigenschaft des *VBComponent*-Objekts identisch. Vielmehr gibt es zwei Namen, einen, der in Excel im Blattregister angezeigt wird, und den anderen, der in der VBA-Entwicklungsumgebung verwendet wird und über das Eigenschaftsfenster verändert werden kann. Hier hilft die *Properties*-Aufzählung weiter:

```
Dim vbc As VBComponent
Set vbc = ...
Debug.Print vbc.Name                        'liefert den VBA-Namen
Debug.Print vbc.Properties("Name").Value    'liefert den Excel-Namen
```

Über die *Properties*-Aufzählung kann also auf diverse Objekteigenschaften zugegriffen werden, die nicht von der VBE-Bibliothek, sondern vom zugrunde liegenden Objekt stammen (in diesem Fall von einem *Workbook*-Objekt der Excel-Bibliothek).

> **HINWEIS** Code, der die VBE-Bibliothek nutzt, kann unter Excel 2002 nur dann ausgeführt werden, wenn die Option EXTRAS|MAKRO|SICHERHEIT|VERTRAUENSWÜRDIGE QUELLEN|ZUGRIFF AUF VISUAL-BASIC-PROJEKT es erlaubt. Diese neue Sicherheitseinstellung gibt es, weil die VBE-Bibliothek für Virenprogrammierer besonders interessant, für den gewöhnlichen Anwender aber besonders gefährlich ist.

Beispiel

Der Programmcode beginnt mit einem Test, ob ein Tabellenblatt mit dem Namen »neues Tabellenblatt« schon existiert. Dieser Test ist ein wenig ungewöhnlich formuliert: Es wird einfach versucht, die *Name*-Eigenschaft dieses *Workbook*-Objekts zu lesen. Wenn dabei kein Fehler auftritt, existiert das Tabellenblatt schon. Es wird eine War-

4.4 Ereignisse

nung angezeigt und die Prozedur verlassen. (*On Error* lernen Sie in Kapitel 6 kennen. Eine alternative Vorgehensweise bestünde darin, in einer Schleife für alle existierenden *Workbook*-Objekte zu testen, ob deren Name mit der Konstanten *newname* identisch ist.)

```
' Datei 04\VBA-Concepts.xls, Modul TestVBE
Sub AddWorksheetWithEvents()
  Const newname$ = "neues Tabellenblatt"
  Dim ws As Worksheet
  Dim vbc As VBComponent
  Dim wsname$, linenr, dummy
  ' testen, ob Tabellenblatt schon existiert
  On Error Resume Next
  dummy = ThisWorkbook.Worksheets(newname).Name
  If Err = 0 Then
    MsgBox "Das Tabellenblatt " & newname & " existiert schon. " & _
           "Bitte löschen Sie das Tabellenblatt und führen Sie " & _
           "die Prozedur nochmals aus."
    Exit Sub
  End If
  Err = 0
  On Error GoTo 0
```

Wenn das Tabellenblatt noch nicht existiert, wird es jetzt mit *Worksheets.Add* erzeugt. Anschließend wird dem Blatt der Name »neues Tabellenblatt« gegeben. In der folgenden Schleife werden alle *VBComponent*-Objekte der Datei durchlaufen, um jenes Modul zu finden, dessen *Properties("Name")*-Eigenschaft »neues Tabellenblatt« lautet. Der VBA-interne Name dieses Objekts wird in der Variablen *wsname* zwischengespeichert. *ThisWorkbook.VBProject* ist dabei eine Kurzschreibweise für *Application.VBE.VBProjects(ThisWorkbook.Name)*.

```
  ' Tabellenblatt erzeugen, den Namen »neues Tabellenblatt« zuweisen
  Set ws = ThisWorkbook.Worksheets.Add
  ws.Name = newname
  ' VBE-internen Namen für dieses Tabellenblatt ermitteln
  For Each vbc In ThisWorkbook.VBProject.VBComponents
    If vbc.Properties("Name").Value = newname Then
      wsname = vbc.Name
      Exit For
    End If
  Next
```

Nachdem nun der Zugriff auf den Code des Tabellenblatts möglich ist, gestaltet sich das Einfügen der Ereignisprozedur vollkommen unproblematisch: Zuerst wird die Prozedur mit *CreateEventProc* erzeugt. Diese Methode liefert die Zeilennummer der *Sub*-Anweisung zurück. Eine Zeile weiter unten wird dann mit der Methode *InsertLines* die Anweisung *MsgBox "Ereignisprozedur"* eingefügt.

```
' Prozedur hinzufügen
With ThisWorkbook.VBProject.VBComponents(wsname).CodeModule
  linenr = .CreateEventProc("Activate", "Worksheet")
  .InsertLines linenr + 1, "  MsgBox ""Ereignisprozedur"""
End With
End Sub
```

Wenn Sie nach der Ausführung dieses Makros in Excel wechseln, dort zuerst ein beliebiges Blatt und dann das neue Tabellenblatt anklicken, wird die Meldung »Ereignisprozedur« angezeigt – es hat also funktioniert.

4.4.6 Syntaxzusammenfassung

Ereignisempfang für beliebige Objekte	
Public WithEvents x As objname Private Sub x_eventname(param) ' ... die Ereignisprozedur End Sub	im Klassenmodul *eventclass*
Dim obj As New eventclass Sub startevents Set obj.x = [New] objname End Sub	in einem beliebigen Modul ab jetzt können Ereignisse empfangen werden

Autoprozeduren	
Sub Auto_Open() ... End Sub	wird beim Öffnen der Datei gestartet
Sub Auto_Close() ... End Sub	wird beim Schließen der Datei gestartet
Sub Auto_Add() ... End Sub	wird gestartet, wenn ein Add-In in die Liste des Add-In-Managers eingetragen wird (Kapitel 15)
Sub Auto_Remove() ... End Sub	wird beim Entfernen aus der Add-In-Liste gestartet

Application-Ereignisse	
NewWorkbook	eine neue Arbeitsmappe wurde eingefügt
SheetActivate	Blattwechsel
SheetBeforeDoubleClick	Doppelklick
SheetBeforeRightClick	Klick mit rechter Maustaste
SheetCalculate	Tabellenblatt wurde neu berechnet
SheetChange	Zellen des Tabellenblatts wurden verändert (Inhalt)
SheetDeactivate	Blattwechsel
SheetSelectionChange	Markierungswechsel
WindowActivate	Fensterwechsel
WindowDeactivate	Fensterwechsel
WindowResize	neue Fenstergröße
WorkbookActivate	Wechsel der aktiven Arbeitsmappe
WorkbookAddinInstall	eine Arbeitsmappe wurde als Add-In installiert

WorkbookAddinUninstall	eine Arbeitsmappe wurde als Add-In deinstalliert
WorkbookBeforeClose	eine Arbeitsmappe soll geschlossen werden
WorkbookBeforePrint	eine Arbeitsmappe soll ausgedruckt werden
WorkbookBeforeSave	eine Arbeitsmappe soll gespeichert werden
WorkbookDeactivate	Wechsel der aktiven Arbeitsmappe
WorkbookNewSheet	in die Arbeitsmappe wurde ein neues Blatt eingefügt
WorkbookOpen	die Arbeitsmappe wurde gerade geöffnet

Workbook-Ereignisse

Activate	die Arbeitsmappe wurde aktiviert (Fensterwechsel)
AddinUninstall	die Arbeitsmappe wurde als Add-In installiert
BeforeClose	die Arbeitsmappe soll geschlossen werden
BeforePrint	die Arbeitsmappe soll ausgedruckt werden
BeforeSave	die Arbeitsmappe soll gespeichert werden
Deactivate	die Arbeitsmappe wurde aktiviert (Fensterwechsel)
NewSheet	ein neues Blatt wurde eingefügt
Open	die Arbeitsmappe wurde gerade geöffnet
SheetActivate	Blattwechsel
SheetBeforeDoubleClick	Doppelklick in einem Blatt
SheetBeforeRightClick	Klick mit der rechten Maustaste in einem Blatt
SheetCalculate	der Inhalt eines Blatts wurde neu berechnet
SheetChange	Eingabe oder Veränderung einer Zelle
SheetDeactivate	Blattwechsel
SheetSelectionChange	Veränderung der Markierung
WindowActivate	Fensterwechsel
WindowDeactivate	Fensterwechsel
WindowResize	Änderung der Fenstergröße

Worksheet-Ereignisse

Activate	Blattwechsel
BeforeDoubleClick	Doppelklick
BeforeRightClick	Klick mit rechter Maustaste
Calculate	Inhalt des Blatts wurde neu berechnet
Change	Eingabe bzw. Veränderung einer Zelle
Deactivate	Blattwechsel
SelectionChange	Veränderung der Markierung

Chart-Ereignisse

Activate	Blatt- (oder Diagramm-)Wechsel
BeforeDoubleClick	Doppelklick
BeforeRightClick	Klick mit rechter Maustaste
Calculate	Diagramm wurde auf der Basis veränderter Daten neu gezeichnet
Deactivate	Blatt- (oder Diagramm-)Wechsel
DragOver	Zellbereich wird über Diagramm bewegt (aber noch nicht losgelassen)

DragPlot	Zellbereich wurde losgelassen
MouseDown	Maustaste wurde gedrückt
MouseMove	Maus wird bewegt
MouseUp	Maustaste wurde losgelassen
Resize	Diagrammgröße wurde verändert
Select	Diagramm wurde ausgewählt (markiert)
SeriesChange	Veränderung der ausgewählten Datenreihe

Ereignisse in Excel 5/7	
OnAction "makro"	ruft die Prozedur *makro* beim Anklicken des Objekts auf
OnKey "taste", "makro"	nach dem Drücken der Taste
OnUndo "menütext", "makro"	bei der EINGABE|RÜCKGÄNGIG
OnRepeat "menütext", "makro"	bei der EINGABE|WIEDERHOLUNG
OnTime zeit, "makro"	zur angegebenen Zeit
OnTime zeit, "makro", endzeit	wie oben, aber spätestens zur Endzeit
OnTime zeit, "makro", , False	vorgemerktes Makro löschen

Konvertierung Excel 5/7	→	**Excel 97, 2000 etc.**
OnAction		Click, Change etc.
OnCalculate		Calculate, SheetCalculate
OnData		Change, SheetChange
OnDoubleClick		DoubleClick, BeforeDoubleClick, SheetBeforeDoubleClick
OnEntry		Change, SheetChange
OnSheetActivate		Activate, SheetActivate
OnSheetDeactivate		Deactivate, SheetDeactivate
OnWindow		Activate, WindowActivate

4.5 Programmierung eigener Klassen

Bis jetzt wurden verschiedene Möglichkeiten beschrieben, wie die Objekte von Excel oder die aus externen Bibliotheken genutzt werden können. Die dazu eingesetzten Mechanismen sind seit Excel 5 mehr oder weniger unverändert.

Neu ist seit Excel 97 die Möglichkeit, auch eigene Klassen zu programmieren. (Klassen sind gleichsam die Schablonen für neue Objekte.) Excel 2000 wurde in dieser Hinsicht nochmals erweitert – eigene Klassen können jetzt auch abgeleitet werden (*Implements*) bzw. mit eigenen Ereignissen ausgestattet werden.

Der Schlüssel zu eigenen Klassen sind so genannte Klassenmodule, die in der VBA-Entwicklungsumgebung eine Kategorie für sich bilden (neben normalen Modulen und den Modulen zu Excel-Objekten). Rein optisch sehen Klassenmodule wie normale Module aus, d.h., es ist nur ein Codefenster zu sehen. Der Unterschied besteht darin, dass die im Klassenmodul definierten Prozeduren nur als Eigenschaften und Methoden der neuen Klasse verwendet werden können. (Der Name des Klassenmoduls gilt

4.5 Programmierung eigener Klassen

gleichzeitig als Klassenname, die korrekte Einstellung im Eigenschaftsfenster ist daher ungleich wichtiger als bei normalen Modulen.)

> **HINWEIS**
> Die Programmierung eigener Klassen kann bei sehr umfangreichen Projekten dabei helfen, einen klareren (besser objektorientierten) Code zu erzielen. Sie stellt zudem eine Möglichkeit dar, als Add-In verpackte Klassenbibliotheken weiterzugeben. Unabhängig von der Anwendung ist die Klassenprogrammierung aber eine ziemlich fortgeschrittene Form der Excel-Programmierung. Dieser Abschnitt gibt einen ersten Überblick, setzt aber voraus, dass Sie mit den Grundlagen und Konzepten objektorientierter Programmierung bereits vertraut sind.

Wozu Klassenmodule?

Nehmen Sie an, Sie wollten Excel um ein Paket mit Statistikfunktion erweitern: Eine Möglichkeit bestünde darin, einfach eine Sammlung von Funktionen anzubieten, die die erforderlichen Algorithmen enthält. Das war bereits in allen bisherigen Excel-Versionen möglich. Diese Vorgehensweise macht es allerdings unmöglich, nach einem objektorientierten Ansatz vorzugehen, der etwa auch die Verwaltung der statistischen Daten einbezieht.

Dank Klassenmodulen können Sie die neuen Objektklassen *XYPoints* und *XYPoint* definieren. *XYPoint* dient zur Speicherung eines zweidimensionalen Datenpunkts. *XYPoints* verwaltet eine ganze Gruppe solcher Objekte und ermöglicht dank diverser Methoden bzw. Eigenschaften die Ermittelung statistischer Kenngrößen.

Die Verwendung dieser beiden Klassen für den Anwender Ihres Statistikpakets könnte etwa so aussehen:

```
' Beispiel 04\VBA-Concepts.xls, Modul XYTest
Sub TestXYStatistics()
  Dim xypts As New XYPoints
  xypts.Add 3, 4
  xypts.Add 7, 2
  xypts.Add 6, 5
  MsgBox xypts.Count & " Punkte sind gespeichert." & _
    "Der Mittelwert der X-Komponenten beträgt " & _
    xypts.XMean
  Set xypts = Nothing
End Sub
```

Der Anwender erzeugt also ein neues Objekt des Typs *XYPoints* und fügt diesem Objekt mit der Methode *Add* drei Datenpunkte hinzu. Anschließend wird mit den Eigenschaften *Count* und *XMean* die Anzahl der gespeicherten Punkte und deren X-Mittelwert ermittelt.

> **HINWEIS** Wie bereits erwähnt, gibt es für Klassenmodule noch eine weitere Anwendung: Sie können darin Ereignisse externer Objekte empfangen. Der Mechanismus setzt voraus, dass Sie vorher eine Objektvariable mit dem Schlüsselwort *With-Events* deklarieren. Ein Beispiel finden Sie in Abschnitt 4.4.4.

Klasse versus Objekt

Der vermutlich schwierigste Punkt im Verständnis von Klassenmodulen besteht im Unterschied zwischen Klasse und Objekt. Eine Klasse enthält die Regeln (Methoden, Eigenschaften) sowie Variablen zur Speicherung von Daten. Ein Objekt ist eine Instanz dieser Klasse. Die Klasse ist gleichsam die Schablone für Objekte. Natürlich können mehrere Objekte derselben Klasse verwendet werden, deren Inhalte dann voneinander unabhängig sind (obwohl die Methoden/Eigenschaften denselben Code verwenden).

```
Dim a As New XYPoints
Dim b As New XYPoints
```

Im Beispiel oben wären *a* und *b* zwei Objektvariablen, die auf zwei Objekte der Klasse *XYPoints* verweisen. Die beiden Objekte werden wegen des *New*-Schlüsselworts gleich erzeugt. Ein wenig anders sieht das folgende Beispiel aus:

```
Dim a As New XYPoints
Dim b As XYPoints
Set b = a
```

Hier gibt es nur ein Objekt, aber zwei Variablen, die darauf verweisen. Jede Änderung in *a* wirkt sich also auch in *b* aus.

4.5.1 Eigene Methoden, Eigenschaften und Ereignisse

Zur Definition einer neuen Klasse führen Sie in der Entwicklungsumgebung EINFÜGEN|KLASSENMODUL aus. Mit F4 öffnen Sie nun das Eigenschaftsfenster und geben der neuen Klasse einen Namen. Anschließend können Sie diese Klasse mit Eigenschaftsprozeduren und Methoden ausstatten. Bevor diese Schritte kurz erklärt werden, einige Informationen dazu, was Sie mit Klassenmodulen überhaupt anfangen können.

Klassen mit Methoden ausstatten

Die Definition einer Methode für eine Objektklasse ist denkbar einfach: Jede Prozedur, die als *Public* deklariert ist, gilt als Methode. (Prozeduren, die als *Private* deklariert sind, können nur innerhalb des Klassenmoduls verwendet werden – genauso wie bei herkömmlichen Modulen.)

Einen Unterschied zwischen öffentlichen Prozeduren in einem Modul und einer Methode in einem Klassenmodul werden Sie erst beim Aufruf bemerken: Während bei normalen Modulen der Aufruf einfach durch den Prozedurnamen erfolgt, muss bei Methoden eine Objektvariable vorangestellt werden:

```
Dim a As New XYPoints
Debug.Print a.Count
```

Klasse mit Eigenschaften ausstatten

Eigenschaftsprozeduren stellen eine syntaktische Variante zu normalen Prozeduren dar. Dabei handelt es sich um Prozeduren, die sich in ihrer Anwendung (beim Aufruf) formal wie Eigenschaften verhalten. Mit Eigenschaftsprozeduren können Sie quasi Eigenschaften eines Moduls definieren und verwalten.

> **ACHTUNG** Um etwaige Missverständnisse gleich zu klären: Sie können mit Eigenschaftsprozeduren weder den definierten Excel-Objekten neue Eigenschaften geben noch können Sie schon vorhandene Eigenschaften ändern. Die neu definierten Eigenschaften beziehen sich ausschließlich auf ein Klassenmodul. (Theoretisch sind Eigenschaftsprozeduren auch in normalen Modulen erlaubt, dort ergeben sie aber keinen Sinn.) Eigenschaftsprozeduren dürfen außerdem nicht mit Ereignisprozeduren verwechselt werden, die im nächsten Abschnitt beschrieben werden.

Der wesentliche Unterschied zwischen normalen Prozeduren und Eigenschaftsprozeduren besteht darin, dass gleich zwei gleichnamige (!) Prozeduren geschrieben werden müssen. Eine davon wird mit *Property Get* eingeleitet und zum Lesen einer Eigenschaft verwendet, die andere wird mit *Property Let* eingeleitet und verwendet, um einer Eigenschaft einen neuen Inhalt zuzuweisen.

```
' im Klassenmodul
Private mydata
Property Get MyProperty()            'Eigenschaft lesen
  MyProperty = mydata
End Property
Property Let MyProperty(newdata)     'Eigenschaft verändern
  mydata = newdata
End Property
```

Das obige Beispiel zeigt auch gleich, wie Sie in Klassenmodulen Daten speichern: Durch die Deklaration lokaler Variablen. Der Zugriff auf diese Daten sollte ausschließlich durch Eigenschaften oder Methoden erfolgen. (Global deklarierte Variablen verhalten sich ähnlich wie Eigenschaften, lassen allerdings keine Sicherheitsmechanismen zu.)

Wenn eine Eigenschaft mit Objekten zurechtkommen soll, muss statt *Property Let* die verwandte Eigenschaftsprozedur *Property Set* definiert werden. Zum Lesen der Eigenschaft wird weiterhin *Property Get* verwendet, allerdings muss auch darin der Code verändert werden (Zuweisung des Rückgabewerts mit *Set*).

```
' im Klassenmodul
Dim mydata As ObjectXY
Property Get MyProperty() As ObjectXY       'Eigenschaft lesen
  Set MyProperty = mydata
End Property
Property Set MyProperty(newdata As ObjectXY) 'verändern
  Set mydata = newdata
End Property
```

Klasse mit Ereignissen ausstatten (neu in Excel 2000)

Ereignisse werden ähnlich wie Variablen im Deklarationsteil der Klasse mit *Event* definiert. Dabei müssen auch die Parameter des Ereignisses angegeben werden.

```
' im Klassenmodul
Public Event MyEvent(ByVal para As Integer)
```

Für die Deklaration der Ereignisprozedur bestehen einige Einschränkungen: Die Ereignisprozedur darf keine Funktion sein (kein Rückgabewert). Wenn Sie Informationen aus der Ereignisprozedur an die aufrufende Klasse zurückgeben möchten, können Sie einzelne Parameter mit *ByRef* als Rückgabeparameter deklarieren. Die Parameterliste darf zudem weder optionale Parameter noch eine Parameterliste enthalten.

Anschließend können Sie diese Prozedur überall im Code der Klasse mit dem Kommando *RaiseEvent* auslösen.

```
' ebenfalls im Klassenmodul
Public Sub MyMethode(x, y)
  If x<y Then RaiseEvent MyEvent(57)
  ...
End Sub
```

Wenn der Anwender der Klasse im zugehörigen Code eine *MyEvent*-Ereignisprozedur vorsieht (siehe unten), wird diese durch das *RaiseEvent*-Kommando aufgerufen, andernfalls passiert einfach nichts. (Der Empfang von Ereignissen ist in Excel leider nur in Klassenmodulen möglich – siehe Abschnitt 4.4.4.)

Das Schlüsselwort Me

Innerhalb des Codes von Klassenmodulen können Sie mit *Me* auf das aktuelle Objekt zugreifen. Bei selbst programmierten Klassenmodulen ist das selten notwendig. Ausgesprochen praktisch ist das Schlüsselwort dagegen bei den vorgegebenen Klassenmodulen für Tabellenblätter etc. Beispielsweise können Sie in der Ereignisprozedur *Worksheet_Activate*, die jedes Mal aufgerufen wird, wenn das betreffende Tabellenblatt aktiviert wird, über *Me* auf das *Worksheet*-Objekt dieses Blatts zugreifen.

4.5 Programmierung eigener Klassen

Initialize- und Terminate-Prozedur

In Klassenmodulen können die Prozeduren *Class_Initialize* und *Class_Terminate* definiert werden. Diese Prozeduren werden automatisch ausgeführt, wenn ein Objekt der Klasse erzeugt bzw. bevor es wieder gelöscht wird. Die Prozeduren können zur Durchführung von Initialisierungs- oder Aufräumarbeiten verwendet werden.

Klassenhierarchien mit Implements (neu in Excel 2000)

Oft möchten Sie eine ganze Gruppe zusammengehöriger Klassen definieren – beispielsweise eine übergeordnete Klasse *document* und davon abgeleitete Klassen *book*, und *magazine*. VBA kennt leider keine richtige Vererbung, die eine derartige Aufgabe einfach machen würde. Stattdessen unterstützt VBA den so genannten Polymorphismus-Mechanismus mit dem neuen Schlüsselwort *Implements*. Dadurch wird die Verwendung übergeordneter Klassen zwar syntaktisch möglich, der resultierende Code wird aber derartig unübersichtlich, dass für den Programmierer kaum Vorteile erkennbar sind. (Eigentlich sollte Vererbung ja Zeit sparen und Redundanz vermeiden!) Die Anwendung von *Implements* ist in Abschnitt 4.4.4 in einem Beispiel dargestellt.

Instancing-Eigenschaft (neu in Excel 2000)

Im Eigenschaftsfenster wird bei Klassen zusätzlich zum Namen eine weitere Eigenschaft angezeigt: *Instancing*. Die Defaulteinstellung lautet *Private*. Das bedeutet, dass die Klasse nur innerhalb der aktiven Excel-Datei verwendet werden kann, nicht aber von einer anderen Excel-Datei (auch dann nicht, wenn ein Verweis eingerichtet wurde).

Wenn Sie *Instancing* auf *PublicNonCreatable* setzen, wird die Klasse öffentlich. Sobald ein Verweis auf die Datei eingerichtet wird, ist die Klasse im Objektkatalog sichtbar. Allerdings ist auch das nicht ausreichend, um ein Objekt dieser Klasse zu erzeugen! Mit anderen Worten: Selbst wenn Sie die Klasse als *PublicNonCreatable* deklarieren und in einer anderen Excel-Datei einen Verweis einrichten, sind die folgenden Anweisungen nicht zulässig:

```
' Versuch, in Projekt B eine Objekt zu erzeugen, das in
' der Excel-Datei A deklariert ist
Dim x As New myClass                       'nicht erlaubt
Set x = New myClass                        'nicht erlaubt
Set x = CreateObject("myProject.myClass")  'nicht erlaubt
```

Wahrscheinlich fragen Sie sich jetzt (wie anfänglich auch der Autor), wie Sie Objekte aus Projekt *A* in einem anderen Excel-Projekt *B* überhaupt verwenden können. Die Lösung ist einfach: Sie deklarieren eine öffentliche Funktion, die als Ergebnis das gewünschte Objekt zurückliefert.

```
' in Projekt A, wo das myClass definiert ist
Public Function newMyClass() As myClass
  Set newMyClass = New myClass
End Function
```

In Projekt *B* kann nun diese neue Funktion *newMyClass* eingesetzt werden:

```
' in Projekt B, wo myClass verwendet werden soll
Dim x As myClass
Set x = newMyClass()
```

4.5.2 Collection-Objekt

Das *Collection*-Objekt eignet sich zwar besonders gut zur Klassenprogrammierung, es kann aber auch in normalen Modulen verwendet werden und stellt oft eine komfortable Alternative zu Feldern dar. Es ermöglicht die Definition eigener Auflistungen (Aufzählobjekte). Sie können also denselben Mechanismus verwenden, der in der Excel-Bibliothek so oft für Aufzählungen von Objekten verwendet wird (*Workbooks, Windows* etc.).

Der Umgang mit dem *Collection*-Objekt ist ausgesprochen einfach. Sie müssen mit *Dim New* ein neues Objekt des *Collection*-Typs erzeugen. Anschließend können Sie mit der *Add*-Methode Variablen, Felder, Objektverweise, ja selbst weitere *Collection*-Objekte in die Auflistung einfügen. Im Gegensatz zu Feldern können die Elemente einer *Collection* also unterschiedliche Typen aufweisen.

Als zweiten Parameter müssen Sie eine Zeichenkette angeben, die als Schlüssel zum Objektzugriff verwendet wird. Diese Zeichenkette muss eindeutig sein, darf also nicht mit einer schon vorhandenen Zeichenkette übereinstimmen. Bei den Schlüsseln wird wie bei Variablennamen nicht zwischen Groß- und Kleinschreibung unterschieden.

```
Dim c As New Collection
c.Add eintrag, "schlüssel"
```

Der Zugriff auf Objekte erfolgt wie bei allen Auflistungen: Durch die Angabe eines Indexwerts (zwischen 1 und *c.Count*) oder durch die Angabe der Zeichenkette, die bei *Add* als Schlüssel verwendet wurde. Über die Eigenschaft *Count* können Sie feststellen, wie viele Elemente die Auflistung enthält. Mit *Remove* können Sie einzelne Objekte wieder entfernen.

```
Dim c As New Collection
c.Add "eine Zeichenkette", "abc"
c.Add 123123, "def"
Debug.Print c.Count              'liefert 2
Debug.Print c.Item(1)            'liefert "eine Zeichenkette"
Debug.Print c(1)                 'wie oben (Item ist Defaultmethode)
Debug.Print c("def")             'liefert 123123
```

4.5 Programmierung eigener Klassen

Im obigen Beispiel sind "abc" und "def" also die Schlüssel, mit denen auf die Elemente zugegriffen werden kann. Wenn Sie eine bereits verwendete Zeichenkette als Schlüssel für ein neues Element verwenden, kommt es zum Fehler 457 (»Dieser Schlüssel ist bereits einem Element dieser Auflistung zugeordnet.«).

Erwartungsgemäß können die Elemente einer Collection in einer *For-Each*-Schleife angesprochen werden. *element* hat dann den Typ des jeweiligen Elements. Falls Sie in einer *Collection* Daten unterschiedlichen Typs speichern, müssen Sie den Typ mit *Type-Name* feststellen und eine entsprechende Fallunterscheidung vorsehen.

```
Dim element As Object
For Each element In c
   ...
Next
```

> **HINWEIS**
> Das *Dictionary*-Objekt stellt eine leistungsfähigere Alternative zum *Collection*-Objekt dar. Es ermöglicht eine nachträgliche Veränderung vorhandener Einträge und stellt einige zusätzliche Methoden zur Verfügung. (Beachten Sie aber, dass selbst bei gleichnamigen Methoden von *Collection* und *Dictionary* zum Teil eine unterschiedliche Reihenfolge der Parameter gilt. Sie können vorhandenen Code also nicht unverändert von *Collection* auf *Dictionary* umstellen.)
>
> Das *Dictionary*-Objekt ist allerdings nicht in der VBA-Bibliothek definiert, sondern in der *Scripting*-Bibliothek. Damit Sie *Dictionary* verwenden können, müssen Sie mit EXTRAS|VERWEISE die Bibliothek *Microsoft Scripting Runtime* aktivieren.

4.5.3 Beispiel für ein Klassenmodul

Das Beispiel besteht aus den beiden Klassenmodulen *XYPoint* und *XYPoints* der eingangs bereits erwähnten Statistik-Bibliothek. Die Klasse *XYPoint* beweist, dass eine Klasse auch ohne viel Codeaufwand definiert werden kann: Die beiden globalen Variablen *x* und *y* stellen die einzigen Datenelemente der Klasse dar (also einen zweidimensionalen Punkt). Der Zugriff erfolgt direkt (ohne den Umweg über Eigenschaftsprozeduren), also durch *objektname.x* bzw. *objektname.y*.

```
' Beispiel 04\VBA-Concepts.xls, Klasse XYPoint
Public x As Double, y As Double
```

Interessanteren Code enthält die Aufzählklasse *XYPoints*, die sowohl zur Verwaltung mehrerer *XYPoint*-Objekte als auch zu deren statistischen Auswertung dient. Die Verwaltung der Daten erfolgt durch die lokale Variable *points*, die auf ein *Collection*-Objekt verweist, das für jedes neue *XYPoints*-Objekt automatisch erzeugt wird.

Die Methode *Add* ermöglicht es, der Aufzählung einen neuen Punkt hinzuzufügen. Dazu wird ein *XYPoint*-Objekt erzeugt und *x* und *y* darin gespeichert. Anschließend wird dieses Objekt der *Collection points* hinzugefügt. Die Methode liefert das neue *XYPoint*-Objekt als Ergebnis zurück.

Denkbar einfach ist die Realisierung der *Count*-Eigenschaft: Es muss lediglich die gleichnamige Eigenschaft des *Collection*-Objekts *points* zurückgegeben werden. Die Eigenschaftsprozedur ist nur für den Lesezugriff definiert. Eine Veränderung der *Count*-Eigenschaft gäbe ja keinen Sinn.

In der Eigenschaftsprozedur *XMean* (ebenfalls nur für den Lesezugriff) wird der Mittelwert aller *x*-Werte aller gespeicherten *XYPoint*-Objekte berechnet und zurückgegeben.

```
' Beispiel 04\VBA-Concepts.xls, Klasse XYPoints
Private points As New Collection
Public Function Add(x As Double, y As Double) As XYPoint
  Dim xyp As New XYPoint
  xyp.x = x
  xyp.y = y
  points.Add xyp
  Set Add = xyp
End Function

Property Get Count() As Integer
  Count = points.Count
End Property

Property Get XMean() As Double
  Dim p As XYPoint, xm As Double
  If points.Count = 0 Then XMean = 0: Exit Property
  For Each p In points
    xm = xm + p.x
  Next
  xm = xm / points.Count
  XMean = xm
End Property
```

4.5.4 Beispiel für abgeleitete Klassen (Implements)

Ziel dieses Beispiels ist es, zuerst eine übergeordnete Klasse *Document* und dann zwei davon abgeleitete Klassen *Book* und *Magazine* zu definieren. Da das Beispiel relativ umfangreich ist, wurde es in einer eigenen Beispieldatei (Implements.xls) untergebracht. Um den Beispielcode auszuprobieren, starten Sie in der Entwicklungsumgebung die Prozedur *Test_Classes* im Modul *TestClasses*. Als Ergebnis werden im Testfenster vier Zeilen ausgegeben:

```
Titel: Linux
Erscheinungsjahr: 01.03.1999
```

```
Titel: Linux Magazine 1/2000
Erscheinungsjahr: 01.01.2000
```

Anwendung der Objektklassen

Bevor der Code dieser Klassen erläutert wird, kurz zur Anwendung dieser Klassen. In den folgenden Zeilen werden zwei Objekte des Typs *Book* und *Magazine* initialisiert. Wirklich interessant ist dabei eigentlich nur der Aufruf von *Print_Info*. An diese Prozedur, deren einziger Parameter als *Document* deklariert ist, wird einmal ein *Book*- und beim zweiten Mal ein *Magazine*-Objekt übergeben. Das ist nur deswegen syntaktisch möglich, weil sowohl *Book* als auch *Magazine* auf der übergeordneten Klasse *Document* basieren.

```
' Beispieldatei 04\Implements.xls, Modul TestClasses
Dim mybook As Book
Dim mymagazine As Magazine
Private Sub Test_Classes()   ' führen Sie diese Prozedur mit F5 aus!
  Init_Data
  Show_Data
End Sub

Private Sub Init_Data()
  Set mybook = New Book
  mybook.Title = "Linux"
  mybook.PublishingYear = #3/1/1999#
  mybook.Author = "Kofler, Michael"
  Set mymagazine = New Magazine
  mymagazine.Title = "Linux Magazine 1/2000"
  mymagazine.PublishingYear = #1/1/2000#
  mymagazine.Articles = "Gimp 1.2;KDE 2.0"
End Sub

Private Sub Show_Data()
  Print_Info mybook
  Print_Info mymagazine
End Sub

Private Sub Print_Info(x As Document)
  Debug.Print "Titel: " & x.Title
  Debug.Print "Erscheinungsjahr: " & x.PublishingYear
End Sub
```

Die übergeordnete Document-Klasse

Das Klassenmodul *Document* weist keine Besonderheiten auf. Darin werden die beiden Eigenschaften *PublishingYear* und *Title* sowie die Methode *ShowInfo* definiert.

```
' Beispieldatei 04\Implements.xls, Klassenmodul Document
' zwei Eigenschaften: Title, PublishingYear
' eine Methode: ShowInfo
Private docYear As Date
Private docTitle As String

Public Property Get PublishingYear() As Date
  PublishingYear = docYear
End Property
Public Property Let PublishingYear(ByVal datum As Date)
  docYear = datum
End Property

Public Property Get Title() As String
  Title = docTitle
End Property

Public Property Let Title(ByVal titel As String)
  docTitle = titel
End Property

Public Sub ShowInfo()
  MsgBox "Titel: " & docTitle & ", Erscheinungsjahr: " & docYear
End Sub
```

Die abgeleitete Klasse Book

Mit der Zeile *Implements Book* wird die Klasse *Book* von *Document* abgeleitet. Das bedeutet, dass sämtliche Methoden und Eigenschaften von *Document* in *Book* in gleicher Weise definiert werden müssen.

Damit dabei auf schon vorhandenen Code aus *Document* zurückgegriffen werden kann, sind allerdings einige Klimmzüge erforderlich. Erstens muss innerhalb der *Book*-Klasse ein Objekt vom Typ *Document* erzeugt werden. Dazu werden die Ereignisprozeduren *Class_Initialize* und *_Terminate* verwendet.

```
' Beispieldatei 04\Implements.xls, Klassenmodul Book
' drei Eigenschaften: Title (von Document)
'                     PublishingYear (von Document)
'                     Author (neu)
' eine Methode:       ShowInfo (von Document)
Implements Document
Private mydoc As Document
Private bookAuthor As String
Private Sub Class_Initialize()
  Set mydoc = New Document
End Sub
```

4.5 Programmierung eigener Klassen

```
Private Sub Class_Terminate()
  Set mydoc = Nothing
End Sub
```

Zweitens müssen Sie Prozeduren für alle Ereignisse und Methoden von *Document* neu implementieren. Dabei können Sie aber auf die Ereignisse und Methoden des *mydoc*-Objekts zurückgreifen. Beachten Sie, dass sich die Namen der Prozeduren aus dem übergeordneten Klassennamen (also *Document*) und dem Eigenschafts- oder Methodennamen zusammensetzen.

```
' Code für die Eigenschaften aus Document
' (greift auf Document-Eigenschaften zurück)
Private Property Get Document_PublishingYear() As Date
  Document_PublishingYear = mydoc.PublishingYear
End Property
Private Property Let Document_PublishingYear(ByVal datum As Date)
  mydoc.PublishingYear = datum
End Property
Private Property Get Document_Title() As String
  Document_Title = mydoc.Title
End Property
Private Property Let Document_Title(ByVal titel As String)
  mydoc.Title = titel
End Property
Private Sub Document_ShowInfo()
  mydoc.ShowInfo
End Sub
```

Drittens (es ist kaum zu glauben!) müssen Sie nun die *Document*-Eigenschaften auch für das *Book*-Objekt verfügbar machen. (Der zweite Schritt hatte nur die Aufgabe, den *Document*-Code intern weiter nutzen zu können. Daher wurden die Prozeduren als *Private* deklariert.)

```
' Code, um die Document-Eigenschaften auch für Book-Objekte
' verfügbar zu machen
Public Property Get Title() As String
  Title = Document_Title
End Property
Public Property Let Title(ByVal titel As String)
  Document_Title = titel
End Property

Public Property Get PublishingYear() As Date
  PublishingYear = Document_PublishingYear
End Property
Public Property Let PublishingYear(ByVal datum As Date)
  Document_PublishingYear = datum
End Property
```

```
Public Sub ShowInfo()
  Document_ShowInfo
End Sub
```

Das bedeutet also: Für jede Eigenschaft, die Sie aus einer übergeordneten Klasse unverändert weiterhin nutzen möchten, benötigen Sie vier (!) Prozeduren, für jede Methode immer noch zwei.

Zu guter Letzt soll die Klasse *Book* noch um eine zusätzliche Eigenschaft *Author* erweitert werden.

```
' Code für die zusätzlichen Eigenschaften
' (spezifisch für das Book-Objekt)
Property Get Author() As String
  Author = bookAuthor
End Property
Property Let Author(autor As String)
  bookAuthor = autor
End Property
```

Die abgeleitete Klasse Magazine

Auch *Magazine* ist von *Document* abgeleitet, und auch diese Klasse wurde um eine zusätzliche Eigenschaft erweitert, die diesmal *Articles* heißt. Im Gegensatz zu *Book* wurden die Eigenschaften *Title* und *PublishingYear* aber neu implementiert, um einen zweiten Weg bei der Programmierung abgeleiteter Klassen zu zeigen. Im Vergleich zum Klassenmodul *Book* entfällt daher die Verwaltung des *mydoc*-Objekts.

```
' Beispieldatei 04\Implements.xls, Klassenmodul Book
' drei Eigenschaften:
'   Title          (Definition wie in Document, aber neu implementiert)
'   PublishingYear (Definition wie in Document, aber neu implementiert)
'   Articles       (neu)
' eine Methode:
'   ShowInfo       (Definition wie in Document, aber neu implementiert)
Option Explicit
Implements Document
Private magazineYear As Date
Private magazineTitle As String
Private magazineArticles As String

' Code für die Eigenschaften/Methoden aus Document
' (neu implementiert für diese Klasse)
Private Property Get Document_PublishingYear() As Date
  Document_PublishingYear = magazineYear
End Property
```

4.5 Programmierung eigener Klassen

```
Private Property Let Document_PublishingYear(ByVal datum As Date)
  magazineYear = datum
End Property

Private Property Get Document_Title() As String
  Document_Title = magazineTitle
End Property
Private Property Let Document_Title(ByVal titel As String)
  magazineTitle = titel
End Property

Private Sub Document_ShowInfo()
  MsgBox "Titel: " & magazineTitle & _
         ", Erscheinungsjahr: " & magazineYear & _
         ", Artikel: " & magazineArticles
End Sub

' Code, um die Document-Eigenschaften auch für
' Magazine-Objekte verfügbar zu machen
Public Property Get Title() As String
  Title = Document_Title
End Property
Public Property Let Title(ByVal titel As String)
  Document_Title = titel
End Property

Public Property Get PublishingYear() As Date
  PublishingYear = Document_PublishingYear
End Property
Public Property Let PublishingYear(ByVal datum As Date)
  Document_PublishingYear = datum
End Property

Public Sub ShowInfo()
  Document_ShowInfo
End Sub

' Code für die zusätzlichen Eigenschaften
' (spezifisch für das Magazine-Objekt)
Property Get Articles() As String
  Articles = magazineArticles
End Property
Property Let Articles(inhalt As String)
  magazineArticles = inhalt
End Property
```

Alles in allem ist die Programmierung abgeleiteter Klassen also sehr mühsam. Wirklich interessant ist dieser Mechanismus wohl nur für professionelle Programmierer, die eine neue Klassenbibliothek für Excel (in Form eines Add-Ins) erzeugen möchten.

4.5.5 Syntaxzusammenfassung

Schlüsselwort *Me*

Me	verweist auf die aktuelle Instanz des Objekts

Ereignisse innerhalb der Klasse

Class_Initialize	Objekt der Klasse wird erzeugt
Class_Terminate	Objekt der Klasse wird gelöscht

Methoden programmieren

Public Sub/Function mymethod(para) [mymethod = ...] End Sub/Function	Methode ohne/mit Rückgabewert Rückgabewert (bei Funktionen)

Eigenschaftsprozeduren für Daten programmieren (Zahlen/Zeichenketten)

Property Get myproperty() myproperty = ... End Property	Eigenschaft lesen
Property Let myproperty(data) ... = data End Property	Eigenschaft verändern

Eigenschaftsprozeduren für Objekte programmieren

Property Get myproperty() As Object Set myproperty = ... End Property	Eigenschaft lesen
Property Set myproperty(obj As Object) Set ... = obj End Property	Eigenschaft verändern

Ereignisse deklarieren und auslösen

Public Event myevent(paraliste)	Deklaration im Klassenmodul
RaiseEvent myevent	Ereignis auslösen

Verwendung von Objektklassen (Code außerhalb des Klassenmoduls)

Dim x As New classname	Objekt *x* der Klasse *classname* erzeugen
x.variable	auf globale Variable dieses Objekts zugreifen
x.property	Eigenschaft dieses Objekts verwenden
x.method	Methode dieses Objekts verwenden
Set x = Nothing	Objekt löschen

> **Collection-Objekt**
>
> | | |
> |---|---|
> | Dim c As New Collection | c enthält eine neue Aufzählung |
> | c.Count | liefert die Zahl der Elemente |
> | c.Add data, "index" | Element hinzufügen |
> | c(n) oder c("index") oder | verschiedene Syntaxvarianten zum Zugriff |
> | c!index oder c![index] | auf ein Element |
> | c.Remove(n) oder ("index") | Element löschen |
> | Set c = Nothing | Aufzählung löschen |

4.6 Operatoren in VBA

Zu den Operatoren von VBA gehören Zeichen wie + - * / = > < sowie Schlüsselwörter wie *And*, *Or*, *Not* etc. Operatoren müssen normalerweise nicht lang erklärt werden. Dieser Abschnitt gibt eine knappe Übersicht darüber, welche Operatoren existieren, und weist auf einige Besonderheiten hin.

Arithmetische Operatoren werden zur Durchführung von Berechnungen verwendet. Während + - * und / keiner weiteren Erklärung bedürfen, sind \ und *Mod* schon interessanter: \ führt eine ganzzahlige Division durch. Die beiden Argumente werden vorher zu ganzen Zahlen gerundet, wenn das nicht der Fall war. 5\2 liefert daher ebenso wie 5.5\1.5 das Ergebnis 2. *Mod* führt ebenfalls eine ganzzahlige Division nach dem Schema von \ durch, liefert als Ergebnis aber den Rest der Division. *21 Mod 5* liefert daher den Rest 1.

Zur Verkettung von Zeichenketten stehen zwei Operatoren zur Auswahl: + kann nur mit Zeichenketten umgehen und verbindet etwa *"ab"+"cd"* zu *"abcd"*. & kommt auch mit Zahlen zurecht und wandelt diese in Zeichenketten um. *"12" & 3* liefert *"123"*.

Vergleichsoperatoren

Zum Vergleich von zwei Werten oder Zeichenketten dient der Operator =, also etwa *If a = 3 Then ...* Daneben gibt es zwei Spezialoperatoren, *Is* und *Like*:

- **Is** dient dem Vergleich zweier Objektvariablen (*obj1 Is obj2*) und sollte *True* liefern, wenn beide Variablen auf dasselbe Objekt verweisen. Leider funktioniert dieser Operator in Excel 2000 noch in Excel 2002 nur manchmal. Lediglich Vergleiche mit dem Schlüsselwort *Nothing* liefern immer korrekte Ergebnisse (also *If x Is Nothing Then ...*).

  ```
  Dim a As Object, b As Object
  Set a = ActiveWindow
  Set b = ActiveWindow
  If a Is b Then ...    'funktioniert nicht!
  ```

- *Like* ermöglicht die Mustererkennung in Zeichenketten. Im Suchmuster (rechts von *Like*) dürfen die Jokerzeichen »?« (ein beliebiges Zeichen) und »*« (beliebig viele Zeichen) verwendet werden. *Like* unterscheidet zwischen Groß- und Kleinbuchstaben! Ein Beispiel: "Mayr" Like "M*r" liefert *True*.

> **VERWEIS**
> Wenn Sie viel mit Zeichenketten zu tun haben, ist oft die Anweisung *Option Compare Text* am Beginn des Moduls hilfreich. Damit werden bei normalen Vergleichen Groß- und Kleinbuchstaben als gleichwertig behandelt. Auch Sonderzeichen wie äöü und ß werden korrekt eingeordnet. Die Option gilt sowohl für den Operator = als auch für *Like*. Siehe Abschnitt 5.4.2.

Logische Operatoren

Logische Operatoren ermöglichen die Verknüpfung mehrerer Bedingungen. *a Or b* liefert *True*, wenn zumindest eine der beiden Teilbedingungen *a* oder *b True* ist. **And** ist restriktiver und verlangt, dass beide Teilbedingungen gleichzeitig *True* sind. **Xor** entspricht dem sprachlichen »entweder oder«: Es muss entweder *a* oder *b True* sein, andernfalls liefert **Xor** das Ergebnis *False*. Seltener benötigt werden *Imp* und *Eqv*: **Imp** liefert immer *True*, es sei denn *a=True* und *b=False*. *Eqv* liefert dann *True*, wenn *a* und *b* übereinstimmen.

> **ACHTUNG**
> VBA kennt offensichtlich keine Optimierungen bei der Auswertung von Bedingungen: Eine Abfrage in der Form *If x>=0 And Sqr(x)<3* führt bei negativen Zahlen in *x* zu einem Fehler. (In vielen Programmiersprachen wird der zweite Teil der Abfrage gar nicht mehr ausgewertet, wenn der erste Teil ohnedies schon falsch und somit das Ergebnis der zusammengesetzten *And*-Bedingung klar ist)

Manche VBA- bzw. Excel-Eigenschaften enthalten Bit-codierte Statusinformationen. Ein typisches Beispiel ist die *Attributes*-Eigenschaft des *File*-Objekts aus der *Scripting*-Bibliothek (siehe auch Abschnitt 5.6). Mögliche Attribute sind in den *FileAttribute*-Konstanten definiert:

Name	Wert
Normal	0
ReadOnly	1
Hidden	2
System	4
...	...

Die Werte dieser Konstanten entsprechen also Zweierpotenzen (2^0, 2^1, 2^2, 2^3 etc.), d.h. bei einer binären Darstellung jeweils einem Bit (0001, 0010, 0100, 1000). Bei einer versteckten, schreibgeschützten Systemdatei hätte *Attributes* daher den Wert 7 (also 1+2+4).

4.6 Operatoren in VBA

Die Operatoren *And* und *Or* eignen sich hervorragend zur Bearbeitung solcher Konstanten. Wenn Sie beispielsweise mehrere Attribute gleichzeitig setzen möchten (also etwa *ReadOnly* und *System*), müssen Sie die Konstanten mit *Or* verknüpfen. (Alternativ können Sie auch einfach den Operator + verwenden.)

```
myfile.Attributes = ReadOnly Or System
```

Wenn Sie testen möchten, ob ein bestimmtes Attribut gesetzt ist, verwenden Sie *And*:

```
If (myfile.Attributes And System) <> 0 Then 'es ist eine Systemdatei
```

Hierarchie der Operatoren

Die Operatoren sind untereinander nicht gleichberechtigt. Bei der Anweisung $a+b*c$ wird beispielsweise zuerst $b*c$ und dann die Summation mit a durchgeführt. An oberster Stelle in der Hierarchie der Operatoren stehen die arithmetischen Operatoren für Zahlen bzw. die Verknüpfungsoperatoren für Zeichenketten. Ihnen folgen die Vergleichs- und schließlich die logischen Operatoren. Die beiden Zuweisungsoperatoren spielen bei der Auswertung von Ausdrücken keine Rolle. Eine vollständige Rangliste aller Operatoren finden Sie in der Hilfe zum Suchthema »Operatoren: Vorrang«.

Syntaxzusammenfassung

Arithmetische Operatoren	
-	negatives Vorzeichen
+ - * /	Grundrechenarten
^	Potenz (3^2 ergibt 9)
\	ganzzahlige Division
Mod	Modulo-Operator (Rest einer ganzzahligen Division)

Operatoren zur Verknüpfung von Zeichenketten	
+	nur für Zeichenketten
&	Zahlen werden automatisch in Zeichenketten umgewandelt

Vergleichsoperatoren	
=	gleich
<>	ungleich
< <=	kleiner bzw. kleiner-gleich
> >=	größer bzw. größer-gleich
Is	Verweis auf dasselbe Objekt; Vorsicht, funktioniert nicht!
Like	Mustervergleich für Zeichenketten

Logische Operatoren	
And	logisches Und
Or	logisches Oder
Xor	exklusives Oder (entweder *a* oder *b*, aber nicht beide)
Imp	Implikation (wenn *a* wahr ist, dann muss auch *b* wahr sein)
Aqv	Äquivalenz (*a* und *b* müssen übereinstimmen)
Not	logische Negation

Zuweisungsoperatoren	
=	Zuweisung an Variablen und Eigenschaften
:=	Zuweisung an benannte Parameter beim Prozeduraufruf

4.7 Virenschutz

> **VORSICHT**
>
> **Jede Excel-Datei, die Sie von einem Freund, Bekannten, Kunden etc. erhalten, kann einen Virus enthalten!** Das Medium spielt keine Rolle – da Excel-Viren (oder allgemeiner, Office-Viren, VBA-Viren) Teil der Datei sind, können sie auf Diskette, CD-ROM oder per E-Mail weitergegeben werden. Wie es bei Viren so üblich ist, kann eine Virenweitergabe ohne Wissen des (vielleicht unbedarften) Versenders passieren – seien Sie also misstrauisch, selbst wenn Ihnen der Absender bekannt ist! Dieser Abschnitt gibt einige Hintergrundinformationen zum Thema Viren und Virenschutz.

Ereignisprozeduren und die *Auto_Open-* bzw. *Auto_Close*-Prozeduren sind an sich eine praktische Einrichtung; sie sind allerdings gleichzeitig der Schlüssel zur Viren-Programmierung in VBA. (Der erste Excel-Virus ist im Sommer 96 aufgetaucht, nur wenige Monate, nachdem ich in der ersten Auflage dieses Buchs davor gewarnt habe.)

VBA bietet alle Voraussetzungen, um einen Virus zu programmieren:

- Die Möglichkeit, Programmcode automatisch auszuführen (*Auto_Open* oder *Auto_Close*, zahllose Ereignisprozeduren).

- Die Möglichkeit, andere Excel-Dateien zu verändern (wichtig für die »Fortpflanzung« von Viren).

- Die Möglichkeit, neuen Programmcode einzufügen oder vorhandenen Code zu verändern. (Die mit Excel 97 eingeführte VBIDE-Objektbibliothek bietet ungeahnte neue Möglichkeiten für Viren-Programmierer. Ob das wirklich im Sinne des Erfinders ist?)

- Die Möglichkeit, auf vielfältigste Art und Weise Schaden am Rechner anzurichten. (Beispielsweise können dank DLL-Unterstützung fast alle Betriebssystemfunktionen aufgerufen werden. Dank ActiveX-Automation kann jede am Rechner installierte Objektbibliothek genutzt werden. Beispielsweise können Sie unter Windows 2000 mit wenigen Zeilen VBA-Code Einstellungen im gesamten Sicherheitssystem verändern, wenn der Code von einem Benutzer mit *Administrator*-Rechten ausgeführt wird! Beispielsweise können Sie auf alle E-Mails und deren Adressen zugreifen, wenn der Benutzer Outlook als E-Mail-Client verwendet. Diese Liste von Horror-Szenarios lässt sich fast unbeschränkt fortführen.)

Auf die Details einzugehen, ist an dieser Stelle sicherlich nicht sinnvoll. Entscheidend ist, dass Sie sich bewusst sind, dass *jede* Excel-Datei einen Virus beinhalten kann, auch wenn die Datei aussieht wie eine ganz harmlose Tabelle! Selbstredend gilt das auch für Mustervorlagen und für Add-Ins (das sind ja ebenfalls VBA-Programme).

Automatische Makroausführung verhindern

In EXTRAS|MAKROS|SICHERHEIT kann zwischen drei verschiedenen Sicherheitsstufen gewählt werden:

- Hohe Sicherheit: Nur signierte Makros aus vertrauenswürdigen Quellen können ausgeführt werden. Signieren bezeichnet einen Vorgang, bei dem ein VBA-Projekt mit einer Prüfsumme versehen wird und zusammen mit dem Projekt auch der Urheber gespeichert wird. Eine nachträgliche Veränderung des Projekts ist nicht mehr möglich. Vertrauenswürdige Quellen sind Entwickler oder Firmen, von denen Sie bereits ein Add-In oder eine ActiveX-Komponente für den Internet-Explorer installiert haben und dabei angegeben haben, dieser Quelle in Zukunft ohne weitere Rückfragen zu vertrauen.

  Da es für Privatanwender ziemlich schwierig ist, VBA-Code zu signieren, bedeutet das, dass Sie auf die Ausführung von Makros praktisch ausnahmslos verzichten. Für VBA-Programmierer ist das inakzeptabel, aber für viele Standardanwender ist diese Einstellung durchaus sinnvoll. Nur die mit Excel mitgelieferten Add-Ins können verwendet werden. Es ist aber unmöglich, eigene Excel-Anwendungen oder -Mustervorlagen zu verwenden, wie sie in diesem Buch vorgestellt werden.

- Mittlere Sicherheit (Defaulteinstellung): Beim Laden von Excel-Dateien, die VBA-Code enthalten, erscheint eine Warnung. Sie können die Ausführung von Makros daraufhin zulassen oder verbieten.

- Niedrige Sicherheit: Sämtliche Makros werden ohne Warnung ausgeführt. Gerade für VBA-Programmierer ist das die bequemste Einstellung – aber eben auch die gefährlichste!

Bei Excel 2000 lautet die Defaulteinstellung MITTEL, bei Excel 2002 HOCH. Beachten Sie, dass bei beiden Excel-Versionen mehrfach Fälle bekannt wurden, wie der Makroschutz von Viren überwunden werden konnte. Microsoft hat dann zwar meist rasch ein Sicherheits-Update nachgereicht, aber die Fälle beweisen, dass ein blindes Vertrauen in die Schutzeinstellungen leider nicht angebracht ist. Bei Excel 2002 besteht der beste Virenschutz darin, VBA gar nicht zu installieren – aber damit verlieren Sie auch enorm viele Funktionen, weswegen diese Option zumindest für Anwender dieses Buchs nicht in Frage kommt.

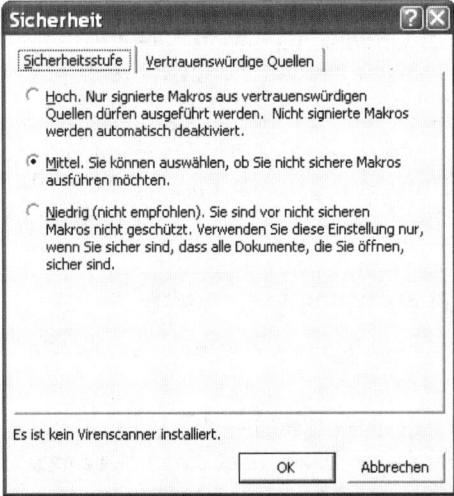

Bild 4.4: Die drei Virenschutzsicherheitsstufen

> **HINWEIS**
> Auch herkömmliche Excel-4-Makros (ohne VBA-Code) können Viren enthalten. Bei derartigen Makros ist es aus nicht nachvollziehbaren Gründen unmöglich, eine Ausführung zu verhindern. Wenn Excel bei aktivem Virenschutz erkennt, dass die Excel-Datei herkömmliche Makros enthält, weist es aber immerhin darauf hin. Sie können sich nun entscheiden, ob Sie die Datei dennoch öffnen (und damit das Ausführen der Makros in Kauf nehmen) oder ob Sie die Datei nicht öffnen.

> **ACHTUNG**
> Die Sicherheitsstufe des Virenschutzes wird in der Registrierdatenbank gespeichert. Virenprogrammierer können sich das zunutze machen und diese Einstellung (durch ein anderes Programm, z.B. durch VBScript-Code in einer E-Mail) verändern. Werfen Sie also hin und wieder einen Blick auf die Virenschutzeinstellung!

> **ANMERKUNG**
> Wenn Sie Excel-Dateien weitergeben, die VBA-Code enthalten, sollten Sie darauf immer explizit hinweisen. Andernfalls vermutet der Anwender vielleicht, dass es sich um Viren handeln könnte, und deaktiviert die Codeausführung. Informationen darüber, wie Sie eigenen VBA-Code signieren können, finden Sie in Kapitel 15.

Viren in Add-Ins und Vorlagen

Vorlagen sind quasi Schablonen, auf deren Basis neue Excel-Dateien erstellt werden (Details siehe Abschnitt 5.9.3 und Kapitel 9). Add-Ins stellen eine Möglichkeit dar, die Benutzeroberfläche von Excel zu erweitern. Excel kennt dazu zwei Add-In-Typen: herkömmliche Add-Ins (*.xla) und COM-Add-Ins (*.dll, können nur mit Office Developer erstellt werden). Details und Hintergrundinformationen zu Add-Ins gibt Kapitel 15.

An dieser Stelle ist nur wichtig, dass sowohl Vorlagen als auch beide Add-In-Typen ein weiterer möglicher Tummeplatz für Viren sind. Für diese Dateien gilt allerdings ein anderer Schutzmechanismus. Im zweiten Blatt des Virenschutzdialogs kann eingestellt werden, ob Add-Ins und Vorlagen generell als sicher betrachtet werden sollen oder nicht. Vorsicht: Die Defaulteinstellung lautet sicher! Eine als automatische Vorlage installierte Datei oder ein registriertes COM-Add-In wird beim nächsten Start von Excel automatisch und ohne Rückfragen gestartet.

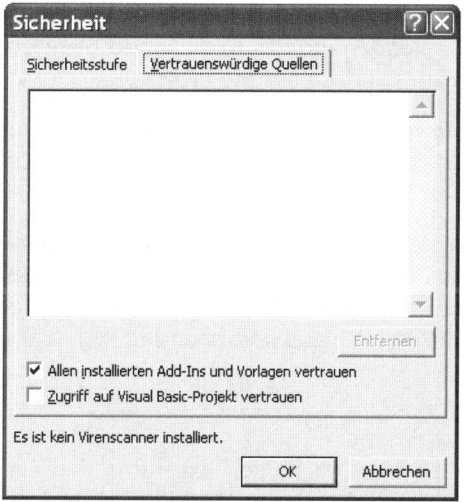

Bild 4.5: Add-Ins werden in der Defaulteinstellung als sicher betrachtet

Da Add-Ins ein integraler Bestandteil von Excel sind, ist es schwierig, diese Einstellung zu verändern: Wenn Sie die Option INSTALLIERTEN ADD-INS UND VORLAGEN VERTRAUEN deaktivieren, gilt auch für Add-Ins und Vorlagen die eingestellte Sicherheitsstufe. Haben Sie dort MITTLERE SICHERHEIT gewählt, erscheinen in der Folge bei jedem Start von Excel zahllose Virenschutzabfragen (unter anderem bei jedem der zahllosen mitgelieferten Add-Ins). Das führt mit der Zeit dazu, dass Sie einfach immer blind auf MAKROS AUSFÜHREN klicken, was den Virenschutz ad absurdum führt. Bei HOHER SICHERHEIT können Sie die mitgelieferten Add-Ins gar nicht mehr nutzen, weil diese nicht signiert sind. (Warum Microsoft nicht zumindest seine eigenen Add-Ins signiert, ist rätselhaft.)

Aus diesem Grund wird die Option ADD-INS ... VERTRAUEN meist aktiviert belassen, womit Add-Ins und Vorlagen sozusagen ein offenes Tor für alle Virenprogrammierer sind! (Add-Ins und Vorlagendateien sind aus Sicht eines Virenprogrammierers unhandlicher als normale Excel-Dateien, weil sie nur dann eine Gefahr darstellen, wenn sie korrekt installiert werden. Diese Hürde ist aber durchaus überwindbar.)

Neu in Excel 2002 ist die Option ZUGRIFF AUF VISUAL-BASIC-PROJEKT VERTRAUEN. Diese Option gibt an, ob VBA-Code die VBE-Bibliothek (VBIDE) verwenden darf, mit der der VBA-Code dynamisch verändert werden kann. Für Virenprogrammierer ist das besonders attraktiv, es gibt aber auch reale Anwendungen für diese Bibliothek (siehe Abschnitt 4.4.5).

Viren selbst entdecken

Wenn Ihnen eine Excel-Datei verdächtig vorkommt, laden Sie die Datei bei aktiviertem Virenschutz, also ohne VBA-Code auszuführen. Anschließend sollten Sie einen Blick auf folgenden Code werfen:

- Autoprozeduren. (Verwenden Sie das Kommando BEARBEITEN | SUCHEN und erweitern Sie den Suchbereich auf das gesamte Projekt.)
- Alle Ereignisprozeduren. (Potentiell gefährlicher Code kann auch in Ereignisprozeduren versteckt sein, die beispielsweise beim Speichern der Datei, beim Blattwechsel etc. aufgerufen werden.)
- Testen Sie mit EXTRAS | VERWEISE, ob die Bibliothek VBIDE aktiviert ist. Diese Bibliothek ist der Schlüssel zur Manipulation des Programmcodes anderer Excel-Dateien. Wenn diese Bibliothek aktiviert ist, muss es dafür schon plausible Gründe geben, die vom Entwickler der Excel-Datei dokumentiert sein sollten.

Excel-4-Automakros

Auch die herkömmliche Makrosprache von Excel (bis Version 4) kannte verschiedene Automakros, die aus Kompatiblitätsgründen bis zur aktuellen Version automatisch ausgeführt werden. Diese Automakros werden über *Name*-Objekte gestartet, deren Namen mit »Auto_Open« beginnt. *Name*-Objekte können auch Verweise auf externe Dateien enthalten (z. B. auf Add-In-Dateien). Außerdem kann die *Visible*-Eigenschaft von *Name*-Objekten auf *False* gestellt werden. Wenn Sie Virenverdacht schöpfen und keine *Auto_Open*-Prozedur finden, sollten Sie also (für alle Tabellenblätter sowie für das *Workbook*-Objekt) einen Blick auf alle *Name*-Objekte werfen. Im Direktbereich sehen die beiden Anweisungen folgendermaßen aus.

```
For Each s In Worksheets: For Each n In s.Names: _
    ?n.Name: Next: Next
For Each n In ActiveWorkbook.Names: ?n.Name: Next
```

5 Programmiertechniken

Dieses Kapitel gibt Antworten auf alltägliche Programmierfragen: Wie erfolgt der Zugriff auf Tabellen, Bereiche oder Zellen? Wie werden Berechnungen mit Datum und Uhrzeit durchgeführt? Wie werden Zeichenketten bearbeitet? Wie werden neue Tabellenfunktionen definiert?

Kapitelübersicht

5.1	Zellen und Zellbereiche	190
5.2	Arbeitsmappen, Fenster und Arbeitsblätter	216
5.3	Datentransfer über die Zwischenablage	227
5.4	Umgang mit Zahlen und Zeichenketten	231
5.5	Rechnen mit Datum und Uhrzeit	243
5.6	Umgang mit Dateien, Textimport/-export	261
5.7	Benutzerdefinierte Tabellenfunktionen	296
5.8	Schutzmechanismen	307
5.9	Konfigurationsdateien, individuelle Konfiguration	315
5.10	Excel und der Euro	327
5.11	Tipps und Tricks	342

5.1 Zellen und Zellbereiche

Der Zugriff auf einzelne Zellen oder ganze Zellbereiche von verschiedenen Tabellenblättern ist ein wenig verwirrend, weil Excel zwischen zahlreichen, inhaltlich ähnlichen Objekten bzw. Begriffen unterscheidet. In vielen Fällen existieren sogar mehrere mögliche Vorgehensweisen.

Abschnitt 5.1.1 beschreibt alle wichtigen Objekte, Methoden und Eigenschaften, die den Zugriff auf Zellbereiche ermöglichen. Anschließend stellt Abschnitt 5.1.2 konkrete Techniken zur Anwendung dieser Schlüsselwörter vor, etwa zur einzelnen Bearbeitung aller Zellen eines Bereichs, zur Durchführung von Mehrfachmarkierungen etc. Abschnitt 5.1.3 geht schließlich auf die Möglichkeiten des Datentransfers über die Zwischenablage ein.

5.1.1 Objekte, Methoden, Eigenschaften

Die **aktive Zelle** (*ActiveCell*) ist jene Zelle eines Tabellenblatts, in der sich der Zellzeiger befindet. An dieser Stelle sind Eingaben mit der Tastatur möglich. (Per Programmcode können auch Veränderungen in nicht-aktiven Zellen vorgenommen werden.) Ein **Bereich** (*Range*) ist eine Gruppe von Zellen. Eine **Auswahl** (*Selection*) gibt den gerade markierten (ausgewählten) Bereich an. Eine Auswahl ist nur in einem aktiven Tabellenblatt möglich.

Zu diesen drei Begriffen ein Beispiel: Wenn Sie in aktiven Tabellen mehrere Zellen markieren, gelten diese Zellen als Auswahl. Eine Zelle dieser Auswahl ist die aktive Zelle. Die Auswahl stellt *einen* von unendlich vielen möglichen Bereichen dar.

Das Range-Objekt (Bereich von Zellen)

Range: Das Schlüsselwort kann sowohl das *Range*-Objekt als auch die gleichnamige Methode (siehe unten) meinen. Das *Range*-Objekt ist das zentrale Objekt dieses Abschnitts. Ein Bereich kann sowohl aus einer einzelnen Zelle als auch aus einer Gruppe von Zellen bestehen. Auch ganze Zeilen oder Spalten sind als Bereiche erlaubt. Obwohl Excel generell auch mit 3D-Bereichen arbeiten kann (=*SUMME(Tabelle1:Tabelle2!A1:B2)* bildet die Summe über 8 Felder), ist das *Range*-Objekt in der gegenwärtigen Version auf Zellbereiche in *einem* Tabellenblatt eingeschränkt.

VBA kennt kein eigenes Objekt für eine einzelne Zelle. Zellen gelten als Sonderfall eines Bereichs (mit *Range.Count*=1). Zahlreiche Eigenschaften von Bereichen können nur für den Sonderfall eines Ein-Zellen-Bereichs verwendet werden, beispielsweise *Formula* (liefert bzw. verändert die Formel einer Zelle).

Die Bearbeitung von Bereichen kann entweder direkt oder über den Umweg einer Markierung erfolgen. In der ersten Variante werden die Eigenschaften und Methoden eines Bereichs unmittelbar im Anschluss an die *Range*-Methode ausgeführt, etwa *Range("A1:B2").Count*. In der zweiten Variante wird ein Bereich zuerst durch die Metho-

5.1 Zellen und Zellbereiche

den *Select* oder *Activate* zum »aktuellen Bereich« gemacht. Anschließend wird über *ActiveCell* oder *Selection* auf den Bereich zugegriffen, etwa *Selection.Count*.

Statt der etwas langatmigen Schreibweise *Range("A1:B2")* zur Auswahl des Zellbereichs A1:B2 ist die Kurzschreibweise *[A1:B2]* erlaubt. Sowohl in *Range* als auch bei der Kurzschreibweise ist darüber hinaus die Angabe eines benannten Zellbereichs möglich. Sie können also mit *[gewinn]* auf die Zelle C20 zugreifen, wenn Sie dieser Zelle vorher mit EINFÜGEN|NAMEN|FESTLEGEN den Namen »gewinn« zugewiesen haben.

Wenn die Zellen eines Bereichs einzeln bearbeitet werden sollen, kann über *Cells* auf jede einzelne Zelle des Bereichs zugegriffen werden. (*Cells* liefert wiederum *Range*-Objekte!)

Probleme bereiten oft Zellbereiche, die aus mehreren rechteckigen Regionen zusammengesetzt sind (manuelle Markierung mit der Maus und Strg): Die meisten Eigenschaften bzw. Methoden, die sich auf ein *Range*-Objekt beziehen, berücksichtigen nur Zellen des ersten rechteckigen Teilbereichs! Zur Abarbeitung aller Teilbereiche steht die Methode *Areas* zur Verfügung, die weiter unten noch im Detail beschrieben wird.

In vielen Fällen kann statt *Range* auch **Evaluate** verwendet werden. *Evaluate* wertet die übergebene Zeichenkette aus und liefert als Ergebnis das zugeordnete Objekt zurück. *Range("A1")* entspricht *Evaluate("A1")*, und das entspricht wiederum der Kurzschreibweise *[A1]*. Alle drei Varianten liefern ein *Range*-Objekt als Ergebnis zurück. Bei *Range* und *Evaluate* ist es außerdem erlaubt, den Bereich durch eine Stringvariable auszudrücken – das ist in der Kurzschreibweise nicht möglich.

Evaluate hat übrigens nicht exakt die gleiche Funktion wie *Range*, auch wenn es auf den ersten Blick so aussieht: während *Range* ausschließlich für Zellbereiche geeignet ist, kommt *Evaluate* auch mit anderen benannten Objekten (z. B. Zeichnungselementen) zurecht. Für fast alle Anwendungen von *Evaluate* existiert die Kurzschreibweise mit den eckigen Klammern.

Zugriff auf bereits ausgewählte Bereiche

ActiveCell: Die Eigenschaft zeigt auf die aktive Zelle der Anwendung bzw. eines Fensters (also auf jene Zelle, in der der Zellzeiger steht). *ActiveCell* kann nur gelesen, aber nicht verändert werden. Wenn Sie den Zellzeiger in eine andere Zelle bewegen möchten, müssen Sie die Methoden *Activate*, *Select* oder *Offset* verwenden.

ActiveCell liefert *Nothing*, wenn im aktiven Fenster (für das *Application*-Objekt) bzw. im angegebenen Fenster gerade kein Tabellenblatt angezeigt wird. *ActiveCell* kann nicht für ein bestimmtes Tabellenblatt verwendet werden. (Die Eigenschaft ist nur für das *Application*- und das *Window*-Objekt definiert.) Wenn Sie die aktive Zelle eines zurzeit nicht aktiven Tabellenblatts ermitteln möchten, müssen Sie dieses Tabellenblatt zuerst mit *Worksheets(...).Activate* zum aktiven Blatt des jeweiligen Fensters machen.

Selection: Die Eigenschaft ist wie *ActiveCell* nur auf *Application*- bzw. *Window*-Ebene definiert. Sie verweist auf das im aktuellen Fenster gerade ausgewählte Objekt. Dabei kann es sich um eine einzelne Zelle, um den markierten Zellbereich, aber auch um ein Diagramm, einen Button etc. handeln. (Den Objekttyp können Sie durch *Typename(Selection)* feststellen.) Die Eigenschaft kann nur gelesen, aber nicht direkt verändert werden. Das ausgewählte Objekt kann vielmehr durch die Methoden *Select* oder *Activate* eingestellt werden.

RangeSelection: Diese Eigenschaft stellt eine Variante zu *Selection* dar. Sie liefert selbst dann den ausgewählten Zellbereich, wenn gerade ein anderes Objekt (Diagramm, Button etc.) aktiv ist.

UsedRange: Die Eigenschaft liefert jenen Bereich eines Tabellenblatts, dessen Zellen mit Inhalten belegt sind. Im Gegensatz zu *Selection* steht die Eigenschaft auch für Tabellenblätter zur Verfügung (nicht nur für Fenster).

Auswahl von Bereichen

Range: Die *Range*-Methode liefert ein *Range*-Objekt als Ergebnis. Ein *Range* stellt eine Gruppe von Tabellenzellen dar (im einfachsten Fall nur eine einzige Zelle). Beispiele: *Range("A1")*, *Range("A1:B3")*, *Range("Tabelle2!B7")*.

Range bezieht sich normalerweise auf das aktive Tabellenblatt. Wenn *Range* auf ein anderes *Range*-Objekt angewendet wird, gelten die Zellbezüge relativ zur linken oberen Ecke des Bereichs. Beispiel: *Range("B3:D4").Select: Selection.Range("B1")* liefert einen Verweis auf die Zelle C3. (B1 meint in diesem Beispiel also: »Spalte plus eins, gleiche Zeile« und bezieht sich auf den Startpunkt B3.)

Im Programm-Code ist die Angabe von Zellbezügen in der Schreibweise "A1" oft umständlich. Daher darf innerhalb von *Range* auch **Cells**(*zeile,spalte*) verwendet werden. *Range(Cells(1,1), Cells(4,2))* entspricht *Range("A1:B4")*. Der Vorteil der Schreibweise mit *Cells* liegt darin, dass *Cells* numerische Parameter erwartet und daher sehr bequem in Schleifen eingesetzt werden kann.

> **HINWEIS** *Cells* bezieht sich automatisch auf das aktive Tabellenblatt. Wenn auf Zellen einer anderen Tabelle zugegriffen werden soll, lautet die korrekte Schreibweise nicht *Worksheets(n).Range(Cells(...), Cells(...))*, sondern *Range(Worksheets(n).Cells(...), Worksheets(n).Cells(...))*!

Beachten Sie, dass mit *Range(Cells(...), Cells(...))* nur einfache rechteckige Bereiche definiert werden können. Bereiche mit komplexer Form müssen mit *Union* aus mehreren rechteckigen Bereichen zusammengesetzt werden. Für einzelne Zellen ist die Schreibweise *Range(Cells(z,s))* nicht erlaubt – in diesem Fall kann aber ohnedies auf *Range* verzichtet werden, weil *Cells* dann direkt eine einzelne Zelle liefert.

Offset: Die Methode liefert einen Bereich, der versetzt zu dem als Objekt angegebenen Bereich liegt: *[A1].Offset(3,1)* liefert also einen Verweis auf die Zelle B4. Die Methode verändert (im Gegensatz zu *Select* und *Activate*) den aktiven Bereich nicht. Mit der

5.1 Zellen und Zellbereiche

Anweisung *ActiveCell.Offset(0,1).Select* bewegen Sie den Zellzeiger um eine Zelle nach rechts.

> **VORSICHT** Sowohl *Offset* als auch *Cell* erwarten die Parameter in der Reihenfolge *(zeile, spalte)*. Das widerspricht sowohl der üblichen Nomenklatur von Zellen (etwa B5, wo zuerst die Spalte B und dann die Zeile 5 angegeben wird) als auch den mathematischen Gepflogenheiten (wo in der Regel zuerst die X-, dann die Y-Koordinate angegeben wird).

Select und *Activate*: Die erste Methode wählt das angegebene Objekt aus, die zweite Methode aktiviert das angegebene Objekt. Beide Methoden werden ohne Parameter verwendet und liefern kein unmittelbares Ergebnis. Sie verändern lediglich Eigenschaften wie *ActiveCell*, *Selection* etc.

Laut Hilfe ist *Activate* für einzelne Zellen und *Select* für Zellbereiche vorgesehen. Tatsächlich sind die beiden Methoden aber meist gleichwertig. Unabhängig davon, ob Sie den Bereich *Range("A1:B3")* durch *Activate* oder durch *Select* auswählen, wird A1 zur aktiven Zelle und A1:B3 zum ausgewählten Bereich.

Mit beiden Methoden können nur Zellen oder Zellbereiche im aktiven Blatt ausgewählt werden. *Range("Tabelle2!A1").Activate* führt zu einem Fehler, wenn zurzeit *Tabelle1* das aktive Tabellenblatt ist!

Einen Unterschied zwischen *Activate* und *Select* kann man feststellen, wenn man versucht, eine Zelle innerhalb eines Zellbereichs auszuwählen. Durch das folgende Beispiel wird zuerst B2:C3 markiert und aus diesem Zellblock die dritte Zelle aktiviert.

```
[b2:c3].Select
Selection.Cells(3).Activate   'Selection --> B2:C3, ActiveCell --> B3
```

Im zweiten Beispiel wird der zuerst derselbe Zellbereich markiert, dann aber die dritte Zelle mit *Select* ausgewählt. Durch die zweite *Select*-Methode wird aber die erste Markierung aufgelöst. Daher ist nun B3 sowohl der markierte Bereich als auch die aktive Zelle.

```
[b2:c3].Select
Selection.Cells(3).Select     'Selection --> B3, ActiveCell --> B3
```

GoTo: Die Methode wählt einen Bereich aus, ist in ihrer Wirkung also mit *Select* vergleichbar. Die Syntax weicht allerdings stark von *Select* ab – der auszuwählende Bereich wird nicht als Objekt (durch *Range*) angegeben, sondern in einem Parameter: *GoTo Worksheets(n).Range("C10")*. Der Zellbereich darf auch in einem anderen Tabellenblatt liegen (dieses Tabellenblatt wird dann automatisch aktiviert). Durch den optionalen Bildlaufparameter kann zudem erreicht werden, dass die Bildlaufleisten so eingestellt werden, dass der gerade ausgewählte Bereich auch tatsächlich sichtbar ist. Automatisch ist das nicht immer der Fall.

Zugriff auf Zellen und Zellbereiche

Cells: Mit der Methode *Cells* kann auf eine einzelne Zelle des Tabellenblatts oder eines rechteckigen Bereichs zugegriffen werden. Dabei ist sowohl eine zweidimensionale Angabe in der Form *Cells(zeile, spalte)* möglich als auch die Angabe einer durchlaufenden Nummer: *Cells(n)*. Bei der zweiten Variante werden die Zellen zeilenweise durchnummeriert. Wenn als Objekt ein ganzes Tabellenblatt verwendet wird, entspricht 1 der Zelle A1, 2 der Zelle B1, 256 der Zelle IV1, 257 der Zelle A2 etc. (Beachten Sie, dass 256 von der Anzahl der zulässigen Spalten abhängt. Es kann sein, dass in einer künftigen Excel-Version mehr als 256 Spalten erlaubt sind!)

Die zeilenweise Nummerierung gilt auch für eigene Bereiche: *Range("A1:C2").Cells(4)* meint daher A2. Die durch *Cells* angegebene Zelle darf auch außerhalb des Bereichs liegen, etwa *Range("A1:C3").Cells(10)* für A4 oder *Range("C3:D4").Cells(4,5)* jeweils für G6. (G ist die fünfte Spalte, wenn die Nummerierung mit C beginnt. 6 ist die vierte Zeile, wenn die Nummerierung bei der Startzeile 3 beginnt.)

> **TIPP**
> Sie können die Adressierung von Zellen einfach im Testfenster der Entwicklungsumgebung ausprobieren. Dabei verwenden Sie die Eigenschaft *Address*, die die resultierende Adresse eines Zellbereichs angibt:
>
> ```
> ?Range("a1:c2").Cells(4).Address
> $A$2
> ```

> **HINWEIS**
> Bei zusammengesetzten Bereichen kann über *Cells* nur der erste rechteckige Teilbereich bearbeitet werden. Damit alle rechteckigen Bereiche bearbeitet werden können, muss die Methode *Areas* eingesetzt werden.

Areas: Die Methode ist ähnlich wie *Cells*, sie liefert aber zusammengehörige (rechteckige) Zellbereiche als Ergebnis. Die Anwendung von *Areas* ist zur Verarbeitung von Bereichen notwendig, die aus mehreren rechteckigen Teilbereichen zusammengesetzt sind (etwa nach einer Mehrfachauswahl mit **Strg**).

Row, *Column*: Die Eigenschaften liefern die Zeilen- bzw. Spaltennummer einer Zelle (bzw. die Nummer der ersten Zeile/Spalte eines Bereichs).

Columns, *Rows*: Die beiden Methoden erlauben einen bequemen Zugriff auf die vom Bereich beanspruchten Spalten bzw. Zeilen. Die Anzahl der Spalten bzw. Zeilen eines Bereichs kann mit *bereich.Columns.Count* bzw. mit *bereich.Rows.Count* ermittelt werden.

EntireColumn, *EntireRow*: Die beiden Eigenschaften liefern jene Spalten bzw. Zeilen als Ergebnis, in denen sich der angegebene Bereich befindet. Zeilen und Spalten sind keine eigenen Objekte, sondern werden als normale Zellbereiche behandelt.

Offset, *Resize*: *Offset* liefert zum angegebenen Bereich einen um einige Zeilen oder Spalten versetzten Bereich. Beispielsweise liefert *[A1].Offset(3,1)* die Zelle B4 als Ergebnis. Mit *Resize* kann die Größe eines Bereich verändert werden. Als Parameter werden die gewünschte Anzahl von Zeilen und Spalten übergeben. *[A1].Resize(2,3)* gibt A1:C2 als Ergebnis.

Union und *Intersect*: Die beiden Methoden bilden aus mehreren Bereichen einen zusammengesetzten Bereich (Vereinigung) bzw. ermitteln jenen Bereich, der in allen angegebenen Bereichen vorkommt (Schnittmenge). Für erfahrene Programmierer: *Union* entspricht dem logischen Oder, *Intersect* dem logischem Und. *Intersect* eignet sich beispielsweise dazu, aus einem Bereich alle Zellen auszuwählen, die in einer bestimmten Zeile oder Spalte liegen. Mit *Union* können Sie aus mehreren rechteckigen Bereichen einen zusammengesetzten Bereich bilden.

SpecialCells, RowDifferences, ColumnDifferences, CurrentRegion, CurrentArray, [Direct]Precedents, [Direct]Dependents: Über die aufgezählten Methoden bzw. Eigenschaften können besondere Zellen eines Bereichs angesprochen werden: etwa alle leeren Zellen, alle sichtbaren Zellen, alle zusammengehörigen Zellen etc. Die Schlüsselwörter ermöglichen den Zugriff auf all jene Bereiche, die mit BEARBEITEN | GEHE ZU | INHALTE markiert werden können.

> **ACHTUNG**
>
> Die Methoden *SpecialCells* und *CurrentRegion* funktionieren nicht, wenn sie bei der Ausführung selbst definierter Tabellenfunktionen auftreten. Anstatt die Methoden einzusetzen, müssen Sie deren Funktionen durch Schleifen nachbilden, was bei der Programmierung mühsam und in der Ausführung langsam ist. Siehe dazu die selbst definierte Tabellenfunktion *Holiday*, die in Abschnitt 5.5.4 beschrieben ist.

Adresse eines Zellbereichs ermitteln

Address: Die Methode liefert die Adresse eines Bereichs als Zeichenkette. Wenn der Zellbereich A1:B4 markiert ist, liefert *Selection.Address* die Zeichenkette "$A$1:$B$4". Über diverse Parameter kann die Umwandlung in eine Zeichenkette gesteuert werden (absolute/relative Adressierung, A1- oder R1C1-Schreibweise, lokale/externe Referenzierung etc.). *AddressLocal* funktioniert wie *Address*, liefert Adressen aber in der Schreibweise der jeweiligen Landessprache (d. h. Z1S1 statt R1C1). Beachten Sie, dass *Address* im Englischen anders als im Deutschen mit Doppel-D geschrieben wird.

> **HINWEIS**
>
> Bei der R1C1-Notation erfolgt die Adressierung von Zellen durch Zeilen- und Spaltennummern *(row* und *column)*. Im deutschen Sprachraum wird das zu Z1S1 *(Zeile* und *Spalte)*. Bei der A1-Notation wird die Spalte durch einen Buchstaben, die Zeile durch eine Zahl ausgedrückt.
>
> Die Benutzeroberfläche von Excel benutzt üblicherweise die A1-Notation, kann aber mit EXTRAS | OPTIONEN | ALLGEMEIN | BEZUGSART auf die Z1S1-Notation umgestellt werden (bzw. auf die R1C1-Notation bei einer englischen Excel-Version).

Wenn Sie eine Adresse – egal ob in A1- oder R1C1-Notation – einmal besitzen, können Sie die Adresse mit der *Application*-Methode *ConvertFormula* weiterverarbeiten: *ConvertFormula* ermöglicht unter anderem eine Konvertierung zwischen A1- und R1C1-Notation, zwischen absoluter und relativer Adressierung etc.

Benannte Zellbereiche

Names: Diese Methode des gerade aktiven Tabellenblatts ermöglicht den Zugriff auf benannte Zellbereiche. Mit *Add* kann ein neuer Name definiert bzw. ein vorhandener Name umdefiniert werden. Wesentlich ist, dass der Zellbereich absolut und mit einem vorangestellten »=«-Zeichen angegeben wird, etwa: *Names.Add "bereichname", "=d5"*. Benannte Zellbereiche können in der Folge über *Range* oder in der Kurzschreibweise *[bereichname]* verwendet werden. *Names("bereichname").Delete* löscht die Definition eines Namens wieder. Mit der Methode *GoTo* können Sie den Zellzeiger rasch in eine benannte Zelle bzw. einen benannten Bereich setzen.

> **TIPP** Zahlreiche kurze Codebeispiele zum Umgang mit benannten Zellbereichen finden Sie in der Beispieldatei 05\Names.xls.

Name-Objekte können übrigens nicht nur zur Benennung von Zellbereichen eingesetzt werden, sondern auch für andere Aufgaben. Das Zusatzprogramm MS-Query speichert beispielsweise seine Abfrageparameter in einer ganzen Palette von *Name*-Objekten. Dabei wird die *Visible*-Eigenschaft der Objekte auf *False* gesetzt, so dass diese Objekte nicht im Dialog EINFÜGEN|NAMEN|ANWENDEN aufscheinen. Der Inhalt der Parameter kann der *Value*-Eigenschaft entnommen werden.

> **ACHTUNG** Microsoft war sich wohl nicht ganz im Klaren darüber, ob die Definition eines neuen benannten Bereichs der Arbeitsmappe oder einem speziellen Tabellenblatt zugeordnet werden sollte: Auf der einen Seite sollte es möglich sein, in jedem Tabellenblatt dieselben Namen zu verwenden, ohne dass sich diese Namen gegenseitig stören. Andererseits ist es aber auch wünschenswert, wenn ein nur einmal vergebener Name global in allen Tabellenblättern zur Verfügung steht.
>
> Das Ergebnis sieht so aus: Wird ein Name erstmalig definiert, gilt die Definition für die gesamte Arbeitsmappe. Wird derselbe Name ein weiteres Mal in einem anderen Tabellenblatt definiert, gilt diese Definition lokal für dieses Tabellenblatt; die alte Definition gilt weiter für alle anderen Tabellenblätter. Die Folge: Es ist bisweilen nur extrem schwer nachzuvollziehen, ob eine Namensdefinition via *ActiveWorkbook.Names(...)* oder via *ActiveSheet.Names(...)* angesprochen werden muss. Entscheiden Sie sich im Zweifelsfall für die erste Variante: Dort enthält die *Names*-Auflistung alle lokalen Definitionen (des gerade aktuellen Tabellenblatts) sowie alle globalen Definitionen, die nicht durch das aktuelle Tabellenblatt überlagert sind.

Notizen/Kommentare

Zu jeder Zelle kann eine Notiz gespeichert werden. Der Zugriff erfolgt über die Methode *NoteText*. Da mit Excel-Methoden nur Zeichenketten mit maximal 255 Zeichen übergeben werden können, weist diese Methode zwei Parameter auf, mit denen die Start- und Endposition innerhalb der Notiz angegeben werden kann. Diese Parameter ermöglichen es, auch Notizen, die länger als 255 Zeichen sind, auszulesen bzw. zu verändern.

Seit Excel 97 heißen Notizen auch Kommentare. Sie werden jetzt über das neue *Comment*-Objekt verwaltet. (*NoteText* kann aber weiter verwendet werden.) Mit der Methode *AddComment* können neue Kommentare definiert werden. *ClearComment* löscht vorhandene Kommentare. Die Aufzählung *Comments* für das *WorkSheet*-Objekt hilft beim Aufspüren aller Kommentare in einem Tabellenblatt.

Zellbereiche einfügen/löschen

Zum Löschen von Zellen stehen gleich fünf Methoden zur Verfügung: *ClearContents* löscht nur die Inhalte von Zellen, belässt aber deren Formatierung. *ClearFormats* funktioniert gerade umgekehrt und löscht nur die Formatierung. *ClearNotes* löscht die Notizen zu den Zellen. *Clear* löscht die Formatierung und die Inhalte. Eine ganz andere Wirkung hat *Delete*: Dadurch werden die Zellen aus der Tabelle entfernt; die Zellen rechts davon bzw. darunter rücken entsprechend nach (entspricht dem Kommando BEARBEITEN | ZELLEN LÖSCHEN).

Zum Einfügen neuer Zellen in die Tabelle steht die Methode *Insert* zur Verfügung. Ähnlich wie bei *Delete* kann durch einen optionalen Parameter angegeben werden, ob dabei Zellen nach rechts oder nach unten verschoben werden sollen. (Wenn auf die Angabe des Parameters verzichtet wird, versucht Excel, die sinnvollere Variante zu erraten.)

Inhalt und Format von Zellen

Die folgenden Absätze beschreiben die wichtigsten Eigenschaften des *Range*-Objekts zur Einstellung von Inhalt und Format von Zellen. Die meisten der im Folgenden aufgezählten Eigenschaften werden üblicherweise auf einzellige Bereiche angewendet. Das Lesen der Eigenschaften bei mehrzelligen Bereichen führt zu unterschiedlichen Resultaten (Fehler, Einstellung der ersten Zelle des Bereichs etc.). Einheitlicher ist die Reaktion bei der Veränderung von Eigenschaften für mehrzellige Bereiche – damit werden die Einstellungen *aller* betroffenen Zellen verändert.

Value: Die Eigenschaft enthält den Wert der Zelle (bei Formeln das Ergebnis). Leere Zellen können mit *IsEmpty(obj.Value)* festgestellt werden. Durch die Zuweisung an die *Value*-Eigenschaft kann der Inhalt von Zellen verändert werden. Formeln werden als Zeichenketten angegeben, die mit einem Gleichheitszeichen beginnen: *obj.Value=*"=A4". Die *Value*-Eigenschaft gilt als Defaulteigenschaft. Das bedeutet, dass auch die Kurzschreibweise *obj*="=A4" zulässig ist. *Value2* unterscheidet sich insofern von *Va-*

lue, als Daten und Währungswerte nicht in den Formaten *Date* bzw. *Currency* angesprochen werden, sondern als Fließkommazahlen. Das vereinfacht in manchen Fällen die Weiterverarbeitung.

Text: Die Eigenschaft enthält den Inhalt der Zelle als Zeichenkette. Gegenüber *Value* zeichnet sich *Text* durch zwei wesentliche Unterschiede aus: Bei Werten liefert *Text* eine entsprechend formatierte Zeichenkette (während *Value* direkt den Wert, also eine Zahl oder ein Datum liefert); außerdem kann *Text* nur gelesen (aber nicht verändert) werden. Zuweisungen an die Zelle müssen über *Value* erfolgen.

Characters: Über die Methode kann auf einzelne Zeichen einer Textkonstanten in einer Zelle zugegriffen werden (beispielsweise um die Schriftart einzelner Zeichen einzustellen).

FormulaLocal und *FormulaR1C1Local*: Die Eigenschaften liefern die Formel der Zelle in der A1- oder in der Z1S1-Schreibweise (siehe unten). Bei leeren Zellen wird eine leere Zeichenkette, bei Formeln mit Konstanten der Wert der Konstante zurückgegeben. Wenn A5 die Formel =SUMME(A1:A4) enthält, gibt *[A1].FormulaLocal* die Zeichenkette =SUMME(A1:A4) zurück. *[A1].FormulaR1C1Local* liefert =SUMME(Z(-4)S:Z(-1)S).

Formula, FormulaR1C1: Die beiden verwandten Eigenschaften liefern die ins Englische übersetzte Formel in der A1- oder in der R1C1-Schreibweise. *[A1].Formula* gibt also die Zeichenkette =SUM(A1:A4) zurück. *[A1].FormulaR1C1* liefert =SUM(R[-4]C:R[-1]C).

Formula liefert bzw. erwartet die Formel in internationaler (englischer) Schreibweise! Die Formel wird wohl auch intern so gespeichert und nur von der Excel-Oberfläche an die landessprachlichen Besonderheiten angepasst. Eine Formel, die im deutschen Excel im Tabellenblatt als =Euroconvert(1,2; "DEM"; "EUR"; WAHR) angezeigt wird, entspricht daher der *Formula*-Zeichenkette "=Euroconvert(1.2, "DEM", "EUR", TRUE)". (Dezimalpunkt, Komma statt Strichpunkt zur Trennung der Parameter, *True* statt *WAHR* etc.)

Beachten Sie, dass sich mit Excel 7 durch die VBA-Umstellung von Deutsch auf Englisch die Wirkung der *Formula*-Eigenschaften verändert hat. In Excel 5 (VBA deutsch) gab *Formula* deutsche Funktionsnamen zurück, seit Excel 7 muss zu diesem Zweck *FormulaLocal* verwendet werden.

HasFormula: Die Eigenschaft gibt an, ob sich in der Zelle eine Formel befindet (*True*) oder nicht (*False*).

Font: Die Eigenschaft verweist auf das *Font*-Objekt, das seinerseits über eine Menge Eigenschaften die Schriftart der Zelle bestimmt: *Name* (des Zeichensatzes), *Size, Bold, Italic* etc.

Orientation, HorizontalAlignment, VerticalAlignment, WrapText: Die Eigenschaften bestimmen die Textrichtung (horizontal oder vertikal), die Ausrichtung (links/zentriert/rechts/bündig bzw. oben/mitte/unten) und den Zeilenumbruch (wahr/falsch).

Neu in Excel 97 ist die Möglichkeit, durch *Orientation* einen beliebigen Winkel im Bereich -90 bis 90 Grad anzugeben, der die Textrichtung angibt. 0 Grad entspricht normalem horizontalem Text, der Drehwinkel wird von dieser Position aus im Gegenuhrzeigersinn gerechnet (wie in der Mathematik üblich). Bei 45 Grad verläuft der Text diagonal nach oben, bei -45 Grad diagonal nach unten.

Mit *IndentLevel* kann bestimmt werden, wie weit der Inhalt einer Zelle nach rechts eingerückt werden soll. (Der zulässige Wertebereich geht von 0 bis 15.)

ColumnWidth, *RowHeight*: Die Eigenschaften bestimmen die Breite der ganzen Spalte bzw. die Höhe der ganzen Zeile.

Borders: Die Methode verweist auf bis zu sechs *Border*-Objekte (links/rechts/oben/ unten sowie diagonal auf und ab), deren Eigenschaften das Aussehen des Rahmens steuern: *LineStyle*, *Weight*, *Color*.

BorderAround: Die Methode ermöglicht eine rasche Einstellung des Gesamtrahmens.

Zahlenformatierung (NumberFormat, NumberFormatLocal und Style)

NumberFormat gibt als Zeichenkette das Zahlenformat der Zelle an. *NumberFormatLocal* erfüllt dieselbe Aufgabe, allerdings wird die Zeichenkette in der landestypischen Schreibweise formatiert. *Style* verweist schließlich auf eine Formatvorlage (*Style*-Objekt).

Zum besseren Verständnis der Situation ist es sinnvoll, mit Formatvorlagen zu beginnen. Wie bereits das Einführungsbeispiel in Abschnitt 1.3 gezeigt hat, können mit einer Formatvorlage zahllose Formatierungseigenschaften einer Zelle bestimmt werden – der Zeichensatz, die Textausrichtung, Farben etc. Die meisten Formatierungen sind leicht zu verstehen, weswegen sich dieser Abschnitt auf die Zahlenformate beschränkt.

Formatvorlagen werden von VBA aus als *Style*-Objekte angesprochen. Jede Excel-Datei (*Workbook*-Objekt) kann über *Styles* auf die in der Datei verfügbaren Formatvorlagen zurückgreifen. Einige Vorlagen sind vordefiniert (*Builtin=True*) und stehen daher immer zur Verfügung. Die folgende Schleife liefert eine Tabelle aller derartigen Vorlagen. Bei der Tabelle gilt *NumberFormatLocal* unter der Voraussetzung, dass die deutsche Excel-Version verwendet wird und in der Systemeinstellung € als Währungssymbol eingestellt wurde.

```
Dim s As Style
For Each s In ThisWorkbook.Styles
  If s.BuiltIn = True Then
    Debug.Print s.Name, s.NameLocal, s.NumberFormat, _
                s.NumberFormatLocal
  End If
Next
```

Vordefinierte Formatvorlagen		
Name	NameLocal	NumberFormat / NumberFormatLocal
Comma	Dezimal	_(* #,##0.00_);_(* (#,##0.00);_(* "-"??_);_(@_) _-* #.##0,00 _€_-;-* #.##0,00 _€_-;_-* "-"?? _€_-;_-@_-
Comma [0]	Dezimal [0]	_(* #,##0_);_(* (#,##0);_(* "-"_);_(@_) _-* #.##0 _€_-;-* #.##0 _€_-;_-* "-" _€_-;_-@_-
Currency	Währung	_($* #,##0.00_);_($* (#,##0.00);_($* "-"??_);_(@_) _-* #.##0,00 €_-;-* #.##0,00 €_-;_-* "-"?? €_-;_-@_-
Currency [0]	Währung [0]	_($* #,##0_);_($* (#,##0);_($* "-"_);_(@_) _-* #.##0 €_-;-* #.##0 €_-;_-* "-" €_-;_-@_-
Normal	Standard	General Standard
Percent	Prozent	0% 0%

Der Unterschied zwischen *Comma* und *Comma [0]* bzw. zwischen *Currency* und *Currency [0]* besteht darin, dass bei der jeweils ersten Variante zwei Nachkommastellen angezeigt werden, bei der zweiten Variante dagegen keine Stellen nach dem Komma.

Sämtliche Zellen, die nicht explizit anders formatiert sind, sind automatisch mit der Formatvorlage *Styles("normal")* formatiert. Es ist nicht möglich, der *Style*-Eigenschaft einer Zelle *Nothing* zuzuweisen! Jede Zelle muss also mit irgendeiner Formatvorlage formatiert sein.

Wenn Sie eine Zelle direkt formatieren, hat diese Formatierung Vorrang gegenüber den Einstellungen der Formatvorlage. Die Vorlage bleibt aber weiterhin für alle nicht direkt veränderten Formate gültig.

Durch die Buttons »Währung«, »Prozentformat« und »1000er-Trennzeichen« in der Formatsymbolleiste wird die Formatvorlage der betreffenden Zelle auf *Comma*, *Currency* oder *Percent* umgestellt.

> **HINWEIS**
>
> Wenn Sie das Euro-Add-In verwenden, wird dadurch eine weitere Formatvorlage definiert. Als *Name* und *NameLocal* wird jeweils *Euro* verwendet. Die *NumberFormat[Local]*-Zeichenketten sehen beide so aus:
>
> _-* #.##0,00 [$€-1]_-;-* #.##0,00 [$€-1]_-;_-* "-"?? [$€-1]_-

Nun zur Eigenschaft **NumberFormat**, die sowohl für Formatvorlagen (*Style*-Objekt) als auch zur direkten Zellformatierung (*Range*-Objekt) vorgesehen ist. Bei einer unformatierten Zelle enthält *NumberFormat* die Zeichenkette "General", die von der Formatvorlage *Normal* stammt. "General" ist allerdings eine Ausnahme – im Regelfall wird *NumberFormat* durch eine haarsträubende Zeichenkette eingestellt.

Kurz einige Informationen zum Aufbau dieser Zeichenkette: Sie besteht normalerweise aus vier Teilen, die durch einen Strichpunkt getrennt sind:

`positiv;negativ;null;Zeichenketten`

Der erste Teil bezieht sich auf positive Zahlen, der zweite auf negative Zahlen, der dritte auf den Wert 0 und der vierte Teil schließlich auf Zeichenketten. Wenn Sie nur den ersten Teil angeben, werden alle Zahlen diesem Format entsprechend formatiert; Zeichenketten werden standardmäßig angezeigt (linksbündig, ohne Einrückungen).

Die folgende Liste beschreibt die Bedeutung der wichtigsten Zeichen in *NumberFormat*:

- `;` trennt die vier Teile der Zeichenkette
- `#` Platzhalter für eine Ziffer bzw. für alle signifikanten Stellen
- `0` Platzhalter für eine Ziffer; wenn die Stelle nicht signifikant ist, wird stattdessen 0 angezeigt (z.B. wird 123,00 oder 0,12 durch *#0,00* erreicht)
- `?` Platzhalter für eine Ziffer; wenn die Stelle nicht signifikant ist, wird stattdessen ein Leerzeichen angezeigt
- `.` Dezimalpunkt (wird gemäß der Landeseinstellung dargestellt, in Deutschland also durch ein Komma; in *NumberFormat* muss allerdings ein Punkt angegeben werden)
- `,` Tausendertrennung
- `%` Platzhalter für eine Zahl in Prozentschreibweise (aus 0,1 wird 10%)
- `_x` lässt einen Freiraum in der Größe des nachfolgenden Zeichens x; dieses Zeichen wird selbst nicht angezeigt; _(bedeutet also, dass ein Leerraum in der Größe einer Klammer freigelassen wird

  _ wird oft eingesetzt, damit Zahlen bündig angezeigt werden, und zwar unabhängig davon, ob sie positiv oder negativ (eingeklammert) sind bzw. ob sie mit oder ohne Währungsangabe angezeigt werden
- `"x"` zeigt die Zeichenkette zwischen den Apostrophen an
- `*x` füllt den verbleibenden Raum mit dem Zeichen x; *x kann in jedem Teil der *NumberFormat*-Zeichenkette nur einmal verwendet werden

  *-# bedeutet, dass vor der Zahl so viele Minuszeichen eingefügt werden, dass die Zelle vollständig gefüllt ist, also etwa »-------- 123«

  "DM"* # bedeutet, dass linksbündig DM angezeigt wird, rechtsbündig die Zahl, und dazwischen die erforderliche Anzahl von Leerzeichen
- `$` Platzhalter für das/die in der Systemeinstellung definierten Währungszeichen (z.B. DM oder €); $ ist leider undokumentiert
- `@` Platzhalter für eine Zeichenkette (für den vierten Teil von *NumberFormat*)

> **TIPP**
>
> Neben den hier beschriebenen Zeichen gibt es noch zahlreiche weitere zur Formatierung von Datum, Zeit, Bruchzahlen, Exponentialzahlen etc. Weitere Informationen zu diesen Zeichen finden Sie in der Excel-Hilfe zum Thema »Erstellen eines benutzerdefinierten Zahlformats«. (Falls Sie die VBA-Hilfe geöffnet haben, müssen Sie diese schließen und dann in Excel die Excel-Hilfe aufrufen. Nur dadurch erreichen Sie, dass überhaupt die richtige Hilfedatei geöffnet wird! Die Hilfe zu *NumberFormat* ist aussagelos.)
>
> In den meisten Fällen besteht der einfachste Weg zu einer korrekten *NumberFormat*-Zeichenkette darin, dass Sie mit FORMAT|ZELLEN ein Format einstellen und sich die resultierende Zeichenkette im Direktfenster mit *Debug.Print ActiveCell.NumberFormat* ansehen.

Als letzte Eigenschaft bleibt nun noch **NumberFormatLocal** zu erklären. Diese Eigenschaft ist so gut wie gar nicht dokumentiert. Bereits die oben abgedruckte Tabelle der vordefinierten Formatvorlagen zeigt, dass es sich offensichtlich nicht einfach um eine 1:1-Übersetzung der Codes in das Landesformat handelt. So ändert sich beispielsweise die Position des Währungssymbols. Beim Format *Currency* werden positive Zahlen laut *NumberFormat* mit _($* #,##0.00_) (d.h. mit dem Währungssymbol vor der Zahl) formatiert, laut *NumberFormatLocal* aber mit _-* #.##0,00 €_- (also Währungssymbol am Ende). Tatsächlich kommt – zumindest bei der deutschen Excel-Version – *NumberFormatLocal* zum Einsatz. *NumberFormatLocal* hat also offensichtlich Vorrang gegenüber *NumberFormat*.

Aus diesem Grund kann es beim Versuch, *NumberFormat* per Programmcode zu ändern, zu kuriosen Effekten kommen. Nehmen Sie an, Sie hätten die Zahl 1234 als Währung formatiert (*1.234,00 €*). Wenn Sie nun die Anweisung

```
ActiveCell.NumberFormat = _
  Replace(ActiveCell.NumberFormat, "$", """ATS""")
```

durchführen, um das Währungssymbol aus der Systemeinstellung durch die Zeichenkette "ATS" zu ersetzen, wird aus *1.234,00 €* plötzlich *ATS 1.234,00* – d.h., die Währung wird jetzt vor dem Betrag statt dahinter angezeigt. Damit Sie das gewünschte Ergebnis erzielen, müssen Sie vielmehr die folgende Anweisung ausführen:

```
ActiveCell.NumberFormatLocal = _
  Replace(ActiveCell.NumberFormatLocal, "€", """ATS""")
```

Nun ist die direkte Bearbeitung von *NumberFormatLocal* aber auch keine optimale Lösung, weil Ihr Programmcode damit im Allgemeinen landesspezifisch wird, was auf einer anderssprachigen Excel-Version zu unerwarteten (aber selten korrekten) Ergebnissen führt.

Noch ein Beispiel: Sie stellen *NumberFormatLocal="T.M.JJJJ"* ein (liefert z.B. 1.12.1999). Wenn Sie nun *NumberFormat* auslesen, erhalten Sie *"d/m/yyyy"*, was in etwa eine 1:1-Entsprechung ist – wenn auch mit Schrägstrichen statt mit Punkten.

Stellen Sie hingegen *NumberFormatLocal="TT.MM.JJJJ"* (liefert 01.12.1999), gilt anschließend *NumberFormat="m/d/yy"*! Die Reihenfolge von Monat und Tag hat sich geändert! (Das liegt vermutlich daran, dass Excel *"TT.MM.JJJJ"* als vordefiniertes deutsches Format kennt und eine Tabelle mit dessen internationaler Entsprechung hat. *"T.M.JJJJ"* ist in dieser Tabelle aber nicht enthalten, daher erfolgt die Umwandlung für *NumberFormat* nach einem anderen Mechanismus. Alles in allem bleiben bei *NumberFormatLocal* viele Fragen offen, die nur Microsoft beantworten könnte, dies in der Excel-Hilfe aber versäumt.)

Suchen und Ersetzen

Mit der Methode *rng.Find "zeichenkette"* können Sie einen Text in einem Zellbereich suchen. Die Methode liefert ein *Range*-Objekt mit der ersten Zelle zurück, die den Suchtext enthält. Wenn *Find* nichts findet, liefert die Methode *Nothing* als Ergebnis.

Um innerhalb eines Zellbereichs eine Zeichenkette durch eine andere zu ersetzen, verwenden Sie *rng.Replace "abc", "efg"*. Die Methode liefert immer *True* als Ergebnis, unabhängig davon, ob bzw. wie oft die erste durch die zweite Zeichenkette ersetzt wurde.

> **VERWEIS**
>
> Ausführliche Informationen zu zahlreichen optionalen Parametern der *Find*-Methode sowie ein Beispiel für deren Anwendung finden Sie in Abschnitt 11.3.1. Dieselben Parameter können auch bei *Replace* angewendet werden.
>
> Beachten Sie, dass Sie sich bei beiden Methode nicht auf Defaulteinstellungen verlassen dürfen! Bei allen nicht angegebenen Parametern gelten die zuletzt verwendeten Einstellungen. Wenn das Suchergebnis bzw. das Ersetzen unabhängig von bisherigen Einstellungen funktionieren soll, müssen Sie immer alle Parameter angeben!

Erweiterte Suchfunktionen in Excel 2002

In Excel 2000 können Sie zwar nach Inhalten, aber nicht nach Formaten suchen. Diese Möglichkeit bieten die Methoden *Find* und *Replace* erst ab Version 2002. Dazu muss die gewünschte Formatierung zuerst durch ein oder zwei **CellFormat**-Objekte eingestellt werden. Der Zugriff auf diese Objekte erfolgt durch die Eigenschaften *Find*- bzw. *ReplaceFormat* des *Application*-Objekts. Anschließend werden beim Aufruf der *Find*- bzw. *Replace*-Methode die Parameter *SearchFormat := True* und *ReplaceFormat := True* angegeben, damit die Formatangaben berücksichtigt werden.

Das folgende Beispiel zeigt, wie alle fett formatierten Zellen des ersten Tabellenblatts kursiv formatiert werden. Beachten Sie insbesondere, dass sowohl auf *Find*- als auch auf *ReplaceFormat* zuerst die Methode **Clear** angewendet wird, um frühere Einstellungen zu löschen.

```
Application.FindFormat.Clear
Application.FindFormat.Font.FontStyle = "Fett"
Application.ReplaceFormat.Clear
Application.ReplaceFormat.Font.FontStyle = "Kursiv"
Worksheets(1).Cells.Replace "", "", _
  SearchFormat:=True, ReplaceFormat:=True
```

A1- versus Z1S1-Schreibweise

Generell werden Zellbezüge in der A1-Schreibweise angegeben. *Range("Z1S1")* bzw. *Range("R1C1")* sind nicht erlaubt. Im Programmcode ist es oft praktischer, Zellbezüge mit *Cells* herzustellen. Diese Methode erwartet numerische Parameter zur Angabe von Zeilen- und Spaltennummern und entspricht damit der Z1S1-Syntax.

Einen Sonderfall stellen Formeln in Tabellenblättern dar. Über die Eigenschaft *Formula* kann die Formel einer Zelle in der A1-Schreibweise gelesen bzw. verändert werden, über *FormulaR1C1* in der R1C1-Schreibweise und über *FormulaR1C1Local* in der Z1S1-Schreibweise.

Die Eigenschaft *Application.ReferenceStyle* bestimmt, wie in Excel Zellbezüge angezeigt werden. Die Eigenschaft kann die beiden Werte *xlA1* oder *xlR1C1* aufweisen. Das Format, in dem Zellbezüge angezeigt werden sollen, kann auch über EXTRAS|OPTIONEN| ALLGEMEIN eingestellt werden.

5.1.2 Anwendungsbeispiele

Aktive Zelle bestimmen bzw. versetzen

```
Range("B1").Select          'aktiviert B1
[B1].Select                 'aktiviert ebenfalls B1
Cells(1,2).Select           'aktiviert ebenfalls B1
ActiveCell.Range("A2").Select 'aktiviert die Zelle eine Zeile
                            'unterhalb
ActiveCell.Offset(1,0).Select 'aktiviert die Zelle eine Zeile
                            'unterhalb
```

> **TIPP** Alle längeren Beispiele dieses Abschnitts befinden sich in der Beispieldatei 05\Cells.xls.

Bereiche auswählen und bearbeiten

Die Makroaufzeichnung führt in der Regel zu einem Code, der in etwa wie das Beispiel unten aussieht.

5.1 Zellen und Zellbereiche

```
Range("D11:F14").Select
With Selection.Font
   .Name = "Courier New"
   .Bold = True
End With
```

Das bei der Makroaufzeichnung vorherrschende Schema – zuerst einen Zellbereich auswählen, dann diverse Einstellungen durchführen – ist nicht zwingend. Das folgende Codebeispiel erfüllt dieselbe Aufgabe, ohne die aktuelle Position des Zellzeigers bzw. den aktuell markierten Bereich zu verändern:

```
With Range("D11:F14").Font
   .Name = "Courier New"
   .Bold = True
End With
```

Die Verwendung von *With* führt in vielen Fällen zu einem übersichtlicheren und effizienteren Code, ist aber ebenfalls nicht zwingend, wie das letzte Beispiel beweist:

```
Range("D11:F14").Font.Name = "Courier New"
Range("D11:F14").Font.Bold = True
```

Die Angabe von Zellbezügen in der Form A1 ist allerdings zum einen unübersichtlich und zum anderen extrem unflexibel bei Veränderungen in der Tabellenstruktur. Sobald Sie in der Tabelle eine Zeile oder eine Spalte einfügen, müssen Sie den Code des gesamten Makros verändern!

Aus diesem Grund sollten Sie mit EINFÜGEN|NAMEN|FESTLEGEN für häufig benötigte Zellbereiche Namen definieren. Anschließend können Sie diese Namen im Code verwenden: *Range("Name")*. (Die Makroaufzeichnung ist leider nicht in der Lage, automatisch vordefinierte Namen zu verwenden. Sie müssen den erzeugten Code also anschließend selbst anpassen.)

Zellbereiche kopieren und verschieben

> **VERWEIS** Das Kopieren, Ausschneiden und Einfügen von Zellbereichen erfolgt im Regelfall über die *Range*-Methoden *Copy*, *Cut* und *Paste*. Diese werden zusammen mit anderen Kommandos zum Datentransfer über die Zwischenablage in Abschnitt 5.3 beschrieben.

Auswahl von komplexeren Bereichen

In der Praxis kommt es häufig vor, dass Sie zusammengehörige Zellbereiche markieren möchten, deren Größe variabel ist. Über die Tastatur markieren Sie solche Bereiche oft mit Ende, Shift+Cursortaste. Im VBA-Code können Sie mit der Methode *End(xlXxx)* eine einzelne Zelle am Ende eines Blocks ermitteln. Über *Range* können Sie dann auf einen entsprechenden Bereich zwischen zwei Eckzellen zugreifen. (Die Makroaufzeichnung benutzt diese Methode leider nicht und produziert stattdessen starre Zellbezüge. Das so erzeugte Makro kann sich daher nicht an eine veränderte Tabellenstruktur anpassen und muss gegebenenfalls manuell angepasst werden.)

Manchmal helfen auch die Eigenschaften *CurrentRegion* oder *CurrentArray* bzw. die Methode *SpecialCells* weiter. In selbst definierten Tabellenfunktionen bereiten diese Funktionen aber oft Schwierigkeiten. Gegebenenfalls müssen Sie den in Frage kommenden Bereich Zelle für Zelle abarbeiten, um die Position der Start- und der Endzelle zu finden.

Die Beispielprozedur *SelectRow* markiert – ausgehend von der aktuellen Position des Zellzeigers – alle zusammengehörigen Zellen einer Zeile. Dabei ist nicht die gesamte Zeile einer Tabelle gemeint, sondern nur eine Gruppe von belegten (nicht leeren) Zellen. Die Prozedur demonstriert lediglich das Schema einer solchen Markierung. Die beiden Zellen *cell1* und *cell2* könnten aber einfacher durch *End*-Anweisungen ermittelt werden.

Kurz zur Funktion der Prozedur: Ausgangspunkt ist die aktive Zelle *startcell*. Wenn diese leer ist, wird die Prozedur sofort verlassen. Andernfalls wird in einer *For*-Schleife die letzte Zelle links von der aktuellen Zelle gesucht, die nicht leer ist. Mit *Set* wird in *cell1* ein Verweis auf diese Zelle gespeichert. Die *If*-Abfrage am Ende der Schleife berücksichtigt den Sonderfall, dass die Zeile bis zur ersten Spalte mit Werten gefüllt ist – in diesem Fall wird die Schleife beendet, ohne in *cell1* einen Verweis zu speichern.

```
' Beispieldatei 05\Cells.xls
' markiert einen zusammengehörigen Zellbereich innerhalb einer Zeile
Sub SelectRow()
  Dim startCell As Range, cell1 As Range, cell2 As Range
  Dim rowNr&, colNr&
  Set startCell = ActiveCell
  rowNr = startCell.Row: colNr = startCell.Column
  If IsEmpty(startCell) Then Exit Sub
  ' linkes Zeilenende suchen, Endzelle in cell1 speichern
  For colNr = startCell.Column To 1 Step -1
    If IsEmpty(Cells(rowNr, colNr).Value) Then
      Set cell1 = Cells(rowNr, colNr + 1)
      Exit For
    End If
  Next colNr
  If cell1 Is Nothing Then Set cell1 = Cells(rowNr, 1)
  ' rechtes Zeilenende suchen, Endzelle in cell2 speichern
  For colNr = startCell.Column To 256
    If IsEmpty(Cells(rowNr, colNr).Value) Then
      Set cell2 = Cells(rowNr, colNr - 1)
      Exit For
    End If
```

```
Next colNr
If cell2 Is Nothing Then Set cell2 = Cells(rowNr, 256)
' den Bereich zwischen zelle1 und zelle2 markieren
Range(cell1, cell2).Select
End Sub
```

Analog zur ersten Schleife wird in der zweiten Schleife die letzte nicht leere Zelle rechts gesucht und in *cell2* gespeichert. Anschließend wird der Bereich zwischen *cell1* und *cell2* ausgewählt (markiert).

Bereiche zusammensetzen (Vereinigung und Schnittmenge)

Die Methode *Union* wird eingesetzt, um mehrere Bereiche zu einem größeren Bereich zusammenzusetzen. Der entstehende Bereich muss nicht zusammenhängend sein. Die Bearbeitung solcher Bereiche erfordert allerdings den Einsatz des *Areas*-Objekts (siehe unten).

Im ersten Beispiel wird *Union* verwendet, um eine bereits bestehende Auswahl um die Zelle A4 zu erweitern (entspricht Anklicken von A4 bei gedrückter Strg-Taste).

```
Union(Selection, Range("A4")).Select
```

Im zweiten Beispiel wird zuerst der Bereich A1:D4 ausgewählt. Anschließend wird mit *Intersect* daraus jener Bereich ausgewählt, der sich in der Spalte A befindet. Die neue Markierung umfasst daher den Bereich A1:A4.

```
Range("A1:D4").Select
Intersect(Selection, Range("A:A")).Select
```

> **VORSICHT** Wenn Sie zwei einander überlappende *Range*-Objekte mit *Union* vereinigen, sind die gemeinsamen Zellen im vereinten Objekt mehrfach enthalten. Der Effekt ist derselbe, als ob Sie mit **Strg** mehrere überlappende Zellbereiche mit der Maus markieren (siehe Bild 5.1 auf Seite 209).

Alle Zellen eines rechteckigen Bereichs bearbeiten

Über die Methode *Cells* kann auf die Zellen eines rechteckigen Bereichs zugegriffen werden. Das Beispiel unten zeigt ein konkretes Anwendungsbeispiel: Das Makro *IncreaseFontSize* stellt für alle Zellen der aktuellen Auswahl eine um 2 Punkt größere Schriftart ein. Das Makro hat damit eine ähnliche Funktion wie das Symbol SCHRIFTART VERGRÖßERN. Der wesentliche Unterschied besteht darin, dass das Makro jede Zelle individuell bearbeitet, während das Anklicken des Symbols dazu führt, dass die Zeichensatzgröße aller markierten Zellen durch die Zeichensatzgröße der ersten markierten Zelle bestimmt wird.

Die Abfrage *If Selection Is Nothing* ist erforderlich, damit das Makro keine Fehlermeldung liefert, wenn es irrtümlich in einem Diagrammblatt gestartet wird. (Dort gibt es keine Zellen, deren Schriftart verändert werden kann.)

```
Sub IncreaseFontSize()
  Dim cell As Range
  If Selection Is Nothing Then Exit Sub
  For Each cell In Selection.Cells
    cell.Font.Size = cell.Font.Size + 2
  Next cell
End Sub
```

Die Schleife hätte übrigens auch anders (weniger elegant) formuliert werden können:

```
Dim i As Integer
If Selection Is Nothing Then Exit Sub
For i = 1 To Selection.Cells.Count
  Selection.Cells(i).Font.Size = _
    Selection.Cells(i).Font.Size + 2
Next Cell
```

Alle Zellen eines zusammengesetzten Bereichs bearbeiten

Das obige Beispiel hat einen Mangel: Es kommt mit zusammengesetzten Zellbereichen nicht zurecht. Solche Zellbereiche entstehen, wenn Sie mehrere Zellbereiche bei gedrückter Strg-Taste markieren oder wenn Sie Zellbereiche mit *Union* oder *Intersect* bilden. Das obige Makro ändert in diesem Fall nur die Zellen des ersten Rechtecks. Damit wirklich alle Zellen geändert werden, muss auf die einzelnen Bereiche über die Methode *Areas* zugegriffen werden:

```
' Beispieldatei 05\Cells.xls
Sub IncreaseFontSize()
  Dim rng As Range, ar As Range
  If Selection Is Nothing Then Exit Sub
  For Each ar In Selection.Areas
    For Each rng In ar
      rng.Font.Size = rng.Font.Size + 2
    Next rng
  Next ar
End Sub
```

> **VORSICHT**
>
> Wenn ein Anwender zuerst D3:D10 markiert und dann B6:F6 mit Strg (siehe Bild 5.1), ist die Zelle D6 in beiden Zellbereichen enthalten, somit also doppelt markiert! Mit der obigen Prozedur *IncreaseFontSize* würde der Zeichensatz von D6 daher nicht wie bei allen anderen Zellen um 2 Punkt, sondern um 4 Punkt vergrößert werden.
>
> Es kann Anwendungen geben, bei denen eine mehrfache Bearbeitung derselben Zelle ausgeschlossen werden muss. In solchen Fällen muss eine Liste aller bereits bearbeiteten Zellen verwaltet werden. Die folgende adaptierte Version von *IncreaseFontSize* demonstriert eine mögliche Vorgehensweise.

5.1 Zellen und Zellbereiche

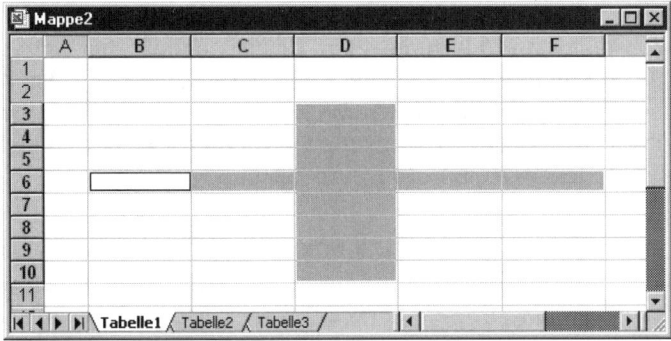

Bild 5.1: Die Zelle D6 ist zweifach markiert

```
' in cellsDone wird eine Adressliste aller bereits
' bearbeiteten Zellen verwaltet, um eine evt.
' Mehrfachbearbeitung einzelner Zellen zu
' vermeiden
Sub IncreaseFontSize()
  Dim rng As Range, ar As Range
  Dim cellsDone$, thisCell$
  If Selection Is Nothing Then Exit Sub
  For Each ar In Selection.Areas
    For Each rng In ar
      thisCell = "[" + rng.Address + "]"
      If InStr(cellsDone, thisCell) = 0 Then
        rng.Font.Size = rng.Font.Size + 2
        cellsDone = cellsDone + thisCell + " "
      End If
    Next rng
  Next ar
End Sub
```

Schriftart einstellen

Die Einstellung der Schriftart der gesamten Zelle kann einfach durch die Veränderung der Eigenschaften des *Font*-Objekts erfolgen.

```
With Selection.Font
  .Name = "Courier New"
  .Bold = True
  .Size = 10
  .Strikethrough = False
  ' etc.
End With
```

Etwas komplizierter wird es, wenn Sie nicht die Schriftart der gesamten Zelle, sondern nur einzelne Buchstaben verändern möchten. Das ist generell nur dann möglich, wenn die Zelle eine Textkonstante (keine Zahl, keine Formel) enthält. Der Zugriff auf die einzelnen Zeichen erfolgt über die Methode *Characters*. Das Makrobeispiel unten formatiert die Zeichen einer Zelle mit zunehmend größerer Schrift, d. h. den ersten Buchstaben mit 10 Punkt, den zweiten mit 11 Punkt etc.

```
Sub SpecialFont()
  Dim i&
  If IsEmpty(ActiveCell.Value) Or ActiveCell.HasFormula Then Exit Sub
  If IsNumeric(ActiveCell.Value) Then Exit Sub
  For i = 1 To ActiveCell.Characters.Count
    ActiveCell.Characters(i, 1).Font.Size = 9 + i
  Next i
End Sub
```

Das letzte Beispiel ist stärker praxisbezogen. Es stellt den Schriftstil der ausgewählten Zellen zwischen den Schriftstilen normal, fett, kursiv und fett-kursiv um. Dabei wird mit jedem Aufruf in den jeweils nächsten Darstellungsmodus umgeschaltet. Das Makro kann damit einem neuen Symbol in der Symbolleiste zugewiesen werden. Dieses Symbol ersetzt die beiden vorhandenen Symbole FETTDRUCK und KURSIVDRUCK, beansprucht aber nur halb so viel Platz in der ohnehin immer zu kleinen Symbolleiste.

```
'wechselt zwischen normal, fett, kursiv und fett-kursiv
Sub ItalicBold()
  Dim bld As Variant, ital As Variant
  If Selection Is Nothing Then Exit Sub
  bld = Selection.Font.Bold: ital = Selection.Font.Italic
  If Not bld And Not ital Then
    bld = True
  ElseIf bld And Not ital Then
    ital = True: bld = False
  ElseIf Not bld And ital Then
    bld = True
  Else
    bld = False: ital = False
  End If
  Selection.Font.Bold = bld: Selection.Font.Italic = ital
End Sub
```

Rahmen

Excel verwaltet für jede Zelle sechs *Border*-Objekte, die den linken, rechten, oberen und unteren Rand der Zelle sowie diagonale Linien innerhalb der Zelle beschreiben. Auf die einzelnen Rahmenobjekte können Sie über *zelle.Borders(n)* zugreifen, wobei Sie für *n* die folgenden Konstanten einsetzen können:

5.1 Zellen und Zellbereiche

xlEdgeTop	oben
xlEdgeBottom	unten
xlEdgeLeft	links
xlEdgeRight	rechts
xlDiagonalDown	diagonal von links oben nach rechts unten
xlDiagonalUp	diagonal von links unten nach rechts oben
xlInsideHorizontal	horizontale Linien innerhalb einer Gruppe von Zellen
xlInsideVertical	vertikale Linien innerhalb einer Gruppe von Zellen

xlInsideHorizontal und *xlInsideVertical* können zum Zeichnen von Linien bei Bereichen verwendet werden, die sich über mehrere Zellen erstrecken. Sie bewirken eine Veränderung der betroffenen *Top/Bottom/Left/Right*-Rahmen. Intern werden pro Zelle aber nur sechs Rahmenlinien verwaltet (entsprechend der ersten sechs Konstanten der obigen Tabelle).

> **HINWEIS**
>
> Aus unerfindlichen Gründen erfasst die Schleife *For Each b In rng.Borders* nicht immer alle Rahmen einer Zelle bzw. eines Zellbereichs. Verwenden Sie stattdessen:
>
> ```
> For Each i In Array(xlEdgeTop, xlEdgeBottom, xlEdgeLeft, _
>                     xlEdgeRight, xlDiagonalDown, xlDiagonalUp)
> ```
>
> Dabei muss *i* als *Variant*-Variable deklariert werden.

Die wichtigsten Eigenschaften des *Border*-Objekts sind *LineStyle* (etwa *xlLineStyleNone*, *xlContinuous* und *xlDouble*), *Weight* (*xlHairline*, *xlThin*, *xlMedium*, *xlThick*) und *Color*.

> **ACHTUNG**
>
> Wenn in Excel eine Rahmenlinie zwischen zwei übereinander liegenden Zellen sichtbar ist, gibt es drei Möglichkeiten: Es handelt sich um den unteren Rahmen der oberen Zelle oder um den oberen Rahmen der unteren Zelle oder um beides gleichzeitig. Wenn Sie im interaktiven Betrieb FORMAT|ZELLEN|RAHMEN verwenden, berücksichtigt Excel beim Löschen von Rahmen automatisch auch die anliegenden Zellen. Bei der Veränderung von Rahmen per VBA-Code müssen Sie sich darum selbst kümmern. Das folgende Beispiel zeigt die korrekte Vorgehensweise.

Das folgende Makro bietet Abhilfe. Es löscht *alle* Rahmen der zuvor ausgewählten Zellen, und zwar auch dann, wenn die Rahmen eigentlich zu einer benachbarten Zelle gehören:

```
' Beispieldatei 05\Cells.xls
Sub RemoveAllBorders()
  Dim calcModus&, updateModus&, i
  Dim rng As Range, ar As Range
  Dim brd As Border
  If Selection Is Nothing Then Exit Sub
```

```
' Geschwindigkeitsoptimierung
calcModus = Application.Calculation
updateModus = Application.ScreenUpdating
Application.Calculation = xlManual
Application.ScreenUpdating = False
'
For Each ar In Selection.Areas    'für jeden separaten Zellbereich
   For Each rng In ar             'für jede Zelle
      ' alle Rahmen der aktuellen Zelle löschen
      For Each i In Array(xlEdgeTop, xlEdgeBottom, xlEdgeLeft, _
                   xlEdgeRight, xlDiagonalDown, xlDiagonalUp)
         rng.Borders(i).LineStyle = xlLineStyleNone
      Next i
      ' rechten Rahmen der links angrenzenden Zelle löschen
      If rng.Column > 1 Then
         rng.Offset(0, -1).Borders(xlRight).LineStyle = xlLineStyleNone
      End If
      ' linken Rahmen der rechts angrenzenden Zelle löschen
      If rng.Column < 256 Then
         rng.Offset(0, 1).Borders(xlLeft).LineStyle = xlLineStyleNone
      End If
      ' unteren Rahmen der Zelle oberhalb löschen
      If rng.Row > 1 Then
         rng.Offset(-1, 0).Borders(xlBottom).LineStyle = _
            xlLineStyleNone
      End If
      ' oberen Rahmen der Zelle unterhalb löschen
      If rng.Row < 65536 Then
         rng.Offset(1, 0).Borders(xlTop).LineStyle = xlLineStyleNone
      End If
   Next rng
 Next ar
 ' Geschwindigkeitsoptimierung Ende
 Application.Calculation = calcModus
 Application.ScreenUpdating = updateModus
End Sub
```

Geschwindigkeitsoptimierung

Die Ausführung von Prozeduren, die umfangreiche Änderungen im Tabellenblatt durchführen, kann relativ langsam vonstatten gehen. Zwei mögliche Gründe sind der Zeitaufwand für das beständige Aktualisieren des Bildschirminhalts und die Neuberechnung der Tabelle nach jeder Änderung. Sie können die Geschwindigkeit Ihrer Makros stark erhöhen, wenn Sie während der Ausführung sowohl die Bildschirmaktualisierung als auch die Neuberechnung deaktivieren. Dazu müssen Sie die *Appli-*

cation-Eigenschaften *ScreenUpdating* und *Calculation* am Anfang und am Ende der Prozedur entsprechend einstellen.

Die Prozedur *RemoveAllBorders* (siehe Beispiel oben) speichert zu Beginn die aktuellen Werte der beiden Eigenschaften und stellt sie anschließend auf *False* bzw. *xlManual*. Am Ende der Prozedur werden die ursprünglichen Einstellungen wiederhergestellt.

Zielwertsuche, Solver-Add-In

Mit dem Kommando EXTRAS|ZIELWERTSUCHE können Sie versuchen, den Wert einer Zelle so zu ermitteln, dass eine andere Zelle einen vorgegebenen Zielwert erreicht. Per Programmcode können Sie dazu die **Goalseek**-Methode anwenden. Beispielsweise verändert die folgende Anweisung den Inhalt von A2 so, dass in A1 der Zielwert 0.6 möglichst exakt erreicht wird. (Das kann natürlich nur dann funktionieren, wenn A1 eine Formel enthält, deren Ergebnis in irgendeiner Form von A2 abhängig ist.) *Goalseek* liefert als Ergebnis *True* oder *False*, je nachdem, ob die Zielwertsuche gelungen ist oder nicht.

```
Range("A1").GoalSeek Goal:=0.6, ChangingCell:=Range("A2")
```

Die Zielwertsuche hat den Nachteil, dass nur eine einzige abhängige Zelle variiert wird. Für kompliziertere Fälle gibt es das Solver-Add-In (Kommando EXTRAS|SOLVER), das mit mehreren abhängigen Zellen zurechtkommt und darüber hinaus auch noch Nebenbedingungen berücksichtigen kann. Dieses Add-In muss gegebenenfalls zuerst mit EXTRAS|ADD-INS aktiviert werden.

Auch das Solver-Add-In kann per VBA-Code gesteuert werden, allerdings ist das deutlich komplizierter als bei der *Goalseek*-Methode. Das Hauptproblem besteht darin, dass die via VBA zugänglichen Funktionen des Add-Ins nicht dokumentiert sind. Daher führt der einzige Weg zu funktionierendem Code meist über die Makroaufzeichnung, mit der auch das folgende Beispiel entwickelt wurde. Damit wird versucht, für die Zellen A7 und A8 Werte zu finden, so dass A6 einen möglichst großen Wert (ein lokales Maximum, *MaxMinVal:=1*) erreicht.

Die grundsätzliche Vorgehensweise ist leicht zu verstehen: *SolverOptions* stellt die Optionen des Solvers ein. *SolverOk* gibt an, auf welche Zellen der Solver angewendet werden soll und was das Ziel der Optimierung ist (Parameter *MaxMinVal*). *SolverSolve* führt schließlich die Optimierung durch. Nach Abschluss der Optimierung erscheint ein Dialog, der dank *SendKeys* durch **Return** bestätigt wird und daher sofort wieder verschwindet.

```
SolverOptions MaxTime:=100, Iterations:=100, Precision:=0.000001, _
   AssumeLinear:=False, StepThru:=False, Estimates:=1, _
   Derivatives:=1, SearchOption:=1, IntTolerance:=5, _
   Scaling:=False, Convergence:=0.0001, AssumeNonNeg:=False
SolverOk SetCell:="$A$6", MaxMinVal:=1, ByChange:="$A$7:$A$8"
SendKeys "~" 'entspricht Return
SolverSolve
```

> **HINWEIS**
>
> Sie müssen in der VBA-Entwicklungsumgebung mit EXTRAS|VERWEISE einen Link auf das Solver-Add-In einrichten müssen, bevor Sie die Solver-Funktionen nutzen können. Beachten Sie auch, dass Anwendungen, die von Add-Ins abhängig sind, in der Vergangenheit immer wieder Probleme bei Excel-Versionswechseln verursacht haben. Weitere Informationen zur VBA-Programmierung des Solvers finden Sie hier:
>
> http://support.microsoft.com/support/excel/content/solver/solver.asp

5.1.3 Syntaxzusammenfassung

Zugriff auf ausgewählte Bereiche

ActiveCell	aktive Zelle (Postion des Zellzeigers)
Selection	markierter Bereich oder markiertes Objekt im Fenster
RangeSelection	markierter Bereich (auch dann, wenn zusätzlich ein anderes Objekt ausgewählt wurde)
UsedRange	genutzter Bereich in Tabellenblatt

Auswahl von Bereichen

Range("A3")	eine Zelle
Range("A3:B5")	Zellbereich
Range("A3:B5,C7")	nicht zusammenhängender Zellbereich
Range("name")	Zugriff auf einen benannten Bereich
Evaluate("name")	Zugriff auf einen benannten Bereich, zweite Variante
[A3] oder *[A3:B5]* oder *[name]*	Kurzschreibweise für *Range* bzw. *Evaluate*
Range(range1, range2)	Bereich zwischen zwei Zellen; *range1* und *range2* können auch durch *Cells* angegeben werden
range.Offset(z, sp)	liefert einen um *z* Zeilen und *sp* Spalten versetzten Bereich
range.Resize(z, sp)	verändert die Bereichsgröße auf *z* Zeilen und *sp* Spalten
range.Select	wählt den angegebenen Bereich aus
range.Activate	wie oben
GoTo range	wählt den angegebenen Bereich aus
GoTo range, True	wie oben, zeigt Bereich aber auch an
Union(range1, range2,..)	Vereinigung der angeführten Bereiche
Intersect(range1, range2,..)	Schnittmenge der angeführten Bereiche

Zugriff auf spezielle Zellen

range.Cells	Aufzählobjekt aller Zellen
range.Cells(n)	*n*-te Zelle (1=A1, 2=B1, 257=A2 etc.)
range.Cells(z, sp)	Zelle der *z*-ten Zeile und *sp*-ten Spalte
range.Areas	Aufzählobjekt aller rechteckigen Bereiche
range.Areas(n)	*n*-ter rechteckiger Bereich

5.1 Zellen und Zellbereiche

range.EntireColumn	Spalten, in denen sich der Bereich befindet
range.EntireRow	wie oben für Zeilen
range.Columns(n)	Zugriff auf einzelne Spalten
range.Rows(n)	Zugriff auf einzelne Zeilen
range.SpecialCells(typ)	Zugriff auf leere, sichtbare, untergeordnete etc. Zellen
range.End(xlXxx)	Zugriff auf letzte Zelle in einer Richtung
range.CurrentRegion	Zugriff auf zusammengehörigen Zellbereich
range.[Direct]Precedents	Zugriff auf Vorgängerzellen (Ausgangsdaten)
range.[Direct]Dependents	Zugriff auf Nachfolgerzellen (Formeln)
range.ListHeaderRows	ermittelt die Anzahl der Überschriftszeilen eines Bereichs

Benannte Zellbereiche, Adressen von Bereichen

Names.Add "test", "=d5"	definiert den Namen »test« mit dem Bezug auf die Zelle D5
[test].Select	wählt den Zellbereich »test« aus
Names("test").RefersTo	liefert Bereichsbezeichnung (z. B. *"=Tabelle1!$F$4:$G$6"*)
Names("test").RefersToR1C1	wie oben, aber in R1C1-Schreibweise
Names("test").RefersToR1C1Local	wie oben, aber in Z1S1-Schreibweise
Names("test").Delete	löscht den Namen »test«
range.Address(..)	liefert Zeichenkette mit Bereichsadresse
range.AddressLocal(..)	wie oben, aber Z1S1- statt R1C1-Schreibweise

Daten in Zellbereichen einfügen/löschen

range.ClearContents	Zellinhalte löschen
range.ClearFormats	Formatierung der Zellen löschen
range.Clear	Inhalte und Formate löschen
range.ClearNotes	Notizen löschen
range.Delete [xlToLeft oder *xlUp]*	Zellen löschen
range.Insert [xlToRight oder *xlDown]*	Zellen einfügen

Inhalt und Format einzelner Zellen

range.Value	Wert der Zelle
range.Text	formatierte Zeichenkette mit Inhalt der Zelle (read-only)
range.Characters(start, anzahl)	einzelne Zeichen eines Texts
range.Formula	Formel der Zelle in A1-Schreibweise, englische Funktionsnamen
range.FormulaR1C1	Formel in R1C1-Schreibweise, englische Funktionsnamen
range.FormulaLocal	Formel der Zelle in A1-Schreibweise, deutsche Funktionsnamen
range.FormulaR1C1Local	Formel in Z1S1-Schreibweise, deutsche Funktionsnamen
range.HasFormula	gibt an, ob Zelle Formel enthält oder nicht
range.NoteText(text, start, end)	liest oder verändert bis zu 255 Zeichen der Notiz zur Zelle
range.Font	Verweis auf Schriftartobjekt
range.VerticalAlignment	vertikale Ausrichtung (links/rechts/zentriert/bündig)
range.HorizontalAlignment	horizontale Ausrichtung (oben/unten/mittig)
range.Orientation	Textrichtung (horizontal/vertikal)

range.WrapText	Zeilenumbruch
range.ColumnWidth	Breite der ganzen Spalte
range.RowHeight	Höhe der ganzen Zeile
range.NumberFormat	Zeichenkette mit Zahlenformat
range.Style	Zeichenkette mit Formatvorlagenname
range.BorderAround art, stärke	stellt den Gesamtrahmen ein
range.Borders	Verweis auf Rahmenobjekt
range.Row	Zeilennummer der Zelle
range.Column	Spaltennummer der Zelle

5.2 Arbeitsmappen, Fenster und Arbeitsblätter

Dieser Abschnitt behandelt den Umgang mit Arbeitsmappen, Fenstern und Arbeitsblättern. Alle drei Begriffe werden durch Objekte repräsentiert, wobei zusätzlich zwischen Typen von Arbeitsblättern (Tabelle, Diagramm, Dialog) unterschieden wird. Abschnitt 5.2.1 beschreibt alle wichtigen Methoden und Eigenschaften zur Bearbeitung dieser Objekte, Abschnitt 5.2.2 gibt einige Beispiele für deren Anwendung.

5.2.1 Objekte, Methoden und Eigenschaften

Application-Objekt

Application stellt das Basisobjekt innerhalb von Excel dar. *Application* meint nicht eine spezielle Excel-Datei, sondern das Programm Excel als Ganzes. Eigenschaften und Methoden von *Application* beeinflussen daher zumeist Einstellungen, die für alle geladenen Dateien gelten (allgemeine Optionen etc.). In diesem Abschnitt ist das Objekt *Application* insofern von großer Bedeutung, als es der Ausgangspunkt praktisch aller Methoden und Eigenschaften zur Verwaltung von Arbeitsmappen, Fenstern und Blättern ist. *Application* gilt dabei häufig als Defaultobjekt: Wenn Methoden wie *Worksheets* ohne Objektangabe eingesetzt werden, dann gilt automatisch *Application* als gültiges Objekt.

Arbeitsmappen

Arbeitsmappen (*Workbook*-Objekte) sind ein Synonym zu Excel-Dateien. Sie umfassen zumeist mehrere Blätter und können in einem oder mehreren Fenstern angezeigt werden. Es besteht auch die Möglichkeit, dass die Fenster einer Arbeitsmappe ausgeblendet sind. Solche Arbeitsmappen sind zwar nicht sichtbar, ihre Daten sind aber präsent, und darin definierte Prozeduren können jederzeit ausgeführt werden. Für den Zugriff auf die geladenen Arbeitsmappen existieren drei Methoden/Eigenschaften, die alle ein *Workbook*-Objekt als Ergebnis liefern.

Workbooks: Diese Methode ermöglicht den Zugriff auf alle geladenen Arbeitsmappen. Auf einzelne Mappen kann durch die Angabe eines numerischen Indexes (1 bis

Count) oder durch die Angabe des Dateinamens zugegriffen werden. Falls noch keine Arbeitsmappe geladen wurde, liefert *Count* den Wert 0.

ActiveWorkbook: Die Eigenschaft verweist auf die gerade aktive Arbeitsmappe. Als »aktiv« gilt jene Arbeitsmappe, die sich im obersten Fenster befindet und Einnahmen entgegennehmen kann.

ThisWorkbook: Die Eigenschaft verweist auf jene Arbeitsmappe, in der sich der gerade ausgeführte Code befindet. Diese Arbeitsmappe muss nicht zwangsläufig mit *ActiveWorkbook* übereinstimmen – mit einer Prozedur aus Arbeitsmappe A können Sie ja auch ein Blatt aus Arbeitsmappe B bearbeiten. Die Eigenschaft muss insbesondere dann verwendet werden, wenn sich der Code in einer ausgeblendeten Arbeitsmappe befindet, weil in diesem Fall immer eine andere Arbeitsmappe als »aktiv« gilt.

Methoden zur Bearbeitung von Arbeitsmappen

Activate: Die Methode verwandelt die angegebene Arbeitsmappe in die aktive Arbeitsmappe. Beachten Sie, dass die bei anderen Objekten gleichwertige Methode *Select* für Arbeitsmappen nicht verwendet werden darf!

Add: Die Methode muss auf *Workbooks* angewendet werden und erstellt eine neue leere Arbeitsmappe. Optional kann dabei ein Blatttyp (etwa *xlChart*) angegeben werden – dann enthält die neue Arbeitsmappe nur ein Blatt.

Close: Die Methode schließt die als Objekt angegebene Arbeitsmappe. Falls sich darin noch nicht gespeicherte Daten befinden, erscheint automatisch eine Sicherheitsabfrage. (Diese Sicherheitsabfrage kann durch *Application.DisplayAlerts=False* unterbunden werden.)

Open: Die Methode muss auf *Workbooks* angewendet werden. Sie lädt die durch ihren Dateinamen angegebene Arbeitsmappe. Eine Menge optionaler Parameter steuern die diversen Ladevarianten (Umwandlung von einem anderen Datenformat, Kennwort, Schreibschutz etc.).

Save: Speichert die angegebene Arbeitsmappe (oder die aktive Arbeitsmappe, falls *Application* als Objekt angegeben wird) unter ihrem bisherigen Namen. Falls die Datei noch keinen Namen hat, erscheint automatisch der Dateiauswahldialog.

SaveAs: Wie oben, allerdings muss hier ein gültiger Dateiname angegeben werden. Falls der Dateiname schon existiert, erscheint eine Sicherheitsabfrage, ob die Datei überschrieben werden soll. *SaveAs* darf nicht auf das *Application*-Objekt angewendet werden, dafür aber auf einzelne Tabellen- oder Diagrammblätter.

SaveCopyAs: Wie oben, allerdings ändert sich der Dateiname der Arbeitsmappe nicht. Nur für *Workbook*-Objekte.

GetOpenFilename: Die Methode zeigt den Dialog zur Dateiauswahl an. Wenn ein gültiger Dateiname ausgewählt wird, gibt die Methode diesen zurück, andernfalls den Wahrheitswert *False*. Die ausgewählte Datei wird aber in keinem Fall geöffnet. Die Methode muss auf das *Application*-Objekt angewendet werden.

GetSaveAsFilename: Wie oben, es darf aber auch eine noch nicht existierende Datei angegeben werden.

Wichtige Eigenschaften von Arbeitsmappen

Name, *Path*, *FullName*: Die drei Eigenschaften geben den Dateinamen ohne Pfad, nur den Pfad und schließlich den gesamten Dateinamen mit Pfad an. *Path* enthält eine leere Zeichenkette, wenn die Mappe noch nie gespeichert wurde und daher noch keinen Dateinamen hat.

Saved: Gibt an, ob die Datei seit dem letzten Speichern unverändert geblieben ist (*True*) oder gespeichert werden muss (*False*).

Fenster

Fenster werden zur Darstellung von Arbeitsmappen eingesetzt, wobei die Möglichkeit besteht, mehrere Fenster für dieselbe Arbeitsmappe zu öffnen. Auch ausgeblendete oder zu Icons verkleinerte Fenster gelten aus der Sicht Excels als »normale« Fenster, die sich nur durch die Eigenschaften *Visible* und *WindowState* von sichtbaren Fenstern unterscheiden. Die Verwaltung von Fenstern erfolgt ähnlich wie jene der Arbeitsmappen.

Windows: Die Methode ermöglicht den Zugriff auf einzelne Fenster, die durch eine Indexnummer oder durch ihren Namen angegeben werden. Beachten Sie, dass die Methode auch in Icons verkleinerte oder unsichtbare Fenster liefert. Wenn als Objekt *Application* angegeben wird, liefert *Windows* ein Aufzählobjekt *aller* Fenster. Die Methode kann aber auch auf ein *Workbook*-Objekt angewendet werden und liefert dann nur die Fenster dieser Arbeitsmappe.

ActiveWindow: Die Eigenschaft des *Application*-Objekts verweist auf das aktive Fenster.

Methoden zur Bearbeitung von Fenstern

Activate: Die Methode aktiviert das als Objekt angegebene Fenster. Beachten Sie, dass die oft gleichwertige Methode **Select** für Fenster nicht verwendet werden darf!

ActivatePrevious, *ActivateNext*: Aktiviert das in der Fensterliste letzte bzw. nächstfolgende Fenster und reiht das als Objekt angegebene Fenster an letzter Stelle in die Fensterliste ein.

Close: Die Methode schließt das angegebene Fenster. Falls es sich dabei um das letzte Fenster einer Arbeitsmappe handelt und diese noch nicht gespeicherte Daten enthält, erscheint automatisch eine Sicherheitsabfrage, ob gespeichert werden soll.

NewWindow: Die Methode (angewendet auf ein vorhandenes Fenster oder auf ein *Workbook*-Objekt) erzeugt ein neues Fenster. Das Fenster enthält eine Kopie des angegebenen Fensters bzw. des aktiven Fensters der Arbeitsmappe. Beachten Sie, dass die Methode *Add* zwar für fast alle anderen Objekte definiert ist, nicht aber für Fenster!

Wichtige Fenster-Eigenschaften

WindowState: Bestimmt das Aussehen des Fensters. Mögliche Werte: *xlMaximized*, *xlMinimized* (Icon) und *xlNormal*.

Visible: Gibt an, ob das Fenster sichtbar (*True*) ist oder nicht (*False*). Unsichtbare Fenster werden im üblichen Excel-Sprachgebrauch als »ausgeblendet« bezeichnet (Kommando FENSTER | AUSBLENDEN).

Caption: Gibt den Fenstertitel an.

DisplayGridlines, ***DisplayHeadings***: Bestimmen, ob im Fenster Gitternetzlinien sowie Zeilen- und Spaltenköpfe angezeigt werden sollen.

Zoom: Bestimmt den Zoomfaktor (10 bis 400 Prozent).

ScrollColumn, ***ScrollRow***: Bestimmt die Spalten- und Zeilennummer im linken oberen Eck des Fensters.

Split, ***FreezePanes***: Geben an, ob das Fenster geteilt und ob die Teilung fixiert ist.

SplitRow, ***SplitColumn***: Bestimmen die Position der Fensterteilungslinien.

Width, ***Height***, ***Left***, ***Top***: Geben Ausmaß und Position des Fensters in Punkt (0.35 mm) an.

UsableWidth, ***UsableHeight***: Geben die Innenausmaße des Fensters (ohne Fensterrand, Titelzeile, Bildlaufzeilen etc.) an.

Fensterausschnitte

Geteilte Fenster können bis zu vier Ausschnitte aufweisen. Fensterausschnitte werden über eigene *Pane*-Objekte verwaltet. Der Zugriff auf diese Objekte erfolgt entweder über die *Window*-Eigenschaft ***ActivePane*** oder über die *Window*-Methode *Panes.ActivePane*. Die Aufzähung *Panes* kann auch bei ungeteilten Fenstern eingesetzt werden, allerdings existiert dann nur ein einziger Ausschnitt.

Der gerade aktive Ausschnitt kann mit *Activate* verändert werden. Die beiden wichtigsten Eigenschaften eines *Pane*-Objekts lauten *Line*- und *SplitColumn*, die analog zu Fenstern definiert sind (siehe oben).

Arbeitsblätter

Der Zugriff auf Blätter erfolgt durch Aufzählmethoden bzw. über einige *ActiveXxx*-Eigenschaften. Excel kennt drei Typen von Arbeitsblättern: Tabellenblätter (auch zur Speicherung von Excel-4-Makros), Diagramme und Dialoge im Format von Excel 5/7.

> **HINWEIS**
> Genau genommen gibt es noch einen vierten Blatttyp, der seit Excel 97 aber nicht mehr offiziell unterstützt wird: Modulblätter (Objekttyp *Module*). Module wurden in Excel 5/7 wie Tabellenblätter angezeigt, können seit Excel 97 aber nur noch in der VBA-Entwicklungsumgebung bearbeitet werden. Beachten Sie aber, dass in einer Schleife *For Each s In Sheets* auch alle Module durchlaufen werden, obwohl es diesen Objekttyp ja gar nicht mehr geben sollte.

Sheets: Ermöglicht den Zugriff auf alle Blätter einer Arbeitsmappe bzw. auf die Blätter der gerade aktiven Arbeitsmappe, wenn das *Application*-Objekt angegeben wird. Die Methode liefert das Ergebnis je nach Blatttyp als *Worksheet-*, *Chart-* oder *DialogSheet-*Objekt.

> **ACHTUNG**
> Es gibt keinen allgemeinen Objekttyp für Blätter (also kein *Sheet*-Objekt). Wenn x wie im folgenden Beispiel als *Worksheet* definiert wird (statt als allgemeine Objekt-Variable), kommt es zu einer Fehlermeldung, wenn der Variablen ein anderer Blatttyp zugewiesen wird. Abhilfe: Definieren Sie *ws* allgemein als *Object* und stellen Sie den Objekttyp der Variable mit *Typename* fest.
>
> ```
> ' Achtung, dieses Beispiel produziert einen Fehler, wenn die
> ' Arbeitsmappe außer Tabellenblättern andere Blätter enthält!
> Dim ws As Worksheet
> For Each ws In ActiveWorkbook.Sheets
>    Debug.Print ws.Name
> Next ws
> ```

Worksheets, *Charts*, *DialogSheets*, *Excel4MacroSheets*, *Excel4IntlMacroSheets*: Wie *Sheets*, allerdings liefern die sechs Methoden nur Blätter des jeweiligen Typs.

SelectedSheets: Ermöglicht den Zugriff auf alle ausgewählten Blätter eines Fensters. Diese Methode ist zur Bearbeitung von Blattgruppen nützlich, also nachdem mehrere Blätter gleichzeitig ausgewählt wurden.

ActiveSheet, *ActiveChart*: Die beiden Eigenschaften verweisen auf das gerade aktive Blatt des jeweiligen Typs. (Bei der ersten Eigenschaft kommen wiederum alle drei Blatttypen in Frage.)

Methoden zur Bearbeitung von Blättern

Select, *Activate*: Die beiden Methoden aktivieren das angegebene Blatt. Solange nur ein einzelnes Blatt bearbeitet wird, sind die beiden Methoden gleichwertig. Bei *Select* kann aber noch in einem optionalen Parameter *False* angegeben werden: Das ausgewählte Blatt ersetzt dann nicht das bisher aktive Blatt, vielmehr kommt es zu einer Mehrfachauswahl. Auf diese Weise können Gruppen von Blättern bearbeitet werden.

Add: Fügt ein neues leeres Blatt ein. Durch vier optionale Parameter können Position, Anzahl und Typ der neuen Blätter angegeben werden. Ohne diese optionalen Parameter fügt VBA ein leeres Tabellenblatt vor dem gerade aktiven Tabellenblatt ein. Das neue Blatt wird gleichzeitig zum aktiven Blatt. Der Name des Tabellenblatts kann über die Eigenschaft *Name* eingestellt werden.

Copy: Kopiert das als Objekt angegebene Blatt in eine neue, ansonsten leere Arbeitsmappe. Wenn in *Copy* in einem optionalen Parameter ein Blatt angegeben wird, dann wird das neue Blatt vor diesem Blatt eingefügt. Damit kann das neue Blatt auch innerhalb der Arbeitsmappe vervielfältigt werden. Mit dem Blatt werden auch alle darin enthaltenen Objekte sowie der zum Blatt gehörende Programmcode kopiert.

> **ACHTUNG**
>
> Beim Kopieren eines Excel-97-Tabellenblatts mit eingelagerten MS-Forms-Steuerelementen werden diese Steuerelemente zwar kopiert, sie erhalten dabei aber neue Namen (*CommandButton1*, *CommandButton2* etc.). Der Programmcode wird allerdings nicht entsprechend geändert, weswegen die Verbindung zwischen Steuerelementen und Code verloren geht.
>
> Bei Steuerelementen, die in Excel 2000 in ein Tabellenblatt eingefügt wurden, tritt dieses Problem nicht mehr auf. Wenn Sie hingegen eine vorhandene Excel-97-Datei unter Excel 2000 verwenden, ist dieser Fehler nach wie vor präsent. Abhilfe: Ändern Sie unter Excel 2000 bei allen Steuerelementen den Namen – dann »merkt« sich Excel diese Änderung. (Am besten ist, Sie ändern den Namen gleich zweimal. Beim zweiten Mal stellen Sie einfach den ursprünglichen Namen wieder ein. Damit ersparen Sie sich Änderungen am Code.)

Delete: Löscht das als Objekt angegebene Blatt. Dabei kommt es zu einer Sicherheitsabfrage, in der der Anwender bestätigen muss, dass das Blatt endgültig gelöscht wird. Diese Abfrage kann in der aktuellen Version nicht verhindert werden! Im folgenden Abschnitt wird aber gezeigt, wie die Abfrage ohne Zutun des Anwenders durch *SendKeys* sofort bestätigt werden kann.

Die wichtigsten Blatteigenschaften

Name: Bestimmt den Namen des Blatts.

Visible: Gibt an, ob ein Blatt ein- oder ausgeblendet ist. Unsichtbare Blätter können nicht mit *Select* aktiviert werden.

5.2.2 Anwendungsbeispiele

Dateinamen auswählen und Arbeitsmappe laden

Zur Auswahl eines Dateinamens stellt VBA zwei Methoden zur Verfügung, nämlich *GetOpenFilename* und *GetSaveAsFilename*. Diese Methoden führen jeweils zur Anzeige eines Dialogs für die Dateiauswahl und geben anschließend den Dateinamen oder *False* zurück. Der einzige Unterschied zwischen den beiden Methoden besteht darin, dass bei *GetSaveAsFilename* auch der Dateiname einer noch gar nicht existierenden Datei angegeben werden darf.

Das folgende Codebeispiel fordert den Anwender zur Auswahl einer Excel-Datei auf, die anschließend geladen wird. Der Parameter von *GetOpenFilename* gibt den Dateifilter an; im Dialog werden nur Dateinamen angezeigt, die dem Muster *.xl? entsprechen. Weitere Details zum Umgang mit *GetOpenFilename* bzw. *GetSaveAsFilename* finden Sie in Abschnitt 5.6.5.

```
' Beispieldatei 05\Sheets.xls
Sub LoadExcelFile()
  Dim result As Variant
  result = Application.GetOpenFilename("Excel-Dateien,*.xl?", 1)
  If result = False Then Exit Sub
  Workbooks.Open result
End Sub
```

Fenster in Icons verwandeln

Wenn Sie vor lauter Fenstern den Überblick verloren haben, kann es von Vorteil sein, alle Fenster quasi auf Knopfdruck in Icons zu verkleinern. Die einzige Besonderheit im folgenden Codebeispiel ist die Abfrage *If f.Visible*. Mit ihr wird verhindert, dass auch ausgeblendete Fenster verkleinert werden (was zu einem Fehler führt).

```
' Beispieldatei 05\Sheets.xls
Sub ShowWindowsAsIcons()
  Dim win As Window
  For Each win In Windows
    If win.Visible Then win.WindowState = xlMinimized
  Next win
End Sub
```

Fenster an der aktuellen Position des Zellzeigers teilen

Das folgende Codebeispiel teilt das Fenster an der aktuellen Position des Zellzeigers. Falls die Fensterteilung bisher fixiert war, wird sie auch nach der neuen Teilung wieder fixiert. *win* wird als Abkürzung zum Zugriff auf das aktive Fenster benutzt. Der Ort, an dem das Fenster geteilt wird, resultiert aus der Zeilen- und Spaltendifferenz zwischen der aktiven Zelle und der in der linken oberen Fensterecke sichtbaren Zelle (deren Position aus den Fenstereigenschaften *Row-* und *ScrollColumn* ermittelt wird).

```
' Beispieldatei 05\Sheets.xls
Sub SplitWindow()
  Dim freezeMode As Boolean, win As Window
  If TypeName(ActiveSheet) <> "Worksheet" Then Exit Sub
  Set win = ActiveWindow
  freezeMode = win.FreezePanes
  win.FreezePanes = False     'sonst kann die Teilung nicht verändert
                              'werden
```

```
    If win.Split Then win.Split = False: Exit Sub  'Teilung aufheben
    win.SplitRow = ActiveCell.Row - win.ScrollRow
    win.SplitColumn = ActiveCell.Column - win.ScrollColumn
    win.FreezePanes = freezeMode   'Fixierung wiederherstellen
End Sub
```

Durch die *TypeName*-Abfrage wird erreicht, dass das Makro sofort abgebrochen wird, wenn momentan kein Tabellenblatt aktiv ist. (Das Teilen eines Fensters ist nur bei Tabellenblättern möglich.)

Gitterlinien und Zellköpfe ein- und ausschalten

Zwei Fenstereigenschaften werden in der praktischen Arbeit mit Tabellen besonders oft umgeschaltet: Die Anzeige der Gitterlinien und die Anzeige der Zeilen- und Spaltenköpfe. Das Codebeispiel unten testet den aktuellen Zustand der beiden Einstellungen und schaltet in den jeweils nächsten von vier möglichen Modi um: beide Fensterelemente sichtbar, nur Gitterlinien, nur Zellköpfe, weder noch.

Das Makro kann einem neuen Symbol in der Symbolleiste zugeordnet werden. Über ein einziges Symbol (Platzersparnis in den ohnedies immer zu kleinen Symbolleisten) kann so zwischen vier verschiedenen Einstellungen gewechselt werden. Selbst wenn Sie das Symbol dreimal anklicken, bis der gerade erwünschte Modus erreicht ist, ist diese Vorgehensweise bequemer als das Kommando EXTRAS|OPTIONEN|ANSICHT.

```
' Beispieldatei 05\Sheets.xls
Sub ToggleHeadingsGrids()
  Dim gridMode&, headingsMode&
  On Error Resume Next
  headingsMode = ActiveWindow.DisplayHeadings
  gridMode = ActiveWindow.DisplayGridlines
  If headingsMode And Not gridMode Then
    headingsMode = False
  ElseIf Not headingsMode And Not gridMode Then
    gridMode = True
  ElseIf Not headingsMode And gridMode Then
    headingsMode = True
  Else
    gridMode = False
  End If
  ActiveWindow.DisplayHeadings = headingsMode
  ActiveWindow.DisplayGridlines = gridMode
End Sub
```

> **HINWEIS** Durch *On Error Resume Next* wird erreicht, dass das Makro auch dann ohne Fehlermeldung ausgeführt wird, wenn gar kein Tabellenblatt aktiv ist (und das Makro daher keinen Sinn gibt).

Blatt löschen

Eigentlich ist zum Löschen eines Blatts nur die Ausführung der *Delete*-Methode erforderlich. Das Problem dabei besteht in der Sicherheitsabfrage, die Excel vor dem Löschen anzeigt. Je nach Anwendung kann es für den Anwender aber überaus irritierend sein, wenn er plötzlich mit einer Sicherheitsabfrage zu einem Blatt konfrontiert wird, das gar nicht er selbst (sondern das Programm) erzeugt hat. Aus diesem Grund kann über die Eigenschaft *DisplayAlerts* die Anzeige von Warnungen während der Makroausführung deaktiviert werden.

```
Sub DeleteActiveSheet()
  Application.DisplayAlerts = False
  ActiveSheet.Delete
  Application.DisplayAlerts = True
End Sub
```

Abschließend noch ein Hinweis: Die Prozedur ist nicht in der Lage, das eigene Modul zu löschen. Wenn Sie die Prozedur im Modul mit F5 starten, dann passiert gar nichts. VBA ist mit einem Sicherheitsmechanismus ausgestattet, der verhindert, dass ein Blatt mit gerade ausgeführtem Code gelöscht wird.

Erstes bzw. letztes Blatt der Blattliste anspringen

Mit den Tastenkombinationen Strg+Bild ↑ bzw. Strg+Bild ↓ kann das nächste bzw. vorherige Arbeitsblatt ausgewählt werden. Es existieren aber keine Tastaturkombinationen, um zum ersten oder letzten Tabellenblatt zu springen. Die folgenden vier Prozeduren, die Sie in Ihre persönliche Arbeitsmappe Personl.xls kopieren können (siehe auch Abschnitt 5.9), sehen für diesen Zweck die Tastaturkombination Strg+Shift+Bild ↑ bzw. Strg+Shift+ Bild ↓ vor.

In der Prozedur *Workbook_Open*, die beim Laden der Datei automatisch ausgeführt wird, werden die Ereignisprozeduren für die erwähnten Tastenkombinationen angemeldet (siehe auch Abschnitt 4.4 zum Thema Auto- und Ereignisprozeduren). *Workbook_BeforeClose* deaktiviert die beiden Makros beim Schließen der Datei wieder. *GotoFirstSheet* und *GotoLastSheet* sind komplizierter, als es auf den ersten Blick notwendig erscheint. Die Anweisungen

```
Sheets(1).Select            'erstes Blatt auswählen
Sheets(Sheets.Count).Select 'letztes Blatt auswählen
```

wären für die meisten Fälle ebenfalls ausreichend. Sie haben aber den Nachteil, dass sie zu einem Fehler führen, falls das erste bzw. das letzte Blatt unsichtbar (ausgeblendet) ist. Außerdem muss getestet werden, dass es sich beim zu aktivierenden Blatt nicht um ein Modul handelt, das in der *Sheets*-Aufzählung zwar vorkommt, aber seit Excel 97 nicht mehr als reguläres Blatt gilt.

```
' Beispiel 05\Sheets.xls, »Diese Arbeitsmappe«
Private Sub Workbook_Open()
  Application.OnKey "+^{BILDO}", "GotoFirstSheet"
  Application.OnKey "+^{BILDU}", "GotoLastSheet"
End Sub

'wird automatisch beim Schließen der Datei ausgeführt
Private Sub Workbook_BeforeClose(Cancel As Boolean)
  Application.OnKey "+^{BILDU}", ""
  Application.OnKey "+^{BILDO}", ""
End Sub

' Beispiel 05\Sheets.xls, »Modul1«
Sub GotoFirstSheet()' aktiviert das erste Blatt
  Dim i&
  For i = 1 To Sheets.Count
    If Sheets(i).Visible And TypeName(Sheets(i)) <> "Module" Then
      Sheets(i).Select
      Exit Sub
    End If
  Next i
End Sub

Sub GotoLastSheet()    'aktiviert das letzte Blatt
  Dim i&
  For i = Sheets.Count To 1 Step -1
    If Sheets(i).Visible And TypeName(Sheets(i)) <> "Module" Then
      Sheets(i).Select
      Exit Sub
    End If
  Next i
End Sub
```

5.2.3 Syntaxzusammenfassung

Alle angegebenen Methoden und Eigenschaften können sich auf das *Application*-Objekt beziehen, einige auch auf *Workbook*- oder *Window*-Objekte.

Zugriff auf Arbeitsmappen, Fenster und Blätter	
Workbooks	Zugriff auf alle Arbeitsmappen
Windows	Zugriff auf alle Fenster
Sheets	Zugriff auf alle Blätter einer Mappe
SelectedSheets	Zugriff auf Blattgruppe (bei Mehrfachauswahl)
Worksheets	Zugriff nur auf Tabellenblätter

Charts	Zugriff nur auf Diagrammblätter
DialogSheets	Zugriff nur auf Dialogblätter
Modules	Zugriff nur auf Modulblätter
Excel4MacroSheets	Zugriff nur auf Excel-4-Makroblätter
Excel4IntlMacroSheets	Zugriff auf internationale Makroblätter
ActiveWorkbook	zurzeit aktive Arbeitsmappe
ThisWorkbook	Arbeitsmappe, in der sich der Code befindet
ActiveWindow	aktives Fenster
ActiveSheet	aktives Blatt von Fenster/Mappe/Anwendung
ActiveChart	aktives Diagramm von Fenster/Mappe/Anwendung

Umgang mit Arbeitsmappen

workbk.Activate	bestimmt die aktive Arbeitsmappe
Workbooks.Add	erstellt eine neue leere Arbeitsmappe
workbk.Close	schließt die Arbeitsmappe
workbk.Open "datname"	lädt die angegebene Datei
workbk.Save	speichert die Arbeitsmappe
workbk.SaveAs "datname"	wie oben, aber unter dem angegebenen Namen
workbk.SaveCopyAs "dn"	wie oben, ohne Namen der Arbeitsmappe zu ändern
workbk.Name	enthält den Dateinamen ohne Pfad
workbk.Path	nur Pfad
workbk.FullName	Pfad plus Dateiname
workbk.Saved	gibt an, ob Arbeitsmappe gespeichert ist
Application.GetOpenFilename	vorhandenen Dateinamen auswählen
Application.GetSaveAsFilename	neuen Dateinamen auswählen

Umgang mit Fenstern

win.Activate	aktiviert das angegebene Fenster
win.ActivatePrevious	aktiviert das zuletzt aktive Fenster
win.ActivateNext	aktiviert das nächste Fenster der Fensterliste
win.Close	schließt das angegebene Fenster
win.NewWindow	erzeugt ein neues Fenster
win.WindowState	xlMaximized/xlMinimized/xlNormal
win.Visible	ein-/ausgeblendet (*True/False*)
win.Caption	gibt den Fenstertitel an
win.DisplayGridlines	Gitter anzeigen (*True/False*)
win.DisplayHeadings	Zeilen- und Spaltenköpfe anzeigen (*True/False*)
win.Zoom	Zoomfaktor (10-400)
win.ScrollColumn	sichtbare Spaltennummer am linken Rand
win.ScrollRow	sichtbare Zeilennummer am oberen Rand
win.Split	gibt an, ob Fenster geteilt ist (*True/False*)
win.FreezePanes	gibt an, ob Fensterteilung fixiert ist
win.SplitRow	bestimmt Zeilenanzahl im oberen Fensterteil
win.SplitColumn	bestimmt Spaltenanzahl im linken Fensterteil

win.Width/Height	Außenmaße in Punkt (0.35 mm)
win.UsableWidth/UsableHeight	Innenmaße in Punkt
win.Left, win.Top	Position in Punkt

Umgang mit Fensterausschnitten	
win.Panes	Zugriff auf alle Ausschnitte des Fensters
win.ActivePane	Zugriff auf den aktiven Ausschnitt des Fensters
pane.Activate	bestimmt den aktiven Ausschnitt
pane.SplitColumn	Zeilennummer am oberen Rand
pane.SplitRow	Spaltennummer am linken Rand

Umgang mit Arbeitsblättern	
sheet.Activate	wählt ein Blatt aus
sheet.Select False	Mehrfachauswahl
workbk.Add	fügt ein leeres Tabellenblatt hinzu
workbk.Add before:= , typ:=	wie oben, plus Positions- und Blatttyp
sheet.Copy	kopiert das Blatt in eine neue Mappe
sheet1.Copy sheet2	kopiert Blatt1 und fügt es vor Blatt2 ein
sheet.Delete	löscht das Blatt (mit Sicherheitsabfrage)
sheet.Name	Name des Blatts
sheet.Visible	ein- oder ausgeblendet

5.3 Datentransfer über die Zwischenablage

5.3.1 Zellbereiche kopieren, ausschneiden und einfügen

Wenn Sie einen Zellbereich an eine andere Stelle versetzen oder kopieren möchten, bedienen Sie sich am besten der Zwischenablage – wie beim manuellen Betrieb von Excel. Zum Datentransfer von und zur Zwischenablage sind folgende Methoden vorgesehen:

Copy: Kopiert den als Objekt angegebenen Zellbereich in die Zwischenablage. Wenn die Methode mit einem optionalen Bereichsparameter verwendet wird, dann werden die Daten nicht in die Zwischenablage, sondern direkt in den angegebenen Bereich kopiert.

Cut: Funktioniert wie *Copy*, allerdings werden die Ausgangsdaten gelöscht. Wenn im optionalen Parameter »Zielbereich« ein Zellbereich angegeben wird, dann werden die Zellen dorthin verschoben. Aus diesem Grund existiert keine eigene Methode zum Verschieben von Zellen.

Paste: Fügt Daten aus der Zwischenablage ein. Als Objekt muss ein Tabellenblatt angegeben werden. Wenn der Zielbereich nicht in einem optionalen Parameter angegeben wird, gilt die aktuelle Auswahl im Tabellenblatt als Zielbereich.

PasteSpecial: Ermöglicht wie das Kommando BEARBEITEN | INHALTE EINFÜGEN komplexere Bearbeitungsschritte, etwa das Einfügen von Werten (statt von Formeln) oder die Durchführung von Rechenoperationen. Die Methode kennt zahlreiche optionale Parameter, die in der Hilfe beschrieben sind. Insbesondere können Sie mit Hilfe dieser Parameter die Zellen, die durch das Einfügen überschrieben wurden, nach rechts oder nach unten verschieben.

Zwei Eigenschaften des Objekts *Application* geben Zusatzinformationen über den aktuellen Inhalt der Zwischenablage und den aktuellen Kopier- bzw. Ausschneidemodus:

CutCopyMode: Die Eigenschaft gibt an, ob sich Excel gerade im Kopier- oder Ausschneidemodus befindet. Mögliche Werte sind *False*, *xlCut* und *xlCopy*. Durch die Zuweisung von *False* kann ein begonnener Kopier- oder Ausschneidevorgang abgebrochen werden. Damit verschwindet auch der Laufrahmen rund um die kopierten bzw. ausgeschnittenen Daten.

ClipboardFormats: Diese Aufzähleigenschaft gibt an, welche Formate die in der Zwischenablage befindlichen Daten aufweisen. Die Eigenschaft ist als Feld organisiert, weil die Zwischenablage gleichzeitig Daten in mehreren Formaten enthalten kann. Mögliche Formate sind *xlClipboardFormatText* oder *xlClipboardFormatBitmap* (siehe Hilfe).

> **HINWEIS**
>
> Seit der Office-Version 2000 verwalten Excel, Word etc. nicht mehr nur eine Zwischenablage, sondern gleich zwölf. Mit anderen Worten: die letzten zwölf ausgeschnittenen oder kopierten Daten werden zwischengespeichert und können bei Bedarf wieder eingefügt werden. Dazu müssen Sie nur die Symbolleiste ZWISCHENABLAGE einblenden.
>
> Für VBA-Programmierer ist dieses neue Merkmal allerdings nicht zugänglich – die in diesem Abschnitt beschriebenen Kommandos gelten immer nur für die zuletzt in die Zwischenablage eingefügten Daten. Die bis zu elf übrigen Daten in der Zwischenablage können per Code nicht angesprochen werden.

Zellbereich in ein anderes Blatt kopieren

Die folgenden Anweisungen kopieren die Daten der aktuellen Region, in der sich der Zellzeiger gerade befindet, von Tabelle1 in Tabelle2. Dabei wird durch *SpecialCells(xlVisible)* erreicht, dass nur die sichtbaren Daten kopiert werden. Diese Einschränkung ist beispielsweise bei Datenbankanwendungen sinnvoll, wenn nur die gefilterten Daten übertragen werden sollen. Wenn Sie einfach nur die markierten Daten übertragen möchten, reicht die Anweisung *Selection.Copy*.

Beachten Sie beim Aufruf von *Paste*, dass als Objekt zwar das aktive Blatt angegeben wird, die Daten aber beginnend bei Zelle A1 in die Tabelle2 kopiert werden.

```
' sichtbare Daten in die Zwischenablage kopieren
Selection.CurrentRegion.SpecialCells(xlVisible).Copy
' Daten beginnend bei A1 in Tabelle 2 einfügen
ActiveSheet.Paste Range("Tabelle2!A1")
' Kopiermodus (blinkender Rahmen) auflösen
Application.CutCopyMode = False
```

Daten einfügen und verknüpfen

Je nach Datenherkunft besteht beim Einfügen von Daten aus der Zwischenablage die Möglichkeit, eine Verknüpfung zu dem Programm herzustellen, aus dem die Daten stammen. Die Daten werden dann bei jeder Veränderung im Ursprungsprogramm auch in Excel aktualisiert.

Am häufigsten werden Datenverknüpfungen innerhalb von Excel benötigt – nämlich dann, wenn Daten aus einer Datei auch in einer anderen Datei benötigt werden. Im manuellen Betrieb von Excel kopieren Sie dazu die Daten in der einen Datei und fügen sie dann mit BEARBEITEN | INHALTE EINFÜGEN | VERKNÜPFUNG EINFÜGEN in die andere Datei ein.

Im Programmcode verwenden Sie für diese Aktion allerdings nicht die Methode *PasteSpecial*, sondern die bereits im vorigen Beispiel eingesetzte Methode *Paste*. Allerdings müssen Sie jetzt den optionalen Parameter *Link:=True* angeben. Außerdem muss der Zielbereich jetzt mit der aktiven Auswahl übereinstimmen. Im obigen Beispiel müssen daher vor dem Einfügen Tabelle2 aktiviert und der Zellzeiger nach A1 gestellt werden.

```
' sichtbare Daten in die Zwischenablage kopieren
Selection.CurrentRegion.SpecialCells(xlVisible).Copy
' Daten beginnend bei A1 in Tabelle 2 einfügen und verknüpfen
Worksheets("Tabelle2").Select
Range("A1").Select
ActiveSheet.Paste Link:=True
Worksheets("Tabelle1").Select
' Kopiermodus (blinkender Rahmen) auflösen
Application.CutCopyMode = False
```

5.3.2 Zugriff auf die Zwischenablage mit dem DataObject

Die MSForms-Bibliothek stellt ein *DataObject* zur Verfügung, das dazu verwendet werden kann, Text in die Zwischenablage zu schreiben bzw. von dort zu lesen. (Falls Ihre Excel-Anwendung keine benutzerdefinierten Dialoge enthält, müssen Sie die MSForms-Bibliothek mit EXTRAS | VERWEISE explizit aktivieren.)

Das *DataObject* ist an sich ein selbstständiges, von der Zwischenablage unabhängiges Objekt, das im Programmcode folgendermaßen deklariert werden kann:

```
Dim dataobj As New DataObject
```

In der Folge können Sie den Inhalt der Zwischenablage mit der Methode *GetFromClipboard* in dieses Objekt kopieren. Umgekehrt können Sie *PutInClipboard* verwenden, um den Inhalt von *dataobj* in die Zwischenablage zu übertragen. Um eine Zeichenkette aus der Zwischenablage zu lesen, sind also die beiden folgenden Kommandos erforderlich:

```
Dim cliptext$
dataobj.GetFromClipboard
cliptext = dataobj.GetText()
```

Der umgekehrte Weg, also das Kopieren eines Texts in die Zwischenablage, sieht folgendermaßen aus:

```
dataobj.SetText "abc"
dataobj.PutInClipboard
```

Wenn Sie den Inhalt der Zwischenablage löschen möchten, führen Sie die beiden folgenden Kommandos aus:

```
dataobj.Clear
dataobj.PutInClipboard
```

> **VERWEIS** Als Beispiel für die Programmierung einer ActiveX-Bibliothek, die von Excel aus benutzt werden kann, wird in Abschnitt 14.6.3 ein Programm vorgestellt, das das *Clipboard*-Objekt der Programmiersprache Visual Basic auch unter Excel verwendbar macht.

5.3.3 Syntaxzusammenfassung

Zellbereiche kopieren/ausschneiden/einfügen	
range.Copy	Bereich in die Zwischenablage kopieren
range1.Copy range2	Daten aus *range1* in *range2* kopieren
range.Cut	wie Kopieren, *range* wird aber gelöscht
range1.Cut range2	Daten aus *range1* in *range2* versetzen
wsheet.Paste	fügt Daten in das Tabellenblatt ein
wsheet.Paste Link:=True	wie oben, aber mit bleibender Verknüpfung
wsheet.Paste range	fügt Daten im angegebenen Bereich ein
wsheet.PasteSpecial format	fügt Daten in bestimmtem Format ein
Application.CutCopyMode	gibt den aktuellen Modus an
Application.ClipboardFormats(n)	enthält Informationen über Daten in der Zwischenablage

MSForms.DataObject – Methoden	
Clear	Inhalt des Objekts löschen
GetFromClipboard	Inhalt des Objekts aus der Zwischenablage lesen
PutInClipboard	Inhalt des Objekts in die Zwischenablage übertragen
GetFormat	ermittelt Datenformate (wie *ClipboardFormats*)
GetText	Text im Objekt speichern
SetText	Text aus dem Objekt lesen

5.4 Umgang mit Zahlen und Zeichenketten

5.4.1 Numerische Funktionen, Zufallszahlen

Generell tritt bei numerischen Funktionen das Problem auf, dass diese zum Teil doppelt definiert sind – zum einen in der Programmiersprache VBA und zum anderen als Tabellenfunktionen in Excel. Aus diesem Grund kommt es auch vor, dass es zur Lösung einer Aufgabe mehrere Funktionen gibt, die zwar ähnlich aussehen, zumeist aber nicht ganz gleich funktionieren.

Der inhaltliche Schwerpunkt dieses Abschnitts liegt bei den zahllosen Funktionen zum Runden – nicht zuletzt deswegen, weil es sehr viele ähnliche Funktionen gibt, die das Runden zu einer verwirrenden Angelegenheit machen.

Verwendung von Excel-Tabellenfunktionen

Sie können in VBA alle Excel-Tabellenfunktionen verwenden. Manche Funktionen – etwa trigonometrische Funktionen – sind sowohl in Excel als auch in VBA definiert und können ohne weitere Schlüsselwörter verwendet werden, etwa *Sin(0.7)*. Tabellenfunktionen, die in VBA keine Entsprechung finden, muss *Application.WorksheetFunction* vorangestellt werden, beispielsweise *Application.WorksheetFunction.Sum(...)* zur Verwendung der *SUMME*-Funktion.

> **HINWEIS** In Excel 5/7 wurden Tabellenfunktionen direkt mit *Application.Name()* aufgerufen, d.h. ohne die erst in Excel 97 eingeführte Eigenschaft *WorksheetFunction*, die auf das gleichnamige Objekt mit einer Liste aller Tabellenfunktionen verweist. Der größte Fortschritt von *WorksheetFunctions* besteht darin, dass jetzt mehr Tabellenfunktionen als bisher in VBA verfügbar sind.
>
> Die Kurzschreibweise *Application.Name()* ist aus Kompatibilitätsgründen weiterhin erlaubt, die Funktionen werden im Objektkatalog aber nicht angezeigt. Verwenden Sie bei neuem Code *WorksheetFunction*, um möglichen Kompatibilitätsproblemen in künftigen Excel-Versionen aus dem Weg zu gehen.

Es müssen die englischen Funktionsnamen verwendet werden (siehe Objektkatalog zum *WorksheetFunction*-Objekt). Wenn Sie nicht wissen, wie der englische Name einer deutschen Funktion lautet oder wo sich die deutschsprachige Beschreibung zu einer englischen Funktion befindet, müssen Sie ein Wörterbuch zu Hilfe nehmen oder raten – weder die Hilfe noch die Übersetzungsdatei Vbaliste.xls (Verzeichnis Office2000\-Office\1031 bei der deutschen Version) enthalten diesbezügliche Informationen.

Zahlen runden

In Excel bzw. in VBA gibt es zahllose Funktionen, die angeblich »runden«. An die einfache mathematische Formel, wonach ab einem Nachkommaanteil von 0.5 aufgerundet wird, hält sich allerdings keine einzige dieser Funktionen. Die Funktionen *CInt*, *CLng* und *Application.WorksheetFunction.Round* nähern sich an diese Regel noch am weitesten an.

CInt und *CLng* runden bei einem Nachkommaanteil größer 0.5 auf und bei einem Anteil kleiner 0.5 ab. Eigentümlich ist das Verhalten allerdings bei einem Nachkommaanteil von genau 0.5. Dort runden die Funktionen zur nächsten geraden (!) Zahl: 1.5 wird ebenso wie 2.5 zu 2 gerundet. (Begründung: damit wird erreicht, dass die Summe einer Reihe zufälliger Zahlen nach dem Runden möglichst nahe der Summe der ungerundeten Zahlen bleibt.)

CInt und *CLng* unterscheiden sich von allen anderen hier genannten Funktionen in zwei weiteren Punkten: Erstens darf als Parameter auch eine Zeichenkette angegeben werden, und zweitens liefern die Funktionen eine Fehlermeldung, wenn der Bereich der Variablentypen *Integer* (±32767) bzw. *Long* (±2^31) über- bzw. unterschritten wird.

Die Tabellenfunktion *Application.WorksheetFunction.Round* kommt dem mathematischen Runden auch ziemlich nahe, allerdings rundet sie negative Zahlen bei einem Nachkommaanteil von 0.5 ab statt auf. Außerdem verlangt die Funktion einen zweiten Parameter, der die gewünschte Anzahl der Stellen angibt. *Round(1.5, 0)* liefert 2. *Round(-1.5, 0)* liefert -2. *Round(1.57, 1)* liefert 1.6. *Round(157, -1)* liefert 160.

Int rundet Fließkommazahlen generell ab: 1.9 wird zu 1, -1.9 wird zu -2. Die Tabellenfunktion *Application.WorksheetFunction.RoundDown* funktioniert ganz ähnlich, allerdings muss wie bei *Round* in einem zweiten Parameter die gewünschte Anzahl der Nachkommastellen angegeben werden. *RoundDown(1.98, 1)* liefert 1.9. Analog dazu rundet *Application.WorksheetFunction.RoundUp* für die gewünschte Anzahl von Nachkommastellen auf.

Fix schneidet einfach die Nachkommastellen ab: 1.9 wird wiederum zu 1, -1.9 wird aber zu -1.

Application.WorksheetFunction.Even und *.Odd* runden zur betragsmäßig größeren geraden bzw. ungeraden Zahl auf. *Even(0.1)* liefert 2, *Even(-0.1)* liefert -2. *Application.WorksheetFunction.Ceiling* und *.Floor* runden zu einem Vielfachen des zweiten Parameters auf. *Ceiling(1.55, 0.3)* liefert 1.8. Beide Funktionen sind nur für positive Argumente definiert.

Nachkommaanteil, Modulo

Die Anweisung *x-Fix(x)* liefert den Nachkommaanteil einer Zahl, wobei das Vorzeichen von *x* übernommen wird. Gegebenenfalls können Sie das Vorzeichen ja mit *Abs* eliminieren.

Mit dem Modulo-Operator kann der Rest zu einem Vielfachen ermittelt werden. *x Mod 60* liefert die Anzahl der Minuten, die nicht in einer vollen Stunde Platz haben (Ergebnis 10 bei *x=70*, Ergebnis 50 bei *x=230*). Der Modulo-Operator funktioniert allerdings nur für ganze Zahlen.

Eine Modulo-Funktion für Fließkommazahlen können Sie mit Hilfe von *Ceiling* leicht selbst definieren. *Modf(2.1, 0.5)* liefert 0.1, *Modf(0.123, 0.1)* liefert 0.023. Die so definierte Funktion kann übrigens auch in Tabellen verwendet werden.

```
Funktion Modf(a, b)
  Modf = Abs(a) - _
    Application.WorksheetFunction.Ceiling(Abs(a), Abs(b))
End Funktion
```

Vorzeichen, Absolutwert

Abs liefert den Absolutwert (Betrag) einer Zahl – aus negativen Zahlen werden also positive. *Sgn* (diese Abkürzung steht für Signum) liefert -1 für negative Zahlen, +1 für positive Zahlen und 0 für 0.

Trigonometrische und logarithmische Funktionen

VBA kennt alle grundlegenden trigonometrischen Funktionen, nämlich *Sin*, *Cos*, *Tan*, *Atn*, *Log*, *Exp* und *Sqr*. In der Hilfe zum Thema »abgeleitete Funktionen« finden Sie Informationen darüber, wie Sie aus diesen grundlegenden Funktionen andere (etwa *Sinh* oder *ArcCos*) bilden können.

Zufallszahlen

Rnd liefert eine 16-stellige Zufallszahl zwischen 0 (inklusive) und 1 (exklusive). Damit Sie Zufallszahlen in einem bestimmten Zahlenbereich erhalten, müssen Sie mit *Rnd* weiterrechnen. Dazu zwei Beispiele:

```
a + Rnd * (b-a)            'liefert zufällige Kommazahlen zwischen
                           'a (inklusive) und b (exklusive)
Int(a + Rnd * (b-a+1))     'liefert ganze Zufallszahlen zwischen
                           'a (inklusive) und b (inklusive)
```

Wenn Sie vermeiden möchten, dass VBA nach jedem Start von Excel die gleiche Abfolge von Zufallszahlen generiert, dann müssen Sie in Ihrem Programm *Randomize* ausführen.

Spezialfunktionen

Neben den in Excel und VBA definierten Funktionen (die hier keineswegs vollzählig beschrieben wurden) sind in der Datei Office2000\Office\Makro\Analyse\Atpvbaen.xla zahlreiche weitere Funktionen definiert. Leider schafft diese schlecht dokumentierte Bibliothek Atpvbaen.xla bei der Anwendung so viele Probleme, dass eine Verwendung nicht empfohlen werden kann.

5.4.2 Zeichenketten

Zeichenketten werden immer dann benötigt, wenn Informationen im Textformat bearbeitet werden müssen. Zeichenketten müssen in VBA zwischen HochKommas eingeschlossen werden, also *"abc"*. Damit Zeichenketten in Variablen gespeichert werden können, müssen diese im Typ *Variant* oder *String* definiert werden. Die Länge von Zeichenketten ist seit Excel 7 nur noch durch den verfügbaren Speicherplatz beschränkt.

> **HINWEIS**
>
> Manche Funktionen und Eigenschaften, die im Regelfall eine Zeichenkette liefern, können in besonderen Situationen den *Variant*-Spezialwert *Null* liefern. Die Weiterverarbeitung dieses Werts mit Zeichenkettenfunktionen kann zu Fehlern führen. Solche Fehler können Sie durch einen vorsorglichen Test mit der Funktion *IsNull* vermeiden.

> **ANMERKUNG**
>
> Zeichenketten werden intern im Unicode-Format gespeichert, d.h. mit zwei Byte pro Zeichen. Das Unicode-Format ist ein weltweit einheitliches Zeichenkettenformat, das ausreichend ist, um auch die vielen Zeichen asiatischer Sprachen zu speichern. Wenn Sie Office in Ländern mit westlichen Sprachen verwenden, werden Sie vom Unicode-Format gar nichts bemerken – alle Zeichenkettenfunktionen funktionieren so, wie Sie es von früher gewohnt waren, als Zeichenketten noch im ANSI-Format mit nur einem Byte pro Zeichen gespeichert wurden.

Funktionen zur Bearbeitung von Zeichenketten

Die drei wichtigsten Funktionen lauten *Left*, *Right* und *Mid*. **Left** ermittelt die ersten *n* Zeichen einer Zeichenkette, **Right** die letzten *n* Zeichen. Mit **Mid** kann ein beliebiger Teil der Zeichenkette gelesen und verändert werden. Einige Beispiele: *Left("abcde",2)* liefert *"ab"*, *Right("abcde",3)* liefert *"cde"*. *Mid("abcde",3,2)* liest ab dem dritten Zeichen zwei Zeichen, liefert also *"cd"*. Wenn *Mid* ohne optionalen dritten Parameter verwendet wird, liefert die Funktion alle Zeichen ab der durch den zweiten Parameter angegebenen Position. *Mid("abcde",4)* ergibt daher *"de"*.

Mid kann auch als Anweisung verwendet werden und ändert damit jenen Teil der Zeichenkette, der sonst gelesen wird. Auch dazu ein Beispiel, das im Direktbereich ausgeführt werden kann:

```
s="abcde"           'Variable s mit "abcde" belegen
Mid(s, 3, 1)="x"    'das dritte Zeichen in s verändern
?s                  'Ergebnis "abxde"
```

Eine weitere, häufig benötigte Funktion lautet **Len**. Sie ermittelt die Anzahl der Zeichen einer Zeichenkette. *Len("abcde")* liefert daher 5.

Die drei Funktionen *UCase*, *LCase* und *Trim* vereinfachen die Auswertung von Benutzereingaben: **UCase** wandelt alle Buchstaben einer Zeichenkette in Großbuchstaben um, **LCase** liefert lauter Kleinbuchstaben. *LCase("aAäÄ")* liefert also *"aaää"*. **Trim** eliminiert Leerzeichen am Beginn und am Ende von Zeichenketten.

Zum Suchen von Zeichenketten ist die Funktion *InStr* vorgesehen. Die Funktion gibt die Position der zweiten Zeichenkette innerhalb der ersten Zeichenkette zurück. Wenn die Suche erfolglos bleibt, gibt *InStr* den Wert 0 zurück. *InStr("abcde","cd")* liefert daher 3. Durch einen optionalen Parameter am Anfang von *InStr* kann angegeben werden, mit welchem Zeichen die Suche begonnen wird. Die folgende Schleife kann im Direktbereich ausprobiert werden; sie gibt alle Positionen an, an denen sich "ab" in der Zeichenkette "abcdeababcd" befindet (1, 6, 8).

```
p=0
Do: p=InStr(p+1,"abcdeababcd","ab"): ?p: Loop Until p=0
```

Wenn im optionalen vierten Parameter von *InStr* der Wert 1 angegeben wird, ignoriert Excel bei der Suche mögliche Unterschiede in der Groß- und Kleinschreibung.

String erzeugt eine Zeichenkette, die sich aus n Wiederholungen eines gegebenen Zeichens ergibt. *String(4,"a")* liefert also *"aaaa"*. *Space* ist speziell für Leerzeichen geeignet: *Space(2)* liefert *" "* (also eine Zeichenkette mit zwei Leerzeichen).

Neue Zeichenkettenfunktionen in Excel 2000

Mit VBA 6, das Teil von Office 2000 ist, beglückt Microsoft die Programmierer mit einigen neuen Zeichenkettenfunktionen. (Wirklich neu sind diese freilich nicht – VBScript-Programmierern standen die Funktionen schon viel länger zur Verfügung.)

Split zerlegt eine Zeichenkette in ein eindimensionales Datenfeld. Dabei können ein oder mehrere beliebige Trennzeichen angegeben werden (default *" "*, also ein Leerzeichen).

```
a = "abc efg"
b = Split(a)            'liefert b(0)="abc", b(1)="efg"
```

> **TIPP** Als Trennzeichen ist auch *vbCrLf* erlaubt. Damit wird eine mehrzeilige Zeichenkette (etwa eine Textdatei) in einzelne Zeilen zerlegt.

Die Umkehrfunktion zu *Split* lautet ***Join*** und setzt die einzelnen Zeichenketten wieder zusammen.

```
c = Join(b)               'liefert c="abc efg"
```

Eine Hilfe bei der Verarbeitung des Datenfelds bietet ***Filter***: Die Funktion erwartet im ersten Parameter ein eindimensionales Feld mit Zeichenketten und im zweiten Parameter eine Suchzeichenkette. Das Ergebnis ist ein neues Feld mit allen Zeichenketten, in denen die Suchzeichenkette gefunden wurde. Die zulässigen Indizes des Ergebnisfelds können mit *UBound* und *LBound* ermittelt werden.

```
x = Array("abc", "ebg", "hij")
y = Filter(x, "b")        'liefert y(0)="abc", y(1)="ebg"
```

StrReverse dreht eine Zeichenkette einfach um (das erste Zeichen wird zum letzten). ***InstrRev*** funktioniert wie *Instr*, durchsucht die Zeichenkette aber von hinten.

```
x = StrReverse("abcde")              'liefert "edcba"
n = InstrRev("abcababc","ab")        'liefert 6
```

Replace ersetzt in einer Zeichenkette einen Suchausdruck durch einen anderen Ausdruck. Komplexe Suchmuster wie in Perl oder in Unix-Kommandos gibt es zwar nicht, aber für einfache Anwendungen reicht *Replace* aus. Im folgenden Beispiel werden Kommas durch Punkte ersetzt.

```
x = Replace("12,3 17,5 18,3", ",", ".")    'liefert "12.3 17.5 18.3"
```

Der Verkettungsoperator &

Mehrere Zeichenketten können mit dem Operator »+« zusammengesetzt werden. *"ab"+"cde"* liefert die nun schon vertraute Beispielzeichenkette "abcde". Erheblich flexibler als »+« ist dagegen der Operator »&«. Er wandelt automatisch numerische Werte in Zeichenketten um. *"ab" & 1/3* ergibt damit *"ab 0,3333333"*.

Vergleich von Zeichenketten

Zeichenketten können wie Zahlen mit den Operatoren =, < und > und den resultierenden Kombinationen verglichen werden (siehe auch die Operatorübersicht in Abschnitt 4.6). Beim Vergleich von Zeichenketten sind allerdings einige Besonderheiten zu beachten:

VBA vergleicht generell binär, d. h. beim Vergleich werden nur die Codes der Buchstaben berücksichtigt. Aus diesem Grund werden Großbuchstaben immer »kleiner« als Kleinbuchstaben gewertet. Es gilt also etwa *"Z"<"a"*. Außerdem gelten deutsche Sonderzeichen »größer« als alle anderen Buchstaben. Es gilt also *"ä">"b"*.

Statt der Operatoren können Sie auch die Funktion ***StrComp*** einsetzen. Diese Funktion liefert -1, wenn die erste Zeichenkette »kleiner« als die zweite ist, 0, wenn beide Zeichenketten gleichwertig sind, und 1, wenn die erste Zeichenkette »größer« als die zweite ist. *StrComp("a","b")* liefert daher -1.

Ein Beispiel für die Anwendung des Zeichenkettenvergleichs, nämlich eine Prozedur, die die Dateinamen des aktuellen Verzeichnisses ermittelt und sortiert, finden Sie in Abschnitt 5.6 zum Thema »Umgang mit Dateien«.

Berücksichtigung landessprachlicher Besonderheiten

Durch die Anweisung *Option Compare Text*, die zu Beginn eines Moduls angegeben werden muss und für das gesamte Modul gilt, können Sie einen anderen Vergleichsmodus aktivieren. Dieser Modus berücksichtigt die Besonderheiten der unter Windows eingestellten Landessprache. Insbesondere gelten jetzt Klein- und Großbuchstaben als gleichwertig. Die Zeichen »äÄöÖßüÜ« werden jetzt zwischen »A« und »B«, zwischen »O« und »P«, zwischen »S« und »T« bzw. zwischen »U« und »V« eingeordnet.

Option Compare Text gilt nicht nur für die Vergleichsoperatoren, sondern auch für den Operator *Like* (siehe unten) und die Funktion *InStr*. Bei der Funktion *StrComp* kann unabhängig von der gewählten Vergleichsoption durch einen optionalen dritten Parameter der gewünschte Vergleichsmodus angegeben werden (0: binär, 1: landesspezifisch).

Das Eurosymbol €

Seit Excel 2000 kann das Eurosymbol mit Alt-E problemlos eingegeben und auf den meisten Druckern auch ausgedruckt werden. Bei früheren Office-Versionen stand das Eurosymbol dagegen nur zur Verfügung, wenn ein entsprechendes Update installiert war.

> **HINWEIS** Damit das Eurosymbol automatisch als Währungszeichen verwendet wird, müssen Sie die Ländereinstellung der Systemsteuerung verändern. *Format* und *FormatCurrency* verwenden dann automatisch € statt DM (bzw. statt Ihres bisher eingestellten Währungssymbols).

Intern wird das Zeichen sowohl durch den Unicode 8364 (hexadezimal 20AC) als auch durch den ANSI-Code 128 repräsentiert. (Damit ist es selbst in ANSI-Dateien möglich, ein Eurosymbol zu speichern.) Aus diesem Grund liefern die Standardfunktion *Asc* (gibt den ANSI-Code einer Zeichenkette an) und die Variante *AscW* (für den Unicode) zwei unterschiedliche Werte.

```
euro="€"
?Asc(euro), AscW(euro)
 128           8364
```

> **VERWEIS** Mehr Informationen zum Thema Excel und der Euro finden Sie in Abschnitt 5.10. Dort wird das Euro-Add-In mit der *EuroConvert*-Funktion beschrieben. Außerdem finden Sie dort einige Makros, die Ihnen bei der Eurokonvertierung Ihrer Tabellen helfen sollen.

Mustervergleich

Der Operator *Like* ermöglicht einen Mustervergleich. Dabei gelten »?« und »*« als so genannte Jokerzeichen, die für genau ein unbekanntes Zeichen bzw. für beliebig viele (auch 0!) unbekannte Zeichen stehen. *"Huber" Like "*u*r"* liefert beispielsweise *True*.

Zeichenkettenvergleich im Direktbereich

Sie können die Prinzipien des Zeichenkettenvergleichs übrigens auch im Direktbereich ausprobieren. Wenn Sie etwa *?"a"<"b"* eingeben, antwortet VBA mit *True*.

Im Direktbereich gilt generell *Option Compare Binary*, es sei denn, eine Prozedur aus einem Modul mit *Option Comparison Text* wurde unterbrochen. Diesen Zustand erreichen Sie am einfachsten, wenn Sie in einem Modul die folgenden vier Zeilen eingeben und *vgl* anschließend starten:

```
Option Compare Text
Sub vgl()
  Stop
End Sub
```

Zeichenketten ein- und ausgeben

In VBA existieren im Gegensatz zu vielen herkömmlichen Programmiersprachen keine einfachen Kommandos in der Art von *Print* oder *Input*, mit denen eine Zeichenkette am Bildschirm ausgegeben werden kann. *Debug.Print* ermöglicht Ausgaben im Direktbereich, diese Ausgaben bleiben aber unsichtbar, solange das Fenster des Direktbereichs nicht geöffnet wird.

Wenn Sie dem Anwender eines Excel-Programms etwas mitteilen möchten, setzen Sie am besten das Kommando *MsgBox* ein. VBA zeigt dann ein Dialogfenster mit dem angegebenen Text und einem OK-Button an. *MsgBox* kann auch als Funktion für einfache Auswahlentscheidungen (JA/NEIN oder OK/ABBRECHEN) verwendet werden. Die beiden folgenden Programmzeilen zeigen die beiden Anwendungsvarianten. Die Parameter und Rückgabewerte von *MsgBox* sind ausführlich in der Hilfe beschrieben.

```
MsgBox "kurze Nachricht"
ergebnis = MsgBox("Soll die Datei gespeichert werden?", vbYesNo)
```

Die Funktion *InputBox* funktioniert ähnlich wie *MsgBox*, ermöglicht aber die Eingabe einer Zeichenkette. Der Dialog ist mit den Buttons OK und ABBRECHEN ausgestattet. Falls der Anwender den Dialog mit ABBRECHEN beendet, liefert die Funktion eine leere Zeichenkette.

```
ergebnis = InputBox("Geben Sie bitte eine Zahl ein!")
```

> **VERWEIS**
>
> Neben *MsgBox* und *InputBox* existiert noch die Excel-spezifische Variante *Application.InputBox*, die auch die Eingabe von Formeln und Zellbezügen ermöglicht. Mehr zum Thema Dialoge finden Sie in Kapitel 7.

5.4.3 Umwandlungsfunktionen

Dieser Abschnitt fasst zahlreiche Funktionen zusammen, mit denen Zeichenketten in Zahlen (und umgekehrt) verwandelt werden können. Berücksichtigt werden auch so genannte Informationsfunktionen, mit denen der Datentyp einer Variablen oder einer Eigenschaft festgestellt werden kann. Umwandlungsfunktionen für Datums- und Zeitwerte finden Sie im nächsten Abschnitt 5.5, der dem Thema »Datum und Uhrzeit« gewidmet ist.

Zeichenketten in Zahlen verwandeln

Die einfachste Möglichkeit zur Konvertierung von Zeichenketten in das numerische Format bieten die Funktionen *CInt*, *CLng*, *CSng*, *CDbl* und *CCur*. Diese Funktionen nehmen als Argument sowohl Zeichenketten als auch Zahlen in einem beliebigen *Variant*-Format entgegen und liefern als Ergebnis eine Zahl im jeweiligen Variablentyp. *CSng* liefert also einfach genaue Fließkommazahlen (Datentyp *Single*). Bei *CInt* und *CLng* wird gerundet (siehe Beginn dieses Abschnitts).

Bei allen fünf Funktionen kommt es zu Fehlermeldungen, wenn der Zahlenbereich des jeweiligen Variablentyps überschritten wird, oder wenn das Argument überhaupt keine gültige Zahl bezeichnet (z. B. *CInt("abc")*). Die Funktionen erwarten (bei einer deutschen Ländereinstellung für Windows) ein Komma zur Trennung von Vor- und Nachkommaanteil. Punkte werden als Tausendertrennzeichen interpretiert und bei der Umwandlung einfach ignoriert. (Das gilt auch in der englischen VBA-Variante von Excel 7! Die Konvertierungsfunktionen orientieren sich nicht an der Einstellung der Entwicklungssprache durch EXTRAS|OPTIONEN|MODUL ALLGEMEIN, sondern nur an der systemweit gültigen Ländereinstellung.)

Die Funktionen verarbeiten auch Datums- und Zeitwerte. *CDbl(#12/31/2003#)* liefert 37986. Details zum Umgang mit Datum und Zeit folgen in Abschnitt 5.5.

Die Funktion *Val* weicht in ihrer Funktion relativ stark von den oben genannten Funktionen ab: Der wichtigste Unterschied besteht darin, dass Vor- und Nachkommaanteil mit einem Punkt voneinander getrennt werden müssen. Die Funktion liefert das Ergebnis automatisch im geeigneten Datentyp, verhält sich also wie eine *Variant*-Variable. *Val* ist weitgehend unempfindlich bei der Interpretation der Zeichenkette. *Val("abc")* liefert einfach 0. *Val("1.2abc")* liefert 1.2. *Val("1,2")* liefert 1 (weil das Komma wie jedes andere Textzeichen behandelt wird). An *Val* dürfen keine Zahlen oder Datums- und Zeitwerte übergeben werden.

Asc ermittelt den ANSI-Code des ersten Zeichens. Dieser Code regelt die interne Repräsentation von Buchstaben unter Windows. *Asc("A")* liefert 65, weil Windows den Buchstaben »A« durch den Code 65 darstellt.

Zahlen in Zeichenketten verwandeln

CStr nimmt als Argument einen beliebigen numerischen Wert, ein Datum oder eine Uhrzeit entgegen und liefert davon eine Zeichenkette. Die Funktion verwendet (bei deutscher Ländereinstellung) ein Komma als Trennzeichen zwischen Vor- und Nachkommaanteil. *CStr(1/3)* liefert "0,333333".

Die Funktion *Str* passt inhaltlich insofern zur *Val*-Funktion, als sie in den resultierenden Zeichenketten einen Punkt als Trennzeichen zwischen Vor- und Nachkommaanteil einfügt. *Str(1/3)* liefert ".333333". Die Funktion kommt nicht mit Datumswerten zurecht. *Str* eignet sich besonders zur Weiterverarbeitung von Zeichenketten, die aus Textdateien gelesen werden.

Chr stellt die Umkehrfunktion zu *Asc* dar. *Chr(65)* ergibt "A". Die Funktion kann beispielsweise dazu eingesetzt werden, um mit *Chr(34)* das Zeichen »"« darzustellen.

Format-Funktionen

Sehr viel flexibler als *Str* ist die Funktion *Format*: Hier wird zur Umwandlung eine Formatzeichenkette verwendet. Zwei Beispiele zeigen das Anwendungsspektrum der Funktion: *Format(1/3, "Scientific")* liefert 3,33E-01, *Format(1234.5678, "#,##0.##")* liefert 1.234,57. Dabei gilt # als Platzhalter für eine optionale Ziffer, 0 als Platzhalter für Ziffern oder 0, . als Platzhalter für ein Komma und , als Platzhalter für das Tausendertrennzeichen.

> **VERWEIS** Die schier endlose Liste von vordefinierten Formaten und Platzhalterzeichen (auch für Daten und Zeiten) zur Definition eigener Formate ist in der Hilfe zu *Format* dokumentiert. (Klicken Sie die Verweise SIEHE AUCH und BEISPIEL an!)

Neu seit Excel 2000 sind die Funktionen *FormatNumber*, *-Currency* und *-Percent* zur Formatierung von Zahlen sowie *FormatDateTime* zur Formatierung von Datums- und Zeitangaben (siehe den nächsten Abschnitt). Diese Funktionen sind zwar weniger vielseitig als *Format*, aber zumeist einfacher zu bedienen. Die Steuerung erfolgt durch einige optionale Parameter, von denen der erste normalerweise die Nachkommastellen angibt. Die Grundeinstellungen werden wie bei *Format* der Systemeinstellung entnommen (etwa das Währungssymbol). Einige Beispiele:

```
?FormatPercent(0.123456)         'liefert 12,35%
?FormatPercent(0.123456, 1)      'liefert 12,3%
?FormatCurrency(12345678)        'liefert 12.345.678,00 DM oder €
?FormatNumber(123456.789012)     'liefert 123.456,79
?FormatNumber(123456.789012, 4)  'liefert 123.456,7890
```

Datentyp feststellen

Mit den in Abschnitt 4.1 (Thema Variablentypen) schon erwähnten *IsXxx*-Funktionen können Sie feststellen, ob ein noch unbekannter Ausdruck (zumeist ein *Variant*-Ergebnis) einen bestimmten Datentyp aufweist bzw. ob er in diesen Typ konvertiert werden kann. Die wichtigsten Funktionen lauten *IsNumeric*, *IsDate*, *IsEmpty* und *IsNull*. Beachten Sie bitte, dass *IsNumeric* und *IsDate* nicht feststellen, ob das Argument eine Zahl oder ein Datumswert ist, sondern ob das Argument in diesen Typ konvertiert werden kann. *IsNumeric(1)* liefert *True*, ebenso *IsNumeric("1")*! Dagegen führt *IsNumeric("ab")* zum Ergebnis *False*.

Ein direkter Test, ob eine Variant-Variable eine Zeichenkette enthält, ist nur über *VarType* möglich. Diese Funktion liefert für jeden Datentyp eine spezifische Kennzahl. Für Zeichenketten lautet diese Kennzahl 8.

5.4.4 Syntaxzusammenfassung

Bei allen Funktionen, denen das Schlüsselwort *Application* vorangestellt wird, handelt es sich um Tabellenfunktionen von Excel. Alle anderen Funktionen gehören zum unmittelbaren Sprachumfang von VBA. Die Parameter *v*, *f*, *n* und s stehen für *Variant*-Werte, Fließkommazahlen, ganze Zahlen und Zeichenketten (*String*).

Runden	
CInt(v)	rundet bei 0.5
CLng(v)	rundet bei 0.5
Int(f)	rundet immer ab
Fix(f)	schneidet die Nachkommastellen ab
WorksheetFunction.Round(f, n)	rundet bei 0.5 auf die Stellenanzahl *n*
WorksheetFunction.RoundDown(f, n)	rundet immer ab (*n* Nachkommastellen)
WorksheetFunction.RoundUp(f, n)	rundet immer auf (*n* Nachkommastellen)
WorksheetFunction.Even(f)	rundet zur betragsmäßig größeren geraden Zahl
WorksheetFunction.Odd(f)	rundet zur betragsmäßig größeren ungeraden Zahl
WorksheetFunction.Ceiling(f1, f2)	rundet zum Vielfachen von *f2* auf
WorksheetFunction.Floor(f1, f2)	rundet zum Vielfachen von *f2* ab

Sonstige numerische Funktionen	
Abs(f)	entfernt das Vorzeichen
Sgn(f)	liefert je nach Vorzeichen -1, 0, 1
Sqr(f)	Quadratwurzel
Sin(f), *Cos(f)*, *Tan(f)*	trigonometrische Funktionen
Atn(f)	Umkehrfunktion zu Tan
Log(f), *Exp(f)*	logarithmische Funktionen
Rnd	liefert Zufallszahl zwischen 0 und 1
Randomize	initialisiert den Zufallszahlengenerator

Zeichenketten

Left(s, n)	liefert die ersten *n* Zeichen
Right(s, n)	liefert die letzten *n* Zeichen
Mid(s, n)	liefert alle ab dem *n*-ten Zeichen
Mid(s, n1, n2)	liefert *n2* Zeichen ab dem *n1*-ten Zeichen
Mid(s1, n1, n2) = s2	setzt *s2* in *s1* ein
Len(s)	ermittelt die Länge der Zeichenkette
InStr(s1, s2)	sucht *s2* in *s1*; Ergebnis: Position oder 0
InStr(n, s1, s2)	wie oben, Suche beginnt mit *n*-ten Zeichen
InStr(n, s1, s2, 1)	wie oben, Groß- und Kleinschreibung egal
InStrRev(s1, s2 [,n])	wie *InStr*, aber Suche von hinten nach vorne
Split(s, "x")	zerlegt *s* an den Stellen des Zeichens "x"; liefert Array
Join(array, "x")	setzt ein Array von Zeichenketten wieder zusammen (mit "x" an den Anfügestellen)
Filter(array, "x")	liefert Array mit allen Zeichenketten, die "x" enthalten
Replace(s, "x", "y")	ersetzt in *s* alle "x" durch "y"
UCase(s)	wandelt alle Klein- in Großbuchstaben um
LCase(s)	wandelt alle Groß- in Kleinbuchstaben um
Trim(s)	eliminiert Leerzeichen am Anfang und Ende
String(n, "x")	liefert eine Zeichenkette aus *n* mal "x"
Space(n)	liefert *n* Leerzeichen
Option Comparison Text	dann gilt "a"="A" und "A"<"Ä"<"B"
StrComp(s1, s2)	-1 wenn *s1<s2*, 0 wenn *s1=s2*, sonst +1
StrComp(s1, s2, 0)	wie oben, aber immer binärer Vergleich
StrComp(s1, s2, 1)	wie oben, aber landesspezif. Vergleich
MsgBox "text"	zeigt den Text in einem Dialog an
MsgBox("text", buttons)	wie oben; ermöglicht Auswahlentscheidung
InputBox("text")	ermöglicht die Eingabe einer Zeichenkette

Umwandlungsfunktionen

CInt(v)	liefert eine ganze Zahl
CLng(v)	wie oben, aber größerer Zahlenbereich
CSng(v)	einfache Fließkommazahl
CDbl(v)	doppelte Fließkommazahl
CCur(v)	Zahl im Währungsformat
CBool(v)	Wahrheitswert (*True/False*)
CDate(v)	Datum/Uhrzeit
CStr(v)	Zeichenkette
Val(s)	liefert den Wert der Zeichenkette
Str(v)	wandelt Zahl in Zeichenkette um
Format(v, s)	liefert Zeichenkette, wobei die Formatanweisungen in *s* berücksichtigt werden

FormatNumber(v, n)	formatiert x als Betrag mit n Nachkommastellen
FormatCurrency(v, n)	formatiert x als Geldbetrag mit n Nachkommastellen
FormatPercent(v, n)	formatiert x als Prozentwert mit n Nachkommastellen
Asc(s)	liefert den ANSI-Code des ersten Zeichens
AscW(s)	liefert den Unicode des ersten Zeichens
Chr(n)	liefert das Zeichen zum Code (0-255)

Datentyp feststellen	
IsNumeric(variable)	Test, ob Konvertierung in Zahl möglich
IsDate(variable)	Test, ob Konvertierung in Datum oder Uhrzeit möglich
IsArray(variable)	Test, ob nicht Variable, sondern Feld
IsError(variable)	Test, ob Fehlerwert
IsMissing(variable)	Test, ob optionaler Parameter nicht angegeben
IsEmpty(variable)	Test, ob leer
IsNull(variable)	Test, ob nicht initialisiert
IsObject(variable)	Test, ob Verweis auf Objekt
VarType(variable)	numerischer Wert, der den Datentyp angibt
TypeName(variable)	Zeichenkette, die Daten-/Objekttyp beschreibt

5.5 Rechnen mit Datum und Uhrzeit

Der Umgang mit Datum und Uhrzeit war schon immer eine Angelegenheit, die einfacher aussieht, als sie in Wirklichkeit ist. Microsoft hat durch eine Unzahl von Funktionen wenig dazu beigetragen, das Ganze übersichtlicher zu machen.

Excel und das Jahr 2000

So viel gleich vorweg: Excel hat an sich kein Problem damit, Daten über das Jahr 2000 hinweg korrekt darzustellen. Eine mögliche Problemquelle ist aber die automatische Zuordnung des Jahrhunderts, wenn Jahreszahlen zweistellig eingegeben werden. Dabei wird üblicherweise eine Fenstertechnik angewandt, d.h., zweistellige Eingaben werden automatisch dem Zeitraum zwischen 1930 und 2029 zugeordnet. Dieser Bereich ist allerdings keine Naturkonstante, sondern kann sich in Zukunft (je nach Betriebssystem- und Office-Version) evtl. ändern. Bei Windows 98 und Windows 2000 kann das Fenster sogar vom Benutzer eingestellt werden (Systemeinstellung/Ländereinstellung/Datum), was einem noch größerem Chaos Tür und Tor öffnet. Sie sind daher gut beraten, sich nicht darauf zu verlassen.

Generell sollten Sie in Ihrem Programmcode sämtliche Jahreszahlen ausnahmslos vierstellig angeben. (Seit Excel 2000 werden Datumsangaben der Form *#12/31/1999#* im VBA-Code zum Glück automatisch vierstellig dargestellt. In Excel 97 war das aus unerfindlichen Gründen nicht möglich.) Wenn Sie in Dialogen die Eingabe zweistelliger Zahlen zulassen (bequem ist es ja ...), sollten Sie diese Eingabe sofort in die vierstellige Darstellung umwandeln, damit der Anwender noch während der Eingabe der weiteren Dialogfelder eine Rückmeldung erhält, wie die Jahreszahl intern interpretiert wird.

> **TIPP** Daten in Tabellenblättern werden in den meisten Fällen mit nur zwei Jahreszahlen dargestellt. Der Grund dafür besteht darin, dass zur Formatierung sehr häufig das durch die Systemeinstellung vorgegebene »kurze Datumsformat« zum Einsatz kommt, das nur zwei Stellen vorsieht. Sie können diese Vorgabe global in den Landeseinstellungen der Systemeinstellung verändern, indem Sie *yyyy* statt nur *yy* verwenden (Bild 5.2). Die neue Einstellung gilt dann in allen Programmen, die dieses Format verwenden (übrigens auch für die VBA-Funktionen *Format* und *FormatDateTime*).

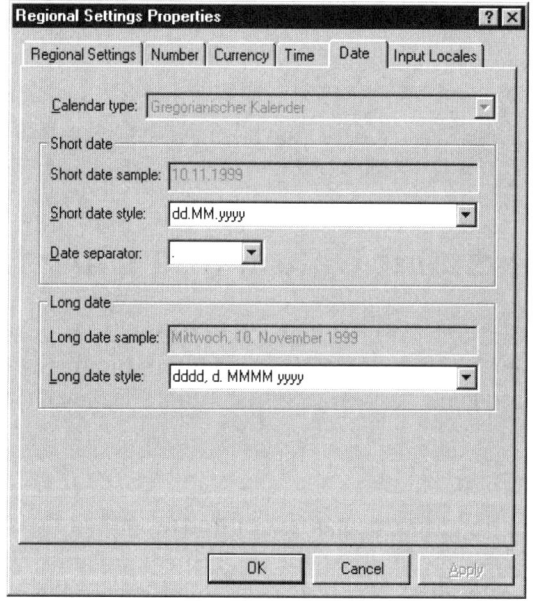

Bild 5.2: Vierstellige Jahreszahlen als globale Defaulteinstellung

Daten und Zeiten im Programmcode angeben

In VBA-Prozeduren werden Daten und Zeiten zwischen zwei »#«-Zeichen eingeschlossen, also beispielsweise *#12/31/1999#* oder *#17:30#* oder auch zusammen *#12/31/1999 17:30#*. Excel macht aus *#17:30#* leider *#5:30:00 PM#*, akzeptiert *#17:30#* aber immerhin als gültige Eingabe. *#31.12.1997#* ist dagegen nicht zulässig und führt zu einer Fehlermeldung. Daten müssen also im amerikanischem Format (Monat/Tag/Jahr) angegeben werden.

Die amerikanische Schreibweise für Daten/Zeiten ist nur direkt im VBA-Code erforderlich. Bei der Konvertierung von oder zu Zeichenketten beachtet VBA die unter

Windows geltende Landeseinstellung. Mit dem amerikanischen Format sind damit nur Sie im Programmcode konfrontiert, nicht aber der Anwender Ihres VBA-Programms. *MsgBox "Datum: " & #12/31/1999#* zeigt aus diesem Grund bei deutscher Landeseinstellung wunschgemäß die Zeichenkette *"Datum: 31.12.1999"* an. Ebenso wird die Zeichenkette *"31.12.1999"* von den meisten Funktionen korrekt verarbeitet.

Wenn Sie die deutsche Schreibweise auch im Programmcode verwenden möchten, können Sie Daten und Zeiten als Zeichenketten in der *CDate*-Funktion angeben, etwa *CDate("31.12.1999")* statt *#12/31/1999#* oder *CDate("17:30")* statt *#5:30:00 PM#*. Diese Zeitangaben werden entsprechend der unter Windows gültigen Landeseinstellung korrekt konvertiert. Diese Form der Zeitangabe hat allerdings zwei Nachteile: Erstens wird der Code (minimal) langsamer ausgeführt, und zweitens ist der Code nicht portabel (weil die *CDate*-Konvertierung bei einer anderen Landeseinstellung – etwa in England oder in den Vereinigten Staaten – versagt).

Eine weitere Alternative zur Angabe von Daten und Zeiten bieten die Funktionen *DateSerial(jahr, monat, tag)* und *TimeSerial(stunde, minute, sekunde)*. Besonders übersichtlich sieht das zwar auch nicht aus, es ist aber zumindest eindeutig und unabhängig von irgendwelchen Ländereinstellungen.

Interne Darstellung von Daten und Zeiten

Datum und Uhrzeit werden VBA-intern durch Fließkommazahlen dargestellt. Die Zahl 1 entspricht dem 31.12.1899, 2 dem 1.1.1900 etc. Uhrzeiten werden im Nachkommaanteil gespeichert: 2.25 entspricht dem 1.1.1900 6:00, 34335.75 entspricht dem 1.1.1994 18:00 etc.

> **ANMERKUNG** In Tabellen werden Fließkommazahlen nur dann als Datum oder als Uhrzeit angezeigt, wenn für die jeweilige Zelle ein Datums- oder Zeitformat eingestellt wird. Bei der Tastatureingabe eines Datums oder einer Uhrzeit wählt Excel automatisch ein geeignetes Format. Wenn Sie dagegen Rechenoperationen mit Datum und Uhrzeit durchführen, müssen Sie sich um die Formatierung der Ergebniszellen selbst kümmern.

Aus der Sicht Excels sind Daten und Zeiten also ganz gewöhnliche Zahlen, mit denen ohne vorherige Umwandlung gerechnet werden kann. Sie können also mühelos die Differenz zweier Daten oder zweier Zeiten berechnen oder zu einem Datum eine bestimmte Anzahl von Tagen addieren.

In Excel-Tabellen reicht der gültige Datumsbereich nur vom 1.1.1900 bis zum 31.12.2078. In VBA-Prozeduren, wo der Variablentyp *Date* verwendet wird, sind Daten zwischen dem 1.1.100 und dem 31.12.9999 erlaubt. Daten vor dem 1.1.1900 werden dabei durch negative Zahlen dargestellt.

Aus Kompatibilitätsgründen zur Macintosh-Version von Excel besteht über EXTRAS|OPTIONEN|BERECHNEN die Möglichkeit, auf den Stichtag 1.1.1904 umzustellen. Die Zahl

0 entspricht dann dem 1.1.1904. Der geänderte Stichtag gilt sowohl in Tabellen als auch in VBA-Prozeduren.

Fehler

Daten zwischen dem 1.1.1900 und dem 28.2.1900 werden zwischen VBA und Excel-Tabellen falsch konvertiert. Wenn Sie die Anweisung *Worksheets(1).[A1]=#1/1/1900#* ausführen, steht in der Zelle A1 anschließend der 2.1.1900! Wenn Sie direkt (also über die Tastatur) den 1.1.1900 in die Zelle A1 eintragen und anschließend im Direktbereich mit der VBA-Anweisung *?Worksheets(1).[A1]* lesen, lautet das Ergebnis 31.12.1899.

Die Fehlerursache ist leicht festzustellen: In Excel-Tabellen ist der Schalttag 29.2.1900 erlaubt, in VBA dagegen nicht. (VBA hat Recht!) Im Jahr 2000, das ebenfalls kritisch ist, arbeiten beide Datumsfunktionen korrekt und akzeptieren den 29.2.2000 als gültiges Datum.

Fazit: Innerhalb von Excel-Tabellen gibt es mit Daten vor dem 1.3.1900 Schwierigkeiten. Da der zulässige Datumsbereich dort ohnedies erst mit dem 1.1.1900 beginnt, ist das ganze Problem auf zwei Monate beschränkt. Die VBA-Datumsfunktion scheint ausnahmslos zu funktionieren (auf jeden Fall ist es nicht gelungen, einen Fehler zu finden).

Für die Leser, die es interessiert, noch rasch das Hintergrundwissen: Nach dem bei uns gültigen gregorianischen Kalender hat jedes durch 4 teilbare Jahr einen Schalttag, also etwa 1988, 1992 und 1996. Durch 100 teilbare Jahre sind von dieser Regel ausgenommen, weswegen 1700, 1800 und 1900 keinen Schalttag haben. Durch 400 teilbare Jahre sind wiederum von der Ausnahmeregel ausgenommen, so dass in den Jahren 1600 und 2000 doch ein Schalttag auftritt.

Überblick über diesen Abschnitt

Bei den zahlreichen Funktionen herrscht leider eine babylonische Sprachverwirrung: Es gibt Funktionen, die *nur* in Tabellen verwendet werden können, andere, die *nur* in VBA-Prozeduren zur Verfügung stehen, wieder andere, die doppelt definiert sind und daher sowohl in Tabellen als auch im VBA-Code verwendet werden können, solche, die im VBA-Code nur durch das Voranstellen von *Application.WorksheetFunction* benutzt werden dürfen etc.

Damit Sie den Überblick nicht vollkommen verlieren, ist die folgende Beschreibung in Abschnitte gegliedert. In Abschnitt 5.5.1 werden jene Funktionen beschrieben, die im VBA-Code verwendet werden dürfen. Abschnitt 5.5.2 beschreibt Tabellenfunktionen; bei gleichnamigen Funktionen wird nur auf den ersten Abschnitt verwiesen. Abschnitt 5.5.3 zeigt Anwendungstechniken in Tabellen sowie im VBA-Code auf. Abschnitt 5.5.4 geht speziell auf das Problem der Feiertage ein, die von Land zu Land unterschiedlich sind und daher von Excel nicht selbstständig ermittelt werden können. Abschnitt 5.5.5 liefert dann die gewohnte Syntaxzusammenfassung.

5.5.1 VBA-Funktionen

Die im Folgenden beschriebenen Funktionen können nur im VBA-Code, nicht aber in Tabellen verwendet werden. Es existieren aber zu allen Funktionen weitgehend gleichwertige Tabellenfunktionen (allerdings mit deutschen Funktionsnamen).

Date liefert das aktuelle Datum, *Time* liefert die aktuelle Uhrzeit. Die beiden Schlüsselwörter (und nur diese, nicht aber die im Folgenden beschriebenen Schlüsselwörter *Now*, *Timer* etc.) dürfen auch in Zuweisungen verwendet werden und verändern dann das Systemdatum bzw. die Uhrzeit des Rechners. Dabei dürfen sowohl Zeichenketten als auch *Date*-Werte zugewiesen werden, etwa: *Time= #8:30#: Date=#12/31/97#*. Die Funktion *Now* liefert das aktuelle Datum und die Zeit. *Timer* liefert die Anzahl der Sekunden seit Mitternacht.

Beachten Sie bitte, dass die drei Eigenschaften *Date*, *Time* und *Now* nur einmal pro Sekunde aktualisiert werden. *Timer* hat eine etwas feinere Zeitauflösung und ändert sich unter Windows 9x 17 Mal pro Sekunden, unter Windows 2000/XP sogar 100 Mal.

DateValue und *TimeValue* nehmen als Argument eine Zeichenkette in der unter Windows eingestellten Sprache entgegen und liefern das Ergebnis im *Date*-Format von Excel. *DateValue("31.Dezember 1999")* liefert daher den 31.12.1999.

DateSerial und *TimeSerial* nehmen jeweils drei Argumente entgegen, entweder *Jahr, Monat, Tag* oder *Stunde, Minute, Sekunde*. Das Ergebnis ist wiederum ein *Date*-Wert. *DateSerial(1997,12,31)* liefert somit den 31.12.1997. Die Funktionen sind bei der Auswertung der Parameter ungeheuer flexibel. So liefert *DateSerial(1997,13,1)* den 1.1.1998, *DateSerial(1997,2,31)* den 3.3.1998, *DateSerial(1998,0,-1)* den 29.11.1997. Entsprechen liefert *TimeSerial(4,-5,0)* 3:55 (also fünf Minuten vor 4:00). Gerade bei der Durchführung von Berechnungen (etwa das aktuelle Datum plus einen Monat) ist diese Flexibilität sehr wertvoll.

Hour, *Minute* und *Second* ermitteln die Bestandteile der Uhrzeit. *Minute(#6:45:33#)* liefert 45. Die Uhrzeit darf sowohl als *Date*-Wert als auch in Form einer Zeichenkette angegeben werden.

Year, *Month* und *Day* sind die äquivalenten Funktionen für Jahr, Monat (1-12) und Tag (1-31) eines Datums. *Month("1.April 1999")* liefert 4.

WeekDay funktioniert wie *Day* und liefert den Wochentag (1-7 für Sonntag bis Samstag). Sie können stattdessen auch die Tabellenfunktion *Application.WorksheetFunction.-WeekDay* verwenden. Diese Funktion unterscheidet sich von der gleichnamigen VBA-Funktion durch einen zweiten optionalen Parameter für den Modus *m*. Für *m*=2 liefert die Funktion die Werte 1 bis 7 für Montag bis Sonntag, für *m*=3 die Werte 0 bis 6. (Siehe auch die Hilfe zu *Wochentag*. Tabellenfunktionen müssen zwar auf englisch im VBA-Code verwendet werden, sind in der Hilfe aber nur unter den deutschen Namen verzeichnet.)

Speziell zum Rechnen in Jahren mit 360 Tagen, die in manchen Branchen üblich sind, eignet sich *Application.WorksheetFunction.Days360*. Die Tabellenfunktion ermittelt die

Anzahl von Tagen zwischen zwei Daten auf Basis von 12 Monaten zu je 30 Tagen. Wenn als optionaler dritter Parameter *False* angegeben wird, rechnet die Funktion nach der europäischen Methode, andernfalls (Defaulteinstellung) nach der amerikanischen. Details zur Wirkungsweise der Funktion können Sie der Hilfe zu *Tage360* entnehmen. Ein Beispiel, bei dem die Funktion ein anderes Ergebnis als bei einer direkten Subtraktion der Daten ergibt, lautet *Days360(#4/30/1999#, #5/31/1999#, False)*: Der Funktionsaufruf liefert 30, obwohl 31 Tage zwischen den beiden Monatsenden liegen.

Zur Umwandlung von Zeichenketten und Zahlen in *Date*-Werte bzw. umgekehrt stehen die im vorangegangenen Abschnitt schon beschriebenen Funktionen **CDate**, **CStr**, **CSng** und **CDbl** zur Verfügung. *CDate* entspricht im Wesentlichen einer Kombination aus *DateValue* und *TimeValue* (weil Datum und Zeit gleichzeitig berücksichtigt werden). Zwei Beispiele: *CDate(34418.4)* liefert den 25.3.1994 um 09:36, *CDbl(#31/12/1995 11:30#)* liefert 35064.479.

Rechnen mit Daten

Die in Visual Basic schon seit Version 4 zur Verfügung stehenden Funktionen *DateAdd*, *DateDiff* und *DatePart* haben nun auch ihren Weg in VBA gefunden. **DateAdd** eignet sich dazu, zu einem Datum oder zu einer Uhrzeit ein oder mehrere Zeitintervalle zu addieren. Das Intervall wird in Form eine Zeichenkette angegeben: *"yyyy"* zum Addieren von Jahren, *"q"* für Quartale, *"m"* für Monate, *"ww"* für Wochen, *"y"*, *"w"* oder *"d"* für Tage, *"h"* für Stunden, *"n"* für Minuten und *"s"* für Sekunden. Der zweite Parameter gibt an, wie oft das Intervall addiert werden soll. (Mit negativen Zahlen können Sie auch rückwärts rechnen. Es sind allerdings nur ganze Intervalle möglich, halbe oder viertel Stunden müssen Sie in Minuten rechnen.) Der dritte Parameter enthält die Ausgangszeit:

```
DateAdd("yyyy", 1, Now)     'Datum und Zeit in einem Jahr
DateAdd("h", -2, Now)       'Datum und Zeit vor zwei Stunden
```

Wenn sich durch die Addition ungültige Daten ergeben (etwa der 31.4.), ermittelt Visual Basic den ersten gültigen Tag vorher (30.4.). Beachten Sie, dass sich *DateSerial* hier anders verhält und aus *DateSerial(1998,4,31)* den 1.5.1998 macht!

Mit **DateDiff** können Sie auf einfache Weise ermitteln, wie viele Zeitintervalle sich zwischen zwei Daten oder Zeiten befinden. Das Intervall wird wie bei *DateAdd* durch eine Zeichenkette angegeben. Die Hilfe beschreibt im Detail, wie die Funktion rechnet. (Im Regelfall wird einfach auf das jeweilige Intervall rückgerechnet. Die Zeitdifferenz vom 31.1. zum 1.2. gilt deswegen als ganzer Monat, während die viel längere Zeitdifferenz vom 1.1. zum 31.1. keinen Monat ergibt.)

```
DateDiff("m", Now, "1.1.1998")    'Anzahl der Monate bis/vom 1.1.1998
```

DatePart ermittelt die Anzahl der Perioden für einen bestimmten Zeitpunkt: Bei Jahren wird vom Jahr 0 aus gerechnet, bei Quartalen, Monaten, Wochen, Kalenderwochen (*"ww"*) und Tagen (*"y"*) vom 1.1. des Jahres, bei Monatstagen (*"d"*) vom ersten Tag des Monats, bei Wochentagen (*"w"*) vom ersten Tag der Woche (ohne optionale

5.5 Rechnen mit Datum und Uhrzeit

Parameter ist das der Sonntag) und bei Stunden von 0:00, bei Minuten und Sekunden von der letzten vollen Stunde oder Minute. *DatePart* erfüllt also in den meisten Fällen dieselbe Aufgabe wie die schon erwähnten Funktionen *Year, Month, Day, Weekday* etc.

```
DatePart("m", Now)        'Anzahl der Monate seit dem 1.1.
DatePart("y", Now)        'Anzahl der Tage seit dem 1.1.
DatePart("d", Now)        'Anzahl der Monatstage
DatePart("w", Now)        'Anzahl der Wochentage
```

Zeichenketten für Datum und Zeit ermitteln

Recht praktisch sind auch *MonthName* und *WeekdayName* (neu seit Office 2000), die Zeichenketten gemäß der Landeseinstellung am lokalen Rechner zurückgeben. Beispielsweise liefert *MonthName(2)* die Zeichenkette *"Februar"* und *WeekdayName(1)* das Resultat *"Montag"*.

Bei *FormatDateTime* gibt der optionale Parameter das gewünschte Format an (*vbGeneralDate, vbLongDate, vbShortDate, vbLongTime, vbShortTime*):

```
For i=0 To 4: ?FormatDateTime(Now, i): Next
  08.11.1999 10:09:57
  Montag, 8. November 1999
  08.11.1999
  10:09:57
  10:09
```

> **TIPP** Im obigen Beispiel sind die Jahreszahlen auch bei *vbShortDate* vierstellig. Das ist nicht immer so, sondern hängt von der Systemeinstellung ab. Die sieht am Rechner des Autors so aus, dass Jahreszahlen immer vierstellig formatiert werden sollen.

5.5.2 Tabellenfunktionen

Die im Folgenden beschriebenen Tabellenfunktionen können – von den schon erwähnten Ausnahmen *Days360* und *WeekDay* abgesehen – nur in Tabellen verwendet werden. Sie entsprechen diversen oben beschriebenen VBA-Funktionen, weisen aber fallweise abweichende Namen auf.

HEUTE und *JETZT* entsprechen den VBA-Funktionen *Date* und *Now* und ermitteln das aktuelle Datum bzw. eine Kombination aus Datum und Uhrzeit.

DATUM und *ZEIT* entsprechen *DateSerial* und *TimeSerial* und setzen aus den drei Werten Jahr/Monat/Tag bzw. Stunde/Minute/Sekunde ein Datum bzw. eine Uhrzeit zusammen.

DATWERT und *ZEITWERT* entsprechen *DateValue* und *TimeValue*. Sie wandeln Zeichenketten (etwa *"3.April"*) in Daten bzw. Uhrzeiten um. Wenn kein Jahr angegeben wird, verwendet Excel automatisch das aktuelle Jahr. (Diese Besonderheit gilt nur für die Tabellen-, nicht aber für die VBA-Funktionen.)

JAHR, MONAT, TAG, STUNDE, MINUTE und *SEKUNDE* entsprechen den VBA-Funktionen *Year, Month* etc. Die ebenfalls schon oben beschriebenen Tabellenfunktionen *WOCHENTAG* (in VBA *WeekDay*) und *TAGE360* (also *Days360*) dürfen auch im VBA-Code verwendet werden, wenn *Application* vorangestellt wird.

> **HINWEIS** Die Funktionen *HEUTE, JETZT, DATUM, DATWERT, ZEIT* und *ZEITWERT* liefern als Ergebnis Zahlenwerte. Aus diesen Werten wird erst durch die Formatierung der Zelle im Datums- oder Zeitformat ein Datum bzw. eine Uhrzeit.

Allen Funktionen dürfen sowohl numerische Datumswerte (z. B. 34393.72917) als auch Zeichenketten ("28. Feb 1994 17:30") übergeben werden. (In Tabellen gilt generell die Landeseinstellung, Sie müssen sich also nicht wie im Programmcode mit dem amerikanischen Datumsformat ärgern.) *DATWERT* und *ZEITWERT* berücksichtigen jeweils nur die für sie relevanten Informationen. Wenn Datum und Zeit aus einer Zeichenkette gelesen werden sollen, ist die Formel *DATWERT(z)+ZEITWERT(z)* erforderlich.

> **TIPP** Die Eingabe von Daten in Zellen darf auch in der Form 1-2-00 oder noch kürzer 1-2 erfolgen, wenn der 1.2.2000 gemeint ist und das aktuelle Jahr 2000 lautet. Diese Eingabeformen haben den Vorteil, dass sie ausschließlich mit der Zehnertastatur und ohne Shift durchgeführt werden können.

5.5.3 Anwendungs- und Programmiertechniken

Dieser Abschnitt beschreibt die Anwendung der soeben vorgestellten Funktionen sowohl in Tabellen als auch im VBA-Code. Fallweise werden nur Tabellenformeln angegeben oder auch die gleichwertigen Anweisungen in der VBA-Syntax. Die Tabellenfunktionen zu den hier beschriebenen Techniken finden Sie in der Beispieldatei 05\DateTime.xls.

Generell kann mit Daten und Zeiten ganz »normal« gerechnet werden, d. h., die Daten können verglichen, addiert und subtrahiert werden. Beachten Sie, dass Excel für Zellen mit Funktionen, die ein Datum als Ergebnis liefern, automatisch ein Datumsformat einstellt. Das ist in der Regel praktisch, kann aber auch irritieren; etwa dann, wenn statt dem Ergebnis 31 (eine Zeitdifferenz) das Datum 31.1.1900 angezeigt wird. In solchen Fällen müssen Sie das Format der Zelle verändern.

Eine Woche zu einem Datum addieren

```
=d+7
```

5.5 Rechnen mit Datum und Uhrzeit

Einen Monat zu einem Datum addieren

```
=DATUM(JAHR(d);MONAT(d)+1;TAG(d))          'Tabellenformel
DateSerial(Year(d), Month(d)+1, Day(d))    'VBA
```

Die obige Formel bildet beispielsweise aus dem 23.3.1999 den 23.4.1999. Abweichungen von dieser einfachen Regel entstehen, wenn ungültige Daten auftreten. Aus dem 31.1.1996 wird der 2.3.1996 (weil es den 31.2.1996 trotz des Schaltjahrs nicht gibt).

Ein Jahr zu einem Datum addieren

```
=DATUM(JAHR(d)+1; MONAT(d); TAG(d))
DateSerial(Year(d)+1, Month(d), Day(d))
```

Anzahl der Tage des aktuellen Monats

```
=DATUM(JAHR(d);MONAT(d)+1;1)-DATUM(JAHR(d);MONAT(d);1)
DateSerial(Year(d),Month(d)+1,1) - DateSerial(Year(d),Month(d),1)
```

Anzahl der Tage des aktuellen Jahrs

```
=DATUM(JAHR(d)+1;1;1)-DATUM(JAHR(d);1;1)
DateSerial(Year(d)+1,1,1) - DateSerial(Year(d),1,1)
```

Anzahl der Tage des laufenden Jahrs bis zu einem gegebenen Datum

```
=1+d-DATUM(JAHR(d);1;1)
1 + d - DateSerial(Year(d),1,1)
```

Datum des Monatsletzten ermitteln

```
=DATUM(JAHR(d); MONAT(d); 0)              'Tabellenformel
DateSerial(Year(d),Month(d)+1,0)          'VBA
```

Zeitdifferenz in Jahren (Altersberechnung)

Die Formel *Year(d2)-Year(d1)* bzw. *JAHR(d2)-JAHR(d1)* ist unzureichend, wenn das Alter von Personen berechnet werden soll. So liefert *Year("1.1.1999")-Year("1.7.1950")* das Ergebnis 49, obwohl die Person am 1.1.1999 erst 48 Jahre alt ist.

Die Lösung für dieses Problem ist etwas umständlich, einfacher geht es aber anscheinend nicht: Es wird die Jahresdifferenz um 1 korrigiert, wenn das aktuelle Datum *d2* kleiner ist als das Geburtsdatum *d1*, wobei in *d1* aber das Jahr *d2* eingesetzt wird. Um nochmals auf das obige Beispiel zurückzukommen: Die unmittelbare Jahresdifferenz beträgt 49, da aber der 1.1.1999 »kleiner« als der 1.7.1999 ist, wird dieser Wert um 1 reduziert.

```
=JAHR(d2)-JAHR(d1)-WENN(d2<DATUM(JAHR(d2);MONAT(d1);TAG(d1));1;0)
```

Die Formulierung in VBA ist etwas umständlicher, dafür aber besser lesbar:

```
diff = Year(d2) - Year(d1)
If d2 < DateSerial(Year(d2), Month(d1), Day(d1)) Then
  diff = diff - 1
End If
```

Zeitdifferenz in Monaten

Das gleiche Problem tritt auch beim Rechnen mit Monaten auf. Wenn die Zeitdifferenz zwischen dem 25.1.1994 und dem 3.3.1994 als zwei Monate gelten soll, können Sie die erste (einfachere) Formel anwenden. Wenn die Zeitdifferenz erst ab dem 25.3.1994 zwei Monate betragen soll, müssen Sie die zweite Formel anwenden (fließende Datumsgrenzen).

```
=(JAHR(d2)-JAHR(d1))*12 + MONAT(d2)-MONAT(d1)           'Monatsgrenze 1.
=(JAHR(d2)-JAHR(d1))*12 + MONAT(d2)-MONAT(d1) -
  WENN(d2<DATUM(JAHR(d2);MONAT(d2);TAG(d1));1;0)        'fließende Monatsgr.
```

Datum des nächsten Montags

Manchmal tritt das Problem auf, dass Sie ein beliebiges Datum haben und daraus das Datum des nächsten Montags (oder eines beliebigen anderen Wochentags) benötigen. Die VBA-Formel zur Berechnung des nächsten Montags sieht folgendermaßen aus:

```
d = d + (9 - WeekDay(d)) Mod 7
```

Dazu ein Beispiel: Angenommen, *d* ist ein Mittwoch: Dann liefert *WeekDay* den Wert 4. *(9 - 4) Mod 7* liefert 5, es werden zum aktuellen Datum also fünf Tage hinzugezählt. Wenn *d* bereits ein Montag war, ändert sich das Datum nicht. Wenn Sie die Formel so ändern möchten, dass der nächste Dienstag, Mittwoch etc. berechnet werden soll, ersetzen Sie einfach die Zahl 9 durch 10, 11 etc.

Rechnen mit Zeiten

Beim Rechnen mit Zeiten müssen Sie überlegen, ob Sie es mit einer reinen Zeit zwischen 00:00 und 23:59 (also einen Zahlenwert zwischen 0 und 1) zu tun haben oder mit einem Zeitwert, der auch das Datum einschließt. Im Zeitformat von Excel werden beide Zeiten gleich angezeigt, obwohl es sich im ersten Fall um die Zeit am 1.1.1900 handelt, im zweiten Fall dagegen um die Zeit an einem beliebigen anderen Datum.

Dieser Unterschied wirkt sich beispielsweise dann aus, wenn Sie die Anzahl der Minuten seit Mitternacht berechnen möchten. Wenn Sie hierfür den Zeitwert einfach mit 24*60 multiplizieren, erhalten Sie im ersten Fall das richtige Ergebnis, im zweiten Fall aber die Minuten seit dem 1.1.1900! Die richtige Formel lautet daher *=(z-GANZZAHL(z))*24*60* bzw. in VBA *(z-Fix(z))*24*60*.

Zellenformate für Zeiten größer 24 Stunden / 60 Minuten / 60 Sekunden

Problematisch ist der Vorkommaanteil von Zeiten auch dann, wenn das Ergebnis einer Berechnung in Stunden/Minuten/Sekunden ausgedrückt werden soll und dabei Ergebnisse mit mehr als 24 Stunden / 60 Minuten / 60 Sekunden erlaubt sind. So werden 30 Stunden intern durch 1.25 repräsentiert und im üblichen Zeitformat als 6:00 dargestellt. In solchen Fällen müssen Sie eigene Zeitformate verwenden, in denen die Formatzeichen für Stunden/Minuten/Sekunden in eckige Klammern gesetzt werden. Die eckigen Klammern lösen die sonst gültigen Zeitgrenzen (24 h, 60 m, 60 s) auf. Sinnvolle Formatketten sind *[h]:mm:ss*, *[m]:ss* und *[s]*. Eckige Klammern für Tage und Monate sind nicht erlaubt.

Zeitdifferenzen über Mitternacht

Die unmittelbare Berechnung der Differenz zweier reiner Zeiten über Mitternacht – etwa von 20:30 bis 6:40 – liefert einen negativen Wert. Dem kann mit einer Addition um 1 (entspricht 24 Stunden) abgeholfen werden:

```
=WENN(z2<z1;1+z2-z1;z2-z1)
```

Wenn in $z1$ und $z2$ dagegen auch das Datum gespeichert ist (etwa 30.3.1994 20:30 bis 31.3.1994 6:40), dann reicht die einfache Berechnung der Differenz aus. Die obige Formel bereitet aber auch in diesem Fall keine Schwierigkeiten, weil jetzt ohnedies $z2>z1$ gilt.

5.5.4 Feiertage

Ein Thema für sich sind Feiertage. Neben all den anderen Problemen im Umgang mit Daten kommt hier noch die Schwierigkeit hinzu, dass sich die Daten mancher Feiertage jedes Jahr ändern! Für viele Planungsaufgaben ist es aber erforderlich, dass Feiertage auf eine einfache Weise berücksichtigt werden können. Die Beispieldatei 05\Holidays.xls enthält die gleichnamige Funktion *Holiday(datum)*, die testet, ob es sich beim angegebenen Tag um einen Feiertag handelt, und gegebenenfalls dessen Namen zurückgibt. Wenn es kein Feiertag war, liefert *Holiday* eine leere Zeichenkette.

Vorweg einige Grundlagen: Es gibt Feiertage, die jedes Jahr das gleiche Datum haben (z. B. die Weihnachtsfeiertage) und Feiertage, die sich von Jahr zu Jahr ändern (Ostern, Fronleichnam etc.). Die zweite Gruppe von Feiertagen orientiert sich an Ostern. Beispielsweise ist der Pfingstmontag immer 50 Tage nach dem Ostersonntag. Wenn es also gelingt, den Ostersonntag für ein beliebiges Jahr auszurechnen, dann sollte auch die Berechnung der restlichen Feiertage möglich sein.

Die Frage, wie Ostern allgemein gültig berechnet werden kann, hat die Mathematiker schon lange beschäftigt. Die folgende Funktion berechnet das Datum von Ostern für ein beliebiges Jahr nach einem Algorithmus von Gauß. Angeblich liefert dieser Algorithmus bis 2078 korrekte Daten (ich habe es nicht überprüft; für die nächsten Jahre stimmt es aber auf jeden Fall).

```
' Beispieldatei 05\Holidays.xls
Function EasterDate(calcYear&) As Date
  Dim zr1&, zr2&, zr3&, zr4&, zr5&, zr6&, zr7&
  zr1 = calcYear Mod 19 + 1
  zr2 = Fix(calcYear / 100) + 1
  zr3 = Fix(3 * zr2 / 4) - 12
  zr4 = Fix((8 * zr2 + 5) / 25) - 5
  zr5 = Fix(5 * calcYear / 4) - zr3 - 10
  zr6 = (11 * zr1 + 20 + zr4 - zr3) Mod 30
  If (zr6 = 25 And zr1 > 11) Or zr6 = 24 Then zr6 = zr6 + 1
  zr7 = 44 - zr6
  If zr7 < 21 Then zr7 = zr7 + 30
  zr7 = zr7 + 7
  zr7 = zr7 - (zr5 + zr7) Mod 7
  If zr7 <= 31 Then
     EasterDate = CDate(CStr(zr7) & ". 3. " & CStr(calcYear))
  Else
     EasterDate = DateValue(CStr(zr7 - 31) & ". 4. " & CStr(calcYear))
  End If
End Function
```

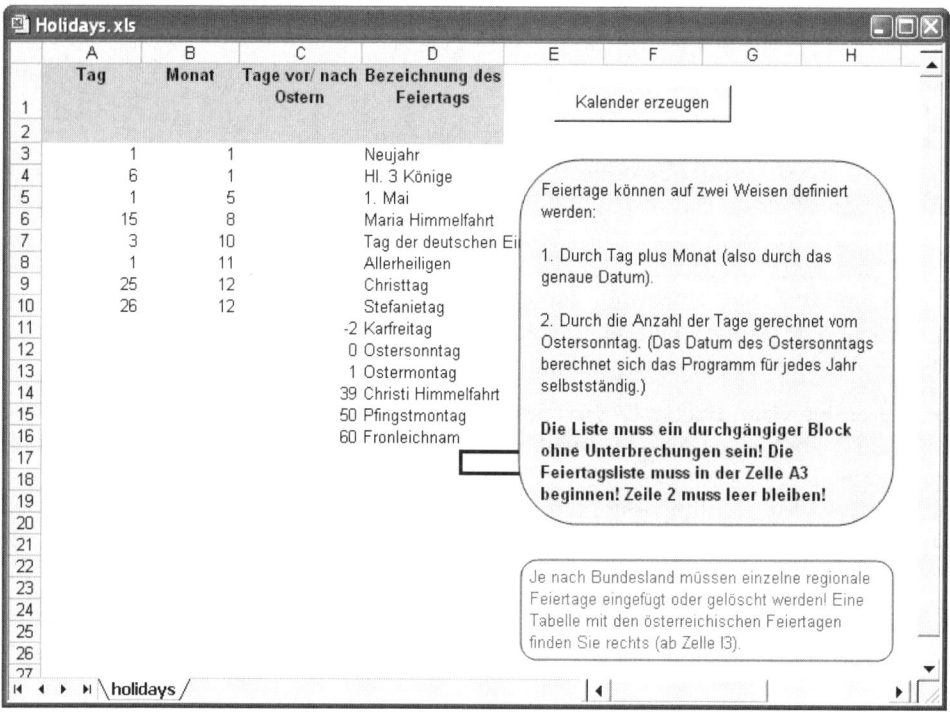

Bild 5.3: Die Berechnungsgrundlage für die Feiertagsfunktion

5.5 Rechnen mit Datum und Uhrzeit

Die zweite Hilfsfunktion lautet *HolidayTable(jahr)*. Diese Funktion erstellt eine Liste aller Feiertage für das angegebene Jahr und speichert deren Daten und Namen in den beiden Feldern *holidayDate* und *holidayName*. Diese Felder stehen in der Folge für die *Holiday*-Funktion zur Verfügung und müssen nur dann neu berechnet werden, wenn sich das Jahr ändert.

Die Berechnung der Feiertagstabellen basiert auf dem Tabellenblatt »holidays«. Diese Tabelle enthält eine Liste aller Feiertage, wobei entweder deren Datum absolut oder relativ zu Ostern angegeben werden muss. Die Feiertagstabelle kann problemlos geändert werden, um die Feiertagsberechnung an die Besonderheiten verschiedener Länder oder an geänderte gesetzliche Bestimmungen anzupassen.

Der Großteil des Codes der Funktion *HolidayTable* ist dafür zuständig, den in der Zelle A3 beginnenden Feiertagsblock auszulesen. Da die Eigenschaften *CurrentRegion* oder *SpecialCells* versagen, wenn *HolidayTable* via *Holiday* während der Berechnung in einem Tabellenblatt ausgeführt wird, muss die Größe des Blocks in einer *For-Next*-Schleife ermittelt werden. Ansonsten zeigt das Beispiel gut, wie der Programmcode durch den Einsatz von Objektvariablen (*holidaysRng* für den Zellbereich mit den Feiertagsinformationen, *rowRng* für eine Zeile dieses Bereichs etc.) übersichtlich gehalten werden kann.

```
Dim lastcalcYear                       'Jahr, für das die Feiertagstabelle
                                       'zuletzt berechnet wurde
Dim holidayDate() As Date              'Liste aller Feiertagsdaten und -namen
Dim holidayName() As String            'für lastcalcYear
Private Sub HolidayTable(calcYear&)
  Dim easter As Date, i As Long
  Dim holidaysRng As Range, rowRng As Range
  Dim upperleft As Range, lowerright As Range
  Dim ws As Worksheet
  If Not IsNumeric(calcYear) Then Exit Sub
  If calcYear < 1900 Or calcYear > 2078 Then Exit Sub
  If lastcalcYear = calcYear Then Exit Sub 'Tabelle ist schon
  easter = EasterDate(calcYear)            ' berechnet
  ' das Tabellenblatt muss »holidays« heißen!
  Set ws = ThisWorkbook.Sheets("holidays")
  ' die Liste mit den Feiertagen beginnt in A3
  Set upperleft = ws.[A3]
  ' aber wo endet sie?
  ' Set lowerright = ws.[A3].SpecialCells(xlLastCell)
  ' SpecialCells funktioniert nicht, wenn HolidayTable
  ' ausgeführt wird, um Holiday(...) als Tabellenformel auszuwerten
  ' also machen wir's etwas umständlicher:
```

```
  For i = 1 To 300   'so viele holidaysRng gibt es sicher nicht
    If ws.[D3].Offset(i, 0).Text = "" Then
      Set lowerright = ws.[D3].Offset(i - 1, 0)
      Exit For
    End If
  Next
  Set holidaysRng = ws.Range(upperleft, lowerright)
  ' Schleife über alle Zeilen des Feiertagblocks
  ReDim holidayDate(holidaysRng.Rows.Count - 1)
  ReDim holidayName(holidaysRng.Rows.Count - 1)
  i = 0
  For Each rowRng In holidaysRng.Rows
    If rowRng.Cells(3).Text <> "" Then
      'Feiertag relativ zu Ostern
      holidayDate(i) = CDate(CDbl(easter) + rowRng.Cells(3))
    Else
      'Feiertag mit absolutem Datum
      holidayDate(i) = DateSerial( _
         calcYear, rowRng.Cells(2), rowRng.Cells(1))
    End If
    holidayName(i) = rowRng.Cells(4)
    i = i + 1
  Next rowRng
  ' calcYear speichern, damit die Tabelle nur bei einer Jahresänderung
  ' neu ermittelt werden muss
  lastcalcYear = calcYear
End Sub
```

Wenn die Felder *holidaysDate* und *holidaysName* einmal vorliegen, ist die Ermittlung eines Feiertags ein Kinderspiel. In einer Schleife werden einfach alle Daten des *holidaysDate*-Felds mit dem übergebenen Datum verglichen. Wenn eine Übereinstimmung gefunden wird, liefert die Funktion den Namen des entsprechenden Feiertags zurück. Beachten Sie die Konstruktion *CDate(Int(dat))*: Dadurch wird die eventuell übergebene Uhrzeit aus dem Datum entfernt; der Nachkommaanteil wird gelöscht, anschließend wird die resultierende ganze Zahl wieder in ein Datum umgewandelt.

```
Function Holiday(ByVal dat As Date)
  Dim i%
  If Year(dat) <> lastcalcYear Then HolidayTable Year(dat)
  dat = CDate(Int(dat))    'Uhrzeit eliminieren
  For i = 0 To UBound(holidayDate())
    If dat = holidayDate(i) Then
      Holiday = holidayName(i): Exit Function
    End If
  Next
```

```
    ' es ist kein Feiertag
    Holiday = ""
End Function
```

Jahreskalender erzeugen

Die Funktion *Holiday* kann sowohl als benutzerdefinierte Tabellenfunktion als auch in anderen VBA-Prozeduren eingesetzt werden. Die Prozedur *Kalendererzeugen* zeigt, wie in die gerade aktive Arbeitsmappe ein neues Tabellenblatt eingefügt und darin ein Jahreskalender eingetragen wird. Ein beträchtlicher Anteil des Codes ist nur für die Formatierung des Kalenders zuständig. Die Prozedur setzt intensiv *With* ein, um den Zugriff auf einzelne Zellen effizienter und übersichtlicher zu gestalten. Durch *Application.ScreenUpdating = False* wird erreicht, dass der Bildschirm erst am Ende der Prozedur aktualisiert wird. Dadurch geht die Erzeugung des Kalenders rascher vor sich. Wenn Ihnen Aufbau oder Gestaltung des Kalenders nicht zusagen, können Sie das Schema der Prozedur als Ausgangspunkt für eigene Kalenderprozeduren verwenden.

```
' fügt in die aktuelle Arbeitsmappe einen Jahreskalender ein
Sub CreateCalendar()
  Dim i&, calcYear&, calcMonth&, calcDay&
  Dim holid As String, d As Date
  Dim ws As Worksheet
  Dim start As Range
  calcYear = InputBox("Für welches Jahr soll der Kalender " & _
    " erzeugt werden?", "Kalender erzeugen", Year(Now))
  Application.ScreenUpdating = False
  If calcYear = "" Or Not IsNumeric(calcYear) Then Exit Sub
  ' neues Blatt in der aktuellen Arbeitsmappe erzeugen
  Set ws = Worksheets.Add()
  ws.Name = "Kalender " & calcYear
  ActiveWindow.DisplayGridlines = False
  Set start = ws.[A3]
  With start
    .Formula = calcYear
    .Font.Bold = True
    .Font.Size = 18
    .HorizontalAlignment = xlLeft
  End With
  ' Januar bis Dezember eintragen
  With start.Offset(1, 0)
    For i = 1 To 12
      d = DateSerial(calcYear, i, 1)
      .Offset(0, i - 1).Formula = Format(d, "mmmm")
    Next
  End With
```

```
  ' Januar bis Dezember formatieren
  With Range(start.Offset(1, 0), start.Offset(1, 11))
    .Font.Bold = True
    .Font.Size = 14
    .Interior.Pattern = xlSolid
    .Interior.PatternColor = RGB(196, 196, 196)
    .HorizontalAlignment = xlLeft
    .Borders(xlTop).Weight = xlThin
    .Borders(xlBottom).Weight = xlThin
    .Interior.ColorIndex = 15
    .Interior.Pattern = xlSolid
    .Interior.PatternColorIndex = 15
    .ColumnWidth = 15
  End With

  ' Datum eintragen
  For calcMonth = 1 To 12
    For calcDay = 1 To Day(DateSerial(calcYear, calcMonth + 1, 0))
      With start.Offset(calcDay + 1, calcMonth - 1)
        d = DateSerial(calcYear, calcMonth, calcDay)
        holid = Holiday(d)
        If holid = "" Then
          .Value = calcDay
        Else
          .Value = holid
        End If
        'Samstag, Sonntag und Feiertage fett
        If holid <> "" Or WeekDay(d) = 1 Or WeekDay(d) = 7 Then
          .Font.Bold = True
        End If
        'außerdem Samstage und Sonntage grau
        If WeekDay(d) = 1 Or WeekDay(d) = 7 Then
          .Interior.ColorIndex = 15
          .Interior.Pattern = xlSolid
          .Interior.PatternColorIndex = 15
        End If
      End With
    Next
  Next

  ' Datumsbereich formatieren
  With Range(start.Offset(2, 0), start.Offset(32, 11))
    .HorizontalAlignment = xlLeft
  End With
End Sub
```

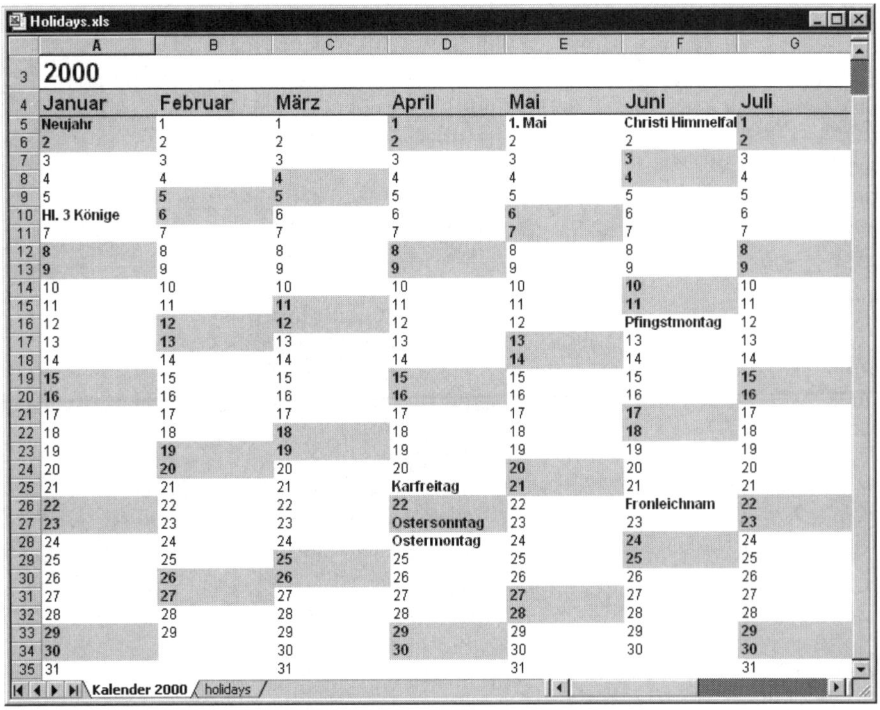

Holidays.xls

	A	B	C	D	E	F	G
3	2000						
4	Januar	Februar	März	April	Mai	Juni	Juli
5	Neujahr	1	1	1	1. Mai	Christi Himmelfal	1
6	2	2	2	2	2	2	2
7	3	3	3	3	3	3	3
8	4	4	4	4	4	4	4
9	5	5	5	5	5	5	5
10	Hl. 3 Könige	6	6	6	6	6	6
11	7	7	7	7	7	7	7
12	8	8	8	8	8	8	8
13	9	9	9	9	9	9	9
14	10	10	10	10	10	10	10
15	11	11	11	11	11	11	11
16	12	12	12	12	12	Pfingstmontag	12
17	13	13	13	13	13	13	13
18	14	14	14	14	14	14	14
19	15	15	15	15	15	15	15
20	16	16	16	16	16	16	16
21	17	17	17	17	17	17	17
22	18	18	18	18	18	18	18
23	19	19	19	19	19	19	19
24	20	20	20	20	20	20	20
25	21	21	21	Karfreitag	21	21	21
26	22	22	22	22	22	Fronleichnam	22
27	23	23	23	Ostersonntag	23	23	23
28	24	24	24	Ostermontag	24	24	24
29	25	25	25	25	25	25	25
30	26	26	26	26	26	26	26
31	27	27	27	27	27	27	27
32	28	28	28	28	28	28	28
33	29	29	29	29	29	29	29
34	30		30	30	30	30	30
35	31		31		31		31

Kalender 2000 / holidays

Bild 5.4: Der Kalender für das Jahr 2000

5.5.5 Syntaxzusammenfassung

In den folgenden Zeilen steht *dz* für einen *Date*-Wert, *z* für eine Zeichenkette.

VBA-Funktionen	
Date	liefert das aktuelle Datum
Date = dz	verändert das Systemdatum
Time	liefert die aktuelle Zeit
Time = dz	verändert die Systemzeit
Now	liefert Datum und Zeit
Timer	liefert die Sekunden seit 00:00
DateValue(z)	wandelt die Zeichenkette in ein Datum um
DateSerial(jahr, mon, tag)	setzt die drei Werte zu einem Datum zusammen
Year(dz)	liefert Jahreszahl
Month(dz)	liefert Monat (1-12)
Day(dz)	liefert Tag (1-31)
WeekDay(dz)	liefert Wochentag (1-7 für So-Sa)

WorksheetFunction.WeekDay(dz, 2)	liefert Wochentag (1-7 für Mo-So)
WorksheetFunction.WeekDay(dz, 3)	liefert Wochentag (0-6 für Mo-So)
WorksheetFunction.Days360(dz1, dz2)	Tagesdifferenz in einem 360-Tage-Jahr
WorksheetFunction.Days360(dz1, dz2, False)	wie oben, europäischer Modus
TimeValue(z)	wandelt Zeichenkette in Zeit um
TimeSerial(st, min, sek)	setzt die drei Werte zu einer Zeit zusammen
Hour(dz)	liefert Stunde (0-23)
Minute(dz)	liefert Minute (0-59)
Second(dz)	liefert Sekunde (0-59)
CDate(v)	Umwandlung ins *Date*-Format
CStr(dz)	Umwandlung in Zeichenkette
CSng(dz)	Umwandlung in einfach genaue Fließkommazahl
CDbl(dz)	Umwandlung in doppelt genaue Fließkommazahl
WeekdayName(n)	liefert Zeichenkette mit Wochentagsname (1 entspricht Montag, 7 Sonntag)
MonthName(n)	liefert Zeichenkette mit Monatsnamen
FormatDateTime(d, type)	liefert Zeichenkette mit Datum oder Zeit (type=vbGeneralDate / vbLongDate / vbShortDate / vbLongTime / vbShortTime)

Tabellenfunktionen (für die deutsche Excel-Version)

HEUTE()	aktuelles Datum
JETZT()	aktuelle Zeit
DATUM(jahr, mon, tag)	setzt die drei Werte zu einem Datum zusammen
DATWERT(z)	wandelt Zeichenkette in ein Datum um
JAHR(dz)	liefert Jahreszahl
MONAT(dz)	liefert Monat (1-12)
TAG(dz)	liefert Tag (1-31)
WOCHENTAG(dz)	liefert Wochentag (1-7 für So-Mo)
WOCHENTAG(dz, 2)	liefert Wochentag (1-7 für Mo-So)
WOCHENTAG(dz, 3)	liefert Wochentag (0-6 für Mo-So)
TAGE360(dz1, dz2)	Tagesdifferenz in einem 360-Tage-Jahr
TAGE360(dz1, dz2, Falsch)	wie oben, europäischer Modus
ZEIT(st, min, sek)	setzt die drei Werte zu einer Zeit zusammen
ZEITWERT(z)	wandelt Zeichenkette in eine Zeit um
STUNDE(dz)	liefert Stunde (0-23)
MINUTE(dz)	liefert Minute (0-59)
SEKUNDE(dz)	liefert Sekunde (0-59)

5.6 Umgang mit Dateien, Textimport/-export

Dieser Abschnitt beschreibt Kommandos und Techniken für den Umgang mit Dateien. Die Notwendigkeit, selbst Dateien zu lesen oder zu schreiben, ergibt sich in der Praxis zumeist dann, wenn Sie Daten mit externen Programmen austauschen möchten.

Die bei der Excel-Programmierung eingesetzten Kommandos, Methoden und Eigenschaften zur Manipulation von Dateien stammen aus drei unterschiedlichen Bibliotheken, was manche Doppelgleisigkeit erklärt:

- Die *Microsoft Scripting Library* ermöglicht mit den *File System Objects* (FSO) einen objektorientierten Zugang auf Dateien, Verzeichnisse und Textdateien (Abschnitt 5.6.1 bis 5.6.3). Diese Bibliothek steht Office-Programmierern erst seit Version 2000 zur Verfügung. (Wer auch mit der Programmiersprache Visual Basic oder dem Windows Scripting Host arbeitet, kennt diese Bibliothek freilich schon länger.)

- Schon seit Excel 5 sind die in der VBA-Bibliothek integrierten Kommandos verfügbar, mit denen nicht nur Text-, sondern auch Binärdateien bearbeitet werden können (Abschnitt 5.6.4).

- Schließlich gibt es noch eine Reihe von Methoden und Eigenschaften, die Excel-spezifisch sind und daher zur Excel-Bibliothek zählen (Abschnitt 5.6.5). Dazu gehört auch die Funktionen zum Import von Textdateien (Abschnitt 5.6.6).

Zum Abschluss wird in Abschnitt 5.6.7 eine Prozedur vorgestellt, mit der Sie einen Tabellenbereich im Listenformat von Mathematica speichern können. Dabei werden nützliche Programmiertechniken vermittelt, die Sie zur Programmierung eigener Exportfilter einsetzen können.

5.6.1 File System Objects – Überblick

Nachdem sich bei den Kommandos für den Umgang mit Verzeichnissen und Dateien lange Zeit nichts geändert hat, stehen seit Office 2000 die *File System Objects* (kurz FSO) zur Verfügung. Der wesentliche Vorteil dieser Objektklassen besteht darin, dass sie einen modernen, übersichtlichen und objektorientierten Zugang zu den meisten Funktionen bieten, die zur Analyse des Dateisystems und zum Lesen und Schreiben von Dateien erforderlich sind. Im Gegensatz zu den herkömmlichen Kommandos können zudem Textdateien im Unicode-Format gelesen und geschrieben werden.

Auch die Nachteile seien nicht verschwiegen: Zum einen sind die neuen Objekte nicht integraler Bestandteil von VBA, sondern befinden sich in der *Scripting-Runtime-Bibliothek*. Sie müssen also einen Verweis auf diese Bibliothek einrichten. Zum anderen ist die Bibliothek unvollständig. Insbesondere fehlen Funktionen zum Lesen und Schreiben von Binär- und Random-Access-Dateien. Die Folge: in manchen Programmen ist eine unschöne und fehleranfällige Doppelgleisigkeit zwischen herkömmlichen Kommandos und FSO-Methoden unvermeidbar.

> **HINWEIS**
> In diesem Abschnitt stehen die neuen *File System Objects* im Vordergrund. Die herkömmlichen Kommandos werden nur so weit ausführlich beschrieben, als sie Funktionen anbieten, die in den neuen Objekten fehlen. (Die Syntaxzusammenfassung am Ende des Abschnitts ist aber vollständig.)

FSO-Bibliothek verwenden

Wenn Sie die FSO-Bibliothek in Ihrem Programm verwenden möchten, müssen Sie zuerst mit EXTRAS|VERWEISE die *Microsoft-Scripting-Runtime*-Bibliothek aktivieren. An der Spitze der Bibliothek steht das **FileSystemObject**. Dieses Objekt ist der Ausgangspunkt für diverse Methoden, mit denen *Drive[s]-*, *File[s]-*, *Folder[s]-* und *TextStream*-Objekte erzeugt werden können. Aus diesem Grund ist es meistens sinnvoll, eine *FileSystemObject*-Variable global mit *Dim As New* zu definieren. Wann immer FSO-Funktionen benötigt werden, steht diese Variable zur Verfügung.

```
Public fso As New FileSystemObject
```

Ausgehend von *fso* können Sie nun neue Objekte erzeugen. Die beiden folgenden Kommandos erzeugen beispielsweise ein *Folder*-Objekt, das auf das existierende Wurzelverzeichnis in C: verweist.

```
Dim f As Folder
Set f = fso.GetFolder("c:\")
```

Jetzt können Sie mit *f.Files* auf alle Dateien in diesem Verzeichnis zugreifen, mit *f.SubFolders* auf Verzeichnisse etc. Über Eigenschaften wie *Attributes*, *Name*, *Path* und *Size* etc. können Sie diverse Merkmale der so angesprochenen Dateien und Verzeichnisse ermitteln.

> **HINWEIS**
> Im Gegensatz zu den meisten anderen Aufzählungen ist bei *Drives*, *Files* und *Folders* der Zugriff auf einzelne Elemente durch *Files(n)* nicht möglich! Als Index kann nur der Name des jeweiligen Objekts verwendet werden. Da dieser im Regelfall nicht im Voraus bekannt ist, *müssen* Sie mit *For-Each*-Schleifen arbeiten.

Methoden zum Erzeugen oder Verändern neuer Verzeichnisse und Dateien sind direkt dem *FileSystemObject* untergeordnet, beispielsweise *CopyFile*, *CreateFolder*, *DeleteFile* etc.

FileSystemObject – Objekthierarchie

FileSystemObject	Spitze der Objekthierarchie
└─ *Drives*	Aufzählung der Laufwerke und Partitionen
└─ *Drive*	*Drive*-Objekt zur Beschreibung des Laufwerks

5.6 Umgang mit Dateien, Textimport/-export

Drive – Objekthierarchie

Drive	Drive-Objekt
└─ RootFolder	verweist auf Wurzelverzeichnis des Laufwerks
└─ Folder	Folder-Objekt

Folder – Objekthierarchie

Folder	Folder-Objekt
├─ Drive	Drive-Objekt
├─ Files	Aufzählung aller Dateien im Verzeichnis
│ └─ File	File-Objekt mit den Attributen einer Datei
├─ ParentFolder	übergeordnetes Verzeichnis
│ └─ Folder	Folder-Objekt des übergeordneten Verzeichnisses
└─ SubFolders	Folders-Aufzählung
└─ Folder	Folder-Objekt mit den Attributen des Unterverzeichnisses

File – Objekthierarchie

File	File-Objekt
└─ ParentFolder	übergeordnetes Verzeichnis
└─ Folder	Folder-Objekt des übergeordneten Verzeichnisses

5.6.2 Laufwerke, Verzeichnisse und Dateien

Eigenschaften von Laufwerken (Drive-Objekt)

Eine Liste aller verfügbaren Laufwerke kann leicht über die Aufzählung *fso.Drives* ermittelt werden. Die Eigenschaften der dazugehörigen *Drive*-Objekte geben Aufschluss über die Merkmale des Laufwerks: **VolumeName** (Name), **ShareName** (Name, unter dem das Laufwerk in einem Netzwerk angesprochen wird), **TotalSize** und **FreeSpace** (gesamte und freie Kapazität), **FileSystem** (der Dateisystemtyp als Zeichenkette, etwa "FAT", "NTFS" oder "CDFS") und **DriveType** (*Fixed, Remote, Removeable* etc.).

> **HINWEIS** Die *Drives*-Aufzählung enthält nur lokale Laufwerke (bzw. mit Laufwerksbuchstaben eingebundene Netzwerklaufwerke). Eventuell zugängliche Netzwerkverzeichnisse werden dagegen nicht erfasst!

Das Beispielprogramm zeigt die wichtigsten Informationen zu allen verfügbaren Laufwerken an. Wenn sich in A: keine Diskette befindet, wird dieses Laufwerk dank *On Error* übersprungen.

```
' Beispieldatei 05\Files.xls, Modul1
Public fso As New FileSystemObject
```

```
' Beispieldatei Files.xls, Tabellenblatt »drives«
' Liste aller Laufwerke + verfügbaren Speicher anzeigen
Private Sub btnShowDrives_Click()
  Dim dr As Drive
  Dim rng As Range
  Dim i&
  Set rng = Me.[a1]
  rng.CurrentRegion.Clear
  On Error Resume Next
  i = 1
  For Each dr In fso.Drives
    rng.Cells(i, 1) = dr
    rng.Cells(i, 2) = _
      FormatNumber(dr.AvailableSpace / 1024 ^ 2, 1) & " MB frei"
    rng.Cells(i, 3) = " [" & dr.VolumeName & ", " & _
      dr.FileSystem & "] "
    i = i + 1
  Next
End Sub
```

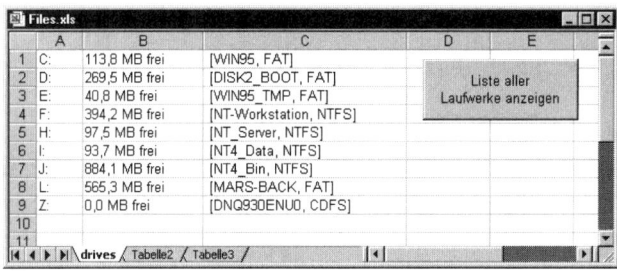

Bild 5.5: Informationen über alle verfügbaren Laufwerke

Das aktuelle Verzeichnis

Auch wenn Sie in den FSO-Objekten vergeblich nach einer *CurrentDir*-Eigenschaft suchen, wird diese Programminformation beispielsweise bei der Methode *GetFolder* berücksichtigt. So liefert *fso.GetFolder(".").Path* den Pfad des aktuellen Verzeichnisses (etwa `C:\Dokumente und Einstellungen\Administrator`).

Zur Veränderung des aktuellen Laufwerks und Verzeichnisses müssen Sie allerdings weiterhin auf einige herkömmliche Kommandos zurückgreifen: **ChDrive** wechselt das aktuelle Laufwerk, **ChDir** wechselt das aktuelle Verzeichnis, und **CurDir** ermittelt das aktuelle Verzeichnis (samt Laufwerk).

ACHTUNG

Zum Wechsel des aktuellen Verzeichnisses reicht *ChDir* normalerweise nicht aus – es muss auch das Laufwerk gewechselt werden. Daher lautet die übliche Kommandoabfolge:

```
pfad = "d:\backup"
ChDrive pfad
ChDir pfad
```

Wenn *pfad* allerdings auf ein Netzwerkverzeichnis zeigt (\\server\share\), gibt es Probleme. *ChDrive* kommt mit Netzwerkverzeichnissen nicht zurecht und löst einen Fehler aus. (Der kann mit *On Error Resume Next* leicht übergangen werden.) *ChDir* verändert zwar das aktuelle Verzeichnis, aber nur dann, wenn das Netzwerkverzeichnis als aktuelles Laufwerk gilt (etwa beim Start eines kompilierten Visual-Basic-Programms, das auf einem Netzwerk-Server liegt). Wenn das nicht der Fall ist, gibt es unter Visual Basic keine Möglichkeit, ein Netzwerkverzeichnis zum aktuellen Verzeichnis zu machen!

VERWEIS

Neben dem aktuellen Verzeichnis gibt es eine ganze Reihe Excel-spezifischer Verzeichnisse, deren Pfad über diverse Eigenschaften des Excel-*Application*-Objekts ermittelt werden kann – siehe Abschnitt 5.6.5.

Temporäres Verzeichnis

Manchmal kommt es vor, dass Sie in Ihren Programmen eine temporäre Datei erzeugen möchten (das ist eine Datei, die Sie nur vorübergehend benötigen und danach wieder löschen). Unter Windows existiert dazu ein eigenes Verzeichnis, das für solche temporären Dateien vorgesehen ist; normalerweise handelt es sich um das Unterverzeichnis temp im Windows-Verzeichnis. Das dazugehörige *Folder*-Objekt können Sie mit *fso.GetSpecialFolder(TemporaryFolder)* leicht erzeugen. (Visual Basic kennt zwei weitere besondere Verzeichnisse: das Windows-Verzeichnis und das Windows-Systemverzeichnis. Der Zugriff darauf erfolgt ebenfalls mit *GetSpecialFolder*. Als Parameter verwenden Sie *WindowsFolder* bzw. *SystemFolder*.)

TIPP

Den Ort des temporären Verzeichnisses können Sie übrigens auch ohne FSO-Objekte leicht feststellen: Der Pfad zu diesem Verzeichnis befindet sich in der Systemvariablen *TEMP*. Auf diese Variable können Sie über die VBA-Funktion *Environ("temp")* zugreifen (z.B. C:\Winnt\Temp). Ebenso bequem können Sie mit *Environ("windir")* das Windows-Verzeichnis ermitteln (z.B. C:\Winnt).

> **TIPP** Wenn Sie nicht nur den Namen des temporären Verzeichnisses brauchen, sondern auch einen Vorschlag für einen gültigen (noch nicht verwendeten) Dateinamen darin, verwenden Sie einfach *fso.GetTempName()*. Diese Methode liefert allerdings nur den Namen, das dazugehörige Verzeichnis müssen Sie immer noch durch *GetSpecialFolder* ermitteln.

Eigenschaften von Verzeichnissen (Folder-Objekt)

Im FSO-Objektmodell erfolgt der Zugriff auf Verzeichnisse über das *Folder*-Objekt. So weit dieses nicht schon von einem anderen FSO-Objekt ableitbar ist, kann es leicht mit *GetFolder* erzeugt werden. (Diese Methode kommt auch mit Netzwerkverzeichnissen problemlos zurecht.)

```
Dim f As Folder
Set f = fso.GetFolder("c:\windows\system32")
```

Jetzt kann auf eine Menge Eigenschaften zugegriffen werden: *Name* enthält den Namen des Verzeichnisses (im Beispiel oben also *"system32"*), die Defaulteigenschaft *Path* den kompletten Pfad inklusive Laufwerksangabe. Falls zur Kommunikation mit alten DOS- bzw. Windows-3.1-Programmen Namen gemäß der 8+3-Zeichen-Konvention erforderlich sind, können diese mit *ShortName* bzw. *ShortPath* ermittelt werden.

DateCreated, *-LastAccessed* und *-LastModified* geben Informationen darüber, wann das Verzeichnis erzeugt und wann es zuletzt genutzt bzw. verändert wurde. *Attributes* enthält eine Binärkombination mehrerer Attribute (beispielsweise *Compressed*, *Hidden*, *ReadOnly*). *Type* liefert eine Zeichenkette mit der Beschreibung des Verzeichnistyps. Bei einem deutschsprachigem Betriebssystem lautet diese einfach *"Dateiordner"*. (Die *Type*-Eigenschaft ist bei *File*-Objekten sinnvoller, wo bei bekannten Dateikennungen der Dateityp angegeben wird.)

Drive verweist auf ein Laufwerk-Objekt. (Bei Netzwerkverzeichnissen liefert *f.Drive* übrigens erwartungsgemäß die Server- und Share-Bezeichnung in der üblichen Syntax \\server\share.)

Mit *IsRootFolder* kann festgestellt werden, ob es sich bei dem Verzeichnis um ein Wurzelverzeichnis handelt (etwa bei C:\). Nur wenn das nicht der Fall ist, kann mit *ParentFolder* das übergeordnete Verzeichnis ermittelt werden (wiederum ein *Folder*-Objekt). *SubFolders* verweist auf eine *Folders*-Aufzählung mit allen untergeordneten Verzeichnissen (sofern es welche gibt; andernfalls ist *SubFolders.Count=0*). Die Verzeichnisnamen in *Folders*-Aufzählungen sind nicht sortiert!

Files verweist auf alle Dateien innerhalb des Verzeichnisses. Im Gegensatz zum herkömmlichen *Dir*-Kommando werden damit weder Unterverzeichnisse noch die Pseudodateien "." und ".." erfasst.

Size ermittelt den Platzbedarf des Verzeichnisses und berücksichtigt dabei rekursiv alle Unterverzeichnisse. Aus diesem Grund kann die Ermittlung dieser Eigenschaft einige Zeit dauern. Greifen Sie nicht unnötig auf diese Eigenschaft zu!

> **HINWEIS** Der resultierende Wert enthält die Summe der Byteanzahl aller Dateien. Tatsächlich ist der Platzbedarf auf der Festplatte meist größer, weil Dateien immer sektorenweise gespeichert werden. (Eine 3 Byte lange Datei beansprucht daher je nach Dateisystem ein oder mehrere kByte Festplattenkapazität.) Der tatsächliche Platzbedarf kann allerdings auch kleiner sein, nämlich dann, wenn die Dateien (etwa in einem NT-Dateisystem) komprimiert sind. Betrachten Sie das Ergebnis von *Size* also mit einer gewissen Vorsicht!

> **TIPP** Die meisten Eigenschaften sind read-only, können also nur gelesen, aber nicht verändert werden. Die einzigen Ausnahmen sind *Attributes* und *Name*.

Eigenschaften von Dateien (File-Objekt)

Wie bereits erwähnt, kann über die Aufzählung *Files* des *Folder*-Objekts auf alle Dateien eines Verzeichnisses zugegriffen werden. Wie bei der *Folders*-Aufzählung sind die Dateien nicht sortiert! Im Gegensatz zur dafür früher eingesetzten Funktion *Dir* besteht keine Möglichkeit, nur Dateien eines bestimmten Typs (z.B. *.txt) oder mit bestimmten Attributen zu suchen – das müssen Sie innerhalb der Schleife selbst testen.

Files.Count liefert die Anzahl der Dateien, die aber nur in einer *For-Each*-Schleife abgearbeitet werden können. Die so angesprochenen *File*-Objekte weisen zum Großteil dieselben Eigenschaften wie *Folder*-Objekte auf:

[Short]Name, [Short]Path, Drive, ParentFolder, Attributes, DateXxx, Size, Type

Der einzige erwähnenswerte Unterschied betrifft *Type*: Diese Eigenschaft enthält eine von der Dateikennung abhängige Zeichenkette mit der Beschreibung der Datei, etwa "Microsoft Word-Dokument" für eine *.doc-Datei, wenn ein deutschsprachiges Word installiert ist. Es handelt sich also um dieselbe Zeichenkette, die auch im Explorer in der Typ-Spalte angezeigt wird.

Dateien und Verzeichnisse erzeugen, verschieben, kopieren und löschen

Mit *fse.CreateFolder* erzeugen Sie ein neues Verzeichnis. Die Methode erwartet eine Zeichenkette mit dem vollständigen Pfad des Verzeichnisses als Parameter. Bei Dateien ist die FSO-Bibliothek dagegen weniger flexibel – Sie können zurzeit nur Textdateien erzeugen (nicht aber Binärdateien): Die Methode *CreateTextStream* wird im Detail im übernächsten Abschnitt beschrieben.

Die Methoden *Copy*, *Move* und *Delete* können gleichermaßen auf *Folder* und *File*-Objekte angewandt werden. Alternativ können Sie auch *fso.CopyFile/-Folder*, *fso.DeleteFile/-Folder* sowie *fso.MoveFile/-Folder* benutzen. In diesem Fall müssen Sie den vollständigen Verzeichnis- bzw. Dateinamen als Zeichenkette angeben.

Bei den *Copy*-Operationen können Sie durch einen optionalen Parameter *Overwrite* angeben, ob vorhandene Dateien und Verzeichnisse überschrieben werden sollen. Vorsicht, die Defaulteinstellung ist *True*, d.h., existierende Dateien und Verzeichnisse werden ohne Rückfrage überschrieben! Wenn Sie *False* angeben, kommt es zur Fehlermeldung 58 ('File already exists'), die Sie mit *On Error* abfangen können.

Die *Move*-Methoden können gleichermaßen dazu verwendet werden, um den Namen einer Datei bzw. eines Verzeichnisses zu verändern oder das Objekt an einen anderen Ort (auch in ein anderes Laufwerk) zu verschieben. Die Operation wird nur durchgeführt, wenn die Zieldatei bzw. das Zielverzeichnis nicht existiert. (Dieses Sicherheitsmerkmal kann nicht durch optionale Parameter beeinflusst werden.)

Für *Delete*-Operationen existiert wiederum ein optionaler Parameter *Force*, der angibt, ob sich *Delete* über das Read-Only-Attribut hinwegsetzen soll. Die Defaulteinstellung lautet *False*, d.h., Read-Only-Dateien oder -Verzeichnisse werden nicht verändert; stattdessen tritt der Fehler 70 ('Permission denied') auf. Vorsicht ist bei Verzeichnissen angebracht: So weit die Zugriffsrechte in Ordnung sind, werden diese ohne weitere Rückfragen samt Inhalt gelöscht.

Verzeichnisbaum rekursiv abarbeiten

Oft möchten Sie nicht nur alle Dateien innerhalb eines Verzeichnisses bearbeiten (durchsuchen, kopieren etc.), sondern auch alle Dateien in Unterverzeichnissen. Im Regelfall ist es dazu sinnvoll, ein rekursives Unterprogramm zu formulieren, das zuerst alle Dateien im aktuellen Verzeichnis bearbeitet und sich dann selbst mit den Pfaden aller Unterverzeichnisse aufruft.

```
Sub processFile(fld As Folder)
  Dim subfld As Folder, fil As File
  For Each fil In fld.Files
    ' Dateien bearbeiten
  Next
  For Each subfld In fld.SubFolders
    processFile subfld  ' rekursiver Aufruf für alle Unterverz.
  Next
End Sub
```

Hilfsfunktionen

Über das *fso*-Objekt können diverse Methoden aufgerufen werden, die bei der Analyse bzw. Synthese von Dateinamen hilfreich sind. Alle hier beschriebenen Methoden erwarten Zeichenketten als Parameter und liefern eine Zeichenkette als Ergebnis (also keine *File*- oder *Folder*-Objekte).

BuildPath(pfad, name)	bildet aus Pfad und Name einen vollständigen Dateinamen
GetAbsolutePath(name)	liefert den vollständigen Dateinamen, wenn nur ein Name relativ zum aktuellen Verzeichnis gegeben ist
GetBaseName(name)	liefert den einfachen Dateinamen (ohne Verzeichnis / Laufwerk)
GetDriveName(name)	liefert das Laufwerk
GetFileName(name)	wie *GetBaseName*
GetParentFolderName(name)	liefert das Verzeichnis (inklusive Laufwerk, aber ohne den Dateinamen)

Mit den drei folgenden Funktionen können Sie testen, ob ein bestimmtes Laufwerk, ein Verzeichnis oder eine Datei bereits existiert:

DriveExists(name)	testet, ob das Laufwerk existiert (*True* / *False*)
FileExists(name)	testet, ob Datei existiert
FolderExists(name)	testet, ob Verzeichnis existiert

5.6.3 Textdateien (TextStream)

Das *TextStream*-Objekt hilft beim Lesen und Schreiben von Textdateien, wahlweise in ANSI- oder Unicode. Die folgende Liste fasst die Methoden zusammen, mit denen *TextStream*-Objekte erzeugt werden können:

```
Dim ts As TextStream
Set ts = fso.CreateTextFile(name$ [, overwrite, unicode])
Set ts = fso.OpenTextFile(name$ [, modus, unicode])
Set ts = folder.CreateTextFile(name$ [, overwrite, unicode])
Set ts = file.OpenAsTextStream([modus, unicode])
```

Kurz die Bedeutung der optionalen Parameter: *overwrite* (default *True*) bestimmt, ob eine eventuell schon vorhandene Datei gleichen Namens überschrieben wird.

modus gibt an, ob die Datei zum Lesen (*ForReading*, Defaulteinstellung), zum Schreiben (*ForWriting*) oder zum Erweitern (*ForAppending*) geöffnet wird. Bei *ForWriting* wird eine eventuell schon vorhandene Datei gelöscht; bei *ForAppending* bleibt die Datei dagegen erhalten, Schreibvorgänge beginnen am Ende der Datei und erweitern diese.

Recht merkwürdig ist schließlich die Auswahl des Textformats (ANSI oder Unicode). Bei den beiden *Create*-Methoden erfolgt sie durch einen *Boolean*-Wert: *False* für ANSI (Defaulteinstellung) oder *True* für Unicode. Bei den *Open*-Methoden kann der Parameter dagegen drei Werte annehmen: *TristateFalse* für ANSI (Defaulteinstellung), *TristateTrue* für Unicode oder *TristateDefault* (Code je nach Betriebssystemdefaulteinstellung).

Der Zugriff auf die Datei erfolgt über die Eigenschaften und Methoden des *TextStream*-Objekts: Zum Lesen von Dateien dienen **Read**, **ReadLine** und **ReadAll**. Damit werden eine bestimmte Anzahl von Zeichen, eine Zeile oder der gesamte Text gelesen und als Zeichenkette zurückgegeben. Mit **Skip** bzw. **SkipLine** können Sie einzelne

Zeichen oder eine ganze Zeile überspringen. Mit *AtEndOfLine* und *AtEndOfStream* können Sie feststellen, ob Sie das Ende einer Zeile bzw. das Ende der Datei erreicht haben. *Line* und *Column* geben die aktuelle Zeilen- und Spaltennummer an.

Zum Schreiben von Text dienen primär *Write* und *WriteLine*. Der einzige Unterschied der beiden Methoden besteht darin, dass durch *WriteLine* automatisch ein Zeilenende durchgeführt wird. *WriteBlankLines* erzeugt eine Anzahl von Leerzeilen.

Die Dateioperation sollte schließlich durch *Close* abgeschlossen werden. (Beim Programmende bzw. sobald das *TextStream*-Objekt aufhört zu existieren, erfolgt das automatisch. Im Regelfall ist es aber vorzuziehen, diesen Zeitpunkt explizit vorzugeben. Das macht auch den Programmcode besser nachvollziehbar.)

Beispiel

CreateTextFile erzeugt eine temporäre Textdatei. *ReadTextFile* liest diese Datei zeilenweise ein und zeigt sie mit *MsgBox* an. *DeleteTextFile* löscht die Datei wieder.

```
' Beispieldatei 05\Files.xls, Modul1
Option Explicit
Public fso As New FileSystemObject
Dim filname$

' Textdatei erzeugen
Private Sub CreateTextFile()
  Dim i&, tstream As TextStream
  With fso
    filname = .BuildPath(.GetSpecialFolder(TemporaryFolder), _
      .GetTempName)
    Set tstream = .CreateTextFile(filname)
  End With
  With tstream
    .Write "eine Zeichenkette; "
    .WriteLine "noch eine Zeichenkette mit Zeilenende"
    .WriteBlankLines 3    '3 leere Zeilen
    For i = 1 To 5
      .WriteLine i
    Next
    .WriteLine "Ende der Datei"
    .Close
  End With
  MsgBox "Temporäre Datei " & filname
End Sub
```

5.6 Umgang mit Dateien, Textimport/-export

```vb
' Textdatei lesen
Private Sub ReadTextFile()
  Dim tstream As TextStream
  Dim txt$
  If filname = "" Then Exit Sub
  Set tstream = fso.OpenTextFile(filname)
  With tstream
    While Not .AtEndOfStream
      txt = txt + .ReadLine() + vbCrLf
    Wend
  End With
  MsgBox "Inhalt der Datei:" & vbCrLf & txt
End Sub

' Programmende, temporäre Datei löschen
Private Sub DeleteTextFile()
  If filname = "" Then Exit Sub
  fso.DeleteFile filname
End Sub
```

5.6.4 Binärdateien (Open)

Das *TextStream*-Objekt zum Bearbeiten von Textdateien funktioniert zwar gut, es kommt aber durchaus vor, dass Sie in Ihrem Programm auch Binärdateien verwenden möchten. Die aktuelle Version der Scripting-Bibliothek bietet dazu leider keine Funktionen. Aus diesem Grund gibt dieser Abschnitt einen Überblick über die herkömmlichen Visual-Basic-Kommandos, die diesen Zweck erfüllen, wobei der Vollständigkeit halber auch die Kommandos zum Umgang mit Textdateien beschrieben werden.

Datenkanal öffnen

Herkömmliche Dateizugriffe erfolgen nicht über Objekte, sondern über so genannte Datenkanäle. Ein Datenkanal ist eine durch eine Nummer gekennzeichnete Verbindung zu einer Datei. Diese Nummer wird zumeist als Datei- oder Kanalnummer bezeichnet (engl. *file handle*). Zuerst wird mit dem Befehl *Open* der Zugang zu einer Datei geschaffen, anschließend können über diesen Kanal Daten geschrieben und gelesen werden. Das Arbeiten mit Datenkanälen wird durch zahlreiche Befehle und Funktionen unterstützt:

Kommandos zur Bearbeitung von Dateien mittels einer Kanalnummer	
Open	Datei öffnen
Close	Datei schließen
Reset	alle geöffneten Dateien schließen
FreeFile	ermittelt die nächste freie Datenkanalnummer

Print, Write	Daten im Textmodus schreiben
Input, Line Input	Daten im Textmodus lesen
Put	Daten im Binär- oder Random-Access-Modus schreiben
Get	Daten im Binär- oder Random-Access-Modus lesen
LOF	ermittelt die Dateilänge (length of file)
EOF	gibt an, ob das Dateiende erreicht ist (end of file)
Loc	Location – gibt die aktuelle Position des Dateizeigers an
Seek	ändert oder liest die aktuelle Position des Dateizeigers

Bei der Ausführung von **Open** müssen neben dem Dateinamen und der Kanalnummer auch der Zweck des Zugriffs angegeben werden. *Input*, *Output* und *Append* beziehen sich auf Textdateien und implizieren bereits die Art des Zugriffs (*Input*: nur lesen; *Output*: nur schreiben; *Append*: beides). *Binary* ist für den Zugriff auf binäre Daten vorgesehen und ermöglicht sowohl das Lesen als auch das Schreiben von Daten. Optional kann bei *Binary* die Zugriffsart ausschließlich auf Lesen oder Schreiben eingeschränkt werden. Die sieben folgenden Zeilen zeigen die in der Praxis sinnvollen Varianten des *Open*-Kommandos.

```
Open "datname" For Input As #1               '(1)
Open "datname" For Output As #1              '(2)
Open "datname" For Append As #1              '(3)
Open "datname" For Binary As #1              '(4)
Open "datname" For Binary Access Read As #1  '(5)
Open "datname" For Binary Access Write As #1 '(6)
Open "datname" For Random ...                '(7)
```

Beispiel (1) öffnet eine Textdatei, aus der Daten gelesen werden. Eine unbeabsichtigte Veränderung der Datei ist ausgeschlossen. (2) öffnet eine Datei zum Schreiben. Falls die Datei schon existiert, wird sie gelöscht! (3) öffnet die Datei zum Lesen und Schreiben. Eine eventuell schon existierende Datei wird nicht geschlossen. Schreib- und Leseoperationen werden standardgemäß am Ende der Datei durchgeführt (im Gegensatz zu allen anderen Varianten, bei denen die Daten vom Beginn der Datei gelesen bzw. dort verändert werden). Siehe auch *DPos* etwas weiter unten.

(4) bis (6) öffnen jeweils eine Binärdatei. Bei (4) ist sowohl das Lesen als auch das Schreiben von Daten erlaubt, bei (5) nur das Lesen, bei (6) nur das Schreiben. Eine schon vorhandene Datei wird in keinem Fall gelöscht. (7) öffnet eine Random-Access-Datei (Details siehe unten).

Wenn mehrere Dateien gleichzeitig geöffnet werden sollen, muss bei jeder Datei eine andere Kanalnummer angegeben werden. Der zulässige Zahlenbereich reicht von 1 bis 511. Die Funktion *FreeFile* ermittelt eine noch nicht benutzte Kanalnummer.

Nach dem Lesen bzw. Schreiben der Datei muss die Datei wieder geschlossen werden. Erst durch das Schließen der Datei werden Schreiboperationen endgültig durchgeführt. Die Datei kann jetzt wieder von anderen Programmen genutzt werden. Es ist sinnvoll, Dateien möglichst rasch wieder zu schließen, wenn sie nicht länger gebraucht werden. Das dafür vorgesehene Kommando lautet *Close*, wobei die Kanalnummer angegeben werden muss. *Reset* schließt alle noch offenen Dateien.

Nun zu den Kommandos, die ausgeführt werden können, sobald eine gültige Kanalnummer vorliegt: *LOF* (length of file) ermittelt die Größe der Datei. Die Funktion *Loc* (location) ermittelt die aktuelle Schreib- bzw. Leseposition der Datei. Diese Position gibt an, welches Byte der Datei als Nächstes gelesen bzw. verändert wird. (Der kleinstmögliche Wert lautet 1, nicht 0!) *Loc* kann auch in Zuweisungen verwendet werden und bestimmt dann die neue Position. Alternativ dazu kann die aktuelle Position in der Datei durch *Seek* verändert werden. *EOF* (end of file) stellt fest, ob bereits das Ende der Datei erreicht ist (*Loc* und *LOF* also übereinstimmen).

Textdateien

Textdateien werden manchmal auch sequentielle Dateien genannt, weil der Zugriff auf die Daten der Reihe nach, also sequentiell erfolgt. In den folgenden Zeilen wird die temporäre Datei beispiel.txt erzeugt. Im *Open*-Befehl wird dabei die Kanalnummer 1 verwendet. Alle weiteren Zugriffe auf diese Datei erfolgen unter Angabe der Kanalnummer. Um Daten als ANSI-Texte zu speichern, wird der *Print* #-Befehl verwendet (*Print* mit einer Kanalnummer gilt als Befehl und nicht als Methode). Nach der Ausgabe von zwei Textzeilen wird die Datei mit *Close* geschlossen.

```
Open Environ("temp") + "\beispiel.txt" For Output As #1
Print #1, "Text"
Print #1, "noch mehr Text"
Close #1
```

Wenn Sie die Textdatei lesen möchten, müssen Sie abermals mit *Open* auf die Datei zugreifen – diesmal allerdings im *Input*-Modus, um eine Veränderung der Daten auszuschließen. In einer *While-Wend*-Schleife wird die Datei mit *Line Input* zeilenweise ausgelesen, bis das Dateiende erreicht ist (wird mit der Funktion *EOF* getestet).

```
Dim zeile As String
Open Environ("temp") + "\beispiel.txt" For Input As #1
While Not EOF(1)
   Line Input #1, zeile
   Print zeile
Wend
Close #1
```

Neben dem Befehl *Line Input* können Textdaten auch mit *Input* gelesen werden. *Input* liest allerdings nur bis zum jeweils nächsten Komma, d.h., Zeilen, in denen Kommas stehen, werden in mehrere Teile zerlegt. Der *Input*-Befehl ist daher insbesondere zum direkten Einlesen von Zahlen in numerische Variablen geeignet.

> **HINWEIS**
> Obwohl Visual Basic bereits seit Version 4 intern Unicode verwendet, werden die herkömmlichen Dateioperationen im ANSI-Format (mit einem Byte pro Zeichen) durchgeführt. Die Konvertierung zwischen Uni- und ANSI-Code erfolgt automatisch; Unicode-Zeichen, zu denen es keine ANSI-Codes gibt, verursachen dabei naturgemäß Schwierigkeiten. Zum Lesen/Schreiben von Unicode-Dateien sollten Sie daher das *TextStream*-Objekt verwenden.

Binärdateien

Im obigen Beispiel wurden Zahlen und Texte im Textformat gespeichert. Es besteht aber auch die Möglichkeit, Zahlen im internen Format von Visual Basic zu speichern. Dieses Format ist insbesondere für Fließkommazahlen erheblich effizienter. Außerdem kann bei diesem Format jedes einzelne Byte einer Datei gelesen, geschrieben und verändert werden. Das ist insbesondere zur Bearbeitung von Dateien fremder Programme von größter Wichtigkeit.

Der Aufbau des folgenden Beispielprogramms ist dem des obigen Programms sehr ähnlich. In *CreateBinaryFile* wird die Binärdatei angelegt, in *LoadBinaryFile* wird sie gelesen. In der Binärdatei werden die Quadratwurzeln von den Zahlen zwischen 1 und 100 als *Double*-Werte gespeichert. In *LoadBinaryFile* werden aus dieser Datei drei Werte gelesen (die Quadratwurzeln von 15, 16 und 17).

```
' Beispieldatei 05\Files.xls, Modul2
' Beispiele für die herkömmlichen Kommandos zum Bearbeiten von Dateien
' temporäre Binärdatei test.bin erzeugen
Private Sub CreateBinaryFile()
  Dim sq As Double, i
  Open Environ("temp") + "\test.bin" For Binary As #1
  For i = 1 To 100
    sq = Sqr(i)
    Put #1, , sq
  Next i
  Close #1
End Sub

' Datei öffnen, drei Werte im Direkt-Fenster anzeigen
Private Sub LoadBinaryFile()
  Dim dbl As Double, i
  Open Environ("temp") + "\test.bin" For Binary As #1
  Seek #1, 8 * 14 + 1
  For i = 1 To 3
    Get #1, , dbl
    Debug.Print dbl
  Next i
  Close
End Sub
```

```
' Datei löschen
Private Sub DeleteBinaryFille()
  Kill Environ("temp") + "\test.bin"
End Sub
```

Zum Laden und Speichern von Daten in Binärformat werden die Befehle *Get* und *Put* verwendet. *Put* speichert eine Zahl oder eine Zeichenkette. Dabei muss als erster Parameter der Datenkanal angegeben werden, als dritter Parameter die zu speichernde Variable. Der zweite Parameter ist optional und gibt die Position in der Datei an, an der die Daten gespeichert werden sollen. Falls auf den zweiten Parameter verzichtet wird, beginnt Visual Basic am Ort des letzten Zugriffs – mit mehreren *Put*-Befehlen werden die Daten also der Reihe nach in die Datei geschrieben. Am Ende von *CreateBinaryFile* hat die Datei **Test.bin** eine Länge von 800 Byte (100 Zahlenwerte zu acht Byte, die für eine *Double*-Zahl notwendig sind).

Ähnlich wie *Put* funktioniert auch *Get*. In *LoadBinaryFile* wird die Leseposition innerhalb der Datei mit *Seek* auf das 113. Byte gestellt. Damit werden die ersten 14 Zahlenwerte zu je acht Byte übersprungen. In der Folge werden drei *Double*-Werte aus der Datei in die Variable *wert* gelesen und am Bildschirm ausgegeben.

Variant-Variablen in Binärdateien

Bei *Boolean*- (zwei Byte), *Byte*-, *Int*-, *Long*-, *Single*-, *Double*- und *Currency*-Variablen ist die Anzahl der Bytes, die durch *Put* geschrieben bzw. durch *Get* gelesen werden, durch den Datentyp eindeutig vorgegeben. Nicht so bei *Variant*-Variablen: Dort hängt der Speicherbedarf vom Typ der gerade gespeicherten Daten ab. Daher werden durch *Put* zuerst zwei Byte mit der Typinformation geschrieben; anschließend folgen die eigentlichen Daten, deren Byteanzahl dann vom Format abhängig ist.

Fazit: Vermeiden Sie nach Möglichkeit *Variant*-Variablen, wenn Sie *Get* und *Put* einsetzen wollen. Zum bereits bekannten Overhead bei der internen Speicherverwaltung vergrößert sich nun auch noch die Datei um zwei Byte für jede Variant-Variable. (Wenn Sie hauptsächlich Integer-Zahlen speichern, sind zwei Byte eine Menge: Je nach Datentyp eine Vergrößerung um 50 oder 100 Prozent!)

Zeichenketten in Binärdateien

Bei Zeichenketten tritt das Problem auf, dass *Put* nur deren Inhalt, nicht aber die Länge speichert. *Get* kann daher nicht wissen, wo die zu lesende Zeichenkette endet. *Get* liest aus diesem Grund genauso viele Bytes, wie sich momentan Zeichen in der Variablen befinden. Das ist aber natürlich keine Lösung des Problems.

Die richtige Vorgehensweise zum binären Speichern von Zeichenketten mit variabler Länge besteht darin, dass Sie zuerst die Länge der Zeichenkette (als *Long*-Variable) und erst dann den Inhalt der Zeichenkette speichern.

```
Dim strlen&, mystr$
mystr = "123"
strlen = Len(mystr)
Put #1, ,strlen
Put #1, ,mystr
```

Beim Laden ermitteln Sie zuerst die Länge der Zeichenkette und initialisieren dann die Zeichenkette, bevor Sie *Get* ausführen:

```
Get #1, , strlen
mystr = Space(strlen)
Get #1, , mystr
```

Wenn Zeichenketten in Feldern oder in selbst definierten Datentypen auftreten, kümmern sich *Get* und *Put* übrigens selbstständig um die Verwaltungsinformationen. *Put* speichert die Länge der Zeichenketten, *Get* berücksichtigt diese Information, ohne dass die Zeichenketten vorher manuell initialisiert werden. Es geht also doch (siehe den nächsten Abschnitt)!

Benutzerdefinierte Datentypen und Felder in Binärdateien

Sie können *Get* und *Put* auch zum effizienten Speichern von selbst definierten Datentypen bzw. von Feldern verwenden. Gerade bei Feldern ist dadurch eine ziemliche Steigerung der Programmgeschwindigkeit möglich (gegenüber dem bisher erforderlichen Speichern aller einzelnen Elemente).

5.6.5   Excel-spezifische Methoden und Eigenschaften

Excel-Verzeichnisse

Das Excel-Objektmodell bietet eine ganze Reihe von Eigenschaften zum Zugriff auf diverse Verzeichnisse. Die folgende Liste gibt jeweils ein Beispiel, das mit Excel 2002 ermittelt wurde.

- *ActiveWorkbook.Path* ermittelt den Pfad der aktuellen Excel-Datei, *ActiveWorkbook.Name* deren Dateinamen.

- *Application.Path* ermittelt den Pfad zur Excel-Programmdatei:

    C:\Programme\Microsoft Office\Office10

- *Application.DefaultFilePath* ermittelt den Pfad zu jenem Verzeichnis Excels, das nach dem Programmstart als gültiges Verzeichnis gilt:

    C:\Dokumente und Einstellungen\Administrator\Eigene Dateien

- *Application.LibraryPath* liefert den Pfad des Makro-Verzeichnisses von Excel.

    C:\Programme\Microsoft Office\Office10\Makro

5.6 Umgang mit Dateien, Textimport/-export 277

- *Application.TemplatesPath* liefert den Pfad zum persönlichen Vorlagenverzeichnis. Die Eigenschaft liefert aus unerfindlichen Gründen den Pfad mit einem abschließenden \-Zeichen zurück – im Gegensatz zu allen anderen hier erwähnten *Path*-Eigenschaften.

    C:\Dokumente und Einstellungen\Administrator\Anwendungsdaten\Microsoft\Templates\

- *Application.StartupPath* liefert das persönliche Xlstart-Verzeichnis:

    C:\Dokumente und Einstellungen\Administrator\Anwendungsdaten\Microsoft\Excel\XLSTART

- *Application.AltStartupPath* liefert den Pfad zum zusätzlichen Autostartverzeichnis (kann mit EXTRAS|OPTIONEN eingestellt werden).

- *Application.UserLibraryPath* (neu in Excel 2000) liefert den Pfad zum persönlichen Verzeichnis mit Add-In-Dateien:

    C:\Dokumente und Einstellungen\Administrator\Anwendungsdaten\Microsoft\AddIns\

> **VORSICHT**
> Die Bedeutung von *TemplatesPath* und *StartupPath* hat sich in Excel 2000 gegenüber der Vorgängerversion geändert! In Excel 97 lieferten die beiden Eigenschaften den Pfad zu den globalen Vorlagen- bzw. Xlstart-Verzeichnissen. Seit Excel 2000 verweisen die Eigenschaften dagegen auf die persönlichen Verzeichnisse.
>
> Leider gibt es keine Eigenschaften, um das globale Xlstart-Verzeichnis zu ermitteln, das gleichzeitig als globales Vorlagenverzeichnis gilt. Die folgenden Anweisungen haben den Nachteil, dass sie landesspezifisch sind (und in dieser Form nur für die deutsche Excel-Version funktionieren):
> ```
> globalxlstart = Replace(LCase(Application.LibraryPath), _
>   "makro", "xlstart")
> ```

> **TIPP**
> Einen Überblick über die Bedeutung der Excel-Konfigurationsdateien finden Sie in Abschnitt 5.9.3.

Dateiauswahldialog (GetOpenFilename, GetSaveAsFilename)

Die beiden Methoden *GetOpenFilename* und *GetSaveAsFilename* des *Application*-Objekts zeigen jeweils einen Dialog zur Auswahl eines bereits vorhandenen bzw. eines neuen Dateinamens an. *GetOpenFilename* lässt dabei nur die Auswahl einer vorhandenen Datei zu, während *GetSaveAsFilename* auch die Angabe eines neuen Dateinamens ermöglicht. In einem optionalen Parameter kann eine Liste mit möglichen Dateifiltern (etwa *.xl?) als Zeichenkette angegeben werden. Die Filterliste enthält paarweise und durch Kommas getrennt die Beschreibung der Datei und den dazu passenden Filter. Im folgenden Beispiel, das im Direktbereich ausgeführt werden kann, enthält die Filterliste je einen Eintrag für Text- und für Excel-Dateien. Der zweite Parameter bestimmt, welcher dieser Filter beim Start des Dialogs aktiv ist.

```
?Application.GetOpenFilename( _
  "Textdateien (*.txt), *.txt,Excel-Dateien (*.xl?), *.xl?", 2)
```

Bei *GetSaveAsFilename* kann vor den beiden Filterparametern ein Defaultdateiname eingestellt werden:

```
?Application.GetSaveAsFilename("name.xls", _
  "Textdateien (*.txt), *.txt,Excel-Dateien (*.xl?), *.xl?", 2)
```

> **VERWEIS** *GetOpen-* bzw. *GetSaveAsFilename* ermitteln nur einen Dateinamen. Es wird damit aber noch keine Excel-Datei geöffnet bzw. gespeichert. Dazu gibt es eigene Methoden, die bereits in Abschnitt 5.2 zum Thema Arbeitsmappen vorgestellt wurden.

Datei- und Verzeichnisauswahldialog (FileDialog)

Beginnend mit Excel 2002 gibt es eine zweite Möglichkeit, den Dateiauswahldialog anzuzeigen. Die *Office*-Bibliothek, die normalerweise bei allen VBA-Projekten aktiv ist, enthält dazu das Objekt *FileDialog*. Der Hauptvorteil besteht darin, dass das Objekt für alle Office-Komponenten zur Verfügung steht. Damit gibt es nun einen einheitlichen Weg zur Darstellung des Dateiauswahldialogs, egal, ob Sie ein VBA-Projekt unter Word, Excel oder Powerpoint entwickeln. Außerdem können Sie das *FileDialog*-Objekt auch zum Auswahl eines Verzeichnisses verwenden, was mit den *Get...Filename*-Methoden nicht möglich ist.

Die folgenden Zeilen zeigen die Anwendung des Objekts. Es muss zuerst mit Hilfe der *Application.FileDialog* erzeugt werden. Dabei wird an die Eigenschaft *FileDialog* eine *msoFileDialog*-Konstante übergeben, die angibt, welcher Dialogtyp (z.B. SPEICHERN UNTER) gewünscht wird. Nun können diverse Eigenschaften des Objekts voreingestellt werden. *Show* zeigt den Dialog an. Der Rückgabewert *True* bedeutet, dass die Auswahl mit OK abgeschlossen wurde. Aus der Aufzählung *SelectedItems* können nun der oder die ausgewählten Datei- oder Verzeichnisnamen gelesen werden.

```
Dim fd As FileDialog
' FileDialog-Objekt zur Verzeichnisauswahl erzeugen
Set fd = Application.FileDialog(msoFileDialogFolderPicker)
' mit Show anzeigen; True, wenn OK gedrückt wurde
If fd.Show() = True Then
   MsgBox "Ausgewähltes Verzeichnis: " + fd.SelectedItems(1)
End If
```

5.6.6 Textdateien importieren und exportieren

Häufig kommt es vor, dass die in Excel zu verarbeitenden Dateien noch nicht als Excel-Tabelle vorliegen, sondern von irgendeinem anderen Programm als ASCII-Text gespeichert wurden. Der Import solcher Daten bereitet zumeist Schwierigkeiten, weil jedes Programm andere Vorstellungen davon hat, wie es den Dezimalpunkt kennzeichnet (Punkt oder Komma), wie es Daten und Zeiten darstellt, wie einzelne Einträge der Tabelle voneinander getrennt sind (Leerzeichen, Tabulator, Komma oder ein anderes Zeichen) und/oder wie Zeichenketten gekennzeichnet sind (z. B. durch Hochkommas).

> **VERWEIS** Wenn sich die externen Daten nicht in einer Textdatei befinden, sondern in einer Datenbank, sollten Sie einen Blick in Kapitel 12 werfen. Dieses Kapitel beschreibt unter anderem die ADO-Bibliothek, mit der Sie eine Verbindung zu Datenbankdateien bzw. Datenbank-Servern herstellen können, um so den Import oder Export von Daten zu automatisieren.

Textkonvertierungsassistent zum interaktiven Import

Eine Hilfestellung beim Einlesen solcher Dateien bietet der Textkonvertierungsassistent. Dieser Assistent erscheint automatisch, sobald Sie bei DATEI|ÖFFNEN eine Textdatei auswählen. In drei Schritten stellen Sie zuerst ein, wie die Spalten der Textdatei voneinander getrennt sind und in welchem Format die Daten je Spalte vorliegen.

> **ANMERKUNG** In Excel 2000 ist sowohl der Assistent als auch die dazugehörige Methode *OpenText* entscheidend verbessert worden. Der Assistent kommt nun auch mit Zahlen zurecht, in denen ein Punkt als Dezimalkennung verwendet wird. Wenn Sie einen Grund für den Umstieg von Excel 97 auf 2000 oder 2002 gesucht haben – hier ist er!

Im Folgenden werden zwei dreizeilige Dateien importiert. german.txt enthält Zahlen mit der im deutschen Sprachraum üblichen Formatierung (Punkt als Tausendertrennung, Komma als Dezimalpunkt). In der Textspalte sind die Zeichenketten nicht als solche gekennzeichnet. Die Trennung der Spalten erfolgt durch Leerzeichen.

```
 123.456,23   Text ohne Anführungszeichen
  23.456,23   Text
  -3.456,23   Text
```

Die Datei scientific.txt ist computerfreundlicher gestaltet. Die Spaltentrennung erfolgt diesmal durch Tabulatorzeichen, die Zahlen enthalten einen Punkt als Dezimalpunkt und keine Tausendertrennung.

```
12.3     12/31/1999    17:30    "Text"
 .33     1/2/2000      11:20    "Text mit Anführungszeichen"
-1e3     1/3/2000       0:13    "Text"
```

Der Import beider Dateien mit dem Textassistenten gelingt problemlos. Bei german.txt muss im ersten Schritt der Datentyp »feste Breite« angegeben werden. (Die Spaltentrennung orientiert sich damit an der Zeichenposition.) Im zweiten Schritt müssen die Positionen angegeben werden, an denen die Spalten beginnen (Bild 5.6).

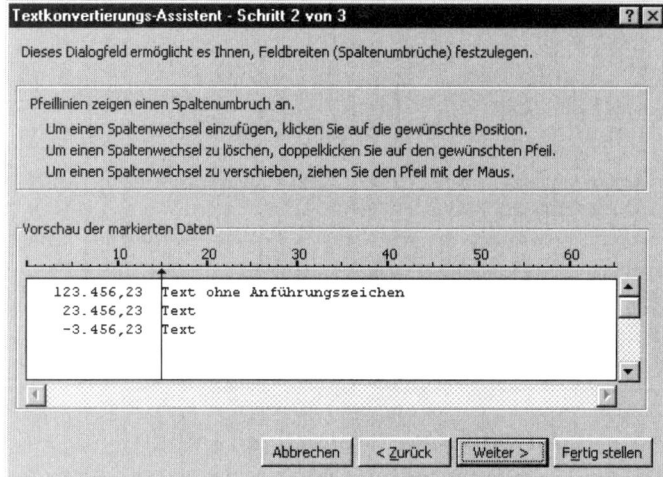

*Bild 5.6: Angabe des Spaltenumbruchs im Textassistenten
beim Import von german.txt*

Bei scientific.txt erkennt der Assistent selbstständig, dass die Spalten durch Tabulatorzeichen getrennt sind. Interessant wird es im dritten Schritt, wo zum einen das Dezimaltrennzeichen eingestellt werden muss (Excel verwendet bei deutscher Ländereinstellung automatisch ein Komma, hier ist aber ein Punkt angebracht), und wo zum anderen das Datumsformat für die zweite Spalte auf MTJ (Monat/Tag/Jahr) umgestellt werden muss (Bild 5.7). Das Ergebnis überzeugt aber: beide Dateien wurden korrekt importiert (Bild 5.8).

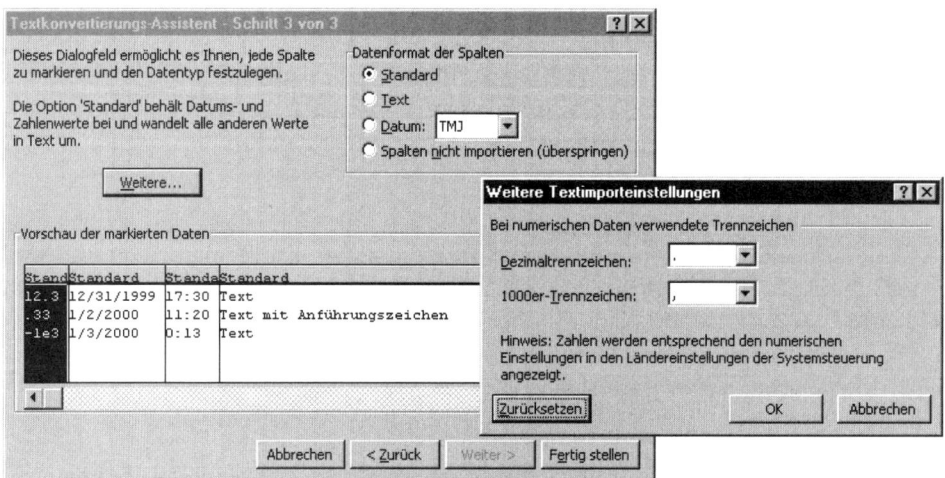

*Bild 5.7: Einstellung des Dezimaltrennzeichens
beim Import von scientific.txt*

5.6 Umgang mit Dateien, Textimport/-export

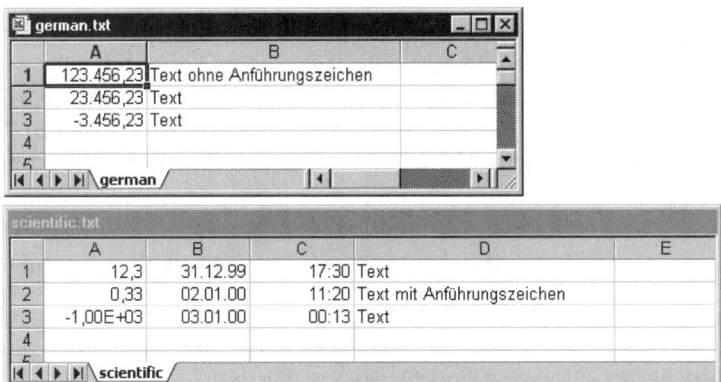

Bild 5.8: Das Ergebnis des Imports

Textimport, Variante 2

Die bisherigen Ausführungen bezogen sich darauf, dass Sie den Textimport mit DATEI|ÖFFNEN durchführen. Interessanterweise bietet das Kommando DATEN|EXTERNE DATEN|TEXTDATEI IMPORTIEREN eine zweite Importvariante. Dabei erscheint derselbe Assistent wie bei der ersten Variante, so dass man auf den ersten Blick den Eindruck hat, es würde sich intern um dasselbe Kommando handeln, das an zwei Stellen im Menü zugänglich ist. Dieser Eindruck täuscht:

- Variante 2 importiert die Daten nicht in eine neue Datei, sondern an eine beliebige Stelle in ein Tabellenblatt.

- Variante 2 merkt sich die Import-Parameter (durch ein internes *QueryTable*-Objekt), und ohne Umstände ist man daher in der Lage, den Textimport zu einem späteren Zeitpunkt zu wiederholen (Kommando DATEN|AKTUALISIEREN). Das ist vor allem dann attraktiv, wenn sich der Inhalt der Textdatei regelmäßig ändert und die Datei immer wieder neu importiert werden muss.

Diese zweite Importvariante ist also für manche Anwendungsfälle attraktiver als die erste. Die Bedienung ist (mit Ausnahme des anderen Orts des Menükommandos) gleich, die Programmierung ist allerdings anders.

Die Methode OpenText (Textimport, Variante 1)

Die Methode *OpenText* zum Objekt *Workbooks* ist das Gegenstück zum Textkonvertierungsassistenten. Die Einstellung der zahlreichen optionalen Parameter ist allerdings keine triviale Angelegenheit. Daher empfiehlt es sich zumeist, als erste Annäherung die Makroaufzeichnung einzusetzen.

> **VORSICHT**
> Durch die Makroaufzeichnung werden nur jene Einstellungen als Code festgehalten, die von der gerade gültigen Defaulteinstellung abweichen. Wenn die Prozedur später auf einem anderen Rechner ausgeführt wird, möglicherweise eine andere Defaulteinstellung gilt, kann das zu Problemen führen. Um sicherzustellen, dass der Code portabel ist, müssen Sie ihn in den meisten Fällen ergänzen.

Die Makroaufzeichnung hat während des Imports von german.txt den folgenden Code aufgezeichnet.

```
Workbooks.OpenText Filename:="I:\Code\XL-2000\german.txt", _
  Origin:= xlWindows, StartRow:=1, DataType:=xlFixedWidth, _
  FieldInfo:=Array(Array(0, 1), Array(15, 1))
```

Für scientific.txt sieht das Kommando so aus:

```
Workbooks.OpenText Filename:="I:\Code\XL-2000\scientific.txt", _
  Origin:= xlWindows, StartRow:=1, DataType:=xlDelimited, _
  TextQualifier:= xlDoubleQuote, ConsecutiveDelimiter:=False, _
  Tab:=True, Semicolon:=False, Comma:=False, Space:=False, _
  Other:=False, DecimalSeparator:=".", ThousandsSeparator :=" ", _
  FieldInfo:=Array(Array(1, 1), Array(2, 3), Array(3, 1), Array(4, 1))
```

Damit diese kryptischen Zeilen verständlich werden, sind einige Worte zu den zahlreichen Parametern angebracht:

Filename	erwartet eine Zeichenkette mit dem Dateinamen.
Origin	gibt den Zeichensatz (Zeilentrennung etc.) des Texts an. In Frage kommen *xlMacintosh, xlWindows* oder *xlMSDOS*.
StartRow	gibt die erste Zeile an, die beim Import berücksichtigt werden soll. Die Defaulteinstellung ist 1. Wenn Sie eine oder mehrere Beschriftungszeilen überspringen möchten, geben Sie einfach einen entsprechend höheren Wert an.
DataType	gibt an, wie die Daten organisiert sind. *xlDelimited* bedeutet, dass die Spalten durch ein eindeutiges Trennzeichen (z.B. durch ein Tablulatorzeichen) getrennt sind. *xlFixedWidth* bedeutet, dass die Spalten an bestimmten Positionen beginnen (und anfallender Leerraum durch Leerzeichen gefüllt ist).
Tab	gibt an, ob die Spalten durch Tabulatorzeichen getrennt sind (*True/False*, nur bei *DataType:=xlDelimited*).
Semicolon	wie oben, aber Spaltentrennung durch Strichpunkt.
Comma	wie oben, aber Spaltentrennung durch Komma.
Space	wie oben, aber Spaltentrennung durch Leerzeichen.
Other	wie oben, aber Spaltentrennung durch das in *OtherChar* angegebene Zeichen.

5.6 Umgang mit Dateien, Textimport/-export

OtherChar — gibt das Spaltentrennzeichen explizit an (nur bei *DataType:= xlDelimited* und *Other:=True*)

ConsecutiveDelimiter — gibt an, ob mehrere aufeinander folgende Spaltentrennzeichen als Einheit betrachtet werden sollen. Das ist zumeist nur sinnvoll, wenn das Spaltentrennzeichen ein Leerzeichen ist. Die Defaulteinstellung lautet *False*.

TextQualifier — gibt an, wie Zeichenketten markiert sind: durch doppelte Anführungszeichen (*xlTextQualifierDoubleQuote*), durch einfache Anführungszeichen (*xlTextQualifierSingleQuote*) oder gar nicht (*xlTextQualifierNone*).

DecimalSeparator — gibt das Dezimaltrennzeichen an (z.B. "."). Vorsicht: Wenn kein Zeichen angegeben wird, gilt die Systemeinstellung!

ThousandsSeparator — gibt das Zeichen für die Tausendertrennung an (z.B. ",").

FieldInfo — erwartet als Argument ein verschachteltes Datenfeld (*Array*). Jede Spalte wird mit *Array(n, opt)* spezifiziert. *n* gibt entweder die Spaltennummer (*DataType:=xlDelimited*) oder die Spaltenposition an (*DataType:=xlFixedWidth*). *opt* bezeichnet den Datentyp der Spalte. In Frage kommen:

xlGeneralFormat (1): Standard
xlTextFormat (2): Text
xlSkipColumn (9): Spalte überspringen
xlMDYFormat (3), xlDMYFormat (4) etc.: Datumsformate

Wenn *OpenText* ohne Fehler ausgeführt wird, ist das Ergebnis eine neue Excel-Datei, deren Name mit dem Dateinamen übereinstimmt. Wenn Sie die Daten stattdessen in ein Tabellenblatt einer vorhandenen Datei übertragen möchten, greifen Sie nach *OpenText* auf *ActiveWorkbook* zu und kopieren dessen einziges Tabellenblatt (oder auch nur einige Zellen) in die gewünschte Datei. Anschließend können Sie *ActiveWorkbook* (also die neue Excel-Datei mit den Importergebnissen) wieder schließen.

Beachten Sie, dass sich durch *Worksheets.Copy* die aktive Excel-Datei ändert. *ActiveWorkbook* verweist jetzt auf die Zieldatei! Um die Importdatei zu schließen, müssen Sie eine Objektvariable verwenden.

```
' Beispieldatei 05\Files.xls, Modul3
' Import / Export
Sub ImportScientific()
  Dim fname$
  Dim newworkb As Workbook
  fname = ThisWorkbook.Path + "\scientific.txt"
  Workbooks.OpenText Filename:=fname, ...
  Set newworkb = ActiveWorkbook
  newworkb.Worksheets(1).Copy after:=ThisWorkbook.Worksheets(1)
  newworkb.Close False
End Sub
```

> **TIPP** Wenn auch die zahlreichen Einstellmöglichkeiten von *OpenText* nicht ausreichen, um eine Textdatei korrekt zu importieren, müssen Sie selbst eine Importprozedur programmieren. Im Wesentlichen müssen Sie die Textdatei öffnen, zeilenweise in eine Zeichenkettevariable einlesen und dort analysieren. Das ist zwar mit einigem Aufwand verbunden, aber nicht wirklich kompliziert.

Das Objekt QueryTable (Textimport, Variante 2)

Das *QueryTable*-Objekt wird intern von Excel sehr vielseitig eingesetzt, um die Importparameter externer Daten zu beschreiben. Als externe Daten kommen nicht nur Textdateien, sondern auch Datenbanken und Webseiten in Frage.

> **VERWEIS** An dieser Stelle wird nur der Textimport behandelt. Mehr Hintergrundinformationen sowie eine detaillierte Beschreibung des Datenbankimports finden Sie in Abschnitt 12.2. Einige Besonderheiten des HTML-Imports werden in Abschnitt 15.2 beschrieben.

Wenn Sie den Import zum ersten Mal durchführen, müssen Sie dem Tabellenblatt mit *Add* ein neues *QueryTable*-Objekt hinzufügen. Für dieses Objekt stellen Sie nun eine ganze Reihe von Eigenschaften ein. Ein Großteil der Eigenschaften entspricht den oben beschriebenen Parametern von *OpenText*. Erwähnenswert ist die Eigenschaft *Name*: Sie bestimmt nämlich nicht nur den Namen des *QueryTable*-Objekts; beim Import der Daten wird außerdem ein benannter Bereich definiert, der den Importbereich umfasst und denselben Namen aufweist. Dieser benannte Bereich ist für die interne Verwaltung des *QueryTable*-Objekts unbedingt erforderlich und ermöglicht die spätere Aktualisierung der Daten.

Nachdem die zahlreichen *QueryTable*-Eigenschaften eingestellt sind, führen Sie den eigentlichen Import mit der Methode *Refresh* durch. Der folgende Code wurde ursprünglich mit der Makroaufzeichnung erstellt und dann manuell optimiert und etwas übersichtlicher formatiert. Zusätzlich wurde eine Schleife eingefügt, um alle bereits im Tabellenblatt vorhandenen *QueryTables* zu löschen, bevor ein neues derartiges Objekt erzeugt wird.

```
'Beispiel 05\Files.xls, Modul4
Sub ImportNewText()
  Dim qt As QueryTable, ws As Worksheet
  Dim fname$
  fname = ThisWorkbook.Path + "\scientific.txt"
  Set ws = Worksheets("QueryTable")
  ws.Activate
```

5.6 Umgang mit Dateien, Textimport/-export

```
' vorhandene QueryTables löschen
For Each qt In ws.QueryTables
   qt.Delete
Next
ws.Cells.ClearContents
ws.Range("A1").Select

' neue QueryTable erzeugen
Set qt = ws.QueryTables.Add("Text;" + fname, [A1])
With qt
   .Name = "scientific"
   .FieldNames = True
   .RowNumbers = False
   .FillAdjacentFormulas = False
   .PreserveFormatting = True
   .RefreshOnFileOpen = False
   .RefreshStyle = xlInsertDeleteCells
   .SavePassword = False
   .SaveData = True
   .AdjustColumnWidth = True
   .RefreshPeriod = 0
   .TextFilePromptOnRefresh = False
   .TextFilePlatform = xlWindows
   .TextFileStartRow = 1
   .TextFileParseType = xlDelimited
   .TextFileTextQualifier = xlTextQualifierDoubleQuote
   .TextFileConsecutiveDelimiter = False
   .TextFileTabDelimiter = True
   .TextFileSemicolonDelimiter = False
   .TextFileCommaDelimiter = False
   .TextFileSpaceDelimiter = False
   .TextFileColumnDataTypes = Array(1, 3, 1, 1)
   .TextFileDecimalSeparator = "."
   .TextFileThousandsSeparator = ","
   .Refresh BackgroundQuery:=False     'hier wird der Import ausgelöst
End With
End Sub
```

Um den Import zu einem späteren Zeitpunkt zu wiederholen, brauchen Sie für das vorhandene *QueryTable*-Objekt nur noch *Refresh* auszuführen. Die Eigenschaft *TextFilePromptOnRefresh* steuert, ob dabei nochmals der Dateiauswahldialog angezeigt werden soll.

```
Sub RefreshImport()
  Dim ws As Worksheet
  Set ws = Worksheets("QueryTable")
  ws.Activate
  If ws.QueryTables.Count = 0 Then Exit Sub
  With ws.QueryTables(1)
    .TextFilePromptOnRefresh = False
    .Refresh
  End With
End Sub
```

Textdateien exportieren

In der langen Liste der Dateiformate des Dialogs »Speichern unter« befinden sich zwei Textformate, die sich zum Export eines Tabellenblatts in eine Textdatei eignen: »Text (Tabs getrennt)« und »CSV (Trennzeichen getrennt)«. Die beiden Formate unterscheiden sich im Wesentlichen nur dadurch, dass im ersten zwischen den Zellen Tabulatorzeichen eingefügt werden, im zweiten Semikola. In beiden Fällen kann immer nur ein Tabellenblatt gespeichert werden (nicht die ganze Datei).

> **TIPP** Es gibt übrigens noch eine ganze Reihe weiterer Formate, um die Datei bzw. das Tabellenblatt beispielsweise als HTML-Dokument, als Unicode-Datei oder als Datenbank (dBase-Format) zu speichern.

Wenn Sie den Export per VBA-Code durchführen möchten, steht Ihnen dazu die Methode *SaveAs* zur Verfügung, die sowohl auf ein *Workbook-* als auch auf ein *Worksheet-*Objekt angewendet werden kann.

```
ActiveWorkbook.ActiveSheet.SaveAs _
   Filename:="I:\Code\XL-2000\Files.csv", FileFormat:=xlCSV
```

Ein unangenehmer Nebeneffekt von *SaveAs* besteht darin, dass sich damit der aktive Name der aktuellen Datei ändert. Beispielsweise wird aus Files.xls nun Files.csv. Wenn Sie in der Folge die gesamte Datei nochmals als Excel-Datei speichern möchten, müssen Sie abermals SPEICHERN UNTER (bzw. *SaveAs*) verwenden und angeben, dass Sie nun wieder im Excel-Standardformat speichern möchten.

Die folgende Prozedur speichert zuerst das gerade aktuelle Tabellenblatt im CSV-Format. Anschließend wird die gesamte Datei (also das *Workbook*) unter ihrem ursprünglichen Namen und Dateityp gespeichert. Durch *DisplayAlerts=False* wird vermieden, dass dabei eine Sicherheitsabfrage erscheint, ob die existierende Datei überschrieben werden darf.

```
' Beispiel 05\Files.xls, Module3
Sub ExportActiveWorksheet()
  Dim oldname$, oldpath$, oldformat As XlFileFormat
  With ActiveWorkbook
    oldname = .Name
    oldpath = .Path
    oldformat = .FileFormat
    .ActiveSheet.SaveAs _
      Filename:="I:\Code\XL-2000\Files.csv", FileFormat:=xlCSV
    Application.DisplayAlerts = False  'Sicherheitsabfragen vermeiden
    .SaveAs Filename:=oldpath + "\" + oldname, FileFormat:=oldformat
    Application.DisplayAlerts = True
  End With
End Sub
```

Die eingebauten Export-Mechanismen sind also weit weniger flexibel als *OpenText*. Sie können weder die Details der Formatierung steuern, noch besteht die Möglichkeit, nur einen markierten Textbereich zu speichern. Wenn Sie also höhere Anforderungen stellen, müssen Sie selbst Hand anlegen, wie das folgende Beispiel demonstriert.

5.6.7 Textexport für Mathematica-Listen

Die Prozedur *SaveRangeAsMmaFile* speichert einen zuvor markierten Zellbereich in einer Textdatei. Die Prozedur verwendet dabei das Listenformat von Mathematica – die Textdatei kann also anschließend von Mathematica gelesen werden. (Mathematica ist ein Programm zur Bearbeitung mathematischer Daten und Formeln. Es kann beispielsweise dazu eingesetzt werden, aus Excel stammende Daten grafisch darzustellen. Insbesondere zur dreidimensionalen Visualisierung von Daten stellt Mathematica viel flexiblere und effizientere Kommandos als Excel zur Verfügung.)

Die Prozedur demonstriert einige allgemein gültige Verfahren, wie sie bei ähnlichen Aufgaben immer wieder auftreten: Die Auswahl eines Dateinamens, das Erstellen einer Sicherheitskopie, falls die ausgewählte Datei schon existiert, das Schreiben einer Textdatei, das Auslesen eines dreidimensionalen Zellbereichs (über mehrere Blätter) etc.

Spezifisch auf Mathematica ausgerichtet sind lediglich die Formatierungszeichen in der Textdatei: In Mathematica müssen zusammengehörige Daten (z. B. einer Zeile) durch geschwungene Klammern gruppiert werden. Ein zweidimensionales Feld mit 2*2 Elementen sieht in Mathematica folgendermaßen aus: *{{a,b},{c,d}}*.

Wenn Sie Excel-Daten an ein anderes Programm weitergeben möchten, müssen Sie nur jene Teile der Prozedur ändern, die diese Klammern ausgeben. Je nach Programm sind stattdessen andere Formatierungszeichen erforderlich, etwa Tabulatoren (wird mit *Chr(9)* erzeugt), Line-Feed (»Wagenrücklauf«, *Chr(10)*) und/oder Carriage Return (»Papiervorschub«, *Chr(13)*).

Das Makro testen

Um die Prozedur zu testen, laden Sie 05\Mma.xls, wählen mit Shift die Blätter »Tabelle1« und »Tabelle2« aus und markieren darin die Zellen B4:D6. (Damit ist nun ein dreidimensionaler Zellbereich markiert, der die Zellen B4:D6 in beiden Blätttern umfasst.) Anschließend führen Sie mit EXTRAS|MAKROS oder durch Anklicken des Symbols in der neuen MATHEMATICA-Symbolleiste die Prozedur *SaveRangeAsMmaFile* aus. Sie werden nach dem Dateinamen gefragt, unter dem der markierte Bereich gespeichert werden soll. Geben Sie beispielsweise Test.dat an. Die auf diese Weise erzeugte Textdatei kann nun in Mathematica mit dem Kommando *Get* eingelesen werden:

```
list1 = Get["C:\\Eigene Dateien\\Test.dat"]
```

Dateiauswahl mit SelectFilename

Die Prozedur *SaveRangeAsMmaFile* beginnt mit einem Test, ob überhaupt ein Bereich von mehreren Zellen in der Tabelle ausgewählt ist. Die Prozedur kommt nicht mit Bereichen zurecht, die aus mehreren Teilbereichen zusammengesetzt sind – dieser Fall wird durch die dritte *If*-Abfrage ausgeschlossen.

Wenn eine brauchbare Auswahl vorliegt, wird in der Funktion *SelectFilename* die Methode *GetSaveAsFilename* ausgeführt. Es erscheint ein Dialog zur Auswahl eines Dateinamens. Falls der Name einer bereits existierenden Datei ausgewählt wurde, zeigt das Programm mit *MsgBox* eine Sicherheitsabfrage an. Darin muss der Anwender das Überschreiben der Datei mit JA bestätigen. Die Dateiauswahl ist in einer Schleife platziert, damit der Anwender die Gelegenheit hat, gegebenenfalls einen neuen Dateinamen auszuwählen. Die Schleife wird so lange durchlaufen, bis der Anwender einen gültigen Dateinamen auswählt oder die Auswahl abbricht.

In den folgenden Programmzeilen wird nochmals getestet, ob die angegebene Datei schon existiert. Wenn das der Fall ist, bekommt diese Datei einen neuen Namen mit der Kennung *.bak. Eine eventuell schon vorhandene Sicherheitskopie wird vorher gelöscht.

```
' Beispiel 05\mma.xls, Modul1
' Dateinamen auswählen, Backup-Datei erstellen
Function SelectFilename(filenam$) As String
  Dim pos&, result&
  Dim file As Variant, backupfile$
  Do   'Schleife, bis gültiger Dateiname oder Abbruch
    file = Application.GetSaveAsFilename(filenam, , , _
      "Als Mathematica-Liste speichern")
    If file = False Then file = ""
    If file = "" Then Exit Function
    result = vbYes
```

5.6 Umgang mit Dateien, Textimport/-export

```
      If Dir(file) <> "" Then     'Achtung, Datei existiert schon
        result = MsgBox( _
          "Die Datei " & file & " existiert schon! Überschreiben?", _
          vbYesNoCancel)
        If result = vbCancel Then Exit Function
      End If
    Loop Until result = vbYes
    ' falls Datei schon existiert: Sicherheitskopie erstellen
    If Dir(file) <> "" Then       'die Datei existiert schon
      backupfile = file + ".bak"
      'evt. schon vorhandene Backup-Datei löschen
      If Dir(backupfile) <> "" Then Kill backupfile
      'vorhandene Datei umbenennen
      Name file As backupfile
    End If
    SelectFilename = CStr(file)
End Function
```

Daten speichern in SaveRangeAsMmaFile

Die Funktion *SelectFilename* gibt als Ergebnis den Dateinamen an die Prozedur *SaveRangeAsMmaFile* zurück. Dort wird der Name in der statischen Variablen *filename* gespeichert. Bei einem abermaligen Aufruf der Prozedur wird dieser Name dann bereits als Voreinstellung im Dialog zur Dateiauswahl angezeigt.

Open richtet einen Datenkanal zur ausgewählten Datei ein. (Es werden also die herkömmlichen Dateibearbeitungskommandos eingesetzt, nicht die *File System Objects*.) Beachten Sie dabei den Einsatz der Funktion *FreeFile* zur Ermittlung einer neuen, noch unbenutzten Kanalnummer! Diese Vorgehensweise ist insbesondere dann empfehlenswert, wenn die Prozedur von anderen Stellen in einem Excel-Programm aufgerufen werden kann. Wenn Sie einfach #1 als Kanalnummer angeben, riskieren Sie einen Fehler bei der Ausführung der Prozedur. Dieser Fehler tritt auf, wenn die Kanalnummer #1 bereits an einer anderen Stelle im Programm in Verwendung ist.

```
Public Sub SaveRangeAsMmaFile()
  Dim sh As Worksheet, shList As Object    'Tabellenblätter (sheets)
  Dim sh1 As Worksheet, sh2 As Worksheet
  Dim shCount&
  Dim rw&, rw1&, rw2&                      'Zeilen (rows)
  Dim cl&, cl1&, cl2&                      'Spalten (columns)
  Dim dataitem As Variant, filechannel&    'sonstige Variablen
  Static filenam$, file$
  If Selection Is Nothing Then _
    MsgBox "Markieren Sie einen Zellbereich!": Exit Sub
```

```
If Selection.Cells.Count = 1 Then _
  MsgBox "Markieren Sie einen Zellbereich!":  Exit Sub
If Selection.Areas.Count > 1 Then _
  MsgBox "Nur einfache Zellbereiche": Exit Sub
' Dateiname auswählen
file = SelectFilename(filenam)
If file = "" Then Exit Sub Else filenam = file
filechannel = FreeFile()
Open file For Output As #filechannel
```

Blattgruppe bearbeiten

Die Prozedur speichert einen normalen Zellbereich in der Form {{a,b...},{c,d...}...}, also in zwei Klammerebenen. Die Prozedur kommt aber auch mit einem dreidimensionalen Zellbereich zurecht, der sich über mehrere Blätter erstreckt. Dreidimensionale Zellbereiche werden markiert, indem zuerst der Zellbereich in *einem* Blatt ausgewählt und anschließend mit Strg oder Shift weitere Tabellenblätter angeklickt werden. Das Programm speichert dreidimensionale Zellbereiche in der Form {{{a1,b1}, {c1,d1}}, {{a2,b2}, {c2,d2}}}, also in drei Klammerebenen.

Im Programm kann über *ActiveSheet.SelectedSheets.Count* festgestellt werden, wie viele Blätter zurzeit ausgewählt sind. In der Prozedur wird die Variable *shList* als Verweis auf die Blattgruppe verwendet, um etwas Tipparbeit zu sparen und das Programm übersichtlicher zu gestalten. In *sh1* und *sh2* werden Verweise auf das erste und letzte Blatt gespeichert. Beachten Sie, dass die Variablen *shList*, *sh1*, *sh2* nicht durch einfache Variablenzuweisungen belegt werden können. Der Variableninhalt ist ein Verweis auf ein Objekt, der nur mit *Set* zugewiesen werden kann.

```
' Initialisierung
Set shList = ActiveWindow.SelectedSheets
shCount = shList.Count
Set sh1 = shList(1)
Set sh2 = shList(shList.Count)
rw1 = Selection.Row
rw2 = rw1 + Selection.Rows.Count - 1
cl1 = Selection.Column
cl2 = cl1 + Selection.Columns.Count - 1
```

Daten im Textformat speichern

Die Initialisierung von *rw1*, *rw2*, *cl1* und *cl2* ist leicht nachvollziehbar. Über *Row* bzw. *Column* wird die erste Zeile bzw. Spalte des ausgewählten Zellbereichs ermittelt. *Rows.Count* bzw. *Columns.Count* ergibt die Anzahl der markierten Zeilen und Spalten.

Es beginnen nun drei ineinander verschachtelte Schleifen, in denen der dreidimensionale Zellbereich Element für Element ausgelesen und mit *Print #* in der Textdatei gespeichert wird. Falls nur ein zweidimensionaler Zellbereich (in einem Tabellenblatt)

5.6 Umgang mit Dateien, Textimport/-export

markiert wurde, enthält *shCount* den Wert 1. Die *Print*-Kommandos für die äußerste Klammerebene werden dann nicht ausgeführt. Die äußerste Schleife wählt das gerade aktive Blatt aus. Der Zusatzparameter *False* ist notwendig, damit die Mehrfachauswahl von Tabellenblättern (bei 3D-Zellbereichen) nicht aufgehoben wird.

Im Anschluss an jedes Element wird entweder ein Komma (zur Trennung von zwei Elementen) oder eine geschwungene Klammer (als Abschluss der Elemente einer Zeile) ausgegeben. Beachten Sie bei der *Print*-Methode die abschließenden Strichpunkte. Diese bewirken, dass *Print* nicht nach jeder Ausgabe eine neue Zeile beginnt. Die sich daraus ergebende Datei wird dadurch erheblich übersichtlicher.

```
    If shCount > 1 Then Print #filechannel, "{"
    For Each sh In shList              'Schleife für alle Blätter
      Print #filechannel, "{";
      For rw = rw1 To rw2              'Schleife für alle Zeilen
        Print #filechannel, "{";
        For cl = cl1 To cl2            'Schleife für alle Spalten
          dataitem = sh.Cells(rw, cl)
          If IsNumeric(dataitem) Then  'Zahl oder Zeichenkette ?
            Print #filechannel, Scientific(Str(dataitem));
          Else
            Print #filechannel, Chr(34); dataitem; Chr(34);
          End If
          If cl = cl2 Then
            Print #filechannel, "}";
          Else
            Print #filechannel, ", ";
          End If
        Next cl
        If rw = rw2 Then
          Print #filechannel, "}"
        Else
          Print #filechannel, ","
        End If
      Next rw
      ' Komma oder } zwischen den Listenelementen
      If shCount > 1 Then
        If sh.Name = sh2.Name Then
          Print #filechannel, "}"
        Else
          Print #filechannel, ","
        End If
      End If
    Next sh
    Close #filechannel
End Sub
```

Formatierung der Zahlen

Bei jedem Element wird getestet, ob es sich um einen Text oder um eine Zahl handelt. Im ersten Fall wird der Text bei der Ausgabe in Hochkommas gestellt. Die Hochkommas werden dabei mit *Chr(34)* erzeugt. (" hat den ANSI-Code 34. *Chr* liefert als Ergebnis das Zeichen, dessen Code angegeben wird.)

Zahlen werden mit *Str* in Zeichenketten umgewandelt. Diese Umwandlungsfunktion hat den Vorteil, dass sie einen Dezimalpunkt (kein Komma) erzeugt, wie es praktisch alle internationalen Programme vorschreiben.

Die von *Str* produzierte Zeichenkette muss allerdings noch mit der Hilfsfunktion *Scientific* nachbearbeitet werden, weil Mathematica die Schreibweise *1.2E-03* nicht kennt. Derartige Zahlen werden in die Form *1.2*10^-03* umgewandelt.

```
Function Scientific(s As String) As String
  Dim pos%
  pos = InStr(s, "E")
  If pos Then
    Scientific = Left(s, pos - 1) + "*10^" + Mid(s, pos + 1)
  Else
    Scientific = s
  End If
End Function
```

5.6.8 Syntaxzusammenfassung

File System Objects

FileSystemObject – Eigenschaft	
Drives	verweist auf Aufzählung aller Laufwerke

FileSystemObject – Methoden	
BuildPath(pfad, name)	bildet vollständigen Dateinamen
CopyFile/-Folder	Datei oder Verzeichnis kopieren
DeleteFile/-Folder	Datei oder Verzeichnis löschen
DriveExists(name)	testet, ob Laufwerk existiert
FileExists(name)	testet, ob Datei existiert
FolderExists(name)	testet, ob Verzeichnis existiert
GetAbsolutePath(relname)	bildet vollständigen Dateinamen (aus relativer Angabe)
GetBaseName(name)	liefert einfachen Namen (ohne Verzeichnis / Laufwerk)
GetDrive	liefert *Drive*-Objekt
GetDriveName(name)	liefert Laufwerksnamen
GetFile	liefert *File*-Objekt
GetFileName(name)	wie *GetBaseName*

5.6 Umgang mit Dateien, Textimport/-export

GetFolder	liefert *Folder*-Objekt
GetParentFolderName(name)	liefert Verzeichnisnamen (mit Laufwerk)
GetSpecialFolder	liefert *Folder*-Objekt für Windows-(System-)Verzeichnis
GetTempName	liefert Namen für eine temporäre Datei (ohne Verzeichnis!)
MoveFile / -Folder	Datei / Verzeichnis verschieben / umbenennen
OpenTextFile	öffnet eine Textdatei

Drive – Eigenschaften

AvailableSpace	freie Speicherkapazität
DriveType	Laufwerktyp (z.B. *Remote, CDRom* etc.)
FileSystem	Dateisystem (z.B. "NTFS", "FAT" etc.)
FreeSpace	wie *AvailableSpave*
IsReady	bereit (bei A: Diskette eingelegt)
Path	Zeichenkette des Pfads ohne \ (z.B. "C:")
RootFolder	Verweis auf *Folder*-Objekt
ShareName	Laufwerksname im Netzwerk
TotalSize	Gesamtkapazität
VolumeName	Laufwerksname

File / Folder – Gemeinsame Eigenschaften

Attributes	Attribute (schreibgeschützt, komprimiert etc.)
DateCreated	Datum und Zeit der Erzeugung
DateLastAccessed	Datum und Zeit des letzten Zugriffs
DateLastModified	Datum und Zeit der letzten Änderung
Drive	Verweis auf Laufwerk (*Drive*-Objekt)
Files	Aufzählung aller enthaltenen Dateien (nur *Folder*)
IsRootFolder	*True*, wenn Wurzelverzeichnis (nur *Folder*)
Name	Name (ohne Verzeichnis / Laufwerk)
ParentFolder	Verweis auf übergeordnetes Verzeichnis (*Folder*-Objekt)
Path	Zeichenkette mit vollstängem Namen (inkl. Verz./Laufw.)
ShortName	Name in 8+3-Konvention (DOS/Windows 3.1)
ShortPath	Pfad in 8+3-Konvention (DOS/Windows 3.1)
Size	Dateigröße bzw. Summe der enthaltenen Dateien
SubFolders	Aufzählung aller Unterverzeichnisse (nur *Folder*)
Type	Bezeichnung des Dateityps

File / Folder – Gemeinsame Methoden

Copy	Datei / Verzeichnis kopieren
CreateTextFile	Textdatei erzeugen (nur *Folder*)
Delete	Datei / Verzeichnis löschen
Move	Datei / Verzeichnis umbenennen bzw. verschieben
OpenAsStream	als Textdatei öffnen (nur *File*)

TextStream – Eigenschaften	
AtEndOfLine	Zeilenende erreicht?
AtEndOfStream	Dateiende erreicht?
Column	aktuelle Position innerhalb der Zeile
Line	aktuelle Zeilennummer

TextStream – Methoden	
Close	Datei schließen
Read	*n* Zeichen lesen
ReadAll	die gesamte Datei in eine Zeichenkette lesen
ReadLine	die nächste Zeile lesen
Skip	*n* Zeichen überspringen
SkipLine	Zeile überspringen
Write	Zeichenkette schreiben (ohne Zeilenumbruchzeichen)
WriteLine	eine Zeile schreiben (mit Zeilenumbruchzeichen)
WriteBlankLines	*n* leere Zeilen schreiben

Excel-spezifische Methoden und Eigenschaften

Laufwerke und Verzeichnisse	
ActiveWorkbook.Path	Pfad der aktiven Arbeitsmappe
ActiveWorkbook.Name	Dateiname der aktiven Arbeitsmappe
Application.Path	Pfad zu **Excel.exe**
Application.DefaultFilePath	Pfad zum Arbeitsverzeichnis
Application.LibraryPath	Pfad zum globalen **Makro**-Verzeichnis
Application.UserLibraryPath	Pfad zum persönlichen Add-In-Verzeichnis
Application.StartupPath	Pfad zum persönlichen **Xlstart**-Verzeichnis
Application.TemplatesPath	Pfad zum persönlichen Vorlagenverzeichnis
Application.AltStartupPath	Pfad zum zusätzlichen Autostartverzeichnis (kann mit EXTRAS | OPTIONEN eingestellt werden)

Dateiauswahl	
Application.GetOpenFilename	Dateiauswahl (Datei öffnen, nur existierende Dateien)
Application.GetOpenFilename	Dateiauswahl (Datei speichern, mit Sicherheitsabfrage)

Import / Export	
Workbooks.OpenText	Textdatei importieren, Variante 1
Worksheets(...).QueryTables.Add	Textdatei importieren, Variante 2
Worksheets(...).SaveAs	Tabellenblatt in diversen Formaten speichern

VBA-Kommandos

In den Syntaxboxen steht *n* für Dateinamen (etwa *"test.dat"*) und *k* für Kanalnummern.

Datei- und Verzeichnisverwaltung

CurDir	liefert das aktuelle Verzeichnis
Environ("Temp")	liefert das Verzeichnis für temporäre Dateien
ChDir n	ändert das aktuelle Verzeichnis
ChDrive drv	ändert das aktuelle Laufwerk
MkDir n	legt ein neues Verzeichnis an
RmDir n	löscht ein leeres Verzeichnis
Name n1 As n2	gibt *n1* den neuen Namen *n2*
FileCopy n1, n2	kopiert *n1* nach *n2*
Kill n	löscht die angegebene(n) Datei(en)
Dir(n [,attribute])	liefert die erste Datei, die dem Suchmuster entspricht
Dir	liefert die nächste Datei oder eine leere Zeichenkette
FileLen(n)	liefert die Länge von *n* in Byte
FileDateTime(n)	liefert Datum und Zeit der letzten Änderung
GetAttr(n)	liefert die Attribute (read-only etc.) von *n*
SetAttr n, attr	verändert die Attribute von *n*

Datenkanal öffnen

f = FreeFile	ermittelt freie Datenkanalnummer
	Datenkanal öffnen, um eine
Open d For Input As #f	... Textdatei zu lesen
Open d For Output As #f	... Textdatei zu schreiben
Open d For Append As #f	... Textdatei zu lesen und zu schreiben
Open d For Binary As #f	... Binärdatei zu lesen und zu schreiben
Open d For Binary Access Read As #f	... Binärdatei nur zu lesen
Open d For Binary Access Write As #f	... Binärdatei nur zu schreiben
Open d For Random As #f Len=l	... Random-Access-Datei zu lesen und zu schreiben

Dateien via Datenkanal bearbeiten

Close #f	Datenkanal schließen
Reset	alle offenen Datenkanäle schließen
EOF(n)	Dateiende erreicht?
LOF(n)	Dateigröße ermitteln
Loc(n)	aktuelle Position des Dateizeigers ermitteln
Seek #f, position	Dateizeiger verändern

Print #f, var1, var2	Zeile im Textformat schreiben
Write #f, var1, var2	wie oben, aber mit Formatzeichen " und ,
Input #f, var1, var2	einzelne Variablen lesen
Line Input #f, var	ganze Zeile lesen
var = Input(n, #f)	n Zeichen lesen
var = InputB(n, #l)	n Byte lesen
Put #f, , var	Variable / Feld / etc. binär speichern
Get #f, , var	Variable binär lesen

5.7 Benutzerdefinierte Tabellenfunktionen

5.7.1 Grundlagen

Excel stellt eine sehr große Anzahl vordefinierter Tabellenfunktionen zur Verfügung, deren bekannteste und wohl wichtigste *SUMME* ist. Für komplexere Anwendungen spielt die Funktion *WENN* eine große Rolle. Damit lassen sich in Tabellenformeln Fallunterscheidungen durchführen. Bei komplexeren Aufgabenstellungen werden *WENN*-Formeln aber rasch so unübersichtlich, dass ihre Anwendung praktisch unmöglich (oder doch extrem fehleranfällig wird). Es existieren auch Situationen, in denen die Formelsyntax ganz einfach überfordert ist.

Für solche Situationen bietet Excel die Möglichkeit, eigene Funktionen in VBA zu definieren. Diese Funktionen werden dann als benutzerdefinierte Tabellenfunktionen bezeichnet. Ein wesentlicher Vorteil von benutzerdefinierten Funktionen besteht darin, dass die Funktion nur ein einziges Mal zentral in einem VBA-Modul definiert werden muss. Eine Änderung der benutzerdefinierten Funktion ist daher problemlos möglich. (Im Gegensatz dazu müssen Tabellenformeln in alle Zellen kopiert werden. Bei nachträglichen Änderungen müssen alle betroffenen Zellen geändert werden!)

Die Programmierung von benutzerdefinierten Funktionen ist oft sehr viel einfacher als die Erstellung »echter« Excel-Programme. In den meisten Fällen benötigen Sie keine Objekte, Methoden und Eigenschaften, oft sind einfache *If-Then*-Abfragen ausreichend.

> **HINWEIS**
> Die Berechnung einer benutzerdefinierten Tabellenfunktion ist in jedem Fall ungleich langsamer als die Verwendung einer in Excel vordefinierten Funktion. Bevor Sie also damit beginnen, eine neue Tabellenfunktion zu programmieren, sehen Sie zuerst in der Hilfe nach, ob es nicht ohnedies eine vordefinierte Funktion gibt, die Ihren Anforderungen entspricht!

Definition eigener Funktionen

Sie haben es wohl schon vermutet – eine benutzerdefinierte Tabellenfunktion wird einfach durch eine ganz normale VBA-Funktion definiert. (Der Funktionsdefinition darf nicht *Private* vorangestellt sein – das würde den Gültigkeitsbereich auf das aktuelle Modul einschränken!) Dazu gleich ein Beispiel: Die Funktion *Rabatt* berechnet aus Einzelpreis und Stückanzahl den Endpreis. Ab einer Anzahl von 10 wird ein Rabatt von 5 Prozent gewährt.

Die Funktion kann in der Tabelle wie eine vordefinierte Tabellenfunktion eingesetzt werden. Es ist sowohl eine unmittelbare Zahlenangabe als auch die Angabe von Zellverweisen erlaubt.

```
=Discount(8; 12)         'liefert 91.2
=Discount(A1; B1)

' Beispieldatei 05\Function.xls
Function Discount(unitprice As Double, pieces As Double) As Double
  If pieces >= 10 Then
    Discount = pieces * unitprice * 0.95
  Else
    Discount = pieces * unitprice
  End If
End Function
```

> **ACHTUNG**
> Wie in den bisherigen Versionen sieht sich Excel nicht veranlasst, bei einer Veränderung von VBA-Code für Tabellenfunktionen die davon betroffenen Zellen automatisch neu zu berechnen. Die explizite Aufforderung zur Neuberechnung durch F9 funktioniert meistens, aber leider noch immer nicht ganz zuverlässig. (Dieses Problem verfolgt Excel schon seit Version 5.) In besonders hartnäckigen Fällen hilft es meistens, eine neue Zeile oder Spalte oberhalb bzw. links von den betroffenen Zellen in die Tabelle einzufügen und anschließend wieder zu entfernen.

Kurzbeschreibung der Funktionen für den Funktionsassistenten

Im Dialog EINFÜGEN | FUNKTIONEN (das war in früheren Versionen der Funktionsassistent) wird zu allen Funktionen eine kurze Beschreibung angezeigt. Für benutzerdefinierte Funktionen können Sie diese Beschreibung eingeben, wenn Sie im Objektkatalog die Funktion markieren und mit der rechten Maustaste das Kommando EIGENSCHAFTEN auswählen. Der daraufhin erscheinende Dialog ELEMENTOPTIONEN macht zwar einen etwas unfertigen Eindruck, erfüllt aber seine Aufgabe.

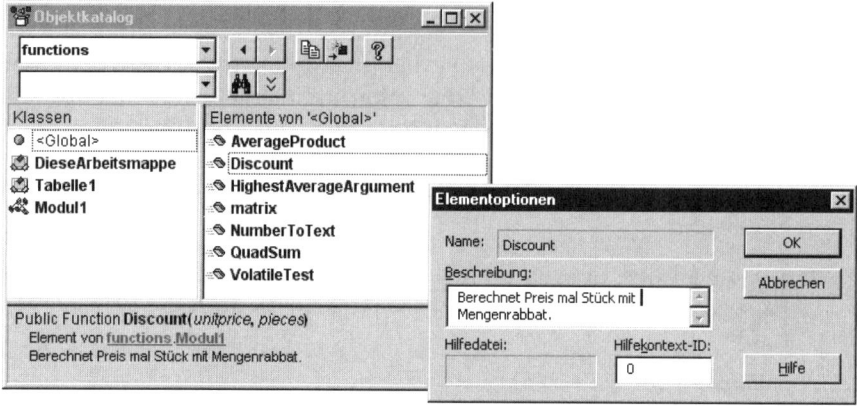

Bild 5.9: Kurzbeschreibung der Rabatt-Funktion

Funktionskategorien

In Excel 5/7 konnten selbst definierte Tabellenfunktionen unterschiedlichen Kategorien zugeordnet werden, etwa »Finanzmathematik«, »Datum und Zeit« etc. Seit Excel 97 bietet der Dialog ELEMENTOPTIONEN diese Möglichkeit nicht mehr, alle selbst definierten Funktionen fallen in die Kategorie »benutzerdefiniert« des Dialogs FUNKTION EINFÜGEN. Wenn Sie eigene Funktionen dennoch einer anderen Kategorie zuordnen möchten, müssen Sie im Direktfenster eine Anweisung wie im folgenden Beispiel ausführen:

```
Application.MacroOptions Macro:="Discount", Category:=14
```

Die Funktion wird damit bleibend der Gruppe »Finanzmathematik« zugeordnet (d.h., die Einstellung wird zusammen mit der Excel-Datei gespeichert). Die folgende Liste gibt die wichtigsten Kategorienummern an:

Category	**Kategoriename**
1	Finanzmathematik
2	Datum und Zeit
3	Math. & Trigonom.
4	Statistik
5	Matrix
6	Datenbank
7	Text
8	Logik
9	Information
14	Benutzerdefiniert (default)

5.7 Benutzerdefinierte Tabellenfunktionen

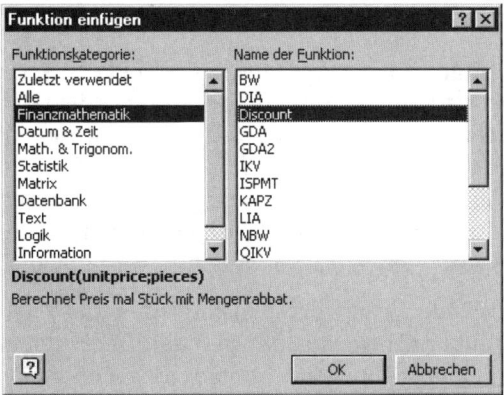

Bild 5.10: Die benutzerdefinierte Funktion Discount ist der Kategorie »Finanzmathematik« zugeordnet

Benutzerdefinierte Funktionen in anderen Arbeitsmappen verwenden

Die Funktion *Discount* darf nur in den Tabellen jener Arbeitsmappe verwendet werden, in deren Modul sie definiert ist. Wenn Sie *Discount* auch in anderen Arbeitsmappen verwenden möchten, müssen Sie den Dateinamen jener Arbeitsmappe angeben, in der die Funktion definiert ist – also: =*Function.xls!Discount(8,12)*. Alternativ dazu können Sie in der aktuellen Arbeitsmappe mit EXTRAS|VERWEISE einen Verweis auf Function.xls einrichten – dann ist eine Verwendung auch ohne den vorangestellten Dateinamen möglich.

> **HINWEIS** Beachten Sie bitte, dass Excel zwischen der Verwendung benutzerdefinierter Funktionen in Tabellen und im VBA-Code unterscheidet. Wenn Sie *Discount* im VBA-Code einer anderen Arbeitsmappe verwenden möchten, dann müssen Sie auf jeden Fall einen Verweis einrichten! Das Voranstellen des Dateinamens ist im VBA-Code nicht möglich.

Benutzerdefinierte Funktionen in Add-Ins

Sie können eine Arbeitsmappe mit den Definitionen mehrerer eigener Funktionen in ein Add-In kompilieren. Die Funktionen stehen dann in allen Arbeitsmappen zur Verfügung, sobald dieses Add-In aktiviert ist. Im Gegensatz zur Definition der Funktionen in normalen Arbeitsmappen ist weder ein Voranstellen des Dateinamens beim Funktionsaufruf noch das Einrichten eines Verweises erforderlich. Ausführlichere Informationen zur Erstellung eigener Add-Ins finden Sie in Kapitel 15.

Zellbereiche als Parameter

Wenn eine benutzerdefinierte Funktion mit einem Zellbezug (etwa =*Discount(A1,B1)*) aufgerufen wird, dann wird an die Funktion ein *Range*-Objekt übergeben. Im Fall einer einzelnen Zelle ist die weitere Auswertung des Parameters problemlos: Die *Value*-Eigenschaft des *Range*-Objekts gilt als Defaulteigenschaft, weswegen ohne weitere Komplikationen auf den Inhalt der Zelle zugegriffen werden kann. Problematischer wird es, wenn als Parameter ein (womöglich aus Teilbereichen zusammengesetzter) Zellbereich übergeben wird – etwa A1:A3.

Eine besondere Komplikation stellt der Umstand dar, dass »A1:A3;C1:C3« in Excel üblicherweise einen Zellbereich meint, der aus den Teilbereichen A1:A3 und C1:C3 zusammengesetzt ist. Bei »A1:A3;C1:C3« kann es sich aber genauso gut auch um *zwei* Argumente (für eine Funktion mit zwei Parametern) handeln! Wenn Zellbereiche unmittelbar in dieser Form angegeben werden, interpretiert Excel die Zeichen tatsächlich als zwei Argumente. Wenn dagegen aus Gründen der Eindeutigkeit der gesamte Zellbereich geklammert wird (also »(A1:A3;C1:C3)«) oder wenn der Zellbereich in einem Namen gespeichert wird, dann betrachtet Excel das Argument als zu *einem* Parameter gehörig.

Aus diesem Grund ist die Programmierung von Funktionen, die mit beliebig zusammengesetzten Zellbereichen zurechtkommen sollen, ein wenig umständlich: Die Funktion *QuadSum* quadriert die Werte aller angegebenen Zellen. Dabei wird der Parameter der Funktion als *ParamArray* definiert, so dass beliebig viele Parameter übergeben werden dürfen. Für jeden dieser Parameter werden alle Zellen der Teilbereiche quadriert und in *result* summiert. Dank der Abfrage *TypeName(var)="Range"* kommt *QuadSum* auch mit numerischen Parametern zurecht. *QuadSum(1; 2; 3)* liefert also 14.

```
'Beispiel 05\Function.xls, »Modul1«
'liefert die Summe der Quadrate aller angegebenen Zellen
Function QuadSum(ParamArray x() As Variant) As Double
  Dim var As Variant, result As Double
  Dim a As Range, c As Range
  For Each var In x()
    If TypeName(var) = "Range" Then
      For Each a In var.Areas    'alle Teilbereiche
        For Each c In a.Cells    'alle Zellen je Teilbereich
          result = result + c ^ 2
        Next c
      Next a
    Else
      result = result + var ^ 2
    End If
  Next var
  QuadSum = result
End Function
```

Fehlerabsicherung

Wenn Sie eine Funktion programmieren möchten, die *nicht* für Zellbereiche, sondern ausschließlich für Einzelwerte konzipiert ist, sollten Sie eine falsche Parameterübergabe durch Sicherheitsabfragen ausschließen. Die so abgesicherte *Discount*-Funktion sieht dann folgendermaßen aus:

```
Function Discount(unitprice As Variant, pieces As Variant) As Variant
  On Error Resume Next
  If TypeName(unitprice) = "Range" Then
    If unitprice.Count > 1 Then
      Discount = CVErr(xlErrValue) : Exit Function
    End If
  End If
  If TypeName(pieces) = "Range" Then
    If pieces.Count > 1 Then
      Discount = CVErr(xlErrValue) : Exit Function
    End If
  End If
  If pieces >= 10 Then
    Discount = pieces * unitprice * 0.95
  Else
    Discount = pieces * unitprice
  End If
  If Err Then Discount = CVErr(xlErrValue)
End Function
```

Mit *CVErr(xlErrValue)* wird ein »#WERT!«-Fehler als Ergebnis zurückgegeben. (Beachten Sie, dass der Rückgabedatentyp der Funktion *Discount* dazu als *Variant* deklariert werden muss, nicht als *Double*!) Mögliche Konstanten für *CVErr* finden Sie im Objektkatalog in der Konstantengruppe *xlCVError*. Mehr Informationen zum Thema Fehlerabsicherung finden Sie in Kapitel 6.

Matrixfunktionen

Excel kennt so genannte Matrixfunktionen. Da diese Funktionen im alltäglichen Betrieb von Excel eher selten vorkommen, finden Sie hier zuerst ein Beispiel zur Anwendung bereits vorhandener Matrixfunktionen. Die Funktion *RGP* berechnet die Parameter *a* und *b* für die Formel $y=a_1*x_1+a_2*x_2+...$ Dabei stehen x_i und y für die als Ausgangsdaten gegebenen Zahlenreihen. Die Ergebnisparameter werden so berechnet, dass die Beziehung zwischen x und y möglichst exakt widergespiegelt wird. (Ausführliche Informationen über *RGP* finden Sie in der Hilfe.)

Die Funktion *RGP* ist hier deshalb interessant, weil sie als Ergebnis eine Matrix von Werten liefert (nämlich in dieser Reihenfolge ...,a3, a2, a1, b). Da in einer Zelle nur ein Ergebnis dargestellt werden kann, müssen Matrixfunktionen auf mehrere Zellen verteilt werden. Außerdem müssen Matrixformeln als solche gekennzeichnet werden. Excel sieht hierfür eine recht umständliche Eingabeform vor:

Sie müssen zuerst alle Zellen, in denen die Ergebnisse der Matrixfunktion angezeigt werden sollen, mit der Maus oder mit Shift und den Cursortasten als Bereich markieren. Anschließend drücken Sie F2, um in der gerade aktiven Zelle des Bereichs (es ist egal, in welcher Zelle des Bereichs) die Funktion einzugeben. Die Eingabe muss schließlich mit Strg+Shift+Return abgeschlossen werden. Dadurch wird die Formel in alle Zellen des Bereichs kopiert. Der gesamte Bereich gilt jetzt als Matrix.

Sie können übrigens eine normale Formel auch nachträglich in eine Matrixformel umwandeln: Bewegen Sie den Zellzeiger in die Zelle, die die Formel enthält, markieren Sie davon ausgehend die restlichen Zellen, drücken Sie F2 und bestätigen Sie die unveränderte Formel mit Strg+Shift+Return. Es ist nicht möglich, einzelne Zellen einer Matrix zu verändern. Sie können Änderungen nur mit Strg+Shift+Return durchführen – dann gelten sie wiederum für alle Zellen der Matrix. Ebenso ist es unmöglich, einzelne Zellen zu löschen – Sie können nur die gesamte Matrix löschen.

Matrixfunktionen selbst programmieren

Die Programmierung von Matrixfunktionen ist (rein formal betrachtet) einfacher als die Eingabe einer Matrixformel in eine Tabelle. Der einzige Unterschied zu normalen Funktionen besteht darin, dass Sie als Ergebnis nicht einen einzelnen Wert, sondern ein Feld zurückgeben müssen. Das folgende Beispiel zeigt eine Matrixfunktion, die keine Parameter entgegennimmt und als Ergebnis eine 2*2-Matrix mit den Werten 1, 2, 3 und 4 zurückgibt. Die Funktion demonstriert also lediglich die Syntax einer Matrixfunktion, ohne eine sinnvolle Aufgabe zu erfüllen.

```
Function Matrix() As Variant
  Dim x(1, 1) As Double
  x(0, 0) = 1: x(0, 1) = 2
  x(1, 0) = 3: x(1, 1) = 4
  Matrix = x()
End Function
```

Die Volatile-Methode

Eine benutzerdefinierte Funktion kann durch die Anweisung *Application.Volatile* als »grundsätzlich neu berechnend« gekennzeichnet werden. Dadurch wird die Funktion jedes Mal neu berechnet wird, wenn irgendeine Zelle des Tabellenblatts neu berechnet wird. (Normalerweise werden Funktionen nur dann neu berechnet, wenn sich deren Vorgängerzellen verändern. Das ist im Regelfall ausreichend und natürlich deutlich effizienter.)

```
Public Function VolatileTest() As Double
  Application.Volatile True
  VolatileTest = Rnd
End Function
```

Wenn Sie in einer Zelle die Formel =*VolatileTest()* eingeben, ändert sich der angezeigte Wert jedes Mal, wenn irgendeine Zelle der Tabelle verändert oder neu berechnet wird.

Besonderheiten und Probleme

Grundsätzlich gelten für den Code für benutzerdefinierte Funktionen dieselben Regeln wie für alle anderen Prozeduren. Allerdings gibt es einige Ausnahmen:

- Es ist nicht möglich, durch benutzerdefinierte Funktionen, die innerhalb eines Tabellenblatts verwendet werden, Zellbereiche in der Tabelle direkt zu verändern. (Sie können also beispielsweise keine Funktion schreiben, die die Farbe der Zelle je nach ihrem Inhalt rot oder grün einstellt. Diese Aufgabe können Sie aber auf anderem Weg erreichen – nämlich durch das in Abschnitt 9.1.1 beschriebene *FormatCondition*-Objekt.)

  Damit nicht genug: Selbst wenn Sie Zellbereiche gar nicht verändern möchten, versagen manche Excel-Methoden bzw. -Eigenschaften, etwa *SpecialCells* oder *CurrentRegion* beim Zugriff auf zusammengehörige Zellbereiche.

  Beachten Sie, dass bei einem Test einer derartiger Funktion im Direktbereich alles wunschgemäß klappt. (Die Veränderung von Zellbereichen durch VBA-Code ist ja durchaus zulässig!) Erst wenn Sie die Funktion in einem Tabellenblatt verwenden, treten die Fehler auf. Diese Einschränkungen sind nirgendwo dokumentiert, weswegen schwer zu sagen ist, wie viele Methoden oder Eigenschaften davon betroffen sind.

- Wenn in einer benutzerdefinierten Funktion ein Fehler auftritt (etwa eine Division durch 0), wird in der Ergebniszelle die Fehlermeldung #WERT! angezeigt. Es gibt aber keine VBA-Fehlermeldung. Gleiches gilt auch, wenn schon bei der Parameterübergabe ein Fehler auftritt (etwa ein falscher Datentyp). Dieses Verhalten erschwert die Fehlersuche in benutzerdefinierten Funktionen erheblich. Abhilfe: Versuchen Sie, die Funktion mit vergleichbaren Parametern vom Direktfenster aus zu starten.

- Seit Excel 5 gibt es immer wieder Probleme mit der automatischen Neuberechnung von Zellen. Frühere Excel-Versionen berechneten bisweilen nach der Veränderung der Tabellenstruktur nicht alle Zellen neu, d.h., es waren alte (und somit falsche) Ergebnisse zu sehen. Manche dieser Probleme traten nur bei benutzerdefinierten Funktionen auf, andere sogar dann, wenn ausschließlich eingebaute Funktionen verwendet wurden.

Die Informationspolitik von Microsoft in dieser Angelegenheit war mehr als zurückhaltend (um es einmal höflich zu formulieren). Die in Excel 97 aufgetretenen Probleme konnten erst nach einer ganzen Reihe von Updates gelöst werden. Die seriöseste Informationsquelle in dieser Angelegenheit war:

http://www.woodyswatch.com/office/archives.asp

Bei Excel 2000 bis 2003 sind bisher keine Probleme mit den Rechenfunktionen bekannt geworden. Es gibt ein offensichtliches Problem, das aber zum Glück nur während der Entwicklung von Code auftritt: Nach der Veränderung des VBA-Codes von benutzerdefinierten Funktionen werden die davon betroffenen Zellen nicht automatisch neuberechnet. Die Neuberechnung muss explizit durch F9 veranlasst werden.

5.7.2 Beispiele

In diesem Abschnitt finden Sie einige weitere benutzerdefinierte Funktionen. Eine noch komplexere Funktion wurde bereits einige Seiten weiter oben vorgestellt (Abschnitt 5.5.4): *Holiday(datum)* testet, ob der angegebene Tag ein Feiertag ist und gibt gegebenenfalls den Namen des Feiertags zurück.

NumberToText

Das folgende Beispiel ist vor allem für Anwendungen im Bankbereich (etwa zum Ausfüllen von Schecks) geeignet. Die Funktion *NumberToText* ermittelt aus einer gegebenen Zahl eine Zeichenkette, in der jede Ziffer als Text angegeben wird. Für 12.34 liefert die Funktion »---- Eins Zwei Komma Drei Vier ----«. Die Funktion funktioniert für den Zahlenbereich +/-9999999999,99. Es werden maximal zwei Nachkommastellen berücksichtigt. Zahlen zwischen -0.005 bis 0.005 werden durch »---- Null ----« dargestellt.

Die Funktion testet zuerst, ob der übergebene Parameter x eine zur Umwandlung geeignete Zahl enthält. Wenn das der Fall ist, wird die Zahl mit *Format* in eine Zeichenkette umgewandelt. Damit diese Zeichenkette anschließend leichter weiterverarbeitet werden kann, werden zu Beginn der Zeichenkette mit *Space* so viele Leerzeichen eingefügt, dass die Zeichenkette immer gleich lang ist. Falls die Zeichenkette mit »,00« endet, werden die drei letzten Zeichen der Zeichenkette bei der Umwandlung in den Zifferntext nicht berücksichtigt.

```
'Beispiel 05\function.xls
Function NumberToText(x As Variant) As String
  Dim i&, result$, character$, lastchar&
  Dim digit$(9)
  digit(0) = "Null": digit(1) = "Eins": digit(2) = "Zwei"
  digit(3) = "Drei": digit(4) = "Vier": digit(5) = "Fünf"
  digit(6) = "Sechs": digit(7) = "Sieben": digit(8) = "Acht"
  digit(9) = "Neun"
```

```
  If IsEmpty(x) Then NumberToText "": Exit Function
  If x >= 10000000000# Or x <= -10000000000# Then
    NumberToText = "Zahl zu groß oder klein"
    Exit Function
  End If
  If x < 0 Then result = "Minus ": x = -x
  x = Format$(x, "0.00")
  x = Space(13 - Len(x)) + x
  If Right(x, 3) = ",00" Then lastchar = 10 Else lastchar = 13
  For i = 1 To lastchar
    character = Mid(x, i, 1)
    If character >= "0" And character <= "9" Then
      result = result + digit(Val(character)) + " "
    ElseIf character = "," Then
      result = result + "Komma "
    End If
  Next i
  NumberToText = "---- " + Trim(result) + " ----"
End Function
```

AverageProduct

Die meisten Probleme bei der Programmierung neuer Funktionen – etwa für Statistikanwendungen – bereiten deren Parameter. Mal sollen zwei Zellbereiche übergeben werden, die exakt gleich groß sein müssen, dann soll die Anzahl der Zellbereiche wieder variabel sein etc. Bei den zwei folgenden Beispielen richtet sich das Augenmerk daher auf die Auswertung der Parameterliste.

AverageProduct erwartet zwei Zellbereiche als Parameter. Die Zellbereiche dürfen nicht aus Teilbereichen zusammengesetzt sein (Kontrolle mit *Area.Count*) und müssen die gleiche Anzahl Zellen umfassen (Kontrolle mit *Cells.Count*). Wenn das der Fall ist, wird die erste Zelle des ersten Bereichs mit der ersten Zelle des zweiten Bereichs multipliziert. Das Produkt wird mit dem der zweiten, der dritten, der vierten etc. Zelle summiert und schließlich durch die Anzahl der Zellen dividiert. Ein korrekter Aufruf der Funktion sieht folgendermaßen aus: =*AverageProduct(F19:F22; G19:G22)*

```
Public Function AverageProduct(p As Range, q As Range) As Variant
  Dim i&, result As Double
  If p.Areas.Count > 1 Or q.Areas.Count > 1 Then
    AverageProduct = CVErr(xlErrRef): Exit Function
  End If
  If p.Cells.Count <> q.Cells.Count Then
    AverageProduct = CVErr(xlErrRef): Exit Function
  End If
```

```
  For i = 1 To p.Cells.Count
    result = result + p.Cells(i) * q.Cells(i)
  Next
  AverageProduct = result / p.Cells.Count
End Function
```

HighestAverageArgument

Die Funktion *HighestAverageArgument* erwartet eine beliebige Anzahl von Zellbereichen, die unterschiedlich groß sein dürfen. Für jeden Zellbereich wird dessen Durchschnitt berechnet. Als Ergebnis wird die Nummer des Zellbereichs geliefert, dessen Durchschnittswert am höchsten ist. (Bei zwei oder mehreren Bereichen mit dem gleichen Durchschnitt liefert die Funktion die Nummer des ersten Bereichs.) Ein möglicher Aufruf der Funktion sieht folgendermaßen aus:

=*HighestAverageArgument(F25:F27; G25:G26; H25:H28)*

Wegen der Verwendung von *ParamArray* ist es nicht möglich, *p* als *Range* zu deklarieren. Die korrekte Übergabe von Zellbereichen wird daher im Programmcode durch den *TypeName*-Test sichergestellt. Wie im Beispiel oben werden zusammengesetzte Zellbereiche zurückgewiesen. Ebenso ist die Funktion dagegen abgesichert, dass ein Zellbereich nur Texte (keine Zahlen) enthält und die Berechnung des Durchschnitts mit der Funktion *Average* zu einem Fehler führt (Test mit *IsNumeric* für das Ergebnis von *Average*).

```
Public Function HighestAverageArgument(ParamArray p() As Variant) _
    As Variant
  Dim nrOfRanges&, i&, maxnr&
  Dim averg() As Double, tmp As Double
  nrOfRanges = UBound(p())     'UBound liefert 2, wenn 3 Parameter
  ReDim averg(nrOfRanges)      '    übergeben werden

  ' Durschnittswerte für alle Zellbereiche errechnen
  ' und in Feld speichern
  For i = 0 To nrOfRanges
    If TypeName(p(i)) <> "Range" Then
      HighestAverageArgument = CVErr(xlErrValue): Exit Function
    End If
    If p(i).Areas.Count > 1 Then
      HighestAverageArgument = CVErr(xlErrRef): Exit Function
    End If
    averg(i) = WorksheetFunction.Average(p(i))
    If Not IsNumeric(averg(i)) Then
      HighestAverageArgument = CVErr(xlErrValue): Exit Function
    End If
  Next
```

```
  ' größten Wert suchen
  For i = 0 To nrOfRanges
    If averg(i) > tmp Then
      tmp = averg(i)
      maxnr = i
    End If
  Next

  ' Ergebnis zurückgeben; plus 1, damit 1 für ersten Bereich
  ' (und nicht 0)
  HighestAverageArgument = maxnr + 1
End Function
```

5.8 Schutzmechanismen

Bei der Gestaltung von Excel-Tabellen bzw. -Anwendungen kommt es immer wieder vor, dass Sie Teile davon vor unbeabsichtigten Veränderungen (oder vor neugierigen Augen) schützen möchten. Dieser Abschnitt fasst die wichtigsten Methoden und Eigenschaften zusammen, die Excel zu diesem Zweck anbietet.

Beachten Sie aber immer, dass die meisten hier vorgestellten Schutzmechanismen nur einen Schutz gegen »normale« Excel-Anwender darstellen. Einen Schutz, den Sie wieder auflösen können, kann auch von einem anderen Excel-Profi geknackt werden. Einigermaßen sicher sind Schutzfunktionen, die durch Kennwörter abgesichert sind (und selbst die lassen sich knacken). Wirklich perfekt sind in dieser Hinsicht nur COM-Add-Ins, die als Binär-DLL weitergegeben werden – aber die weisen viele andere Nachteile auf; insbesondere können COM-Add-Ins nur mit Office Developer entwickelt werden, einer besonderen Office-Version mit zusätzlichen Programmierfunktionen.

5.8.1 Bewegungsradius einschränken

Blätter, Zeilen und Spalten ausblenden

Die einfachste Form, Daten vor dem Zugriff des Anwenders zu verbergen, besteht darin, diese Daten unsichtbar zu machen. Im Programmcode muss dazu lediglich die *Hidden*-Eigenschaft (bei Zeilen oder Spalten) bzw. die *Visible*-Eigenschaft (bei Blättern) verändert werden. Mögliche Einstellungen für beide Eigenschaften sind *True* oder *False*; *Visible* kann außerdem auf den Wert *xlVeryHidden* gesetzt werden – dann erscheint das Blatt in der Liste zum Einblenden nicht mehr und kann nur noch per Programmcode sichtbar gemacht werden.

Den sichtbaren Bereich von Tabellenblättern verkleinern

Eine Tabelle kann 256 Spalten breit und mehr als 65000 Zeilen hoch sein. Nur in ganz seltenen Fällen werden Sie diese theoretische Tabellengröße tatsächlich ausnützen. Wenn Sie nur einen kleineren Zellbereich benötigen, können Sie die darüber hinausgehenden Zeilen und Spalten ausblenden (unsichtbar machen). Dadurch vermeiden Sie, dass sich der Anwender im leeren Bereich der Tabelle verirrt, dort absichtlich oder unabsichtlich Eingaben vornimmt etc.

Wenn der Zellbereich starr vorgegeben ist, können Sie das Ausblenden der Zeilen und Spalten interaktiv vornehmen: Sie markieren die betreffenden Zeilen/Spalten und führen das Kontextmenükommando AUSBLENDEN aus.

Wenn sich die Größe des benutzten Zellbereichs dagegen dynamisch ändern kann, müssen Sie das Ein- und Ausblenden per Programmcode vornehmen. Dazu setzen Sie einfach die *Hidden*-Eigenschaft von Zeilen oder Spalten auf *False* (zum Einblenden) oder *True* (zum Verbergen). Durch die folgenden Zeilen werden die Zeilen 1 bis 10 ein-, alle weiteren Zeilen ausgeblendet. Wenn Sie statt *Rows* und *EntireRow* die Eigenschaften *Column* und *EntireColumn* verwenden, funktioniert dasselbe auch für Spalten. Durch die *Protect*-Methode stellen Sie sicher, dass der Anwender die Zeilen/Spalten nicht wieder einblendet.

```
Dim ws As Worksheet, i&
Set ws = Sheets(1)
i = 10
ws.Unprotect
ws.Rows("1:" & i).EntireRow.Hidden = False
ws.Rows(i + 1 & ":16384").EntireRow.Hidden = True
ws.Protect
```

Scrollbereich einschränken

Eine weitere Möglichkeit, den Anwender auf einen bestimmten Zellbereich einzuschränken, bietet die Eigenschaft *ScrollArea*: Damit können Sie den Zellbereich eingrenzen, in dem sich der Anwender bewegen kann (mit Cursortasten oder der Maus). Das restliche Tabellenblatt bleibt dabei sichtbar.

```
ws.ScrollArea = "A1:E10"    'Zellzeiger kann nur in A1:E10 bewegt
                            'werden
ws.ScrollArea = ""          'uneingeschränkte Bewegung
```

> **HINWEIS** Die *ScrollArea*-Einstellung wird nicht mit der Excel-Datei gespeichert. Wenn Sie also sicherstellen möchten, dass der Bereich nach dem Neuladen einer Datei sofort wieder eingeschränkt wird, müssen Sie die *ScrollArea*-Zuweisung in *Workbook_Open()* ausführen.

5.8.2 Zellen, Tabellenblätter und Arbeitsmappen schützen

Excel sieht einen stufenweisen Schutz von Zellen, Tabellenblättern und ganzen Arbeitsmappen vor. Der Schutz von Zellen erfolgt in zwei Schritten: Der erste Schritt besteht darin, die betreffenden Zellen mit den Attributen »gesperrt« und »Formel ausblenden« zu formatieren (FORMAT|ZELLEN|SCHUTZ). Standardgemäß gelten alle Excel-Zellen als »gesperrt«, das Attribut »Formel ausblenden« ist hingegen nicht aktiv.

Im Programmcode erfolgt das Sperren von Zellen durch eine Veränderung der *Locked*-Eigenschaft. *Locked* kann nicht nur auf *Range*-Objekte, sondern auch auf Zeichnungsobjekte, Steuerelemente (also Buttons, Textfelder etc.), Diagramme und OLE-Objekte angewendet werden, um diese Objekte vor Veränderungen zu schützen. Zum Ausblenden von Formeln muss *FormulaHidden* auf *True* gesetzt werden.

Im zweiten Schritt wird das Kommando EXTRAS|SCHUTZ|BLATT ausgeführt. Erst jetzt wird der Schutz von Zellen aktiv. Das bedeutet, dass Sie jene Zellen, die trotz des Blattschutzes vom Anwender der Tabelle verändert werden dürfen, vorher explizit als »nicht gesperrt« formatieren müssen. Wenn Sie den Aufbau der Tabelle (also das Zusammenspiel der Formeln) geheim halten möchten, sollten Sie außerdem vor der Ausführung des Schutzkommandos alle Zellen der Tabelle mit dem Attribut »Formeln ausblenden« formatieren.

Per VBA-Code wird der Blattschutz mit den Methoden *Protect* bzw. *Unprotect* aktiviert bzw. deaktiviert. Die Methoden können auf Objekte des Typs *WorkSheet*, *Chart* und *DialogSheet* angewendet werden. An *Protect* können fünf optionale Parameter übergeben werden, die den Grad der Schutzfunktion bestimmen. Kurz zur Bedeutung der benannten Parameter:

password enthält eine Zeichenkette, die auch bei *Unprotect* wieder angegeben werden muss, um den Schutz aufzuheben. Wenn der Parameter nicht angegeben wird, erfolgt der Schutz ohne Kennwort und kann daher problemlos wieder aufgehoben werden.

drawingObject gibt an, ob Zeichnungsobjekte (inbegriffen sind auch Steuerelemente und OLE-Objekte) vor Veränderungen geschützt werden (Defaulteinstellung *True*).

contents gibt an, ob der Inhalt des Blatts geschützt wird. Gemeint sind damit bei Tabellenblättern die Zellen, bei Modulen der Code, bei Dialogen und Diagrammen deren Aufbau und Formatierung (Defaulteinstellung *True*).

scenarios gibt an, ob Szenarios vor Veränderungen geschützt werden sollen (Defaulteinstellung *True*).

userInterfaceOnly bestimmt, ob nur die Oberfläche einer Anwendung (d. h. Formatierung, Größe und Platzierung von Objekten etc.) geschützt werden soll, nicht aber der Programmcode (Defaulteinstellung *False*). Die drei Eigenschaften *EnableAutoFilter*, *EnableOutlining* und *EnablePivotTable* bestimmen den Grad des Schutzes. Trotz einiger Experimente ist die Anwendung dieser drei Eigenschaften (die in Version 7 neu dazugekommen sind) allerdings nicht recht klar geworden.

Der aktuelle Zustand des Blattschutzes kann den Eigenschaften *ProtectContents*, *ProtectScenarios* und *ProtectDrawingObjects* entnommen werden. Diese Eigenschaften können nur gelesen werden. Eine Veränderung erfolgt ausschließlich mit der *Protect*-Methode.

Arbeitsmappe schützen

Mit EXTRAS|SCHUTZ|ARBEITSMAPPE können Sie die Reihenfolge der Blätter in der Arbeitsmappe und/oder die Anordnung der Fenster schützen. Durch den zweiten Punkt können Sie eine starre Einteilung des verfügbaren Raums am Bildschirm festlegen. Auch wenn das für manche Anwendungen verlockend aussieht, sollten Sie darauf besser verzichten. Die optimale Raumeinteilung hängt nämlich von Faktoren ab, die Sie nicht immer vorhersehen können – etwa von der Bildschirmauflösung, vom Systemzeichensatz etc.

Der Arbeitsmappenschutz ist vom Schutz einzelner Blätter unabhängig. Auch wenn der Arbeitsmappenschutz aktiv ist, können Sie die Zellen der Blätter dieser Arbeitsmappe verändern, sofern diese nicht zusätzlich durch den Blattschutz gesichert sind.

Im Programmcode erfolgt der Schutz einer Arbeitsmappe abermals durch die Methode *Protect*. Wenn die Methode auf *WorkSheet*-Objekte angewendet wird, kennt sie drei benannte Parameter:

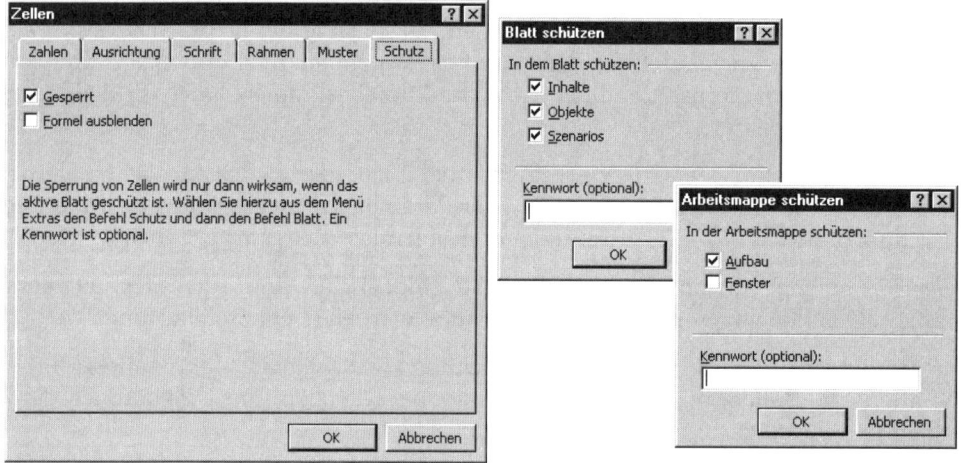

Bild 5.11: Die drei Schutzebenen (Zellen, Blätter, Arbeitsmappen)

password gibt das Kennwort zum späteren Auflösen des Schutzes auf (siehe oben). *structure* gibt an, ob die Reihenfolge der Blätter geschützt werden soll (Defaulteinstellung *False*). *windows* gibt an, ob die Anordnung der Fenster geschützt werden soll (Defaulteinstellung *False*).

> **HINWEIS:** Da die Defaulteinstellung der benannten Parameter jeweils *False* ist, bleibt ein *Protect*-Aufruf ohne Parameter wirkungslos. Es muss zumindest einer der Parameter *structure* oder *windows* auf *True* gesetzt werden.

Der aktuelle Zustand der Schutzfunktion kann den beiden Eigenschaften *ProtectStructure* und *ProtectWindows* entnommen werden. Diese Eigenschaften können nur gelesen werden. Eine Veränderung kann nur über die *Protect*-Methode erfolgen.

Neue Schutzmechanismen in Excel 2002

In Excel 2002 wurde der Blattschutzmechanismus insofern verbessert, als nicht länger die Devise *alles oder nichts* gilt. Es kann nun beispielsweise erlaubt werden, dass geschützte Zellen vom Anwender formatiert werden dürfen (aber weiterhin vor inhaltlichen Änderungen geschützt bleiben, siehe Bild 5.12).

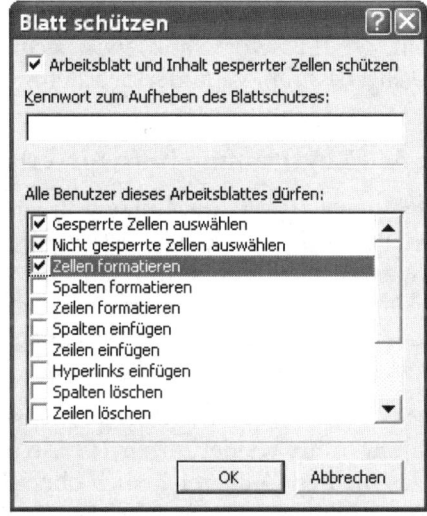

Bild 5.12: Neue Schutzoptionen in Excel 2002

Aus Entwicklersicht wurde in Excel 2002 die *Protect*-Methode für das *Worksheet*-Objekt um eine Reihe von Parametern erweitert, mit denen die in Bild 5.12 dargestellten Optionen gesteuert werden können.

Welche Schutzoptionen momentan gelten, kann mit *Worksheet.Protection* ermittelt werden. Diese Eigenschaft verweist auf das gleichnamige *Protection*-Objekt, dessen Eigenschaften *AllowFormattingCells*, *AllowSorting* etc. Auskunft über die Schutzoptionen geben. Beachten Sie, dass diese Eigenschaften nicht veränderlich sind; Änderungen können nur mit der *Protect*-Methode durchgeführt werden.

Zellbereiche durch ein spezifisches Passwort schützen

Eine weitere Neuerung in Excel 2002 besteht darin, dass Sie mehrere Zellbereiche einer Excel-Tabelle mit unterschiedlichen Passwörtern ausstatten können. Wenn mehrere Personen Zugriff auf eine Excel-Datei haben, dann kann jeder nur die Bereiche der Tabelle verändern, für die er das Passwort kennt. Interaktiv können derartige Zellbereiche mit EXTRAS|SCHUTZ|BENUTZER DÜRFEN BEREICHE BEARBEITEN eingerichtet werden. Der Passwortschutz gilt nur, wenn das gesamte Tabellenblatt geschützt ist (EXTRAS|SCHUTZ|BLATT).

Aus Entwicklersicht wird jeder so geschützte Zellbereich durch ein *AllowEditRange*-Objekt verwaltet. Eine Liste aller derartigen Objekte liefert die Aufzählung *ws.Protection.AllowEditRanges*. Die folgenden Zeilen zeigen, wie ein neuer, geschützter Bereich eingerichtet werden kann.

```
ActiveSheet.Protection.AllowEditRanges.Add Title:="Bereich1", _
    Range:=Range("A8:A10"), Password:="xxxx"
```

Beim *AllowEditRange*-Objekt verweist *Range* auf den geschützten Zellbereich. *Title* gibt den Namen des Objekts an. Das Passwort kann zwar nicht unmittelbar ausgelesen, aber durch die Methode *ChangePassword* verändert werden.

Bestimmten Benutzern den Zugriff ohne Passwort erlauben

So gut die Idee des individuellen Passwortschutzes für einzelne Zellbereiche ist – Passwörter gibt es schon viel zu viele, und keinem ist geholfen, wenn noch mehr *Post-It*-Zettel mit Passwörtern weithin sichtbar den Monitorrand verzieren. Deswegen bietet Excel 2002 die Möglichkeit, durch ein Passwort geschützte Zellbereiche explizit für bestimmte Benutzer des Computers freizugeben. (Diese Benutzer dürfen den Zellbereich dann ohne Passworteingabe verändern.)

Dazu verweist die Eigenschaft *Users* des *AllowEditRange*-Objekts auf ein *UserAccessList*-Objekt. Diese Aufzählung führt wiederum zu *UserAccess*-Objekten, die die Namen der Benutzer enthalten, die den Zellbereich auch ohne Passwort bearbeiten dürfen. Die folgende Zeile zeigt, wie der Benutzer *Administrator* der *UserAccessList* hinzugefügt wird. (Intern wird im neuen *UserAccess*-Objekt in der *Name*-Eigenschaft nicht nur der Benutzername, sondern auch der Rechnername gespeichert, also z.B. *"saturn\-Administrator"*, wenn der lokale Rechnername *saturn* lautet.)

```
ActiveSheet.Protection.AllowEditRanges("Bereich1").Users.Add _
    "Administrator", True
```

HINWEIS Die Makroaufzeichnung ist leider nicht in der Lage, eine manuelle Veränderung der *UserAccessList* eines Zellbereichs in VBA-Code zu übersetzen.

5.8.3 Schutzmechanismen für den gemeinsamen Zugriff

Seit Excel 97 gibt es die Möglichkeit, eine Excel-Datei für den gemeinsamen Zugriff in einem besonderen Format zu speichern. Dadurch können alle Veränderungen, die von verschiedenen Anwendern durchgeführt werden, in einem Änderungsprotokoll verwaltet werden. Um diesen Modus zu aktivieren, führen Sie EXTRAS|ARBEITSMAPPE FREIGEBEN|STATUS aus und aktivieren die Option BEARBEITUNG VON MEHREREN NUTZERN. Die Datei wird daraufhin neu gespeichert. (Logischer wäre es gewesen, diese Option im Dialog SPEICHERN UNTER vorzusehen.)

Die Excel-Datei gilt jetzt als 'freigegeben'. Im EXTRAS-Protokoll können nun diverse Einstellungen über die Art der Protokollierung durchgeführt werden bzw. Änderungen durch mehrere Anwender zusammengeführt werden. Wenn Sie die Freigabe wieder deaktivieren möchten, führen Sie EXTRAS|ARBEITSMAPPE FREIGEBEN|STATUS aus und deakivieren die Option BEARBEITUNG VON MEHREREN NUTZERN.

Wenn Sie verhindern möchten, dass einer der Anwender die Freigabe verändert, führen Sie EXTRAS|SCHUTZ| FREIGEGEBENE MAPPE SCHÜTZEN aus und aktivieren die Option FREIGABE MIT ÄNDERUNGSPROTKOLL. Das ist die oberste Ebene der Schutzmechanismen in Excel-Arbeitsmappen. Solange der Freigabeschutz aktiv ist, können die darunterliegenden Schutzmechanismen nicht verändert werden. Der Freigabeschutz ist also ein Hilfsmittel für den Administrator einer Excel-Datei. Per Programmcode kann diese Form des Schutzes mit der Methode *ProtectSharing* durchgeführt und mit *UnprotectSharing* wieder aufgehoben werden.

> **ANMERKUNG**
>
> Solange eine Datei freigegeben ist, können VBA-Module weder angesehen noch verändert werden. (Die Makros können aber weiterhin ausgeführt werden.) Die meisten Freigabefunktionen der Freigabe inklusive dem Protokollieren und Zusammenführen von Änderungen können über diverse *Workbook*-Eigenschaften und -Methoden gesteuert werden.

5.8.4 Programmcode und Symbolleiste schützen

Ebenso unübersichtlich wie die Schutzmechanismen in Excel sind auch die im VBA-Editor. Wenn Sie verhindern möchten, dass andere Anwender Ihren Code ansehen oder verändern, führen Sie EXTRAS|EIGENSCHAFTEN VON NAME|SCHUTZ aus, aktivieren die Option PROJEKT FÜR DIE ANZEIGE SPERREN und geben zweimal dasselbe Kennwort ein. Wenn Sie die Datei später neu laden, können die Module erst nach der Eingabe dieses Kennworts angezeigt werden.

Wenn Sie im Schutzdialog die Option SPERREN nicht aktivieren, besteht die einzige Auswirkung des Kennworts darin, dass Sie ein Kennwort benötigen, um den EIGENSCHAFTEN-Dialog neuerlich anzuzeigen. Der VBA-Code kann trotz des Kennworts sowohl angezeigt als auch geändert werden. Damit der Schutzmechanismus wirkt, muss die Option also in jedem Fall aktiviert werden! Eine Deaktivierung ist nur erforderlich, wenn Sie den Schutz aufheben und das Kennwort entfernen möchten.

Bild 5.13: Schutz des VBA-Code vor neugierigen Augen und vor Veränderungen

> **VORSICHT**
>
> Welchen Stellenwert Microsoft dem Passwortschutz in Excel gibt, hat man beim Versionswechsel von Excel 7 auf Excel 97 gesehen. In Excel 7 ausgeblendete und per Passwort abgesicherte Module waren in Excel 97 ohne weiteres jedermann zugänglich! Wenn Sie also Excel-Arbeitsmappen an andere Anwender weitergegeben oder verkauft haben, ist Ihr Code jetzt jedem interessierten Programmierer zugänglich.
>
> Der Passwortschutz von Excel 2000 ist zwar etwas besser, wurde aber ebenfalls bereits geknackt. Es gibt kommerzielle Tools, mit denen 'vergessene' Passwörter gefunden oder durch bekannte Passwörter ersetzt werden können (siehe http://soft4you.com/mso/vba.htm). Fazit: Verlassen Sie sich lieber nicht auf den hier vorgestellten Schutzmechanismus. Wirklich sicher ist Ihr Code nur in COM-Add-Ins (siehe Kapitel 14).

Symbolleisten schützen

Um Symbolleisten bzw. eigene Menüs vor Veränderungen zu schützen, kann die *Protection*-Eigenschaft des *CommandBar*-Objekts eingestellt werden. Als mögliche Einstellungen kommen gleich acht Werte in Frage, mit denen sowohl der Inhalt, die Position und die Sichtbarkeit des Objekts vor Veränderungen geschützt werden kann (*msoBarNoProtection*, *msoBarNoCustomize*, *msoBarNoResize*, *msoBarNoMove*, *msoBarNoChangeVisible*, *msoBarNoChangeDock*, *msoBarNoVerticalDock* oder *msoBarNoHorizontalDock*). Diese Schutzfunktionen stehen ausschließlich über das Objektmodell zur Verfügung, eine manuelle Änderung der Schutzeinstellung ist hingegen nicht möglich.

5.8.5 Syntaxzusammenfassung

Schutzfunktionen

rc.Hidden = True/False	Zeilen/Spalten aus- oder einblenden
ws.ScrollArea = "a1:e10"	Bewegungsradius einschränken
ws.Visible = True/False/xlVeryHidden	Blätter ein- oder ausblenden bzw. verstecken
obj.Locked = True/False	Objekt schützen (nur in Kombination mit *Protect*)
rng.FormulaHidden = True/False	Formeln verbergen
ws.Protect ...	Blatt schützen (außer Objekte mit *Locked=False*)
ws.Unprotect	Blattschutz aufheben
ws.Protection	Blattschutzoptionen
ws.Protection.AllowEditRanges.Add ...	Passwortschutz für Zellbereiche
ws.Protection.AllowEditRanges(n).Users	Benutzer, die Zugriff ohne Passwort haben
wb.Protect ...	Aufbau der Arbeitsmappe schützen
wb.Unprotect	Schutz aufheben
cb.Protection = ...	Symbolleiste schützen

5.9 Konfigurationsdateien, individuelle Konfiguration

Zur individuellen Konfiguration von Excel gibt es zahlreiche Ansatzpunkte:

- die Gestaltung eigener Symbolleisten,
- die Veränderung und Erweiterung des Menüsystems,
- die Veränderung von generellen Optionen,
- die Verwendung von Mustervorlagen und
- die Erweiterung von Excel durch Makros in der persönlichen Makroarbeitsvorlage und/oder in eigenen Add-Ins.

Dieser Abschnitt beschreibt, wie Sie solche Konfigurationseinstellungen durchführen und bleibend speichern können.

5.9.1 Optionen

Das Aussehen und Verhalten von Excel wird durch zahllose Optionen beeinflusst. Einen Großteil dieser Optionen können Sie über das Menükommando EXTRAS|OPTIONEN einstellen, einige weitere über diverse andere Kommandos. Dieser Abschnitt geht kurz auf einige wichtige Optionen ein (sowohl zur manuellen Veränderung als auch zur Veränderung per Programmcode). Beachten Sie bitte, dass Optionen trotz der zentralen Einstellung via EXTRAS|OPTIONEN unterschiedliche Geltungsbereiche haben (Excel als Ganzes, eine Arbeitsmappe, ein Fenster) und in unterschiedlichen Dateien gespeichert werden! (Details zu den Konfigurationsdateien folgen im nächsten Abschnitt.)

Einstellungsmöglichkeiten durch das Kommando Optionen

Über das Menükommando EXTRAS|OPTIONEN kommen Sie zu einem Dialog mit insgesamt acht Dialogblättern, in denen Sie unzählige Excel-Optionen einstellen können. Die Bedeutung der meisten Einstellmöglichkeiten ist offensichtlich oder kann unmittelbar der Hilfe entnommen werden, so dass hier keine längeren Ausführungen notwendig sind.

Sonstige Einstellmöglichkeiten

Der Dialog zur Einstellung der **Druckoptionen** verbirgt sich hinter dem Menükommando DATEI|SEITE EINRICHTEN. Die Einstellung gilt normalerweise nur für das aktive Tabellenblatt. (Es können aber mehrere Tabellenblätter markiert und dann gemeinsam bearbeitet werden.)

Über DATEI|SPEICHERN UNTER|EXTRAS|ALLGEMEINE OPTIONEN können Sie diverse **Speicheroptionen** (Kennwort, Schreibschutz, Sicherungsdatei) einstellen. Das Kommando ..|WEBOPTIONEN führt zu einem weiteren Dialog mit einem ganzen Bündel von Optionen, die die Konvertierung des Dokuments ins HTML-Format steuern.

> **ANMERKUNG**
>
> Die Datei- und Druckoptionen gelten nur für die aktive Datei. Es ist anders als bei Word nicht ohne weiteres möglich, Excel so einzustellen, dass es beim Speichern immer eine Sicherungskopie verwendet, beim Drucken generell links einen 4 cm breiten Rand frei lässt etc. Eine mögliche Lösung dieses Problems stellen Mustervorlagen dar (Kapitel 9).

Fensteroptionen befinden sich mit einer Ausnahme in EXTRAS|OPTIONEN|ANSICHT. Lediglich die Einstellung des Zoomfaktors erfolgt über ANSICHT|ZOOM. Fensteroptionen gelten nur für das gerade aktuelle Fenster (und nicht für die ganze Arbeitsmappe oder generell für Excel).

Optionen zur Anzeige von **Symbolleisten** werden über ANSICHT|SYMBOLLEISTEN|ANPASSEN eingestellt (Details siehe Kapitel 8).

> **TIPP**
>
> Office 2000 hat die Eigenheit, Menüs zuerst unvollständig anzuzeigen. Die fehlenden Einträge erscheinen erst nach einer Weile. Angeblich glaubt Microsoft, das würde die Bedienung erleichtern. Sie können diesen Unsinn abstellen, indem Sie im Dialog ANSICHT|SYMBOLLEISTEN|ANPASSEN|OPTIONEN die Option MENÜS ZEIGEN ZULETZT VERWENDETE ... deaktivieren.

Einige **Virenschutzoptionen** sind im Dialog EXTRAS|MAKRO|SICHERHEIT versteckt. Wo diese Einstellungen gespeichert werden, ist zum Glück nicht dokumentiert (auf jeden Fall nicht an den hier beschriebenen Orten). Eine Veränderung dieser Optionen per

VBA-Code ist nicht vorgesehen. (Es werden sich aber zweifellos findige Programmierer finden, die auch das mit dem Aufruf einiger API-Funktionen bewerkstelligen.)

5.9.2 Optionseinstellungen per Programmcode

Die Einstellung der meisten Excel-Optionen erfolgt über zahllose Eigenschaften des Objekts *Application*. Optionen, die nicht Excel als Ganzes betreffen, sondern nur eine Datei, ein Fenster, ein Diagramm etc., können über die Eigenschaften des jeweiligen Objekts (*Worksheet*, *Window* etc.) verändert werden, wobei die Zuordnung nicht in jedem Fall logisch ist.

Die Einstellungen für das Seitenformat, Kopf- und Fußzeilen etc. erfolgen über das *PageSetup*-Objekt, das für jedes Blattobjekt (*WorkSheet*, *Chart* etc.) eingestellt und auch über das *Window*-Objekt angesprochen werden kann. Es ist nicht möglich, per Programmcode das Seitenformat mehrerer Blätter auf einmal zu verändern. (Führen Sie eine Schleife über alle betroffenen Blätter aus und ändern Sie *PageSetup* für jedes einzelne Objekt.)

Der aktive Drucker wird dagegen über die *ActivePrinter*-Eigenschaft des *Application*-Objekts eingestellt. Es gibt allerdings keine Möglichkeit, per VBA-Code eine Liste der zur Verfügung stehenden Drucker zu ermitteln.

Die folgenden Tabellen geben einen Überblick über die wichtigsten Eigenschaften und Methoden.

Application-Objekt (allgemeine Optionen)

ActivePrinter	Einstellung des momentan gültigen Druckers
AddIns(...)	Zugriff auf Add-Ins
AutoRecover.Enabled	gibt an, ob Excel 2002 automatisch Sicherheitskopien erstellen soll
AutoRecover.Path	gibt das Verzeichnis für die Sicherheitskopien an
Calculation	Neuberechnung von Tabellen automatisch/manuell
CommandBars(...)	Zugriff auf Menü- und Symbolleisten (siehe Kapitel 8)
DisplayAlerts	Warnungen anzeigen
DisplayFormulaBar	Bearbeitungsleiste ein/aus (*True/False*)
DisplayFullScreen	Modus ganzer Bildschirm ein/aus
DisplayNoteIndicators	rote Markierungspunkte in Zellen mit Notizen anzeigen
DisplayStatusBar	Statuszeile
ErrorCheckingOptions	Optionen der Fehlerüberprüfung
MoveAfterReturn	Cursor springt mit **Return** in nächste Zelle einer Tabelle
MoveAfterReturnDirection	Richtung der Cursorbewegung durch **Return**
OnEvent ...	diverse Ereignisprozeduren (siehe Abschnitt 4.4)
PromptForSummaryInformation	Dialog zur Eingabe von Informationen beim Speichern
ScreenUpdating	Bildschirmaktualisierung während Makroausführung
SheetsInNewWorkbook	Anzahl der leeren Tabellenblättern in neuen Dateien
SmartTagRecognizers.Recognize	Aktivierung der Smart-Tag-Funktion (Excel 2002)
SmartTagRecognizers(n).Enabled	Aktivierung einzelner Smart-Tag-Module (Excel 2002)

Speech.SpeakCellOnEnter	automatische Sprachausgabe des Zelleninhalts (ab Excel 2002, nur bei der englischen Version)
StandardFont	Name des Defaultzeichensatzes in Tabellen
StandardFontsize	Größe des Defaultzeichensatzes in Tabellen

Workbook-Objekt (dateispezifische Optionen)

ChangeFileAccess	Zugriffsrechte ändern
Colors	Zugriff auf die Farbpalette (56 Farben) der Datei
CreateBackup	beim Speichern Backup-Datei erzeugen
DisplayDrawingObjects	Zeichnungsobjekte anzeigen
EnableAutoRecover	automatische Sicherheitskopien für die Datei ein-/ausschalten (Excel 2002)
Protect	Schutz vor Änderungen ein-/ausschalten
SmartTagOptions.DisplaySmartTags	Smart Tags anzeigen (ab Excel 2002)
SmartTagOptions.EmbedSmartTags	Smart Tags zusammen mit der Datei speichern (Excel 2002)
Styles(...)	Zugriff auf Formatvorlagen
Visible	Datei sichtbar/unsichtbar (ausgeblendet)

Worksheet-Objekt (tabellenblattspezifische Optionen)

DisplayAutomaticPageBreaks	Seitengrenzen in den Tabellenblättern anzeigen
EnableAutoFilter	lässt die Anzeige von Autofiltern zu
EnableOutlining	lässt die Anzeige von Gliederungen (Gruppierungen) zu
EnablePivotTable	lässt das Erstellen von Pivottabellen zu
FilterMode	Autofilter an/aus
PageSetup	Zugriff auf Seiten- und Druckereinstellungen
Protection	Blattschutzoptionen
SetBackgroundPicture	Hintergrundbild einstellen
Visible	Arbeitsblatt sichtbar/unsichtbar

Window-Objekt (fensterspezifische Optionen)

DisplayFormulas	Formeln statt Ergebnisse anzeigen
DisplayGridlines	Gitterlinien anzeigen
DisplayHeadings	Zeilen- und Spaltenköpfe anzeigen
DisplayHorizontalScrollBar	horizontale Bildlaufleiste anzeigen
DisplayOutline	Gliederung (Gruppierung) anzeigen
DisplayZeros	0-Werte anzeigen (oder leere Zelle anzeigen)
DisplayVerticalScrollBar	vertikale Bildlaufleiste anzeigen
DisplayWorkbookTabs	Blattregister anzeigen
FreezePanes	geteiltes Fenster fixiert/nicht fixiert
GridlineColor	Farbe der Gitternetzlinien einstellen (RGB-Wert)
GridlineColorIndex	Farbe der Gitternetzlinien aus Farbpalette (0 bis 55)
PageSetup	Zugriff auf Seiten- und Druckereinstellungen
Split	Fenster geteilt/nicht geteilt
SplitColumn	Spalte, in der das Fenster geteilt ist
SplitRow	Zeile, in der das Fenster geteilt ist

TabRatio	Verhältnis Blattregister/horizontale Bildlaufleiste
Zoom	Zoomfaktor

PageSetup-Objekt (Seitenlayout, wird für jedes Blatt gesondert eingestellt)	
BlackAndWhite	Ausdruck in Schwarzweiß
BottomMargin	unterer Rand in Punkt (0.35 mm)
CenterFooter	Fußzeile, mittlerer Teil
CenterHeader	Kopfzeile, mittlerer Teil
CenterHorizontally	Ausdruck horizontal zentrieren
CenterVertically	Ausdruck vertikal zentrieren
FirstPageNumber	Anfangszahl für SeitenNummerierung
FooterMargin	Platz für Fußzeile
HeaderMargin	Platz für Kopfzeile
LeftFooter	Fußzeile, linker Teil
LeftHeader	Kopfzeile, linker Teil
LeftMargin	linker Rand in Punkt (0.35 mm)
Orientation	Druck im Hoch- oder Querformat
PaperSize	Papiergröße
PrintArea	zu druckender Tabellenbereich
PrintTitleColumns	Spaltenbeschriftung (wird auf jedem Blatt gedruckt)
PrintTitleRows	Zeilenbeschriftung (wird auf jedem Blatt gedruckt)
RightFooter	Fußzeile, rechter Teil
RightHeader	Kopfzeile, rechter Teil
RightMargin	rechter Rand in Punkt (0.35 mm)
TopMargin	oberer Rand in Punkt (0.35 mm)

DefaultWebOptions (Excel global) / WebOptions (dateispezifisch)	
AllowPNG	Bilder im PNG-Format codieren
DownloadComponents	evt. fehlende Webkomponenten übertragen
Encoding	gewünschter Zeichensatz
LocationOfComponents	Ort, an dem Webkomponenten gespeichert sind
OrganizeInFolder	Bilder etc. in eigenem Verzeichnis speichern
RelyOnCSS	*Cascading Style Sheets* verwenden
RelyOnVML	*Vector Markup Language* verwenden

5.9.3 Konfigurationsdateien

Grundlagen

Die meisten aktuellen Betriebssysteme – mit der Ausnahme der ersten Versionen von Windows 95 – sind automatisch so konfiguriert, dass für jeden Benutzer (also für jeden Login oder für jeden Account, um die englischen Begriffe zu verwenden) ein persönliches Verzeichnis vorgesehen ist. Der Ort dieses Verzeichnisses hängt sowohl von der Betriebssystemversion als auch von der individuellen Konfiguration ab.

Wenn Sie beispielsweise unter Windows 2000 als Administrator arbeiten, lautet das persönliche Verzeichnis C:\Dokumente und Einstellungen\Administrator. (Wahrscheinlich ist Ihnen das Unterverzeichnis C:\Dokumente und Einstellungen\Profiles\Administrator-Eigene Dateien eher geläufig. Dieses Verzeichnis wird als Ort zum Speichern eigener Daten vorgeschlagen.)

Natürlich hat es einen Grund, warum diese Windows-Grundlagen hier so ausführlich beschrieben werden: Die benutzerspezifischen Konfigurationsdateien von Excel werden in Unterverzeichnissen des persönlichen Verzeichnisses gespeichert. Von nun an wird es in diesem Abschnitt mit **Benutzerverzeichnis** abgekürzt.

Einige weitere Konfigurationsdateien werden relativ zum Installationsverzeichnis von Office gespeichert. Dieses Verzeichnis wird im Folgenden als **OfficeVerzeichnis** abgekürzt.

Überblick über die Excel-Konfigurationsdateien

Excel verstreut Informationen über die aktuelle Konfiguration und die Einstellung von Optionen über die ganze Festplatte. Die Fülle der Konfigurationsdateien wird von Version zu Version unübersichtlicher.

- Einige individuelle Einstellungen werden in der Windows-Registrierdatenbank gespeichert.

- Informationen über den individuellen Inhalt und die Platzierung der Symbolleisten befinden sich in Benutzerverzeichnis\Anwendungsdaten\Microsoft\Excel**Excel.xlb**.

- Die persönliche Makroarbeitsmappe wird in Benutzerverzeichnis\Anwendungsdaten\Microsoft\Excel**Xlstart\Personl.xls** gespeichert.

- Global verfügbare Makros können in beliebigen Dateien im Verzeichnis OfficeVerzeichnis\Office**Xlstart** gespeichert werden.

- Persönliche Mustervorlagen werden in Benutzerverzeichnis\Anwendungsdaten\Microsoft**Vorlagen** gespeichert.

- Für globale Mustervorlagen ist das Verzeichnis OfficeVerzeichnis\Office**Xlstart** vorgesehen.

- Globale Add-In-Dateien werden in OfficeVerzeichnis\Office**Makro** gespeichert.

- Persönliche Add-In-Dateien befinden sich dagegen in Benutzerverzeichnis\Anwendungsdaten\Microsoft**AddIns**.

- Vordefinierte (also mit Excel mitgelieferte) Diagrammvorlagen werden in OfficeVerzeichnis\Office*n***Xl8galry.xls** gespeichert. *n* ist der Sprachcode (z.B. 1031 für die deutsche Version).

- Selbst definierte Diagrammvorlagen werden in Benutzerverzeichnis\Anwendungsdaten\Microsoft\Excel**Xlusrgal.xls** gespeichert.

- Sicherheitskopien aller geöffneten Dateien werden ab Excel 2002 per Default in Benutzerverzeichnis\Anwendungsdaten\Microsoft\Excel\ gespeichert. Dieser Pfad kann verändert werden (Eigenschaft *Application.AutoRecover.Path*).

- Alle verbleibenden Einstellungen sind dateispezifisch und werden in der eigentlichen Excel-Datei gespeichert.

> **HINWEIS** Dateinamen und Pfade von Konfigurationsdateien ändern sich mit jeder Version – nicht zuletzt, um Konflikte durch die gleichzeitige Verwendung mehrerer Office-Versionen zu vermeiden. Wenn Sie portable Excel-Anwendungen programmieren möchten, dürfen Sie sich also nicht darauf verlassen, dass sich die Konfigurationsdateien an einem bestimmten Ort befinden.

> **TIPP** Einen Überblick über Excel-Eigenschaften zum Zugriff auf die meisten der oben genannten Verzeichnisse finden Sie in Abschnitt 5.6.5.

Einstellungen in der Registrierdatenbank

Die Registrierdatenbank enthält im Verzeichnis (9.0 für Excel 2000, 10.0 für Excel 2002 etc.)

HKeyLocalMachine\Software\Microsoft\Office\9.0\Excel\InstallRoot

HKeyLocalMachine\Software\Microsoft\Office\10.0\Excel\InstallRoot

HKeyLocalMachine\Software\Microsoft\Office\11.0\Excel\InstallRoot

einen Eintrag, der das Office-Installationsverzeichnis auf der Festplatte angibt (also das Verzeichnis, das in diesem Buch generell als **OfficeVerzeichnis** abgekürzt wird). Darüber hinaus werden diverse individuelle Einstellungen in der Registrierdatenbank gespeichert, und zwar am folgenden Ort:

HKey_Current_User\Software\Microsoft\Office\9.0\Excel\Options

HKey_Current_User\Software\Microsoft\Office\10.0\Excel\Options

HKey_Current_User\Software\Microsoft\Office\11.0\Excel\Options

Die Einstellungen können mit dem Programm **RegEdit.exe** bzw. **RegEdt32.exe** bearbeitet werden. (Das ist allerdings nur anzuraten, wenn Sie wissen, was Sie tun. Durch Veränderungen in der Registrierdatenbank können Sie Office ebenso wie Windows so weit aus dem Konzept bringen, dass nur noch eine Neuinstallation hilft! Sie finden den Registrierungs-Editor im Windows-Systemverzeichnis.)

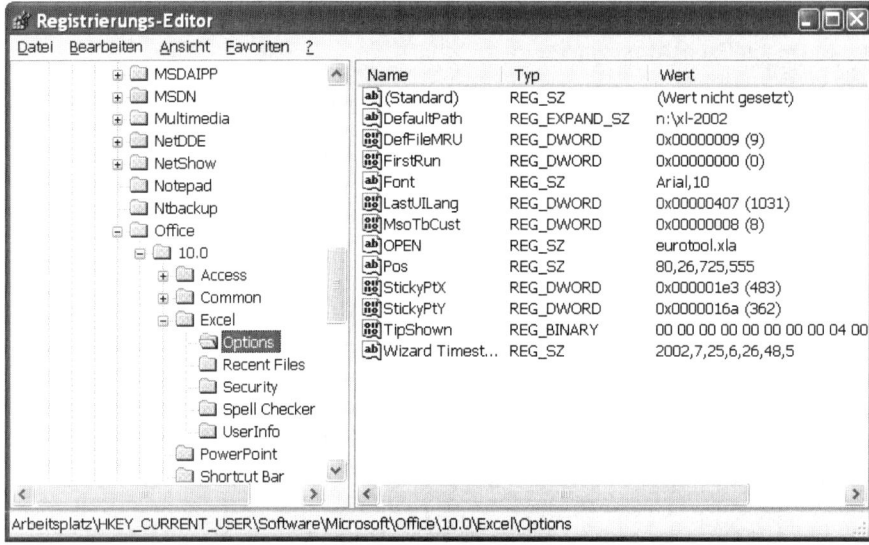

Bild 5.14: Der Registrierungs-Editor von Windows XP

Informationen zu Symbolleisten in Excel.xlb

Die Datei Benutzerverzeichnis\Anwendungsdaten\Microsoft\Excel\Excel.xlb wird für jeden Anwender automatisch angelegt, sobald zum ersten Mal eine Veränderung an der Symbolleiste durchgeführt wird. Die Datei enthält Informationen zur Anordnung der Symbolleisten, zu Veränderungen an den vorhandenen Symbolleisten, Pfade zu den zugeordneten Makrofunktionen sowie neue Symbolleisten, die beim letzten Verlassen von Excel verfügbar waren.

*.xlb-Dateien können durch DATEI | LADEN geladen werden und verändern dann den aktuellen Zustand der Symbolleisten. Der zuletzt gültige Zustand wird beim Verlassen von Excel automatisch wieder gespeichert. Es besteht aber keine Möglichkeit, die Datei durch ein Menü- oder Makrokommando zu speichern, ohne Excel gleichzeitig zu verlassen.

> **HINWEIS** Es besteht die Möglichkeit, selbst definierte Symbolleisten mit ANSICHT | SYMBOLLEISTEN | ANPASSEN | SYMBOLLEISTEN | ANFÜGEN unmittelbar in einer Excel-Datei zu speichern. Das ist dann sinnvoll, wenn die Symbolleiste auch anderen Anwendern (womöglich auf einem anderen Rechner) zur Verfügung stehen soll.

Makrovorlagen in den Xlstart-Verzeichnissen

Seit Excel 2000 heißt die »persönliche Makroarbeitsmappe« zu Recht so, da jeder Anwender tatsächlich seine eigene Version bekommt. (Bei früheren Excel-Versionen mussten sich alle Excel-Anwender eines Rechners diese Arbeitsmappe teilen.) Aus diesem Grund gibt es jetzt aber nicht mehr ein, sondern gleich zwei Xlstart-Verzeichnisse:

Benutzerverzeichnis\Anwendungsdaten\Microsoft\Excel\Xlstart	persönlich
OfficeVerzeichnis\Office\Xlstart	global

Beim Start lädt Excel zuerst alle *.xls-Dateien aus dem persönlichen Xlstart-Verzeichnis, dann alle *.xls-Dateien aus dem globalen Xlstart-Verzeichnis. Die persönliche Makroarbeitsmappe mit dem Namen Personl.xls wird dabei in keiner Weise bevorzugt. So weit sich das durch Tests abklären lässt, lädt Excel einfach alle Dateien in alphabetischer Reihenfolge (aber auf jeden Fall zuerst die persönlichen, dann die globalen Dateien). Die Reihenfolge ist nicht dokumentiert – verlassen Sie sich also nicht darauf.

Genau genommen gibt es neben den beiden gerade beschriebenen Xlstart-Verzeichnissen noch ein drittes Verzeichnis, dessen *.xls-Dateien automatisch beim Start von Excel geladen werden. Der Ort dieses Verzeichnisses ist nicht vorgegeben, sondern kann durch EXTRAS|OPTIONEN|ALLGEMEIN|ZUSÄTZLICHER STARTORDNER eingestellt werden. Dieser Ordner ist vor allem dann von Interesse, wenn globale Makrodateien in einem Netzwerk verwendet werden sollen: dann kann hier ein Netzwerkverzeichnis angegeben werden. Die Information über das zusätzliche Startverzeichnis wird in der Registrierdatenbank gespeichert.

In der Praxis werden die Xlstart-Verzeichnisse vor allem dazu verwendet, um VBA-Code, der immer zur Verfügung stehen soll, automatisch zu laden. Natürlich kann dabei auch VBA-Code automatisch ausgeführt werden, beispielsweise durch eine *Workbook_Open*-Ereignisprozedur (siehe Abschnitt 4.4). Dateien im Verzeichnis Xlstart können daher auch verwendet werden, um Erweiterungen oder Änderungen an der Menüstruktur durchzuführen.

Arbeitsmappen aus den Xlstart-Verzeichnissen werden üblicherweise im Zustand »ausgeblendet« gespeichert, so dass sie am Bildschirm nicht sichtbar sind und nur in der VBA-Entwicklungsumgebung aufscheinen. Ausgeblendete Dateien können mit FENSTER|EINBLENDEN sichtbar gemacht werden.

Eine besondere Stellung innerhalb der persönlichen Xlstart-Dateien nimmt die persönliche Makroarbeitsmappe Personl.xls ein (Personal.xls bei der englischen Excel-Version). In dieser Arbeitsmappe werden automatisch alle neu aufgezeichneten Makros gespeichert, wenn bei den Optionen der Makroaufzeichnung der Eintrag PERSÖNLICHE MAKROARBEITSMAPPE aktiviert wird. Solange Sie keine selbst geschriebenen Makros verwenden, existiert die Datei überhaupt nicht.

VORSICHT

Excel zeigt normalerweise eine Virenwarnung an, bevor Dateien mit VBA-Code geladen werden. Das gilt standardmäßig allerdings nicht für Dateien, die aus den Xlstart-Verzeichnissen stammen. Der Grund ist die Option ALLEN INSTALLIERTEN ADD-INS UND VORLAGEN VERTRAUEN, die default aktiviert ist. Sie kann via EXTRAS | MAKROS | SICHERHEIT | VERTRAUENSWÜRDIGE QUELLEN verändert werden.

An sich ist die Einstellung natürlich sinnvoll – es wäre wirklich ärgerlich, wenn Excel bei jedem Start fragen würde, ob es die Makros aus Personl.xls bzw. aus anderen Xlstart-Verzeichnissen ausführen darf. Andererseits ist aber abzusehen, dass sich alle Virenprogrammierer über diese offensichtliche Lücke im Sicherheitskonzept von Excel freuen werden ...

TIPP

Wenn Sie Excel starten möchten, ohne dass dabei irgendwelche Dateien automatisch geladen werden, können Sie die Kommandozeilenoption /s verwenden. Führen Sie also START | AUSFÜHREN aus und geben Sie dort **excel /s** ein.

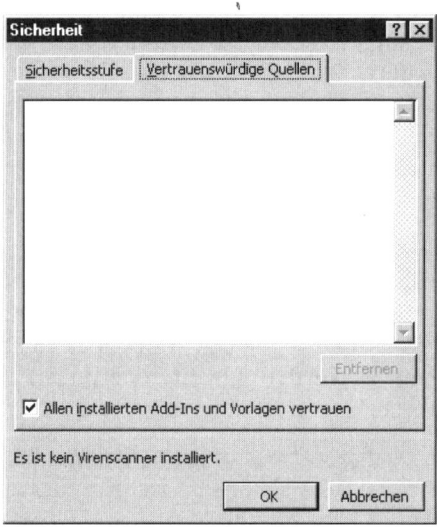

Bild 5.15: Dateien aus dem Xlstart-Verzeichnissen gelten als 'sicher'

Mustervorlagen

Mustervorlagen sind Excel-Dateien mit der Dateikennung *.xlt, die als Muster für neue Tabellen, Diagramme oder Arbeitsmappen dienen. Sie sind im Prinzip normale Excel-Dateien, bei denen bei SPEICHERN UNTER der Dateityp »Mustervorlage« angegeben wurde.

5.9 Konfigurationsdateien, individuelle Konfiguration

Damit die Mustervorlagen im Dialog DATEI|NEU zur Auswahl erscheinen, müssen Sie in einem der drei folgenden Verzeichnisse gespeichert werden:

Benutzerverzeichnis\Anwendungsdaten\Microsoft\Vorlagen persönlich
OfficeVerzeichnis\Office\Xlstart global
Zusätzlicher Startordner je nach Einstellung

Wenn eines der beiden Xlstart-Verzeichnisse oder das zusätzliche Startverzeichnis Dateien mit den Namen Mappe.xlt, Tabelle.xlt und Diagram.xlt enthält, gelten diese Dateien als automatische Mustervorlagen und werden (ohne Rückfrage) als Muster beim Erzeugen neuer Arbeitsmappen mit dem Symbol NEUE ARBEITSMAPPE bzw. beim Einfügen neuer Tabellen- oder Diagrammblätter in schon bestehende Tabellenblätter verwendet.

Tabelle.xlt und Diagram.xlt dürfen nur genau ein Tabellen- bzw. Diagrammblatt enthalten. Mappe.xlt kann eine beliebige Kombination von Blättern enthalten. Die Anzahl der in Mappe.xlt enthaltenen Tabellenblätter hat Vorrang gegenüber der Einstellung der Anzahl der leeren Tabellenblätter in EXTRAS|OPTIONEN|ALLGEMEIN.

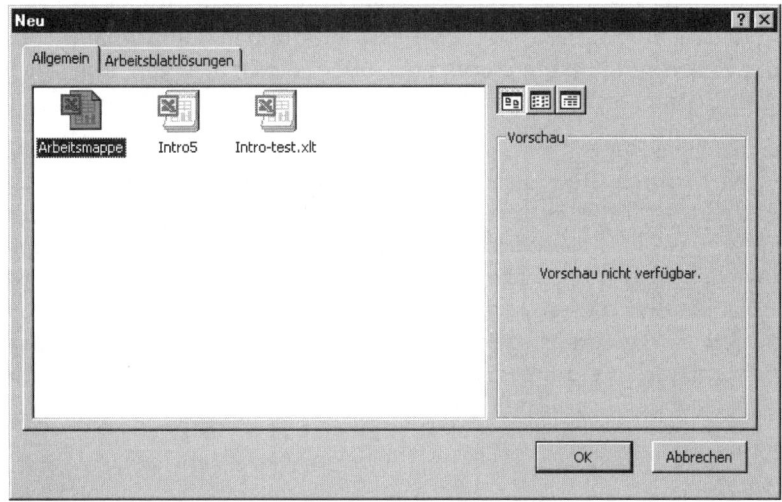

Bild 5.16: Auswahl aus den installierten Mustervorlagen

Mappe.xlt und Tabelle.xlt können dazu verwendet werden, eine Menge von Optionen voreinzustellen, die sonst bei jedem Blatt neu in mühseliger Kleinarbeit eingestellt werden müssten: Druckformatvorlagen, Einstellungen für das Seitenlayout inklusive Kopf- und Fußzeile, Fensteroptionen (Gitterlinien, Zoom-Faktor, die Form der Zeilen- und Spaltenköpfe) etc.

> **VERWEIS** Mustervorlagen und ihre weitergehenden Möglichkeiten werden in Kapitel 9 noch ausführlicher behandelt. So wird dort die Unterstützung der Eingabe von Formularen durch VBA-Code (»intelligente Formulare«) erklärt.

Diagrammvorlagen

Prinzipiell können auch Diagramme als Mustervorlagen gespeichert werden. Für Diagramme sieht Excel allerdings eine praktischere Variante vor: benutzerdefinierte Formate (ehemals Autoformate). Diese Diagrammvorlagen werden in der Datei OfficeVerzeichnis\Office\n\Xl8galry.xls gespeichert. Die so definierten Diagrammtypen können über das Kommando DIAGRAMMTYP|BENUTZERDEFINIERTE TYPEN des Diagramm-Kontextmenüs verwendet werden.

Um eigene Diagrammvorlagen zu speichern, gestalten Sie zuerst das Diagramm nach Ihren Vorstellungen. Anschließend wählen Sie das oben erwähnte Kommando und klicken den Button HINZUFÜGEN an. Sie können nun den Namen Ihres Diagrammtyps und eine kurze Beschreibung angeben. Die Diagrammvorlage wird in Xl8galry.xls gespeichert und steht in Zukunft allen Excel-Anwendern zur Verfügung.

Speicherung von Konfigurationsdaten in den eigentlichen Excel-Dateien

Ein Großteil aller Konfigurationsdaten wird (unabhängig von eventuell benutzten Vorlagen) unmittelbar in jeder Excel-Datei gespeichert, etwa Informationen über die Anordnung der Fenster dieser Datei, über Fensteroptionen (Gitterlinien, Zoom-Faktor, die Form der Zeilen- und Spaltenköpfe etc.), über Formatvorlagen, über die Seiteneinstellung (Druckparameter) etc.

Der Ort für die Speicherung dieser Daten ist gleichzeitig praktisch und unpraktisch: Praktisch, weil dadurch die meisten Excel-Optionen individuell für jede Datei (zum Teil sogar individuell für jedes einzelne Blatt bzw. Fenster) eingestellt werden können; und unpraktisch, weil oft dieselben Einstellungen (etwa bezüglich Kopf- und Fußzeile) immer wieder neu durchgeführt werden müssen. Das ist lästig und wird gerne vergessen. Sie können diesen Formatierungsaufwand zwar durch die Anwendung von automatischen Mustervorlagen minimieren, nachträgliche Änderungen sind damit aber nicht möglich. (Veränderungen an Mustervorlagen betreffen nur neue, nicht aber schon bestehende Excel-Dateien.)

Add-In-Dateien

Wie Sie in Kapitel 15 im Detail nachlesen können, kennt Excel zwei Typen von Add-Ins. Herkömmliche Add-Ins sind im Prinzip normale Excel-Dateien, die aber als Add-In-Dateien mit der Kennung *.xla gespeichert werden. COM-Add-Ins sind dagegen ActiveX-DLLs mit der Kennung *.dll. COM-Add-Ins können nur mit Office Developer erstellt werden.

Damit herkömmliche Add-In-Dateien als solche erkannt und im Add-In-Manager aktiviert werden können (EXTRAS|ADD-IN-MANAGER), müssen sie in eines der beiden folgenden Verzeichnisse installiert werden:

Benutzerverzeichnis\Anwendungsdaten\Microsoft\AddIns   global
OfficeVerzeichnis\Office\Makro   persönlich

Bei COM-Add-Ins ist der Installationsort egal – Sie können an jeder beliebigen Stelle auf der Festplatte gespeichert werden. Entscheidend ist hier, dass das COM-Add-Ins korrekt in der Registrierdatenbank registriert wird. Diese Aufgabe übernimmt normalerweise ein eigenes Installationsprogramm.

5.10 Excel und der Euro

Um Excel kompatibel zur europäischen Gemeinschaftswährung zu machen, gibt es seit Excel 2000 zwei neue Funktionen:

- Seit Excel 2000 kann das Eurosymbol endlich ohne Installation irgendwelcher Updates einfach als Alt+E eingegeben werden. (Dieses Kürzel gilt nur im deutschen Sprachraum. Je nach Tastatur, Windows-Version und Landeseinstellung gelten andere Kürzel. Auf jeder Tastatur sollte Alt+0128 funktionieren, wobei 0128 mit dem numerischen Tastenblock eingegeben werden muss, während die Alt-Taste gedrückt bleibt.)

- Das so genannte Euro-Add-In (Datei Eurotool.xla) stellt die Tabellen- und VBA-Funktion *EuroConvert* sowie Hilfsmittel zur Neuformatierung von Zellen mit Währungsbeträgen zur Verfügung.

Seit Excel 2002 stellt dieses Add-In auch das Kommando EXTRAS|EUROUM-RECHNUNG zur Verfügung. Damit können Sie einen Zellbereich auswählen und dessen Währung ändern. Dabei müssen alle Zellen an einen anderen Ort in der Tabelle kopiert werden, wobei Formeln durch Werte ersetzt werden. Zur Konvertierung einer Tabelle mit vorgegebenem Layout ist dieses Kommando denkbar ungeeignet.

> **HINWEIS** Sie können in der Systemsteuerung bei den landesspezifischen Einstellungen ein Währungssymbol angeben. Dieses Symbol wird als Defaultvorgabe bei der Formatierung von Geldbeträgen verwendet. In Deutschland ist hier üblicherweise DM eingestellt. Solange Sie noch Dokumente besitzen, die DM-Beträge enthalten, ist es im Regelfall *nicht* sinnvoll, diese Einstellung zu ändern! Dadurch würde in vielen Tabellen das Eurosymbol statt DM angezeigt, obwohl es sich bei den zugrunde liegenden Beträgen natürlich weiterhin um DM handelt. Vernünftiger ist es, bei allen neuen Dokumenten bzw. bei bereits konvertierten Tabellen explizit das Eurosymbol zur Formatierung zu verwenden.

5.10.1 Die Euroconvert-Funktion

Wenn die *Euroconvert*-Funktion in einem Tabellenblatt eingesetzt wird, sieht die Syntax folgendermaßen aus:

=*Euroconvert(betrag; ausgangswährung; zielwährung [; rundungsregel; genauigkeit])*

Ausgangs- und Zielwährung werden als Zeichenketten angegeben. Dabei gelten die ISO-Währungscodes, etwa "DEM" für Deutsche Mark, "ATS" für Österreichische Schilling, "IEP" für Irische Pfund und "EUR" für Euro. (Eine vollständige Tabelle finden Sie in der Excel-Hilfe.) Dazu gleich einige Beispiele:

Formel	Resultat	Kommentar
=Euroconvert(100; "EUR";"DEM")	195,58	100 € sind 195,58 DM
=Euroconvert(100; "DEM";"EUR")	51,13	100 DM sind 51,13 €
=Euroconvert(100; "EUR";"ATS")	1376,03	100 € sind 1376 ATS
=Euroconvert(100; "ATS";"EUR")	7,27	100 ATS sind 7,27 €
=Euroconvert(100; "DEM";"ATS")	703,55	100 DM sind 703,55 ATS
=Euroconvert(100; "ATS"; "DEM")	14,21	100 ATS sind 14,21 DM

Euroconvert liefert generell nur zwei Nachkommastellen. Wenn Sie sehr kleine Beträge konvertieren, ist das Ergebnis daher grundsätzlich 0. (Beachten Sie bitte, dass nicht nur 0 angezeigt wird, sondern dass das Ergebnis wirklich intern 0 ist – auch dann, wenn Sie es anschließend mit 1000 multiplizieren!) Wenn Sie beispielsweise einen Österreichischen Groschen in Euro umrechnen, lautet das Ergebnis 0 *(Euroconvert(0,01; "ATS"; "EUR")*.

Laut Excel-Dokumentation entspricht dieses Verhalten den währungsspezifischen Rundungsregeln. Wie dem auch sei, wenn Sie als vierten Parameter *WAHR* angeben, wird dieser merkwürdige Rundungsmodus ignoriert und stattdessen mit der vollen Genauigkeit gerechnet. *Euroconvert(0,01; "ATS";"EUR";WAHR)* beweist dann, dass ein Österreichischer Groschen immerhin doch 0,0007267283416786 Euro wert ist.

Bleibt noch, den fünften Parameter von *Euroconvert* zu erklären: Es spielt nur dann eine Rolle, wenn Sie eine Landeswährung *x* in eine andere Währung *y* konvertieren (d.h., wenn es sich weder bei *x* noch bei *y* um den Euro handelt). Bei derartigen Berechnungen wird zuerst *x* in Euro und dann dieses Zwischenergebnis in *y* umgewandelt. Der fünfte Parameter von *Euroconvert* gibt nun an, auf wie viele Nachkommastellen das Zwischenergebnis (nicht das Endergebnis!) gerundet werden soll. Wenn auf den Parameter verzichtet wird, verzichtet *Euroconvert* auf eine Rundung des Zwischenergebnisses, rechnet also mit maximaler Genauigkeit.

Euroconvert in VBA-Code einsetzen

Die *Euroconvert*-Funktion steht natürlich auch in VBA-Code zur Verfügung. Dazu müssen Sie lediglich einen Verweis auf die *Eurotool*-Bibliothek einrichten (Bild 5.17).

```
Sub eurotest()
  MsgBox EUROCONVERT(100, "DEM", "EUR")
End Sub
```

5.10 Excel und der Euro

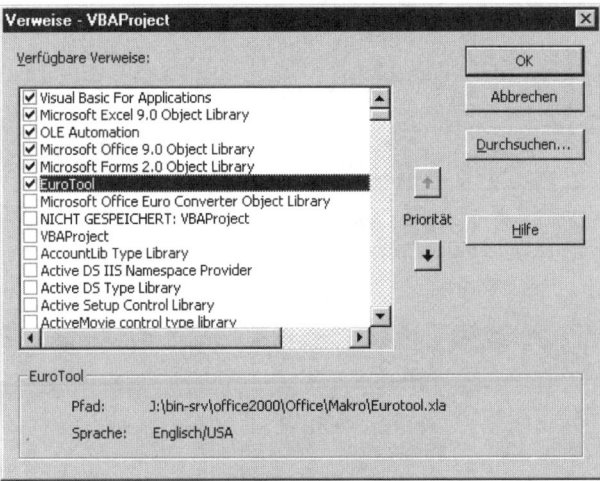

Bild 5.17: Ein Verweis auf das EuroTool-Add-In

Die *Eurotool*-Bibliothek stellt überdies die Funktion *ApplyEuroformatting* zur Verfügung. Sie formatiert alle zuvor markierten Zellen des aktiven Tabellenblatts im Euro-Währungsformat (Tausendertrennung, zwei Nachkommastellen, nachgestelltes €-Symbol). Daneben gibt es (insbesondere bei der mit Excel 2002 mitgelieferten Version) zahlreiche weitere Funktionen, die aber alle nicht dokumentiert sind.

Probleme, wenn Euroconvert als Tabellenfunktion verwendet wird

Wie bereits erwähnt, steht die Euroconvert-Funktion nur zur Verfügung, wenn das Euro-Add-In aktiviert ist. Das große Problem der Add-In-Vorgehensweise besteht darin, dass Sie bei der Weitergabe von Excel-Dateien ja nicht wissen, ob der Empfänger dieses Add-In aktiviert hat. Warum eine derart wichtige Funktion, deren Code ohnedies nur wenige kByte Speicher benötigt, nicht direkt in Excel integriert wurde, weiß Microsoft allein. (Vielleicht besteht der Grund darin, dass das Add-In einfacher aktualisiert werden kann als Excel – etwa wenn sich Großbritannien entschließt, auch der Eurozone beizutreten.)

Falls der Empfänger Ihrer Datei, in der Sie *Euroconvert* als Tabellenfunktion verwenden, das Euro-Add-In nicht aktiviert hat, treten beim Laden der Datei zwei Fehlermeldungen auf: Zuerst meldet Excel 2000 in einer eher kryptischen Art und Weise (Bild 5.18), dass irgendwelche Verknüpfungen zu anderen Arbeitsmappen aktualisiert werden sollten. (Gemeint ist damit die Add-In-Datei Eurotool.xla – aber woher soll der Anwender das wissen?) Mit etwas Glück entscheidet sich der Anwender für Ja – nur um mit einer zweiten Fehlermeldung konfrontiert zu werden, in der Excel behauptet, dass die Funktion *Euroconvert* in Eurotool.xla nicht gefunden wurde (Bild 5.19).

Bei Excel 2002 treten dieselben Probleme auf. Die Fehlerdialoge sehen zwar ein wenig anders aus, sind aber genau so unverständlich.

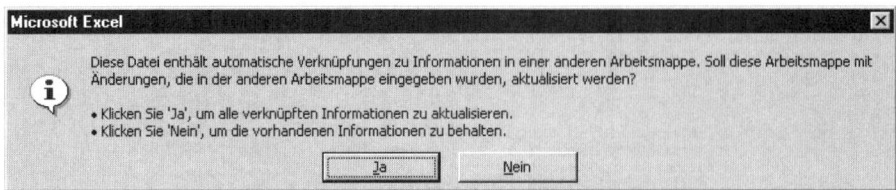

*Bild 5.18: Excel fragt etwas klausuliert, ob die Arbeitsmappe
mit dem Euro-Add-In geladen werden soll*

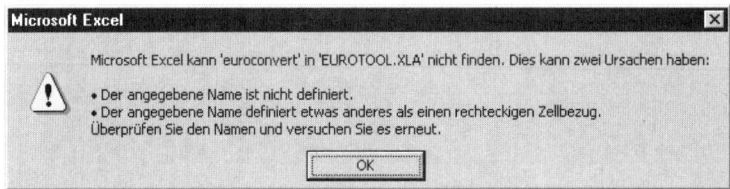

Bild 5.19: Excel behauptet, Euroconvert sei in Eurotool.xla nicht definiert

Die Ursache für die zweite Fehlermeldung ist vollkommen unklar geblieben – aber es gibt zum Glück eine ganz einfache Lösung: Bevor Sie Ihre Datei weitergeben, wechseln Sie mit Alt+F11 in die Entwicklungsumgebung und richten einen Verweis auf *EuroTool* ein. (Dieses Bibliothek wird automatisch angezeigt, sobald das Euro-Add-In aktiviert ist – siehe Bild 5.17.)

Wenn die derart präparierte Datei nun auf einem Rechner geöffnet wird, auf dem das Euro-Add-In nicht aktiviert ist, funktioniert dennoch alles. (Das Add-In bleibt zwar inaktiv, die Add-In-Datei wird aber dennoch geladen, und die *Euroconvert*-Funktion steht sowohl im Tabellenblatt als auch im VBA-Code zur Verfügung.)

Die einzige Voraussetzung besteht freilich darin, dass das Euro-Add-In überhaupt installiert ist. Wenn das nicht der Fall ist, erscheint leider nicht die Frage, ob das Add-In jetzt nachinstalliert werden soll, sondern lediglich eine – wie immer die Ursache des Problems verschleiernde – Fehlermeldung (Bild 5.20).

*Bild 5.20: Fehlermeldung, wenn das
Euro-Add-In gar nicht installiert ist*

Es bleibt Ihnen also nichts anderes übrig, als irgendwo am Beginn des Tabellenblatts darauf hinzuweisen, dass diese Datei das Euro-Add-In verwendet und dass der Anwender dieses installieren und am besten auch gleich aktivieren soll. Schöne neue Excel-Euro-Welt ...

5.10.2 Excel-Dateien auf Euro umstellen

Wahrscheinlich würden Sie sich an dieser Stelle wünschen, dass ich Ihnen hier ein Makro anbiete, das Ihre Tabellenblätter per Knopfdruck von DM, ATS oder einer anderen Währung auf Euro umstellt. Das ist aber leider unmöglich. Die Umstellung der Währung wird immer mit Handarbeit und der intellektuellen Mithilfe eines Menschen verbunden sein. Die hier vorgestellten Makros, die in der Datei 05\Euro.xls zu finden sind, sollen diesen Prozess aber zumindest erleichtern und beschleunigen.

Grundlagen

In Bild 5.21 sehen Sie zwei winzige Tabellen, die inhaltlich gleichwertig sind: Aus einem Einzelpreis, einer Stückanzahl und einem Rabattprozentsatz wird ein Endpreis errechnet. Der Unterschied zwischen den beiden Tabellen ist die Formatierung – einmal mit Währungsformat für die Geldbeträge, einmal ohne.

Um die beiden Tabellen in Euro umzuwandeln, muss jeweils der Wert von nur einer einzigen Zelle (B3) verändert werden. Bei Tabelle 1 muss außerdem die Formatierung der beiden Zellen B3 und E3 verändert werden.

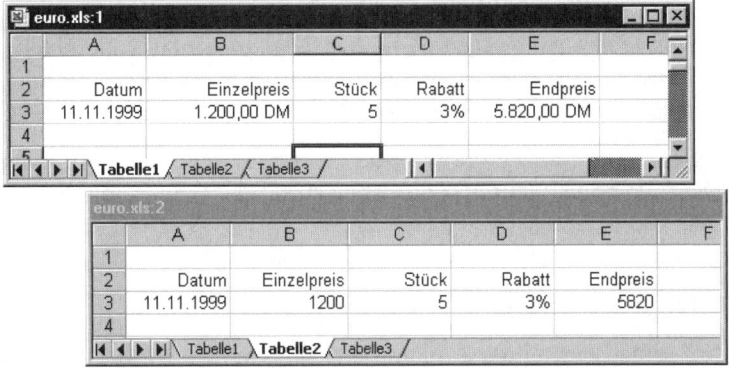

Bild 5.21: Zwei Tabellen vor der Euro-Umwandlung

Bei Tabelle 1 wäre theoretisch eine vollkommen automatische Euro-Umwandlung möglich. Die Vorgehensweise würde folgendermaßen aussehen:

- Suche alle Zellen, die eine Zahl enthalten (keine Formel, kein Datum, keine Zeichenkette) und die als Geldbetrag formatiert ist. Führe für diese Zahl eine Konvertierung von der jeweiligen Währung in Euro durch und verändere auch die Formatierung entsprechend.

- Suche alle Zellen, die eine Formel enthalten und die als Geldbetrag formatiert sind. Verändere die Formatierung. (Die Formel selbst – in Bild 5.21 also E3 – braucht nicht verändert zu werden! Das Resultat ist automatisch in Euro, wenn alle zugrunde liegenden Zellen Eurowerte oder währungsfreie Multiplikatoren sind.)

Nun zu einigen der zahlreichen Gründe, warum eine vollautomatische Umwandlung in der Praxis scheitern wird:

- In den wenigsten Tabellen sind alle Währungsbeträge als solche formatiert. Viele Tabellen sehen aus Platzgründen oder aus Bequemlichkeit eher wie Tabelle 2 in Bild 5.21 aus. Kein Programm kann dort erkennen, was zu konvertieren ist und was nicht.

- In manchen Tabellen gibt es Zellen, in denen Ausgangszahlen nicht als Zahl eingegeben sind (also *1200*), sondern als Formel (z.B. *=1000+200*). Auch wenn bei Formeln normalerweise kein Änderungsbedarf besteht, stellen solche Formeln eine Ausnahme dar.

- Manchmal werden in Formeln direkt Währungsbeträge verwendet. Nehmen Sie beispielsweise an, es gäbe in Bild 5.21 keine Einzelpreisspalte. Dann würde die Formel für den Endpreis so aussehen: *=C3*1200*(1-D3)*. Auch diese Formel müsste verändert werden.

- In manchen Tabellen kommen Werte in mehreren Währungen vor, unter Umständen auch solche, die keine Eurowährungen sind. Diese Komplexität übersteigt die 'Intelligenz' jedes Konvertierungsprogramms.

- Manche Tabellen, die Daten aus mehreren Jahren vereinen, sollen nicht vollständig konvertiert werden. Stattdessen soll nur der Teil in Euro umgewandelt werden, der sich auf Daten ab einem bestimmten Stichtag bezieht (z.B. den 1.1.1999).

Kurz und gut: eine automatische Konvertierung ist ein schöner Traum, aber eben keine Realität. Die folgenden Makros sollen aber zumindest die manuelle Arbeit erleichtern.

Einzelne Zellen konvertieren

Wenn eine Zelle einen Betrag als Zahl enthält, gibt es mehrere Konvertierungsvarianten:

- Sie können im VBA-Programm den neuen Eurobetrag errechnen und direkt in die Zelle einsetzen:
    ```
    cell.Value = EUROCONVERT(cell.Value, currencyIso, "EUR", True)
    ```

- Sie können im VBA-Programm die Zeichenkette für eine Formel bilden, die die *Euroconvert*-Tabellenfunktion einsetzt. Die VBA-Anweisung hierfür sieht ein wenig unübersichtlich aus:
    ```
    cell.Formula = "=Euroconvert(" & Str(cell.Value) & _
                   ", ""DEM"", ""EUR"", True)"
    ```

5.10 Excel und der Euro

Die resultierende Formel sieht (bei einer deutschen Excel-Version) dann folgendermaßen aus:

=Euroconvert(1200; "DEM"; "EUR"; WAHR)

Beachten Sie, dass die Eigenschaft *Formula* die Formel in englischer Schreibweise erwartet (Dezimalpunkt, Komma statt Strichpunkt zur Trennung der Parameter, *True* statt *WAHR* etc.). Aus diesem Grund wird *cell.Value* mit *Str* in eine Zeichenkette umgewandelt. Erst wenn Sie sich die Formel in Excel ansehen, werden Sie bemerken, dass sie dort den landessprachlichen Besonderheiten entsprechend dargestellt wird.

Der Vorteil dieser Vorgehensweise besteht darin, dass hinterher rekonstruiert werden kann, wie die Konvertierung durchgeführt werden kann. Der Originalbetrag ist Teil der Formel, d.h., die Konvertierung kann bei Bedarf ohne Rundungsverluste wieder rückgängig gemacht werden (etwa wenn Sie bemerken, dass Sie irrtümlich eine falsche Zelle bearbeitet haben). Es gibt aber auch einen Nachteil: Das umgewandelte Tabellenblatt ist jetzt für alle Zeiten von der *Euroconvert*-Funktion abhängig. Wie oben bereits erwähnt, kann das zu Problemen führen, wenn Sie die Datei weitergeben und der Empfänger das Euro-Add-In nicht aktiviert hat.

- Eine dritte Variante besteht darin, eine Formel zu bilden, die den Zahlenwert mit dem Umrechnungsfaktor multipliziert. Vorteil: Das resultierende Tabellenblatt ist von *Euroconvert* unabhängig. Nachteil: Die Rundungsmöglichkeiten, die *Euroconvert* bietet, können nicht eingesetzt werden. Der VBA-Code sieht so aus:

```
cell.Formula = "=" & Str(cell.Value) & "*" & _
               Str(EUROCONVERT(1, "DEM", "EUR", True))
```

Das ist die resultierende Formel (wieder bei einem deutschen Excel):

= 1200 * 0,511291881196218

Statt mit *Euroconvert(1, "DEM", "EUR", False)* zu multiplizieren, können Sie auch durch *Euroconvert(1, "EUR", "DEM", False)* dividieren. Der Vorteil: in der resultierenden Formel stehen nur fünf Kommastellen, weil der offizielle Umwandlungskurs nur mit dieser Genauigkeit festgelegt wurde. Das Ergebnis sollte im Rahmen der Rundungsgenauigkeit von Excel (16 Stellen) dasselbe sein, aber die Formel wirkt übersichtlicher. Wieder zuerst der VBA-Code:

```
cell.Formula = "=" & Str(cell.Value) & "/" & _
               Str(EUROCONVERT(1, "EUR", "DEM", True))
```

Und hier die resultierende Formel:

= 1200 / 1,95583

Wenn die Zelle nicht eine Zahl, sondern eine Formel enthält, ist die erste der drei obigen Varianten natürlich unmöglich. Die anderen Varianten sehen folgendermaßen aus (jeweils mit Ergebnissen für die Annahme, dass die Ausgangsformel =1000+200 lautet):

- ```
  cell.Formula = "=Euroconvert(" & Mid(cell.Formula, 2) & _
                 ", ""DEM"", ""EUR"", True)"
  ```
  =Euroconvert(1000+200; "DEM"; "EUR"; WAHR)
- ```
  cell.Formula = "=(" & Mid(cell.Formula, 2) & ") * " & _
                 Str(EUROCONVERT(1, "DEM", "EUR", True))
  ```
  *=(1000+200) * 0,511291881196218*

Oder:

- ```
  cell.Formula = "=(" & Mid(cell.Formula, 2) & ") / " & _
                 Str(EUROCONVERT(1, "EUR", "DEM", True))
  ```
  =(1000+200) / 1,95583

Euro-Formatierung

Es gibt sehr viele Möglichkeiten, Währungsbeträge zu formatieren: mit oder ohne Dezimalstellen, mit oder ohne Tausendertrennung, mit roter Darstellung negativer Zahlen, mit der expliziten Angabe einer Währung vor oder auch hinter dem Betrag (oder auch gar nicht – oft ist ja ohnedies klar, dass es sich um Geld handelt, oder es gibt irgendwo auf der Tabelle eine Zelle mit dem Text »Beträge in Tausend DM«) etc.

Der Button zur Euro-Formatierung des Euro-Add-Ins von Microsoft nimmt auf die bereits vorhandene Formatierung keine Rücksicht, sondern ersetzt das vorhandene Format einfach durch ein vordefiniertes anderes Format. Die Wahrscheinlichkeit, dass gerade diese Formatierung Ihren Wünschen bzw. Anforderungen entspricht, ist gering.

Eine intelligentere Vorgehensweise besteht darin, bei der Neuformatierung auf das alte Format Rücksicht zu nehmen und dieses nur zu adaptieren. Dazu muss die Eigenschaft *NumberFormatLocal* ausgelesen werden. Wenn in dieser Formatierungszeichenkette die alten Währungssymbole gefunden werden, werden diese Symbole durch ein Eurosymbol ersetzt. Der erforderliche Code berücksichtigt auch den Fall, dass DM innerhalb der Formatierungszeichenkette in Hochkommas gestellt ist (das ist möglich).

Falls die Zelle bisher gar nicht formatiert war, wird als neue Formatierung die Anzahl der Nachkommastellen auf 2 limitiert. (Das ist deswegen sinnvoll, weil bisher ganzzahlige Beträge durch die Eurokonvertierung plötzlich unzählige Nachkommastellen bekommen, deren Darstellung unübersichtlich wäre.)

```
Dim tmp$
If cell.NumberFormat = "General" Then
  If IsNumeric(cell.Value) Then
    cell.NumberFormat = "0.00"
  End If
ElseIf InStr(cell.NumberFormatLocal, "DM") <> 0 Then
  tmp = cell.NumberFormatLocal
  tmp = Replace(tmp, "DM", "€")
```
```

5.10 Excel und der Euro

```
    tmp = Replace(tmp, """DM""", "€")
    cell.NumberFormatLocal = tmp
End If
```

> **VERWEIS**
> Die direkte Bearbeitung von *NumberFormatLocal* ist nicht ganz unproblematisch – nicht zuletzt deswegen, weil diese Eigenschaft vollkommen unzureichend dokumentiert ist, so dass man eigentlich nur ahnen oder raten kann, was eine Änderung bewirkt. Die hier geschilderte Vorgehensweise hat sich mit der deutschen Excel-Version bewährt – aber es ist schwer abzusehen, wie gut das in anderssprachigen oder künftigen Excel-Versionen funktioniert. Hintergrundinformationen zur Eigenschaft *NumberFormatLocal* und der verwandten Eigenschaft *NumberFormat* finden Sie in Abschnitt 5.1.

Bedienung des Eurokonvertierungwerkzeugs

- Der erste Schritt besteht darin, dass Sie die Datei 05\Euro.xls laden und an Ihre Anforderungen anpassen. Dazu gibt es in Modul1 drei Konstanten, die folgendermaßen voreingestellt sind:

```
' Beispieldatei 05\Euro.xls, Modul1
Const currencyIso = "DEM"            'Iso-Währungscode für Euroconvert
Const currencyFormat = "DM"          'Währungssymbol für NumberFormat
Const convertOnlyCurrency = True     'für TestAndMarkForEuroConversion
```

Diese Voreinstellung bedeutet, dass das Programm eine Konvertierung von Deutschen Mark in Euro durchführt, dass es bei der Veränderung der Zahlenformate nach der Zeichenkette *DM* sucht und dass die Markierungsfunktion (siehe unten) nur solche Zahlenwerte markiert, die als Währungsbetrag in *DM* formatiert sind. Voraussetzung ist also eine Tabelle wie in Bild 5.21 oben. Wenn Ihre Tabelle dagegen wie in Bild 5.21 ohne Währungssymbole formatiert ist, müssen Sie *convertOnlyCurrency* auf *False* stellen. (Dann werden aber auch Zellen wie C3 zur Konvertierung markiert, d.h., es ist manuelle Nacharbeit erforderlich.)

- Wenn diese Vorbereitungsarbeiten erledigt sind, laden Sie die zu konvertierende Datei und speichern Sie sie sofort unter einem neuen Namen wieder ab. (Damit ist sichergestellt, dass die Änderungen nur für die neue Datei gelten, während die ursprüngliche Datei – unter anderem als Kontrollreferenz – so bleibt wie sie ist.)

- Markieren Sie das gesamte Tabellenblatt (Mausklick auf das linke obere Eck der Zeilen- und Spaltenbeschriftung). Anschließend klicken Sie das erste Symbol der EURO-Symbolleiste an. Das Programm versucht nun, alle für eine Eurokonvertierung geeigneten Zellen zu erkennen und markiert diese mit einer roten diagonalen Linie. (Es erfolgt aber vorerst noch keine tatsächliche Konvertierung.)

In Bild 5.22 sehen Sie, wie die kleine Beispieltabelle nach diesem Schritt aussieht: nur die Zelle B3 ist für eine nachfolgende Konvertierung gekennzeichnet.

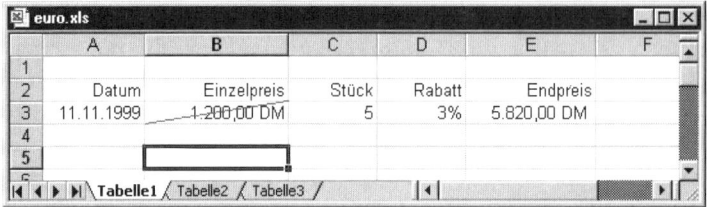

Bild 5.22: Nur die Zelle B3 ist für eine nachfolgende
Eurokonvertierung gekennzeichnet

- Jetzt beginnt für Sie die eigentliche Arbeit: Sie müssen entscheiden, ob die vom Programm getroffene Auswahl ausreichend ist. Wenn zuwenig Zellen gekennzeichnet wurden, müssen Sie weitere Zellen mit der Maus markieren und dann ebenfalls mit dem zweiten Button der EURO-Symbolleiste kennzeichnen. Sind hingegen zu viele Zellen gekennzeichnet worden, müssen Sie diese Zellen markieren und die Kennzeichnung mit dem dritten Button wieder aufheben.

Beachten Sie dass, wie eingangs beschrieben, nur Zellen mit Ausgangsbeträgen konvertiert werden müssen. Bei Zellen mit Formeln ergibt sich die Eurokonvertierung automatisch! Aus diesem Grund darf E3 *nicht* gekennzeichnet werden!

- Wenn Sie sicher sind, dass die richtigen Zellen gekennzeichnet sind, klicken Sie den vierten Button an. Jetzt werden alle gekennzeichneten Zellen in Euro konvertiert. Gleichzeitig wird auch die Formatierung dieser Zellen geändert.

Bild 5.23: Die Tabelle nach der Eurokonvertierung

- Sofern Sie vorher die richtigen Zellen markiert haben, ist die Eurokonvertierung jetzt bereits abgeschlossen. (Wenn Sie Zellen vergessen haben, wiederholen Sie einfach die obige Vorgehensweise: Zellen zuerst kennzeichnen, dann konvertieren.)

Allerdings müssen im letzten Schritt noch Ergebniszellen wie E3 formatiert werden. Dort steht zwar bereits der korrekte Eurobetrag, aber dieser ist noch als DM-Betrag formatiert. Der fünfte Button der EURO-Symbolleiste verändert die Formatierung aller zuvor mit der Maus markierten Zellen. (Beachten Sie bitte, dass durch diesen Button lediglich das Währungssymbol im Zahlenformat ausgetauscht wird (also *DM* → €). Bei Zellen, die nicht in *DM* formatiert sind, ändert sich nichts. (Lediglich bei Zellen, die überhaupt nicht formatiert sind, wird die Anzahl der Nachkommastellen auf 2 limitiert.)

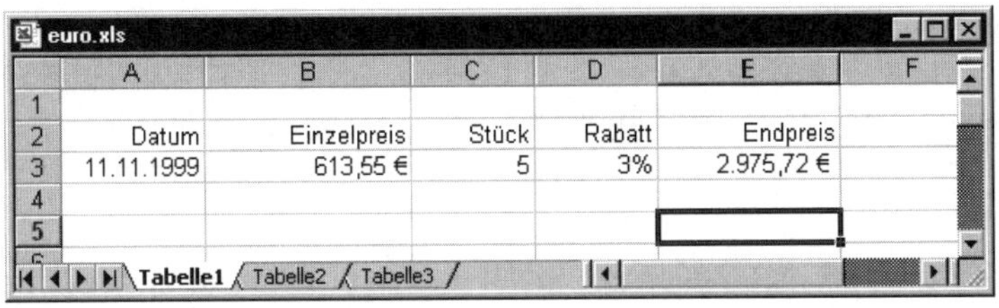

	A	B	C	D	E	F
1						
2	Datum	Einzelpreis	Stück	Rabatt	Endpreis	
3	11.11.1999	613,55 €	5	3%	2.975,72 €	
4						
5						

Bild 5.24: Die Tabelle nach vollendeter Formatierung

ANMERKUNG

Erwarten Sie bitte nicht, dass die Eurokonvertierung immer so mühelos wie bei der hier vorgestellten Beispieltabelle klappt. In der Realität sind Excel-Tabellen leider viel komplexer, und die Euro-Umstellung ist ein zeitaufwendiger Vorgang. Der wohl wichtigste Schritt besteht darin, zum Schluss die alte und die neue Tabelle zu vergleichen, um sicherzugehen, dass wirklich nicht zu viel, aber auch nicht zu wenig konvertiert wurde.

Programmcode

TestAndMarkForEuroConversion wird über den ersten Button der EURO-Symbolleiste aufgerufen. In der Prozedur wird getestet, ob überhaupt Zellen markiert sind. Wenn das nicht der Fall ist, wird die Prozedur sofort wieder verlassen.

Die folgenden Zeilen dienen zur Geschwindigkeitsoptimierung. Sie deaktivieren die automatische Neuberechnung der Tabelle nach jeder Änderung und die ständige Bildschirmaktualisierung (Details siehe Abschnitt 5.11).

```
' testet für alle zuvor ausgewählten Zellen, ob sie für
' eine Konvertierung in Frage kommen; wenn ja, werden
' sie durch eine rote, diagonale Linie zur Konvertierung
' gekennzeichnet
Sub TestAndMarkForEuroConversion()
  Dim ar As Range, cell As Range
  Dim usedrng As Range
  Dim calcModus&, updateModus&
  If Selection Is Nothing Then Exit Sub
  If TypeName(Selection) <> "Range" Then Exit Sub
  ' Geschwindigkeitsoptimierung
  calcModus = Application.Calculation
  updateModus = Application.ScreenUpdating
  Application.Calculation = xlManual
  Application.ScreenUpdating = False
```

Die zwei Schleifen über *Areas* und über *Cells* stellen sicher, dass wirklich jede markierte Zelle analysiert wird – auch dann, wenn mit Strg ein zusammengesetzter Zellbereich markiert wurde.

Mit *Intersect* wird der zu analysierende Bereich auf den Arbeitsbereich der Tabelle eingeschränkt (also auf jenen rechteckigen Bereich des Tabellenblatts, das tatsächlich in Verwendung ist). Hier handelt es sich abermals um eine Geschwindigkeitsoptimierung: Selbst wenn beispielsweise mehrere Spalten markiert werden (jede Spalte besteht immerhin aus 65536 Zellen), werden nur die tatsächlich aktiven Zellen analysiert.

Der eigentliche Test, welche Zellen nun zu kennzeichnen sind, besteht aus einer Reihe simpler Abfragen. Ist die Zelle leer? Enthält sie eine Formel? etc. Nur wenn sämtliche Kriterien erfüllt (bzw. nicht erfüllt sind, *Not*), wird die Zelle gekennzeichnet. Dazu wird die Hilfsprozedur *MarkRangeForEuroConversion* aufgerufen. (Der Programmcode ist hier übrigens nicht wie sonst üblich bei jeder *If*-Abfrage eingerückt – ganz einfach deswegen, weil die Seitenbreite dieses Buchs dafür keinen Platz lässt. Da VBA Abfragen mit *And* nicht optimiert, ist diese verschachtelte *If*-Konstruktion übrigens schneller als eine Kombination der Bedingungen mit *And* in einer einzigen *If*-Abfrage.)

> **HINWEIS** Damit Sie eine Vorstellung haben, wie schnell (oder langsam) das Programm ist, hier ein beispielhafter Messwert: Die Analyse von 25000 gefüllten Zellen (100 Spalten, 250 Zeilen) dauert auf einem Pentium II 400 ca. 15 Sekunden. Jede Anstrengung, das Programm zu optimieren, lohnt sich also.

```
Set usedrng = Selection.Worksheet.UsedRange
'Schleifen über alle Zellen
For Each ar In Intersect(Selection, usedrng).Areas
  For Each cell In ar.Cells
    If Not IsEmpty(cell) Then                          'nicht leer
    If Not cell.HasFormula Then                        'keine Formel
    If Not TypeName(cell.Value) = "Date" Then          'kein Datum
    If Not TypeName(cell.Value) = "String" Then        'keine Zeichenkette
    If InStr(cell.NumberFormat, "%") = 0 Then          'keine %-Formatie-
                                                       'rung
    'nur Zellen mit DM-Format
    If convertOnlyCurrency Then
      If InStr(cell.NumberFormatLocal, currencyFormat) <> 0 Then
        MarkRangeForEuroConversion cell
      End If
    Else
      MarkRangeForEuroConversion cell
    End If
    End If
    End If
    End If
```

5.10 Excel und der Euro

```
        End If
      End If
    Next
  Next
  Application.Calculation = calcModus
  Application.ScreenUpdating = updateModus
End Sub

' Konvertierungsmarkierung (rote, diagonale Linie) für Zellbereich
Sub MarkRangeForEuroConversion(rng As Range)
  Dim ar As Range, cell As Range
  For Each ar In rng
    For Each cell In ar.Cells
      cell.Borders(xlDiagonalUp).LineStyle = xlContinuous
      cell.Borders(xlDiagonalUp).Color = vbRed
    Next
  Next
End Sub
```

Dem zweiten Euro-Button ist die Prozedur *MarkSelectionForEuroConversion* zugeordnet. Damit werden die zuvor markierten Zellen ohne langen Test zur späteren Konvertierung gekennzeichnet. Die Prozedur greift dabei – nach den oben schon beschriebenen Sicherheitstests und Geschwindigkeitsoptimierungen – auf *MarkRangeForEuroConversion* zurück.

```
Sub MarkSelectionForEuroConversion()
  Dim calcModus&, updateModus&
  If Selection Is Nothing Then Exit Sub
  If TypeName(Selection) <> "Range" Then Exit Sub
  ' Geschwindigkeitsoptimierung
  calcModus = Application.Calculation
  updateModus = Application.ScreenUpdating
  Application.Calculation = xlManual
  Application.ScreenUpdating = False
  MarkRangeForEuroConversion Intersect(Selection, _
    Selection.Worksheet.UsedRange)
  Application.Calculation = calcModus
  Application.ScreenUpdating = updateModus
End Sub
```

Dem dritten Button ist *UnMarkSelectionForEuroConversion* zugeordnet, die ganz analog wie die oben abgedruckte Prozedur aussieht. Die eigentliche Arbeit erfolgt dann in *UnMarkRangeForEuroConversion*:

```
' für Zellbereich Konvertierungsmarkierung löschen
Sub UnMarkRangeForEuroConversion(rng As Range)
  Dim ar As Range, cell As Range
  For Each ar In rng
    For Each cell In ar.Cells
      cell.Borders(xlDiagonalUp).LineStyle = xlLineStyleNone
    Next
  Next
End Sub
```

Die eigentliche Euro-konvertierung erfolgt in *ConvertNumberIntoEuro*. Diese Prozedur testet für alle Zellen des gerade aktiven Tabellenblatts, ob diese für eine Konvertierung markiert sind (also rote diagonale Linie). Wenn Sie möchten, können Sie den Test natürlich auch auf einen zuvor markierten Zellbereich eingrenzen.

```
Sub ConvertNumberIntoEuro()
  Dim calcModus&, updateModus&
  Dim cell As Range
  If TypeName(ActiveWindow.ActiveSheet) <> "Worksheet" Then Exit Sub
  ' Geschwindigkeitsoptimierung
  calcModus = Application.Calculation
  updateModus = Application.ScreenUpdating
  Application.Calculation = xlManual
  Application.ScreenUpdating = False
  ' für alle Zellen des Tabellenblatts
  For Each cell In ActiveWindow.ActiveSheet.UsedRange
    If Not IsEmpty(cell) Then
      If cell.Borders(xlDiagonalUp).LineStyle = xlContinuous Then
        If cell.Borders(xlDiagonalUp).Color = vbRed Then
```

Wenn eine zu konvertierende Zelle gefunden wird, differenziert das Programm zwischen Formeln und Zahlenwerten. Bei Formeln wird der Ausdruck in Klammern gesetzt und durch den *Euroconvert*-Umwandlungswert für die jeweilige Währung dividiert. Aus Zahlenwerten wird ebenfalls eine Formel mit einer entsprechenden Division gebildet. Diese Vorgehensweise liefert in jedem Fall übersichtliche Formeln, die mühelos in den ursprünglichen Zustand zurückverwandelt werden können. Für die betreffende Zelle wird anschließend die Konvertierungsmarkierung gelöscht und eine Formatierung in Euro durchgeführt.

```
          If cell.HasFormula Then
            cell.Formula = "=(" & Mid(cell.Formula, 2) & ") / " & _
              Str(EUROCONVERT(1, "EUR", currencyIso, True))
            UnMarkRangeForEuroConversion cell
            EuroNumberFormatRange cell
          ElseIf IsNumeric(cell.Value) Then
            cell.Formula = "=" & Str(cell.Value) & "/" & _
              Str(EUROCONVERT(1, "EUR", currencyIso, True))
```

5.10 Excel und der Euro

```
              UnMarkRangeForEuroConversion cell
              EuroNumberFormatRange cell
            End If
          End If
        End If
      End If
    Next
    Application.Calculation = calcModus
    Application.ScreenUpdating = updateModus
End Sub
```

Die Euroformatierungsprozedur *EuroNumberFormatRange* testet, ob die betreffenden Zellen überhaupt formatiert sind (*NumberFormat = "General"*). Ist das nicht der Fall, wird eine Formatierung mit zwei Nachkommastellen durchgeführt. Bei bereits formatierten Zellen werden in *NumberFormatLocal* die bisherigen Währungssymbolen durch das Eurosymbol ersetzt. Zellen, in denen bisher keine Währung angezeigt wurde, behalten ihre Formatierung.

```
Sub EuroNumberFormatRange(rng As Range)
  Dim tmp$
  Dim ar As Range, cell As Range
  For Each ar In rng.Areas
    For Each cell In ar.Cells
      If cell.NumberFormat = "General" Then
        If IsNumeric(cell.Value) Then
          cell.NumberFormat = "0.00"
        End If
      ElseIf InStr(cell.NumberFormatLocal, currencyFormat) <> 0 Then
        tmp = cell.NumberFormatLocal
        tmp = Replace(tmp, currencyFormat, "€")
        tmp = Replace(tmp, """" + currencyFormat + """", "€")
        cell.NumberFormatLocal = tmp
      End If
    Next
  Next
End Sub
```

Dem fünften Button der EURO-Symbolleiste ist *EuroNumberFormat* zugeordnet, dessen einzige Aufgabe darin besteht, *EuroNumberFormatRange* nach den nun schon vertrauten Methoden zur Geschwindigkeitsoptimierung für die aktuelle Markierung aufzurufen.

```
Sub EuroNumberFormat()
  ... Geschwindigkeitsoptimierung
  EuroNumberFormatRange Intersect(Selection, _
    Selection.Worksheet.UsedRange)
  ... Geschwindigkeitsoptimierung
End Sub
```

Verbesserungsmöglichkeiten

Um Euro.xls zu einem kommerziellen Werkzeug zu machen, wäre noch einige Arbeit erforderlich:

- Als Ergänzung zu den fünf Buttons der EURO-Symbolleiste wären entsprechende Menüeinträge angebracht.
- Jeder Konvertierungsschritt müsste reversibel sein (Undo-Funktion).
- Konfigurationsdetails sollten über einen Dialog einstellbar sein.
- Es fehlt eine Hilfe.
- Die Kennzeichnung der zu konvertierenden Zellen durch rote diagonale Linien ist willkürlich. (Nicht ganz: Der Vorteil dieser Vorgehensweise besteht darin, dass die markierten Zellen gut erkennbar sind, ihr Inhalt aber weiterhin problemlos lesbar ist.) Für den unwahrscheinlichen Fall, dass in einer Tabelle tatsächlich diagonale Linien verwendet werden, sollte eine andere Kennzeichnungsmethode vorgesehen werden.

Ziel dieses Abschnitt war aber nicht, Euro-Tool-Programmierer arbeitslos zu machen, sondern einige Programmiertechniken zu vermitteln. Und als Hilfestellung für eine eigene Weiterentwicklung sollten die Beispiele ausreichen.

5.11 Tipps und Tricks

Dieser Abschnitt fasst nützliche Tipps und Tricks zusammen, die den anderen Abschnitten dieses Kapitels nicht zuzuordnen sind, aber dennoch einen so elementaren Charakter haben, dass sie inhaltlich in dieses Kapitel gehören. Sie finden die meisten Beispielprogramme in der Datei 05\miscellaneous.xls.

5.11.1 Geschwindigkeitsoptimierung

Prozeduren, die umfangreiche Änderungen im Tabellenblatt durchführen, können sehr langsam werden. Zwei mögliche Gründe sind der Zeitaufwand für das beständige Aktualisieren des Bildschirminhalts und die Neuberechnung der Tabelle nach jeder Änderung. Sie können die Geschwindigkeit Ihrer Makros stark erhöhen, wenn Sie während der Ausführung sowohl die Bildschirmaktualisierung als auch die Neuberechnung deaktivieren. Dazu müssen Sie die *Application*-Eigenschaften *ScreenUpdating* und *Calculation* am Anfang und am Ende der Prozedur entsprechend einstellen.

5.11 Tipps und Tricks

```
Sub HighSpeed()
  Dim calcMode As XlCalculation, updateMode As Boolean
  '
  ' Geschwindigkeitsoptimierung Anfang
  calcMode = Application.Calculation
  updateMode = Application.ScreenUpdating
  Application.Calculation = xlManual
  Application.ScreenUpdating = False
  '
  ' hier folgt der eigentliche Code des Makros
  '
  ' Geschwindigkeitsoptimierung Ende
  Application.Calculation = calcMode
  Application.ScreenUpdating = updateMode
  Application.Calculate    'alles neu berechnen (falls notwendig)
End Sub
```

Die Prozedur *HighSpeed* speichert zu Beginn der Prozedur die aktuellen Werte der beiden Eigenschaften und stellt sie anschließend auf *False* bzw. *xlManual*. Am Ende der Prozedur werden die ursprünglichen Einstellungen wiederhergestellt.

Falls im Verlauf der Prozedur die Notwendigkeit besteht, die Tabelle oder auch nur einen Bereich davon neu zu berechnen, können Sie dies mit der Methode *Calculate* veranlassen.

> **ANMERKUNG**
> Falls Sie in der Prozedur das Kommando *Exit Sub* verwenden, dürfen Sie nicht vergessen, *Calculation* vorher in den bisherigen Zustand zurückzuversetzen. Weniger kritisch ist die Eigenschaft *ScreenUpdating*, die von VBA am Ende des ausgeführten Makros automatisch wieder auf *True* gestellt wird. Insofern ist die Zuweisung mit *True* nur dann erforderlich, wenn Sie den Bildschirminhalt schon während des Makroablaufs aktualisieren möchten.

5.11.2 Zeitaufwendige Berechnungen

Infotext in der Statuszeile

Während länger dauernder Berechnungen sollten Sie den Anwender durch einen Text in der Statuszeile über den Stand der Berechnung informieren. Diese Maßnahme gibt dem Anwender eine Rückmeldung und zeigt an, dass der Rechner noch nicht abgestürzt ist. Die Statuszeile sollte zumindest Auskunft darüber geben, was der Rechner gerade tut. Noch besser ist es, wenn Sie außerdem in einem Prozentwert angeben können, wie weit die Berechnung bereits fortgeschritten ist – das ist allerdings nicht immer möglich.

Der Text der Statuszeile wird mit *Application.StatusBar* eingestellt. Sobald Sie der Eigenschaft *False* zuweisen, kümmert sich Excel wieder um die Anzeige von Texten in der Statuszeile (beispielsweise während der Menüauswahl).

Die Eigenschaft **DisplayStatusBar** bestimmt, ob die Statusleiste angezeigt wird oder nicht. Wenn das gerade nicht der Fall ist, können Sie die Statuszeile vorübergehend anzeigen und am Ende der Prozedur wieder verschwinden lassen.

> **ANMERKUNG**
> Leider besteht in Excel nach wie vor keine Möglichkeit, den Zustand einer länger andauernden Berechnung durch einen Fortschrittbalken (mit den kleinen blauen Quadraten, englisch *progress bar*) anzuzeigen. Excel verwendet dieses Gestaltungsobjekt zwar selbst häufig – etwa beim Laden und Speichern von Dateien – es fehlen aber VBA-Methoden zur Steuerung der Statusleiste.

Das folgende Beispiel zeigt, wie eine längere Berechnung in einer Weise durchgeführt werden kann, die für den Anwender des Programms erträglich ist. Die Prozedur beginnt damit, dass der aktuelle Zustand der Statuszeile (sichtbar oder nicht) in *status* gespeichert wird. Anschließend wird die Statuszeile aktiviert, falls sie das nicht ohnedies schon war.

In der *For*-Schleife für die Berechnung sind zwei *If*-Abfragen eingebaut. Die erste Abfrage testet, ob die Schleifenvariable ein Vielfaches von 50 beträgt. Diese Abfrage hat nur den Zweck, den nachfolgenden, relativ aufwendigen Zeitvergleich nicht allzu oft auszuführen. Die zweite Abfrage testet, ob seit der letzten Aktualisierung der Statuszeile mehr als eine Sekunde vergangen ist. Wenn das der Fall ist, wird die Anzeige in der Statuszeile aktualisiert und die Variable *nextUpdateTime* um eine Sekunde erhöht. Die Rechenzeit der Prozedur steigt durch den Verwaltungs-Overhead für die Statuszeile etwa um 5 Prozent an.

Der eigentliche Rechenteil der Prozedur hat nur Beispielcharakter und führt keine wirklich sinnvolle Berechnung durch. Am Ende der Prozedur wird der Text in der Statuszeile durch die Zuweisung von *False* wieder gelöscht. Damit wird die Kontrolle über den Statuszeilentext an Excel zurückgegeben. Außerdem wird die Statuszeile deaktiviert, falls sie am Beginn der Prozedur unsichtbar war.

Reale Berechnungen halten sich oft nicht an das hier skizzierte Schema einer einfachen Schleife. Wenn Sie eine umfangreiche Prozedur auf Hintergrundberechnung umstellen möchten, können Sie die beiden *If*-Abfragen in eine eigene Prozedur auslagern. *nextUpdateTime* müssen Sie dann als Modulvariable außerhalb der Prozedur definieren. Die Auslagerung hat den Vorteil, dass Sie die Abfragen durch einen einfachen Prozeduraufruf von mehreren Stellen der Hauptprozedur aus vornehmen können.

5.11 Tipps und Tricks

```
'Beispiel 05\miscellaneous.xls, Modul1
Sub slowcode()
  Const loopEnd = 1000000
  Dim statusMode&, nextUpdateTime As Date
  Dim i&, x#, result&
  Application.EnableCancelKey = xlErrorHandler
  On Error GoTo slow_error
  nextUpdateTime = Now
  statusMode = Application.DisplayStatusBar  'Zustand Statusleiste
  Application.DisplayStatusBar = True        'Statusleiste anzeigen
  '
  For i = 1 To loopEnd                       'Berechnungsschleife
    If i Mod 50 = 0 Then                     'nur jedes 50. Mal testen
      If Now > nextUpdateTime Then           'Statuszeile aktualisieren
        nextUpdateTime = Now + TimeSerial(0, 0, 1)
        Application.StatusBar = "Berechnung zu " & _
          CInt(i / loopEnd * 100) & " Prozent ausgeführt"
      End If
    End If
    '
    x = Sin(i) * Cos(i) ^ 3 * Sqr(i)         'Rechenzeit verbrauchen
    x = Sin(i) * Cos(i) ^ 3 * Sqr(i)
    x = Sin(i) * Cos(i) ^ 3 * Sqr(i)
    x = Sin(i) * Cos(i) ^ 3 * Sqr(i)
  Next i
  '
  Application.StatusBar = False              'Steuerung an Excel zurück
  Application.DisplayStatusBar = statusMode  'Statuszeile wie früher
  Exit Sub
slow_error:
  If Err = 18 Then
    result = MsgBox("Soll das Programm fortgesetzt werden?", vbYesNo)
    If result = vbYes Then Resume Next
  End If
  ' sonst Prozedur abbrechen
  Application.StatusBar = False              'Steuerung an Excel zurück
  Application.DisplayStatusBar = statusMode  'Statuszeile wie früher
  If Err = 18 Then Exit Sub
  Error Err                                  'Fehlermeldung
End Sub
```

Programmunterbrechungen

Das obige Beispiel beginnt und endet mit einigen Zeilen, die für einen ordnungsgemäßen Abschluss des Programms sorgen, wenn ein Fehler auftritt oder der Anwender Strg+Untbr drückt. Eine wichtige Rolle spielt dabei die Eigenschaft *EnableCancelKey*, die das Verhalten von Excel beim Drücken von Strg+Untbr steuert. Wenn *EnableCancelKey* auf *xlErrorHandler* gesetzt wird, tritt als Reaktion auf Strg+Untbr ein Fehler mit der Nummer 18 auf, der in einer Fehlerbehandlungsroutine aufgefangen werden kann. Details zum Thema Fehlerbehandlung und Programmunterbrechungen finden Sie in den Abschnitten 6.2 und 6.3.

Warnungen

Excel zeigt während der Ausführung von Makros dieselben Warnungen an wie im normalen Betrieb. Das kann lästig sein. Eine unterbrechungsfreie Ausführung von Makros kann erreicht werden, indem die *Application*-Eigenschaft *DisplayAlerts* auf *False* gesetzt wird.

Eingaben blockieren

Über die Zuweisung von *False* an die Eigenschaft *Application.Interactive* kann Excel gegenüber allen Eingaben (Tastatur und Maus) blockiert werden. Im Regelfall ist das nicht erforderlich, weil Excel während der Makroausführung ohnedies keine Eingaben entgegennimmt.

> **ACHTUNG**
>
> Die Eigenschaft *Interactive* muss am Ende der Prozedur unbedingt wieder auf *True* gesetzt werden, auch dann, wenn die Prozedur vorzeitig durch *Exit Sub* abgebrochen wird! Die Prozedur muss gegen eventuelle Fehler abgesichert sein (siehe Kapitel 6), so dass auch im Fehlerfall sichergestellt ist, dass die Eigenschaft zurückgesetzt wird. Es gibt keine Möglichkeit, die Eigenschaft außerhalb des VBA-Codes zurückzusetzen. Excel wird durch diese Eigenschaft nicht nur blockiert, das Programm kann nicht einmal mehr beendet werden! Eventuell noch nicht gespeicherte Daten sind verloren.

Informationen über den Zustand Excels ermitteln (neu in Excel 2002)

Mit *Application.CalculationState* können Sie feststellen, ob Excel gerade dabei ist, das Tabellenblatt neu zu berechnen. Die Eigenschaft kann drei Zustände einnehmen: *xlDone* (fertig), *xlCalculating* (die Neuberechnung findet gerade statt) oder *xlPending* (eine Neuberechnung ist erforderlich, hat aber noch nicht begonnen).

Application.Ready gibt an, ob Excel bereit ist, Eingaben entgegenzunehmen oder ob es aus irgendeinem Grund gerade blockiert ist (z.B. weil ein Dialog geöffnet ist).

Hintergrundberechnungen (DoEvents)

Unter Windows 3.1 trat bei umfangreichen Berechnungen das Problem auf, dass dadurch nicht nur Excel, sondern auch alle anderen laufenden Programme blockiert wurden. Abhilfe bot die regelmäßige Ausführung von *DoEvents* im VBA-Programmcode.

Seit Windows 95 ist die Ausführung von *DoEvents* nicht mehr erforderlich: Die parallele Ausführung verschiedener Programme ist nun auch ohne *DoEvents* gewährleistet. Seit Excel 2000 hat *DoEvents* aber eine andere Bedeutung: In seltenen Fällen kann damit erreicht werden, dass Excel weiterhin bedienbar bleibt, während VBA-Code ausgeführt wird.

Die Beispieldatei 05\DoEvents.xls zeigt dafür ein Beispiel: Mit einem Button können Sie eine Endlosschleife starten, mit einem zweiten wieder stoppen. Die Besonderheit besteht darin, dass der zweite Button während der Schleife überhaupt verwendet werden kann (normalerweise wäre er blockiert) und dass auch Excel bedienbar bleibt. Das Beispiel zeigt aber auch die Grenzen der Technik: Wenn Sie in einer beliebigen Zelle eine Eingabe durchführen, endet die Schleife abrupt (wenn auch ohne Fehlermeldung).

```
' Beispiel 05\DoEvents.xls
Dim stopsignal As Boolean

Private Sub CommandButton1_Click()
  Do
    [a1] = Rnd
    DoEvents
    If stopsignal Then Exit Do
  Loop
  stopsignal = False
End Sub

Private Sub CommandButton2_Click()
  stopsignal = True
End Sub
```

5.11.3 Effizienter Umgang mit Tabellen

Excel-Anwendungen bringen es mit sich, dass ihre Hauptaufgabe in sehr vielen Fällen darin besteht, riesige Tabellenblätter zu bearbeiten (Werte lesen oder schreiben, ändern, analysieren etc.). Dieser Abschnitt fasst diverse Programmiertechniken zusammen, mit denen der Umgang mit Tabellenblättern effizienter gestaltet werden kann.

Effizientes Bearbeiten von Zellbereichen

Wenn Sie eine große Anzahl von Zellen per VBA-Code bearbeiten müssen, besteht die langsamste (aber leider einfachste) Methode darin, jede Zelle einzeln anzusprechen. Daran ändern auch *ScreenUpdating = False* und *Calculation = xlManual* nicht mehr viel. Die folgenden Zeilen zeigen, wie 10000 Zellen mit Zahlen gefüllt werden.

```
' Beispieldatei 05\miscellaneous.xls, Module1
' die einfachste und gleichzeitig langsamste Variante: ca. 10 Sekunden
Sub SlowFill()
  Dim i#, j#, k#, r As Range
  Set r = Worksheets(1).[a1]
  Sheets(1).Activate
  r.CurrentRegion.Clear
  Application.ScreenUpdating = False
  Application.Calculation = xlManual
  For i = 0 To 199      ' Zeilen
    For j = 0 To 199    ' Spalten
      k = i * 200 + j
      r.Offset(i, j) = k
    Next
  Next
  Application.Calculation = xlAutomatic
  Application.ScreenUpdating = True: Beep
End Sub
```

Wenn Sie schneller vorgehen möchten, haben Sie vier Möglichkeiten:

- Sie verwenden vordefinierte Excel-Methoden, arbeiten also mit Methoden wie *AutoFill* (automatisches Ausfüllen), *PasteSpecial* (Inhalte einfügen und dabei Operationen wie Subtraktion, Multiplikation etc. ausführen), *Copy* (Zellbereiche kopieren) etc. Natürlich sind diese Methoden nicht für jeden Zweck geeignet – aber wenn sie geeignet sind, dann sind sie *sehr* schnell im Vergleich zur herkömmlichen Programmierung.

- Sie arbeiten mit Feldern: Der Zugriff auf Feldelemente erfolgt viel schneller als der Zugriff auf Zellen. Felder können fertig ausgerechnet und dann als Ganzes in einen Zellbereich kopiert werden.

- Sie arbeiten mit Datenfeldern: Datenfelder haben gegenüber normalen Feldern zwar viele Nachteile, aber auch einen entscheidenden Vorteil: Sie können ganze Zellbereiche auf einmal in ein Datenfeld übertragen. (Bei normalen Feldern ist ein Datentransport nur in die umgekehrte Richtung möglich.)

- Sie arbeiten mit der Zwischenablage: Über die Zwischenablage ist ein effizienter Datentransport in beide Richtungen möglich, also aus dem Tabellenblatt und wieder dort hinein (siehe Abschnitt 5.3).

Arbeiten mit normalen Feldern

Es ist kaum bekannt, dass die Inhalte von ein- und zweidimensionalen Feldern einfach per Zuweisung in einen Zellbereich kopiert werden können. Am einfachsten wird das anhand eines Beispiels verständlich:

```
Dim y(3) As Variant              '4 Elemente
y(i) = ...
Worksheets(1).Range("a1:d1") = y  'verändert A1:D1
'
Dim x(9, 4) As Variant           '10*5 Elemente
x(i,j)= ...
Worksheets(1).Range("a1:e10") = x  'verändert die Zellen A1:E10
```

Beim Umgang mit Feldern müssen einige Details beachtet werden:

- Der Zielbereich muss exakt angegeben werden; wenn er kleiner ist als das Feld, werden entsprechend weniger Elemente übertragen; wenn er dagegen zu groß ist, werden die überzähligen Zellen mit dem Fehlerwert *#NV* gefüllt.

- Eindimensionale Felder können nur einem horizontalen Zellblock zugewiesen werden, nicht einem vertikalen.

- Bei zweidimensionalen Feldern gibt der erste Index die Zeile, der zweite Index die Spalte an (also *feld(zeile,spalte)*). Das entspricht zwar dem von *Offset* gewohnten Format, intuitiv würde man aber vielleicht dennoch die umgekehrte Reihenfolge erwarten (also *feld(x,y)*).

- Die Datenübertragung ist nur in der Richtung Feld → Tabelle möglich. Das Einlesen von Zellen in ein Feld ist nicht möglich (bzw. nur mit Datenfeldern – siehe etwas weiter unten).

Der Code zum Ausfüllen von 10000 Zellen mit Hilfe eines Datenfelds ist nicht wesentlich komplizierter als das direkte Eintragen der Zellen, dafür aber um ein Vielfaches schneller:

```
Sub FastFill() ' schnelle Variante, kleiner 1 Sekunde
  Dim i#, j#, k#
  Dim r As Range, r1 As Range, r2 As Range
  Dim cells(199, 199)
  Worksheets(1).Activate
  Worksheets(1).[a1].CurrentRegion.Clear
  Application.ScreenUpdating = False
  Application.Calculation = xlManual
  For i = 0 To 199        ' Zeilen
    For j = 0 To 199      ' Spalten
      k = i * 200 + j
      cells(i, j) = k
    Next
  Next
```

```
' Zielbereich ermitteln
Set r1 = Worksheets(1).[a1]
Set r2 = r1.Offset(199, 199)
Set r = Worksheets(1).Range(r1, r2)
r = cells
Application.Calculation = xlAutomatic
Application.ScreenUpdating = True
End Sub
```

 In Excel 7 können nur Zellbereiche bis zu maximal 5200 Zellen verändert werden. Das obige Programm muss dann dergestalt verändert werden, dass die Zellen in Blöcken (zu etwa 10 Zeilen) verändert werden.

Arbeiten mit Datenfeldern

Datenfelder sind eine recht merkwürdige Erfindung. Sie bieten eigentlich nichts, was sich nicht auch mit gewöhnlichen Feldern machen ließe, verwenden dabei intern aber eine andere Organisation. Ihr Vorteil: Datenfelder können zusammen mit einigen Excel-Methoden verwendet werden, bei denen normale Felder – aus welchen Gründen auch immer – nicht zulässig sind. Das meiste, was oben für normale Felder besprochen wurde, gilt auch für Datenfelder. Neu ist, dass jetzt auch ein Datentransport aus einem Zellbereich in ein Datenfeld möglich ist.

```
Dim x As Variant
x = Worksheets(1).[a1:b4]      '8 Elemente lesen
...                            'bearbeiten
Worksheets(1).[c1:d4] = x      '8 Zellen verändern
```

Auf die einzelnen Elemente kann nun in der Form *x(1,1)* bis *x(4,2)* (für B4) zugegriffen werden. Gegenüber normalen Feldern bestehen folgende Unterschiede:

- Der Zugriff auf das erste Feld beginnt mit dem Index 1. (Bei Feldern ist es normalerweise 0. Nur wenn Sie *Option Base 1* verwenden, gilt auch bei Feldern der Index 1 als kleinster erlaubter Wert.)

- Die Größe von Datenfeldern kann nicht im Voraus durch *Dim* eingestellt werden. Die Anzahl der Elemente ergibt sich erst beim Kopieren von Zellen aus dem Tabellenblatt. Daher eignen sich Datenfelder vor allem dann, wenn bereits vorhandene Zellen verändert oder analysiert werden müssen. Echte Felder sind dagegen praktischer, wenn nur Daten in das Tabellenblatt geschrieben werden sollen.

5.11.4 Zusammenspiel mit Excel-4-Makros

Es besteht keine Möglichkeit, herkömmliche Makros quasi auf Knopfdruck in VBA-Makros zu konvertieren. Sie können herkömmliche Makros aber problemlos weiterverwenden. In VBA-Modulen formulierte Funktionen bzw. Prozeduren können in

5.11 Tipps und Tricks

Tabellenblättern bzw. in Makrovorlagen direkt durch Namensnennung aufgerufen werden (=*Makro1()*). Umgekehrt können herkömmliche Makros in VBA-Programmteilen mit der Methode *Run* weiterverwendet werden:

```
Run "makroname1"
Run "makroname2", parameter1, parameter2
```

Makrofunktionen im VBA-Code aufrufen

Auch einzelne Makrokommandos können direkt in VBA ausgeführt werden. Dazu wird das gesamte Kommando ohne das vorangestellte »=«-Zeichen als Zeichenkette an die Methode *ExecuteExcel4Macro* übergeben. Beachten Sie, dass Sie dabei den deutschen Kommandonamen angeben müssen! (In Excel 7 wurde zwar VBA auf englisch umgestellt, herkömmliche Makros müssen aber nach wie vor auf deutsch angegeben werden!)

```
ExecuteExcel4Macro "BILDSCHIRMANZEIGE(,FALSCH,,,,,)"
```

> **HINWEIS**
>
> Zur Wiederholung hier nochmals der Hinweis, wie Excel-Tabellenfunktionen im VBA-Code genutzt werden: Mit den englischen Funktionsnamen und mit vorangestelltem *WorksheetFunction* (einer Eigenschaft des *Application*-Objekts):
>
> *WorksheetFunction.Sum(Range("A1:A3"))*

5.11.5 Excel-Version feststellen

Wenn Sie per VBA-Code feststellen möchten, von welcher Excel-Version die Prozedur ausgeführt wird, werten Sie *Application.Version* aus (es handelt sich um eine Zeichenkette!). Die Hauptversionsnummer ermitteln Sie am einfachsten mit *Val(..)*. Für die vergangenen vier Versionen gilt folgende Zuordnung:

Excel-Version	Inhalt von *Version*
Excel 5	"5.0"
Excel 7 alias 95	"7.0"
Excel 97	"8.0" ("8.0a", "8.0b" etc., je nach Service Release)
Excel 2000	"9.0"
Excel 2002	"10.0"

> **HINWEIS**
>
> Wenn Sie Excel-Anwendungen programmieren möchten, die auch in älteren Excel-Versionen ausgeführt werden können, müssen Sie sich auf den kleinsten gemeinsamen Nenner aller Versionen beschränken. Excel 2000 und 2002 unterscheiden sich nur durch wenige neue Objekte, Eigenschaften und Methoden. Auch die Unterschiede zwischen Excel 2000 und 97 sind gering; verzichten Sie auf ADO und FSO, dann kann nicht mehr allzu viel schief gehen. Die Unterschiede zu den früheren Versionen sind dagegen erheblich; unter anderem wurde das Format der *.xls-Dateien geändert.

5.11.6 Hilfe zur Selbsthilfe

Dieses Kapitel hat einige besonders wichtige und elementare Techniken der Excel-Programmierung behandelt. Es gäbe aber genug weitere Themen, um dieses Kapitel beinahe beliebig auszudehnen. Einige wurden in andere Kapitel verlagert – beispielsweise die Programmierung von Diagrammen (Kapitel 10) oder die Datenbankprogrammierung (Kapitel 11 bis 13). Andere Themen kommen in diesem Buch aus Platzgründen tatsächlich zu kurz.

Natürlich wäre es Ihnen als Leser lieber, wenn das Buch gerade um jene 20 Seiten umfangreicher wäre, die notwendig sind, um das eine – gerade für Sie wichtige – Detailproblem zu beschreiben. Aber da bei jedem Excel-Anwender die Prioritäten anders gesetzt sind, würde das Buch beim Versuch, größere Vollständigkeit zu erzielen, wohl doppelt so umfangreich werden, entsprechend teurer sein, später erscheinen etc. Der Anspruch, eine lesbare Einführung zu bieten, ginge verloren. Kurz und gut: es wird Ihnen nicht erspart bleiben, manchmal selbst zu experimentieren!

Nutzen Sie die Excel-Hilfe!

Ein Blick in die Hilfe kann nie schaden. Leider wurde die Hilfe mit Office 2000 vollkommen umgekrempelt, wobei sich wenig verbessert, aber vieles verschlechtert hat. Besonders ärgerlich sind die eingeschränkten Suchmöglichkeiten.

> **TIPP** Den schnellsten Weg zum Ziel bietet oft der Objektkatalog. Markieren Sie dort ein Schlüsselwort und drücken Sie F1.

Insgesamt ist die Suche nach Detailinformationen um so leichter, je besser Sie Excel bzw. VBA bereits kennen. Aus diesem Grund kann es durchaus sinnvoll sein, einmal die Objektreferenz in Kapitel 15 zu überfliegen. Diese Referenz vermittelt einen guten Überblick darüber, welche Objekte bei der Excel-Programmierung üblicherweise eingesetzt werden. Auch wenn Sie sich nicht alles merken können, bleibt vielleicht gerade so viel im Gedächtnis hängen, dass Sie das Schlüsselwort im Objektkatalog wiedererkennen.

Falls Sie über ein Abonnement der MSDN-Library verfügen, steht Ihnen zusätzlich zur normalen Hilfe eine riesige Sammlung von Dokumentationen mit exzellenten Suchmöglichkeiten zur Verfügung. Unter anderem haben Sie Zugriff auf die Knowledge Base, eine Sammlung von Problemlösungen, die offensichtlich bei der Beantwortung vieler Kundenanfragen entstanden ist.

> **TIPP** Die Informationen der MSDN-Library sind auch im Internet zugänglich. Allerdings sind dort die Suchmöglichkeiten weniger komfortabel:
> http://msdn.microsoft.com

Experimentieren Sie im Direktbereich!

Oft bleibt nur die Möglichkeit, unbekannte Eigenschaften oder Methoden einfach selbst auszuprobieren. Am leichtesten kann dies im Direktbereich erfolgen. Ein großer Monitor ist dabei hilfreich – dann haben Sie nämlich genug Platz, um die Excel- und VBA-Fenster neben- oder übereinander zu platzieren.

Sie können innerhalb des Direktbereichs beinahe alle Sprachstrukturen von VBA verwenden – selbst Schleifen! Die einzige Bedingung besteht darin, dass die gesamte Anweisung in einer Zeile Platz haben sollte (bzw. in mehreren Zeilen, wenn diese durch »_« verbunden sind). Sie dürfen beliebig viele neue Variablen (direkt ohne *Dim*) verwenden.

Sehr wertvoll bei der Analyse von unbekannten Daten oder Eigenschaften sind die Funktionen *VarType* und *TypeName*. *VarType* liefert einen numerischen Wert, der den Datentyp eines *Variant*-Werts bzw. einer Variablen angibt. Eine Liste der möglichen Zahlenwerte finden Sie in der Hilfe. *TypeName* liefert den Namen eines Objekttyps, beispielsweise *Worksheet*, *Window* oder *Nothing*. Damit haben Sie wieder ein Schlüsselwort zum Suchen in der Hilfe. Übrigens können Sie vom Direktbereich sehr bequem zu einem konkreten Hilfethema gelangen, indem Sie den Eingabecursor in ein Schlüsselwort stellen und F1 drücken.

Nutzen Sie die Makroaufzeichnung zur Suche nach Schlüsselwörtern!

Wenn es darum geht, Prozeduren zu programmieren, die Bedienungsabläufe vereinfachen oder automatisieren sollen, dann bietet die Makroaufzeichnung oft den schnellsten Weg zu einem lauffähigen Makro. Auch wenn der so produzierte Code nur selten unverändert belassen werden kann, enthält er doch zumeist die richtigen Schlüsselwörter.

5.11.7 Syntaxzusammenfassung

Alle Eigenschaften und Methoden beziehen sich – wenn nichts anderes angegeben wird – auf das Objekt *Application*.

Hintergrundberechnungen, Optionen für die Programmausführung	
Interactive = True/False	Eingaben zulassen oder nicht
EnableCancelKey = xlDisabled	keine Reaktion auf **Strg+Untbr**
.. = xlErrorHandler	Fehler 18 bei **Strg+Untbr**
DisplayAlerts = True/False	Warnmeldungen während der Makroausführung
DisplayStatusBar = True/False	Statusleiste anzeigen
StatusBar = "infotext"/False	Text in der Statuszeile einstellen

Geschwindigkeitsoptimierung	
ScreenUpdating = True/False	Bildschirmaktualisierung ein/aus
Calculation = xlAutomatic/xlManual	automatische/manuelle Berechnung
objekt.Calculate	Bereich/Blatt/ganze Anwendung neu berechnen

rc steht für eine Zeile oder eine Spalte (*Row* oder *Column*-Objekt), *ws* für ein Tabellenblatt (*WorkSheet*), *obj* für einen Zellbereich oder ein Zeichnungsobjekt (inklusive Steuerelemente und OLE-Objekte), *rng* für einen Zellbereich (*Range*-Objekt), *cb* für eine Symbolleiste (*CommandBar*-Objekt) und *wb* für eine Arbeitsmappe (*Workbook*-Objekt).

Excel-4-Makros und Tabellenfunktionen	
Run "makroname" [,para1, para2 ...]	Excel-4-Makro ausführen
ExecuteExcel4Macro "KOMMANDO(...)"	Excel-4-Makrokommando ausführen (deutsch)
WorksheetFunction.Function()	Tabellenfunktion ausführen (englisch)

Excel-Versionsnummer	
Application.Version	Zeichenkette mit der Excel-Versionsnummer

6 Fehlersuche und Fehlerabsicherung

Wo programmiert wird, da passieren Fehler! Diese Regel hat sich im Verlauf der letzten Jahrzehnte als unumstößlich herausgestellt. Selbst in jahrelang ausgereiften Programmen werden immer noch Fehler entdeckt. (Ganz zu schweigen von Programmen wie Excel oder Word, wo das Implementieren immer neuer Funktionen offensichtlich höhere Priorität hat als die Fehlersuche.) Ziel dieses Kapitels ist es aber nicht, über die Qualität vorhandener Software zu schimpfen, sondern Ihnen zu zeigen, wie Sie es besser machen können. Vielleicht kommt dann sogar Verständnis dafür auf, dass auch bei Microsoft Fehler passieren.

Das Kapitel gliedert sich in zwei Abschnitte: Der erste beschreibt die Möglichkeiten zur Analyse fehlerhafter Programme. Die englische Bezeichnung für diese Tätigkeit lautet »Debugging«. VBA bietet zu diesem Zweck eine ausgezeichnete Arbeitsumgebung, die unter anderem die Schritt-für-Schritt-Ausführung von Programmen, bedingte Haltepunkte und die Überwachung von Variablen ermöglicht. Der zweite Abschnitt dieses Kapitels zeigt, wie Sie Ihr Programm gegen ein unkontrolliertes Verhalten absichern, wenn doch ein Fehler auftreten sollte (z. B. wenn der Anwender Ihr Programm falsch bedient).

Kapitelübersicht

6.1	Hilfsmittel zur Fehlersuche (Debugging)	356
6.2	Fehlertolerantes Verhalten von Programmen	362
6.3	Reaktion auf Programmunterbrechungen	367
6.4	Syntaxzusammenfassung	368

6.1 Hilfsmittel zur Fehlersuche (Debugging)

6.1.1 Syntaxkontrolle

Fehler, die bereits vor dem Programmstart gemeldet werden

VBA weigert sich, irgendeine Prozedur zu starten, solange es im Code noch formale Fehler feststellen kann. VBA erkennt dabei falsch oder gar nicht deklarierte Variablen (siehe unten), die fehlerhafte Verwendung von Schlüsselwörtern als Variablen- oder Prozedurnamen, den Versuch, eine gar nicht existente Prozedur aufzurufen, doppelt definierte Prozeduren, die irrtümliche Verwendung von »;« statt »,« etc. Die meisten dieser Fehler sind einfach zu erkennen und mit wenig Aufwand zu beseitigen.

> **TIPP**
>
> Manche Fehler – etwa Tippfehler bei Methoden und Eigenschaften – können erst beim Kompilieren festgestellt werden (und unter Umständen sogar erst bei der Ausführung des Codes). In der Defaulteinstellung werden allerdings nur die Programmteile kompiliert, die tatsächlich benötigt werden. Daher kann es vorkommen, dass formale Fehler erst nach einiger Zeit, d.h., wenn die jeweilige Prozedur zum ersten Mal benötigt wird, entdeckt werden.
>
> Meistens ist es angenehmer, vor dem Programmstart *alle* formalen Fehler aufzuspüren. Dazu können Sie entweder das gesamte Projekt mit DEBUGGEN | KOMPILIEREN in Pseudo-Code umwandeln oder die beiden Kompiliereinstellungen in EXTRAS | OPTIONEN deaktivieren.

Fehler bei der Variablendeklaration

Wenn am Beginn Ihres Moduls die Anweisung *Option Explicit* steht, dann muss jede Variable vor ihrer Verwendung mit *Dim*, *Private* oder *Public* deklariert werden. Das sieht zwar nach zusätzlicher Arbeit aus, ist aber ein wichtiger und effizienter Mechanismus zur Vermeidung von Tippfehlern. Gerade bei den ungemein langatmigen Schlüsselwörtern (etwa der Methode *ToolbarButtons*) sind Tippfehler quasi schon vorprogrammiert. *Ohne* die Option *Explicit* interpretiert VBA ein falsch geschriebenes Schlüsselwort in der Regel wie eine nicht deklarierte *Variant*-Variable. Es kann ohne weiteres vorkommen, dass ein solches Programm trotz des offensichtlichen inhaltlichen Fehlers syntaktisch gesehen korrekt ist! Das Programm wird also anstandslos gestartet, womöglich tritt nicht einmal während der Ausführung ein Problem auf – wenn man davon absieht, dass die Prozedur den beabsichtigten Zweck nicht erfüllt.

Verwenden Sie daher immer die Option *Explicit*! Wenn Sie über EXTRAS | OPTIONEN | EDITOR die Option VARIABLENDEKLARATION ERFORDERLICH anklicken, dann fügt VBA bei allen neuen Modulen die Anweisung *Option Explicit* automatisch ein. (Die Option hat keinen Einfluss auf schon vorhandene Module.)

Wenn Sie in Ihren Prozeduren den Typ der Parameter exakt angeben (das sollten Sie!), dann muss dieser Typ mit dem Typ der beim Aufruf übergebenen Variablen exakt übereinstimmen; andernfalls kommt es zu einer Fehlermeldung.

6.1.2 Reaktion auf Fehler

In EXTRAS|OPTIONEN|ALLGEMEIN können Sie zwischen drei Optionen wählen, wie Visual Basic auf Fehler beim Ausführen von Code reagieren soll. Die Option BEI JEDEM FEHLER bedeutet, dass jeder Fehler selbst dann zu einer Programmunterbrechung führt, wenn dieser Fehler durch *On Error* abgefangen würde. (Informationen zur Programmierung von Fehlerbehandlungsroutinen finden Sie im nächsten Abschnitt.) Die Option ist insofern sehr praktisch, als durch *On-Error*-Routinen oft Fehler verborgen bleiben, an die Sie bei der Programmentwicklung gar nicht gedacht hatten. Die Option BEI JEDEM FEHLER deaktiviert also alle *On-Error*-Anweisungen.

Bei den beiden anderen Optionen (IN KLASSENMODUL, BEI NICHTVERARBEITETEN FEHLERN) führt ein Fehler nur dann zur Programmunterbrechung, wenn es keine Fehlerbehandlungsroutine gibt. Einen Unterschied zwischen den beiden Optionen gibt es nur, wenn Sie Klassenmodule testen.

> **TIPP**
> Während die Programmausführung unterbrochen ist, werden in den Codefenstern automatisch die Inhalte von Variablen angezeigt, sobald Sie die Maus über den Variablennamen bewegen.

> **HINWEIS**
> Während die Programmausführung in der Entwicklungsumgebung unterbrochen ist, sind diverse Kommandos und Funktionen in Excel gesperrt. Das kann irritierend sein, weil in Excel die Ursache der Blockierung nicht sichtbar ist. Wenn Sie die fehlerhafte Prozedur nicht fortsetzen möchten, führen Sie in der Entwicklungsumgebung AUSFÜHREN|ZURÜCKSETZEN aus!

Der Direktbereich (Testfenster)

Ein wichtiges Hilfsmittel zur Fehlersuche ist das Fenster des Direktbereichs. Während der Programmausführung gelangen Sie in dieses Fenster, wenn Sie das Programm mit Strg+Untbr unterbrechen und TESTEN anklicken, wenn Sie nach dem Auftreten eines Fehlers den Button TESTEN anklicken oder im Programmcode die Anweisung *Stop* einfügen. (Außerdem öffnet VBA den Direktbereich, wenn es bei der Ausführung eines Programms auf einen Haltepunkt stößt – siehe einige Absätze weiter unten.)

Sie können den Direktbereich aber auch vor dem Start einer Prozedur mit ANSICHT| DIREKTFENSTER (bzw. Strg+G) öffnen und die Prozedur anschließend durch eine Anweisung im Direktbereich ausführen. Bei Unterprogrammen ohne Parameter reicht dazu einfach die Eingabe des Namens und Return. Falls Parameter vorgesehen sind, müssen Sie hierfür sinnvolle Werte angeben. Bei Funktionen müssen Sie darauf achten, dass die Parameter in Klammern stehen und der Rückgabewert der Funktion ausgewertet wird. Am leichtesten erfolgt diese Auswertung durch ein vorangestelltes »?« (die Abkürzung für *Print*): VBA gibt dann das Ergebnis der Funktion in der nächsten Zeile des Direktbereichs aus.

Prozedurliste (Aufrufeliste)

Mit Strg+L bzw. dem Menükommando ANSICHT | AUFRUFELISTE können Sie ein Dialogfenster anzeigen, das alle Vorläuferprozeduren aufzählt, die zum Aufruf der gerade aktuellen Prozedur geführt haben. Die Liste ist verkehrt sortiert: Ganz oben steht die aktuelle Prozedur, in der Zeile darunter jene Prozedur, aus der die aktuelle Prozedur aufgerufen wurde etc. Bei rekursiven (sich selbst aufrufenden) Prozeduren kann es vorkommen, dass derselbe Prozedurname unzählige Male in der Liste der Prozeduraufrufe steht. Der AUFRUFE-Dialog gibt also Rückschluss, wie es zum Aufruf der aktuellen Prozedur gekommen ist. Durch einen Doppelklick auf eine der Prozeduren verändern Sie den aktuellen Gültigkeitsbereich (Kontext) für Variablen im Direktfenster.

In Bild 6.1 sehen Sie die Liste der Prozeduraufrufe, die sich aus dem Start von *testrecur* im Modul *Procedures* der aus Kapitel 4 stammenden Beispieldatei 04\VBA-Concepts.xls ergeben hat. Nachdem *recur* das erste Mal durch *testrecur* ausgeführt wurde, haben sich die beiden weiteren *recur*-Einträge in der Liste durch den rekursiven Aufruf ergeben.

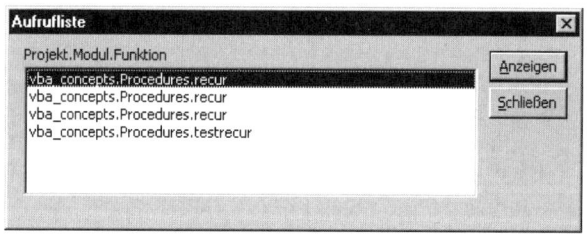

Bild 6.1: Die Aufrufeliste

```
' Datei 04\VBA-Concepts.xls, Modul Procedures
Public Sub testrecur()
  Debug.Print recur(3)
End Sub
' rekursive Prozedur zur Berechnung der Fakultät von x
Function recur(x As Double) As Double
  If x <= 1 Then
    recur = 1
    Stop     'hier wird die Ausführung unterbrochen
  Else
    recur = x * recur(x - 1)
  End If
End Function
```

Programmänderungen im laufenden Programm

Seit Excel 97 können Sie manche Änderungen auch im laufenden Programm vornehmen und das Programm anschließend fortsetzen. Das ist zum Beseitigen von Fehlern natürlich ausgesprochen praktisch. Eine Fortsetzung ist allerdings nicht möglich, wenn sich die Struktur des Programms ändert, also etwa die Deklaration der Parameter einer gerade aktiven Prozedur. Falls Sie die Option BENACHRICHTIGUNG VOR ZUSTANDSÄNDERUNG in EXTRAS|OPTIONEN|ALLGEMEIN aktiviert haben, warnt die Entwicklungsumgebung vor solchen Änderungen.

Programm fortsetzen

Unterbrochene Programme können mit F5 oder F8 (Einzelschritt) fortgesetzt werden. Das gilt auch für Programme, in denen ein Fehler aufgetreten ist. Eine Fortsetzung ist allerdings nur dann sinnvoll, wenn die Ursache des Fehlers behoben werden konnte (was nur selten möglich ist). Ein Beispiel: In einem Programm tritt bei der Anweisung *a=b/c* eine Division durch 0 auf. Sie können im Direktbereich *c=1* ausführen und das Programm mit F5 fortsetzen.

Kontrollausgaben durch das Programm

In vielen Fällen ist es zweckmäßig, vom Programm aus Kontrollausgaben durchzuführen, ohne die Programmausführung zu stoppen. Dazu gibt es zwei Möglichkeiten:

- Sie verwenden den Befehl *MsgBox*, mit dem Sie einen beliebigen (kurzen) Text in einem kleinen Fenster anzeigen können. Sobald Sie den OK-Button dieses Fensters drücken, wird das Programm fortgesetzt.

- Sie verwenden die *Print*-Methode für das *Debug*-Objekt, um Texte, Zahlen oder Variableninhalte im Fenster DIREKTBEREICH auszugeben.

6.1.3 Kontrollierte Programmausführung

Mit F8 bzw. mit dem Menükommando DEBUGGEN|EINZELSCHRITT können Sie das Programm Zeile für Zeile (bzw. Schritt für Schritt, falls sich in einer Zeile mehrere Anweisungen befinden) ausführen. Visual Basic führt also die jeweils nächste Anweisung aus und unterbricht das Programm danach selbstständig wieder. Mit dem Kommando können Sie den Programmverlauf (beispielsweise in verschachtelten Schleifen, Verzweigungen oder Ereignisprozeduren) genau verfolgen. Sie können jederzeit den Inhalt verschiedener Variablen überprüfen und so einzelne Berechnungsschritte nachvollziehen. F8 kann sowohl zum Start einer neuen Prozedur im Einzelschrittmodus als auch zur Fortsetzung eines unterbrochenen Programms verwendet werden.

Zum Einzelschrittkommando gibt es einige Varianten:

- DEBUGGEN|PROZEDURSCHRITT bzw. **Shift+F8** führt normalerweise ebenfalls nur eine einzige Anweisung aus. Wenn in dieser Anweisung allerdings ein Unterprogramm oder eine Funktion aufgerufen wird, dann wird diese Prozedur als Ganzes sofort ausgeführt.

- DEBUGGEN|PROZEDUR ABSCHLIEßEN bzw. **Strg+Shift+F8** führt alle Anweisungen bis zum Ende der aktuellen Prozedur aus. Wenn dabei andere Prozeduren aufgerufen werden, werden auch diese vollständig ausgeführt.

- DEBUGGEN|AUSFÜHREN BIS CURSORPOSITION bzw. **Strg+F8** funktioniert ähnlich, allerdings wird die Ausführung bereits in der Zeile der aktuellen Prozedur wieder gestoppt, in der sich gerade der Cursor befindet. Das Kommando erspart in vielen Fällen das Setzen eines Haltepunkts.

Anweisungen überspringen oder wiederholen

Das Programm wird normalerweise Anweisung für Anweisung ausgeführt. Wenn die Programmausführung (durch einen Haltepunkt, bei der Ausführung im Einzelschritt-Modus etc.) unterbrochen ist, können Sie mit dem Kommando DEBUGGEN|NÄCHSTE ANWEISUNG FESTLEGEN bzw. mit **Strg+F9** die Zeile bestimmen, an der das Programm mit F5 oder F8 fortgesetzt werden soll. Es ist nicht möglich, eine Zeile, die sich außerhalb der aktuellen Prozedur befindet, auf diese Weise zu markieren. Das Kommando NÄCHSTE ANWEISUNG FESTLEGEN eignet sich insbesondere dazu, einige schon ausgeführte Programmzeilen nochmals auszuführen oder einen Programmteil zu überspringen.

Programmunterbrechung durch Haltepunkte

Bevor Sie das Programm starten bzw. solange die Programmausführung unterbrochen ist, können Sie mit F9 bzw. mit dem Menükommando DEBUGGEN|HALTEPUNKT EIN/AUSSCHALTEN einzelne Programmzeilen als Haltepunkt (Breakpoint) markieren. Haltepunkte werden im Programmcode durch eine eigene Farbe (in der Standardeinstellung: durch einen roten Hintergrund) gekennzeichnet. Visual Basic unterbricht die Ausführung automatisch bei jeder auf diese Weise markierten Zeile (und zwar *bevor* diese Zeile ausgeführt wird).

Haltepunkte eignen sich hervorragend dazu, kritische Programmteile zu überprüfen. Setzen Sie einfach einen Haltepunkt in der ersten Zeile einer Prozedur, in der Sie einen Fehler vermuten. Sobald diese Prozedur im Programmverlauf erreicht wird, unterbricht Visual Basic die Programmausführung. Sie können jetzt einzelne Variablen im Testfenster überprüfen oder das Programm im Einzelschrittmodus fortsetzen.

Programmunterbrechung durch Überwachungsausdrücke (Watch-Expressions)

Eine ausgefeiltere Möglichkeit zur Definition von Haltepunkten stellen Überwachungsausdrücke dar. Dabei handelt es sich zumeist um einfache Variablen oder Eigenschaften, deren Zustand überwacht werden soll. (Erlaubt sind aber auch einfache zusammengesetzte Ausdrücke.) Die Eingabe der Überwachungsausdrücke erfolgt am einfachsten in Codefenstern, indem Sie über der jeweiligen Variablen mit der rechten Maustaste den Kontextmenüeintrag ÜBERWACHUNG HINZUFÜGEN auswählen. Es erscheint dann der in Bild 6.2 dargestellte Dialog.

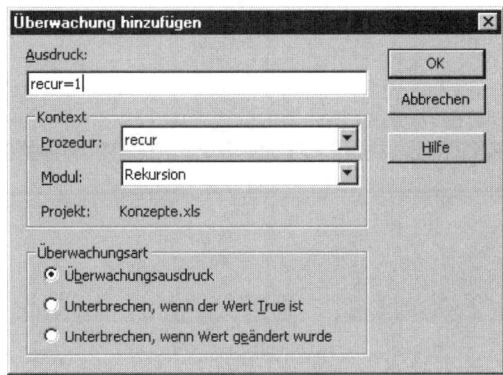

Bild 6.2: Überwachungsausdruck definieren

Sie können zwischen drei Formen der Überwachung auswählen: Die einfachste Variante lautet AUSDRUCK ÜBERWACHEN, d.h., Visual Basic zeigt den aktuellen Wert bei einer Programmunterbrechung im Testfenster an. Bei den beiden anderen Varianten kommt es zu einer Programmunterbrechung, wenn der gesamte Ausdruck den Wahrheitswert *True* annimmt oder sich nur ändert. Sie können Überwachungsausdrücke also dazu verwenden, um ein Programm automatisch zu unterbrechen, sobald eine Variable größer als 100 wird.

Im ÜBERWACHUNGS-Dialog können Sie auch angeben, aus welchem Kontext die Variable gelesen werden soll (d.h. welches Modul, welche Prozedur; diese Frage ist wichtig, weil es gleichnamige lokale Variablen in verschiedenen Kontexten geben kann). Alle definierten Überwachungsausdrücke werden im Überwachungsfenster angezeigt.

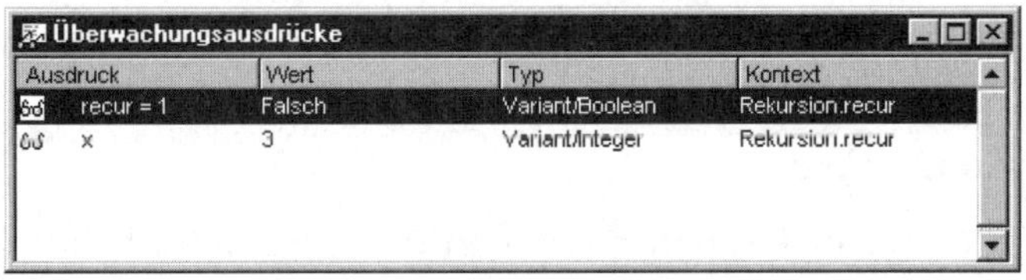

Bild 6.3: Das Überwachungsfenster

Der ÜBERWACHUNGS-Dialog ist besonders attraktiv, wenn Sie die Eigenschaften von Objekten ansehen möchten. Bild 6.4 zeigt einige Eigenschaften des *Application*-Objekts. Beachten Sie, dass Sie sich in diesem Fenster gleichsam durch die gesamte Objekthierarchie bewegen können: Die Eigenschaft *ActiveWindow* führt auf ein *Window*-Objekt, dessen Eigenschaft *ActiveCell* auf ein *Range*-Objekt etc.

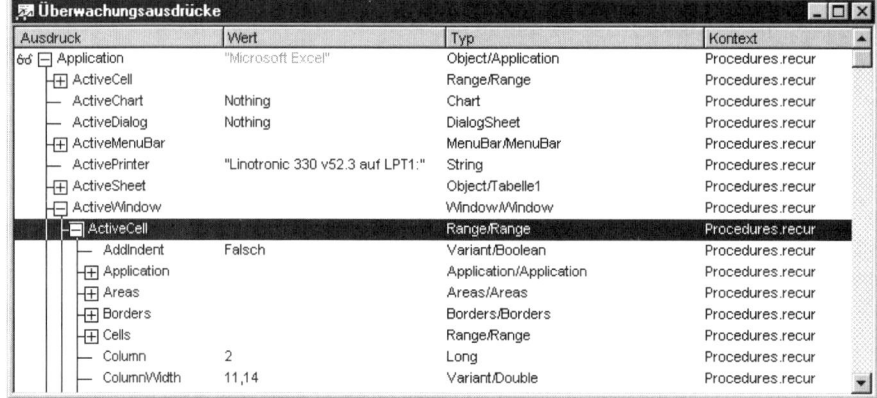

Bild 6.4: Das Application-Objekt im Überwachungsfenster

6.2 Fehlertolerantes Verhalten von Programmen

Normalerweise kommt es beim Auftreten eines Fehlers zu einer Unterbrechung. VBA zeigt eine Dialogbox an, über die Sie die Programmausführung endgültig beenden oder den Code im Testfenster analysieren können; eine Fortsetzung des Programms ist aber so gut wie nie möglich. Während der Programmentwicklung sind Unterbrechungen wegen Fehlern unvermeidlich. Ein Anwender, der ein von Ihnen entwickeltes Excel-Programm verwendet, sollte dagegen nie mit der Dialogbox »Makrofehler« konfrontiert werden!

Da es auch in einem »ordentlich« entwickelten Programm nicht auszuschließen ist, dass es unter bestimmten Umständen zu Fehlern kommt (krasse Fehlbedienung, Speichermangel, Festplatte voll etc.), besteht die Möglichkeit, mit dem Kommando *On Error* eine kontrollierte Fortsetzung des Programms auch im Fehlerfall zu erreichen.

Das Kommando On Error

Das Kommando *On Error* bestimmt, wie sich das Programm beim Auftreten eines Fehlers verhalten soll. Es bestehen drei Varianten zur Anwendung dieses Kommandos:

```
On Error Resume Next      '(1) nächste Anweisung ausführen
On Error GoTo label       '(2) Fehlerbehandlungsroutine aufrufen
On Error GoTo 0           '(3) normal: Makrofehler-Dialog
```

▶ Variante (1): On Error Resume Next

Variante 1 stellt entschieden die bequemste Methode dar, die Anzeige von Fehlermeldungen zu unterdrücken: Das Programm wird kompromisslos mit der nächsten Anweisung fortgesetzt. Da die Anweisungen eines Programms in der Regel aufeinander aufbauen, ist die Wahrscheinlichkeit groß, dass es zu weiteren Fehlern kommt. Diesen wird aber in der gleichen Weise begegnet, so dass die Prozedur über kurz oder lang fertig abgearbeitet wird. Dass die Prozedur dabei vermutlich die ihr zugedachte Aufgabe nicht erfüllen wird, liegt auf der Hand.

Im Regelfall stellt Variante 1 keine vernünftige Form der Reaktion auf Fehler dar. Es kann aber auch Ausnahmen geben. Betrachten Sie etwa die Prozedur *test_resume_next*. Diese Prozedur ändert im gerade aktiven Fenster die Anzeige der Zeilen- und Spaltenköpfe.

Natürlich ist die Ausführung dieser Prozedur nur sinnvoll, wenn gerade ein Tabellenblatt angezeigt wird. Ist dagegen ein anders Blatt aktiv, kommt es zu einem Fehler (weil beispielsweise ein Diagrammblatt – also das Objekt *Chart* – die Eigenschaft *DisplayHeadings* nicht kennt). Anstatt sich lang Gedanken darüber zu machen, wie getestet werden kann, ob das aktive Blatt überhaupt ein Tabellenblatt ist, wird einfach die Anweisung *On Error Resume Next* in die Prozedur eingefügt: Erledigt!

```
Sub test_resume_next()
  On Error Resume Next
  ActiveWindow.DisplayHeadings = _
    Not ActiveWindow.DisplayHeadings
End Sub
```

Innerhalb der Prozedur kann durch die Auswertung von *Err* das Auftreten eines Fehlers festgestellt werden. Diese Funktion enthält die Nummer des zuletzt aufgetretenen Fehlers (auch dann, wenn dieser Fehler auf Grund von *On Error Resume Next* gar nicht zu einer Fehlermeldung führt). Durch die Anweisung *On Error* wird *Err* auf 0 gestellt.

▶ Variante 2: On Error GoTo sprungmarke

Variante 2 ermöglicht die Programmierung »echter« Fehlerbehandlungsroutinen. VBA verzweigt beim Auftreten eines Fehlers in den durch *sprungmarke* angegebenen Teil der Prozedur. Dort kann eine Reaktion auf den Fehler erfolgen (z. B. Anzeige einer Fehlermeldung, Speicherung von ungesicherten Daten etc.). Anschließend kann die Prozedur verlassen oder mit *Resume* fortgesetzt werden.

Zum Verständnis der Kommandos ist zuerst der Begriff einer Sprungmarke zu klären: Eine Sprungmarke ist eine Programmzeile, die nur aus einem Namen und einem nachfolgenden Doppelpunkt besteht. Innerhalb von Prozeduren kann mit dem Kommando *GoTo* zu einer Marke gesprungen werden, d. h., die Ausführung des Programms wird in der Zeile nach der Marke fortgesetzt. Sprünge mit *GoTo* können das Verständnis der Funktion einer Prozedur verschleiern und entsprechen nicht den Regeln der strukturierten Programmierung. Das Kommando *GoTo* sollte daher überhaupt nicht verwendet werden. (Es besteht auch keine Notwendigkeit. Alle Beispiele dieses Buchs kommen ohne *GoTo* aus.)

Zurück zur Fehlerbehandlung, bei der Sprungmarken und Sprünge nicht nur erlaubt, sondern sogar unumgänglich sind: VBA springt also nach dem Auftreten eines Fehlers zu jenem Ort, der durch die Sprungmarke angegeben wird. Die Sprungmarke muss innerhalb der aktuellen Prozedur liegen. Normalerweise wird die Fehlerbehandlungsroutine am Ende der Prozedur angeordnet. Um zu vermeiden, dass die Fehlerbehandlungsroutine im Verlauf der normalen Ausführung der Prozedur erreicht wird, steht unmittelbar vor der Sprungmarke üblicherweise *Exit Sub* oder *Exit Function*.

Innerhalb der Fehlerbehandlungsroutine können Sie mit *Err()* die Nummer des aufgetretenen Fehlers feststellen und dementsprechend darauf reagieren. Eine Liste aller in VBA vorgesehenen Fehlernummern finden Sie in der Hilfe unter dem Thema »Fehlernummer«. Zur Reaktion auf den Fehler ist es durchaus möglich, andere Prozeduren aufzurufen (beispielsweise zum Speichern von Daten).

Beachten Sie aber, dass sowohl innerhalb der Fehlerbehandlungsroutine als auch in den von ihr aufgerufenen Prozeduren weitere Fehler auftreten können. Variante 2 von *On Error* gilt nur für *einen* Fehler! Der nächste Fehler bewirkt wieder das normale Verhalten (also die Anzeige des Dialogs »Makrofehler«). Sie können das vermeiden, indem Sie innerhalb der Fehlerbehandlungsroutine abermals *On Error xxx* ausführen.

Das Kommando Resume

Die fehlerhafte Prozedur kann aus der Fehlerbehandlungsroutine mit **Resume** fortgesetzt oder mit *Exit Sub/Function* beendet werden. Wenn das Ende der Fehlerbehandlungsroutine ohne *Resume* erreicht wird, gilt die Prozedur als beendet und der Fehler als behoben. Es existieren drei Varianten des *Resume*-Kommandos:

```
Resume              'führt die fehlerhafte Anweisung neuerlich aus
Resume Next         'setzt die Proz. mit der nächsten Anweisung fort
Resume label        'setzt die Prozedur bei der Sprungmarke fort
```

In allen drei Fällen wird das Programm in der Prozedur fortgesetzt, in der auch die Fehlerbehandlungsroutine steht. Es ist nicht möglich, mit *Resume* in eine andere Prozedur zu springen. Damit auch beim Auftreten eines weiteren Fehlers ein kontrolliertes Verhalten möglich ist, sollte spätestens vor *Resume* eine neue (oder auch dieselbe) Fehlerbehandlungsroutine eingerichtet werden. (Beachten Sie aber, dass Sie eine Endlosschleife durch die unablässige Wiederholung eines fehlerhaften Programmteils vermeiden!)

Beispiel zu Variante (2)

Eine Prozedur mit einer Fehlerbehandlungsroutine kann nach dem Schema der Prozedur *test_resume* aufgebaut werden: Im Normalfall, d. h., wenn kein Fehler auftritt, wird die Prozedur bis zur Anweisung *Exit Sub* durchlaufen. Tritt ein Fehler auf, wird das Programm in der Zeile nach *test_resume_error* fortgesetzt. Falls die Behandlung des

Fehlers gelingt, wird die Prozedur bei *test_resume_cont* fortgesetzt, andernfalls wird sie abgebrochen. Falls ein zweiter Fehler auftritt, wird zu *test_resume_another_error* verzweigt. Dort wird nicht mehr versucht, die Prozedur fortzusetzen. Je nach Anwendung kann hier eine Meldung ausgegeben werden, können Daten gespeichert werden etc.

Verlassen Sie sich in Ihrer Fehlerbehandlungsroutine nicht darauf, dass es gelingt, den Fehler tatsächlich zu beheben. Berücksichtigen Sie auch die Möglichkeit, dass in der Fehlerbehandlungsroutine selbst ein Fehler auftritt! Vermeiden Sie unbedingt eine daraus resultierende Endlosschleife (ein Fehler führt zum Aufruf der Fehlerbehandlungsroutine, von dort wird die Prozedur fortgesetzt, der Fehler tritt abermals auf, neuer Aufruf der Fehlerbehandlungsroutine etc.)!

Aus der Sicht des Anwenders ist vor allem eines wichtig: Ganz egal, wann und wo ein Fehler auftritt, es dürfen keine Daten verloren gehen.

```
Sub test_resume()
  On Error Resume test_resume_error
  ...
test_resume_cont:                 'hier wird Proz. nach Fehler fortgesetzt
  ...
  Exit Sub                        'Ende der Prozedur
test_resume_error:                'hier beginnt Fehlerbehandlungsroutine
  If Err()=... Then
    On Error Resume test_resume_another_error
    ...                           'Reaktion auf einen erkannten Fehler
    Resume test_resume_cont       'Prozedur fortsetzen
  End If
test_resume_another_error:        'unbekannter Fehler oder noch ein Fehler
  ...                             'Fehlermeldung, evtl. Daten sichern
End Sub
```

Variante (3): On Error GoTo 0

Die dritte Variante von *On Error* dient nur dazu, eine zuvor eingerichtete Fehlerbehandlungsroutine zu deaktivieren. Nach *On Error GoTo 0* gilt wieder das »normale« Verhalten von VBA, also die Anzeige des MAKROFEHLER-Dialogs.

Fehlerbehandlung in verschachtelten Prozeduren

Angenommen, durch das Anklicken eines Symbols wird das Unterprogramm A aufgerufen, A ruft B auf und B ruft C auf. Wenn nun in C ein Fehler auftritt, wird die zu C gehörige Fehlerbehandlungsroutine aufgerufen. Existiert in C keine Fehlerbehandlungsroutine, dann erfolgt ein Rücksprung in B, existiert auch dort keine, wird das Programm mit der Fehlerbehandlungsroutine von A fortgesetzt. Nur wenn auch in A keine Fehlerbehandlungsroutine vorgesehen ist, erscheint der bekannte MAKROFEHLER-Dialog.

Visual Basic durchsucht also die sich gegenseitig aufrufenden Unterprogramme bzw. Funktionen in umgekehrter Reihenfolge nach einer geeigneten Fehlerbehandlungsroutine. Nur wenn auch in der ursächlichen Ereignisprozedur keine geeignete Fehlerbehandlungsroutine gefunden wird, meldet sich Visual Basic mit einer Fehlermeldung und bricht das Programm ab.

Die beiden Befehle *Resume* und *Resume Next* gelten immer nur für die Prozedur, in der sie eingesetzt werden. Wenn ein Fehler in der Prozedur C auftritt, dieser Fehler aber erst in der Fehlerbehandlungsroutine von Prozedur A berücksichtigt wird, dann wird das Programm an der durch *Resume* angegebenen Stelle in A fortgesetzt. Es ist nicht möglich, mit *Resume* aus der aktuellen Prozedur (beispielsweise zur fehlerhaften Anweisung in C) zu springen.

Die Funktionen Err, Error() und CVErr und das Kommando Error

Err liefert eine Identifizierungsnummer des aufgetretenen Fehlers. Die möglichen Fehlernummern sind in der Hilfe angegeben. *Error()* liefert den Fehlertext des zuletzt aufgetretenen Fehlers. *Error(n)* liefert den Fehlertext zur Fehlernummer n.

Mit dem Kommando **Error** kann ein Fehler simuliert werden. Das ist beispielsweise zum Test der Fehlerbehandlungsroutine sinnvoll. Die Anweisung *Error n* führt zur Anzeige des Dialogs »Makrofehler« und kann daher auch am Ende einer Fehlerbehandlungsroutine sinnvoll sein, wenn es nicht gelungen ist, den Fehler zu beseitigen.

Mit der Funktion **CVErr** kann ein Fehlerwert für eine *Variant*-Variable erzeugt werden. Die Funktion kann beispielsweise dazu eingesetzt werden, bei einer benutzerdefinierten Tabellenfunktion statt eines Ergebnisses einen Fehlerwert zurückzugeben:

```
result = CVErr(xlErrValue)
```

Eine Liste der für diesen Zweck vordefinierten Fehlerkonstanten finden Sie in der Hilfe zum Thema »Fehlerwerte in Zellen«. Ein Beispiel für die Anwendung von *CVErr* finden Sie in Abschnitt 5.7 (in der zweiten Variante der benutzerdefinierten *Discount*-Funktion).

Anwendungsbeispiel

Das folgende Beispiel wurde bereits in Abschnitt 4.2 vorgestellt, wo es darum ging, die Anzahl der Dimensionen eines Felds zu bestimmen, das als Parameter an die Prozedur übergeben wurde. Da es hierfür keine geeignete Funktion gibt, wird in der ersten *For*-Schleife mit *UBound* die obere Indexgrenze bis zur zehnten Dimension ermittelt. Da nicht anzunehmen ist, dass das Feld wirklich so viele Dimensionen hat, wird es über kurz oder lang zu einem Fehler kommen. Der Fehler ist hier also schon im Voraus geplant! In der Fehlerbehandlungsroutine wird aus dem aktuellen Wert von *i*, der in *UBound* zum Fehler führte, die Anzahl der Dimensionen berechnet.

```
' Beispieldatei 04\VBA-Concepts.xls, Modul Procedures
Sub arraytest(arr())
  Dim i, dimensions
  On Error GoTo arraytest_error
  For i = 1 To 10: dimensions = UBound(arr, i): Next i
arraytest_continue:
  dimensions = i - 1
  Debug.Print dimensions, " Dimensionen"
  For i = 1 To dimensions
    Debug.Print "Dimension "; i; ": "; LBound(arr, i); _
      " Bis "; UBound(arr, i)
  Next i
  Exit Sub
arraytest_error:
  ' dieser Programmteil wird aufgerufen, sobald in der Schleife auf
  ' eine nicht vorhandene arrdimension zugegriffen wird
  Resume arraytest_continue
End Sub
```

6.3 Reaktion auf Programmunterbrechungen

VBA-Programme können üblicherweise mit Strg+Untbr unterbrochen werden. Während der Testphase ist das recht angenehm, in fertigen Anwendungen hingegen sind solche Programmunterbrechungen zumeist unerwünscht. Wenn Sie vermeiden möchten, dass der Anwender Ihr Programm einfach mit Strg+Untbr stoppen kann, bestehen zwei Möglichkeiten:

- Durch *Application.EnableCancelKey* = *xlDisabled* erreichen Sie, dass auf das Drücken von Strg+Untbr überhaupt keine Reaktion erfolgt. Der Vorteil dieser Maßnahme besteht darin, dass dazu nur eine einzige Anweisung (in der *Auto_Open*-Prozedur) erforderlich ist.

- Wenn Sie *EnableCancelKey* dagegen die Konstante *xlErrorHandler* zuweisen, dann tritt jedes Mal, wenn der Anwender Strg+Untbr drückt, ein Fehler mit der Fehlernummer 18 auf. Sie können diesen »Fehler« ganz normal wie andere Fehler in einer Fehlerbehandlungsroutine abfangen. Der Nachteil ist offensichtlich: Es muss jede Prozedur mit einer Fehlerbehandlungsroutine ausgestattet werden. Eine andere Variante besteht darin, Unterbrechungen nur in solchen Programmteilen zuzulassen, in denen sehr zeitaufwendige Berechnungen durchgeführt werden.

Die »normale« Reaktion auf Unterbrechungen, also das Anzeigen einer Fehlermeldung, können Sie durch die Zuweisung *EnableCancelKey=xlInterrupt* wiederherstellen.

Beispiel

```
' Beispieldatei 05\miscellaneous.xls, Module1
Sub slowcode()
  Application.EnableCancelKey = xlErrorHandler
  On Error GoTo slow_error
  '
  ' ... die eigentliche Prozedur
  '
  Exit Sub
slow_error:
  If Err = 18 Then
    ergebnis = _
      MsgBox("Soll das Programm fortgesetzt werden?", vbYesNo)
    If ergebnis = vbYes Then Resume Next
  End If
  ' sonst Prozedur abbrechen
  '
  ' .. Aufräumarbeiten
End Sub
```

Der obige Codeausschnitt aus der Beispieldatei 05\miscellaneous.xls zeigt, wie eine ordnungsgemäße Reaktion auf **Strg+Untbr** erreicht werden kann. Den vollständigen Programmcode, der außerdem die Steuerung der Statuszeile und die Durchführung von Hintergrundberechnungen demonstriert, finden Sie in Abschnitt 5.11.

6.4 Syntaxzusammenfassung

Fehlersuche	
Debug.Print ...	Ausgabe im Testfenster
MsgBox ...	Ausgabe im Meldungsdialog
Stop	Programm unterbrechen

Reaktion auf Programmfehler	
On Error Resume Next	nächste Anweisung ausführen
On Error GoTo label	Fehlerbehandlungsroutine aufrufen
On Error GoTo 0	normale Reaktion: Makrofehler-Dialog

Kommandos und Funktionen in der Fehlerbehandlungsroutine	
Resume	führt fehlerhafte Anweisung neuerlich aus
Resume Next	setzt Prozedur mit nächster Anweisung fort
Resume label	setzt Prozedur bei der Sprungmarke fort

Err	ermittelt die aktuelle Fehlernummer
Error(n)	ermittelt den Text zur Fehlernummer
Error n	simuliert einen Fehler
CVErr(n)	verwandelt n in einen Fehlerwert (zur Rückgabe)

Reaktion auf Programmunterbrechungen

Application. _ *EnableCancelKey = ...*	bestimmt die Reaktion auf **Strg+Untbr** erlaubte Werte: *xlInterrupt, xlDisabled, xlErrorHandler*

7 Dialoge (MS-Forms-Bibliothek)

Dialoge sind eigenständige Fenster, in denen Sie diverse Eingaben durchführen können. Excel kennt zahllose vordefinierte Dialoge, etwa zur Dateiauswahl oder zur Einstellung von Optionen. Daneben können Sie mit einer Palette von Steuerelementen selbst Dialoge zusammenstellen oder Tabellenblätter wie Dialoge gestalten.

Kapitelübersicht

7.1	Vordefinierte Dialoge	372
7.2	Selbst definierte Dialoge	378
7.3	Der Dialogeditor	384
7.4	Die MS-Forms-Steuerelemente	388
7.5	Steuerelemente direkt in Tabellen verwenden	415
7.6	Programmiertechniken	423

7.1 Vordefinierte Dialoge

7.1.1 Excel-Standarddialoge

Excel ist mit einer ungeheuren Zahl von vordefinierten Dialogen ausgestattet. Diese Dialoge werden zur alltäglichen Bedienung von Excel benötigt, etwa zur Auswahl eines Dateinamens, zur Eingabe eines Suchtextes, zur Einstellung der Optionen bei INHALTE EINFÜGEN etc. Die Dialoge erscheinen automatisch, sobald Sie das entsprechende Menü- oder Tastaturkommando ausführen.

In einem VBA-Programm können Sie diese Dialoge über die *Application*-Methode *Dialogs* auswählen und mit *Show* anzeigen und ausführen. Durch das unten angegebene Kommando erscheint der Dialog zur Anordnung der Fenster. Sie können nun den gewünschten Zustand der Fenster (überlappend, unterteilt etc.) angeben. Sobald Sie OK drücken, werden die Fenster tatsächlich in dieser Weise positioniert – Sie müssen sich als Programmierer also nicht um die Auswertung des Dialogs kümmern.

```
Application.Dialogs(xlDialogArrangeAll).Show
```

Die Ausführung der *Show*-Methode ist nur dann möglich, wenn gerade ein geeignetes Blatt aktiv bzw. ein geeignetes Objekt ausgewählt ist. So ist es beispielsweise nicht möglich, den Dialog zur Einstellung der Umrahmung einiger Zellen (*xlDialogBorder*) anzuzeigen, während ein Diagrammblatt aktiv ist.

Die Methode *Show* kann sowohl als Kommando als auch als Funktion verwendet werden. Im zweiten Fall gibt sie *True* zurück, wenn der Dialog ordnungsgemäß mit OK beendet wurde, oder *False*, wenn der Dialog mit ABBRECHEN, Esc oder über das Fensterschließfeld abgebrochen wurde.

```
ergebnis = Application.Dialogs(xlDialogArrangeAll).Show
```

Vordefinierte Standarddialoge können nicht verändert werden. Wenn Sie einen Dialog benötigen, der einem vorhandenen Dialog ähnlich ist, müssen Sie den Dialog vollkommen neu definieren. Eigene Dialoge werden ab Abschnitt 7.2 behandelt.

Übergabe von Parametern an einen Dialog

Eine Liste aller *xlDialog*-Konstanten finden Sie im Objektkatalog (Bibliothek: Excel, Objekt: *xlBuiltinDialogs*). An die Methode *Show* können bis zu 30 Parameter übergeben werden, mit denen Voreinstellungen im Dialog gewählt werden. Eine sehr knappe Beschreibung der Parameter finden Sie in der Hilfe unter dem Link »Integrierte Dialogfeld-Argumentlisten« im *Show*-Hilfetext. Aber auch damit bleibt die Übergabe von Parametern ein mühsames und unübersichtliches Unterfangen. Das wird an einem Beispiel deutlich: Der Dialog zum Öffnen einer Excel-Datei (*xlDialogOpen*) ist in der Hilfe folgendermaßen beschrieben:

*xlDialogOpen   file_text, update_links, read_only, format, prot_pwd, write_res_pwd,
                 ignore_rorec, file_origin, custom_delimit, add_logical, editable, file_access,
                 notify_logical, converter*

Dass es sich hierbei um einen Dialog zum Öffnen einer Datei (und nicht zum Öffnen eines Fensters, einer Arbeitsmappe etc.) handelt, können Sie mit etwas gutem Willen noch erraten. Schwieriger wird es bei der Bedeutung der Parameter – oder können Sie auf Anhieb sagen, welche Werte *add_logical* erwartet und welche Wirkung sich daraus ergeben?

Nun zur Übergabe der Parameter: *Show* verwendet wie alle anderen VBA-Methoden den Mechanismus der benannten Parameter. Da *Show* aber für sehr viele unterschiedliche Dialoge herhalten muss, sind die Parameternamen recht simpel ausgefallen: *Arg1, Arg2, Arg3* etc. Wenn Sie beim Öffnen einer Datei das Optionsfeld SCHREIBGESCHÜTZT aktivieren möchten, sieht die entsprechende Anweisung folgendermaßen aus:

```
ergebnis = Application.Dialogs(xlDialogOpen).Show(Arg3:=True)
```

Sie müssen also abzählen, welche Nummer der von Ihnen benötigte Parameter hat. Dass der resultierende Programmcode unübersichtlich wird, erkennen Sie am obigen Beispiel von selbst.

Tastatureingaben in Dialogen simulieren

Show zeigt zwar den Dialog an, die Eingabe von Parametern bleibt aber weiter dem Anwender Ihres Programms überlassen. Manchmal kann es sinnvoll sein, auch eine Tastatureingabe zu simulieren. Dazu steht Ihnen die *Application*-Methode *SendKeys* zur Verfügung. Wesentlich bei der Anwendung dieser Methode ist der Umstand, dass sie *vor* der Anzeige des Dialogs ausgeführt werden muss, was eigentlich unlogisch erscheint. Begründung: Windows speichert die simulierte Tastenfolge in einem Tastaturpuffer und führt die Tastatureingabe erst dann aus, wenn es dazu Gelegenheit findet – etwa nach der Anzeige eines Dialogs.

Das folgende Beispiel zeigt nochmals den Dialog zur Anordnung der Fenster an, wählt darin aber mit Alt+O gleich die Option »Horizontal« aus. Der Anwender braucht den Dialog jetzt nur noch durch Return zu bestätigen.

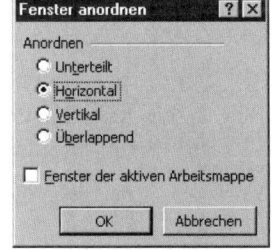

```
SendKeys "%o"
Application.Dialogs(xlDialogArrangeAll).Show
```

Bild 7.1: Dialog zur Anordnung der Fenster

Die Syntax der Zeichenkette, in der die simulierte Tastatureingabe in *SendKeys* angegeben wird, ist ausführlich in der Hilfe zu dieser Methode beschrieben. Prinzipiell ist es mit *SendKeys* auch möglich, die Eingabe im Dialog gleich durch OK (also durch die Simulation von Return) abzuschließen. Auf diese Weise können Sie diverse Excel-Kommandos über den Umweg eines Dialogs direkt ausführen. Wenn die Eigenschaft *ScreenUpdating* auf *False* gestellt ist, sieht der Anwender Ihres Programms den Dialog nicht einmal. Dennoch ist diese Vorgehensweise nicht zu empfehlen, und zwar aus drei Gründen:

- Durch die Ausführung geeigneter Methoden kann dasselbe Ergebnis zumeist einfacher und in jedem Fall deutlich schneller erreicht werden. (Allerdings ist es nicht immer ganz einfach, die geeignete Methode zu finden – dieses Problem ist Ihnen inzwischen ja schon bekannt. Im Fall der Fensteranordnung heißt die passende Methode *Arrange* und wird auf die *Windows*-Aufzählung angewendet.)
- Die erforderlichen Tastatureingaben sind natürlich auch von der Sprachversion von Excel abhängig, d.h., Ihr Code ist nicht international einsetzbar.
- Wenn Microsoft in einer zukünftigen Version von Excel den Aufbau einzelner Dialoge verändert, wird Ihr Programm höchstwahrscheinlich nicht mehr laufen. (Die Simulation der Tastatureingaben basiert ja darauf, dass einzelne Elemente des Dialogs mit Alt+Taste ausgewählt werden können.)

Dialoge zur Dateiauswahl

Sie können den Dialog zur Dateiauswahl über *Dialogs* mit den Konstanten *xlDialogOpen* oder *xlDialogSaveAs* ausführen – dann wird die Operation (das Laden bzw. das Speichern) sofort ausgeführt.

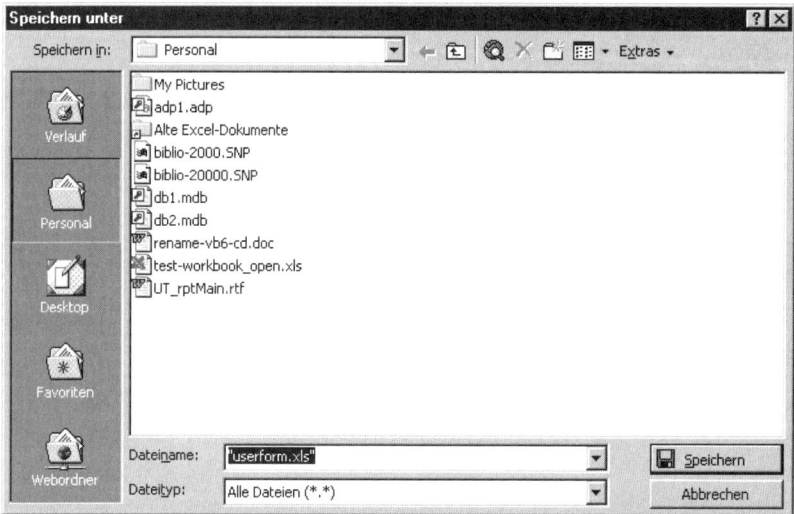

Bild 7.2: Dialog Speichern unter (GetSaveAsFilename)

7.1 Vordefinierte Dialoge

Sie können stattdessen aber auch die beiden Methoden *GetOpenFilename* und *GetSaveAsFilename* verwenden. Damit werden ebenfalls die Dateiauswahldialoge angezeigt, allerdings wird lediglich der ausgewählte Dateiname zurückgegeben (ohne eine Datei zu laden oder zu speichern). Sie sind mit diesen Methoden also flexibler, was die weitere Reaktion anbelangt.

```
filename = Application.GetSaveAsFilename
```

Die Datenbankmaske

Der Dialog zur Auswahl, Veränderung und Neueingabe von Datensätzen wird nicht mit *Dialogs(...).Show*, sondern mit *ShowDataForm* aufgerufen. Der Umgang mit der Datenbankmaske wird in Abschnitt 11.3.1 beschrieben.

Excel sieht seit Version 5 keine Möglichkeit mehr vor, die vorhandene Datenbankmaske zu verändern. Wenn Sie eine eigene Datenbankmaske erstellen möchten, müssen Sie sämtliche Elemente der Datenbankmaske selbst programmieren. Das ist allerdings mit beträchtlichem Aufwand verbunden.

Warnungen

Manche Dialoge können unverhofft bei der Ausführung von Methoden auftreten. Dabei handelt es sich in der Regel um Warnungen, die vor den Konsequenzen einer Operation (etwa Datenverlust) warnen. Beispielsweise erscheint bei der Anweisung *Sheets(...).Delete* zum Löschen eines Blatts der Arbeitsmappe eine Sicherheitsabfrage, ob Sie das Blatt wirklich (unwiderruflich) löschen möchten.

Während diese Warnungen im normalen Betrieb von Excel meist ganz praktisch sind, stören sie im Programm, weil sie dessen Ausführung unterbrechen und den Anwender des Programms mit einer unverständlichen Warnung konfrontieren. Um dieses Problem zu umgehen, können Sie durch die Einstellung der *Application*-Eigenschaft *DisplayAlerts* erreichen, dass überhaupt keine Warnungen angezeigt werden.

7.1.2 Die Funktionen MsgBox und InputBox

Die beiden Funktionen *MsgBox* und *InputBox* wurden im Zusammenhang mit Zeichenketten schon einmal kurz beschrieben (Abschnitt 5.4.2). *MsgBox* zeigt einen Text in einem kleinen Fenster an, der mit OK bestätigt werden muss. Durch die geeignete Einstellung des zweiten Parameters können auch mehrere Buttons – etwa JA, NEIN, ABBRECHEN – angezeigt und deren Auswahl ausgewertet werden. *InputBox* ermöglicht die Eingabe einer einfachen Zeichenkette, die als Ergebnis der Funktion zurückgegeben wird.

```
ergebnis = Inputbox("Geben Sie bitte Ihren Namen ein:")
ergebnis = MsgBox("Wollen Sie die Datei wirklich löschen?", _
   vbYesNo + vbQuestion)
If ergebnis = vbYes Then ...
```

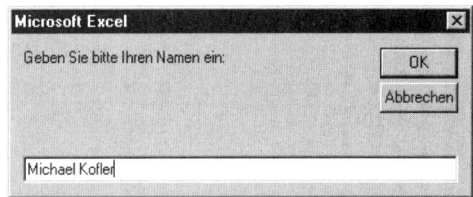
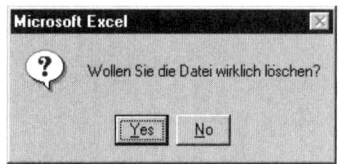

Bild 7.3: VBA-Eingabedialog   *Bild 7.4: Meldungsdialog*

7.1.3 Die Methode Application.InputBox

Während die oben gerade beschriebene Funktion *InputBox* von der VBA-Bibliothek zur Verfügung gestellt wird (und damit in gleicher Form auch in Word, Access etc. verwendet werden kann), bietet die Excel-Bibliothek eine zweite, gleichnamige Variante, die als Methode des *Application*-Objekts realisiert ist. Gegenüber dem herkömmlichen *InputBox* eignet sich *Application.InputBox* auch zur Eingabe von Formeln und Zellbereichen. Außerdem kann die Position, an der das Eingabefenster erscheint, im Voraus bestimmt werden.

Entscheidend für die Anwendung von *Application.InputBox* ist der letzte Parameter, mit dem der Typ der Eingabe angegeben werden kann, sofern keine Texteingabe durchgeführt werden soll. Die wichtigsten Werte für diesen Parameter sind 0 (Formel), 1 (Zahl), 8 (Zellbereich) oder 64 (Matrix von Zellen).

Wenn in *Application.InputBox* als Typ 1 (Zahl) angegeben wird, darf der Anwender auch Formeln in der Form »=2+3« eingeben. Die Formel wird automatisch ausgewertet, *InputBox* liefert als Ergebnis den Wert 5. Bei *Type:=8* kann der Anwender einen Zellbereich mit der Maus markieren. Dabei kann er sogar ein anderes Fenster, ein anderes Blatt etc. auswählen – lauter Dinge, die in normalen Windows-Dialogen nicht möglich sind.

Beim Aufruf der Funktion können Sie den ersten Parameter normal, den achten Parameter dagegen benannt angeben:

```
Dim b As Range
Set b = Application.InputBox("Geben Sie einen Zellbereich an!", _
  Type:=8)
```

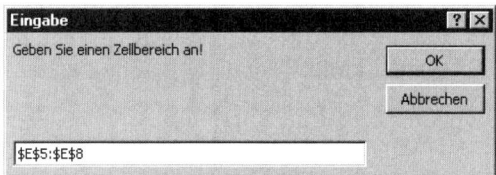

Bild 7.5: Excel-Eingabedialog

7.1 Vordefinierte Dialoge

InputBox liefert als Ergebnis die getroffene Auswahl in dem durch den *Type*-Parameter definierten Format. Falls der Anwender die Eingabe mit ABBRECHEN beendet, liefert die Methode den Wahrheitswert *False*. Dieser Umstand macht die Auswertung der Eingabe für *Type:=8* nicht gerade einfach: Da das Ergebnis normalerweise ein *Range*-Objekt ist, muss die Zuweisung des Ergebnisses durch *Set* erfolgen. Dabei kommt es aber zu einem Fehler, wenn *InputBox* statt eines *Range*-Objekts nur den Wert *False* zurückgibt. Daher sieht ein ordnungsgemäßer Code so aus:

```
Dim b As Range
On Error Resume Next
Set b = Application.InputBox("Geben Sie einen Zellbereich an!", _
   Type:=8)
If Err <> 0 Then   ' da ist ein Fehler aufgetreten
   MsgBox "Das war wohl kein Zellbereich!?"
End If
```

Bei Typ 64 (Matrix) gibt *InputBox* ein *Variant*-Feld mit den Werten des angegebenen Zellbereichs (z. B. ein 3*2-Feld für den Zellbereich A1:B3) zurück.

> **VERWEIS**
>
> Ein schon recht fortgeschrittenes Beispiel für die Anwendung von *InputBox* finden Sie gegen Ende von Abschnitt 11.6 unter dem Titel »Bereits vorhandene Rechnung nochmals bearbeiten«. Dort wird das Kommando dazu verwendet, eine Zeile einer Tabelle auszuwählen. Der Anwender kann mit der Maus eine Zelle anklicken und das Programm entnimmt der von *InputBox* zurückgegebenen Formel die Zeilennummer.

Positionierung von Dialogen

Dialoge, die nicht über ein Kontextmenü, sondern über Tastatur oder das Hauptmenü aufgerufen werden, erscheinen in der Regel gerade dort, wo man sie am allerwenigsten brauchen kann. Wenn Sie das Kommando FENSTER|ANORDNEN ausführen und sich mit der Maus im rechten oberen Eck des Bildschirms aufhalten, kann es ohne weiteres passieren, dass der Dialog im linken unteren Eck des Bildschirms erscheint. Besonders irritierend ist es dann, wenn Sie mit einer hochauflösenden Grafikkarte arbeiten und einen weiten Weg mit der Maus zurücklegen müssen, um die Eingabe durchzuführen.

Wenn Sie das Fenster des Dialogs verschieben, merkt sich Excel zwar die neue Position – diese kann aber zu einem späteren Zeitpunkt genauso ungeeignet sein wie die vorherige Position. Außerdem wird offensichtlich nicht für jeden Dialog gesondert die letzte Position gespeichert, sondern für alle Dialoge gemeinsam.

In vielen Fällen wäre es am vernünftigsten, wenn der Dialog dort erscheinen würde, wo sich die Maus gerade befindet. (Genau das ist bei allen Dialogen der Fall, die aus Kontextmenüs aufgerufen werden.) Für den Programmierer besteht aber in der aktuellen Version bei vordefinierten Dialogen keine Möglichkeit, auf die Erscheinungsposition Einfluss zu nehmen. Eine Ausnahme stellt *InputBox* dar, wo durch den vierten und fünften Parameter (*Left* und *Top*) die gewünschte Position angegeben werden kann. Mit etwas Programmieraufwand können Sie die Parameter dazu ausnutzen, dass der Dialog nicht über den gerade markierten Zellen erscheint. (Deren Position am Bildschirm können Sie über die *Range*-Eigenschaften *Left* und *Top* ermitteln.)

7.2 Selbst definierte Dialoge

Überblick

Selbst definierte Dialoge haben den Sinn, die Bedienung einer eigenen Excel-Anwendung möglichst einfach und übersichtlich zu gestalten. Dialoge können zur Eingabe mehrerer Parameter einer Berechnung, zur Einstellung diverser Optionen, zur Auswahl von Listenelementen, zur Auswahl von Programmkomponenten etc. verwendet werden. Am anschaulichsten demonstrieren die vordefinierten Dialoge von Excel das riesige Anwendungsspektrum von Dialogen.

Das Thema »selbst definierte Dialoge« ist ziemlich weitläufig, weswegen es in mehrere Abschnitte unterteilt wurde. Dieser Abschnitt gibt eine Einführung in den Umgang mit eigenen Dialogen. Er stellt anhand eines einfachen Beispiels die wesentlichen Prinzipien für die Definition und Verwaltung von Dialogen vor.

Die folgenden Abschnitte gehen dann in einer ausführlicheren Form auf einzelne Themen ein: Abschnitt 7.3 beschreibt den Umgang mit dem Dialogeditor. Abschnitt 7.4 gibt einen Überblick über die Steuerelemente, die in Dialogen verwendet werden können. Abschnitt 7.5 zeigt, dass einzelne Dialogelemente auch direkt in Tabellen (also ohne einen Dialog) eingesetzt werden können und welche Vor- und Nachteile sich dadurch ergeben. In Abschnitt 7.6 werden Programmiertechniken zur Verwaltung von Dialogen vorgestellt, beispielsweise der Umgang mit Dialogen, deren Aufbau sich dynamisch verändert.

In allen Abschnitten finden Sie zahlreiche Beispiele zur Anwendung von Dialogen. Diese Beispiele befinden sich in der Datei 07\Userform.xls. Weitere und vor allem realitätsnähere Beispiele zur Anwendung von Dialogen finden Sie dann in den folgenden Kapiteln, wo Dialoge im Rahmen »echter« Anwendungsbeispiele eingesetzt werden.

7.2.1 Veränderungen gegenüber Excel 5/7

Dialoge sind beginnend mit Excel 97 vollkommen neu konzipiert. Ihre Entwicklung findet nicht mehr wie bisher in einem Excel-Dialogblatt statt, sondern in einem *UserForm*-Objekt der VBA-Entwicklungsumgebung. Das *UserForm*-Objekt ist eines der vielen Objekte der so genannten MS-Forms-Bibliothek. Diese Bibliothek enthält auch für jedes Steuerelement ein eigenes Objekt. Die Besonderheit der MS-Forms-Bibliothek besteht darin, dass sie nicht nur in Excel, sondern auch in anderen Office-Komponenten (etwa in Word), im Internet Explorer und in Visual Basic verwendet werden kann.

Im Gegensatz zu anderen Änderungen werden die alten Excel-5-/-7-Dialoge allerdings noch uneingeschränkt unterstützt. Alte Dialoge können nicht nur in den meisten Fällen unverändert weiterverwendet werden (es gibt nur einzelne Kompatibilitätsprobleme, etwa bei der Zuweisung eines *Range*-Objekts an ein Listenfeld). Auch der aus Excel 5/7 bekannte Dialogeditor steht weiterhin zur Verfügung, um vorhandene Dialoge zu bearbeiten.

In diesem Buch wurden sämtliche Dialogbeispiele auf die neue MS-Forms-Bibliothek umgestellt, und auch dieses Kapitel behandelt ausschließlich die neuen *UserForm*-Dialoge. Dafür gibt es mehrere Gründe:

- MS-Forms-Dialoge ermöglichen eine exaktere Verwaltung der Steuerelemente eines Dialogs (mehr Eigenschaften, mehr Ereignisse).

- Es ist möglich, mehrere Blätter in einem Dialog unterzubringen (wie im Dialog EXTRAS|OPTIONEN).

- Neben den mit Office mitgelieferten Steuerelementen können auch externe ActiveX-Steuerelemente verwendet werden. Solche Steuerelemente können einen besonderen Funktionsumfang für Spezialanwendungen geben. Mit Visual Basic 6 (also nicht mit VBA, sondern mit der eigenständigen Programmiersprache VB!) können Sie sogar selbst neue ActiveX-Steuerelemente programmieren, die dann in Excel verwendbar sind.

- Schließlich ist nicht sicher, wie lange Dialoge auf der Basis von Excel 5/7 noch unterstützt werden.

Natürlich gibt es im Vergleich zu Excel 5/7 auch Nachteile:

- MS-Forms-Dialoge können nicht mit Zeichenelementen, Textfeldern oder anderen Office-Objekten dekoriert werden. Es gibt in dieser Beziehung weniger optische Gestaltungsmöglichkeiten als bei Dialogen aus Excel 5/7.

- Die Verwendung von MS-Forms-Steuerelementen führt häufig zu Problemen, wenn der Tastaturfokus im Steuerelement bleibt. Bei Buttons kann das durch *TakeFocusOnClick=False* vermieden werden, bei anderen Steuerelementen muss der Fokus im Programmcode dezidiert in eine bestimmte Zelle gesetzt werden, bevor weitere Anweisungen ausgeführt werden können.

Tipps zum Umsteigen

Falls Sie schon Erfahrungen mit Dialogen in Excel 5/7 gemacht haben, finden Sie hier einige Tipps zum Umsteigen. (Eine automatische Konvertierung vorhandener Excel-5-/-7-Dialoge in MS-Forms-Dialoge ist nicht möglich! Ebenso ist es unmöglich, Steuerelemente in einem Dialog zu mischen: Sie müssen sich für Dialoge der alten oder der neuen Form entscheiden.)

- Steuerelementen in Excel-5-/-7-Dialogen konnte eine beliebige Prozedur zugewiesen werden. Bei MS-Forms ist die Ereignisprozedur dagegen durch die Zusammensetzung aus Elementname und Ereignisname unveränderlich vorgegeben.

- Ereignisprozeduren zu Dialogen werden automatisch einem eigenen Dialogmodul zugeordnet. Sie können nicht mehr in irgendeinem beliebigen Modul eingegeben werden. (Das klingt wie eine Einschränkung, trägt aber in Wirklichkeit sehr dazu bei, große Projekte übersichtlicher zu machen.)

- Die Buttonoption SCHLIESSEN gibt es nicht mehr (auch keine äquivalente Eigenschaft). Wenn Sie in Reaktion auf einen Buttonklick den Dialog beenden möchten, müssen Sie in der Ereignisprozedur die Methode *Unload Me* oder *Hide* aufrufen. (*Unload* entfernt den Dialog mit all seinen Variablen aus dem Speicher, während *Hide* ihn nur verbirgt. Auf den ersten Blick erscheint das Resultat identisch; allerdings bleiben Einstellungen im Dialog bei *Hide* erhalten und stehen bei einem späteren abermaligen *Show* wieder zur Verfügung. Bei *Unload* wird dagegen der nicht initialisierte Dialog neu angezeigt. Dafür wird weniger RAM blockiert.)

- Dialoge gelten als Objekte. Der Aufruf erfolgt daher mit *dialogname.Show* statt wie bisher durch *Dialogs("dialogname").Show*. Auch der Zugriff auf die Steuerelemente hat sich vereinfacht – *dialogname.steuerelementname* ohne eckige Klammern. In den Dialogereignisprozeduren ist sogar die Kurzschreibweise *steuerelementname* erlaubt, weil das Dialogmodul ein Klassenmodul ist und darin der Dialog als Defaultobjekt gilt. Damit ist die ständige Nennung von *ActiveDialog* ist überflüssig geworden.

- Die Methode *Show* zum Aufruf von Dialogen liefert kein Ergebnis mehr. Im Regelfall wollen Sie aber wissen, ob der Dialog nun mit OK oder ABBRUCH beendet wurde. Dazu definieren Sie im Dialogmodul eine Variable als *Public*. Dieser Variable weisen Sie in den *Button*-Ereignisprozeduren Werte zu (z.B. 0, wenn der Dialog mit ABBRUCH beendet wird, -1, wenn er mit OK beendet wird). Die Variable kann anschließend im VBA-Code ausgewertet werden.

- Die MS-Forms-Bibliothek ist bei Excel-5-/-7-Dateien nicht automatisch aktiviert. Beim Einfügen des ersten *UserForm*-Dialogs erscheint automatisch eine diesbezügliche Rückfrage. Sie können die Bibliothek »Microsoft Forms Object Library« aber auch direkt mit EXTRAS|VERWEISE aktivieren.

- Die Bedienung des neuen Dialogeditors macht nicht gerade den Eindruck, als wäre sie schon ausgereift. Die Reaktion auf Doppelklicks ist selten die erwartete, die ständig erscheinende und wieder verschwindende Werkzeugsammlung ist irritierend, die breite Umrandung der ausgewählten Steuerelemente stört bei der exakten Positionierung etc.

7.2.2 Einführungsbeispiel

Zum Entwurf eines neuen Dialogs wechseln Sie mit Alt+F11 in die Entwicklungsumgebung und fügen dort mit EINFÜGEN|USERFORM einen leeren Dialog ein. Sobald das

Dialogfenster aktiv ist, ist auch das Fenster »Werkzeugsammlung« mit den Steuerelementen sichtbar. Aus diesem Fenster können Sie nun einzelne Steuerelemente auswählen und mit der Maus in den Dialog einfügen. Für den Dialog in Bild 7.6 wurden zwei Buttons (»Befehlsschaltfläche«), ein Labelfeld (»Bezeichnungsfeld«) und ein Textfeld eingefügt.

Steuerelemente sind also die Bestandteile eines Dialogs. Sie dienen zur Beschriftung des Dialogs und nehmen Eingaben entgegen. Als Eingabeformen kommen beispielsweise das einfache Anklicken mit der Maus (etwa bei einem Button), die Eingabe eines Textes (im Textfeld) oder das Verschieben eines Elements (in der Bildlaufleiste) oder die Auswahl aus einer Liste (Listenfeld) in Frage. Synonym zu dem Begriff Steuerelement werden auch Dialogelement oder Dialogfeld verwendet.

Die Texte in den Steuerelementen können direkt im Dialog verändert werden. Dazu klicken Sie die Steuerelemente zweimal langsam an (aber nicht so schnell, dass die Aktion als Doppelklick gewertet wird). Der erste Klick aktiviert das Steuerelement, der zweite Klick bringt den Eingabecursor zum Vorschein.

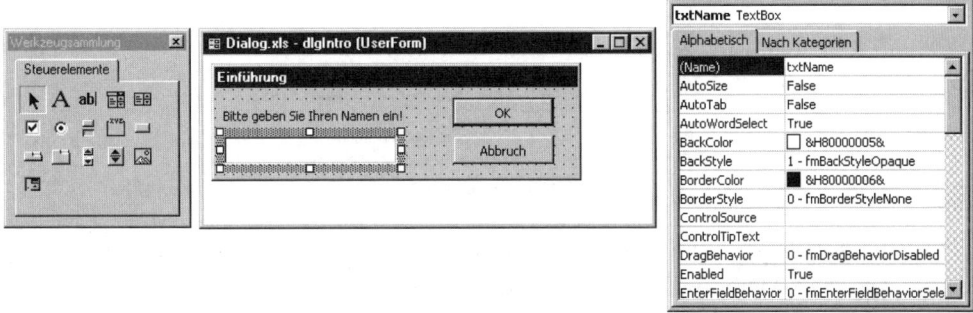

Bild 7.6: Der Entwurf des ersten Dialogs

Steuerelemente benennen

Den Steuerelementen werden beim Einfügen automatisch Namen zugewiesen (etwa »CommandButton1«, »CommandButton2« etc.). Da diese Namen auch in den Ereignisprozeduren und im restlichen Programmcode verwendet werden, ist es sinnvoll, hier aussagekräftigere Namen zu wählen. Dazu öffnen Sie mit F4 das Eigenschaftsfenster und verändern die Zeichenkette im Feld »Name«. Eine oft gewählte Vorgehensweise bei der Benennung besteht darin, die ersten drei Buchstaben zur Kennzeichnung des Steuerelementtyps zu verwenden – etwa *btn* für Buttons, *txt* für Textfelder etc. Die weiteren Buchstaben beschreiben dann den Zweck des Steuerelements. Daraus ergeben sich dann Namen wie *txtName* oder *btnOK*.

Auch der Dialog als Ganzes hat einen Namen, der verändert werden kann, wenn der Dialog (und nicht ein spezielles Steuerelement) ausgewählt ist. Wieder empfiehlt sich ein aussagekräftiger Name. Für den Beispieldialog wurde *dlgIntro* gewählt. Der Dialogtitel ist vom internen Namen unabhängig und wird über die *Caption*-Eigenschaft eingestellt.

> **TIPP** Sobald Sie mit der Entwicklung des Programmcodes beginnen, sollten Sie die Namen der Steuerelemente nicht mehr verändern. Wenn Sie es doch tun, müssen Sie die Namen auch im gesamten Programmcode (durch Suchen und Ersetzen) austauschen.

Dialog testen

Sie können den Dialog sofort nach dem Einfügen der ersten Steuerelemente ausprobieren: Drücken Sie einfach F5. Der Dialog erscheint daraufhin als eigenständiges Fenster. (Gleichzeitig wird auch Excel aktiviert.) Der Dialog ist zwar an sich funktionsfähig, d.h., Sie können Text in das Textfeld eingeben, die Buttons anklicken etc. Allerdings erfolgt auf das Anklicken der Buttons noch keine Reaktion, weil die entsprechenden Ereignisprozeduren noch fehlen. Zum Schließen klicken Sie mit der Maus einfach auf das Schließen-Feld im rechten oberen Eck des Fensters.

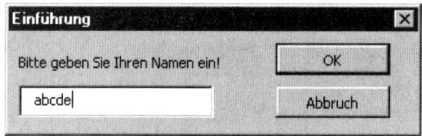

Bild 7.7: Ein erster Test

Sie können den Dialog selbstverständlich auch per Programmcode starten: Dazu wenden Sie die *Show*-Methode auf das neue Dialog-Objekt an, das Sie durch den Dialogentwurf erstellt haben. Als Objektname müssen Sie den Dialognamen angeben.

```
dlgIntro.Show
```

Eigenschaften von Steuerelementen

Steuerelemente sind mit unzähligen Eigenschaften ausgestattet, die über das Eigenschaftsfenster eingestellt werden. Neben elementaren Eigenschaften *Name* (der interne Name des Objekts) und *Caption* (die Beschriftung) können mit den Eigenschaften das Aussehen und die Funktion des Steuerelements beeinflusst werden.

OK- und Abbruch-Buttons

Beinahe jeder Dialog ist mit den Buttons OK und ABBRUCH ausgestattet. Damit sich der Dialog so verhält, wie Sie es von anderen Dialogen gewöhnt sind, sollten Sie beim OK-Button die Eigenschaft *Default* und beim ABBRUCH-Button die Eigenschaft *Cancel* auf *True* setzen. Damit erreichen Sie, dass die Buttons nicht nur mit der Maus, sondern auch durch Return bzw. durch Esc ausgewählt werden können.

Ereignisprozeduren

Damit der Dialog wirklich verwendet werden kann, sind zumindest noch zwei Ereignisprozeduren erforderlich: Beim Anklicken beider Buttons muss der Dialog mit *Hide* unsichtbar gemacht werden. Außerdem muss in einer globalen Variablen gespeichert werden, wie der Dialog beendet wurde (mit OK oder mit ABBRECHEN). In den meisten richtigen Anwendungen erfolgt in den Ereignisprozeduren auch eine Validitätskontrolle, ob die Eingaben zulässig sind.

Am bequemsten gelangen Sie mit einem Doppelklick auf das Steuerelement in das Modulfenster zur Eingabe einer Ereignisprozedur. Dabei wird gleich eine Codeschablone für das wichtigste Ereignis dieses Steuerelements eingefügt. Wenn Sie eine Prozedur für ein anderes Ereignis schreiben möchten, wählen Sie einfach im rechten Listenfeld des Codefensters ein anderes Ereignis aus und löschen anschließend die leere Schablone des Standardereignisses.

Die global deklarierte Variable *result* hat den Zweck, dass nach dem Aufruf des Dialogs festgestellt werden kann, mit welchem Button der Dialog beendet wurde. Der Zugriff auf die Variable erfolgt in der Form *dlgIntro.result* (im Allgemeinen also durch *dialogname.variablenname*). Global deklarierte Variablen stellen einen ebenso einfachen wie praktischen Weg dar, um Daten zwischen einem Dialog und der Prozedur auszutauschen, die den Dialog aufruft.

```
' Datei 07\Userform.xls, UserForm »dlgIntro«
Public result As Boolean
Private Sub btnOK_Click()
  result = True
  Hide
End Sub
Private Sub btnCancel_Click()
  result = False
  Hide
End Sub
```

> HINWEIS
>
> Wenn Sie den Dialog mit *Unload Me* statt mit *Hide* schließen, wird damit nicht nur der Dialog aus dem Speicher entfernt, es gehen auch alle im dazugehörigen Modul definierten Variablen (in diesem Beispiel also *result*) verloren.

Dialog aufrufen und auswerten

Der Aufruf des Dialogs kann in jeder beliebigen Prozedur erfolgen. In der Datei 07\-Userform.xls handelt es sich dabei um eine Ereignisprozedur, die einem Button in Tabellenblatt 1 zugeordnet ist. (Informationen zur Verwendung von Steuerelementen direkt in Tabellenblättern – also nicht in Dialogen – finden Sie in Abschnitt 7.5.) Der Aufruf erfolgt durch *Show*. Die Programmausführung in *btnIntro_Click* wird dadurch so lange unterbrochen, bis der Dialog abgeschlossen wird.

Anschließend wird mit *dlgIntro.result* getestet, ob der Dialog mit ABBRUCH oder OK beendet wurde. Im zweiten Fall wird mit *dlgIntro.txtName* auf die Zeichenkette im Textfeld zugegriffen. (Dabei handelt es sich um eine Kurzschreibweise für *dlgIntro.txtName.Text*. Sie haben es vermutlich schon erraten, *Text* ist die Defaulteigenschaft für Textfelder und muss deswegen nicht angegeben werden.)

```
' Datei 07\Userform.xls, Klassenmodul Tabelle1
Private Sub btnIntro_Click()
  dlgIntro.Show
  If dlgIntro.result = False Then
    MsgBox "Abbruch"
  Else
    MsgBox "Eingabe: " & dlgIntro.txtName
  End If
End Sub
```

> **HINWEIS** Neu in Excel 2000 ist die Möglichkeit, bei *Show* als optionalen Parameter *vbModeless* anzugeben. Damit erreichen Sie, dass der Dialog nicht modal angezeigt wird. Der Anwender kann also in Excel weiterarbeiten, ohne den Dialog vorher verlassen zu müssen. Eine mögliche Anwendung wäre etwa ein Dialog zur Anzeige eines Hilfetexts. *Show vbModeless* sollte allerdings nicht bei Dialogen mit dem *RefEdit*-Steuerelement (Formelfeld) eingesetzt werden – das kann in Excel 2000 zu massiven Problemen führen.

7.3 Der Dialogeditor

Eine erste Einführung in den Umgang mit den Dialogeditor – der ein integraler Bestandteil der VBA-Entwicklungsumgebung ist – hat der vorangegangene Abschnitt ja schon gegeben. In diesem Abschnitt finden Sie weitere Informationen zum effizienten Entwurf von Formularen.

Eigenschaften einstellen

Die meiste Zeit im Dialogeditor geht bei der Einstellung der zahllosen Eigenschaften verloren. Sie können etwas Zeit sparen, wenn Sie mehrere Steuerelemente gemeinsam bearbeiten: Markieren Sie die Steuerelemente durch Mausklick mit Shift oder Strg oder zeichnen Sie einen Rahmen um alle Steuerelemente. Anschließend können Sie im Eigenschaftsfenster alle Eigenschaften einstellen, die in allen markierten Steuerelementen gemeinsam vorkommen.

Größe und Position der Steuerelemente verändern

Steuerelemente können direkt mit der Maus angeklickt und an eine neue Position verschoben werden. Bei der Positionierung wird das im Dialog angezeigte Raster berücksichtigt. Die Rastergröße kann mit EXTRAS|OPTIONEN|ALLGEMEIN eingestellt werden. (Dort kann das Raster auch ganz abgeschaltet werden.)

Der Dialogeditor bietet eine ganze Menge Kommandos an, mit denen mehrere Steuerelemente aneinander angeglichen werden. Diese Kommandos werden über das FORMATIEREN-Menü aufgerufen. (Die wichtigsten stehen auch über das Kontextmenü zur Verfügung.) Sie können damit unter anderem mehrere Steuerelemente an einer Kante ausrichten, eine gleiche Breite oder Höhe geben etc.

Steuerelemente kopieren

Wenn Sie mehrere gleichartige Steuerelemente benötigen, können Sie zuerst ein Steuerelement einfügen, dessen Eigenschaften einstellen und es anschließend bei gedrückter Strg-Taste mit der Maus verschieben. Das Steuerelement wird dabei an die neue Position kopiert und bekommt automatisch einen neuen Namen; alle anderen Eigenschaften werden beibehalten. (Es ist in *UserForm*-Dialogen im Gegensatz zu Dialogen in Visual Basic 5 nicht möglich, mehreren Steuerelementen den gleichen Namen zu geben und diese dann als Steuerelementefeld zu verwalten.)

Zugriffstaste festlegen

In den meisten Excel-Dialogen können Sie den Eingabefokus mit Alt+Buchstabe in ein bestimmtes Steuerelement lenken. In eigenen Dialogen müssen Sie dazu den entsprechenden Buchstaben in der *Accelerator*-Eigenschaft des Steuerelements angeben. Der Buchstabe wird im dazugehörigen Beschriftungstext (so weit vorhanden) automatisch unterstrichen.

Aktivierreihenfolge einstellen

Die Aktivierreihenfolge gibt die interne Reihenfolge der Steuerelemente an. Der Anwender kann mit Tab den Eingabefokus in das jeweils nächste Steuerelement bewegen, mit Shift+Tab in das vorangegangene Steuerelement. Die Aktivierreihenfolge sollte so eingestellt werden, dass die einzelnen Steuerelemente der Reihe nach in einer (räumlich wie inhaltlich) logischen Reihenfolge durchlaufen werden können. An erster Stelle der Aktivierreihenfolge sollte also das erste Eingabefeld stehen, an letzter Stelle die Buttons zur Beendigung des Dialogs.

Die Aktivierreihenfolge richtet sich an die Reihenfolge, in der die Steuerelemente in den Dialog eingefügt wurden. Sie kann aber auch später geändert werden, indem die Eigenschaft *TabIndex* verändert wird. Diese Eigenschaft hat für das erste Steuerelement in der Aktivierreihenfolge den Wert 0, für das nächste 1 etc. Bequemer als durch die direkte Veränderung können Sie die Aktivierreihenfolge durch einen eigenen Dialog einstellen, der mit ANSICHT | AKTIVIERREIHENFOLGE aufgerufen wird. In diesem Dialog können Sie ein zuerst markiertes Steuerelement in der Reihenfolge nach oben oder nach unten verschieben.

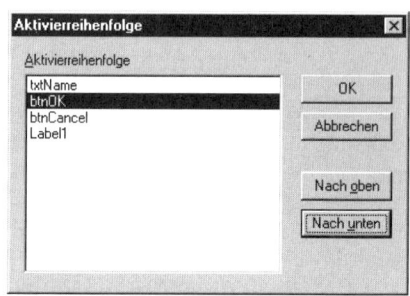

Bild 7.8: Der Dialog zur Einstellung der Aktivierreihenfolge

Falls Sie einzelne Steuerelemente von der Aktivierreihenfolge ausnehmen möchten, setzen Sie einfach deren *TabStop*-Eigenschaft auf *False*.

Der Eingabefokus kann übrigens nicht nur vom Anwender durch Tab bzw. durch das Anklicken einzelner Elemente verändert werden, sondern auch im Programmcode durch die Methode *SetFocus*:

```
dialogname.steuerelementname.SetFocus
```

Optische Gestaltung von Dialogen

Sie haben mehrere Möglichkeiten zur optischen Gestaltung von Dialogen:

- Sie können die Farben der Steuerelemente verändern (*BackColor*, *ForeColor*).

- Sie können mehrere Steuerelemente gruppieren, indem Sie ein *Image*-Feld (»Anzeige«) unterlegen und dieses durch eine andere Farbe oder einen Rahmen hervorheben.

- Sie können in die meisten Steuerelemente eine Bitmap-Datei laden. (Bedenken Sie aber den damit verbundenen Speicherverbrauch!) Wenn sich mehrere Steuerelemente überlappen, können Sie durch FORMAT | REIHENFOLGE einzelne Steuerelemente in den Vorder- oder Hintergrund bewegen.

Im Gegensatz zu Excel 5/7 ist es nicht mehr möglich, die zahlreichen Zeichenelemente von Excel zur Dekorierung von Dialogen zu verwenden.

Zusätzliche Steuerelemente (ActiveX-Steuerelemente)

Im Werkzeugfenster werden fünfzehn MS-Forms-Steuerelemente angezeigt. Falls Sie mit Office Developer arbeiten oder neben Office auch andere Programme installiert haben, stehen Ihnen eine ganze Menge weiterer Steuerelemente zur Auswahl. In MS-Forms-Dialogen können nämlich alle ActiveX-Steuerelemente verwendet werden, die auf Ihrem Rechner installiert sind.

7.3 Der Dialogeditor

Eine Liste der zur Verfügung stehenden Steuerelemente erhalten Sie mit dem Kontextmenükommando ZUSÄTZLICHE STEUERELEMENTE, das Sie im Werkzeugfenster aufrufen können.

Zur Verwendung der Steuerelemente müssen Sie diese im unten abgebildeten Dialog anklicken. Die Steuerelemente werden dann wie die MS-Forms-Steuerelemente in der Werkzeugsammlung angezeigt. Gleichzeitig wird die entsprechende Objektbibliothek aktiviert, so dass Sie das Steuerelement wie die MS-Forms-Elemente durch Methoden und Eigenschaften steuern können. Falls es zu dem ActiveX-Steuerelement Einträge in der Hilfe gibt, können diese über den Objektkatalog aufgerufen werden.

Falls Sie sehr viele Zusatzsteuerelemente verwenden, können Sie das Werkzeugfenster in mehrere Seiten gliedern. Die erforderlichen Kommandos finden Sie im Kontextmenü, das beim Anklicken der Blattregister im Werkzeugfenster erscheint.

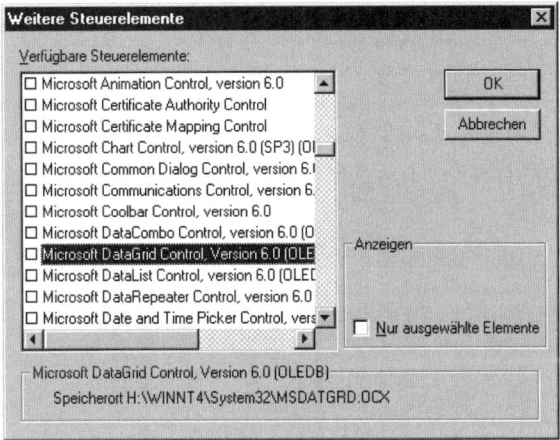

Bild 7.9: Die Liste der Steuerelemente, die am Rechner des Autors installiert sind

> **TIPP**
> Wohl wird die entsprechende Objektbibliothek bei der Auswahl eines Steuerelements automatisch aktiviert, wenn Sie das Steuerelement wieder entfernen, bleibt der Bibliotheksverweis allerdings bestehen. Sie sollten den Verweis explizit in EXTRAS|VERWEISE wieder deaktivieren.

> **HINWEIS**
> Wenn Sie Excel-Anwendungen weitergeben möchten, achten Sie darauf, dass Sie nur solche Steuerelemente verwenden, von denen Sie wissen, dass Sie auch am Rechner Ihrer Kunden zur Verfügung stehen. Nur wenn Sie mit Office Developer arbeiten, können Sie Zusatzsteuerelemente im Rahmen eines Setup-Programms weitergeben (aber natürlich auch nur, so weit dies lizenzrechtlich zulässig ist).

Neue Steuerelemente erstellen

So wie Sie Steuerelemente aus dem Werkzeugfenster in das Dialogfenster verschieben können, besteht diese Möglichkeit auch in umgekehrter Richtung. Sie können sogar mehrere Steuerelemente gemeinsam (als Gruppe) in das Werkzeugfenster verschieben. Diese Steuerelemente werden im Werkzeugfenster durch ein neues Symbol dargestellt. Über das Kontextmenü können Sie dieses Symbol bearbeiten und ihm einen neuen Namen geben.

Beim Entwurf des nächsten Dialogs können Sie diesen neuen Eintrag wie ein gewöhnliches Steuerelement in Ihren Dialog einfügen. Sie ersparen auf diese Weise monotone Arbeiten wie das immer wieder gleiche Einstellen von Eigenschaften. Beispielsweise könnten Sie eine Gruppe bestehend aus einem OK- und einem ABBRUCH-Button als neues Steuerelement definieren: Diese Gruppe benötigen Sie in beinahe jedem Dialog.

> **ANMERKUNG**
> In das Werkzeugfenster werden nur die Steuerelemente mit ihren Eigenschaften aufgenommen, nicht aber der Programmcode. Wenn Sie auch Programmcode speichern möchten, können Sie ganze Formulare exportieren. Beispielsweise könnten Sie ein Formulargerüst bestehend aus OK- und ABBRUCH-Button zusammen mit dem erforderlichen Programmcode exportieren und auf diese Weise den Entwurf neuer Dialoge noch mehr beschleunigen.

> **HINWEIS**
> Falls Sie Visual Basic 6 besitzen und ausreichend Programmiererfahrung haben, können Sie selbst »wirklich« neue Steuerelemente programmieren, also unabhängig von den Grenzen, die durch die MS-Forms-Bibliothek gegeben sind.

7.4 Die MS-Forms-Steuerelemente

Die folgenden Unterabschnitte beschreiben der Reihe nach die in der MS-Forms-Bibliothek vordefinierten Steuerelemente. Die Abschnittsüberschriften halten sich dabei an die Texte, die angezeigt werden, wenn Sie die Maus längere Zeit über den Symbolen des Werkzeugfensters stehen lassen. In Klammern sind die englischen Objektnamen angegeben. Weitere Beispiele zur Verwendung der einzelnen Steuerelemente und der dazu erforderlichen Programmiertechniken finden Sie in den beiden folgenden Abschnitten.

Gemeinsame Merkmale

Die MS-Forms-Steuerelemente weisen einige gemeinsame Eigenschaften, Methoden und Ereignisse auf, die hier zur Vermeidung allzu vieler Wiederholungen vorweg beschrieben werden. Diese und einige weitere gemeinsamen Merkmale finden Sie im Objektkatalog beim MS-Forms-*Control*-Objekt.

7.4 Die MS-Forms-Steuerelemente

Die Eigenschaften *Cancel* und *Default* kennzeichnen die Steuerelemente eines Dialogs, die mit Esc bzw. mit Return ausgewählt werden können (normalerweise der ABBRUCH- und OK-Button). Die Eigenschaften können jeweils nur für ein Steuerelement im Dialog auf *True* gestellt werden. (Der Dialogeditor kümmert sich automatisch darum, die Eigenschaft bei allen anderen Steuerelementen auf *False* zurückzusetzen.)

Mit *ControlSource* können Sie den Inhalt eines Steuerelements mit dem Inhalt einer Zelle verbinden. Änderungen in der Tabelle spiegeln sich automatisch im Inhalt des Steuerelements wider. (Bei Listenfeldern kann mit *RowSource* die ganze Liste mit einem Zellbereich einer Tabelle synchronisiert werden.)

Die *Tag*-Eigenschaft hilft manchmal bei der Verwaltung von Steuerelementen. Es kann darin eine Zeichenkette gespeichert werden, die nicht angezeigt wird.

Die *Visible*-Eigenschaft steuert die Sichtbarkeit der Steuerelemente. Die Eigenschaft kann dazu ausgenutzt werden, nach Bedarf einzelne Steuerelemente ein- und auszublenden.

Gemeinsame Eigenschaften	
Cancel	*True*, wenn das Steuerelement durch Esc ausgewählt werden kann
ControlTipText	gelber Infotext (Tooltip-Text)
ControlSource	stellt die Verbindung zu einer Zelle aus einem Tabellenblatt her
Default	*True*, wenn das Element durch Return ausgewählt werden kann
RowSource	stellt die Verbindung zu einem Zellbereich her (für Listenfelder)
TabIndex	Nummer, die die Aktivierreihenfolge angibt
TabStop	*True*, wenn das Steuerelement mit Tab ausgewählt werden kann
Tag	unsichtbare Zusatzinfo, die manchmal bei der Verwaltung hilft
Visible	*True*, wenn das Steuerelement sichtbar ist

Gemeinsame Methoden	
SetFocus	richtet den Eingabefokus in ein Steuerelement

Gemeinsame Ereignisse	
Enter	das Steuerelement hat den Eingabefokus erhalten
Error	es ist ein Fehler aufgetreten
Exit	das Steuerelement hat den Eingabefokus verloren

7.4.1 Bezeichnungsfeld (Label)

Das Bezeichnungsfeld dient zur Beschriftung des Dialogs. Es wird normalerweise neben oder über anderen Steuerelementen platziert und gibt Hinweise zu deren Funktion bzw. zur erwarteten Eingabe. Der Text wird über die Eigenschaft *Caption* eingestellt und darf sich über mehrere Zeilen erstrecken. In diesem Fall muss *WordWrap* auf *True* gesetzt werden. Der Text kann wahlweise linksbündig, rechtsbündig oder zentriert angezeigt werden (*TextAlign*). Wenn *AutoSize* auf *True* gesetzt wird, passt sich die Größe des Labelfelds automatisch an die Länge des Texts an.

Im Gegensatz zum Excel-5-/-7-Labelfeld kann die Schriftart und -farbe mit den Eigenschaften *Font*, *Back-* und *ForeColor* frei eingestellt werden. Weitere Gestaltungsmöglichkeiten ergeben sich aus der Umrandung (*BorderStyle*, *BorderColor*) und der Eigenschaft *SpecialEffect*, mit der 3D-Effekte wie bei Buttons erzielt werden können. Schließlich kann im Label sogar eine Bitmap angezeigt werden (*Picture*, *PicturePosition*). Sie sehen also, dass das Labelfeld mehr hält, als es verspricht.

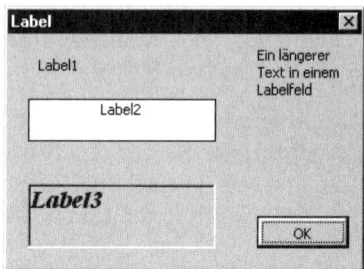

Bild 7.10: Einige Darstellungsformen des Labelfelds

Label – Eigenschaften

AutoSize	Größe des Steuerelements passt sich an Text an
BackColor	Hintergrundfarbe
BorderColor	Randfarbe
BorderStyle	Umrandung ein/aus
Caption	der angezeigte Text
Font	Schriftart
ForeColor	Schriftfarbe
Picture	Bitmap
PicturePosition	Position, an der die Bitmap angezeigt wird
SpecialEffect	3D-Effekte
TextAlign	Textausrichtung (links, rechts, mittig)
WordWrap	Zeilenumbruch

Label – Ereignis

Click	das Labelfeld wurde angeklickt

7.4.2 Textfeld (TextBox)

Das Textfeld ermöglicht die Eingabe von Texten. Im Gegensatz zum Bearbeitungsfeld aus Excel 5/7 ist es aber nicht zur Eingabe von Zellbezügen geeignet. Zu diesem Zweck ist in Excel das *RefEdit*-Steuerelement vorgesehen, das in Abschnitt 7.4.10 beschrieben wird.

Ein Großteil der Eigenschaften des Textfelds ist mit denen des Labelfelds identisch, so dass auf eine nochmalige Beschreibung verzichtet werden kann. Der Zugriff auf den angezeigten Text erfolgt über *Text*. Die Anzahl der Zeichen kann durch *Len(textfeld.Text)* ermittelt werden, die Anzahl der Zeilen durch die Eigenschaft *LineCount*, die aktuelle Zeile durch *CurLine*.

Mit den Eigenschaften *MultiLine* und *ScrollBars* wird eine mehrzeilige Texteingabe und gegebenenfalls die Anzeige von Bildlaufleisten zugelassen. Mit *PasswordChar* können Sie ein Textzeichen einstellen (üblicherweise ein *), das statt des eingegebenen Texts angezeigt wird. Auf diese Weise können Passwörter eingegeben werden, ohne dass Ihnen jemand über die Schulter schauen kann.

Bild 7.11: Verschiedene Formen des Textfelds

Mit *EnterFieldBehavior=0* erreichen Sie, dass beim Aktivieren des Textfelds automatisch der gesamte Inhalt markiert wird. Das ermöglicht eine bequeme Neueingabe und ist vor allem bei einzeiligen Textfeldern praktisch.

EnterKeyBehavior steuert das Verhalten bei Return. Wenn die Eigenschaft auf *True* gesetzt wird, bewirkt Return die Eingabe einer neuen Zeile. Ist die Eigenschaft dagegen auf *False* gestellt, wählt Return den mit *Default=True* markierten Button aus. Zur Eingabe einer neuen Zeile muss dann Strg+Return verwendet werden. Eine analoge Bedeutung hat *TabKeyBehavior*: Die Eigenschaft gibt an, ob im Steuerelement Tab zur Eingabe eines Tabulators verwendet werden kann oder ob Tab dem Steuerelementwechsel vorbehalten ist.

> **HINWEIS** Wenn Sie das Textfeld für kurze Eingabetexte verwenden, erscheint am linken Rand des Textfelds ein irritierend großer Leerraum. Dieser Leerraum wird durch die Defaulteinstellung *SelectionMargin=True* bewirkt. Diese Einstellung ermöglicht eine bequeme Markierung ganzer Zeilen, ist aber nur bei Textfeldern für mehrere Zeilen sinnvoll. Wenn Sie *SelectionMargin* auf *False* stellen, verschwindet der Leerraum am linken Rand.

Markierter Text, Zwischenablage

Der Zugriff auf den markierten Text erfolgt durch *SelText*. Die Eigenschaften *SelStart* und *SelLength* geben das erste Zeichen der Markierung bzw. die Länge der Markierung an. Die folgenden Zeilen demonstrieren den Umgang mit diesen Eigenschaften.

```
With textfel
  .SelLength = 0                    'Markierung auflösen
  .SelStart = 0: .SelLenght = 5     'die ersten fünf Zeichen markieren
  .SelText = ""                     'den markierten Text löschen
  .SelStart = 10                    'Eingabecursor an neue Position
  .SelText = "abc"                  'dort drei Zeichen einfügen
End With
```

Mit den Methoden *Copy* und *Cut* können Sie den gerade markierten Text in die Zwischenablage kopieren bzw. ausschneiden. *Paste* ersetzt den zurzeit markierten Text durch den Inhalt der Zwischenablage.

Ereignisse

Das wichtigste Ereignis lautet *Change*. Es tritt immer dann auf, wenn sich der Inhalt des Textfelds ändert (also bei jedem eingegebenen oder gelöschten Zeichen). Das Ereignis tritt bei der Eingabe von Text sehr häufig auf – achten Sie also darauf, dass die Ereignisprozedur rasch verarbeitet werden kann.

Die Ereignisse *KeyDown*, *KeyUp* und *KeyPress* erlauben eine genaue Auswertung von Tastaturereignissen:

- *KeyPress*: Dieses Ereignis tritt beim Drücken einer alphanumerischen Taste auf. An die Ereignisprozedur wird der ANSI-Code des eingegebenen Zeichens übergeben. Neben den alphanumerischen Zeichen werden auch die Tasten Return, Esc sowie Strg-Kombinationen gemeldet. *KeyPress* tritt nicht auf, wenn der Benutzer Cursor- oder Funktionstasten, Entf, Einfg etc. drückt und ist daher für eine allgemein gültige Tastaturverwaltung nicht ausreichend.

- *KeyDown*: Dieses Ereignis tritt beim Drücken einer beliebigen Taste auf. An die Ereignisprozedur wird der interne Tastaturcode der gedrückten Taste sowie der Zustandscode der Umschalttasten übergeben. *KeyPress* tritt nicht nur beim Drücken von Cursor- oder Funktionstasten auf, sondern auch dann, wenn nur Shift oder Strg gedrückt wird!

- *KeyUp*: Dieses Ereignis ist das Gegenstück zu *KeyDown* und tritt beim Loslassen der Taste auf. An die Ereignisprozedur werden die gleichen Parameter wie bei *KeyUp* übergeben.

Wenn eine alphanumerische Taste gedrückt wird, ruft Visual Basic zuerst die *KeyDown*-Ereignisprozedur auf, dann *KeyPress* und schließlich *KeyUp*. Wenn die Taste längere Zeit gedrückt bleibt, werden die *KeyDown*- und *KeyPress*-Ereignisprozeduren mehrfach aufgerufen (Auto-Repeat). Die drei Ereignisse treten nicht auf, wenn der Benutzer

- mit Tab zwischen Steuerelementen wechselt,
- mit Esc einen Button mit *Cancel=True* auswählt oder
- mit Return einen Button mit *Default=True* auswählt.

Beim *KeyPress*-Ereignis haben Sie die Möglichkeit, den ASCII-Code zu verändern – das Textfeld erhält dann ein anderes Zeichen! Diese Möglichkeit könnten Sie beispielsweise dazu verwenden, bei der Zahleneingabe jedes Komma automatisch durch einen Dezimalpunkt zu ersetzen:

7.4 Die MS-Forms-Steuerelemente

```
Private Sub TextBox1_KeyPress(ByVal KeyAscii As MSForms.ReturnInteger)
  If Chr$(KeyAscii) = "," Then KeyAscii = Asc(".")
End Sub
```

Weitere Anwendungen: Sie können mit der Funktion *UCase* Kleinbuchstaben in Großbuchstaben umwandeln; Sie können auf das Drücken von Return mit einem eigenen Programmteil reagieren.

TextBox – Eigenschaften	
CurLine	aktuelle Zeilennummer
EnterFieldBehavior	0, wenn der gesamte Inhalt beim Aktivieren markiert wird
EnterKeyBehavior	*True*, wenn mit Return eine neue Zeile eingegeben werden kann
LineCount	Anzahl der Zeilen
MultiLine	*True*, wenn mehrere Textzeilen verwendet werden
PasswordChar	Platzhalterzeichen für den Text
ScrollBars	gibt an, ob bei langen Texten Bildlaufleisten angezeigt werden
SelectionMargin	*True*, wenn Text in Randspalten zeilenweise markiert werden kann
SelLength	Länge des markierten Texts
SetStart	Beginn des markierten Texts
SetText	markierter Text
TabKeyBehaviour	*True*, wenn mit Tab ein Tabulatorzeichen eingeben werden kann
Text	Inhalt des Textfelds

TextBox – Methoden	
Copy	markierten Text in die Zwischenablage kopieren
Cut	markierten Text in die Zwischenablage ausschneiden
Paste	Text aus der Zwischenablage einfügen

TextBox – Ereignisse	
Change	der Inhalt des Textfelds hat sich geändert
KeyDown	eine Taste wurde gedrückt
KeyPress	Tastatureingabe
KeyUp	eine Taste wurde losgelassen

7.4.3 Listenfeld (ListBox) und Kombinationslistenfeld (ComboBox)

Die MS-Forms-Bibliothek kennt drei Typen von Listenfeldern, die sich zwar optisch ein wenig voneinander unterschieden, dafür aber viele Gemeinsamkeiten bei der Programmierung aufweisen:

- Normales Listenfeld (*ListBox*): Die Liste wird in einem rechteckigen Bereich angezeigt, dessen Größe bereits beim Formularentwurf festgelegt wird. Wenn nicht alle

Elemente gleichzeitig angezeigt werden können, erscheint automatisch eine Bildlaufleiste.

- Dropdown-Listenfeld (*ComboBox* mit *Style=fmStyleDropDownList*): Wie oben, allerdings ist die Liste ausklappbar. Im eingeklappten Zustand beansprucht das Steuerelement viel weniger Platz. Diese Form des Listenfelds wird vermutlich am häufigsten benötigt, ist aber nicht die Defaulteinstellung. Vergessen Sie nicht, *Style* im Eigenschaftsfenster entsprechend einzustellen!

- Dropdown-Kombinationslistenfeld (*ComboBox* mit *Style=fmStyleDropDownCombo*): Dieser Variante verdankt die *ComboBox* ihren Namen: Das ausklappbare Listenfeld ist mit einem Textfeld kombiniert, in dem auch Texte eingegeben werden können, die nicht einem vorhandenen Listeneintrag entsprechen. Dieses Listenfeld ermöglicht also eine Erweiterung der Liste durch Benutzereingaben.

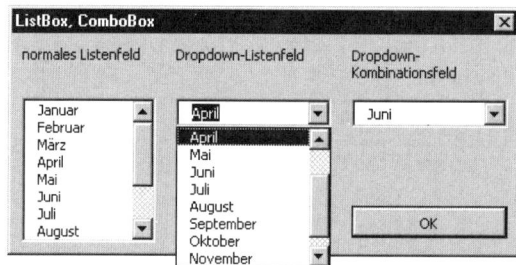

Bild 7.12: Die drei Listenfeld-Typen

Bei beiden Steuerelementen kann durch *ListStyle=fmListStyleOption* eine alternative Darstellung erzielt werden: Jeder Listeneintrag wird jetzt wie ein Optionsfeld angezeigt. An der Funktion der Listenfelder ändert diese Einstellung nichts.

> **TIPP**
>
> Der Umgang mit Listenfeldern ist im Prinzip nicht schwierig. Das Problem ist eher, dass zuerst diverse Eigenschaften korrekt eingestellt werden müssen – die Defaulteinstellungen sind meist unbrauchbar. Die folgende Liste nennt die vier häufigsten Problemkandidaten samt einer sinnvollen Einstellung. Eine detaillierte Beschreibung der Eigenschaften folgt unten.
>
> *BoundColumn*   0, damit *Value* die Nummer des Listeneintrags enthält
> *RowSource*   Quelldaten aus einer Tabelle, z.B. *"Tabelle2!A1:A5"*
> *SelectMargin*   *True*, damit Eintrag ohne linken Rand angezeigt wird
> *Style*   *fmStyleDropDownList*, damit keine Texteingabe möglich ist

Zugriff auf die Listenelemente

Die einzelnen Einträge einer Liste werden mit der Methode *AddItem* an das Steuerelement übergeben (siehe Beispielprogramm). Der Zugriff auf die Listenelemente erfolgt über die Eigenschaft *List(n)*. *ListIndex* gibt den zuletzt ausgewählten Eintrag an (oder

-1, falls kein Eintrag aus der Liste gewählt wurde), *ListCount* gibt die Anzahl der Einträge der Liste an. Mit *RemoveItem* können einzelne Listeneinträge wieder entfernt werden. *Clear* löscht die gesamte Liste.

Die drei Listenfelder in Bild 7.12 werden bei der Anzeige des Dialogs folgendermaßen initialisiert:

```
Private Sub UserForm_Initialize()
  Dim i As Integer
  For i = 1 To 12
    lstNormal.AddItem MonthName(i)
    cmbDropDown.AddItem MonthName(i)
    cmbCombo.AddItem MonthName(i)
  Next i
End Sub
```

Die Nummer des aktuell ausgewählten Listenelements ist über die Eigenschaft *ListIndex* zugänglich. (Die Nummerierung beginnt wie bei allen Eigenschaften des Listenfelds mit 0.) *Value* enthält normalerweise denselben Wert wie *ListIndex* (sofern *BoundColumn* in der Defaulteinstellung belassen wird, siehe unten). Die *Text*-Eigenschaft enthält den Inhalt des ausgewählten Elements.

> **HINWEIS** Aus unerfindlichen Gründen ist im Textbereich des Kombinationslistenfelds wie im Textfeld ein Markierungsrand vorgesehen. Die Defaulteinstellung von *SelectionMargin* lautet zu allem Überfluss *True* (obwohl im Textbereich dieses Steuerelements ohnedies nur eine Zeile angezeigt werden kann). Setzen Sie die Eigenschaft auf *False*, um den irritierenden Rand zu beseitigen.

Mehrfachauswahl

In normalen Listenfeldern können mehrere Einträge gleichzeitig ausgewählt werden, wenn die Eigenschaft *MultiSelect* auf *fmMultiSelectMulti (1)* oder *fmMultiSelectExtended (2)* gesetzt wird. Zur Auswertung müssen Sie in einer Schleife alle *Selected(i)*-Eigenschaften abfragen, um festzustellen, welche Listeneinträge ausgewählt wurden. (Die Mehrfachauswahl erfolgt durch gleichzeitiges Drücken der Maustaste mit Shift oder Strg.)

Mehrspaltige Listenfelder

In Listenfeldern können auch mehrere Spalten gleichzeitig angezeigt werden. Dazu muss *ColumnCount* auf einen Wert größer 1 gesetzt werden. Der Zugriff auf die einzelnen Listeneinträge erfolgt mit *List(zeile, spalte)*, wobei die Nummerierung jeweils mit 0 beginnt. Zuweisungen an *List* können auch direkt durch ein zweidimensionales Feld erfolgen, also etwa *List=feld()*. In umgekehrter Richtung ist das allerdings nicht möglich.

Falls *ColumnHead* auf *True* gesetzt wird, wird Platz für eine zusätzliche Überschriftzeile gelassen. Ein direkter Zugriff auf deren Einträge scheint unmöglich zu sein. Die Überschriften werden aber automatisch aus einer Excel-Tabelle gelesen, wenn über *RowSource* eine Verbindung zu einem Zellbereich hergestellt wird. Im Listenfeld in Bild 7.13 gilt *RowSouce="Tabelle2!B2:D6"*. Die Überschriftenzellen aus B1:D1 liest das Listenfeld selbstständig. Mit *ControlSource* kann ein zusätzliches Tabellenfeld angegeben werden, das die Nummer der aktuellen Spalte enthält.

Die Breite der Spalten wird durch *ColumnWidths* gesteuert. In der Defaulteinstellung -1 sind alle Spalten gleich breit (aber mindestens 95 Punkt; wenn das Listenfeld dafür zu schmal ist, wird eine horizontale Bildlaufleiste eingestellt). Durch die Einstellung *"2cm;3cm"* erreichen Sie, dass die erste Spalte 2 cm und die zweite Spalte 3 cm breit ist. Die Breite der dritten Spalte ergibt sich aus dem verbleibenden Platz.

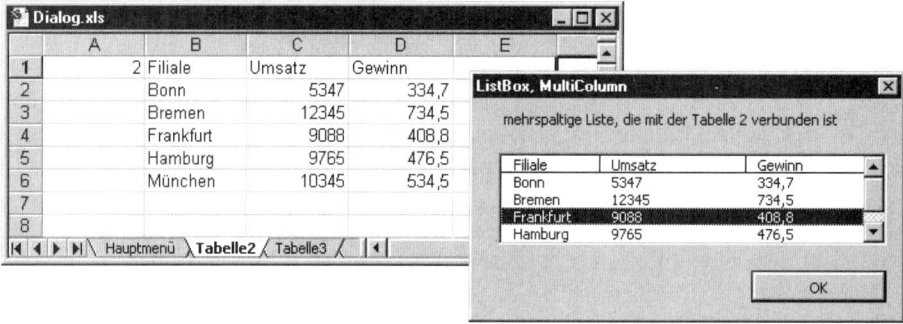

Bild 7.13: *Ein mehrspaltiges Listenfeld, dessen Inhalt mit einer Tabelle verbunden ist*

Da das Listenfeld jetzt aus mehreren Spalten besteht, gibt es auch mehrere Möglichkeiten, welche Werte in den Eigenschaften *Text* und *Value* stehen sollen, wenn der Anwender eine bestimmte Zeile auswählt. Dazu kann in *TextColumn* jene Spalte bestimmt werden, deren Inhalt in der *Text*-Eigenschaft stehen soll, in *BoundColumn* jene Spalte, deren Inhalt in der *Value*-Eigenschaft stehen soll. Beachten Sie dabei, dass im Gegensatz zu allen anderen Listeneigenschaften die Nummerierung mit 1 beginnt – also 1 für die erste Spalte etc. Die Einstellung 0 bedeutet, dass nicht der Inhalt einer Spalte, sondern die Spaltennummer (also *ListIndex*) in der jeweiligen Eigenschaft stehen soll. Bei *TextColumn* ist außerdem noch die Einstellung -1 erlaubt. In diesem Fall enthält *Text* den Inhalt der ersten Spalte, deren Spaltenbreite ungleich 0 ist.

Damit im Dialog in Bild 7.13 automatisch die gesamte in Tabelle 2 verfügbare Liste berücksichtigt wird, gibt es in *btnListBoxMulti_Click* eine recht kompliziert aussehende Anweisung:

```
' Datei 07\Userform.xls, UserForm »dlgListBoxMultiColumn«
Private Sub btnListBoxMulti_Click()
  With dlgListBoxMultiColumn
    .ListBox1.RowSource = Worksheets(2).name & "!" & _
      Intersect(Worksheets(2).[b2].CurrentRegion, _
             Worksheets(2).[b2:d1000]).Address
    .Show
  End With
End Sub
```

Worksheets(2).Name liefert den Namen des zweiten Tabellenblatts (also *"Tabelle2"*).

Worksheets(2).[b2].CurrentRegion liefert ein *Range*-Objekt mit allen zusammenhängenden Zellen ausgehend von B2. (In Bild 7.13 liefert *CurrentRegion* den Zellbereich A1:D6.)

Für das Listenfeld wird allerdings weder die Zelle A1 benötigt (in der der Index des ausgewählten Listeneintrags angezeigt wird) noch die Überschriftszeile (die sich das Listenfeld selbst ermittelt). Daher wird der *CurrentRegion*-Bereich durch *Intersect* auf die Spalten B-D und auf die Zeilen 2-1000 beschränkt. *Intersect* bildet also jenen Zellbereich, den *CurrentRegion* und B2:D1000 gemeinsam haben.

Die ganze Anweisung liefert für die Liste in Bild 7.13 das Resultat *Tabelle2!$B$2:$D$6*.

Ereignisse

Zur Verwaltung der Listenfelder sind zwei Ereignisse von Interesse: *Click* (bei der Auswahl eines Listeneintrages) und *Change* (wenn der Text von Kombinationsfeldern durch eine Tastatureingabe verändert wird). Manchmal wird auch *DblClick* ausgewertet, um diese Form der Auswahl eines Elements gleichzeitig als Aufforderung zu interpretieren, den Dialog zu beenden.

Beim Kombinationslistenfeld wird das Ereignis *DropButtonClick* ausgelöst, bevor die DropDown-Liste erscheint, bzw. wieder verschwindet. Das kann dazu genutzt werden, die Liste erst dann dynamisch aufzubauen, wenn sie tatsächlich benötigt wird.

Beispiel

In Bild 7.14 sehen Sie einen Dialog mit einem Listenfeld, in dem die Namen aller Tabellenblätter der aktiven Excel-Datei aufgezählt sind. Ein Doppelklick auf einen der Namen (oder die Auswahl eines Namens mit anschließendem OK) aktiviert dieses Tabellenblatt.

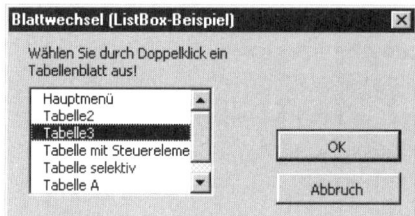

Bild 7.14: Ein Listenfeld zum Wechsel in ein anderes Tabellenblatt

Die Programmierung ist ganz einfach: In *UserForm_Initialize* wird das Listenfeld initialisiert. Dazu wird eine Schleife über alle Tabellenblätter (*Worksheets*-Aufzählung) durchgeführt. Die Namen der Blätter werden mit *AddItem* in das Listenfeld übertragen.

```
' Datei 07\userform.xls, Userform dlgListWorksheets
' Dialog zum Tabellenblattwechsel
' Listenfeld mit den Namen aller Tabellenblättern füllen
Private Sub UserForm_Initialize()
  Dim wsh As Worksheet
  For Each wsh In Worksheets
    listboxSheets.AddItem wsh.Name
  Next
End Sub
```

In *btnOK_Click* wird getestet, ob eine gültige Auswahl eines Listenelements vorliegt (also *ListIndex>0*). Wenn das der Fall ist, wird aus der Liste des Steuerelements (Eigenschaft *List*) der ausgewählte Eintrag (Eigenschaft *ListIndex*) ermittelt. Die resultierende Zeichenkette wird zur Auswahl eines Tabellenblatts verwendet, das mit *Activate* aktiviert wird. Die Prozedur wird auch dann ausgeführt, wenn der Anwender einen Listeneintrag per Doppelklick auswählt.

```
' ausgewähltes Blatt aktivieren, Dialog schließen
Private Sub btnOK_Click()
  If listboxSheets.ListIndex >= 0 Then
    Worksheets(listboxSheets.List(listboxSheets.ListIndex)).Activate
    Unload Me
  Else
    Beep
  End If
End Sub
Private Sub listboxSheets_DblClick(ByVal Cancel As _
                        MSForms.ReturnBoolean)
  btnOK_Click
End Sub
```

List- und ComboBox – Eigenschaften

BoundColumn	Spalte, deren Inhalt in *Value* angegeben wird
ColumnHead	Überschriftenzeile für mehrspaltige Listen
ColumnWidths	Breite der Spalten
ControlSource	Tabellenzelle mit Nummer des ausgewählten Element
List(n)	Zugriff auf Listenelemente
List(zeile, spalte)	Zugriff bei mehrspaltigen Listen
ListCount	Anzahl der Listenelemente bzw. Zeilen
ListIndex	Nummer des ausgewählten Elements (beginnend mit 0)
ListStyle	Listeneinträge als Optionsfelder darstellen
MultiSelect	Mehrfachauswahl zulassen
RowSource	Tabellenbereich mit Listeninhalt (z.B. "Tabelle1!A1:B3")
Style	*fmStyleDropDownList* oder *fmStyleDropDownCombo* (nur *ComboBox*)
Text	Text des ausgewählten Elements
TextColumn	Spalte, deren Inhalt in *Text* angegeben wird
Value	Nummer oder Text des Listenelements (bei *BoundColumn>0*)

List- und ComboBox – Methoden

AddItem	Liste erweitern
Clear	Liste löschen
RemoveItem	Listeneintrag löschen

List- und ComboBox – Ereignisse

Change	Elementauswahl oder Texteingabe bei *ComboBox*
Click	Elementauswahl
DblClick	Doppelklick auf ein Listenelement
DropButtonClick	die Dropdown-Liste soll angezeigt werden (nur *ComboBox*)

7.4.4 Kontrollkästchen (CheckBox) und Optionsfelder (OptionButton)

Kontrollkästchen eignen sich zur Durchführung von Ja/Nein-Entscheidungen. Der aktuelle Zustand wird durch ein Häkchen in einem kleinen, quadratischen Kästchen angezeigt.

Der Zustand des Optionsfelds wird durch einen Punkt in einem runden Kreis angezeigt. Neben diesem optischen Unterschied im Vergleich zum Kontrollkästchen existiert auch ein inhaltlicher: Wenn eines von mehreren Optionsfeldern aktiviert wird, dann werden automatisch alle anderen deaktiviert – es kann also immer nur eine Option (von mehreren) ausgewählt werden. Wenn in einem Dialog mehrere, voneinander unabhängige Gruppen von Optionsfeldern verwendet werden sollen, dann muss die *GroupName*-Eigenschaft der zusammengehörigen Steuerelemente jeweils mit identischen Zeichenketten belegt werden.

Der aktuelle Zustand der beiden Steuerelemente wird der *Value*-Eigenschaft entnommen. Zulässige Werte sind *True*, *False* und *Null*. (Die Einstellung *Null* markiert einen undefinierten Zustand. Das wäre beispielsweise bei einem Kontrollkästchen für fette Schrift sinnvoll, wenn ein Textbereich markiert ist, dessen Text nur teilweise fett ausgezeichnet ist.) Wenn die Eigenschaft *TripleState* auf *True* gesetzt wird, können alle drei Zustände per Maus eingestellt werden (sonst nur *True* oder *False*).

> **HINWEIS** Aus unerfindlichen Gründen ist es unmöglich, die *Value*-Eigenschaft im Dialogeditor voreinzustellen. Sie müssen stattdessen entsprechende Anweisungen in *User_Initialize* ausführen.

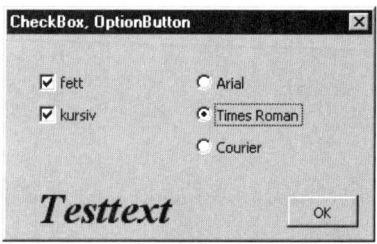

Bild 7.15: Optionsfelder und Kontrollkästchen

```
' Datei 07\Userform.xls, »dlgOption«
Private Sub UserForm_Initialize()
  OptionButton1.Value = True
End Sub
Private Sub CheckBox1_Click()
  Label1.Font.Bold = CheckBox1.Value
End Sub
Private Sub CheckBox2_Click()
  Label1.Font.Italic = CheckBox2.Value
End Sub
Private Sub OptionButton1_Click()
    Label1.Font.Name = "Arial"
End Sub
Private Sub OptionButton2_Click()
    Label1.Font.Name = "Times New Roman"
End Sub
Private Sub OptionButton3_Click()
    Label1.Font.Name = "Courier New"
End Sub
```

CheckBox, OptionButton – Eigenschaften	
Caption	Beschriftungstext
TripleState	auch »undefiniert« (*Null*) als Eingabe zulassen
Value	aktueller Zustand

CheckBox, OptionButton – Ereignis	
Click	der Zustand hat sich geändert

7.4.5 Buttons (CommandButton) und Umschaltbuttons (ToggleButton)

Der Umgang mit Buttons ist ausgesprochen einfach: Der Beschriftungstext wird durch *Caption* eingestellt. Optional kann im Button eine Grafik (Bitmap) angezeigt werden, die mit Hilfe der *Picture*-Eigenschaft geladen werden kann. Wenn auf den *Caption*-Text verzichtet wird, kann auf diese Weise ein rein grafischer Button erstellt werden. Dieser sollte dann aber zumindest mit *ControlTipText* (für den gelben Infotext) beschriftet werden.

Umschaltbuttons unterscheiden sich von normalen Buttons insofern, als sie im gedrückten Zustand verbleiben und erst durch ein nochmaliges Anklicken wieder zurückspringen. Der aktuelle Zustand kann *Value* entnommen werden (*True/ False/Null* wie bei Optionsfeldern).

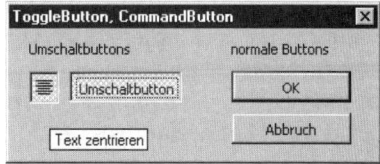

Bild 7.16: MS-Forms-Buttons

> **TIPP**
> Wenn Sie Buttons direkt in einem Tabellenblatt verwenden (und nicht in einem Dialog), setzen Sie unbedingt die Eigenschaft *TakeFocusOnClick* auf *False*! Andernfalls bleibt der Tastaturfokus nach einem Anklicken im Button. Dadurch werden eine Menge anderer Funktionen so lange blockiert, bis der Fokus durch einen weiteren Mausklick wieder in das Tabellenblatt zurückgesetzt wird.

CommandButton, ToggleButton – Eigenschaften

AutoSize	Buttongröße an Inhalt (Text/Grafik) anpassen
Cancel	Auswahl durch **Esc**
Caption	Beschriftungstext
ControlTipText	gelber Infotext
Default	Auswahl durch **Return**
Picture	Grafik
PicturePosition	Position der Grafik
TakeFocusOnClick	die Einstellung *False* verhindert, dass der Button beim Anklicken den Eingabefokus erhält (wichtig in Tabellenblättern)
TripleState	auch »undefiniert« (*Null*) als Eingabe zulassen
Value	aktueller Zustand

CommandButton, ToggleButton – Ereignis

Click	der Button wurde angeklickt

7.4.6 Rahmenfeld (Frame)

Das Gruppenfeld hat die Aufgabe, zusammengehörige Steuerelemente optisch zusammenzufassen. Alle Steuerelemente, die sich innerhalb des Rahmenfelds befinden, gelten als eine Einheit. Beim Verschieben des Rahmenfelds werden sie ebenfalls mitverschoben.

Eine Besonderheit des Rahmenfelds besteht darin, dass ein Vergrößerungsfaktor für alle darin enthaltenen Steuerelemente angegeben werden kann. Die Steuerelemente werden entsprechend verkleinert oder vergrößert. In seltenen Fällen kann dieses Merkmal dazu genutzt werden, sehr umfangreiche Formulare in einem Dialog darzustellen.

Bild 7.17: Zwei Rahmenfelder mit unterschiedlichem Zoom-Faktor

Der Inhalt eines Rahmenfelds kann mit Bildlaufleisten ausgestattet werden. Zur Anzeige von Bildlaufleisten muss *ScrollBars* auf *fmScrollBarsBoth* gesetzt werden. Wenn die Bildlaufleisten automatisch verschwinden sollen, sobald der gesamte Inhalt des Rahmenfelds sichtbar ist, empfiehlt sich außerdem die Einstellung *KeepScrollBarsVisible=fmScrollBarsNone*.

Damit das Rahmenfeld weiß, wie groß der verschiebbare Inhalt ist, müssen außerdem die Eigenschaften *ScrollWidth* und *ScrollHeight* mit Werten belegt werden. Die passenden Einstellungen müssen zumeist im Programmcode (etwa in *Form_Load*) ermittelt werden. Die Kommandos in *Form_Initialize* bewirken, dass der verschiebbare Bereich der gerade sichtbaren Innengröße des Rahmenfelds entspricht. (Bildlaufleisten werden damit erst dann erforderlich, wenn entweder der *Zoom*-Faktor vergrößert oder das Rahmenfeld verkleinert wird.) *InsideWidth* und *-Height* geben den nutzbaren Innenbereich des Rahmenfelds an.

Die folgenden Zeilen zeigen den erforderlichen Initialisierungscode, damit die Bildlaufleisten korrekt angezeigt werden. Das vorübergehende Setzen des Zoomfaktors auf 110 Prozent ist notwendig, damit wirklich immer der gesamte Innenbereich angezeigt werden kann.

```
Private Sub UserForm_Initialize()
  With Frame2
    .Zoom = 110
    .ScrollWidth = .InsideWidth
    .ScrollHeight = .InsideHeight
    .Zoom = 100
  End With
End Sub
```

Über die *Controls*-Aufzählung kann auf alle Steuerelemente innerhalb des Rahmens zugegriffen werden. *ActiveControl* verweist auf das aktive Steuerelement innerhalb des Rahmens. Die Methoden *AddControl* und *RemoveControl* ermöglichen ein bequemes Einfügen und Entfernen von Steuerelementen.

Frame – Eigenschaften	
ActiveControl	aktives Steuerelement innerhalb der Gruppe
Controls	Zugriff auf die enthaltenen Steuerelemente
InsideWidth/-Height	Größe des nutzbaren Innenbereichs
KeepScrollBarsVisible	Bildlaufleiste immer anzeigen
ScrollBars	gibt an, ob Bildlaufleisten verwendet werden sollen
ScrollLeft/-Top	linke obere Ecke des sichtbaren Bereichs
ScrollWidth/-Height	Größe des verschiebbaren Bereichs
Zoom	Vergrößerungsfaktor für Inhalt des Rahmens

Frame – Methoden	
AddControl	Steuerelement einfügen
RemoveControl	Steuerelement entfernen

7.4.7 Multiseiten (MultiPage), Register (TabStrip)

Die famos übersetzten Steuerelemente *MultiPage* und *TabStrip* bieten zwei Möglichkeiten an, mehrblättrige Dialoge zu bilden. Die resultierenden Dialoge sind voneinander nicht zu unterscheiden, der Aufwand bei der Gestaltung und Programmierung ist beim *TabStrip*-Feld aber ungleich größer. (Es ist kein vernünftiger Grund zu erkennen, weswegen das *TabStrip*-Feld sich überhaupt in der MS-Forms-Bibliothek befindet.) Dieser Abschnitt beschränkt sich daher auf die Beschreibung des *MultiPage*-Steuerelements.

Mehrblättrige Dialoge

Mehrblättrige Dialoge werden oft eingesetzt, um sehr viele Einstellmöglichkeiten von Optionen in einem Dialog unterzubringen (siehe Excel-Optionendialog). Dabei ist die Gefahr groß, dass der Anwender die Orientierung verliert. Achten Sie darauf, dass Ihre Blätter inhaltlich klar unterscheidbar sind und dass die Beschriftung verständlich ist! Weniger kann oft mehr sein! Dialoge, die so viele Blätter haben, dass zu deren Beschriftung mehrere Zeilen erforderlich sind, stellen eine Zumutung für den Anwender dar.

Mehrblättrige Dialoge sollten jederzeit verlassen werden können (unabhängig vom gerade sichtbaren Blatt). Platzieren Sie die Buttons OK, ABBRECHEN etc. daher unbedingt außerhalb der Blätter!

Das MultiPage-Steuerelement

Der Entwurf eines mehrblättrigen Dialogs ist denkbar einfach und erfordert keine einzige Zeile Code: Sie fügen ein *MultiPage*-Steuerelement ein, aktivieren durch Mausklick eines der Blätter (oder Seiten) und fügen dort die gewünschten Steuerelemente ein. Sobald Sie das zweite Blatt anklicken, verschwindet das erste im Hintergrund und Sie können ungestört Steuerelemente in das zweite Blatt einfügen. Über das Kontextmenü können Sie mit der rechten Maustaste die Beschriftung und Reihenfolge der Blätter verändern, neue Blätter hinzufügen oder löschen.

Der Umgang mit dem *MultiPage*-Steuerelement wird Ihnen noch leichter fallen, wenn Sie von Anfang an verstehen, dass Sie es hier nicht mit einem, sondern mit mehreren Steuerelementen zu tun haben. Wenn Sie ein *MultiPage*-Steuerelement in ein Formular einfügen, werden nämlich sofort zwei *Page*-Objekte in das *MultiPage*-Steuerelement eingesetzt. Das *MultiPage*-Steuerelement ist also in erster Linie ein Container für *Page*-Objekte. Die *Page*-Objekte ihrerseits nehmen dann die Steuerelemente für die einzelnen Blätter des Dialogs auf. (Genau genommen haben Sie es nicht mit zwei, sondern sogar mit drei Objekten zu tun: *Pages* ist ein eigenständiges Aufzählobjekt, auch wenn Sie das zumeist gar nicht bemerken.)

> **HINWEIS** Achten Sie bei der Einstellung der Eigenschaften darauf, dass Sie das richtige Steuerelement aktiviert haben. Es ist im Dialogeditor beinahe unmöglich, das *MultiPage*-Steuerelement anzuklicken – der Editor aktiviert immer irgendein eingebettetes *Page*-Steuerelement. Wählen Sie das *MultiPage*-Steuerelement im Listenfeld des Eigenschaftsfensters aus. Eine gleichzeitige Einstellung der Eigenschaften mehrerer Blätter ist übrigens nicht möglich, ebenso wenig das Kopieren und Einfügen von Blättern über die Zwischenablage.

Zu den interessantesten Eigenschaften des *MultiPage*-Objekts zählt *TabOrientation*. Damit können Sie angeben, ob die Seitenbeschriftung (die Tabulatoren) oben, unten, an der linken oder an der rechten Seite angezeigt werden soll. Wenn Sie sehr viele Tabulatoren haben (was auf einen schwer bedienbaren und unübersichtlichen Dialog wie bei den Word-Optionen hindeutet), können Sie mit *MultiRow=True* erreichen, dass die Überschriften in mehreren Zeilen angezeigt werden.

Der Zugriff auf die *Page*-Objekte erfolgt wenig überraschend über die *Pages*-Eigenschaft. Diese Eigenschaft gilt gleichzeitig als Defaulteigenschaft, so dass Sie mit *MultiPage1(1)* auf das erste *Page*-Objekt zugreifen können. Die Nummer des gerade aktuellen *Page*-Objekts kann auch über die *Value*-Eigenschaft ermittelt bzw. geändert werden.

Wenn Sie per Programmcode neue Blätter hinzufügen bzw. vorhandene Blätter löschen möchten, können Sie sich der *Pages*-Methoden *Add* und *Remove* bedienen. In der Folge kommt es für das *MultiPage*-Objekt zu *AddControl*- bzw. *RemoveControl*-Ereignissen.

Nun zu den Eigenschaften der einzelnen Blätter (also der *Page*-Objekte): Diese weisen praktisch dieselben Ereignisse/Eigenschaften/Methoden wie das Rahmenfeld auf. Sie können also einzelne Seiten mit Bildlaufleisten ausstatten, per *Zoom* vergrößern oder verkleinern etc. Neu sind die Eigenschaften *TransitionEffect* und *TransitionPeriod*, mit denen verspielte Programmierer verschiedene Effekte für den Seitenwechsel einstellen können.

Beispiel

Das Beispielprogramm hat wieder einmal reinen Demonstrationscharakter: Zur Einstellung der Schriftart einer Zelle des Tabellenblatts wird ein zweiblättriger Dialog aufgerufen. Im ersten Blatt können die Schriftattribute (fett, kursiv), im zweiten Blatt fünf Schriftfamilien eingestellt werden. Beim Anzeigen des Dialogs werden das *Font*-Objekt der Zelle analysiert und die entsprechenden Optionen gleich richtig angezeigt. (Natürlich gibt es zur Einstellung der Schriftart einen viel vollständigeren und vor allem vorgefertigten Dialog – hier geht es nur um das Prinzip.)

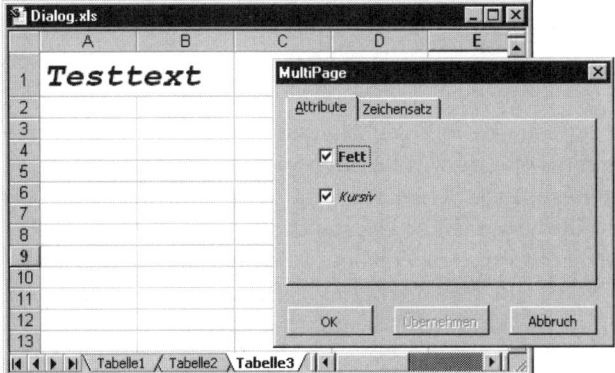
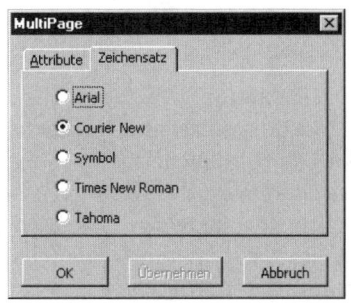

Bild 7.18: Ein einfacher MultiPage-Dialog

Bild 7.19: Die zweite Seite des Dialogs

Der Programmcode zum Dialog hat wenig damit zu tun, dass es sich um einen mehrseitigen Dialog handelt. Der Programmieraufwand ergibt sich eher daraus, die Eigenschaften des *Font*-Objekts richtig zu verarbeiten. Vor dem Aufruf des Dialogs muss das zu verändernde *Font*-Objekt in die öffentliche Modulvariable *fnt* geschrieben werden. In der Prozedur *UserForm_Activate*, die automatisch beim Anzeigen des Dialogs ausgeführt wird, werden die Optionsfelder und Kontrollkästchen entsprechend den Eigenschaften von *fnt* voreingestellt.

```
' Datei 07\Userform.xls, UserForm »dlgMultiPage«
Public fnt As Font
Private Sub OptionButton1_Click()       'sobald sich was ändert,
  CommandButton2.Enabled = True         'Übernehmen-Button aktivieren
End Sub
Private Sub OptionButton2_Click()       'wie oben
Private Sub OptionButton3_Click()
Private Sub OptionButton4_Click()
```

```
Private Sub OptionButton5_Click()
Private Sub CheckBox1_Click()
Private Sub CheckBox2_Click()
```

Wenig Überraschungen bieten die drei Ereignisprozeduren für die Buttons OK, ÜBERNEHMEN und ABBRUCH. Je nach Button werden die Veränderungen ausgeführt und/oder der Dialog beendet.

```
Private Sub CommandButton1_Click()     'OK
  WriteAttributes
  Unload Me
End Sub
Private Sub CommandButton2_Click()     'Übernehmen
  WriteAttributes
  CommandButton2.Enabled = False
End Sub
Private Sub CommandButton3_Click()     'Abbruch
  Unload Me
End Sub
```

Die Prozedur *ReadAttributes* testet zuerst, ob die Eigenschaften *Bold* und *Italic* des *Font*-Objekts gesetzt sind. Je nach Ergebnis werden die beiden entsprechenden Kontrollkästchen intialisiert. Etwas origineller ist die Schleife über alle Steuerelemente in der zweiten Seite des *MultiPage*-Felds: Dabei wird der Umstand ausgenutzt, dass die Beschriftungstexte der Optionsfelder exakt mit den Zeichensatznamen übereinstimmen. Wenn der Name des *fnt*-Zeichensatzes mit dem Namen des Steuerelements übereinstimmt, wird die *Value*-Eigenschaft dieses Optionsfelds auf *True* gesetzt.

Außerdem wird der Button ÜBERNEHMEN deaktiviert (also *Enabled=False*). Dieser Button wird erst dann aktiv, wenn im Dialog irgendwelche Veränderungen vorgenommen werden, also tatsächlich Daten zu übernehmen sind. Aus diesem Grund hat jedes der Steuerelemente in den beiden Seiten des Dialogs eine Ereignisprozedur mit *CommandButton2.Enabled = True*.

```
' Daten aus fnt-Variable lesen
Sub ReadAttributes()
  Dim c As Control
  If fnt.Bold Then CheckBox1 = True Else CheckBox1 = False
  If fnt.Italic Then CheckBox2 = True Else CheckBox2 = False
  For Each c In MultiPage1("Page2").Controls
    If fnt.Name = c.Caption Then c.Value = True
  Next
  CommandButton2.Enabled = False
End Sub
```

7.4 Die MS-Forms-Steuerelemente

> **HINWEIS** Ursprünglich war geplant, *ReadAttributes* automatisch bei jedem Anzeigen des Dialogs in *UserForm_Activate* aufzurufen. Wegen eines Fehlers in Excel 97 wird die *Activate*-Ereignisprozedur aber nicht zuverlässig bei jeder Anzeige des Dialogs ausgeführt. Aus diesem Grund muss *ReadAttributes* im Code zum Aufruf des Dialogs vor *Show* ausgeführt werden.

Gerade die umgekehrte Aufgabe hat *WriteAttributes*. Dort wird der aktuelle Zustand der Kontrollkästchen ausgewertet und das *Font*-Objekt entsprechend verändert.

```
' Daten in fnt-Variable schreiben
Sub WriteAttributes()
  Dim c As Control
  If CheckBox1 Then fnt.Bold = True Else fnt.Bold = False
  If CheckBox2 Then fnt.Italic = True Else fnt.Italic = False
  For Each c In MultiPage1("Page2").Controls
    If c.Value Then fnt.name = c.Caption
  Next
End Sub
```

Der Dialog wird durch die folgende Ereignisprozedur aufgerufen:

```
' Datei 07\Userform.xls, mainmenu
Private Sub btnMultipage_Click()
  Worksheets(3).Activate
  With dlgMultiPage
    Set .fnt = Worksheets(3).[a1].Font
    .ReadAttributes
    .Show
  End With
End Sub
```

MultiPage – Eigenschaften	
Pages	verweist auf das *Pages*-Aufzählobjekt
Pages(n)	verweist auf ein einzelnes *Page*-Objekt
MultiRow	mehrere Zeilen mit Tabulatoren zur Blattauswahl
TabOrientation	Tabulatoren links/rechts/oben/unten

Page – Eigenschaften	
Caption	Beschriftung der Seite (Tabulatortext)
ScrollBars	gibt an, ob Bildlaufleisten verwendet werden sollen
KeepScrollBarsVisible	Bildlaufleiste immer anzeigen
ScrollWidth/-Height	Größe des verschiebbaren Bereichs
ScrollLeft/-Top	linke obere Ecke des sichtbaren Bereichs
InsideWidth/-Height	Größe des nutzbaren Innenbereichs
Zoom	Vergrößerungsfaktor für Inhalt des Blatts
TransitionEffect, -Period	Effekt beim Wechsel zu einem anderen Blatt

7.4.8 Bildlaufleiste (ScrollBar) und Drehfeld (SpinButton)

Die Bildlaufleiste eignet sich dazu, eine ganze Zahl aus einem vorgegebenen Wertebereich auszuwählen. Im Vergleich zur Excel-5-/-7-Bildlaufleiste wurde der zulässige Zahlenbereich auf den *Long*-Zahlenraum erweitert (also etwa $\pm 2*10^9$). Die Bildlaufleiste kann sowohl in horizontaler als auch in vertikaler Ausrichtung verwendet werden, je nachdem, wie Sie den Rahmen beim Einfügen des Steuerelements zeichnen.

Beim Drehfeld handelt es sich um eine abgemagerte Variante der Bildlaufleiste: Es besteht nur aus zwei kleinen Pfeilen, die wahlweise nach oben/unten oder nach links/rechts zeigen. Das Drehfeld besitzt keine Bildlaufleiste.

Die wichtigsten Eigenschaften sind *Min* (kleinster erlaubter Wert), *Max* (größter erlaubter Wert), *SmallChange* (Veränderung beim Anklicken der Pfeile) und *Value* (aktueller Wert). Bei der Bildlaufleiste gibt es noch die zusätzliche Eigenschaft *LargeChange* für die seitenweise Bewegung des Schiebefelds. *Delay* gibt die Ereignisverzögerung in Millisekunden an und steuert so die maximale Veränderungsgeschwindigkeit.

Im nebenstehenden Dialog kann durch drei Bildlaufleisten die Hintergrundfarbe eines Bildfelds eingestellt werden. Der Code besteht aus sieben gleich lautenden Prozeduren:

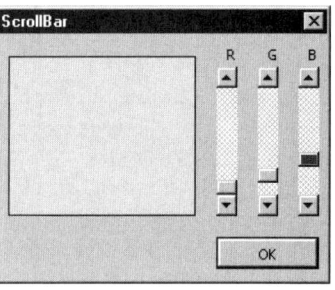

Bild 7.20: Drei Bildlaufleisten

```
' 07\Userform.xls, UserForm »dlgScrollBar«
Private Sub UserForm_Activate()
  Image1.BackColor = RGB(scrR, scrG, scrB)
End Sub
Private Sub scrR_Change()  'wie oben
Private Sub scrG_Change()
Private Sub scrB_Change()
Private Sub scrR_Scroll()
Private Sub scrG_Scroll()
Private Sub scrB_Scroll()
```

ScrollBar, SpinButton – Eigenschaften

Delay	Verzögerung zwischen den Ereignissen in Millisekunden
LargeChange	seitenweise Änderung (nur für *ScrollBar*)
Min/Max	zulässiger Wertebereich
Orientation	Pfeile auf/ab oder links/rechts
SmallChange	Änderung beim Anklicken der Buttons
Value	aktueller Wert

ScrollBar, SpinButton – Ereignisse	
Change	*Value* hat sich geändert
Scroll	Schiebefeld wird gerade bewegt (nur *ScrollBar*)
SpinDown	Pfeil nach unten (nach rechts) wurde gewählt (nur *SpinButton*)
SpinUp	Pfeil nach oben (nach links) wurde gewählt (nur *SpinButton*)

7.4.9 Anzeige (Image)

Das Anzeigefeld (das in diesem Buch meist Bildfeld genannt wird) ermöglicht die Anzeige von Bitmap-Dateien, die über die *Picture*-Eigenschaft geladen werden. Wenn Sie die Grafik nicht im Eigenschaftsfenster einstellen, sondern im Programmcode laden möchten, können Sie dazu *LoadPicture* verwenden:

```
Image1.Picture = LoadPicture("dateiname")
```

Eine Menge weiterer Eigenschaften steuern die resultierende Anzeige: *PictureAlignment* gibt an, wie die Bitmap positioniert werden soll, wenn sie größer als das Bildfeld ist. *PictureSizeMode* gibt an, ob die Bitmap an die Größe des Bildfelds angepasst werden soll (also je nach Bedarf verkleinert oder vergrößert). *PictureTiling* bestimmt, ob die Bitmap horizontal und vertikal wiederholt werden soll, um den ganzen zur Verfügung stehenden Raum zu nutzen (wie dies auch für die Hintergrund-Bitmap des Windows-Bildschirms möglich ist).

Bilder mit 256 Farben werden in MS-Forms-Dialogen zumeist in geringerer Qualität (d.h. mit weniger Farben) angezeigt. Das liegt vermutlich an der in Excel verwendeten Farbpalette.

Daneben gibt es einige bereits bekannte Eigenschaften: *AutoSize=True* bewirkt, dass das Bildfeld automatisch an die Größe der Bitmap angepasst wird. *Border* steuert die Umrandung des Bildfelds, *SpecialEffect* 3D-Effekte für die Umrandung. Damit kann dem Bildfeld das Aussehen eines grafischen Buttons gegeben werden. Mit dem nebenstehenden Programm können Sie die diversen Effekte ausprobieren.

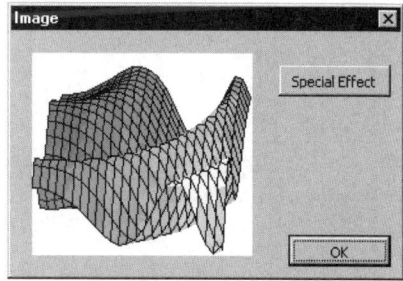

Bild 7.21: Testprogramm für die SpecialEffect-Eigenschaft

Image – Eigenschaften	
AutoSize	Bildfeld passt sich an Bitmapgröße an
Border	Umrandung
Picture	Bitmap

PictureAlignment	Ausrichtung der Bitmap
PictureSizeMode	Skalierung der Bitmap
PictureTiling	*True*, wenn Bitmap horizontal und vertikal wiederholt werden soll
SpecialEffect	3D-Effekt für Umrandung

Image – Ereignis

Click	das Steuerelement wurde angeklickt

7.4.10 Formelfeld (RefEdit)

Das *RefEdit*-Steuerelement ermöglicht die bequeme Eingabe von Zellbezügen, also Adressen von Zellbereichen. (In Excel 5/7 übernahm diese Aufgabe das Textfeld, wenn *Type* entsprechend eingestellt wurde.) Das Formelfeld gehört nicht zur MS-Forms-Bibliothek, sondern ist ein eigenständiges ActiveX-Steuerelement.

Das Formelfeld weist im Vergleich zu allen anderen Steuerelementen zwei Besonderheiten auf: Erstens ist es möglich, einen Zellbereich in einem Tabellenblatt zu markieren und sogar das Tabellenblatt zu wechseln, während sich der Eingabecursor im Steuerelement befindet. (Bei allen anderen Steuerelementen reagiert Excel auf dieses Ansinnen nur mit einem Piepser.) Zweitens verkleinert sich der ganze Dialog auf die Größe des *RefEdit*-Steuerlements, sodass der Dialog nicht den Platz wegnimmt, den Sie zur Auswahl des Bereichs benötigen.

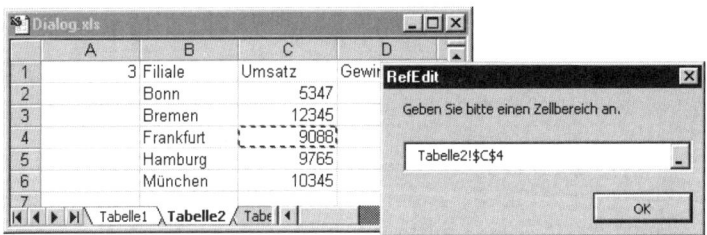

Bild 7.22: Eingabe eines Zellbezugs in einem Formelfeld

Bild 7.23: Der verkleinerte Dialog

Bild 7.24: Ergebnis der Auswahl

Das Formelfeld ist mit einer Unmenge von Eigenschaften, Methoden und Ereignissen ausgestattet, von denen Sie die meisten nie benötigen werden. (Viele Eigenschaften stimmen mit denen des Textfelds überein.) Die *Value*-Eigenschaft enthält nach der Auswahl eine Zeichenkette mit dem Zellbezug, beispielsweise *"Tabelle1!$A$1"* oder *"[Mappe2]Tabelle1!$B$13"*, wenn sich das Feld in einer anderen Excel-Datei befindet.

> **VORSICHT**
>
> Einen besonders ausgereiften Eindruck vermittelt das Formelfeld leider nicht: Zum einen steigt die CPU-Auslastung oft (aber nicht immer) auf 100 Prozent, während ein Dialog mit einem Formelfeld angezeigt wird. Zum anderen weist das Steuerelement zwar zahlreiche Ereignisse auf, das einzig wichtige, nämlich *Change*, wird aber durchaus nicht bei jeder Änderung ausgelöst. Wenn Sie auf der Basis der Eingabe eine Validitätskontrolle oder eine Berechnung durchführen möchten, können Sie das nur in der Ereignisprozedur eines Buttons tun.

Bedauerlicherweise können im Formelfeld nicht nur Zellbezüge, sondern beliebige Zeichenketten eingegeben werden. Nun fehlt aber eine Funktion, mit der Sie feststellen können, ob die Zeichenkette einem korrekten Zellbezug entspricht oder nicht. Sie müssen daher den nachfolgenden Code durch eine Fehlerbehandlungsroutine absichern.

Nach Abschluss des Beispieldialogs in Bild 7.22 werden in einem Meldungsdialog die Formel des ausgewählten Zellbereichs und die Summe der Zahlen in diesen Zellen angezeigt. Der erforderliche Code zur Anzeige des Meldungsdialog sieht folgendermaßen aus:

```
' Datei 07\Userform.xls, UserForm »dlgRefEdit«
Private Sub CommandButton1_Click()
  On Error Resume Next
  Hide
  MsgBox "Sie haben den Bereich " & RefEdit1.Value & _
    " ausgewählt. Die Summe dieser Zellen beträgt " & _
    WorksheetFunction.Sum(Range(RefEdit1.Value))
  If Err Then
    MsgBox RefEdit1.Value & " ist kein gültiger Zellbezug"
  End If
End Sub
```

RefEdit – Eigenschaften
Value	enthält eine Zeichenkette mit dem Zellbezug

RefEdit – Ereignisse
Change	*Value* hat sich geändert (das Ereignis tritt leider nicht immer auf)

7.4.11 Das UserForm-Objekt

Nachdem nun alle wichtigen Steuerelemente beschrieben sind, darf auch das Objekt zur Darstellung des Dialogs nicht leer ausgehen. Alle Dialoge basieren auf dem *UserForm*-Objekt. Dieses Objekt weist eine Menge Eigenschaften auf, die Sie bereits aus anderen Steuerelementen kennen: Wie im Rahmenfeld können über die Aufzählung *Controls* alle Steuerelemente im Dialog angesprochen werden. Mit *Controls.Add* bzw. *Remove* können weitere Steuerelemente hinzugefügt bzw. entfernt werden. (Die Vorgehensweise wird in einem Beispiel in Abschnitt 7.6.3 beschrieben.) *ActiveControl* verweist auf das Steuerelement, das momentan den Eingabefokus aufweist. Mit *Zoom* kann der Skalierungsfaktor für den Innenbereich des Formulars von 10 bis 400 Prozent frei eingestellt werden.

Der Hintergrund des Formulars kann mit einer Bitmap unterlegt werden. Die Bitmap wird über die *Picture*-Eigenschaft geladen. Es stehen alle Darstellungsoptionen wie beim Bildfeld zur Verfügung.

Dialog anzeigen

Zum Anzeigen des Dialogs verwenden Sie die Methode *Show*. Normalerweise wird der Dialog modal angezeigt, d.h., dass der Dialog beendet werden muss, bevor in Excel weitergearbeitet werden kann. Seit Excel 2000 besteht aber auch die Möglichkeit, den Dialog nicht-modal zu öffnen, wenn Sie als optionalen Parameter *vbModeless* angeben.

```
dlgName.Show              'Dialog normal anzeigen
dlgName.Show vbModeless   'Dialog nicht-modal anzeigen
```

Positionierung von Dialogen

Interessanterweise gibt es einige *UserForm*-Eigenschaften und -Ereignisse, nach denen Sie im Objektkatalog vergeblich suchen werden: Beispielsweise können Sie mit der *StartupPosition* einstellen, an welcher Stelle der Dialog am Bildschirm erscheinen soll. Es gibt vier Möglichkeiten:

0   manuelle Positionierung durch die Eigenschaften *Left* und *Top*
1   zentriert im Excel-Fenster, Defaulteinstellung
2   zentriert am Bildschirm
3   Windows-Defaultposition (linkes oberes Eck des Bildschirms)

Ganz unabhängig von *StartupPosition* können Sie den Dialog an jedem beliebigen Ort erscheinen lassen, wenn Sie die Eigenschaften *Left* und *Top* in der *UserForm_Activate*-Ereignisprozedur einstellen. Der ideale Ort – nämlich in der Nähe der aktuellen Mausposition – lässt sich ohne DLL-Funktionen leider nicht feststellen.

Dialog schließen

Es gibt zwei Möglichkeiten, einen Dialog zu schließen: Die Methode *Hide* und das Kommando *Unload*, dem als Parameter ein Verweis auf den Dialog – die Eigenschaft *Me* – übergeben wird. Diese scheinbare Doppelgleisigkeit stiftet oft Verwirrung. Tatsächlich bewirken die beiden Kommandos aber ganz unterschiedliche Operationen:

Unload Me schließt den Dialog und entfernt ihn aus dem Speicher. Dabei gehen auch die lokal im zum Dialog gehörigen Modul definierten Variablen verloren. Wenn der Dialog später durch *Show* wieder angezeigt wird, wird er neu in den Speicher geladen und erscheint wie beim ersten Mal in einem nicht initialisierten Zustand.

Hide macht den aktuellen Dialog einfach unsichtbar. Rein optisch ist die Wirkung wie bei *Unload*, intern bleibt der Dialog aber im Speicher erhalten. *Show* zeigt den Dialog so, wie er zuletzt beendet wurde, wieder an. Das bedeutet, dass früher durchgeführte Texteingaben oder Optionseinstellungen beim neuerlichen Anzeigen des Dialogs weiterhin zur Verfügung stehen.

Die Entscheidung zwischen *Unload* und *Hide* hängt also vom Verwendungszweck ab. Im Regelfall ist *Unload Me* günstiger, weil damit der Dialog aus dem Speicher entfernt wird. Wenn Sie aber außerhalb des zum Dialog gehörigen Moduls noch auf Eigenschaften oder Variablen des Dialogs zugreifen möchten, oder wenn Dialogeinstellungen von einem Aufruf zum nächsten erhalten bleiben sollen, ist *Hide* die bessere Wahl.

Ereignisse

Das *UserForm*-Objekt kennt eine Menge vertrauter Ereignisse – etwa *Click*, *DblClick*, *MouseDown*, *MouseMove* und *MouseUp* zur exakten Verwaltung der Maus sowie *KeyDown*, *KeyUp* und *KeyPress* für Tastaturereignisse.

Bei der Verwaltung des Formulars sind die Ereignisse *Activate*, *Deactivate*, *Initialize* und *Terminate* hilfreich: ***Initialize*** tritt auf, wenn der Dialog in den Speicher geladen wird (vor dem ersten Anzeigen). ***Terminate*** tritt auf, wenn der Dialog wieder aus dem Speicher entfernt wird (d.h., wenn die darin enthaltenen Steuerelemente und Variablen gelöscht werden). *Terminate* wird sowohl durch *Unload Me*, als auch durch das Anklicken des SCHLIESSEN-Buttons ausgelöst (also das x im rechten oberen Eck des Dialogs).

Activate tritt (gegebenenfalls nach *Initialize*) bei jedem Anzeigen des Dialogs auf. Der Unterschied zu *Terminate* besteht darin, dass *Activate* beispielsweise auch beim nochmaligen Anzeigen eines Dialogs auftritt, der mit *Hide* geschlossen wurde. (In diesem Fall tritt *Initialize* nicht nochmals auf, weil der Dialog ja im Speicher geblieben ist und daher nicht neu initialisiert werden muss.)

Deactivate tritt nur dann auf, wenn ein zweiter Dialog angezeigt wird, während der erste Dialog noch sichtbar bleibt. Wird der zweite Dialog geschlossen (und somit der erste wieder aktiv), kommt es entsprechend auch zu einem weiteren *Activate*-Ereignis.

> **ACHTUNG**
>
> In Excel 97 gab es bisweilen Probleme mit dem *Activate*-Ereignis. Dieses Ereignis trat nur beim ersten Anzeigen des Dialogs auf, später aber nicht mehr (bzw. nur, wenn die Entwicklungsumgebung geöffnet war). Dieses Problem ist in Excel 2000 offensichtlich gelöst, Sie sollten den Umstand aber dennoch im Auge behalten, wenn Sie Anwendungen programmieren möchten, die sowohl unter Excel 97 als auch mit späteren Versionen funktionieren.

Dialogende durch Schließen-Button vermeiden

Manchmal soll vermieden werden, dass der Anwender den Dialog durch den x-Button im rechten oberen Eck beendet. In diesem Fall tritt das (in der Office-2000-Dokumentation offensichtlich vergessene) Ereignis *QueryClose* auf. Der Parameter *CloseMode* gibt an, weswegen das Fenster geschlossen werden soll:

vbFormControlMenu (0)	Close-Button
vbFormCode (1)	*Unload*-Anweisung im Code
vbAppWindow (2)	Windows wird beendet (shutdown)
vbAppTaskManager (3)	Programmende durch den Task-Manger

Mit *Cancel* kann der Versuch, den Dialog zu beenden, blockiert werden.

```
' Dialog nicht durch Schließen-Button beenden
Private Sub UserForm_QueryClose(Cancel%, CloseMode%)
   If CloseMode = vbFormControlMenu Then Cancel = True
End Sub
```

UserForm – Eigenschaften	
ActiveControl	aktives Steuerelement innerhalb der Gruppe
Controls	Zugriff auf die enthaltenen Steuerelemente
InsideWidth/-Height	Größe des nutzbaren Innenbereichs
KeepScrollBarsVisible	Bildlaufleiste immer anzeigen
Picture	Bitmap
PictureAlignment	Ausrichtung der Bitmap
PictureSizeMode	Skalierung der Bitmap
PictureTiling	*True*, wenn Bitmap horizontal und vertikal wiederholt werden soll
ScrollBars	gibt an, ob Bildlaufleisten verwendet werden sollen
ScrollLeft/-Top	linke obere Ecke des sichtbaren Bereichs
ScrollWidth/-Height	Größe des verschiebbaren Bereichs
Zoom	Vergrößerungsfaktor für Inhalt des Rahmens

UserForm – Ereignisse	
Activate	der Dialog wird angezeigt bzw. wieder aktiviert (nach *Deactivate*)
Click	der Dialog (nicht ein Steuerelement) wurde angeklickt
Deactivate	der Dialog verliert den Fokus, weil ein Subdialog angezeigt wird
Initialize	der Dialog wird in den Speicher geladen (Initialisierung)
QueryClose	der Dialog soll beendet werden (Schließen-Button)
Terminate	der Dialog wird aus dem Speicher entfernt (Aufräumarbeiten)

7.5 Steuerelemente direkt in Tabellen verwenden

Die meisten im vorigen Abschnitt vorgestellten Steuerelemente können nicht nur in Dialogen, sondern auch unmittelbar in Tabellen- und Diagrammblättern verwendet werden. (Ausnahmen sind *MultiPage* und *TabStrip* für mehrblättrige Dialoge, *RefEdit* für Zellbezüge sowie das Rahmenfeld *Frame*.) Steuerelemente in Tabellen ermöglichen die Gestaltung von besonders einfach zu bedienenden Tabellen. Dazu einige Anwendungsbeispiele:

- Sie können einen Button zum Speichern oder Ausdrucken der aktiven Tabelle oder für andere oft benötigte Arbeitsschritte vorsehen.

- Über ein Kontrollkästchen oder ein Optionsfeld können verschiedene Berechnungsoptionen innerhalb der Tabelle ausgewählt werden.

- Ein Drehfeld kann zur bequemen Einstellung von Berechnungsparametern verwendet werden.

- Ein Listenfeld kann dazu eingesetzt werden, eines von mehreren Berechnungsmodellen auszuwählen.

- Über eine ganze Gruppe von Buttons kann eine zentrale Steuerung eines Programms realisiert werden.

> **VERWEIS**
> Listen (»Datenbanken«) in Tabellblättern können mit Dropdown-Listenfeldern kombiniert werden. Diese Listenfelder werden allerdings nicht als Steuerelemente in die Tabelle eingefügt, sondern mit DATEN|FILTER| AUTOFILTER aktiviert und direkt von Excel verwaltet. Da es sich bei diesen Listenfeldern nicht um richtige Steuerelemente handelt, sondern um ein Hilfsmittel zur Strukturierung von Daten, werden Autofilter im Datenbankkapitel behandelt – siehe Abschnitt 11.3.1.

Vorteile

Der größte Vorteil von Tabellenblättern mit Steuerelementen gegenüber Dialogen besteht darin, dass Sie in Tabellenblättern viel flexibler sind. Der Anwender hat die Möglichkeit, den sichtbaren Bereich der Tabelle über die Bildlaufleisten einzustellen. Probleme, die bei der Bearbeitung eines zu großen Dialogs auf einem Laptop mit 640*480 Pixeln auftreten können, stellen innerhalb eines Tabellenblatts kein Problem dar.

Auch in der Anwendung gibt es mehr Flexibilität: Während ein Dialog abgeschlossen werden muss, bevor ein Weiterarbeiten in Excel möglich ist, ist ein Sprung von einem Tabellenblatt in das nächste jederzeit möglich.

Ein weiterer Pluspunkt für Tabellen besteht darin, dass alle Gestaltungs- und Rechenmerkmale von Tabellen parallel zu den Steuerelementen weiterverwendet werden können. Beispielsweise kann ein Diagramm je nach Einstellung eines Drehfelds sofort aktualisiert werden.

Nachteile

Wo es so viele Vorteile gibt, muss es auch Nachteile geben. So ist es unmöglich, Steuerelemente in Tabellen über die Tastatur zu bedienen. Insbesondere ist es nicht möglich, Steuerelementen eine Zugriffstaste zuzuordnen oder zwischen Steuerelementen mit Tab zu springen. (Dieser Nachteil ist gerade für Anwendungen, die sehr oft und sehr effizient genutzt werden sollen, nicht zu unterschätzen! Der einzige Ausweg besteht darin, dass Sie Prozeduren zur Tastaturverwaltung einrichten (Eigenschaft *OnKey*) – das ist aber mit erheblichem Programmieraufwand verbunden.)

Ein weiterer Nachteil besteht darin, dass Tabellen mit Steuerelementen zur Steuerung von Add-Ins ungeeignet sind. (Add-Ins sind generell unsichtbar und werden zumeist durch Dialoge gesteuert. Siehe Kapitel 15!)

Einstellungen in Steuerelementen werden beim Laden einer Excel-Datei zum Teil zurückgestellt. Wenn Sie beispielsweise in einem Listenfeld ein Element auswählen, die Datei speichern und dann wieder laden, ist anschließend nicht mehr erkennbar, welches Listenelement zuvor ausgewählt wurde. Daher eignen sich Steuerelemente in Tabellen nur mit Einschränkungen dazu, um Informationen bleibend zu speichern.

Der größte Nachteil bei der Verwendung von Steuerelementen in Tabellen besteht aber in der geringen Stabilität: Mit jeder der Excel-Versionen 97, 2000 und 2002 hatte ich (immer wieder neue) Probleme. Am schlimmsten ist es bedauerlicherweise in Version 2002, wo nicht nur Funktionsprobleme, sondern sehr häufig Excel-Abstürze auftraten. Diese Probleme haben mich dazu gezwungen, zwei Beispiele, die in der vorigen Auflage dieses Buchs noch enthalten waren (und unter Excel 2000 auch problemlos funktionierten) aus dem Buch zu entfernen. Angesichts dieser Erfahrungen kann ich eigentlich nur empfehlen, auf den Einsatz von Steuerelementen in Tabellen nach Möglichkeit ganz zu verzichten – trotz aller attraktiven Programmiermöglichkeiten, die sich daraus ergeben würden.

Arbeitstechniken

Das meiste, was Sie an Bedienungsregeln im Dialogeditor gelernt haben, können Sie jetzt wieder vergessen. Es ist wirklich verblüffend, in wie vielen Details der Umgang mit Steuerelementen in Tabellen inkonsistent zum Dialogeditor ist.

Das Einfügen der Steuerelemente erfolgt wie bei Dialogblättern. Der Umgang mit den Steuerelementen ist allerdings schwieriger, weil Excel bei jedem Anklicken annimmt, dass Sie das Steuerelement tatsächlich benutzen möchten. Aus diesem Grund können Sie mit dem ENTWURFSMODUS-Symbol zwischen einem Arbeits- und einem Entwurfsmodus umschalten. Nur im Entwurfsmodus können Sie die Steuerelemente bearbeiten.

> **HINWEIS**
>
> Damit Sie Steuerelemente in ein Tabellenblatt einfügen können, müssen Sie die Symbolleiste STEUERELEMENT-TOOLBOX aktivieren.
>
> Achten Sie darauf, dass Sie nicht versehentlich die ähnlich aussehende FORMULAR-Symbolleiste verwenden. Diese Symbolleiste enthält die Excel-5-/-7-Steuerelemente, die zwar genauso aussehen, aber anders zu bedienen bzw. zu programmieren sind!

Zur Beschriftung der Steuerelemente reicht kein einfacher Mausklick mehr – vielmehr müssen Sie den Kontextmenüeintrag OBJEKT | BEARBEITEN wählen. Sie können nun den Text verändern (Strg+Return fügt eine neue Zeile ein). Die Eingabe wird nicht etwa mit Return beendet, sondern mit Esc! (Das widerspricht allen Gepflogenheiten unter Windows.)

Die meisten weiteren Eigenschaften können über das Eigenschaftsfenster eingestellt werden. Allerdings stehen dort nicht alle vom Dialogeditor bekannten Eigenschaften zur Verfügung. Zu allem Überfluss haben manche Eigenschaften sogar einen anderen Namen (etwa *LinkedControl* statt *ControlSource*, *ListFillRange* statt *RowSource* etc.).

> **TIPP**
>
> Oft bereitet es Mühe, die Steuerelemente ordentlich zu platzieren: Alle Buttons sollten möglichst gleich groß sein, nach einer Linie ausgerichtet sein, den gleichen Abstand zueinander haben etc. Die aus dem Dialogeditor bekannten FORMAT-Kommandos stehen in Tabellenblättern leider nicht vollständig zur Verfügung. Ein Teil der Kommandos ist in der ZEICHNEN-Symbolleiste verborgen (Menükommando AUSRICHTEN UND VERTEILEN). Wenn Sie mehrere Steuerelemente gleich breit oder hoch machen möchten, markieren Sie die Steuerelemente (Maus plus Shift statt wie sonst üblich mit Strg) und geben im Eigenschaftsfenster für *Width* bzw. *Height* einen Zahlenwert ein.
>
> Wenn Sie einen Button beim Kopieren nur vertikal oder nur horizontal verschieben möchten, können Sie die Maustaste zusammen mit Shift+Strg drücken.

> **TIPP**
> Die Markierung mehrerer Steuerelemente kann ganz einfach durch das Zeichnen eines Rahmens mit der Maus erfolgen, wenn Sie vorher den Button OBJEKTE MARKIEREN in der Symbolleiste ZEICHNEN anklicken.

> **VERWEIS**
> Weitere Anwendungsbeispiele für Tabellen mit Steuerelementen finden Sie in Abschnitt 1.5 (Literaturdatenbank) sowie in Kapitel 9 (Mustervorlagen): Dort wird beispielsweise ein Kontrollkästchen eingesetzt, um zwischen Rechnungen für das In- und das Ausland zu unterscheiden (Endbetrag mit oder ohne USt) oder um einen von mehreren möglichen Leihwagentypen (mit unterschiedlichen Preiskategorien) auszuwählen. Ein weiteres Mal kommen Listenfelder schließlich in Excel-Tabellen zum Einsatz, die als Fragebogen konzipiert sind. Ein Beispiel für die Gestaltung und Auswertung eines derartigen Fragebogens finden Sie in Abschnitt 12.4.2.

Steuerelement formatieren

Während die MS-Forms-spezifischen Eigenschaften über das Eigenschaftsfenster eingestellt werden, gibt es einige weitere Excel-spezifische Eigenschaften, die im Dialog STEUERELEMENT FORMATIEREN verändert werden können. (Genau genommen handelt es sich hier um Eigenschaften des *Shape*-Objekts, das intern zur Einbettung der Steuerelemente verwendet wird – siehe unten.)

Der Dialog wird über das Kontextmenü zum Steuerelement aufgerufen. Die interessantesten Einstellmöglichkeiten bietet das Dialogblatt »Eigenschaften«: Dort wird bestimmt, wie sich Größe und Position des Steuerelements verändern, wenn Spaltenbreite und Zeilenhöhe verändert werden. Außerdem kann angegeben werden, ob das Steuerelement zusammen mit der restlichen Tabelle ausgedruckt werden soll (standardgemäß ist diese Option aktiviert).

> **TIPP**
> Excel verwendet als Schriftart (*Font*-Eigenschaft) automatisch MS Sans Serif. Diese Schriftart ist allerdings sehr schlecht lesbar, wenn der Zoomfaktor für die Tabelle auf Werte kleiner als 100 Prozent eingestellt wird. Verwenden Sie als Schriftart daher besser Arial oder Tahoma.

> **TIPP**
> Tabellen sind im Gegensatz zu Dialogen schlecht gegen eine (oft unbeabsichtigte) Veränderung durch den Benutzer abgesichert. Sobald Sie die Gestaltung eines Tabellenblatts abgeschlossen haben, sollten Sie das Blatt vor unbeabsichtigten Änderungen schützen. Deaktivieren Sie dazu zuerst für alle Zellen und Steuerelemente, die veränderlich bleiben sollen, den defaultmäßig aktivierten Schutz (Kontextmenüeintrag OBJEKT oder ZELLEN FORMATIEREN, danach Dialogblatt »Schutz«). Anschließend aktivieren Sie die Schutzfunktion für das gesamte Blatt mit EXTRAS | DOKUMENT SCHÜTZEN | BLATT.

Eigenschaften zur Positionierung von Steuerelementen (Shape-Objekt)

Die Einbettung von Steuerelementen in Tabellenblätter erfolgt durch *Shape*-Objekte mit *Type=msoOLEControlObject* (siehe auch Abschnitt 10.5). Die Eigenschaften zur Positionierung der Steuerelemente basieren daher auf den *Shape*-Eigenschaften: Zu jedem Steuerelement wird der linke obere Eckpunkt (*Left* und *Top*) sowie Breite und Höhe (*Width* und *Height*) gespeichert. Diese Koordinaten beziehen sich auf das linke obere Eck des Dialogs bzw. Tabellenblatts. *TopLeftCell* und *BottomRightCell* geben darüber hinaus die Zellen unter dem linken oberen bzw. unter dem rechten unteren Eck des Steuerelements an.

Placement bestimmt, wie sich das Steuerelement bei einer Veränderung der Tabelle verhalten soll: Durch die Einstellung *xlMoveAndSize* wird erreicht, dass das Steuerelement bei einer Änderung der Breite oder Höhe der Tabelle entsprechend verschoben und in seiner Größe verändert wird. (Die Eigenschaften *Left*, *Top*, *Width* und *Height* werden also automatisch angepasst.) Bei der Einstellung *xlMove* bleibt die Größe konstant, der Ort ist noch immer variabel. Bei der Einstellung *xlFreeFloating* sind Größe und Position vom Aufbau der Tabelle unabhängig; *Left* und *Top* ändern sich also nicht, ganz egal wie Sie Zeilen und Spalten verändern.

> **HINWEIS** Alle hier aufgezählten Eigenschaften gelten nicht nur für Steuerelemente, sondern auch für alle anderen Zeichnungsobjekte (Linien, Pfeile, OLE-Objekte, eingebettete Diagramme etc.)

Zugriff auf Steuerelemente via Code

Um im VBA-Code auf Steuerelemente zuzugreifen, gibt es drei Möglichkeiten. Am einfachsten ist es, wenn Sie den Namen des Steuerelements kennen: Dann können Sie beispielsweise mit *Worksheet(n).CommandButton1* auf einen Button im Tabellenblatt zugreifen.

Die beiden anderen Möglichkeiten sind dann interessant, wenn Sie in einer Schleife auf alle Steuerelemente eines Tabellenblatts zugreifen möchten. Dazu können Sie die *Shapes*-Aufzählung zuhilfe nehmen und testen, ob es sich beim *Shape*-Objekt um ein Steuerelement handelt (*sh.Type = msoOLEControlObject*). In diesem Fall können Sie auf das Steuerelement mit *sh.OLEFormat.Object.Object* zugreifen. (*OLEFormat* verweist auf ein *OLEFormat*-Objekt. *OLEFormat.Object* verweist auf ein *OLEObject*. Erst durch *OLEFormat.Object.Object* gelangen Sie zum gewünschten Steuerelement! OLE-Objekte dienen zur Einbettung beliebiger Objekte und werden in Abschnitt 15.6.4 etwas ausführlicher vorgestellt.)

```
Dim sh As Shape
For Each sh In Sheets(1).Shapes
   If sh.Type = msoOLEControlObject Then
      Debug.Print sh.Name, TypeName(sh.OLEFormat.Object.Object)
   End If
Next
```

Alternativ können Sie auch eine Schleife über alle OLE-Objekte des Tabellenblatts bilden. Wenn es sich bei dem OLE-Objekt um ein Steuerelement handelt, enthält *OLEType* den Wert *xlOLEControl*. Auf das Steuerelement selbst greifen Sie mit *Object* zu.

```
Dim oo As OLEObject
For Each oo In Sheets(1).OLEObjects
  If oo.OLEType = xlOLEControl Then
    Debug.Print oo.Name, TypeName(oo.Object)
  End If
Next
```

Kommunikation zwischen Steuerelement und Tabellenblatt

Die Kommunikation zwischen Steuerelement und Tabellenblatt wird durch ein *ControlFormat*-Objekt hergestellt, das über die gleichnamige Eigenschaft des *Shape*-Objekts angesprochen werden kann. Das *ControlFormat*-Objekt ist normalerweise transparent. Seine Eigenschaften tauchen – soweit sinnvoll – im Eigenschaftsfenster des Steuerelements auf und können auch im Programmcode wie Steuerelementeigenschaften verwendet werden (betrifft etwa *LinkedCell*, *ListFillRange* und *PrintObject*).

Besonderheiten bei Buttons

> **ACHTUNG**
>
> In der Defaulteinstellung behält der Button nach dem Anklicken den Eingabefokus. In Dialogen ist das kein Problem. Solange sich aber der Eingabefokus in irgendeinem Objekt eines Tabellenblatts befindet, weigert sich Excel, alle möglichen Operationen durchzuführen. Auch korrekter VBA-Code funktioniert aus diesem Grund nicht mehr, Sie können weder Tabellenzellen noch die Benutzeroberfläche verändern.

Abhilfe bietet die Einstellung der Eigenschaft *TakeFocusOnClick=False*. Damit bleibt der Fokus auch beim Klick auf den Button dort, wo er bisher war, und Sie können in der Ereignisprozedur jede Operation durchführen. Warum diese Eigenschaft nicht von vornherein auf *False* gestellt ist, weiß nur Microsoft (und sicher ist auch das nicht).

Die Eigenschaft *TakeFocusOnClick* existiert leider nur für Buttons, würde aber oft auch für andere Steuerelemente benötigt werden. Wenn Sie beispielsweise nach dem Anklicken eines Kontrollkästchen erreichen möchten, dass der Eingabefokus anschließend wieder auf eine Zelle des Tabellenblatts gerichtet wird, können Sie die folgende Zeile in die *Click*-Ereignisprozedur des Steuerelements einfügen:

```
Me.Range("C1").Activate
```

Me bezieht sich dabei auf das Tabellenblatt, in dem sich das Steuerelement befindet (weil sich die Ereignisprozedur im Klassenmodul des Tabellenblatts befindet). C1 ist eine beliebige Zelle. Wenn Sie den Fokus in die Zelle richten möchten, die dem Steuerelement am nächsten liegt, können Sie das folgende Kommando verwenden:

```
CheckBox1.TopLeftCell.Activate
```

Besonderheiten bei Listenfeldern

Der Inhalt des Listenfelds kann über die Eigenschaft *ListFillRange* eingestellt werden. Das Ergebnis der Auswahl wird in die durch *LinkedControl* angegebene Zelle geschrieben.

Im Unterschied zum Excel-5-/-7-Listenfeld wird in die *ControlSource*-Zelle der ausgewählte Listentext statt der Indexnummer übertragen. Oft wird zur weiteren Auswertung der Auswahl aber eine Indexnummer benötigt. Abhilfe: Stellen Sie *BoundColumn* auf 0.

Aber auch jetzt gibt es noch einen Unterschied zum Excel-5-/-7-Listenfeld: Die *ControlSource*-Zelle enthält Werte zwischen 0 und *ListCount-1* (statt wie bisher zwischen 1 und *ListCount*). Sie können diesen Umstand zwar bei der weiteren Auswertung der Auswahl berücksichtigen, es ist jetzt aber nicht mehr möglich, zwischen dem ersten Listeneintrag (Wert 0) und überhaupt keiner Auswahl (Wert *Null*) zu unterscheiden. Der Grund: In Excel-Tabellen wird *Null* fallweise als 0 interpretiert (manchmal auch als Wert #NV). Eine Erkläung, warum Excel den Wert *Null* je nach Laune unterschiedlich interpretiert, muss ich leider schuldig bleiben.

Die nächste Eigenheit betrifft die Initialisierung: Beim Laden einer Tabelle mit einem Listenfeld wird kein Eintrag dieses Steuerelements aktiviert. *ListIndex* hat den Wert -1. Falls dieser undefinierte Zustand nicht erwünscht ist, muss in *Worksheet_Open* (Objekt »Diese Arbeitsmappe«) ein eindeutiger Zustand hergestellt werden. Durch *ListIndex=0* kann beispielsweise der erste Eintrag aktiviert werden.

> **ACHTUNG**
>
> Listenfelder mit *ListStyle=fmListStylePlain* (also in der Defaulteinstellung) werden manchmal fehlerhaft angezeigt, d.h., es sind nicht alle Listeneinträge sichtbar. Abhilfe schafft *ListStyle=fmListStyleOption*, wodurch die Listeneinträge wie Optionsfelder angezeigt werden.

Programmcode

Die Ereignisprozeduren zu den Steuerelementen befinden sich im Modul zum jeweiligen Tabellenblatt. Wenn Sie das Symbol CODE ANZEIGEN anklicken oder das gleichnamige Kontextmenükommando auswählen, erfolgt ein Wechsel in die Entwicklungsumgebung, wo die entsprechenden Anweisungen *Sub* und *End Sub* gleich eingefügt werden.

Das Startmenü zu Userform.xls

Das Blatt »Hauptmenü« in 07\Userform.xls dient als zentrale Steuerung für alle Dialoge der Arbeitsmappe (siehe Bild 7.25). Das Blatt enthält eigentlich nur ein paar Buttons. Sein Reiz besteht in der optischen Formatierung der Buttons und der Gestaltung des Hintergrunds, die vergessen macht, dass das Blatt in Wirklichkeit eine ganz normale Tabelle ist.

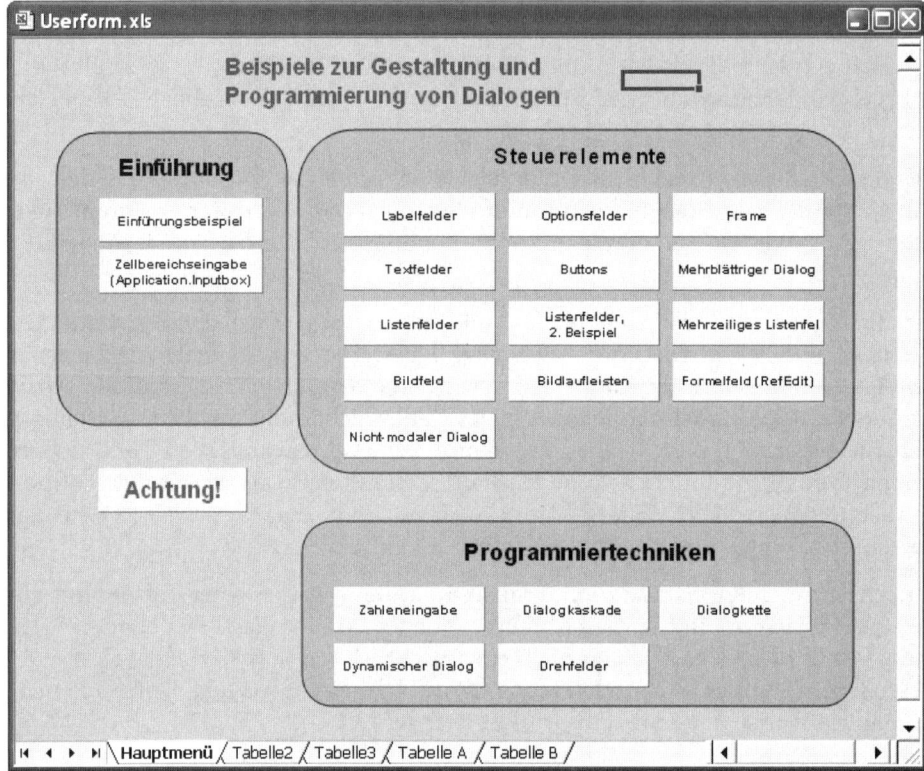

Bild 7.25: Die Buttonzentrale von Userform.xls

Die den Buttons zugeordneten Ereignisprozeduren sind sehr einfach, sodass hier nur eine exemplarisch abgedruckt ist:

```
' Datei 07\Userform.xls, Objekt »Tabelle1«
Private Sub btnFrame_Click()
  dlgFrame.Show
End Sub
```

Zur optischen Gestaltung des Tabellenblatts wurden einfach alle Zellen mit einer Hintergrundfarbe versehen. Unter die Buttons wurde ein Rechteck mit abgerundeten Ecken und einer anderen Farbe gelegt. Das Rechteck wurde als AutoForm-Objekt eingefügt (Symbolleiste ZEICHNEN) und mit dem Kontextmenüeintrag IN DEN HINTERGRUND unter allen Buttons platziert. Außerdem wurden via EXTRAS|OPTIONEN die Zeilen- und Spaltenköpfe und die Gitternetzlinien unsichtbar gemacht.

7.6 Programmiertechniken

7.6.1 Zahleneingabe

Das Beispiel »Dialog Einführungsbeispiel« stellt einen Dialog zur Eingabe eines Zahlenwerts zwischen 0 und 100 vor. Der Dialog weist zwei besondere Merkmale auf:

- Gültigkeitskontrolle der Eingabe bei OK.
- Gegenseitige Aktualisierung von Bearbeitungsfeld und Bildlauffeld bei Veränderungen im jeweils anderen Steuerelement.

Die Übergabe des Ergebnisses erfolgt wie bei den meisten Beispielen dieses Kapitels über die Modulvariable *result*. Neu bei diesem Beispiel ist der Umstand, dass über diese Variable nun auch der Startzustand des Dialogs vor dem Aufruf eingestellt werden kann. Um sicherzustellen, dass die erforderlichen Initialisierungsarbeiten trotz des unzuverlässigen *UserForm_Activate*-Ereignisses durchgeführt werden, wurde der Dialog mit einer neuen Methode *ShowMe* ausgestattet, die gleichzeitig die Initialisierung und die Anzeige übernimmt.

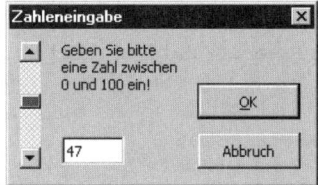

Bild 7.26: *Dialog zur Eingabe eines Werts zwischen 0 und 100*

```
' Datei 07\Userform.xls, Klassenmodul dlgNumber
Option Explicit
Public result As Variant
Public Sub ShowMe()
  Dim nmb As Variant
  nmb = result
  If nmb < 0 Or Not IsNumeric(nmb) Then nmb = 0
  If nmb > 100 Then nmb = 100
  txtNumber = nmb: scrSlider = nmb
  Show
End Sub
```

Die Synchronisierung zwischen Textfeld (*txtNumber*) und Bildlaufleiste (*scrSlider*) erfolgt durch die Ereignisprozeduren dieser beiden Steuerelemente.

```
Private Sub scrSlider_Change()
  txtNumber = scrSlider
End Sub
```

```
Private Sub scrSlider_Scroll()
  scrSlider_Change
End Sub
Private Sub txtNumber_Change()
  Dim nmb As Variant
  nmb = Val(txtNumber)
  If nmb >= 0 And nmb <= 100 And IsNumeric(txtNumber) Then
    scrSlider = nmb
  End If
End Sub
```

Wenn der Dialog dagegen mit OK abgeschlossen wird, überprüft *btnOK_Click* den Inhalt des Eingabefelds. Wenn dieser außerhalb des gültigen Wertebereichs liegt, wird der Anwender durch eine Meldung dazu aufgefordert, die Eingabe zu korrigieren. Gleichzeitig wird der Eingabefokus auf das Bearbeitungsfeld gesetzt (*Focus*-Methode). Wenn die Eingabe korrekt ist, wird der Dialog beendet (*Hide*-Methode).

```
Private Sub btnOK_Click()
  Dim nmb As Variant
  nmb = Val(txtNumber)
  If nmb < 0 Or nmb > 100 Or Not IsNumeric(txtNumber) Then
    MsgBox "Geben Sie bitte eine Zahl zwischen 0 und 100 ein!"
    txtNumber.SetFocus
  Else
    result = nmb
    Hide
  End If
End Sub
```

7.6.2 Dialoge gegenseitig aufrufen

Für den gegenseitigen Aufruf mehrerer Dialoge bestehen zahlreiche Anwendungsmöglichkeiten:

- Wenn dem Anwender bei der Eingabe ein Fehler unterlaufen ist, kann er über einen Meldungsdialog auf diesen Fehler hingewiesen und zur Korrektur aufgefordert werden.

- Für selten benötigte Spezialoptionen kann ein eigener Subdialog definiert werden, der über einen OPTIONEN-Button aufgerufen wird. Nach der Eingabe der Optionen erscheint wieder der ursprüngliche Dialog.

- Wenn die Eingabedaten so komplex sind, dass sie nicht in einem einzigen Dialog untergebracht werden können, kann eine ganze Dialogkette (wie bei den Assistenten) definiert werden, die der Anwender Schritt für Schritt durchläuft.

Dialogkaskaden

Die Programmierung von Kaskaden bereitet wenig Schwierigkeiten. Im Wesentlichen muss einfach eine Ereignisprozedur für den jeweiligen Button programmiert werden, in der mit *Show* der jeweils nächste Dialog gestartet wird. Bereits vorhandene Dialoge werden dadurch nicht beeinträchtigt und werden nach Ende des jeweils letzten Dialogs automatisch wieder aktiv. (Für Visual-Basic-Profis: Die Dialoge werden modal angezeigt, d.h. die jeweils vorangegangenen Dialoge sind bis zur Beendigung des letzten Dialogs blockiert.)

In 07\Userform.xls ist eine dreistufige Kaskade der Dialogblätter »Kaskade1« bis »Kaskade3« enthalten, die das Schema demonstriert (ohne wirklich eine Einstellmöglichkeit für irgendwelche Optionen zu bieten). Hier ist beispielhaft der Code zum zweiten Dialog abgedruckt; die Ereignisprozeduren für den ersten und dritten Dialog sehen ganz ähnlich aus.

```
' Datei 07\Userform.xls, UserForm »dlgCascade2«
Private Sub btnOK_Click()
  Unload Me
End Sub

Private Sub btnCancel_Click()
  Unload Me
End Sub

Private Sub btnOption_Click()
  dlgCascade3.Show
End Sub
```

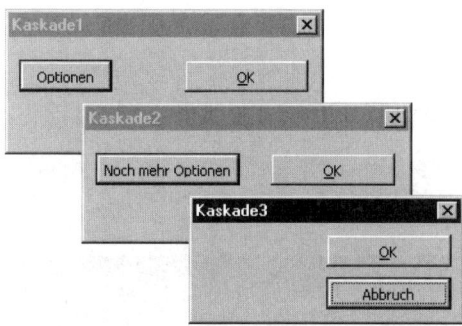

Bild 7.27: Eine dreistufige Dialogkaskade (es können alle drei Dialoge gleichzeitig sichtbar sein)

Dialogketten (Gestalten eigener Assistenten)

Bei Dialogketten gibt es mehrere Dialoge, von denen immer nur einer sichtbar ist (und nicht mehrere gleichzeitig). Über den WEITER- und ZURÜCK-Button kann zum nächsten bzw. zum vorherigen Button gesprungen werden, bis alle Eingaben durchgeführt sind und die Dialogkette im letzten Dialog beendet wird.

Die einzige Besonderheit des Beispiels besteht in der manuellen Positionierung der Dialoge: Wenn Dialog 1 vom Anwender an eine andere Position verschoben wird, erscheinen die Dialoge 2 und 3 ebenfalls an dieser neuen Position. Um dieses Merkmal zu ermöglichen, muss in der Entwicklungsumgebung die Eigenschaft *StartupPosition* auf manuell (0) gesetzt werden. Jetzt kann die Position der Dialoge durch die Eigenschaften *Left* und *Top* vor der Anzeige durch *Show* beeinflusst werden.

Nun zum Beispiel: Es zeigt lediglich das Prinzip einer Dialogkette, ohne wirklich eine Funktion zu erfüllen. Die Ereignisprozeduren für den zweiten Dialog sehen folgendermaßen aus:

```
' Datei 07\Userform.xls, UserForm »dlgChain2«
Private Sub btnNext_Click()
  dlgChain3.Left = Left
  dlgChain3.Top = Top
  Hide
  dlgChain3.Show
End Sub
Private Sub btnPrevious_Click()
  dlgChain1.Left = Left
  dlgChain1.Top = Top
  Hide
  dlgChain1.Show
End Sub
Private Sub btnCancel_Click()
  Unload Me
End Sub
```

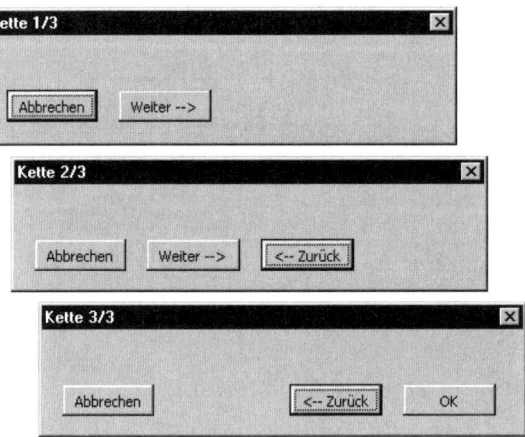

Bild 7.28: Eine dreistufige Dialogkette (es ist immer nur ein Dialog sichtbar)

7.6.3 Dialoge dynamisch verändern

Mit einer dynamischen Veränderung eines Dialogs ist gemeint, dass dieser sein Aussehen verändert, während er angezeigt wird. Ein Beispiel für einen vordefinierten dynamischen Dialog stellt der Dialog zum Suchen und Ersetzen dar. Wenn Sie BEARBEITEN|SUCHEN ausführen und anschließend den ERSETZEN-Button anklicken, wird der SUCHEN-Dialog durch einige zusätzliche Elemente erweitert.

Dynamische Dialoge werden immer dann verwendet, wenn ein Dialog für mehrere ähnliche Anwendungsfälle eingesetzt werden soll oder wenn der Anwender nicht durch eine zu große Anzahl von selten benötigten Einstellmöglichkeiten verwirrt werden soll.

Die einfachste Möglichkeit zum Erstellen dynamischer Dialoge besteht darin, schon beim Dialogentwurf alle eventuell benötigten Steuerelemente vorzusehen. Im Programmcode zum Dialog können dann einzelne Steuerelemente je nach Bedarf sichtbar bzw. unsichtbar gemacht werden. Sie können beim Dialogentwurf auch mehrere Steuerelemente übereinander platzieren, wenn Sie im Code darauf achten, dass von diesen Steuerelementen immer nur eines sichtbar ist.

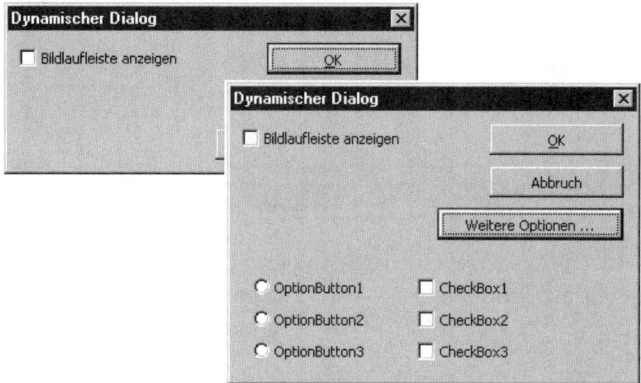

Bild 7.29: Ein dynamischer Dialog (links im Anfangszustand, rechts erweitert)

Außerdem können Sie Steuerelemente außerhalb des Dialogfeldrahmens platzieren und den Dialog bei Bedarf dynamisch vergrößern (durch die Veränderung der *Height*- oder *Width*-Eigenschaft). Beachten Sie aber, dass Steuerelemente, die außerhalb des Dialogfeldrahmens liegen, dennoch aktiv sind und über die Tastatur (mit Tab) erreicht werden können! Unabhängig von der aktuellen Größe des Dialogfelds müssen bei allen Steuerelementen, die gerade nicht verwendet werden können, die *Enabled*-Eigenschaften auf *False* gestellt werden.

Der in Bild 7.29 gezeigte Dialog kann durch den Button OPTIONEN vergrößert werden. Die Bildlaufleiste wird je nach Zustand des Kontrollkästchens angezeigt. Im Code zur Verwaltung des Dialogs muss bei der Anzeige des Dialogs ein klar definierter Zustand hergestellt werden, der von den Einstellungen beim letzten Aufruf unabhängig ist.

Aus diesem Grund wird die Methode *ShowMe* definiert, die statt *Show* zum Dialogaufruf verwendet werden muss:

```
' Datei 07\Userform.xls, UserForm »dlgDynamic«
Public Sub ShowMe()
  OptionButton1.Enabled = False
  OptionButton2.Enabled = False
  OptionButton3.Enabled = False
  CheckBox1.Enabled = False
  CheckBox2.Enabled = False
  CheckBox3.Enabled = False
  Show
End Sub
```

Die Ereignisprozeduren zur Anzeige der Bildlaufleiste sowie zur Vergrößerung des Dialogs sind wenig spektakulär:

```
Private Sub chkSlider_Click()
  ScrollBar1.Visible = chkSlider
End Sub
Private Sub btnExpand_Click()
  Height = 170
  OptionButton1.Enabled = True
  ...
End Sub
```

7.6.4 Umgang mit Drehfeldern

Drehfelder sind für den Anwender eine ungemein praktische Sache: Durch bloßes Anklicken mit der Maus können Sie Werte, Daten, Zeiten etc. einstellen, ohne dabei einen Syntaxfehler zu riskieren. Bild 7.30 zeigt einige Anwendungsmöglichkeiten.

Die Programmierung ist dagegen nicht ganz so einfach: Das Hauptproblem besteht darin, den Wert von Drehfeldern den jeweiligen Einstellmöglichkeiten – Daten, Zeiten, Optionen – zuzuordnen. Eine wesentliche Erleichterung ist dabei der Umstand, dass der Wertebereich von Drehfeldern nicht mehr wie in Excel 7 auf den Bereich zwischen 0 und 30000 eingeschränkt ist.

Neben der bequemen Einstellung per Maus soll meist auch eine Texteingabe möglich sein: Aus diesem Grund muss darauf geachtet werden, dass die Inhalte des Text- und des Drehfelds miteinander synchronisiert sind (siehe auch das Einführungsbeispiel in Abschnitt 7.6.1).

7.6 Programmiertechniken

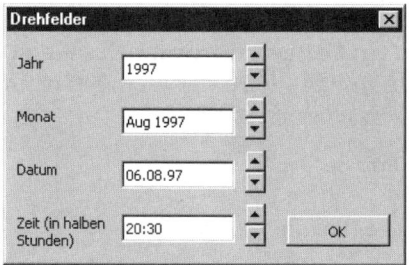

Bild 7.30: Anwendungsmöglichkeiten des Drehfelds

Einstellung des Jahrs durch ein Drehfeld

Die beiden Prozeduren *spnYear_Change* und *txtYear_Change* zeigen, wie Text- und Drehfeld im Falle einer einfachen Zahleneingabe synchronisiert werden: Bei jeder Änderung des Drehfelds wird der aktuelle Wert in eine Zeichenkette umgewandelt und in das Textfeld geschrieben. Umgekehrt wird bei jeder Änderung des Textfelds versucht, diesen Wert auch dem Drehfeld zuzuweisen. Die Begrenzung nach oben bzw. nach unten erfolgt durch die Steuerungsoptionen Minimal- bzw. Maximalwert, die im Programmcode über die Eigenschaften *Min* und *Max* verfügbar sind.

```
' Datei 07\Userform.xls, UserForm »dlgSpin«
Private Sub spnYear_Change()
  txtYear = spnYear
End Sub

Private Sub txtYear_Change()
  Dim y As Integer
  y = Val(txtYear)
  If y >= spnYear.Min And y <= spnYear.Max Then
    spnYear = y
  End If
End Sub
```

Einstellung des Monats durch ein Drehfeld

Schon etwas komplizierter wird es, wenn nicht nur das Jahr, sondern auch der Monat eingestellt werden soll: Zur Umrechnung des Datums in den Drehfeldwert wird die Formel *n=jahr*12+monat* verwendet. Die Eigenschaften *Min* und *Max* des Drehfelds wurden auf 0 und 30000 gesetzt, so dass jedes Datum zwischen dem Januar 0000 und dem Dezember 2499 eingestellt werden kann. Beim Anklicken des Drehfelds wird das daraus resultierende Datum errechnet und mit *Format* in eine Zeichenkette umgewandelt, die anschließend im Textfeld angezeigt wird.

Im umgekehrten Fall – also bei der Eingabe eines Datums im Textfeld – wird versucht, diese Eingabe mit *CDate* in ein Datum umzuwandeln. Wenn das nicht gelingt (weil die Eingabe einen Syntaxfehler enthält), wird der momentane Inhalt des Drehfelds unverändert belassen.

```
Private Sub spnMonth_Change()
  ' n=jahr*12 + monat
  Dim y As Integer, m As Integer, dat As Date
  y = Int(spnMonth / 12)    'year
  m = spnMonth Mod 12       'month
  dat = DateSerial(y, m, 1)
  txtMonth = Format(dat, "mmm yyyy")
End Sub
Private Sub txtMonth_Change()
  Dim dat As Date
  On Error Resume Next
  dat = CDate(txtMonth)
  If Err <> 0 Then Exit Sub 'Eingabe ist kein gültiges Datum
  spnMonth = Month(dat) + Year(dat) * 12
End Sub
```

Einstellung des Datums durch ein Drehfeld

Bei durchlaufenden Daten gibt es keine Probleme mit der Umsetzung des Wertebereichs des Drehfelds – es wird einfach das interne Datumsformat von Excel verwendet. Der voreingestellte zulässige Zahlenbereich von 0 bis 109574 entspricht den Daten zwischen dem 31.12.1899 und dem 31.12.2199.

Durch den Vergleich mit *Like* "*.*.??*" wird erreicht, dass eine Konvertierung in ein Datum nur dann versucht wird, wenn die Eingabe wie ein Datum aussieht. Durch diese Maßnahme wird verhindert, dass unvollständige Eingaben zu früh (und dann mit fehlerhaften Ergebnissen) konvertiert werden.

```
Private Sub spnDate_Change()
  txtDate = Format(spnDate, "dd.mm.yyyy")
End Sub

Private Sub txtDate_Change()
  Dim dat As Date
  On Error Resume Next
  If Not txtDate Like "*.*.??*" Then Exit Sub
  dat = CDate(txtDate)
  If Err <> 0 Then Exit Sub 'Eingabe ist kein gültiges Datum
  spnDate = CLng(dat)
End Sub
```

Einstellung der Uhrzeit durch Drehfelder

So wie Daten per Drehfeld eingestellt werden können, besteht diese Möglichkeit natürlich auch für Zeiten. Im vorliegenden Beispiel kann die Zeit per Tastatur exakt eingegeben werden, per Drehfeld in Halbstunden-Intervallen. Der zulässige Wertebereich für *n* (in halben Stunden) beträgt 0 bis 47.

```
Private Sub spnTime_Change()
  Dim t As Date
  t = CDate(spnTime / 48)
  txtTime = Format(t, "Short Time")
End Sub

Private Sub txtTime_Change()
  Dim tim As Date
  On Error Resume Next
  tim = CDate(txtTime)
  If Err <> 0 Then Exit Sub
  spnTime = Int(CDbl(tim) * 48 + 0.5)
End Sub
```

Initialisierung

UserForm_Initialize kümmert sich darum, dass beim ersten Start des Dialogs sinnvolle Voreinstellungen angezeigt werden.

```
' Initialisierung
Private Sub UserForm_Initialize()
  txtYear = Year(Now)
  txtYear_Change
  txtMonth = Format(Now, "mmm yyyy")
  txtMonth_Change
  txtDate = Format(Now, "General Date")
  txtDate_Change
  txtTime = Format(Int(Now * 48 + 0.5) / 48, "Short Time")
  txtTime_Change
End Sub
```

8 Menüs und Symbolleisten

Veränderte oder neue Symbolleisten bzw. Menüs helfen dabei, sich das Leben unter Excel einfacher und effizienter zu machen. Gleichzeitig können Menüs und Symbolleisten dazu verwendet werden, eigene Anwendungen mit einer klaren und übersichtlichen Benutzeroberfläche auszustatten. Das Kapitel beschreibt die vielfältigen Möglichkeiten, die die *CommandBar*-Objekte dafür bieten.

Kapitelübersicht

8.1	Menüs und Symbolleisten	434
8.2	Oberflächengestaltung für eigenständige Excel-Anwendungen	459

8.1 Menüs und Symbolleisten

8.1.1 Manuelle Veränderung von Menüs und Symbolleisten

Symbolleisten platzieren, ein- und ausblenden

Symbolleisten können mit der Maus verschoben und wahlweise an eine der vier Fensterränder verankert oder in eigenen Toolbox-Fenstern platziert werden. Excel merkt sich diese Einstellungen, und zwar abhängig vom aktuellen Modus. Beispielsweise werden für den Modus »ganzer Bildschirm« eigene Einstellungen gespeichert.

Wenn Sie mit der rechten Maustaste das Menü oder eine Symbolleiste anklicken, gelangen Sie in ein Kontextmenü, in dem Sie die wichtigsten Symbolleisten ein- und ausschalten können. Eine vollständige Liste aller Symbolleisten gibt allerdings nur der ANPASSEN-Dialog.

Die Menüleiste verhält sich beinahe wie eine Symbolleiste, kann also ebenfalls verschoben werden. Es gibt allerdings zwei Ausnahmen: Erstens kann in dieselbe Zeile wie die Menüleiste keine andere Symbolleiste platziert werden, selbst wenn dazu genug Platz wäre. Und zweitens ist es nicht möglich, die Standard-Menüleiste zu deaktivieren und stattdessen eine andere Menüleiste anzuzeigen.

Vorhandene Menüs und Symbolleisten ändern

Sobald der ANPASSEN-Dialog angezeigt wird, können Sie einzelne Einträge vorhandener Menüs bequem mit der Maustaste verschieben oder kopieren (drücken Sie zusätzlich Strg). Zum Löschen verschieben Sie die Einträge außerhalb der Symbolleiste.

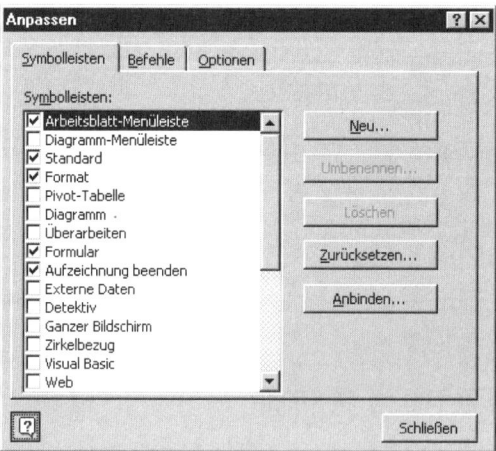

Bild 8.1: Menüs und Symbolleisten anpassen

8.1 Menüs und Symbolleisten

Wenn Sie neue Kommandos oder Menüs einfügen möchten, finden Sie eine komplette (wenn auch unübersichtliche) Liste im BEFEHLE-Blatt des ANPASSEN-Dialogs. Alle im rechten Bereich dieses Dialogs angezeigten Kommandos können Sie direkt mit der Maus in eine Menü- oder in eine Symbolleiste kopieren. Wenn Sie einen Befehl in ein Menü (oder Untermenü) kopieren möchten, müssen Sie dieses vorher öffnen. (Um ein effizientes Arbeiten zu ermöglichen, verhalten sich Menüs anders als im normalen Betrieb, solange der ANPASSEN-Dialog angezeigt wird: Es können keine Kommandos ausgeführt werden, die Menüs bleiben sichtbar, selbst wenn Sie wieder den ANPASSEN-Dialog anklicken etc.)

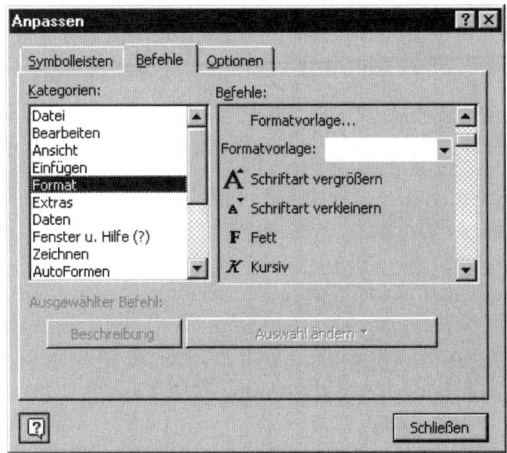

Bild 8.2: Die lange Liste vordefinierter Kommandos

HINWEIS Wie bereits erwähnt, gibt es zwei voneinander unabhängige Menüleisten, die je nachdem, ob ein Tabellenblatt oder ein Diagramm aktiv ist, angezeigt werden. Wenn Sie ein neues Menükommando einfügen möchten, das in jedem Fall verfügbar ist, müssen Sie es in *beide* Menüleisten einfügen. Dazu können Sie (nur während der ANPASSEN-Dialog sichtbar ist) beide Menüleisten gleichzeitig aktivieren. Falls Sie eine ganze Gruppe von Kommandos in einem eigenen Menü definieren, können Sie diese Gruppe zuerst für eine Menüleiste definieren und dann von einer Menüleiste in die andere kopieren.

TIPP Im SYMBOLLEISTEN-Blatt des ANPASSEN-Dialogs können Sie alle vordefinierten Menü- und Symbolleisten in den Originalzustand zurücksetzen. Das ist vor allem dann praktisch, wenn Sie Einträge gelöscht haben und diese ohne langes Suchen wieder verwenden möchten.

Neue Menü- und Symbolleisten erstellen

Im SYMBOLLEISTEN-Blatt des ANPASSEN-Dialogs können Sie mit NEU eine neue Symbolleiste erzeugen. Da es seit Office 97 keine wirkliche Unterscheidung zwischen Symbol- und Menüleisten gibt, können Sie diese Leiste gleichermaßen auch für Menüs verwenden.

Sie können nun Menükommandos und Symbole aus anderen Symbolleisten in die neue Leiste kopieren. Die Vorgehensweise ist dieselbe wie bei der Veränderung vorhandener Symbolleisten. Sie können aber auch vollkommen neue Menüs und Symbole erzeugen und diese Einträge eigenen Makros zuordnen.

- Neue Menüs: Fügen Sie den Befehl »Neues Menü« der gleichnamigen Kategorie aus dem BEFEHLE-Blatt in die Symbolleiste ein.
- Einzelne Menükommandos: Fügen Sie den Befehl »Menüelement anpassen« der Kategorie »Makros« direkt in die Symbolleiste oder in ein neues Menü ein.
- Neue Symbole: Fügen Sie den Befehl »Schaltfläche anpassen« der Kategorie »Makros« in die Symbolleiste ein.

> **TIPP**
> Wenn Sie nicht gerade mit einem sehr großen Monitor ausgestattet sind, nehmen die Symbolleisten eine Menge Platz weg, den Sie eigentlich zur Anzeige der Tabellen dringender benötigen würden. Eine mögliche Abhilfe besteht darin, dass Sie sich eine eigene Symbolleiste mit den Symbolen zusammenstellen, die Sie während Ihrer täglichen Arbeit am häufigsten benötigen. Diese neue Symbolleiste können Sie dann statt all der anderen Symbolleisten verwenden.

Menüeinträge und Symbole bearbeiten

Die Bearbeitung von Menüeinträgen und Symbolen erfolgt am einfachsten durch das Anklicken mit der rechten Maustaste. Es erscheint ein Kontextmenü, in dem Sie den Text des Menüeintrags, das Symbol sowie diverse Optionen einstellen können. Außerdem erfolgt an dieser Stelle die Zuordnung zu einem eigenen Makro. (Dasselbe Kontextmenü erscheint übrigens auch im ANPASSEN-Dialog, wenn Sie den Button AUSWAHL ÄNDERN anklicken.)

Menüeinträge und Symbole werden intern durch dasselbe Objekt repräsentiert. Vier vollkommen unklar beschriftete Kontextmenüeinträge ermöglichen die Einstellung, wie das Objekt angezeigt wird:

- STANDARD: Die Wirkung dieser Einstellung hängt vom Ort des Objekts ab. Direkt in Symbolleisten wird das Kommando nur durch ein Symbol angezeigt. Befindet sich das Objekt dagegen in einem Menü, wird sowohl der Text als auch das Symbol angezeigt (sofern ein Symbol definiert ist).
- NUR TEXT (IMMER): Es wird nur der Text (ohne Symbol) angezeigt, ganz egal, ob das Objekt sich in einem Menü oder in einer Symbolleiste befindet.

8.1 Menüs und Symbolleisten

- NUR TEXT (MENÜS): In Menüs wird nur der Text, in Symbolleisten nur das SYMBOL angezeigt.
- SCHALTFLÄCHENSYMBOL UND TEXT: Es wird sowohl der Text als auch das Symbol angezeigt.

Drei Einträge der Art TEXT/SYMBOL/BEIDES hätten sicherlich weniger Verwirrung gestiftet.

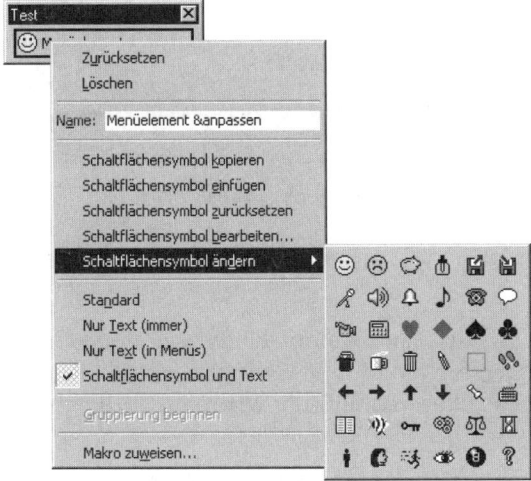

Bild 8.3: *Bearbeitung von Menüeinträgen und Symbolen durch ein Kontextmenü*

Beschriftung

Die Beschriftung des Eintrags erfolgt durch den Kontextmenüeintrag NAME, dessen weißes Rechteck als Eingabefeld verwendet werden kann. Der Text wird bei Menüs direkt angezeigt, bei Symbolen als gelber Infotext, wenn die Maus lange genug über dem Symbol weilt. Bei Menüeinträgen kann durch das vorangestellte Zeichen & ein Buchstabe gekennzeichnet werden, der in Menüeinträgen unterstrichen angezeigt wird und dann durch Alt+Buchstabe ausgewählt werden kann.

Symbol verändern

Excel stellt eine ganze Gruppe vordefinierter Symbole zur Auswahl, die eigenen Einträgen durch SCHALTFLÄCHENSYMBOL ÄNDERN bequem zugewiesen werden können (siehe Bild 8.3). Eine weitere Möglichkeit, rasch zu einem Symbol zu kommen, besteht darin, bei einem vorhandenen Symbol SCHALTFLÄCHENSYMBOL KOPIEREN auszuführen und dieses Symbol dann dem neuen Eintrag durch SCHALTFLÄCHENSYMBOL EINFÜGEN zuzuordnen. Schließlich können Sie mit SCHALTFLÄCHENSYMBOL BEARBEITEN einen kleinen Editor aufrufen, mit dem Sie das Symbol nach Belieben verändern können.

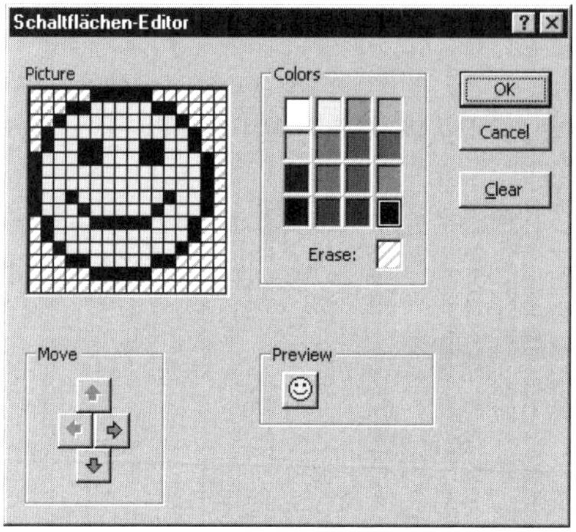

Bild 8.4: Der Symboleditor

Gruppen bilden

Mehrere Symbole oder Menükommandos können zu einer Gruppe zusammengefasst werden. Dazu aktivieren Sie die Option GRUPPIERUNG BEGINNEN für den ersten Eintrag dieser Gruppe. Vor bzw. über dem Eintrag wird jetzt ein Trennstrich angezeigt.

Makro zuweisen

Sie können allen Symbolen bzw. Menüeinträgen ein Makro zuweisen. (Bei vorgegebenen Symbolen wird das Makro statt der Standardaktion dieses Symbols bzw. Menüs ausgeführt.) Die Zuordnung erfolgt normalerweise durch den Kontextmenüeintrag MAKRO ZUWEISEN. Noch bequemer geht es bei den Einträgen »Menüelement anpassen« und »Schaltfläche anpassen«: Wenn Sie diese Kommandos das erste Mal benutzen, erscheint automatisch der Dialog zur Zuordnung an eine Prozedur.

> **ACHTUNG**
>
> Excel 2000 stürzt beim Versuch, einem Symbol ein Makro zuzuweisen, sehr häufig ab (ca. jedes dritte Mal). Speichern Sie vorher!
>
> Wenn Sie eine neue oder gerade geänderte Prozedur über ein Symbol aufrufen möchten, behauptet Excel manchmal, dass es die Prozedur nicht finden kann. Die Ursache ist dann meist ein Syntaxfehler im Code, der verhindert, dass der Code kompiliert werden kann. Warum Excel sich nicht über diesen Fehler beschwert, ist schleiferhaft.
>
> Abhilfe schafft auf jeden Fall ein Wechsel in die Entwicklungsumgebung. Dort führen Sie DEBUGGEN | KOMPILIEREN aus – und erhalten als Resultat die Syntaxfehlermeldung, die die tatsächliche Ursache für die Probleme ist.

Definition umfangreicher Menüs

Wenn Sie vorhaben, in einer eigenen Symbolleiste mehrere umfangreiche Menüs unterzubringen, werden Sie vor lauter Mausklicks mit beiden Maustasten bald verzweifeln. Wenn Sie etwas Zeit sparen möchten, empfiehlt sich folgende Vorgehensweise:

- Fügen Sie in die neue Symbolleiste zuerst ein »Neues Menü« (gleichnamige Kategorie) und dorthin dann den Eintrag »Menüelement anpassen« (Kategorie »Makros«) ein.
- Kopieren Sie diesen Menüeintrag innerhalb des Menüs mehrfach mit Strg und der Maus. Sie müssen dazu nicht ständig auf den ANPASSEN-Dialog zurückgreifen.
- Kopieren Sie nun das gesamte Menü abermals mit Strg und der Maus. Diese Vorgehensweise funktioniert auch für Untermenüs.

Auf diese Weise gelangen Sie innerhalb einer Minute zu einem Menügerüst mit beinahe beliebig vielen Elementen. Die weiteren Schritte – also die Benennung der Einträge und eventuell der Entwurf von eigenen Symbolen – bleibt allerdings aufwendig.

8.1.2 Veränderungen speichern

Grundsätzlich werden alle Veränderungen an den Symbolleisten in der Datei Benutzerverzeichnis\Anwendungsdaten\Microsoft\Excel\Excel.xlb gespeichert, also für jeden Anwender in einer eigenen Datei. Das bedeutet, dass alle Anwender voneinander unabhängig ihre Lieblingseinstellung speichern können.

Symbolleisten anfügen

Die individuellen Konfigurationsdateien bringen es mit sich, dass neue Symbolleisten *nicht* automatisch mit einer Excel-Datei gespeichert werden. Wenn Sie eine Excel-Datei mit einer eigenen Symbolleiste an eine andere Person weitergeben möchten (oder die Datei von einer anderen Person am selben Rechner bearbeitet werden soll), müssen Sie die neue Symbolleiste an die Datei »anfügen« (»anbinden« in Excel 97). Dazu klicken Sie den ANFÜGEN-Button im Dialog ANSICHT│SYMBOLLEISTEN│ANPASSEN│SYMBOLLEISTEN an. Im nun erscheinenden Dialog können Sie eine oder mehrere benutzerdefinierte Symbolleisten in die zurzeit aktive Excel-Datei kopieren.

> **HINWEIS** Durch das Anfügen kopieren Sie den aktuellen Zustand der Symbolleiste in die gerade aktuelle Excel-Datei. Spätere Änderungen werden weiterhin nur in Excel.xlb gespeichert, wirken sich aber nicht mehr auf die aktuelle Datei aus. Um auch nachträgliche Änderungen zu speichern, müssen Sie im ANFÜGEN-Dialog die angebundene Symbolleiste zuerst löschen und dann das KOPIEREN-Kommando wiederholen.

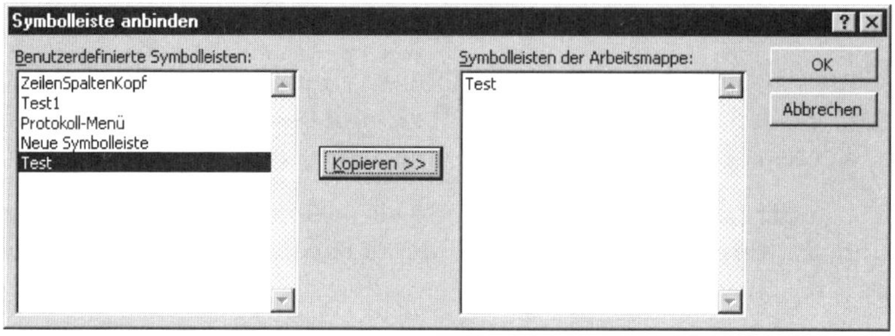

Bild 8.5: Die neue Symbolleiste Test wurde an die aktuelle Excel-Datei angebunden

> **TIPP**
> Es ist zwar möglich, eine ganze Symbolleiste anzubinden, Sie können aber nicht einzelne Veränderungen an vorgegebenen Symbolleisten oder Menüs – etwa ein zusätzliches Kommando im EXTRAS-Menü – so speichern, dass die Änderungen für andere Anwender gelten. Die einzige Möglichkeit, diese Änderungen doch zu erreichen, besteht in VBA-Code, der beim Laden der Datei ausgeführt wird (*Auto_Open* oder *Workbook_Open*).

Symbolleiste löschen

Wenn Sie eine Excel-Datei mit einer angebundenen Symbolleiste laden und dann wieder schließen, bleibt die Symbolleiste auch nach dem Schließen sichtbar. Wenn Sie Excel verlassen, wird die Symbolleiste in Excel.xlb gespeichert, weswegen die Symbolleiste also auch beim nächsten Start von Excel wieder erscheint (bzw. mit ANSICHT | SYMBOLLEISTEN | ANPASSEN eingeblendet werden kann).

Zusammen mit jedem Button der Symbolleiste hat Excel auch einen Verweis auf die Datei gespeichert, die die dazugehörenden Ereignisprozeduren enthält. Wenn Sie also einen Button anklicken, lädt Excel automatisch die entsprechende Datei und führt dort den Code aus. An sich ist dieses Verhalten praktisch – jeder Button einer Symbolleiste ist damit funktionsfähig, egal, ob die entsprechende Excel-Datei mit dem Code schon geladen ist oder ob das noch nicht der Fall ist.

Problematisch wird es aber, wenn sich der Ort der Excel-Datei mit dem Code zur Symbolleiste ändert. Jetzt verweist die in Excel noch immer sichtbare Symbolleiste auf die falsche Stelle, und beim Anklicken eines Buttons erscheint eine Fehlermeldung, dass das dazugehörende Makro nicht gefunden werden konnte. Aber es kommt noch schlimmer: Selbst wenn Sie wissen, wo sich die Datei befindet, und diese eben manuell laden, klappt die Verwaltung der Symbolleiste nicht. Jetzt befinden sich nämlich zwei Symbolleisten im Konflikt, die in Excel.xlb gespeicherte und die der Excel-Datei, in der die Symbolleiste angefügt ist.

Der Ausweg aus diesem Dilemma besteht darin, zuerst die Excel-Datei mit der angefügten Symbolleiste zu schließen und dann mit ANSICHT | SYMBOLLEISTEN | ANPASSEN die betreffende Symbolleiste zu löschen. Anschließend laden Sie die Excel-Datei neu und alles funktioniert wieder.

Um derartige Symbolleistenkonflikte von vornherein zu vermeiden, ist es das beste, bei allen Excel-Dateien mit angefügten Symbolleisten den folgenden Code in *DieseArbeitsmappe* einzufügen:

```
Private Sub Workbook_BeforeClose(Cancel As Boolean)
  Application.CommandBars("meine Symbolleiste").Delete
End Sub
```

Sie erreichen damit, dass beim Schließen der Datei die Symbolleiste in Excel gelöscht wird. (Die Symbolleiste bleibt aber weiterhin Bestandteil der Excel-Datei, der sie angefügt wurde.) Damit ist die Symbolleiste immer nur benutzbar, wenn die dazugehörende Excel-Datei auch geladen wurde. In manchen Fällen ist das weniger komfortabel als das Defaultverhalten, aber es verhindert in jedem Fall eine Menge Konfusion bei den Excel-Anwendern Ihrer Programme, deren Symbolleisten plötzlich nicht richtig funktionieren.

Neue Symbolleiste für alle Anwender

Wenn Sie möchten, dass eine neue Symbolleiste für alle Anwender zugänglich ist, fügen Sie sie einfach an eine Datei im Verzeichnis OfficeVerzeichnis\Office\Xlstart an. Diese Dateien werden beim Start von Excel automatisch geladen. Durch *Workbook_Open*- oder *Workbook_BeforeClose*-Prozeduren in dieser Datei können Sie zudem per Programmcode einzelne Veränderungen an Standardsymbolleisten vornehmen.

8.1.3 Objekthierarchie

Die *CommandBar*-Objekte sind in der Office-Bibliothek definiert. Ausgangspunkt ist die *CommandBars*-Auflistung, die auf mehrere *CommandBar*-Objekte verweist.

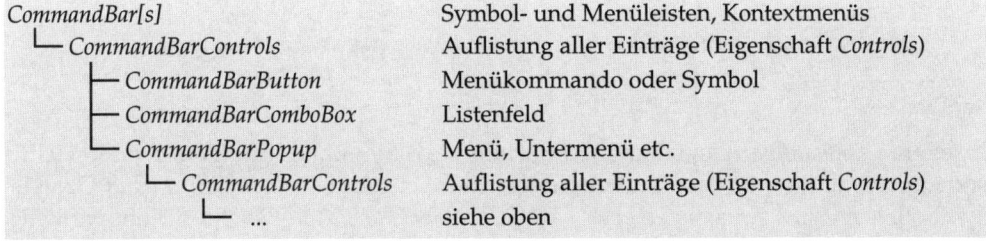

CommandBar[s]	Symbol- und Menüleisten, Kontextmenüs
└─ CommandBarControls	Auflistung aller Einträge (Eigenschaft *Controls*)
├─ CommandBarButton	Menükommando oder Symbol
├─ CommandBarComboBox	Listenfeld
└─ CommandBarPopup	Menü, Untermenü etc.
└─ CommandBarControls	Auflistung aller Einträge (Eigenschaft *Controls*)
└─ ...	siehe oben

Menü- und Symbolleisten (CommandBars)

Der Zugriff auf die **CommandBars**-Auflistung erfolgt durch die gleichnamige Eigenschaft des *Application*-Objekts. Die drei Typen der *CommandBar*-Objekte – also »normale« Symbolleisten, Menüleisten oder Kontextmenüs – sind durch die *Type*-Eigenschaft gekennzeichnet: Die entsprechenden Einstellungen lauten *msoBarTypeNormal*, *msoBarTypeMenuBar* bzw. *msoBarTypePopup*. Rein optisch besteht der einzige Unterschied zwischen *msoBarTypeNormal* und *-MenuBar* darin, dass Menüs im ersten Fall mit einem kleinen Dreieck gekennzeichnet sind, im zweiten Fall dagegen nicht.

Als Index von *CommandBars* wird der englische Name der Menü- oder Symbolleiste verwendet. *CommandBars("Worksheet Menu Bar")* verweist also auf die normalerweise angezeigte Menüleiste. Die folgende Liste gibt die Übersetzungen für die wichtigsten Menü- und Symbolleisten an:

CommandBars.Name	**deutscher Name**
"Worksheet Menu Bar"	Menüleiste Arbeitsblatt
"Chart Menu Bar"	Menüleiste Diagramm
"Standard"	Symbolleiste Standard
"Formatting"	Symbolleiste Format
"PivotTable"	Symbolleiste Pivottabelle
"Chart"	Symbolleiste Diagramm
"External Data"	Symbolleiste Externe Daten
"Auditing"	Symbolleiste Detektiv
"Full Screen"	Symbolleiste Ganzer Bildschirm
"Cell"	Kontextmenü zur Bearbeitung von Zellen
"Row"	Kontextmenü zur Bearbeitung von Zeilen
"Column"	Kontextmenü zur Bearbeitung von Spalten
...	

Beim Zugriff auf Objekte der diversen *CommandBar*-Auflistungen brauchen Sie nicht auf Groß- und Kleinschreibung zu achten. Auch vorkommende &-Zeichen können Sie ignorieren (die treten bei einzelnen Menüelementen auf, siehe unten). Die vollständige und sehr lange Liste aller Symbolleisten und Kontextmenüs erhalten Sie mit der folgenden Prozedur:

```
' Datei Commandbar.cls, Modul Modul1
Sub AnalyseCommandBars()
  Dim c As CommandBar
  For Each c In CommandBars
    If c.BuiltIn Then Debug.Print c.Type, c.Name, c.NameLocal
  Next c
End Sub
```

In jedem *CommandBar*-Objekt können Buttons bzw. Symbole, Listenfelder oder Menüs enthalten sein. (Menüleisten enthalten normalerweise nur *CommandBarPopup*-Objekte, Symbolleisten im einfachsten Fall nur *CommandBarButton*-Objekte, Kontextmenüs Objekte beider Typen.) Der Zugriff auf diese Elemente erfolgt über die Eigenschaft *Controls*, die auf ein *CommandBarControls*-Objekt verweist.

Über die Eigenschaft *Position* kann der Ort der Symbolleiste beeinflusst werden. Die Symbolleiste kann an einer der vier Fensterränder verankert werden oder frei schweben. Im ersten Fall wird die exakte Position durch *RowIndex* beeinflusst, im zweiten Fall kann die exakte Position und Größe mit *Left*, *Top*, *Width* und *Height* eingestellt werden.

Mit der Methode *CommandBars.Add* können Sie selbst neue Symbolleisten erzeugen. Durch die optionalen Parameter *Position* und *MenuBar* kann zwischen den drei Typen der Symbolleisten unterschieden werden:

```
Dim cb As CommandBar
With Application.CommandBars
  Set cb = .Add(Name:="normale Symbolleiste")
  Set cb = .Add(Name:="richtige Menüleiste", MenuBar:=True)
  Set cb = .Add(Name:="Popup-Menü", Position:=msoBarPopup)
End With
```

> **ACHTUNG**
> Wenn Sie versuchen, mit *Add* eine neue Symbolleiste mit einem bereits benutzten Namen zu erzeugen, kommt es zu einem Fehler. (Die wahrscheinlichste Ursache ist die, dass Sie das Menü früher schon erzeugt haben und vergessen haben, beim Programmende zu löschen.) Sie können den Fehler entweder mit *On Error Resume Next* abfangen (und in der nächstfolgenden Zeile *Err* auswerten), oder vor dem *Add*-Kommando in einer Schleife über alle Symbolleisten testen, ob schon eine mit dem gewünschten Namen existiert.

Menü- und Symbolelemente (CommandBarControls)

Der Zugriff auf diese Objekte erfolgt über die *CommandBarControls*-Aufzählung, die auf Objekte des Typs *CommandBarControl* zeigt. Der Zugriff auf diese Aufzählung erfolgt nicht wie sonst üblich durch eine gleichnamige Eigenschaft, sondern durch die Kurzform *Controls*. *CommandBarControl* ist ein Überobjekt, dessen Eigenschaften und Methoden davon abhängen, ob dadurch ein *CommandBarButton*-, ein *CommandBar-ComboBox*-, ein *CommandBarPopup*- oder ein anderes Objekt repräsentiert wird. Der Objekttyp kann durch die Eigenschaft *Type* ermittelt werden. (Obwohl im Office-Objektmodell nur die drei genannten Objekttypen vorgesehen sind, existieren in Wirklichkeit wesentlich mehr. Diese weiteren Objekttypen kommen in den eingebauten Menüs und Symbolleisten zum Einsatz, können aber nicht in eigenen Symbolleisten verwendet werden.)

Mit *Controls.Add* können neue Symbole, Menüeinträge, Untermenüs oder Listenfelder in das Menü eingefügt werden. Dabei kann mit dem optionalen *Type*-Parameter der Typ des Menüelements angegeben werden oder mit *Id* ein vordefiniertes Kommando verwendet werden (weitere Informationen zu *Id* folgen im Abschnitt »Programmiertechniken«).

```
Add Id:=123                      'vorgegebenes Kommando
Add Type:=msoControlButton       'Button bzw. Symbol  (CommandBarButton)
Add Type:=msoControlEdit         'Texteingabefeld     (CommandBarComboBox)
Add Type:=msoControlDropdown     'Listenfeld          (CommandBarComboBox)
Add Type:=msoControlComboBox     'Kombinationslist.   (CommandBarComboBox)
Add Type:=msoControlPopup        'Menü/Untermenü      (CommandBarPopup)
```

Wenn Sie mit *Add* den optionalen Parameter *Temporary:=True* verwenden, gilt der neue Menüeintrag als vorübergehend. Solche Einträge müssen beim Schließen der Excel-Datei nicht explizit gelöscht werden, weil sie beim Verlassen von Excel automatisch wieder entfernt werden. (Einträge ohne *Temporary:=True* werden dagegen automatisch in der Datei Excel.xlb gespeichert!)

> **ANMERKUNG**
>
> Für Visual-Basic-Profis: Das *CommandBarControl*-Objekt ist ein Beispiel für Polymorphismus, also für ein Objekt, das als gemeinsamer Nenner für davon abgeleitete Spezialobjekte dient. Polymorphismus ist eine abgemagerte Form der Vererbung von Klassen.
>
> Da bei der Codeeingabe in der Entwicklungsumgebung nicht klar ist, welches Objekt sich tatsächlich hinter *CommandBarControl* verbirgt, funktioniert die automatische Expansion von Eigenschaften und Methoden nur für die Schlüsselwörter von *CommandBarControl*. Je nach Objekttyp (der im laufenden Programm mit *Type* oder *TypeName* festgestellt werden kann) existieren aber weitere Eigenschaften – etwa *Controls*, wenn es sich um ein *CommandBarPopup*-Steuerelement handelt. Lassen Sie sich bei der Codeeingabe also nicht vom Editor irritieren.

Symbole und Menüeinträge (CommandBarButton)

Das sicherlich am häufigsten eingesetzte Menüelement ist **CommandBarButton**. Je nach Einstellung der *Style*-Eigenschaft (*msoButtonIcon*, *msoButtonCaption* oder *msoButtonIconAndCaption*) wird der Button als Symbol, als Text oder durch beides dargestellt.

Caption bestimmt den angezeigten Text. Dieser Text wird bei Symbolen auch für den gelben Infotext (Quickinfo) verwendet, wenn nicht durch *TooltipText* ein anderer Text eingestellt ist. Für das Symbol gibt es keine Eigenschaft. Es kann nur durch die Methode *PasteFace* verändert werden. (Diese Methode setzt voraus, dass sich die Bitmap-Informationen eines Symbols in der Zwischenablage befinden. Diese Informationen können durch *CopyFace* von einem anderen Symbol in die Zwischenablage kopiert werden.)

Mit der *OnAction*-Eigenschaft wird der Name der Ereignisprozedur angegeben, die beim Anklicken des Elements aufgerufen wird. (Das ist nur dann erforderlich, wenn die Ereignisse nicht über *OnClick*-Ereignisprozeduren verarbeitet werden sollen.)

Wenn mehrere Menüeinträge oder Symbole zu einer Gruppe zusammengefasst werden sollen, kann durch *BeginGroup=True* ein Trennstrich oberhalb bzw. links vom Element angezeigt werden.

Text- und Listenfelder (CommandBarComboBox)

Text- und Listenfelder können nur per Programmcode erzeugt werden, nicht aber über den ANPASSEN-Dialog. (Nichtsdestoweniger werden einmal per Code erzeugte Listenfelder aber mit allen Listeneinträgen in Excel.xlb gespeichert!)

Es gibt drei verschiedene Typen dieses Felds, die alle durch das Objekt *CommandBarComboBox* repräsentiert werden (und sich durch unterschiedliche *Style*-Eigenschaften unterscheiden: *msoControlDropdown*, *msoControlEdit* oder *msoControlComboBox*). Eine kurze Beschreibung: *Dropdown* ist ein einfaches Listenfeld, *Edit* ist ein Texteingabefeld. Die Kombination beider Felder ergibt *Combo*, also ein Listenfeld, in dem Sie zusätzlich zu den vorgegebenen Einträgen auch neuen Text eingeben können (ganz wie beim Kombinationslistenfeld, das im vorigen Kapitel beschrieben wurde). Welchen Typ Sie verwenden möchten, geben Sie im *Type*-Parameter von *Add* an.

```
Dim cbc As CommandBarComboBox
With CommandBars("...").Controls
  Set cbc = .Add(Type:=msoControlEdit)
  Set cbc = .Add(Type:=msoControlDropdown)
  Set cbc = .Add(Type:=msoControlComboBox)
End With
```

Dem Listenfeld können mit *AddItem* neue Einträge hinzugefügt werden. *RemoveItem* entfernt einzelne Einträge, *Clear* alle Einträge. Die Eigenschaft *Text* gibt den aktuellen Inhalt des Textfelds bzw. die aktuelle Auswahl eines Listeneintrags an.

Die Ereignisprozedur wird wie beim *CommandBarButton* durch die Eigenschaft *OnAction* eingestellt. An die Ereignisprozedur wird kein Parameter übergeben, d.h., es muss dort die Eigenschaft *Text* ausgewertet werden.

Bei Symbolen zeigt Excel automatisch den *Caption*-Text als gelben Infotext an. Bei Listenfeldern wird aber aus Platzgründen oft gar kein *Caption*-Text eingestellt. In diesem Fall können Sie den Infotext auch mit *TooltipText* festlegen. (Diese Eigenschaft existiert für alle *CommandBar*-Elemente, wird aber selten verwendet. Sie hat Vorrang gegenüber eventuell ebenfalls verwendeten *Caption*-Texten.)

> **VERWEIS** Ein Beispiel für die praktische Anwendung des Listenfelds finden Sie in Abschnitt 8.1.5. Dort wird gezeigt, wie das Feld für einen bequemen Blattwechsel in umfangreichen Excel-Dateien verwendet werden kann.

Menüs und Untermenüs (CommandBarPopup)

Symbole und Menüeinträge können wahlweise direkt in eine Symbolleiste eingefügt werden oder in Menüs gruppiert werden. Innerhalb von Menüs sind wiederum Untermenüs, darin Unteruntermenüs erlaubt. Das *CommandBarPopup*-Objekt dient dazu, Menüeinträge zu einer Gruppe zusammenzufassen. Der Zugriff auf die einzelnen Elemente erfolgt über die Eigenschaft *Controls*, die auf ein *CommandBarControls*-Objekt verweist. Mit *Controls.Add* werden neue Menüelemente hinzugefügt. Das Menü wird mit *Caption* beschriftet.

Objektzugriff

Angesichts der Verschachtelung von Objekten ist der Zugriff auf ein spezielles Element oft recht unübersichtlich. Die folgenden Zeilen geben einige Beispiele:

Zugriff auf die Standardmenüleiste (*CommandBar*-Objekt):

```
CommandBars("Worksheet Menu Bar")
```

Zugriff auf das DATEI-Menü dieser Menüleiste (*CommandBarPopup*-Objekt):

```
CommandBars("Worksheet Menu Bar").Controls("Datei")
```

Zugriff auf den Eintrag NEU im DATEI-Menü (*CommandBarButton*-Objekt):

```
CommandBars("Worksheet Menu Bar").Controls("Datei").Controls("Neu")
```

Zugriff auf das Untermenü FORMAT | BLATT (*CommandBarPopup*-Objekt):

```
CommandBars("Worksheet Menu Bar").Controls("Format"). _
    Controls("Blatt")
```

Zugriff auf den Untermenüeintrag FORMAT | BLATT | UMBENENNEN (*CommandBarButton*):

```
CommandBars("Worksheet Menu Bar").Controls("Format"). _
    Controls("Blatt").Controls("Umbenennen")
```

Statt des direkten Zugriffs auf ein Objekt können Sie sich in manchen Fällen auch der Methode *FindControl* des *CommandBar*-Objekts behelfen. Die Methode sucht nach dem ersten Objekt in einer Symbolleiste, das bestimmten Kriterien genügt. Die Kriterien sind für viele Anwendungsfälle allerdings unzureichend – so kann etwa nicht nach dem Namen eines Eintrags gesucht werden. Am ehesten kann *FindControl* für selbst definierte Elemente verwendet werden, wenn diesen Elementen eindeutige *Tag*-Eigenschaften zugewiesen wurden.

8.1.4 Programmiertechniken

Alle in der Einleitung beschriebenen Schritte zur Manipulation von Symbolleisten können auch per Programmcode durchgeführt werden. Im Regelfall ist es zwar nicht sinnvoll, ganze Symbolleisten per Programmcode zu erzeugen – das geht viel einfacher im manuellen Betrieb. Oft besteht aber die Notwendigkeit, je nach Zustand des Programms Symbolleisten oder auch nur einzelne Menüeinträge ein- oder auszublenden, deren Text zu verändern etc. Excel-Anwendungen mit einer eigenen Symbolleiste sollten sich auch darum kümmern, dass diese beim Laden der Datei automatisch angezeigt und beim Schließen der Datei wieder entfernt wird.

8.1 Menüs und Symbolleisten

> **VERWEIS**
>
> Abschnitt 8.2 enthält eine Menge weiterer Beispiele zum Umgang mit Menü- und Symbolleisten. Diese Beispiele orientieren sich alle an der Frage, wie die Benutzeroberfläche von Programmen möglichst gut in die von Excel integriert werden kann.

Symbolleisten ein- und ausblenden

Symbolleisten können durch die Veränderung der *Visible*-Eigenschaft ein- und ausgeblendet werden. Die Symbolleisten werden dabei automatisch an dem zuletzt gültigem Ort angezeigt. Wenn eine eigene Symbolleiste an eine Excel-Datei angebunden ist, kann Sie beim Laden der Datei durch die folgende Ereignisprozedur angezeigt werden:

```
' Datei 08\CommandBar.xls, Klassenmodul DieseArbeitsmappe
Private Sub Workbook_Open()
  Application.CommandBars("Neue Symbolleiste").Visible = True
End Sub
```

Beim Programmende kann die Symbolleiste durch *Visible=False* wieder unsichtbar gemacht werden. Die Symbolleiste bleibt dann allerdings im Speicher und wird in der Excel.xlb-Datei gespeichert. Damit die Anzahl der so gespeicherten Symbolleisten nicht unbegrenzt ansteigt, ist es sinnvoll, die Symbolleiste explizit mit *Delete* zu löschen. *Delete* bezieht sich dabei auf Excel, nicht auf die Excel-Datei. Innerhalb der aktiven Excel-Datei bleibt die angebundene Symbolleiste erhalten und erscheint deswegen wieder, wenn Sie die Datei erneut laden.

```
Private Sub Workbook_BeforeClose(Cancel As Boolean)
  Application.CommandBars("Neue Symbolleiste").Visible = False
  Application.CommandBars("Neue Symbolleiste").Delete
End Sub
```

Menüeinträge bzw. Symbole per Code einfügen bzw. löschen

Die folgenden Zeilen zeigen, wie beim Laden einer Datei ein Menüeintrag in das EXTRAS-Menüs der Tabellenblattmenüleiste eingefügt wird. Beim Schließen der Datei wird der Eintrag wieder entfernt.

```
' Datei CommandBar, Klassenmodul »DieseArbeitsmappe«
Private Sub Workbook_Open()
  Dim cbb As CommandBarButton
  Set cbb = Application.CommandBars("Worksheet Menu Bar"). _
    Controls("Extras").Controls.Add()
  cbb.Caption = "Ein neues Kommando"
  cbb.BeginGroup = True
  cbb.OnAction = "NewCommand_OnAction"
End Sub
```

```
Private Sub Workbook_BeforeClose(Cancel As Boolean)
  Application.CommandBars("Worksheet Menu Bar"). _
    Controls("Extras").Controls("Ein neues Kommando").Delete
End Sub
```

Die Ereignisprozedur wurde nach der seit Excel 97 üblichen Nomenklatur *objekt_ereignis* benannt. Das ist nicht zwingend erforderlich – Sie können jeden beliebigen Namen verwenden. Beachten Sie aber, dass die Ereignisprozedur sich in einem normalen Modul befinden muss (nicht im Modul »DieseArbeitsmappe«, in der sich die beiden obigen Prozeduren befinden).

```
' Datei 08\CommandBar.xls, Modul »Modul1«
Sub NewCommand_OnAction()
  MsgBox "Reaktion auf das Anklicken des neuen Kommandos."
End Sub
```

Selbstverständlich können Sie in eigene Menüs auch eines der unzähligen Standardkommandos von Excel aufnehmen. Dazu geben Sie bei *Add* den *Id*-Wert dieses Kommandos an. Wenn Sie beispielsweise im EXTRAS-Menü ein SPEICHERN-Kommando einfügen möchten, lautet die Anweisung:

```
CommandBars("Worksheet Menu Bar"). _
  Controls("Extras").Controls.Add Id:=3   Id=3 ... Kommando Speichern
```

Das Problem bei den *Id*-Werten besteht darin, dass sie offensichtlich nicht dokumentiert sind (zumindest nicht an einem Ort, wo die Tabelle zu finden wäre). Die folgende Prozedur erstellt die Textdatei CommandBar-IdList.txt mit immerhin fast 4000 Einträgen im Zahlenbereich zwischen 2 und 30426. Das Programm erzeugt vorübergehend eine neue Symbolleiste und fügt dort testweise jedes *CommandBarControl*-Objekt mit *Id*-Werten zwischen 0 und 32000 ein. (Viele Nummern in diesem Bereich sind ungültig und führen zu Fehlern. Wegen *On Error Resume Next* werden diese Fehler ignoriert.) Das Programm ließe sich natürlich noch insofern optimieren, als durch die Auswertung weiterer Eigenschaften der Typ der Einträge (Symbole/Menüeinträge, Buttons/Listenfelder etc.) festgestellt werden könnte.

VORSICHT Diese Prozedur, die unter Excel 2000 ausgezeichnet funktioniert, führt unter Excel 2002 zu einem Absturz!

```
' Datei 08\CommandBar.xls, Modul »Modul1«
Sub IdList()
  On Error Resume Next
  Dim c As CommandBar, i As Integer
  Set c = CommandBars.Add
  Open ThisWorkbook.Path + "\CommandBar-IdList.txt" For Output As #1
  For i = 0 To 32000
    c.Controls.Add Id:=i
    If c.Controls(1).Caption <> "" And _
```

```
        c.Controls(1).Caption <> "Benutzerdefiniert" Then
      Print #1, i, c.Controls(1).Caption
    End If
    c.Controls(1).Delete
  Next i
  c.Delete
  Close #1
End Sub
```

Die ersten Zeilen der Liste sehen folgendermaßen aus:

```
2           Rechtschreibung ...
3           Speichern
4           Drucken ...
18          Neu ...
19          Kopieren
21          Ausschneiden
```

Auswahlhäkchen für Menüeinträge

Manchmal ist es wünschenswert, neben einem Menüeintrag ein Auswahlhäkchen anzuzeigen (um so den aktuellen Zustand zu signalisieren). Bei den Menüs aus Excel 5/7 war das einfach – für diesen Zweck wurde einfach die Eigenschaft *Checked* entsprechend eingestellt. In den Versionen ab Excel 97 sind Auswahlhäkchen zwar auch möglich, der Weg dorthin ist allerdings mühsam.

Bild 8.6: Ein Menüeintrag mit Auswahlhäkchen

Unter den vielen vordefinierten Symbolen von Excel gibt es auch eines, das ein Auswahlhäkchen darstellt (*Id=849*). Allerdings ist es nicht möglich, via ANPASSEN-Dialog interaktiv einen neuen Menüeintrag mit diesem Symbol zu erzeugen. Auch eine Veränderung der *Id*-Eigenschaft eines vorhandenen Menüeintrags ist nicht zulässig (die Eigenschaft darf nur gelesen werden). Daher muss ein Menüeintrag mit Häkchen beim Programmstart per VBA-Code erzeugt werden.

Die Vorgehensweise wird in der Beispieldatei 08\CommandBar-AutoVisible.xls demonstriert (siehe auch Abschnitt 8.2.2). In *Workbook_Open* wird via *With* auf die Symbolleiste *Commandbar-Auto* zugegriffen (siehe Bild 8.6). Dessen erstes *Control*-Objekt ist ein Menü, und dessen zweiter Menüeintrag soll wiederum mit einem Auswahlhäkchen ausgestattet werden. Zuerst werden alle Menüeinträge außer dem ersten gelöscht (um zu vermeiden, dass der Menüeintrag unter Umständen doppelt oder mehrfach erscheint). Anschließend wird der neue Eintrag mit *Add* erzeugt. Die Eigenschaften *Caption* und *OnAction* geben den Menütext und die Ereignisprozedur an, die bei der Auswahl des Menüeintrags aufgerufen werden soll.

```
' Datei 08\CommandBar-AutoVisible.xls, Modul »DieseArbeitsmappe«
Private Sub Workbook_Open()
  ' Menüeintrag mit Auswahlhäkchen erzeugen
  Dim i&, cbc As CommandBarControl
  ' Zugriff auf Menü innerhalb der Symbolleiste Commandbar-Auto
  With Application.CommandBars("Commandbar-Auto").Controls(1)
    ' alle Einträge mit Ausnahme des ersten löschen
    For i = .Controls.Count To 2 Step -1
      .Controls(i).Delete
    Next
    ' neuen Menüeintrag mit Häkchen (ID=849) erzeugen
    Set cbc = .Controls.Add(Type:=msoControlButton, ID:=849)
    cbc.Caption = "Menüeintrag mit Auswahlhäkchen"
    cbc.OnAction = "MenuCommand2_OnAction"
  End With
  ' Symbolleiste anzeigen
  Application.CommandBars("Commandbar-Auto").Visible = True
End Sub
```

In der Ereignisprozedur wird die Eigenschaft *.State* zwischen *msoButtonDown* und *-Up* umgestellt. Auf diese Weise wird das Häkchen aus- und wieder eingeblendet. Bemerkenswert an der Prozedur ist die Verwendung der Eigenschaft *ActionControl*, die auf das *CommandBarControl*-Objekt verweist, das gerade ausgewählt worden ist.

```
' Datei 08\CommandBar-AutoVisible.xls, Modul »Modul1«
' Auswahlhäkchen ein-/ausblenden
Sub MenuCommand2_OnAction()
  With CommandBars.ActionControl
    If .State = msoButtonDown Then
      .State = msoButtonUp    'Häkchen sichtbar
    Else
      .State = msoButtonDown  'Häkchen unsichtbar
    End If
  End With
End Sub
```

Vorhandene Kontextmenüs ändern

Kontextmenüs können seit Excel 97 nur noch per Programmcode verändert werden. Das eigentliche Problem besteht darin, die Bezeichnung des gesuchten Kontextmenüs zu finden – in Excel sind nämlich nicht weniger als 44 Kontextmenüs definiert! Die etwas weiter oben abgedruckte Prozedur *AnalyseCommandBars* kann bei der Suche helfen.

8.1 Menüs und Symbolleisten

Die folgenden Zeilen zeigen, wie das Kontextmenü zur Bearbeitung von Zellen um einen Eintrag erweitert wird, der den bequemen Aufruf des Dialogs »Formatvorlage« ermöglicht:

```
' Datei 08\CommandBar.xls, Modul »DieseArbeitsmappe«
Private Sub Workbook_Open()
  Dim cbb As CommandBarButton
  Set cbb = Application.CommandBars("cell").Controls.Add
  cbb.Caption = "Format&vorlage"
  cbb.OnAction = "CellFormat_OnAction"
End Sub

Private Sub Workbook_BeforeClose(Cancel As Boolean)
  Application.CommandBars("cell").Controls("Formatvorlage").Delete
End Sub

Sub CellFormat_OnAction()
  Application.Dialogs(xlDialogApplyStyle).Show
End Sub
```

Eigene Kontextmenüs

Innerhalb von Tabellenblättern und Diagrammen (und nur dort) können Sie die *BeforeRightClick*-Ereignisprozedur dazu ausnutzen, um die automatische Anzeige diverser Excel-Kontextmenüs (abhängig davon, welche Objekte gerade markiert sind) zu verhindern und stattdessen ein eigenes Kontextmenü anzeigen. Die erste Voraussetzung besteht darin, dass Sie vorher ein entsprechendes Menü mit *Position=msoBarPopup* definieren:

```
' Datei 08\CommandBar.xls, Modul »DieseArbeitsmappe«
Private Sub Workbook_Open()
  Dim cb As CommandBar
  Set cb = Application.CommandBars.Add(Name:="NewPopup", _
    Position:=msoBarPopup)
  With cb
    .Controls.Add Id:=3   'Speichern
    .Controls.Add ...
  End With
End Sub

Private Sub Workbook_BeforeClose(Cancel As Boolean)
  Application.CommandBars("newpopup").Delete
End Sub
```

Der Aufruf des Menüs kann prinzipiell an einer beliebigen Stelle im Code mit der Methode *ShowPopup* erfolgen. Für das vorliegende Beispiel wurde die *BeforeRightClick*-Ereignisprozedur des zweiten Tabellenblatts gewählt. Durch die Zuweisung *Cancel=True* wird erreicht, dass anschließend nicht auch noch Excel ein Kontextmenü anzeigt.

```
' Datei 08\CommandBar.xls, Modul »Tabelle2«
Private Sub Worksheet_BeforeRightClick(ByVal Target As Excel.Range, _
                                       Cancel As Boolean)
  Application.CommandBars("NewPopup").ShowPopup
  Cancel = True
End Sub
```

Das Standardmenü durch ein eigenes Menü ersetzen

Erste Experimente mit den *CommandBar*-Objekten führen zur Annahme, dass es seit Excel 97 (im Gegensatz zu den Vorgängerversionen) nicht mehr möglich ist, das Standardmenü durch ein eigenes Menü zu ersetzen: Im interaktiven Betrieb (SYMBOLLEISTEN | ANPASSEN) ist es nämlich unmöglich, das Standardmenü zu deaktivieren.

Nach einigem Experimentieren stellt sich heraus: Es geht doch – allerdings nur per Programmcode: Die neue Menüleiste muss mit

```
Set c = CommandBars.Add(MenuBar:=True)
```

erzeugt werden und weist dann *Type=msoBarTypeMenuBar* auf (und nicht wie die durch ANPASSEN erzeugten Symbolleisten *Type=msoBarTypeNormal*). Durch

```
c.Visible = True
```

wird die neue Menüleiste sichtbar gemacht. Die Standardmenüleiste verschwindet automatisch (und erscheint ebenso automatisch wieder, wenn *Visible* wieder auf *False* gesetzt wird). Das eigentliche Problem bei diesen Menüleisten besteht darin, dass sie (vermutlich wegen der anders lautenden *Type*-Einstellung) nicht an eine Excel-Datei angebunden werden können.

Wenn Sie ein Excel-Programm mit einer eigenen Menüleiste ausstatten möchten, müssen Sie also alle Einträge per Code erzeugen. (Der einfachste Weg besteht sicherlich darin, eine normale Symbolleiste interaktiv zu erstellen und anzubinden. In *Workbook_Open* kopieren Sie dann in einer Schleife alle Einträge aus dieser Symbolleiste in die durch *CommandBars.Add* erzeugte Menüleiste.) Sinnvoller ist es vermutlich, ganz auf eigene Menüleisten zu verzichten und stattdessen die anwendungsspezifischen Kommandos in einem zusätzlichen Menü in einer eigenen Symbolleiste anzuzeigen. (Das Standardmenü bleibt also weiterhin sichtbar.)

Falls Sie sich doch dazu entschließen, mit einem eigenen Menü zu arbeiten, sollte dieses automatisch aktiviert werden, sobald ein Blatt Ihres Programms aktiv ist. Ebenso automatisch sollte aber auch das Standardmenü wieder erscheinen, sobald ein anderes Blatt oder eine andere Excel-Datei aktiviert wird. Sie können das relativ leicht erreichen, indem Sie die *Visible*-Eigenschaft der Menüleiste in *Worksheet_(De)Activate* auf *True* bzw. auf *False* setzen.

Symbolleisten gegen Veränderungen schützen

Mit der *Protection*-Eigenschaft des *CommandBar*-Objekts kann stufenweise eingestellt werden, welche Veränderungen an der Symbolleiste möglich sind: gar keine, Position ändern, Größe ändern, Inhalt ändern etc. Durch eine entsprechende Einstellung können Sie also Manipulationen durch den Anwender vermeiden.

8.1.5 Blattwechsel über die Symbolleiste

Dieser Abschnitt gibt ein abschließendes Beispiel für die Anwendungsmöglichkeiten von Symbolleisten: Eine Symbolleiste soll mit einem Listenfeld ausgestattet werden, das einen bequemen Blattwechsel zulässt. Gerade bei Excel-Dateien mit sehr vielen Blättern ist die Navigation mit den Blattregistern ja ausgesprochen mühsam.

Die hier vorgestellte Symbolleiste enthält ein Listenfeld (*CommandBarComboBox*), das diese Aufgabe erleichtert. Die eigentliche Herausforderung bei der Programmierung ist die Synchronisation des Listenfelds mit der Blattliste der gerade aktiven Arbeitsmappe. Dazu müssen zwei Ereignisse des *Application*-Objekts ausgewertet werden, was ein eigenes Klassenmodul voraussetzt (siehe auch Abschnitt 4.4.4).

Bild 8.7: Ein Listenfeld zum Blattwechsel in einer Symbolleiste

Listenfeld erstellen

Das Listenfeld kann nur per Programmcode (nicht interaktiv) erzeugt werden. Wenn die Datei zum zweiten Mal von derselben Person geladen wird, kann allerdings sein, dass das Listenfeld noch in der Symbolleiste existiert. Aus diesem Grund befindet sich in *Workbook_Open* eine diesbezügliche Sicherheitsabfrage.

Das Listenfeld wird aus Platzgründen nicht beschriftet (also kein *Caption*-Text). Dafür wird eine Zeichenkette an *TooltipText* zugewiesen, die als gelber Infotext angezeigt wird. Außerdem wird die *Tag*-Eigenschaft belegt, die an anderen Stellen im Code den Einsatz der Methode *FindControl* ermöglicht (siehe unten). Die Einstellung der beiden Eigenschaften *DropDownLines* und *DropDownWidth* bewirkt, dass das Listenfeld etwas größer als in der Defaulteinstellung erscheint. (Das ist bei langen Listen übersichtlicher.)

```
' Datei 08\CommandBar.xls, Modul »DieseArbeitsmappe«
Dim appc As New AppClass   'für die Application-Ereignisse
Private Sub Workbook_Open()
  On Error Resume Next
  Dim cbc As CommandBarControl, cbcb As CommandBarComboBox
  Dim existing As Boolean
  ' testen, ob das Listenfeld in der Symbolleiste »Neue Symbolleiste«
  ' schon existiert
  For Each cbc In Application.CommandBars( _
      "Neue Symbolleiste").Controls
    If cbc.Tag = "Blattliste" Then existing = True: Exit For
  Next
  ' Listenfeld in die Symbolleiste »Neue Symbolleiste« eintragen
  If Not existing Then
    Set cbcb = Application.CommandBars("Neue Symbolleiste"). _
      Controls.Add(Type:=msoControlDropdown, Before:=2)
    cbcb.Tag = "Blattliste"
    cbcb.TooltipText = "Blattliste"
    cbcb.OnAction = "SheetCombo_OnAction"
    cbcb.DropDownWidth = 150
    cbcb.DropDownLines = 20
  End If
  ' Symbolleiste »Neue Symbolleiste« anzeigen
  Application.CommandBars("Neue Symbolleiste").Visible = True
  ' Ereignisse für Arbeitsmappenwechsel empfangen
  Set appc.app = Application
End Sub
```

Listenfeld mit Einträgen belegen

Vielleicht haben Sie in den Zeilen oben Anweisungen vermisst, mit denen die Listeneinträge mit Blattnamen belegt werden. Da sich die Blattliste ständig ändert (beim Wechsel zwischen zwei Arbeitsmappen, beim Laden neuer Dateien, beim Einfügen und Löschen von Blättern), muss das Listenfeld immer wieder neu mit Einträgen belegt werden. Der erforderliche Code befindet sich im Klassenmodul *AppClass*, das in den oben abgedruckten Zeilen initialisiert wurde (siehe die *Dim*-Zeile bzw. die letzte Zeile).

Die Ereignisprozedur *app_SheetActivate* wird immer dann aufgerufen, wenn ein Blattwechsel in irgendeiner in Excel geladenen Datei stattfindet. In der Prozedur wird das Listenfeld zuerst mit *FindControl* gesucht. Anschließend wird der aktuelle Inhalt der Liste gelöscht und durch die Namen der Blätter der aktiven Arbeitsmappe ersetzt. (Modulblätter, die in Excel-5-/-7-Dateien noch existieren können, werden nicht berücksichtigt.) Schließlich wird jener Eintrag der Liste aktiviert, der dem momentan aktiven Blatt entspricht.

app_WorkbookActivate ruft einfach *app_SheetActivate* auf, um auch bei einem Wechsel der Arbeitsmappe das Listenfeld zu aktualisieren.

```
' Datei 08\CommandBar.xls, Klassenmodul »AppClass«
' es sollen Application-Ereignisse verarbeitet werden
Public WithEvents app As Application
Private Sub app_SheetActivate(ByVal sh As Object)
  Dim cbcb As CommandBarComboBox
  Dim sheet As Object
  Dim i As Integer
  Set cbcb = Application.CommandBars.FindControl( _
    Type:=msoControlDropdown, Tag:="Blattliste")
  cbcb.Clear
  ' sh.Parent liefert ein Workbook-Objekt
  For Each sheet In sh.Parent.Sheets
    If TypeName(sheet) <> "Module" Then
      cbcb.AddItem sheet.Name
    End If
  Next
  ' richtigen Listeneintrag aktivieren
  For i = 1 To cbcb.ListCount
    If cbcb.List(i) = sh.Name Then cbcb.ListIndex = i: Exit For
  Next
End Sub

Private Sub app_WorkbookActivate(ByVal wb As Excel.Workbook)
  app_SheetActivate wb.ActiveSheet
End Sub
```

Reaktion auf die Auswahl eines Listenfelds

Vergleichsweise einfach ist die Ereignisprozedur *SheetCombo_OnAction*, die ausgeführt wird, wenn der Anwender einen Eintrag des Listenfelds auswählt und auf diese Weise in ein anderes Blatt wechseln möchte:

```
' Datei 08\CommandBar.xls, Modul »Modul1«
Sub SheetCombo_OnAction()
  Dim cbcb As CommandBarComboBox
  On Error Resume Next
  Set cbcb = CommandBars.FindControl(Type:=msoControlDropdown, _
    Tag:="Blattliste")
  ActiveWorkbook.Sheets(cbcb.Text).Activate
End Sub
```

8.1.6 Unterschiede gegenüber Excel 5/7

Beginnend mit Office 97 wurden die Symbol- und Menüleisten grundlegend geändert. Auch wenn es Ähnlichkeiten zu den aus Excel 5/7 vertrauten Objekten gibt, sind die neuen Objekte und ihre Methoden und Eigenschaften doch inkompatibel. Dieser Abschnitt fasst kurz die wichtigsten Unterschiede zusammen.

Wie bisher gibt es vordefinierte Standardmenüs, allerdings nur noch zwei (statt bisher vier): Die Arbeitsblatt-Menüleiste wird angezeigt, wenn keine Datei geladen ist oder wenn ein Tabellenblatt aktiv ist. Die Diagramm-Menüleiste wird angezeigt, wenn gerade ein Diagramm aktiv ist oder ein Diagrammblatt angezeigt wird.

Generell sind die neuen Objekte für Menüs und Symbolleisten vielleicht eine optische Verbesserung (über Geschmack lässt sich streiten), VBA-Programmierer werden aber über unnötige Einschränkungen enttäuscht sein:

- Der ohnedies schlecht konzipierte Menü-Editor aus Version 7 wurde ganz gestrichen. Der Entwurf neuer Menüs wurde dadurch leider noch umständlicher, als dies ohnedies schon der Fall war.

- Kontextmenüs können nur noch per Programmcode verändert werden.

- Veränderungen in vordefinierten Menüs werden nicht mehr in der Excel-Datei gespeichert (sondern nur in der benutzerspezifischen Datei Benutzerverzeichnis\Anwendungsdaten\Microsoft\Excel\Excel.xlb).

Der größte Vorteil gegenüber den alten Symbolleisten besteht weniger in der verbesserten Optik als in der Möglichkeit, mehr als nur Buttons in die Symbolleiste einzufügen. Wenn Sie einen genaueren Blick in die Symbolleisten von Excel werfen, werden Sie Textfelder mit Eingabemöglichkeit, grafische Listenfelder, verschiebbare Listenfelder (die dann selbst eine Symbolleiste bilden, siehe Kommando AUTOFORMEN in der Symbolleiste ZEICHNEN etc. entdecken. Leider sieht das Objektmodell der Office-Bibliothek nur die Programmierung von Buttons und Textlistenfeldern vor – d.h., nur ein Teil der in Excel genutzten Merkmale kann tatsächlich durch VBA-Code genutzt werden.

8.1 Menüs und Symbolleisten

> **ACHTUNG**
>
> Mit Excel 5/7 erstellte Menüs und Symbolleisten können im Regelfall ohne Einschränkungen weiterverwendet werden. Die *Menu*- und *Toolbar*-Objekte werden aus Kompatibilitätsgründen weiter unterstützt.
>
> Probleme treten erst auf, wenn Sie vorhandene Menüs ändern möchten: Es gibt keine Möglichkeit, Excel-5-/-7-Menüs oder -Symbolleisten in *CommandBar*-Objekte umzuwandeln. Des weiteren ist es nicht möglich, Veränderungen an vorhandenen Menüs zu speichern. (Sie können also beispielsweise einem vorhandenen Menüeintrag eine neue Prozedur zuweisen. Alles funktioniert, bis Sie die Datei speichern und später wieder laden. Dann ist das Menü wieder so, wie es ursprünglich war.) Dieselben Einschränkungen gelten auch, wenn Sie Teile eines alten Menüs in ein neues *CommandBar*-Objekt kopieren.
>
> Sie stehen also vor der Wahl: Entweder lassen Sie Ihr altes Menü exakt so wie es ist, oder Sie müssen ein neues *CommandBar*-Menü von Grund auf neu erstellen (viel Spaß!).

8.1.7 Syntaxzusammenfassung

CommandBars – Methoden und Eigenschaften

ActiveMenuBar	verweist auf *CommandBar*-Objekt mit aktiver Menüleiste
Add	neue Symbolleiste hinzufügen
FindControls	Element in Symbolleisten suchen

CommandBar – Methoden und Eigenschaften

ActionControl	verweist auf das gerade angeklickte Symbol/Menüelement
BuiltIn	*True* bei vordefinierten Symbolleisten
Controls	Zugriff auf Symbole bzw. Menüeinträge
Delete	Symbolleiste löschen
Name	englischer Name der Symbolleiste
NameLocal	Name in der jeweiligen Landessprache (deutsch)
Position	Ort (verankert oder als Toolbox)
Protection	Schutz vor Veränderungen durch den Anwender
ShowPopup	als Kontextmenü anzeigen
Visible	Sichtbarkeit der Symbolleiste

CommandBarControls – Methoden und Eigenschaften

Add	Symbol/Menüeintrag/Liste hinzufügen
Count	Anzahl der Menüelemente bzw. Symbole

CommandBarControl – Methoden und Eigenschaften

BeginGroup	mit dem Objekt beginnt eine Gruppe
BuiltIn	*True* bei vordefinierten Elementen
Caption	Beschriftungstext
Copy	kopiert einen Eintrag aus einer anderen Symbolleiste
Delete	Eintrag löschen
Enabled	*True*, wenn das Element verwendet werden kann
Execute	führt die *OnAction*-Prozedur aus
OnAction	Name der Ereignisprozedur
TooltipText	gelber Infotext (bei *TooltipText=""* wird *Caption* verwendet)
Type	Typ (z.B. *msoControlButton, -ComboBox, -Popup*)

CommandBarButton – Methoden und Eigenschaften

BuiltInFace	*True*, falls vordefiniertes Symbol
CopyFace	Symbol in die Zwischenablage kopieren
PasteFace	Symbol aus der Zwischenablage einfügen
Reset	Eintrag zurücksetzen (nur sinnvoll wenn *BuiltIn=True*)

CommandBarComboBox – Methoden und Eigenschaften

AddItem	Listenelement hinzufügen
Clear	alle Listenelemente löschen
DropDownLines	gewünschte Anzahl der Zeilen für ausklappbare Liste
DropDownWidth	gewünschte Breite der ausklappbaren Liste
List(n)	Zugriff auf Listenelemente
ListCount	Anzahl der Listenelemente
ListIndex	Indexnummer des ausgewählten Elements
RemoveItem	Listenelement löschen
SetFocus	Eingabefokus auf das Listenfeld richten
Text	eingegebener Text bzw. Text des ausgewählten Elements
Type	*msoControlEdit, -Dropdown* oder *-ComboBox*

CommandBarPopup – Methoden und Eigenschaften

Controls	Zugriff auf Elemente (verweist auf *CommandBarControls*)

Bei den Objekten *CommandBarButton*, *CommandBarComboBox* und *CommandBarPopup* wurden nur jene Methoden und Eigenschaften aufgezählt, die nicht sowieso bereits von *CommandBarControl* zur Verfügung gestellt werden.

8.2 Oberflächengestaltung für eigenständige Excel-Anwendungen

Dieser Abschnitt geht davon aus, dass Sie eine Excel-Anwendung so gestalten möchten, dass Sie diese samt den Bedienungselementen auf anderen Rechnern installieren können. Grundsätzlich gibt es drei Möglichkeiten, wie sich solche Anwendungen nach dem Laden verhalten können:

- Die Anwendung bietet durch Erweiterungen an den Standardmenüs und in den Symbolleisten Steuerungsmöglichkeiten an, die *zusätzlich* zu den normalen Bedienungselementen von Excel zur Verfügung stehen. Der Vorteil: Nach dem Laden der Datei können auch andere Excel-Dateien problemlos weiterbearbeitet werden. Der Nachteil: Die neuen Bedienungselemente gehen zwischen den normalen Menüs, Symbolleisten etc. unter.

- Die Anwendung integriert alle Bedienungselemente in einer eigenen Symbolleiste, die beim Laden der Datei automatisch angezeigt wird. Der Vorteil: Es gibt eine klare Trennung zwischen »normalen« Excel-Elementen und zusätzlichen Kommandos. Der Nachteil: Die Symbolleiste beansprucht zusätzlichen Platz am Bildschirm. Außerdem sind die Einträge entweder redundant oder der Anwender ist gezwungen, je nach Operation manchmal Standardmenüs/-symbolleisten und dann wieder die anwendungsspezifischen Menüeinträge zu verwenden.

- Die Anwendung aktiviert beim Start ein eigenes Menü, eigene Symbolleisten etc. Die Bedienungselemente der Anwendung *ersetzen* also die Bedienungselemente von Excel. Der Vorteil: Es stehen wirklich nur die Kommandos zur Verfügung, die der Anwender zur Bedienung momentan benötigt. Das ist insbesondere für Anwender praktisch, die keine Excel-Profis sind und daher durch die Fülle der Excel-Menüeinträge überfordert sind. (Außerdem mindert das die Gefahr, unbeabsichtigt Kommandos auszuführen, die Schaden anrichten können.) Der Nachteil: Excel ist kaum wiederzuerkennen; plötzlich fehlen normale Menüs und Symbolleisten. Ein »normales« Weiterarbeiten mit anderen Dateien ist nur möglich, wenn bei einem Fensterwechsel automatisch die Standardkonfiguration wiederhergestellt wird.

Seit Excel 97 können Sie wohl neue Symbolleisten zusammen mit einer Excel-Datei speichern (durch ANSICHT|SYMBOLLEISTEN|ANPASSEN|SYMBOLLEISTEN|ANFÜGEN), Sie können anders als bei Excel 5/7 aber keine Änderungen an den vordefinierten Menüs und Symbolleisten in einer Excel-Datei speichern. (Diese Änderungen werden lediglich in der Datei Excel.xlb gespeichert. Diese Datei können Sie aber nicht weitergeben.) Aus diesem Grund ist die zweite Variante mit dem geringstem Aufwand verbunden. Obwohl sich diesbezüglich wenig konkrete Informationen in den Handbüchern finden, ist zu vermuten, dass diese Variante auch von Microsoft bevorzugt wird.

Die folgenden drei Abschnitte beschreiben Techniken zur Umsetzung aller drei Varianten. Bei allen Beispielen wird darauf geachtet, die Veränderungen transparent zu machen, d.h. mit automatischer Wiederherstellung der Standardbenutzeroberfläche von Excel beim Schließen der Datei bzw. beim Blattwechsel.

8.2.1 Erweiterung des Standardmenüs

Dieser Abschnitt zeigt, wie beim Laden einer Excel-Datei ein zusätzliches Menü in die Standardmenüleiste (also in *CommandBars("Worksheet Menu Bar")*) eingefügt wird. Dieses Menü wird automatisch ausgeblendet, wenn ein Blatt angeklickt wird, das nicht zur Anwendung gehört. Das Menü wird außerdem beim Schließen der Datei entfernt. (Eine entsprechende Vorgehensweise wäre selbstverständlich auch für Symbole möglich, die in Standardsymbolleisten kopiert bzw. daraus wieder entfernt werden.)

Menüs kopieren

Wenn Sie in einem Excel-Programm ein zusätzliches Menü in der Standardmenüleiste verwenden möchten, bestehen dazu zwei Möglichkeiten:

- Sie führen alle Erweiterungen am Standardmenü durch zahlreiche VBA-Anweisungen durch, die neue Einträge erstellen, beschriften und Ereignisprozeduren zuordnen. Die prinzipielle Vorgehensweise ist in Abschnitt 8.1.4 beschrieben.

- Sie speichern Ihr neues Menü in einer angebundenen Symbolleiste. Beim Start Ihres Programms lassen Sie diese Symbolleiste unsichtbar, kopieren das Menü aber in die Standardmenüleiste. Das *CommandBarControl*-Objekt sieht dazu die *Copy*-Methode vor. Durch das folgende Kommando wird das angegebene Objekt – ein einzelner Menüeintrag aber auch ein ganzes Menü (*CommandBarPopup*) – vor der durch *position* angegebenen Stelle in die Zielsymbolleiste kopiert.

```
quellobjekt.Copy zielsymbolleiste, position
```

Die zweite Variante hat den Vorteil, dass der Menüentwurf interaktiv erfolgen kann und viel weniger Code erforderlich ist. Dieser Abschnitt beschränkt sich daher auf diese Variante.

> **HINWEIS** In beiden Fällen müssen Sie vorher testen, ob sich das neue Menü nicht bereits in der Standardmenüleiste befindet! Andernfalls kann es passieren, dass Ihr Menü doppelt erscheint. Außerdem sollten Sie darauf achten, dass das Menü beim Schließen der Datei wieder entfernt wird.

Beispielprogramm

An das Beispielprogramm 08\CommandBar-Copy.xls ist die Symbolleiste COMMANDBAR-COPY angebunden. In *Workbook_Open* wird das erste Menü dieser Symbolleiste mit

8.2 Oberflächengestaltung für eigenständige Excel-Anwendungen

Copy an die vorletzte Stelle der Standardmenüs kopiert. Das Menü wird mit *Visible=True* sichtbar, die zugrunde liegende Symbolleiste dagegen mit *Visible=False* unsichtbar gemacht.

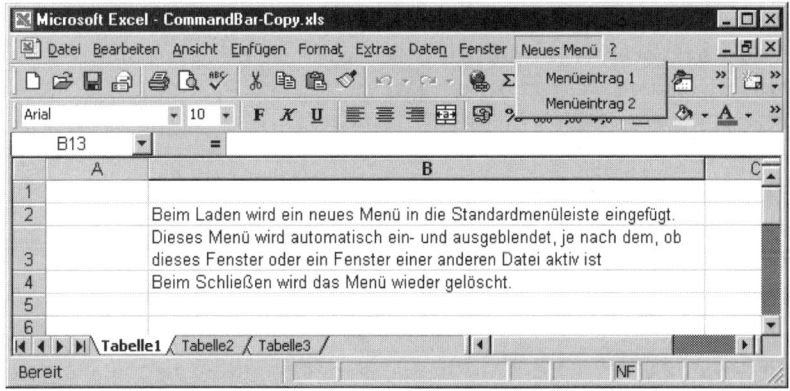

Bild 8.8: In der Hauptmenüleiste wird vor dem Hilfemenü ein neues Menü angezeigt

```
' Datei 08\CommandBar-Copy.xls, Modul »DieseArbeitsmappe«
Option Explicit
' diverse Menüs erzeugen
Private Sub Workbook_Open()
  Dim standardmenubar As CommandBar
  Dim mycommandbar As CommandBar
  Dim c As CommandBarControl
  Set standardmenubar = Application.CommandBars("worksheet menu bar")
  Set mycommandbar = Application.CommandBars("CommandBar-Copy")
  mycommandbar.Visible = False
  ' Test, ob Menü schon existiert
  For Each c In standardmenubar.Controls
    If c.Caption = mycommandbar.Controls(1).Caption Then
      c.Visible = True
      Exit Sub
    End If
  Next
  ' Menü existiert noch nicht: daher kopieren
  Set c = mycommandbar.Controls(1).Copy(standardmenubar, _
    standardmenubar.Controls.Count)
  c.Visible = True
End Sub
```

Die beiden Prozeduren *Workbook_Activate* und *Workbook_Deactivate* kümmern sich darum, dass das Menü verschwindet, wenn in eine andere Datei gewechselt wird. Sobald die Arbeitsmappe wieder aktiviert wird, erscheint auch das Menü wieder.

Die Anweisung *On Error Resume Next* verhindert einen Fehler beim Schließen der Arbeitsmappe. In diesem Fall wird zuerst *Workbook_BeforeClose* ausgeführt, wo das neue Menü gelöscht wird. Anschließend wird *Workbook_Deactivate* aufgerufen, wo jetzt natürlich nicht mehr auf das Menü zurückgegriffen werden kann.

```
' Menü aktivieren/deaktivieren
Private Sub Workbook_Activate()
  Application.CommandBars("worksheet menu bar"). _
    Controls("Neues Menü").Visible = True
End Sub

Private Sub Workbook_Deactivate()
  On Error Resume Next
  Application.CommandBars("worksheet menu bar"). _
    Controls("Neues Menü").Visible = False
End Sub
```

Beim Schließen der Datei wird das Menü aus der Standardmenüleiste entfernt. Außerdem wird die Symbolleiste gelöscht, sodass sie nicht in Excel.xlb gespeichert wird.

```
Private Sub Workbook_BeforeClose(Cancel As Boolean)
  Dim standardmenubar As CommandBar
  Dim mycommandbar As CommandBar
  Dim c As CommandBarControl
  Set standardmenubar = Application.CommandBars("worksheet menu bar")
  Set mycommandbar = Application.CommandBars("CommandBar-Copy")
  For Each c In standardmenubar.Controls
    If c.Caption = mycommandbar.Controls(1).Caption Then
      c.Delete
    End If
  Next
  mycommandbar.Delete
End Sub
```

> **HINWEIS** Das Beispielprogramm berücksichtigt nur das Standardmenü. Wenn Sie auch das Menü zu Diagrammen ändern möchten, müssen Sie zusätzliche Anweisungen für *CommandBars("Chart Menu Bar")* hinzufügen und auch dorthin das neue Menü kopieren bzw. wieder löschen.

8.2.2   Eigene Symbolleisten ein- und ausblenden

Die zweite Variante ist mit dem geringsten Aufwand verbunden. In der Beispieldatei 08\CommandBar-AutoVisible.xls wird die Symbolleiste beim Laden sichtbar gemacht, beim Schließen wieder gelöscht. Außerdem wird die Symbolleiste automatisch ein- und ausgeblendet, je nach dem, ob gerade ein Fenster der Arbeitsmappe oder ein Fenster einer anderen Arbeitsmappe sichtbar ist.

```
' Datei 08\CommandBar-AutoVisible.xls, Modul »DieseArbeitsmappe«
' Symbolleiste anzeigen
Private Sub Workbook_Open()
  Application.CommandBars("Commandbar-Auto").Visible = True
End Sub
' Symbolleiste löschen
Private Sub Workbook_BeforeClose(Cancel As Boolean)
  Application.CommandBars("Commandbar-Auto").Delete
End Sub
' Symbolleiste anzeigen
Private Sub Workbook_Activate()
  Application.CommandBars("Commandbar-Auto").Visible = True
End Sub
' Symbolleiste verbergen
Private Sub Workbook_Deactivate()
  On Error Resume Next
  Application.CommandBars("Commandbar-Auto").Visible = False
End Sub
```

> **VERWEIS** In der Beispieldatei wird gleichzeitig auch die Programmierung eines Menüeintrags mit einem Auswahlhäkchen demonstriert. Die Hintergrundinformationen und den dazugehörigen Code finden Sie in Abschnitt 8.1.5.

8.2.3 Eigenes Standardmenü verwenden

Das Beispielprogramm CommandBar-NewMenu.xls verfolgt eine ähnliche Strategie wie CommandBar-Copy.xls: In der Symbolleiste COMMANDBAR-NEW, die nie angezeigt wird, werden die Menüeinträge für das Hauptmenü gespeichert. Beim Laden der Datei wird eine neue Menüleiste »NewMenu« erzeugt, in die der Inhalt von »CommandBar-New« kopiert wird. Sobald diese neue Menüleiste sichtbar gemacht wird, verschwindet die Standardmenüleiste. Beim Programmende wird sowohl die Symbolleiste als auch die Menüleiste wieder gelöscht, das Standardmenü erscheint automatisch wieder.

Die beiden Prozeduren *Workbook_Activate* und *Workbook_Deactivate* sorgen auch in diesem Programm dafür, dass das Menü verschwindet, wenn in eine andere Datei gewechselt wird. Sobald die Arbeitsmappe wieder aktiviert wird, erscheint auch das Menü wieder.

Neu im Vergleich zu den beiden vorangegangenen Programmen ist der Umgang mit den Symbolleisten: Solange CommandBar-NewMenu.xls aktiv ist, werden alle Symbolleisten ausgeblendet (es ist also wirklich nur das neue Menü sichtbar). Das Programm speichert beim Ausblenden die Liste aller sichtbaren Symbolleisten in der *Collection*-Variable *visibleCommandBars*. Alle Symbolleisten dieser Liste werden automatisch wieder sichtbar gemacht, sobald ein anderes Tabellenblatt aktiviert wird.

```
' Datei 08\CommandBar-NewMenu.xls, Modul »DieseArbeitsmappe«
Private Sub Workbook_Open()
  Dim cb As CommandBar, c As CommandBarControl
  ' Symbolleiste unsichtbar
  Application.CommandBars("Commandbar-New").Visible = False
  ' neue Menüleiste erzeugen
  Set cb = Application.CommandBars.Add(Name:="NewMenu", _
    MenuBar:=True, Position:=msoBarTop)
  ' alle Einträge von »Commandbar-New« nach »NewMenu« kopieren
  For Each c In Application.CommandBars("Commandbar-New").Controls
    c.Copy cb
  Next
End Sub
Private Sub Workbook_BeforeClose(Cancel As Boolean)
  On Error Resume Next
  ' Symbolleiste löschen
  Application.CommandBars("Commandbar-New").Delete
  ' neue Menüleiste löschen (dabei wird automatisch
  ' das Standardmenü aktiv
  Application.CommandBars("NewMenu").Delete
End Sub

Dim visibleCommandBars As New Collection
Private Sub Workbook_Activate()
  Dim cb As CommandBar
  ' neue Menüleiste sichtbar
  Application.CommandBars("NewMenu").Visible = True
  ' alle Symbolleisten abschalten
  For Each cb In Application.CommandBars
    If cb.Type = msoBarTypeNormal And cb.Visible = True Then
      visibleCommandBars.Add cb, cb.Name
      cb.Visible = False
    End If
  Next
End Sub

Private Sub Workbook_Deactivate()
  Dim cb As Object
  On Error Resume Next
  Application.CommandBars("NewMenu").Visible = False
  ' die Symbolleisten wieder sichtbar machen
  For Each cb In visibleCommandBars
    cb.Visible = True
  Next
  ' Collection-Liste löschen
  Set visibleCommandBars = Nothing
End Sub
```

8.2 Oberflächengestaltung für eigenständige Excel-Anwendungen

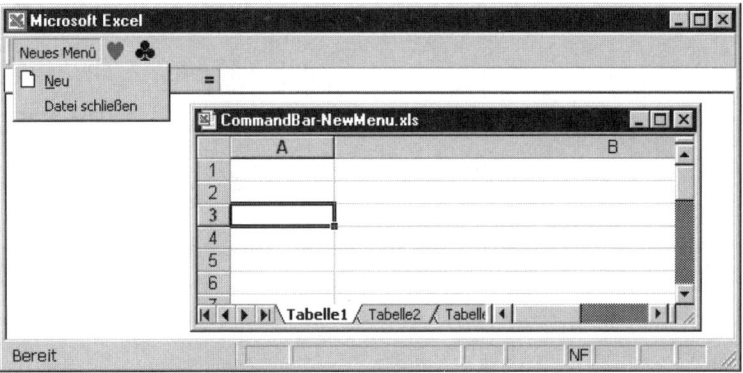

Bild 8.9: Das Beispielprogramm besitzt ein eigenes Standardmenü

Teil III

Anwendung

9 Mustervorlagen und »intelligente« Formulare

»Intelligente« Formulare sind vorgefertigte Tabellenblätter, die nur noch fertig ausgefüllt werden müssen, also Formularvorlagen oder Mustervorlagen, um die Excel-Nomenklatur zu gebrauchen.

Mustervorlagen können sehr einfach aufgebaut sein und nur einen Layoutrahmen darstellen, um Abläufe, Anträge, Berichte etc. zu schematisieren. Die Vorlagen können aber auch insofern »intelligent« sein, als sie durch vorgegebene Formeln aus den Eingaben des Anwenders mehr oder weniger komplexe Ergebnisse ableiten und/oder durch diverse Makros den Ausdruck, das Speichern etc. erleichtern.

Formulare dieser Art – etwa zum Schreiben von Rechnungen oder zur Durchführung immer wieder auftretender Berechnungen – stellen in der täglichen Praxis eine enorme Arbeitserleichterung dar. Sie erlauben es auch Excel-Laien, komplexe Rechenmodelle anzuwenden und die Ergebnisse in ansprechender und standardisierter Form auszudrucken.

Kapitelübersicht

9.1	Grundlagen	470
9.2	Beispiel – Das »Speedy«-Rechnungsformular	482
9.3	Beispiel – Abrechnungsformular für einen Car-Sharing-Verein	491
9.4	Grenzen »intelligenter« Formulare	497

9.1 Grundlagen

Prinzipiell handelt es sich bei »intelligenten« Formularen um ganz normale Excel-Tabellen, in denen einige Ausgangswerte für die spätere Eingabe frei gelassen sind. Entscheidend für die Anwendung ist die einfache Bedienung – es muss also klar sein, wo Eingaben möglich sind und wo nicht, und welche Bedeutung diese Eingaben haben. Um eine Fehlbedienung auszuschließen, sollten alle anderen Zellen vor irrtümlichen Veränderungen geschützt werden.

Excel-Formularvorlagen sind also »intelligenter« als die Formulare irgendwelcher Bürokratenburgen: Der Anwender muss nichts doppelt eingeben, alle Ergebnisse, die aus bereits durchgeführten Eingaben resultieren, werden sofort automatisch angezeigt. Eventuell wird der Anwender sofort auf Eingabefehler hingewiesen (beispielsweise wenn er statt eines Datums eine Zahl eingibt).

»Intelligente« Formulare können außer mit vorgefertigten Formeln auch mit anderen Hilfsmitteln ausgestattet sein – etwa mit einem Button, der das Formular ausdruckt und speichert, oder mit anderen Steuerelementen, die die Auswahl verschiedener Optionen erleichtern. Auch eine automatische Verbindung zwischen Formularen und Datenbankanwendungen ist möglich.

Zur Realisierung von »intelligenten« Formularen eignen sich Mustervorlagen. Dabei handelt es sich um einen speziellen Excel-Dateityp (Kennung *.xlt), der zur Speicherung von Dateien vorgesehen ist, die später als Vorlage für andere Excel-Dateien dienen.

Damit Vorlagen bei DATEI | NEU automatisch zur Auswahl gestellt werden, müssen die *.xlt-Dateien in einem der drei folgenden Verzeichnisse gespeichert werden (Details siehe Abschnitt 5.9.3):

Benutzerverzeichnis\Anwendungsdaten\Microsoft\Vorlagen	persönlich, Excel 2000
Benutzerverzeichnis\Anwendungsdaten\Microsoft\Templates	persönlich, Excel 2002
OfficeVerzeichnis\Office\Xlstart	global
Zusätzlicher Startordner	je nach Einstellung

> **HINWEIS** Ein so genannter Vorlagenassistent ermöglicht es, Formularvorlagen ohne Programmieraufwand zu einfachen Datenbankanwendungen auszubauen. Abschnitt 9.1.2 beschreibt den Umgang mit diesem Vorlagenassistenten, weist aber auch auf dessen Grenzen hin.

Überblick

Ein einleitendes Beispiel zum Thema »intelligente« Formulare finden Sie bereits in Abschnitt 1.6. Dort wird ein Formular zur Berechnung der Verzinsung eines Sparvertrags mit monatlicher Einzahlung vorgestellt (Datei 01\form.xlt). Das Formular ist sehr einfach gehalten und kommt ganz ohne Makros aus.

Der folgende Abschnitt 9.1.1 fasst Informationen zu einigen typischen Excel-Funktionen zusammen, die Sie zur Gestaltung eigener Formulare benötigen: Zellschutz, *WENN*-Formeln, Ausdruck von Tabellenblättern etc. Abschnitt 9.1.2 beschreibt den Umgang mit dem neuen Vorlagenassistenten und erklärt, wie damit erstellte Formulare intern verwaltet werden.

Zwei komplexere Beispiele – das Rechnungsformular der fiktiven Versandgesellschaft »Speedy« und das Abrechnungsformular eines Car-Sharing-Vereins – stehen im Mittelpunkt der Abschnitte 9.2 und 9.3. Die Beispiele zeigen das prinzipielle Schema von »intelligenten« Formularen. Denkbar wären aber auch Formulare zur bequemen Durchführung finanzmathematischer Berechnungen (Kreditrückzahlungs-, Spar- oder Versicherungsmodelle), zur Durchführung von Investitionsrechnungen, zur Abrechnung von Arbeitsstunden, zur Analyse von Messdaten, zur Auswertung von Tests, Prüfungen oder Umfragen, zur Protokollierung von Datenreihen etc. Die mit Excel mitgelieferten Mustervorlagen demonstrieren weitere Anwendungsmöglichkeiten.

Das Kapitel endet in Abschnitt 9.4 mit einigen kritischen Anmerkungen und generellen Verbesserungsvorschlägen.

9.1.1 Gestaltungselemente für »intelligente« Formulare

Mustervorlagen

Mustervorlagen sind im Prinzip normale Excel-Dateien, bei denen bei SPEICHERN UNTER der Dateityp »Mustervorlage« angegeben wird. Mustervorlagen haben die Kennung *.xlt (statt *.xls). Dabei wird im Speichern-Dialog automatisch das Verzeichnis Benutzerverzeichnis\Anwendungsdaten\Microsoft\Vorlagen vorgeschlagen. Wenn Sie dieses Verzeichnis beibehalten, gilt die Vorlage daher nur für Sie (nicht aber für andere Anwender mit einem anderen Login-Namen).

Zum Laden einer leeren Mustervorlage muss das Menükommando DATEI|NEU verwendet werden. Im nun erscheinenden Dialog werden alle vorhandenen Mustervorlagen aus den drei oben aufgezählten Vorlagenverzeichnissen zur Auswahl gestellt. Sobald Sie versuchen, die neue Datei zu speichern, zwingt Excel Sie dazu, einen neuen Dateinamen anzugeben. Auf diese Weise wird vermieden, dass die Mustervorlage unbeabsichtigt überschrieben wird.

> **TIPP**
>
> Laden Sie Mustervorlagen nur dann mit DATEI|ÖFFNEN, wenn Sie die eigentliche Mustervorlage verändern möchten! Nur DATEI|NEU verhindert, dass Sie irrtümlich die Mustervorlage ändern und als Vorlagedatei speichern (statt eine normale Excel-Datei auf der Basis dieser Vorlage zu bilden).
>
> Statt DATEI|NEU dürfen Sie nicht den Button NEU aus der Standardsymbolleiste verwenden. Dieser Button erzeugt einfach eine neue, leere Arbeitsmappe, ohne Vorlagen zur Auswahl zu stellen.

MusPraegen werden zumeist in zwei Varianten verwendet:

- Als leere Tabellen, in denen lediglich bestimmte Formatierungen durchgeführt wurden: Solche Mustervorlagen haben den Sinn, dem Anwender Formatierungsschritte zu ersparen, die sich ständig wiederholen: etwa die Einstellung der Druckparameter und der Fensteroptionen oder die Definition oft benötigter Formatvorlagen. Durch diese Mustervorlagen kann ein einheitliches Layout aller (in einem Büro oder Betrieb) produzierten Excel-Tabellen gefördert werden: Firmenlogo auf der ersten Seite, gleich bleibende Gestaltung der Kopf- und Fußzeilen, einheitliche Schriftarten etc.
- Als mehr oder weniger »intelligente« Formularvorlagen mit integriertem VBA-Code, wie sie Thema dieses Kapitels sind.

Zellschutz

Mit EXTRAS|DOKUMENT SCHÜTZEN|BLATT können Sie sämtliche Zellen eines Arbeitsblatts vor Veränderungen schützen. Auf die Angabe eines Kennworts können Sie dabei zumeist verzichten, sofern nicht zu befürchten ist, dass der Anwender der Formularvorlage diese mutwillig verändern möchte. Da es nicht sinnvoll ist, *alle* Zellen zu schützen (dann könnten ja überhaupt keine Eingaben vorgenommen werden), muss vor der Ausführung des Schutzkommandos der Zellschutz für die Eingabezellen explizit aufgehoben werden: Den dafür vorgesehenen Dialog rufen Sie mit FORMAT|ZELLEN|SCHUTZ oder über das Kontextmenü ZELLEN FORMATIEREN|SCHUTZ auf. Darin deaktivieren Sie das Optionsfeld GESPERRT.

Wenn Sie häufig den Schutz einzelner Zellen verändern, können Sie auch das dafür vorgesehene Symbol in die Symbolleiste einfügen. Das Symbol befindet sich in der Kategorie FORMAT, sein Bild zeigt ein Vorhängeschloss.

> **TIPP** Weitere Informationen zu den unter Excel verfügbaren Schutzfunktionen und den dazugehörigen Eigenschaften und Methoden gibt Abschnitt 5.8.

Validitätskontrolle für Eingabezellen

Seit Excel 97 können Sie mit DATEN|GÜLTIGKEIT für einzelne Zellen oder für ganze Zellbereiche Gültigkeitsregeln formulieren (siehe auch das Einführungsbeispiel in Abschnitt 1.6). Damit können Sie sowohl das Format (ganze Zahl, Fließkommazahl, Datum, Text) als auch den zulässigen Wertebereich für die Eingabe beschränken. Falls Sie Texte in den Dialogseiten EINGABEMELDUNG und FEHLERMELDUNG angeben, wird automatisch ein Infotext angezeigt bzw. ein informativer Fehlertext angezeigt, wenn die Gültigkeitsregeln verletzt werden. Durch Validitätsregeln sichern Sie also nicht nur das Formular gegen falsche Eingaben ab, Sie geben dem Anwender zudem wertvolle Zusatzinformationen. Validitätsregeln können in geschützten Blättern nicht verändert werden.

9.1 Grundlagen

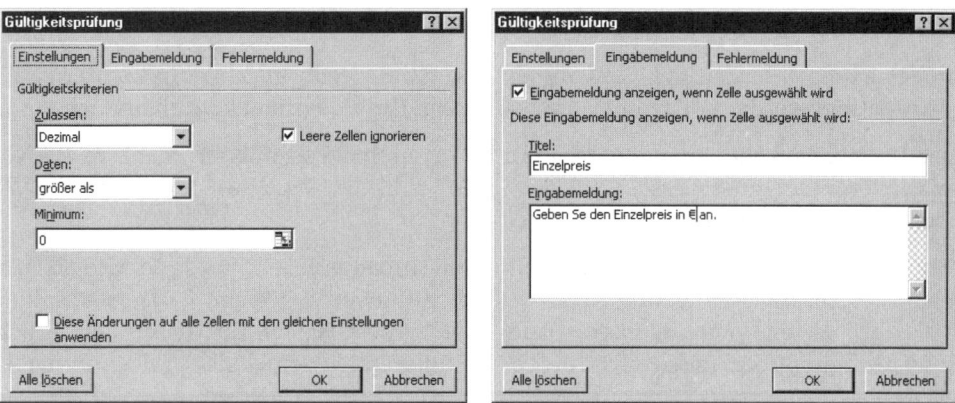

Bild 9.1: Zwei Dialogblätter der Gültigkeitskontrolle

Dokumentenvorschau für Mustervorlagen

Im Dialog DATEI NEU ist ein Bereich reserviert, der eine Vorschau auf die zu ladende Datei ermöglicht. Diese Dokumentenvorschau funktioniert allerdings nur dann, wenn Sie vor dem Speichern der Mustervorlage mit DATEI|EIGENSCHAFTEN|DATEIINFO die Option VORSCHAUGRAFIK SPEICHERN aktivieren. Beachten Sie aber, dass dadurch sowohl die Vorlage als auch alle darauf basierenden Dateien um einige kByte größer werden.

WENN-Formeln

Damit eine Formularvorlage einigermaßen allgemein gültig verwendbar ist, muss das dahinter liegende Rechenmodell fast immer Fallunterscheidungen durchführen. Die Formeln in der Tabelle müssen erkennen, wann eine gültige Eingabe vorliegt und wann nicht. Im ersten Fall ist ein Ergebnis auszurechnen, im zweiten Fall 0 oder einfach nur eine leere Zelle anzuzeigen. Oft sind auch in Abhängigkeit von Eingabewerten unterschiedliche Formeln erforderlich (beispielsweise ein Rabatt, der erst ab einer Stückzahl von 10 wirksam wird).

Grundlage solcher Fallunterscheidungen sind *WENN*-Formeln. Der Aufbau einer *WENN*-Formel ist prinzipiell einfach:

```
=WENN(bedingung; ergebnis1; ergebnis2)
```

Excel testet bei der Berechnung der Zellen, in denen eine *WENN*-Formel steht, ob die Bedingung erfüllt ist. Wenn das der Fall ist, berechnet es die in *ergebnis1* angegebene Formel, andernfalls die Formel in *ergebnis2*.

Dazu gleich ein Beispiel: Angenommen, in Zelle A1 befindet sich ein Einzelpreis, in B1 eine Stückzahl. In C1 soll das Produkt der beiden vorherigen Zellen berechnet werden, wobei ein Rabatt von 5 Prozent ab einer Stückzahl von 10 gewährt werden soll. Dann lautet die Formel in C1:

```
=WENN(B1<10; A1*B1; A1*B1*0,95)
```

Verschachtelte WENN-Formeln

Unübersichtlich werden *WENN*-Formeln erst dann, wenn gleichzeitig mehrere Fälle berücksichtigt werden sollen oder die Bedingung für die Formel kompliziert ist.

Zuerst zur Unterscheidung mehrerer Fälle: In diesem Fall müssen mehrere *WENN*-Funktionen ineinander verschachtelt werden, d. h. das Ergebnis der ersten *WENN*-Formel ist wiederum eine *WENN*-Formel.

Auch dazu ein Beispiel: Die Ausgangssituation (Inhalt von A1 bis C1) sei wie oben, es sollen aber zusätzlich folgende Fälle berücksichtigt werden: Wenn B1 leer ist, soll als Stückzahl 1 angenommen werden. Wenn auch A1 leer ist, soll überhaupt kein Ergebnis angezeigt werden (auch nicht 0). Die resultierende Formel sieht folgendermaßen aus:

```
=WENN(A1=""; ""; WENN(B1=""; A1; WENN(B1<10; A1*B1; A1*B1*0,95)))
```

Der Inhalt der Formel ist noch immer recht gut zu verstehen: Wenn A1 leer ist, wird kein Ergebnis angezeigt (also eine leere Zeichenkette ""). Wenn B1 leer ist (in diesem Abschnitt der Formel ist bereits sichergestellt, dass A1 *nicht* leer ist), wird als Ergebnis einfach der Inhalt von A1 angezeigt – das entspricht einer Stückzahl von 1. Die dritte *WENN*-Funktion kommt erst zur Geltung, wenn sichergestellt ist, dass sowohl A1 als auch B1 nicht leer sind; die Funktion entspricht jener des ersten Beispiels.

Zusammengesetzte Bedingungen

In den vorangegangenen Beispielen waren die Bedingungen ausgesprochen einfach. Häufig müssen aber mehrere Teilbedingungen gleichzeitig oder wahlweise erfüllt sein. Zu diesem Zweck können Sie mehrere Bedingungen in einer *UND*- oder in einer *ODER*-Funktion angeben. Natürlich können auch diese Funktionen wieder verschachtelt werden. Die Syntax sieht generell so aus:

```
=UND(bedingung1; bedingung2; bedingung3; ...)
=ODER(bedingung1; bedingung2; bedingung3; ...)
```

UND liefert als Ergebnis den Wahrheitswert *WAHR*, wenn alle aufgezählten Bedingungen (es dürfen beliebig viele sein) erfüllt sind. *ODER* liefert bereits dann *WAHR*, wenn zumindest *eine* der Bedingungen erfüllt ist.

Ein Beispiel zu zusammengesetzten Bedingungen: In den Zellen A1 und B1 sollen jeweils Werte zwischen 0 und 1 stehen. Wenn das der Fall ist, berechnet die folgende Formel das Produkt, andernfalls zeigt sie einen Fehlertext an:

```
=WENN(UND(A1>=0; A1<=1; B1>=0; B1<=1); A1*B1; "falsche Ausgangswerte")
```

9.1 Grundlagen

> **TIPP**
> Mit Shift+Strg+A können Sie nach der Eingabe des Funktionsnamens die dazugehörigen Klammern und Argumente einfügen. Diese Eingabehilfe empfiehlt sich, wenn Sie sich über die genaue Reihenfolge der Argumente unsicher sind, auf die umständliche Eingabehilfe von Excel (dem ehemaligen Funktionsassistenten) aber verzichten möchten.

> **VERWEIS**
> Verschiedene fortgeschrittene Tabellenfunktionen werden unter anderem in Abschnitt 5.5.2 (Rechnen mit Datum und Uhrzeit) und in Abschnitt 11.4 (Datenbank-Tabellenfunktionen) beschrieben. Bei komplexeren Aufgabenstellungen können Tabellenformeln extrem unübersichtlich werden. Für solche Situationen bietet Excel die Möglichkeit, eigene Funktionen in VBA zu definieren. Details zur Erstellung benutzerdefinierter Funktionen finden Sie in Abschnitt 5.7.

Fehlertexte farbig (rot) kennzeichnen

Es besteht keine Möglichkeit, in *WENN*-Formeln das Ausgabeformat (Zahlenformat, Farbe, Ausrichtung, Rahmen etc.) einer Zelle zu beeinflussen. Über den Umweg von Zahlenformaten können Sie aber immerhin erreichen, dass Zahlen in normaler (schwarzer) Schrift und Texte in einer anderen Farbe dargestellt werden.

`Standard;Standard;Standard;[Rot]Standard`

Durch das obige Zahlenformat erreichen Sie beispielsweise, dass positive und negative Zahlen sowie 0 im Standardformat, Texte hingegen in roter Farbe (ansonsten ebenfalls im Standardformat) angezeigt werden. Neben Rot können in eckigen Klammern noch sieben weitere Farben angegeben werden: Schwarz, Blau, Zyan, Grün, Magenta, Weiß und Gelb.

> **VERWEIS**
> Natürlich können Sie auch für jeden der vier Fälle (Zahl positiv, negativ, 0, Text) spezielle Formate definieren. Eine ganze Menge Hintergrundinformationen zu Zahlenformaten finden Sie in Abschnitt 5.1.1.

Bedingte Formate

Noch mehr Gestaltungsmöglichkeiten bieten so genannte bedingte Formate. Damit können drei Bedingungen formuliert werden, die der Reihe nach überprüft werden, wenn sich der Inhalt einer Zelle ändert. Jeder Bedingung ist ein Format zugeordnet, das neben Farbe und Schriftart auch Rahmen und Muster umfassen kann. Die erste Bedingung, die erfüllt ist, bestimmt das für die Zelle gültige Format.

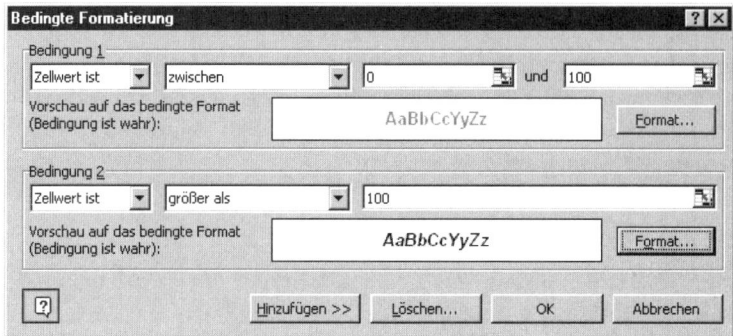

Bild 9.2: Bedingte Formate

Mit bedingten Formaten können Sie beispielsweise erreichen, dass Zahlen bei der Überschreitung bestimmter Grenzwerte farbig hervorgehoben werden. Für die VBA-Programmierung können bedingte Formate über das Objekt *FormatCondition* (über die *Range*-Eigenschaft *FormatConditions(n)*) definiert werden.

Ausdruck des Formulars

»Intelligente« Formulare sind in der Regel so konzipiert, dass sie mühelos ausgedruckt werden können. Sie sollten bei der Gestaltung des Formulars darauf Rücksicht nehmen und den Platz so einteilen, dass eine Seite ansprechend gefüllt wird. (Natürlich sind auch mehrseitige Formularvorlagen möglich.)

- *Kopf- und Fußzeilen*

Standardgemäß sieht Excel für Tabellenblätter die Kopfzeile *Tabellenblattname* und die Fußzeile *Seite n* vor. Für Formularvorlagen sind diese Voreinstellungen in der Regel nicht sonderlich geeignet und sollten daher mit DATEI|SEITE EINRICHTEN|KOPF-/FUSS-ZEILE verändert bzw. gelöscht werden.

Aktuelles Datum

Falls das Formular ein aktuelles Tagesdatum enthalten soll, können Sie dieses einfach durch die Formel =*HEUTE()* in einer beliebigen Zelle angeben. Alternativ dazu können Sie das Datum auch in die Kopf- oder Fußzeile einfügen. In diesem Fall haben Sie aber erheblich weniger Gestaltungsmöglichkeiten bei der Platzierung.

Bei beiden Varianten ist zu beachten, dass sich bei einem späteren Ausdruck eines gespeicherten Formulars das Datum ändert (weil wiederum das aktuelle Tagesdatum eingesetzt wird). Wenn das unerwünscht ist, muss mit einem Makro dafür gesorgt werden, dass das Datum vor dem Speichern fixiert wird. Dazu kann entweder die Zelle mit der *HEUTE*-Formel geändert werden (KOPIEREN, INHALTE EINFÜGEN »Werte«), oder in die Kopf- bzw. Fußzeile wird ein Text mit dem aktuellen Datum eingetragen.

Seriennummer

Schon schwieriger ist es, Formulare mit einer durchlaufenden Seriennummer auszustatten, wie dies beispielsweise für den Ausdruck von Rechnungen wünschenswert wäre. Eine Lösung dieses Problems ist nur über ein Makro möglich, das zum Drucken oder unmittelbar vor dem Drucken ausgeführt wird. Dieses Makro muss die Möglichkeit haben, auf die Nummer des zuletzt gedruckten Formulars zuzugreifen. Ein Beispiel wird in Abschnitt 9.2 vorgestellt.

Optische Gestaltung des Formulars

Wenn Ihnen zur optischen Gestaltung des Formulars – beispielsweise zur Realisierung eines Firmenlogos – die Excel-Grafikmöglichkeiten nicht ausreichen, können Sie auch ein beliebiges OLE-Programm einsetzen (z. B. PaintBrush, WordArt (wird mit Word mitgeliefert) oder Corel Draw). Grafische Objekte können über EINFÜGEN | OBJEKT bzw. EINFÜGEN | GRAFIK in das Arbeitsblatt integriert werden. Excel zeichnet dabei einen dünnen Rahmen um das Objekt, der aber leicht über das Kontextmenü des Objekts, Eintrag OBJEKT FORMATIEREN | RAHMEN, entfernt werden kann.

Farben

Problematisch für den Ausdruck sind Texte in verschiedenen Farben oder Zellen mit farbigen Hintergrundmustern. Andererseits kann gerade durch Farben die Bedienung der Formularvorlage viel benutzerfreundlicher gestaltet werden. Einen Ausweg aus diesem Dilemma kann ein zur Durchführung des Ausdrucks vorgesehenes Makro darstellen: Dieses Makro (das mühelos aufgezeichnet werden kann) beseitigt vor dem Ausdruck alle Hintergrundfarben und stellt anschließend den ursprünglichen Zustand wieder her. Falls diese Wiederherstellung aufwendig ist, können Sie einfach die ganze Tabelle in die Zwischenablage kopieren, ein neues Tabellenblatt anlegen, dort den Inhalt der Zwischenablage einfügen, die Hintergrundfarben ausschalten, ausdrucken und anschließend wieder löschen. Das Original wird in diesem Fall gar nicht angetastet. Ein Beispiel dazu finden Sie in Abschnitt 9.3.

Steuerelemente in das Formular integrieren

Auf Excel-Tabellenblättern dürfen alle Steuerelemente platziert werden, die auch zur Gestaltung von Dialogen (siehe Kapitel 7) verwendet werden können: Textfelder, Buttons, Auswahl- und Optionskästchen, Listenfelder, Bildlaufleisten etc. Die in der Praxis häufigste Variante stellen sicherlich Buttons dar, die zum Start diverser Makros auf das Tabellenblatt gesetzt werden.

Der Anwendungsbereich geht aber viel weiter: So können Sie Bildlaufleisten dazu einsetzen, dass der Anwender bequem einen Zahlenwert mit der Maus innerhalb eines vordefinierten Bereichs einstellen kann. Oder Sie können dem Anwender die Eingabe durch Listenfelder erleichtern, über die er aus einer vorgegebenen Auswahl von Einträgen einen Eintrag sehr bequem auswählen kann. Durch Optionskästchen kann zwischen verschiedenen Berechnungs- oder Anwendungsvarianten des Formulars gewählt werden etc.

Besonders praktisch im Zusammenhang mit Steuerelementen ist die Möglichkeit, über die Eigenschaft *PrintObject* bestimmen zu können, ob dieses Element ausgedruckt werden soll. (Die Defaulteinstellung lautet *True*.) Wenn Sie die Eigenschaft auf *False* setzen, können Steuerelemente als Eingabeerleichterung verwendet werden, ohne beim Ausdruck zu stören.

Diagramme im Formular

Formularvorlagen sind auch in Kombination mit Diagrammen vorstellbar. Wenn der Datenumfang von Anfang an feststeht, kann das fertige Diagramm bereits beim Formularentwurf in das Tabellenblatt integriert werden. Es verändert dann sein Aussehen unmittelbar bei der Eingabe von Daten. Wenn Aussehen und Datenumfang dagegen flexibler gehandhabt werden sollen, muss ein Makro vorgesehen werden, das ein neues Diagramm erstellt. Die Programmierung von Diagrammen wird in Kapitel 10 behandelt.

9.1.2   Mustervorlagen mit Datenbankanbindung

Mit Excel wird ein so genannter Vorlagenassistent mitgeliefert (Kommando DATEN | VORLAGENASSISTENT; falls dieses Kommando bei Ihnen nicht zur Verfügung steht, aktivieren Sie diese Erweiterung mit dem Add-In-Manager EXTRAS | ADD-IN-MANAGER; wenn auch der Add-In-Manager nichts vom Vorlagenassistent weiß, müssen Sie den Assistenten nachinstallieren). Der Vorlagenassistent stellt eine Verbindung zwischen einer Mustervorlage und einer Datenbankdatei her.

> **HINWEIS**
>
> Bei Excel 2002 wird der Vorlagenassistent nicht mehr mitgeliefert. Der Assistent ist zwar weiterhin im Internet verfügbar, aber Microsoft möchte offensichtlich seinen Einsatz nicht weiter fördern – vielleicht deswegen, weil vom Assistenten bearbeitete Excel-Dateien intern auf Excel-4-Makrocode basieren. Die Informationen in diesem Abschnitt beziehen sich auf die mit Excel 2000 mitgelieferte Version.
>
> Zuletzt war der Vorlagenassistent für Excel 2002 hier zu finden (suchen Sie gegebenenfalls mit www.google.com nach *Vorlagen-Assistent*):
>
> http://office.microsoft.com/germany/assistance/2002/articles/
>   xlTemplateWizardAndDatabases.aspx

Bedienung des Vorlagenassistenten

Als Erstes benötigen Sie eine fertige Mustervorlage (*.xlt-Datei). Nachdem Sie diese Vorlage als Datei geladen haben (nicht mit DATEI | NEU, sondern mit DATEI | ÖFFNEN!), aktivieren Sie den Vorlagenassistenten mit DATEN | VORLAGENASSISTENT.

Das Format der Datenbankdatei können Sie im zweiten Schritt des Vorlagenassistenten einstellen. Zu den Möglichkeiten gehören unter anderem Excel-Tabellen und Access-Dateien. Excel-Tabellen haben den Vorteil, dass sie sehr bequem in Excel bearbeitet werden können. Access-Dateien genügen professionelleren Ansprüchen und eignen sich besonders dann, wenn größere Datenmengen anfallen. Access muss übrigens nicht installiert werden, damit Sie Access-Dateien unter Excel lesen oder schreiben können! (Siehe auch das nächste Kapitel, in dem die Datenbankkapazitäten und -beschränkungen von Excel beschrieben werden.) Nach der Definition der Datenbankdatei markieren und beschriften Sie in Schritt 3 jene Eingabe- oder Ergebniszellen, die in der Datenbank gespeichert werden sollen.

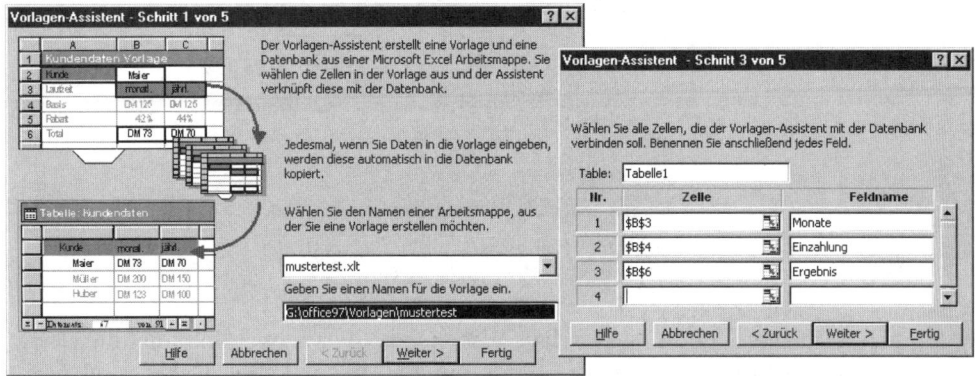

Bild 9.3: Die zwei wichtigsten Schritte des Vorlagenassistenten

In Schritt 4 haben Sie die Möglichkeit, bereits vorhandene Excel-Dateien, die dem Format der Vorlage entsprechen, in die Datenbank aufzunehmen. Das ist dann sinnvoll, wenn die Vorlage schon eine Weile in Verwendung ist und Sie erst jetzt auf die Idee gekommen sind, die Vorlage mit einer Datenbank zu verbinden. Bei neuen Vorlagen antworten Sie mit NEIN.

In Schritt 5 können Sie schließlich noch in einer so genannten Verteilerliste E-Mail-Adressen angeben. Jedes Mal, wenn eine *neue* Datei auf der Basis der Vorlage geschlossen wird, erscheint eine Frage, ob diese Datei an die Verteileradresse versandt werden soll. Das funktioniert freilich nur dann, wenn als E-Mail-Client Outlook oder eine ausreichend aktuelle Version von Outlook Express verwendet wird.

> **HINWEIS** Wird dagegen eine schon vorhandene Datei auf Basis der Vorlage verändert, wird die geänderte Datei nicht abermals per E-Mail versandt! Die Änderungen werden aber sehr wohl in die Vorlagendatenbank eingetragen.

Verwendung der Datenbank-Mustervorlagen

Die Verwendung der Mustervorlagen erfolgt wie bei normalen Mustervorlagen: Der Anwender lädt die Vorlage, füllt die vorgesehenen Felder aus und speichert die Datei. Beim Speichern erscheint automatisch ein Dialog, in dem der Anwender gefragt wird, ob die Daten in einer Datenbankdatei gespeichert werden sollen. Wenn der Anwender diese Frage bejaht (hoffentlich), werden alle relevanten (früher im Vorlagenassistenten markierten) Zellen in eine neue Zeile bzw. einen neuen Datensatz der Datenbank eingetragen.

Leider enthält der Dialog keine Informationen darüber, warum dieses doppelte Speichern sinnvoll oder notwendig ist, ob sich damit das normale Speichern erübrigt etc. Eine etwas informativere Beschriftung dieses Dialogs und ein zugeordneter Hilfetext wären wirklich kein Luxus gewesen!

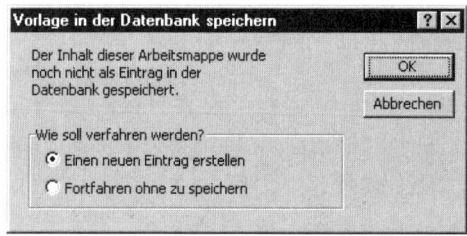

Bild 9.4: Dialog beim Speichern einer neuen Datei auf Basis der Mustervorlage

Im Prinzip wird die neue Mustervorlage also wie bisher verwendet: ausfüllen, speichern, drucken. Neu ist nur, dass die Daten einiger ausgewählter Zellen *zusätzlich* in einer speziellen Datei gespeichert werden.

Besonders attraktiv sind Mustervorlagen mit Datenbankanbindung in Netzwerken. Indem allen Anwendern dieselbe Vorlage zur Verfügung gestellt wird, kann erreicht werden, dass alle wesentlichen Daten von Formularen, die auf dieser Vorlage erstellt worden sind, automatisch in einer zentralen Datei eingetragen werden.

Die Auswertung der Datenbankdatei – egal, ob sie nun im Excel-, Access- oder irgendeinem anderen Format vorliegt – wird übrigens nicht durch den Vorlagenassistenten geregelt. Wenn Sie daraus monatliche Protokolle erstellen wollen, die Daten in eine Rechnungs- und Mahndatenbank überleiten möchten etc., müssen Sie selbst Hand anlegen und VBA-Makros schreiben. Eine Mustervorlage mit Datenbankanbindung ist insofern kein richtiges Datenbankprogramm, sondern bestenfalls der erste Schritt in diese Richtung.

Interna

Vielleicht interessiert es Sie, wie eine durch den Vorlagenassistenten erweiterte Mustervorlage intern funktioniert: Die Musterdatei wird durch zwei ausgeblendete Blätter ergänzt.

- Das Excel-4-Makro-Blatt »AutoOpen Stub Data« enthält das Makro *AutoOpen21*, das beim Laden der Datei automatisch ausgeführt wird. Dieses Makro lädt die Add-In-Datei OfficeVerzeichnis\Office\Makro\Vlassist.xla. Das Add-In enthält den eigentlichen VBA-Programmcode für die Verwaltung der Datenbankdatei. (Die

9.1 Grundlagen

Trennung zwischen Mustervorlage und Code in zwei eigene Dateien hat den Vorteil, dass die aus Mustervorlagen resultierenden Excel-Dateien nicht unnötig aufgebläht werden.)

Sie können sich den Excel-4-Makrocode ansehen, wenn Sie das Blatt vorher in der Entwicklungsumgebung sichtbar machen:

```
Sheets("AutoOpen Stub Data").Visible = True
```

- Das Tabellenblatt mit dem Namen »TemplateInformation« kann ebenfalls in der Entwicklungsumgebung sichtbar gemacht werden:

```
Sheets("TemplateInformation").Visible = True
```

Es enthält Informationen darüber, welche Zellen von welchem Blatt der Mustervorlage wo gespeichert werden sollen. Um einer gewollten oder ungewollten Manipulation durch den Anwender vorzubeugen, sind alle Zeilen und Spalten ausgeblendet. Wenn Sie sich die Informationen ansehen möchten, markieren Sie alle Zellen mit **Strg+A** und führen anschließend FORMAT|ZEILE|EINBLENDEN und FORMAT|SPALTE|EINBLENDEN aus.

> **VORSICHT** Der Programmcode in `Vlassist.xla` basiert auf den Informationen in den beiden beschriebenen Blättern und reagiert auf Veränderungen allergisch. Die Zelle A1 des *TemplateInformation*-Blatts enthält nicht ohne Grund den Text *AutoTemplateWizardDONTMESSWITHIT*.

Leider ist der Sourcecode der Add-In-Datei Vlassist.xla durch ein Kennwort geschützt und kann daher nicht angezeigt werden. Es ist aber unschwer zu erraten, dass in dieser Datei eine *OnSave*-Ereignisprozedur für die Mustervorlage eingerichtet wird, sodass bei jedem Speichern einer auf der Vorlage basierenden Datei automatisch eine Prozedur von Vlassist.xla ausgeführt wird.

Datenbankanbindung löschen

Mit DATEN|VORLAGENASSISTENT können Sie zwar eine Datenbankanbindung zu einer Mustervorlage herstellen, es besteht aber keine Möglichkeit, diese Verbindung wieder zu entfernen. In Schwierigkeiten kommen Sie auch, wenn Sie nachträglich den Typ der Datenbankanbindung ändern möchten (z. B. Access- statt Excel-Dateien). Die einzige Lösung scheint darin zu bestehen, das betreffende Tabellenblatt in eine neue Excel-Datei zu kopieren und dann diese als neue Vorlage zu speichern.

Mit Excel mitgelieferte Mustervorlagen

Mit Excel werden einige Mustervorlagen mitgeliefert, die beispielsweise zur Reisekostenabrechnung verwendet werden können. Diese Mustervorlagen stellen leider keine grandiosen Beispiele für Bedienungsfreundlichkeit dar. Es sei auch dahingestellt, ob es Sinn macht, für jede Reisekostenabrechnung eine Datei mit über 350 kByte zu speichern (die entsteht nämlich, sobald Sie ein Formular ausfüllen und speichern).

9.2 Beispiel – Das »Speedy«-Rechnungsformular

Die Firma »Speedy« stellt den Ausgangspunkt für das erste Beispiel dieses Kapitels dar. Diese Firma hat sich auf den Versandhandel spezialisiert und hierfür klare Geschäftsbedingungen fixiert:

- Rabatt: Bestellungen ab 10 Stück je Artikel werden mit einem Rabatt von 3 Prozent belohnt; ab 20 Stück erhöht sich der Rabatt sogar auf 5 Prozent.
- Bearbeitungspauschale: Eine Bearbeitungspauschale von 3 € wird nur bei einem Bestellwert von unter 50 € (netto) verrechnet.
- Versandkosten: Bis zu einem Bestellwert von 50 € werden Versandkosten in der Höhe von 3 € verrechnet, sonst 5 €. Bei Lieferungen ins EU-Ausland erhöhen sich die Versandkosten um weitere 5 €.
- Mehrwertsteuer: Exporte außerhalb der EU unterscheiden sich noch in einem zweiten Punkt von Bestellungen innerhalb der EU: Es wird keine Mehrwertsteuer bzw. Umsatzsteuer verrechnet. (Das Exportkontrollkästchen muss auch dann ausgewählt werden, wenn ein Export innerhalb der EU durchgeführt wird und die UID-Nummer des Kunden bekannt ist. Auch in diesem Fall darf keine Mehrwertsteuer verrechnet werden.)

Bild 9.5 zeigt die wesentlichen Teile der Vorlage für das Rechnungsformular der Firma (Datei 09\Speedy.xlt). Die grau unterlegten Bereiche werden am Bildschirm gelb angezeigt und kennzeichnen den Eingabebereich für den Anwender. Dieser muss Name und Adresse des Käufers sowie die bestellten Artikel mit Preis und Stückzahl eingeben. Falls es sich um eine Bestellung aus dem Ausland handelt, muss außerdem das Kontrollkästchen »Export Ja/Nein« aktiviert werden.

> **HINWEIS** Damit Speedy.xlt als Mustervorlage verwendet werden kann, muss die Datei vorher in das Verzeichnis Benutzerverzeichnis\Anwendungsdaten\Microsoft\Vorlagen (Excel 2000) bzw. \Template (Excel 2002) kopiert werden! Speedy.xlt enthält Code, durch den jede Änderung ebenfalls an diesem Ort gespeichert wird (ganz egal, von wo die Datei geladen wird).

Durch vordefinierte Formeln werden in der Rabattspalte automatisch 3 oder 5 Prozent eingetragen. Aus Preis, Stückzahl und Rabatt wird der Endpreis berechnet. Von den einzelnen Posten wird anschließend die Summe gebildet. Je nach Bestellwert und Exportfeld werden zu dieser Summe unterschiedliche Bearbeitungsgebühren und Versandkosten addiert, so dass sich die Endsumme (netto) ergibt. Dazu wird schließlich die USt/MwSt von 16 Prozent addiert.

Die Formeln sind recht leicht zu verstehen:

Rabatt:
```
=WENN(F23<10;"";WENN(F23<20;0,03;0,05))
```

Endpreis:
```
=WENN(E23=0;"";WENN(F23=0;E23;WENN(G23="";E23*F23;E23*F23*(1-G23))))
```

Bearbeitungsgebühren:
```
=WENN(H38<100;5;0)
```

Versandkosten:
```
=WENN(H38<50;3;5)+WENN(C20=Falsch;0;5)
```

Umsatzsteuer:
```
=WENN(C20=Falsch;H41*0,16;0)
```

In den obigen Formeln haben die Zellbezüge folgende Bedeutung:

C20: Export J/N (die Zelle ist mit dem Kontrollkästchen verknüpft und enthält *WAHR* oder *FALSCH*)
E23: Einzelpreis.
F23: Stückzahl
G23: Rabatt
H38: Zwischensumme Endpreis
H41: Endsumme netto

Bedienungselemente

Das Formular ist mit einem Drehfeld ausgestattet, mit dem eingestellt werden kann, wie viele Rechnungsduplikate (0 bis 3) ausgedruckt werden sollen. Der Button FORMULAR LÖSCHEN löscht alle Eingabeelemente des Formulars und ermöglicht so die bequeme Eingabe der nächsten Rechnung.

Über den Button RECHNUNG AUSDRUCKEN UND SPEICHERN wird die Rechnung ausgedruckt und in einer Datei R_nnnnnn.xls gespeichert, wobei *nnn* durch eine durchlaufende Rechnungsnummer ersetzt wird. Im Gegensatz zu typischen Mustervorlagen, bei denen sich der Anwender selbst um das Speichern kümmern muss, wurde dieser Arbeitsschritt bei Speedy automatisiert. Der Vorteil besteht darin, dass die Rechnung möglichst platzsparend gespeichert werden kann.

Damit die Rechnungsdateien möglichst wenig Speicher beanspruchen, werden dorthin nur die Zahlenwerte aus Speedy.xls kopiert (aber keine Formeln, keine Steuerelemente, kein VBA-Code). Sämtliche Zellen sind gesperrt, die ganze Tabelle mit dem Kennwort »speedy« geschützt. Auf diese Weise soll nachträglichen Manipulationen in der Rechnung vorgebeugt werden.

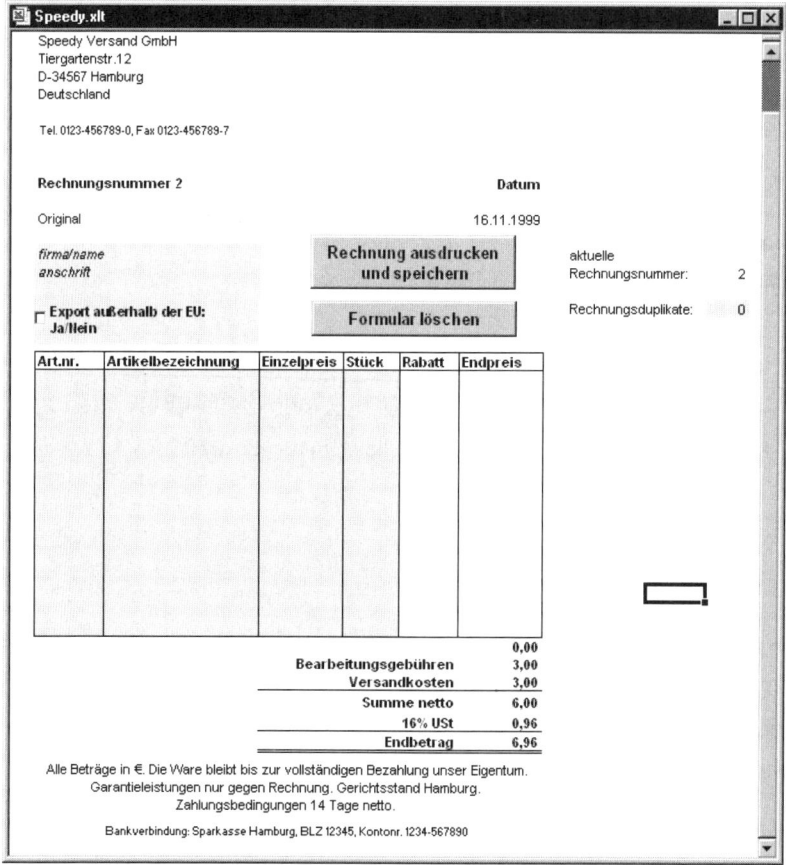

Bild 9.5: Die Vorlage für das Rechnungsformular der Firma »Speedy«

Besonderheiten bei der Formulargestaltung

Im Formular sind alle Zellen, in denen der Anwender Einnahmen vornehmen kann, gelb markiert (siehe Bild 9.5, grauer Hintergrund). Alle anderen Zellen sind gesperrt, die ganze Tabelle geschützt. Auf diese Weise werden Eingaben außerhalb der Eingabezellen ausgeschlossen.

Ausgedruckt wird nur der Bereich A1:I47. Die Zellen in den weiteren Spalten (Rechnungsnummer, Duplikatsanzahl) dienen nur zur internen Verwaltung. Bei den Steuerelementen innerhalb des Druckbereichs wurde die Eigenschaft *PrintObject* auf *False* gestellt. Zur Gestaltung des Rechnungskopfs wurde das Programm WordArt verwendet, das mit Word mitgeliefert wird. Kopf- und Fußzeile wurden bei der Gestaltung von Speedy.xlt auf »keine« gestellt.

9.2 Beispiel – Das »Speedy«-Rechnungsformular

Das Kontrollkästchen EXPORT ist mit der Zelle C20 verbunden, in der je nach Zustand des Kontrollkästchens *WAHR* oder *FALSCH* steht. Damit dieser Wahrheitswert nicht irritiert, wurde als Textfarbe »weiß« eingestellt. Der Inhalt von C20 ist daher unsichtbar.

In Speedy.xlt wurden vier Namen für einzelne Zellen bzw. für Zellbereiche definiert:

```
printrange:      A1:I47
nrOfCopies:      L19
original_copy:   B14
invoiceNr:       L17
```

Diese Namen werden in der Prozedur *btnPrintAndSave_Click* zum Verweis auf die genannten Zellen verwendet. Das hat nicht nur den Vorteil, dass das Programm übersichtlicher wird, sondern es wird auch flexibler gegenüber einer Veränderung der Tabellenstruktur: Wenn Sie beispielsweise im Formular eine Leerzeile einfügen, werden automatisch alle betroffenen Namen aktualisiert. Würde im Programm direkt auf einzelne Zellen zugegriffen (etwa mit *Range("L19")* bzw. mit der Kurzschreibweise *[L19]*), müssten diese Verweise anschließend manuell verändert werden.

Im Programmcode kommen übrigens auch solche direkten Verweise vor, und zwar immer dann, wenn die Prozeduren durch die Makroaufzeichnung erstellt wurden (etwa *Workbook_Open* oder *btnClear_Click*). Die Makroaufzeichnung ist nicht in der Lage, Bereichsnamen in den Code einzusetzen.

Der Programmcode

Beim Öffnen der Datei werden in *Workbook_Open* durch einen Aufruf von *btnClear_Click* alle Eingabezellen des Formulars gelöscht. Außerdem wird der Zellzeiger in die Zelle B16 gesetzt, wo sofort mit der Eingabe des Firmennamens begonnen werden kann. Die Prozedur *btnClear_Click* wird auch durch den Button FORMULAR LÖSCHEN aufgerufen.

```
' Speedy.xlt, Modul »DieseArbeitsmappe«
Private Sub Workbook_Open()
  Worksheets(1).Select
  Worksheets(1).btnClear_Click
  Range("B16").Select
End Sub

' Speedy.xlt, Modul »Tabelle1«
Public Sub btnClear_Click()
  Worksheets(1).CheckBox1 = False
  Range("B16").Select
  ActiveCell.FormulaR1C1 = "firma/name"
  Range("B17").Select
  ActiveCell.FormulaR1C1 = "anschrift"
  Range("B18").Select
```

```
      ActiveCell.FormulaR1C1 = ""
      Range("B23:F37").Select
      Selection.ClearContents
      Range("B16").Select
End Sub
```

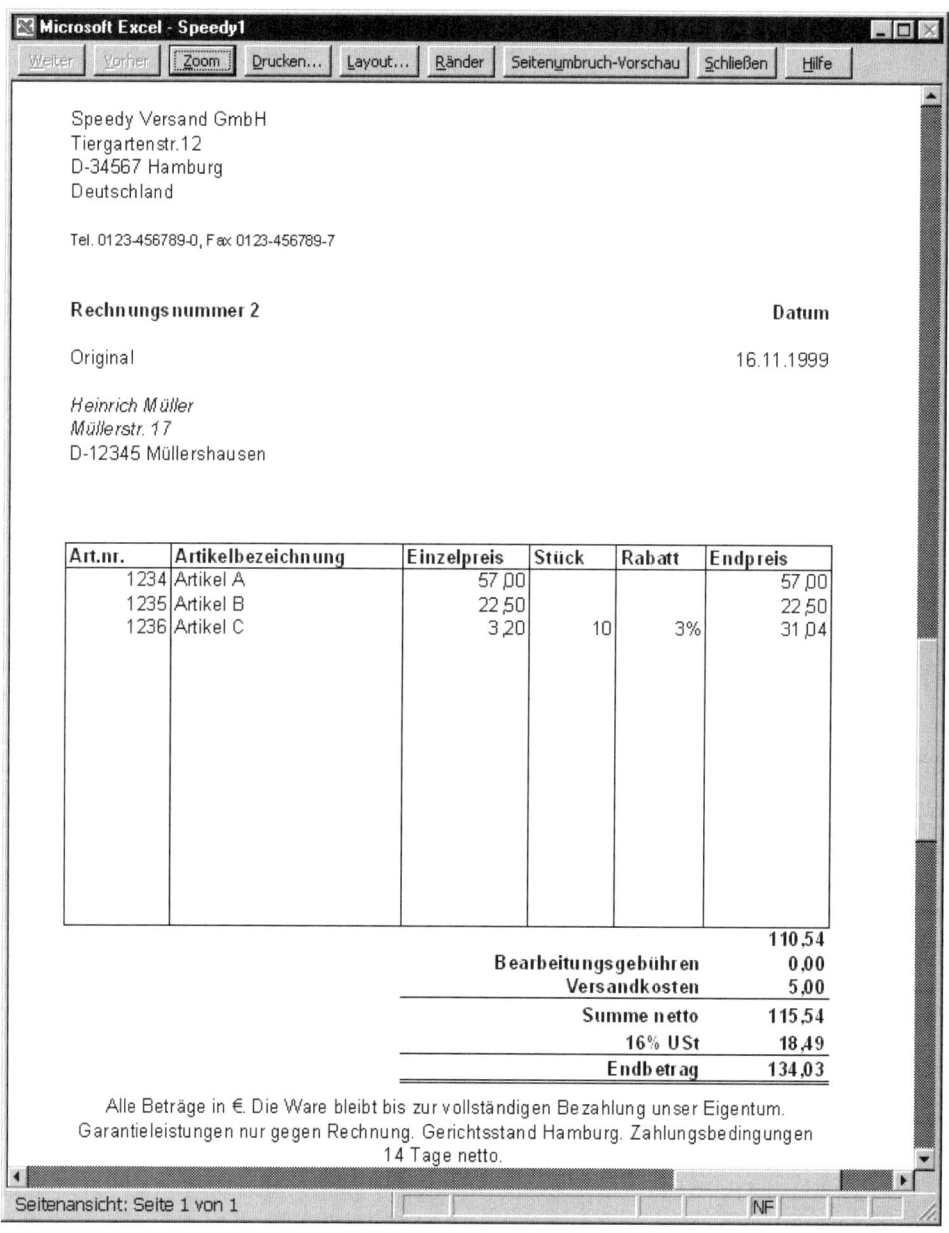

Bild 9.6: Seitenansicht einer »Speedy«-Rechnung

9.2 Beispiel – Das »Speedy«-Rechnungsformular

Beim Schließen von Speedy.xlt werden automatisch alle Veränderungen gespeichert. Das betrifft insbesondere die Rechnungsnummer, die sich ja mit jedem Ausdruck einer Rechnung um eins erhöht.

```
Private Sub Workbook_BeforeClose(Cancel As Boolean)
  'keine Rückfrage, ob Datei überschrieben werden darf
  Application.DisplayAlerts = False
  ThisWorkbook.SaveAs FileName:=Application.TemplatesPath + _
    "Speedy", FileFormat:=xlTemplate
  Application.DisplayAlerts = True
  ThisWorkbook.Close
End Sub
```

> **HINWEIS**
>
> Durch *SaveAs* wird die Datei im persönlichen Vorlagenverzeichnis gespeichert. Wenn die Vorlage für mehrere Anwender gelten soll, muss sie stattdessen im globalen Vorlagenverzeichnis gespeichert werden. Leider gibt es seit Excel 2000 keine Eigenschaft mehr, die auf dieses Verzeichnis verweist. Sie können sich mit dem folgenden Code behelfen, sollten sich aber bewusst sein, dass dieser Code länderspezifisch ist und in dieser Form nur für die deutsche Excel-Version gilt:
>
> ```
> Dim globalxlstart$
> globalxlstart = Replace(LCase(Application.LibraryPath), _
>   "makro", "xlstart")
> ThisWorkbook.SaveAs filename:=globalxlstart + "\Speedy", _
>   FileFormat:=xlTemplate
> ```

Nun aber zum wichtigsten Teil des Programmcodes, der Prozedur *btnPrintAndSave_Click*: Diese Prozedur druckt mit der Methode *PrintOut* zuerst das Rechnungsoriginal und anschließend die gewünschte Anzahl von Duplikaten aus. Original bzw. Duplikate sind mit dem Text »Original« bzw. »n. Duplikat« eindeutig gekennzeichnet.

Anschließend wird eine neue, leere Arbeitsmappe geöffnet und der Druckbereich über die Zwischenablage darin eingefügt (nur die Zahlenwerte und die dazugehörigen Formate). Die Arbeitsmappe wird unter dem Namen R_nnnnnn.xls im selben Verzeichnis wie Speedy.xls gespeichert und anschließend wieder geschlossen. Schließlich wird die aktuelle Rechnungsnummer um eins erhöht und Speedy.xlt gespeichert. Der Großteil des Codes ist leicht verständlich, weswegen hier nur einige Besonderheiten erwähnt werden.

Reaktion auf Fehler

Durch *On Error Resume Next* wird erreicht, dass die Prozedur auf jeden Fall bis zum Ende ausgeführt wird. Die wahrscheinlichste Fehlerursache besteht darin, dass der Anwender den Ausdruck der Rechnung abbricht. Wenn diese Unterbrechung beim Ausdruck des Originals erfolgt, wird die Prozedur umgehend verlassen; der Anwender kann die Rechnung verändern und den Ausdruck neu starten. Tritt der Fehler dagegen erst beim Ausdruck der Duplikate auf, dann nimmt die Prozedur an, dass die

Rechnung in Ordnung ist und nur eine geringere Anzahl von Duplikaten benötigt wird. In diesem Fall wird zwar der Ausdruck der Duplikate abgebrochen, die Prozedur aber ansonsten zu Ende geführt.

Anzeigen in der Statuszeile

Um dem Anwender ein Feedback zu geben, was gerade geschieht, wird in der Statuszeile zuerst »Rechnung drucken« und anschließend »Rechnung R_nnnnn speichern« angezeigt. Der Zustand der Statuszeile wird am Ende der Prozedur wiederhergestellt, d. h., wenn die Statuszeile vorher unsichtbar war, wird sie am Ende der Prozedur wieder deaktiviert.

Kopie der Rechnung in eine eigene Datei

Programmtechnisch am interessantesten ist der Abschnitt, in dem der Druckbereich von **Speedy.xlt** in eine neue, leere Arbeitsmappe kopiert wird. Nach der Kopie von Werten und Formaten durch den zweimaligen Aufruf der Methode *PasteSpecial* wird die Spaltenbreite der ersten neun Spalten korrekt eingestellt (diese Information wird beim Kopieren nicht übertragen).

Tabellenschutz

Am Beginn von *btnPrintAndSave_Click* wird der Tabellenschutz von **Speedy**.xlt mit der Methode *Unprotect* aufgehoben, damit die Zellen [original_copy] und [invoiceNr] im Programm verändert werden können. Dieser Schutz wird am Ende der Prozedur (ohne Kennwort) mit *Protect* wieder eingerichtet. In der Rechnungsdatei werden alle per Zwischenablage eingefügten Zellen zuerst gesperrt (Eigenschaft *Locked=True*), anschließend wird die ganze Tabelle mit dem Kennwort »speedy« geschützt.

```
Private Sub btnPrintAndSave_Click()
  Dim i%, result, filename$, statusbarMode
  Dim ws As Worksheet, newWb As Workbook, wsCopy As Worksheet
  On Error Resume Next
  statusbarMode = Application.DisplayStatusBar
  Application.DisplayStatusBar = True
  Application.StatusBar = "drucke Rechnung ..."
  Set ws = Worksheets(1)
  ws.Unprotect
  ' Orginal ausdrucken
  ws.[original_copy] = "Original"
  ws.[printrange].PrintOut Preview:=True
  If Err = 0 Then
```

9.2 Beispiel – Das »Speedy«-Rechnungsformular

```
' n Duplikate ausdrucken
For i = 1 To ws.[nrOfCopies]
  ws.[original_copy] = i & ". Duplikat"
  Application.StatusBar = "drucke " & i & ". Duplikat ..."
  ws.[printrange].PrintOut
  If Err Then Exit For
Next i
' Tabellenblatt in eine neue Arbeitsmappe kopieren und speichern
filename = Application.DefaultFilePath & "\R_" & _
  Format(ws.[invoiceNr], "000000")
Application.StatusBar = "speichere Rechnung " & filename & "..."
Application.ScreenUpdating = False
ws.[original_copy] = "Original"
ws.[printrange].Copy
Set newWb = Workbooks.Add
Set wsCopy = newWb.Worksheets(1)
' nur Werte und Formate kopieren (aber keine Steuerelemente, nicht
' den SPEEDY-Schriftzug)
wsCopy.[A1].PasteSpecial xlValues
wsCopy.[A1].PasteSpecial xlFormats
' Spaltenbreite korrekt einstellen
For i = 1 To 8
  wsCopy.Cells(1, i).ColumnWidth = ws.Cells(1, i).ColumnWidth
Next i
newWb.Windows(1).DisplayGridlines = False
' gesamte Tabelle schützen, Kennwort »speedy«
wsCopy.[A1:H50].Locked = True
wsCopy.Protect "speedy"
' Speichern unter "R_nnnnnn", wobei n die invoiceNr ist
newWb.SaveAs filename
newWb.Close
If Err = 0 Then
  MsgBox "Die Rechnung wurde unter dem Dateinamen " & _
      filename & " gespeichert."
  ' invoiceNr erhöhen, Zelle Orginal/Duplikat löschen
  ws.[invoiceNr] = ws.[invoiceNr] + 1
  btnClear_Click
  'keine Rückfrage, ob Datei überschrieben werden darf
  Application.DisplayAlerts = False
  ThisWorkbook.SaveAs _
     filename:=Application.TemplatesPath + "Speedy", _
     FileFormat:=xlTemplate
  Application.DisplayAlerts = True
End If
Application.ScreenUpdating = True
```

```
  End If
  If Err <> 0 Then
    MsgBox "Es ist ein Fehler aufgetreten"
  End If
  ws.Protect
  Application.StatusBar = False
  Application.DisplayStatusBar = statusbarMode
End Sub
```

Verbesserungsvorschläge

Speedy.xlt hat mehrere Nachteile: Erstens verhindert die recht simple Verwaltung der Rechnungsnummer direkt in der Mustervorlage die Verwendung der Vorlage im Netz. (Es könnte passieren, dass zwei Anwender eine Rechnung mit derselben Rechnungsnummer ausdrucken.) Zweitens sind die Rechnungsdateien R_nnnnn.xls mit rund 20 kByte unnötig groß (in Anbetracht der Menge der darin gespeicherten Daten), und drittens sind Korrekturen in einer bereits ausgedruckten Rechnung so gut wie unmöglich.

Zur ersten Einschränkung gibt es eine einfache Lösung: Die Rechnungsnummer müsste an einer zentralen Stelle in einer eigenen Datei gespeichert werden. Von dort wird die Nummer erst unmittelbar vor dem Drucken gelesen und sofort um eins vergrößert. Die Gefahr eines gleichzeitigen Zugriffs zweier Excel-Anwendungen auf die gemeinsame Rechnungsnummerndatei ist damit zwar noch immer gegeben, aber schon recht unwahrscheinlich. Ganz professionell lässt sich das Problem nur lösen, wenn die Verwaltung der Rechnungsnummern durch ein zentrales Programm erfolgt (am besten durch eine Datenbankanwendung, die auch andere Rechnungsdaten speichert).

Der zweite Nachteil könnte so umgangen werden, dass in den Rechnungsdateien nicht einfach eine Kopie des gesamten Druckbereichs gespeichert wird, sondern nur eine Kopie der (am Bildschirm gelben) Eingabezellen und der Ergebniszellen im unteren Tabellenbereich. Es wäre auch zu überlegen, ob mehrere Rechnungen in einer Datei gespeichert werden könnten (z. B. in Form einer Art Tagesübersicht, in der alle Rechnungen eines Tages samt Tagessumme gespeichert werden).

Etwas komplizierter ist die Lösung des dritten Problems: Es müsste eine Prozedur erstellt werden, mit der die Daten einer bereits gespeicherten Rechnung wieder eingelesen, verändert und ausgedruckt werden können. Hier tritt natürlich auch ein Sicherheitsproblem auf: Soll es generell möglich sein, zwei Rechnungen mit derselben Rechnungsnummer auszudrucken? Oder muss die fehlerhafte Rechnung storniert und die korrigierte Rechnung als neue Rechnung ausgedruckt werden?

Alle Verbesserungsvorschläge weisen in die Richtung einer Datenbankanwendung. Zum Thema Datenbanken werden Sie im nächsten Kapitel noch umfangreiche Informationen erhalten – nicht zuletzt jene, dass Excel eigentlich kein Datenbankprogramm ist und nicht leichtfertig zur Datenbankprogrammierung eingesetzt werden sollte.

9.3 Beispiel – Abrechnungsformular für einen Car-Sharing-Verein

Das zweite Formular (Beispieldatei Share.xlt) erleichtert die Abrechnung eines Car-Sharing-Vereins. (Neudeutsch heißt diese Variante der gemeinsamen Nutzung eines PKWs »autoteilen«.) In diesem Verein können die Mitglieder ein Auto ausleihen. Neben der Kaution und dem monatlichen Mitgliedsbeitrag fallen für die Verwendung eines Autos (hier für einen Kombi) folgende Kosten an:

Stundentarif I (8-20 Uhr)	1,30 €
Stundentarif II (20-2, 6-8 Uhr)	0,70 €
Stundentarif III (2-6 Uhr)	0,00 €
Tagestarif (24 h)	20,00 €
Wochenendgutschrift	7,00 €
Kilometertarif	0,20 €

Bei den Stundentarifen zählt jede angebrochene Stunde. Der Tagestarif gilt für 24 Stunden, der Zeitpunkt des Beginns der Nutzungsdauer kann beliebig gewählt werden. Wenn das Auto über ein Wochenende ausgeliehen wird, vermindern sich die Benutzungsgebühren um die Wochenendgutschrift. Der Kilometertarif versteht sich inklusive der Treibstoffkosten. Falls unterwegs getankt wird, werden die ausgelegten Treibstoffkosten rückerstattet. Die oben angeführten Gebühren sollten für den Verein eine Kostendeckung ermöglichen, also die Anschaffungs- und Wartungskosten, Vollkaskoversicherung und Steuern decken.

Auch wenn die Tarife auf den ersten Blick relativ hoch erscheinen, stellt das Car-Sharing-Modell für Personen, die nur verhältnismäßig selten ein Auto benötigen, eine günstigere Variante als der Kauf eines eigenen Autos dar. Zudem ist zu berücksichtigen, dass Sie keinen Abstellplatz bzw. keine Garage benötigen, sich nicht um Wartung oder Reparaturen kümmern müssen etc.

Nach diesem kurzen Werbeblock für das Car-Sharing-Modell zurück zu Excel: Die Beispieldatei Share.xlt enthält die in Bild 9.7 dargestellte Formularvorlage. Damit die Datei als Mustervorlage verwendet werden kann, muss sie vorher in das Vorlagenverzeichnis des Office-Pakets kopiert werden. Zum Öffnen der Datei muss DATEI | NEU verwendet werden (nicht DATEI | ÖFFNEN).

Zur Fahrtabrechnung müssen nur verhältnismäßig wenige Eingaben durchgeführt werden: Name des Mitglieds, Autotyp (im Listenfeld), Start- und Endzeit für den Stundentarif und/oder Start- und Enddatum für den Tagestarif, die Anzahl der gefahrenen Kilometer und schließlich eventuell ausgelegte Treibstoffkosten.

Aus diesen eher spärlichen Angaben ermittelt Excel, wie viele Stunden zu welchem der drei Stundentarife angefallen sind und ob zwischen Start- und Enddatum für den Tagestarif ein Wochenende liegt. Die daraus resultierenden Tarife werden summiert. Für Firmen, die am Car-Sharing-Modell teilnehmen, wird der USt-Anteil der Endsumme angeführt. (Alle Tarife verstehen sich inklusive Mehrwertsteuer.)

Der Button RECHNUNG AUSDRUCKEN startet den Ausdruck des Formulars. Das dadurch aktivierte Makro kopiert das Tagesdatum und fügt es als Wert wieder ein, sodass die Rechnung anschließend mit dem fixierten Datum gespeichert werden kann. Dann wird die ganze Tabelle in ein neues Arbeitsblatt kopiert. In diesem Arbeitsblatt werden die gelben Hintergrundschattierungen (graue Bereiche in Bild 9.7) entfernt. Danach wird das Blatt ausgedruckt und schließlich wieder gelöscht. Der resultierende Ausdruck sieht wie der Beispielausdruck in Bild 9.8 aus.

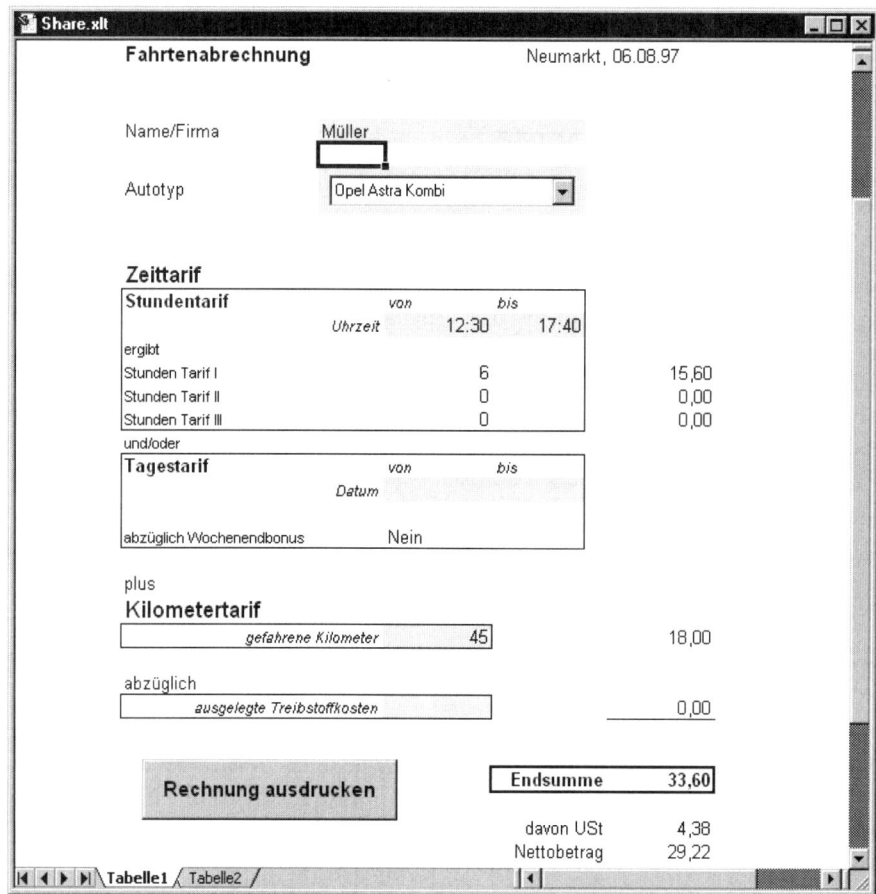

Bild 9.7: Formular zur Fahrtenabrechnung im Car-Sharing-Verein

Im Gegensatz zum Rechnungsformular aus Abschnitt 9.2, wo auch zum Speichern der Rechnungen ein Makro vorgesehen war, muss sich der Anwender bei Share.xlt selbst um das Speichern kümmern. Das Ausmaß der Automatisierung ist bei diesem Beispiel also geringer als beim vorangegangenen Beispiel.

Der Aufbau der Tabelle

Die beiden Eingabezellen für den Stundentarif befinden sich in D19 und E19. Die Zellen D21 bis D23 enthalten die benutzerdefinierten Funktionen *Rate_I_Hours* bis *Rate_-III_Hours* (Beschreibung des Codes folgt unten). In G21 bis G23 werden die Stundenzahlen mit den dafür vorgesehenen Tarifen aus der Tariftabelle (C45 bis C50) multipliziert.

Die beiden Eingabezellen für den Tagestarif befinden sich in D26 und E26. In G26 wird die Differenz der Tage mit dem Tagestarif multipliziert. Falls E26 leer ist, wird ein Tag berechnet.

=WENN(D26=0;"";WENN(E26=0;C48;(E26-D26)*C48))

In D28 wird mit der Funktion *TestIfWeekend* überprüft, ob zwischen Start- und Enddatum ein Wochenende liegt. Wenn das der Fall ist, wird in D28 der Text "OK", andernfalls "---" angezeigt. Die Formeln in G28 wertet D28 aus und zeigt gegebenenfalls den negativen Wert des Wochenendbonus (C49) an.

=WENN(D28="OK";-C49;"")

Der Button RECHNUNG AUSDRUCKEN wurde über die Dialog-Symbolleiste in die Tabelle eingefügt, beschriftet und dem Makro *btnPrint* zugewiesen.

Über das Listenfeld »Autotyp« kann einer der drei PKWs des Vereinsfuhrparks ausgewählt werden. Die drei Autos samt der dazugehörigen Tarife sind in einer zweiten Tabelle gespeichert (je kleiner und billiger das Auto, desto niedriger sind auch die Tarife). Das Ergebnis des Listenfelds (ein Wert zwischen 0 und 2) ist mit der Zelle G14 verknüpft. In der Zelle D14 direkt unterhalb des Listenfelds wird der Autotyp über die Indexfunktion *=INDEX(Tabelle2!A2:A4;G14+1)* angezeigt. Der Text ist normalerweise unsichtbar und wird erst beim Ausdruck sichtbar (weil das Listenfeld nicht mit ausgedruckt wird).

Im Tarifbereich C45:C50 stehen Formeln wie *=INDEX(Tabelle2!$B$2:$B$4; $G$14+1)*. Damit wird in Abhängigkeit des ausgewählten Autotyps (G14) auf die Tarifdaten in Tabelle 2 zugegriffen.

Die Tarifberechnung

Der Funktion *TestIfWeekend* werden als Funktionsargumente die Zellen D24 und E24 übergeben, die das Ausleih- und Rückgabedatum enthalten. Der Code für die Funktion beginnt mit der Deklaration der Funktion und ihren beiden Parametern *startDate* und *endDate*. In der Funktion wird das Ergebnis mit "Nein" vordefiniert. In drei *If*-Abfragen wird überprüft, ob überhaupt in beiden Parametern Werte stehen und ob das Auto mindestens zwei Tage ausgeliehen wurde (als Bedingung für den Wochenendbonus). Wenn eine dieser Bedingungen falsch ist, wird die Funktion sofort beendet; in der Zelle D26 wird dann das Ergebnis "---" angezeigt.

Das Schlüsselwort *For* leitet eine Schleife ein, in der die Variable *varDate* alle Tage vom Start- bis zum Vortag des Enddatums durchläuft. Zum Verständnis dieser Schleife ist das Wissen über die Excel-interne Darstellung von Datum und Uhrzeit erforderlich: Die Zahl 0 entspricht dem 1.1.1900 00:00, 34335,75 entspricht dem 1.1.1994 18:00 etc.

In der Schleife wird getestet, ob der Tag in *vardate* ein Samstag ist (*WeekDay(var-Date)=7*). Wenn das der Fall ist, reicht die Datumsspanne sicherlich über das Wochenende, weil die Schleife ja nur bis zum Vortag des Enddatums reicht. Das Ergebnis der Funktion wird daher mit "OK" festgelegt, die Funktion wird verlassen. Wenn die Schleife ergebnislos durchlaufen wird (weil das Auto unter der Woche ausgeliehen wurde), enthält *TestIfWeekend* am Ende der Funktion noch immer die Voreinstellung "---".

```
' Datei Share.xlt, Modul1
Function TestIfWeekend(startDate As Variant, endDate As Variant) _
As String
  Dim varDate As Date
  TestIfWeekend = "---"                    'Defaultergebnis
  If startDate = 0 Then Exit Function      'wenn Startdatum fehlt
  If endDate = 0 Then Exit Function        'wenn Enddatum fehlt
  If endDate - startDate < 2 Then Exit Function  'wenn nur 1 Tag
  ' testen, ob im Datumsintervall ein Wochenende liegt
  For varDate = startDate To endDate - 1
    If WeekDay(varDate) = 7 Then
      TestIfWeekend = "OK": Exit Function
    End If
  Next varDate
End Function
```

Die drei Funktionen *Rate_I_Hours* bis *Rate_III_Hours* sind analog zueinander aufgebaut, weswegen hier die Beschreibung einer Funktion ausreicht. Die Funktion beginnt mit einem Test, ob die beiden Parameter gültige Werte enthalten. Beachten Sie auch die Anwendung von *IsEmpty*, mit der eine leere Zelle von einer Zelle mit 0 unterschieden werden kann. Damit ist auch die Eingabe von 0:00 als Uhrzeit zulässig.

Als Nächstes werden die beiden Variablen *time1* und *time2* mit den Werten aus den Parametern *startTime* und *endTime* belegt. Dabei wird der Fall berücksichtigt, dass das Auto über Mitternacht ausgeliehen wurde (beispielsweise von 20:00 bis 1:30).

```
Function Rate_I_Hours(startTime As Variant, endTime As Variant) _
As Integer
  Dim varTime As Date, time1 As Date, time2 As Date
  Dim nrOfHours As Integer
  If IsEmpty(startTime) Or IsEmpty(endTime) Then Exit Function
  time1 = startTime
  If endTime < startTime Then       'Auto wurde über Mitternacht
                                    'ausgeliehen
    time2 = 1 + endTime
  Else
```

```
      time2 = endTime
   End If
   For varTime = time1 To time2 - 1 / 1441 Step 1 / 24
     'vom Excel-Format in ganze Stunden umrechnen
     nrOfHours = Int(varTime * 24) Mod 24
     If nrOfHours >= 8 And nrOfHours < 20 Then
       Rate_I_Hours = Rate_I_Hours + 1
     End If
   Next varTime
End Function
```

Die nun folgende Schleife läuft im Stundentakt (eine Stunde entspricht im Excel-Zeitformat 1/24) von der Startzeit bis zum Zeitpunkt knapp 1 Minute vor der Endzeit. (1 Minute entspricht 1/1440; hier wurde 1/1441 verwendet, um eventuelle Rundungsfehler auszuschließen.) In der Variablen *varTime* wird die aktuelle Stundenzahl (beispielsweise 6 für die Zeit 6:30) berechnet. Dazu wird die Zeit mit 24 multipliziert (da in Excel 24 Stunden dem Wert 1 entsprechen), abgerundet und mit dem Modulo-Operator auf den Wertebereich von 0 bis 23 eingeschränkt. (Das ist für den Zeitrahmen über Mitternacht notwendig, weil in diesem Fall auch Stundenwerte größer als 24 entstehen können.)

Schließlich wird getestet, ob die aktuelle Stundenzahl sich im Zeitrahmen von Tarif 1 befindet. Wenn das der Fall ist, wird der Ergebniswert *Rate_I_Hours* um 1 erhöht. Relevant für den Tarif ist immer der Beginn einer Stunde. Die Funktionen *Rate_II_Hours* und *Rate_III_Hours* unterscheiden sich von der gerade behandelten Funktion nur in den Abfragebedingungen für den Zeitrahmen der Tarife.

Verbesserungsideen für die Tarifberechnung

Beim gewählten Berechnungsmodell stört die Trennung zwischen Stunden- und Tagestarif. Wenn das Auto für eineinhalb Tage ausgeliehen wird, ist eine Kombination beider Tarife notwendig. Die erforderliche Eingabe der Daten ist fehleranfällig. Eleganter wäre es, wenn einfach Datum und Zeit für den Ausleihzeitpunkt und die Rückgabe eingegeben werden könnten. Die zugehörigen Funktionen müssten dann selbstständig eine optimale (kostenminimale) Kombination von Tages- und Stundentarif ermitteln. Dass das mit einigem Programmieraufwand verbunden ist, liegt auf der Hand.

Ein weiteres Manko des Berechnungsmodells ist die fehlende Berücksichtigung von Feiertagen (sofern hierfür in den Statuten des Vereins Sonderregelungen in der Art des Wochenendbonus existieren).

Der Ausdruck der Tabelle

Als letztes Makro bleibt noch *btnPrint_Click* zu beschreiben. Das Makro druckt das Car-Sharing-Formular aus, ersetzt dabei das aktuelle Datum durch einen fixen Wert und entfernt die gelbe Hintergrundmarkierung der Eingabebereiche. Dazu wird die ganze Tabelle in ein neues Tabellenblatt kopiert. Dieses Tabellenblatt wird am Ende des Makros wieder entfernt.

Der prinzipielle Code wurde zuerst mit EXTRAS | MAKRO AUFZEICHNEN erstellt. Anschließend wurden verschiedene Änderungen durchgeführt, zudem wurde der Code kommentiert. Der eigentliche Ausdruck erfolgt mit *PrintOut*, wobei mit *Preview:=True* erreicht wird, dass nur eine Seitenvorschau durchgeführt wird.

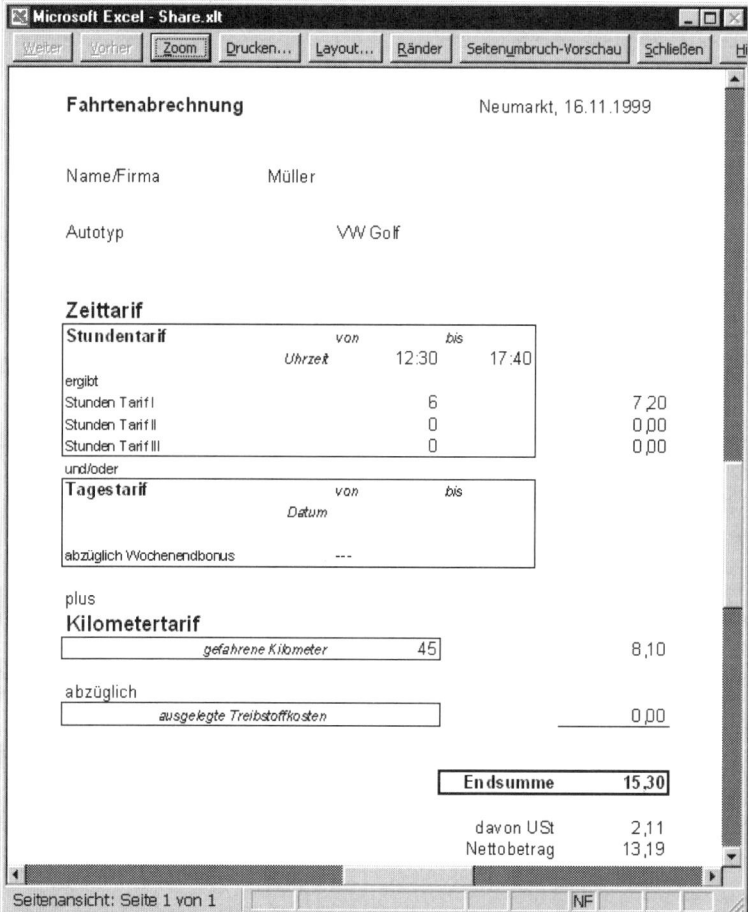

Bild 9.8: Beispielausdruck einer Abrechnung des Car-Sharing-Vereins

Die Anweisungen am Anfang und Ende der Prozedur (*ScreenUpdating=...*) beschleunigen den Ablauf des Makros deutlich. Sie verhindern das ständige Neuzeichnen des Bildschirms während des Ablaufs des Makros. *On Error Resume Next* bewirkt, dass das Makro auch beim Auftreten eines Fehlers (beispielsweise wenn der Anwender den Ausdruck durch ABBRECHEN stoppt) bis zum Ende abgearbeitet wird.

In der vorletzten Zeile des Makros wird das aktuelle Tabellenblatt (das ja erst einige Zeilen weiter oben erzeugt wurde) wieder gelöscht. Um die Sicherheitsabfrage, ob das Blatt wirklich gelöscht werden soll, zu vermeiden, wird die Eigenschaft *DisplayAlerts* vorsorglich auf *False* gesetzt.

```
' Abrechnungsformular ausdrucken
Sub btnPrint_Click()
  Application.ScreenUpdating = False
  ' Datum kopieren und als Wert einfügen
  Range("G9").Select
  Selection.Copy
  Selection.PasteSpecial Paste:=xlValues
  Application.CutCopyMode = False
  ' ganzes Tabellenblatt kopieren
  Sheets("Tabelle1").Select
  Sheets("Tabelle1").Copy ActiveWorkbook.Sheets(1)
  With Sheets(1)
     ' im neuen Arbeitsblatt gelbe Hintergrundmarkierung löschen
     .Cells.Interior.ColorIndex = xlNone
     ' ausdrucken
     .PrintOut preview:=True
  End With
  ' neues Tabellenblatt wieder löschen
  Application.DisplayAlerts = False
  ActiveWindow.ActiveSheet.Delete
  Application.DisplayAlerts = True
  Application.ScreenUpdating = True
End Sub
```

9.4 Grenzen »intelligenter« Formulare

Vereinfachung der Bedienung

Der Umgang mit den beiden Beispielformularen ist zwar schon verhältnismäßig einfach, Verbesserungen wären aber dennoch möglich: Etwa durch eine eigene Menüleiste, die auf jene Kommandos reduziert ist, die für die Bedienung des Formulars sinnvoll sind.

Die Formulare sind so gut wie gar nicht gegen falsche Eingaben abgesichert. Wenn Eingaben im falschen Format erfolgen (beispielsweise Zahlen statt Datum oder Uhrzeit, Texte statt Zahlen), liefern die Rechenmodelle unverständliche Fehlermeldungen oder sogar vollkommen falsche Ergebnisse.

Eine Absicherung gegen Fehler bei direkten Eingaben in Tabellen (und nicht in Dialogen) ist verhältnismäßig schwierig. Generell bestehen zwei Möglichkeiten: Entweder Sie lassen kritische Eingaben über Dialoge durchführen, wo eine unmittelbare Kontrolle möglich ist (und der Dialog nur dann beendet werden kann, wenn alle Eingaben sinnvoll sind), oder Sie erweitern den Code des DRUCKEN- oder SPEICHERN-Buttons mit einigen Programmzeilen, die alle Eingabezellen des Formulars auf die Sinnhaftigkeit der darin enthaltenen Daten überprüfen.

Overhead beim Speichern

Das Car-Sharing-Formular beansprucht rund 50 kByte Speicherplatz. Die wirklich relevanten Daten lassen sich auf zehn Zellen reduzieren (Name, Datum, Autotyp, Start- und Endzeit, Start- und Enddatum, Kilometeranzahl, Treibstoffkosten, Endsumme). Alle anderen Daten sind redundant, d. h. es wäre ausreichend, diese Daten nur einmal (und nicht in jedem Formular) zu speichern! Zur Lösung dieses Overhead-Problems bieten sich mehrere Lösungswege an:

- Eine Variante besteht darin, die Mustervorlage und den Code in zwei Dateien zu trennen. Die Mustervorlage benötigt dazu lediglich eine *Workbook_Open*-Prozedur, durch die die Codedatei geladen und durch *OnEvent*-Prozeduren mit der Mustervorlage verbunden wird. Der Nachteil: Es ist nicht zu vermeiden, dass die Datendatei ohne die Codedatei auf einen anderen Rechner weitergegeben wird. Aus der Eleganz von »intelligenten« Formularen werden dann plötzlich unverständliche Fehlermeldungen.

- Eine zweite Variante wurde in der Speedy-Beispielvorlage vorgestellt: Dort sorgt ein eigenes Speichern-Makro dafür, dass wenigstens nur das Tabellenblatt (und nicht auch der VBA-Code) gespeichert wird. Der Nachteil dieser Vorgehensweise: Wenn eine Datei, die auf der Basis einer Mustervorlage erstellt wurde, nachträglich geändert werden soll, stehen die Eingabeerleichterungen der Mustervorlage nicht mehr zur Verfügung.

- Die dritte Variante besteht darin, dass überhaupt nur jene Daten gespeichert werden, die wirklich relevant sind. Im Prinzip ist die Idee ähnlich wie bei Mustervorlagen mit Datenbankanbindung durch den Vorlagenassistenten; der Unterschied besteht darin, dass das Formular als eigene Datei nicht mehr gespeichert werden muss. Dafür muss es jetzt Kommandos geben, um früher gespeicherte Daten aus der Datenbank wieder in die Formularvorlage einzulesen und nochmals zu bearbeiten. Der Nachteil dieser Lösung: Aus der Mustervorlage wird plötzlich eine vollwertige Datenbankanwendung mit dem damit verbundenen Programmieraufwand.

Gefahr von Insellösungen

Ein Formular zum bequemen Schreiben von Rechnungen ist zwar recht praktisch, für die Praxis des Büro- oder Betriebsalltags aber unzureichend. Normalerweise müssen die Rechnungen von einer anderen Abteilung verbucht werden, die auch auf den Zahlungseingang achtet und gegebenenfalls Mahnungen verschickt; bei Bestellungen

9.4 Grenzen »intelligenter« Formulare

muss eine Koordinierung mit der Lagerverwaltung erfolgen etc. Es ist daher eine klare Schnittstelle zu anderen Abteilungen notwendig.

Für solche komplexen und vernetzten Anwendungen ist es zumindest erforderlich, dass die einmal eingegebenen Daten mühelos weiterverwendet werden können. Für viele Anwendungen muss diese Weiterverarbeitung sogar vollautomatisch erfolgen.

Bei Problemstellungen dieser Art ist Excel überfordert. Excel stellt zwar recht weitreichende Datenbankkommandos zur Verfügung, für vollwertige Datenbankanwendungen ist ein richtiges Datenbankprogramm aber immer noch besser geeignet.

> **Verweis**
> Zum Thema Datenbanken finden Sie in den Kapiteln 11 bis 13 losgelöst vom Thema Formularvorlagen eine Menge Informationen. Die Car-Sharing-Mustervorlage wird in Abschnitt 11.6 zu einer Datenbankanwendung ausgebaut.

10 Diagramme und Zeichnungsobjekte (Shapes)

Diagramme stehen im Zentrum vieler Excel-Anwendungen. Dieses Kapitel gibt einen knappen Überblick darüber, welche Diagramme Excel unterstützt, und zeigt anschließend, wie Sie Diagramme programmgesteuert erstellen und ausdrucken können. Ein längeres Beispiel zum Thema Datenprotokollierung demonstriert diverse Programmiertechniken.

Ein weiteres Thema dieses Kapitels sind die seit Excel 97 verfügbaren Zeichnungsobjekte (*Shapes*), mit denen sowohl Diagramme als auch ganz normale Tabellenblätter dekoriert werden können.

Kapitelübersicht

10.1	Umgang mit Diagrammen	502
10.2	Programmierung von Diagrammen	509
10.3	Beispiel – Automatische Datenprotokollierung	517
10.4	Syntaxzusammenfassung Diagramme	531
10.5	Zeichnungsobjekte (Shapes)	532
10.6	Organigramme und andere Diagramme	536

10.1 Umgang mit Diagrammen

Seien Sie unbesorgt – Sie werden an dieser Stelle nicht eine weitere Einführung in den Umgang mit Diagrammen erhalten. Das Thema ist in zahlreichen Excel-Büchern bereits erschöpfend behandelt worden (im wahrsten Sinne des Wortes). Das Ziel dieses Abschnitts besteht vielmehr darin, systematisch und ohne viel Rücksicht auf Bedienungsdetails die Gestaltungsmöglichkeiten von Diagrammen zu beschreiben, die Elemente von Diagrammen zu benennen und deren Funktion zu erklären. Diese Informationen stellen ein elementares Vorwissen für die Programmierung von Diagrammen dar, bei denen es von diversen *ChartXxx*-Objekten nur so wimmelt.

10.1.1 Grundlagen

Diagrammblätter versus eingelagerte Diagramme in Tabellenblättern

In Excel können Sie Diagramme entweder in Tabellen einbetten oder in eigenen Diagrammblättern darstellen. Die erste Variante hat den Vorteil, dass das Diagramm zusammen mit den dazugehörigen Daten ausgedruckt werden kann. Dabei sind auch sehr kleine Diagramme möglich, die nur einen Bruchteil der Seite füllen.

Der Diagrammassistent

Der Weg zu einem neuen Diagramm führt in der Regel über den Diagrammassistenten. Dieser Assistent wird automatisch aufgerufen, sobald Sie ein neues Diagramm erzeugen (mit EINFÜGEN | DIAGRAMM) oder das Symbol DIAGRAMMASSISTENT anklicken. Im ersten Schritt des Diagrammassistenten geben Sie den gewünschten Diagrammtyp, im zweiten Schritt den Datenbereich an. Dabei darf es sich ohne weiteres um einen aus mehreren Teilbereichen zusammengesetzten Zellbereich handeln. In den weiteren Schritten können Sie Optionen zur Gestaltung des Diagramms bestimmen. Der Diagrammassistent kann auch für bereits vorhandene Diagramme aufgerufen werden, um Details der Formatierung zu verändern.

Weiterbearbeitung von Diagrammen

Diagramme, die mit dem Diagrammassistenten erstellt werden, entsprechen oft noch nicht Ihren Vorstellungen. Die eigentliche Arbeit des Feinlayouts findet daher erst nach dem Abschluss des Diagrammassistenten statt: dazu können Sie innerhalb des Diagrammbereichs beinahe alle Diagrammelemente mit der Maus anklicken: die Legende, die Achsen, einzelne Datenreihen (die in Form von Linienzügen, Balken etc. dargestellt werden), den Hintergrund des Diagramms etc. Zu jedem dieser Diagrammelemente existiert ein Kontextmenü, das zumeist reichhaltige Einstellmöglichkeiten eröffnet. In den wichtigsten Einstelldialogen zum jeweiligen Element können Sie noch bequemer durch einen Doppelklick gelangen.

Wenn Sie zum ersten Mal mit Diagrammen arbeiten, werden Sie oft das Problem haben, dass Sie nicht wissen, welches Element Sie anklicken müssen, um eine ganz bestimmte Veränderung zu bewirken. Hier gibt es nur zwei Alternativen: Entweder Sie quälen sich durch das Handbuch oder Sie probieren es einfach aus.

10.1.2 Diagrammtypen

Excel kennt über 70 Diagrammtypen (wobei sich aber viele Typen sehr ähneln). Eine vollständige Referenz finden Sie im Diagrammassistenten (wo die Diagramme nach Gruppen geordnet sind) oder in der VBA-Hilfe zum Schlüsselwort *ChartType*.

Verbunddiagramme

Verbunddiagramme sind Diagramme, in denen mehrere Diagrammtypen vereint sind (beispielsweise ein Linien- und ein Säulendiagramm). Verbunddiagramme können Sie entweder mit Hilfe von benutzerdefinierten Diagrammen erstellen (siehe unten) oder indem Sie den Diagrammtyp einer einzelnen Datenreihe (nicht des ganzen Diagramms) verändern.

Es lassen sich nur solche Diagramme kombinieren, die auf demselben Koordinatensystem aufbauen. Insofern sind die Kombinationsmöglichkeiten relativ gering. 3D-Diagramme lassen sich überhaupt nicht kombinieren.

Pivotdiagramme

Pivotdiagramme sind neu in Excel 2000. Dabei handelt es sich eigentlich nicht um einen neuen Diagrammtyp, sondern um eine neue Form der Datenverbindung zwischen einem Diagramm und einer Pivottabelle. Die Besonderheit von Pivotdiagrammen besteht darin, dass Kategorien zur Gliederung der Daten dynamisch eingestellt werden können (d.h. durch Listenfelder im Diagramm). Das Diagramm wird sofort entsprechend umgebildet. Für das Diagramm an sich stehen fast alle oben erwähnten Diagrammtypen zur Verfügung. Pivotdiagramme werden im Rahmen von Pivottabellen in Kapitel 13 beschrieben.

Benutzerdefinierte Diagrammtypen

Die Formatierung von Diagrammen kann auf zwei Weisen erfolgen: Sie können eines der Standardtypen auswählen, oder Sie können so genannte benutzerdefinierte Typen (ehemals Autoformate) verwenden. In diesen Typen sind zahlreiche Formatierungsdetails gespeichert, so dass Sie sehr rasch zu ganz unterschiedlichen Diagrammen gelangen. Die Bezeichnung 'benutzerdefiniert' ist insofern irreführend, als Excel eine ganze Palette vordefinierter (integrierter) Typen kennt.

Die in Excel integrierten benutzerdefinierten Formate geben einen recht guten Überblick, welche Möglichkeiten zur Verfügung stehen. Die Formate sind in OfficeVerzeichnis\Office*n***Xl8galry.xls** gespeichert. *n* ist dabei ein Sprachcode (z.B. 1031 für die deutsche Version).

Noch wichtiger ist die Möglichkeit, benutzerdefinierte Formate selbst hinzuzufügen und später wiederzuverwenden. Dazu formatieren Sie ein Diagramm nach Ihren Vorstellungen, öffnen mit der rechten Maustaste den Diagrammtyp-Dialog, wechseln in das Blatt BENUTZERDEFINIERT und wählen die gleichnamige Option. Mit dem Button HINZUFÜGEN können Sie nun Ihre Einstellungen als neuen Diagrammtyp speichern. Die neuen (persönlichen) Diagrammtypen werden in der Datei Benutzerverzeichnis\Anwendungsdaten\Microsoft\Excel**Xlusrgal.xls** gespeichert.

10.1.3 Diagrammelemente (Diagrammobjekte) und Formatierungsmöglichkeiten

Sowohl für das Feinlayout von Diagrammen als auch für die Programmierung von Diagrammen ist es erforderlich, dass Sie wissen, zwischen welchen Diagrammobjekten Excel unterscheidet. Eine Hilfestellung beim Experimentieren stellt übrigens die DIAGRAMM-Symbolleiste dar: Dort wird im linken Listenfeld die Bezeichnung des gerade angeklickten Objekts angezeigt, etwa »Achse *n*«, »Gitternetzlinie *n*«, »R*n*« (gemeint ist eine Datenreihe) etc.

- *Diagramm*: Gemeint ist eigentlich das Objekt *ChartArea*, das für den Hintergrund des gesamten Diagramms zuständig ist (also jene Fläche, die unterhalb der Zeichnungsfläche, der Legende etc. zu sehen ist). Die hier eingestellte Schriftart gilt für alle Texte des Diagramms, bei denen nicht explizit eine andere Schriftart eingestellt wird.

- *Zeichnungsfläche*: Die Zeichnungsfläche (*PlotArea*) stellt ein Rechteck um den grafischen Bereich des Diagramms dar. Die Zeichnungsfläche beinhaltet das eigentliche Diagramm, nicht aber den Titel, die Legende etc. Bei den meisten 2D-Diagrammen zählen nicht einmal die Achsen zur Zeichnungsfläche: Wenn Sie für die Zeichnungsfläche die Hintergrundfarbe grün und für die Diagrammfläche die Hintergrundfarbe rot angeben, wird die Achsenbeschriftung rot unterlegt.

- *Bodenfläche, Wände*: Diese beiden Objekte existieren nur bei 3D-Diagrammen und beschreiben das Aussehen der Bodenfläche und der beiden vertikalen Begrenzungsflächen des Diagramms. Die Zeichnungsfläche betrifft in diesem Fall nur den rechteckigen Raum außerhalb des eigentlichen Diagramms.

- *Ecken*: Auch die Ecken existieren als eigenes Objekt nur bei 3D-Diagrammen. Ecken können zwar nicht formatiert werden, Sie können das Diagramm aber an den Ecken mit der Maus »anfassen« und dreidimensional verdrehen. Das ist oft bequemer als die Einstellung von Blickrichtung und Perspektive über den Dialog 3D-ANSICHT.

- *Datenreihen*: Eine Datenreihe beschreibt eine zusammengehörige Dateneinheit (zumeist die Werte einer Spalte aus der zugrunde liegenden Tabelle; nur wenn Sie im

Diagrammassistenten DATENREIHEN IN ZEILEN auswählen, sind Datenreihen zeilenweise organisiert). Eine Datenreihe wird beispielsweise durch einen Linienzug dargestellt. Die Formatierungsdaten von Datenreihen betreffen die grafische Repräsentierung dieser Datenreihe – also Farbe, Markierungspunkte, Linienstil etc.

- *Datenpunkte*: Die einzelnen Werte einer Datenreihe werden durch Datenpunkte repräsentiert. Normalerweise sind die Formatierungseigenschaften aller Datenpunkte gleich und durch die Eigenschaften der Datenreihe vorgegeben. Sie können aber die Eigenschaften jedes Datenpunkts separat einstellen und so einen einzelnen Datenpunkt einer Reihe hervorheben, getrennt beschriften etc. Bei Kreisdiagrammen können Sie einzelne Segmente aus dem Diagramm hinausziehen und dadurch hervorheben – auch das betrifft eine Eigenschaft des Datenpunkts. Vorsicht: Die vertikale Position von Datenpunkten in 2D-Diagrammen kann mit der Maus verändert werden – dadurch verändert sich aber der zugrunde liegende Wert in der Datentabelle!

- *Trendlinien*: Datenreihen von 2D-Diagrammen können Trendlinien zugeordnet werden. Die Trendlinie wird zusätzlich zur normalen Repräsentierung der Daten gezeichnet. Excel kennt dabei zwei Arten von Trendlinien: Näherungskurven (fünf verschiedene Typen) und Ausgleichskurven.

- *Fehlerindikatoren*: Auch Fehlerindikatoren stellen ein Unterelement zu Datenreihen in 2D-Diagrammen dar. Sie markieren den möglichen Abweichungsbereich der Datenpunkte.

- *Koordinatenachsen*: Auch bei den Koordinatenachsen gibt es unzählige Formatierungdetails, die mit der Skalierung (Minimum, Maximum, linear oder logarithmisch) beginnen und mit der genauen Anordnung der Achsenbeschriftung enden (z.B. jeder zehnte Datenpunkt wird beschriftet, jeder zweite durch einen Teilstrich gekennzeichnet; Teilstriche nach innen oder nach außen gerichtet etc.). Neu in Excel 97 ist die Möglichkeit, Koordinatenachsen auch mit schräger Schrift zu beschriften (Tabellenblatt AUSRICHTUNG).

Es besteht auch die Möglichkeit, ein 2D-Diagramm mit zwei unabhängigen Y-Achsen auszustatten, wobei für einige Datenreihen die eine, für die restlichen Datenreihen die andere Achse gilt. Das ist dann nützlich, wenn Sie zwei inhaltlich verwandte, quantitativ aber unterschiedliche Größen in einem Diagramm darstellen möchten (z. B. eine Spannung und Strom). Voraussetzung für die Darstellung zweier Y-Achsen ist die Trennung der Datenreihen in zwei Gruppen. Am einfachsten erfolgt das durch die Auswahl des Diagrammtyps LINIEN AUF ZWEI ACHSEN aus den benutzerdefinierten Diagrammtypen.

- *Gitternetzlinien*: Die Zeichnungsfläche bei 2D-Diagrammen bzw. die Bodenfläche und die Wände von 3D-Diagrammen können durch Gitternetzlinien überlagert werden. Gitternetzlinien richten sich in ihrer Position an die Teilstriche der Koordinatenachsen. Das Aussehen (Farbe, Linienform) von Haupt- und Hilfsgitterlinien ist individuell einstellbar (allerdings nur bei gewöhnlichen Diagrammen, nicht bei Verbunddiagrammen).

- *Titel*: Das Diagramm kann mit mehreren Titeln (für das Diagramm, die Achsen etc.) ausgestattet werden. Position, Schriftart, Ausrichtung etc. sind wiederum frei einstellbar.

- *Legende*: Die Legende ermöglicht eine Zuordnung von den im Diagramm genutzten Farben und Mustern zu den dazugehörigen Datenreihen. Die Beschriftung der Legende wird dem ersten Element der Datenreihe entnommen. Die Legende kann an einer beliebigen Stelle im Diagramm angeordnet werden (sogar über den Daten).

Diagrammoptionen in Extras|Optionen

Über EXTRAS|OPTIONEN|DIAGRAMM sind einige weitere Diagrammoptionen zugänglich. Diese Einstellungen betreffen nur das aktuelle Diagramm (und können auch nur verändert werden, wenn gerade ein Diagramm aktuell ist).

Die Option LEERE ZELLEN bestimmt das Verhalten Excels, wenn es in der Datenreihe auf leere Zellen stößt. In der Voreinstellung WERDEN NICHT ANGEZEIGT tritt im Diagramm an dieser Stelle ein Loch auf (d.h., einige Balken fehlen, eine Linie ist unterbrochen etc.). Die beiden Alternativen lauten ALS NULLWERT ZEICHNEN (dann geht Excel mit leeren Zellen so um, als stünde der Wert 0 darin) oder INTERPOLIEREN (dann versucht Excel, für den fehlenden Bereich selbst passende Daten einzusetzen).

Das Auswahlkästchen NUR SICHTBARE ZELLEN ANZEIGEN bestimmt, wie Excel mit ausgeblendeten Zeilen/Spalten umgehen soll: Wenn das Kästchen aktiviert ist, dann werden Daten aus unsichtbaren Zeilen/Spalten nicht gezeichnet. Im Diagramm tritt an dieser Stelle ein Sprung (kein Loch) auf. Die Einstellung ist vor allem dann von Interesse, wenn die Diagrammdaten aus einer gefilterten Datenbank stammen.

Das Auswahlkästchen DIAGRAMM AN FENSTERGRÖßE ANPASSEN ist nur für Diagrammblätter von Interesse. Wenn das Kästchen aktiviert ist, wird das Diagramm an die aktuelle Fenstergröße angepasst. Andernfalls wird im Fenster eine Seite des eingestellten Druckers angezeigt. Damit das ganze Diagramm sichtbar ist, muss eventuell der Zoomfaktor verändert werden (ANSICHT|ZOOM).

Trendlinien, Datenglättung

Bei Liniendiagrammen können Sie in den Formatierungseinstellungen zu Datenreihen die Option LINIE GLÄTTEN auswählen. Dadurch wird der sonst oft eckige Verlauf der Kurve ein wenig abgerundet.

Weitergehende Möglichkeiten, durch vorhandenes Datenmaterial eine Näherungs- oder Ausgleichskurve zu legen, bietet das Kommando TRENDLINIE EINFÜGEN. Excel kann eine Datenmenge durch fünf verschiedene Typen von Näherungskurven annähern: durch eine Gerade, eine Polynomkurve (maximal sechster Ordnung), eine logarithmische, exponentielle oder potentielle Kurve. Über die Optionen im Dialog TRENDLINIE FORMATIEREN können Sie angeben, ob und wie weit die Kurve über die vorhandenen Daten hinaus gezeichnet und ob die Formel der Kurve angegeben werden soll.

10.1 Umgang mit Diagrammen

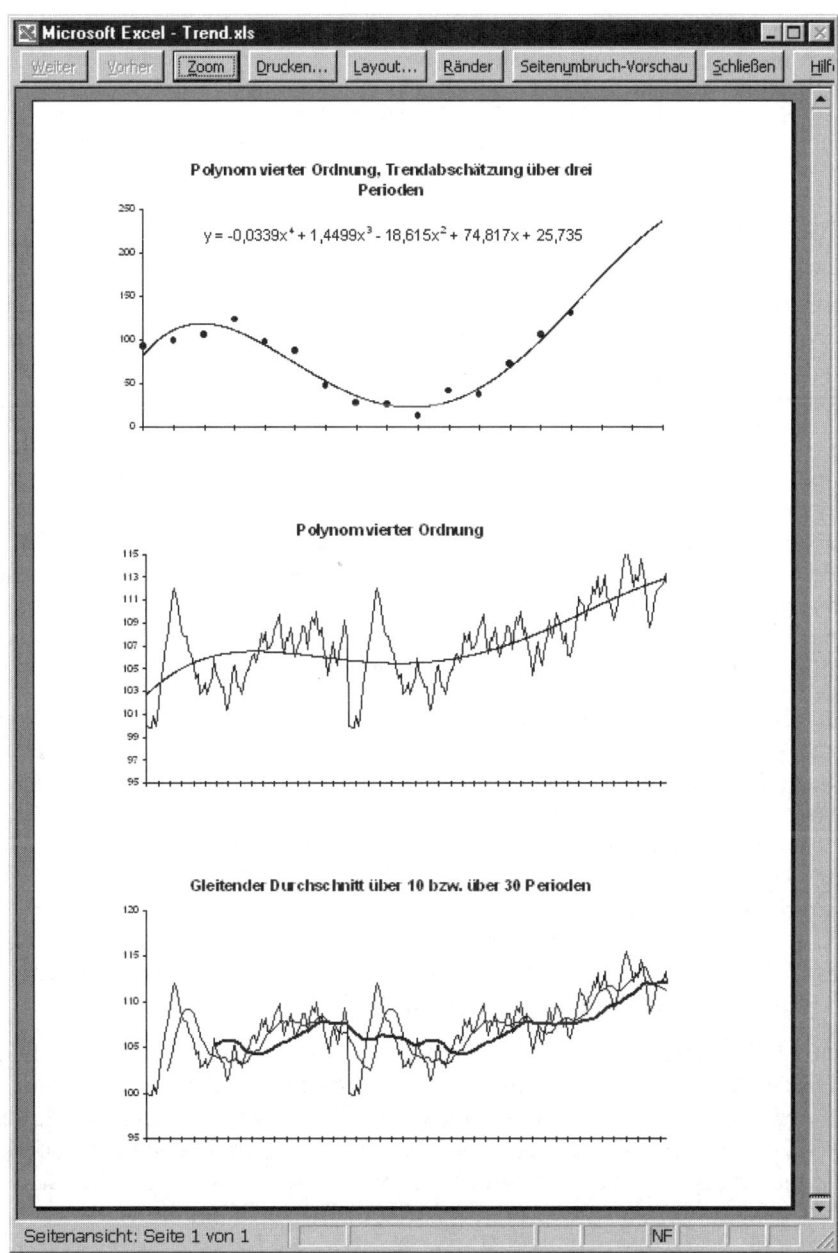

Bild 10.1: Drei Beispiele für Trendlinien

Über den TRENDLINIEN-Dialog kann ein sechster Kurventyp angegeben werden: Ausgleichskurve nach dem Verfahren des gleitenden Durchschnitts. Dabei wird jeder Punkt der Kurve aus dem Durchschnitt der n vorangehenden Datenpunkte berechnet. Eventuelle statistische Messfehler werden dadurch geglättet. Ausgleichskurven können aber im Gegensatz zu Näherungskurven nicht über den Datenbereich hinaus gezeichnet werden.

Einige Beispiele für die Anwendung der Trendlinienfunktion zeigt Bild 10.1. Die dazugehörige Beispieldatei 10\Trend.xls finden Sie auf der beiliegenden CD-ROM.

Fehlerkennzeichnung

Datenreihen in 2D-Diagrammen können mit Fehlerindikatoren versehen werden. Dabei handelt es sich um kleine Linien, die jenen Bereich angeben, in dem sich der tatsächliche Wert bei Berücksichtigung eines statistischen Messfehlers befinden kann.

10.1.4 Ausdruck

Beim Ausdruck muss wieder zwischen zwei Varianten unterschieden werden: Wenn das Diagramm in ein Tabellenblatt eingebettet ist, dann erfolgt der Ausdruck im Rahmen des Tabellenausdrucks. Das einzige Problem besteht darin, dass Excel sich wenig Gedanken über den Seitenumbruch macht und ein Diagramm im ungünstigsten Fall in bis zu vier Teile zerlegt. Es schadet also nicht, sich den Ausdruck zuerst in der Seitenansicht anzusehen. Eventuell müssen Sie den Ausdruck durch einige starre Seitenumbrüche (EINFÜGEN | SEITENWECHSEL) manuell optimieren.

Wenn sich das Diagramm dagegen in einem Diagrammblatt befindet, oder wenn Sie ein eingebettetes, aber vorher durch Doppelklick aktiviertes Diagramm ausdrucken möchten, dann existieren im Dialog SEITENEINRICHTUNG einige Optionen speziell für den Diagrammausdruck. Am wichtigsten ist dabei die GEDRUCKTE DIAGRAMMGRÖSSE. In der Standardeinstellung GANZE SEITE VERWENDEN nutzt Excel die gesamte Seitengröße. Wenn das Diagramm nicht zufällig dasselbe Format wie die Seite hat, wird es dabei total verzerrt. Daher ist es zumeist sinnvoller, die Option AN SEITE ANPASSEN auszuwählen. Excel vergrößert das Diagramm jetzt nur so weit, wie dies ohne eine Veränderung des Verhältnisses Länge zu Breite möglich ist. Die dritte Variante BENUTZERDEFINIERT lässt die Größe des Diagramms unverändert.

Mit der Option SCHWARZWEIß-DRUCK können Sie Farbdiagramme auch auf Schwarzweiß-Druckern wiedergeben. (Bei den meisten Druckern ist das allerdings auch ohne diese Option möglich.) Egal ob mit oder ohne diese Option, brauchbare Ergebnisse werden Sie mit einem Schwarzweiß-Drucker nur dann erzielen, wenn Sie bereits bei der Formatierung des Diagramms auf Farben verzichten. Nutzen Sie unterschiedliche Linienstärken und -formen zur Unterscheidung mehrerer Datenreihen.

Da die Defaultformate von Excel generell sehr farbenfreudig sind, ist eine entsprechende Schwarzweiß-Formatierung mit einem enormen Aufwand verbunden (grobe Schätzung: 100 Mausklicks für ein typisches Diagramm). Sie sollten daher, wenn diese öfters vorkommen, Schwarzweiß-Diagramme als benutzerdefinierte Diagrammtypen speichern.

10.2 Programmierung von Diagrammen

Die ersten Versuche, Diagramme zu programmieren, stellen sich oft als sehr mühsam heraus. Der Grund: Die Orientierung in der Unmenge von *Chart*-Objekten ist nicht eben einfach, die Objektzuordnung von Eigenschaften und Methode nicht immer einsichtig.

Ein Beispiel gefällig: Die Methode *ClearContents* des *ChartArea*-Objekts löscht die Daten eines Diagramms, nicht aber seine Formatierung. Das ist insofern merkwürdig, als sich das *ChartArea*-Objekt eigentlich nicht auf das Diagramm an sich, sondern nur auf seinen Hintergrund bezieht. Logischer wäre es also gewesen, die Diagrammdaten über die *Delete*-Methode des *Chart*-Objekts zu löschen – aber siehe da, diese Methode liefert bei eingebetteten Diagrammen nur eine Fehlermeldung. Offensichtlich ist *Delete* nur zum Löschen von Diagramm*blättern* geeignet, während die beiden verwandten Methoden *ClearContents* und *ClearFormats* des *ChartArea*-Objekts für die Interna des Diagramms zuständig sind.

Im Gegensatz zum *ChartArea*-Objekt steht übrigens das *PlotArea*-Objekt (»Zeichnungsfläche«): Auch dieses Objekt beschreibt den Hintergrund des Diagramms, diesmal allerdings den Bereich unmittelbar unter den Diagrammlinien, -balken etc.

ANMERKUNG Auch wenn Sie am Anfang von der Vielfalt der Objekte und ihrer Eigenschaft überwältigt sind, gibt es auch positive Seiten: Sie können wirklich fast alles per Programmcode steuern. Aus Platzgründen ist es hier leider nicht möglich, diese Vielfalt zur Gänze zu beschreiben. In vielen Details werden Sie also auch nach der Lektüre dieses Kapitels auf die Hilfe angewiesen sein.

Anstatt lange zu suchen: Nutzen Sie die Makroaufzeichnung!

Wenn Sie wissen möchten, auf welche Weise Sie im Programm eine bestimmte Formatierung erreichen können, verwenden Sie am besten die Makroaufzeichnung als Ratgeber (die Beispiele aus der Hilfe sind praktisch alle aussagelos). Je kürzer die Aufzeichnung, desto leichter tun Sie sich bei der Interpretation der Ergebnisse. Sie sollten also die Makroaufzeichnung starten, an einem bereits vorhandenen Diagramm nur ein einziges Detail verändern und die Aufzeichnung anschließend sofort wieder stoppen. Wenn Sie am Bildschirm ein Fenster mit dem Programmcode und ein weiteres mit dem Diagramm nebeneinander anordnen, können Sie während der Makroaufzeichnung sogar beobachten, wann die einzelnen Codezeilen erzeugt werden.

Der aus der Makroaufzeichnung resultierende Code funktioniert in der Regel (auf jeden Fall sind während der Arbeit an diesem Kapitel keine gegenteiligen Vorkommnisse aufgetreten), er ist aber selten optimal. Zum Teil sind die darin enthaltenen Anweisungen unnötig umständlich, zum Teil ganz überflüssig. Eine Nachbearbeitung des Codes ist also unumgänglich.

10.2.1 Objekthierarchie

Die folgende Zusammenstellung gibt einen Überblick über die Objekthierarchie bei Diagrammen. Um die Struktur besser verständlich zu machen, wurden nur die wichtigsten Objekte aufgenommen und nur der Fall berücksichtigt, dass das Diagramm in ein Tabellenblatt eingelagert ist (kein Diagrammblatt). Eine vollständige Auflistung aller Diagrammobjekte finden Sie in Abschnitt 16.1.

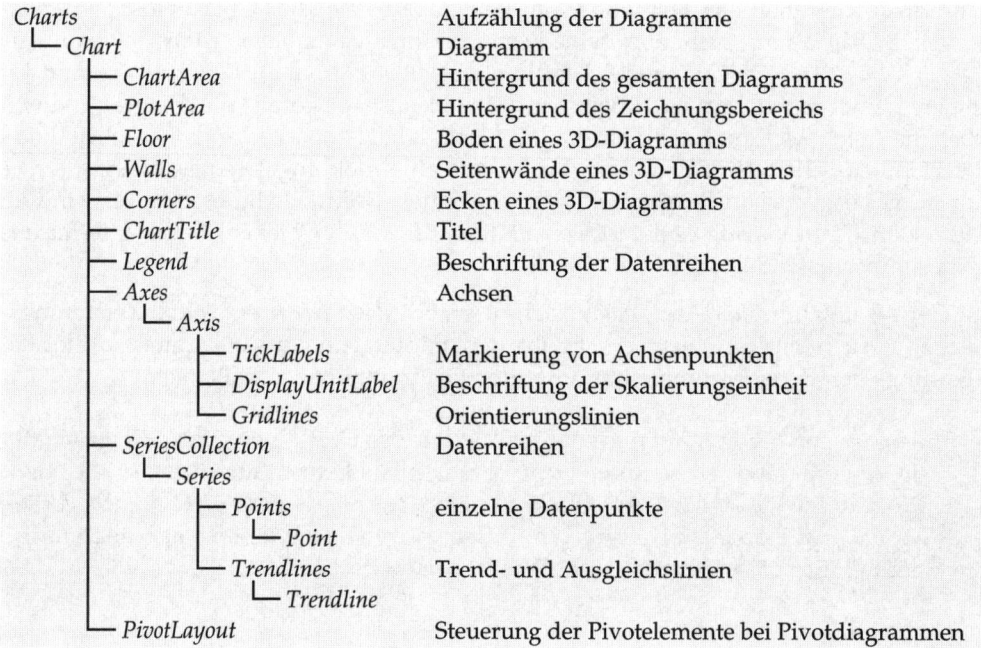

```
Charts                          Aufzählung der Diagramme
 └ Chart                        Diagramm
    ├ ChartArea                 Hintergrund des gesamten Diagramms
    ├ PlotArea                  Hintergrund des Zeichnungsbereichs
    ├ Floor                     Boden eines 3D-Diagramms
    ├ Walls                     Seitenwände eines 3D-Diagramms
    ├ Corners                   Ecken eines 3D-Diagramms
    ├ ChartTitle                Titel
    ├ Legend                    Beschriftung der Datenreihen
    ├ Axes                      Achsen
    │  └ Axis
    │     ├ TickLabels          Markierung von Achsenpunkten
    │     ├ DisplayUnitLabel    Beschriftung der Skalierungseinheit
    │     └ Gridlines           Orientierungslinien
    ├ SeriesCollection          Datenreihen
    │  └ Series
    │     ├ Points              einzelne Datenpunkte
    │     │  └ Point
    │     └ Trendlines          Trend- und Ausgleichslinien
    │        └ Trendline
    └ PivotLayout               Steuerung der Pivotelemente bei Pivotdiagrammen
```

Kleines Glossar der Diagrammobjekte

Enorme Verwirrung stiften die zahlreichen, oft fast gleich lautenden *Chart*- und *Plot*-Objekte. Bild 10.2 gibt einen ersten Überblick.

Chart: Das eigentliche Diagramm; es besteht aus einigen Datenreihen, die grafisch repräsentiert werden, dem Hintergrund, den Koordinatenachsen, der Legende, dem Titel etc. Auf *Chart*-Objekte kann entweder über die Aufzählung *Charts* zugegriffen werden, wenn sich das Diagramm in einem eigenen Diagrammblatt befindet, oder über *ChartObjects(...).Chart*, wenn das Diagramm in ein Tabellenblatt eingebettet ist.

Der Diagrammtyp wird seit Excel 97 mit der Eigenschaft **ChartType** (ehemals *Type* und *SubType*) eingestellt. Als mögliche Einstellungen sind über 70 Konstanten vordefiniert (siehe Hilfe oder Objektkatalog).

ChartObject: Der äußere Rahmen (»Container«) eines Diagramms. Das *ChartObject*-Objekt ist nur bei Diagrammen erforderlich, die in Tabellenblätter eingebettet sind. Es steht zwischen dem Tabellenblatt und dem *Chart*-Objekt und bestimmt die Position und die Außenmaße des Diagramms innerhalb des Tabellenblatts. Über die *Worksheet*-

10.2 Programmierung von Diagrammen

Methode *ChartObjects* können Sie auf die Liste aller Diagrammobjekte eines Tabellenblatts zugreifen. Zum dazugehörigen Diagramm gelangen Sie dann über die *Chart*-Eigenschaft des *ChartObject*-Objekts. (Anmerkung: Neben Diagrammen können in Tabellenblätter auch eine Menge weiterer Objekte eingebettet werden, etwa Steuerelemente, Linien, Rechtecke etc. Auf die Gesamtheit all dieser Objekte – inklusive der Diagramme – können Sie über die Methode *DrawingObjects* zugreifen.)

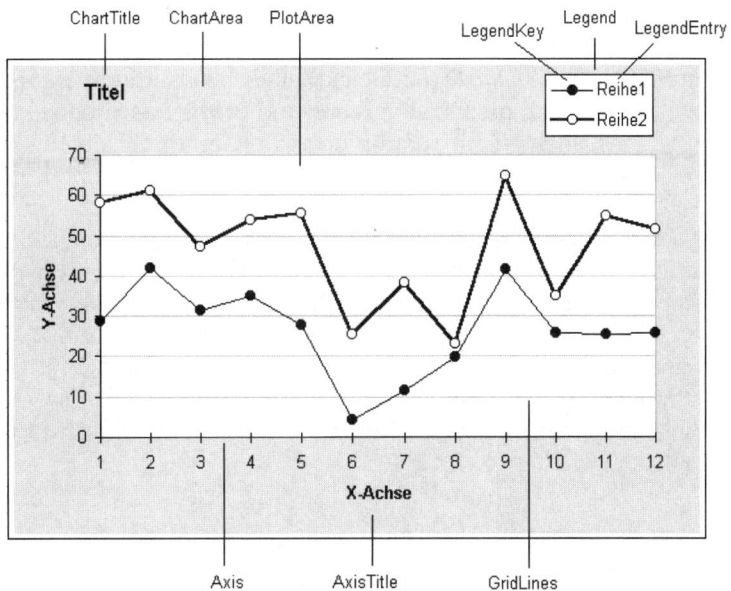

Bild 10.2: Die wichtigsten Objekte eines Diagramms

ChartArea: Der Hintergrund des Diagramms. Über die Eigenschaften dieses Objekts können Sie Farbe, Rahmen etc. einstellen. Das Objekt hat aber insofern eine weit größere Bedeutung, als sich seine Methoden *Copy*, *Clear*, *ClearContents* und *ClearFormats* auf das eigentlich untergeordnete *Chart*-Objekt beziehen. (Microsoft allein weiß warum.) Bei eingebetteten Diagrammen kann die Methode *Select* nur dann verwendet werden, wenn vorher das dazugehörige *ChartObject*-Objekt mit *Activate* aktiviert wurde.

ChartGroup: Das Objekt gruppiert unterschiedliche Diagrammtypen innerhalb eines Diagramms. Normalerweise hat ein Diagramm nur eine Diagrammgruppe. Das *ChartGroup*-Objekt ist dann irrelevant. Das Objekt hat nur dann eine Bedeutung, wenn in Verbunddiagrammen zwei oder mehrere Diagrammtypen vereinigt sind (z. B. ein Linien- und ein Balkendiagramm). In diesem Fall wird das Diagramm durch mehrere Gruppen mit verschiedenen Diagrammtypen (*Type*-Eigenschaft) verwaltet.

Charts: Das Objekt enthält die Auflistung aller Diagramm*blätter* einer Arbeitsmappe. Die gleichnamige Methode liefert unmittelbar das *Chart*-Objekt. Es gibt also kein eigenes Diagrammblatt-Objekt, das vergleichbar mit einem Tabellenblatt wäre. Für das Hauptdiagramm des Blatts entfällt das zwischengelagerte *ChartObject*-Objekt.

Einige weitere Objekte beginnen zwar nicht mit »Chart«, sind aber dennoch interessant:

PlotArea: Der »grafische« Bereich innerhalb des Diagramms. Die Zeichnungsfläche enthält die Koordinatenachsen und die eigentliche Grafik. Die Hauptaufgabe des Objekts besteht darin, die Größe und Position dieses Bereichs innerhalb der Gesamtfläche des Diagramms zu bestimmen. Andere Bereiche im Diagramm sind die Legende (***Legend***-Objekt) und der Titel (***ChartTitle***-Objekt). Bei 3D-Diagrammen werden unabhängig von der *PlotArea* auch die Objekte **Floor** und **Walls** (als Subobjekte von *Chart*) verwaltet. Die beiden Objekte sind für die optische Gestaltung der Begrenzungsflächen des 3D-Diagramms zuständig.

> **ANMERKUNG**
>
> Wenn Sie *PlotArea.Width=n: m=PlotArea.Width* ausführen, dann ist *m* anschließend deutlich größer als *n*. Der Grund: *PlotArea.Width* verändert in Wirklichkeit die in Excel 97 eingeführte schreibgeschützte Eigenschaft *InsideWidth*, also den Innenbereich von *PlotArea*. Zu diesem Innenbereich kommt ein Außenbereich hinzu, in dem die Beschriftung der Koordinatenachsen durchgeführt wird. (Die gleichen Probleme treten selbstverständlich auch für *Height/InsideHeight* auf). Für die Einstellung der Größe des Außenbereichs können Sie sich meistens mit folgendem Code behelfen:
> ```
> delta = PlotArea.Width - PlotArea.InsideWidth
> PlotArea.Width = n + delta
> ```
> Ganz exakt ist diese Methode auch nicht, weil die Größe des Beschriftungsbereichs nicht konstant ist. Wenn beispielsweise ein Diagramm sehr stark verkleinert wird, verzichtet Excel ganz auf die Achsenbeschriftung, und der Beschriftungsbereich wird 0.

Series, *Point*: Das *Series*-Objekt verweist auf die Daten einer Datenreihe des Diagramms. Die eigentlichen Zahlenwerte können der *Values*-Eigenschaft des *Series*-Objekts entnommen bzw. über diese Eigenschaft verändert werden. *Series* ist ein Subobjekt zum *Chart*-Objekt. Formatdaten, die nicht die ganze Reihe, sondern nur einen einzelnen Datenpunkt betreffen, werden in *Point*-Objekten verwaltet. Diese stellen wiederum ein Subobjekt zu den *Series*-Objekten dar.

Axis, *Gridlines*: Das *Axis*-Objekt ist ebenfalls ein Subobjekt zum *Chart*-Objekt. Es beschreibt die Details einer Koordinatenachse. Das *Gridlines*-Objekt stellt ein Subobjekt zum *Axis*-Objekt dar und wird über die Eigenschaften *MajorGridlines* bzw. *MinorGridlines* angesprochen.

Neu in Excel 2000 ist die Möglichkeit, für Koordinatenachsen eine Skalierungseinheit anzugeben (z.B. Millionen). Dazu muss *Axis.DisplayUnit* mit einer der vordefinierten Konstanten eingestellt werden (z.B. *xlMillions*). Das *DisplayUnitLabel*-Objekt gibt an, wie und wo diese Skalierungseinheit (also die Zeichenkette "Millionen") im Diagramm angezeigt wird. Die Eigenschaft *HasDisplayUnitLabel* gibt an, ob die Achse skaliert ist oder nicht.

Neben den vordefinierten Skalierungseinheiten (10, 100, 1000 bis 1000.000.000) können auch beliebige andere Faktoren verwendet werden. Dazu wird *DisplayUnitCustom* der gewünschte Zahlenwert zugewiesen (der auch kleiner 1 sein darf, etwa 0,001, um Tausendstel anzuzeigen).

```
ActiveChart.Axes(xlValue).DisplayUnitCustom = 0.001
ActiveChart.Axes(xlValue).DisplayUnitLabel.Text = "Tausendstel"
```

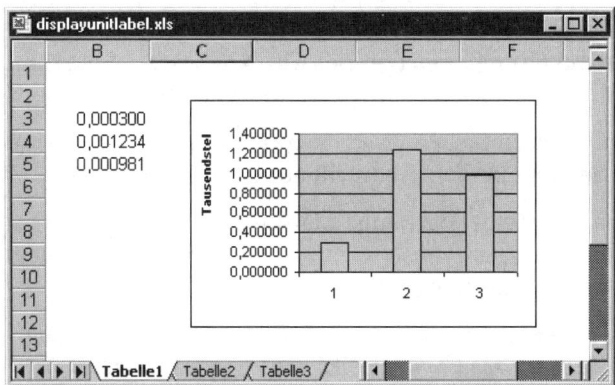

Bild 10.3: Die Y-Achse verwendet Tausendstel als Einheit

Trendline, ErrorBars: *Trendline* und *ErrorBars* sind Subobjekte zum *Series*-Objekt. Sie beschreiben die Details einer Trendlinie zur Datenreihe bzw. das Aussehen der Fehlerindikatoren.

> **HINWEIS** Die Schlüsselwörter *Gridlines* und *ErrorBars* stehen im Gegensatz zu den meisten anderen Objekten im Plural, obwohl sie nicht auf Aufzählobjekte verweisen.

> **TIPP** Wenn Sie nicht wissen, welchen Namen ein bestimmtes Objekt im Diagramm hat, können Sie das Objekt (beispielsweise eine Koordinatenachse) anklicken und im Direktfenster *?TypeName(Selection)* ausführen. Als Ergebnis erhalten Sie den Objektnamen (etwa *Axis*).

10.2.2 Programmiertechniken

Der Diagrammassistent

Die Methode **ChartWizard** stellt in der Regel den schnellsten Weg dar, um zu einem Diagramm zu kommen. Damit die Methode verwendet werden kann, muss zuerst ein

ChartObject-Objekt erzeugt werden. Die Bedeutung der zahlreichen Parameter der Methode können Sie in der Hilfe nachlesen.

```
ActiveSheet.ChartObjects.Add(30, 150, 400, 185).Name = _
  "neues Diagramm"
ActiveSheet.ChartObjects("neues Diagramm").Activate
ActiveChart.ChartWizard tabblatt.[A3:D99], xlLine, 4, xlColumns, 1, 1
```

Diagrammobjekte aktivieren oder auswählen?

Mit den Methoden *Activate* und *Select* hat Microsoft einige Verwirrung gestiftet: Mal muss die eine Methode verwendet werden (Fenster), mal die andere (Arbeitsblätter), mal sind beide erlaubt (Zellbereiche). Bei *ChartObject*-Objekten sind nicht nur beide Methoden erlaubt, sie führen jetzt sogar zu unterschiedlichen Ergebnissen!

Activate entspricht dem einfachen Anklicken des Diagramms mit der Maus. *Selection* verweist nun auf das Objekt *PlotArea* (nicht auf *Chart*!).

Select hat scheinbar dieselbe Wirkung, allerdings zeigt *Selection* nun auf *ChartObject*. *Select* eignet sich also beispielsweise, wenn Sie die Position des Diagramms innerhalb eines Tabellenblatts verändern möchten.

Die Gemeinsamkeit beider Methoden besteht darin, dass *ActiveChart* nach Ihrer Ausführung in jedem Fall auf das *Chart*-Objekt des Diagramms zeigt.

In Excel 97 bereitet der Zugriff auf Diagramme durch *ActiveChart* zum Teil erhebliche Probleme. Abhilfe: Greifen Sie direkt auf das jeweilige Objekt zu, anstatt es zuerst zu aktivieren und dann via *ActiveChart* zu verändern.

Diagrammobjekte deaktivieren

Die sicherste Methode, um ein aktiviertes Diagramm zu deaktivieren, besteht darin, ein anderes Objekt zu aktivieren, also beispielsweise:

```
Sheets(n).[A1].Select
```

Diagramme löschen, kopieren und einfügen

ChartObject-Objekte können zusammen mit den darin enthaltenen Diagrammen direkt mit *Copy* kopiert und anschließend wieder in das Tabellenblatt eingefügt werden. Nach dem Einfügen verweist die *Selection*-Eigenschaft auf das neue *ChartObject*-Objekt, sodass dieses anschließend benannt werden kann. Wenn Sie ein *ChartObject*-Objekt einfach vervielfältigen möchten, können Sie statt *Copy* und *Paste* direkt die Methode *Duplicate* verwenden. Mit *Delete* können Sie ein *ChartObject*-Objekt samt der darin enthaltenen Daten löschen.

```
ActiveSheet.ChartObjects(1).Copy
ActiveSheet.Paste
```

```
Selection.Name = "Neues Diagramm"
'   ...
ActiveSheet.ChartObjects("Neues Diagramm").Delete
```

Ein wenig anders sieht es aus, wenn Sie nur die Diagrammdaten löschen, kopieren oder einfügen möchten, ohne dabei auch das *ChartObject*-Objekt zu verändern. In diesem Fall ist das *ChartArea*-Objekt von zentraler Bedeutung (weil für das *Chart*-Objekt keine *Copy*-Methode definiert ist). Beim Einfügen in ein anderes Diagrammobjekt müssen Sie sich dann aber auf dessen *Chart*-Objekt beziehen.

```
ActiveSheet.ChartObjects(1).Chart.ChartArea.Copy
ActiveSheet.ChartObjects(2).Chart.Paste
```

Auch beim Löschen von Diagrammdaten müssen Sie auf das *ChartArea*-Objekt zugreifen: *Clear* löscht alle Diagrammdaten, *ClearContents* nur die Diagramminhalte (gemeint sind in erster Linie die Datenreihen), *ClearFormats* nur die Formatinformationen.

Wenn Sie ein leeres *ChartObject*-Objekt in ein Tabellenblatt einfügen möchten (also einen noch leeren Diagrammrahmen), wenden Sie hierfür die *Add*-Methode auf *ChartObjects* an. An die Methode werden Positions- und Größenangaben übergeben (in der Einheit 1/72 Zoll, das sind etwa 0.35 mm). Dem neuen Objekt kann sofort ein Name gegeben werden.

```
ActiveSheet.ChartObjects.Add(0,0,200,100).Name = "neues diagramm"
```

Mehrere Diagramme ausrichten

Wenn Sie in einem Tabellenblatt zwei oder mehrere Diagramme mit der Maus platzieren, werden Sie feststellen, dass es relativ schwierig ist, zwei exakt gleich große, exakt untereinander liegende Diagramme herzustellen. Ein recht gutes Hilfsmittel ist dabei das Menü der ZEICHNEN-Symbolleiste. Mit den darin enthalten Einträgen können Sie zuvor markierte Objekte (auch Diagramme) ausrichten. Eine andere Variante besteht darin, einfach auf die *Left*-, *Top*-, *Width*- und *Height*-Eigenschaften der *ChartObject*-Objekte zuzugreifen. Die folgenden Anweisungen für den Direktbereich wurden verwendet, um die fünf Diagramme des Monatsprotokolls (siehe nächsten Abschnitt) horizontal nach Position und Größe des ersten Diagramms auszurichten.

```
set wb = Worksheets("Monatsprotokoll")
For i=2 To 5: wb.ChartObjects(i).Left = _
   wb.ChartObjects(1).Left: Next i
For i=2 To 5: wb.ChartObjects(i).Width = _
   wb.ChartObjects(1).Width: Next i
```

Fertige Diagramme oder benutzerdefinierte Formate verwenden

Die vollständige Erstellung eines Diagramms mit allen Formatierungsdetails per Programmcode ist möglich, aber mühsam und aufwendig zu programmieren. Wenn das Aussehen des Diagramms ohnedies vorgegeben ist (und nicht von den zu verarbeitenden Daten abhängt) ist es sinnvoller, das fertige Diagramm in einem Tabellen- oder Diagrammblatt zu speichern und im Programmcode nur noch die Datenzuordnung zu ändern. Die eigentliche Formatierung des Diagramms können Sie dann direkt mit der Maus und ohne Programmieraufwand vornehmen. (Die Prozedur *MonthlyProtocol* im folgenden Abschnitt zeigt dafür ein Beispiel.)

Nicht ganz so minimalistisch in der Programmierung, aber immer noch besser als eine vollkommene Neuprogrammierung, ist der Einsatz von benutzerdefinierten Diagrammtypen. Damit können Sie praktisch alle Formatdaten eines per Programmcode generierten Diagramms mit einer einzigen Anweisung verändern. Anschließend müssen Sie höchstens noch einige Anweisungen zur optimalen Größeneinstellung der einzelnen Diagrammelemente vornehmen. Die Zuweisung eines benutzerdefinierten Diagrammtyps an ein bestehendes Diagramm erfolgt seit Excel 97 über die Methode *ApplyCustomType* (bei früheren Versionen mit *AutoFormat*).

```
ActiveChart.ApplyCustomType ChartType:=xlUserDefined, _
  TypeName:="Tagesprotokoll"
```

Problematisch ist der Einsatz von benutzerdefinierten Diagrammtypen, wenn Sie eine fertige Excel-Anwendung auf einem anderen Rechner installieren möchten. Eigene Diagrammtypen werden in der Datei Benutzerverzeichnis\Anwendungsdaten\Microsoft\Excel\Xlusrgal.xls gespeichert. Diese Datei können Sie nicht auf einen anderen Rechner kopieren, weil Sie dadurch die benutzerdefinierten Formate eines anderen Anwenders überschreiben würden! Die Weitergabe eigener Diagrammtypen in einer Datei ist damit ausgeschlossen.

Es gibt aber einen Weg, um diese Einschränkung zu umgehen. Dazu legen Sie in Ihrer Anwendung ein Tabellenblatt an, in dem Sie für jedes benötigte Diagrammformat ein einfaches Beispieldiagramm einbetten. Beim ersten Start des Programms aktivieren Sie der Reihe nach diese Beispieldiagramme und speichern die darin enthaltenen Formatinformationen als benutzerdefinierte Diagrammtypen am jeweiligen Rechner.

```
Application.AddChartAutoFormat Chart:=ActiveChart, _
  Name:= "Neues Diagrammformat", Description:=""
```

Leider besteht keine Möglichkeit festzustellen, welche Diagrammtypen bereits definiert sind.

Diagramme drucken und exportieren

Der Ausdruck von Diagrammen erfolgt über die Methode *PrintOut*, die sowohl auf *Chart*- als auch auf *Workbook*-Objekte angewendet werden kann. Seit Excel 97 können Diagramme zudem mit *Export* in verschiedenen Formaten in eine Grafikdatei exportiert werden.

```
ActiveChart.Export "test.gif", "GIF"
```

Laut Excel-Dokumentation können im zweiten Parameter alle Grafikformate angegeben werden, für die Export-Filter installiert sind. Welche Filter es gibt, wie diese bezeichnet sind und wie das Programm feststellen kann, ob ein bestimmter Filter installiert ist, verrät die Dokumentation freilich nicht. Sichern Sie entsprechende Prozeduren also mit *On Error* ab! Experimente mit *Export* sind z.B. mit den folgenden Format-Zeichenketten gelungen:

"GIF", "JPEG", "TIF", "TIFF", "PNG"

Nicht unterstützt werden dagegen ausgerechnet "BMP" und "WMF" – also die beiden Microsoft-Standardformate für Bitmaps und für einfache Vektorgrafiken. Wenn Sie Diagramme in diesem Format benötigen, können Sie die Methode *CopyPicture* einsetzen, die das Diagramm in die Zwischenablage kopiert. Leider endet der Export dort, d.h. Excel sieht keine Methode vor, den Inhalt der Zwischenablage in einer Datei zu speichern.

10.3 Beispiel – Automatische Datenprotokollierung

Die Datei 10\Chart.xls demonstriert die Anwendung von Excel zur Protokollierung von Messdaten. Die Notwendigkeit einer Datenprotokollierung ergibt sich immer dann, wenn relativ große Datenmengen über einen längeren Zeitraum dokumentiert und oft auch analysiert werden sollen (müssen). Die Datenherkunft kann ganz unterschiedlich sein: von den automatisch gemessenen Schadstoffwerten technischer Anlagen (etwa einer Kläranlage oder einer Rauchgasentschwefelung) bis zu den Ergebnissen der Qualitätskontrolle einer beliebigen Produktion.

Aufgabe der Protokollierung ist es, aus dem Zahlenfriedhof, der entweder in vielen kleinen oder in einer großen Datei bzw. Datenbank besteht, informative und übersichtliche Ausdrucke zu erzeugen. Es versteht sich von selbst, dass dabei Diagramme zur Visualisierung der Daten eine große Rolle spielen.

Da auf der beiliegenden CD-ROM kein technischer Prozess zur Datenproduktion mitgeliefert werden kann, stellt die Anwendung Chart.xls das Menükommando TESTDATEN ERZEUGEN zur Verfügung. Damit werden Excel-Dateien mit simulierten Messwerten erzeugt. In der Praxis benötigen Sie ein solches Kommando natürlich nur während der Testphase des Programms. In der Regel stehen Ihnen mehr (echte) Messdaten zur Verfügung, als Ihnen lieb ist, und Sie müssen diese Daten nicht gewaltsam durch simulierte Daten vermehren.

10.3.1 Die Bedienung des Beispielprogramms

Nach dem Laden der Datei erscheint ein eigenes Menü. Wenn Sie das Programm einfach schnell ausprobieren möchten, führen Sie der Reihe nach die Kommandos PROTOKOLL|TESTDATEN ERZEUGEN, |TAGESPROTOKOLL und |MONATSPROTOKOLL aus. Die dabei erscheinenden Dialoge zur Datumseingabe bestätigen Sie unverändert mit OK.

Das Programm produziert dann für jeden Tag des laufenden Monats eine Datendatei (Speicherbedarf insgesamt rund 900 kByte, Zeitaufwand ca. eine halbe Minute auf einem einigermaßen modernen Rechner). Anschließend wird das Tagesprotokoll des aktuellen Tags und das Monatsprotokoll des aktuellen Monats in der Seitenansicht präsentiert.

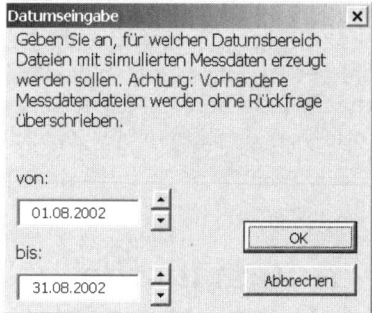

Bild 10.4: Der Dialog zur Eingabe eines Datumsbereichs

Testdaten

Durch das Menükommando PROTOKOLL | TESTDATEN ERZEUGEN werden für jeden Tag Dateien mit dem Namen D_jjjjmmtt.xls erstellt (also etwa D_19991231.xls für den 31.12.1999). Diese Dateien enthalten außer den Messdaten (je 96 Werten in den Datenreihen A1, A2, A3, B und C) auch Sechsstunden-Mittelwerte und -Maxima sowie Tagesmittelwerte und Tagesmaxima (siehe Bild 10.5). Die D_jjjjmmtt.xls-Dateien können Sie nach dem Test dieses Programms natürlich wieder löschen.

Zeit	A1	A2	A3	B	C		Zeit	A1	A2	A3	B	C
00:00	188,2	91,1	119,3	79,7	157,1							
00:15	189,4	86,1	124,9	78,3	158,9		6-Stunden-Mittelwerte					
00:30	190,2	83,4	129,6	79,1	159,9							
00:45	188,7	82,8	132,0	80,1	159,5		00:00 bis 6:00	133,3	113,9	146,1	73,8	147,3
01:00	184,8	82,7	132,5	79,0	158,4		6:00 bis 12:00	67,3	197,5	183,4	139,6	89,2
01:15	179,9	81,6	133,1	76,1	157,7		12:00 bis 18:00	145,8	199,2	140,2	63,3	67,5
01:30	176,0	79,9	135,6	73,6	158,1		18:00 bis 24:00	203,0	76,7	146,3	85,2	118,7
01:45	172,6	79,6	139,4	73,2	159,5							
02:00	168,1	82,5	142,5	73,9	160,9		6-Stunden-Maxima					
02:15	160,8	88,0	143,7	73,0	161,1							
02:30	151,4	93,9	143,6	69,9	159,5		00:00 bis 6:00	190,2	174,4	162,7	92,9	161,1
02:45	141,8	98,7	144,5	66,4	156,5		6:00 bis 12:00	116,8	209,0	200,4	163,9	110,3
03:00	133,8	103,0	147,4	64,7	153,3		12:00 bis 18:00	188,2	222,0	161,7	106,9	96,6
03:15	126,9	108,8	151,4	65,4	150,9		18:00 bis 24:00	215,4	126,1	164,8	109,0	146,1
03:30	119,3	117,0	154,3	66,2	149,4							
03:45	110,0	126,6	155,1	65,4	147,8		Tagesmittelwert	137,3	146,8	154,0	90,5	105,7
04:00	99,8	135,2	154,8	63,9	145,0							
04:15	90,8	141,8	155,5	64,2	140,5		Tagesmaximum	215,4	222,0	200,4	163,9	161,1
04:30	84,4	146,6	158,0	67,7	134,7							

Bild 10.5: Der Aufbau der Tagesdateien für die Messdaten

Bei der Protokollierung der Daten wird angenommen, dass die Datenreihen A1, A2 und A3 inhaltlich zusammengehören. Daher werden A1 bis A3 im Tagesprotokoll in einem einzigen Diagramm dargestellt (siehe Bild 10.6). Im Monatsprotokoll war das aus Gründen der Übersichtlichkeit nicht mehr möglich, weil in den Diagrammen für jede Datenreihe sowohl der Tagesmittelwert als auch das Tagesmaximum in einem eigenen Linienzug dargestellt werden (siehe Bild 10.7).

10.3.2 Programmcode

Überblick über die Komponenten von Chart.xls

Die Excel-Datei Chart.xls besteht aus den folgenden Arbeitsblättern:

»Intro«:	Tabellenblatt mit einigen Informationen zur Bedienung der Anwendung.
»DailyReport«:	Tabellenblatt, in dem das Tagesprotokoll aufgebaut wird. Die darin enthaltenen Diagramme werden für jedes neue Protokoll gelöscht und neu aufgebaut.
»MonthlyReport«:	Tabellenblatt, in dem das Monatsprotokoll aufgebaut wird. Die darin enthaltenen Diagramme sind endgültig, sie werden im Programmcode nicht mehr verändert. Durch den Programmcode wird nur der Inhalt der Zellen B9:M39 verändert.
»DataTemplate«:	Tabellenblatt, das als Vorlage für die Dateien mit den simulierten Testdaten dient.

Der Aufbau der Tabellenblätter darf nicht verändert werden, da im Programmcode direkt auf bestimmte Zellen zugegriffen wird.

Der Programmcode verteilt sich auf folgenden Module:

»DieseArbeitsmappe«:	Menü beim Laden anzeigen, beim Schließen wieder entfernen.
»FormDateInput«:	Dialog zur Eingabe eines Datumsbereichs.
»MenuEvents«:	Ereignisprozeduren zu den Menükommandos.
»CreateDateFiles«:	Prozeduren zur Erzeugung der Testdaten.
»CreateReports«:	Prozeduren zum Aufbau und Ausdruck der Tages- und Monatsprotokolle.

Auf den folgenden Seiten werden die interessantesten Details des Programmcodes beschrieben. Dabei wird dieselbe Reihenfolge wie bei der Bedienung des Programms (Testdaten erzeugen, Tagesprotokoll, Monatsprotokoll) eingehalten. Der Code demonstriert nicht nur verschiedene Möglichkeiten der Diagrammprogrammierung, er zeigt auch, wie Sie Daten aus mehreren Excel-Dateien konsolidieren können, wenn die Excel-Funktion DATEN | KONSOLIDIEREN für Ihre Anwendungen zu wenig flexibel ist.

Testdaten erzeugen

Der Programmteil zur Erzeugung der Testdaten ist insofern von geringem Interesse, als er in einer praktischen Anwendung wegfällt (dort gibt es »echte« Daten). Im vorliegenden Beispiel erzeugt *GenerateDailyWorksheet* eine neue Excel-Datei auf Basis der Mustertabelle im Blatt »DataTemplate«. Dieses Muster enthält nicht nur diverse Formatierungsdaten, sondern auch einige Formeln zur Berechnung von Sechsstundenmittelwerten und -maxima sowie von Tagesmittelwerten und -maxima.

Die simulierten Testdaten werden auf der Basis von sechs überlagerten Sinusschwingungen unterschiedlicher Frequenz errechnet. Die Parameter dieser Funktionen (Amplitude, Frequenz und Phasenverschiebung) werden im globalen Feld *rndmat* gespeichert. Die globale Variable *rndInit* gibt an, ob dieses Feld gültige Werte enthält. Damit wird vermieden, dass die Zufallszahlen für jeden Tag neu ermittelt werden.

Die Zufallszahlen werden in der (hier nicht abgedruckten) Prozedur *InitRandomnumbers* initialisiert. Dabei wird versucht, für die drei Datenreihen A1, A2 und A3 ähnliche Werte zu wählen. Für jeden Tag neu wird die Prozedur *DailyRandomnumbers* aufgerufen. Diese Prozedur verändert die vorhandenen Werte des *zfmat*-Felds geringfügig, damit die Daten nicht allzu regelmäßig aussehen.

```
' Datei 10\Chart.xls, Module CreateDataFiles
Dim rndInit As Boolean    'ist Zufallszahlenmatrix initialisiert?
Dim rndmat#(5, 18)        'Zufallszahlenmatrix
Const Pi = 3.1415927
' Arbeitsmappe mit Protokollzahlen für einen Tag erzeugen
Function GenerateDailyWorksheet(dat As Date) As Boolean
  Dim filename$            'Dateiname der neue Arbeitsmappe
  Dim wb As Workbook       'Arbeitsmappe
  Dim ws As Worksheet      'Tabellenblatt in dieser Mappe
  Dim cell As Range        'Verweis auf erste Datenzelle im Blatt
  Dim i%, j%, k%           'Schleifenvariablen
  Dim x#, z As Date        'Zwischenspeicher, Zeit
  filename = ThisWorkbook.Path + "\d_" + _
    Format(dat, "yyyymmdd") + ".xls"
  Application.DisplayAlerts = False
  ' neue Arbeitsmappe erzeugen, 'Messdatenvorlage'-Blatt aus dieser
  ' Arbeitsmappe dorthin kopieren, alle anderen Blätter löschen
  Set wb = Workbooks.Add
  ThisWorkbook.Sheets("DataTemplate").Copy Before:=wb.Sheets(1)
  For i = wb.Sheets.Count To 2 Step -1
    wb.Sheets(i).Delete
  Next i
  wb.Sheets(1).Name = "Tabelle1"
  ' Zufallszahlen in das Tabellenblatt einfügen
  Set ws = wb.Worksheets(1)
```

10.3 Beispiel – Automatische Datenprotokollierung

```
  Set cell = ws.[A4]
  ws.[a1] = "Messdaten vom " & dat
  If Not rndInit Then InitRandomnumbers
  DailyRandomnumbers
  Application.Calculation = xlManual
  For i = 1 To 96                                       '00:00 bis 23:45
    z = dat + CDbl(#12:15:00 AM#) * (i - 1)
    cell.Cells(i, 1) = z
    cell.Cells(i, 1).NumberFormat = "hh:mm"
    For j = 1 To 5                                      'fünf Datenreihen
      x = rndmat(j, 0)
      For k = 1 To 18 Step 3
        x = x + rndmat(j, k) * (1 + Sin(rndmat(j, k + 1) * z + _
            rndmat(j, k + 2)))
      Next k
      cell.Cells(i, j + 1) = x
    Next j
  Next i
  Application.Calculation = xlAutomatic
  Application.DisplayAlerts = True
  On Error Resume Next
  ' vorhandene Datei löschen
  If Dir(filename) <> "" Then Kill filename
  wb.SaveAs filename
  wb.Close False
  If Err = 0 Then
    GenerateDailyWorksheet = True
  Else
    MsgBox "Es ist ein Fehler aufgetreten: " & Error
    GenerateDailyWorksheet = False
  End If
End Function
```

> **ANMERKUNG** Es kommt bei automatischen Messprozessen immer wieder vor, dass auf Grund eines Fehlers für einige Zeit (Stunden, eventuell auch Tage) Messdaten ausfallen. In der obigen Prozedur wurde auf das Simulieren von Fehlern verzichtet. Die Protokollierung durch *Daily-* oder *MonthlyReport* funktioniert aber auch dann, wenn Sie aus den erzeugten Dateien einige Zahlenwerte einfach löschen, oder wenn Sie ganze Tagesdateien löschen. Vorsicht ist bei der Berechnung von Mittelwerten geboten: Fehlende Messwerte dürfen nicht als 0-Werte berücksichtigt werden! Die Excel-Tabellenfunktion *MITTELWERT* verhält sich in dieser Beziehung vorbildlich und berücksichtigt nur jene Zellen des angegebenen Bereichs, die nicht leer sind. Nur wenn *alle* Messwerte eines Mittelwertbereichs fehlen, liefert sie als Ergebnis den Fehler »Division durch 0«.

Tagesprotokolle

Das Tagesprotokoll enthält drei Diagramme, in denen der exakte Verlauf der Messwerte eingetragen ist. Dabei werden die Kurven A1, A2 und A3 in einem einzigen Diagramm vereint. Damit Diagramme von mehreren Tagen problemlos miteinander verglichen werden können, ist eine einheitliche Skalierung erforderlich. Aus diesem Grund ist der Y-Bereich starr auf den Wertebereich von 0 bis 300 eingestellt. (Normalerweise ändert Excel die Skalierung automatisch und passt sie an den tatsächlich auftretenden Wertebereich an.) Mit in das Tagesprotokoll integriert wurden eine tabellarische Übersicht der Tagesmittelwerte und der Tagesmaxima der fünf Kurven.

Das Tagesprotokoll zu einem angegebenen Datum wird durch die Prozedur *DailyProtocol* erstellt. Die Diagramme werden dabei vollständig durch den Programmcode erzeugt und in das Tabellenblatt »DailyReport« eingefügt. Bereits vorhandene Diagramme dieses Tabellenblatts (vom letzten Protokoll) werden vorher gelöscht.

Die Prozedur öffnet die Datei mit den Tagesdaten und kopiert daraus einige Eckdaten (Tagesmittelwerte und -maxima) in das Tabellenblatt »DailyReport«. Außerdem wird die Überschrift des Protokolls mit dem jeweiligen Datum ergänzt.

Zur Erzeugung der neuen Diagramme werden zuerst drei leere *ChartObject*-Rahmen im Tabellenblatt platziert. Durch *ChartWizard* wird darin ein Diagramm erzeugt, das den tatsächlichen Ansprüchen einigermaßen entspricht. Die drei *ChartWizard*-Anweisungen unterscheiden sich nur dadurch, dass den Diagrammen unterschiedliche Zellbereiche aus der Tagesdatentabelle zugeordnet werden.

Anschließend beginnt mit der Formatierung der Diagramme die eigentliche Feinarbeit. Die drei Diagramme können dabei in einer Schleife einheitlich bearbeitet werden. Die Prozedur endet damit, dass die Tagesdatendatei geschlossen wird und das Tagesprotokoll mit *PrintOut* ausgedruckt wird. (Wegen der Option *Preview:=True* erfolgt der Ausdruck nur in Form einer Seitenansicht.)

```
' Datei 10\Chart.xls, Module CreateReports
Sub DailyProtocol(dat As Date)
  Dim filename$                 'Dateiname der Protokolldatei
  Dim protWBook As Workbook     'Arbeitsmappe der Protokolldatei
  Dim protWSheet As Worksheet   'Tabellenblatt in dieser Mappe
  Dim protRange As Range        'erste Datenzelle in diesem Blatt
  Dim chartWSheet As Worksheet  'Tabellenblatt mit Tagesdiagrammen
  Dim i%, chobj As ChartObject  'Schleifenvariablen
  Application.ScreenUpdating = False
  filename = ThisWorkbook.Path + "\d_" + _
    Format(dat, "yyyymmdd") + ".xls"
  If Dir(filename) = "" Then
    MsgBox "Die Datei " & filename & " existiert nicht. Bitte " & _
      "erzeugen Sie zuerst Testdaten!"
    Exit Sub
  End If
```

10.3 Beispiel – Automatische Datenprotokollierung

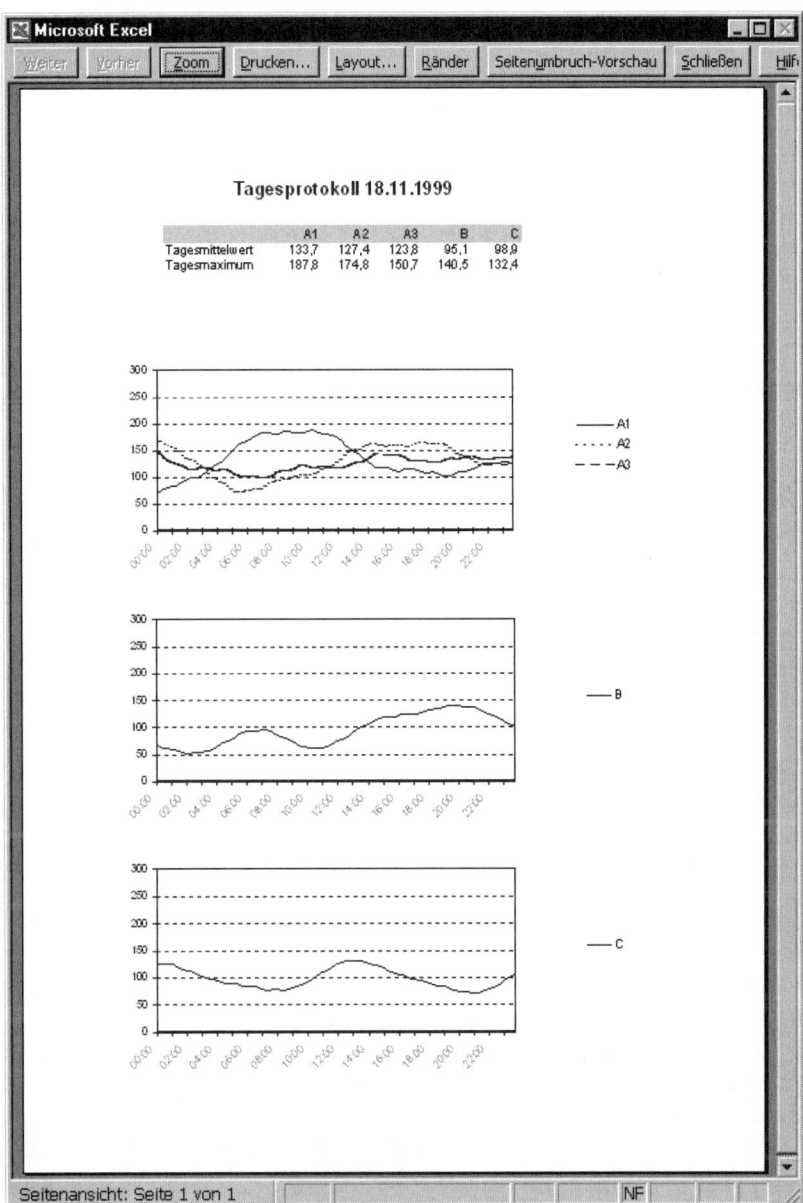

Bild 10.6: Ein Tagesprotokoll

```
Set protWBook = Workbooks.Open(filename)
Set protWSheet = protWBook.Worksheets(1)
Set protRange = protWSheet.[A4]
Set chartWSheet = ThisWorkbook.Worksheets("DailyReport")
```

```
' alle schon vorhandenen Diagramme dieses Blatts löschen
For Each chobj In chartWSheet.ChartObjects
  chobj.Delete
Next chobj
' Überschrift, Tagesmittelwerte und -maxima in Tabelle übertragen
chartWSheet.[ReportLabel] = "Tagesprotokoll " & dat
protWSheet.[I19:M19].Copy
chartWSheet.[DailyAverage].PasteSpecial xlValues
protWSheet.[I21:M21].Copy
chartWSheet.[DailyMax].PasteSpecial xlValues
' die drei Diagramme erstellen
For i = 1 To 3
  chartWSheet.ChartObjects.Add(30, 150 + 200 * (i - 1), 400, 185). _
    Name = "Tagesdaten " & i
  chartWSheet.ChartObjects("Tagesdaten " & i).Activate
  If i = 1 Then
    ActiveChart.ChartWizard protWSheet.[A3:D99], _
      xlLine, 4, xlColumns, 1, 1
  ElseIf i = 2 Then
    ActiveChart.ChartWizard protWSheet.[A3:A99,E3:E99], _
      xlLine, 4, xlColumns, 1, 1
  ElseIf i = 3 Then
    ActiveChart.ChartWizard protWSheet.[A3:A99,F3:F99], _
      xlLine, 4, xlColumns, 1, 1
  End If
Next i
' die Diagramme formatieren
For Each chobj In chartWSheet.ChartObjects
  chobj.Border.LineStyle = xlNone              'keine Umrahmung
  With chobj.Chart
    .HasTitle = False                          'kein Titel
    .PlotArea.Border.LineStyle = xlAutomatic   'Umrandung
    .PlotArea.Interior.ColorIndex = xlNone     'innen kein Muster
    .Axes(xlCategory).TickLabelSpacing = 8
    .Axes(xlCategory).TickMarkSpacing = 4      'Beschriftung
    .Axes(xlValue).MinimumScale = 0            ' und Skalierung
    .Axes(xlValue).MaximumScale = 300          ' der X-Achse
    .Axes(xlCategory).TickLabels.Orientation = 45 '45 Grad-Text
    For i = 1 To .SeriesCollection.Count       'Datenlinien
      .SeriesCollection(i).Border.ColorIndex = 1
      .SeriesCollection(i).Border.Weight = xlThin
      .SeriesCollection(i).Border.LineStyle = xlContinuous
      .SeriesCollection(i).MarkerStyle = xlNone
    Next i
```

```
        If .SeriesCollection.Count > 2 Then       '2. und 3.
          .SeriesCollection(2).Border.LineStyle = xlDot   'Linienzug
          .SeriesCollection(3).Border.LineStyle = xlDash  'optisch
        End If                                    'unterscheiden
        ' Größe des eigentlichen Diagramms und der Legende
        .PlotArea.Left = 5
        .PlotArea.Top = 5
        .PlotArea.Width = 290
        .PlotArea.Height = 140
        .Legend.Left = 340
        .Legend.Width = 50
        .Legend.Border.LineStyle = xlNone
      End With
    Next chobj
    ActiveWindow.Visible = False  'Diagramm deaktivieren
    protWBook.Close
    chartWSheet.PrintOut Preview:=True
End Sub
```

Monatsprotokolle

Die Monatsprotokolle sind etwas aufwendiger als die Tagesprotokolle gestaltet und beanspruchen insgesamt drei Seiten. Die erste Seite besteht aus einer Übersicht aller Tagesmittelwerte und -maxima sowie aus den daraus resultierenden Monatsmittelwerten und -maxima. Die beiden folgenden Seiten enthalten drei bzw. zwei Diagramme mit dem Verlauf der Mittelwerte bzw. der Maxima. Die Kurvenzüge für die Mittelwerte sind dabei geglättet (Kurvenzug anklicken, Kontextmenü DATENREIHEN FORMATIEREN|MUSTER, Option LINIE GLÄTTEN). Bild 10.7 zeigt die zweite Seite des Monatsprotokolls mit den Kurvenzügen für die Messwerte A1 bis A3.

Zur der Erzeugung des Monatsprotokolls wurde eine vollkommen andere Vorgehensweise als beim Tagesprotokoll gewählt. Die Diagramme wurden (per Maus) im Tabellenblatt »MonthlyReport« angelegt und werden von der Prozedur *MonthlyProtocol* überhaupt nicht angerührt. *MonthlyProtocol* verändert lediglich jene Datenzellen, auf die die fertigen Diagramme zugreifen.

Diese Vorgehensweise hat Vor- und Nachteile: Der Vorteil besteht darin, dass der Programmieraufwand viel geringer ist. Sie können also auch mit minimaler Erfahrung bei der Diagrammprogrammierung zu guten Ergebnissen gelangen. Den Nachteil bemerken Sie dann, wenn Sie versuchen, fünf gleiche Diagramme per Mausklick zu erzeugen. Das ist beinahe ebenso mühsam wie die Programmierung! (Selbst dann, wenn Sie zuerst ein Diagramm erstellen, dieses dann kopieren und nur noch die Zellbereiche der Datenreihen verändern.) Außerdem ist diese Vorgehensweise natürlich nur dann möglich, wenn das Diagramm wie im vorliegenden Beispiel von den Daten weitgehend unabhängig ist. Wenn dagegen die Anzahl der Datenreihen, die Anzahl der Datenpunkte, der Wertebereich der Datenreihen etc. variieren, dann führt kein Weg an einem »echten« Programm vorbei.

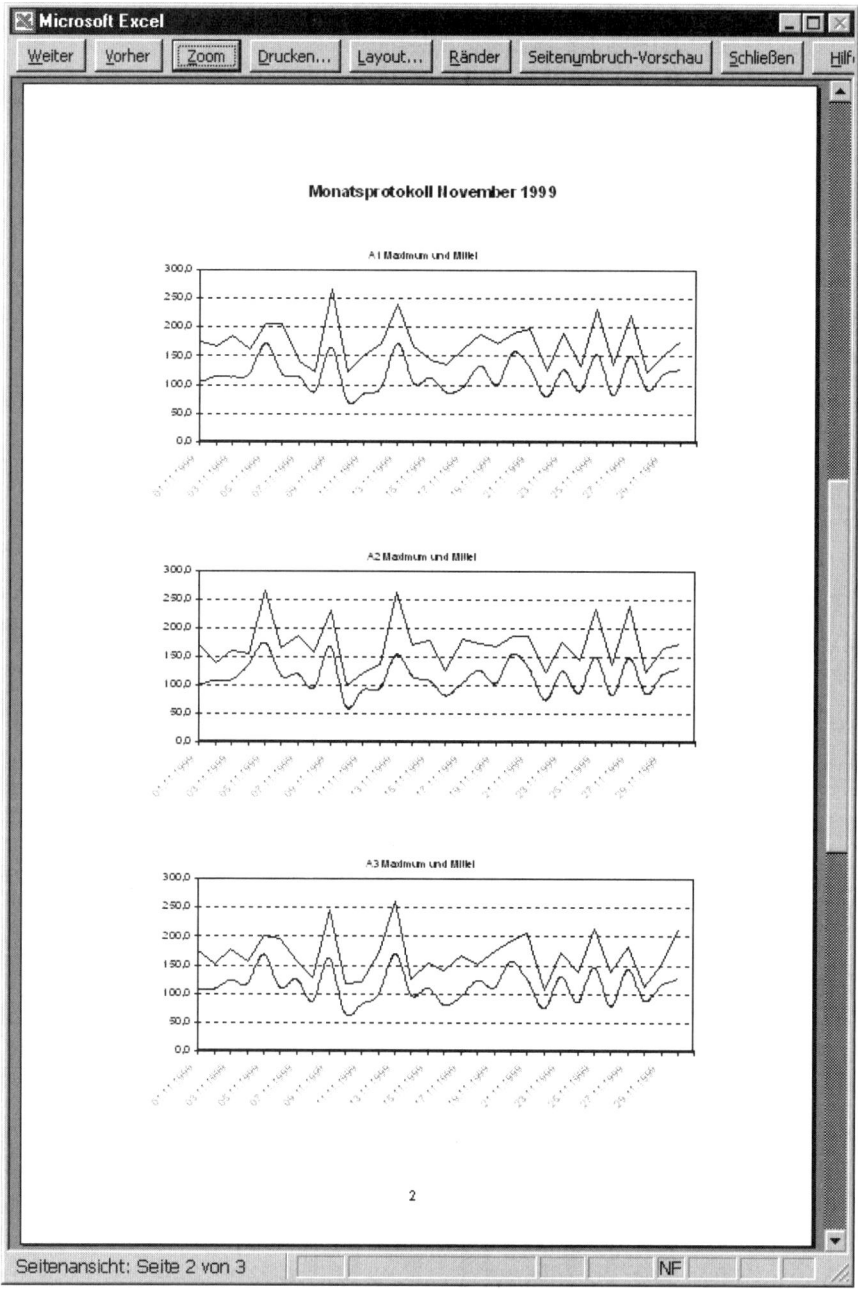

Bild 10.7: Eine Seite aus dem dreiseitigen Monatsprotokoll

10.3 Beispiel – Automatische Datenprotokollierung

> **ANMERKUNG**
> Die Diagramme gehen von 31 Tagen aus. Bei den Monaten mit weniger Tagen bleiben am rechten Diagrammrand ein bis drei Datenpunkte leer. Dadurch wird zwar der zur Verfügung stehende Raum nicht ganz optimal genutzt, dafür ergibt sich aber ein wesentlicher Vorteil: Die Skalierung der X-Achse ist unabhängig von der Anzahl der Tage pro Monat. Die Diagramme sind damit besser vergleichbar.

Nun zum Programmcode, der aus den oben genannten Gründen keine einzige Zeile mit diagrammtypischen Anweisungen enthält. Die Prozedur ist eher ein Beispiel dafür, wie Daten aus bis zu 31 Dateien in einer einzigen Tabelle konsolidiert werden können. Die einzelnen Dateien werden dazu nicht geöffnet, vielmehr wird in Formeln der Art *='C:\Eigene Dateien\Test\[D_970101.XLS]Tabelle1'!$L$19* direkt auf einzelne Zellen anderer Tabellen zugegriffen. Diese Form des Datenzugriffs geht überraschend schnell vor sich. Die Erstellung des Monatsprotokolls dauert kaum länger als jene des Tagesprotokolls.

Der komplizierteste Teil der Prozedur betrifft die Erzeugung dieser Formeln, die durch die Veränderung der *FormulaR1C1*-Eigenschaft der jeweiligen Zellen in die Tabelle eingetragen werden. Die Formeln müssen relativ mühsam als Zeichenketten erstellt werden. Das R1C1-Format ist für solche Aufgaben besser geeignet, weil so zumindest die Umwandlung von Spaltennummern in Buchstaben entfällt.

```
Sub MonthlyProtocol(dat As Date)
  Dim sdat As Date, edat As Date  'Start- und Enddatum
  Dim nrdays As Integer           'Anzahl der Tage
  Dim chartWSheet As Worksheet    'Tabellenblatt mit Monatsdiagrammen
  Dim chartRange As Range         'erste Datenzelle in diesem Blatt
  Dim z As Date, i%, j%           'Schleifenvariablen
  Dim filename As String
  sdat = DateSerial(Year(dat), Month(dat), 1)
  nrdays = DateSerial(Year(dat), Month(dat) + 1, 1) - _
           DateSerial(Year(dat), Month(dat), 1)
  edat = dat + nrdays - 1
  ThisWorkbook.Activate
  Set chartWSheet = ThisWorkbook.Worksheets("MonthlyReport")
  chartWSheet.Activate
  chartWSheet.[a1].Select
  Set chartRange = chartWSheet.[B9]
  ' Monatstabelle aufstellen
  Application.Calculation = xlManual
  chartWSheet.[B1] = "Monatsprotokoll " & Format(dat, "mmmm yyyy")
  For i = 1 To nrdays
    z = dat + i - 1
    chartRange.Cells(i, 1) = z
    filename = ThisWorkbook.Path + "\d_" + _
      Format(z, "yyyymmdd") + ".xls"
```

```
    If Dir(filename) = "" Then
      For j = 1 To 5
        chartRange.Cells(i, 1 + j).FormulaR1C1 = ""
        chartRange.Cells(i, 7 + j).FormulaR1C1 = ""
      Next j
    Else
      filename = "='" & ThisWorkbook.Path + _
        "\[d_" + Format(z, "yyyymmdd") & ".xls]Tabelle1'"
      For j = 1 To 5
        chartRange.Cells(i, 1 + j).FormulaR1C1 = _
          filename & "!R19C" & 8 + j
        chartRange.Cells(i, 7 + j).FormulaR1C1 = _
          filename & "!R21C" & 8 + j
      Next j
    End If
  Next i
  If nrdays < 31 Then
    For i = nrdays + 1 To 31
      For j = 1 To 12
        chartRange.Cells(i, j).ClearContents
      Next j
    Next i
  End If
  Application.Calculate
  chartWSheet.Range("B9:M39").Copy
  chartWSheet.Range("B9:M39").PasteSpecial Paste:=xlValues
  Application.CutCopyMode = False
  chartWSheet.PrintOut Preview:=True
  Application.Calculation = xlAutomatic
End Sub
```

Nachdem alle Verweise in die Tabelle eingetragen und die Tabelle auf dieser Basis neu berechnet wurde, wird der gesamte Zellbereich in die Zwischenablage kopiert. Mit *PasteSpecial* werden anschließend nur die Zahlenwerte (anstatt der Formeln) eingetragen. Dieser Vorgang spart Speicher und erhöht die weitere Verarbeitungsgeschwindigkeit. Außerdem kommt Excel nicht auf die Idee, bei der nächsten Gelegenheit zu fragen, ob es die vorhandenen Verweise aktualisieren soll.

Die Prozedur endet wie *DailyProtocol* mit dem Ausdruck der Tabelle samt den fünf darin enthaltenen Diagrammen. Bei der Layout-Gestaltung der Tabelle mit DATEI| SEITE EINRICHTEN wurde übrigens als Kopfzeile »keine« und als Fußzeile eine Seitennummer eingestellt (weil das Protokoll ja immerhin drei Seiten lang ist).

Menüverwaltung

Die Menüverwaltung liefert gegenüber den Beispielen der vorangegangenen Kapitel keine neuen Informationen mehr, weswegen auf den Abdruck der Ereignisprozeduren verzichtet wird. Das Menü ist als eigenes *CommandBar*-Objekt realisiert. Es wird beim Laden von Chart.xls in *Workbook_Open* sichtbar gemacht und in *Workbbook_BeforeClose* wieder verborgen.

Dialogverwaltung

Der Dialog *FormDateInput* wird universell für die drei Kommandos PROTOKOLL|TEST-DATEN ERZEUGEN, ...|TAGESPROTOKOLL und ...|MONATSPROTOKOLL verwendet. Je nach Verwendungszweck wird der Text im Textfeld *lblInfo* geändert. Durch die Prozeduren *ProtocolMenu_GenerateNewFiles*, *_DailyProtocol* und *_MonthlyProtocol*, von denen hier nur eine abgedruckt ist, werden außerdem die Texte in den Textfeldern *txtFrom* und *txtTo* voreingestellt.

Die beiden Daten können durch Drehpfeile vergrößert bzw. verkleinert werden. Dazu werden die Drehwerte auf 0 voreingestellt. Der zulässige Wertebereich geht von -1000 bis 1000, Sie können also das Datum theoretisch um plus/minus 1000 Tage verändern. (Theoretisch deswegen, weil Sie kaum so viel Geduld aufbringen werden. Viel schneller geht es, wenn Sie das Datum einfach per Tastatur eingeben.)

```
' Datei 10\Chart.xls, Module MenuEvents
' Menükommando, um Monatsprotokoll erzeugen
Sub ChartSampleMenu_MonthlyProtocol()
  Dim dat As Date, lastmonth As Integer
  lastmonth = -1
  With FormDateInput
    .dat1 = DateSerial(Year(Now), Month(Now), 1)
    .dat2 = DateSerial(Year(Now), Month(Now), _
            DateSerial(Year(Now), Month(Now) + 1, 1) - _
            DateSerial(Year(Now), Month(Now), 1))
    .txtFrom = CStr(.dat1)
    .txtTo = CStr(.dat2)
    .spinTo = 0: .spinFrom = 0
    .lblInfo = "Geben Sie an, für welchen Datumsbereich Sie " & _
       "Monatsprotokolle erstellen und ausdrucken möchten."
    .Show
    If .result = False Then Exit Sub
    ' Testdaten erzeugen
    Application.ScreenUpdating = False
    Application.DisplayStatusBar = True
```

```
        For dat = CDate(.txtFrom) To CDate(.txtTo)
          If lastmonth <> Month(dat) Then
            Application.StatusBar = "Monatsprotokoll vom " & _
               Format(dat, "mmmm yyyy") & " erzeugen"
            MonthlyProtocol CDate(dat)
            lastmonth = Month(dat)
          End If
        Next dat
        Application.StatusBar = False
        Application.DisplayStatusBar = False
    End With
End Sub
```

Sofern die Eingabe mit OK abgeschlossen und in *btnOK_Click* kein Eingabefehler entdeckt wurde, werden in einer Schleife alle Tage des Datumbereichs durchlaufen. Jedes Mal, wenn sich dabei der Monat ändert, wird *MonthlyProtocol* aufgerufen. Zugegebenermaßen ist dieser Algorithmus nicht übermäßig raffiniert programmiert – es ist aber sicherlich die einfachste Lösung, die für beliebige Zeitbereiche funktioniert (auch für mehr als 12 Monate). Eine Berechnung des Monatsersten jedes neuen Monats würde vermutlich mehr Zeit beanspruchen als ein einfaches Durchlaufen aller Tage. Auf jeden Fall hätte es ein bisschen mehr Denkaufwand beim Programmieren bedeutet, und Programmierer sind bekanntermaßen nicht immer zum Denken aufgelegt ...

Die eigentlichen Dialogereignisprozeduren fallen vergleichsweise kurz und trivial aus. Beachten Sie bitte, dass das Drehfeld nicht synchronisiert wird, wenn im Textfeld ein neues Datum per Tastatur eingegeben wird. Aus diesem Grund ist es nicht möglich, ein über die Tastatur eingegebenes Datum anschließend mit dem Drehfeld zu verändern.

```
' Ereignisprozeduren zum Formular für die Datumseingabe
Option Explicit
Public result As Boolean, dat1 As Date, dat2 As Date
Private Sub btnCancel_Click()
  result = False
  Hide
End Sub

Private Sub btnOK_Click()
  If IsDate(txtFrom) And IsDate(txtTo) Then
    result = True
    Hide
  Else
    MsgBox "Ungültige Datumseingabe!"
  End If
End Sub
```

```
Private Sub spinFrom_Change()
  txtFrom = CStr(dat1 + spinFrom)
End Sub

Private Sub spinTo_Change()
  txtTo = CStr(dat2 + spinTo)
End Sub
```

10.4 Syntaxzusammenfassung Diagramme

Dieser Abschnitt fasst wirklich nur die allerwichtigsten Objekte, Methoden und Eigenschaften zusammen. Eine Zusammenfassung der Objekthierarchie aller Diagrammobjekte finden Sie in Kapitel 16. Dort sind auch alle Objekte (in alphabetischer Reihenfolge) kurz beschrieben. In den folgenden Syntaxboxen steht *wb* als Abkürzung für ein *Workbook*-Objekt, *ws* für ein *Worksheet*-Objekt, *chobj* für ein *ChartObject*-Objekt und *ch* für ein *Chart*-Objekt.

Diagrammobjekte	
ws.ChartObjects(..)	eingebettetes Diagrammobjekt auswählen
ws.ChartObjects.Add ..	neuen (leeren) Diagrammrahmen
chobj.Select	entspricht einfachem Mausklick
chobj.Activate	entspricht doppeltem Mausklick
ActiveWindow.Visible = False	deaktivieren
chobj.Chart	verweist auf Diagrammobjekt
chobj.Copy	Diagrammobjekt samt Diagramm kopieren
ws.Paste: Selection.Name = ".."	Diagrammobjekt samt Diagramm einfügen
chobj.Duplicate.Name = ".."	vorhandenes Diagrammobjekt duplizieren
chobj.Delete	Diagrammobjekt samt Diagramm löschen

Diagramme	
ActiveChart	verweist auf aktives Diagramm
wb.Charts(..).Select	wählt Diagrammblatt aus
ch.ChartArea.Copy	kopiert Diagramminhalt
ch.Paste	fügt Diagramminhalt ein
ch.ChartArea.Clear	löscht gesamtes Diagramm
ch.ChartArea.ClearContents	löscht nur die Daten
ch.ChartArea.ClearFormats	löscht nur die Formate
ch.ChartWizard ...	Diagramm mit Assistenten erzeugen
ch.ApplyCustomType ...	benutzerdefiniertes Format verwenden
Application.AddChartAutoFormat ...	neues benutzerdefiniertes Format speichern

ch.CopyPicture	kopiert Diagramm als Grafik oder Bitmap in die Zwischenablage
ch.Export	speichert das Diagramm in einer Grafikdatei
ch.PrintOut	druckt das Diagramm aus
ch.ChartArea	verweist auf Gesamthintergrund
ch.PlotArea	verweist auf Hintergrund der Grafik
ch.Floor, ch.Walls	verweist auf Boden und Wände (3D-Diagramme)
ch.ChartTitle	verweist auf Diagrammtitel
ch.Legend	verweist auf Legende
ch.Axes(..)	verweist auf Achsen
ch.SeriesCollection(..)	verweist auf Datenreihen

10.5 Zeichnungsobjekte (Shapes)

Überblick

Das *Shape*-Objekt dient primär zur Darstellung von AutoFormen (Linien, Rechtecke, Pfeile, Sterne etc. – siehe Symbolleiste ZEICHNEN). Es löst damit die diversen Zeichnungsobjekte aus Excel 5/7 ab. Verwirrung stiftet allerdings die große Anzahl verwandter Objekte.

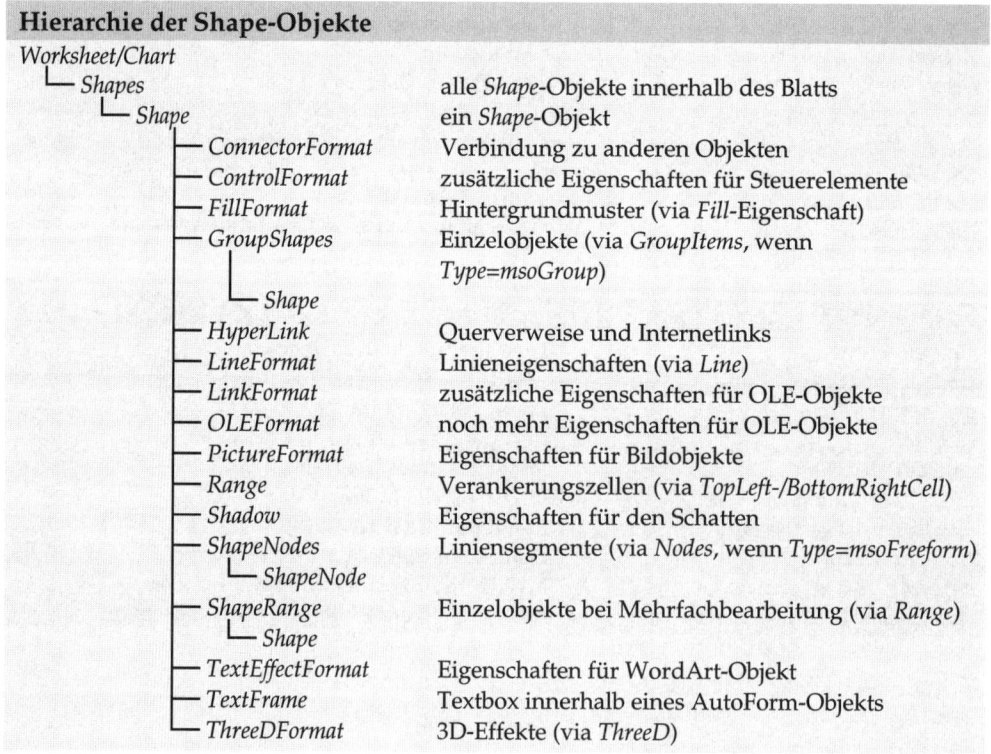

10.5 Zeichnungsobjekte (Shapes)

Die *Shapes*-Aufzählung ermöglicht den Zugriff auf alle *Shape*-Objekte eines Tabellen- oder Diagrammblatts. Zum Einfügen neuer Zeichnungsobjekte stehen eine ganze Reihe von Methoden zur Verfügung – *AddShape* für AutoFormen, *AddLine* für Linien und Pfeile etc.

ShapeRange ermöglicht die gemeinsame Bearbeitung mehrerer *Shape*-Objekte (in gleicher Weise, als wären diese Objekte mit Shift und Maus markiert).

Freihandformen (also etwa frei gezeichnete Linienzüge) stellen eine Sonderform von *Shape*-Objekten dar. In diesem Fall verweist die Eigenschaft *ShapeNodes* auf eine gleichnamige Auflistung von **ShapeNode**-Objekten. Diese Objekte enthalten unter anderem die Koordinatenpunkte der einzelnen Liniensegmente.

Ein *Shape*-Objekt wird auch zur Verwaltung einer so genannten Gruppe verwendet (im interaktiven Betrieb: Kontextmenükommandos GRUPPIERUNG). In diesem Fall führt die Eigenschaft *GroupItems* zu einem **GroupShape**-Objekt, das seinerseits die Verwaltung der Gruppenelemente übernimmt. Als Gruppenelemente kommen nicht nur *Shape*-Objekte in Frage, sondern auch Diagramme, OLE-Objekte etc.

Shape wird schließlich zur Verwaltung vollkommen fremder Objekte verwendet – etwa für MS-Forms-Steuerelemente (*Type=msoOLEControlObject*). In diesem Fall steht *Shape* zwischen dem Tabellen- und Diagrammblatt und dem eigentlichen Objekt. *Shape* kümmert sich dann unter anderem um die Positionierung des Steuerelements. Zur Kommunikation zwischen Blatt und Steuerelement wird das **ControlFormat**-Objekt verwendet, das über die gleichnamige Eigenschaft von *Shape* angesprochen wird. *ControlFormat* ist zumeist transparent, weil dessen Eigenschaften im Eigenschaftsfenster des Steuerelements auftauchen und wie Steuerelementeigenschaften verwendet werden können.

Shape-Eigenschaften

Objekttyp: Die zwei wichtigsten Eigenschaften sind sicherlich *Type* und *AutoShapeType*. Wenn für *Type=msoAutoShape* eingestellt wird, dann kann mit *AutoShapeType* einer der zahllosen AutoForm-Typen angegeben werden (es gibt über 130!). Wenn durch das *Shape*-Objekt dagegen keine AutoForm repräsentiert wird, wird der Objekttyp durch die *msoShapeType*-Konstanten angegeben. Elemente wie *msoChart*, *msoComment*, *msoEmbeddedOLEObject*, *msoFreeForm*, *msoGroup*, *msoOLEControlObject* oder *msoTextBox* beweisen, dass Excel-intern jedes Objekt, das sich außerhalb einer Zelle befindet, durch *Shape*-Objekte verwaltet wird.

Positionierung: Zu jedem Objekt wird der linke obere Eckpunkt (*Left* und *Top*) sowie Breite und Höhe (*Width* und *Height*) gespeichert. Diese Koordinaten beziehen sich auf das linke obere Eck des Dialogs bzw. Tabellenblatts. *TopLeftCell* und *BottomRightCell* geben darüber hinaus die Zellen unter dem linken oberen bzw. unter dem rechten unteren Eck an. *Placement* bestimmt, wie sich das Steuerelement bei einer Veränderung der Tabelle verhalten soll (*xlMoveAndSize*, *xlMove* oder *xlFreeFloating*).

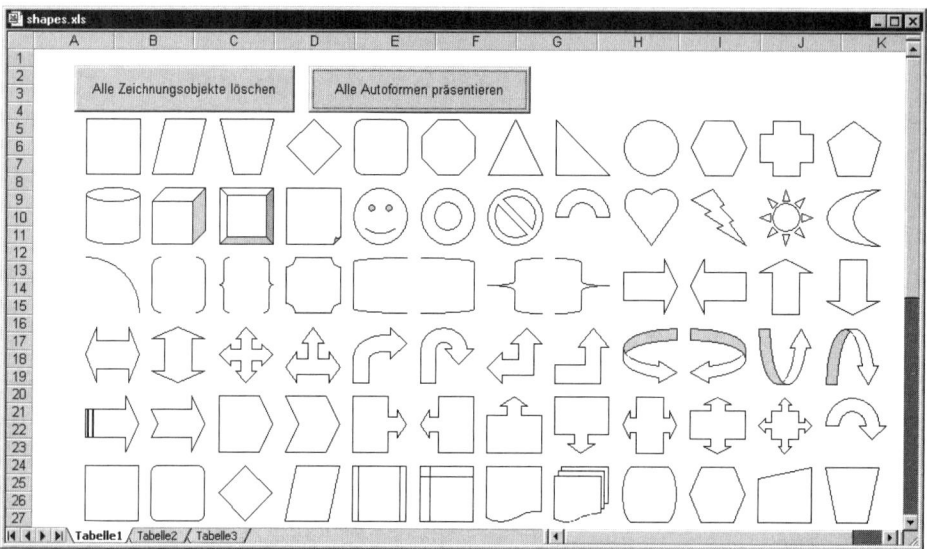

Bild 10.8: Ein Teil der vordefinierten AutoFormen

Format: Die Möglichkeiten zur optischen Gestaltung sind beinahe grenzenlos. Jede der folgenden Eigenschaften führt auf ein eigenes Objekt (dessen Name in Klammern angegeben wird, wenn er vom Eigenschaftsnamen abweicht): *Adjustments*, *Callout* (*CalloutFormat*), *Fill* (*FillFormat*), *Hyperlink*, *Line* (*LineFormat*), *PictureFormat*, *Shadow* (*ShadowFormat*), *TextEffect* (*TextEffectFormat*), *TextFrame* und *ThreeD* (*ThreeDFormat*). Ob dieser Überfluss an Objekten nicht zu viel des Guten ist?

Sonstiges: Je nachdem, welche Objekte durch *Shape* repräsentiert werden, stehen weitere Eigenschaften zur Verfügung: *ConnectorFormat* (wenn das Objekt mit anderen Objekten verbunden ist), *ControlFormat* (bei Steuerelementen), *GroupItems* (bei Objektgruppen), *Nodes* (bei Freihandobjekten) sowie *LinkFormat* und *OLEFormat* (bei OLE-Objekten).

> **HINWEIS** Beachten Sie, dass die *Shape*-Objekte zwar in der Excel-Bibliothek definiert sind, die zugeordneten Konstanten allerdings in der Office-Bibliothek. Nach dem Laden alter Excel-5-/-7-Dateien ist die Office-Bibliothek normalerweise nicht aktiviert – dies muss mit EXTRAS|VERWEISE erfolgen.

Beispiel

Die Zeichnungsobjekte aus Bild 10.8 wurden mit der Schleife in *btnShowAllAutoShapes_Click* erzeugt. Kurz zur Syntax von *AddShape*: der erste Parameter gibt den AutoForm-Typ an (1 bis 137), die vier folgenden Parameter bestimmen Ort (*Left*/*Top*) und Größe (*Width*/*Height*) des Objekts. Das Koordinatensystem beginnt in der linken oberen Ecke des Tabellenblatts.

10.5 Zeichnungsobjekte (Shapes)

```
' Datei 10\Shapes.xls, Tabelle1
Private Sub btnShowAllAutoShapes_Click()
  Dim i&
  For i = 0 To 136
    ActiveSheet.Shapes.AddShape i + 1, _
      40 + 50 * (i Mod 12), 50 + 50 * (i \ 12), 40, 40
  Next
End Sub
```

Um die Zeichnungsobjekte wieder zu löschen, dient die folgende Prozedur. Entscheidend ist dabei der *Type*-Test: ohne ihn würden auch die Buttons aus dem Tabellenblatt gelöscht!

```
Private Sub btnDeleteShapes_Click()
  Dim s As Shape
  For Each s In ActiveSheet.Shapes
    If s.Type = msoAutoShape Or s.Type = msoLine Then s.Delete
  Next
End Sub
```

Die Prozedur *btnStar_Click* zeichnet einen Stern aus bunten Pfeilen. Beachten Sie, dass Pfeile nicht zu den AutoFormen zählen, sondern eine eigene *Shape*-Kategorie bilden. Aus diesem Grund muss *AddLine* statt *AddShape* eingesetzt werden. *ForeColor* verweist auf ein *ColorFormat*-Objekt, mit dem die Farbe des Objekts eingestellt werden kann.

> **HINWEIS**
> Der Programmcode lässt vermuten, dass in Excel unbeschränkt viele Farben zur Verfügung stehen. Leider ist das nicht der Fall. Vielmehr steht nur eine Palette von 56 Farben zur Verfügung (offenbar ein Relikt von frühen Excel-Versionen). Daher bewirkt die Zuweisung einer *RGB*-Farbe nur, dass die am ehesten passende Farbe aus dieser Palette ausgewählt wird.

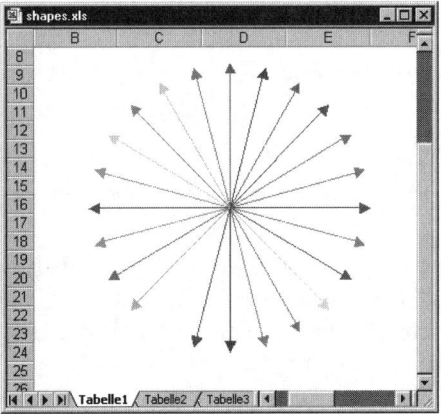

Bild 10.9: Ein Stern aus bunten Pfeilen

```
Private Sub btnStar_Click()
  Dim degree#
  Dim s As Shape
  Const Pi = 3.1415927
  Randomize
  For degree = 0 To 2 * Pi Step Pi / 12
    Set s = ActiveSheet.Shapes.AddLine(200, 200, _
       200 + 100 * Sin(degree), 200 + 100 * Cos(degree))
    s.Line.EndArrowheadStyle = msoArrowheadTriangle
    s.Line.EndArrowheadLength = msoArrowheadLengthMedium
    s.Line.EndArrowheadWidth = msoArrowheadWidthMedium
    s.Line.ForeColor.RGB = RGB(Rnd * 255, Rnd * 255, Rnd * 255)
  Next
End Sub
```

10.6 Organigramme und andere Diagramme

Beginnend mit Excel 2002 können Sie mit EINFÜGEN|SCHEMATISCHE DARSTELLUNG Organigramme sowie fünf weitere Diagrammtypen in ein Excel-Tabellenblatt einfügen (Zyklusdiagramm, Radialdiagramm, Pyramidendiagramm, Venn-Diagramm und Zieldiagramm). Diese Diagramme erscheinen in einer Grundform und können dann durch eigene Texte, Formatierungen und zusätzliche Subobjekte erweitert werden. Bei der Bearbeitung der Diagramme helfen die ORGANIGRAMM-Symbolleiste (nur für Organigramme) bzw. die DIAGRAMM-Symbolleiste (bei den anderen fünf Diagrammtypen).

Um Diagramme per VBA-Programmierung zu erzeugen bzw. zu verändern, müssen Sie die neuen *DiagramXxx*-Objekte einsetzen, die im Mittelpunkt dieses Abschnitts stehen: *Diagram* beschreibt ein gesamtes Diagramm, *DiagramNode* eines seiner Elemente. Die Aufzählungen *DiagramNodes* und *DiagramNodeChildrens* helfen bei der Verwaltung der Diagrammelemente.

> HINWEIS
>
> Bevor Sie sich auf das Abenteuer der *Diagram*-Programmierung einlassen, einige Anmerkungen:
>
> - Die Makroaufzeichnung funktioniert weder beim Erzeugen noch beim Verändern von Geschäftsdiagrammen. Das macht die Erforschung der *Diagram*-Objekte zu einem mühsamen Unterfangen.
> - Auch die *Diagram*-Objekte selbst sind offensichtlich unausgereift. Ein besonders augenscheinlicher Mangel: Selbst erzeugte Diagramme können nicht beschriftet werden, die Beschriftung vorhandener Diagramme kann nicht geändert werden.
> - Speichern Sie Ihr Projekt regelmäßig! Ich habe beim Experimentieren gleich eine ganze Reihe von Abstürzen erlebt.

Diagramm erzeugen

Um ein neues Geschäftsdiagramm zu erzeugen, verwenden Sie die Methode *AddDiagram* des *Shapes*-Objekts. Dabei müssen Sie den gewünschten Diagrammtyp (*msoDiagramXxx*-Konstante) sowie Position und Größe angeben. Als Resultat erhalten Sie ein *Shape*-Objekt, dessen Eigenschaft *Diagram* auf das gleichnamige *Diagram*-Objekt verweist.

```
Dim s As Shape
Dim d As Diagram
Dim ws As Worksheet
Set ws = Worksheets(1)
Set s = ws.Shapes.AddDiagram(msoDiagramRadial, 10, 10, 200, 100)
Set d = s.Diagram
```

Diagrammelemente hinzufügen

Ein neues Geschäftsdiagramm ist – unabhängig von seinem Typ – vorerst leer. Der nächste Schritt besteht also darin, das Diagramm mit Elementen (mit *DiagramNode*-Objekten) zu füllen. Bei ersten Experimenten irritiert, dass das *Diagram*-Objekt zwar mit der Eigenschaft *Nodes* auf eine *DiagramNodes*-Aufzählung zeigt, diese Aufzählung aber nicht (wie sonst üblich) über eine *Add*-Methode verfügt.

Die Beispielprogramme in der Hilfe zeigen schließlich den einzig zielführenden (aber vollkommen unlogischen) Weg: Wenn Sie mit *AddDiagram* ein neues Diagramm erzeugen, erhalten Sie ein *Shape*-Objekt zurück (siehe oben): Für dieses Objekt gibt es die Eigenschaft *DiagramNode*, die auf ein Objekt diesen Typs verweist. Offensichtlich wird zusammen mit jedem *Diagram*-Objekt ein unsichtbares und gewissermaßen virtuelles *DiagramNode*-Objekt erzeugt, das als Startpunkt für das Hinzufügen weiterer Elemente dient. (*Diagram.Nodes.Count* liefert allerdings 0.)

Die weitere Vorgehensweise hängt vom Diagrammtyp ab: Bei Organigrammen und Radialdiagrammen muss zuerst genau ein Wurzelobjekt erzeugt werden. Alle weiteren Objekte werden als untergeordnete Objekte (*Children*) zu diesem Objekt hinzugefügt. Die folgenden Zeilen erzeugen ein Radialdiagramm mit einem Kreis in der Mitte (*root*) und drei damit verbundenen Kreisen rundherum (*child1* bis *child3*).

```
' ws verweist auf ein Worksheet-Objekt
' für msoDiagramRadial und msoDiagramOrgChart
Dim s As Shape
Dim root As DiagramNode, child1 As DiagramNode, _
    child2 As DiagramNode, child3 As DiagramNode
Set s = ws.Shapes.AddDiagram(msoDiagramRadial, 10, 10, 200, 100)
Set startnode = s.DiagramNode
Set root = startnode.Children.AddNode
Set child1 = root.Children.AddNode
Set child2 = root.Children.AddNode
Set child3 = root.Children.AddNode
```

Bei den anderen Diagrammtypen befinden sich dagegen alle Diagrammobjekte auf gleicher Ebene. Hier sieht die Vorgehensweise wie im folgenden Beispiel aus, dass ein vierteiliges Pyramidendiagramm erzeugt.

```
' msoDiagramPyramid, msoDiagramCycle, msoDiagramTarget, msoDiagramVenn
Dim s As Shape
Dim child1 As DiagramNode, child2 As DiagramNode, _
    child3 As DiagramNode, child4 As DiagramNode
Set s = ws.Shapes.AddDiagram(msoDiagramPyramid, 10, 10, 200, 100)
Set startnode = s.DiagramNode
Set child1 = startnode.Children.AddNode
Set child2 = child1.AddNode
Set child3 = child1.AddNode
Set child4 = child1.AddNode
```

Diagrammelemente beschriften

Der Text eines Diagrammelements wird über ein *TextFrame*-Objekt verwaltet (siehe den vorigen Abschnitt). Ausgehend von einem *DiagramNode*-Objekt führt die folgende Eigenschaftsliste zur Texteigenschaft: *child1.TextShape.TextFrame.Characters.Text*.

Das große Problem besteht nun darin, dass eine Veränderung von *Text* in Excel 2002 schlicht unmöglich ist. (Auch die Verwendung von der alternativen Eigenschaft *Caption* oder der Methode *Insert* hilft nichts.) Dass der Fehler ein drei viertel Jahr nach dem Erscheinen von Excel 2002 noch nicht einmal dokumentiert ist (geschweige denn behoben), lässt vermuten, dass die neuen *DiagramXxx*-Objekte auf eher geringes Interesse von Seiten der Programmierer gestoßen sind.

Ohne eine Möglichkeit, die Diagrammelemente zu beschriften, ist natürlich jede weitere Programmierung sinnlos. Es bleibt nur die Hoffnung, dass die vielen Ungereimtheiten der *Diagram*-Objekte in künftigen Excel-Versionen korrigiert werden.

Diagramme löschen

Es gibt keine *Delete*-Methode für *Diagram*-Objekte. Stattdessen müssen Sie das zugrunde liegende *Shape*-Objekt löschen. Über die Eigenschaft **HasShape** können Sie testen, ob das *Shape*-Objekt zur Darstellung eines Diagramms oder für andere Zwecke verwendet wird. Die folgende Schleife löscht alle Geschäftsdiagramme im ersten Tabellenblatt der Datei.

```
Dim s As Shape
Dim ws As Worksheet
Set ws = Worksheets(1)
For Each s In ws.Shapes
  If s.HasDiagram Then s.Delete
Next
```

11 Datenverwaltung in Excel

Dieses ist das erste von drei Kapiteln, die sich mit dem ebenso weitläufigen wie wichtigem Thema Datenbanken beschäftigen. Das Kapitel beginnt mit einem Grundlagenabschnitt, der mit der vielleicht überraschenden Feststellung endet, dass Excel *kein* Datenbankprogramm ist und nicht zur Verwaltung größerer Datenmengen eingesetzt werden sollte.

Wissend, dass Sie kleinere Datenmengen dennoch mit Excel verwalten werden (und sich an meine Warnung erst erinnern werden, wenn eine Umstellung auf ein richtiges Datenbanksystem mit riesigem Aufwand verbunden sein wird), gibt der Rest dieses Kapitels Informationen zu den Funktionen Excels zur Verwaltung von Daten in Tabellenblättern.

Noch kurz ein Ausblick auf die beiden kommenden Kapitel: Dort geht es zum einen darum, wie Sie von Excel aus auf Daten zugreifen können, die in einem externen (richtigen) Datenbanksystem gespeichert werden. Im Mittelpunkt steht dabei die neue ADO-Bibliothek. Das dritte Datenbankkapitel beschäftigt sich schließlich mit Möglichkeiten zur Datenanalyse (unabhängig davon, woher die Daten nun stammen). Dabei stehen Pivottabellen im Vordergrund.

Kapitelübersicht

11.1	Grundlagen	540
11.2	Datenverwaltung innerhalb von Excel	545
11.3	Datenverwaltung per VBA-Code	557
11.4	Datenbank-Tabellenfunktionen	563
11.5	Tabellen konsolidieren	567
11.6	Beispiel – Abrechnung eines Car-Sharing-Vereins	570

11.1 Grundlagen

Die Praxis zeigt, dass viele VBA-Anwendungen Excel als Datenbankprogramm nutzen (oder sollte man sagen: missbrauchen?). Dem trägt Microsoft Rechnung und erweitert die Datenbankfunktionen von Version zu Version: In Version 5 waren es die gründlich überarbeiteten Funktionen zum Erstellen von Pivottabellen und das Zusatzprogramm MS-Query; in Version 7 der Vorlagenassistent (siehe Kapitel 9) und die DAO-Bibliothek, die dem Programmierer erstmals vollen Zugriff auf alle Datenbankfunktionen von Access bot. Mit Version 97 wurde DAO verbessert (ODBCDirect). Excel 2000 ersetzt schließlich DAO durch die vollkommen neue ADO-Bibliothek. Gleichzeitig stehen die Funktionen zum Datenimport (MS Query bzw. *QueryTable*-Objekt) und die zur Datenanalyse (Pivottabellen) in stark überarbeiter Form zur Verfügung. (Excel 2002 bietet aus Datenbanksicht keine grundlegend neuen Funktionen.)

Dieser Abschnitt versucht, in möglichst kompakter Form Grundlagenwissen zum Thema Datenbanken zusammenzufassen. Wenn Sie Excel nur dazu verwenden möchten, um rasch eine Tabelle mit 100 Zeilen zu sortieren (auch das ist eine *Datenbank*), können Sie getrost zum nächsten Abschnitt weiterblättern. Wenn Sie aber anspruchsvollere Datenbankanwendungen planen, dann ist die Zeit, die Sie zum Lesen dieses Abschnitts aufwenden, sicherlich gut investiert.

Dieser Abschnitt will auch davor warnen, Excel bedenkenlos für Anwendungen einzusetzen, für die es nicht konzipiert ist. Die folgenden Abschnitte begründen, warum Excel als Datenbankprogramm für fortgeschrittene Anwendungen schlecht geeignet ist. Selbst wenn Sie kleinere Datenmengen weiterhin mit Excel verwalten möchten, sollten Sie zumindest die Grenzen von Excel kennen.

11.1.1 Einleitung

Was ist eine Datenbank?

Der Begriff *Datenbank* hat leider je nach Zusammenhang unterschiedliche Bedeutungen. Der kleinste gemeinsame Nenner ist vielleicht, dass eine Datenbank eine Gruppe zusammengehöriger, geordneter Daten ist.

- In Excel kann jede Tabelle oder Liste als Datenbank interpretiert werden. Excel stellt im DATEN-Menü Kommandos zur Bearbeitung solcher Datenbanken zur Verfügung (SORTIEREN, GRUPPIEREN etc.).

- In Datenbanksystemen wie Access oder Oracle wird eine Datenbank in einer eigenen Datenbankdatei gespeichert. Darin befinden sich neben den in mehreren Tabellen geordneten Daten auch Abfragen und eventuell Programmcode. In derartigen Datenbanksystemen können größere Datenmengen viel sicherer und effizienter als in Excel verwaltet werden.

- Gelegentlich wird auch das Datenbanksystem selbst als Datenbank bezeichnet (und nicht die damit gespeicherten Daten). Diese sprachliche Verkürzung trägt zur weiteren Verwirrung bei.

Natürlich gibt es auch bei Datenbanksystemen große Unterschiede, die den Umfang der damit verwaltbaren Daten, die Datensicherheit, die Effizienz in Netzwerken und die Programmierung betreffen. Im Wesentlichen gibt es zwei Kategorien:

- Desktop-Systeme bzw. File-Server-Systeme: Bei diesen Systemen werden die Daten in einer im Netzwerk direkt zugänglichen Datei gespeichert. Für kleine Datenbankanwendungen ist das sehr bequem und beliebt, allerdings wird der Datenzugriff in großen Netzwerken sehr langsam. Typische Vertreter sind Access, FoxPro und Paradox.

- Client/Server-Systeme: Hier erfolgt eine Trennung zwischen dem Programm, das die Daten verwaltet (der Server), und den Programmen, die auf die Daten zugreifen (die Clients). Diese Trennung ermöglicht eine sehr viel höhere Effizienz und Sicherheit. Allerdings ist die Programmierung von Clients (also von Datenbankanwendungen) aufwendiger. Beliebte Datenbank-Server sind Oracle, Microsoft SQL Server, IBM DB/2 und MySQL. Zur Programmierung der Clients kann z.B. Visual Basic oder Delphi eingesetzt werden. Wie Sie im nächsten Kapitel sehen werden, kann auch Ihre Excel-Anwendung ein Client für einen Datenbank-Server sein.

> **VERWEIS** Bitte beachten Sie, dass die hier zusammengefassten Informationen aus Platzgründen verkürzt sind. Wenn Sie tiefer in das Thema Datenbanken einsteigen möchten, werden Sie weitere Literatur benötigen. Geeignet sind gute Bücher zu Access, aber auch alle Bücher, die sich mit der ADO-Programmierung unter VB bzw. VBA beschäftigen.

11.1.2 Kleines Datenbankglossar

Die folgenden Absätze beschreiben einige wichtige Begriffe aus der Datenbankwelt, die eine eindeutige Verständigung erleichtern. Die Begriffe sind vor allem dann für Sie von Bedeutung, wenn Sie das Zusatzprogramm MS-Query zum Einlesen externer Daten oder die ADO-Bibliothek zur Datenbankprogrammierung verwenden möchten.

Datenbanken sind üblicherweise in mehreren **Tabellen** organisiert. Eine typische Tabelle enthält beispielsweise alle Kundendaten: Kundennummer, Name, Adresse, Telefonnummer etc. Jede Zeile der Tabelle wird als **Datensatz** (Record) bezeichnet. Einzelne Elemente einer Zeile heißen **Datenfelder** (Fields).

Praktisch alle zurzeit verfügbaren Datenbanken beruhen auf dem **relationalen Modell**. Dieses Modell ermöglicht es, den gesamten Datenumfang auf mehrere, durch Relationen miteinander verknüpfte Tabellen zu verteilen. Daraus ergeben sich verschiedene Vorteile bezüglich Effizienz, Datensicherheit und der Vermeidung von Redundanz. Die Grundzüge relationaler Datenbanken werden am Begin des nächsten Kapitels beschrieben, wenn es um externe Daten geht.

Tabellen enthalten die Daten üblicherweise ungeordnet (d. h. in der Reihenfolge, in der die Daten erstmalig gespeichert wurden). Um ein möglichst schnelles Suchen der Daten zu ermöglichen, werden zusätzlich zu den eigentlichen Daten so genannte Indizes gespeichert. Ein **Index** oder **Schlüssel** enthält im Wesentlichen die Information, wo welche Daten innerhalb einer Tabelle zu finden sind.

Um aus einer oder mehreren Tabellen eine sortierte Liste zu bilden, die nur Daten enthält, die bestimmten Kriterien entsprechen, verwenden Sie **Abfragen**. Das Ergebnis einer Abfrage ist also eine nach verschiedenen Kriterien zusammengefasste Teilmenge der Daten. Abfragen werden erheblich schneller abgearbeitet, wenn die zugrunde liegenden Daten durch Indizes geordnet sind.

Die Formulierung von Abfragen erfolgt oft interaktiv durch das Datenbankprogramm oder in MS-Query. Intern bzw. im Programmcode werden Abfragen in **SQL** formuliert. SQL steht für Structured Query Language und stellt einen Standard zur Formulierung von Abfragen dar. SQL ist also eine Programmiersprache.

Zur Programmierung von Datenbankanwendungen kann (neben anderen Möglichkeiten) VB bzw. VBA eingesetzt werden. Aus diesem Grund ist auch Excel dazu geeignet, auf externe Datenbanken zuzugreifen, egal ob diese mit Access, Oracle oder dem SQL Server verwaltet werden. Die datenbankspezifischen Funktionen werden in der ADO-Bibliothek über Objekte, Methoden und Eigenschaften zur Verfügung gestellt (ADO steht für ActiveX Data Objects).

11.1.3 Excel versus Datenbanksysteme

Unterschiede zwischen Tabellenkalkulationsprogrammen und richtigen Datenbanksystemen

Die Grundidee eines Tabellenkalkulationsprogramms wie Excel besteht darin, dass alle Daten (also die gesamte Excel-Datei) in den Arbeitsspeicher geladen werden und dort unmittelbar und verzögerungsfrei zur Verfügung stehen. Das hat den Vorteil, dass die Bearbeitung der Daten sehr schnell vor sich geht, aber auch den Nachteil, dass die Menge der Daten limitiert ist: sowohl durch den zur Verfügung stehenden Speicher als auch durch die Begrenzung von Excel-Tabellen auf zurzeit etwa 65000 Zeilen. Ein ganz anderes Konzept wird von richtigen Datenbanksystemen befolgt: Dort bleiben die Daten generell in der Datenbankdatei. In den RAM werden immer nur möglichst kleine Portionen dieser Daten geladen. Jede Veränderung der Daten wird sofort gespeichert (ohne dass dazu ein explizites Kommando DATEI SPEICHERN erforderlich ist). Der Vorteil: Sie können auf diese Weise auch Datenmengen jenseits der 100 MByte verarbeiten. Der Nachteil: Die meisten Operationen gehen langsamer vor sich als in Excel.

11.1 Grundlagen

Dieser recht schematische Vergleich zeigt zwei wesentliche Unterschiede zwischen Tabellenkalkulations- und Datenbankprogrammen: Erstens benötigen Tabellenkalkulationsprogramme selbst zur Verwaltung von kleinen Datenmengen sehr viel Arbeitsspeicher (RAM), während bei richtigen Datenbanksystemen die Datenmenge ungleich größer als der Arbeitsspeicher sein darf. Zweitens kann ein Tabellenkalkulationsprogramm eine Datei nur als Ganzes speichern – und das dauert bei größeren Datenmengen so lange, dass dieser Vorgang viel zu selten durchgeführt wird. Im Gegensatz dazu wird in einem Datenbanksystem jede noch so kleine Änderung sofort gespeichert. Das geht so schnell vor sich, dass Sie es normalerweise nicht einmal bemerken. Aus diesem Grund (und aus einer ganzer Menge weiterer!) sind Daten in richtigen Datenbanksystemen viel sicherer aufbewahrt als in Excel.

Merkmale von richtigen Datenbanksystemen, die in Excel fehlen

- **Excel kennt keine Indizes:** Indizes ermöglichen ein effizientes Suchen selbst in sehr großen Datenmengen, ohne die Daten vorher neu sortieren zu müssen.

- **Excel kennt keine Relationen:** Aus dem relationalen Modell ergeben sich verschiedene Vorteile bezüglich Effizienz, Datensicherheit und der Vermeidung von Redundanz.

- **Excel fehlen Schutzmechanismen gegen das Löschen oder Verändern von Daten:** Die Datensicherheit bildet neben der Zugriffsgeschwindigkeit das wichtigste Kriterium einer Datenbank. Jedes Datenbankprogramm ist mit einer Reihe von Schutzmechanismen ausgestattet, die das versehentliche Ändern oder Löschen von Daten verhindern. In Excel fehlen diese Schutzmechanismen praktisch ganz. Besonders kritisch ist in Excel der Umstand, dass es relativ einfach ist, die Zusammengehörigkeit von Datensätzen zu zerstören. Damit ist gemeint, dass beispielsweise nach einem unvorsichtigen Einfügen oder Löschen einiger Zellen die Einträge nicht mehr zusammenpassen: Neben dem Namen von X steht dann die Adresse von Y.

- **Excel fehlt ein Berichtgenerator:** In Excel können Sie zwar beliebig große Tabellen ausdrucken, es fehlt aber ein ausreichend flexibles Kommando, diesen Ausdruck so zu formatieren, wie Sie ihn gerade benötigen. Versuchen Sie z. B. mal mit Excel Etiketten zu bedrucken!

- **Excel ist nicht zur Verwaltung vernetzter Daten konzipiert:** Ein elementares Kennzeichen von Datenbankprogrammen ist ihre Netzwerkfähigkeit. Die Daten können zentral auf einem Rechner verwaltet werden, mehrere Benutzer können darauf zugreifen. Das Datenbankprogramm kümmert sich darum, dass es beim quasi gleichzeitigen Zugriff mehrerer Anwender auf gemeinsame Daten nicht zu Konflikten kommt. Excel kann zwar ebenfalls in einem Netzwerk eingesetzt werden, die Verwaltung zentraler, gemeinsamer Daten, auf die von mehreren Rechnern aus koordiniert zugegriffen werden kann, ist aber nur mit vielen Einschränkungen möglich.

Warum wird Excel dennoch oft als Datenbanksystem verwendet?

- Excel ist einfach zu bedienen. Die Einarbeitung in ein neues Datenbankprogramm kostet Zeit.
- Excel steht schon zur Verfügung. Ein anderes Programm müsste erst angeschafft werden.
- Excel stellt einfache Datenbankfunktionen zur Verfügung und ist daher für kleine Datenbankanwendungen durchaus geeignet. (Das Problem ist nur, dass die meisten kleinen Anwendungen im Laufe der Zeit immer größer werden!)
- Excel stellt auch bei der Verwendung als Datenbanksystem alle Tabellenfunktionen zur Verfügung. Richtige Datenbanksysteme können in dieser Hinsicht nicht mithalten.
- Excel stellt als Tabellenkalkulationsprogramm momentan *den* Standard im Bürosektor dar. Einen vergleichbaren Standard im Datenbanksektor gibt es nicht. Aus diesem Grund eignen sich Excel-Dateien ausgezeichnet zum Datenaustausch zwischen Mitarbeitern eines Betriebs bzw. zwischen verschiedenen Firmen.

Aus den genannten Gründen lässt sich kaum ein Excel-Anwender davon abhalten, kleinere Datenmengen mit Excel zu verwalten. Tatsächlich gibt es fast kein Programm, mit dem eine kleine Adresskartei derart einfach und »intuitiv« gebildet werden kann.

Die Konsequenz: Daten extern speichern, Datenanalyse mit Excel

Nicht jede Anwendung, bei der viele Daten anfallen, muss automatisch mit einem Datenbankprogramm realisiert werden. Excel bietet eine Menge Vorteile, die Datenbanksystemen bzw. Programmiersprachen zur Entwicklung von Datenbank-Clients fehlen.

Die optimale Lösung besteht oft darin, dass Sie das Beste aus beiden Welten kombinieren: Wenn Sie große Datenmengen haben, verwenden Sie ein richtiges Datenbanksystem zum Speichern dieser Daten! Das hindert Sie durchaus nicht daran, dennoch diverse Anwendungen zur Dateneingabe, zur Datenanalyse, zum Ausdruck von Diagrammen etc. in Excel durchzuführen bzw. entsprechende Excel-Programme zu erstellen. Excel bietet für solche Mischlösungen optimale Voraussetzungen:

- Das Zusatzprogramm MS-Query ermöglicht den interaktiven Zugriff auf fast jedes Datenbanksystem.
- Die Objektbibliothek ADO ermöglicht den Datenbankzugriff auch per Programmcode. Über die Möglichkeiten von MS-Query hinaus können mit der ADO-Bibliothek auch Daten verändert oder neue Datensätze gespeichert werden.

Wann sind Datenbanken direkt in Excel also dennoch sinnvoll?

Nach den vielen kritischen Bemerkungen sind Sie jetzt womöglich so weit verunsichert, dass Sie Excel überhaupt nicht mehr zur Verwaltung von Daten einsetzen möchten. Das wäre nun auch nicht angemessen. Excel ist durchaus für die Verwaltung von Daten geeignet, und zwar dann, wenn

- die Datenmengen klein sind (Tabellen bis zu 1000 Zeilen sind einigermaßen unproblematisch),
- die Daten sehr einfach strukturiert sind (keine Notwendigkeit von Relationen, geringe Redundanz) und
- keine Notwendigkeit einer gemeinsamen Bearbeitung der Daten via Netzwerk besteht.

Es spricht also (fast) nichts dagegen, eine kleine Adressdatenbank, eine Literaturdatenbank oder ein einfaches Kassenbuch in Excel anzulegen. Nicht sinnvoll ist dagegen der Versuch, ein ganzes Buchhaltungsprogramm oder eine umfangreiche Lagerverwaltung in Excel zu verwirklichen. Und grob fahrlässig wäre es, wirklich lebenswichtige Daten – etwa im medizinischen Bereich – mit Excel zu verwalten!

11.2 Datenverwaltung innerhalb von Excel

Da viele Datenverwaltungskommandos von Excel selbst fortgeschrittenen Excel-Anwendern unbekannt sind, beschreibt dieser Abschnitt solche Kommandos voerst aus der Sicht des Anwenders. Einige knappe Informationen zur Steuerung dieser Funktionen durch VBA-Code folgen dann im nächsten Abschnitt.

> **HINWEIS** Beachten Sie bitte, dass die hier beschriebenen Kommandos generell in *jeder* Excel-Tabelle verwendet werden können. Excel kennt keinen systematischen Unterschied zwischen einer Tabelle und einer Datenbank, sondern interpretiert jeden zusammengehörigen Zellbereich als Datenbank.

11.2.1 Eine Datenbank in Excel erstellen

Das Datenbankkonzept von Excel ist bestechend einfach: Jede beliebige Tabelle oder Liste kann als Datenbank interpretiert werden. Die einzige Voraussetzung besteht darin, dass Informationen des gleichen Typs in einer Spalte stehen (also alle Adressen in Spalte C, die Telefonnummern in Spalte D etc.). Daraus ergibt sich, dass zusammengehörige Informationen (also die Einheit aus Name, Anschrift, Telefonnummer) in einer Zeile stehen müssen. Diese Informationseinheit wird häufig als Datensatz bezeichnet.

In der Praxis zeichnet sich eine Datenbanktabelle meist noch dadurch aus, dass die erste Zeile Überschriften zu den Datenbankspalten enthält. Es ist günstig, wenn das Tabellenblatt unterhalb der Dateneinträge leer ist, so dass die Datenbank beliebig erweitert werden kann. Das Arbeitsmappenkonzept von Excel legt zudem nahe, Datenbanken in eigenen Tabellenblättern (und somit klar getrennt von den übrigen Daten einer Arbeitsmappe) abzulegen – das ist aber durchaus nicht Bedingung. Prinzipiell können Sie mehrere Datenbanken in einer Tabelle neben- oder untereinander anordnen. Sie können sogar einen beliebigen Zellbereich markieren und darauf einige Datenbankkommandos (etwa DATEN|SORTIEREN) anwenden.

Eine neue Datenbank anlegen

Das Erstellen einer neuen Datenbank innerhalb von Excel unterscheidet sich nicht vom Aufbau einer ganz normalen Tabelle. Sie geben einige Daten (etwa Adressen) in gewohnter Weise ein und beschriften die Spalten. Bei größeren Datenmengen ist es sinnvoll, das Fenster so zu teilen und zu fixieren, dass oben immer die Beschriftungszeile angezeigt wird.

Wenn in einzelnen Spalten fallweise sehr umfangreiche Informationen stehen, dann sollten Sie für die gesamte Spalte das Attribut »Zeilenumbruch« aktivieren: FORMAT | ZELLEN | AUSRICHTUNG. Excel kann dann längere Einträge bei Bedarf auf mehrere Zeilen (innerhalb einer Zelle) verteilen. Excel vergrößert dabei automatisch die Zeilenhöhe. Das ist in der Regel übersichtlicher als eine zu große Spaltenbreite. Gleichzeitig sollten Sie die gesamte Tabelle vertikal nach oben ausrichten (dasselbe Kommando), damit alle Einträge in einer besonders hohen Zeile oben beginnen (und nicht unten).

> **TIPP** Bei der Formatierung von Zellen ist es generell sinnvoll, nicht einzelne Zellen, sondern immer ganze Spalten (den Spaltenkopf anklicken) oder überhaupt die gesamte Tabelle (das Eckfeld zwischen Zeilen- und Spaltenköpfen anklicken) zu formatieren. Erstens ist das aus der Sicht von Excel effizienter, und zweitens gelten diese Formate unabhängig von der Größe der Tabelle, also auch bei nachträglichen Erweiterungen.

Eine Mitarbeiterdatenbank

Als Beispieldatenbank für die folgenden Ausführungen dient die Datei 11\Staff.xls zur Verwaltung von Mitarbeitern (egal ob in einem Betrieb, einem Verein, einer Schule oder wo auch immer). In den folgenden Absätzen finden Sie einige Detailinformationen zu dieser Minidatenbank.

In der ersten Spalte wird das Geschlecht (Frau/Herr) und in der zweiten Spalte die Anredeform (formell/persönlich) gespeichert. Aus dieser Information wird in der Spalte »Anrede« eine Anrede gebildet, die zwischen *"Lieber Hermann!"* und *"Sehr geehrte Frau Huber"* variiert.

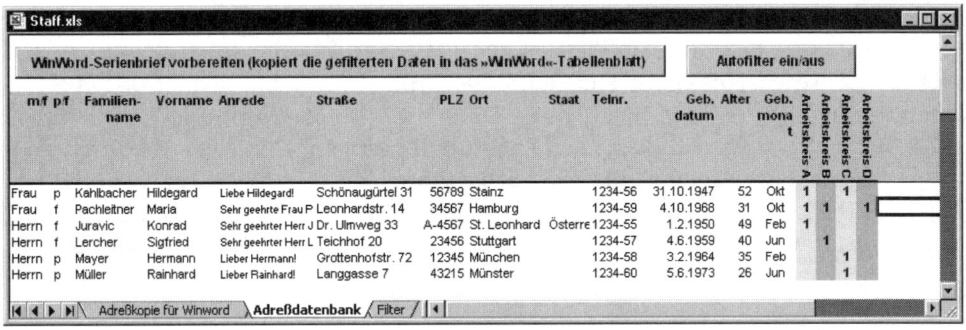

11.2 Datenverwaltung innerhalb von Excel

Bild 11.1: Eine Mitarbeiterdatenbank

Die Zusammenstellung dieser Anrede übernimmt die Funktion *Salutation*. Dieser Funktion werden als Parameter die Inhalte der ersten vier Spalten übergeben. Je nach Inhalt von *male_female* und von *formale_private* wird die resultierende Zeichenkette gebildet und als Ergebnis der Funktion zurückgegeben.

```
' Beispieldatei 11\Staff.xls
Public Function Salutation( _
    male_female As Variant, formal_private As Variant, _
    family_name As Variant, first_name As Variant) As String

  If Left(male_female, 4) = "Herr" Then
    If LCase(formal_private) = "f" Then
      Salutation = "Sehr geehrter Herr " & family_name & "!"
    Else
      Salutation = "Lieber " & first_name & "!"
    End If
  Else
    If LCase(formal_private) = "f" Then
      Salutation = "Sehr geehrte Frau " & family_name & "!"
    Else
      Salutation = "Liebe " & first_name & "!"
    End If
  End If
End Function
```

In der Spalte »Geburtsmonat« wird über eine Formel das Geburtsdatum aus der vorangehenden Spalte übernommen. Allerdings wird das Datum mit dem Format "MMM" formatiert, so dass Excel statt des gesamten Datums lediglich die Abkürzung für den Geburtsmonat anzeigt. Der einzige Zweck dieser Spalte besteht darin, als Filterkriterium verwendet zu werden. (Sie werden praktisch kein Datenbankprogramm finden, in dem Sie auf derart einfache Weise alle »Geburtstagskinder« eines Monats ermitteln können! Sie sollten sich die prinzipielle Vorgehensweise – also die Bildung einer eigenen Spalte, die nur als Filterkriterium dient – unbedingt einprägen. Sie ist charakteristisch für Datenbanken in Excel.)

In der Spalte »Alter« wird das aktuelle Alter des Mitarbeiters als ganze Zahl dargestellt. Dazu wird vom aktuelle Datum *JETZT()* das Geburtsdatum abgezogen. Das Ergebnis wird mit *JAHR()* in eine Jahreszahl umgewandelt. Da in Excel die Zeitrechnung mit 1900 beginnt, liefert diese Differenz für eine 25-jährige Person das Ergebnis 1925. Daher wird davon noch *JAHR(0)* abgezogen. Das Alter wird nun an jedem Tag korrekt angezeigt. (Einzig bei Schaltjahren kann es einen Tag vor oder nach dem Geburtstag vorkommen, dass ein um ein Jahr falsches Alter angezeigt wird.) Achten Sie darauf, dass Sie als Zellformatierung *Zahl* und nicht *Datum* einstellen!

```
=JAHR(JETZT() - zelle_mit_geburtsdatum) - JAHR(0)
```

Wenn Sie unabhängig vom aktuellen Datum das Alter sehen möchten, das der Mitarbeiter irgendwann in diesem Jahr erreichen wird, ist die Formel deutlich einfacher:

```
=JAHR(JETZT()) - JAHR(zelle_mit_geburtsdatum)
```

Schließlich sind noch die Spalten »Arbeitskreis A-D« zu erwähnen, in denen durch eine Eins die Zugehörigkeit zu verschiedenen Arbeitskreisen gespeichert wird. (Sie könnten die Zugehörigkeit im Prinzip ebenso gut durch ein anderes Zeichen – beispielsweise durch ein "x" – speichern. Die Zahl 1 hat aber den Vorteil, dass Sie damit am einfachsten rechnen können. Es wäre etwa möglich, eine Summenspalte zu bilden, die angibt, in wie vielen Arbeitsgruppen eine Person mitarbeitet.)

> **VERWEIS** Zur Datenbank Staff.xls gehören auch die Buttons WORD-SERIENBRIEF VORBEREITEN und AUTOFILTER EIN/AUS. Die dazugehörigen Makros und deren Funktionen folgen etwas weiter unten in Abschnitt 11.3.2. Hintergrundinformationen zum Rechnen mit Datum und Uhrzeit finden Sie in Abschnitt 5.5.

11.2.2 Daten über die Datenbankmaske eingeben, ändern und löschen

Generell können Datenbanken direkt im Tabellenblatt bearbeitet werden, d. h., es können Daten verändert, gelöscht und neu eingegeben werden. Alternativ dazu besteht aber auch die Möglichkeit, mit dem Kommando DATEN|MASKE eine so genannte Datenbankmaske anzuzeigen. In dieser »Maske« – eigentlich handelt es sich dabei um einen ganz normalen Dialog – wird immer genau ein Datensatz angezeigt. Dieser Datensatz kann verändert oder gelöscht werden. Datenbankspalten, in denen gerechnete Formeln (also nicht eingegebene Werte) stehen, können in der Maske nicht verändert werden (in Bild 11.1 etwa der Geburtsmonat, der aus dem Geburtsdatum ermittelt wird). Versehentliche Änderungen können über den Button WIEDERHERSTELLEN rückgängig gemacht werden. Die Funktion BEARBEITEN|RÜCKGÄNGIG steht nach dem Ende des Datenbankdialogs allerdings nicht zur Verfügung.

Über den Button NEU kann ein neuer Datensatz eingefügt werden. Neue Datensätze werden immer am Ende der Datenbank eingefügt. Dabei werden Formatierungsmerkmale und Formeln von der letzten Zeile der Datenbank übernommen. Die Datenbank wird nicht automatisch neu sortiert.

Die vertikale Bildlaufleiste in der Datenbankmaske ermöglicht die rasche Auswahl des gewünschten Datensatzes. Die Reihenfolge der angezeigten Datensätze entspricht dabei der Reihenfolge der Datensätze in der Tabelle – wenn die Daten nach einem Kriterium geordnet auftreten sollen, müssen Sie sie vor dem Aufruf der Datenbankmaske sortieren.

Der Button SUCHKRITERIEN führt zu einer alternativen Anzeige der Datenbankmaske, in der Sie in den einzelnen Feldern Kriterien eingeben können. Mit VORHERIGEN SUCHEN oder NÄCHSTEN SUCHEN können Sie dann den jeweils nächsten Datensatz suchen (ausgehend vom gerade aktuellen Datensatz), der diese Kriterien erfüllt. Mögliche Suchkriterien sind etwa "A*" (alle Namen, die mit "A" beginnen) oder ">100" (Zahlen, die größer als 100 sind). Die Syntax für Suchkriterien wird etwas weiter unten noch behandelt, wenn es um das Filtern von Daten geht.

Das Arbeiten mit der Datenbankmaske hat gegenüber der direkten Bearbeitung der Tabelle Vor- und Nachteile. Zuerst zu den Vorteilen:

- In der Datenbankmaske werden alle Daten eines Datensatzes kompakt angezeigt. Datenbanktabellen sind häufig so breit, dass Sie nur einen Ausschnitt sehen können.

- Die Bedienung der Datenbankmaske setzt (abgesehen von einem minimalen Windows-Grundwissen) keine Excel-Kenntnisse voraus. Datenbankmasken eignen sich daher besonders zur Eingabe von Daten durch Excel-Laien.

- Eine unbeabsichtigte Zerstörung von Daten ist weitgehend ausgeschlossen. Vorsicht ist nur bei der Neueingabe von Daten geboten: Der Button NEU muss angeklickt werden, *bevor* mit der Eingabe von Daten begonnen wird – sonst interpretiert Excel die Daten nicht als neuen Datensatz, sondern als Korrektur des aktuellen Datensatzes. (Es besteht auch die Möglichkeit, via Datenbankmaske eine Datenbank zu bearbeiten, deren Fenster am Bildschirm gar nicht sichtbar ist.)

Die vordefinierte Excel-Datenbankmaske ist zwar sehr bequem in der Anwendung, sie hat aber auch Nachteile:

- In der Tabelle eingestellte Filterkriterien (siehe unten) werden nicht berücksichtigt.

- Zahlreiche Datenbankkommandos – etwa das Neusortieren – können nur ausgeführt werden, indem die Maske verlassen wird.

- Der Aufbau der Maske ist starr vordefiniert. Die Beschriftung der Datenfelder stimmt mit der Beschriftung der Spalten der Datenbank überein, für alle Datenfelder ist gleich viel (oder gleich wenig) Platz vorgesehen. Es ist nicht möglich, die Maske so einzurichten, dass nur ausgewählte Datenfelder verändert werden können.

- Eine automatische Plausibilitätskontrolle der Eingabe (etwa ob im Geburtsdatumsfeld tatsächlich ein gültiges Datum eingegeben wurde) ist nicht möglich.
- Eine gleichzeitige Bearbeitung mehrerer Datensätze (etwa zum Löschen aller veralteten Datensätze) ist nicht möglich.
- Beim Verlassen der Datenbankmaske wird kein Wert an den VBA-Code zurückgegeben, der Aufschluss über den zuletzt dargestellten Datensatz gibt.

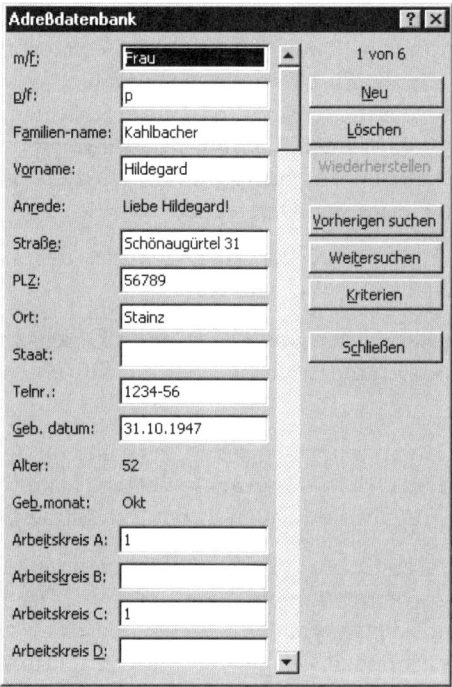

Bild 11.2: Die Excel-Datenbankmaske

11.2.3 Daten sortieren, suchen, filtern

Daten sortieren

Eines der wichtigsten Datenbankkommandos lautet DATEN|SORTIEREN. Dieses Kommando führt zu dem in Bild 11.3 angezeigten Dialog. Darin können Sie drei Spalten der Datenbank angeben, nach denen die Daten sortiert werden sollen. Die Angabe mehrerer Sortierkriterien kann beispielsweise für den Ausdruck von Serienbriefen sinnvoll sein, bei denen Sie zur Minimierung der Postspesen die Adressen zuerst nach Staaten und anschließend nach Postleitzahlen sortieren sollten.

Das Sortierkommando sortiert in der Regel den für Excel erkennbaren Datenbankbereich, in dem sich der Zellzeiger gerade befindet. Das Kommando kann aber auch explizit zum Sortieren eines vorher markierten Zellbereichs verwendet werden, unabhängig davon, ob es sich bei diesem Bereich um eine Datenbank handelt oder nicht. Aus diesem Zusammenhang heraus wird auch die Sinnhaftigkeit der beiden Auswahlfelder »Überschriften« oder »keine Überschriften« deutlich. Normalerweise (d. h. beim Sortieren einer Datenbank) markiert Excel automatisch die gesamte Datenbank inklusive Beschriftungszeile. Die Beschriftungszeile wird aber selbstverständlich nicht mitsortiert. Wenn dagegen nur ein vorher markierter Tabellenbereich sortiert werden muss, existiert diese Beschriftungszeile häufig nicht – dann muss die Option »keine Überschriften« ausgewählt werden.

Bild 11.3: Dialog zum Sortieren von Datenbanken

Über den Button OPTIONEN kann die Ausführung des Sortierkommandos weiter gesteuert werden: Erstens kann bestimmt werden, dass Excel zwischen Groß- und Kleinschreibung unterscheiden soll (was normalerweise nicht der Fall ist). Zweitens können spezielle Sortierreihenfolgen (etwa Wochentage oder Monate) eingestellt werden. Die zur Auswahl gestellten Sortierlisten entsprechen den Listen der Autoausfüllen-Funktion und können über EXTRAS|OPTIONEN|BENUTZERDEFINIERTE LISTEN eingestellt werden. Und schließlich können Sie statt Zeilen auch Spalten sortieren. Ein spaltenweises Sortieren kommt in der Praxis nur sehr selten vor. In Datenbankanwendungen ist eigentlich kein Fall vorstellbar, in dem diese Option sinnvoll wäre.

Das Sortierkommando kann unmittelbar nach seiner Ausführung mit BEARBEITEN| RÜCKGÄNGIG widerrufen werden. Dennoch sollte es mit großer Vorsicht angewendet werden – es kann den Aufbau einer Tabelle vollkommen zerstören.

Besonders kritisch ist das Sortieren von Tabellen, deren Formeln sich auf Zellen außerhalb des Datensatzes beziehen bzw. auf deren Zellen in anderen Formeln Bezug genommen wird. Excel verändert beim Sortieren alle relativen Bezüge, die innerhalb des sortierten Bereichs auf Zellen außerhalb des Datensatzes verweisen. Je nach Aufbau der Tabelle kann das sinnvoll sein – oder auch nicht! Kontrollieren Sie nach der Ausführung des Sortierkommandos unbedingt den Inhalt der Tabelle. Wenn das Ergebnis nicht dem entspricht, was Sie erwarten, machen Sie das Sortierkommando rückgängig und verändern Sie den Aufbau der Tabelle, indem Sie relative Bezüge durch absolute ersetzen (eine recht mühsame Handarbeit) oder indem Sie Formeln durch ihre Werte ersetzen (BEARBEITEN | KOPIEREN, BEARBEITEN | INHALTE EINFÜGEN | WERTE).

> **TIPP** Wenn das Kommando DATEN | SORTIEREN ausgeführt wird, während sich der Zellzeiger in einer Pivottabelle befindet, werden die Datenfelder der Pivottabelle neu sortiert. Die Position des Zellzeigers gibt dabei an, welche Daten das Sortierkriterium darstellen.

Daten suchen

Das Kommando BEARBEITEN | SUCHEN ist eigentlich kein Datenbankkommando, es kann aber gerade in Datenbanken sinnvoll angewendet werden. Das Kommando führt zu dem in Bild 11.4 dargestellten Dialog. Wenn vor der Ausführung des Kommandos kein Zellbereich markiert wurde, sucht Excel den Suchbegriff in der gesamten aktiven Tabelle. Eine Einschränkung auf die aktuelle Datenbank ist nicht vorgesehen. Der Suchbegriff darf die beiden Jokerzeichen * (für eine beliebige Anzahl beliebiger Zeichen) und ? (für genau ein beliebiges Zeichen) enthalten, es sind aber keine Bedingungen (etwa ">3") erlaubt.

Nun zu den Optionen des SUCHEN-Dialogs, die nicht alle ganz leicht zu verstehen sind: Über die Einstellung der Suchreihenfolge können Sie die Daten wahlweise zeilen- oder spaltenweise suchen. Insbesondere bei sehr großen Tabellen hat diese Option einen erheblichen Einfluss auf die Suchzeit. (Das gilt ganz besonders für die Makroprogrammierung, wenn das Kommando häufig hintereinander aufgerufen wird.) Als Suchbeginn gilt jeweils die aktuelle Zelle.

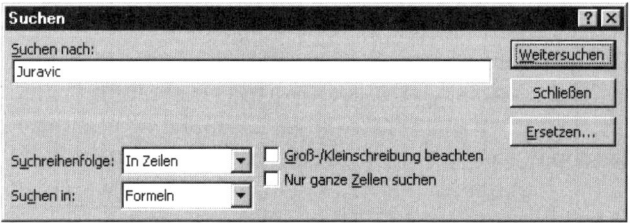

Bild 11.4: Dialog zum Suchen von Daten

Das Auswahlfeld SUCHEN IN bestimmt den Ursprung der Daten: Die Standardeinstellung »Formeln« bedeutet, dass der Suchtext nur innerhalb einer Formel gefunden werden kann (etwa der Suchtext "3" in "=A3" oder in "=A5+3"). Die Einstellung WERTE berücksichtigt nur das aus einer Formel resultierende Ergebnis (also die in der Zelle angezeigten Daten). Mit der Einstellung NOTIZEN können Sie Informationen in den zu den Zellen angelegten Notizen suchen.

Eindeutig ist die Option GROß- UND KLEINSCHREIBUNG BEACHTEN. Mit NUR GANZE ZELLEN SUCHEN ist gemeint, dass der Suchbegriff mit dem gesamten Inhalt der Zelle – und nicht nur mit einem Teil davon – übereinstimmen muss.

Daten filtern (Suchkriterien)

Mit dem Filtern von Daten ist gemeint, dass nur jene Datensätze einer Datenbank angezeigt werden, die bestimmten Kriterien entsprechen. Durch das Einrichten eines Filters können Sie sich von einer umfangreichen Datenbank nur jene Datensätze anzeigen lassen, die Sie gerade bearbeiten möchten (ergänzen, löschen, kopieren etc.).

Autofilter

Die einfachste Form, einen Filter einzurichten, bietet das Kommando DATEN | FILTER | AUTOFILTER. Es führt dazu, dass in der rechten unteren Ecke der Beschriftungszellen der Datenbank kleine Listenauswahlpfeile angezeigt werden. Das Anklicken eines dieser Pfeile führt zu einer Liste, die neben allen in dieser Datenbankspalte vorkommenden Einträgen folgende Einstellmöglichkeiten bietet:

»xyz«: Zeigt die Datensätze an, deren Datenfeld exakt mit »xyz« übereinstimmt.

»(Alle)«: Zeigt alle Datensätze an.

»(Leere)«: Zeigt die Datensätze an, deren Datenfeld in der aktuellen Spalte leer ist.

»(Nichtleere)«: Zeigt die Datensätze an, deren Datenfeld in der aktuellen Spalte nicht leer ist.

»(Benutzerdefiniert)«: Zeigt jene Datensätze an, die dem in einer Dialogbox gewählten Kriterium (siehe Bild 11.5) entsprechen.

»(Top 10)«: Zeigt die Datensätze mit den größten oder kleinsten Werten an. Es müssen übrigens nicht unbedingt zehn Datensätze sein – Sie können deren Anzahl in einem eigenen Optionsfeld angeben. Die Top-10-Variante ist in Excel 7 neu dazugekommen.

Sobald ein Filter ausgewählt wurde, zeigt Excel nur noch jene Zeilen der Tabelle an, deren Datensätze den Kriterien entsprechen. Der ausgewählte Filterbutton und die Zeilenköpfe werden in blauer Farbe dargestellt, um anzuzeigen, dass momentan nicht alle Daten sichtbar sind.

Mehrere Filter können miteinander durch ein logisches »und« kombiniert werden – beispielsweise zur Auswahl aller Datensätze der Mitarbeiterdatenbank, die sowohl in Arbeitskreis A als auch in Arbeitskreis B aktiv sind. (Die Kombination von Filterkriterien mit logischem »oder« (alle Mitarbeiter, die in Arbeitskreis A oder B tätig sind) ist nur mit Spezialfiltern möglich – siehe unten.)

Wenn sich die Daten *nach* der Einstellung eines Filters ändern, hat das keinen Einfluss mehr darauf, ob dieser Datensatz angezeigt wird oder nicht. Die Überprüfung, welche Zeilen sichtbar sind und welche nicht, erfolgt nur einmal, nämlich beim Einrichten des Filters.

Das Kommando DATEN|FILTER|ALLE ANZEIGEN stellt sämtliche Autofilter wieder auf »(Alle)« zurück, führt also zur ungefilterten Anzeige aller Datensätze.

Benutzerdefinierte Autofilter

Durch benutzerdefinierte Autofilter können etwas komplexere Auswahlkriterien zusammengestellt werden. Bild 11.5 zeigt, dass ein Kriterium aus zwei Bedingungen zusammengesetzt werden kann, die wahlweise durch logisches »und« oder »oder« miteinander verknüpft werden können. Diese Kombination betrifft allerdings nur die Bedingungen für das Kriterium der aktuellen Spalte, nicht aber für mehrere Filter einer Datenbank. Als einzelne Bedingungen sind sowohl Zeichenmuster mit Jokerzeichen (etwa "=M*r" für "Mayr", "Meier", "Müller") als auch Vergleiche (etwa ">=100" oder ">A") erlaubt.

Beispiele für Autofilter

Mit Autofiltern können Sie in der Mitarbeiterdatenbank **Staff.xls** etwa folgende Gruppen bilden:

- Alle Mitarbeiter, die im Arbeitskreis C mitwirken
- Alle weiblichen Mitarbeiter im Arbeitskreis C
- Alle Mitarbeiter, die in München wohnen
- Alle Mitarbeiter, die außerhalb Deutschlands wohnen (Filterkriterium *(Nichtleere)* in der Spalte Staat)
- Alle Mitarbeiter, die im Februar Geburtstag haben (Geburtsmonat = Feb) und mindestens 50 Jahre alt werden: Als Filterkriterium verwenden Sie *Alter > 50* oder besser *Geburtsdatum < 1.3.1953* (wobei 1953 im Jahr 2003 gilt; 2004 müssen Sie mit 1954 vergleichen etc.).

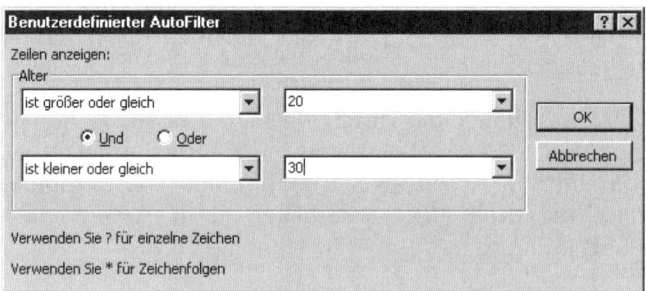

Bild 11.5: Dialog zur Einstellung eines benutzerdefinierten Autofilters

Spezialfilter

Neben den sehr einfach zu bedienenden Autofiltern stellt Excel auch so genannte Spezialfilter zur Verfügung. Der Aufruf des Kommandos DATEN | FILTER | SPEZIALFILTER führt zu dem in Bild 11.6 dargestellten Dialog. Die Wirkung eines Spezialfilters ist im Prinzip dieselbe wie die eines Autofilters: es werden nur noch die den Kriterien entsprechenden Datensätze angezeigt. (Das Kopieren gefilterter Daten wird einige Absätze weiter unten behandelt.) Die Wirkung von Spezialfiltern kann wie bei Autofiltern mit DATEN | FILTER | ALLE ANZEIGEN aufgehoben werden.

Das entscheidende Merkmal von Spezialfiltern besteht darin, dass die Filterkriterien in einem eigenen Zellenbereich formuliert werden müssen. Dieser Bereich besteht aus einer Überschriftszeile und einer oder mehreren Kriterienzeilen. In der Überschriftszeile werden die für die Suchkriterien relevanten Spaltenüberschriften eingetragen.

Die Überschriften müssen exakt mit denen der Datenbank übereinstimmen (inklusive eventuell vorhandener Leerzeichen). Die Kriterienzeilen enthalten Bedingungen für die Datenbankspalten. Mehrere Bedingungen in einer Zeile werden mit »und« verknüpft und müssen gleichzeitig erfüllt sein. Wenn mehrere Zeilen Kriterien enthalten, werden diese Kriterien mit »oder« verknüpft.

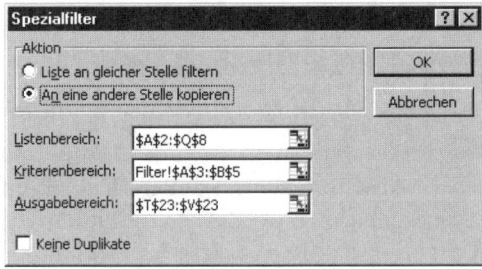

Bild 11.6: Dialog zur Einstellung eines Spezialfilters

Als Bedingungen sind wie in den Autofiltern Vergleiche in der Art ">10", "$<=5$" oder "$>=A$" sowie Zeichenmuster in der Art "'$=M*r$" erlaubt. Beachten Sie, dass Sie Zeichenvergleichen, die Excel als Formel interpretieren könnte, das Zeichen »'« voranstellen (Shift+#) – andernfalls zeigt Excel die Fehlermeldung #Name an, weil die Zeichenkette kein gültiger Zellenname ist.

Für manche Bedingungen ist es erforderlich, dass eine Spalte der Datenbank in den Suchkriterien gleich zweimal vorkommt – etwa um alle Mitarbeiter auszuwählen, für deren Alter "$>=20$" und "$<=30$" gilt.

Einige Beispiele für mögliche Filterkriterien sehen Sie in Bild 11.7. Beachten Sie bitte den Unterschied zwischen »oder«-Verknüpfungen (im ersten Beispiel) und »und«-Verknüpfungen (im zweiten und dritten Beispiel). Die Kriterien in Bild 11.7 wurden durch Rahmen, fette Schrift etc. ansprechend gestaltet, diese Gestaltung dient aber nur einer besseren Lesbarkeit und ist nicht zwingend erforderlich. Hingegen müssen Sie darauf achten, dass die Spaltenbeschriftung exakt mit der in der Ausgangsdatenbank übereinstimmt.

In der Beispieldatei Staff.xls wurden die Filterkriterien in einem eigenen Arbeitsblatt untergebracht. Das hat den Vorteil, dass sie unabhängig vom sichtbaren Ausschnitt der Datenbanktabelle in einem eigenen Fenster angezeigt werden können. Den Zellbereichen mit den Kriterien wurden die Namen »Filter1« bis »Filter4« zugewiesen, so dass die Eingabe des Kriteriums mit DATEN|FILTER|SPEZIALFILTER bequem durchgeführt werden kann: Sie stellen den Zellzeiger irgendwo in die Datenbank, führen das gerade erwähnte Kommando aus und geben als Kriterienbereich »Filter1« bis »Filter4« an. Dazu müssen die Filterkriterien nicht einmal am Bildschirm sichtbar sein.

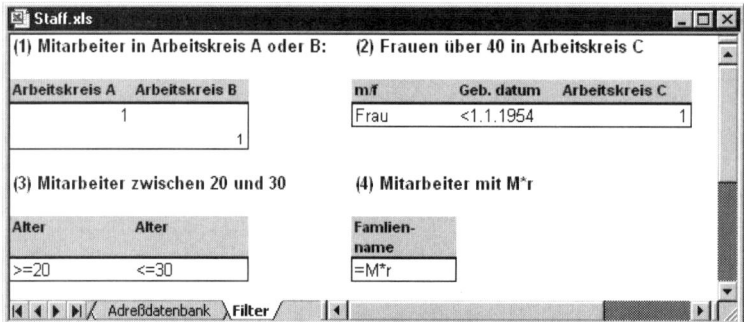

Bild 11.7: Einige Filterkriterien für die Mitarbeiterdatenbank

> **HINWEIS** Bei den im nächsten Abschnitt vorgestellten Datenbankfunktionen müssen ebenfalls Kriterien angegeben werden. Auch bei ihnen werden die Kriterien in einem Zellbereich formuliert; die Syntax ist gleichlautend wie bei Filterkriterien.

Löschen und Kopieren mit Spezialfiltern

Wenn Sie gefilterte Daten an eine andere Stelle in der Tabelle kopieren möchten, müssen Sie im SPEZIALFILTER-Dialog die Option AN EINE ANDERE STELLE KOPIEREN auswählen und einen Ausgabebereich angeben. Der Ausgabebereich muss wie der Kriterienbereich beschriftet sein (d. h. Spaltenüberschriften). Das erscheint zwar auf den ersten Blick als eine unnötige Zusatzarbeit, tatsächlich ermöglicht es aber, selektiv nur einige Spalten der Datenbank zu kopieren. Sehr viel lästiger ist hingegen die Einschränkung, dass sich der Ausgabebereich am gerade aktiven Blatt befinden muss. Oft wäre es erstrebenswert (und übersichtlicher), die gefilterten Daten in ein anderes Blatt zu kopieren; das ist zwar möglich, DATEN|FILTER|SPEZIALFILTER muss allerdings ausgeführt werden, während ein anderes Blatt aktiv ist.

In der Beispieldatei ist mit der Zelle T23 beginnend ein Ausgabebereich definiert, der nur die drei Spalten Vor- und Nachname sowie Telefonnummer enthält. Wenn Sie das

Kopierkommando ausprobieren möchten, setzen Sie den Zellzeiger in die Datenbank, wählen das Kommando DATEN|FILTER|SPEZIALFILTER und aktivieren im Dialog den Kopiermodus. Dann geben Sie als Kriterienbereich »Filter1« und als Zielbereich T23:V23 an.

Ein vergleichbares Kopierkommando für Autofilter existiert leider nicht. Wenn Sie durch Autofilter ausgewählte Datensätze kopieren möchten, müssen Sie diese manuell markieren und kopieren. Dabei ist nur mit zusätzlichem Aufwand – etwa durch das Ausblenden von Spalten der Datenbank – ein selektives Kopieren einzelner Spalten möglich.

Bild 11.8: Das Ergebnis des Kopierens mit einem Spezialfilter

11.3 Datenverwaltung per VBA-Code

Wenn Sie einmal verstanden haben, wie die Datenbankfunktionen von Excel interaktiv benutzt werden, bereitet die Programmierung kaum mehr Schwierigkeiten. Entscheidend ist eigentlich nur, dass Sie sicher mit Zellen und Zellbereichen umgehen können – dieses Thema wurde unabhängig von Datenbankanwendungen bereits in Abschnitt 5.1 sehr ausführlich behandelt.

11.3.1 Programmiertechniken

Elementare Datenbankverwaltung in Excel

Die meisten Datenbankkommandos setzen voraus, dass der betreffende Zellbereich markiert wurde oder sich der Zellzeiger im Datenbankbereich befindet. Ausgehend von dieser Zelle kann im Regelfall mit *CurrentRegion* die dazugehörige Tabelle oder Liste ermittelt werden. (Voraussetzung ist, dass die Tabelle keine leeren Zeilen oder Spalten enthält – die werden als Ende der Datenbank interpretiert.)

Mit der Eigenschaft *ListHeaderRows* kann ermittelt werden, wie viele Überschriftenzeilen eine Tabelle enthält. Die Eigenschaft versucht also zu ermitteln, ob und wie viele von der übrigen Struktur abweichende Beschriftungszeilen es gibt. (Die Hilfe enthält allerdings keine Informationen darüber, wie Überschriften erkannt werden. Es ist also nicht ganz sicher, ob die Eigenschaft in jedem Fall zuverlässig funktioniert.)

Daten suchen

Mit der Methode *Find* können Sie einen Text in einem Zellbereich suchen. Die Methode liefert ein *Range*-Objekt mit der ersten Zelle zurück, die den Suchtext enthält. Wenn *Find* nichts findet, liefert die Methode *Nothing* als Ergebnis. Kurz zur Syntax von *Find*:

```
rng.Find what, after, lookIn, lookAt, searchOrder, searchDirection, _
    matchCase, matchByte
```

Find wird also auf einen Zellbereich angewandt. Der erste Parameter enthält den Suchtext. Alle weiteren Parameter sind optional. *after* gibt die Zelle an, hinter der die Suche beginnt. Wird *after* nicht angegeben, beginnt die Suche in der ersten Zelle des Zellbereichs.

lookIn gibt an, wo gesucht wird: im Zellinhalt (*xlValues*), in der Formel (*xlFormulas*) oder im Kommentar zur Zelle (*xlComments*). Bei der Suche in Formeln ist zu beachten, dass der Suchtext immer in internationaler Schreibweise anzugeben ist. Wenn Sie also die Formel *=SUMME(A1:A3)* suchen, müssen Sie Ihren Code als *Find "=SUM(A1:A3)"* formulieren.

lookAt bestimmt, ob der gesamte Zellinhalt mit dem Suchtext übereinstimmen soll oder ob es reicht, wenn der Suchtext als Teil der Zeichenkette enthalten ist. *searchOrder* bestimmt, ob der Zellbereich Zeile für Zeile oder Spalte für Spalte durchsucht wird. *searchDirection* gibt an, ob vorwärts oder rückwärts gesucht wird. *matchcase* bestimmt, ob auf korrekte Groß- und Kleinschreibung geachtet werden soll.

> **HINWEIS** Beachten Sie bitte, dass Sie sich bei den optionalen Parametern nicht auf eine Defaulteinstellung verlassen können! Es gelten die Einstellungen, die zuletzt verwendet wurden (egal, ob die Suche per VBA-Code oder durch BEARBEITEN|- SUCHEN ausgelöst wurde).

Wenn Sie die Suche wiederholen möchten, um die nächste passende Zelle zu finden, können Sie nochmals *Find* aufrufen und dabei die letzte Ergebniszelle im Parameter *after* angeben. Bequemer ist es aber, die Methoden **FindNext** und **FindPrevious** zu verwenden, wo Sie als einzigen Parameter *after* angeben möchten.

Solange es im Suchbereich eine Zelle gibt, die dem Suchkriterium entspricht, wird diese gefunden – auch dann, wenn sich diese Zelle *oberhalb* des Parameters *after* befindet. Aus diesem Grund liefern die folgenden Zeilen eine Endlosschleife, sofern es im Suchbereich eine einzige Zelle gibt, die die Zeichenkette *"xyz"* enthält!

```
Dim obj As Object
Set obj = [a1].CurrentRegion.Find("xyz")
Do Until obj Is Nothing
  obj.Interior.Color = RGB(196, 196, 196)    'grauer Hintergrund
  Set obj = [a1].CurrentRegion.FindNext(obj) 'suche nächste Zelle
Loop
```

Wenn Sie alle Zellen genau einmal bearbeiten möchten, müssen Sie sich die Adressen der schon bearbeiteten Zellen merken. Die folgenden Zeilen geben hierfür ein Beispiel.

```
Dim obj As Object, cellsDone$
Set obj = [a1].CurrentRegion.Find("xyz")
Do Until obj Is Nothing
  If InStr(cellsDone, "[" + obj.Address + "]") Then Exit Do
  obj.Interior.Color = RGB(196, 196, 196)
  cellsDone = cellsDone + " [" + obj.Address + "]"
  Set obj = [a1].CurrentRegion.FindNext(obj)
Loop
```

Daten sortieren

Bei der Anwendung von *Sort* müssen Sie beachten, dass diese Methode normalerweise die erste Zeile des angegebenen Bereichs mitsortiert. Da es sich hierbei häufig um eine Beschriftungszeile handelt, deren Ort nicht veränderlich ist, muss in den meisten Fällen der optionale Parameter *Header:=xlNo* angegeben werden.

Daten filtern

Die Filterfunktionen werden über *AutoFilter* (um einen Autofilter zu aktivieren) und *AdvancedFilter* (um einen Spezialfilter zu aktivieren) gesteuert. Beim Autofilter (es kann immer maximal ein Autofilter aktiv sein) führt die Eigenschaft *Filters* auf mehrere *Filter*-Objekte, die für jede Spalte der Datenbank die Filterkriterien beschreiben. Die Anwendung der *Filter*-Methoden bereitet wenig Probleme, häufig kann der Code mit der Makroaufzeichnung erstellt werden.

Datenbankmaske anzeigen

ShowDataForm zum Aufruf der in Excel vordefinierten Datenbankmaske funktioniert leider nicht ganz optimal: Das Kommando nimmt an, dass die Datenbank mit der Zelle A1 beginnt – unabhängig davon, wo der Zellzeiger gerade steht. Dem können Sie abhelfen, wenn Sie dem Zellbereich mit der Datenbank den Namen »database« (im deutschen Excel alternativ auch »Datenbank«) zuweisen und anschließend *ShowDataForm* ausführen. Das Beispiel unten geht davon aus, dass A5 eine Zelle der Datenbank ist.

```
ActiveSheet.Range("A5").CurrentRegion.Name = "database"
ActiveSheet.ShowDataForm
```

Daten einfügen, ändern und löschen

Excel sieht keine Kommandos vor, um einer Excel-Tabelle Datensätze hinzuzufügen oder um Datensätze zu ändern oder zu löschen. Die Datenbankmaske kann nur aufgerufen werden, damit der Anwender des Programms selbstständig darin Veränderungen vornimmt. Die in der Maske vorgesehenen Aktionen können aber nicht per Makroprogramm ausgelöst werden. Veränderungen am Inhalt der Datenbank müssen daher über den herkömmlichen Weg erfolgen (siehe Abschnitt 5.1): Zellen durch die *Range-* und *Cells*-Methoden auswählen, den Inhalt der Zelle über die *Value-* oder *Formula-*Eigenschaften ändern etc.

> **HINWEIS** Wenn Sie sich dazu entschließen, die eigentliche Datenverwaltung nicht innerhalb von Excel, sondern in einer externen Datenbank durchzuführen, stehen Ihnen dazu erheblich bessere Programmiermöglichkeiten in Form der ADO-Bibliothek zur Verfügung. Mehr dazu im nächsten Kapitel.

11.3.2 Beispiel – Word-Serienbrief

Grundlagen

Um ein Word-Dokument zu einem Serienbrief zu machen, führen Sie EXTRAS|SERIENDRUCK aus und wandeln dort in Schritt 1 mit ERSTELLEN|SERIENBRIEF Ihr Dokument in ein so genanntes Hauptdokument um.

Anschließend wählen Sie in Schritt 2 als Datenquelle eine Excel-Datei aus (DATEN IMPORTIEREN|DATENQUELLE ÖFFNEN). Dabei müssen Sie aber folgende Regeln beachten:

- In der Excel-Datei sollten die Adressen durch einen benannten Bereich bezeichnet sein.

- Falls nicht mit benannten Bereichen gearbeitet wird, muss beim Speichern darauf geachtet werden, dass jenes Blatt aktiv ist, das die für Word aufbereiteten Adressen enthält. Außerdem sollte sich auf dem Blatt möglichst nur eine Beschriftungszeile der Spalten und die Adressdaten selbst befinden. Weitere in der Tabelle befindliche Daten können Word irritieren. (Word bietet unbegreiflicherweise auch in Version 2002 noch keine Möglichkeit, eines von mehreren Tabellenblättern auszuwählen!)

- Die Einträge der Beschriftungszeile gelten in Word als »Seriendruckfelder«, die in den Text als Platzhalter für die Daten eingesetzt werden.

- Eventuell in Excel wirksame Autofilterkriterien für die Datenbank werden von Word nicht berücksichtigt. Word liest immer *alle* Daten, die sich im aktiven Tabellenblatt befinden. Sie können aber im Word-Seriendruckmanager über den Button ABFRAGEOPTIONEN ähnliche Kriterien wie in Excel definieren. Der Dialog zur Einstellung der Filterkriterien ist aber weder so komfortabel noch so leistungsfähig wie in Excel.

Excel-Tabelle für Word-Serienbrief vorbereiten

Am Beginn dieses Kapitels wurde die Datei Staff.xls vorgestellt, mit der eine kleine Mitarbeiterdatenbank verwaltet wird. Um ein möglichst bequemes Versenden von Serienbriefen zu ermöglichen, die nur an eine vorher ausgewählte Gruppe von Mitarbeitern gehen, können in der Beispieldatei beliebige Selektionskriterien eingestellt werden. Durch ein Anklicken des Buttons WORD-SERIENBRIEF VORBEREITEN werden die so selektierten Adressen in ein eigenes Tabellenblatt kopiert. Der Zellbereich wird mit *WinWordAdresses* benannt.

Der dazu erforderliche Code ist recht kurz und basiert auf elementaren Excel-Methoden. Die einzige Besonderheit ist die Methode *SpecialCells(xlVisible)*, mit der erreicht wird, dass nur die sichtbaren Datensätze kopiert werden. (Wenn in der Mitarbeiterdatenbank Filter verwendet werden, sollen diese Filter natürlich auch für die Word-Adressliste berücksichtigt werden.)

```
' Datei 11\Staff.xls, Modul »Tabelle2«
Private Sub btnWinWord_Click()
  Application.ScreenUpdating = False
  ' alle Zellen im WinWord-Tabellenblatt löschen
  Sheets("DataForWinword").Cells.ClearContents
  ' sichtbare Daten kopieren
  Sheets("Adressdatenbank").[a2].CurrentRegion.SpecialCells( _
    xlVisible).Copy Sheets("DataForWinword").[a1]
  ThisWorkbook.Names.Add "WinwordAddresses", "=" & _
    Sheets("DataForWinword").[a1].CurrentRegion.Address( _
    ReferenceStyle:=xlA1, External:=True)
  Application.ScreenUpdating = True
End Sub
```

Mit *Names.Add* wird schließlich der Name »WinWordAddresses« neu definiert. Der Zellbereich der Adressliste wird mit *CurrentRegion* ermittelt und mit *Address* in eine Zeichenkette der Form *"='DataForWinword'!$A$1:$Q$5"* umgewandelt. (»DataForWinword« ist der Name des Tabellenblatts, in dem die Adressliste gespeichert wird.)

Word-Serienbriefe bilden

Die Word-Datei Staff.doc enthält ein ganz einfaches Schema für einen Serienbrief, der auf den Daten in Staff.xls aufbaut. (Die Excel-Datei muss sich im selben Verzeichnis befinden, andernfalls muss die Datenquelle in Word neu angegeben werden. Um die Serienbrieffunktionen zu steuern, blenden Sie mit ANSICHT|SYMBOLLEISTEN|SERIENDRUCK die entsprechende Symbolleiste ein.)

Die einzige Besonderheit in Staff.doc besteht in der Verwendung von bedingten Texten. Bedingte Texte werden über EINFÜGEN|FELD, Kategorie SERIENDRUCK, Feldname WENN in den Text eingefügt. In den nun erscheinenden Dialog können Sie eine Bedingung und zwei Texte eingeben. Die Bedingung muss den Inhalt eines Datenfelds betreffen. Von den beiden Texten wird der eine angezeigt bzw. gedruckt, wenn die Bedingung erfüllt ist, der andere, wenn die Bedingung nicht erfüllt ist.

Im vorliegenden Beispiel wurde ein Bedingungsfeld zur Formulierung des einleitenden Satzes »Wie Du Dir sicher denken kannst« bzw. »Wie Sie sich sicher denken können« verwendet. Die erste Variante wird eingesetzt, wenn im PF-Feld ein kleines »p« (für eine persönliche Anrede) steht, die zweite Variante in allen anderen Fällen.

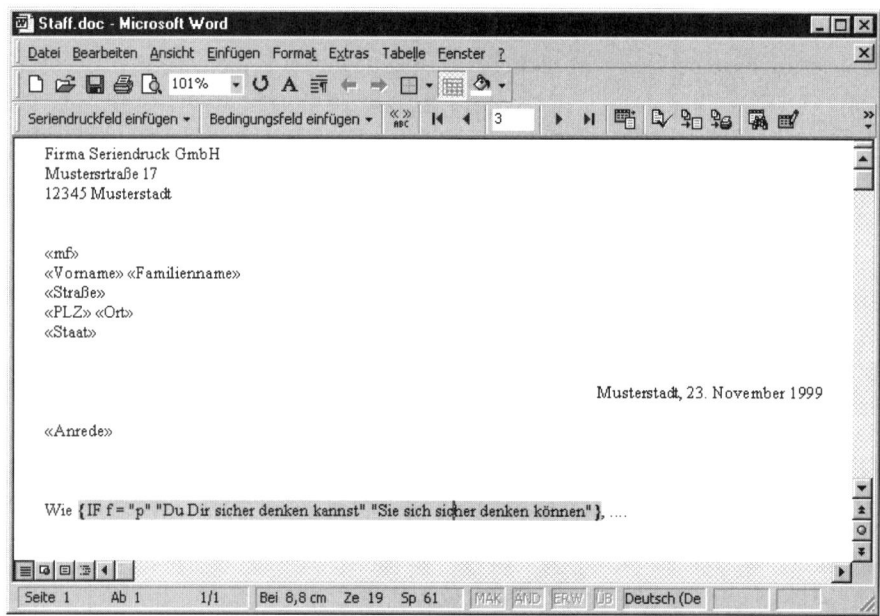

Bild 11.9: Serienbrief in Word

HINWEIS Excel kann auf Datenanforderungen von Word nicht antworten, solange Sie eine Zelle editieren. Wenn Sie während des Editierens von Excel zu Word wechseln und dort einen anderen Datensatz auswählen möchten (durch das Anklicken der Pfeilsymbole in der Seriendrucksymbolleiste), dann ist Word blockiert, weil es auf Excel wartet. Der Eindruck, dass Word bereits abgestürzt ist, täuscht glücklicherweise – nach etwa einer halben Minute meldet es sich mit einer Fehlermeldung wieder zurück. Wenn Sie nicht solange warten möchten, wechseln Sie zurück zu Excel und schließen dort die Zelleingabe ab!

VERWEIS Weitere Codebeispiele zur Datenverwaltung innerhalb von Excel finden Sie in Abschnitt 1.5 (einführendes Datenbankbeispiel) sowie in Abschnitt 11.6. Die Methoden zum Umgang mit Tabellen und Zellbereichen, die eine elementare Voraussetzung für die Gestaltung eigener Datenbankprogramme sind, werden in den Abschnitten 5.1 und 5.2 behandelt.

11.3.3 Syntaxzusammenfassung

In den folgenden Blöcken steht *wsh* für das Tabellenblatt mit der Datenbank (*Work-Sheet*-Objekt), *rng* für den Zellbereich der Datenbank (*Range*-Objekt) und »...« für die Angabe diverser Parameter, die hier nicht näher beschrieben werden (siehe die Excel-Hilfe).

Datenbankverwaltung in Excel (Sortieren, Gruppieren etc.)	
rng.Name = "database"	benennt Bereich für *ShowDataForm*
wsh.ShowDataForm	zeigt die Datenbankmaske an
rng.Sort ...	sortiert die Datenbank
rng.Find ...	nach Daten suchen
rng.FindNext	nochmals suchen
rng.FindPrevious	rückwärts suchen
rng.Replace ...	suchen und ersetzen
rng.Consolidate ...	mehrere Tabellen konsolidieren (Abschnitt 11.5)

Filter	
rng.AutoFilter ...	Autofilter aktivieren
rng.AdvancedFilter ...	Spezialfilter aktivieren
wsh.FilterMode	gibt an, ob die Tabelle gefilterte Daten enthält oder nicht
wsh.AutoFilter	verweist auf das *AutoFilter*-Objekt
wsh.AutoFilter.Filters(...)	verweist auf dessen *Filter*-Objekte (mit Filterkriterien)
wsh.AutoFilterMode	gibt an, ob Autofilter aktiv ist
wsh.AutoFilterMode = False	deaktiviert Autofilter
wsh.ShowAllData	entfernt Filterkriterien

11.4 Datenbank-Tabellenfunktionen

Excel kennt eine Reihe so genannter »Datenbankfunktionen«. Dabei handelt es sich um Tabellenfunktionen, die komplexere Datenbankberechnungen ermöglichen – etwa die Berechnung des durchschnittlichen Gehalts aller Mitarbeiter, die schon länger als fünf Jahre im Betrieb arbeiten. (Voraussetzung ist natürlich, dass in der Datenbank eine Spalte mit dem Gehalt und eine zweite Spalte mit dem Eintrittsdatum in den Betrieb existieren.) Die meisten Datenbankfunktionen beginnen mit den Buchstaben *DB* und weisen drei Parameter auf: =*DBfunktion(datenbank; spalte; kriterien)*.

- Mit dem Parameter *datenbank* wird der Zellbereich der Datenbank inklusive der Überschriftszellen angegeben. Statt der unmittelbaren Bereichsangabe ist auch die Angabe eines Bereichsnamens möglich.

- *spalte* gibt an, für welche Spalte der Datenbank die Berechnung (beispielsweise eine Mittelwertbildung) durchgeführt werden soll. Die Spalte kann entweder durch die Angabe der Beschriftungszelle dieser Spalte oder durch den in Hochkommas gestellten Spaltennamen (z. B. *"Familienname"*) angegeben werden.

- *kriterien* verweist auf einen Zellbereich mit Kriterien. Die Datenbankfunktion berechnet das Ergebnis nur aus jenen Datensätzen der Datenbank, die die Kriterien erfüllen. (Gerade dieser dritte Parameter unterscheidet die Datenbankfunktionen von den gewöhnlichen Tabellenfunktionen!) Kriterien werden wie bei Spezialfiltern gebildet (eine Überschriftenzeile plus eine oder mehrere Zeilen mit Bedingungen – siehe den vorangegangenen Abschnitt).

Rechenfunktionen	
DBANZAHL	ermittelt die Anzahl der Datensätze, die den Kriterien entsprechen
DBANZAHL2	wie oben, berücksichtigt aber nur jene Datensätze, deren Datenfelder in der angegebenen Spalte nicht leer sind
DBMIN/DBMAX	ermittelt den kleinsten/größten Wert in der angegebenen Spalte
DBSUMME	summiert die Werte der angegebenen Spalte
DBPRODUKT	multipliziert die Datenfelder der Spalte
DBMITTELWERT	bildet den Mittelwert der Spalte

Statistikfunktionen	
DBSTDABW	errechnet die Standardabweichung für eine Stichprobe (Division durch *n-1*)
DBSTDABWN	errechnet die Standardabweichung für eine vollständig erfasste Datenmenge (Division durch *n*)
DBVARIANZ	errechnet die Varianz für eine Stichprobe
DBVARIANZEN	errechnet die Varianz für eine vollständig erfasste Datenmenge

Sonstige	
DBAUSZUG	gibt den Inhalt des Datenfelds einer Spalte zurück, das den Kriterien entspricht. Die Funktion ist nur sinnvoll, wenn die Kriterien so formuliert sind, dass ihnen genau ein Datensatz entspricht. Erfüllen mehrere Datensätze die Bedingungen der Kriterien, dann liefert die Funktion den Fehlerwert *#Zahl*.
TEILERGEBNISSE	berechnet wahlweise die Summe, den Durchschnitt, das Minimum, das Maximum etc. eines markierten Bereichs. Die Funktion passt nur inhaltlich, nicht aber formal zu den Datenbankfunktionen (andere Syntax, andere Funktionsweise). Sie wird vom Kommando DATEN|TEILERGEBNISSE eingesetzt, ist ansonsten aber weitgehend sinnlos. Funktionen wie *SUMME*, *MITTELWERT* etc. können viel einfacher als *TEILERGEBNISSE* angewendet werden.

Auch wenn es in den obigen Beschreibungen nicht jedes Mal explizit wiederholt wurde: Alle Funktionen mit Ausnahme von *TEILERGEBNISSE* berücksichtigen ausschließlich jene Datensätze, die den Kriterien (dritter Parameter) entsprechen.

11.4 Datenbank-Tabellenfunktionen

> **HINWEIS:** Excel kennt auch einige Tabellenfunktionen, die inhaltlich ähnlich wie Datenbankfunktionen funktionieren, dabei aber nicht den vorgesehenen Aufbau einer Datenbank voraussetzen (etwa *ZÄHLENWENN*, *SUMMEWENN* etc.).

Beispiel 1: Lagerverwaltung

In Bild 11.10 sehen Sie eine einfache Artikelverwaltung, die mit einigen Datenbankfunktionen ausgewertet wurde. Die Tabelle ist in der Beispieldatei 11\DB_Functions.xls gespeichert.

Die meisten Beispiele in Bild 11.10 sprechen für sich und bedürfen keiner weiteren Erklärung. Ausnahmen: Das Kriterium für die zweite Datenbankformel besteht aus der Überschrift »Preis« und einer weiteren leeren Zelle. Damit werden *alle* Datensätze berücksichtigt, denn diese Pseudobedingung ist für alle Datensätze erfüllt. Der Wert 300 im dritten Kriterium wird dem Ergebnis der zweiten Datenbankformel entnommen. Die Zelle A20 enthält also die Formel *=F16*.

Beachten Sie, dass sämtliche Ergebnisse in DB_Functions.xls unmittelbar neu berechnet werden, sobald sich die Ausgangsdaten ändern. In Excel-Tabellen ist das zwar nichts Ungewöhnliches; es gibt aber kaum ein Datenbankprogramm, das dazu in der Lage ist.

	A	B	C	D	E	F	G
1	Artikelname	Kategorie	Qualität	Preis	Lagermenge	Wert	
2	Artikel 1	a	I	30	21	630	
3	Artikel 8	c	II	30	28	840	
4	Artikel 5	b	I	50	22	1100	
5	Artikel 9	c	II	40	11	440	
6	Artikel 2	a	I	150	34	5100	
7	Artikel 3	a	II	200	20	4000	
8	Artikel 4	b	I	200	24	4800	
9	Artikel 6	c	I	300	26	7800	
10	Artikel 7	c	I	200	11	2200	
11							
12	Kriterien:				Zweck	Ergebnis	Formel
13	Kategorie			Duchschnittspreis in Kategorie c:		142,5	=DBMITTELWERT(A1:F10;"Preis";A13:A14)
14	c						
15							
16	Preis			der höchste Preis:		300	=DBMAX(A1:F10;"Preis";A16:A17)
17							
18							
19	Preis			der teuerste Artikel:		Artikel 6	=DBAUSZUG(A1:F10;"Artikelname";A16:A17)
20	300						
21							
22	Qualität			Gesamtwert der Artikel 2. Qualität		5280	=DBSUMME(A1:F10;"Wert";A22:A23)
23	II						

Bild 11.10: Die Anwendung von Datenbankfunktionen

Beispiel 2: Häufigkeitsverteilung

Bild 11.11 zeigt eine weitere Anwendung von Datenbankfunktionen: Aus den Reaktionszeiten von 69 Versuchspersonen wird eine Häufigkeitsverteilung mit einer Klassenbreite von 0.1 Sekunden ermittelt. Der Aufbau dieser Tabelle ist trotz aller Eingabehilfen von Excel recht mühsam – es müssen 17 Kriterienbereiche und ebenso viele *DBANZAHL*-Formeln eingegeben werden. Beispielsweise lautet die Formel in E3:

=DBANZAHL(A:B;"Reaktionszeit";G5:H6)

Immerhin funktioniert das Schema unabhängig von der Anzahl der Testpersonen, weil einfach die ganzen Spalten A und B als Datenbank gelten (egal, wie viele Zeilen darin tatsächlich mit Daten gefüllt sind).

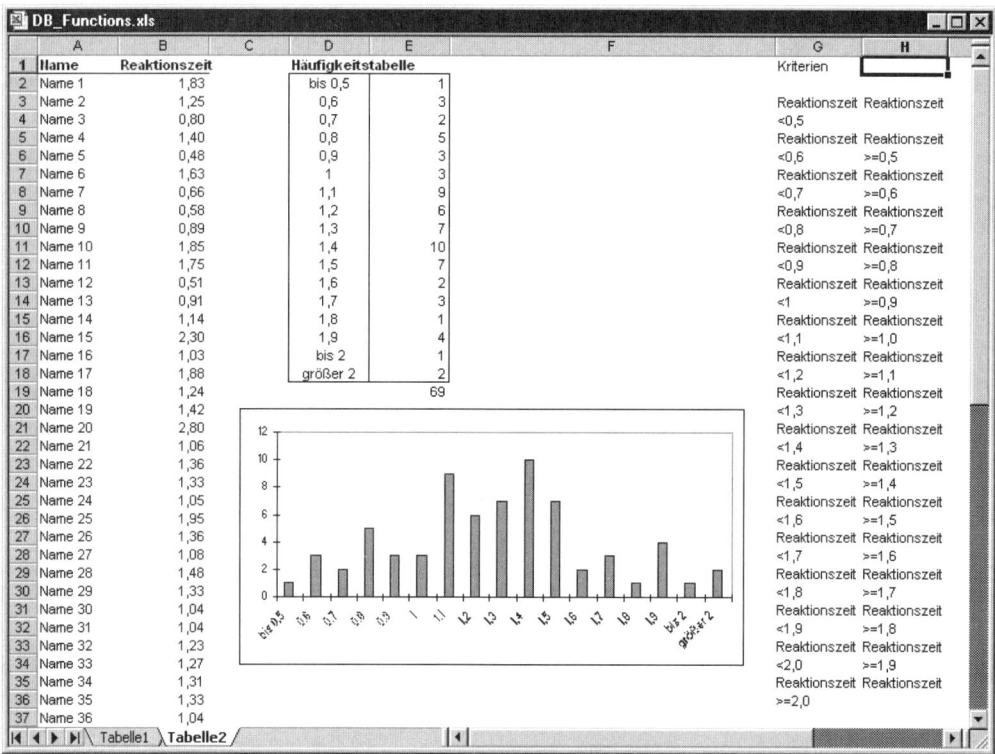

Bild 11.11: Häufigkeitsverteilung mit Datenbankfunktionen

11.5 Tabellen konsolidieren

11.5.1 Grundlagen

Tabellen konsolidieren heißt, dass die Daten aus mehreren Tabellen in einer einzigen zusammengefasst werden. Dieser Vorgang ist am leichtesten anhand konkreter Beispiele zu verstehen: Beispielsweise liegen Ihnen vier gleichartig gestaltete Excel-Dateien mit den Quartalsberichten irgendwelcher Verkaufszahlen vor und Sie möchten daraus eine neue Datei mit den Jahreswerten bilden. Oder es wurden in den vergangenen Wochen mehrere Messprotokolle zusammengestellt, aus denen Sie die durchschnittlichen Messwerte ermitteln möchten. Für solche oder ähnliche Aufgabenstellungen eignet sich das Kommando DATEN | KONSOLIDIEREN.

Die Steuerung der Datenkonsolidierung erfolgt über einen Dialog, in dem mehrere Bezüge auf verschiedene Zellbereiche angegeben werden müssen. Die Zellbereiche dürfen sich im aktuellen Tabellenblatt, in anderen Tabellenblättern der aktuellen Arbeitsmappe oder in externen Excel-Dateien befinden. Bei Dateinamen sind Jokerzeichen in der Art *[Name*.xls]Blatt1!A1:C20* erlaubt – Excel liest die Daten dann aus allen Excel-Dateien, deren erste vier Buchstaben Name lauten.

Weniger flexibel ist Excel bei der Auswahl von Tabellenblättern einer Datei: Dabei sind weder Jokerzeichen noch Bereiche (in der Art *'Blatt1:Blatt5'!A1:C20*) erlaubt. Wenn Daten aus mehreren Tabellenblättern konsolidiert werden sollen, müssen alle Tabellenblätter *einzeln* aufgezählt werden, was natürlich mühsam ist.

Excel kann beim Konsolidieren eine von mehreren Rechenoperationen (Summe, Mittelwert, Varianz etc.) ausführen. Die möglichen Operationen müssen im KONSOLIDIEREN-Dialog ausgewählt werden. Die eingestellte Rechenoperation gilt für *alle* Felder der Konsolidierungsbereiche. Es ist nicht möglich, bei einigen Feldern die Summe und bei anderen den Mittelwert zu berechnen.

Optionen

Im KONSOLIDIEREN-Dialog sind drei Optionsfelder vorgesehen, die normalerweise deaktiviert sind. Ihre Wirkung kann aus den kurzen Bezeichnungen kaum erraten werden:

Durch BESCHRIFTUNG AUS OBERSTER ZEILE und AUS LINKER SPALTE wird ein etwas intelligenterer Konsolidierungsmodus aktiviert: Excel beachtet beim Zusammensetzen der neuen Tabelle jeweils die Beschriftungszellen am linken und am oberen Rand der Konsolidierungsbereiche. Excel ist in der Lage, Daten auch dann korrekt zusammenzufügen, wenn der Aufbau der einzelnen Konsolidierungsbereiche ein wenig voneinander abweicht. (Voraussetzung ist allerdings, dass alle Zeilen und Spalten korrekt und immer gleichlautend beschriftet sind!) Wenn die beiden Optionen deaktiviert bleiben, achtet Excel nicht auf die Beschriftung, sondern führt die Berechnungen für – bildlich gesehen – übereinander liegende Zellen durch.

Durch die Aktivierung der Option VERKNÜPFUNG MIT QUELLDATEN fügt Excel in die neue Tabelle zahllose Verweise auf jede einzelne Zelle in der betroffenen Tabelle ein. Diese Verweise werden dann durch gewöhnliche Excel-Formeln miteinander verknüpft. Als letzten Schritt gliedert Excel die Tabelle so, dass nur noch die Ergebniszellen zu sehen sind. Dieser hohe Aufwand hat einen Vorteil: Die Konsolidierungstabelle wird ständig auf den aktuellen Stand gebracht, jede Änderung in den Ausgangsdaten wird sofort auch in der Ergebnistabelle berücksichtigt. Dem stehen zwei gravierende Nachteile gegenüber: Sowohl der Speicheraufwand als auch der Zeitaufwand dieser dynamischen Variante ist enorm.

Wie aus dem obigen Absatz hervorgeht, sind Konsolidierungstabellen also im Regelfall statisch (es sei denn die Option VERKNÜPFUNG MIT QUELLDATEN wurde aktiviert). Bedauerlicherweise existiert auch kein Kommando, mit dem die Daten – ähnlich wie bei Pivottabellen – aktualisiert werden könnten. Die einzige Möglichkeit, aktuelle Daten zu erhalten, besteht in der neuerlichen Ausführung des Konsolidierungskommandos.

> **TIPP** Excel kann pro Tabellenblatt nur einmal die Einstellungen des KONSOLIDIEREN-Dialogs speichern. Aus diesem Grund sollten Sie es vermeiden, in einem Tabellenblatt mehrere Konsolidierungstabellen anzulegen – sonst müssen Sie bei jeder Aktualisierung sämtliche Bezüge neu eingeben!

Das Konsolidierungskommando ist in seiner Anwendung ziemlich inflexibel, besonders wenn es darum geht, komplexere Operationen mit mehreren Tabellen durchzuführen. Sie sollten sich daher vor einer Anwendung des Kommandos überlegen, ob es nicht sinnvoller wäre, mit gewöhnlichen Excel-Formeln zu arbeiten. Darin sind ja ebenfalls Verweise auf andere Tabellen erlaubt. Sie müssen allerdings auch berücksichtigen, dass Formeln mit Verweisen auf andere Dateien nicht besonders schnell ausgewertet werden. Bei umfangreichen Datenmengen können Sie also Schwierigkeiten mit der Rechenzeit bekommen.

Insgesamt ist das Konsolidieren von Daten eine ziemlich mühsame und fehlerträchtige Angelegenheit, die nur von erfahrenen Excel-Anwendern durchgeführt werden sollte. Eine Automatisierung dieses Vorgangs durch geeignete Makros drängt sich daher geradezu auf.

Beispiel

In Bild 11.12 sehen Sie drei Fenster: Links befinden sich zwei (von insgesamt sechs) Tabellenblätter, in denen Messwerte einer über sechs Wochen durchgeführten Messung eingetragen sind. Rechts ist die Konsolidierungstabelle dargestellt, in der die Durchschnittswerte der sechs Messungen eingetragen sind. Die Beispielanwendung ist übrigens auch auf der beiliegenden CD-ROM zu finden, und zwar unter dem Dateinamen 11\Consolidate.xls.

11.5 Tabellen konsolidieren

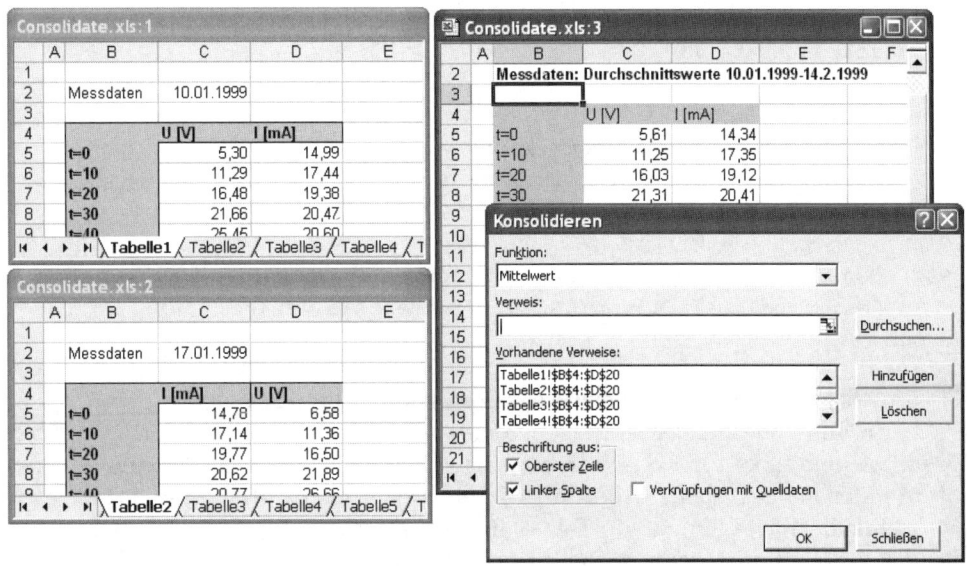

Bild 11.12: Konsolidierung von Messdaten

11.5.2 Konsolidieren per VBA-Code

Wenn Sie die Konsolidierung automatisieren möchten, verhilft die Makroaufzeichnung rasch zu korrektem Code. Für das obige Beispiel sieht das folgendermaßen aus:

```
Selection.Consolidate Sources:=Array( _
   "'I:\Code\[Consolidate.xls]Tabelle1'!R4C2:R20C4", _
   "'I:\Code\[Consolidate.xls]Tabelle2'!R4C2:R20C4", _
   "'I:\Code\[Consolidate.xls]Tabelle3'!R4C2:R20C4", _
   "'I:\Code\[Consolidate.xls]Tabelle4'!R4C2:R20C4", _
   "'I:\Code\[Consolidate.xls]Tabelle5'!R4C2:R20C4", _
   "'I:\Code\[Consolidate.xls]Tabelle6'!R4C2:R20C4"), _
   Function:=xlAverage, TopRow:=True, _
   LeftColumn:=True, CreateLinks:=False
```

Die Methode *Consolidate* wird auf ein *Range*-Objekt angewandt, das wahlweise die maximale Größe des Zielbereichs oder einfach nur eine Startzelle für die Operation angibt (im Beispiel oben [B4]). Die Bedeutung der Parameter geht aus dem Beispiel hervor. Wenn Sie den *Sources*-Parameter dynamisch einstellen möchten, können Sie statt der *Array*-Konstruktion auch ein Feld übergeben. Die folgenden Zeilen zeigen, wie der Code angepasst werden kann, so dass er unabhängig von Pfad und Dateinamen funktioniert:

```
' Datei 11\Consolidate.xls
Sub ConsolidateDate()
  Dim i&, arr$(1 To 6)
  For i = 1 To 6
    arr(i) = "'" & ThisWorkbook.Path & _
            "\[" & ThisWorkbook.Name & "]" & _
            "Tabelle" & i & "'!R4C2:R20C4"
  Next
  [B4].Consolidate Sources:=arr(), Function:=xlAverage, _
    TopRow:=True, LeftColumn:=True, CreateLinks:=False
End Sub
```

> **VERWEIS**
>
> Im vorigen Kapitel wurde ein Programm vorgestellt, das aus Messdaten, die in Form von Tagesdateien vorliegen, Tages- und Monatsprotokolle erstellt. Auch dabei kommt es zur Konsolidierung von Daten aus zahlreichen Excel-Tabellen in einer neuen Tabelle. Allerdings wird dort nicht das (für diese Aufgabe zu wenig flexible) Kommando DATEN|KONSOLIDIEREN verwendet, vielmehr wird das Problem durch eine verhältnismäßig einfache VBA-Prozedur gelöst (siehe Abschnitt 10.3 ab der Überschrift »Monatsprotokolle«).

11.6 Beispiel – Abrechnung eines Car-Sharing-Vereins

Das Car-Sharing-Beispiel hat den Charakter einer vollständigen (und nicht ganz untypischen) Excel-Anwendung. Die Anwendung 11\DB_Share.xls ist aus dem Abrechnungsformular 09\Share.xls des Car-Sharing-Vereins im Abschnitt 9.3 entstanden. Das Programm ermöglicht eine durch ein Formular sehr einfach gestaltete Fahrtenabrechnung. Neu im Vergleich zu Share.xls ist der Umstand, dass jetzt alle Fahrten in einer monatlichen Abrechnungstabelle eingetragen werden und die Verwaltung des Fuhrparks sowie der Teilnehmer des Car-Sharing-Vereins in die Anwendung integriert sind. Die Bedienung des Programms erfolgt über ein eigenes Menü.

11.6.1 Bedienung

Nach dem Laden der Datei DB_Share.xls erscheint am Bildschirm das aus Abschnitt 9.3 bekannte Formular zusammen mit einem eigenen Menü. Andere Bedienungselemente von Excel (Bearbeitungs-, Status- und Symbolleisten) werden deaktiviert. An der Bedienung des Formulars hat sich wenig geändert; neu ist, dass der Name des Autobenutzers jetzt sehr bequem über ein Listenfeld ausgewählt werden kann.

Das fertig ausgefüllte Formular wird mit RECHNUNG|DRUCKEN UND SPEICHERN ausgedruckt und in der Monatsabrechnung gespeichert. Die Eingabe einer weiteren Rechnung muss mit RECHNUNG|NEU eingeleitet werden. Dadurch bekommt die Rechnung

11.6 Beispiel – Abrechnung eines Car-Sharing-Vereins

eine neue (durchlaufende) Rechnungsnummer, alle Eingabeelemente des Formulars werden gelöscht.

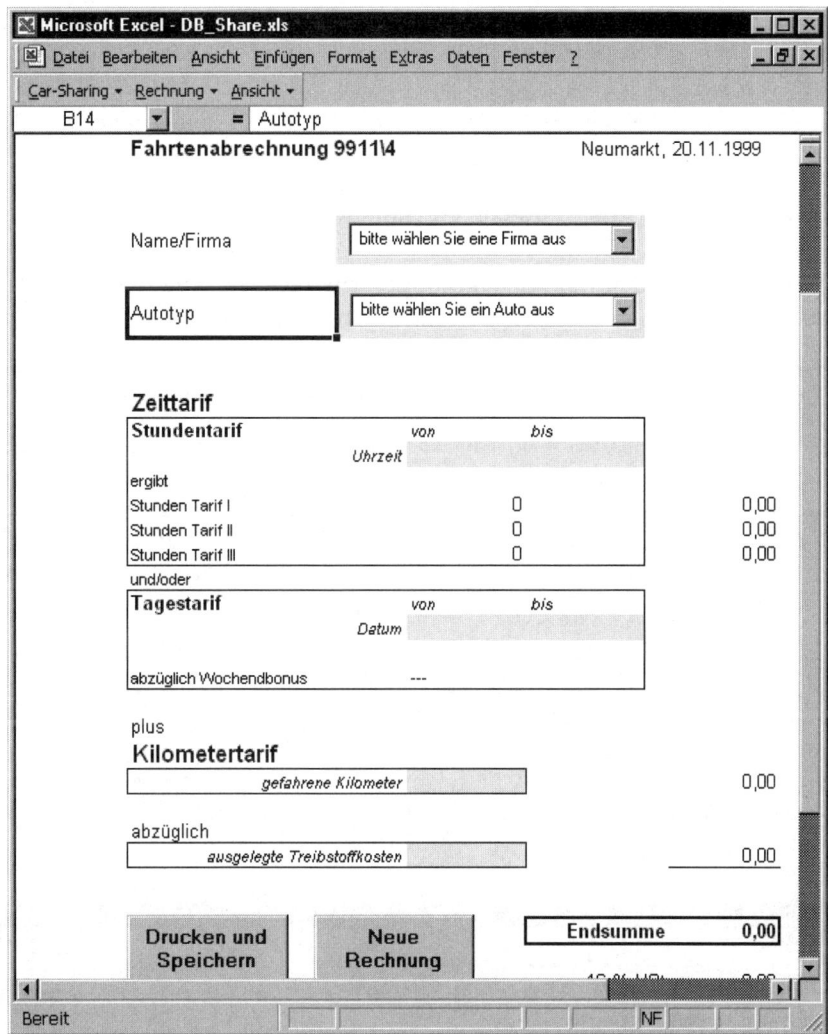

Bild 11.13: Das Startformular der Anwendung DB_Share.xls

RECHNUNG | ALTE RECHNUNG DIESES MONATS KORRIGIEREN ermöglicht die Auswahl einer in diesem Monat erstellten Fahrtabrechnung. Die Daten der Abrechnung werden in das Formular übernommen und können dort verändert werden. Anschließend kann die Rechnung mit RECHNUNG | NEU ausgedruckt und gespeichert werden.

Über das Menü ANSICHT gelangen Sie in die anderen Blätter der Anwendung: ANSICHT | TEILNEHMER-DATENBANK führt in die Datenbank der Vereinsmitglieder und ermöglicht dort die Eingabe neuer Mitglieder oder die Veränderung vorhandener

Daten. Der Button SORTIEREN sortiert eine erweiterte Datenbank alphabetisch. Die Reihenfolge der Namen ist für das Listenfeld des Rechnungsformulars von Bedeutung.

Beachten Sie insbesondere den ersten Eintrag in dieser Datenbank: Dabei handelt es sich um den Text »bitte wählen Sie eine Firma aus« mit einem vorangestellten Leerzeichen. Dieses Leerzeichen bewirkt, dass dieser Eintrag vor allen anderen Einträgen sortiert wird. Der Pseudoeintrag wird als erster Eintrag im Listenfeld angezeigt und ermöglicht es damit, per Programmcode einen definierten Startzustand für die Liste herzustellen bzw. diesen Zustand in einer Abfrage festzustellen. (Bei der Verwendung von MS-Forms-Listenfeldern in Tabellenblättern besteht ja – anders als in Excel-5-/-7-Listenfeldern – keine Möglichkeit, die Auswahl des ersten Listeneintrags von dem Zustand zu unterscheiden, wenn überhaupt kein Listeneintrag ausgewählt wurde. Beide Zustände ergeben in der durch *LinkedCell* angegebenen Zelle den Wert 0.)

ANSICHT | AUTODATENBANK wechselt in ein Blatt zur Verwaltung des Fuhrparks des Vereins. In der Tabelle sind alle Autos samt ihrer Tarifdaten gespeichert.

ANSICHT | MONATSABRECHNUNG zeigt die Abrechnungstabelle des aktuellen Monats an. Die Abrechnungstabellen werden in eigenen Dateien gespeichert. Der Dateiname enthält das Jahr und den Monat, also z.B. Car_1999_12.xls für Januar 1999. Beim automatischen Neuerstellen einer Datei (am Monatsanfang) wird auf die Mustervorlage Car_template.xlt zugegriffen, die sich im selben Verzeichnis wie die Anwendungsdatei DB_Share.xls befinden muss.

In den zahlreichen Spalten der Monatstabelle werden die Rechnungsnummer, das Rechnungsdatum, Datum und Uhrzeit der letzten Änderung der Rechnung, der Name, das Auto, die Zeiten, zu denen das Auto genutzt wurde, die Anzahl der gefahrenen Kilometer etc. gespeichert. Die Abrechnungstabelle enthält alle relevanten Daten, um daraus in einem weiteren Arbeitsschritt (bzw. durch ein weiteres Excel-Programm) eine Monatsabrechnung für alle Mitglieder, eine Statistik über die Nutzung der Autos etc. aufzustellen.

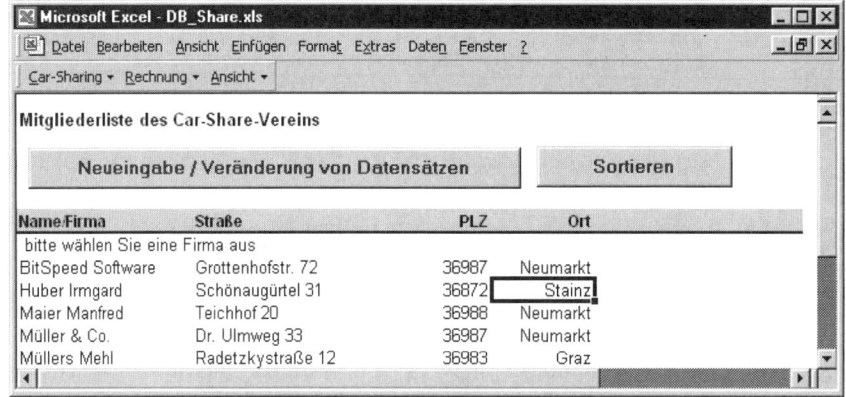

Bild 11.14: Die Verwaltung der Vereinsmitglieder

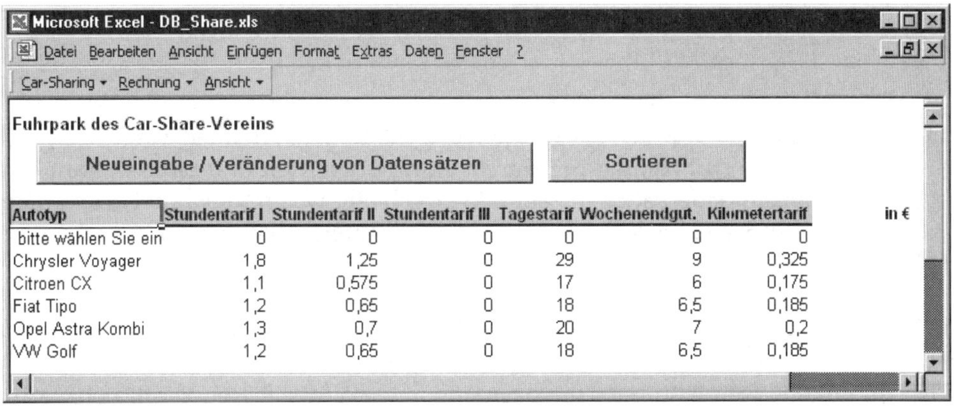

11.6 Beispiel – Abrechnung eines Car-Sharing-Vereins

Bild 11.15: Die Verwaltung des Fuhrparks

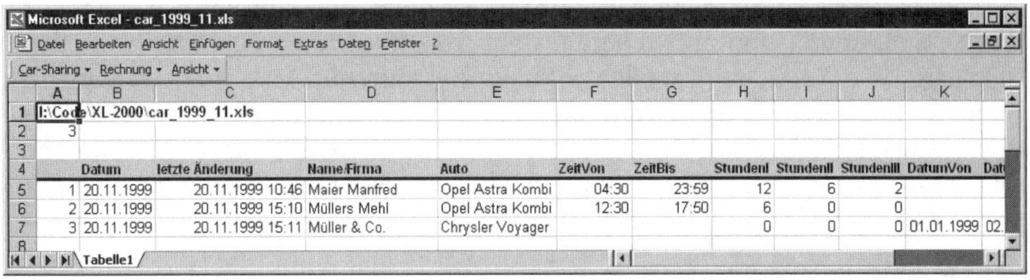

Bild 11.16: Die Monatsabrechnung

Als letztes Menü bleibt noch das DATEI-Menü zu beschreiben: SPEICHERN speichert erwartungsgemäß die Datei DB_Share.xls. Dadurch werden insbesondere die Veränderungen in den Datenbanken »Autos« und »Teilnehmer« gesichert. Die Monatsabrechnung in der Datei Car_jjjj_mm.xls ist von DB_Share.xls vollkommen unabhängig und wird automatisch nach jeder Veränderung gesichert. Das kostet zwar etwas Zeit (vor allem, wenn die Datei umfangreicher wird), ist aber vom Standpunkt der Datensicherung die einzig vernünftige Vorgehensweise.

DATEI | BEENDEN schließt die Dateien DB_Share.xls und Car_jjjj_mm.xls und entfernt das Car-Sharing-Menü. Excel wird durch dieses Kommando nicht verlassen, d. h., BEENDEN bezieht sich nur auf die DB_Share-Anwendung.

Erweiterungsvorschläge

- Die Anwendung ist in der aktuellen Form so gut wie gar nicht gegen eine irrtümliche oder gar beabsichtigte Fehlbedienung abgesichert. Die Möglichkeit, vorhandene Rechnungen mit RECHNUNG | ALTE RECHNUNG KORRIGIEREN zu verändern oder die Monatstabelle überhaupt direkt zu laden und zu ändern, kann natürlich auch missbräuchlich verwendet werden. Durch diverse Maßnahmen kann die Sicherheit der Daten verbessert werden (z. B. indem die Monatsabrechnungen durch Kennwörter geschützt oder Rechnungskorrekturen in der Abrechnung deutlich markiert werden etc.). Einen vollkommenen Schutz, den kein Excel-Profi überwinden könnte, wird es aber kaum geben.

- Die Monatstabellen könnten als Ausgangspunkt dienen, um allen Mitgliedern zum Monatsende eine Aufstellung der durchgeführten Fahrten und eine Rechnung zuzusenden (anstatt jede Fahrt einzeln zu verrechnen, was in der Praxis viel zu aufwendig ist). In der Folge könnte der Zahlungseingang überwacht, ein Mahnwesen eingerichtet werden etc.
- Es könnte ein Buchungs- und Reservierungssystem eingerichtet werden.

Obwohl es prinzipiell möglich ist, diese neuen Merkmale auf der Basis von Excel-Tabellen durchzuführen, wäre es sinnvoller und vor allem sicherer, die Datenspeicherung in einer externen Datenbankdatei vorzunehmen.

Diese Ideen zeigen den typischen Werdegang vieler Excel-Anwendungen: Aus einer einfachen Mustervorlage (dem Abrechnungsformular aus Abschnitt 9.3) wird nach und nach eine immer umfangreichere Datenbankanwendung. Das Problem dabei besteht darin, dass Excel ein Tabellenkalkulationsprogramm und kein Datenbankprogramm ist. Obwohl fast jede Erweiterung möglich ist, steigt der Programmieraufwand im Verhältnis zum Nutzen zunehmend! Bevor sich Ihre Anwendung allzu sehr in diese Richtung bewegt, erwägen Sie den Umstieg auf ein Datenbankprogramm (je früher, desto besser)!

11.6.2 Überblick über die Komponenten der Anwendung

Die Anwendung besteht aus mindestens zwei Dateien: DB_Share.xls für den Programmcode, das Rechnungsformular und die Auto- und Teilnehmerdatenbank sowie der Mustervorlage Car_template.xlt für die Monatsabrechnungen. Außerdem kommt mit jedem Monat, den das Programm verwendet wird, eine Datei Car_jjjj_mm.xls mit der Monatsabrechnung dazu.

DB_Share.xls besteht aus folgenden Blättern und Modulen:

invoice	Tabellenblatt mit Verrechnungsformular
cars	Tabellenblatt mit Datenbank für die Autos
members	Tabellenblatt mit Mitgliederdatenbank des Vereins
DieseArbeitsmappe	Klassenmodul mit Ereignisprozeduren
moduleMain	Code für die Verrechnung und Verbuchung
moduleMenu	Code zum Car-Sharing-Menü
modulefunctions	Code mit benutzerdefinierten Tabellenfunktionen (siehe Abschnitt 9.3)

Innerhalb des Rechnungsformulars (also im Tabellenblatt *invoice*) sind die meisten Ein- und Ausgabezellen benannt, so dass im Programmcode leichter darauf zugegriffen werden kann. Auf diese Weise wird vermieden, dass im Programmcode ständig auf Zellen wie [H17] zugegriffen werden muss, was sehr unübersichtlich ist. Hier die Tabelle mit den Namen und ihren Adressen:

car	C14
enddate	E26
endtime	E19
fuelcost	D35
hoursI	D21
hoursII	D22
hoursIII	D23
invoicedate	G9
invoicenr	B9
invoicetotal	G38
membername	C12
nrOfKilometers	D32
startdate	D26
starttime	D19
weekendbonus	D28

> **TIPP** Wenn Sie zu Dokumentationszwecken eine Liste aller benannter Zellen benötigen, führen Sie einfach im Direktbereich die folgende Schleife aus!
> ```
> For Each n In ThisWorkbook.Names: ?n.Name, n.RefersTo: Next
> ```

Sowohl im Formular- als auch in den beiden Datenbankblättern sind die Zeilen- und Spaltenköpfe, die Gitterlinien und die Blattregister abgeschaltet, um den zur Verfügung stehenden Raum maximal zu nutzen.

11.6.3 Programmcode

Die folgenden Seiten beschreiben die interessantesten Details des Programmcodes. Die Prozeduren werden in der Reihenfolge ihres Vorkommens beschrieben, wobei auf einen nochmaligen Abdruck der benutzerdefinierten Tabellenfunktionen (siehe Abschnitt 9.3) verzichtet wurde.

Globale Variablen

Auf Grund der Verteilung des Programmcodes auf mehrere Module bestand die Notwendigkeit, einige Variablen als *Public* zu deklarieren. Auf diese Variablen kann in allen Modulen der Anwendung zugegriffen werden. Mit Ausnahme der Variablen *accountMonth*, die das aktuelle Jahr und den Monat als Zeichenkette enthält (z. B. "2003_05" für Mai 2003), betreffen alle Variablen die Monatstabelle: *monthReportWb*, *monthReport* und *accountCell* enthalten Verweise auf die Arbeitsmappe, das Tabellenblatt und die erste Zelle der Monatstabelle. Alle drei Variablen werden in *LoadMonthReport* initialisiert – siehe einige Seiten weiter unten.

Die Konstante *pagePreview* gibt an, ob Rechnungen tatsächlich ausgedruckt werden sollen oder ob stattdessen die Seitenansicht präsentiert werden soll.

```
' DB_Share.xls, moduleMain
Public monthReportWb As Workbook  'Arbeitsmappe mit Monatsabrechnung
Public monthReport As Worksheet   'Tabellenblatt mit Monatsabrechnung
Public accountCell As Range       'erste Zelle der Monatsabrechnung (A5)
Public accountMonth$              'Jahr und Monat, z.B. "9405"
Const pagePreview = True          'Seitenvorschau oder sofort drucken
```

Excel in Workbook_Open konfigurieren

Nach dem Laden von DB_Share wird automatisch die Prozedur *Workbook_Open* ausgeführt. Diese Prozedur macht das Rechnungsformular zum aktiven Blatt. Anschließend wird mit *LoadMonthReport* die Monatstabelle des aktuellen Monats geladen. *ClearMainSheet* entnimmt dieser Datei die aktuelle Rechnungsnummer und trägt sie in das Rechnungsformular ein. Gleichzeitig werden alle Eingabefelder des Rechnungsformulars gelöscht. Schließlich wird die zusätzliche Symbolleiste DB_CAR_SHARING mit den neuen Menüeinträgen aktiviert.

Wenn Sie die im Listing auskommentierten Zeilen aktivieren, werden beim Start auch alle Symbol-, Bearbeitungs- und Statusleisten von Excel deaktiviert. Sie sind zur Bedienung dieses Programms nicht erforderlich und nehmen nur Platz weg.

```
' Datei 11\DB_Share.xls, Klassenmodul »DieseArbeitsmappe«
Private Sub Workbook_Open()
  Dim cb As CommandBar
  Application.ScreenUpdating = False
  ThisWorkbook.Activate
  Sheets("invoice").Select
  ThisWorkbook.Windows(1).DisplayWorkbookTabs = False
  LoadMonthReport    'Monatsabrechnungsdatei laden
  ClearMainSheet     'Eingabefelder des Formulars löschen
  ' Bearbeitungsleiste, Statusleiste und Symbolleisten abschalten
  '   Application.DisplayFormulaBar = False
  '   Application.DisplayStatusBar = False
  '   For Each cb In Application.CommandBars
  '     If cb.Type = msoBarTypeNormal Then cb.Visible = False
  '   Next cb
  With Application.CommandBars("DB_Car_Sharing")
    'eigenes Menü einschalten
    .Visible = True
  End With
  ActiveWindow.WindowState = xlMaximized
End Sub
```

Die Verwaltung des eigenen Menüs

Nachdem das anwendungsspezifische Menü in *Workbook_Open* aktiviert wurde, wird in den Blatt(de)aktivierungs-Prozeduren dafür gesorgt, dass dieses Menü in Zukunft beim Anklicken eines Arbeitsblatts einer anderen Excel-Datei deaktiviert, beim Anklicken eines Arbeitsblatts von DB_Share aber automatisch wieder aktiviert wird. (In *Workbook_Deactivate* bleibt das Menü auch dann sichtbar, wenn die Abrechnungstabelle angeklickt wird.)

```
' Datei 11\DB_Share.xls, Klassenmodul »DieseArbeitsmappe«
' Menü deaktivieren, wenn fremde Arbeitsmappe aktiviert wird
Private Sub Workbook_Deactivate()
  On Error Resume Next
  If LCase(ActiveWorkbook.Name) <> "car_" + accountMonth + ".xls" Then
    Application.CommandBars("DB_Car_Sharing").Visible = False
  End If
End Sub

' sicherstellen, dass Menüleiste immer sichtbar ist
Private Sub Workbook_Activate()
  Application.CommandBars("DB_Car_Sharing").Visible = True
End Sub

Private Sub Workbook_SheetActivate(ByVal Sh As Object)
  Application.CommandBars("DB_Car_Sharing").Visible = True
End Sub
```

Excel-Datei für Monatsbericht laden

LoadMonthReport wird an verschiedenen Stellen im Programm aufgerufen, um sicherzustellen, dass die Datei mit dem Monatsbericht geladen ist. (Es kann ja passieren, dass der Anwender die Datei – unbeabsichtigt – schließt.) Die Prozedur belegt als Erstes die Variable *accountMonth* mit einer Zeichenkette der Form "2003_05" (Mai 2003) und ermittelt daraus und aus dem Pfad zu DB_Share den Dateinamen der Rechnungsdatei (etwa C:\Eigene Dateien\Beispiele\Car_2003_05.xls). Anschließend werden in einer Schleife alle bereits geladenen *Workbook*-Objekte durchlaufen. Wenn die Monatsdatei gefunden wurde, müssen nur noch diverse Variablen initialisiert werden.

Wenn die Datei hingegen noch nicht geladen ist, erfolgt ein Test, ob die Datei überhaupt schon existiert (auf der Festplatte). Existiert die Datei noch nicht – etwa am Beginn eines neuen Monats –, dann beginnt jetzt die Suche nach der Musterdatei Car_Template.xlt. Falls diese Datei gefunden wird, öffnet das Programm diese Musterdatei, andernfalls öffnet es eine leere (unformatierte) Excel-Datei. Prinzipiell arbeitet das Programm damit auch klaglos, die Mustervorlage hat aber den Vorteil, dass die Monatstabelle beschriftet, die Spaltenbreite einigermaßen sinnvoll eingestellt und die einzelnen Spalten richtig formatiert sind (Datums- und Zeitformate).

In jedem Fall wird in die neue Datei der Dateiname in A1 und die aktuelle Rechnungsnummer 0 in die Zelle A2 eingetragen. Anschließend wird die Datei unter ihrem neuen Namen gespeichert. In den letzten Zeilen, die in jedem Fall ausgeführt werden (unabhängig davon, wie die Datei gefunden bzw. geöffnet wurde), wird das Fenster der Datei auf ein Icon reduziert.

```
'Datei 11\DB_Share.xls, moduleMain
'Rechnungsarbeitsmappe für den aktuellen Monat laden
Public Sub LoadMonthReport()
  Dim wb As Workbook
  Dim reportFile$, templateFile$
  Dim loaded As Boolean
  loaded = False
  accountMonth = CStr(Year(Now)) + "_" + Format(Month(Now), "00")
  reportFile = ThisWorkbook.Path + "\car_" + accountMonth + ".xls"
  'testen, ob Datei schon geladen ist
  For Each wb In Workbooks
    If UCase(wb.Name) = UCase("car_" + accountMonth + ".xls") Then
      Set monthReportWb = wb: Set monthReport = wb.Worksheets(1)
      loaded = True
      Exit For
    End If
  Next wb
  If Not loaded Then
    If Dir(reportFile) <> "" Then
      'Datei existiert schon --> laden
      Set monthReportWb = Workbooks.Open(reportFile)
      Set monthReport = monthReportWb.Worksheets(1)
    Else
      'Datei existiert noch nicht: Mustervorlage öffnen
      templateFile = ThisWorkbook.Path + "\car_template.xlt"
      If Dir(templateFile) <> "" Then
        Set monthReportWb = Workbooks.Open(templateFile)
      Else
        'sonst eben eine leere Datei
        Set monthReportWb = Workbooks.Add
      End If
      Set monthReport = monthReportWb.Worksheets(1)
      monthReport.[A1] = reportFile   'in A1 den Dateinamen speichern
      monthReport.[A2] = 0            'in A2 die Rechnungsnummer speichern
      monthReportWb.SaveAs reportFile
    End If
  End If
  Set accountCell = monthReport.Range("A5")
  monthReportWb.Windows(1).WindowState = xlMinimized
End Sub
```

Rechnungsformular initialisieren

An verschiedenen Stellen im Programm – beim Start, beim Anklicken des Buttons NEUE RECHNUNG etc. – muss das Rechnungsformular in einen definierten Grundzustand versetzt werden. Dabei werden alle Eingabezellen gelöscht. Diese Eingabezellen wurden im Tabellenblatt »invoice« benannt, so dass ein übersichtlicher Zugriff in der Form *[name]* möglich ist. Außerdem entnimmt die Prozedur der Monatstabelle die aktuelle Rechnungsnummer (die dort in der Zelle A2 steht).

In *InitializeListboxes* werden die Quelldatenbereiche (Eigenschaft *ListFillRange*) für die Listenfelder *cmbMembers* und *cmbCars* neu eingestellt. Anschließend werden die Listenfelder auf den Eintrag 0 gesetzt, so dass der jeweils erste Listeneintrag angezeigt wird (also »bitte xxx auswählen«).

```
Public Sub ClearMainSheet()
  Application.ScreenUpdating = False
  ThisWorkbook.Activate
  Sheets("invoice").Select
  LoadMonthReport
  With ThisWorkbook.Sheets("invoice")
    .[invoicedate].Formula = "=Now()"
    .[startTime] = "":       .[endTime] = ""
    .[startDate] = "":       .[endDate] = ""
    .[nrOfKilometers] = "":  .[fuelcost] = ""
    .[invoicenr] = "Fahrtenabrechnung " & accountMonth & _
      "\" & monthReport.[A2] + 1
    InitializeListboxes
  End With
End Sub

' Listenfelder des Rechnungsblatts auf 0 zurücksetzen
Public Sub InitializeListboxes()
  Dim z1 As Object, z2 As Object
  With ThisWorkbook.Sheets("invoice")
    ' Listenfeld Teilnehmer
    Set z1 = [members!A4]
    Set z2 = z1.End(xlDown)
    .cmbMembers.ListFillRange = "members!" + z1.Address + ":" + _
      z2.Address
    .cmbMembers = 0
    ' Listenfeld Autos
    Set z1 = [cars!A4]
    Set z2 = z1.End(xlDown)
    .cmbCars.ListFillRange = "cars!" + z1.Address + ":" + z2.Address
    .cmbCars = 0
  End With
End Sub
```

Tastaturfokus aus Listenfeldern entfernen

Noch ein Detail ist im Zusammenhang mit den beiden Listenfeldern des Rechnungs-Tabellenblatts erwähnenswert: Nach der Auswahl eines Autos oder eines Teilnehmers per Listenfeld befindet sich der Eingabefokus im jeweiligen Listenfeld. Das kann die Ausführung weiteren VBA-Codes blockieren. Aus diesem Grund wird durch die Ereignisprozeduren *cmbCars_Change* bzw. *cmbMembers_Change* sichergestellt, dass der Fokus sofort wieder in eine benachbarte Zelle gerichtet wird.

Durch den Test *ActiveSheet.Name = Me.Name* wird sichergestellt, dass das nur dann erfolgt, wenn das Rechnungs-Tabellenblatt das aktive Blatt ist. (Die Prozeduren werden auch dann aufgerufen, wenn die Listenfelder per Programmcode verändert werden – und zu diesem Zeitpunkt kann ein anderes Blatt aktiv sein; der Versuch, eine Zelle zu aktivieren, würde dann zu einem Fehler führen.)

```
' Datei 11\DB_Share.xls, invoice
Private Sub cmbCars_Change()
  If ActiveSheet.Name = Me.Name Then
    [b14].Activate
  End If
End Sub
Private Sub cmbMembers_Change()
  ' wie oben
End Sub
```

Ereignisprozeduren zu den Datenbankbuttons (Datenmaske, Sortieren)

In den beiden Tabellenblättern »members« und »cars« gibt es jeweils zwei Buttons zur Anzeige der Datenmaske sowie zum Sortieren der Einträge. (Das Sortieren erfolgt nach dem Anzeigen der Maske übrigens auch automatisch.) Beim Verlassen des Tabellenblatts wird automatisch die oben abgedruckte Prozedur *InitializeListboxes* ausgeführt, damit alle neuen Einträge in den Listenfeldern berücksichtigt werden. Der Code ist für beide Tabellenblätter identisch:

```
' Datei 11\DB_Share.xls, cars
' Datenbankmaske anzeigen, anschließend sortieren und
' Listenfeld neu initialisieren
Private Sub btnEdit_Click()
  Range("A3").Select
  Range("A3").CurrentRegion.Name = "database"
  ActiveSheet.ShowDataForm
  btnSort_Click
  InitializeListboxes
End Sub
```

11.6 Beispiel – Abrechnung eines Car-Sharing-Vereins

```
Private Sub btnSort_Click()
  Range("A3").Select
  Selection.Sort Key1:=Range("A4"), Order1:=xlAscending, _
    Header:=xlGuess, OrderCustom:=1, MatchCase:=False, _
    Orientation:=xlTopToBottom
End Sub
Private Sub Worksheet_Deactivate()
  InitializeListboxes
End Sub
```

Ereignisprozeduren für Menükommandos

moduleMenu enthält diverse kurze Prozeduren, die durch die Kommandos des Car-Sharing-Menüs aufgerufen werden. Die meisten Prozeduren sind ausgesprochen kurz; der Code sollte auf Anhieb verständlich sein, weswegen hier auf einen Abdruck verzichtet wird.

Das Rechnungsformular ausdrucken

Für den Ausdruck des Formulars ist die Prozedur *PrintAndSave* zuständig. Die Prozedur kopiert das ganze Rechnungsformular in ein neues Arbeitsblatt, stellt die gelbe Hintergrundfarbe der Eingabezellen auf Weiß um und druckt das neue Arbeitsblatt schließlich aus. Eine vergleichbare Prozedur *btnPrint_Click* ist in Abschnitt 9.3 abgedruckt und dort auch näher beschrieben.

Neu an *PrintAndSave* ist der Aufruf der Funktion *TestForValidInput*: Dort wird ein kurzer Test durchgeführt, ob die Eingaben im Rechnungsformular in Ordnung sind. Wenn das nicht der Fall ist, gibt die Funktion einen Fehlertext zurück, der in *PrintAndSave* in einem Meldungsdialog angezeigt wird.

```
Function TestForValidInput() As String
  Dim errmsg$
  With ThisWorkbook.Sheets("invoice")
    If IsError(.[invoicetotal]) Then
      errmsg = "Endsumme fehlerhaft."
    ElseIf .[invoicetotal] = 0 Then
      errmsg = "Endsumme beträgt 0."
    ElseIf .cmbMembers <= 0 Or IsNull(.cmbMembers) Then
      errmsg = "Es wurde kein Name / keine Firma angegeben."
    ElseIf .cmbCars <= 0 Or IsNull(.cmbCars) Then
      errmsg = "Es wurde kein Autotyp angegeben."
    ElseIf .[startTime] < 0 Or .[startTime] > 1 Or _
           .[endTime] < 0 Or .[endTime] > 1 Then
      errmsg = "Falsche Zeitangabe."
```

```
        ElseIf .[startDate] <> "" Xor .[endDate] <> "" Then
          errmsg = "Unvollständige Datumsangabe."
        End If
      End With
      TestForValidInput = errmsg
    End Function
```

Die Daten des Rechnungsformulars in der Monatstabelle speichern

Die Prozedur *PrintAndSave* endet mit dem Aufruf von *SaveAccountData*. Diese Prozedur überträgt alle Eckdaten der Rechnung in die Monatstabelle. Die Zeile, in der die Daten eingetragen werden, ergibt sich aus der Rechnungsnummer des Formulars, die ein wenig mühsam aus einer Zeichenkette der Form »Fahrtenabrechnung 1999_05\3« extrahiert wird: *InStr* ermittelt den Ort des »\«-Zeichens, *Mid* liest alle Zeichen hinter diesem Zeichen und *Val* verwandelt die resultierende Zeichenkette in einen numerischen Wert. Nach der eigentlichen Datenübertragung wird die Rechnungsnummer in der Monatstabelle aktualisiert und die Datei anschließend gespeichert.

```
Sub SaveAccountData()
  Dim x As String
  Dim accountNr%              'aktuelle Rechnungsnummer
  Dim accountWs As Worksheet  'Verweis auf Rechnungsformular
  On Error Resume Next
  Set accountWs = ThisWorkbook.Sheets("invoice")
  LoadMonthReport
  x = accountWs.[invoicenr]
  accountNr = Val(Mid(x, InStr(x, "\") + 1))
  accountCell.Cells(accountNr, 1) = accountNr
  accountCell.Cells(accountNr, 2) = accountWs.[invoicedate]
  accountCell.Cells(accountNr, 3) = Now
  accountCell.Cells(accountNr, 4) = accountWs.[membername]
  accountCell.Cells(accountNr, 5) = accountWs.[car]
  accountCell.Cells(accountNr, 6) = accountWs.[startTime]
  accountCell.Cells(accountNr, 7) = accountWs.[endTime]
  accountCell.Cells(accountNr, 8) = accountWs.[hoursI]
  accountCell.Cells(accountNr, 9) = accountWs.[hoursII]
  accountCell.Cells(accountNr, 10) = accountWs.[hoursIII]
  accountCell.Cells(accountNr, 11) = accountWs.[startDate]
  accountCell.Cells(accountNr, 12) = accountWs.[endDate]
  accountCell.Cells(accountNr, 13) = accountWs.[weekendbonus]
  accountCell.Cells(accountNr, 14) = accountWs.[nrOfKilometers]
  accountCell.Cells(accountNr, 15) = accountWs.[fuelcost]
  accountCell.Cells(accountNr, 16) = accountWs.[invoicetotal]
  If monthReport.[A2] < accountNr Then monthReport.[A2] = accountNr
  monthReportWb.Save      ' geänderte Datei sofort speichern
End Sub
```

Bereits vorhandene Rechnung nochmals bearbeiten

Die Prozedur *ChangeOldEntry* stellt im Prinzip die Umkehrfunktion zu *SaveAccountData* dar: Diesmal sollen Daten aus der Monatstabelle in das Rechnungsformular übertragen werden, damit die Rechnung dort nochmals bearbeitet werden kann (etwa um einen Eingabefehler zu korrigieren).

Die Prozedur beginnt damit, dass mit *MenuViewMonthReport_OnClick* die Monatstabelle angezeigt und der Anwender in einem *InputBox*-Dialog dazu aufgefordert wird, jene Zeile der Monatstabelle anzuklicken, die die zu korrigierenden Daten enthält. Dazu wird bei *InputBox* als Eingabetyp 0 angegeben (eine Formel). Die resultierende Formel sieht dann etwa so aus: "=Z5S7". Mit *Mid* wird das »=«-Zeichen eliminiert. Anschließend wird die Zeichenkette mit *ConvertFormula* in die A1-Schreibweise konvertiert, mit *Range* in ein *Range*-Objekt umgewandelt, dessen Zeilennummer schließlich über *Row* gelesen werden kann. Da die ersten vier Zeilen der Tabelle zur Beschriftung verwendet werden, ergibt sich die Rechnungsnummer aus einer Subtraktion von 4.

Sobald die Rechnungsnummer bekannt ist, kann die eigentliche Datenübertragung beginnen. Bei den meisten Eingabezellen stellt die Datenübertragung kein besonderes Problem dar. Bei den beiden Listenfeldern muss durch eine Schleife der passende Listeneintrag ermittelt werden.

Ein wenig verwirrend sind vielleicht die vielen *account*-Variablen: *accountWs* zeigt auf das Rechnungsformular, *accountCell* auf die erste Datenzelle in der Monatstabelle. *accountNr* enthält die Rechnungsnummer.

```
' eine bereits vorhandene Rechnung dieses Monats in das
' Rechnungsformular eintragen
Sub ChangeOldEntry()
  Dim result As Variant, accountNr%, n%, i%
  Dim accountWs As Object     'Verweis auf Rechnungsformular
  Set accountWs = ThisWorkbook.Sheets("invoice")
  On Error Resume Next
  MenuViewMonthReport_OnClick
  result = Application.InputBox("Geben Sie bitte die " & _
    "Rechnungsnummer an! " & _
    "Sie können dazu in der Monatsliste dieses Monats blättern " & _
    "und eine Zeile anklicken.", Type:=0)
  MenuViewMain_OnClick
  If result = False Then Exit Sub
  result = Mid(result, 2)   ' »=« im Ergebnis eliminieren
  If Not IsNumeric(result) Then
    ' aus der Formel "Z5S7" die Zeilennummer extrahieren
    ' und wiederum in result speichern
    result = Range(Application.ConvertFormula(result, _
                   xlR1C1, xlA1)).Row - 4
  End If
```

```vba
    If result < 1 Or result > Val(monthReport.[A2]) Then
      MsgBox "Ungültige Rechnungsnummer.": Exit Sub
    End If
    accountNr = result
    Application.ScreenUpdating = False
    ' Datum ändern
    accountWs.[invoicedate] = accountCell.Cells(accountNr, 2)
    ' Listenfeld Teilnehmer einstellen
    For i = 0 To accountWs.cmbMembers.ListCount - 1
      If accountCell.Cells(accountNr, 4) = _
         accountWs.cmbMembers.List(i) Then
        accountWs.cmbMembers = i
      End If
    Next i
    ' Listenfeld Autos einstellen
    For i = 0 To accountWs.cmbCars.ListCount - 1
      If accountCell.Cells(accountNr, 5) = _
         accountWs.cmbCars.List(i) Then
        accountWs.cmbCars = i
      End If
    Next i
    ' diverse Eingabefelder
    accountWs.[startTime] = accountCell.Cells(accountNr, 6)
    accountWs.[endTime] = accountCell.Cells(accountNr, 7)
    accountWs.[startDate] = accountCell.Cells(accountNr, 11)
    accountWs.[endDate] = accountCell.Cells(accountNr, 12)
    accountWs.[nrOfKilometers] = accountCell.Cells(accountNr, 14)
    accountWs.[fuelcost] = accountCell.Cells(accountNr, 15)
    accountWs.[invoicenr] = "Fahrtenabrechnung " & accountMonth & _
       "\" & accountNr
End Sub
```

12 Zugriff auf externe Daten

In diesem Kapitel geht es darum, wie Sie in Excel auf Daten zugreifen können, die in einem externen Datenbanksystem gespeichert sind. Dazu gibt es im Wesentlichen zwei Möglichkeiten: Entweder verwenden Sie den dazu vorgesehenen Assistenten, der seinerseits das Programm MS Query aufruft. (Per VBA-Code kann diese Form des Datenimports durch das *QueryTable*-Objekt gesteuert werden.) Oder Sie verwenden die neue ADO-Bibliothek, die mit einer Menge von Objekten sowohl das Lesen als auch das Verändern von Daten ermöglicht.

Kapitelübersicht

12.1	Grundkonzepte relationaler Datenbanken	586
12.2	Import externer Daten	592
12.3	Datenbankzugriff mit der ADO-Bibliothek	609
12.4	Beispiel – Fragebogenauswertung	630

12.1 Grundkonzepte relationaler Datenbanken

Es wurde bereits erwähnt, dass Excel selbst keine Relationen kennt. Dennoch ist es für Sie als Excel-Programmierer wichtig, dass Sie das Konzept relationaler Datenbanken kennen: Sowohl das Zusatzprogramm MS-Query als auch die ADO-Bibliothek ermöglichen den Zugriff auf externe Datenbanken – und die sind so gut wie immer in einem relationalen Modell gespeichert.

Relationale Datenbanken liegen dann vor, wenn die Daten in mehreren Tabellen verwaltet werden und die Tabellen aufeinander verweisen. Die wesentliche Motivation für relationale Datenbanken besteht darin, Redundanzen zu vermeiden.

> **HINWEIS** Als Ausgangspunkt für die folgenden Erklärungen dient die Beispieldatenbank *Northwind* (Datei Nwind.mdb), die Microsoft mit einigen Produkten mitliefert, z.B. mit dem Office-Paket, mit Visual Basic und mit dem SQL Server. Es gibt eine ganze Menge unterschiedlicher Versionen dieser Datenbank. Für dieses Buch wurde die englische Version verwendet. Die Datei befindet sich auch auf der beiliegenden CD-ROM.

> **ANMERKUNG** Dieser Abschnitt gibt eine Art Kurzzusammenfassung über das relationale Datenbankmodell, ohne auf allzu viele Details einzugehen. Die hier vermittelten Informationen sollten ausreichen, damit Sie verstehen, wie Sie Daten aus einer relationalen Datenbank extrahieren können. Wenn Sie aber selbst Datenbanken entwerfen möchten, werden Sie weitere Literatur zu diesem Thema benötigen.

Daten auf mehrere Tabellen aufteilen

Nehmen wir an, Sie hätten einen kleinen Betrieb, in dem Bestellungen noch manuell in Bestellformulare eingetragen und auf diese Weise verwaltet werden. Im Formular sind im Wesentlichen folgende Felder vorgesehen:

- Bestelldatum
- Name und Adresse des Kunden
- Name des Verkäufers
- Liste mit den bestellten Artikeln, bestehend aus Artikelname, Anzahl, Einzelpreis, Gesamtpreis
- die Bestellsumme
- eventuell besondere Lieferbedingungen wie Skontos etc.

Obwohl diese Vorgehensweise durchaus nachvollziehbar ist, weist sie einige Nachteile auf:

- Wenn ein Kunde mehrere Bestellungen durchführt, muss sein Name und seine Adresse jedes Mal neu geschrieben werden. Bei einer Adressänderung müssen alle noch aktuellen Bestellformulare dieses Kunden gesucht und ausgebessert werden. Kundenspezifische Daten (z.B. besondere Konditionen für Stammkunden) müssen separat gespeichert werden.

- Wenn ein Artikel in mehreren Bestellungen vorkommt, muss jedes Mal dessen Name und Preis angeschrieben werden, obwohl das eine Information ist, die ohnedies zentral (z.B. in einer Preistabelle) gespeichert wird. Die Gefahr von Tippfehlern ist enorm.

- Wenn sehr viele unterschiedliche Artikel bestellt werden, reicht ein Formular nicht aus. Es müssen mehrere Formulare zusammengeheftet werden etc.

Bei einer Umstellung auf ein EDV-System könnte das Bestellformular natürlich weitgehend unverändert übernommen werden. Wegen der beschriebenen Nachteile ist das allerdings nicht sinnvoll. Vielmehr sollten die in den Bestellungen enthaltenen Daten auf mehrere Tabellen aufgeteilt werden:

Tabelle *Customers*:	Kundennummer, Name, Adresse
Tabelle *Employees*:	Mitarbeiternummer, Name etc.
Tabelle *Products*:	Artikelnummer, Name, Einzelpreis, eventuell Staffelpreise
Tabelle *Orders*:	Bestellnummer, Datum, Kundennummer, Verkäufernummer
Tabelle *Order Details*:	Bestellnummer, Artikelnummer, Anzahl

Die Definition von eigenen Tabellen für Artikel, Kunden, Mitarbeiter (Verkäufer) und Bestellungen ist vermutlich unmittelbar einsichtig. Damit werden vor allem die oben beschriebenen Redundanzprobleme vermieden.

Wirklich umdenken müssen Sie bei der Tabelle *Order Details* für die Bestellposten: Darin werden die einzelnen Posten aller Bestellungen des Betriebs gespeichert. Eine unmittelbare Integration dieser Bestellposten in die Bestelltabelle ist nicht möglich, weil die Anzahl der Posten variiert: Wenn in der Bestelltabelle zehn Posten vorgesehen wären, blieben bei den meisten Bestellungen sieben oder acht Posten leer (vergeudeter Speicherplatz). Bei anderen Bestellungen wären auch zehn Posten zu wenig, die Bestellung müsste zerlegt werden (Redundanz).

Die gewählte Lösung einer eigenen Tabelle erscheint deswegen so fremdartig, weil sie für den manuellen Betrieb gänzlich ungeeignet ist. Es wäre undenkbar, aus einer schier endlosen Liste von Bestellposten genau jene herauszusuchen, die zur Bestellung 1234 vom 5.6.1997 passen. Eine für die menschliche Arbeitsweise optimierte Lösung bestünde darin, in der Bestellung zumindest einen Verweis auf die Bestellposteneinträge zu speichern, um so die Sucharbeit zu minimieren. In einem Datenbankprogramm ist das überflüssig, weil die Daten in der Bestellpostentabelle ohnehin sehr schnell gefunden werden. (Voraussetzung ist natürlich, dass alle Zugriffe auf verknüpfte Tabellen über Indizes erfolgen. Für die Bestellpostentabelle dient die Kombination aus Bestellnummer und Artikelnummer als Primärindex.)

Relationen zwischen mehreren Tabellen

Grundsätzlich gibt es drei mögliche Relationen zwischen zwei Tabellen:

1:1 Eindeutige Beziehung zwischen zwei Tabellen: Jeder Datensatz der einen Tabelle entspricht genau einem Datensatz der anderen Tabelle. Solche Beziehungen sind selten, weil die Informationen beider Tabellen dann ebenso in einer einzigen Tabelle gespeichert werden könnten.

1:n Ein Datensatz der ersten Tabelle kann in mehreren Datensätzen der zweiten Tabelle auftreten (z.B. ein Verkäufer in mehreren Bestellungen). Umgekehrt ist keine Mehrdeutigkeit möglich, eine Bestellung kann nur von einem Verkäufer durchgeführt werden (zumindest in diesem Beispiel). Gelegentlich wird auch von einer *n:1*-Beziehung gesprochen, die aber mit einer *1:n*-Beziehung identisch ist (lediglich die Blickrichtung ist anders).

n:m Ein Datensatz der einen Tabelle kann in mehreren Datensätzen der anderen Tabelle vorkommen und umgekehrt (z.B. mehrere verschiedene Artikel in einer Bestellung, ein Artikel in mehreren verschiedenen Bestellungen, Bücher und ihre Autoren).

In einer Datenbank werden die *1:n*-Relationen zwischen Tabellen über Schlüsselfelder (ID-Nummern) hergestellt. Alle Verkäufer besitzen in der Verkäufertabelle eine eindeutige Verkäufernummer. (Diese Nummer wird üblicherweise als Primärschlüssel bezeichnet.) In der Bestellung wird auf den Verkäufer über eben diese Verkäufernummer verwiesen. Das Feld in der Bestelltabelle wird Fremdschlüssel genannt, weil es auf den Schlüssel einer fremden Tabelle verweist.

Für *n:m*-Relationen ist eine eigene, zusätzliche Tabelle erforderlich, über die die *n:m*-Relation auf zwei *1:n*-Relationen zurückgeführt wird. Im vorliegenden Beispiel existiert zwischen den Bestellungen und den Artikeln eine *n:m*-Beziehung. Als Zusatztabelle dient die Bestellpostentabelle. Der Primärschlüssel dieser Tabelle ist aus Bestell- und Artikelnummer zusammengesetzt (diese Kombination ist eindeutig, in einer bestimmten Bestellung kann ein Artikel nicht zweimal vorkommen). Bild 12.1 verdeutlicht die Relationen zwischen den Tabellen.

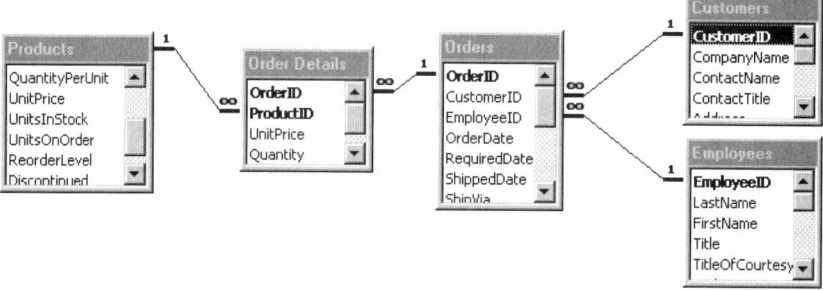

Bild 12.1: Die Relationen zur Verwaltung der Bestelldaten

12.1 Grundkonzepte relationaler Datenbanken

> **ANMERKUNG**
>
> Sehr oft wird beim Entwurf einer Datenbank versucht, Felder zweier Tabellen, die später durch eine Relation verknüpft werden sollen, gleich zu benennen. Das fördert die Übersichtlichkeit, ist aber keineswegs Bedingung.
>
> Es gibt verschiedene Typen von Relationen, die sich in ihrer Wirkung und Anwendung grundlegend voneinander unterscheiden (Inner Join, Outer Join, mit und ohne referentieller Integrität). Es würde aber den Rahmen dieses Buchs sprengen, diese Typen ausführlich zu beschreiben.

Zuordnung der Daten aus unterschiedlichen Tabellen

Bild 12.2 zeigt anhand eines Beispiels, wie die Daten einer Bestellung zusammengehören: Am 8.7.1996 wurde die Bestellung 10251 durchgeführt. Der Kunde wird in der *Orders*-Tabelle mit der ID *VICTE* gespeichert. Die *Customer*-Tabelle verrät, dass es sich dabei um die Firma *Victuailles en stock* handelt.

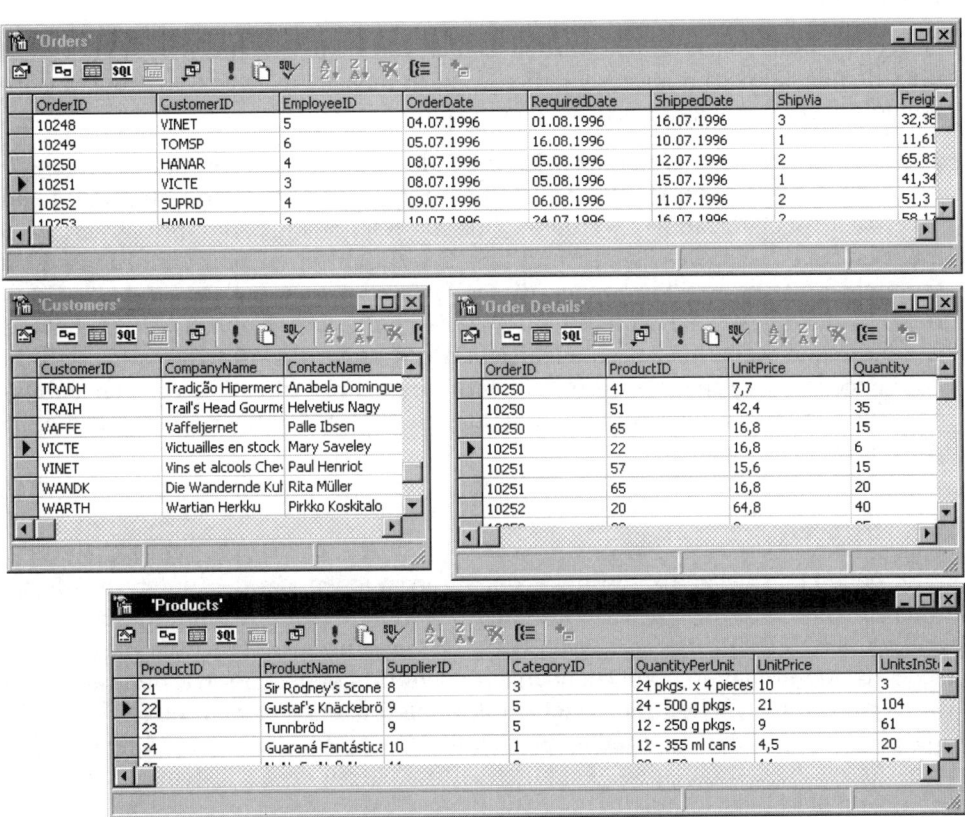

Bild 12.2: Die Daten einer Bestellung sind auf vier Tabellen verteilt

Welche Produkte (und wie viele davon) hat diese Firma nun bestellt? Dazu müssen Sie in der Tabelle *OrderDetails* nach den Bestellposten mit der Bestellnummer 10251 suchen. Dort finden sich drei Posten, 6 Stück vom Produkt 22, 15 Stück vom Produkt 57 und 20 Stück vom Produkt 65. Und um welche Produkte handelt es sich dabei? Diese Information enthält die Tabelle *Products*: Produkt 22 ist etwa *Gustaf's Knäckebröd*.

Es mag sein, dass Ihnen die Verteilung der Daten auf mehrere Tabellen sehr umständlich vorkommt. Tatsächlich ergeben sich daraus aber enorme Vorteile:

- Am offensichtlichsten ist der Vorteil, der sich aus der Platzersparnis ergibt: In einer realen Anwendung wäre die Tabelle *Order Details* die bei weitem größte Tabelle, die bei einem mittelgroßen Betrieb bald einige 100000 Einträge enthalten würde. Pro Zeile müssen aber nur vier numerische Informationen gespeichert werden: Bestellnummer, Produktnummer, Anzahl und Preis. Ohne das relationale Modell müssten Sie für jede Bestellung Produktnamen, Verkäufernamen, Kundennamen etc. speichern. Der Speicherverbrauch würde sich sofort vervielfachen, ohne dass sich daraus irgendein inhaltlicher Vorteil ergäbe. Ein Großteil der Daten wäre einfach redundant.

- Durch das Relationenmodell werden Fehler vermieden: Wenn der Produktname für jeden Bestellposten ausgeschrieben werden müsste, wäre es nur eine Frage der Zeit, bis sich Tippfehler einschleichen würden.

- Das Relationenmodell ermöglicht eine zentrale Veränderung von Daten: Wenn sich die Adresse eines Kunden ändert, muss lediglich der betreffende Eintrag in der *Customers*-Tabelle geändert werden. Ohne die relationale Verknüpfung der Daten müssten Sie ein globales Suchen und Ersetzen durchführen, was erfahrungsgemäß sehr fehleranfällig ist. (Sie kennen dieses Problem sicher auch aus eigener Erfahrung: Sie teilen einer Firma Ihre neue Adresse mit – und dennoch werden manche Zusendungen weiterhin falsch adressiert. Der Grund: Ihre Adresse wird von der Firma mehrfach gespeichert. *Eine* Abteilung hat Ihre Mitteilung von der Adressänderung erhalten, zwei weitere Abteilungen verwenden aber weiterhin die alte Adresse.)

Daten abfragen

Um die oben beschriebene Zuordnung der Informationen aus den unterschiedlichen Tabellen müssen Sie sich nur dann kümmern, wenn Sie Abfragen mit SQL-Kommandos bilden. (SQL steht für *Structured Query Language* und ist eine Art Programmiersprache zur Manipulation von Datenbanken.) Sehr oft können Sie statt der mühsamen Formulierung von SQL-Code aber viel komfortablere Werkzeuge einsetzen – etwa das im nächsten Abschnitt vorgestellte Programm MS-Query. Auch das Datenbankprogramm Access besitzt einen so genannten Abfragegenerator, mit dem Sie Abfragen sehr bequem definieren können.

Die Northwind-Datenbank

Die fiktive Firma *Northwind* liefert Lebensmittelspezialitäten aus aller Welt an Kunden aus aller Welt. Bild 12.1 hat nur einen Teil der Tabellen der *Northwind*-Datenbank gezeigt. Das vollständige Datenbankschema ist um einiges komplexer und in Bild 12.3 zu sehen. Kurz einige Informationen zum Aufbau der Datenbank:

In *Products* werden die Stammdaten der Artikel gespeichert. Kategorie- und Lieferantendaten sind in zwei eigene Tabellen ausgelagert, um Redundanzen zu vermeiden. Die Tabelle *Orders* enthält Daten zu jeder Bestellung. Dabei wird in drei 1:*n*-Relationen auf die *Customers*-Tabelle, die *Shippers*-Tabelle und die *Employees*-Tabelle verwiesen. Damit in einer Bestellung beliebig viele Artikel angeführt werden können, wird die *n*:*m*-Verbindung zwischen *Orders* und *Products* über die Zwischentabelle *Order Details* hergestellt.

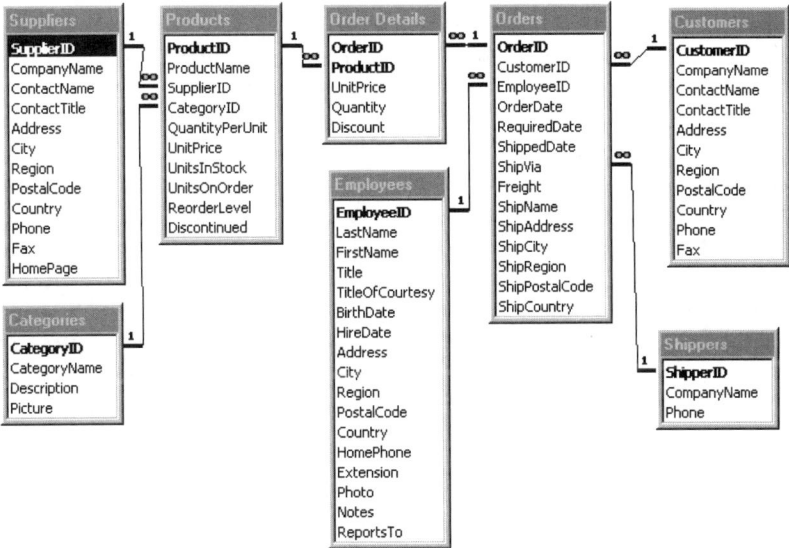

Bild 12.3: Tabellen und Relationen der Northwind-Beispieldatenbank

Die Datenbank enthält etwa 80 Artikel in acht Kategorien von 30 Lieferanten. Es sind 800 Bestellungen von 90 Kunden gespeichert. Es gibt drei Versandfirmen, das Personal besteht aus neun Personen.

Die Tabelle *order details* enthält unter anderem das Datenfeld *unitprice*. Dieses Datenfeld scheint den Regeln zum Aufbau einer relationalen Datenbank zu widersprechen, weil es redundant ist (der Einzelpreis kann über die Artikelnummer aus der verknüpften Tabelle *products* entnommen werden). Eine mögliche Begründung, warum der Einzelpreis dennoch bei jeder Bestellung nochmals gespeichert wird, ist ein einfacherer Umgang mit Preisänderungen: Wenn der Preis eines Produkts geändert wird, wirkt sich diese Änderung auf bereits verbuchte Aufträge in *order details* nicht mehr aus.

12.2 Import externer Daten

Dieser Abschnitt beschäftigt sich mit dem Excel-Menükommando DATEN|EXTERNE DATEN und dem dazugehörigen *QueryTable*-Objekt zur Durchführung von Datenbankabfragen.

> **VERWEIS**
>
> Das *QueryTable*-Objekt kann auch zum Import von Textdateien oder HTML-Dokumenten eingesetzt werden. Diese Anwendungsformen werden in den Abschnitten 5.6.6 und 15.2 beschrieben.

12.2.1 Daten aus Datenbanken importieren (MS Query)

Manchmal kommt es vor, dass Sie Ihre Daten mit einem richtigen Datenbankprogramm verwalten, aber mit Excel weiterverarbeiten oder analysieren möchten. In diesem Fall besteht der erste Schritt darin, die Daten in ein Excel-Tabellenblatt zu importieren. Dazu führen Sie das Kommando DATEN|EXTERNE DATEN|NEUE ABFRAGE ERSTELLEN aus. Es erscheint ein Assistent, der Ihnen bei diesem Import hilft.

> **ANMERKUNG**
>
> Genau genommen handelt es sich hier nicht um einen der vielen herkömmlichen Excel-Dialoge oder -Assistenten, sondern um ein eigenständiges Programm mit dem Namen MS-Query (Msqry32.exe). Es ist ein Zusatzprogramm zum Office-Paket, das üblicherweise in das Verzeichnis OfficeVerzeichnis\Office installiert wird. Das Programm hat sich leider nie durch besondere Benutzerfreundlichkeit ausgezeichnet, und im Vergleich zu den anderen Office-Komponenten wirkt die Oberfläche des Programms mehr denn je veraltet.

Datenquelle auswählen

Die Definition einer neuen Abfrage beginnt damit, dass Sie eine so genannte Datenquelle auswählen. (Mit einer Abfrage sind alle Parameter gemeint, anhand derer MS-Query aus der Datenbank eine geordnete und nach verschiedenen Kriterien gefilterte Liste erzeugt.)

Es gibt drei Möglichkeiten, eine Datenquelle auszuwählen:

- Der Regelfall besteht darin, dass Sie einfach eine Datenbank angeben. Das kann wiederum auf zweierlei Weise erfolgen:

    In einfachen Fällen – z.B. wenn es sich bei Ihrer Datenbank um eine Access-Datei handelt – wählen Sie einfach diesen Datenbanktyp durch einen Doppelklick aus. Anschließend erscheint ein Dialog, in dem Sie den Namen der Datenbankdatei auswählen können.

    Wenn die Datenbank dagegen von einem Datenbank-Server verwaltet wird, müssen Sie eine neue Datenquelle definieren. Dazu wählen Sie den ersten Eintrag des

12.2 Import externer Daten

Listenfelds NEUE DATENQUELLE aus. Ein Doppelklick führt zu einer Reihe weiterer Dialoge, in denen Sie den Namen der Datenquelle, den Treiber zur Datenbank (z.B. SQL-Server) und die Verbindungsinformationen (Name des Servers, Name der Datenbank, eventuell Passwort) angeben. Als Ergebnis erhalten Sie eine neue ODBC-Datenquelle, die im Dialog DATENQUELLE AUSWÄHLEN angeführt wird. Der Vorteil dieser umständlichen Vorgehensweise besteht darin, dass die Verbindungsdaten als ODBC-Datenquelle gespeichert werden und bei späteren Abfragen bequem wiederverwendet werden können. (Falls Sie eine vorhandene Datenquelle verändern möchten, brauchen Sie dies nur in der Systemsteuerung im Punkt ODBC-DATENQUELLEN durchzuführen.)

- Falls Sie mit MS Query früher bereits eine Abfrage erstellt und diese in einer *.dqy-Datei gespeichert haben, können Sie diese Abfragedatei als Ausgangspunkt für eine neue Abfrage verwenden.

- Als dritte Option werden so genannte OLAP-Cubes angeboten. Diese Variante ist nur in Kombination mit Pivottabellen von Interesse und wird daher im nächsten Kapitel behandelt (allerdings auch dort nicht eingehend).

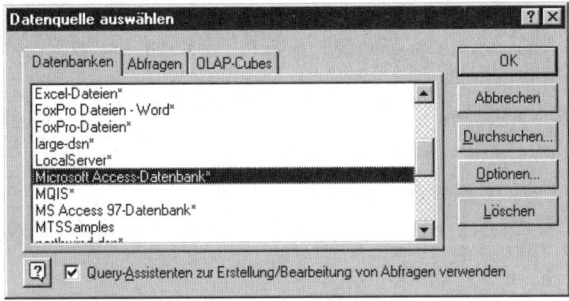

Bild 12.4: Auswahl einer Datenquelle

Einführungsbeispiel – Artikelliste

Nach der erfolgreichen Auswahl einer Datenbankdatei oder Datenquelle besteht der nächste Schritt darin, jene Tabellen bzw. Tabellenfelder auszuwählen, aus denen Sie Daten lesen möchten. Im Dialog werden dabei sowohl Tabellen als auch vordefinierte Abfragen (Access) oder so genannte *views* (Datenbank-Server) angezeigt. Da das anfänglich eher verwirrend ist, können Sie über den OPTIONEN-Button die Auswahl auf Tabellen einschränken.

Als erstes Beispiel für die Anwendung von MS-Query soll eine Liste aller *Northwind*-Artikel (bestehend aus Produktnummer, -name und -preis) in Excel importiert werden. Dazu wurden in Bild 12.5 die drei Felder *ProductID*, *ProductName* und *UnitPrice* der Tabelle *Products* ausgewählt.

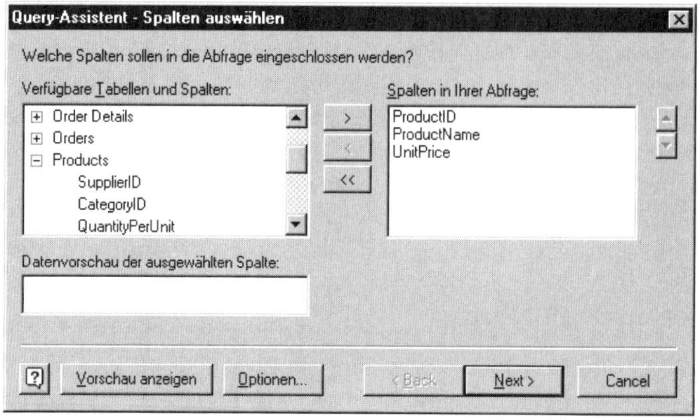

Bild 12.5: Auswahl der Tabellenfelder

Die beiden folgenden Dialoge ermöglichen es, die Daten zu filtern (z.B. mit *UnitPrice<10*, um nur billige Produkte auszuwählen) und zu sortieren (z.B. nach dem Produktnamen). Auf diese Möglichkeiten wurde hier vorerst verzichtet.

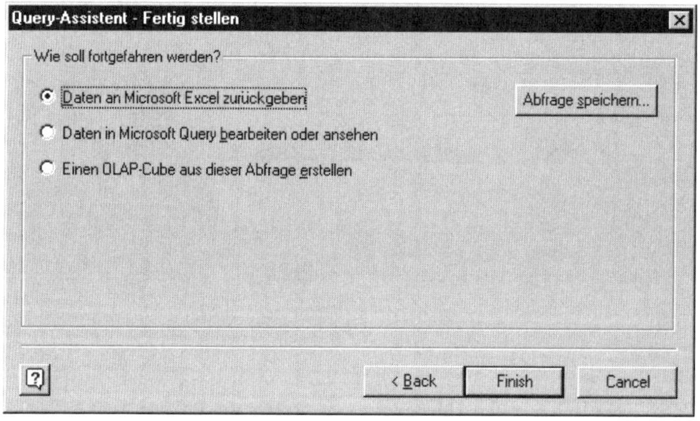

Bild 12.6: Abschlussdialog des MS-Query-Assistenten

Im Abschlussdialog (Bild 12.6) haben Sie nun drei Möglichkeiten: Sie können die ausgewählten Daten an Excel zurückgeben, Sie können die Daten in MS-Query ansehen und dort die Abfrage weiterbearbeiten, oder Sie können aus den Daten einen OLAP-Cube bilden (siehe nächstes Kapitel).

Die erste Option ist dann sinnvoll, wenn Ihre Abfrage (wie im vorliegenden Beispiel) so trivial ist, dass eine weitere Verfeinerung nicht notwendig ist. Es erscheint ein weiterer Dialog, in dem Sie angeben können, wo und wie die Daten in Excel eingefügt werden sollen. Im Regelfall müssen Sie hier nur die Startzelle angeben und OK drücken. (Die zahlreichen Optionen werden etwas weiter unten beschrieben.)

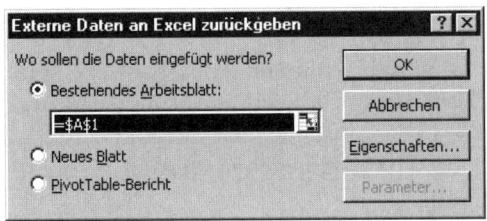

Bild 12.7: Daten in Excel einfügen

Mappe5

	A	B	C	D
1	ProductID	ProductName	UnitPrice	
2	1	Chai	18	
3	2	Chang	19	
4	3	Aniseed Syrup	10	
5	4	Chef Anton's Cajun Seasoning	22	
6	5	Chef Anton's Gumbo Mix	21,35	
7	6	Grandma's Boysenberry Spread	25	
8	7	Uncle Bob's Organic Dried Pears	30	
9	8	Northwoods Cranberry Sauce	40	
10	9	Mishi Kobe Niku	97	
11	10	Ikura	31	
12	11	Queso Cabrales	21	
13	12	Queso Manchego La Pastora	38	
14	13	Konbu	6	
15	14	Tofu	23,25	
16	15	Genen Shouyu	15,5	
17	16	Pavlova	17,45	
18	17	Alice Mutton	39	
19	18	Carnarvon Tigers	62,5	
20	19	Teatime Chocolate Biscuits	9,2	
21	20	Sir Rodney's Marmalade	81	

Tabelle1 / Tabelle2 / Tabelle3

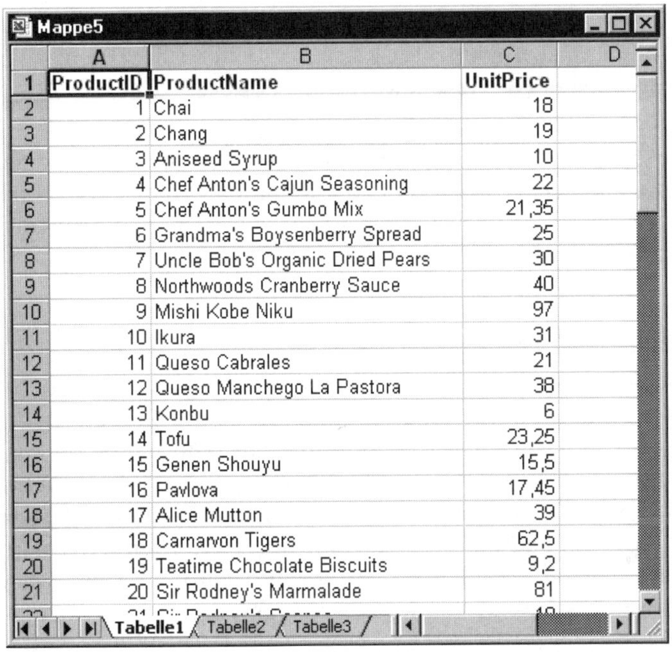

Bild 12.8: Die in die Tabelle importierten Daten

Daten aktualisieren, Abfrage verändern

Die in Excel eingefügten Daten sind eine Kopie aus der Datenbank. Wenn die Datenbank verändert wird, muss die importierte Tabelle in Excel aktualisiert werden. Zu diesem Zweck merkt sich Excel die Abfrageparameter. Um die Daten zu aktualisieren, stellen Sie den Zellzeiger in den Datenbereich und führen DATEN | DATEN AKTUALISIEREN aus.

> **VORSICHT**
>
> Eine Aktualisierung der Daten gelingt nur, wenn die Datenquelle am selben Ort wie bisher besteht. Wenn die Datenbankdatei aber beispielsweise in ein anderes Verzeichnis verschoben wurde, zeigt Excel beim Aktualisierungsversuch nur eine Fehlermeldung an. Im anschließend erscheinenden Login-Dialog kann der neue Ort der Datenbankdatei angegeben werden.
>
> Besonders ärgerlich ist der Umstand, dass die Dateinamen von Datenbankdateien absolut gespeichert werden (also mit vollständiger Laufwerks- und Verzeichnisangabe). Wenn Sie also ein Verzeichnis mit Ihrer Excel-Anwendung samt der dazugehörigen Access-Datenbank umbenennen, findet Excel die Datenbankdatei schon nicht mehr. Dieses Problem, das auch schon in den früheren Excel-Versionen bestand, lässt sich zum Glück durch ein paar Zeilen Programmcode lösen (siehe Abschnitt 12.2.2).

Vielleicht haben Sie aber auch entdeckt, dass die importierten Daten nicht ganz Ihren Anforderungen entsprechen. In diesem Fall können Sie mit dem Kommando DATEN|-EXTERNE DATEN|ABFRAGE BEARBEITEN den Query-Assistenten nochmals aufrufen. Die bisher getroffenen Einstellungen gelten dabei als Defaulteinstellung.

Beispiel – Liste aller Bestellungen

Als zweites Beispiel soll eine Liste aller *Northwind*-Bestellungen erstellt werden, wobei die Liste aus der Bestellnummer, dem Bestelldatum, dem Namen des Verkäufers und dem Namen des Kunden besteht. Der Entwurf der Abfrage beginnt wieder mit der Auswahl der Datenbank. Anschließend müssen Sie die Tabellenfelder auswählen. Statt sich jetzt lange mit dem umständlichen Assistenten aufzuhalten, wählen Sie einfach nur die *Orders*-Tabelle aus und überspringen die weiteren Dialoge. Im letzten Schritt des Assistenten entscheiden Sie sich für die Option DATEN IN MS QUERY BEARBEITEN, um die Abfrage dort etwas komfortabler zu gestalten.

In Bild 12.9 sehen Sie die Benutzeroberfläche von MS Query, wenn diese nicht durch den Assistenten verborgen ist. Der Vorteil gegenüber dem Assistenten besteht darin, dass Sie die aus der Abfrage resultierenden Daten tatsächlich sehen.

Vorerst entsprechen diese Daten allerdings noch nicht den Anforderungen dieses Beispiels: Einerseits werden statt der Kunden- und Verkäufernamen nur ID-Nummern bzw. Buchstabencodes angezeigt, andererseits enthält die Tabelle eine Menge Informationen, die gar nicht von Interesse sind.

Um Spalten zu entfernen, die Sie nicht benötigen, klicken Sie diese einfach in der Kopfzeile an und drücken danach auf Entf. Auf diese Weise können Sie alle Spalten außer *OrderID* und *OderDate* entfernen. (Mit Shift können Sie mehrere Spalten auf einmal markieren.)

12.2 Import externer Daten

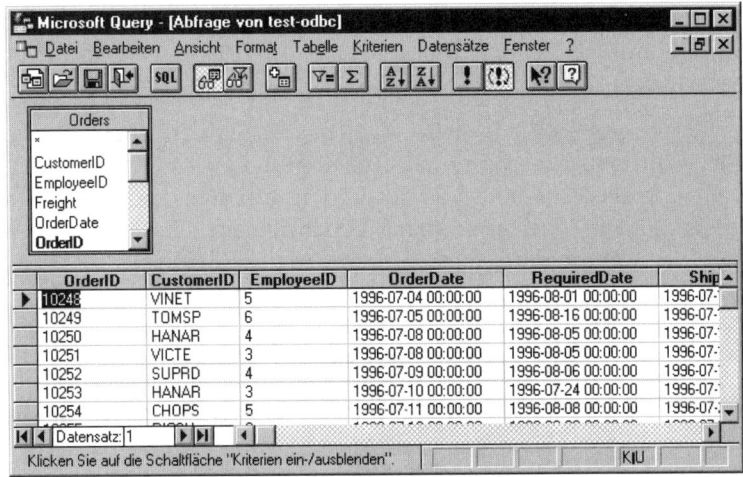

Bild 12.9: *Das Programm MS Query mit der Orders-Tabelle*

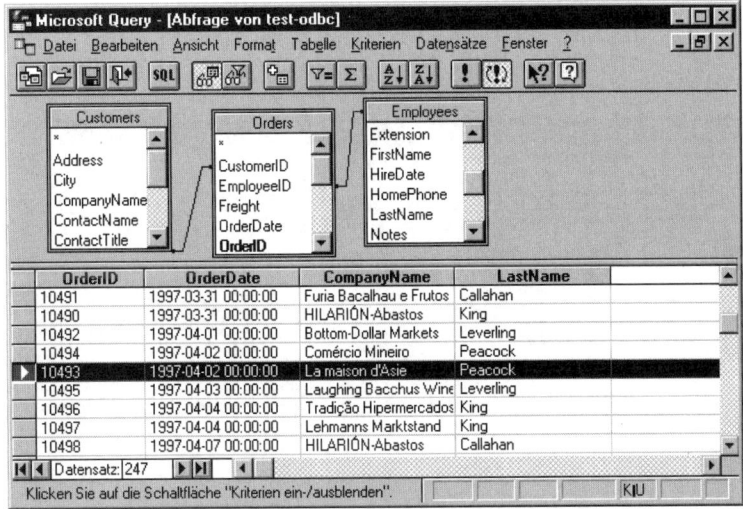

Bild 12.10: *Eine Liste aller Northwind-Bestellungen*

Die Kunden- und Verkäufernamen sind in der *Orders*-Tabelle nicht verfügbar. Mit TABELLE | HINZUFÜGEN können Sie aber problemlos die Tabellen *Customers* und *Employees* in die Abfrage integrieren. MS Query erkennt die Verbindungen zwischen den Tabellen selbstständig und symbolisiert sie durch Verbindungslinien. Aus den Tabellen *Customers* und *Employees* können Sie nun per Drag&Drop die Felder *CompanyName* und *LastName* in den Tabellenbereich verschieben. Um die Tabelle schließlich noch nach dem Bestelldatum zu sortieren, klicken Sie zuerst die *OrderDate*-Spalte und dann den SORTIEREN-Button an. Das Ergebnis ist in Bild 12.10 zu sehen.

Wenn Sie die Spalten anders beschriften möchten (z.B. *Verkäufer* statt *LastName*), gelangen Sie in den entsprechenden Dialog durch einen Doppelklick auf den Spaltenkopf. Die Beschriftung gilt dann auch für die resultierende Excel-Tabelle.

Wenn Sie die Tabelle auf solche Bestellungen einschränken möchten, die vom Verkäufer *King* durchgeführt wurden, führen Sie das Kommando KRITERIEN | HINZUFÜGEN aus. Im KRITERIEN-Dialog geben Sie an, dass der Verkäufername gleich *King* sein soll. (Theoretisch wäre es möglich, dass es mehrere Verkäufer mit dem Nachnamen *King* gibt. Um diese mögliche Doppeldeutigkeit zu vermeiden, können Sie als Kriterium auch *EmployeeID=7* verwenden.)

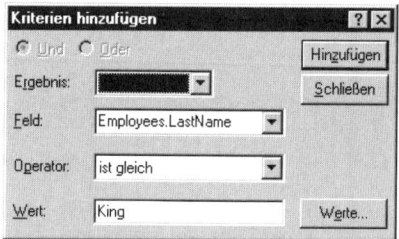

Bild 12.11: Filterkriterium für die Bestellungen

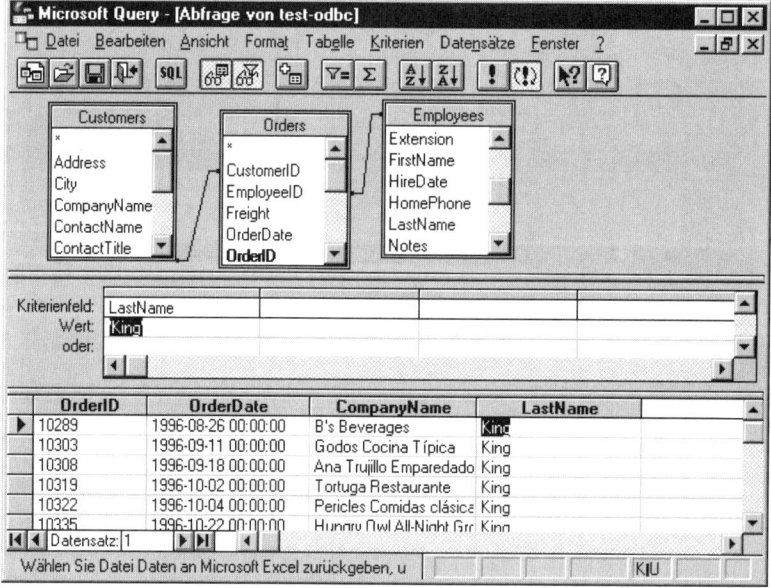

Bild 12.12: Eine Liste mit den Bestellungen des Verkäufers King

Tabellen und Relationen

Wenn eine Datenbankabfrage mehrere Tabellen betrifft, muss eine Verbindung (Relation) zwischen diesen Tabellen hergestellt werden. MS-Query ist leider nur dann in der Lage, Relationen zwischen Tabellen selbstständig zu erkennen, wenn die Tabellen über gleichnamige Datenfelder miteinander verknüpft sind. Wenn das nicht der Fall ist, müssen Sie die Verknüpfung über TABELLE|VERNÜPFUNGEN selbst herstellen. Das setzt allerdings gute Kenntnisse über den Aufbau der Datenbank voraus.

> **HINWEIS**
>
> Es gibt verschiedene Möglichkeiten, eine Relation zwischen den Datenfeldern zweier Tabellen zu definieren. Durch einen Doppelklick auf die Verbindungslinie zwischen den Tabellen bzw. über das Kommando TABELLE|VERKNÜPFUNGEN können Sie zwischen drei verschiedenen Relationstypen und zwischen mehreren Verbindungsoperatoren wählen. Eine Veränderung der Standardeinstellung (Verknüpfungstyp 1, Operator »=«) ist nur in ganz seltenen Fällen erforderlich und setzt ein tiefer gehendes Verständnis für relationale Datenbanken voraus. In diesem Buch sind nur Relationen der Standardeinstellung berücksichtigt.

Beispiel – Umsatz je Verkäufer

Ziel dieses Beispiels ist es, den von jedem Verkäufer erzielten Umsatz zu berechnen. Dazu muss für jeden Bestellposten (*Order Details*) das Produkt aus *Quantity* und *Unit Price* ermittelt werden. Diese Produkte müssen für jeden Verkäufer summiert werden.

Das zugrunde liegende Datenmaterial erfordert drei Tabellen: *Order Details* für die eigentlichen Umsatzzahlen, *Orders*, damit die einzelnen Bestellposten den verschiedenen Verkäufern zugeordnet werden können, und schließlich *Employees* für die Namen der Verkäufer. In MS-Query fügen Sie zwei Spalten in die Ergebnistabelle: *Lastname* für den Verkäufernamen und *Quantity* für die Bestellanzahl jedes einzelnen Postens.

Ein Doppelklick auf das *Quantity*-Feld öffnet den Dialog SPALTE BEARBEITEN. Dort geben Sie als Datenfeld die Formel *Quantity*UnitPrice* ein – Sie sind also nicht einfach an der Bestellmenge, sondern an dem Produkt mit dem Preis des jeweiligen Artikels interessiert. Aus diesem Grund sollte auch die Spaltenüberschrift zu *Sales* oder *Umsatz* geändert werden, je nachdem, ob Sie eine englische oder deutsche Beschriftung vorziehen. Zu guter Letzt geben Sie an, dass das Ergebnis summiert werden soll. MS Query erkennt aus dem Kontext (d.h., weil die Abfrage nur noch eine weitere Spalte mit den Verkäufernamen enthält), dass sich die Summe auf die einzelnen Verkäufer bezieht. Nachdem Sie die *Sales*-Spalte noch absteigend sortiert haben, sieht das Ergebnis aus wie in Bild 12.14. *Peacock* ist also der erfolgreichste Verkäufer.

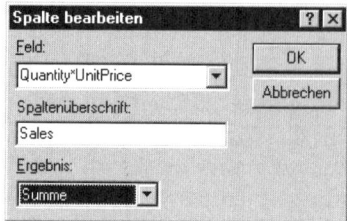

Bild 12.13: MS Query kann für jede Spalte Berechnungen ausführen

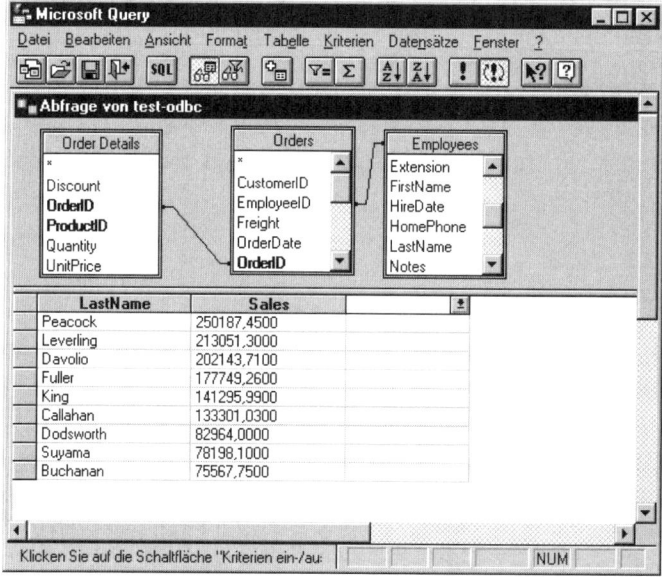

Bild 12.14: Eine Liste mit dem Gesamtumsatz pro Verkäufer

Neben der hier vorgestellten Summenformel kennt MS Query vier weitere Rechenfunktionen (Minimum, Maximum, Mittelwert, Anzahl). Grundsätzlich können diese Rechenfunktionen nur dann zur Anwendung kommen, wenn die Liste mehrere – mit Ausnahme des Datenfelds der aktuellen Spalte – vollkommen gleichlautende Datensätze enthält. In diesem Fall werden diese Datensätze in einem einzigen Datensatz vereint, wobei die Rechenfunktion angewendet wird. Es ist in MS-Query allerdings nicht möglich, Datensätze zu gruppieren und zu summieren, die nur ein gemeinsames Feld haben, sich aber in anderen Datenfeldern unterscheiden. Solche fortgeschrittenen Analysemethoden stehen erst nach Import der gesamten Liste nach Excel in Form von Pivottabellen zur Verfügung.

Sortier- und Filterkriterien

Über das Sortiersymbol (A←Z) können Sie die Datenbank nach der gerade aktuellen Spalte bzw. nach den markierten Spalten sortieren. Das Kommando DATENSÄTZE|SORTIEREN ermöglicht ähnlich wie in Excel das Sortieren nach mehreren Kriterien. Die Kriterien werden allerdings – im Vergleich zum entsprechenden Dialog in Excel – recht unübersichtlich in einer Liste angeordnet. Dabei wird zuerst nach dem ersten Eintrag dieser Liste sortiert, dann nach dem zweiten etc.

Zur Einstellung der Filterkriterien ist es sinnvoll, den dritten in MS-Query vorgesehenen Fensterbereich mit ANSICHT|KRITERIEN zu aktivieren; es wird dann zwischen dem Tabellen- und dem Listenbereich eine Liste mit den Kriterien eingeblendet. Für die Kriterien gilt generell eine ähnliche Regelung wie in Excel für die so genannten Spezialfilter: In der Tabelle nebeneinander formulierte Bedingungen müssen gleichzeitig erfüllt sein (logisches »und«), untereinander formulierte Bedingungen wahlweise (logisches »oder«).

Das Einfügen eines neuen Filterkriteriums erfolgt über KRITIERIEN|HINZUFÜGEN oder durch einen Doppelklick auf einen noch leeren Spaltenkopf in der Kriterientabelle. Im nun erscheinenden Dialog müssen das Datenfeld, der Operator (»ist gleich«, »ist größer« etc.) und ein Vergleichswert bzw. ein Vergleichstext angegeben werden. Als Datenfeld ist wiederum auch eine Verknüpfung von mehreren Datenfeldern erlaubt (z. B. *anzahl*preis*). Über den Button WERTE können Vergleichswerte ausgewählt werden. Beachten Sie, dass dabei eine Mehrfachauswahl möglich ist! Bei der Angabe mehrerer Filterkriterien ist immer darauf zu achten, ob die Kriterien mit »und« oder mit »oder« verknüpft werden sollen.

Eine unmittelbare Veränderung der Einträge der Kriterientabelle ist sowohl über die Tastatur als auch – bequemer – in einem durch Doppelklick aufrufbaren Dialog möglich. Die Kriterien können in ihrer Gesamtheit mit KRITERIEN|ALLE KRITERIEN ENTFERNEN gelöscht werden. Daneben können Sie aber auch einzelne Spalten der Kriterientabelle mit der Maus markieren und löschen.

SQL-Code ansehen

SQL (*Structured Query Language*) ist eine weitgehend standardisierte Sprache zur Formulierung von Datenbankkommandos. MS-Query verwendet intern SQL, um die von Ihnen via Maus und Tastatur definierten Abfragen auszudrücken und abzuarbeiten.

Wenn Sie sich ansehen möchten, wie die von Ihnen erstellte Abfrage in SQL aussieht, können Sie den SQL-Code mit ANSICHT|SQL ansehen. (Für Datenbankprofis ist das übrigens eine Methode, mit der zuverlässiger und schneller als über die Hilfe bzw. die Dokumentation festgestellt werden kann, wie MS-Query wirklich funktioniert.)

Der SQL-Code darf verändert werden – MS-Query baut dann auf Basis dieses Codes auch am Bildschirm die Abfrage neu auf. Die Veränderung des SQL-Codes setzt allerdings einiges Fachwissen voraus. MS-Query kennt übrigens nur einen relativ eingeschränkten Teil des Sprachumfangs von SQL. Es ist daher nicht ohne weiteres möglich, eine Abfrage zuerst in Access zu bilden und anschließend den SQL-Code von dort nach MS-Query zu kopieren.

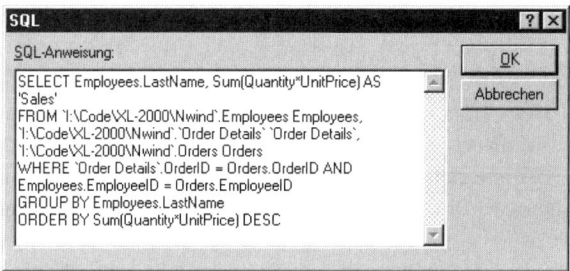

Bild 12.15: SQL-Code zur Abfrage aus Bild 12.14

Etwas übersichtlicher formatiert sieht der in Bild 12.15 dargestellte SQL-Code so aus:

```
SELECT  Employees.LastName,
        Sum(Quantity*UnitPrice) AS 'Sales'
FROM    `I:\Code\XL-2000\Nwind`.Employees Employees,
        `I:\Code\XL-2000\Nwind`.`Order Details` `Order Details`,
        `I:\Code\XL-2000\Nwind`.Orders Orders
WHERE   `Order Details`.OrderID = Orders.OrderID AND
        Employees.EmployeeID = Orders.EmployeeID
GROUP BY Employees.LastName
ORDER BY Sum(Quantity*UnitPrice) DESC
```

 Einen SQL-Schnelleinstieg vermittelt Abschnitt 12.3.5.

Abfragen nur auf Aufforderung ausführen

MS-Query führt jede Veränderung der Abfrage – sei es eine neue Sortierordnung oder ein neues Filterkriterium – sofort aus. Das ist zwar zum Experimentieren mit kleinen Datenbanken ganz praktisch, führt aber bei größeren Datenbeständen zu unerträglichen Wartezeiten. Daher besteht die Möglichkeit, die automatische Abfrage durch DATENSÄTZE|AUTOABFRAGE zu deaktivieren. Excel aktualisiert die Datensatzliste im unteren Fensterbereich jetzt nicht mehr selbstständig, sondern nur noch auf Aufforderung durch das Kommando DATENSÄTZE|JETZT ABFRAGEN.

Optionen beim Einfügen externer Daten

Unmittelbar bevor die aus einer neuen Abfrage resultierenden Daten in Excel importiert werden, erscheint der Dialog EXTERNE DATEN ZURÜCKGEBEN. Über dessen Button EIGENSCHAFTEN können Sie eine Menge Optionen auswählen. Dieselben Eigenschaften können Sie auch nachträglich mit DATEN | EXTERNE DATEN | EIGENSCHAFTEN einstellen.

ABFRAGEDEFINITION SPEICHERN bedeutet, dass in Excel nicht nur die Daten aus der Datenbank eingetragen werden, sondern auch die Definition der Abfrage in MS-Query. Das hat den Vorteil, dass die Daten später mühelos aktualisiert werden bzw. die Abfrageparameter sogar verändert werden können.

> **TIPP**
>
> Manchmal wollen Sie gerade das Gegenteil: Sie wollen die Daten einmal importieren, dann aber nie mehr ändern. Vor allem möchten Sie von den immer wieder erscheinenden Fragen verschont bleiben, ob die Daten jetzt aktualisiert werden sollen. Das gilt insbesondere, wenn Sie die Excel-Datei weitergeben möchten, ohne auch die zugrunde liegende Datenbank mitzuliefern.
>
> In diesem Fall deaktivieren Sie die Option ABFRAGEDEFINITION SPEICHERN. Die Daten bleiben in der Tabelle, Excel weiß nicht mehr, wo sie hergekommen sind. (Sie könnten ebenso gut über die Tastatur eingegeben worden sein.) Idealerweise speichern Sie vorher in MS Query den Code der SQL-Abfrage in einer winzigen Datei – dann können Sie darauf zurückgreifen, wenn sich später die Notwendigkeit ergibt, die Daten doch nochmal neu einzufügen.

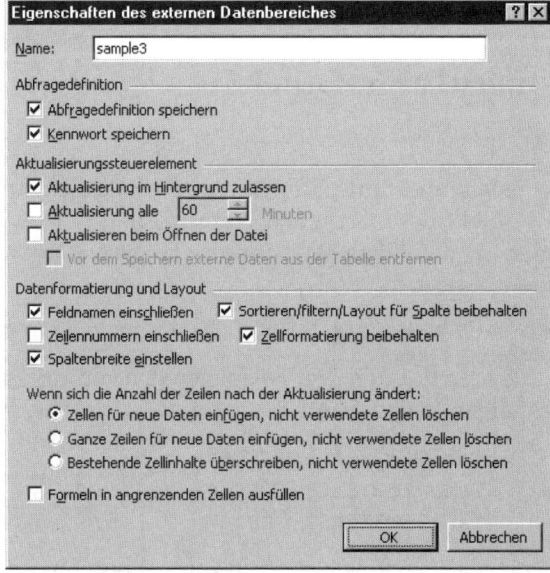

Bild 12.16: Eigenschaften externer Datenbereiche

KENNWORT SPEICHERN ist nur bei Abfragen sinnvoll, die eine durch ein Kennwort gesicherte Datenbank betreffen. Wenn die Option aktiviert wird, speichert Excel das Kennwort zusammen mit den anderen Parametern der Abfrage. Der Vorteil: Bei der Aktualisierung der Daten muss das Kennwort nicht jedes Mal neu eingegeben werden. Der Nachteil: Jeder Anwender, der Zugriff auf die Excel-Datei hat, kann über MS-Query die Datenbank ansehen und sogar verändern. Sie gehen damit also ein Sicherheitsrisiko ein.

Die Aktualisierungsoptionen geben an, ob die Daten beim Laden der Excel-Datei automatisch aktualisiert werden sollen. Das kostet natürlich Zeit und ist nur bei Daten sinnvoll, die sich häufig ändern.

Die Datenformatierungsoptionen steuern schließlich, ob Spaltenbeschriftungen und Zeilennummern mit eingefügt werden sollen, ob Excel versuchen soll, die Tabelle automatisch zu formatieren und wie sich Excel verhalten soll, wenn sich die Menge der Daten bei einer Aktualisierung ändert.

Abfragen laden und speichern

Wenn MS-Query von Excel aus verwendet wird, werden die Eckdaten der Abfrage mit zu Excel übertragen und dort in der Tabelle gespeichert. Daneben besteht in MS-Query die Möglichkeit, über DATEI|SPEICHERN die Abfragedaten zu speichern. Dabei werden nur die Parameter der Abfrage – etwa Tabellen, Datenfelder, Sortier- und Filterkriterien – gespeichert, nicht aber die Liste der Datensätze. Diese muss beim Laden der Abfrage neu generiert werden. Aus diesem Grund sind Abfragedateien mit der Kennung *.dqy sehr klein.

12.2.2 Das QueryTable-Objekt

MS-Query-Interna

Intern legt Excel für jede importierte Tabelle ein *Name*-Objekt und ein *QueryTable*-Objekt an. Das *Name*-Objekt definiert einen Namen für den betroffenen Zellbereich. Am einfachsten können Sie eine Liste aller definierten *Name*-Objekte im Direktbereich mit der folgenden Anweisung ermitteln:

```
For Each n In Names: ?n.Name & "  " & n.Value: Next
```

Für die Datei 12\MS-Query.xls mit den drei Beispielen des vorangegangenen Abschnitts liefert die Schleife das folgende Resultat.

```
Tabelle1!sample1   =Tabelle1!$A$1:$C$78
Tabelle2!sample2   =Tabelle2!$A$1:$D$73
Tabelle3!sample3   =Tabelle3!$A$1:$B$10
```

Das zugeordnete *QueryTable*-Objekt speichert in zahlreichen Eigenschaften die Einstellungen des oben abgebildeten Optionendialogs. Die wichtigsten Eigenschaften sind *Connection* mit Pfadinformationen zur Datenbankdatei, *CommandText* mit dem SQL-

Code der Abfrage und *Destination* mit der Zelle, an der die Daten eingefügt werden sollen. (*Destination* verweist also auf ein *Range*-Objekt. *CommandText* ersetzt die Eigenschaft *Sql*, die nur mehr aus Kompatibilitätsgründen zur Verfügung steht.) Abermals können Sie sich die Details im Direktfenster ansehen:

```
For Each ws In Worksheets: For Each q in ws.QueryTables: _
    ?q.Name, q.CommandText, q.Connection, q.Destination.Address: _
Next: Next
```

Für die Abfrage aus dem ersten Tabellenblatt lauten die Resultate (in einer ansprechenden Formatierung):

```
Name = "sample1"
Sql  = "SELECT Products.ProductID, Products.ProductName,
               Products.UnitPrice
        FROM `I:\Code\XL-2000\NWIND`.Products Products"
Connection = "ODBC;DBQ=I:\Code\XL-2000\NWIND.MDB;
        DefaultDir=I:\Code\XL-2000;
        Driver={Microsoft Access Driver (*.mdb)};DriverId=25;
        FIL=MS Access;MaxBufferSize=2048;MaxScanRows=8;PageTimeout=5;
        SafeTransactions=0;Threads=3;UID=admin;UserCommitSync=Yes;"
Destination.Address = "$A$1"
```

Das QueryTable-Objekt

Aufgabe des *QueryTable*-Objekts ist es also, alle Informationen zu speichern, die zum Import der Daten erforderlich sind. In diesem Buch ist *QueryTable* zum ersten Mal in Abschnitt 5.6.6 zum Thema *Textimport* vorgestellt worden. *QueryTable* ist also nicht nur für den Import aus Datenbanken verantwortlich, sondern für die verschiedensten Datenquellen. Neben Datenbanken und Textdateien kommen auch Webseiten in Frage (Abschnitt 15.2).

Über den Typ der Datenquelle gibt die Eigenschaft **QueryType** Auskunft. Wenn der Import, wie im vorigen Abschnitt beschrieben, mit MS-Query durchgeführt worden ist, enthält diese Eigenschaft immer den Wert *xlODBCQuery (1)*. Ein Beispiel für die korrekte Einstellung von *Connection* und *CommandText* für diesen Fall gibt das obige Beispiel. Dabei wird aber auch klar, dass es nicht ganz einfach ist, diese Zeichenketten manuell zu erstellen (nicht zuletzt deswegen, weil die Dokumentation zum Aufbau der Zeichenketten dürftig ist; brauchbare Informationen finden Sie nur in der ODBC-Dokumentation bzw. bei der Beschreibung vergleichbarer Eigenschaften von DAO-Objekten).

Wenn Sie *QueryTable*-Objekte per Programmcode verändern möchten, wird die übliche Vorgehensweise also so aussehen, dass Sie zuerst mit MS-Query eine Abfrage erstellen und diese Zeichenkette dann als Ausgangsbasis für Ihren Programmcode verwenden.

Eine ähnliche Vorgehensweise wurde auch gewählt, um das größte Manko von *QueryTable*-Objekten zu umgehen. Wenn Sie die Beispieldatei **MS-Query.xls** auf Ihrem Rechner öffnen, kann Excel die Daten normalerweise nicht aktualisieren, weil es die Datenbankdatei nicht findet (es sei denn, Sie installieren die Datenbankdatei Nwind.mdb in dasselbe Verzeichnis wie am Rechner des Autors, also in I:\Code\XI-2000\).

Zur Abhilfe dieses Problems werden in der Prozedur *Workbook_Open* die *Connection*- und *CommandText*-Eigenschaften an den jeweils gültigen Pfad angepasst. Eine Aktualisierung der Daten ist jetzt möglich, sofern sich MS-Query.xls im gleichen Verzeichnis wie die Datenbank Nwind.mdb befindet.

Mit den beiden *For*-Schleifen wird sichergestellt, dass alle *QueryTable*-Objekte aller Tabellen durchlaufen werden. Der weitere Programmcode hat eigentlich wenig mit Datenbankprogrammierung zu tun, sondern demonstriert vielmehr den Einsatz von Zeichenkettenfunktionen: In *ExtractDir* wird aus der *Connection*-Zeichenkette die Einstellung des Defaultverzeichnisses ermittelt. (Es handelt sich dabei um den Pfad zur Datenbankdatei.) In der Folge wird dieser Pfad mit *Replace* durch den Pfad zur Excel-Datei ersetzt.

```
' Datei 12\MS-Query.xls, DieseArbeitsmappe
Private Sub Workbook_Open()
  Dim oldDir$, newDir$
  Dim ws As Worksheet
  Dim qt As QueryTable
  newDir = ThisWorkbook.Path
  If Right(newDir, 1) = "\" Then _
    newDir = Left(newDir, Len(newDir) - 1)
  For Each ws In Worksheets
    For Each qt In ws.QueryTables
      If qt.QueryType = xlODBCQuery Then
        ' bisherigen Pfad aus Connection-Zeichenkette ermitteln
        oldDir = ExtractDir(qt.Connection)
        ' falls erfolgreich: alten Pfad durch neuen Pfad ersetzen
        If oldDir <> "" Then
          qt.Connection = Replace(qt.Connection, oldDir, newDir, _
                          Compare:=vbTextCompare)
          qt.CommandText = Replace(qt.CommandText, oldDir, newDir, _
                          Compare:=vbTextCompare)
        End If
      End If
    Next
  Next
End Sub
```

12.2 Import externer Daten

```
' extrahiert aus der Zeichenkette "abc;DefaultDir=xyz;abc"
' den Pfad xyz
Public Function ExtractDir$(connStr$)
  Dim pos1&, pos2&
  pos1 = InStr(1, connStr, "DefaultDir", vbTextCompare)
  If pos1 = 0 Then Exit Function
  pos1 = pos1 + Len("DefaultDir=")
  pos2 = InStr(pos1, connStr, ";", vbTextCompare)
  If pos2 = 0 Then pos2 = Len(connStr)
  ExtractDir = Mid(connStr, pos1, pos2 - pos1)
  ' \-Zeichen am Ende eliminieren
  If Right(ExtractDir, 1) = "\" Then
    ExtractDir = Left(ExtractDir, Len(ExtractDir) - 1)
  End If
End Function
```

> **VORSICHT**
>
> Beachten Sie bitte, dass sich der obige Programmcode darauf verlässt, dass der Pfad zur Datenbankdatei im Attribut *DefaultDir* der *Connection*-Eigenschaft gespeichert ist. Das war bei allen Experimenten mit MS-Query beim Zugriff auf Access-Datenbanken der Fall. Der genaue Aufbau der *Connection*-Zeichenkette ist aber nicht dokumentiert. Es ist daher nicht sicher, ob diese Vorgehensweise unter allen Umständen bzw. mit anderen Datenbanksystemen oder in künftigen Versionen von Excel ebenfalls funktioniert.

> **HINWEIS**
>
> Eine ähnliche Funktion wie *QueryTable* erfüllt das Objekt *PivotCache* für Pivottabellen. Auch darin werden – ganz ähnlich wie bei *QueryTable* – die Parameter für die Datenbasis der Pivottabelle gespeichert. Im Unterschied zu *QueryTable* kann *PivotCache* aber zusätzlich noch eine Kopie der Daten speichern (ohne dass diese Daten unmittelbar sichtbar sind). Auf diese Weise wird vermieden, dass bei jeder Veränderung der Struktur der Pivottabelle die Daten neu von der Datenbank eingelesen werden müssen.

Syntaxzusammenfassung

QueryTable-Objekt

ws.QueryTables(n)	Zugriff auf die *QueryTable*-Objekte einer Tabelle
ws.QueryTables.Add	neues Objekt erstellen
qt.BackgroundQuery	Aktualisierung im Hintergrund (*True/False*)
qt.Connection	Zeichenkette(nfeld) mit Informationen zum Datenursprung
qt.Destination	Zellbereich (*Range*), in dem die Daten angezeigt werden
qt.QueryType	Typ der Datenquelle (z.B. *xlODBCQuery*)
qt.CommandText	SQL-Kommando für die Abfrage
qt.Refresh	Daten aktualisieren (Methode)

12.2.3 Excel-Daten exportieren

Export in eine Datenbank

Eigentlich geht es in diesem Kapitel ja um den Import von Daten – aber gelegentlich tritt auch der umgekehrte Fall auf: Es sollen Excel-Tabellen exportiert werden. Excel bietet dazu mehrere Möglichkeiten:

- Sie können beim Kommando DATEI|SPEICHERN UNTER als Dateityp »dBase III« oder »dBase IV« angeben. Damit wird die aktuelle Datenbank (die Zellregion, in der sich der Zellzeiger gerade befindet) des aktiven Tabellenblatts gespeichert. Wenn vor der Ausführung des Kommandos ein Zellbereich markiert wurde, wird nur dieser Zellbereich kopiert. Damit verhält sich Excel beim Speichern ähnlich wie bei der Ausführung der verschiedenen DATEN-Kommandos. Die Beschriftung der Spalten wird auf zehn Zeichen gekürzt, eventuell vorhandene Leerzeichen werden durch »_« ersetzt. (Achten Sie also auf eine eindeutige Beschriftung der Spalten!) Der erste Datensatz der Tabelle bestimmt das Datenformat.

- Zur Konvertierung ist das Kommando DATEN|ZU MICROSOFT ACCESS KONVERTIEREN vorgesehen. Das Kommando steht nur zur Verfügung, wenn das Add-In ACCESS-LINKS ADD IN aktiviert ist. Allerdings scheiterte auch unter diesen Voraussetzungen jeder Exportversuch mit der Fehlermeldung »Kann den Importassistenten für Kalkulationstabellen in Microsoft Access nicht starten«. In Excel 97 hat dieses Kommando übrigens auch nicht funktioniert, nur die Fehlermeldung war eine andere ...

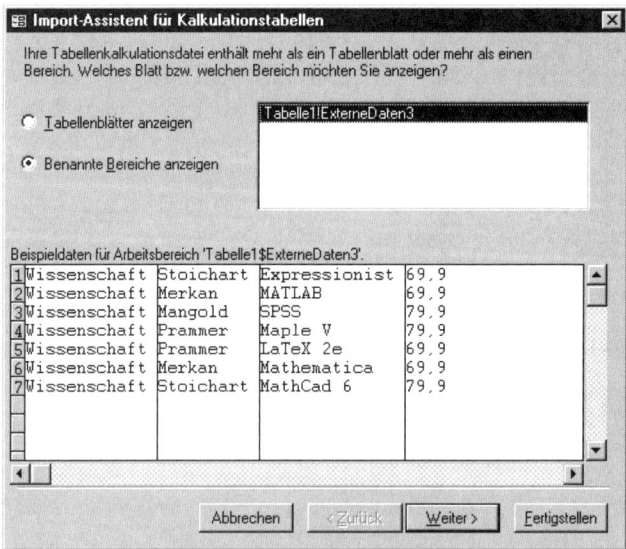

Bild 12.17: Der Access-Import-Assistent beim Import einer Excel-Tabelle

- Glücklicherweise können Sie den Export einer Excel-Tabelle zu Access auch aus der umgekehrten Richtung angehen: Dazu speichern und schließen Sie die Datei in Excel. Anschließend starten Sie Access und führen dort DATEI|EXTERNE DATEN| IMPORTIEREN aus. Im Dateiauswahlformular wählen Sie die Excel-Datei aus und gelangen so zum Importassistenten – siehe Bild 12.17. (Auch eine Menge anderer Datenbanksysteme sehen den Import von Excel-Tabellen vor.)

Export als Textdatei, Word-Serienbriefe

> VERWEIS
>
> Möglichkeiten zum Export von Excel-Tabellen in Textdateien sind in Abschnitt 5.6.6 beschrieben. Sie können Excel-Dateien auch als Grundlage für Word-Serienbriefe verwenden. Die erforderlichen Grundlageninformationen und ein kleines Beispiel finden Sie in Abschnitt 11.3.2.

12.3 Datenbankzugriff mit der ADO-Bibliothek

> ANMERKUNG
>
> Als Autor stehe ich bei diesem Abschnitt vor einem Dilemma: 1999 habe ich ein 600-seitiges Buch über ADO aus der Sicht von Visual Basic 6 geschrieben. Große Teile der dort vermittelten ADO-Grundlageninformationen treffen auf die VBA-Programmierung unter Excel 2000/2002 weiterhin zu. Natürlich würde ich dieses Wissen gerne auch hier vermitteln – aber eine derartig ausführliche Beschreibung ist leider ausgeschlossen. Daher kann ich nur betonen, dass die folgende Beschreibung inhaltlich stark verkürzt ist, dass also viele Funktionen gar nicht beschrieben werden, dass von den vielen Optionen, die ADO oft bietet, immer nur die wichtigste erwähnt wird etc. Für einfache Aufgaben und die ersten Schritte sollten die Informationen aber reichen. Wenn Sie sich intensiver mit ADO beschäftigen, lohnt vermutlich die Anschaffung spezieller ADO-Literatur. (Kaufen Sie aber kein Buch über ADO.NET! ADO.NET ist die zum .NET-Framework passende Nachfolgebibliothek zu ADO – und zu dieser vollständig inkompatibel.)

12.3.1 Einführung

Was ist ADO?

ADO steht für *ActiveX Data Objects* und ist eine verhältnismäßig neue Bibliothek zur Datenbankprogrammierung. ADO ist der Nachfolger der DAO-Bibliothek (die aber weiterhin zur Verfügung steht, siehe unten). Mit ADO können Sie

- eine Verbindung zu beinahe jeder Datenbank unter Windows herstellen (Voraussetzung ist, dass es zu dieser Datenbank einen ODBC oder, noch besser, einen OLE-DB-Treiber gibt)
- Daten abfragen und in Ihrem Programm auswerten
- Daten neu einfügen, verändern und löschen (so Sie die entsprechenden Zugriffsrechte haben)

> **HINWEIS** Damit Sie die ADO-Funktionen in Ihrem Excel-Programm nutzen können, müssen Sie mit EXTRAS|VERWEISE die ADO-Bibliothek aktivieren. Der vollständige Name der Bibliothek lautet *Microsoft ActiveX Data Objects 2.1 Library*. Im Objektkatalog lautet das Kürzel für die Bibliothek *ADODB*. Achten Sie darauf, dass Sie nicht versehentlich eine der zahlreichen verwandten Bibliotheken auswählen.

ADO-Versionen

Sowohl mit Office 2000 als auch mit Office 2002 wird ADO 2.1 ausgeliefert. Bei Office 2000 verwundert das nicht weiter – ADO 2.1 war eben die damals aktuelle Version. Als Office 2002 ausgeliefert wurde, gab es aber schon ADO 2.7, das beispielsweise zusammen mit Windows XP installiert wird. Die Entscheidung, mit Office 2002 dennoch die relativ alte ADO-Version 2.1 zu installieren, ist also vermutlich aus Kompatibilitätsgründen gefallen.

Grundsätzlich gilt, dass Sie in Ihren VBA-Programmen selbstverständlich auch eine neuere Version von ADO verwenden können, wenn diese auf Ihrem Rechner installiert ist. Dazu wählen Sie mit EXTRAS|VERWEISE einfach eine aktuellere Version der Bibliothek aus. Der Vorteil besteht darin, dass die neueren Versionen weniger Fehler und dafür einige Zusatzfunktionen enthalten (z.B. um XML-Daten mit dem SQL Server zu verarbeiten). Der Nachteil besteht allerdings darin, dass Ihr Excel-Programm auf einem anderen Rechner nur dann funktioniert, wenn dort auch die entsprechende ADO-Version installiert ist.

ADO versus DAO

Mit Excel 2000/2002 wird neben der neuen ADO-Bibiothek auch die viel ältere DAO-Bibliothek mitgeliefert, die ebenfalls zur Datenbankprogrammierung geeignet ist. DAO wird aber nur noch aus Kompatiblitätsgründen ausgeliefert und sollte bei neuen Projekten nicht mehr zum Einsatz kommen.

Es spricht daher nichts dagegen, vorhandenen DAO-Code einfach zu belassen. DAO mag alt(modisch) sein, aber dafür funktioniert es zuverlässig, besonders in Kombination mit Access-Datenbanken.

> **HINWEIS**
> Es ist prinzipiell möglich, sowohl DAO als auch ADO in ein und demselben Programm zu nutzen (etwa während der Umstellungsphase). Es gibt dann allerdings mehrere gleichnamige Objekte – etwa das DAO- und das ADO-*Recordset*-Objekt. Zur eindeutigen Identifizierung müssen Sie bei der Deklaration von Variablen jetzt auch den Bibliotheksnamen der Bibliothek voranstellen (also *DAO.Recordset* oder *ADODB. Recordset*).

> **HINWEIS**
> Die ADO-Bibliothek unterstützt viele, aber nicht alle Funktionen von DAO. Wenn Sie in Ihrem Programm neue Access-Datenbanken oder Tabellen anlegen möchten, Indizes oder Benutzerrechte verwalten müssen etc., müssen Sie zusätzlich zu ADO die ADOX-Bibliothek einsetzen.

Einführungsbeispiel

Wie alle Beispiele dieses Abschnitts greift auch die folgende Prozedur auf die Datenbank Nwind.mdb zu. (Der Aufbau der Datenbank ist im vorigen Kapitel beschrieben. Die Datenbankdatei befindet sich auf der beiliegenden CD-ROM.)

In den ersten beiden Zeilen der Prozedur *intro* werden zwei neue Objekte erzeugt, ein *Connection*- und ein *Recordset*-Objekt. Aufgabe von *conn* ist es, die Verbindung zur Datenbank herzustellen. Zu diesem Zweck muss die Methode *Open* ausgeführt werden. Dabei wird eine Zeichenkette übergeben, die die Parameter der Verbindung enthält. Die *Connection*-Zeichenkette kann bisweilen ziemlich umfangreich und unübersichtlich werden, im einfachsten Fall reichen für den Zugriff auf eine Access-Datenbank aber zwei Parameter:

```
Provider=microsoft.jet.oledb.4.0;Data Source=C:\verz\name.mdb
```

Provider bezeichnet den Treiber, der für den Zugriff verwendet werden soll. Es gibt für jedes Datenbanksystem (Access, SQL Server, Oracle etc.) eigene Treiber. *Data Source* gibt den Ort an, an dem sich die Datenbankdatei befindet. *intro* setzt voraus, dass sich Nwind.mdb im selben Verzeichnis befindet wie die Excel-Datei.

Wenn der Verbindungsaufbau gelingt, kann im nächsten Schritt eine Abfrage durchgeführt werden. Dazu benötigen Sie zwei Dinge: ein *Recordset*-Objekt (das eigentlich zur Auswertung der Abfrageergebnisse dient) und eine Zeichenkette mit dem SQL-Kommando der Abfrage. Ohne ein Minimum an SQL-Kenntnissen ist die ADO-Programmierung also nicht vorstellbar. Im vorliegenden Beispiel lautet die Abfrage:

```
SELECT LastName, FirstName  FROM employees
ORDER BY LastName, FirstName
```

Es wird also eine alphabetisch geordnete Liste aller Mitarbeiter des Unternehmens *Northwind* erstellt. (Die Namen aller Mitarbeiten sind in der Tabelle *employees* gespeichert.) Zur Durchführung der Abfrage dient abermals die Methode *Open*.

Die folgende Schleife liest alle gefundenen Datensätze aus dem *Recordset*-Objekt aus. Dabei ist es wichtig zu verstehen, dass das *Recordset*-Objekt zwar den Zugriff auf alle gefundenen Datensätze ermöglicht, dass aber immer nur ein Datensatz (sozusagen eine Zeile) aktiv ist und gelesen werden kann. Um den nächsten Datensatz auszuwählen, muss die Methode *MoveNext* ausgeführt werden. Wenn sich dabei herausstellt, dass es keinen Datensatz mehr gibt, nimmt die Eigenschaft *EOF* den Wert *True* an.

Jetzt bleibt nur noch zu erklären, wie die einzelnen Felder des aktiven Datensatzes gelesen werden: ganz einfach, indem der *rec*-Variable ein Ausrufezeichen und dann der Name des Felds hintangestellt wird. Durch die Schleife werden also die Zellen A1, A2, A3 etc. der Reihe nach mit den *employees*-Namen gefüllt (Bild 12.18).

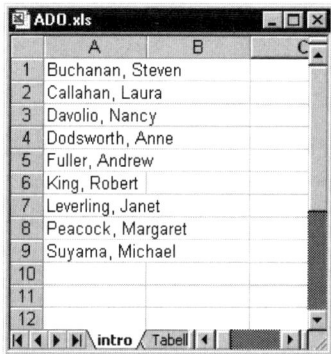

Bild 12.18: Das Ergebnis des Einführungsbeispiels

```
' Datei 12\ADO.xls, Modul1
Sub intro()
  Dim conn As New Connection, rec As New Recordset
  Dim ws As Worksheet
  Dim sql$, i&
  Set ws = ThisWorkbook.Worksheets("intro")
  conn.Open "Provider=microsoft.jet.oledb.4.0;" + _
    "Data Source=" + ThisWorkbook.Path + "\nwind.mdb"
  sql = "SELECT LastName, FirstName " & _
        "FROM employees ORDER BY LastName, FirstName"
  rec.Open sql, conn
  While Not rec.EOF
    i = i + 1
    ws.[A1].Cells(i) = rec!LastName + ", " + rec!FirstName
    rec.MoveNext
  Wend
  rec.Close: conn.Close
End Sub
```

12.3 Datenbankzugriff mit der ADO-Bibliothek

Es gehört zum »guten Ton« der ADO-Datenbankprogrammierung, dass nicht mehr benötigte ADO-Objekte sofort mit *Close* geschlossen werden. Bei *intro* wäre das zwar nicht unbedingt notwendig, weil die Variablen *conn* und *rec* ohnedies nur existieren, so lange die Prozedur ausgeführt wird. Gewöhnen Sie sich dennoch die konsequente Ausführung von *Close* an – Sie ermöglichen damit eine effizientere Datenbanknutzung und ersparen sich Ärger durch eventuelle Zugriffskonflikte.

ADO-Überblick

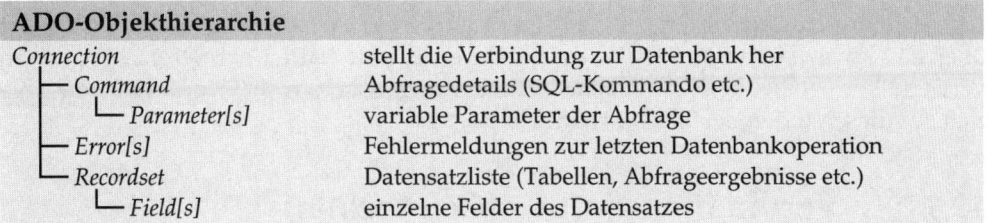

ADO-Objekthierarchie

Connection	stellt die Verbindung zur Datenbank her
├── *Command*	Abfragedetails (SQL-Kommando etc.)
│ └── *Parameter[s]*	variable Parameter der Abfrage
├── *Error[s]*	Fehlermeldungen zur letzten Datenbankoperation
└── *Recordset*	Datensatzliste (Tabellen, Abfrageergebnisse etc.)
└── *Field[s]*	einzelne Felder des Datensatzes

Auch wenn die obige Hierarchie einen logischen Zusammenhang zwischen den Objekten darstellt, ist diese Hierarchie keine Voraussetzung für die Erzeugung neuer Objekte. Bild 12.19 wird dieser sehr flachen Objekthierarchie besser gerecht. Sie können beispielsweise ein neues *Recordset*-Objekt erzeugen, ohne vorher explizit eine Verbindung zur Datenbank herzustellen.

```
Dim rec As New Recordset
rec.Open "SELECT * FROM tabelle ...", "Provider=..."
```

Sie müssen die Datenquelle natürlich weiterhin angeben, und intern wird dennoch ein *Connection*-Objekt erzeugt. In vielen Fällen führt diese Bequemlichkeit also zu schlecht wartbarem Code und zu unnötig vielen Verbindungen zur Datenbank. Es gibt aber auch Ausnahmen, – etwa beim Erzeugen eines *Recordsets* aus einer Datei statt aus einer Datenbank – wo wirklich keine *Connection* erforderlich ist.

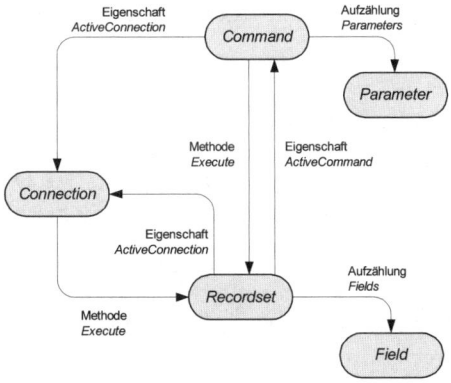

Bild 12.19: Verbindung zwischen den Objekten

> **TIPP**
> Die Indizes aller ADO-Aufzählungen reichen von 0 bis *Count*-1 (im Gegensatz zu Excel-Aufzählungen, die zumeist von 1 bis *Count* reichen).

Zusätzliche (dynamische) Eigenschaften

Die Objekte *Connection*, *Command*, *Field*, *Parameter* und *Recordset* verweisen jeweils auf das Aufzählobjekt *Properties*, das aus Gründen der Übersichtlichkeit nicht in die obige Hierarchie aufgenommen wurde. Über *Properties* können zusätzliche (dynamische) Eigenschaften angesprochen werden. Der Zugriff auf einzelne Eigenschaften erfolgt über das *Property*-Objekt. Welche dynamischen Eigenschaften existieren, hängt vom verwendeten Treiber ab. Bei einfachen Anwendungen ist es nicht erforderlich, dass Sie sich mit diesen Eigenschaften beschäftigen müssen.

12.3.2   Verbindungsaufbau (Connection)

Im Prinzip ist es einfach, eine Verbindung zu einer Datenbank herzustellen: Sie erzeugen ein neues *Connection*-Objekt und führen dann *Open* aus, wobei Sie eine Zeichenkette mit den Verbindungsinformationen übergeben. Diese Zeichenkette hat den Aufbau "*parameter1=wert1;parameter 2=wert2;...*". Sowohl die Parameternamen als auch deren Einstellungen dürfen Leerzeichen enthalten.

```
Dim conn As New Connection
conn.Open "Provider=..."
```

> **HINWEIS**
> Sie können *Open* auch beim ersten Mal ohne zusätzliche Parameter ausführen, wenn Sie die Verbindungsinformationen vorher in der **ConnectionString**-Eigenschaft speichern. Diese Eigenschaft enthält nach *Open* eine bei weitem umfangreichere Zeichenkette, die außer *Provider* und *Data Source* noch eine Menge anderer Informationen enthält. (Dabei handelt es sich um die Defaulteinstellungen zusätzlicher Parameter.) Einzelne Teile der Zeichenkette können Sie bequem mit *conn.Properties("xy")* auslesen, wobei *xy* ein Parameter der Zeichenkette ist (z.B. *"DataSource"*).

ADO limitiert den Verbindungsaufbau auf die in **ConnectionTimeout** genannte Zeitspanne (Default: 15 Sekunden). Klappt es innerhalb dieser Zeit nicht, wird ein Fehler ausgelöst. Beim Verbindungsaufbau zu stark belasteten Datenbank-Servern ist es sinnvoll, dieses Zeitlimit vor der *Open*-Methode etwas höher anzusetzen.

Die Eigenschaft *Mode* gibt an, welche Datenbankoperationen erlaubt sind (z.B. Read-Only-Zugriff) und ob andere Anwender gleichzeitig auf die Datenbank zugeifen dürfen. Die Defaulteinstellung bei Jet-Datenbanken lautet *adModeShareDenyNone*. Im Gegensatz zu den Informationen in der ADO-Dokumentation bedeutet das, dass andere Anwender die Datenbank ebenfalls öffnen, lesen und verändern dürfen. Wenn Sie die Datenbank in einem anderem Modus öffnen möchten, müssen Sie die *Mode*-Eigenschaft vor der *Open*-Methode anders einstellen. Die zwei wichtigsten Einstellungen sind *adModeShareExclusive* (schließt jeden weiteren Zugriff aus) und *adModeRead* (Read-Only-Zugriff).

ConnectionString für Access-Datenbanken

Das eigentliche Problem beim Aufbau einer Datenbankverbindung besteht darin, die *ConnectionString*-Zeichenkette korrekt zu erstellen. Der Aufbau der Zeichenkette hängt stark vom Datenbanksystem ab. Bei Access-Datenbanken lauten die wichtigsten Parameter folgendermaßen:

Access-Datenbanken	
Provider	*Microsoft.Jet.OLEDB.4.0*
Data Source	*<Dateiname der Datenbankdatei>*
User ID	*<Benutzername>* (optional)
Password	*<Passwort>* (optional)

Wenn Sie ohnedies nur vorhaben, mit Access-Datenbanken zu arbeiten, können Sie den Rest dieses Abschnitts überspringen. Die folgenden Informationen sind nur dann relevant, wenn Sie eine Verbindung zu einem anderen Datenbanksystem herstellen möchten. (Die Beispiele dieses Buchs beziehen sich ausnahmslos auf Access-Datenbanken.)

ConnectionString für SQL Server oder MSDE (OLEDB)

Wenn Ihre Daten vom SQL Server oder von der MSDE (Microsoft Data Engine) verwaltet werden, müssen Sie mehr Angaben machen:

SQL Server / MSDE	
Provider	*SQLOLEDB* oder *SQLOLEDB.1*
Data Source	*<Netzwerkname des Rechners, auf dem der SQL Server läuft>*
Initial Catalog	*<Name der Datenbank am SQL Server>*
Integrated Security	*SSPI* (wenn Sie zur Authentifizierung Windows NT/2000/XP verwenden)
User ID	*<Benutzername>* (nur wenn keine NT/2000/XP-Authentifizierung)
Password	*<Passwort>* (nur wenn keine NT/2000/XP-Authentifizierung)
Prompt	*Prompt* oder *Complete* (wenn Login-Dialog angezeigt werden soll)

Noch eine Anmerkung zum optionalen *Prompt*-Parameter. Wenn Sie hier die Einstellung *Prompt* verwenden, erscheint vor jedem Versuch, eine Verbindung aufzubauen, ein Login-Dialog, in dem Sie Name und Passwort eingegeben können. Die Einstellung *Complete* bedeutet, dass der Dialog nur erscheint, wenn der Verbindungsaufbau nicht klappt. Wenn Sie *Prompt* gar nicht angeben, tritt einfach ein Fehler auf, wenn der Verbindungsaufbau scheitert.

Abschließend noch ein Beispiel zur Herstellung einer Verbindung zur Beispieldatenbank *pubs*, wobei der SQL-Server am Rechner *mars* läuft und Sie sich auf die Authentifizierung von Windows NT/2000/XP verlassen:

```
Dim conn As New Connection
conn.Open "Provider=SQLOLEDB;Data Source=mars;" & _
  "Initial Catalog=pubs;Integrated Security=SSPI"
```

Mit der folgenden Anweisung überlassen Sie den Login dem Anwender:

```
conn.Open "Provider=SQLOLEDB;Data Source=mars;" & _
  "Initial Catalog=pubs;Prompt=Complete"
```

Connection-String für ODBC-Datenquellen

Nicht alle Datenbanken besitzen bereits neue, ADO-kompatible OLE-DB-Treiber. (OLE-DB ist das interne Fundament, auf dem ADO fußt.) In solchen Fällen kann ein ODBC-Treiber verwendet werden. (ODBC ist die Vorgängertechnologie zu OLE DB: alt, aber bewährt und für fast jedes Datenbanksystem verfügbar.) Die Kommunikation zwischen Ihrem Programm und der Datenbank erfolgt dann über drei Ecken: Datenbank → ODBC → OLE DB → ADO. Die Schlüsselwörter für die *ConnectionString*-Zeichenkette sind abermals anders:

ODBC

Provider	MSDASQL
DNS	<*Name einer ODBC-Datenquelle*>
Driver	<*Name des ODBC-Treibers*> (z.B. SQL Server)
Server	<*Netzwerkname des Rechners, auf dem der Datenbank-Server läuft*>
Database	<*Name der Datenbank am SQL Server*>
Trusted Connection	*yes* (wenn Sie zur Authentifizierung Windows NT verwenden)
UID	<*Benutzername*> (nur wenn keine NT-Authentifizierung)
PWD	<*Passwort*> (nur wenn keine NT-Authentifizierung)

Um nochmals eine Verbindung zum SQL Server herzustellen, diesmal aber über dessen ODBC-Treiber, kann folgendes Muster verwendet werden:

```
conn.Open "Provider=MSDASQL.1;Driver=SQL Server;" & _
  "Server=mars;Database=pubs"
```

Falls eine ODBC-Datenquelle definiert wurde (mit den ODBC-Tools der Systemverwaltung), kann deren Name einfach mit *DNS=...* angegeben werden. Alle weiteren Angaben entfallen dann.

Connection-String aus *.udl-Datei lesen

Eine vierte Variante besteht darin, die Verbindungsparameter in einer so genannten DataLink-Datei mit der Kennung *.udl zu speichern. Eine derartige Datei können Sie im Explorer erzeugen: DATEI | NEU | MICROSOFT DATENLINK. Es erscheint ein Dialog, in dem Sie alle Einstellungen vornehmen können.

DataLink-Datei
File Name   <Dateiname der *.udl-Datei>
Prompt   wie beim SQL Server

```
conn.Open "File Name=C:\verz\name.udl"
```

12.3.3 Datensatzlisten (Recordset)

Das *Recordset*-Objekt dient zur Verwaltung von Datensätzen, die aus einer Datenbankabfrage resultieren. Im Vergleich zu den anderen ADO-Objekten stehen dazu sehr viele Eigenschaften und Methoden zur Verfügung. Der Grund für die Komplexität liegt im großen Anwendungsbereich von *Recordset*-Objekten. Die folgende Liste zählt die wichtigsten Funktionen des Objekts auf:

- Sie können alle Datensätze der Reihe nach lesen.

- Sie können Datensätze ändern, neu einfügen und löschen.

- Sie können sich durch die Datensatzliste bewegen (also zum ersten, letzten, nächsten oder vorherigen Datensatz springen oder einen bestimmten Datensatz suchen).

- Sie können innerhalb der Datensatzliste suchen und die lokale Sortierordnung ändern.

- Sie können die Datensatzliste in einer lokalen Datei (unabhängig von der Datenbank) speichern und später wieder von dort laden.

Mit diversen Eigenschaften muss vor dem Erzeugen eines *Recordset*-Objekts sein Verwendungszweck angegeben werden. Dabei gilt eine einfache Regel: Je weniger Ansprüche Sie an das *Recordset*-Objekt stellen, desto weniger Methoden und Eigenschaften dürfen Sie verwenden, aber desto effizienter können die verbleibenden Operationen ausgeführt werden.

```
rec.Open sql, conn [,cursortype [,locktype]]
```

> **HINWEIS** Wenn Sie eine Datensatzliste einfach mit *rec.Open sql, conn* erstellen, wird das *Recordset*-Objekt automatisch im Hinblick auf eine möglichst effiziente Verwaltung optimiert. Das bedeutet aber, dass Sie keine Daten verändern können (read-only) und dass Sie sich nur mit *MoveNext* durch die Datensatzliste bewegen dürfen (forward-only), dass Sie die Daten nicht lokal sortieren und die Eigenschaft *Bookmark* nicht verwenden können etc. Wenn Sie anspruchsvollere Operationen durchführen möchten, müssen Sie dies in den optionalen Parametern der *Open*-Methode bekannt geben (siehe Überschrift *Recordset-Typen*).

SQL-Kurzschreibweisen

Voraussetzung für das Öffnen eines *Recordset*-Objekts ist im Regelfall, dass Sie die Datenbankabfrage als SQL-Kommando übergeben. Aus diesem Grund gibt Abschnitt 12.3.5 einen Überblick über die wichtigsten SQL-Kommandos. In manchen Fällen können Sie sich allerdings die Formulierung eines SQL-Kommandos ersparen:

- Wenn Sie auf alle Felder einer Tabelle zugreifen möchten, reicht es, im ersten Parameter von *Open* einfach den Namen der Tabelle anzugeben. Intern wird das als *SELECT * FROM tabelle* interpretiert.

- Wenn Ihnen Access zur Verfügung steht, können Sie dort Abfragen definieren. Beim Zugriff auf Access-Datenbanken können Sie dann bei *Open* einfach den Namen der Abfrage (so wie den Namen einer Tabelle) angeben.

- Wenn Sie mit einem Datenbank-Server arbeiten (etwa mit Oracle), können Sie zwar keine Abfragen vordefinieren, wohl aber so genannte Sichten (*views*). Auch der Name einer Sicht reicht für *Open* aus – die interne Interpretation ist abermals *SELECT * FROM view*.

Recordset-Typen

Drei Eigenschaften *CursorLocation*, *CursorType* und *LockType* bestimmen den Typ des *Recordsets*. Diese Eigenschaften müssen im Voraus eingestellt werden bzw. als optionale Parameter an *Open* übergeben werden. Sobald das Objekt einmal geöffnet ist, ist keine Änderung mehr möglich.

Am einfachsten zu verstehen ist sicherlich **LockType**. Diese Eigenschaft gibt an, ob Daten verändert werden können und wie eventuelle Konflikte erkannt werden (wenn zwei oder mehr Benutzer gleichzeitig denselben Datensatz verändern möchten).

LockType-Einstellungen	
adLockReadOnly	Daten dürfen gelesen, aber nicht verändert werden (default!)
adLockPessimistic	pessimistische Konfliktkontrolle
adLockOptimistic	optimistische Konfliktkontrolle (effizienter!)
adLockBatchOptimistic	mehrere Datensätze können gleichzeitig verändert werden

Es fehlt hier der Platz, um auf die Feinheiten zwischen optimistischem und pessimistischem Locking einzugehen. In den meisten Fällen ist *adLockOptimistic* die bessere Wahl. Wenn es wirklich zu einem Konflikt kommt, tritt der Fehler erst beim Versuch auf, die Daten tatsächlich zu speichern (im Regelfall bei der Ausführung der *Update*-Methode). Sie müssen diesen Punkt im Programm also absichern. *adLockBatchOptimistic* ermöglicht so genannte Stapelaktualisierungen, bei denen mehrere Datensätze gleichzeitig verändert werden. Das ist effizient, aber auch kompliziert und in Excel-Anwendungen selten erforderlich, weswegen die Details hier verschwiegen werden.

CursorType gibt an, wie die Verwaltung der Datensatzliste intern (d.h. vom Datenbanksystem und von ADO) erfolgen soll. Die Einstellung hat Einfluss darauf, wie flexibel Sie sich in der Datensatzliste bewegen können.

CursorType-Einstellungen	
adOpenForwardOnly	minimaler Verwaltungsaufwand (d.h. sehr effizient), aber geringe Anzahl von unterstützten Funktionen (default!)
adOpenDynamic	relativ geringer Verwaltungsaufwand, aber bessere Navigationsmöglichkeiten
adOpenKeyset	größerer Verwaltungsaufwand, alle Funktionen
adOpenStatic	noch größerer Verwaltungsaufwand; vergleichsweise langsam beim Zugriff auf die ersten Datensätze, schnell bei weiteren Zugriffen

adOpenForwardOnly eignet sich dann, wenn Sie einfach der Reihe nach alle Datensätze einmal lesen (und eventuell auch verändern möchten). Es ist nicht möglich, einen bereits bearbeiteten Datensatz nochmals zu aktivieren, jede Art der lokalen Bearbeitung (Suchen, Sortieren, Filtern) ist ausgeschlossen.

Die Unterschiede der drei anderen Typen können hier nicht beschrieben werden, ohne vertieft auf die Datenbankgrundlagen einzugehen. Es geht vor allem darum, zu welchem Zeitpunkt wie viele Daten von der Datenbank in das *Recordset* übertragen werden und ob spätere Änderungen der Daten durch andere Benutzer im *Recordset* sichtbar werden oder nicht. Im Zweifelsfall ist *adOpenKeyset* oft ein guter Kompromiss zwischen Effizienz und Vielseitigkeit.

CursorLocation bestimmt schließlich, wo die Verwaltung der Datensatzliste erfolgen soll: direkt bei der Datenbank (*adUseServer*) oder durch die ADO-Bibliothek (*adUseClient*). Besonders bei Netzwerksystemen ist das ein großer Unterschied: Im einen Fall ist der Rechner mit dem Datenbank-Server stärker belastet, im anderen Fall der Rechner, auf dem Ihr Excel-Programm läuft.

Wenn Sie sehr große Datenmengen bearbeiten müssen (Datensatzlisten mit deutlich über 1000 Datensätzen), ist *adUseServer* oft die bessere Wahl: diese Einstellung vermeidet, dass unnötig viele Datensätze übertragen werden müssen. Allerdings stehen bei *adUseServer* eine ganze Menge von ADO-Merkmalen nicht zur Verfügung.

Bei *adUseClient* werden sofort beim Öffnen des *Recordsets* alle Daten übertragen. Das kann bei großen Datensatzlisten einige Zeit kosten, in der das Programm blockiert ist. Außerdem müssen die Daten im lokalen RAM gehalten werden. Die Vorteile: Wenn die Daten einmal hier sind, bestehen sehr vielseitige und effiziente Formen der Weiterverarbeitung.

Auch hier eine Empfehlung, ohne alle Hintergründe beleuchten zu können: Wenn Sie mehr möchten, als sich einfach nur mit *MoveNext* durch die Datensatzliste zu bewegen, ist *adUseClient* meist die bessere Wahl. ADO ist im Hinblick auf diese Zugriffsmethode besser optimiert.

CursorLocation-Einstellungen	
adUseServer	Datenverwaltung direkt bei der Datenbank (default)
adUseClient	Datenverwaltung durch die ADO-Bibliothek

Die Sache wird insofern noch komplizierter, als nicht jede Kombination dieser drei Eigenschaften zulässig ist. Beispielsweise ist bei *CursorLocation=adUseClient* einzig *CursorType=adOpenStatic* möglich. (Wenn Sie ein *Recordset* in einer unzulässigen Kombination anfordern, erhalten Sie automatisch ein *Recordset* mit anderen Einstellungen. Es tritt keine Fehlermeldung auf.) Welche Kombinationen zulässig sind, hängt wiederum vom Datenbanktreiber ab. Bei Access-Datenbanken sind also andere Kombinationen zulässig als bei einer Datenbank, die durch Oracle verwaltet wird.

Wenn Sie testen möchten, welche Operationen mit dem gerade ausgewählten *Recordset*-Typ möglich sind, können Sie die Methode **Supports** einsetzen. Mit *Supports(adBookmark)* können Sie beispielsweise testen, ob *Bookmarks* unterstützt werden (*True* oder *False*).

Datenfelder

Jeder Datensatz eines *Recordsets* besteht aus einem oder mehreren Feldern. (In einer Tabellensicht entsprechen Datenfelder gleichsam den Spaltennamen.) Wie bereits im Einführungsbeispiel demonstriert, erfolgt der Zugriff auf Felder in der Schreibweise *rec!feld*. Wenn der Feldname Sonder- oder Leerzeichen enthält, muss der Name in eckige Klammern gesetzt werden, z.B. *rec![article-nr]*.

rec!name ist eine Kurzschreibweise für *rec.Fields("name").Value*. Intern werden die Datenfelder also in einer *Fields*-Aufzählung verwaltet. *Fields(n)* oder *Fields("name")* verweist wenig überraschend auf *Field*-Objekte. Jedes dieser Objekte gibt Auskunft über den Feldnamen (*Name*), den Datentyp (*Type*), seine Größe (*DefinedSize* und *ActualSize*) etc. *Value* enthält den Wert des Felds für den gerade aktuellen Datensatz.

Das folgende Beispiel liefert Feldinformationen zu allen Datenfeldern der *employee*-Tabelle. Das Ergebnis ist in Bild 12.20 zu sehen.

```
' Datei 12\ADO.xls, Modul1
Sub rec_fields()
  Dim conn As New Connection
  Dim rec As New Recordset, f As Field
  Dim ws As Worksheet, i&
  Set ws = ThisWorkbook.Worksheets("fields")
  conn.Open "Provider=microsoft.jet.oledb.4.0;" + _
    "Data Source=" + ThisWorkbook.Path + "\nwind.mdb;"
  rec.Open "employees", conn
```

```
  For Each f In rec.Fields
    i = i + 1
    ws.[a1].Cells(i) = f.Name
    ws.[b1].Cells(i) = f.Type
    ws.[c1].Cells(i) = TypeName(f.Value)
  Next
  rec.Close: conn.Close
End Sub
```

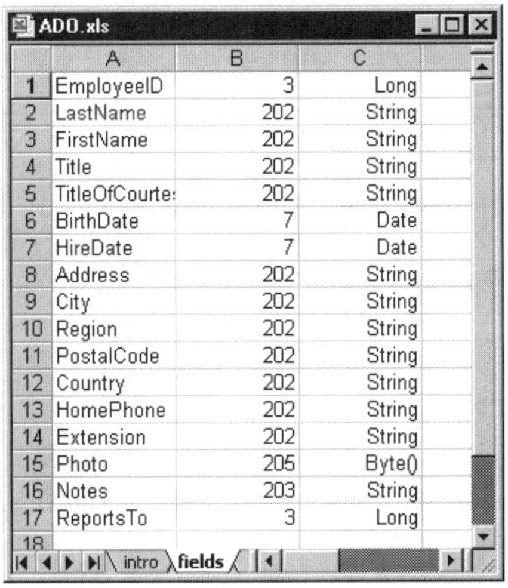

	A	B	C
1	EmployeeID	3	Long
2	LastName	202	String
3	FirstName	202	String
4	Title	202	String
5	TitleOfCourte:	202	String
6	BirthDate	7	Date
7	HireDate	7	Date
8	Address	202	String
9	City	202	String
10	Region	202	String
11	PostalCode	202	String
12	Country	202	String
13	HomePhone	202	String
14	Extension	202	String
15	Photo	205	Byte()
16	Notes	203	String
17	ReportsTo	3	Long
18			

Bild 12.20: Die Datenfelder der employee-Tabelle

TIPP

Beachten Sie bitte, dass die meisten Datenbanken in einem Feld *NULL* speichern können. Das bedeutet, dass keine Daten zur Verfügung stehen. Das kann zu Problemen führen, wenn Sie das Feld einer Variablen eines bestimmten Typs zuweisen möchten – etwa *x$ = rec!comment*. Sie müssen mit *IsNull(rec!comment)* testen, ob das Feld überhaupt Daten enthält!

Navigation in Datensätzen

Die Navigation in Datensatzlisten erfolgt primär mit Hilfe von fünf Methoden:

MoveNext	den nächsten Datensatz aktivieren
MovePrevious	den vorigen Datensatz aktivieren
MoveFirst	den ersten Datensatz aktivieren
MoveLast	den letzten Datensatz aktivieren
Move n	um *n* Datensätze nach vorne bzw. zurück (bei negativem *n*)

Beachten Sie, dass Sie nicht davon ausgehen dürfen, dass die Datensätze irgendeine bestimmte Reihenfolge einhalten – es sei denn, die Datensatzliste basiert auf einer SQL-Abfrage mit *ORDER-BY*-Klausel.

Der Zeiger auf den aktuellen Datensatz darf mit *MoveNext* bzw. *MovePrevious* um eine Position über den ersten bzw. letzten Datensatz hinausbewegt werden. In diesem Fall hat die Eigenschaft **EOF** (*end of file*) bzw. **BOF** (*bottom of file*) den Wert *True*, es liegt kein gültiger Datensatz vor.

Move ermöglicht es, den Zeiger auf den aktuellen Datensatz nicht nur um eine, sondern auch um mehrere Positionen zu bewegen. Optional kann in einem zweiten Parameter angegeben werden, dass *n* sich auf den ersten oder den letzten Datensatz bezieht.

> **VORSICHT**
>
> Um es nochmals zu betonen: *EOF* bzw. *BOF* zeigen *nicht* den letzten gültigen Datensatz an! Wenn eine dieser Eigenschaften *True* ist, dann ist der Bereich der gültigen Datensätze bereits überschritten worden. Es liegt jetzt ein ungültiger Datensatz vor, der nicht weiter bearbeitet werden darf.

Positionsinformationen

Die Eigenschaft **AbsolutePosition** gibt an, welcher der Datensätze gerade aktiv ist (der erste, der zweite etc.). *AbsolutePosition* kann auch die Werte *adPosUnknown (-1)*, *adPosBOF (-2)* oder *-EOF (-3)* enthalten. Die Zuweisung eines Werts an *AbsolutePosition* stellt eine weitere Möglichkeit dar, den gerade aktiven Datensatz auszuwählen. Die Gesamtzahl der Datensätze können Sie der Eigenschaft **RecordCount** entnehmen.

Gelegentlich besteht der Wunsch, zum gerade aktuellen Datensatz zu einem späteren Zeitpunkt zurückzukehren. Dazu speichern Sie den Inhalt der **Bookmark**-Eigenschaft in einer *Variant*-Variablen. (Diese Variable dient also gleichsam als Lesezeichen.) Zur Rückkehr weisen Sie den gespeicherten Wert wieder der *Bookmark*-Eigenschaft zu.

Datensätze suchen und lokal sortieren

Mit der Methode **Find** können Sie ausgehend vom aktuellen Datensatz den nächsten Datensatz finden, der einem bestimmten Kriterium entspricht. Alle Parameter außer dem ersten sind optional. Wenn kein geeigneter Datensatz zu finden ist, zeigt das *Recordset*-Objekt auf einen ungültigen Datensatz (*EOF=True* bei der Vorwärtssuche, *BOF=True* bei der Rückwärtssuche).

```
rec.Find kriterium, offset, richtung
```

Als Suchkriterium geben Sie eine Zeichenkette mit dem Spaltennamen und der Vergleichsoperation an, etwa *"Einzelpreis > 10"*. Bei Textvergleichen mit dem Operator *Like* kann _ als Joker für ein Textzeichen verwendet werden, * für mehrere Textzeichen, also etwa: *"Name Like 'M*'"*. * darf nur am Ende oder sowohl am Anfang als

12.3 Datenbankzugriff mit der ADO-Bibliothek

auch am Ende des Suchmusters verwendet werden. Kompliziertere Ausdrücke wie *Like 'a*b'* sind nicht erlaubt.

offset gibt an, bei welchem Datensatz die Suche begonnen wird. In der Defaulteinstellung wird mit dem aktuellen Datensatz begonnen. Führen Sie vor *Find* die Methode *MoveFirst* aus, um beginnend mit dem ersten Datensatz zu suchen!

Erfüllt der aktuelle Datensatz das Suchkriterium, wird er wieder zurückgegeben. Um nun den nächsten passenden Datensatz zu finden, müssen Sie entweder *MoveNext* oder *Find* mit *offset:=1* ausführen! Mit *richtung* können Sie die Suchrichtung angeben (*adSearchForward / -Backward*).

Vorhandenen Datensatz verändern

Damit Datensätze überhaupt verändert, gelöscht oder neu eingefügt werden können, muss das *Recordset*-Objekt mit einer geeigneten *LockType*-Einstellung geöffnet werden.

Um einen vorhandenen Datensatz zu verändern, brauchen Sie nur eines der Felder zu verändern (also *rec!feldname = neuerwert*). Im Gegensatz zur DAO-Bibliothek gibt es keine *Edit*-Methode mehr, um einen Veränderungsvorgang einzuleiten.

Die Veränderungen werden gespeichert, sobald explizit die Methode **Update** ausgeführt wird. Zu einer automatischen Speicherung kommt es aber auch dann, wenn ein anderer Datensatz aktiviert wird (etwa mit einer *Move*-Methode).

Noch nicht gespeicherte Veränderungen können durch **CancelUpdate** widerrufen werden. In diesem Fall nehmen alle Felder des aktuellen Datensatzes wieder ihre ursprünglichen Werte an. (Diese Werte können Sie auch ohne *CancelUpdate* ermitteln, indem Sie die *Field*-Eigenschaft **OriginalValue** auswerten – also etwa durch *rec!feldname.OrignalValue*.)

Datensatz hinzufügen

Wenn Sie einen neuen Datensatz erzeugen möchten, führen Sie **AddNew** aus. (Auch dadurch werden eventuell noch ungesicherte Änderungen gespeichert.) Damit wird ein neuer, leerer Datensatz zum aktiven Datensatz. Dabei werden Datensatzfelder, die automatisch von der Datenbank verwaltet werden (oftmals ID-Felder, in die eine fortlaufende Nummer eingetragen wird), automatisch initialisiert. Alle weiteren Operationen erfolgen wie bei einer Datensatzveränderung: Sie müssen die Eigenschaften einstellen und die Änderungen durch *Update* speichern.

Datensatz löschen

Noch einfacher ist es, einen Datensatz zu löschen: Führen Sie einfach die Methode **Delete** aus.

Mögliche Fehlerursachen

Bei allen drei Operationen besteht eine verhältnismäßig große Chance, dass ein Fehler ausgelöst wird. Die wahrscheinlichsten Gründe sind:

- Ein veränderter oder neuer Datensatz kann nicht gespeichert werden, weil einzelne Datenfelder unzulässige Werte haben. Je nach Definition der Tabelle dürfen einzelne Felder nicht leer sein bzw. nicht *Null* oder *""* enthalten.

- Ein veränderter Datensatz kann nicht gespeichert werden, weil ein zweiter Anwender denselben Datensatz bearbeitet oder womöglich schon verändert hat.

- Ein Datensatz kann nicht gelöscht oder verändert werden, weil dadurch die Bedingungen der referentiellen Integrität verletzt werden. (Das heißt, dass die Beziehung zu einem Datensatz einer anderen Tabelle zerstört würde. In solchen Fällen müssen zuerst alle abhängigen Datensätze der anderen Tabellen gelöscht werden.)

- Der Datensatz kann nicht verändert werden, weil Sie dazu unzureichende Rechte haben. (Manchmal sind Datenbanken so weit abgesichert, dass außer dem Administrator niemand Tabellen direkt verändern darf. Veränderungen müssen dann mit den dafür vorgesehenen Prozeduren durchgeführt werden.)

Beachten Sie, dass diese Fehler auch an allen Stellen in Ihrem Programm ausgelöst werden können, an denen sich der aktuelle Datensatz ändern kann. Es ist also eine sehr gründliche Fehlerabsicherung erforderlich.

12.3.4 SQL-Kommandos (Command)

Das *Command*-Objekt dient dazu, SQL-Kommandos auszuführen. Wahrscheinlich fragen Sie sich jetzt, wo eigentlich der Unterschied zu *Recordset* besteht, bei dem ja ebenfalls ein SQL-Kommando ausgeführt wird. Das *Command*-Objekt muss dann eingesetzt werden, wenn eine Abfrage (Access) bzw. eine SQL-Prozedur (diverse Datenbank-Server) mit Parametern ausgeführt werden soll.

Auch ein mit *Command* ausgeführtes Kommando kann als Ergebnis eine Datensatzliste liefern – das muss aber nicht sein! Sie können beispielsweise auch ein *DELETE*-Kommando ausführen, das einen bestimmten Datensatz löscht. In diesem Fall erhalten Sie kein unmittelbares Ergebnis (höchstens eine Fehlermeldung, wenn das Löschen nicht möglich ist).

Auf die vielen Besonderheiten des *Command*-Objekts kann hier nicht eingegangen werden – seien es nun asynchrone Abfragen, der Umgang mit den verschiedensten Parametertypen, die vielfältigen Syntaxvarianten zur Ausführung von Kommandos etc. Stattdessen demonstriert das folgende Beispiel eine mögliche Anwendung. Dazu wird in *command_parameters* eine neue Abfrage mit einem Parameter erstellt:

```
SELECT companyname FROM customers WHERE country = ?
```

12.3 Datenbankzugriff mit der ADO-Bibliothek

Die Abfrage liefert also eine Liste aller Kunden eines bestimmten Landes. Bevor die Abfrage ausgeführt werden kann, muss über die *Parameters*-Aufzählung des *Command*-Objekts ein Ländername angegeben werden – z.B. *"germany"*. Zur Ausführung des Kommandos wird abermals *Open* für das *Recordset*-Objekt verwendet. Dabei wird als erster Parameter aber nicht ein SQL-Kommando übergeben, sondern das *Command*-Objekt.

Das Beispiel demonstriert gleichzeitig den Einsatz der Methode **CopyFromRecordset**. Diese Methode ist für das Excel-*Range*-Objekt definiert und ermöglicht es, den gesamten Inhalt eines *Recordsets* äußerst effizient in eine Tabelle zu übertragen. Dabei wird mit der Zelle begonnen, die als Objekt von *CopyFromRecordset* angegeben wird. (Die bei den anderen Beispielen stattdessen eingesetzte *While-Wend*-Schleife hatte nur didaktische Gründe. Sie sollte zeigen, wie Datensätze ausgelesen werden.)

```
Sub command_parameters()
  Dim conn As New Connection
  Dim rec As New Recordset
  Dim comm As New Command
  Dim ws As Worksheet
  Dim countryname$
  Set ws = ThisWorkbook.Worksheets("command")
  conn.Open "Provider=microsoft.jet.oledb.4.0;" + _
    "Data Source=" + ThisWorkbook.Path + "\nwind.mdb;"
  Set comm.ActiveConnection = conn
  comm.CommandText = _
    "SELECT companyname FROM customers WHERE country = ?"
  countryname = InputBox("Geben Sie bitte einen englischen " & _
    "Ländernamen an (z.B. 'germany').")
  comm.Parameters(0) = countryname
  rec.Open comm
  ws.[a1].CopyFromRecordset rec
  rec.Close: conn.Close
End Sub
```

12.3.5 SQL-Grundlagen

In den bisherigen Beispielen ist immer wieder ein bisschen SQL-Code vorgekommen – aber immer von der einfachsten Sorte. Auch wenn dieser Abschnitt nur die ersten fünf Prozent der hohen SQL-Kunst zeigen kann, so soll er doch vermitteln, dass SQL eine ziemlich mächtige Sprache ist. Vielleicht bekommen Sie ja Appetit auf mehr!

> **HINWEIS** SQL-Kommandos werden in diesem Buch in Großbuchstaben geschrieben, damit sie auf den ersten Blick von Visual-Basic-Schlüsselwörtern unterschieden werden können. Grundsätzlich können Sie die Groß- und Kleinschreibung der SQL-Kommandos aber beliebig wählen. Alle Beispiele beziehen sich wieder auf die *Northwind*-Datenbank.

SQL-Abfragen

SELECT wählt Felder aus den anschließend mit *FROM* genannten Tabellen aus. Die Feldnamen werden durch Kommas voneinander getrennt. Falls die Namen der Felder Leer- oder Sonderzeichen enthalten, müssen sie in eckige Klammern gestellt werden. Wenn in mehreren Tabellen dieselben Feldnamen verwendet werden, muss der Tabellenname dem Feldnamen vorangestellt werden, z. B. *tabelle.name*. Das Zeichen * gilt für alle Felder der Tabelle.

FROM gibt die Tabellen an, aus denen die zuvor bei *SELECT* genannten Felder entnommen werden sollen.

INNER JOIN verknüpft zwei Tabellen über ein gemeinsames Feld (z. B. eine ID-Nummer). *INNER JOIN* ist von zentraler Bedeutung in relationalen Datenbanken, wenn Daten aus mehreren Tabellen zusammengefügt werden sollen.

WHERE gibt die Bedingungen an, welche die Felder erfüllen müssen. Wenn *WHERE* nicht verwendet wird, enthält das resultierende Recordset alle Datensätze der Tabelle.

GROUP BY feld fasst alle Ergebniszeilen zusammen, bei denen das angegebene Datenfeld denselben Wert hat. Auf die anderen Felder der Abfrage müssen dann so genannte Aggregatsfunktionen angewandt werden, etwa *SUM(feld)*, um die Summe zu berechnen.

ORDER BY gibt an, nach welchen Feldern die aus den bisherigen Anweisungen resultierende Liste geordnet werden soll. Durch die nachgestellten Kommandos *ASC* oder *DESC* kann eine auf- oder absteigende Sortierreihenfolge bestimmt werden (Default aufsteigend).

> **HINWEIS** Wenn Sie bei der Erstellung von SQL-Abfragen Schwierigkeiten haben, versuchen Sie einfach, die Abfrage mit MS-Query oder mit Access zu formulieren. Beide Programme ermöglichen eine recht komfortable, interaktive Erstellung von Abfragen; und beide Programme verraten Ihnen anschließend den dazugehörigen SQL-Code! Falls Sie Datenbanken im Access-Format bearbeiten, können Sie Abfragen direkt in der Datenbank speichern. Im VBA-Code können Sie solche vordefinierten Abfragen unmittelbar verwenden, ohne sich um den dahinter liegenden SQL-Code zu kümmern.

SQL-Anweisungen sind in den folgenden Beispielen nur aus Platz- und Übersichtsgründen mehrzeilig angeschrieben. Im Programm muss die SQL-Anweisung in einer Zeichenkette stehen.

SELECT-Beispiel 1

Das Kommando erstellt eine Liste aller Produkte, die mehr als 50 Währungseinheiten kosten. Die Liste ist nach den Produktnamen sortiert.

```
SELECT ProductName, UnitPrice
FROM Products
WHERE UnitPrice > 50
ORDER BY ProductName
```

Product Name	Unit Price
Carnarvon Tigers	62,50
Côte de Blaye	263,50
Manjimup Dried Apples	53,00
Mishi Kobe Niku	97,00
...	

SELECT-Beispiel 2

Das zweite Beispiel ist eine Variante zum ersten. Der einzige Unterschied besteht darin, dass zusätzlich zum Produktnamen auch dessen Kategorie angezeigt wird. Das ist freilich leichter gesagt als getan: da die Kategorienamen in einer anderen Tabelle definiert sind, muss mit *INNER JOIN* eine Verknüpfung zwischen den beiden Tabellen hergestellt werden. Beachten Sie dabei, dass das Feld *CategoryID* in beiden Tabellen, *Categories* und *Products*, vorkommt. Aus diesem Grund muss den Feldern bei *INNER JOIN* jeweils der Tabellenname vorangestellt werden.

```
SELECT ProductName, CategoryName, UnitPrice
FROM Categories
INNER JOIN Products ON Categories.CategoryID = Products.CategoryID
WHERE UnitPrice>50
ORDER BY ProductName
```

Product Name	Category Name	Unit Price
Carnarvon Tigers	Seafood	62,50
Côte de Blaye	Beverages	263,50
Manjimup Dried Apples	Produce	53,00
Mishi Kobe Niku	Meat/Poultry	97,00
...		

SELECT-Beispiel 3

In *SELECT*-Abfragen können auch so genannte Aggregatsfunktionen eingesetzt werden. Das folgende Beispiel ermittelt die Anzahl der Produkte und deren Durchschnittspreis. Das Schlüsselwort *AS* wird verwendet, um die Ergebnisfelder zu benennen.

```
SELECT COUNT(*) AS nrOfProducts, AVG(unitprice) AS avgPrice
FROM products
```

nrOfProducts	avgPrice
77	28,87 DM

SELECT-Beispiel 4

Das letzte Beispiel beweist, dass Access auch rechnen kann. Die Abfrage liefert eine Liste mit dem Bestellwert aller Bestellungen. Dazu wird für jede Zeile der Tabelle *Order Details* das Produkt aus Einzelpreis, Anzahl und Rabatt berechnet. Die resultierende Liste wird in Gruppen mit jeweils derselben Bestellnummer zusammengefasst. Für jede Gruppe wird die Summe des Bestellwerts der Einzelposten berechnet.

```
SELECT OrderID, SUM(UnitPrice * Quantity * (1-Discount)) AS Sales
FROM [Order Details]
GROUP BY OrderID
```

Order ID	Sales
10248	440
10249	1863,4
10250	1552,59998965263
10251	654,059999750555
...	

Daten ändern

Die bisherigen Abfragebeispiele hatten die Aufgabe, eine nach verschiedenen Kriterien geordnete Liste zu erstellen, d.h., Daten zu lesen. Sie können in SQL aber auch Daten verändern, und zwar in vielen Fällen erheblich effizienter als durch eine satzweise Verarbeitung im Programmcode. Das gilt ganz besonders für Netzwerkanwendungen: die über das Netz zu übertragende Datenmenge für ein SQL-Kommando ist vernachlässigbar. Wenn Sie dagegen jeden Datensatz zuerst über das Netz lesen und anschließend verändert wieder schreiben müssen, geht allein für die Datenübertragung eine Menge Zeit verloren. In Access werden solche Kommandos als Aktionsabfragen bezeichnet.

DELETE löscht die mit *WHERE* selektierten Datensätze.

UPDATE aktualisiert einzelne mit *SET* genannte Datenfelder, sofern die unter *WHERE* genannten Bedingungen zutreffen. (Damit können Sie beispielsweise alle Preise um 10 Prozent erhöhen.)

INSERT INTO fügt Datensätze in eine schon vorhandene Tabelle ein.

SELECT INTO erstellt eine neue Tabelle.

12.3.6 Syntaxzusammenfassung

Connection – Eigenschaften und Methoden	
ConnectionString	Zeichenkette mit den Verbindungsdaten (*Data Source*, *Provider* ...)
ConnectionTimeout	maximale Zeitspanne für Verbindungsaufbau (in Sekunden)
CursorLocation	*Recordset*s mit client- oder serverseitigem Cursor erzeugen
Mode	Zugriffsrechte (read only, write, sharing etc.)
Close	Verbindung beenden
Execute	Datenbankabfrage bzw. -kommando ausführen
Open	Verbindung herstellen

Recordset – Eigenschaften	
ActiveConnection	Verweis auf *Connection*-Objekt
BOF	der ungültige Datensatz vor dem ersten Datensatz ist aktiv
Bookmark	Identifikation des aktuellen Datensatzes
CursorLocation	client- oder serverseitiger Cursor
CursorType	Cursortyp (z.B. *adOpenForwardOnly*, *adOpenStatic*)
EditMode	Bearbeitungszustand (z.B. *adEditNone*, *adEditAdd*)
EOF	der ungültige Datensatz hinter dem letzten Datensatz ist aktiv
Fields	Verweis auf die Auflistung der Datensatzfelder
Filter	gibt an, welche Datensätze sichtbar sind
LockType	Locking-Mechanismus (z.B. *adReadOnly*, *adLockOptimistic*)
RecordCount	Anzahl aller Datensätze des Objekts
Sort	enthält den Spaltenname (Text) für die lokale Sortierung (Client)
State	Zustand des gesamten *Recordset*-Objekts (z.B. *adStateOpen*)
!Name	Kurzschreibweise für *Fields("name")*

Recordset – Methoden	
CancelUpdate	Änderungen im aktuellen Datensatz widerrufen (nicht speichern)
Close	*Recordset* schließen
Find	Datensatz suchen, der einem bestimmten Kriterium entspricht
GetRows	Inhalt des gesamten *Recordset*s in zweidim. Feld kopieren
Move n	Datensatz-Cursor um *n* Positionen verändern
MoveFirst	ersten Datensatz aktivieren
MoveLast	letzten Datensatz aktivieren
MoveNext	nächsten Datensatz aktivieren
MovePrevious	vorherigen Datensatz aktivieren
Open	*Recordset* öffnen (Abfrage ausführen, aus Datei laden etc.)
Save	*Recordset* in einer Datei speichern
Supports	testen, ob das *Recordset* bestimmte Funktionen unterstützt
Update	Änderungen im aktuellen Datensatz speichern
rng.CopyFromRecordset	*Recordset* in Excel-Tabelle kopieren (*rng* ist ein *Range*-Objekt)

Field – Eigenschaften	
ActualSize	tatsächlicher Speicherverbrauch in Byte
Attributes	besondere Merkmale (z.B. *adFldUpdatable*)
DefinedSize	maximale Größe (für Zeichenketten variabler Länge)
Name	Name des Datenfelds
NumericScale	Anzahl der Nachkommastellen (bei Festkomma-Dezimalzahlen)
OriginalValue	ursprünglicher Wert (nur bei Stapelaktualisierung)
Precision	Anzahl der Stellen (bei Festkomma-Dezimalzahlen)
Type	Datentyp
Value	Wert

Command – Eigenschaften und Methoden	
ActiveConnection	verweist auf das zugeordnete *Connection*-Objekt
CommandText	Code des Kommandos/der Abfrage (normalerweise SQL)
CommandTimeout	maximale Zeitspanne für Abfrage (in Sekunden)
CommandType	Kommandotyp (z.B. *adCmdText*, *adCmdTable*)
Parameters	verweist auf *Parameter*-Objekte
State	Zustand einer asynchronen Abfrage (z.B. *adStateExecuting*, -*Closed*)
!Name	Kurzschreibweise für *Parameters("name")*
Execute	Kommando/Abfrage ausführen

Elementare SQL-Kommandos	
SELECT *feld1, feld2*	welche Felder
FROM *tabelle1, tabelle2*	aus welchen Tabellen
WHERE *bedingung*	unter welchen Bedingungen
GROUP BY *feld*	wie gruppieren
ORDER BY *feld*	wie sortieren
DELETE ...	Kommando zum Löschen von Datensätzen
UPDATE ...	Kommando zur Aktualisierung mehrerer Datensätze
INSERT INTO ...	Kommando, um Datensätze in Tabelle einzufügen
SELECT INTO ...	Kommando, um eine neue Tabelle zu erstellen

12.4 Beispiel – Fragebogenauswertung

12.4.1 Überblick

Die Idee des folgenden Beispiels ist relativ einfach: Es soll eine Umfrage durchgeführt werden. Anstatt den Teilnehmern einen Fragebogen in die Hand zu drücken und die Ergebnisse später mühsam zu erfassen, wird der Fragebogen in einer Excel-Tabelle formuliert. Dabei können diverse Steuerelemente (Listenfelder, Auswahlkästchen) verwendet werden, um die Eingabe möglichst einfach zu machen – siehe den Beispielfragebogen 12\survey\survey.xls in Bild 12.21.

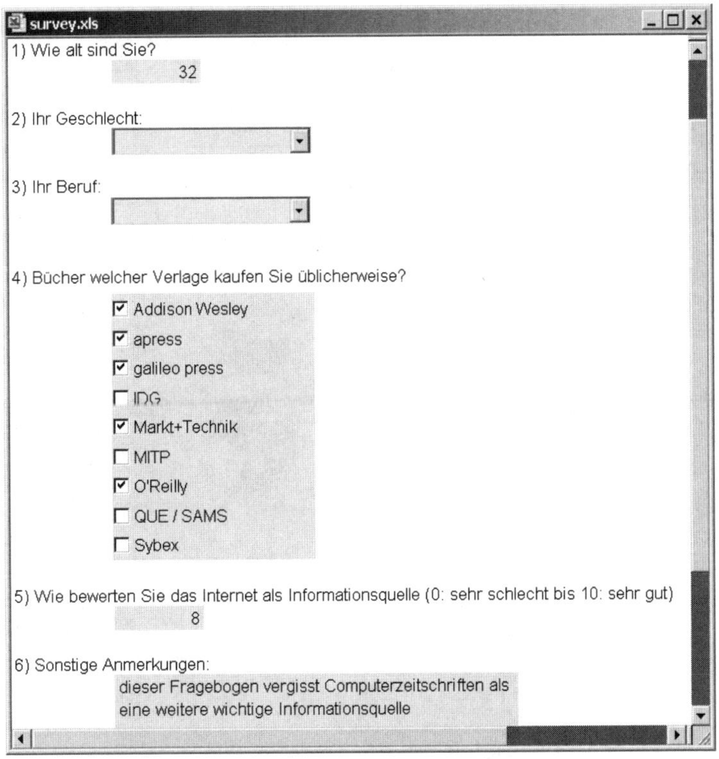

12.4 Beispiel – Fragebogenauswertung

```
survey.xls
1) Wie alt sind Sie?
        32

2) Ihr Geschlecht:
        [         ▼]

3) Ihr Beruf:
        [         ▼]

4) Bücher welcher Verlage kaufen Sie üblicherweise?
        ☑ Addison Wesley
        ☑ apress
        ☑ galileo press
        ☐ IDG
        ☑ Markt+Technik
        ☐ MITP
        ☑ O'Reilly
        ☐ QUE / SAMS
        ☐ Sybex

5) Wie bewerten Sie das Internet als Informationsquelle (0: sehr schlecht bis 10: sehr gut)
        8

6) Sonstige Anmerkungen:
        dieser Fragebogen vergisst Computerzeitschriften als
        eine weitere wichtige Informationsquelle
```

Bild 12.21: Der Beispielfragebogen

Als Ergebnis der Umfrage erhalten Sie dann also nicht einen Karton mit ausgefüllten Fragebögen, sondern ein Verzeichnis voller Excel-Dateien. Hier beginnt der Datenbankaspekt des Beispiels. Die Datei 12\survey\analysedata.xls bietet eine Funktion, mit der aus allen Excel-Dateien eines Verzeichnisses sämtliche Antworten in eine Access-Datenbank übertragen werden. In einem zweiten Schritt können alle bisher zur Verfügung stehenden Antworten sofort ausgewertet werden – siehe Bild 12.22.

Dateien und Verzeichnisse

Das gesamte Projekt ist auf der beiliegenden CD-ROM im Verzeichnis survey zu finden. Ausgefüllte Fragebögen müssen im Verzeichnis incoming abgelegt werden. Nach dem Einlesen werden die Dateien verkleinert (d.h., nicht benötigte Tabellenblätter werden gelöscht) und in das Verzeichnis archive verschoben.

Der Fragebogen befindet sich in der Datei survey.xls, ein zusätzliches Muster dieses Fragebogens in survey_template.xls. Diese Datei wird verwendet, um Testdateien mit Zufallsdaten zu erzeugen. (Sie brauchen also nicht erst zehn Fragebögen zu erstellen, um das Programm auszuprobieren.)

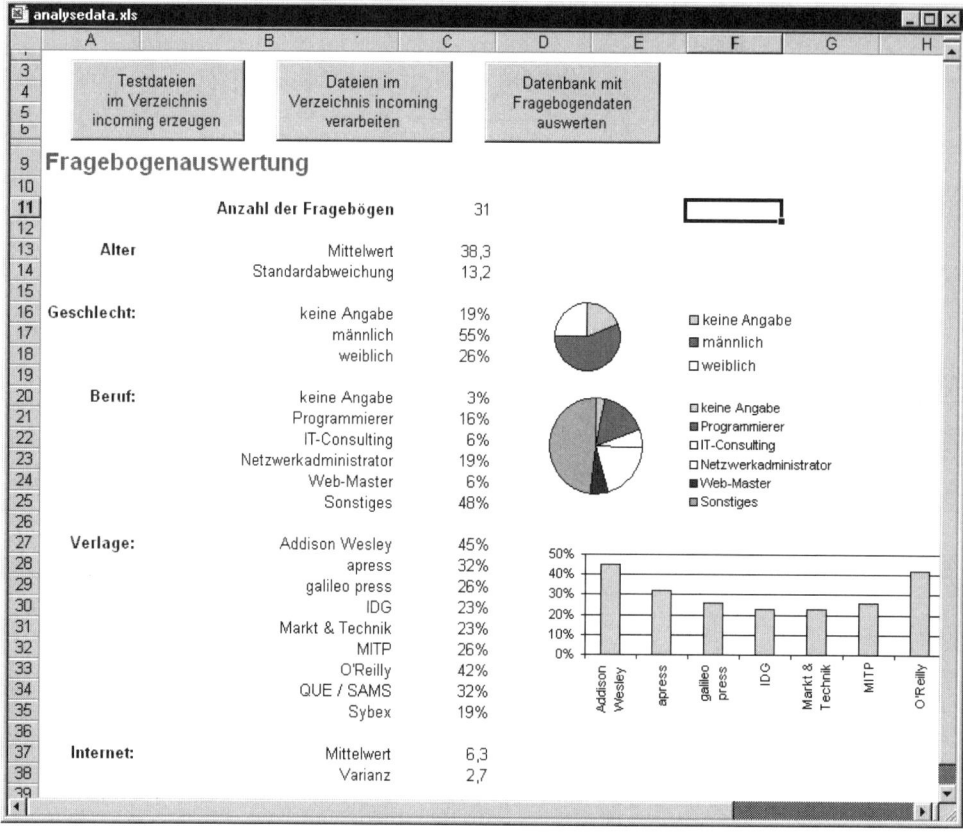

Bild 12.22: Auswertung der Fragebögen

Zur Auswertung der Fragebögen dient analysedata.xls. In dieser Datei befindet sich der gesamte VBA-Code des Beispiels. Die Umfragedaten werden in der Access-Datenbank dbsurvey.mdb gespeichert.

Alternativen, Varianten, Verbesserungsmöglichkeiten

Wie bei jedem Problem gibt es auch hier nicht nur eine Lösungsmöglichkeit, sondern viele. Um zu vermeiden, dass Sie blind ein Beispiel in die Praxis umsetzen, ohne einige Alternativen zu bedenken, gibt die folgende Liste einige Hinweise zu Problemen, Varianten und Verbesserungsmöglichkeiten.

- Das hier vorgestellte Beispiel verwendet MS-Forms-Steuerelemente im Formular. Damit setzen Sie zumindest Excel 9 voraus. Wenn Sie stattdessen die älteren Steuerelemente verwenden (Symbolleiste FORMULAR), ist Ihre Excel-Datei abwärtskompatibel bis Version 5. Wenn Sie ganz auf Steuerelemente verzichten, wäre sogar die Kompatibilität zu noch älteren Excel-Versionen denkbar.

12.4 Beispiel – Fragebogenauswertung

- Das vorliegende Beispiel kommt ohne VBA-Code im Umfrageformular aus. (Die Steuerelemente sind nicht mit Code verbunden.) Der Vorteil dieser Vorgehensweise ist natürlich, dass eine mögliche Verwirrung durch die Makroviruswarnung vermieden wird. Andererseits können Sie mit zusätzlichem Code natürlich noch viel »intelligentere« Formulare gestalten, bei denen beispielsweise bestimmte Teilfragen in Abhängigkeit von einer vorherigen Antwort gestellt werden.

- Die Frage des Datenflusses ist bei diesem Beispiel offen gelassen: Wie bekommen die Teilnehmer der Umfrage ihre Fragebögen, wie gelangen die Excel-Dateien zurück auf Ihren Rechner? Wie wird sichergestellt, dass eine Excel-Datei nicht irrtümlich mehrfach in die Datenbank eingelesen wird? Oder dass ein Teilnehmer der Umfrage das Ergebnis bewusst zu verfälschen versucht, indem er mehrere Dateien abgibt?

  Mögliche Lösungsansätze hängen sehr stark von der individuellen Aufgabenstellung ab. Wenn Sie z.B. Patientendaten erfassen, könnten Sie die Umfrage auf einem einzigen stationären Rechner durchführen. Wenn anzunehmen ist, dass die Teilnehmer der Umfrage Internetzugang haben, könnte E-Mail als Kommunikationsmedium eingesetzt werden. Theoretisch könnten die Excel-Dateien mit einer Seriennummer ausgestattet werden, um so Doppelgänger zu vermeiden – aber die Anonymität der Daten wäre dadurch empfindlich eingeschränkt.

- Wenn nicht der Teilnehmer der Umfrage die Antworten eingibt, sondern eine dritte Person (etwa bei einer Telefonumfrage), bestünde auch die Möglichkeit, das Eingabeformular gleich mit der Datenbank zu verbinden (etwa mit Access). Excel-Dateien haben den Vorteil, dass sie unabhängig von der Datenbank sind und viel geringere Voraussetzungen an den Rechner stellen, an dem die Daten erfasst werden.

- Die technologisch attraktivste Variante zum hier vorgestellten Excel-Fragebogen ist ein Internetfragebogen. Allerdings ist der Aufwand zur Installation einer derartigen Internetumfrage deutlich höher. Auch die Manipulationsgefahr ist größer.

> **ANMERKUNG**
> Wenn die Anonymität der Daten ein entscheidendes Kriterium ist, dann ist der gute alte Fragebogen auf Papier (leider) noch immer die sicherste Variante. Office 97 ist in die Schlagzeilen der Computer-Presse gekommen, weil alle damit erstellten Dokumente mit einer eindeutigen ID-Nummer ausgestattet wurden. Diese Nummern ermöglichen es (zumindest in einem Netzwerk), den Rechner eindeutig zu identifizieren, auf dem das Dokument erstellt wurde. Microsoft hat damals von einem Irrtum gefaselt, ein Update zur Verfügung gestellt und versprochen, dass das bei Office 2000 nicht mehr vorkommen würde – aber von einer Vertrauensbasis kann keine Rede mehr sein.

12.4.2 Aufbau des Fragebogens

Um das Beispiel nicht unnötig aufzublähen, wurde der Fragebogen relativ einfach gestaltet: Es gibt nur sechs Fragen. Bei drei Fragen kann die Antwort direkt in eine Excel-Zelle eingegeben werden, was sowohl bei der Gestaltung des Fragebogens als auch bei der späteren Auswertung am wenigsten Mühe bereitet.

Interner Aufbau

Die Datei survey.xls besteht aus drei Tabellenblättern (Bild 12.23), von denen normalerweise aber nur das erste sichtbar ist. Das Blatt »listdata« enthält die Einträge der beiden Listenfelder, »results« eine Zusammenfassung der Ergebniszellen.

Dazu einige Erläuterungen: bei den beiden Listenfeldern wurde *ListFillRange* so eingestellt, dass die Daten aus »listdata« gelesen werden (beim ersten Listenfeld gilt *ListFillRange="listdata:A1:A3"*). Mit *BoundColumn=0* wird erreicht, dass das Ergebnis der Auswahl eine Nummer ist (0 für den ersten Eintrag etc.). *LinkedCell* verweist auf eine Ergebniszelle in »results«, so dass dort die Nummer des aktiven Listeneintrags angezeigt wird. Schließlich vermeidet die Einstellung *Style=fmStyleDropDownList (2)*, dass der Teilnehmer im Listenfeld Text eingeben kann.

Auch die Auswahlkästchen zur Angabe der bevorzugten Computerbuchverlage sind via *LinkedCell* mit den korrespondierenden Zellen in »results« verbunden. Bei den Fragen 1), 5) und 6) wurden in »results« einfach Formeln eingesetzt (z.B. =survey!$B$5 für das Alter).

Der Hauptgrund für die Trennung zwischen der Fragebogentabelle »survey« und der Ergebnistabelle »results« besteht darin, dass Sie den Fragebogen problemlos ändern können (etwa durch das Einfügen einer neuen Frage), ohne die Reihenfolge der Ergebniszellen in »results« durcheinander zu bringen. Der gesamte Code zur Auswertung der Fragebögen bezieht sich nur auf »results« und steht und fällt damit, dass der Aufbau dieser Tabelle konstant ist. (Jede Veränderung hier ist mit mühsamen Veränderungen im Programmcode verbunden.)

> **HINWEIS** Wenn Sie die Datei mit dem Fragebogen ausfüllen, speichern und schließlich wieder laden, werden die Listenfelder zurückgesetzt, d.h., die dort durchgeführten Einstellungen gehen scheinbar verloren. Zum Glück bleibt die Information über den ausgewählten Listeneintrag in der mit dem Listenfeld verbundenen Zelle (z.B. [B3] im Tabellenblatt *results* für den Beruf) erhalten. Da bei der Auswertung nur die mit den Steuerelementen verknüpften Zellen ausgelesen werden, ergibt sich durch das automatische Rücksetzen der Listenfelder keine Einschränkung für das Programm.

12.4 Beispiel – Fragebogenauswertung

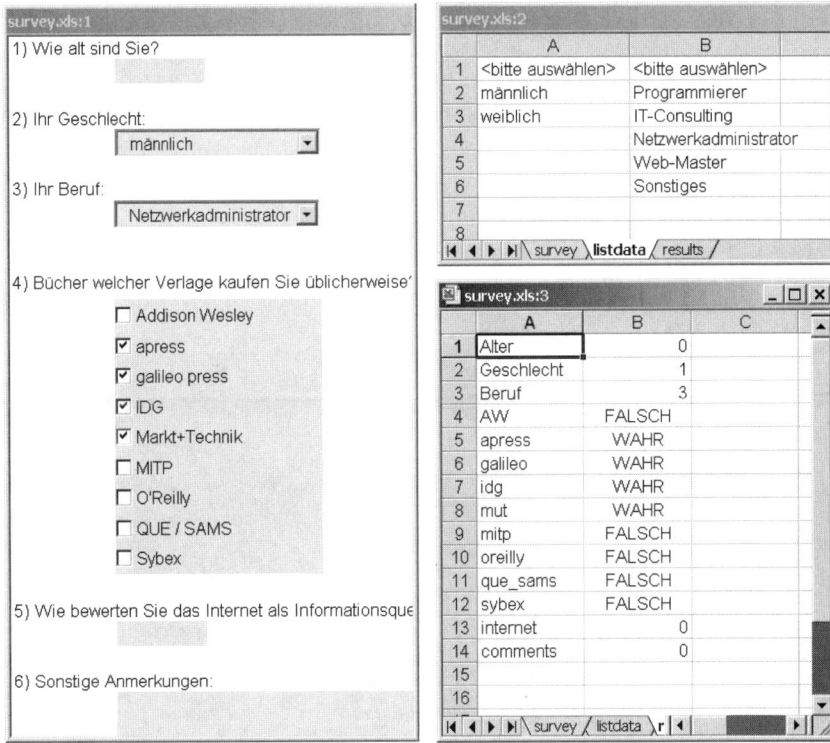

Bild 12.23: Der interne Aufbau von survey.xls

Schutz, Validitätskontrolle

Sowohl das Tabellenblatt survey als auch die Excel-Datei als Ganzes sind geschützt. Vorher wurden die Blätter »listdata« und »results« ausgeblendet (FORMAT | BLATT). Daher kann der Anwender nur bei den vorgesehenen Zellen bzw. bei den Steuerelementen Veränderungen vornehmen. (Der Schutz ist beim Beispiel nicht durch ein Passwort abgesichert – in der Praxis ist das aber natürlich zu empfehlen.)

Bei Frage 5) wurde die Eingabezelle B29 durch DATEN | GÜLTIGKEIT abgesichert. In der Zelle können nur ganze Zahlen zwischen 0 und 10 eingegeben werden. Jeder Versuch, etwas anderes einzugeben, führt zu einer Fehlermeldung.

12.4.3 Aufbau der Datenbank

Aufgabe der Datenbank dbsurvey.mdb ist es, die Umfrageergebnisse zu speichern. Die Datenbank besteht aus einer einzigen Tabelle *dbsurveydata*, es gibt also keine Relationen. Die Datenbank wurde mit Access erstellt. Bild 12.24 zeigt die Tabelle im Entwurfsstadium, Bild 12.25 einige darin gespeicherte Datensätze.

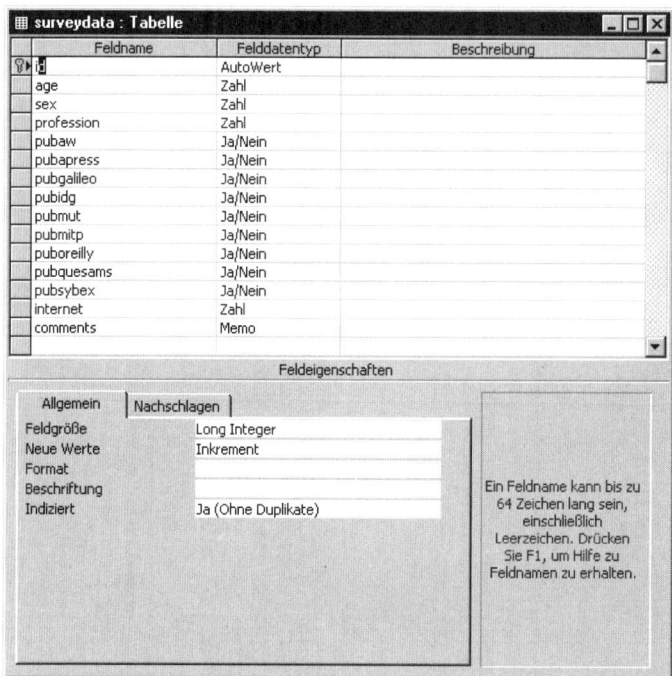

Bild 12.24: Die Tabelle surveydata im Entwurfsstadium

Neben den Datenbankfeldern, die sich direkt aus dem Fragebogen ergeben, enthält die Tabelle noch ein *id*-Feld vom Typ *AutoWert*. Dieses Feld hat die Aufgabe, die Datensätze zu identifizieren und erleichtert die interne Verwaltung der Daten. (Es gehört gleichsam zum »guten Ton« des Datenbankentwurfs, jede Tabelle mit einem derartigen *id*-Feld auszustatten und dieses Feld anschließend als Primärindex zu definieren. Besonders wichtig sind *id*-Felder, wenn mehrere Tabellen durch Relationen verbunden werden.)

surveydata : Tabelle

id	age	sex	profession	pubaw	pubapress	pubgalileo	pubidg	pubmut	pubmitp	puboreilly	pubquesams
19	41	2	5	☐	☐	☐	☐	☐	☐	☑	☐
20	32	1	4	☑	☑	☐	☐	☐	☑	☑	☑
21	62	2	1	☐	☐	☐	☑	☐	☐	☑	☐
22	47	0	3	☐	☐	☑	☑	☐	☑	☐	☐
23	17	1	1	☐	☐	☑	☐	☐	☑	☑	☑
24	39	2	1	☐	☐	☐	☐	☐	☐	☐	☑
25	50	0	5	☑	☐	☐	☑	☐	☑	☐	☐
26	49	2	3	☑	☑	☐	☐	☐	☐	☐	☑
27	17	0	5	☐	☐	☐	☐	☑	☑	☐	☑
28	52	1	4	☑	☐	☐	☑	☐	☐	☐	☐

Datensatz: 19 von 31

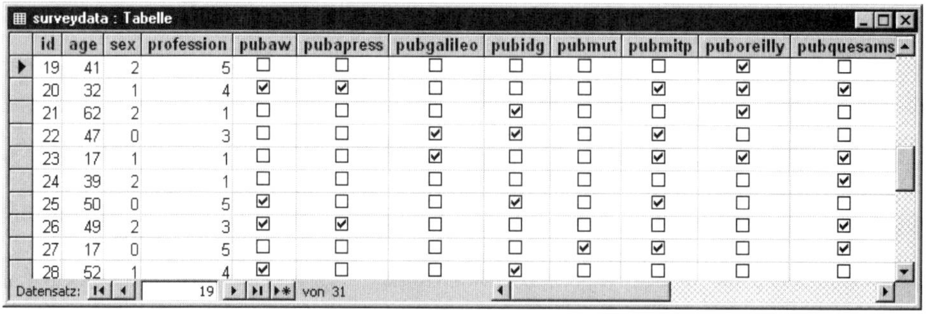

Bild 12.25: Einige Datensätze der Tabelle surveydata

12.4.4 Programmcode

Fragebögen in die Datenbank einlesen

ProcessIncomingFolder öffnet zuerst eine Verbindung zur Datenbank dbsurvey.mdb und dann ein *Recordset*-Objekt zur Tabelle *surveydata*. In der *Open*-Methode wird statt eines richtigen SQL-Kommandos einfach nur der Name der Tabelle genannt – das ist eine in ADO zulässige Kurzschreibweise für *SELECT * FROM tabelle*.

Anschließend wird eine Schleife über alle *.xls-Dateien ausgeführt. Jede einzelne Datei wird in der Prozedur *ProcessSurveyFile* bearbeitet (siehe unten). Während des Prozesses werden zahlreiche Excel-Dateien geladen, verändert und wieder gespeichert. Damit das so schnell wie möglich klappt, werden einige Maßnahmen zur Geschwindigkeitsoptimierung vorgenommen (keine Bildschirmaktualisierung etc., siehe Abschnitt 5.11). Um die Wartezeit erträglich zu machen (ca. 1 Sekunde pro Datei auf einem Pentium II 400), wird in der Statuszeile angezeigt, die wievielte Datei gerade bearbeitet wird.

```
' Datei 12\survey\analysedata.xls, Modul1
Sub ProcessIncomingFolder()
  Dim fil As File, fld As Folder
  Dim conn As New Connection
  Dim rec As New Recordset
  Dim nrOfFiles&, i&
  On Error GoTo error_processincoming
  ' Geschwindigkeitsoptimierung
  Application.Calculation = xlCalculationManual
  Application.ScreenUpdating = False
  Application.DisplayStatusBar = True
  Application.DisplayAlerts = False
  ' Verbindung zur Datenbank dbsurvey.mdb
  Set conn = OpenSurveyDatabase
  If conn Is Nothing Then Exit Sub
  ' entspricht "SELECT * FROM surveydata"
  rec.Open "surveydata", conn, adOpenKeyset, adLockOptimistic
  Set fld = fso.GetFolder(ThisWorkbook.Path + "\incoming")
  nrOfFiles = fld.Files.Count
  For Each fil In fld.Files
    i = i + 1
    Application.StatusBar = "Bearbeite Datei " & fil.Name & _
      " (" & i & " von " & nrOfFiles & ")"
    If LCase(Right(fil.Name, 4)) = ".xls" Then
      ProcessSurveyFile fil, rec
    End If
  Next
  rec.Close
  conn.Close
```

```
error_processincoming:
  Application.Calculation = xlCalculationAutomatic
  Application.DisplayAlerts = True
  Application.ScreenUpdating = True
  Application.StatusBar = False
  If Err <> 0 Then
    MsgBox Error + vbCrLf + _
      "Die Prozedur ProcessIncomingFolder wird abgebrochen."
  End If
End Sub
```

Daten in die Datenbank übertragen

ProcessSurveyFile wird für jede Datei im incoming-Verzeichnis aufgerufen. Die Datei wird geladen, der Schutz für die ganze Datei aufgehoben. Anschließend werden zuerst die Ergebniszellen in »results« durch ihre Kopien ersetzt. Das ist notwendig, damit anschließend die Ausgangsdaten gelöscht werden können, um die archivierten Dateien so klein wie möglich zu machen.

> **ACHTUNG**
>
> Ursprünglich war geplant, dazu einfach die Blätter »survey« und »listdata« zu löschen. Es hat sich aber herausgestellt, dass *wb.Worksheets("survey").Delete* die Datei in einen intern defekten Zustand versetzt. Die Datei kann zwar noch gespeichert werden, beim nächsten Versuch, sie zu laden, kommt es allerdings zu einem Absturz von Excel. Aus diesem Grund wird dieses Blatt nicht als Ganzes gelöscht, sondern nur sein Inhalt (*Cells.Clear* für die Zellen, *Shapes(...).Delete* für die Steuerelemente).

Das Einfügen eines neuen Datensatzes in die *surveydata*-Tabelle der Datenbank erfolgt einfach mit *AddNew*. Anschließend werden die Ergebniszellen des Tabellenblatts *results* gelesen und in diversen Feldern des Datensatzes gespeichert. Die Methode *Update* speichert schließlich den neuen Datensatz.

```
Sub ProcessSurveyFile(fil As File, rec As Recordset)
  Dim newfilename$
  Dim wb As Workbook, ws As Worksheet
  Dim shp As Shape
  ' Datei öffnen
  Set wb = Workbooks.Open(fil.Path)
  ' in Blatt results: Formeln durch Ergebnisse ersetzen
  ' Blätter survey und listdata: löschen
  wb.Unprotect
  Set ws = wb.Worksheets("results")
  ws.[a1].CurrentRegion.Copy
  ws.[a1].CurrentRegion.PasteSpecial xlPasteValues
  ws.Visible = xlSheetVisible
```

12.4 Beispiel – Fragebogenauswertung

```
' Inhalt von »survey«-Blatt löschen
With wb.Worksheets("survey")
  .Unprotect
  .Cells.Clear
  For Each shp In .Shapes
    shp.Delete
  Next
End With
Application.DisplayAlerts = False 'Sicherheitsfragen vermeiden
' wb.Worksheets("survey").Delete  'Achtung: verursacht defekte Datei
wb.Worksheets("listdata").Delete
Application.DisplayAlerts = True
' Daten aus Umfragebogen in die Datenbank übertragen
With rec
  .AddNew
  !age = ws.[b1]
  !sex = ws.[b2]
  !profession = ws.[b3]
  !pubaw = -CInt(ws.[b4])   'False-->0, True-->1
  !pubapress = -CInt(ws.[b5])
  !pubgalileo = -CInt(ws.[b6])
  !pubidg = -CInt(ws.[b7])
  !pubmut = -CInt(ws.[b8])
  !pubmitp = -CInt(ws.[b9])
  !puboreilly = -CInt(ws.[b10])
  !pubquesams = -CInt(ws.[b11])
  !pubsybex = -CInt(ws.[b12])
  !internet = ws.[b13]
  If ws.[b14] <> 0 And ws.[b14] <> "" Then
    !Comments = [b14]
  End If
  .Update
End With
' Excel-Datei schließen und in den Archivordner verschieben
wb.Save
wb.Close
' neuer Dateiname:
'   Verzeichnis incoming statt archive
'   yyyymmdd-hhmmss-altername.xls statt altername.xls
newfilename = Replace(fil.Path, _
  "incoming", "archive", Compare:=vbTextCompare)
newfilename = Replace(newfilename, _
  fil.Name, Format(Now, "yyyymmdd-hhmmss-") + fil.Name)
fso.MoveFile fil, newfilename
End Sub
```

Erwähnenswert ist der Einsatz der Funktion *CInt* bei der Auswertung der Verlagsauswahlkästchen (*True/False*). *CInt* wandelt die Wahrheitswerte in 0 (*False*) und -1 (*True*) um. Das negative Vorzeichen vor *CInt* bewirkt, dass die Wahrheitswerte in der Datenbank als 0 und 1 gespeichert werden.

Der neue Dateiname wird aus dem bisherigen Dateinamen in zwei Schritten gewonnen: Zuerst wird das Verzeichnis incoming durch archive ersetzt. Dabei wird in *Replace* ein Textvergleich ohne Berücksichtigung der Groß- und Kleinschreibung durchgeführt (*Compare:=vbTextCompare*). Im zweiten Schritt wird der bisherige Name (also *fil.Name*) durch einen neuen ersetzt, dem das aktuelle Datum und die Uhrzeit vorangestellt sind. Das ist sinnvoll, damit bei der Verarbeitung gleichnamiger Dateien kein Namenskonflikt auftreten kann.

Hilfsfunktion OpenSurveyDatabase

Die paar Zeilen zum Öffnen der Verbindung zur Datenbank wurden aus *ProcessIncomingFolder* bzw. *CreateDummyFilesInIncoming* ausgelagert, in erster Linie um die Redundanz bei der Fehlerabsicherung zu vermeiden. Ansonsten enthalten die Zeilen wenig Überraschungen.

```
' Verbindung zur Datenbank öffnen
Function OpenSurveyDatabase() As Connection
  Dim conn As Connection
  On Error Resume Next
  Set conn = New Connection
  conn.Open "provider=microsoft.jet.oledb.4.0;" + _
    "data source=" + ThisWorkbook.Path + "\dbsurvey.mdb;"
  If Err <> 0 Then
    MsgBox "Probleme beim Versuch, die Datenbank zu öffnen: " & _
      Error & vbCrLf & "Das Makro wird abgebrochen."
    Exit Function
  End If
  Set OpenSurveyDatabase = conn
End Function
```

Umfragedatenbank auswerten

Die unter dem Gesichtspunkt der Datenbankprogrammierung interessanteste Prozedur ist sicherlich *AnalyseDatabase*. Darin werden mit diversen SQL-Kommandos Abfragen in der Datenbank dbsurvey.mdb durchgeführt und die Ergebnisse dann in Zellen des Tabellenblatts »surveyresults« übertragen. Die Prozedur setzt voraus, dass dieses Tabellenblatt wie in Bild 12.22 aussieht, dass also die Ergebniszellen sinnvoll formatiert sind (etwa als Prozentzahlen), die Diagramme auf die dort angezeigten Daten verweisen etc. Diese ganze Arbeit kann während der Entwicklung des Programms interaktiv erledigt werden und bedarf keines VBA-Codes.

12.4 Beispiel – Fragebogenauswertung

Die Datenbankabfragen werden alle mit derselben *Recordset*-Variablen durchgeführt, die mit den unterschiedlichsten SQL-Kommandos geöffnet und nach dem Auslesen wieder geschlossen wird. Die beiden ersten Kommandos sind leicht zu verstehen: *SELECT COUNT(id)* ermittelt die Anzahl aller Datensätze. *AVG(age)* und *STDEV(age)* berechnen den Mittelwert und die Standardabweichung des Alters. Beide Kommandos liefern als Ergebnis eine Datensatzliste mit nur einem einzigen Datensatz. Zum Test derartiger Kommandos ist es praktisch, wenn Ihnen Access zur Verfügung steht (siehe Bild 12.26).

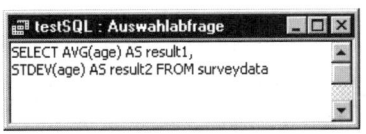 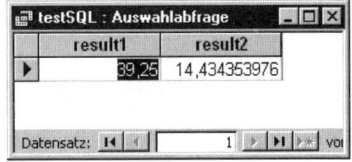

Bild 12.26: Test einer SQL-Abfrage in Access

> **HINWEIS** Beachten Sie bitte, dass *STDEV* nicht dem SQL-Standard entspricht, sondern eine spezifische Erweiterung der SQL-Syntax für Access ist. Diese Aggregatsfunktion steht daher im Gegensatz zu *AVG* nicht auf allen Datenbanksystemen zur Verfügung.

```
Sub AnalyseDatabase()
  Dim conn As Connection
  Dim rec As New Recordset
  Dim ws As Worksheet
  Dim publ As Variant
  Dim p, i&
  Set ws = ThisWorkbook.Worksheets("surveyresults")
  ' Verbindung zur Tabelle surveydata der Datenbank dbsurvey.mdb
  Set conn = OpenSurveyDatabase
  If conn Is Nothing Then Exit Sub
  ' Anzahl der Fragebögen
  rec.Open "SELECT COUNT(id) AS result FROM surveydata", conn
  ws.[c11] = rec!result
  rec.Close
  ' Durchschnittsalter, Varianz
  rec.Open "SELECT AVG(age) AS result1, " _
           "STDEV(age) AS result2 FROM surveydata", conn
  ws.[c13] = rec!result1
  ws.[c14] = rec!result2
  rec.Close
```

Schon interessanter wird die Auswertung der Spalte *sex* in der Datenbank. Hier sind drei Werte zulässig: 0 (keine Angabe), 1 (männlich) und 2 (weiblich). Die Abfrage soll ermitteln, wie viele Datensätze es von jeder Gruppe gibt. Dazu wird das SQL-Konstrukt *GROUP BY* eingesetzt. Zum leichteren Verständnis der Abfrage hilft es, sich vorerst eine einfachere Variante anzusehen:

```
SELECT sex, id AS result FROM surveydata
```

sex	result
...	...
2	19
1	20
2	21
0	22

Sie erhalten also eine Liste (eine Zeile für jeden Datensatz), wobei sich in der ersten Spalte das Geschlecht und in der zweiten Spalte die durchlaufende ID-Nummer befindet. Diese Liste können Sie nun mit *GROUP BY sex* so gruppieren, dass Einträge mit dem gleichen Geschlecht zu einer Zeile zusammengefasst werden. Dann müssen Sie aber auch angeben, wie die Einträge der zweiten Spalte zusammengefasst werden sollen. Dazu geben Sie eine Aggregatsfunktion an (hier *COUNT*).

```
SELECT sex, COUNT(id) AS result FROM surveydata GROUP BY sex
```

sex	result
0	35
1	29
2	24

Die *Recordset*-Variable *rec* enthält also voraussichtlich wie in der obigen Tabelle drei Datensätze. Voraussichtlich deswegen, weil es theoretisch möglich wäre, dass es für eine der drei zulässigen *sex*-Werte in der Datenbank gar keine Einträge gibt. In diesem Fall würde die entsprechende Zeile fehlen. Aus diesem Grund werden die drei Ergebniszellen vorher mit *ClearContents* gelöscht, um zu vermeiden, dass hier eventuell ein altes Ergebnis stehen bleibt. *ClearContents* hat gegenüber einem einfachen *Clear* den Vorteil, dass die Formatierung der Zellen erhalten bleibt.

Damit ist nun klar, wie der Inhalt von *rec* aussieht. Aber auch die Auswertung ist interessant: In einer Schleife werden alle Datensätze von *rec* durchlaufen. *sex* wird als Index für *[c16].Cells(1 + n)* verwendet. Auf diese Weise werden die Zellen C16, C17 und C18 angesprochen. In diese Zellen wird nicht einfach ein Wert eingetragen, sondern eine Formel, mit der das Ergebnis durch die Gesamtanzahl der Datensätze (Zelle C11) dividiert wird.

```
' Geschlecht (0: keine Angabe, 1: männlich, 2: weiblich)
ws.[c16:c18].Clear
rec.Open "SELECT sex, COUNT(id) AS result " & _
         "FROM surveydata GROUP BY sex"
While Not rec.EOF
  ws.[c16].Cells(1 + rec!sex).Formula = "=" & _
    rec!result & " / $C$11"
```

12.4 Beispiel – Fragebogenauswertung

```
      rec.MoveNext
   Wend
   rec.Close
```

Dieselbe Vorgehensweise wird auch für die Zuordnung des Berufs gewählt.

```
   ' Beruf (0: keine Angabe, 1-5: diverse Berufe)
   rec.Open "SELECT profession, COUNT(id) AS result " & _
            "FROM surveydata GROUP BY profession"
   While Not rec.EOF
      ws.[c20].Cells(1 + rec!profession).Formula = _
         "=" & rec!result & " / $C$11"
      rec.MoveNext
   Wend
   rec.Close
```

Um zu ermitteln, von wie viel Prozent der Umfrageteilnehmer die einzelnen Verlage ausgewählt wurden, sind eine ganze Menge gleichartiger Abfragen erforderlich:

```
SELECT COUNT(id) AS result FROM surveydata WHERE pubXyz = True
```

Um diese Abfragen mit minimalem Programmieraufwand durchzuführen, wird eine Schleife über die in einem *Array* genannten Feldnamen durchgeführt. Für jeden Feldnamen wird die SQL-Abfrage durchgeführt und das Ergebnis in die entsprechende Zelle im Tabellenblatt eingetragen.

```
   ' Verlage
   publ = Array("pubaw", "pubapress", "pubgalileo", "pubidg", _
      "pubmut", "pubmitp", "puboreilly", "pubquesams", "pubsybex")
   For Each p In publ
      i = i + 1
      rec.Open "SELECT COUNT(id) AS result FROM surveydata " & _
               "WHERE " & p & " = True"
      ws.[c27].Cells(i).Formula = "=" & rec!result & " / $C$11"
      rec.Close
   Next
```

Die Auswertung der Internetfrage erfolgt wie die nach dem Alter: Es wird der Durchschnittswert und die Standardabweichung aller Nennungen errechnet.

```
   ' Internet
   rec.Open "SELECT AVG(internet) AS result1, " & _
            "STDEV(internet) AS result2 FROM surveydata", conn
   ws.[c37] = rec!result1
   ws.[c38] = rec!result2
   rec.Close
   ' Verbindung schließen
   conn.Close
End Sub
```

AnalyseDatabase verzichtet mit Absicht auf die in den anderen Prozeduren eingesetzten Verfahren zur Geschwindigkeitsoptimierung: Wenn die Ausführung der SQL-Abfragen einige Zeit dauert (was nur dann der Fall ist, wenn wirklich sehr viele Fragebögen in der Datenbank erfasst wurden), sieht der Benutzer, wie nach und nach eine Ergebniszelle nach der anderen aktualisiert wird.

Naturgemäß können die hier demonstrierten Anaylsekommandos keine richtige statistische Auswertung ersetzen. Wenn Sie also beispielsweise für eine medizinische Untersuchung Kreuzkorrelation zwischen verschiedenen Parametern berechnen möchten, wird an einem richtigen Statistikprogramm (etwa SPSS) kein Weg vorbeiführen. Aber auch in diesem Fall ist es angenehm, wenn die Daten bereits in elektronischer Form vorliegen und nur mehr mit relativ geringem Aufwand in das Statistikprogramm importiert werden müssen. (Übrigens bietet auch Excel einige fortgeschrittene Statistikfunktionen im Add-In ANALYSE FUNKTIONEN. Diese Funktionen können aber ein professionelles Statistikprogramm nicht ersetzen und bereiten zudem in ihrer Anwendung in VBA-Code oft Probleme.)

Testdateien für das incoming-Verzeichnis erzeugen

Wenn Sie das Programm ausprobieren möchten, können Sie natürlich einige Umfragebögen selbst ausfüllen und dann in das Verzeichnis incoming kopieren. Sie können sich diese Mühe aber auch ersparen und stattdessen *CreateDummyFilesInIncoming* aufrufen. Das Programm erzeugt eine einstellbare Anzahl von Dateien nnnn.xls im incoming-Verzeichnis und fügt im Tabellenblatt »results« Zufallsdaten ein.

Die Prozedur beginnt mit denselben Anweisungen zur Geschwindigkeitsoptimierung wie *ProcessIncomingFolder*. Anschließend wird *nrOfFiles* Mal die Datei survey_template.xls geöffnet, verändert und unter einem neuen Namen im Verzeichnis incoming gespeichert. Um zu vermeiden, dass die Datei später noch manuell bearbeitet wird, werden alle Zellen im Blatt »survey« durch ein diagonales Muster gleichsam durchgestrichen.

```
Sub CreateDummyFilesInIncoming()
  Const nrOfFiles = 100
  Dim i&, j&
  Dim newfilename$
  Dim wb As Workbook, ws As Worksheet
  On Error GoTo error_createdummy
  Randomize
  ' Geschwindigkeitsoptimierung
  Application.Calculation = xlCalculationManual
  Application.ScreenUpdating = False
  Application.DisplayStatusBar = True
  Application.DisplayAlerts = False
```

12.4 Beispiel – Fragebogenauswertung

```vba
  ' n Mal survey_template.xls öffnen, Zufallsdaten einsetzen
  ' und unter einem neuen Namen speichern
  newfilename = ThisWorkbook.Path + "\incoming\"
  For i = 1 To nrOfFiles
    Application.StatusBar = "Erzeuge Datei " & i & " von " & nrOfFiles
    Set wb = Workbooks.Open(ThisWorkbook.Path + _
      "\survey_template.xls")
    ' Zufallsdaten in results-Tabellenblatt
    Set ws = wb.Worksheets("results")
    ws.[b1] = Int(15 + Rnd * 50)
    ws.[b2] = Int(Rnd * 3)    '0: keine Angabe, 1: männlich, 2: weiblich
    ws.[b3] = Int(Rnd * 6)    '0: keine Angabe, 1-5: diverse Berufe
    For j = 1 To 9            'für alle Verlage
      If Rnd > 0.7 Then
        ws.[b4].Cells(j) = True
      Else
        ws.[b4].Cells(j) = False
      End If
    Next
    ws.[b13] = Int(Rnd * 11) 'Internet: 0-10
    ' survey-Datenblatt als inaktiv markieren
    Set ws = wb.Worksheets("survey")
    ws.Cells.Interior.Pattern = xlLightUp
    ws.[a1] = "contains random data, do not edit manually"
    ' Achtung: vorhandene Dateien werden ohne Rückfrage
    ' überschrieben (wegen DisplayAlerts=False)
    wb.SaveAs newfilename + Format(i, "0000") + ".xls"
    wb.Close
  Next
error_createdummy:
  Application.Calculation = xlCalculationAutomatic
  Application.DisplayAlerts = True
  Application.ScreenUpdating = True
  Application.StatusBar = False
  If Err <> 0 Then
    MsgBox Error + vbCrLf + _
      "Die Prozedur CreateDummyFilesInIncoming wird abgebrochen."
  End If
End Sub
```

13 Datenanalyse in Excel

Excel ist kein Datenbanksystem. Seine Stärken liegen vielmehr bei den weitreichenden Möglichkeiten zur Datenanalyse. Im Mittelpunkt dieses Kapitels stehen Pivottabellen. Dabei handelt es sich um ein sehr leistungsfähiges Werkzeug, um Daten mit mehreren Parametern übersichtlich zu gruppieren und zu gliedern. Eine Besonderheit von Pivottabellen besteht darin, dass damit auch Daten analysiert werden können, die sich gar nicht in einem Excel-Tabellenblatt befinden, sondern z.B. in einer externen Datenbank.

Kapitelübersicht

13.1	Daten gruppieren (Teilergebnisse)	648
13.2	Pivottabellen (Kreuztabellen)	651
13.3	Programmiertechniken	668

13.1 Daten gruppieren (Teilergebnisse)

13.1.1 Einführung

Hinter dem eher kryptischen Kommando DATEN|TEILERGEBNISSE verbirgt sich die Möglichkeit, sortierte Daten in Gruppen einzuteilen, jede Gruppe mit einer Zwischensumme und schließlich alle Daten zusammen mit einer Endsumme abzuschließen. Statt Summen sind auch Durchschnittswerte, Minima, Maxima etc. möglich.

Die Voraussetzung dafür, dass das Kommando überhaupt sinnvoll eingesetzt werden kann, besteht in einer Spalte, durch die mehrere zusammengehörige Datensätze identifiziert werden können. Die gesamte Datenbank muss nach dieser Spalte (und eventuell nach weiteren Kriterien) sortiert werden.

Am einfachsten ist das Kommando anhand eines Beispiels zu verstehen. Bild 13.1 zeigt eine ganz einfache Artikeldatenbank (Beispieldatei 13\Subtotal.xls). Die Datenbank ist in erster Linie nach der Kategorie der Waren (a-c) und dann nach der Qualität der Waren (I oder II) sortiert. Durch den TEILERGEBNISSE-Dialog werden die Daten nach ihrer Kategorie gruppiert; gleichzeitig wird zu jeder Gruppe der Mittelwert der Preise gebildet. Intern wird dazu die Tabellenfunktion =TEILERGEBNIS(typ; zellbereich) eingesetzt.

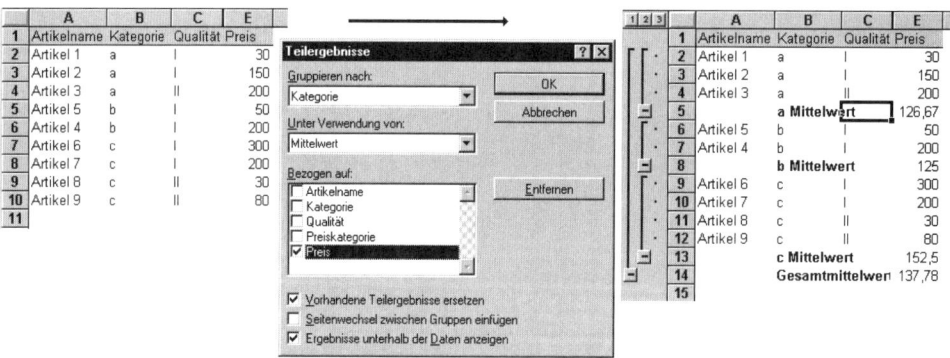

Bild 13.1: Die Artikeldatenbank wurde nach Kategorien gruppiert

Das Kommando TEILERGEBNISSE bildet nicht nur Gruppen, es gliedert die Tabelle auch automatisch nach diesen Gruppen. Sowohl die Gruppenbildung als auch die Teilergebnisse können sehr einfach wieder entfernt werden, wenn im TEILERGEBNISSE-Dialog der Button ENTFERNEN angeklickt wird.

Normalerweise werden bei jeder Ausführung des Kommandos die zuletzt erstellten Gruppierungen wieder aufgelöst. Wenn Sie die Option TEILERGEBNISSE ERSETZEN deaktivieren, fügt Excel zu den bereits vorhandenen Gruppen neue hinzu. In manchen Fällen kann dies dazu verwendet werden, um mehrstufige Gruppierungen zu bilden. Im Regelfall scheitert dieser Versuch allerdings daran, dass Excel auch die Teilergebnisse der vorherigen Gruppe in die Berechnung mit einschließt und aus diesem Grund unsinnige Ergebnisse liefert.

Das Kommando ist generell nicht in der Lage, Gruppen nach der Art *0<=x<10*, *10<=x<20* etc. zu bilden. Es kann also nur solche Gruppen zusammenfassen, die bereits durch ein *eindeutiges* Merkmal gekennzeichnet sind. Diese Einschränkung können Sie umgehen, indem Sie in Ihre Tabelle eine neue Spalte mit Formeln einfügen, die als Ergebnisse Kategoriecodes liefern, z. B.:

=WENN(E2<50;"A";WENN(E2<100;"B";WENN(E2<200;"C";"D")))

Die obige Formel liefert das Ergebnis "A", wenn E2 einen Wert kleiner 50 enthält, "B", wenn E2 kleiner als 100 ist etc. (Falls die Kategorieeinteilung komplexer ist, können Sie dazu auch eine neue Makrofunktion schreiben – siehe Abschnitt 5.7.) In Bild 13.2 wurde die Artikeldatenbank aus Bild 13.1 um eine Preiskategoriespalte mit der obigen Formel erweitert, danach sortiert und gruppiert.

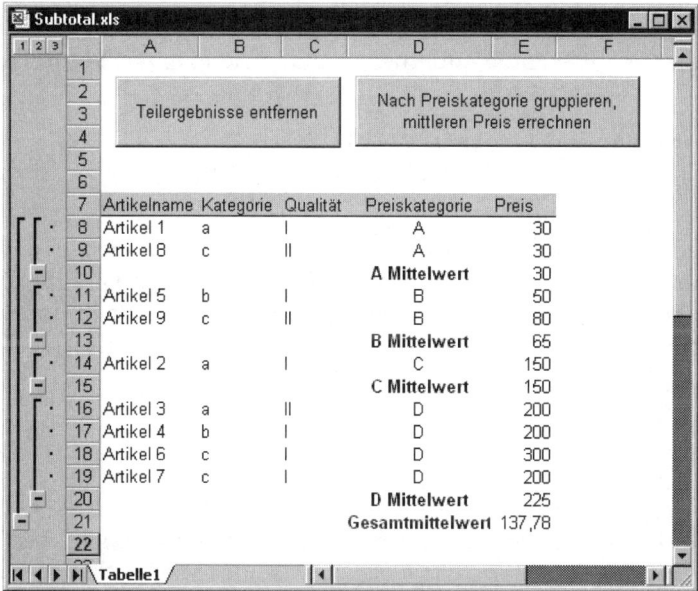

Bild 13.2: *Die Artikeldatenbank wurde in vier Preisgruppen unterteilt*

13.1.2 Programmierung

Methode SubTotal

Um Teilergebnisse per VBA-Code zu erzeugen, steht die Methode *SubTotal* zur Verfügung, die auf eine beliebige Zelle der Tabelle angewandt wird. Der Parameter *GroupBy* gibt die Nummer der Spalte an (relativ zur ersten Spalte der Daten), deren Werte gruppiert werden. *TotalList* erwartet eine Liste aller Spalten, für die Teilergebnisse berechnet werden sollen. Die Funktion für die Teilergebnisse (die für alle Spalten gleich ist), wird durch *Function* eingestellt. Zur Auswahl stehen unter anderem *xlAverage, xlCount, xlMax, xlMin, xlStDev* und *xlSum*. (Details siehe Excel-Hilfe.)

Achten Sie darauf, dass Sie die Tabelle vorher sortieren müssen, wobei die *GroupBy*-Spalte das erste Sortierkriterium ist!

```
' Datei 13\Subtotals.xls, Tabelle1
Private Sub btnBuildSubtotals_Click()
  With ThisWorkbook.Worksheets(1).[a7]
    .Sort Key1:=[D7], Order1:=xlAscending, Header:=xlYes, _
      MatchCase:=False, Orientation:=xlTopToBottom
    .Subtotal GroupBy:=4, Function:=xlAverage, TotalList:=Array(5), _
      Replace:=True, PageBreaks:=False, SummaryBelowData:=True
  End With
End Sub
```

Um die Gruppierung wieder zu entfernen, wenden Sie **RemoveSubtotal** auf die Tabelle an.

```
Private Sub btnRemoveSubtotals_Click()
  ThisWorkbook.Worksheets(1).[a7].RemoveSubtotal
End Sub
```

Durch die Methode *SubTotal* werden die Daten nicht nur gruppiert und mit Teilergebnissen versehen, am linken Tabellenrand werden auch Symbole zum Ein- und Ausklappen von Teilbereichen angezeigt. Besonders bei sehr langen Tabellen hilft das ungemein, um rasch einen Überblick zu erhalten und dann interessante Teilergebnisse zu analysieren.

Objekt Outline

Intern wird die durch *SubTotal* erzeugte Gliederung durch das Objekt **Outline** verwaltet. Dieses Objekt ist mit relativ wenigen Eigenschaften oder Methoden ausgestattet: Die Methode *ShowLevels* gibt an, wie viele Zeilen- oder Spaltenebenen angezeigt werden sollen. Indem Sie hier den Wert 1 übergeben, reduzieren Sie die Ansicht auf das Endergebnis.

```
ThisWorkbook.Worksheets(1).Outline.ShowLevels 1
```

Der höchste zulässige Wert für *ShowLevels* ist 8. Diesen Wert können Sie auch dann übergeben, wenn die Gliederung weniger Hierarchieebenen hat. Sie erreichen damit, dass ausnahmslos alle Daten angezeigt werden.

Die Eigenschaften *SummaryColumn* und *SummaryRow* geben an, ob sich Ergebniszellen rechts bzw. unterhalb der Daten befinden (Defaulteinstellung) oder links bzw. oberhalb.

Sie können Tabelle auch ohne das Kommando TEILERGEBNISSE gliedern. Im Excel-Menü steht dazu das Kommando DATEN|GRUPPIERUNG UND GLIEDERUNG zur Verfügung. Im VBA-Code können Sie stattdessen diverse Methoden auf Zellbereiche (*Range*-Objekt) anwenden:

Am einfachsten werden Gliederungen für den angegebenen Zellbereich durch *AutoOutline* erstellt bzw. durch *ClearOutline* gelöscht. Eine individuelle Gliederung ist durch die Methoden *Group* und *Ungroup* möglich, wobei hierfür als Bereich ganze Zeilen oder Spalten angegeben werden müssen (verwenden Sie die Eigenschaften *EntireRow* bzw. *EntireColumn*). Die Eigenschaft *OutlineLevel* gibt die Gliederungsebene einer einzelnen Spalte/Zeile an bzw. verändert sie. Die Eigenschaft *ShowDetail* einer Ergebnisspalte/-zeile bestimmt, ob die untergeordneten Detaildaten angezeigt werden oder nicht.

Über die *Window*-Eigenschaft *DisplayOutline* können Sie Gliederungen ein- bzw. ausblenden, ohne den Aufbau der Gliederung zu verändern.

Syntaxzusammenfasung

rng ist ein *Range*-Objekt, *ws* ein *Worksheet*-Objekt, *wnd* ein *Window*-Objekt und *outl* ein *Outline*-Objekt.

Teilergebnisse	
rng.SubTotal	gruppiert eine Tabelle und bildet Teilergebnisse
rng.RemoveSubTotal	entfernt die Teilergebnisse wieder

Gruppierung	
ws.Outline	verweist auf das *Outline*-Objekt
outl.ShowLevel	bestimmt die Anzahl der sichtbaren Hierachieebenen
rng.AutoOutline	analysiert die Daten und bildet automatisch Teilgruppen
rng.Group	bildet eine Teilgruppe für den Zellbereich
rng.Ungroup	löst die Teilgruppe auf
rng.ClearOutline	entfernt die gesamte Gruppierung
rng.ShowDetail	blendet eine Teilgruppe ein/aus
wnd.DisplayOutline	blendet die Teilgruppenspalte bzw. -zeile ein/aus

13.2 Pivottabellen (Kreuztabellen)

13.2.1 Einführung

Pivottabellen oder Kreuztabellen (die beiden Begriffe sind synonym) stellen eine besondere Ansicht von Tabellen dar. Darin werden die Daten nach mindestens zwei Kategorien in ein Raster (in einer Matrix) zusammengefasst. Pivottabellen eignen sich dazu, umfangreiche Datenmengen durch die Bildung zusammengehöriger Gruppen sehr kompakt darzustellen. Pivottabellen stellen damit das wichtigste Werkzeug Excels zur Datenanalyse dar. Durch die Verwendung von MS-Query können Sie die Pivottabellen-Kommandos auch zur Analyse fremder Daten verwenden, die mit einem externen Datenbanksystem verwaltet werden.

Pivottabellen sollten nach Möglichkeit an einer Stelle in einem Tabellenblatt platziert werden, an der sowohl nach unten als auch nach rechts eine Vergrößerung problemlos möglich ist. Der Grund: Je nach Anordnen der Gliederungsfelder einer Pivottabelle kann sich deren Größe erheblich verändern.

Im Gegensatz zu den meisten anderen Excel-Funktionen sind Pivottabellen statisch konzipiert: Eine Veränderung der zugrunde liegenden Daten bewirkt *keine* Veränderung der Pivottabelle. Erst durch das Kommando DATEN | DATEN AKTUALISIEREN, das nur dann zur Verfügung steht, wenn sich der Zellzeiger gerade in einer Pivottabelle befindet, kann der Inhalt der Pivottabelle auf den aktuellen Stand gebracht werden.

Einführungsbeispiel

Bild 13.3 zeigt eine kleine Datenbank, in der 22 Artikel eines Warenlagers verwaltet werden sowie zwei dazu passende, ebenso einfache Pivottabellen (Beispieldatei 13\Pivot.xls). Die Datenbank enthält eine Liste mit Artikeln aus drei Produktkategorien und in zwei Qualitätsklassen. Die erste Pivottabelle gibt Auskunft darüber, wie viele verschiedene Artikel in einer bestimmten Kategorie- und Qualitätsgruppe existieren und wie groß deren Durchschnittspreis ist. Aus der Pivottabelle geht beispielsweise hervor, dass es 14 Artikel der Qualitätsklasse I, aber nur 8 Artikel der Qualitätsklasse II gibt. In der zweiten Pivottabelle sind die Gesamtwerte der gelagerten Artikel je Gruppe angegeben, allerdings diesmal in Prozent zum Gesamtwert des Lagers.

Pivottabellen werden über das Kommando DATEN | PIVOTTABELLE erstellt. Dieses Kommando ruft den Pivotassistenten auf. Ziel dieses Beispiels (also Pivottabelle 1 in Bild 13.3) ist es, für jede Produktkategorie und Qualitätsstufe die Anzahl der Artikel und deren mittleren Preis zu bestimmen. Dazu wurden folgende Schritte durchgeführt:

Schritt 1: Bestimmt den Ursprung der Daten, im vorliegenden Beispiel einfach das aktuelle Tabellenblatt.

Schritt 2: Bestimmt den Zellbereich, aus dem die Daten stammen: B4:G26.

Schritt 3: Bestimmt, ob die Pivottabelle in demselben Tabellenblatt oder in einem neuen Blatt erstellt werden soll. Als Ergebnis erscheint jetzt das leere Raster einer Pivottabelle. Gleichzeitig wird die Pivotsymbolleiste eingeblendet, und der Dialog des Assistenten verschwindet.

13.2 Pivottabellen (Kreuztabellen)

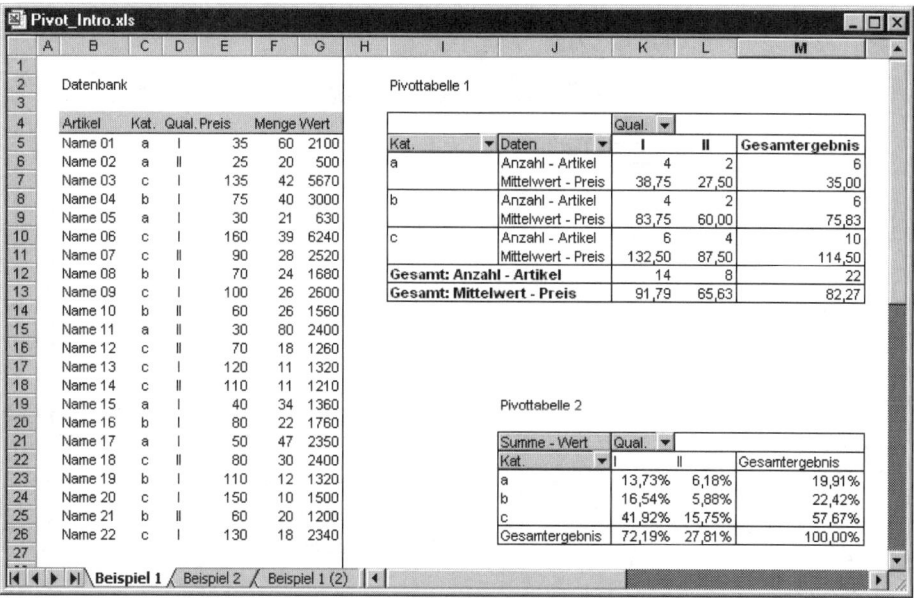

Bild 13.3: Eine Datenbank mit zwei Pivottabellen

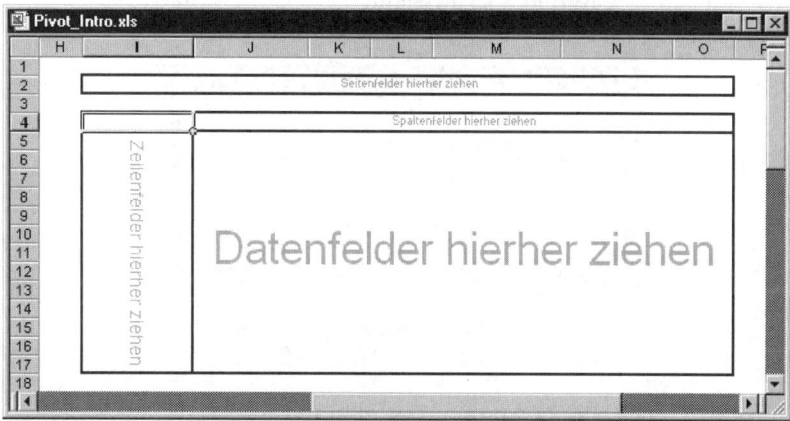

Bild 13.4: Oben die Pivottabellen-Symbolleiste von Excel 2000, unten die neue, noch leere Pivottabelle

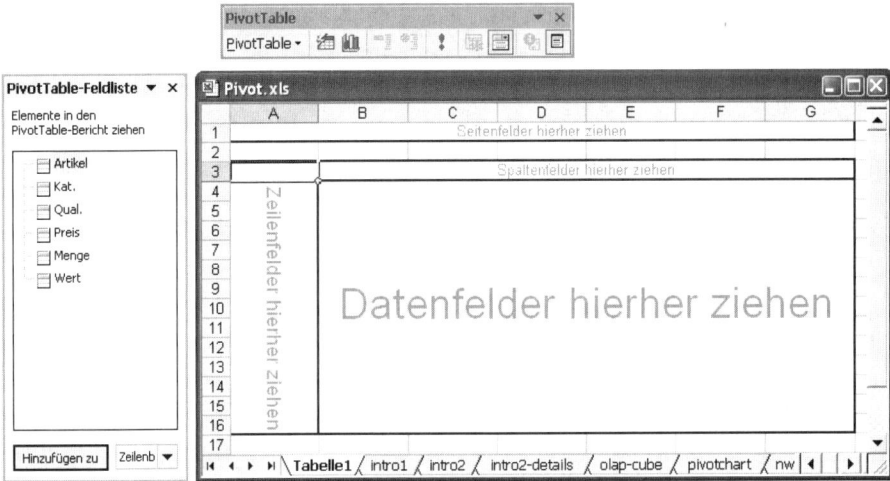

*Bild 13.5: Oben die Pivottabellen-Symbolleiste von Excel 2002,
unten die neue, noch leere Pivottabelle*

Schritt 4: Jetzt geht es darum, mit der Maus Datenfelder (Spaltenüberschriften aus den Ausgangsdaten) von der Pivotsymbolleiste an den richtigen Ort in der Tabelle zu ziehen (siehe Bild 13.4 für Excel 2000 bzw. Bild 13.5 für Excel 2002, dessen Pivot-Symbolleiste aus zwei Teilen besteht). Die beiden Bereiche »Zeilenfelder« und »Spaltenfelder« definieren die Gruppen, in die die Tabelle untergliedert wird. Der Bereich »Datenfelder« gibt an, welche Informationen in den einzelnen Gruppen angezeigt werden.

Beginnen Sie damit, dass Sie »Kat.« in den Zeilenfeldbereich ziehen, »Qual.« in den Spaltenfeldbereich und »Preis« in den Datenfeldbereich. Als Ergebnis erhalten Sie eine erste Pivottabelle, die wie in Bild 13.6 aussieht.

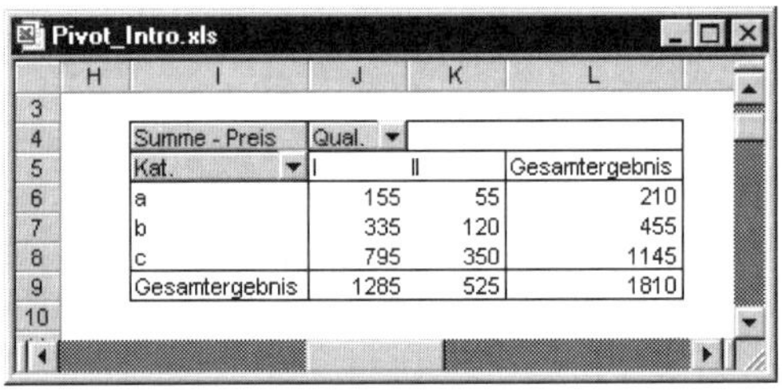

*Bild 13.6: Zwischenschritt auf dem Weg
zur gewünschten Pivottabelle 1*

Außer dem Preis ist auch die Anzahl der Artikel von Interesse – ziehen Sie also auch das Artikelfeld von der Symbolleiste in den Datenbereich der Tabelle (Bild 13.7).

13.2 Pivottabellen (Kreuztabellen)

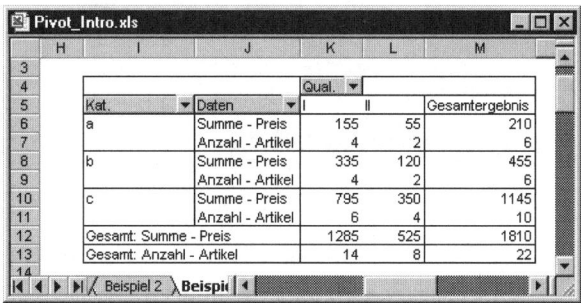

Bild 13.7: Noch ein Zwischenschritt

Schritt 5: Bild 13.7 entspricht schon beinahe den Anforderungen der Tabelle. Allerdings soll nicht die Summe der Preise, sondern deren Mittelwert angezeigt werden. (Excel berechnet bei numerischen Daten automatisch die Summe, bei Texten die Anzahl.) Um also statt der Summen Mittelwerte anzuzeigen, setzen Sie den Zellzeiger auf ein Preisfeld der Tabelle (egal welches) und führen in der Pivotsymbolleiste das Kommando FELDEIGENSCHAFTEN aus. Dort wählen Sie als Funktion MITTELWERT aus und beenden den Dialog. Es werden daraufhin alle Preisfelder auf die neue Funktion umgestellt.

Schritt 6: Wegen der Mittelwertsberechnung tauchen jetzt eine Menge Nachkommastellen auf, die die Tabelle unübersichtlich machen. Öffnen Sie abermals den FELDEIGENSCHAFTEN-Dialog, klicken Sie dort den Button ZAHLEN an und wählen Sie ein neues Zahlenformat aus. Im Gegensatz zu einer Formatierung mit FORMAT|ZELLE gilt das neue Format nicht nur für die ausgewählte Zelle, sondern für alle Preiszellen.

Beispiel 2

Aufgabe der Pivottabelle 2 aus Bild 13.3 ist es, den Wert des Lagers zu beurteilen: Wie viel Prozent des Lagerwerts betreffen eine bestimmte Kombination aus Produktkategorie und Qualitätsstufe? Die Vorgehensweise sieht folgendermaßen aus:

Schritt 1, 2 und 3: Datenursprung wie oben. (Sie können als Datenursprung auch die Pivottabelle 1 angeben, die ja auf derselben Datenbasis fußt.)

Schritt 4: Ziehen Sie »Kat.« in den Zeilenfeldbereich, »Qual.« in den Spaltenfeldbereich und »Wert« in den Datenfeldbereich.

Schritt 5: Excel bildet für »Wert« automatisch Summenfelder. Das ist an sich korrekt, allerdings sollen die Ergebnisse als Prozentzahlen formatiert werden. Dazu rufen Sie über die Pivotsymbolleiste den FELDEIGENSCHAFTEN-Dialog für das Wertfeld auf. Der Button OPTIONEN vergrößert den Dialog. Dort geben Sie an, dass die Daten als »% des Ergebnisses« angezeigt werden sollen.

Bild 13.8: Summen als Prozentzahlen darstellen

13.2.2 Gestaltungsmöglichkeiten

Tabellenlayout

Excel sieht zur Gliederung von Pivottabellen drei Gruppierungsbereiche vor: Zeilen, Spalten und Seiten. Mindestens einer dieser drei Gruppierungsbereiche muss ein Datenfeld aufnehmen, damit überhaupt eine Pivottabelle gebildet werden kann. Der einfachste Fall besteht zumeist darin, dass (wie im obigen Beispiel) das Zeilen- und Spaltenfeld je ein Datenfeld enthält, wodurch eine »klassische« Tabelle in Matrixform entsteht.

Wenn im Zeilen- oder Spaltenbereich mehrere Datenfelder eingefügt werden, bildet Excel Subspalten bzw. Subzeilen und erweitert die Tabelle mit Zwischensummen. Das macht die Tabelle zwar unübersichtlicher, dafür können aber beliebig komplexe Kategoriegruppen gebildet werden.

Eine bessere Übersichtlichkeit kann durch die Verwendung eines oder mehrerer Seitenbereiche erreicht werden: Damit werden oberhalb der eigentlichen Pivottabelle Listenauswahlfelder angezeigt, wie sie bereits vom Autofilter-Kommando bekannt sind. Über diese Listenauswahlfelder kann eine einzelne Kategorie ausgewählt werden – die Pivottabelle wird dann auf diese Kategorie reduziert. Daneben sieht das Listenauswahlfeld die Möglichkeit vor, alle Kategorien gleichzeitig anzuzeigen.

Über das Kommando FORMAT | AUTOFORMAT kann die gesamte optische Gestaltung der Pivottabelle verändert werden. Excel stellt dazu verschiedene vordefinierte Formatkombinationen zur Verfügung.

Layout-Dialog

In Excel 97 konnte der prinzipielle Aufbau einer Pivottabelle nur in Schritt 3 des Pivotassistenten verändert werden. Die neue Pivotsymbolleiste ist zwar etwas intuitiver zu bedienen, aber vielleicht haben Sie dennoch Sehnsucht nach dem herkömmlichen Dialog, der gerade bei sehr großen Pivottabellen oft effizienter zu bedienen war. Nun, es gibt ihn weiterhin: rufen Sie den Pivotassistenten auf (das klappt auch für eine bereits existierende Pivottabelle) und klicken Sie in Schritt 3 den Button LAYOUT an. Es erscheint der in Bild 13.9 dargestellte Dialog.

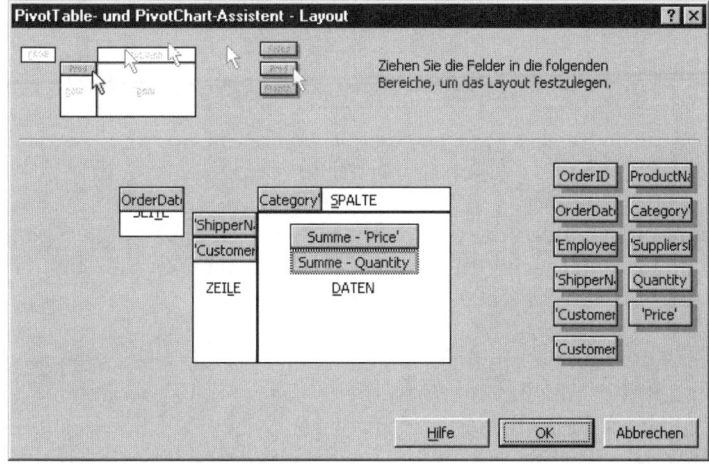

Bild 13.9: Dialog zur Veränderung des Layouts der Pivottabelle

Pivottabellen nachträglich verändern

Es gibt beinahe unendlich viele Möglichkeiten, vorhandene Pivottabellen zu verändern. (Die Vielzahl der Varianten stiftet manchmal etwas Verwirrung. Nehmen Sie sich eine halbe Stunde Zeit zum Experimentieren, um die wichtigsten Operationen kennen zu lernen.)

Sobald Sie den Zellzeiger in eine Pivottabelle bewegen, erscheint automatisch die Pivotsymbolleiste. (Wenn nicht, müssen Sie die Symbolleiste mit ANSICHT|SYMBOLLEISTEN aktivieren.) Das wichtigste Kommando darin lautet DATEN AKTUALISIEREN. Damit werden die angezeigten Daten neu berechnet. Das Kommando muss ausgeführt werden, wenn sich die Ausgangsdaten verändert haben, weil Excel (im Gegensatz zu praktisch allen anderen Tabellenfunktionen) Pivottabellen nicht automatisch neu berechnet.

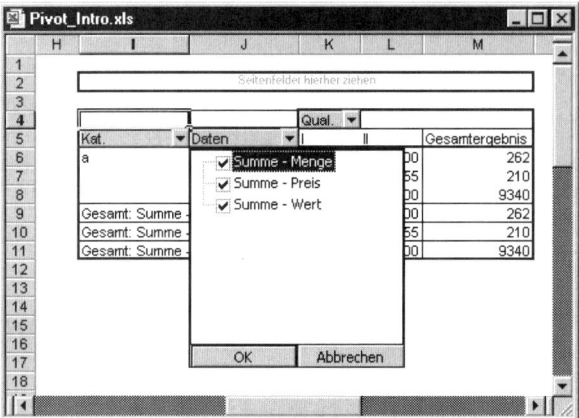

Bild 13.10: Im Listenfeld können einzelne Datenfelder deaktiviert werden

Über die Symbolleiste können Sie die Pivottabelle durch zusätzliche Kategorien erweitern, zusätzliche Datenfelder einfügen etc. Natürlich können Sie auch Felder aus der Tabelle herausziehen, um die Tabelle so zu verkleinern.

> **TIPP**
> Wenn die Pivottabelle mehrere Datenfelder enthält, können Sie diese alle gemeinsam aus der Tabelle entfernen (Feld »Daten«). Oft wollen Sie aber nur ein einzelnes Datenfeld entfernen und nicht gleich alle: Klicken Sie den Pfeilbutton an und deaktivieren Sie jene Felder, die Sie entfernen möchten (Bild 13.10).

Pivottabellenfelder können am bequemsten über das Kontextmenükommando FELD-EIGENSCHAFTEN neu formatiert werden. Bei den grauen Gruppenfeldern können der Ort (Zeile/Spalte/Seite) und die Anzahl der Zwischensummen eingestellt werden. Bei Datenfeldern können der Rechentyp, das Anzeigeformat und das Zahlenformat definiert werden (siehe unten, Überschrift *Feldeigenschaften*). Die Änderungen wirken sich immer auf *alle* Pivottabellenfelder der jeweiligen Gruppe aus.

Mit dem Kommando DATEN|SORTIEREN kann die Reihenfolge der Datenfelder innerhalb der Pivottabelle verändert werden. Die Position des Zellzeigers beim Aufruf des Kommandos bestimmt dabei das Sortierkriterium.

> **VORSICHT**
> Excel kann Pivottabellen nicht an eine grundlegende Veränderung der Basisdaten anpassen. Wenn Sie beispielsweise die Beschriftung Ihrer Datenbank verändern und anschließend die Pivottabelle aktualisieren möchten, liefert Excel eine Fehlermeldung und entfernt die veränderte Spalte aus der Tabelle.

Feldeigenschaften

Zur Formatierung einzelner Datenfelder sieht Excel sehr komplexe Optionen vor: Über das Kontextmenükommando FELDEIGENSCHAFTEN oder durch einen Doppelklick auf das Datenfeld (sowohl in der Tabelle als auch in Schritt 3 des Pivotassistenten) gelangen Sie zum Dialog PIVOTTABELLENFELD, der seine ganze Komplexität erst nach dem Anklicken des OPTIONEN-Buttons zeigt (siehe Bild 13.8).

Das Listenfeld ZUSAMMENFASSEN MIT ermöglicht die Auswahl verschiedener Rechenfunktionen und ist leicht zu verstehen. In der Liste DATEN ZEIGEN ALS wird es schon komplizierter. Die Einstellmöglichkeiten können in zwei Gruppen unterteilt werden:

Berechnung erfolgt autonom

Standard:	Zeigt die absoluten Zahlenwerte an.
% des Ergebnisses:	Zeigt Prozentwerte an, die sich auf das Gesamtergebnis der Tabelle beziehen (Endsumme, Gesamtmittelwert etc.).
% der Zeile/Spalte:	Zeigt Prozentwerte an, die sich auf das Zeilen- bzw. Spaltenergebnis beziehen.
Index:	Zeigt Maßzahlen an, durch die der Wert in Relation zu Zeilen- und Spaltenergebnissen gesetzt wird. Formel: *(Zellenwert * Gesamtergebnis) / (Zeilenergebnis * Spaltenergebnis)*

Berechnung berücksichtigt Werte eines weiteren Datenfelds

Differenz von:	Zeigt die Differenz zu einem anderen Wert an.
% von:	Zeigt den Prozentanteil bezogen auf einen anderen Wert an.
% Differenz von:	Zeigt den Prozentanteil der Differenz bezogen auf den Basiswert an.
Ergebnis in:	Funktion unklar, laut Dokumentation Anzeige eines fortlaufenden Ergebnisses.

Zu den vier zuletzt genannten Einstellungen muss ein zweites Datenfeld angegeben werden, auf das die Berechnung bezogen wird.

Ergebnisse in Pivottabellen gruppieren

Die Ergebniszeilen einer Pivottabelle können durch das Kommando DATEN|GLIEDERUNG|GRUPPIEREN gruppiert werden. Diese Form der Weiterverarbeitung von Pivottabellen bietet sich vor allem bei zeitbezogenen Daten an. Bild 13.11 zeigt dafür ein Beispiel.

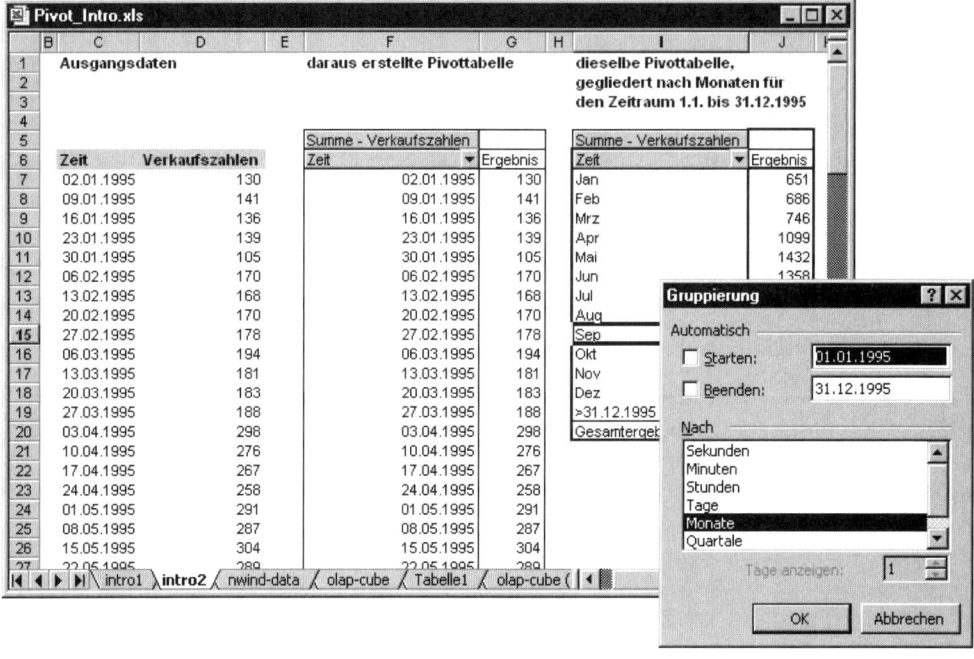

Bild 13.11: Die Verkaufszahlen des Jahres 95 wurden nach Monaten gruppiert

> **HINWEIS**
> Wenn wie im obigen Beispiel nur nach Monaten gruppiert wird, der Zeitraum aber mehr als ein Jahr umfasst, bildet Excel dennoch nur 12 Gruppen. Das bedeutet, dass die Januar-Ergebnisse aller Jahre in derselben Gruppe zusammengefasst werden, was natürlich selten sinnvoll ist. Im vorliegenden Beispiel wurde das Problem so umgangen, dass im GRUPPIERUNGS-Dialog Start- und Enddatum explizit angegeben wurden.
>
> Eine andere Vorgehensweise besteht darin, gleichzeitig nach Jahren und Monaten zu gruppieren. Excel bildet dann zwei Hauptgruppen (1995 und 1996) und darin für jeden Monat Untergruppen. Bild 13.12 zeigt dafür ein Beispiel, wobei zusätzlich auch noch Gruppen für die Quartale gebildet werden.

> **TIPP**
> Excel scheitert aus nicht nachvollziehbaren Gründen daran, ein Datumsfeld zu gruppieren, wenn es als Seitenfeld der Pivottabelle verwendet wird (also im Bereich oberhalb der Tabelle). Abhilfe zu schaffen ist zum Glück einfach: Verschieben Sie das Feld in den Zeilenbereich, gruppieren Sie es dort, und verschieben Sie die resultierenden Zeitfelder (Jahr, Quartal etc.) zurück in den Seitenbereich.

Summe - Verkaufszahlen			
Jahre	Quartale	Zeit	Ergebnis
1995			14406
1996	Qrtl1		2083
	Qrtl2	Apr	1390
		Mai	1141
		Jun	1358
	Qrtl3	Jul	1419
		Aug	1072
		Sep	1292
	Qrtl4		4651
Gesamtergebnis			28812

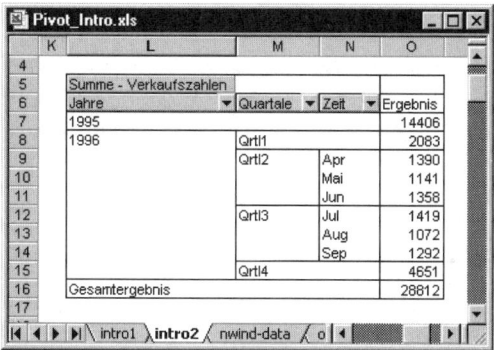

Bild 13.12: Gruppierung der Verkaufszahlen nach Jahren, Quartalen und Monaten

Drill-down und roll-up

Drill-down und *roll-up* sind übliche Begriffe für das Ein- und Ausblenden von Detailergebnissen. Dazu gibt es prinzipiell zwei Möglichkeiten. Die eine besteht darin, einen Doppelklick für eine Zelle im Gruppierungsbereich durchzuführen. Daraufhin wird die entsprechende Gruppe ein- bzw. wieder ausgeblendet (Bild 13.13).

Summe - Verk			
Jahre	Quartale	Zeit	Ergebnis
1995			14406
1996			14406
Gesamtergebnis			28812

Summe - Verk			
Jahre	Quartale	Zeit	Ergebnis
1995			14406
1996	Qrtl1		2083
	Qrtl2		3889
	Qrtl3		3783
	Qrtl4		4651
Gesamtergebnis			28812

Summe - Verk			
Jahre	Quartale	Zeit	Ergebnis
1995			14406
1996	Qrtl1		2083
	Qrtl2		3889
	Qrtl3	Jul	1419
		Aug	1072
		Sep	1292
	Qrtl4		4651
Gesamtergebnis			28812

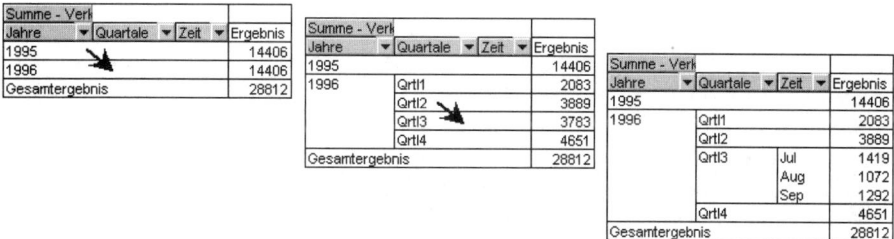

Bild 13.13: Detailergebnisse einblenden (drill-down)

Wenn Sie dagegen einen Doppelklick auf einem Datenfeld durchführen, fügt Excel ein oder sogar mehrere neue Tabellenblätter ein, die Detailergebnisse enthalten (Bild 13.14).

Summe - Verk			
Jahre	Quartale	Zeit	Ergebnis
1995			14406
1996	Qrtl1		2083
	Qrtl2		3889
	Qrtl3	Jul	1419
		Aug	1072
		Sep	1292
	Qrtl4		4651
Gesamtergebnis			28812

Zeit	Verkaufszahlen
27.8.1996	258
20.8.1996	276
13.8.1996	258
6.8.1996	280

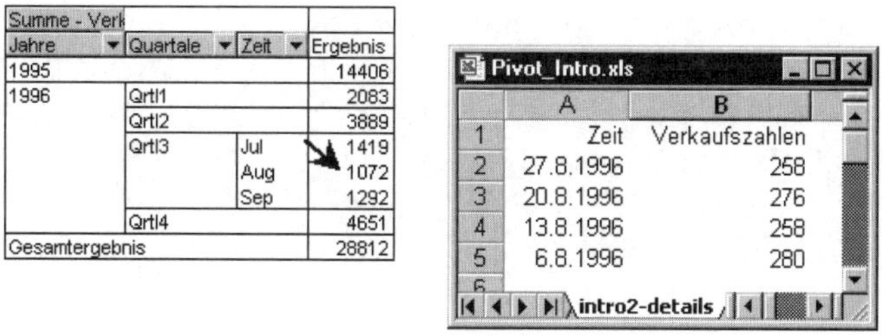

Bild 13.14: Verkaufszahlen im August 1996

Pivottabellen löschen

Es gibt kein Kommando, um Pivottabellen aus einem Tabellenblatt zu entfernen. Das macht aber nichts: Markieren Sie den gesamten Zellbereich und führen Sie dann das Kommando BEARBEITEN|LÖSCHEN|ALLES aus. Damit werden sowohl die Inhalte als auch die Formatierung der Zellen gelöscht.

13.2.3 Pivottabellen für externe Daten

Pivottabellen können auch dann erstellt werden, wenn sich die Ausgangsdaten noch gar nicht in einer Excel-Tabelle befinden. Der Assistent sieht dazu im ersten Schritt einen KONSOLIDIERUNGSBEREICH oder eine EXTERNE DATENQUELLE vor.

Wenn Sie die Option KONSOLIDIERUNGSBEREICH auswählen, zeigt Excel die entsprechenden Dialoge an (siehe Abschnitt 11.5). Damit können Sie Daten aus mehreren Excel-Tabellen zusammenfügen.

Mit einer EXTERNEN DATENQUELLE ist eine Datenbank gemeint. Wenn Sie diese Option anklicken, startet Excel das Zusatzprogramm MS-Query, um mit dessen Hilfe die Daten einzulesen (siehe Abschnitt 12.2).

In jedem Fall werden die ausgewählten Daten zu Excel übertragen und intern gespeichert. Die Daten werden als Pivottabelle angezeigt. Die Rohdaten sind dagegen nicht sichtbar.

> **ACHTUNG**
>
> Das im vorigen Kapitel im Zusammenhang mit MS Query bereits erwähnte Problem, dass die Namen von Access-Datenbanken absolut gespeichert werden (mit Laufwerk und Verzeichnis), trifft leider auch auf Pivottabellen zu. Wenn sowohl die Excel-Datei als auch die Access-Datenbankdatei in ein anderes Verzeichnis verschoben werden, findet Excel die Ursprungsdaten nicht mehr und kann die Pivottabelle daher nicht aktualisieren. Ein Ausweg aus diesem Dilemma wird in Abschnitt 13.3.3 präsentiert.

> **ANMERKUNG**
>
> Bei Pivottabellen aus externen Daten gibt es zwei prinzipielle Vorgehensweisen: Die eine besteht darin, möglichst viele Daten zu importieren und diese dann mit den Mitteln einer Pivottabelle zu ordnen. Das lässt Ihnen maximale Freiheit bei der Gestaltung der Pivottabelle, ist allerdings auch mit hohem Speicherverbrauch verbunden. Die andere Vorgehensweise besteht darin, bereits beim Import der Daten zu versuchen, diese der Aufgabe entsprechend auf ein Minimum zu reduzieren. (Das kostet dann etwas mehr Zeit zur Steuerung des manchmal sperrigen MS Query.) Der Vorteil: Die Systemanforderungen in Excel (Rechenleistung, Speicher) sind deutlich geringer, die Verarbeitungsgeschwindigkeit entsprechend höher.

OLAP-Cube-Dateien

OLAP steht für *Online Analytical Processing*. Gemeint sind damit spezielle Methoden zur Verwaltung und zur Analyse mehrdimensionaler Daten. Darunter versteht man wiederum Daten, die nach mehreren Parametern geordnet werden können. Die *Northwind*-Tabelle in Bild 13.15 gibt dafür ein gutes Beispiel: Nur zwei Spalten enthalten die eigentlichen Daten (*quantity* und *price*). Alle anderen Spalten können als Parameter bzw. Dimensionen zur Gruppierung der Daten verwendet werden: das Bestelldatum, die Produktkategorie, das Land des Empfängers etc. So gesehen ordnen Sie also mit jeder Pivottabelle mehrdimensionale Daten.

Auch wenn also die *Northwind*-Datenbank durchaus ein Beispiel für mehrdimensionale Daten ist, wird OLAP üblicherweise nur dann angewandt, wenn ungleich mehr Daten zur Verfügung stehen (oft GBytes). Solche Datenbanken werden dann als *data warehouse* bezeichnet. OLAP bezieht sich darauf, dass die Analysefunktionen trotz der riesigen Datenmengen sehr rasch ausgeführt werden können – eben online. Dazu ist eine geschickte Organisation der Daten erforderlich, und das ist eben das besondere Kennzeichen von OLAP-fähigen Datenbanksystemen. (Ein solches System, das besonders gut auf die von Microsoft zur Verfügung gestellten OLAP-Funktionen optimiert ist, ist natürlich der hauseigene SQL Server.)

Nach diesem sehr knappen Ausflug in die wundersame OLAP-Welt zurück zu Excel: Mit Pivottabellen können Sie nicht nur herkömmliche Datenquellen (Tabellen, relationale Datenbanken), sondern eben auch OLAP-Datenquellen analysieren. Den Schlüssel dazu stellt MS Query dar. Mit dem Programm können Sie einerseits direkt auf OLAP-Datenquellen zugreifen; andererseits können Sie die Resultate einer Datenbankabfrage – selbst, wenn es sich um eine relationale Datenbank handelt! – als so genannten OLAP-Cube speichern.

Noch ein neuer Begriff! Ein *Cube* ist an sich nur eine weitere Bezeichnung für eine mehrdimensionale Datenmenge. Eine OLAP-Cube-Datei mit der Kennung *.cub ermöglicht es, ein statisches Abbild eines Segments der Gesamtdatenmenge getrennt von der Datenbank zu speichern. Das bietet mehrere Vorteile: Erstens kann die Cube-Datei einfach weitergegeben werden. Zweitens sind die Daten darin sehr platzsparend gespeichert. Drittens ist ein sehr effizienter Zugriff auf diese Daten möglich. Natürlich gibt es auch Nachteile: Die Organisation der Daten in der Cube-Datei ist starr (was die Auswertungsoptionen einschränkt). Außerdem können Änderungen in den Ausgangsdaten (also im Datenbanksystem) nicht berücksichtigt werden (das geht nur durch eine Neubildung der Cube-Datei).

Auch wenn Sie keinen Zugang zu einem *data warehouse* haben, können Sie die OLAP-Funktionen ausprobieren. Dazu erstellen Sie mit MS Query eine Abfrage, die sich auf eine relationale Datenbank bezieht (etwa wie in Bild 13.15).

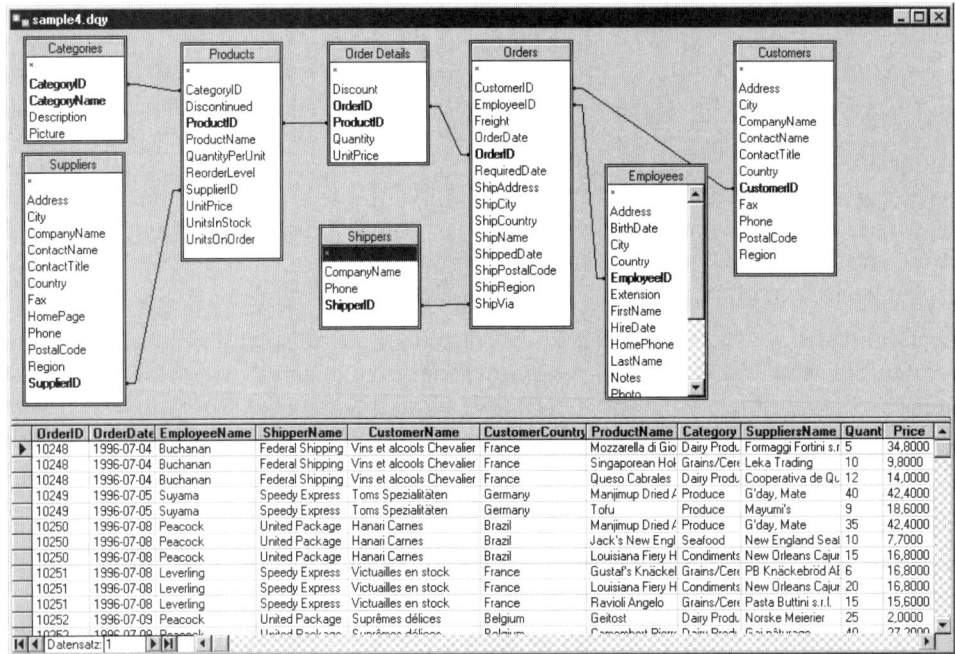

Bild 13.15: Entwurf einer komplexen Abfrage mit MS Query

Nun können Sie entweder im letzten Schritt des QUERY-ASSISTENTEN angeben, dass Sie aus dieser Abfrage einen OLAP-Cube erstellen möchten, oder Sie führen in MS Query das Kommando DATEI|OLAP CUBE ERSTELLEN aus. In beiden Fällen erscheint der OLAP-Cube-Assistent. Dort wählen Sie im ersten Schritt die Datenfelder aus (z.B. Summe von *Quantity* und Summe von *UnitPrice*). Im zweiten Schritt geben Sie die Parameter der Daten an (z.B. *OrderDate*, *LastName* der *Employees*, *CategoryName*). Bei Zeitdaten können Sie zudem Subkategorien (Jahr/Quartal/Monat etc.) angeben. Im dritten Schritt speichern Sie den Cube in einer Datei.

Sie können nun in Excel auf der Basis dieses Cubes eine Pivottabelle bilden. Im Prinzip unterscheidet sich die Vorgehensweise nicht von der bei der Analyse von Daten, die direkt in Excel zur Verfügung stehen. Einige Details sind aber dennoch anders: So können Sie etwa die Berechnungsfunktion der Datenfelder (etwa *Summe*) nicht verändern, weil im Cube eben nur die Summendaten gespeichert sind. Wenn Sie jetzt feststellen, dass Sie Durchschnittswerte benötigen, müssen Sie den Cube neu bilden. Neu ist auch, dass Zeitreihen viel komfortabler ausgewertet werden können (ohne das bisweilen umständliche GRUPPIERUNGS-Kommando). Aber auch hier gilt: Zeitkategorien, die Sie nicht im Cube-Assistenten vorgesehen haben, stehen nicht zur Verfügung und können auch nicht durch DATEN|GRUPPIEREN reproduziert werden.

Beim Abschluss des OLAP-Assistenten werden im Verzeichnis *Benutzerverzeichnis\Anwendungsdaten\Microsoft\Abfragen* zwei Dateien gespeichert: *name1*.oqy mit dem SQL-Code der OLAP-Abfrage und *name2*.cub mit den Ergebnissen der Abfrage. Für das

13.2 Pivottabellen (Kreuztabellen)

vorliegende Beispiel wurde olap.cub im selben Verzeichnis wie die Excel-Datei gespeichert.

> **TIPP** Es ist nicht möglich, eine neue Pivottabelle auf der Basis einer *.cub-Datei zu erstellen, wenn die dazugehörige *.oqy-Datei fehlt!

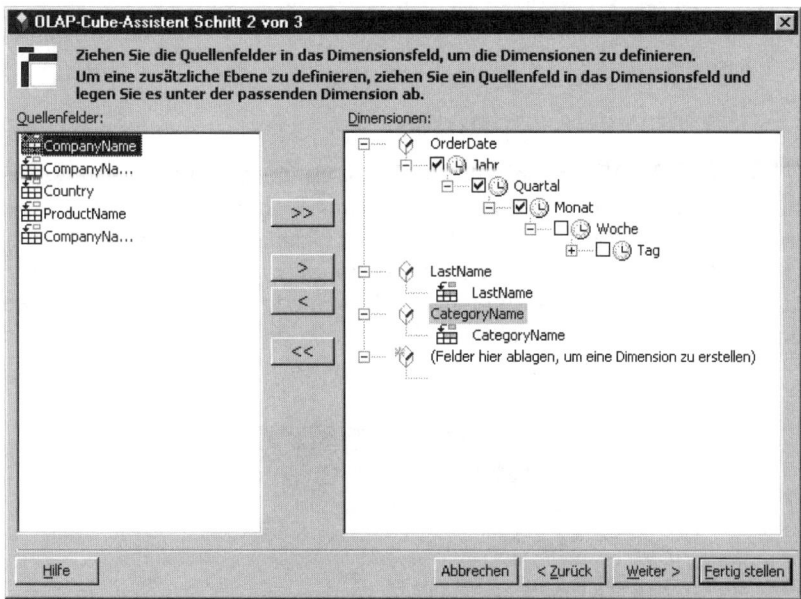

Bild 13.16: Der OLAP-Cube-Assistent

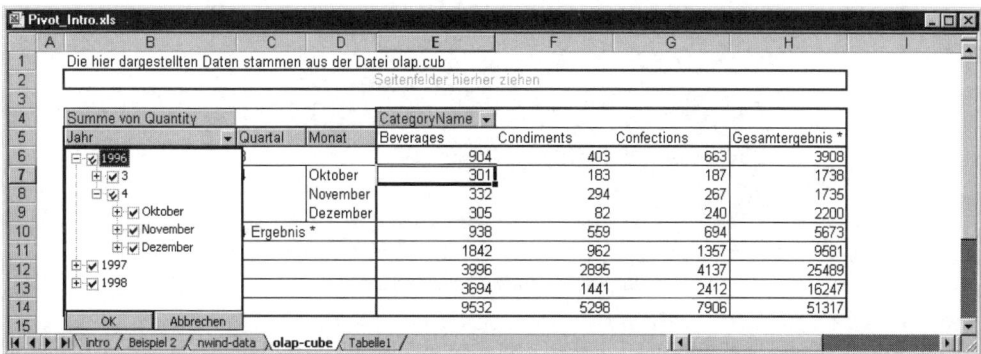

Bild 13.17: Pivottabelle auf der Basis eines OLAP-Cubes

> **VERWEIS**
>
> Zu den OLAP-Bibliotheken von Microsoft zählt auch *ADOMD* (also ADO *multi dimensional*). Damit können Sie ähnlich wie mit der ADO-Bibliothek auf OLAP-Datenquellen zugreifen. Es fehlt hier aber der Platz, um auch darauf einzugehen.
>
> Eine gut verständliche Einführung in die Microsoft'sche OLAP-Welt (mit einem Kapitel zu *ADOMD* und einem weiteren Kapitel zu Excel als OLAP-Analysetool) gibt das Buch *MS OLAP Services* von Gerhard Brosius.

13.2.4 Pivottabellenoptionen

Wenn Sie im Menü der Pivotsymbolleiste das Kommando TABELLENOPTIONEN ausführen, erscheint der in Bild 13.18 zu sehende Dialog. Der erste Optionsblock betrifft die Formatierung der Pivottabelle. Die Bedeutung der meisten Optionen ist offensichtlich bzw. geht aus der Hilfe hervor. (Klicken Sie zuerst das Fragezeichen und dann die betreffende Option an.) Oft wird übersehen, dass Sie der Pivottabelle in diesem Dialog auch einen neuen Namen geben können. Das ist vor allem dann praktisch, wenn Sie in einer Excel-Datei mehrere Pivottabellen verwalten.

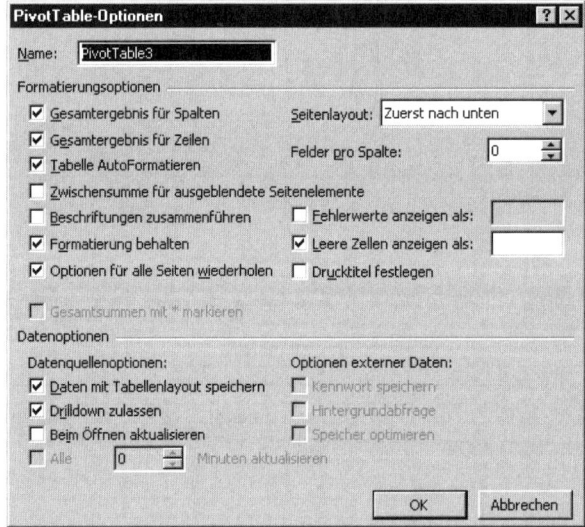

Bild 13.18: Pivottabellenoptionen

Etwas mehr Erklärungsbedarf besteht bei den Datenoptionen. DATEN MIT TABELLENLAYOUT SPEICHERN bedeutet, dass die Abfragedaten zusammen mit der Excel-Datei gespeichert werden. Der Vorteil: Beim nächsten Laden stehen die Daten sofort wieder zur Verfügung. Der Nachteil: Je nach Umfang der Datenmenge wird die Excel-Datei dadurch sehr groß. (Die Einstellung ist nur relevant, wenn die Daten aus einer externen Datenquelle stammen.)

13.2 Pivottabellen (Kreuztabellen)

DRILLDOWN ZULASSEN bezieht sich auf das Verhalten der Tabelle bei einem Doppelklick. Normalerweise werden dadurch Detailergebnisse ein- oder ausgeblendet. Wenn Sie die Option deaktivieren, unterbindet Excel dieses für Pivotneulinge manchmal verwirrende Verhalten.

Die AKTUALISIERUNGS-Optionen steuern, ob und wann die Datengrundlage automatisch aktualisiert werden soll. (In der Defaulteinstellung erfolgt eine Aktualisierung nur, wenn Sie das entsprechende Kommando explizit ausführen.)

HINTERGRUNDABFRAGE bedeutet, dass Sie während der Aktualisierung der Daten in Excel weiterarbeiten können. Das ist vor allem dann interessant, wenn der Zugriff auf eine externe Datenbank langwierig ist.

Die Option SPEICHER OPTIMIEREN ist leider nur andeutungsweise dokumentiert: Excel versucht beim Einlesen externer Daten möglichst sparsam mit dem RAM umzugehen. Fraglich ist nur, wie es das macht und welche Nachteile sich daraus ergeben. (Gäbe es keine Nachteile, wäre die Option ja überflüssig!)

13.2.5 Pivotdiagramme

Pivotdiagramme sind eine Neuerung in Excel 2000. Es handelt sich dabei um Diagramme, die direkt mit einer Pivottabelle verbunden sind. Es ist nicht möglich, ein Pivotdiagramm ohne zugeordnete Pivottabelle zu erzeugen. Jede Änderung an der Struktur der Tabelle wirkt sich auch auf das Diagramm aus und umgekehrt.

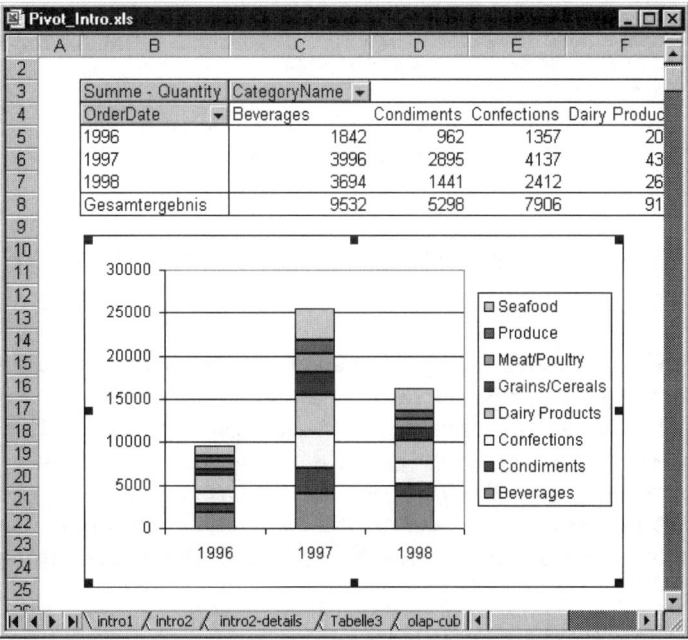

Bild 13.19: Eine Pivottabelle mit einem Pivotdiagramm

Um ein neues Pivotdiagramm zu erzeugen, verwenden Sie wie bei einer neuen Pivottabelle das Kommando DATEN|PIVOTTABLE UND PIVOTCHART. Im ersten Schritt des Assistenten geben Sie an, dass Sie ein Diagramm und keine Tabelle erzeugen möchten. Die weiteren Schritte verlaufen wie bisher, allerdings wird zum Abschluss zusätzlich zur Tabelle ein Diagramm erzeugt (in einem eigenen Blatt).

Sie können auch eine schon vorhandene Tabelle mühelos mit einem Pivotdiagramm ausstatten: Dazu starten Sie entweder den Diagrammassistenten (während sich der Zellzeiger in der Pivottabelle befindet) oder Sie führen in der Pivotsymbolleiste das Kommando PIVOTCHART aus.

13.3 Programmiertechniken

Ausgangspunkt für die meisten Beispiele dieses Kapitels ist eine ziemlich umfangreiche Tabelle (11 Spalten, 2100 Zeilen, siehe Bild 13.15). Diese Daten wurden mit MS Query von nwind.mdb in das Tabellenblatt *nwind-data* importiert. Die Tabellenblätter *nwind-1, -2* etc. greifen auf diese Daten zu. Alle Beispiele befinden sich in der Datei Pivot.xls. Die folgende Liste gibt eine kurze Beschreibung der Tabellenblätter dieser Datei:

intro1	Einführungsbeispiel 1 (Daten und zwei Pivottabellen)
intro2	Einführungsbeispiel 2 (Daten und drei Pivottabellen, Zeitgruppierung)
intro2-details	Detaildaten zu intro2 (Verkaufszahlen August 1996)
olap-cube	Pivottabelle, die auf olap.cub basiert
pivot-chart	Pivottabelle mit Diagramm, Datenbasis nwind.mdb
nwind-link	Pivottabelle, Datenbasis nwind.mdb
nwind-data	Datentabelle (mit MS Query aus nwind.mdb importiert)
nwind1, -2 ...	diverse Pivottabellen auf der Basis der Daten in *nwind-data*
code1, -2 ...	diverse Pivottabellen plus VBA-Code

13.3.1 Pivottabellen erzeugen und löschen

CreatePivotTable-Methode

Es gibt mehrere Möglichkeiten, wie Sie eine neue Pivottabellen erzeugen können. An dieser Stelle werden allerdings nur zwei Varianten vorgestellt. Die erste entspricht dem, was die Makroaufzeichnung liefert. Ausgangspunkt ist die Datenbasis eines *PivotCache*-Objekts. Mit der Methode *CreatePivotTable* wird daraus eine – vorerst leere – Pivottabelle erstellt. Durch die Veränderung der *Orientation*-Eigenschaft einiger Pivotfelder wird anschließend die Struktur der Pivottabelle bestimmt. Die Apostrophe bei den Pivotfeldnamen resultieren von MS Query. Dieses Programm verwendet bei

13.3 Programmiertechniken

den Namen einiger importierten Spalten diese an sich überflüssigen Zeichen. *CreatePivotTable* übernimmt diese Schreibweise aus dem *nwind-data*-Tabellenblatt. Daher müssen Sie sich ebenfalls an diese Schreibweise halten.

> **TIPP** *PivotField*-Objekte werden in Abschnitt 13.3.2 genauer vorgestellt, das *PivotCache*-Objekt im übernächsten Abschnitt 13.3.3.

```
' Datei 13\Pivot.xls, code1
Private Sub btnCreatePivot1_Click()
  Dim pc As PivotCache, pt As PivotTable
  Dim ptName$
  ' Me verweist auf Tabellenblatt zum Code
  ptName = Me.Name + "_ptsample1"
  btnDeletePivot_Click   'vorhandene Pivottabellen löschen
  Set pc = ThisWorkbook.PivotCaches.Add(xlDatabase, _
    "'nwind-data'!R3C1:R2158C11")
  Set pt = pc.CreatePivotTable([a8], ptName)
  With pt
    .PivotFields("Quantity").Orientation = xlDataField
    .PivotFields("'Category'").Orientation = xlColumnField
    .PivotFields("'EmployeeName'").Orientation = xlRowField
    .PivotFields("'CustomerCountry'").Orientation = xlPageField
  End With
End Sub
```

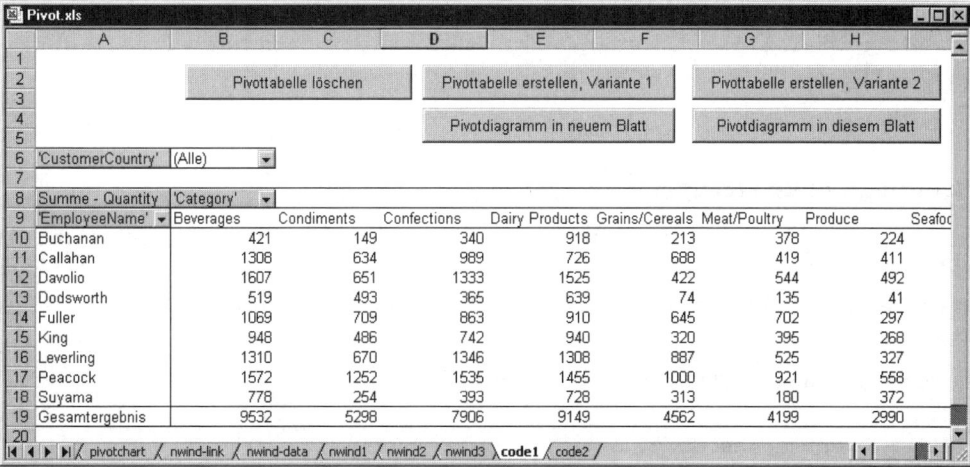

Bild 13.20: Das Ergebnis der Prozedur code1.btnCreatePivot1_Click

> **TIPP**
> Excel erzeugt Pivotdiagramme immer in einem eigenen Blatt. Wenn Sie das Diagramm aber neben oder unter der Pivottabelle als eigenes Objekt darstellen möchten, müssen Sie trickreich vorgehen: Stellen Sie den Zellzeiger *außerhalb* der Pivottabelle und starten Sie dann den Diagrammassistenten. In Schritt 2 geben Sie als Datenquelle die Pivottabellen an. (Klicken Sie einfach eine beliebige Zelle der Tabelle an.) In Schritt 4 steht Ihnen nun die Option ALS OBJEKT IN TABELLENBLATT zur Auswahl.

PivotTableWizard-Methode

Die zweite Variante zur Erzeugung neuer Pivottabellen ist die *PivotTableWizard*-Methode. Dabei übergeben Sie in einer Reihe von Parametern alle Informationen zum Erzeugen einer leeren Pivottabelle. Das *PivotCache*-Objekt wird automatisch erzeugt. Die Zeilen zur Herstellung der Tabellenstruktur sind wie im ersten Beispiel.

```
' Pivottabelle direkt erzeugen
Private Sub btnCreatePivot2_Click()
  Dim pt As PivotTable
  Dim ptName$
  ' Me verweist auf Tabellenblatt zum Code
  ptName = Me.Name + "_ptsample1"
  btnDeletePivot_Click   'vorhandene Pivottabellen löschen
  Set pt = Me.PivotTableWizard(SourceType:=xlDatabase, _
    SourceData:="'nwind-data'!R3C1:R2158C11", _
    TableDestination:="R8C1", TableName:=ptName)
  With pt
    .PivotFields("...").Orientation = .. 'wie in btnCreatePivot1_Click
  End With
End Sub
```

Pivotdiagramme erzeugen

Wenn Sie ein neues Pivotdiagramm erzeugen möchten, benötigen Sie zuerst eine Pivottabelle. Ist diese vorhanden, wird mit *Charts.Add* ein neues Diagrammblatt erzeugt. *SetSourceData* weist dem Diagramm als Datenquelle den Zellbereich der Pivottabelle zu. Fertig!

```
Private Sub btnPivotChart1_Click()
  Dim ch As Chart
  If Me.PivotTables.Count = 0 Then Exit Sub
  Set ch = Charts.Add
  ch.ChartType = xlColumnStacked
  ch.SetSourceData Source:=Me.PivotTables(1).TableRange2
End Sub
```

Ein wenig komplizierter wird es, wenn das Pivotdiagramm in demselben Tabellenblatt wie die Pivottabelle angezeigt werden soll. Abermals wird das Diagramm mit *Charts.Add* erzeugt. Allerdings wird das neue Objekt diesmal durch die **Location**-Methode in das Tabellenblatt eingefügt. Ab diesem Zeitpunkt kann aus unerfindlichen Gründen nicht mehr auf die Objektvariable *ch* zugegriffen werden. Alle weiteren Operationen müssen daher mit *ActiveChart* durchgeführt werden.

Via *Parent* wird nun auf das zugrunde liegende *ChartObject* zugegriffen. (Dieses Objekt ist für die Einbettung des Diagramms in das Tabellenblatt verantwortlich – siehe Kapitel 10.) Über *Left* und *Top* wird der Ort des Objekts so eingestellt, dass das Diagramm direkt unterhalb der Tabelle erscheint.

```
Private Sub btnPivotChart2_Click()
  Dim ch As Chart
  Dim pt As PivotTable
  If Me.PivotTables.Count = 0 Then Exit Sub
  Set pt = Me.PivotTables(1)
  Set ch = Charts.Add
  With ch
    .ChartType = xlColumnStacked
    .SetSourceData Source:=pt.TableRange2
    .Location Where:=xlLocationAsObject, Name:="code1"
  End With
  ' ab hier muss mit ActiveChart weitergearbeitet werden
  With ActiveChart.Parent   'verweist auf ChartObject
    .Left = 20
    .Top = pt.TableRange2.Top + pt.TableRange2.Height + 10
  End With
End Sub
```

Pivottabelle löschen

In Excel fehlt ein Menükommando, um eine Pivottabelle wieder zu löschen. Da überrascht es wenig, dass es auch für die *PivotTables*-Aufzählung keine *Remove*- oder *Delete*-Methode gibt. Dennoch ist es einfach, eine Pivottabelle zu löschen: Löschen Sie einfach den gesamten von der Tabelle beanspruchten Zellbereich. Damit wird automatisch auch das *PivotTable*-Objekt gelöscht. (*TableRange2* verweist auf den Zellbereich der gesamten Pivottabelle. Die Eigenschaft wird im nächsten Abschnitt vorgestellt.)

```
' alle Pivottabellen des Tabellenblatts löschen
Private Sub btnDeletePivot_Click()
  Dim pt As PivotTable, ws As Worksheet
  Set ws = Me  'verweist in Modul eines Tabellenblatts auf Worksheet
  For Each pt In ws.PivotTables
    pt.TableRange2.Clear
  Next
End Sub
```

Wenn der Tabelle ein Pivotdiagramm zugeordnet war, bleibt dieses bestehen. Die darin angezeigten Daten sind jetzt aber statisch. Sie können das Diagramm mit *Charts(...).Delete* bzw. *ChartObjects(...).Delete* ebenfalls löschen. Sie können das Diagramm aber auch später mit einer neuen (oder anderen) Pivottabelle verbinden, indem Sie neuerlich die Methode *SetSourceData* ausführen.

Makroaufzeichnung bei Pivottabellen

Die Makroaufzeichnung hilft auch bei Pivottabellen rasch zum Verständnis, wie bestimmte Operationen per Code durchgeführt werden können. Aber wie immer gilt: Der Code der Makroaufzeichnung ist selten optimal. Insbesondere wenn Sie das Einfügen einer neuen Pivottabelle aufzeichnen (also die Schritte, die Sie üblicherweise mit dem Pivotassistenten erledigen), ist der Code oft ungewöhnlich umständlich. Das liegt vor allem daran, dass Excel lange Zeichenketten aus unerfindlichen Gründen in ein zweidimensionales *Array* zerlegt. Statt

```
.Connection= "..."
```

liefert die Makroaufzeichnung

```
.Connection = Array(Array("teil1"), Array("teil2") ...)
```

Natürlich teilt die Aufzeichnung die Zeichenkette an willkürlichen Stellen, was die Lesbarkeit weiter erschwert. Bevor Sie beginnen, aus dem *Array*-Konglomerat eine übersichtliche Anweisung zu bilden, sollten Sie sich im Direktfenster den Inhalt der Zeichenkette ausgeben lassen, beispielsweise durch die folgende Anweisung:

```
?ActiveSheet.PivotTables(1).PivotCache.Connection
```

Das Ergebnis können Sie per Zwischenablage in den Programmcode einfügen. Das Einfügen von Hochkommas sowie die Zerlegung über mehrere Zeilen bleibt Ihnen auch jetzt nicht erspart, aber dieser Weg ist dennoch meist schneller als die unmittelbare Bearbeitung des aufgezeichneten Codes.

SQL2String

Wenn Ihre Pivottabelle einer sehr komplexen SQL-Anweisung zugrunde liegt (etwa bei OLAP-Abfragen), scheitert die Makroaufzeichnung oft ganz, weil die maximale Anzahl der Zeilenverlängerungszeichen _ überschritten wird. In diesem Fall müssen Sie den Code selbst schreiben, wobei Sie wiederum die Zeichenketten aus bereits vorhandenen Pivottabellen extrahieren können.

13.3 Programmiertechniken

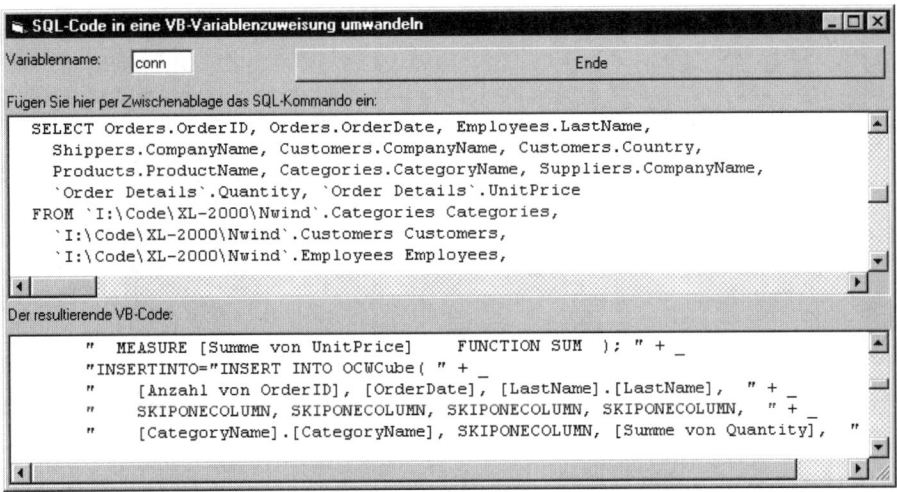

Bild 13.21: Lange Zeichenketten in VB-Syntax umwandeln

Wenn sich auch bei manueller Teilung des SQL-Codes mehr als 20 Zeilen ergeben, müssen Sie mit einer *String*-Variablen arbeiten, die Sie mit $x = x +$ "..." beliebig erweitern können. Bei dieser Aufgabe hilft Ihnen das kleine Programm sql2string.exe, das Sie auf der beiliegenden CD-ROM finden (Bild 13.21). Es bildet aus dem im oberen Fensterbereich dargestellten Text eine der VB-Syntax entsprechende Variablenzuweisung. Der Text im oberen Fensterbereich kann wie in einem Texteditor bearbeitet und verändert werden (Zeilenumbruch).

13.3.2 Aufbau und Bearbeitung vorhandener Pivottabellen

Zellbereiche

Ausgangspunkt für jede Manipulation an Pivottabellen sind in erster Linie die drei Aufzählungen *PivotTables*, *PivotFields* und *PivotItems*: **PivotTables** verweist auf alle Pivottabellen eines Tabellenblatts. Über das *PivotTable*-Objekt können neben der unten beschriebenen Methode *PivotFields* die Eigenschaften *TableRange1*, *TableRange2*, *PageRange* (Seitenbereich), *ColumnRange* (Spaltenbereich), *RowRange* (Zeilenbereich), *DataBodyRange* (Datenbereich) und *DataLabelRange* ausgewertet werden. *RowGrand* und *ColumnGrand* geben an, ob zur Pivottabelle Ergebniszeilen bzw. -spalten angezeigt werden.

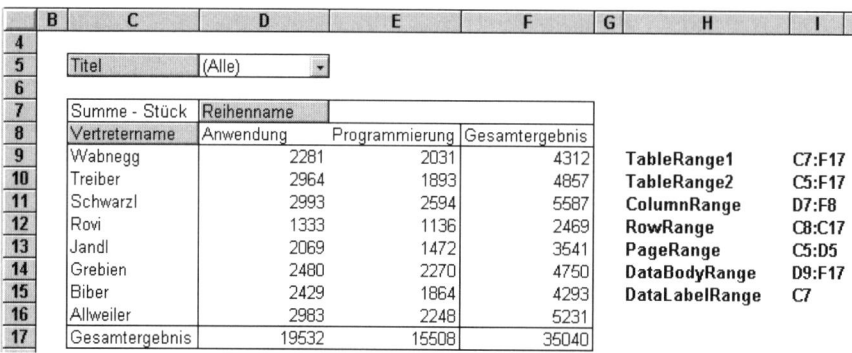

Bild 13.22: *Bereiche einer Pivottabelle*

Pivotfelder (PivotField)

PivotFields enthält alle für eine Tabelle definierten Pivotfelder. (Jedes Pivotfeld steht für eine Spalte der Quelldaten.) Die *Orientation*-Eigenschaften der *PivotField*-Objekte bestimmt, ob das Feld zur Gliederung der Daten, zur Ermittlung der Ergebnisse oder überhaupt nicht genutzt wird. Indem Sie bei einem Pivotfeld die Eigenschaft *Orientation* ändern, machen Sie daraus z.B. ein Datenfeld, ein Seitenfeld etc. bzw. blenden das Feld wieder aus.

PivotField-Objekte steuern also die Struktur der Pivottabelle. Mit den Methoden *ColumnFields*, *DataFields*, *HiddenFields*, *PageFields*, *RowFields* und *VisibleFields* kann gezielt auf alle *PivotField*-Objekte eines bestimmten *Orientation*-Typs zugegriffen werden.

Zahlreiche *PivotField*-Eigenschaften steuern die Layout-Details einer Pivottabelle: *DataRange* und *LabelRange* geben an, wo sich die Beschriftungs- und Ergebniszellen befinden. *Function* bestimmt, nach welcher Funktion die Ergebnisse für die Datenfelder bestimmt werden sollen. *Subtotals* enthält ein Datenfeld, das angibt, welche Typen von Zwischenergebnissen in der Pivottabelle aufscheinen sollen. Bei Seitenfeldern gibt *CurrentPage* an, welche Seite gerade ausgewählt ist.

> **VERWEIS** Diese Beschreibung ist alles andere als vollständig. Eine Menge weiterer Eigenschaften sind im Objektkatalog aufgezählt und in der Hilfe beschrieben. Experimentieren Sie auch mit der Makroaufzeichnung, indem Sie nur *ein* Detail einer vorhandenen Pivottabelle ändern!

OLAP-Felder (CubeField)

Wenn Ihre Tabelle auf OLAP-Daten basiert, ist alles anders: In diesem Fall erfolgt die Manipulation der Pivotfelder nicht über *PivotFields*, sondern über **CubeFields**. Beim *CubeField*-Objekt handelt es sich um eine reduzierte Variante von *PivotField*, die den Möglichkeiten von OLAP-Daten entspricht. (Bei OLAP-Daten können Sie zumeist viel weniger Operationen durchführen. Das Layout der Tabelle ist stärker durch die Abfrageoptionen limitiert, die bei der Erstellung des OLAP-Cubes gewählt wurden.)

Berechnete Felder (Formelfelder)

Es besteht die Möglichkeit, aus vorhandenen Pivotfeldern ein neues zu erzeugen: Wenn in den Quelldaten Spalten mit *price* und *quantity* vorgesehen sind, kann aus dem Produkt dieser Zahlen ein neues Pivotfeld *sales* errechnet werden. Im interaktiven Betrieb führen Sie dazu das Kommando FORMELN|BERECHNETES FELD der Pivotsymbolleiste aus. Per VBA-Code führen Sie *CalculatedFields.Add "sales", "=price * quantity"* aus. Anschließend können Sie *sales* wie jedes andere Pivotfeld verwenden. *CalculatedFields* verweist auf alle Pivotfelder, die nicht direkt aus den Ausgangsdaten stammen, sondern errechnet sind. Für diese Felder gilt *IsCalculated=True*. Die Eigenschaft *Formula* enthält die Berechnungsformel.

> **HINWEIS** Berechnete Felder, die als Datenfelder eingesetzt werden, können nicht mit *Orientation = xlHidden* ausgeblendet werden. (Die Fehlermeldung lautet: *Die Orientation-Eigenschaft kann nicht festgelegt werden*.) Da die Makroaufzeichnung genau diesen Code produziert, handelt es sich hierbei wohl um einen Fehler von Excel 2000. Trotz längerer Experimente gelang es nicht, einen anderen Weg zu finden, ein derartiges Feld per Code wieder aus der Tabelle zu schaffen. Anscheinend bleibt kein anderer Ausweg, als die ganze Tabelle zu löschen!

Gruppierung von Pivotfeldern

Ein Teil der Analysemöglichkeiten von Pivottabellen kann nur in Zusammenarbeit mit der Gruppierungsfunktion ausgeschöpft werden. Die dazu erforderliche *Group*-Methode ist an sich von Pivottabellen unabhängig (siehe Abschnitt 11.5). Sie erwartet als Objektreferenz einfach eine Zelle oder einen Zellbereich. Wenn dieser Bereich innerhalb einer Pivottabelle liegt, wird die Gruppierung hierfür durchgeführt.

Im Regelfall bieten sich nur Zeit- bzw. Datumsfelder zur Gruppierung an. Der entscheidende Parameter von *Group* ist dann *Periods*: an ihn wird ein Datenfeld übergeben, das angibt, für welche Zeiteinheiten die Gruppierung durchgeführt werden soll (Sekunden, Minuten, Stunden, Tage, Monate, Quartale und Jahre). Durch die Gruppierung entstehen neue Pivotfelder (übrigens mit lokalisierten Namen – z.B. *Jahre* bei der deutschen Excel-Version, *Years* bei der englischen), die wie alle anderen Pivotfelder bearbeitet werden können.

```
' Datumsfeld gruppieren (Monate, Quartale, Jahre)
[c3].Group Start:=True, End:=True, _
    Periods:=Array(False, False, False, False, True, True, True)
pt.PivotFields("Jahre").Orientation = xlPageField
```

Wenn gruppiert wird, dann sollen zumeist auch Zwischenergebnisse angezeigt werden. Dafür ist die *Subtotals*-Eigenschaft zuständig, die direkt auf ein Pivotfeld angewendet werden muss. Auch *Subtotals* wird ein Datenfeld zugewiesen. Es gibt in einer Reihe von *True*- und *False*-Werten an, welche Typen von Zwischenergebnissen gebildet werden sollen (Summe, Mittelwert etc.). Die Reihenfolge der Parameter ist in der Hilfe dokumentiert.

```
.PivotFields("Quartale").Subtotals = Array(False, True, False, _
    False, False, False, False, False, False, False, False)
```

Pivotelemente (PivotItem)

Noch eine Ebene unter den *Pivot*- bzw. *CubeFields* stehen die **PivotItem**-Objekte: Dabei handelt es sich um Ergebnisspalten oder -zeilen der Pivottabelle. *PivotItem*-Objekte sind jeweils einem *PivotField* zugeordnet. Über die *Visible*-Eigenschaft der *PivotItem*-Objekte kann beispielsweise die Sichtbarkeit einzelner Ergebnisspalten oder -zeilen verändert werden. Im interaktiven Betrieb entspricht das der Veränderung der Auswahlhäkchen eines Pivotfelds – siehe Bild 13.23.

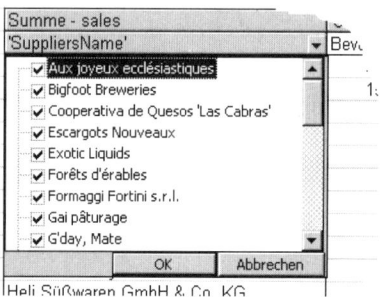

Bild 13.23: Einzelne Zeilen (PivotItems) eines Pivotfelds ein- und ausblenden

Beispiel

Die folgende Prozedur demonstriert die Anwendung vieler der oben beschriebenen Objekte und Eigenschaften. Das Ergebnis ist in Bild 13.24 zu sehen.

```
' Datei 13\Pivot.xls, Code2
Private Sub btnCreatePivot1_Click()
  Dim pc As PivotCache, pt As PivotTable, pf As PivotField
  Dim ptName$
  ' Me verweist auf Tabellenblatt zum Code
  ' vorhandene Tabellen löschen
  For Each pt In Me.PivotTables
    pt.TableRange2.Clear
  Next
  Set pc = ThisWorkbook.PivotCaches.Add(xlDatabase, _
    "'nwind-data'!R3C1:R2158C11")
```

13.3 Programmiertechniken

```
    Set pt = pc.CreatePivotTable([a8], ptName)
    With pt
      .PivotFields("OrderDate").Orientation = xlRowField
      .PivotFields("'Category'").Orientation = xlColumnField
      ' neues berechnetes Feld, Zahlenformat ohne Dezimalstellen
      .CalculatedFields.Add "sales", "= Quantity * '''Price'''"
      .PivotFields("sales").Orientation = xlDataField
      .PivotFields("Summe - sales").NumberFormat = "0"
      ' Datumsfeld gruppieren (Monate, Quartale, Jahre)
      ' Jahresfeld als Seitenfeld, nur Jahr 1997 sichtbar
      ' Zwischenergebnisse je Quartal
      .PivotFields("OrderDate").VisibleItems(1).LabelRange.Group _
         Start:=True, End:=True, _
         Periods:=Array(False, False, False, False, True, True, True)
      .PivotFields("Jahre").Orientation = xlPageField
      .PivotFields("Jahre").CurrentPage = "1997"
      .PivotFields("Quartale").Subtotals = Array(False, True, False, _
          False, False, False, False, False, False, False, False)
    End With
End Sub
```

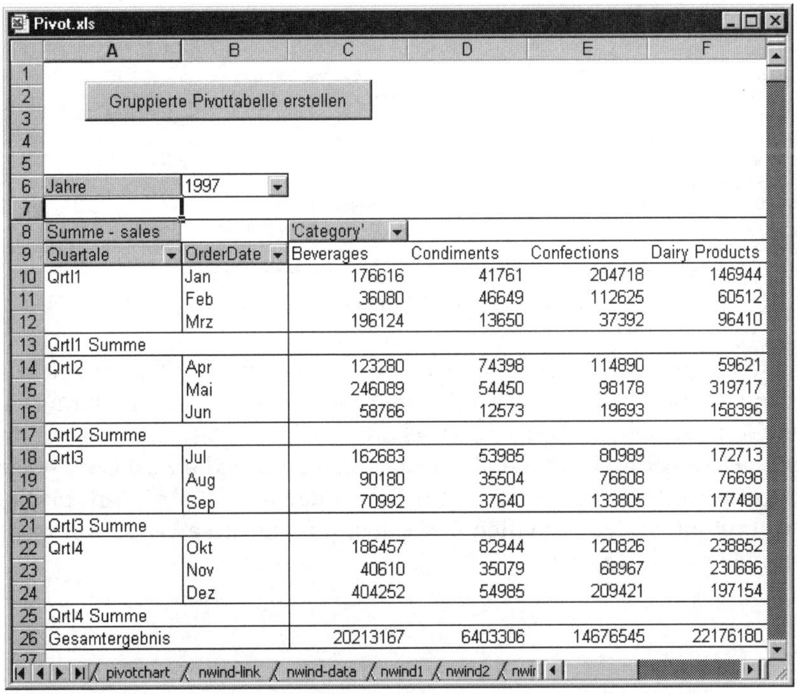

	A	B	C	D	E	F
1						
2		Gruppierte Pivottabelle erstellen				
3						
4						
5						
6	Jahre	1997				
7						
8	Summe - sales		'Category'			
9	Quartale	OrderDate	Beverages	Condiments	Confections	Dairy Products
10	Qrtl1	Jan	176616	41761	204718	146944
11		Feb	36080	46649	112625	60512
12		Mrz	196124	13650	37392	96410
13	Qrtl1 Summe					
14	Qrtl2	Apr	123280	74398	114890	59621
15		Mai	246089	54450	98178	319717
16		Jun	58766	12573	19693	158396
17	Qrtl2 Summe					
18	Qrtl3	Jul	162683	53985	80989	172713
19		Aug	90180	35504	76608	76698
20		Sep	70992	37640	133805	177480
21	Qrtl3 Summe					
22	Qrtl4	Okt	186457	82944	120826	238852
23		Nov	40610	35079	68967	230686
24		Dez	404252	54985	209421	197154
25	Qrtl4 Summe					
26	Gesamtergebnis		20213167	6403306	14676545	22176180

*Bild 13.24: Das Ergebnis der Prozedur
code2.btnCreatePivot1_Click*

13.3.3 Interne Verwaltung (PivotCache)

Die Datenbasis von Pivottabellen wird intern durch *PivotCache*-Objekte verwaltet (eines je Pivottabelle). Das Objekt speichert nicht nur die Daten an sich, sondern enthält auch eine Beschreibung der Parameter, die zum Einlesen externer Daten erforderlich sind. Die Eigenschaft *MemoryUsed* gibt den Aufwand zur Zwischenspeicherung der Daten an. Wenn beispielsweise die große *Northwind*-Tabelle aus Bild 13.15 als Datenbasis verwendet wird, beträgt der Speicherbedarf ca. 200 kByte. *RecordCount* gibt an, wie viele Datensätze (Zeilen) die Datenquelle umfasst.

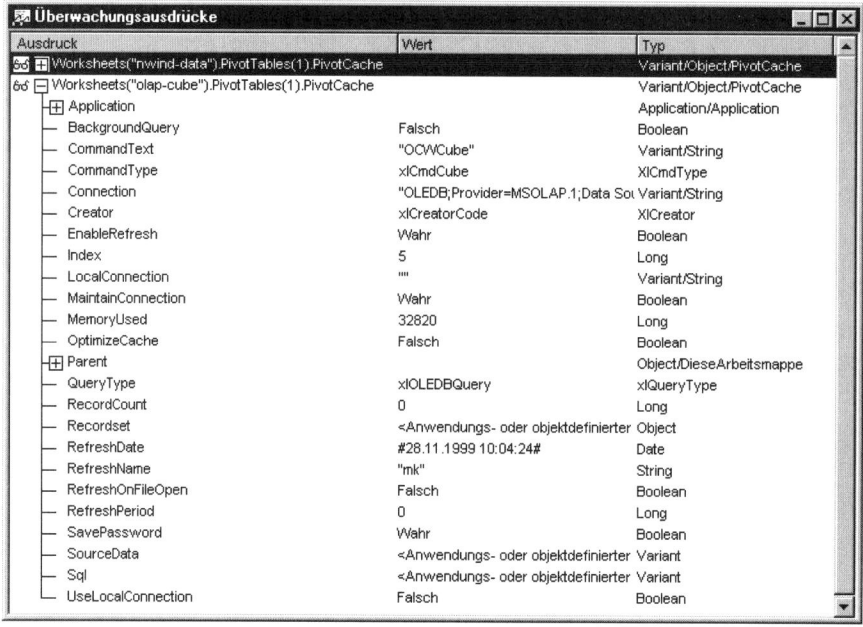

Bild 13.25: Analyse des PivotCache-Objekts im Überwachungsfenster

Je nach Datenquelle sind unterschiedliche Eigenschaften des Objekts belegt. Ein Versuch, auf andere Eigenschaften zuzugreifen, führt zu einer Fehlermeldung. Aus unerfindlichen Gründen gibt es keine Eigenschaft, die immer verfügbar ist und den Typ der Datenquelle angibt. Wenn Sie also eine Schleife über alle *PivotCache*-Objekte ausführen, müssen Sie Ihren Code durch *On Error Resume Next* absichern und nach dem Zugriff auf bestimmte Eigenschaften *Err* testen, um auf diese Weise Rückschlüsse auf den Datenquellentyp zu ziehen.

13.3 Programmiertechniken

Excel-Tabelle als Datenquelle	
QueryType	nicht initialisiert, Zugriff führt zu Fehler
CommandType	nicht initialisiert, Zugriff führt zu Fehler
Connection	nicht initialisiert, Zugriff führt zu Fehler
CommandText	nicht initialisiert, Zugriff führt zu Fehler
SourceData	enthält als Zeichenkette (nicht als *Range*-Objekt!) die Adresse der Tabellenfelder; die Zeichenkette ist aus unerfindlichen Gründen lokalisiert: die deutsche Excel-Version enthält also z.B. *"intro1!Z4S2:Z26S7"*, während es bei der englischen Version *"intro1!R4C2:R26C7"* heißt

Externe Datenquelle (via MS Query)	
QueryType	enthält *xlODBCQuery*
CommandType	enthält *xlCmdSql*
Connection	enthält Verbindungsinformationen wie beim *QueryTable*-Objekt (*"ODBC;..."*)
CommandText	enthält die SQL-Kommando
SourceData	enthält nochmals das SQL, allerdings zerlegt in ein *Array* von Zeichenketten mit je 255 Zeichen

OLAP-Cube als Datenquelle	
QueryType	enthält *xlOLEDBQuery*
CommandType	enthält *xlCmdCube*
CommandText	enthält *"OCWCube"*
Connection	enthält in einer einzigen (meist riesigen) Zeichenkette sowohl die Verbindungsinformationen als auch das SQL-Kommando für den OLAP-Cube
SourceData	nicht initialisiert, Zugriff führt zu Fehler

Verbindung zwischen Pivottabellen und Datenquellen aktualisieren

Der Grund für die relativ ausführliche Behandlung von *PivotCache* besteht darin, dass die Weitergabe der Pivotbeispieldateien auf der beiliegenden CD-ROM ohne geeignete Gegenmaßnahmen Fehler produziert: Die Dateinamen Nwind.mdb und Olap.cub werden in den *Connection*- und *CommandText*-Zeichenketten mit Laufwerks- und Pfadinformationen gespeichert. Wenn Sie die Pivotbeispieldateien auf Ihrem Rechner öffnen, würde sich Excel bei einem Datenaktualisierungsversuch darüber beschweren, dass es die Quelldateien nicht findet (und ich würde mit jeder Menge Beschwerden per E-Mail überhäuft, dass meine Beispiele nicht funktionieren).

Leider ist es im Gegensatz zum *QueryTable*-Objekt nicht zulässig, die Eigenschaften des *PivotCache*-Objekts einfach zu ändern, um den Pfad zu Datenbankdateien richtig zu stellen. Die einzige – leider recht aufwendige – Alternative besteht darin, die Pivottabellen zu löschen und basierend auf den bisherigen Verbindungsinformationen neu zu erstellen. Das Problem bei dieser Vorgehensweise besteht darin, dass dabei das Layout der Pivottabelle teilweise verloren geht.

Auf der anderen Seite offenbart der »Reperaturcode« eine Menge Interna über die Verwaltung von Pivottabellen und ist daher über die Aufgabenstellung hinaus durchaus interessant.

Die Codeausführung beginnt in *Workbook_Open*, also in der Prozedur, die beim Öffnen einer Excel-Datei als Erstes ausgeführt wird. Dort wird zuerst *CheckMSQueryData* aufgerufen, um für alle mit MS Query importierten Tabellen die Pfade zu externen Access-Dateien richtig zu stellen (siehe Abschnitt 12.2.2).

```
' Datei 13\Pivot.xls, DieseArbeitsmappe
Private Sub Workbook_Open()
   CheckMSQueryData      'siehe Workbook_Open in Abschnitt 12.2.2
   CheckPivotTableData
End Sub
```

In *CheckPivotTableData* wird eine Schleife über alle *PivotTable*-Objekte des Tabellenblatts ausgeführt. Für jede Tabelle wird getestet, ob sie auf externen Daten basiert. (Bei Tabellen, wo dies nicht der Fall ist, löst bereits der Versuch, *QueryType* zu lesen, einen Fehler aus. Die Zeile ist daher entsprechend abgesichert.)

Wenn es externe Daten gibt, wird mit *ExtractDir* (siehe nochmals Abschnitt 12.2.2) das Verzeichnis der Daten ermittelt. Stimmt dieses nicht mit *ThisWorkbook.Path* überein, erscheint (nur bei der ersten Tabelle) eine Abfrage, ob die Tabellen tatsächlich neu erstellt werden sollen. Diese Arbeit wird dann in *RecreatePivotTable* erledigt.

```
Sub CheckPivotTableData()
  Dim ws As Worksheet
  Dim pt As PivotTable, pc As PivotCache
  Dim qtype&, result&
  Dim oldDir$, newDir$
  ' aktuelles Verzeichnis (ohne \ am Ende)
  newDir = ThisWorkbook.Path
  If Right(newDir, 1) = "\" Then
    newDir = Left(newDir, Len(newDir) - 1)
  End If
```

```
' Schleife über alle Pivottabellen
For Each ws In ThisWorkbook.Worksheets
  For Each pt In ws.PivotTables
    Set pc = pt.PivotCache
    qtype = -1
    On Error Resume Next
    qtype = pc.QueryType    'hier evt. Fehler
    On Error GoTo 0
    If qtype = xlODBCQuery Or qtype = xlOLEDBQuery Then
      ' bisherigen Pfad aus Connection-Zeichenkette ermitteln
      oldDir = ExtractDir(pc.Connection)
      ' falls erfolgreich: alten Pfad durch neuen Pfad ersetzen
      If oldDir <> "" And LCase(oldDir) <> LCase(newDir) Then
        If result = 0 Then
          result = MsgBox("Der Pfad ... stimmt nicht mit dem " & _
            "dieser Datei überein. Sollen die Pivottabellen neu " & _
            "erstellt werden?", vbYesNo)
        End If
        If result = vbYes Then
          RecreatePivotTable pt, oldDir, newDir
        End If
      End If
    End If
  Next
Next
End Sub
```

RecreatePivotTable beginnt damit, dass die Eigenschaften der vorhandenen Pivottabelle ermittelt werden. Bei den Zeichenketten für *Connection* und *CommandText* wird bei dieser Gelegenheit gleich der bisherige Pfad durch den neuen Pfad ersetzt.

Die neue Tabelle soll exakt am Ort der bisherigen Tabelle wiederhergestellt werden. Daher wird bei der Ermittlung der Startzelle (Variable *ptRange*) getestet, ob die Tabelle mit Pivotseitenfeldern ausgestattet ist oder nicht. Dieser Test ist notwendig, weil beim Erstellen einer neuen Pivottabelle automatisch Platz für eine Zeile mit Pivotseitenfeldern freigelassen wird.

```
Sub RecreatePivotTable(pt As PivotTable, oldDir$, newDir$)
  Dim pc As PivotCache
  Dim chrt As Chart, chobj As ChartObject
  Dim ws As Worksheet, ptRange As Range
  Dim con$, cmdText$, ptName$
  Dim i&, cmdType&, hasChart&
  Dim ptLayout()
```

```
' bisherige Eigenschaften ermitteln
Set pc = pt.PivotCache
cmdType = pc.CommandType
con = Replace(pc.Connection, oldDir, newDir, Compare:=vbTextCompare)
cmdText = Replace(pc.CommandText, oldDir, newDir, _
  Compare:=vbTextCompare)
ptName = pt.Name
If pt.PageFields.Count > 0 Then
  '2 Zeilen unter erstem Seitenfeld
  Set ptRange = pt.TableRange2.Cells(3, 1)
Else
  '1. Zelle der Tabelle
  Set ptRange = pt.TableRange1.Cells(1)
End If
```

Das Layout der Tabelle wird zwar nicht vollständig wiederhergestellt, aber zumindest soll der prinzipielle Aufbau erhalten bleiben. Daher werden im Feld *ptLayout* die Namen und Orte aller sichtbaren Pivotfelder gespeichert. Dabei muss darauf geachtet werden, dass bei OLAP-Pivottabellen *CubeFields*, bei herkömmlichen Pivottabellen dagegen *VisibleFields* ausgewertet werden muss.

```
If LCase(cmdText) = "ocwcube" Then
  ' OLAP-Pivottabelle
 ReDim ptLayout(pt.CubeFields.Count, 2)
 For i = 1 To pt.CubeFields.Count
   ptLayout(i, 1) = pt.CubeFields(i).Name
   ptLayout(i, 2) = pt.CubeFields(i).Orientation
 Next
Else
  ' normale Tabelle
  ReDim ptLayout(pt.VisibleFields.Count, 2)
  For i = 1 To pt.VisibleFields.Count
    ptLayout(i, 1) = pt.VisibleFields(i).SourceName
    ptLayout(i, 2) = pt.VisibleFields(i).Orientation
  Next
End If
```

Als Nächstes wird die gesamte Arbeitsmappe nach einem *Chart*-Objekt durchsucht, das vielleicht in Verbindung mit der Tabelle steht. Dazu wird getestet, ob es ein *Chart*-Objekt gibt, dessen *PivotLayout.PivotTable*-Eigenschaft auf das gerade in Arbeit befindliche *PivotTable*-Objekt verweist. Aus unerfindlichen Gründen scheitert dabei ein direkter Objektvergleich mit *Is*. Aus diesem Grund werden in der Hilfsfunktion *PtCompare* die Eigenschaften *Worksheet.Name* und *Address* von *TableRange1* verglichen (Methode *trial by error*).

```
' zugeordnetes Chart-Objekt suchen
' zuerst Diagramme in eigenem Blatt
hasChart = False
For Each chrt In ThisWorkbook.Charts
  If PtCompare(chrt.PivotLayout.PivotTable, pt) Then
    hasChart = True
    Exit For
  End If
Next
' noch nichts gefunden; vielleicht
' Diagramm als Objekt in einem Tabellenblatt
If hasChart = False Then
  For Each ws In ThisWorkbook.Worksheets
    For Each chobj In ws.ChartObjects
      If Not (chobj.Chart.PivotLayout Is Nothing) Then
        If PtCompare(chobj.Chart.PivotLayout.PivotTable, pt) Then
          hasChart = True
          Set chrt = chobj.Chart
          Exit For
        End If
      End If
    Next
  Next
End If
```

Damit sind die Vorbereitungsarbeiten abgeschlossen. Die alte Pivottabelle wird gelöscht und sogleich wiederhergestellt. Anschließend wird versucht, auch die Platzierung der Pivotfelder wiederherzustellen. Dabei kann es zu Problemen kommen, wenn in *ptLayout* nicht mehr existierende Pivotfelder enthalten sind. Dieser Fall tritt beispielsweise ein, wenn in der ursprünglichen Tabelle ein Datumsfeld gruppiert worden ist. Dann gelten auch die Gruppierungsfelder (etwa »Jahre« oder »Monate« als Pivotfelder). In der neuen Tabelle fehlen diese Felder mangels Gruppierung. Beachten Sie auch hier wieder die Unterscheidung zwischen *PivotFields* und *CubeFields* (OLAP).

```
' alte Pivottabelle samt Cache löschen
pt.TableRange2.Clear
' neue Pivottabelle erstellen
Set pc = ThisWorkbook.PivotCaches.Add(xlExternal)
pc.Connection = con
pc.CommandType = cmdType
pc.CommandText = cmdText
Set pt = pc.CreatePivotTable(ptRange, ptName)
```

```
  For i = 0 To UBound(ptLayout(), 1)
    If ptLayout(i, 2) <> xlHidden Then
      On Error Resume Next   'falls Feld aus Zeitgruppierung
      If LCase(cmdText) = "ocwcube" Then    ' OLAP-Pivottabelle
        pt.CubeFields(ptLayout(i, 1)).Orientation = ptLayout(i, 2)
      Else                                  ' normale Pivottabelle
        pt.PivotFields(ptLayout(i, 1)).Orientation = ptLayout(i, 2)
      End If
      On Error GoTo 0
    End If
  Next
```

Im noch vorhandenen *Chart*-Objekt werden weiter die alten Daten angezeigt. Bei der Datengrundlage handelt es sich allerdings um eine statische Kopie. Mit *SetSourceData* kann die neue Tabelle mit *Chart*-Objekt wieder verbunden werden.

```
  ' neue Pivottabelle mit dem vorhandenen Chart-Objekt wieder
  ' verbinden
  If hasChart Then
    chrt.SetSourceData pt.TableRange2
    chrt.Refresh
  End If
End Sub

' aus unerfindlichen Gründen liefert pt1 Is pt2 manchmal False,
' selbst dann, wenn pt1 und pt2 auf die gleiche Pivottabelle zeigen
Function PtCompare(pt1 As PivotTable, pt2 As PivotTable) As Boolean
  Dim rng1 As Range, rng2 As Range
  Set rng1 = pt1.TableRange1
  Set rng2 = pt2.TableRange1
  If rng1.Address = rng2.Address And _
     rng1.Worksheet.Name = rng2.Worksheet.Name Then
    PtCompare = True
  Else
    PtCompare = False
  End If
End Function
```

13.3 Programmiertechniken

VORSICHT: Ebenso wie in Abschnitt 12.2.2 ist auch hier eine Warnung angebracht: Die folgenden Prozeduren verlassen sich darauf, dass der Pfad zur Datenbankdatei im Attribut *DefaultDir* der *Connection*-Eigenschaft gespeichert ist. In der gegenwärtigen Excel-Version ist dies der Fall, wenn die Datenquelle direkt eine Access-Datei oder ein OLAP-Cube auf der Basis einer Access-Datei ist. Es ist aber nicht sicher, ob diese Vorgehensweise auch für andere Datenquellen bzw. in künftigen Versionen von Excel funktioniert.

Die Prozeduren gehen des Weiteren davon aus, dass sich alle betroffenen Datenbankdateien in dem selben Verzeichnis wie die Excel-Datei befinden. Auch diese Annahme gilt natürlich nur im vorliegenden Fall, durchaus nicht bei jeder Excel-Anwendung.

13.3.4 Syntaxzusammenfassung

wsh steht für ein *WorkSheet*-Objekt, *rng* für einen Zellbereich.

Pivottabellen	
wsh.PivotTableWizard ...	erstellt bzw. verändert eine Pivottabelle
wsh.PivotTables(..)	Zugriff auf Pivottabellenobjekte
chrt.PivotLayout	Zugriff auf das *PivotLayout*-Objekt
chrt.PivotLayout.PivotCache	Zugriff auf das *PivotCache*-Objekt
chrt.PivotLayout.PivotFields	Zugriff auf *PivotField*-Objekte
chrt.PivotLayout.PivotTable	Zugriff auf das *PivotTable*-Objekt
chrt.SetSourceData rng	Diagramm mit Pivottabelle verbinden

PivotTable – Eigenschaften und Methoden	
TableRange1	Zellbereich der Tabelle ohne Seitenfelder
TableRange2	Zellbereich der Tabelle inklusive Seitenfelder
PageRange	Zellbereich der Seitenfelder
ColumnRange	Zellbereich der Spaltenfelder
RowRange	Zellbereich der Zeilenfelder
DataBodyRange	Datenbereich
DataLabelRange	Beschriftung des Datenbereichs (Eckpunkt links oben)
PivotFields(..)	Zugriff auf alle Pivotfelder der Pivottabelle
VisibleFields(..)	Zugriff auf alle sichtbaren Felder
PageFields(..)	Zugriff auf die Seitenfelder
ColumnFields(..)	Zugriff auf die Spaltenfelder
RowFields(..)	Zugriff auf die Zeilenfelder

DataFields(..)	Zugriff auf die Datenfelder
HiddenFields(..)	Zugriff auf die zurzeit nicht sichtbaren Pivotfelder
CubeFields(..)	Zugriff auf Pivotfelder bei OLAP-Daten (*CubeField*-Objekte)
PivotCache	Zugriff auf das *PivotCache*-Objekt
RefreshData	aktualisiert die Pivottabelle (liest die Quelldaten neu ein)

PivotField – Eigenschaften

DataRange	Zellbereich der Datenfelder des Pivotfelds
LabelRange	Zellbereich der Beschriftungsfelder des Pivotfelds
Orientation	Typ des Pivotfelds (*xlPageField, xlColumnField, xlRowField, xlDataField, xlHidden*)
Subtotals	steuert, welche Zwischenergebnisse angezeigt werden
Function	bestimmt die Rechenfunktion (nur für Datenfelder)
CurrentPage	bestimmt die gerade sichtbare Seite (nur für Seitenfelder)
PivotItems(..)	Zugriff auf einzelne Pivotelemente
CubeField	OLAP-spezifische Zusatzeigenschaften

PivotCache – Eigenschaften und Methoden

CommandType	Typ des SQL-Kommandos (SQL, OLAP-Cube)
CommantText	SQL-Kommando bei externen Daten
Connection	Zugang zur Datenquelle bei externen Daten
MemoryUsed	Speicherverbrauch (RAM) in Byte
QueryType	Datentyp bei externen Daten (ODBC, OLE DB)
RecordCount	Anzahl der Datensätze (Zeilen)
SourceData	Adresse der Quelldaten in Tabellenblatt
CreatePivotTable	Pivottabelle aus *PivotCache* erzeugen

14 XML- und Listen-Funktionen (Excel 2003)

Die einzige wesentliche Neuerung, die Excel 2003 VBA-Programmierern bietet, sind diverse Funktionen zur Bearbeitung von Listen sowie zum Import und Export von XML-Dokumenten. Dieses Kapitel gibt einen Überblick über die neuen Objekte, Methoden und Eigenschaften und demonstriert deren Anwendung.

> **ACHTUNG**
> Die in diesem Kapitel beschriebenen XML-Funktionen stehen nur zur Verfügung, wenn Sie Excel 2003 als Einzelprogramm gekauft haben bzw. wenn Sie mit Office 2003 Professional arbeiten. In den Excel-Versionen von Office 2003 Small Business Edition und Office 2003 Standard Edition fehlen die XML-Funktionen!

Kapitelübersicht

14.1	Bearbeitung von Listen	688
14.2	XML-Grundlagen	690
14.3	XML-Funktionen interaktiv nutzen	693
14.4	XML-Programmierung	696

14.1 Bearbeitung von Listen

Excel-Tabellen enthalten häufig Listen. Schon bisher bot das DATEN-Menü eine Menge Kommandos zur Bearbeitung derartiger Listen (z.B. zum Sortieren und zur Anzeige einer Eingabemaske). Neu in Excel 2003 ist die Möglichkeit, den Zellbereich explizit als Liste zu kennzeichnen (DATEN | LISTE | LISTE ERSTELLEN, siehe Bild 3.1). Der Zellbereich wird dann blau umrahmt, gleichzeitig erscheint die Symbolleiste LISTE UND XML, mit der verschiedene Bearbeitungsschritte einfach erledigt werden können (z.B. eine Spalte oder Zeile aus der Liste löschen). Am unteren Ende der Liste zeigt ein blauer Stern die Position an, bei der neue Daten eingegeben werden können. Dieses Verhalten erinnert sehr an Datenbankprogramme wie Access.

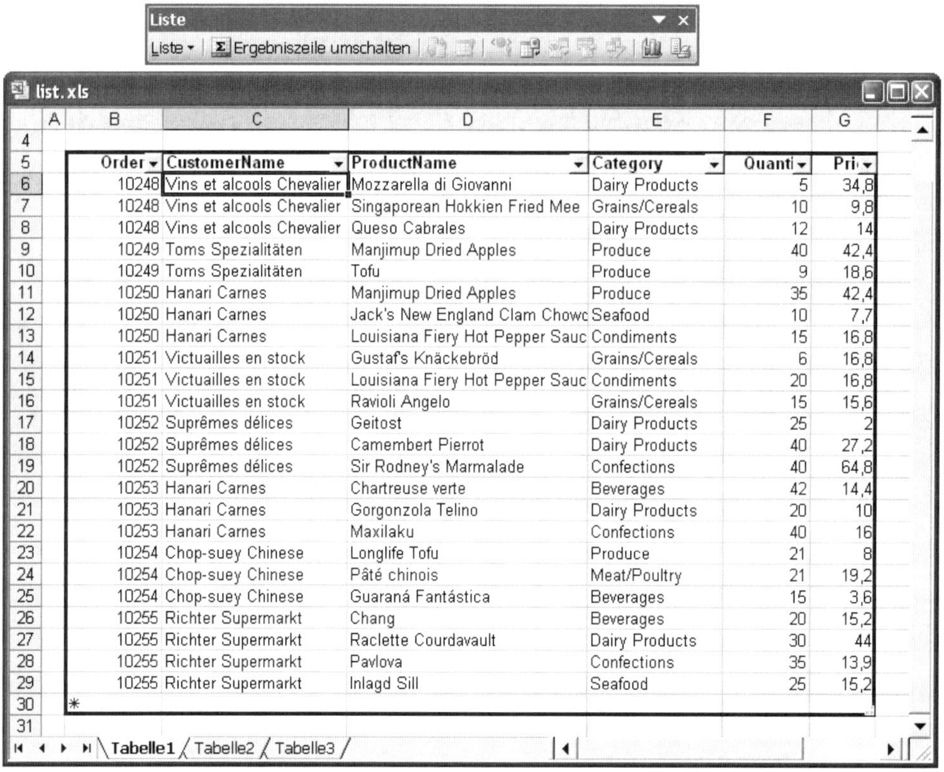

	Order	CustomerName	ProductName	Category	Quanti	Pri
6	10248	Vins et alcools Chevalier	Mozzarella di Giovanni	Dairy Products	5	34,8
7	10248	Vins et alcools Chevalier	Singaporean Hokkien Fried Mee	Grains/Cereals	10	9,8
8	10248	Vins et alcools Chevalier	Queso Cabrales	Dairy Products	12	14
9	10249	Toms Spezialitäten	Manjimup Dried Apples	Produce	40	42,4
10	10249	Toms Spezialitäten	Tofu	Produce	9	18,6
11	10250	Hanari Carnes	Manjimup Dried Apples	Produce	35	42,4
12	10250	Hanari Carnes	Jack's New England Clam Chowc	Seafood	10	7,7
13	10250	Hanari Carnes	Louisiana Fiery Hot Pepper Sauc	Condiments	15	16,8
14	10251	Victuailles en stock	Gustaf's Knäckebröd	Grains/Cereals	6	16,8
15	10251	Victuailles en stock	Louisiana Fiery Hot Pepper Sauc	Condiments	20	16,8
16	10251	Victuailles en stock	Ravioli Angelo	Grains/Cereals	15	15,6
17	10252	Suprêmes délices	Geitost	Dairy Products	25	2
18	10252	Suprêmes délices	Camembert Pierrot	Dairy Products	40	27,2
19	10252	Suprêmes délices	Sir Rodney's Marmalade	Confections	40	64,8
20	10253	Hanari Carnes	Chartreuse verte	Beverages	42	14,4
21	10253	Hanari Carnes	Gorgonzola Telino	Dairy Products	20	10
22	10253	Hanari Carnes	Maxilaku	Confections	40	16
23	10254	Chop-suey Chinese	Longlife Tofu	Produce	21	8
24	10254	Chop-suey Chinese	Pâté chinois	Meat/Poultry	21	19,2
25	10254	Chop-suey Chinese	Guaraná Fantástica	Beverages	15	3,6
26	10255	Richter Supermarkt	Chang	Beverages	20	15,2
27	10255	Richter Supermarkt	Raclette Courdavault	Dairy Products	30	44
28	10255	Richter Supermarkt	Pavlova	Confections	35	13,9
29	10255	Richter Supermarkt	Inlagd Sill	Seafood	25	15,2
30	*					

Bild 14.1: Die neuen Listenfunktionen von Excel 2003

Für VBA-Programmierer stehen zur Manipulation derartiger Listen diverse neue Objekte zur Verfügung, deren Name durchweg mit *List* beginnt (*ListObject, ListColumn* etc.).

Um einen Zellbereich in eine Liste umzwandeln, führen Sie ***ListObjects.Add*** aus. Als Ergebnis erhalten Sie ein ***ListObject***. (Ein neues *ListObject* kann auch auf der Basis einer existierenden XML-Datei oder einer externen Datenquelle erzeugt werden. In

14.1 Bearbeitung von Listen

diesem Fall muss an *Add* die Konstante *xlSrcXml* oder *xlSrcExternal* übergeben werden. Außerdem muss in den weiteren Parametern die Datenquelle beschrieben werden.)

```
Dim lo As ListObject
Set lo = ActiveSheet.ListObjects.Add( _
  xlSrcRange, Range("$A$1:$D$5"), HasHeaders := True)
lo.Name = "list1"
```

Die Größe einer Liste kann nachträglich durch die **Resize**-Methode verändert werden. (Eine andere Möglichkeit besteht darin, Spalten oder Zeilen hinzuzufügen oder zu löschen – siehe unten.)

```
lo.Resize Range("$A$1:$D$8")
```

Ein wesentlicher Vorteil eines *ListObject* im Vergleich zur direkten Bearbeitung eines Zellbereichs besteht darin, dass die einzelnen Zeilen und Spalten sehr bequem über **ListRows**(n) bzw. **ListColumns**(n) adressiert werden können. (Dabei bezeichnet n=1, wie unter VBA üblich, die erste Zeile/Spalte.)

Die folgenden Codezeilen demonstrieren, wie eine neue Zeile und eine neue Spalte zuerst eingefügt und dann wieder gelöscht werden. Bemerkenswert ist dabei, dass rechts bzw. unterhalb der Liste befindliche Zellen automatisch verschoben werden, um Platz für die Listenvergrößerung zu machen bzw. um den entstehenden Leerraum wieder zu füllen.

```
lo.ListRows.Add 3          'neue Zeile einfügen
lo.ListColumns.Add 4       'neue Spalte einfügen
lo.ListRows(3).Delete      'die neue Zeile wieder löschen
lo.ListColumns(4).Delete   'die neue Spalte wieder löschen
```

Die Eigenschaften der *ListRow*- bzw. *ListColumn*-Objekte ermöglichen es, einige Merkmale der Spalten bzw. Zeilen zu verändern. Beispielsweise können Sie mit der Eigenschaft **TotalsCalculation** für jede Spalte angeben, mit welcher Funktion (Summe, Anzahl, Minimum, Maximum etc.) das Ergebnisfeld berechnet werden soll. Ob die Ergebnisfelder unterhalb der Liste angezeigt werden sollen oder nicht, steuert die Eigenschaft **ShowTotals** von *ListObject*.

Um eine Liste wieder in einen gewöhnlichen Zellbereich rückzuverwandeln, wenden Sie auf das *ListObject* die Methode **Unlist** an. Die Daten werden dadurch nicht verändert. Der Zellbereich wird aber intern nicht mehr als Liste gekennzeichnet und nicht mehr durch einen blauen Rand hervorgehoben.

```
lo.Unlist
```

Wenn Sie dagegen die Liste samt aller Daten löschen möchten, führen Sie **Delete** aus:

```
lo.Delete
```

Um festzustellen, ob eine bestimmte Zelle Bestandteil einer Liste ist, können Sie die Eigenschaft *rangeobject.***ListObject** auswerten. Die Eigenschaft enthält entweder *Nothing* oder verweist auf das betreffende *ListObject*.

14.2 XML-Grundlagen

XML steht für *Extensible Markup Language* und beschreibt ein Dateiformat. Es fehlt hier der Platz, um im Detail auf die Grundlagen, Varianten und Spezialitäten von XML einzugehen. (Damit wurden schon viele Bücher gefüllt, die ich hier nicht ersetzen kann und will.) Dieser Abschnitt soll aber zumindest im Sinne eines erweiterten Glossars einen ersten Überblick über XML geben und die wichtigsten Begriffe definieren, mit denen in den weiteren Abschnitten die neuen XML-Funktionen von Excel beschrieben werden.

XML ist eine Sprache (ein Code) zur Formulierung von Dokumenten mit strukturierten Daten. XML-Dateien liegen grundsätzlich im Textformat vor und können daher mit jedem Editor gelesen werden. Sie sehen auf den ersten Blick sehr ähnlich wie HTML-Dokumente aus.

Das Ziel bei der Entwicklung der diversen XML-Standards war es, den Daten- und Dokumentaustausch zu vereinfachen, und zwar möglichst unabhängig von den eingesetzten Programmen, Computer-Architekturen, Sprachen und Zeichensätzen.

XML-Dokumente bestehen aus den folgenden syntaktischen Strukturen:

- **Einleitung:** Gültige XML-Dokumente müssen mit `<?xml version="n"?>` beginnen. Dabei ist *n* die Versionsnummer des XML-Standards, auf dem die Datei basiert (meist 1.0).

  Optional kann auch der Zeichensatz des XML-Dokuments angegeben werden:

  `<?xml version="1.0" encoding="ISO-8859-1"?>`

  Sehr häufig kommt als Zeichensatz Unicode zur Anwendung (UTF-8).

- **Elemente:** XML-Elemente werden mit `<name>` eingeleitet und enden mit `</name>`. Dazwischen können einfacher Text oder weitere XML-Elemente stehen. Für `<name></name>` (also ein XML-Element ohne Inhalt) ist die Kurzschreibweise `<name />` vorgesehen. XML-Elemente werden oft auch als *tags* bezeichnet. Vorsicht: Anders als bei HTML wird streng zwischen Groß- und Kleinschreibung unterschieden!

  Innerhalb von Elementen können Attribute angegeben werden, z.B. `<name attribut1="abc">`. Der Attributwert muss in Anführungszeichen stehen (auch bei Zahlen).

- **Leerraum:** Leerraum zwischen XML-Elementen wird beim Lesen des Dokuments ignoriert. Als Leerraum gelten Leerzeichen, Tabulatoren und Zeilenumbrüche.

- **Kommentare:** Kommentare beginnen wie in HTML mit den Zeichen `<!--` und enden mit `-->`. Alles, was dazwischen steht, wird beim Lesen ignoriert. Innerhalb eines Kommentars dürfen keine doppelten Bindestriche vorkommen. Ineinander verschachtelte Kommentare sind nicht zulässig.

14.2 XML-Grundlagen

- **Sonderzeichen:** Um im Text zwischen XML-Elementen die Sonderzeichen <, >, & etc. auszudrücken, gibt es die Spezialcodes `&lt;`, `&gt;` oder `&amp;`.

- **Unformatierter Text:** Text, der nicht als XML-Code interpretiert werden soll, muss mit `<![CDATA[` eingeleitet werden und mit `]]>` enden.

In XML-Dokumenten kann eine beliebige hierarchische Struktur durch die Verschachtelung von XML-Elementen ausgedrückt werden.

```xml
<?xml version="1.0" encoding="ISO-8859-1"?>
<salesreport>
  <location>Graz</location>
  <reportdate>2003-01-01</reportdate>
  <sale>
    <product>P23423</product>
    <quantity>12</quantity>
  </sale>
  <sale>
    <product>P924</product>
    <quantity>4</quantity>
  </sale>
</salesreport>
```

XML-Schema: Grundsätzlich kann jeder, der XML-Dokumente erzeugt, die Namen für die XML-Tags frei wählen. Es besteht aber die Möglichkeit, durch eine separate Datei die erlaubten Namen von XML-Elementen sowie deren Attribute genau festzulegen. Anhand dieser Datei kann dann überprüft werden, ob ein dazugehöriges XML-Dokument *gültig* ist, d.h., ob es alle Regeln einhält.

Die Regeln können auf zwei unterschiedliche Arten definiert werden: durch eine DTD-Datei (*document type definition*) oder durch eine XSD-Datei (*xml schema definition*). DTD ist die ältere Variante, mittlerweile hat sich aber XSD trotz seiner hohen Komplexität durchgesetzt. Die XSD-Syntax ist in einem offiziellen Dokument des WWW-Consortiums (W3C) beschrieben, das mehrere hundert Seiten lang ist!

Die folgenden Zeilen zeigen ein XSD-Schema, das zum obigen XML-Beispiel passt. Das Schema wurde mit dem XSD-Designer der Visual Studio .NET erstellt.

```xml
<?xml version="1.0" encoding="utf-8" ?>
<xs:schema id="salesreport" xmlns=""
    xmlns:xs="http://www.w3.org/2001/XMLSchema">
  <xs:element name="salesreport">
    <xs:complexType>
      <xs:sequence>
        <xs:element name="location" type="xs:string" minOccurs="1" />
        <xs:element name="reportdate" type="xs:date" minOccurs="1" />
        <xs:element name="sale" minOccurs="1" maxOccurs="unbounded">
          <xs:complexType>
            <xs:sequence>
```

```
            <xs:element name="product" type="xs:string"
                minOccurs="1" maxOccurs="1" />
            <xs:element name="quantity" type="xs:long"
                minOccurs="1" maxOccurs="1" />
          </xs:sequence>
        </xs:complexType>
      </xs:element>
    </xs:sequence>
  </xs:complexType>
 </xs:element>
</xs:schema>
```

Damit beim Verarbeiten von XML-Dokumenten das dazugehörende Schema bekannt ist, muss es im ersten betreffenden XML-Element angegeben werden:

```
<?xml version="1.0" encoding="ISO-8859-1"?>
<salesreport xmlns:xsi="http://www.w3.org/2001/XMLSchema-instance"
  xsi:noNamespaceSchemaLocation="salesreport.xsd">
...
```

Namensraum: Wenn mehrere XML-Schemas gleichnamige XML-Elemente definieren, kommt es zu Konflikten: Meint `<date>` ein Element des Namensraums abc oder eines von efg? Die Lösung besteht darin, in den XML-Elementnamen Präfixe zu verwenden, die den Namensraum angeben (also z.B. `<abc:date>` und `<efg:date>`).

HTML-Darstellung: Als XML vor einigen Jahren populär wurde, betrachteten viele XML als HTML-Nachfolger. Daraus ist nichts geworden. XML hat sich zwar für viele Anwendungen als Standard zum Datenaustausch durchgesetzt, aber nichts an der Dominanz von HTML bzw. dessen neuere und etwas XML-ähnlichere Variante XHTML geändert.

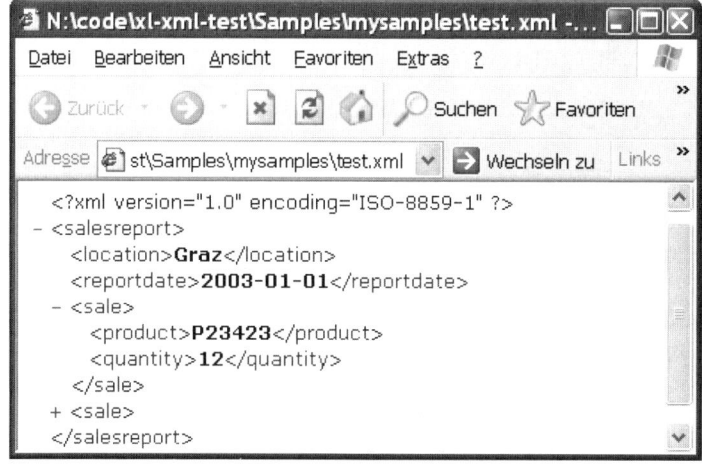

Bild 14.2: XML-Darstellung im Web-Browser

Moderne Web-Browser bieten dennoch die Möglichkeit, XML-Dokumente direkt darzustellen. Das Ergebnis sieht ganz ähnlich wie der ursprüngliche XML-Quellcode aus: Immerhin werden die XML-Elemente farbig hervorgehoben und ihrer Struktur entsprechend eingerückt. Außerdem können einzelne XML-Elemente per Mausklick auseinander und zusammengeklappt werden. Darüber hinaus fehlt aber jede Formatierung.

Wenn XML-Dokumente ordentlich formatiert in einem Browser dargestellt werden sollen, müssen sie vorher mit XSLT in das HTML-Format umgewandelt werden. XSLT steht für *Extensible Stylesheet Language Transformations* und ermöglicht anhand von Regeln, eine XML-Datei von einer Syntaxdarstellung in eine andere umzuwandeln. Die Umwandlung von XML in HTML ist ein Sonderfall einer XSL-Transformation. Damit die XSLT-Regeldatei berücksichtigt wird, muss sie im XML-Dokument nach dem `<?xml>`-Zeile angegeben werden:

```
<?xml version="1.0" encoding="ISO-8859-1"?>
<?xml-stylesheet type="text/xsl" href="name.xsl"?>
...
```

XPath: Bei der Formulierung der XSL-Transformationsregeln kommt XPath zur Anwendung. XPath steht für *XML Path Language* und beschreibt die Syntax, ein bestimmtes Element innerhalb einer XML-Datei zu adressieren.

14.3 XML-Funktionen interaktiv nutzen

Excel 2003 unterstützt das Laden (Importieren), Bearbeiten und mit gewissen Einschränkungen auch das Speichern (Exportieren) beliebiger XML-Daten. Dabei kommen auch die in Abschnitt 14.1 beschriebenen Listenfunktionen zum Einsatz: Excel wandelt XML-Daten beim Import automatisch in ein Tabellenformat um und betrachtet diese Tabelle als Liste. Bevor es im nächsten Abschnitt um die VBA-Programmierung der XML-Funktionen geht, zeigt dieser Abschnitt die interaktive Nutzung dieser Funktionen.

Flache XML-Daten importieren, ändern und speichern

XML-Dokumente, die einfache Tabellen oder Listen ohne zusätzliche Datenhierarchien enthalten, können vollkommen problemlos mit DATEI|ÖFFNEN geladen werden. Excel stellt beim Öffnen drei Optionen zur Auswahl: XML-LISTE, SCHREIBGESCHÜTZTE ARBEITSMAPPE oder AUFGABENBEREICH XML-QUELLE VERWENDEN. Für XML-Dokumente mit Listen und Tabellen ist XML-LISTE die beste Option. Wenn es zur XML-Datei noch kein Schema gibt, erzeugt Excel selbst eines und weist darauf hin. Sie sehen das baumförmige Schema mit DATEN|XML|XML-QUELLE (siehe das rechte Fenster in Bild 14.3).

Bild 14.3: Bearbeitung von flachen XML-Dateien

Anschließend können Sie die Daten bearbeiten (z.B. neu sortieren) und verändern (Datensätze hinzufügen, löschen etc.). Um die Daten wieder im XML-Format zu speichern, führen Sie DATEN | XML | EXPORTIEREN aus.

Hierarchische XML-Daten

XML-Dokumente sind oft hierarchisch organisiert, während sich Excel nur zur Bearbeitung tabellarischer Daten eignet. Zwar bemüht sich Excel, die XML-Daten so gut wie möglich in ein Tabellenformat umzuwandeln, das klappt aber nicht immer zufriedenstellend. Ein späterer Export ist zumeist unmöglich.

Bessere Ergebnisse erzielen Sie, wenn Sie den Importprozess manuell beeinflussen: Dazu wählen Sie nach DATEI | ÖFFNEN die Option AUFGABENBEREICH XML-QUELLE VERWENDEN. Excel zeigt im Fenster XML-QUELLE nun alle Komponenten des XML-Dokuments in einer baumartigen Darstellung. Aus diesem Baum können Sie einzelne Teile per Drag&Drop in das Tabellenblatt verschieben. Erst nachdem die Zuordnung abgeschlossen ist, erfolgt der eigentliche Datenimport durch DATEN | XML | XML-DATEN AKTUALISIEREN. (Diese Zuordnung wird im Englischen als *mapping* bezeichnet und spiegelt sich im neuen Excel-Objekt *XmlMap* wider.)

Die beste Strategie besteht darin, zuerst Einzelfelder, die sich nicht wiederholen, per Drag&Drop in die Excel-Tabelle einzufügen (z.B. *location* und *report date* in Bild 14.4). Diese Felder werden per Default nicht beschriftet. Direkt nach dem Einfügen erscheint aber ein kleines Kästchen, das zu den Menükommandos XML-KOPFZEILE LINKS ANORDNEN bzw. OBERHALB ANORDNEN führt und so bei der Beschriftung der Tabelle hilft. (Das Menükästchen verschwindet, sobald die nächste Änderung an der Tabelle durchgeführt wird. Sie können die Zellen dann nur mehr manuell beschriften.)

Zuletzt schieben Sie die ganze Gruppe mit sich wiederholenden Daten in das Tabellenblatt (*sale* in Bild 14.4). Excel erzeugt daraus automatisch Listen mit Spalten für alle XML-Elemente (*product* und *quantity* in Bild 14.4).

14.3 XML-Funktionen interaktiv nutzen

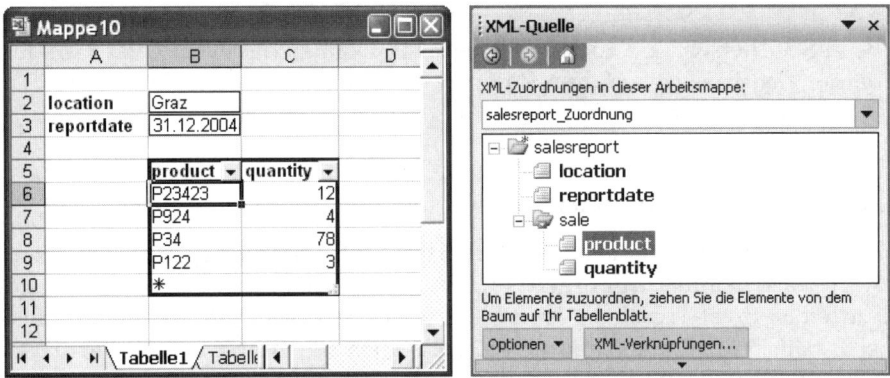

Bild 14.4: *Bearbeitung von hierarchischen XML-Dateien*

Nachdem Sie das *mapping* einmal durchgeführt haben, können Sie mit DATEN | XML | IMPORTIEREN neue XML-Dokumente laden. Die Daten werden nun sofort an den richtigen Positionen im Tabellenblatt eingefügt. (Bereits vorhandene Daten werden dadurch überschrieben. Wenn Sie das nicht möchten, ändern Sie die entsprechende Option mit DATEN | XML | EIGENSCHAFTEN DER XML-ZUORDNUNG.)

Ebenso können Sie nach der Veränderung der Zuordnung die zuletzt importierten Daten mit DATEN | XML | XML-DATEN AKTUALISIEREN neu einlesen. (Zwischenzeitlich durchgeführte Änderungen im Excel-Tabellenblatt gehen dadurch verloren.)

Datenvalidierung

Wenn die importierte XML-Datei auf eine Schemadatei (XSD-Datei) verweist, kann Excel zumindest in einfachen Fällen überprüfen, ob veränderte oder neu eingegebene Daten dem Schema entsprechen. Per Default ist diese Überprüfung allerdings deaktiviert. Zur Aktivierung führen Sie DATEN | XML | EIGENSCHAFTEN DER XML-ZUORDNUNG aus und aktivieren die Option BEIM IMPORTIEREN UND EXPORTIEREN DATEN GEGEN DAS XML-SCHEMA VALDIDIEREN. Sollten dabei Fehler auftreten, wird der Import/Export dennoch durchgeführt; allerdings bekommen Sie eine Warnung wie in Bild 14.5.

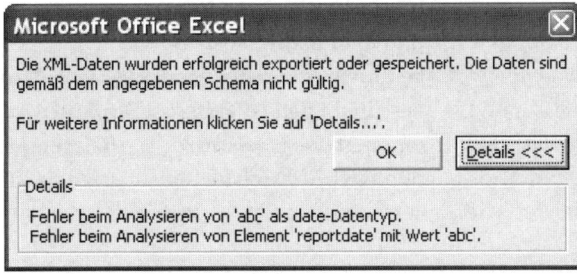

Bild 14.5: *Warnung, wenn Daten nicht dem XML-Schema entsprechen*

> **HINWEIS:** Beim Speichern bzw. Exportieren von XML-Dokumenten verzichtet Excel leider darauf, den Verweis auf die XSD-Datei einzubauen.

XML-Dateien als Grafik darstellen

Selbstverständlich können Sie aus importierten XML-Daten eine Grafik erstellen. (Sobald XML-Daten einmal importiert sind, unterscheiden sie sich nicht von anderen Daten in einer Excel-Tabelle.) Wenn Sie anschließend die XML-Daten aktualisieren bzw. eine neue XML-Datei importieren, wird auch die Grafik aktualisiert. Damit ist eine effiziente Visualisierung gleichartiger XML-Dateien möglich.

Excel-Dateien im XML-Format speichern

Schon seit Excel 2002 besteht die Möglichkeit, eine ganze Excel-Datei (also die Arbeitsmappe mit allen Tabellenblättern) als XML-Datei zu speichern: DATEI|SPEICHERN UNTER, Dateityp XML-KALKULATIONSTABELLE. Diese Funktion ist vollkommen losgelöst von den restlichen XML-Funktionen. Die resultierenden XML-Dateien sind erwartungsgemäß sehr komplex, eine Weiterverarbeitung mit einem anderen Programm als Excel ist daher mit sehr hohem Aufwand verbunden.

14.4 XML-Programmierung

Zur Programmierung der XML-Funktionen stehen eine Reihe neuer Objekte zur Verfügung. Die folgende Tabelle gibt einen ersten Überblick. (Da es zwischen den XML-Objekten zahlreiche Querverweise gibt, bestehen viele Möglichkeiten zur Darstellung der Hierarchie. Hier wird als Ausgangspunkt ein *XPath*-Objekt verwendet.)

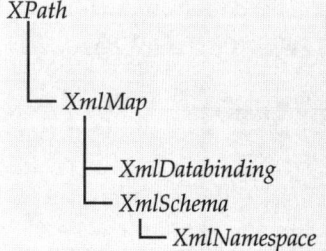

XPath	gibt an, welche XML-Elemente in einen Zellbereich (*Range*) bzw. in eine Spalte einer Liste (*ListColumn*) importiert werden.
XmlMap	beschreibt die Zuordnung zwischen den XML-Daten und dem Excel-Tabellenblatt.
XmlDatabinding	beschreibt die Datenquelle der XML-Daten.
XmlSchema	beschreibt den Aufbau (die Struktur) von XML-Daten.
XmlNamespace	definiert das Präfix zur Identifizierung zusammengehörender XML-Elemente, die einen Namensraum bilden.

XML-Datei laden (Workbooks.OpenXml)

Um eine XML-Datei als neue Arbeitsmappe zu laden, führen Sie die Methode *OpenXml* aus:

```
Dim wb As Workbook
Set wb = Application.Workbooks.OpenXML("dateiname.xml")
```

Mit dem optionalen Parameter *LoadOption* können Sie den Ladevorgang etwas genauer steuern. *LoadOption:=xlXmlLoadMapXml* bewirkt beispielsweise, dass nur das XML-Schema erstellt wird, aber kein Datenimport stattfindet. (Der Benutzer kann nun selbst aus dem Fenster XML-QUELLE die gewünschten XML-Elemente per Drag&Drop in die Tabelle verschieben.)

XML-Import (Workbook.XmlImport)

Um eine beliebige XML-Datei an eine bestimmte Stelle in ein Arbeitsblatt zu importieren, führen Sie die Methode *XmlImport* folgendermaßen aus:

```
Dim xm As XmlMap
Dim result As XlXmlImportResult
result = ActiveWorkbook.XmlImport("name.xml", xm, , ActiveSheet.[B2])
```

Damit wird die Datei name.xml in das aktive Tabellenblatt beginnend mit der Zelle B2 importiert. Statt des Dateinamens kann auch die Internetadresse der XML-Datei angegeben werden.

Durch den optionalen dritten Parameter kann angegeben werden, ob durch den Import bereits existierende Daten überschrieben werden dürfen (*True/False*). Der Parameter hat bei meinen Tests allerdings nicht zufriedenstellend funktioniert: Wenn der Import wiederholt wurde, trat ein Fehler auf, egal, ob *Overwrite:=True* angeben wurde oder nicht. Abhilfe schuf erst das vorherige Löschen des *ListObject*, das durch den vorherigen XML-Import entstanden ist (*[B2].ListObject.Delete*).

Generell ist eine Wiederholung des Imports aber selten sinnvoll. Besser ist es, die Daten einfach nur zu aktualisieren; dazu führen Sie die Methode *Refresh* für das *XmlMap*-Objekt aus.

```
xm.Refresh       'importierte XML-Daten aktualisieren
```

Nach dem Import gibt *result* an, ob alles fehlerfrei funktioniert hat bzw. welche Fehler aufgetreten sind. Des Weiteren enthält die zuvor nicht initialisierte Variable *xm* nach dem Import ein *XmlMap*-Objekt. Dieses Objekt enthält Detailinformationen über die Zuordnung zwischen den XML-Daten und den Zellen im Tabellenblatt. (Details zu *XmlMap* folgen gleich.)

Falls die XML-Daten nicht aus einer externen Datenquelle gelesen werden sollen, sondern bereits in einer Zeichenkette vorliegen, kann zum Import die Methode **XmlImportXml** eingesetzt werden. Der einzige Unterschied zu *XmlImport* besteht darin, dass der erste Parameter nun die tatsächlichen XML-Daten (statt einer Adresse) enthalten muss.

Zuordnung zwischen den XML-Daten und dem Tabellenblatt

Um die Interna der XML-Funktionen von Excel besser zu verstehen, lohnt sich eine etwas genauere Analyse, was bei dem oben beschriebenen XML-Import vor sich geht:

- Excel erzeugt ein *XmlMap*-Objekt und speichert darin und in einigen untergeordneten Objekten alle zentralen Informationen über die XML-Daten: den Datenursprung (Dateiname/Internetadresse), die Struktur der Daten (Schema) und deren Namensraum sowie diverse allgemeine Importoptionen.

  Noch eine Anmerkung zum XML-Schema: Falls die XML-Daten nicht auf eine Schemadefinition verweisen (*.xsd-Datei), analysiert Excel die XML-Daten und erzeugt selbst eine minimale Schemadefinition. Diese wird in *xm.Schemas(n).XML* gespeichert.

- Excel erzeugt eine Liste, in die die Daten importiert werden sollen. Für die einzelnen Spalten dieser Liste (*ListColumn*-Objekte) wird das **XPath**-Objekt initialisiert. Es bestimmt, welche XML-Elemente in die Spalte importiert werden sollen.

- Schließlich wird der eigentliche Import durchgeführt.

Die folgende Liste gibt eine Übersicht über die wichtigsten Eigenschaften, die über das *XmlMap*-Objekt (hier kurz *xm*) zugänglich sind:

XmlMap-Eigenschaft	Beschreibung
xm.AppendOnImport	gibt an, ob beim nächsten Import Daten hinzugefügt (statt per Default überschrieben) werden sollen.
xm.DataBinding.SourceUrl	gibt den Dateinamen bzw. die Internetadresse der XML-Daten an.
xm.ImportOption	gibt an, ob beim nächsten Import vorhandene Zellen überschrieben oder nach unten bzw. nach rechts verschoben werden sollen.
xm.IsExportable	gibt an, ob die Daten nach einer Veränderung wieder gespeichert (exportiert) werden können.
xm.RootElementName	gibt den Namen des Wurzelelements der XML-Daten an (oft "dataroot").
xm.RootElementNamespace	verweist auf das *XmlNamespace*-Element für das Wurzelelement der XML-Daten (entspricht *xm.Schemas(1).Namespace*).

xm.Schemas(1)	verweist auf das Schema (die Strukturbeschreibung) der XML-Daten für das Wurzelelement.
xm.Schemas(n)	verweist eventuell auf weitere Schemas (mit *n>1*).
xm.Schemas(n).XML	enthält den XML-Code der Schemas.
xm.Schemas(n).NameSpace	verweist auf ein Objekt zur Beschreibung des Namensraums des Schemas.

Die folgende Liste gibt eine Übersicht über die wichtigsten Eigenschaften, die über ein *XPath*-Objekt (hier kurz *xp*) einer Spalte einer Liste zugänglich sind:

XPath-Eigenschaft	Beschreibung
xp.Map	verweist auf das *XmlMap*-Objekt, das den Ursprung der Daten beschreibt.
xp.Repeating	gibt an, ob gegebenenfalls auch mehrere passende Ergebnisse importiert werden sollen (*True/False*).
xp.Value	gibt an, welches XML-Element aus dem XML-Datenstrom importiert werden soll. Die Syntax des Suchausdrucks muss dem XPath-Standard entsprechen – siehe das folgende Beispiel sowie http://www.w3.org/TR/xpath.

> **TIPP** Wenn Sie ein vorhandenes Tabellenblatt analysieren und alle Zellen bzw. Zellbereiche finden möchten, die mit XML-Datenquellen verbunden sind, können Sie dazu die Methoden *XmlDataQuery* bzw. *XmlMapQuery* zu Hilfe nehmen. Diese Methoden liefern die *Range*-Objekte der Zellen, deren *XPath*-Objekte entsprechend den Suchkritierien initialisiert sind.

XML-Import genauer steuern (XmlMap.Import)

Durch den oben beschriebenen Import mit *ActiveWorkbook.XmlImport* werden die XML-Daten in einen tabellarischen Raster gezwungen. Das gelingt zwar meistens, je nach Strukturierung der XML-Daten kann es aber sein, dass dazu manche XML-Elemente in jeder Zeile der Tabelle wiederholt werden müssen. Das sieht nicht nur merkwürdig aus, es macht auch einen späteren Export der (eventuell veränderten) Daten unmöglich.

Abhilfe kann eine gezielte Zuordnung zwischen bestimmten XML-Elementen mit bestimmten Zellen bzw. Zellbereichen schaffen. (Bei einem manuellen Import würden Sie dazu die Option AUFGABENBEREICH XML-QUELLE VERWENDEN wählen.) Per Code sieht die Vorgehensweise so aus, dass Sie zuerst ein *XmlMap*-Objekt erzeugen und dessen Eigenschaften einstellen; anschließend stellen Sie die *XPath*-Objekte der Zellen oder Spalten ein, in die die Daten importiert werden sollen; zuletzt führen Sie den eigentlichen Import mit Hilfe von *xmlmapobject.Import* durch.

Die folgenden Zeilen veranschaulichen die prinzipielle Vorgehensweise. Ausgangspunkt ist die in diesem Kapitel schon mehrfach als Beispiel genutzte Datei **salesreport.xml**. Diese Datei enthält den Verkaufsbericht einer Filiale für ein bestimmtes Datum. Die XML-Elemente *location* und *reportdate* kommen innerhalb der XML-Datei nur einmal vor. Dagegen gibt es eine ganze Reihe von *sale*-Elementen, die jeweils einen Verkaufsvorgang (bestehend aus *product* und *quantity*) beschreiben. Eine entsprechende XML-Datei könnte also so aussehen:

```
<?xml version="1.0" encoding="UTF-8" standalone="yes"?>
<salesreport>
  <location>Graz</location>
  <reportdate>2005-01-01</reportdate>
  <sale>
    <product>P23423</product>
    <quantity>12</quantity>
  </sale>
  ..
</salesreport>
```

Das Ziel besteht darin, dass *location* in die Zelle B2, *reportdate* in C2 sowie die Bestellliste in die Zellen A5:B*n* importiert wird (wobei sich *n* aus der Anzahl der Bestellungen ergibt). Dabei sollen in A5 und B5 Überschriften angezeigt werden – siehe Bild 14.6.

```
' Beispielsdatei 14/xmlimport.xls
Sub btnImport_Click()
  Dim xm As XmlMap
  Dim xmlfile As String
  Dim lst As ListObject
  xmlfile = ThisWorkbook.Path + "\salesreport.xml"
  Application.DisplayAlerts = False
  Set xm = ActiveWorkbook.XmlMaps.Add(xmlfile)
  Application.DisplayAlerts = True
  With ActiveSheet
    .[a1] = "Location:"
    .[b1].XPath.SetValue xm, "/salesreport/location"
    .[a2] = "Reportdate:"
    .[b2].XPath.SetValue xm, "/salesreport/reportdate"
    Set lst = .ListObjects.Add(, Range("A4:B5"))
    lst.ListColumns(1).XPath.SetValue _
      xm, "/salesreport/sale/product", Repeating:=True
    lst.ListColumns(1).Name = "Product:"
    lst.ListColumns(2).XPath.SetValue _
      xm, "/salesreport/sale/quantity", Repeating:=True
    lst.ListColumns(2).Name = "Quantity:"
  End With
  xm.Import xmlfile
End Sub
```

Einige Anmerkungen zum Code: *XmlMaps.Add* erwartet eigentlich eine *.xsd-Datei mit der Definition des Schemas der XML-Daten. Wenn eine Schemadefinition nicht zur Verfügung steht, kann alternativ auch eine XML-Datendatei übergeben werden. Excel erzeugt dann daraus selbstständig eine Schemadefinition, zeigt aber vorher eine Warnung an. *DisplayAlerts = False* unterdrückt diese Warnung.

Anschließend kann für ein *ListColumn-* oder *Range*-Objekt die Methode *.XPath.SetValue* ausgeführt werden, um so den gewünschten Suchausdruck (XPath-Syntax) sowie das zugrunde liegende *XmlMap*-Objekt anzugeben. Wenn in den XML-Daten oder im Suchausdruck Namensraumpräfixe verwendet werden, müssen diese im optionalen dritten Parameter von *SetValue* deklariert werden. Ein weiterer optionaler Parameter gibt an, ob gegebenenfalls mehrere passende Ergebnisse als Liste importiert werden sollen (*Repeating:=True/False*).

Der eigentliche Import wird schließlich mit der **Import**-Methode durchgeführt, wobei als Parameter der Dateiname der XML-Datei angegeben wird. Normalerweise sollten Sie den Rückgabewert dieser Methode auswerten, um sicherzugehen, dass der Import fehlerfrei funktioniert hat. Falls die XML-Daten nicht aus einer externen Datei stammen, sondern bereits als Zeichenkette vorliegen, verwenden Sie statt *Import* die Methode *ImportXml*.

Die Prozedur *myXmlImport* funktioniert nur ein einziges Mal. Der Versuch, den Code ein zweites Mal auszuführen, scheitert an der bereits existierenden Verknüpfung zu den XML-Daten. Sie müssten daher vor einem neuerlichen Import das *XmlMap*-Objekt sowie die damit verknüpften Zellen löschen. Wenn Sie die Daten lediglich aktualisieren möchten, ist es wesentlich einfacher, für das *XmlDatabinding*-Objekt die Methode **Refresh** auszuführen. Das *XmlMap*-Objekt erhalten Sie ausgehend von einer Tabellenzelle, die importierte XML-Daten enthält:

```
Private Sub btnRefresh_Click()
  If ActiveSheet.[b1].XPath.Value <> "" Then
    ActiveSheet.[b1].XPath.Map.DataBinding.Refresh
  End If
End Sub
```

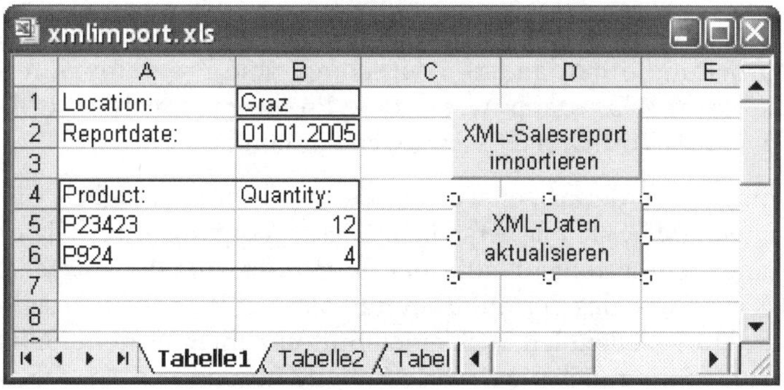

Bild 14.6: XML-Import per VBA-Code

Die hier beschriebene Vorgehensweise können Sie auch dazu einsetzen, um ganz gezielt Daten aus einem XML-Datenstrom zu suchen bzw. zu filtern. Der einzige Unterschied zu anderen XML-Bibliotheken besteht darin, dass die gefundenen Daten immer in ein Tabellenblatt importiert werden müssen. (Es ist nicht möglich, aus einem XML-Datenstrom ein bestimmtes Element zu suchen und direkt in einer Variablen zu speichern.)

XML-Export (XmlMap.Export)

Sofern beim *XmlMap*-Objekt die Eigenschaft *IsExportable* den Wert *True* enthält, können die im Tabellenblatt enthaltenen Daten zurück in eine XML-Datei geschrieben werden. *IsExportable* enthält allerdings nur dann *True*, wenn beim Import keine Hierarchieprobleme aufgetreten sind. (Diese Probleme äußern sich meist dadurch, dass XML-Elemente in der Ergebnisliste mehrfach wiederholt werden.)

Zum Export führen Sie entweder *xmlmapobject.Export* (Export in eine XML-Datei, deren Name bzw. Adresse angegeben wird) oder *ExportXml* aus. Bei der zweiten Variante wird der XML-Code in die als Parameter übergebene Zeichenkettenvariable kopiert.

```
Dim xmlfile As String
Dim xmlstring As String
xmlfile = ThisWorkbook.Path + "\testout.xml"
xm.Export xmlfile          'export into a local file
xm.ExportXml xmlstring     'export into the variable xmlstring
MsgBox xmlstring
```

XML-Formulare

In Kapitel 9 habe ich verschiedene Möglichkeiten präsentiert, Excel zur Gestaltung intelligenter Formulare zu verwenden. Die eingegebenen Daten können dann je nach Art und Programmierung des Formulars als Excel-Datei oder in einer externen Datenbank gespeichert werden.

Excel 2003 eröffnet mit seinen XML-Funktionen eine weitere Möglichkeit: Die eingegebenen Daten können nun auch als XML-Datei gespeichert werden. Das ermöglicht die Weiterverarbeitung durch andere XML-kompatible Programme in Ihrer Arbeitsumgebung (und zwar selbst dann, wenn diese Programme nicht von Microsoft stammen und mit dem *.xls-Format nichts anfangen können!).

Zur Vorbereitung eines derartigen Formulars müssen Sie lediglich die Verbindung zum gewünschten XML-Schema herstellen. Dieser Vorgang kann wie oben beschrieben per Programmcode erfolgen; einfacher ist es aber zumeist, ausgehend von einer vorhandenen XML-Datei das Formular im interaktiven Betrieb zu gestalten. Anschließend fügen Sie dem Tabellenblatt noch einen Button zum Speichern hinzu. Im dazugehörigen Code rufen Sie einfach die *Export*-Methode für das *XmlMap*-Objekt auf.

XML-Ereignisse

Vor und nach einem XML-Import bzw. -Export treten sowohl für das *Workbook-* als auch für das *Application*-Objekt die folgenden Ereignisse auf:

Objekt	XML-Ereignis
Application	*WorkbookBeforeXmlExport / WorkbookAfterXmlExport*
Application	*WorkbookBeforeXmlImport / WorkbookAfterXmlImport*
Workbook	*BeforeXmlExport / AfterXmlExport*
Workbook	*BeforeXmlImport / AfterXmlImport*

An die Ereignisprozeduren wird das zugrunde liegende *XmlMap*-Objekt übergeben. In den *XxxBeforeXxx*-Ereignissen kann der Import bzw. Export gegebenenfalls durch *Cancel=True* verhindert werden.

Grenzen der XML-Funktionen von Excel

Die neuen XML-Objekte der Excel-Objektbibliothek bieten keine Möglichkeiten, XML-Daten losgelöst von einer Excel-Tabelle zu bearbeiten. Daher ist es beispielsweise unmöglich, aus eigenen Daten selbst ein XML-Dokument zu erzeugen, ohne die Daten vorher als Excel-Tabelle darzustellen; ebenso wenig können Sie eine XML-Datei oder auch nur ein ganz spezielles Element daraus direkt lesen, ohne die Datei vorher in eine Excel-Tabelle zu importieren.

Insbesondere das *XPath*-Objekt hält hier nicht, was sein Name verspricht. (XPath bezeichnet im XML-Jargon eigentlich all jene Funktionen, die zur Navigation innerhalb eines XML-Dokuments erforderlich sind. *XPath* bietet aber keine derartigen Funktionen, sondern hilft nur bei der Zuordnung von XML-Elementen mit Tabellenzellen.)

15 VBA-Programmierung für Profis

Ob Sie nun Add-Ins erstellen, auf Smart Tags zugreifen, Web Services nutzen, API-Funktionen aus DLLs aufrufen oder über ActiveX-Automation fremde Programme steuern möchten – dieses Kapitel vermittelt das erforderliche Know-how. Es richtet sich damit explizit an erfahrene VBA-Programmierer.

Kapitelübersicht

15.1	Add-Ins	706
15.2	Excel und das Internet	710
15.3	Smart Tags	717
15.4	Web Services nutzen	720
15.5	Dynamic Link Libraries (DLLs) verwenden	727
15.6	ActiveX-Automation	732

15.1 Add-Ins

Mit Excel werden eine Reihe so genannter Add-In-Dateien geliefert. Diese Dateien befinden sich im Verzeichnis OfficeVerzeichnis\Office\Makro und haben die Aufgabe, den Funktionsumfang von Excel in verschiedenen Punkten zu erweitern. Sie können über den Add-In-Manager aktiviert bzw. deaktiviert werden. Da das Laden der Add-In-Funktionen Zeit und Speicherplatz erfordert, sollten Sie nur jene Add-Ins aktivieren, die Sie wirklich benötigen. Add-In-Dateien sind an der Kennung *.xla zu erkennen.

Neben den vorgegebenen Add-In-Dateien besteht über das Kommando DATEI|SPEICHERN UNTER die Möglichkeit, eigene Excel-Dateien im Add-In-Format zu speichern. (Das Add-In-Format ist der letzte Eintrag in der Dateitypliste.) Als Speicherort wird das Verzeichnis *Benutzerverzeichnis*\Anwendungsdaten\Microsoft\AddIns vorgeschlagen. Das bedeutet, dass das Add-In nur für den aktuellen Anwender verwendbar ist. (Wenn Sie ein Add-In allgemein verfügbar machen möchten, müssen Sie es im oben erwähnten Makro-Verzeichnis speichern.)

Add-In-Dateien unterscheiden sich in den folgenden Punkten von normalen *.xls-Dateien:

- Die darin enthaltenen (benutzerdefinierten) Funktionen stehen allen anderen Arbeitsmappen zur Verfügung. Dabei muss nicht (wie sonst üblich) der Name der Add-In-Datei vorangestellt oder ein Verweis eingerichtet werden. Der Funktionsaufruf erfolgt also unmittelbar über *Funktionsname*, nicht in der Form *Dateiname!Funktionsname*. Der Zugriff auf diese Funktionen ist natürlich nur möglich, wenn die Add-In-Datei vorher geladen wird. (Darum kümmert sich der Add-In-Manager.)

- Die Tabellenblätter des Add-Ins sind unsichtbar und können nicht eingeblendet werden.

- Die Eigenschaft *IsAddin* des Objekts *ThisWorkbook* (»Diese Arbeitsmappe«) enthält den Wert *True*.

> **ACHTUNG**
>
> Im Gegensatz zu Excel 5 und 7 ist der Programmcode von Add-Ins in der Entwicklungsumgebung uneingeschränkt sichtbar! Der Code kann dort bearbeitet und gespeichert werden. Wenn Sie nicht möchten, dass der Anwender den Code Ihres Add-Ins betrachtet, müssen Sie dessen Anzeige mit EXTRAS|EIGENSCHAFTEN|SCHUTZ durch ein Passwort sperren.

> **TIPP**
>
> Add-Ins können problemlos wieder in normale Dateien verwandelt werden: Laden Sie die Add-In-Datei, öffnen Sie in der Entwicklungsumgebung das Eigenschaftsfenster zu »Diese Arbeitsmappe« und stellen Sie *IsAddin* auf *False*. Damit werden die Tabellenblätter sichtbar, und die Datei kann in Excel mit DATEI|SPEICHERN UNTER wieder als normale *.xls-Datei gespeichert werden.

Anwendungsmöglichkeiten eigener Add-Ins

- Sie können ein Add-In mit einer Sammlung neuer Tabellen- oder VBA-Funktionen schreiben, die Sie häufig benötigen. Sobald das Add-In geladen ist, stehen diese Funktionen sowohl in anderen VBA-Programmen als auch zur direkten Verwendung in Tabellen zur Verfügung. Das Add-In wird in keiner Form sichtbar, d. h. weder durch Menüs noch durch Symbole oder Dialoge. Derartige Funktionsbibliotheken bereiten in der Programmierung die geringsten Schwierigkeiten. Das Add-In besteht ausschließlich aus Code in Modulblättern. Es ist normalerweise nicht einmal eine *Workbook_Open*-Prozedur erforderlich (es sei denn, Ihre Funktionen benötigen einige globale Variablen oder Felder, die in *Workbook_Open* initialisiert werden).

- Sie können Excel mit zusätzlichen Kommandos oder Assistenten ausstatten, also die Benutzeroberfläche von Excel erweitern. Dazu muss das Add-In das vorhandene Menü (zumeist das Tabellenmenü EXTRAS) erweitern, damit die neuen Kommandos aufgerufen werden können. Die Auswahl dieser Kommandos führt dann zur Anzeige eines Dialogs, über den die weitere Bedienung der Kommandos gesteuert wird.

- Die dritte Variante besteht darin, dass Sie Add-Ins als »Verpackung« eigenständiger Anwendungen benutzen. Diese Variante ist mit dem größten Programmieraufwand verbunden. Normalerweise reichen zusätzliche Menüeinträge in den vorhandenen Menüs nicht aus, es muss also ein eigenes Menü bzw. eine Symbolleiste erstellt und verwaltet werden. In der Regel ist außerdem das Laden und Verwalten anderer Excel-Dateien erforderlich. Zu den Problemen, die bei der Umsetzung von eigenständigen Add-In-Programmen auftreten, finden Sie etwas weiter unten (»Einschränkungen«) noch Informationen.

> **HINWEIS** Von den in diesem Buch vorgestellten Beispielprogrammen gibt es eines, das für eine Add-In-Umwandlung geradezu prädestiniert ist: das Eurokonvertierungs-Tool (Abschnitt 5.10). Laden Sie die *.xls-Datei, speichern Sie sie als *.xla-Datei, und schon ist das Add-In fertig!

Laden von Add-In-Dateien mit und ohne den Add-In-Manager

Prinzipiell bestehen zwei Möglichkeiten, Add-In-Dateien zu starten: Entweder Sie öffnen die Datei wie eine normale Excel-Datei mit DATEI|ÖFFNEN, oder Sie rufen den Add-In-Manager auf (EXTRAS|ADD-INS), klicken dort den Button DURCHSUCHEN an und wählen die Datei aus. Bei Add-Ins, die den ersten beiden Varianten entsprechen, ist die Installation über den Add-In-Manager sinnvoller. Sie können dann die Add-In-Datei – wie die anderen Add-Ins – nach Belieben aktivieren und deaktivieren. Bei Add-Ins der dritten Variante (eigene Anwendungen) ist es praktischer, die Add-In-Datei nur dann über DATEI|ÖFFNEN zu laden, wenn Sie wirklich benötigt wird.

> **TIPP**
>
> Im Add-In-Manager wird normalerweise nur der Dateiname der ausgewählten Add-In-Datei angezeigt, nicht aber (wie bei den mitgelieferten Add-Ins) eine aussagekräftigere Benennung des Add-Ins und ein kurzer Kommentar zur Bedeutung des Add-Ins. Das können Sie ändern, wenn Sie Ihrer Arbeitsmappe vor dem Umwandeln in eine Add-In-Datei mit DATEI|EIGENSCHAFTEN|DATEIINFO einen Titel geben und einen kurzen Kommentar zuordnen.

Der Dialog des Add-In-Managers hat den Nachteil, dass er keine Möglichkeit sieht, einen Eintrag aus der Add-In-Liste wieder zu löschen. Die einzige Möglichkeit besteht darin, dass Sie die entsprechende *.xla-Datei löschen oder umbenennen und dann versuchen, das Add-In zu aktivieren. Excel erkennt jetzt, dass das Add-In gar nicht mehr existiert, und fragt, ob der Eintrag aus der Add-In-Liste entfernt werden darf.

> **TIPP**
>
> Einmal mit DATEI|ÖFFNEN geladene Add-In-Dateien können nicht mehr aus dem Excel-Speicher entfernt werden. Add-In-Dateien sind »unsichtbar«, sie können daher in Excel nicht als Fenster aktiviert und anschließend geschlossen werden. Abhilfe: Verwenden Sie den Add-In-Manager zum Laden.

Verwendung von Funktionen, die in Add-Ins definiert sind

Benutzerdefinierte Funktionen, die im Code eines Add-Ins definiert sind, können unmittelbar in Tabellen verwendet werden. Die Funktionen werden auch im Dialog FUNKTION EINFÜGEN in der Gruppe BENUTZERDEFINIERT angezeigt. Die einzige Voraussetzung besteht darin, dass die Add-In-Datei geöffnet ist (egal ob durch DATEI|ÖFFNEN oder über den Add-In-Manager). Funktionen oder Prozeduren, die nur innerhalb des Add-Ins verwendet werden, nach außen hin aber unzugänglich bleiben sollen, müssen Sie im Programmcode mit dem Schlüsselwort *Private* kennzeichnen.

Wenn Sie die Funktion (oder auch eine Prozedur) im VBA-Code einer neuen Arbeitsmappe verwenden möchten, dann müssen Sie einen Verweis auf die Add-In-Datei einrichten (Kommando EXTRAS|VERWEISE). Alle verfügbaren Funktionen werden dann auch im Objektkatalog angezeigt. Siehe Abschnitt 4.3.2 zum Thema Objektkatalog und Verweise.

Im Beispiel unten (15\AddInFn.xls bzw. .xla) wird die allgemein zugängliche Funktion *AITest* definiert, die den übergebenen Parameter mit sechs multipliziert. *AITest* verwendet wiederum die Funktion *InternalFunction*, die dem Anwender der Add-In-Datei nicht zur Verfügung steht.

```
' Datei 15\AddInFn.xls, Modul1
Function AITest(x As Double) As Double
  AITest = 2 * InternalFunction(x)
End Function
```

```
Private Function InternalFunction(x As Double) As Double
  InternalFunction = x * 3
End Function
```

Wenn Sie eine größere Funktionsbibliothek erstellen und diese weitergeben möchten, sollten Sie zu den Funktionen auch kurze Infotexte vorsehen, die im Funktionsassistenten bzw. im Objektkatalog angezeigt werden. Diese Texte können Sie im Objektkatalog mit dem Kontextmenükommando EIGENSCHAFTEN einstellen. In diesem Dialog können Sie auch einen Verweis auf eine Hilfedatei einrichten.

Ereignisprozeduren in Add-Ins

Neben den auch bei normalen Arbeitsmappen gebräuchlichen Prozeduren *Workbook_Open* und *Workbook_BeforeClose* werden bei Add-Ins zwei weitere Prozeduren automatisch ausgeführt: *Workbook_AddinInstall*, wenn ein Add-In in die Add-In-Liste des Add-In-Managers aufgenommen wird, und *Workbook_AddinUninstall*, wenn das Add-In aus dieser Liste wieder entfernt wird. Die beiden Prozeduren werden also nicht bei jedem Laden des Add-Ins ausgeführt, sondern nur einmal bei der Installation als ständige Excel-Erweiterung bzw. bei der Deinstallation. Sie können diese Prozeduren dazu verwenden, um einmalige Vorbereitungsarbeiten durchzuführen (z. B. um Vorlagedateien in das Vorlagenverzeichnis zu kopieren) bzw. um entsprechende Aufräumarbeiten durchzuführen.

Einschränkungen bei der Programmierung eigenständiger Add-In-Anwendungen

Add-In-Dateien sind vollkommen »unsichtbar«. Damit ist gemeint, dass die Tabellen- oder Diagrammblätter von Add-In-Dateien nicht angezeigt werden können! Add-In-Dateien können sich nur durch Menüerweiterungen oder eigene Menüs, durch Symbolleisten und durch Dialoge bemerkbar machen.

Die Daten aus Tabellenblättern von Add-In-Dateien stehen intern durchaus zur Verfügung und können beispielsweise durch VBA-Code in eine zu diesem Zweck neu geöffnete Arbeitsmappe übertragen und dort bearbeitet werden. Es ist aber nicht möglich, eine Anwendung wie 11\DB_Share.xls (Formular- und Datenbankanwendung für Car-Sharing-Verein, siehe Abschnitt 11.6) ohne Änderungen in eine Add-In-Datei zu übersetzen. Die Anwendung basiert darauf, dass deren Tabellenblätter am Bildschirm angezeigt und dort vom Anwender verändert werden können – und eben das ist bei einer Add-In-Datei nicht möglich.

Zu diesem Problem bestehen zwei Lösungsansätze. Die eine Variante besteht darin, dass Sie die Anwendung in zwei Dateien aufspalten. Die eine Datei enthält Code, Menüs und Dialoge und wird als Add-In-Datei weitergegeben. Die zweite Datei enthält die Tabellen, in denen der Anwender arbeiten kann, und wird von der ersten Datei per *Workbook_Open* geladen. In *Workbook_Open* können auch Ereignisprozeduren für die neu geladene Tabellendatei eingerichtet werden (etwa für den Blattwechsel). Diese Vorgehensweise hat zwei Nachteile: Erstens steht und fällt die Anwendung mit dem

Vorhandensein *beider* Dateien, und zweitens ist die Anwendung gegen beabsichtigte und unbeabsichtigte Veränderungen in der Tabellendatei anfällig.

Die zweite Lösungsvariante besteht darin, dass Sie weiterhin alle Tabellenblätter in der Add-In-Datei belassen. In *Workbook_Open* erzeugen Sie eine neue Arbeitsmappe und kopieren die betreffenden Tabellenblätter dorthin. Dieser zweite Lösungsansatz ist mit etwas mehr Aufwand bei der Programmierung verbunden, dafür aber weniger störanfällig bei der Anwendung.

Eine Einschränkung bleibt auf jeden Fall bestehen: Obwohl Sie während des Ablaufs des Add-Ins die (unsichtbaren) Tabellen des Add-Ins verändern können, ist es nicht möglich, diese Änderungen zu speichern. Das ist beispielsweise bei Anwendungen unangenehm, in denen eine durchlaufende Seriennummer (Rechnungsnummer, Datensatznummer etc.) verwaltet werden muss, die bei jedem Programmstart den zuletzt gültigen Wert aufweist. Eine Seriennummer oder beliebige andere Daten, die Sie beim nächsten Start des Add-Ins wieder benötigen, müssen Sie in einer eigenen Datei speichern.

Fazit: Add-Ins eignen sich gut dazu, eine Sammlung von Rechenfunktionen weiterzugeben oder um die Benutzeroberfläche von Excel zu ergänzen (in der Art des Euro konvertierungstools). Add-Ins stellen aber selten einen brauchbaren Lösungsansatz für eigenständige Anwendungen dar, wie sie im Mittelpunkt der Kapitel 9 bis 13 stehen. Add-Ins bieten in diesem Fall auch keine erkennbaren Vorteile gegenüber normalen Excel-Dateien.

COM-Add-Ins

COM-Add-Ins sind zu DLLs kompilierte Add-Ins. (DLLs sind binäre Bibliotheksdateien.) COM-Add-Ins wurden mit Office Developer 2000 eingeführt und können nur mit Office Developer erzeugt werden. Sie weisen eine Menge Unterschiede zu herkömmlichen Add-Ins auf und können insbesondere keine Tabellenblätter, keine Diagramme und keine Symbolleisten enthalten. Der einzige große Vorteil von COM-Add-Ins besteht darin, dass darin enthaltener Code wegen der Kompilation gut geschützt ist. Diesem Vorteil stehen aber die komplizierte Weitergabe und Installation gegenüber, weswegen sich COM-Add-Ins in der Praxis nicht durchsetzen konnten.

15.2 Excel und das Internet

15.2.1 Excel-Dateien als E-Mail versenden

Mit der Methode *SendMail* des *Workbook*-Objekts wird die Arbeitsmappe unmittelbar an das »installierte Mail-System« übergeben, wie sich die Excel-Dokumentation etwas vage ausdrückt.

Wenn Sie mit Outlook oder Outlook Express als E-Mail-Client arbeiten, funktioniert das hervorragend. Die E-Mail landet im Postausgangs-Folder des Programms. Je nach

Einstellung in Outlook wird die E-Mail jetzt sofort versandt, aber erst dann, wenn das nächste Mal der Button SENDEN UND EMPFANGEN gedrückt wird (bei einer Offline-Konfiguration für den Modembetrieb).

An die Methode *SendMail* werden drei Parameter übergeben: Die Empfängeradresse, der Betreff (also der *Subject*-Text) und optional der Wahrheitswert *True* oder *False*, je nachdem, ob eine Empfangsbestätigung erwünscht ist oder nicht. (Beachten Sie aber, dass nur relativ wenige E-Mail-Systeme Empfangsbestätigungen durchführen, ganz egal, was Sie hier einstellen.)

```
ThisWorkbook.SendMail "huber@firma.de", "Abrechnung Mai 2000"
```

> **TIPP** Wenn Sie die E-Mail gleichzeitig an mehrere Personen versenden möchten, können Sie im ersten Parameter ein *Array* von Zeichenketten übergeben. Die Angabe eines Nachrichtentexts ist leider nicht möglich. Bevor Sie *SendMail* ausführen, brauchen Sie die Arbeitsmappe übrigens nicht zu speichern. Excel versendet selbstständig die aktuelle Version.

Typ des installierten Mail-Systems feststellen

Mit der Eigenschaft **MailSystem** des *Application*-Objekts können Sie feststellen, ob und welches E-Mail-System am lokalen Rechner installiert ist. Die Eigenschaft kann drei Werte annehmen:

xlMAPI	das E-Mail-System ist MAPI-kompatibel (Messaging Application Program Interface, ein Microsoft-Standard)
xlPowerTalk	das E-Mail-System basiert auf PowerTalk (eine E-Mail-System für Apple-Macintosh-Computer); in diesem Fall können bei der Macintosh-Version von Excel E-Mails über das *Mailer*-Objekt versandt werden
xlNoMailSystem	es steht kein E-Mail-System zur Verfügung (zumindest keines, das kompatibel zu MAPI oder PowerTalk ist)

Es ist zwar nicht dokumentiert, aber vermutlich kann *SendMail* nur verwendet werden, wenn *MailSystem = xlMAPI* gilt. Ob das tatsächlich funktioniert, wenn als E-Mail-System nicht Outlook verwendet wird, konnte ich leider nicht testen. (Auf meinem Rechner ist – zumindest unter Windows – kein anderes E-Mail-System installiert.)

E-Mail interaktiv versenden

Wenn Sie dem Anwender die Chance geben möchten, auf das Versenden der E-Mail Einfluss zu nehmen und selbst den Empfänger sowie einen Nachrichtentext einzugeben, gibt es dazu zwei Varianten. Die eine besteht darin, den Dialog zum Versenden einer E-Mail aufzurufen. Es erscheint ein Outlook-Fenster, wobei die aktuelle Arbeitsmappe bereits in die ansonsten noch leere E-Mail eingefügt ist.

```
Application.Dialogs(xlDialogSendMail).Show
```

Die zweite Variante besteht darin, die Eigenschaft *EnvelopeVisible* für die aktuelle Arbeitsmappe auf *True* zu setzen. Damit werden unterhalb der Menü- und Symbolleisten vier Zeilen eingeblendet, die die Angabe einer Empfängeradresse und das direkte Versenden der E-Mail ermöglichen. Um *EnvelopeVisible* abwechselnd ein- und auszuschalten, können Sie die folgende Anweisung verwenden:

```
ThisWorkbook.EnvelopeVisible = Not ThisWorkbook.EnvelopeVisible
```

Falls Sie die Anweisung in der Ereignisprozedur eines Buttons ausführen, achten Sie darauf, dass Sie bei dem Button die Eigenschaft *TakeFocusOnClick* auf *False* gestellt haben – sonst kommt es zu einer Fehlermeldung.

Abermals ist unklar geblieben, ob die beiden Methoden auch ohne eine Outlook-Installation funktionieren.

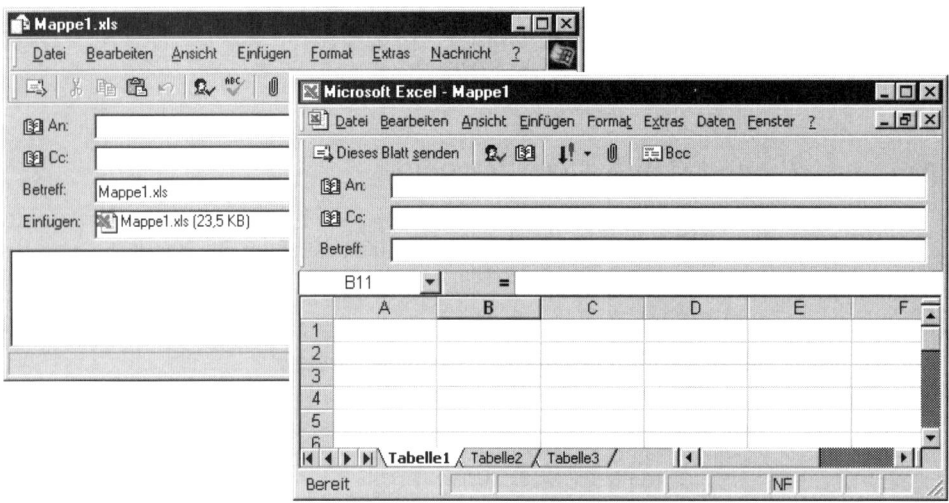

Bild 15.1: Links der xlDialogSendMail-Dialog, rechts Excel mit EnvelopeVisible=True

15.2.2 HTML-Import

> **VERWEIS** Der Import von Texten (Abschnitt 5.6.6), Datenbanken (Abschnitt 12.2.2) und HTML-Dokumenten erfolgt in Excel über dasselbe *QueryTable*-Objekt. An dieser Stelle werden nur mehr die HTML-Besonderheiten beschrieben. Der Datenquellentyp geht aus der Eigenschaft *QueryType* des *QueryTable*-Objekts hervor (*xlODBCQuery*, *xlTextImport* oder *xlWebQuery*). Je nach *QueryType* sind es dann auch andere Eigenschaften des *QueryTable*-Objekts, die die Parameter des Imports beschreiben.

15.2 Excel und das Internet

Mit DATEN | EXTERNE DATEN | NEUE WEBABFRAGE können Sie eine beliebige HTML-Datei sowohl im Internet als auch in einem lokalen Netz auswählen. Zur Auswahl wird der Internet Explorer gestartet. Die dort eingestellte Adresse wird automatisch in den Excel-Dialog übernommen (Bild 15.2). Bei Excel 2002 wurde der Dialog insofern verbessert, als eine beliebige Tabelle innerhalb der Webseite komfortabel mit der Maus ausgewählt werden kann.

Beim folgenden Import versucht Excel je nach Einstellung der Optionen entweder das gesamte Dokument, eine bestimmte Tabelle aus dem Dokument oder einfach alle Tabellen des Dokuments zu importieren. (Als Tabellen gelten alle Teile der HTML-Datei, die zwischen <TABLE> und </TABLE> eingeschlossen sind. Auf Grund der vielfältigen Formatierungsmöglichkeiten, die Tabellen in HTML-Dokumenten bieten, werden <TABLE>-Konstruktionen oft auch für Textpassagen verwendet, die gar nicht wie eine Tabelle aussehen.)

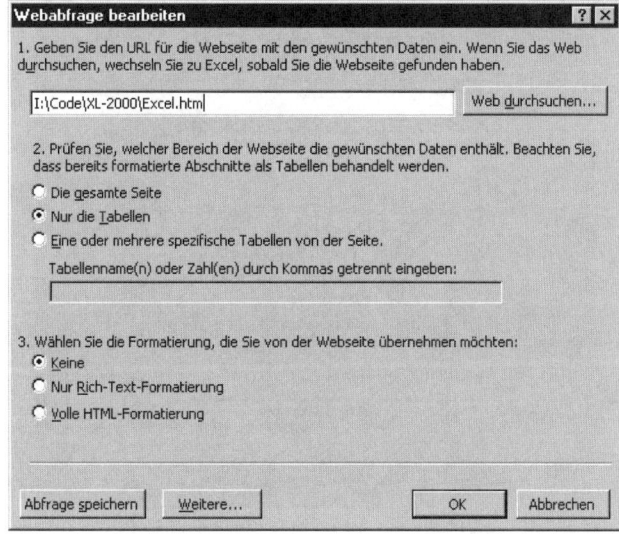

Bild 15.2: Import aus einer HTML-Datei

Im Prinzip funktioniert der Webimport überraschend gut. Das Problem besteht aber darin, dass sich das Internet sehr schnell ändert und viele Webseiten zumindest einmal im Jahr vollkommen umstrukturiert werden. Eine Anwendung, die etwa regelmäßig Aktienkurse aus dem Internet liest, muss daher regelmäßig an das gerade aktuelle Layout der Aktienseiten angepasst werden.

Einige Worte zur Einstellung der *QueryTable*-Eigenschaften: *QueryType* enthält *xlWebQuery* (4). *Name* muss mit dem Namen des Zellbereichs übereinstimmen, in den die Daten importiert wurden. *Destination* gibt die erste Zelle des Importbereichs an. Die *Connection*-Zeichenkette hat den Aufbau *URL;http://www.name.com/seite.htm*. Diverse Details des Imports werden durch die *WebXxx*-Eigenschaften eingestellt. Wie üblich führt der schnellste Weg zu plausiblen Einstellungen für diese Eigenschaften über die Makroaufzeichnung.

15.2.3 HTML-Export, Webkomponenten

Im interaktiven Betrieb erfolgt der HTML-Export über das Kommando DATEI|ALS WEBSEITE SPEICHERN. Exportiert werden können ein Zellbereich (die aktuelle Markierung), ein Tabellenblatt, die ganze Arbeitsmappe oder ein Diagramm.

Unabhängig von den exportierten Daten gibt es zwei Exportvarianten: Die resultierende HTML-Datei kann statisch oder interaktiv sein. Statisch bedeutet, dass herkömmlicher HTML-Code produziert wird, der mit beinahe jedem HTML-Browser betrachtet werden kann. Wird dagegen die Option INTERAKTIVITÄT gewählt, enthält die HTML-Seite einen Verweis auf eine so genannte Webkomponente (siehe unten).

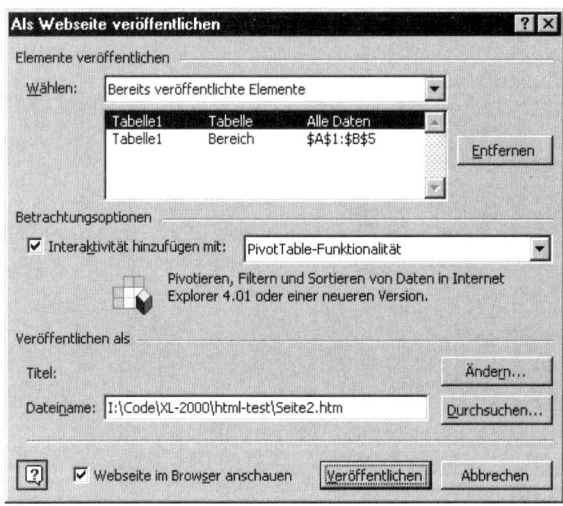

Bild 15.3: Einer der drei Exportdialoge

Die Einstellung der zahlreichen Exportoptionen ist ein wenig unübersichtlich, weil sie auf drei Dialoge verteilt ist:

- Der Dialog SPEICHERN UNTER erscheint, wenn DATEI| ALS WEBSEITE SPEICHERN ausgeführt wird. Er ist für einfache Speichervorgänge ausreichend.

- Der Dialog ALS WEBSEITE VERÖFFENTLICHEN wird über den VERÖFFENTLICHEN-Button des SPEICHERN-UNTER-Dialogs aufgerufen. Er enthält unter anderem eine Liste der schon früher exportierten Objekte der aktuellen Arbeitsmappe und erleichtert damit die Wiederholung eines Exportvorgangs.

- Der Dialog WEBOPTIONEN wird über das Menükommando EXTRAS|WEBOPTIONEN des SPEICHERN-UNTER-Dialogs aufgerufen. Darin können eine ganze Menge Optionen eingestellt werden, die bestimmen, wie die HTML-Dokumente aufgebaut werden sollen.

Webkomponenten

Bei Webkomponenten handelt es sich um ActiveX-Steuerelemente, die einen Teil der Funktionen von Excel zur Verfügung stellen. Für die Anwender hat das den Vorteil, dass sie die Daten verändern können (z.B. neue Zahlenwerte eingeben, anders sortieren, Pivottabellen reorganisieren, Diagrammtyp ändern etc.). Zu diesem Zweck gibt es drei primäre Webkomponenten: *Spreadsheet* für normale Tabellen, *PivotTableList* für Pivottabellen und *Chart* für Diagramme. (Es gibt noch einige weitere Webkomponenten zur Navigation bzw. zur Herstellung einer Datenbankverbindung, die hier aber nicht weiter von Interesse sind.)

Webkomponenten bieten zwar eine beeindruckende Funktionsfülle (verbunden mit einem sehr ansprechenden Design), sie weisen aber drei wesentliche Nachteile auf:

- Die resultierenden Webseiten können nur mit dem Internet Explorer ab Version 4.01 angezeigt werden. Andere Browser wie Netscape, Mozilla oder Opera sind nicht geeignet. Natürlich ist auch Windows als Betriebssystem Voraussetzung.

- Die Webkomponenten dürfen nur verwendet werden, wenn der Anwender eine Office-Lizenz hat. In einem Intranet (also einem Firmennetzwerk) mit einer Office-Sammellizenz ist es zulässig, dass die Webkompomenten erst bei Bedarf vom lokalen Server übertragen und installiert werden. Ansonsten muss Office bereits installiert sein, damit die Webkomponenten genutzt werden können.

- Die mit Office 2000 und 2002 ausgelieferten Webkomponenten enthalten ein massives Sicherheitsloch. Eine neue Version der Webkomponenten wurde von Microsoft im August 2002 zur Verfügung gestellt. Da es aber relativ viele Programme gibt (von Microsoft ebenso wie von anderen Software-Herstellern), die explizit die alte (fehlerhafte) Version der Webkomponenten voraussetzen, löst das Update das Sicherheitsproblem nur teilweise. Ausführlichere Informationen gibt das Microsoft Security Bulletin MS02-044:

    http://www.microsoft.com/technet/security/bulletin/MS02-044.mspx

    Bei Office 2003 ist dieses Sicherheitsproblem natürlich bereits behoben.

Webkomponenten mögen also technologisch faszinierend sein, für das Internet sind sie wegen der vielen Einschränkungen denkbar ungeeignet. (Webseiten sollten so gestaltet sein, dass sie von einer möglichst breiten Masse von Internetnutzern auch gelesen werden können. Das ist hier definitiv nicht der Fall.)

Der zentrale Anwendungsbereich für Webkomponenten werden daher eher Intranets sein (wenngleich es eigentlich auch dort einfacher ist, eine Excel-Datei als solche ins Netz zu stellen).

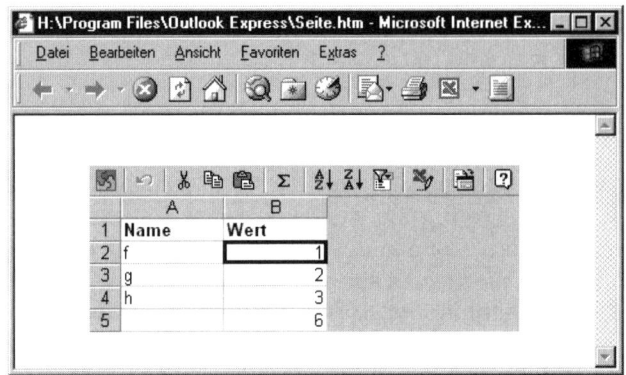

Bild 15.4: Ein kleiner Tabellenbereich, der mit Interaktivität (also als Webkomponente) exportiert wurde

> Die Funktionen von Webkomponenten können via VBScript oder durch VB-Code in DHTML-Seiten gesteuert werden. Webkomponenten sind also programmierbar, wobei im Prinzip ein Objektmodell wie bei Excel gilt, wenngleich dieses im Umfang natürlich stark eingeschränkt ist. Eine Beschreibung dieser Funktionen würde den Rahmen dieses Buchs aber sprengen und hat auch nicht mehr viel mit Excel zu tun. Weiterführende Informationen finden Sie im Programmierhandbuch zur Office Developer Edition, in der MSDN-Library (suchen Sie nach *OWC* oder *Office Web Components*) und in guten Büchern zu Frontpage.

HTML-Export per VBA-Code mit PublishObject

Wenn Sie ein Excel-Objekt per VBA-Code in einem HTML-Dokument speichern möchten, müssen Sie sich mit **PublishObject** anfreunden. Der Zugriff auf derartige Objekte erfolgt über *Workbook.PublishObjects*. Damit Sie ein Excel-Objekt zum ersten Mal exportieren können, müssen Sie mit *Add* ein neues *PublishObject* erstellen.

```
Dim publ As PublishObject
Dim fname$
fname = "c:\test.htm"
Set publ = ThisWorkbook.PublishObjects.Add( _
  SourceType:=xlSourceRange, Sheet:="Tabelle1", Source:="$B$3:$C$5", _
  Filename:=fname, HtmlType:=xlHtmlStatic, DivID:="ID1")
publ.Publish
```

An die *Add*-Methode müssen eine ganze Reihe Parameter übergeben werden, zu denen es gleichnamige Eigenschaften des *PublishObject* gibt (zumeist aber read only): *SourceType* gibt an, um welchen Datentyp es sich handelt (z.B. um einen Zellbereich oder um ein Diagramm.) *Sheet* und *Source* geben als Zeichenketten an, welche Daten

15.3 Smart Tags

gespeichert werden sollen. *HtmlType* bestimmt, ob ein statisches oder ein interaktives HTML-Dokument mit Webkomponenten erstellt werden soll.

Recht merkwürdig ist der Parameter *DivID*: hiermit kann eine Identifizierungszeichenkette angegeben werden, mit der später wieder auf das *PublishObject* zugegriffen werden kann. *DivID* übernimmt damit die Rolle, die bei allen anderen Objektaufzählungen *Name* innehat. (Wenn die angegebene Zeichenkette schon in Verwendung ist, wird das dazugehörige Objekt durch die neuen Daten überschrieben. Wenn Sie den Parameter nicht angeben, erzeugt Excel selbstständig eine Zeichenkette.)

Zu guter Letzt müssen Sie für das *PublishObject* noch die Methode **Publish** ausführen. Erst damit wird die HTML-Datei erzeugt.

Exportoptionen

Zur Feinsteuerung des HTML-Exports können Sie die zahllosen Eigenschaften der Objekte *DefaultWebOptions* (gilt global für Excel) bzw. **WebOptions** (gilt nur für die aktuelle Arbeitsmappe) einstellen. Bei den beiden Objekten handelt es sich trotz der Endung *-s* nicht um Aufzählobjekte. Die wichtigsten Eigenschaften der beiden Objekte sind am Ende von Abschnitt 5.9.2 zusammengefasst.

15.3 Smart Tags

Smart Tags sind eine Neuerung in Office 2002. Die Grundidee von Smart Tags ist einfach: Wenn Excel (oder eine andere Office-Komponente) einen Text erkennt, zu dem es zusätzliche Informationen anbieten oder Aktionen ausführen kann, dann wird der Text markiert (in Excel durch ein kleines violettes Dreieck im rechten unteren Eck der Zelle). Wenn Sie die Maus über die Markierung bewegen, erscheint außerdem ein kleines Informationssymbol. Durch das Anklicken dieses Symbols gelangen Sie in ein Menü, über das Sie die gewünschte Aktion auswählen können.

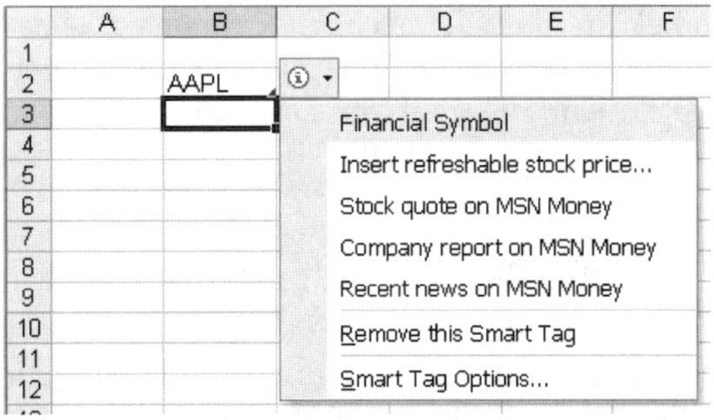

Bild 15.5: Smart Tags in Excel 2002 (englische Version)

Um es an einem Beispiel zu erklären: Sie geben in einer Zelle die Zeichen AAPL ein (das ist die Börsennotation für Apple). Wenn die Smart-Tags-Funktion aktiviert ist, erscheinen das violette Dreieck und das Infosymbol. Über das Menü können Sie den aktuellen Börsenkurs oder andere Apple-spezifische Informationen im Internet Explorer lesen bzw. den aktuellen Kurs in die Tabelle einfügen.

Smart Tags aktivieren

Smart Tags wurden von Microsoft als eine zentrale Neuerung von Office 2002 angepriesen. Gegner von Microsoft waren allerdings weniger begeistert über diese Innovation, weil naturgemäß Microsoft selbst bestimmt, welche Internetseiten durch Smart Tags angezeigt werden. So verwundert es denn nicht, dass die in Bild 15.5 dargestellten Smart Tags ausgerechnet zur MSN-Website führen (und nicht etwa zu entsprechenden Börenseiten von Yahoo! oder einer beliebigen anderen Firma).

Die Proteste von Medien, Datenschützern etc. führten schließlich dazu, dass Smart Tags im Internet Explorer 6 ganz eliminiert wurden und im Office-2002-Paket per Default deaktiviert sind. Wenn Sie Smart Tags nutzen möchten, erfolgt die Aktivierung im Dialog EXTRAS | AUTOKORREKTUR-OPTIONEN | SMART TAGS.

Selbst nach der Aktivierung ist die Bandbreite der Smart Tags in Excel gering. In der englischen Version werden Smart Tags nur bei bekannten Aktienkürzeln sowie bei Namen aus dem Outlook-Adressbuch angezeigt.

> **HINWEIS** Bei der deutschen Excel-2002-Version ist es mir trotz Aktivierung nicht gelungen, eigenständige Smart Tags zu einer Zelleingabe zu erzeugen. Daher beziehen sich alle weiteren Informationen auf die englische Excel-Version.

Weitere Smart-Tags-Listen laden

Die eingebauten Smart Tags beschränken sich bei Excel 2002 auf Börsenkurse und Outlook-Kontakte. Im Dialog EXTRAS | AUTOKORREKTUR-OPTIONEN | SMART TAGS gelangen Sie aber über den Button WEITERE SMART TAGS zu einer Webseite mit einer Download-Möglichkeit für weitere Smart-Tags-Listen. Derartige Erweiterungen werden als DLL-Programmbibliothek in das Verzeichnis Programme\Gemeinsame Dateien\Microsoft Shared\Smart Tags installiert. Besonders groß ist das Angebot für die englische Office-Version allerdings nicht; die deutsche Download-Seite war zum Zeitpunkt, als dieses Buch überarbeitet wurde (August 2002) bezeichnenderweise ganz leer.

Eigene Smart Tags entwickeln

Mit VBA ist es leider nicht möglich, eigene Smart Tags zu entwickeln. Wenn Sie das möchten, benötigen Sie eine COM-taugliche Programmiersprache (z.B. Visual Basic 6 oder Visual C++) sowie das Smart Tag SDK (Software Development Kit). Es ist Teil von Office 2002 Developer, kann aber auch kostenlos aus dem Internet geladen werden, zuletzt von der folgenden Seite:

http://msdn.microsoft.com/downloads

VBA-Zugriff auf Smart Tags

Wenn Sie mit VBA schon keine eigenen Smart Tags programmieren können, so besteht immerhin die Möglichkeit, auf vorhandene Smart Tags zuzugreifen und deren Funktionen zu nutzen. (Allzu viele Anwendungsmöglichkeiten dafür sehe ich allerdings nicht.) Das Objektmodell von Excel 2002 wurde dazu gleich mit einer Reihe neuer *SmartTagXxx*-Objekte ausgestattet, die in der Objektreferenz in Kapitel 16 beschrieben werden.

Über die Aufzählung *SmartTags* können Sie auf alle Smart Tags eines Tabellenblatts oder eines Zellbereichs (*Range*-Objekt) zugreifen. *SmartTagActions* liefert dann zu jedem Smart Tag die zur Auswahl stehenden Aktionen (die bei Bedarf mit der Methode *Execute* auch ausgeführt werden können). Die folgende Schleife durchläuft alle Smart Tags des aktiven Tabellenblatts und zeigt deren Namen sowie die Namen der dazugehörenden Aktionen an. Beachten Sie, dass die Schleife über alle *SmartTagActions* mit einer *Integer*-Schleifenvariable gebildet wurde, weil *For Each* bei *SmartTagActions* leider nicht funktioniert.

```
' Beispiel 15\smarttags.xls
Sub show_smarttagactions()
  Dim i As Integer
  Dim st As SmartTag
  Dim sta As SmartTagAction
  For Each st In ActiveSheet.SmartTags
    Debug.Print st.Name
    For i = 1 To st.SmartTagActions.Count
      Set sta = st.SmartTagActions(i)
      Debug.Print "  " + sta.Name
    Next
  Next st
End Sub
```

Um alle Smart Tags in einem Tabellenblatt oder einem Zellbereich zu löschen, können Sie die *Delete*-Methode für das *SmartTag*-Objekt einsetzen, beispielsweise so:

```
Dim st As SmartTag
For Each st In ActiveSheet.SmartTags
  st.Delete
Next st
```

Smart-Tags-Funktion ein- und ausschalten

Gleich eine ganze Menge Eigenschaften steuern, ob Smart Tags funktionieren oder nicht. Die Eigenschaften entsprechen den Optionen des Dialogs EXTRAS|AUTOKORREKTUR-OPTIONEN|SMART TAGS.

- Die Aufzählung *Application.SmartTagRecognizers* verweist auf alle Smart-Tag-Module, die für die Erkennung von Smart Tags verantwortlich sind. Unter Excel stehen normalerweise nur zwei derartige Module zur Verfügung, eines für Outlook-Kontakte, ein zweites für Smart-Tag-Listen (wie z.B. die Liste mit den Aktienkürzeln). Jedes dieser Module (*SmartTagRecognize*-Objekte) kann mit der **Enabled**-Eigenschaft individuell aktiviert bzw. deaktiviert werden.

- Die Eigenschaft *Application.SmartTagRecognizers.***Recognize** steuert, ob die Smart-Tag-Funktion im Hintergrund ausgeführt wird (d.h., ob bei Neueingaben oder Veränderungen in Zellen automatisch Smart Tags eingefügt werden).

- Die Eigenschaft *Workbook.SmartTagOptions.***DisplaySmartTags** gibt an, ob in der jeweiligen Excel-Datei Smart Tags angezeigt werden.

- Die Eigenschaft *Workbook.SmartTagOptions.***EmbedSmartTags** gibt an, ob die Smart Tags zusammen mit der Datei auch gespeichert werden.

15.4 Web Services nutzen

Web Services sind ein wesentlicher Bestandteil der .NET-Offensive von Microsoft. Sie ermöglichen eine standardisierte Kommunikation zwischen Rechnern, die über das Internet miteinander verbunden sind. Dabei wird dasselbe HTTP-Protokoll genutzt, mit dem auch gewöhnliche Webseiten übertragen werden. Allerdings erfolgt der Datenaustausch nicht im HTML-, sondern im XML-Format.

Web Services sind praktisch, wenn ein Webserver keine fertigen Webseiten, sondern lediglich Daten anbietet (z.B. Börsenkurse). Web Services können aber auch eine Ergänzung zu existierenden Webseiten sein. So testen beispielsweise amazon.com und google.com zurzeit Web Services und bieten über Testaccounts Zugang zu diesen Services. Damit können Sie beispielsweise auf der Basis von Web Services eine Google-Suche durchführen und das Ergebnis selbst verarbeiten oder formatieren. Weitere Informationen finden Sie unter anderem auf den folgenden Websites:

http://msdn.microsoft.com/webservices/
http://www.amazon.com/webservices
http://www.google.com/apis/
http://www.learnxmlws.com/

Web Services Toolkit 2.0 für Office XP (und Office 2000)

Da Office bzw. Excel noch nicht .NET-kompatibel sind, ist auch die Nutzung von Web Services noch nicht vorgesehen. Microsoft bietet aber auf seiner Website ein kostenloses Ergänzungspaket zu Office 2002/XP an, eben das in der Überschrift erwähnte Web Services Toolkit. Unter Zuhilfenahme dieses Toolkits ist es beinahe ein Kinderspiel, per VBA-Code Web Services zu nutzen.

http://msdn.microsoft.com/library/default.asp?url=/downloads/list/officedev.asp

Beachten Sie bitte, dass Microsoft das Web Services Toolkit auf der Download-Seite als ein *not supported product* bezeichnet. Mit anderen Worten: Wenn Sie Probleme mit dem Toolkit haben, dürfen Sie nicht auf Hilfe von Microsoft hoffen.

> **TIPP**
>
> **Office 2000:** Obwohl das Toolkit den Namen *Web Services Toolkit 2.0 for Office XP* trägt, kann es auch für Excel 2000 verwendet werden. Die Installation verläuft problemlos; sowohl das in diesem Abschnitt vorgestellte Beispiel als auch der Web-Services-Dialog (EXTRAS|WEBDIENSTVERWEISE) funktionieren einwandfrei.

Beachten Sie, dass es dieses Toolkit zwar in unterschiedlichen Sprachen gibt, aber nur die englische Version auch Beispiele und eine weiterführende Dokumentation enthält. Dafür ist bei der englischen Version die Installation umständlicher: Im ersten Schritt werden nur die Dokumentation und die Installationsdateien für die eigentliche Web-Service-Erweiterung sowie für die Beispiele installiert. Diese Installationsdateien müssen dann im zweiten Schritt explizit selbst ausgeführt werden (insbesondere Programme\Microsoft Office XP Web Services Toolkit 2.0\setup.exe).

Nach der Installation und einem Neustart von Excel können Sie mit EXTRAS|VERWEISE Links auf die neuen Bibliotheken *Microsoft Soap Type Library 3.0* und *Microsoft XML 4.0* einrichten. Diese Bibliotheken benötigen Sie zum Datenaustausch mit den Web Services.

Darüber hinaus steht in der VBA-Entwicklungsumgebung das neue Kommando EXTRAS|WEBDIENSTVERWEISE zur Verfügung. Mit diesem Kommando können Sie im Internet ein Web Service suchen. Wenn die Suche erfolgreich ist und das angebotene Web Service durch eine ASMX- oder WSDL-Seite beschrieben wird, kann mit dem WEBDIENSTVERWEISE-Dialog Programmcode in das aktuelle VBA-Projekt eingefügt werden: Dabei werden Datenstrukturen und Klassen generiert, die die Nutzung des Web Services ganz einfach machen. Gleichzeitig werden Verweise auf die beiden oben genannten Bibliotheken eingerichtet.

Web Services Toolkit 2.01 für Office 2003

Mit Office 2003 werden einige Bibliotheken bereits per Default mitgeliefert. Aus diesem Grund gibt es auch eine eigene Version 2.01 des Web Services Toolkit, die nur die in Office 2003 noch fehlenden Komponenten enthält. Achten Sie darauf, dass Sie die für Office 2003 gedachte Toolkit-Version installieren! Den Download-Link finden Sie am Ende der Download-Seite des *Web Services Toolkit 2.0 for Office XP*.

Beim ersten Versuch, einen Verweis auf die Bibliothek einzurichten, werden Sie die *Microsoft Soap Type Library 3.0* nicht finden. Der Grund: Die Bibliothek wird zwar zusammen mit Excel 2003 installiert, aber nicht registriert. Abhilfe ist einfach: Klicken Sie im VERWEISE-Dialog auf den Button DURCHSUCHEN und wählen Sie dann die Datei C:\Programme\Gemeinsame Dateien\Microsoft Shared\OFFICE11\mssoap30.dll aus. Sollte diese Datei nicht existieren, wurde sie nicht installiert. Starten Sie das Setup-

Programm zu Excel 2003 bzw. Office 2003 und installieren Sie GEMEINSAM GENUTZTE OFFICE-FEATURES | OFFICE SOAP TOOLKIT!

Kompatiblitätsprobleme: Der Versuch, ein unter Excel 2000/2002 entwickeltes Web-Services-Programm unter Excel 2003 zu nutzen, zeigte einige Kompatibilitätsprobleme:

- Excel 2003 findet die Soap-Bibliothek nicht. Abhilfe: Entfernen Sie den ungültigen Verweis auf die Soap-Bibliothek und richten Sie wie gerade beschrieben einen neuen Verweis ein.

- Fehler bei der Codeausführung: Auch nach der Korrektur des Verweises auf die Soap-Bibliothek können Fehler bei der Codeausführung auftreten (z.B. *Objekt xy kann nicht erzeugt werden*). Abhilfe: Löschen Sie alle Module, die vom Toolkit erzeugt wurden (*clsof_xxx, clsws_xxx, struct_xxx*). Anschließend erzeugen Sie diese Module mit dem Toolkit 2.01 neu.

Miniglossar und Abkürzungsverzeichnis

Der Platz in diesem Buch reicht nicht, um auf die Details von Web Services einzugehen bzw. deren Programmierung zu erklären. Sie sollten aber auf jeden Fall wissen, dass Web Services nicht nur mit Microsofts Visual Studio .NET programmiert werden können, sondern auch mit Entwicklungsumgebungen von IBM, Sun etc. sowie mit diversen Open-Source-Produkten. Das folgende Glossar soll eine Art erste Hilfe darstellen, damit Sie dem folgenden Text auch ohne tiefere Web-Services-Grundlagen folgen können.

ASMX	*unbekannte Abkürzung*	Dateikennung für .NET-Web-Service-Dateien
HTTP	*Hyper Text Transfer Protocol*	Protokoll zur Übertragung von Daten zwischen einem Webserver und einem Client (z.B. einem Browser)
HTML	*Hyper Text Markup Language*	Textformat zur Darstellung und Formatierung von Webseiten
SOAP	*Simple Object Access Protocol*	Standard zum Austausch von Objekten zwischen Prozessen auf unterschiedlichen Rechnern, die durch ein Netzwerk miteinander verbunden sind
UDDI	*Universal Description, Discovery and Integration*	Format zur inhaltlichen Beschreibung von Web Services; das Ziel besteht unter anderem darin, die Suche von Web Services im Internet zu erleichtern (in der Art einer Datenbank aller verfügbaren Web Services für eine bestimmte Aufgabe)

WSDL	*Web Service Description Language*	Textformat auf der Basis von XML zur Beschreibung der Dienste und Datentypen eines Web Services; die WSDL-Datei beschreibt die Syntax der angebotenen Methoden, also die Parameter, den Rückgabedatentyp etc.
XML	*Extensible Markup Language*	Textformat zur Darstellung beliebiger (hierarchischer) Daten; Web Services tauschen Daten generell im XML-Format aus

Einen einfachen Web Service in Excel nutzen

Um die Kommunikation mit einem Web Service auszuprobieren, müssen Sie entweder selbst einen solchen Service erstellen (z.B. mit Visual Studio .NET) und auf einem lokalen Internet Information Server verfügbar machen, oder Sie greifen auf einen der zahlreichen im Internet bereits verfügbaren Services zurück. Bei der Suche helfen z.B. die folgenden Websites.

http://uddi.microsoft.com/   (vor allem für kommerzielle Web Services)
http://www.xmethods.com/
http://www.salcentral.com/

Ich habe für mein Beispiel den kostenlosen Web Service *SalesRankNPrice* der Website http://www.perfectxml.com/ verwendet. Mit diesem Service können Sie für eine gegebene ISBN-Nummer den Preis und den Verkaufsrang des dazugehörenden Buchs bei amazon.com bzw. barnesandnoble.com ermitteln.

> **HINWEIS** Das vorgestellte Beispiel funktioniert natürlich nur, solange der Web Service http://www.perfectxml.com/WebServices/SalesRankNPrice/BookService.asmx zur Verfügung steht. Da es sich hier um eine (kostenlose!) Beispielanwendung handelt, ist seine Lebensdauer ungewiss. Sie können sich ganz einfach davon überzeugen, ob es den Web Service noch gibt: Geben Sie einfach die obige Adresse in einem beliebigen Web-Browser ein. Sie gelangen damit zu einer Statusseite, die den Web Service und seine Funktionen beschreibt.

Die Excel-Beispielanwendung sehen Sie in Bild 15.6: Das Beispiel wird durch eine Liste von ISBN-Nummern in Spalte B und dem Button AKTUALISIEREN geprägt. Wenn Sie den Button anklicken, stellt das Makro *CommandButton1_Click* eine Verbindung zum Web Service *SalesRankNPrice* her und ermittelt zu allen ISBN-Nummern den aktuellen Verkaufsrang des Buchs sowie den Preis. Diese Informationen werden in die Tabelle eingetragen. Statt der hier angegebenen ISBN-Nummern meiner zurzeit im Englischen verfügbaren Bücher können Sie natürlich beliebige andere Nummern angeben. Ein analoges Prinzip können Sie natürlich auch zur Ermittlung anderer Daten anwenden – ganz egal ob es sich nun um Börsenkurse, Preise von beliebigen Artikeln oder Abflugzeiten handelt. Die einzige Voraussetzung ist, dass Sie ein für Ihre Aufgabe entsprechendes Web Service finden.

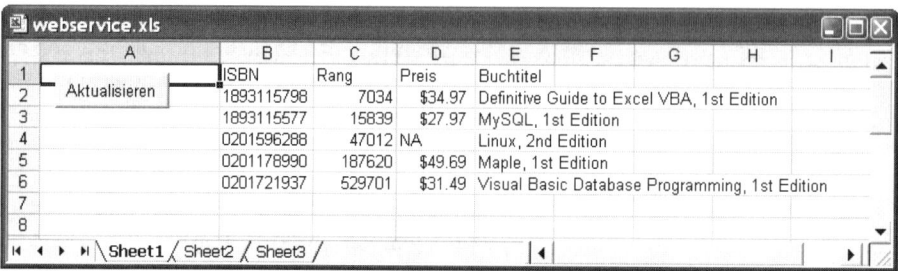

Bild 15.6: Web-Service-Beispielanwendung

Klassen zur Kommunikation mit dem Web Service

Wenn Sie das Beispiel selbst realisieren möchten, öffnen Sie eine neue Excel-Datei, wechseln in die VBA-Entwicklungsumgebung und führen dort EXTRAS|WEBDIENSTVERWEISE aus. Im Dialog geben Sie als Adresse des Webdienstes http://www.perfectxml.com/WebServices/SalesRankNPrice/BookService.asmx an und klicken den Button SUCHEN an. Damit werden die angebotenen Dienste (Methoden) ermittelt und angezeigt. Wenn Sie diese Dienste aktivieren und HINZUFÜGEN anklicken, werden mehrere neue Klassenmodule erzeugt.

Durch den Dialog wurden die folgenden Klassen in Ihr VBA-Projekt eingefügt:

- *clsws_SalesRankNPrice*: Mit dieser Klasse wird die Verbindung zum Web Service hergestellt (einfach indem ein Objekt dieser Klasse erzeugt wird). Anschließend können mit den Methoden *wsm_GetAmazonSalesRank*, *wsm_GetAmazonUKSalesRank*, *wsm_GetAmazonDESalesRank* etc. die verschiedenen Dienste des Web Service aufgerufen werden. Durch *Set objvar = Nothing* trennen Sie die Verbindung wieder.

- *struct_All*, *struct_Prices*, *struct_SalesRankNPrice1* und *struct_SalesRanks*: Diese Klassen stellen durchweg einfache Datenstrukturen zur Verfügung. Diese Strukturen werden von diversen *wsm_GetXxx*-Methoden verwendet, um die Ergebnisse zurückzugeben.

  Der Aufbau dieser Klassen ist übrigens denkbar einfach. So besteht die im Beispielprogramm eingesetzte Klasse *struct_SalesRankNPrice1* nur aus den beiden Anweisungen *Public SalesRank As String* und *Public Price As String*.

- *clsof_Factory_SalesRankNPri*: Diese Klasse stellt die Methode *IGCTMObjectFactory_CreateObject* zur Verfügung. Diese Methode wird benötigt, um die vom Web Service übertragenen XML-Daten in VBA-Datenstrukturen (Klassen) umzuwandeln. Die Methode wird bei der Verwendung von *wsm_GetXxx*-Methoden automatisch aufgerufen, d.h., Sie müssen sich nicht selbst um diese Umwandlung kümmern.

15.4 Web Services nutzen

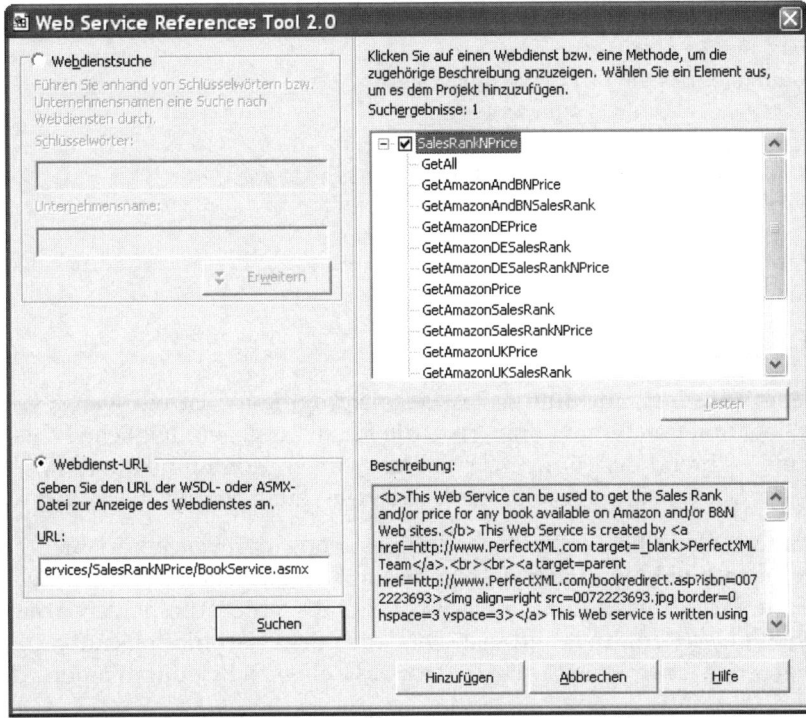

Bild 15.7: Klassen zur Verwendung eines Web Service einfügen

Auch wenn Sie Anwendungen für andere Web Services entwickeln, wird es immer die Klassen *clsws_Name*, *clsof_Name* und eine Reihe von *struct_*-Klassen geben, die dieselbe Bedeutung haben wie oben beschrieben (aber natürlich andere Methoden und Datentypen unterstützen).

Anwendung der Klassen

Die Anwendung der vom Web-Services-Dialog erzeugten Klassen ist denkbar einfach: Indem Sie ein Objekt der Klasse *clsws_SalesRankNPrice* erzeugen, stellen Sie die Verbindung zum Web Service her. Anschließend können Sie alle Methoden der Web Services wie gewöhnliche VBA-Funktionen verwenden. Im Beispiel unten wird beispielsweise mit *wsm_GetAmazonSalesRank* der Verkaufsrang des Titels mit der ISBN-Nummer 1893115577 ermittelt. Um die Verbindung wieder zu trennen, weisen Sie der Objektvariablen *ws* den Wert *Nothing* zu.

```
Dim ws As clsws_SalesRankNPrice
Dim result As String
' Verbindung zum Web Service herstellen
Set ws = New clsws_SalesRankNPrice
' eine Methode des Web Service aufrufen
result = ws.wsm_GetAmazonSalesRank("1893115577")
MsgBox "SalesRank: " + result
' Verbindung trennen
Set ws = Nothing
```

Beispielprogramm

Der Ereignisprozedur zum Button des Beispielprogramms ist ein wenig umfangreicher. Das liegt unter anderem daran, dass die Prozedur gegen mögliche Fehler abgesichert ist und während der (übrigens recht langsamen) Kommunikation mit dem Web Service in der Statuszeile angezeigt wird, wie viele Daten bereits übertragen wurden.

Der eigentliche Code beginnt mit der Initialisierung der *Range*-Variablen *r* für den Bereich mit den ISBN-Nummern. Dessen Ende wird ausgehend von der Zelle B2 mit der Methode *End(xlDown)* ermittelt. Anschließend werden die beiden benachbarten Spalten durch *Offset* ermittelt und gelöscht. Nach dem Verbindungsaufbau zum Web Service werden in einer Schleife alle Zellen *c* des Zellbereichs *r* durchlaufen.

Aus *c* wird die Zeichenkette mit der ISBN-Nummer ermittelt. Die Fallunterschiedung ist deswegen erforderlich, weil ISBN-Nummern im Tabellenblatt sowohl als Zahlen als auch als Zeichenketten enthalten sein können (z.B. um ISBN-Nummern darzustellen, die mit einer Null beginnen). Die Web-Services-Methoden *wsm_GetAmazonSalesRank* und *wsm_GetAmazonPrice* liefern (soweit verfügbar) den Verkaufsrang und den -preis. Diese Daten werden in den benachbarten Zellen von *c* in die Tabelle eingetragen.

```
' Beispiel 15\webservice-nnnn.xls, Modul sheet1
Private Sub CommandButton1_Click()
  Dim i As Integer
  Dim r As Range, c As Range
  Dim isbn As String, s As String
  Dim SalesWebserv As clsws_SalesRankNPrice
  ' Feedback
  Application.DisplayStatusBar = True
  Application.StatusBar = "Verbindung zum Web Service wird " + _
    "hergestellt"
  On Error GoTo error_code
  ' ISBN-Zellbereich, der verarbeitet werden soll
  Worksheets(1).[A1].Select
  Set r = Worksheets(1).Range(Range("b2"), Range("b2").End(xlDown))
```

```
    ' benachbarte Spalten löschen
    r.Offset(, 1).ClearContents
    r.Offset(, 2).ClearContents

    ' Verbindung zum Web Service herstellen
    Set SalesWebserv = New clsws_SalesRankNPrice

    ' alle Zellen durchlaufen
    For Each c In r.Cells
      i = i + 1
      Application.StatusBar = "Web Service: " & _
        "Zeile " & i & " von " & r.Cells.Count
      If TypeName(c.Value) = "String" Then
        isbn = c.Value
      Else
        isbn = Trim(Str(c.Value))
      End If
      c.Offset(, 1).Value = SalesWebserv.wsm_GetAmazonSalesRank(isbn)
      c.Offset(, 2).Value = SalesWebserv.wsm_GetAmazonPrice(isbn)
    Next
error_code:
    If Err Then MsgBox ("Fehler: " + Err.Description)
    ' Verbindung beenden
    Set SalesWebserv = Nothing
    Application.StatusBar = False
End Sub
```

15.5 Dynamic Link Libraries (DLLs) verwenden

Dynamic Link Libraries sind Bibliotheken mit Funktionen. Über DLLs haben Sie Zugriff auf beinahe alle Windows-Systemfunktionen und können sogar – falls notwendig – zeitkritische VBA-Prozeduren durch eigene C-Routinen in Form einer DLL ersetzen. Die folgenden Absätze beschränken sich darauf, wie Sie so genannte API-Funktionen in VBA aufrufen können. (API steht für *Application Programming Interface* und bezeichnet die Gesamtheit der DLLs mit den Windows-Systemfunktionen.)

> **HINWEIS** Der Einsatz von DLL-Funktionen erfordert ein hohes Maß an Hintergrundwissen über Windows-Interna bzw. Windows-Programmierung, das in diesem Abschnitt natürlich nicht vermittelt werden kann.

Grundlagen

Eine *Library* ist eine Sammlung von Funktionen. Die vorangestellten Begriffe *Dynamic Link* deuten an, dass die Library erst dann geladen wird, wenn sie wirklich benötigt wird. Das Laden erfolgt automatisch bei der Verwendung einer Funktion aus der DLL.

DLLs werden normalerweise in *.dll-Dateien gespeichert. DLLs befinden sich entweder im Windows-Systemverzeichnis (bei gemeinsamen DLLs, die von allen Programmen verwendet werden können) oder direkt im Verzeichnis eines Programms (wenn die DLL nur für ein bestimmtes Programm konzipiert ist).

Viele der Systemfunktionen von Windows befinden sich in DLLs. Die drei wichtigsten Libraries sind die GDI-Library (Grafikfunktionen), die User-Library (Fenster, Menü, Maus) und die Kernel-Library (Speicherverwaltung).

Neben diesen Systemfunktionen (deren DLL-Dateien im Lieferumfang von Windows enthalten sind) existieren anwendungsspezifische DLLs. Diese DLLs sind speziell für ein bestimmtes Programm erstellt worden. Im Office-Verzeichnis befinden sich beispielsweise eine ganze Reihe von DLLs. Diese DLLs sind für Anwendungsprogrammierer aber uninteressant, insofern sie selten öffentlich dokumentiert sind. Sie wissen also nicht, welche Funktionen darin enthalten und wie sie zu verwenden sind. (Außerdem können Sie ohnedies auf fast alle Office-Funktionen viel bequemer über VBA-kompatible Objektbibliotheken zugreifen.)

Wenn Sie mit der Programmiersprache C bzw. C++ arbeiten, können Sie auch eigene DLLs programmieren. Das hat den Vorteil, dass Sie zeitkritische VBA-Prozeduren durch sehr viel effizienteren C-Code ersetzen können. Jetzt werden Sie sich vielleicht denken, dass Sie dann auch gleich das ganze Programm in C schreiben können. Das wäre aber mit einem riesigen Programmieraufwand verbunden. Durch DLLs können Sie die Vorteile von VBA und C in einem Programm vereinen: rasche Programmentwicklung von 95 Prozent Ihrer Anwendung mit VBA, zeitkritische Spezialfunktionen mit C.

Probleme und Einschränkungen

Sie werden DLLs meistens dann einsetzen, wenn eine in Windows vorgesehene Funktion nicht über ein VBA-Kommando oder eine Methode zugänglich ist. Ein wesentliches Problem besteht aber darin, dass Sie erstens wissen müssen, welche DLLs überhaupt existieren, und zweitens, wie diese DLLs verwendet werden (welche Parameter, welche Rückgabewerte etc.). Die Windows-Systemfunktionen sind zwar sehr gut dokumentiert, die Dokumentation orientiert sich aber an der Syntax der Sprache C.

Wenn das Dokumentationsproblem gelöst ist, tritt unter Excel eine weitere Schwierigkeit auf: An sehr viele Systemfunktionen müssen Windows-interne Kennnummern übergeben werden – etwa die Kennnummer des aktiven Fensters, die Kennnummer eines Grafikobjekts etc. In VBA existiert aber keine Möglichkeit, die Kennnummern von Excel-Objekten festzustellen. Damit ist der Aufruf vieler elementarer DLL-Funktionen (etwa zur Ermittlung der Auflösung des Grafiksystems) unmöglich.

DLL-Funktionen deklarieren

Der Aufruf von DLL-Funktionen in VBA-Programmen ist im Prinzip sehr einfach: Sie deklarieren die Funktion und rufen sie dann wie jede andere VBA-Prozedur auf. Sie werden aber gleich feststellen, dass die Deklaration von DLL-Funktionen nicht immer ganz einfach ist.

Eine Funktionsdeklaration ist notwendig, damit Visual Basic weiß, in welcher DLL-Datei sich die Funktion befindet, welche Parameter an die Funktion übergeben werden und welches Format der Rückgabewert der Funktion hat (sofern es überhaupt einen Rückgabewert gibt).

Die Deklaration erfolgt mit dem Befehl *Declare*. Unmittelbar hinter *Declare* steht entweder das Schlüsselwort *Function* (wenn die DLL-Funktion einen Rückgabewert besitzt) oder *Sub* (kein Rückgabewert). Daran schließt der Name der Funktion, das Schlüsselwort **Lib** und der in HochKommas eingeschlossene Name der DLL-Bibliothek an. Ab jetzt gehorcht die Deklaration den gleichen Regeln wie bei einer VBA-Prozedur: Es folgt die Parameterliste und gegebenenfalls der Datentyp des Rückgabewerts.

```
Declare Sub subname Lib "biblioname" (parameterliste)
Declare Function funktname Lib "biblioname" (parameterliste) As
    datentyp
```

Den Datentyp des Rückgabewerts spezifizieren Sie entweder mit einem der Typenkennzeichen &, %, !, #, $ oder @ hinter dem Funktionsnamen oder mit *As datentyp* hinter der Parameterliste. Die beiden folgenden Deklarationen sind gleichwertig:

```
Declare Function fname& Lib "biblname" (parameterliste)
Declare Function fname Lib "biblname" (parameterliste) As Long
```

Der Bibliotheksname enthält normalerweise den Dateinamen der DLL, also beispielsweise Shell32.dll. Eine Ausnahme stellen die System-Libraries GDI32, User32 und Kernel32 dar, deren Namen ohne die Dateikennung *.dll angegeben werden.

Wenn Sie eine Funktion unter VBA unter einem anderen Namen aufrufen möchten, müssen Sie das Schlüsselwort *Alias* bei der Deklaration verwenden. Im Beispiel unten wird die DLL-Funktion *GetWindowsDirectoryA* so deklariert, dass sie in VBA unter dem kürzeren Namen *GetWindowsDirectory* verwendet werden kann. (Der zusätzliche Buchstabe A bezieht sich darauf, dass die Funktion Zeichenketten im ANSI-Format erwartet. Das ist Voraussetzung für jeden Einsatz einer DLL-Funktion in VBA.)

```
Declare Sub GetWindowsDirectory Lib "kernel32" _
    Alias "GetWindowsDirectoryA" (parameterliste)
```

Sobald eine DLL-Funktion tatsächlich verwendet wird, sucht Windows die DLL-Datei im Windows-Verzeichnis, im Windows-Systemverzeichnis und im Excel-Verzeichnis.

Wenn sich Ihre DLL in keinem dieser Verzeichnisse befindet, müssen Sie den Bibliotheksnamen exakt angeben, also beispielsweise *"c:\Eigene Dateien\Test\Meine.dll"*. Beachten Sie, dass DLLs, die sich in demselben Verzeichnis wie die Excel-Datei befinden, nur dann auffindbar sind, wenn Sie den exakten Pfad angeben.

Die Parameterliste der DLL-Deklaration

In der Parameterliste müssen Sie die Datentypen der Parameter der DLL-Funktion und die Art der Parameterübergabe angeben. Viele Schwierigkeiten resultieren aus den unterschiedlichen Datentypen in VBA und in der Programmiersprache C, für die die DLL-Funktionen normalerweise vorgesehen sind.

Visual Basic	C
ByVal x As Byte	BYTE x
x As Byte	LPBYTE x
ByVal x As Integer	short x
x As Integer	short far *x
ByVal x As Long	LONG x
x As Long	LPLONG x
ByVal x As Single	float x
x As Single	float far *x
ByVal x As Double	double x
x As Double	double far *x

Generell gilt, dass die meisten DLL-Funktionen Werte erwarten, während VBA normalerweise Zeiger übergibt. Aus diesem Grund müssen numerische Parameter fast ausnahmslos mit *ByVal* deklariert werden.

Bei Zeichenketten besteht das Hauptproblem darin, dass die DLL-Funktionen Zeichenketten erwarten bzw. zurückgeben, in denen das letzte Zeichen den Code 0 hat und so das Ende der Zeichenkette markiert. Bei der Übergabe von Zeichenketten an DLL-Funktionen reicht das Schlüsselwort *ByVal* für den Parameter aus: VBA hängt dann automatisch ein 0-Zeichen an die Zeichenkette an.

Etwas diffiziler ist der Umgang mit DLL-Funktionen, die Zeichenketten zurückgeben. Erstens müssen Sie die betreffende Variable schon vor dem Aufruf mit einer ausreichend langen Zeichenkette vorbelegen – sonst schreibt die DLL-Funktion unkontrolliert in den Speicher und verursacht unter Umständen sogar einen Absturz. Und zweitens müssen Sie die Ergebnisvariable nach dem Aufruf auswerten und die darin enthaltene 0-terminierte Zeichenkette in eine »echte« VBA-Zeichenkette umwandeln. Beide Details werden im folgenden Beispiel demonstriert.

Falls eine DLL-Funktion einen zusammengesetzten Datentyp erwartet, müssen Sie diesen Datentyp durch eine *Type*-Anweisung nachbilden. Manche DLL-Funktionen sind in der Lage, veränderliche Datentypen zu bearbeiten. Deklarieren Sie solche Parameter mit dem Datentyp *As Any*. VBA verzichtet dann auf die automatische Datentypüberprüfung und gibt den beim Aufruf angegebenen Parameter als Adresse an die

15.5 Dynamic Link Libraries (DLLs) verwenden

DLL-Funktion weiter. Wenn der Parameter als Wert übergeben werden soll, verwenden Sie beim Aufruf der Funktion das Schlüsselwort *ByVal*.

Die Übergabe einer Adresse (eines Zeigers, engl. *pointer*) bereitet wenig Probleme, weil VBA standardgemäß ohnedies alle Parameter »by reference« übergibt und dabei 32-Bit-far-Adressen (das Standard-Adressformat von Windows) benutzt. Wenn Sie an eine DLL-Funktion einen NULL-Zeiger übergeben möchten, müssen Sie den Datentyp dieses Parameters bei der Deklaration mit *As Any* festlegen. Beim Aufruf der Funktion geben Sie *ByVal 0&* an.

DLL-Funktionen aufrufen

Der Aufruf von DLL-Funktionen erfolgt (nachdem die DLL-Funktion vorher deklariert wurde) auf dieselbe Weise wie der Aufruf von normalen Prozeduren.

```
Dim tmp$
tmp = Space(256)    'mit 256 Leerzeichen belegen
GetWindowsDirectory tmp, 255
```

Beispiel – Windows-Verzeichnis ermitteln

Das vorliegende Beispiel befindet sich in 15\DLL.xls. Es ermittelt den Ort des Windows-Verzeichnisses. Dieses Verzeichnis kann sich je nach Installation auf einer beliebigen Festplatte befinden und einen beliebigen Namen haben. Daher existiert in der Kernel-Bibliothek die Funktion *GetWindowsDirectory*, um den Pfad dieses Verzeichnisses zu ermitteln.

Vor der Verwendung der Funktion muss sie mit *Declare* definiert werden. Der eigentliche Aufruf der Funktion erfolgt in *WinDir*. Dort wird die Variable *tmp* zuerst mit 256 Leerzeichen vorbelegt und anschließend an *GetWindowsDirectory* übergeben. Die DLL-Funktion liefert eine 0-terminierte Zeichenkette zurück, d. h., die wahre Länge der Zeichenkette muss über den Ort dieses 0-Zeichens festgestellt werden. Dazu wird die Funktion *NullString* aufgerufen, die alle Zeichen ab dem 0-Zeichen entfernt.

```
' Datei 15\DLL.xls, Modul1
Declare Sub GetWindowsDirectory Lib "kernel32"
   Alias "GetWindowsDirectoryA" (ByVal lpBuffer$, ByVal nSize&)

Function WinDir() As String
  Dim tmp$
  tmp = Space(256)    'mit 256 Leerzeichen belegen
  GetWindowsDirectory tmp, 255
  WinDir = NullString(tmp)
End Function

Function NullString(x )
  NullString = Left(x, InStr(x, Chr(0)) - 1)
End Function
```

```
' Datei 15\DLL.xls, Tabelle1
Private Sub btnShowWindowsDir_Click()
  MsgBox "Der Pfad des Windows-Verzeichnisses lautet " & WinDir()
End Sub
```

> **HINWEIS** Das obige Beispiel hat nur didaktischen Charakter. Das Windows-Verzeichnis können Sie viel einfacher ermitteln, nämlich mit der Methode *Environ("windir")* der VBA-Bibliothek oder mit der Methode *GetSpecialFolder(WindowsFolder)*, die für das Objekt *FileSystemObject* der Microsoft-Scripting-Bibliothek definiert ist (siehe auch Abschnitt 5.6).

Syntaxzusammenfassung

DLL-Funktionen	
Declare Sub subname _ *Lib "dllname" (parameterliste)*	DLL-Funktion ohne Rückgabewert deklarieren
Declare Function funktname _ *Lib "dllname" (paraliste) As datentyp*	DLL-Funktion mit Rückgabewert deklarieren
Declare Sub/Function vbname _ *Lib "dllname" Alias "dllfnname"*	DLL-Funktion, wobei der Funktionsname in der DLL und der Name im VBA-Code abweichen

15.6 ActiveX-Automation

ActiveX-Automation ist ein Steuerungsmechanismus, mit dem eine Anwendung (etwa Excel) eine andere Anwendung steuern kann (etwa Word). Dabei wird das steuernde Programm zumeist als Client, das gesteuerte Programm als Server bezeichnet.

Als Steuerungssprache dient VBA in Kombination mit der Objektbibliothek des Serverprogramms. Damit das problemlos funktioniert, muss die Objektbibliothek des Servers aktiviert werden (EXTRAS|VERWEISE in der Entwicklungsumgebung). Anschließend können alle Objekte, Methoden und Eigenschaften des Servers wie eingebaute Schlüsselwörter verwendet werden, d.h., es stehen auch für die steuernde Komponente der Objektkatalog, die Hilfe etc. zur Verfügung.

Im Prinzip wird *jede* Bibliothek unter Excel via ActiveX-Automation gesteuert – also auch die in diesem Buch ausführlich beschriebenen VBA-, Scripting- und ADO-Bibliotheken. ActiveX-Automation ist für Sie also eigentlich nichts Neues mehr, sondern das tägliche Brot. (Nur wussten Sie wahrscheinlich bisher noch nicht, dass Sie als internen Steuerungsmechanismus täglich ActiveX-Automation einsetzen.)

Jetzt fragen Sie sich vermutlich, warum ActiveX-Automation hier noch ein eigener Abschnitt gewidmet wird, wenn ja eigentlich ohnedies schon alles bekannt ist. Tatsächlich gibt es keinen systematischen Grund, sondern eher einen praktischen: Das, was im bisherigen Verlauf des Buchs zur Nutzung von ActiveX-Bibliotheken geschrieben wurde, betraf Standardanwendungen. Wesentlich war die Nutzung der Bibliotheken, nicht der technische Hintergrund. In diesem Abschnitt geht es um etwas exotischere Formen von ActiveX-Automation:

- Start des Internet Explorer und Anzeige eines HTML-Dokuments
- Ausdruck eines Datenbankberichts mit Access
- Programmierung einer neuen Objektbibliothek mit Visual Basic und Nutzung dieser Bibliothek in Excel
- Steuerung von Excel durch ein externes Programm

Die Grenzen von ActiveX-Automation

Das Potential von ActiveX-Automation ist riesig, aber leider gibt es auch Probleme:

- Die Steuerung externer Programme ist selten so ausgereift wie die Verwendung reiner Funktionsbibliotheken wie ADO. Ein hohes Maß an Experimentierfreude ist noch immer Voraussetzung für ein funktionierendes Programm. Und wenn es einmal mit der Version n läuft, ist keineswegs sicher, dass es auch mit der Version $n+1$ noch klappt.

- ActiveX-Automation setzt voraus, dass die jeweiligen externen Programme installiert sind. Das ist vielleicht auf Ihrem Rechner der Fall, aber nicht immer am Rechner Ihrer Kunden.

- Ein großer Vorteil der Kombination ActiveX-Automation/VBA ist der Umstand, dass Sie nicht für jedes Programm eine eigene Programmiersprache erlernen müssen. Dieses Argument führt aber ein wenig in die Irre: Sie müssen zwar keine neue Programmiersprache lernen, dafür müssen Sie sich aber in ein vollkommen neues Objektmodell einarbeiten. Dieses Buch, in dem nur die Objekte Excels im Mittelpunkt stehen (und in dem nicht einmal die vollständig beschrieben wurden), beweist, dass das keine triviale Aufgabe ist.

Die Grenzen Excels

Mit Excel können Sie den Mechanismus ActiveX-Automation *nutzen*. Falls Sie mit der Office Developer Edition arbeiten, können Sie sogar COM-Add-Ins erzeugen, die nichts anderes sind als ein Sonderfall einer ActiveX-fähigen Bibliothek. Aber erst mit der Programmiersprache Visual Basic 6 (die von Microsoft als eigenes Produkt verkauft wird) steht Ihnen das volle Potential der ActiveX-Programmierung offen.

- Sie können mit Visual Basic neue Objektbibliotheken erzeugen. (Aus der Sicht Visual Basics werden diese Bibliotheken als ActiveX-Server bzw. – gemäß Originaldokumentation – als Codekomponenten bezeichnet.) Gemeint sind auf jeden Fall Programme oder DLLs, die via ActiveX-Automation gesteuert werden. Wenn Sie also eine bestimmte Funktion in Excel vermissen, können Sie sich mit Visual Basic die entsprechenden Objekte, Methoden und Eigenschaften selbst programmieren.

Im Unterschied zu COM-Add-Ins sind derartige Bibliotheken nicht auf die Anwendung in der Microsoft-Office-Familie eingeschränkt. Zudem stehen bei der Programmierung alle Möglichkeiten Visual Basics offen, die fallweise ein wenig über die von Excel hinausgehen.

- Visual Basic ermöglicht auch die Programmierung neuer ActiveX-Steuerelemente, die wie die MS-Forms-Steuerelemente in Excel-Dialogen und Tabellenblättern verwendet werden können.

15.6.1 Excel als Client (Steuerung fremder Programme)

Herstellung einer Verbindung zum Partner-Programm

Bevor Sie den Steuerungsmechanismus ActiveX-Automation verwenden können, müssen Sie zum OLE-Programm eine Verbindung herstellen. Dazu bestehen folgende Möglichkeiten:

- Sie erzeugen einfach ein Startobjekt des ActiveX-Programms. Diese Variante funktioniert allerdings nur, wenn die Objektbibliothek dies unterstützt (was meist nur bei Bibliotheken der Fall ist, die nicht als eigenständiges Programm konzipiert sind). Ein Beispiel ist die ADO-Bibliothek, wo die beiden folgenden Zeilen zur Herstellung einer Verbindung ausreichen:

```
Dim conn As New Connection
conn.Open ...
```

Diese Form von ActiveX-Automation ist die bequemste und einfachste Variante. (Die Verwendung der ADO-Objekte ist übrigens in Kapitel 12 ausführlich beschrieben.)

- Sie erzeugen ein Objekt mit *CreateObject*. Als Parameter müssen Sie die Objektklasse angeben, die das Programm identifiziert. Die folgenden Zeilen stellen die Verbindung zu Word her:

```
Dim word As Object
Set word = CreateObject("Word.Document.8")
```

Die Zeichenkette "Word.Document.8" identifiziert das Objekt, das Sie erzeugen wollen. Viele Anwendungsprogramme kennen mehrere Objekte – Word etwa »Word.Document« oder »Word.Picture.6«. Ein Teil der verfügbaren Zeichenketten wird im Systeminformationsprogramm angezeigt (?|INFO|SYSTEMINFO). Eine sehr lange Liste aller registrierten Objekte erhalten Sie mit dem Registrierungseditor (Programm Regedit.exe im Windows-Verzeichnis) in der Rubrik HKEY_CLASSES_ROOT.

- Sie erzeugen ein Objekt mit *GetObject*. Als Parameter müssen Sie einen Dateinamen angeben. Das dazugehörige Programm wird automatisch geladen. Diese Variante funktioniert allerdings nicht mit allen OLE-Programmen. Durch die folgenden Zeilen wird eine Verbindung zur Datenbank Access hergestellt.

15.6 ActiveX-Automation

```
Dim access As Object
Set access = GetObject("dateiname.mdb")
```

Zur Ausführung der Zeilen muss Access installiert sein. Das Programm wird automatisch gestartet. Zur Programmierung stehen nicht die Objekte der Access-Bibliothek zur Verfügung.

- Sie greifen auf die *Object*-Eigenschaft eines in Excel eingefügten OLE-Objekts zurück. Diese Methode funktioniert nur, wenn das Programm OLE unterstützt.

```
Dim oleobj as OLEObject, word As Object
Set oleobj = Sheets(1).OLEObjects(1)
Set word = oleobj.Object.Application
```

Egal nach welcher Methode Sie die Verbindung zum OLE-Server herstellen: Sofern der OLE-Server eine Objektbibliothek unterstützt, sollten Sie diese Bibliothek mit EXTRAS|VERWEISE aktivieren. Damit steht Ihnen die Hilfe per F1 zur Verfügung, im Programmcode wird die Groß- und Kleinschreibung automatisch richtig gestellt und Sie können den Objektkatalog verwenden.

Sobald Sie die Objektbibliothek aktiviert haben, können Sie Objektvariablen exakter deklarieren, etwa *Dim word As Word.Application*. Das hat den Vorteil, dass die Entwicklungsumgebung alle erlaubten Methoden und Eigenschaften kennt und somit bei der Codeeingabe und bei der Syntaxüberprüfung behilflich ist.

> **TIPP**
> Objektbibliotheken, die noch nie verwendet wurden, fehlen im VERWEISE-Dialog meist. Klicken Sie auf DURCHSUCHEN und suchen Sie nach der Objektbibliothek. Die Bibliotheken der Office-Komponenten befinden sich in OfficeVerzeichnis/Office und haben die Dateikennung *.olb bzw. *.exe (bei manchen Bibliotheken von Office 2002).

> **ANMERKUNG**
> Zwingend vorgeschrieben ist die Aktivierung der Objektbibliothek durch EXTRAS|VERWEISE übrigens nur bei der ersten der vier obigen Varianten. Wenn die Verbindung zum ActiveX-Server mit *Create-* oder *GetObject* hergestellt wird, läuft das Programm prinzipiell auch ohne Verweis auf die Objektbibliothek. Die Objektvariable muss jetzt mit *Dim x As Object* allgemein gültig deklariert werden. Aus diesem Grund kann Excel allerdings erst zur Laufzeit testen, ob die von Ihnen angegebene Methode oder Eigenschaft überhaupt existiert. Zudem ist der so erzeugte Code ineffizienter als bei der Nutzung einer Objektbibliothek (weil die Auflösung der Methoden nicht beim Kompilieren, sondern erst zur Laufzeit erfolgen kann).

Beispiel – Access-Bericht ausdrucken

Das folgende Beispiel setzt voraus, dass Sie Access besitzen. (Die ADO-Bibliothek ist nicht ausreichend!) Obwohl der Code recht unscheinbar aussieht, bewirkt die kurze Prozedur einiges: Access wird gestartet, die aus Kapitel 12 schon bekannte *Northwind*-Datenbank wird geladen.

Dabei ist eine relativ komplizierte Fehlerabsicherung erforderlich: Es kann sein, dass Access sich überhaupt nicht starten lässt (etwa weil es nicht installiert ist). Es kann auch sein, dass Access zwar vom letztem Aufruf der Prozedur noch läuft, dass die Datenbankdatei nwind.mdb aber mittlerweile geschlossen ist. In diesem Fall wird die Datenbank mit *OpenCurrentDatabase* neuerlich geladen.

acc wurde als statische Variable definiert. Das hat den Vorteil, dass Access nicht jedes Mal neu gestartet werden muss, wenn die Prozedur aufgerufen wird. Ab dem zweiten Mal erscheint Access beinahe verzögerungsfrei (sofern Sie genug RAM haben). Allerdings müssen Sie *Set acc=Nothing* explizit ausführen, damit Access beendet wird. (Wenn Sie in Access DATEI|BEENDEN ausführen, wird Access zwar unsichtbar, läuft aber weiter. Unter Windows NT/2000/XP können Sie sich davon im Task-Manager überzeugen. Es ist daher nicht in jedem Fall eine gute Idee, *acc* als *Static* zu deklarieren.)

```
' Datei 15\ActiveX-Access.xls, Tabelle1
Private Sub btnAccessReport_Click()
  Dim ok, fil$, prjName$
  On Error GoTo report_error
  Static acc As Access.Application
report_anothertry:
  fil$ = ThisWorkbook.Path + "\nwind.mdb"
  ' Access starten, Datenbank laden
  If acc Is Nothing Then
    Set acc = GetObject(fil, "access.project")
  End If
  On Error Resume Next   'Fehler, wenn kein CurrentProject
  prjName = acc.CurrentProject.Name
  On Error GoTo report_error
  If LCase(prjName) <> "nwind.mdb" Then
    acc.OpenCurrentDatabase fil, False
  End If
```

Mit der Access-Eigenschaft *DoCmd* kann nun der in Nwind.mdb definierte Bericht ausgedruckt werden. (Die Definition des Berichts erfolgte schon im Voraus in Access.) *OpenReport* ist dabei eine Methode des *DoCmd*-Objekts.

Insgesamt wirkt diese Objektkonstruktion ein wenig merkwürdig: Es existiert zwar ein *Report*-Objekt samt *Reports*-Aufzählung, es kann aber nur auf Berichte zugegriffen werden, die vorher geöffnet wurden. Dabei stellt *DoCmd* ein künstliches Objekt dar, das einfach zum Aufruf aller Kommandos verwendet wird, die nicht in das Access-

Objektmodell passten. Erst im Vergleich mit anderen Objektbibliotheken erkennt man die Eleganz der Objekte und Methoden in Excel!

Durch den Parameter *acViewPreview* bei *OpenReport* erreichen Sie, dass der Bericht nur am Bildschirm angezeigt, nicht aber ausgedruckt wird. (Die Konstante *acViewPreview* ist in der Access-Objektbibliothek definiert.) *ActivateMicrosoftApp* macht Access zum aktiven Fenster – andernfalls wäre Access nur als Icon in der Taskleiste sichtbar.

```
    acc.DoCmd.OpenReport "Products by Category", acViewPreview
    acc.DoCmd.Maximize
    acc.Visible = True
    Application.ActivateMicrosoftApp xlMicrosoftAccess
    Exit Sub
report_error:
    ok = MsgBox("Es ist ein Fehler aufgetreten: " & Error & vbCrLf & _
      vbCrLf & "Noch ein Versuch?", vbYesNo)
    Set acc = Nothing
    If ok = vbYes Then
      On Error GoTo report_error
      GoTo report_anothertry
    End If
End Sub
```

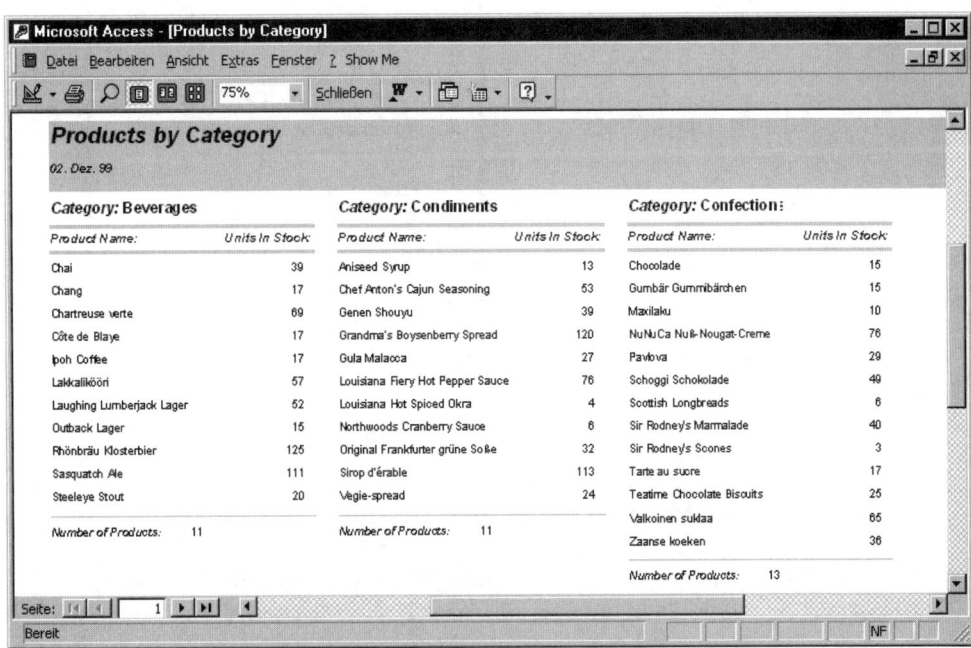

Bild 15.8: Die erste Seite des mit Access ausgedruckten Berichts

Beispiel – HTML-Datei anzeigen (Internet Explorer)

Im zweiten ActiveX-Beispiel wird der Internet Explorer gestartet. Darin wird anschließend eine HTML-Datei angezeigt. Diese Vorgehensweise kann z.B. als Alternative zur Anzeige eigener Hilfetexte gewählt werden. (Die Vorteile: Sie ersparen sich das mühsame Arbeiten mit dem HTMLHelp-Workshop.)

Für das Beispiel wurde die Bibliothek Microsoft Internet Controls, Datei Windows\System32\Shdocvw.dll, aktiviert. Der Explorer wird zuerst mit *CreateObject* gestartet. Anschließend wird mit der Methode *Navigate* die Datei Excel.htm aus dem gleichen Verzeichnis wie das Excel-Programm geladen. In *CommandButton2_Click* wird der Explorer mit der Methode *Quit* beendet.

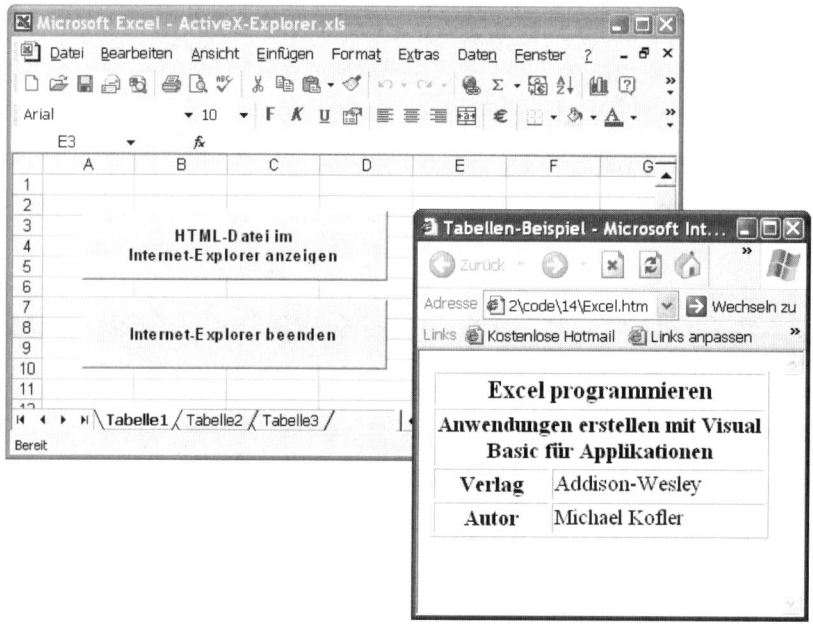

Bild 15.9: Anzeige einer HTML-Datei im Internet Explorer

```
' Datei 15\ActiveX-Explorer.xls, »Tabelle1«
Dim obj As InternetExplorer
' Internet Explorer mit Datei anzeigen
Private Sub CommandButton1_Click()
  On Error Resume Next
  Set obj = CreateObject("InternetExplorer.Application")
  If Dir(ThisWorkbook.Path + "\excel.htm") <> "" Then
    obj.Navigate ThisWorkbook.Path + "\excel.htm"
  Else
    obj.GoHome
  End If
```

```
    obj.StatusBar = False   'Statusleiste deaktivieren
    obj.MenuBar = False     'Menü deaktivieren
    obj.Toolbar = 1         'Toolbar aktivieren
    obj.Visible = True      'Internet Explorer anzeigen
End Sub

' Explorer beenden
Private Sub CommandButton2_Click()
  On Error Resume Next
  If Not obj Is Nothing Then
    obj.Quit
    Set obj = Nothing
  End If
End Sub
```

15.6.2 Excel als Server (Steuerung durch fremde Programme)

Bisher ist immer von der Annahme ausgegangen worden, dass die Programmentwicklung mit VBA innerhalb von Excel erfolgt und dass über ActiveX-Automation andere Programme gesteuert werden. Wie in der Einführung dieses Abschnitts bereits angedeutet wurde, ist aber auch ein anderes Szenario denkbar: Die Programmentwicklung erfolgt im VBA-Dialekt eines anderen Anwendungsprogramms (Access, Project) oder in der eigenständigen Programmiersprache Visual Basic. Excel wird dann von einem fremden Programm gesteuert und dient als ActiveX-Server.

Beispiel – Excel-Diagramm in einem Visual-Basic-Programm anzeigen

Das Beispiel dieses Abschnitts habe ich meinem Buch zu Visual Basic 6 entnommen (siehe Quellenverzeichnis). Das Beispielprogramm ist ein eigenständiges Programm (d.h., es handelt sich nicht um eine Excel-Datei, sondern um eine eigene *.exe-Datei). Falls Sie Visual Basic 6 auf Ihrem Rechner nicht installiert haben, müssen Sie das Setup-Programm im Beispielverzeichnis VB6\Chart\Setup ausführen, um alle erforderlichen Visual-Basic-Bibliotheken auf Ihrem Rechner zu installieren.

Nach dem Start des Programms wird automatisch auch Excel gestartet (wenn Excel nicht ohnedies schon läuft). Excel wird dazu verwendet, um ein Diagramm basierend auf der Datei 15\VB6\Chart\ExcelChart.xls zu zeichnen. Dieses Diagramm wird im Visual-Basic-Programm in einem OLE-Feld angezeigt.

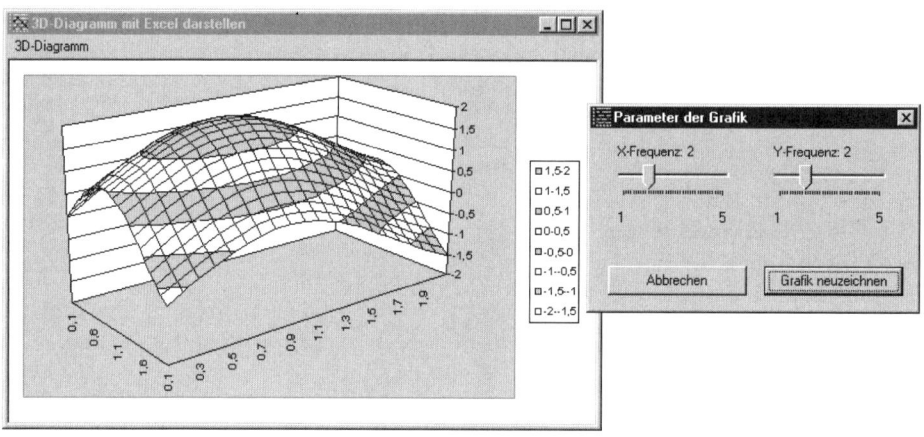

Bild 15.10: *Ein Visual-Basic-Programm, das auf Excels Diagrammfunktionen zurückgreift*

Mit dem Menükommando DIAGRAMM | PARAMETER ÄNDERN können zwei Parameter der Grafik eingestellt werden. Das Visual-Basic-Programm berechnet anschließend die z-Koordinaten für alle Punkte der Grafik neu und fügt diese Daten über die Zwischenablage in die Excel-Tabelle ein. Das Diagramm wird daraufhin auf der Basis dieser Daten neu gezeichnet. Mit zwei weiteren DIAGRAMM-Kommandos kann das Aussehen des Diagramms verändert werden. Im Programmcode werden dazu einfach die entsprechenden Excel-Dialoge eingeblendet. Mit DIAGRAMM | DRUCKEN kann das Diagramm ausgedruckt werden.

Das Visual-Basic-Programm zeigt, wie ActiveX-Automation dazu verwendet werden kann, ein 3D-Diagramm mit allen Finessen darzustellen und auszudrucken, ohne diese Funktionen alle neu zu programmieren. Wozu auch, wenn Excel das alles mühelos bewältigt?

Installation

Das Programm ExcelChart befindet sich im Verzeichnis VB6\Chart als eigenständige *.exe-Datei. Sie können das Programm aber nur dann ausführen, wenn Sie Visual Basic 6 installiert haben. Falls das nicht der Fall ist, müssen Sie vorher das Programm Setup\-Setup.exe ausführen. Dieses Programm installiert alle erforderlichen Visual-Basic-Bibliotheken auf Ihrem Rechner.

> **HINWEIS** Sie können diese Installation problemlos rückgängig machen: Durch einen Doppelklick auf das SOFTWARE-Symbol des Systemsteuerungsprogramms gelangen Sie zu dem unter Windows vorgesehenen Dialog zum Deinstallieren von Programmen.

Verbindung herstellen

Die Verbindung zu Excel wird in der Prozedur *MDIForm_Load* hergestellt. Dabei wird die Methode *CreateEmbed* des OLE-Felds verwendet. Ein OLE-Feld von Visual Basic entspricht in etwa dem Excel-Objekt *OleObject*. Die Methode *CreateEmbed* ist mit *CreateObject* vergleichbar.

Es folgt eine Schleife, in der alle in Excel zurzeit geöffneten Fenster durchgearbeitet werden, bis die gerade geladene Datei gefunden wird. Als Kennzeichen wird die Zeichenkette »ActiveX_Chart_keyword« verwendet, die bei der Datei ExcelChart.xls als Titel angegeben wurde (DATEI|EIGENSCHAFTEN|DATEI-INFO). Die Schleife umgeht eine Schwäche von *CreateEmbed*: die Methode erzeugt zwar das Objekt, liefert aber keinen Objektverweis zurück. Wenn Excel schon läuft und mehrere Dateien geöffnet sind, stellt dieses Verfahren sicher, dass nicht eine falsche Arbeitsmappe bearbeitet wird. Sobald das Fenster gefunden ist, wird über die *Parent*-Eigenschaft das *Workbook*-Objekt der Arbeitsmappe ermittelt und in der globalen Variable *wb* gespeichert.

```
'Datei 15\VB6\Chart\formOLE.frm
Dim wb As Workbook
' Initialisierung: Excel-Datei laden, Verweis auf
' die Datei in der Variablen wb speichern,
' Daten einfügen, via OLE-Feld anzeigen
Private Sub Form_Load()
  Dim xl As Object, win As Window
  On Error Resume Next
  ChDrive App.Path
  ChDir App.Path
  Me.OLE1.Visible = False    'vorläufig unsichtbar
  formWait.Show              'Bitte warten ...
  MousePointer = vbHourglass
  With Me
    .OLE1.CreateEmbed App.Path + "\ActiveX_Chart.xls"
    Set xl = .OLE1.object.Application
    ' alle XL-Fenster durcharbeiten, das neu
    ' erzeugte Fenster suchen
    For Each win In xl.Windows
      If win.Parent.Title = "ActiveX_Chart_keyword" Then
        ' wir haben es gefunden!
        Set wb = win.Parent
        Exit For
      End If
    Next
  End With
```

```
' wenn bis jetzt ein Fehler aufgetreten ist, steht
' Excel wahrscheinlich nicht zur Verfügung
If Err <> 0 Then
  MsgBox "Es ist ein Fehler aufgetreten. " _
    & "Das Programm wird beendet. Zur Ausführung " _
    & "dieses Beispielprogramms muss Excel 2000 installiert " _
    & "sein."
  Unload Me
End If
PlotChart
Me.OLE1.Visible = True
MousePointer = 0
formWait.Hide
End Sub
```

Diagramm zeichnen

Das Zeichnen des Diagramms erfolgt in einer eigenen Prozedur. Die Idee ist einfach: In zwei Schleifen wird für jeden Punkt in einem 21*21 Elemente großen Bereich die z-Koordinate der Fläche berechnet. Die z-Werte werden in einer einzigen riesigen Zeichenkette aneinander gereiht, wobei die einzelnen Werte durch *vbTab* und die Zeilen durch *vbCr* (Carriage Return) voneinander getrennt werden. Diese Zeichenkette wird anschließend in die Zwischenablage übertragen.

Mit der Excel-Methode *Paste* werden die Daten dann aus der Zwischenablage in die Tabelle 1 ab Zelle B2 eingefügt. (Das Diagramm in *ExcelChart.xls* erwartet seine Daten im Zellbereich A1:V22, wobei die erste Zeile und Spalte für die Beschriftung der Achsen vorgesehen und schon mit Werten versehen sind. Prinzipiell wäre es auch möglich, die Daten in einer Schleife direkt in die einzelnen Zellen des Tabellenblatts zu schreiben – aber das hat sich als viel langsamer herausgestellt.)

Nach der Übertragung der Daten wird im OLE-Feld automatisch die Tabelle (und nicht das Diagramm) angezeigt. Um dieses Problem zu beseitigen, wird das Diagrammblatt aktiviert und das Tabellenblatt unsichtbar gemacht. Im Prinzip sollte jede dieser Maßnahmen für sich schon ausreichen, es hat sich aber herausgestellt, dass nur beide Kommandos gemeinsam zum Ziel führen. Es sind gerade diese Kleinigkeiten, die einem das Leben mit ActiveX-Automation so schwer machen und eine Menge Zeit bei der Fehlersuche kosten.

```
Sub PlotChart()
  Dim xfreq, yfreq
  Dim x#, y#, z#, data$
  xfreq = formPara.SliderX
  yfreq = formPara.SliderY
```

```
' neue Daten ausrechnen
For y = 0 To 2.00001 Step 0.1
  For x = 0 To 2.00001 Step 0.1
    z = Sin(x * xfreq / 10) + Sin(y * yfreq / 10)
    data = data & DecimalPoint(Str(z)) & vbTab
  Next x
  data = data & vbCr
Next y
Clipboard.Clear
Clipboard.SetText data
wb.Sheets("table").Paste wb.Sheets("table").Cells(2, 2)
' damit das Diagramm und nicht die Tabelle angezeigt wird
wb.Sheets("chart").Activate
' Activate alleine hilft nichts - warum auch immer
wb.Sheets("table").Visible = False
End Sub

' Komma durch Dezimalpunkt ersetzen
Private Function DecimalPoint$(x$)
  DecimalPoint = Replace(x, ",", ".")
End Function
```

> **HINWEIS** Bei der Übergabe der Daten über die Zwischenablage muss als Dezimalzeichen ein Punkt angegeben werden, und zwar auch dann, wenn mit der deutschen Excel-Version gearbeitet wird. Da die Visual-Basic-Funktion *Str* je nach Landeseinstellung ein Komma liefert, wird dieses in *DecimalPoint* durch einen Punkt ersetzt.

Diagramm drucken

```
Private Sub menuPrint_Click()
  On Error Resume Next
  wb.Sheets("Diagramm1").PrintOut  'Diagramm drucken
  If Err <> 0 Then
    MsgBox "Beim Versuch, das Diagramm zu drucken, ist " & _
           "ein Fehler aufgetreten"
  End If
End Sub
```

Der restliche Code des Programms hat mit Excel wenig zu tun und ist daher hier nicht von Interesse. Falls Sie Visual Basic besitzen, können Sie sich die verbleibenden Prozeduren damit ansehen. Falls Ihnen Visual Basic nicht zur Verfügung steht, können Sie sich die vier *.frm-Dateien im Verzeichnis Vb6\Chart mit einem beliebigen Texteditor ansehen. Diese Dateien enthalten die Definition der Formulare des Programms und den Programmcode im ASCII-Format.

15.6.3 Neue Objekte für Excel (ClipBoard-Beispiel)

In den beiden vorangegangenen Abschnitten ist es darum gegangen, bereits vorhandene Objektbibliotheken von einem anderen Programm aus zu nutzen, wobei Excel einmal als Client und einmal als Server behandelt wurde. Visual Basic eröffnet eine noch weiter reichende Möglichkeit: Sie können mit Visual Basic einen neuen ActiveX-Server programmieren und diesen dann von Excel aus verwenden. Auf diese Weise können Sie selbst neue Objekte, Methoden und Eigenschaften definieren.

Dieser Abschnitt gibt dafür ein einfaches Beispiel: In Excel fehlt eine Möglichkeit, auf den Inhalt der Zwischenablage richtig zuzugreifen: Sie können zwar einen Zellbereich in die Zwischenablage einfügen oder von dort in einen anderen Zellbereich kopieren; Sie können aber nicht eine Zeichenkette in die Zwischenablage schreiben oder daraus lesen. Für manche Anwendungen würden sich dadurch zusätzliche Möglichkeiten eröffnen. Insbesondere können große Datenmengen über die Zwischenablage viel effizienter in einen Zellbereich eingefügt werden als bei der herkömmlichen Vorgehensweise (d. h. Einzelbearbeitung jeder Zelle).

> **HINWEIS** Da dies ein Buch zu Excel und nicht zu Visual Basic ist, wird auf die Details der Serverprogrammierung nicht eingegangen. In diesem Abschnitt geht es nur darum, die prinzipielle Möglichkeit aufzuzeigen und die Anwendung eines neuen OLE-Servers unter Excel zu demonstrieren.

Installation

Das neue *ClipBoard*-Objekt wird durch einen ActiveX-Server in Form einer DLL zur Verfügung gestellt. Dieses Programm muss in der Registrierdatenbank von Windows eingetragen werden, bevor es für ActiveX-Automation genutzt werden kann. Dazu müssen Sie das Programm Vb6\ClipBoard\Setup\Setup.exe ausführen. Dieses Programm installiert auch die eventuell noch erforderlichen Visual-Basic-Bibliotheken.

Verwendung des ClipBoard-Objekts in Excel

Zur Anwendung des Servers ist es erforderlich, dass mit EXTRAS|VERWEISE ein Verweis auf die Bibliothek »ClipBoard-Object« eingerichtet wird. In der Beispieldatei 15\Vb6\-ClipBoard\ActiveX_Clip.xls ist das natürlich schon der Fall.

Wenn diese Vorbereitungsarbeiten getätigt sind, steht Ihnen das *ClipBoard*-Objekt mit vier Methoden zur Verfügung: *Clear* löscht den Inhalt der Zwischenablage; *GetFormat* testet, ob die Zwischenablage Daten in einem bestimmten Format (z. B. Textdaten) enthält; *SetText* fügt Text in die Zwischenablage ein; und *GetText* liest den in der Zwischenablage enthaltenen Text.

Der Excel-Programmcode

Die Prozedur *test1* zeigt den prinzipiellen Umgang mit dem neuen Objekt: Mit *CreateObject* wird die Verbindung zum OLE-Server hergestellt. In der Objektvariablen *clip*, die den neuen *ClipBoard*-Objekttyp aufweist, wird der Verweis auf das neue Objekt gespeichert. Anschließend können die oben aufgezählten Methoden auf *clip* angewendet werden. In *test1* wird mit *SetText* eine kurze Zeichenkette in die Zwischenablage geschrieben. Die folgenden Zeilen sind herkömmlicher VBA-Code: der aktuelle Inhalt der Zwischenablage wird in die Zelle A1 kopiert, um zu zeigen, dass *SetText* funktioniert hat.

```
' Datei 15\Vb6\ClipBoard\ActiveX_Clip.xls, »Modul1«
Sub test1()
  Dim clip As ClipBoard
  Set clip = CreateObject("ClipBiblio.Clipboard")
  clip.Clear
  clip.SetText "abc"
  With Sheets("Tabelle1")
    .Activate
    .[a1].CurrentRegion.Clear
    .[a1].Select
    .Paste
  End With
End Sub
```

Nicht viel aufregender ist *test2*: Dort wird mit *GetFormat* getestet, ob die Zwischenablage Daten im Textformat enthält. An *GetFormat* muss dazu eine Kennnummer übergeben werden. Für VBA-Anwendungen sind dabei nur zwei Kennnummern relevant: 1 für normalen Text und 2 für Bitmaps. (Die Zwischenablage kann übrigens gleichzeitig Daten in mehreren Formaten enthalten – etwa ASCII-Text und Text mit Word-Formatierungscodes. Aus diesem Grund muss das Format *GetFormat* getestet werden und wird nicht direkt zurückgegeben.) Falls die Zwischenablage Text enthält, wird dieser via *GetText* gelesen und per *MsgBox* angezeigt. Zu lange Texte werden durch *MsgBox* abgeschnitten.

```
Sub test2()
  Dim clip As ClipBoard
  Set clip = CreateObject("ClipBiblio.Clipboard")
  If clip.GetFormat(1) Then
    MsgBox "Die Zwischenablage enthält Daten im Textformat: " & _
      Chr(13) & Chr(13) & clip.GetText
  End If
End Sub
```

Der Programmcode des ActiveX-Servers

Das Visual-Basic-Programm ClipBoard.vbp besteht lediglich aus dem Klassenmodul Class.cls. Dort sind die Methoden der neuen Klasse *ClipBoard* definiert. Der Code ist sehr kurz, weil es unter Visual Basic bereits ein vordefiniertes *ClipBoard*-Objekt gibt, dessen Methoden nur angewendet werden müssen.

```
' Vb6\Clipboard\Code\Class.cls mit Instancing=5 (MultiUser)
' Methode Clear: löscht Zwischenablage
Sub Clear()
  On Error Resume Next
  ClipBoard.Clear
End Sub

' Methode GetText: liest Text aus der Zwischenablage
Function GetText$(Optional format)
  On Error Resume Next
  If IsMissing(format) Then
    GetText = ClipBoard.GetText(1)
  Else
    GetText = ClipBoard.GetText(format)
  End If
End Function

' Methode SetText: fügt Text in die Zwischenablage ein
Sub SetText(txt$, Optional format)
  On Error Resume Next
  If IsMissing(format) Then
    ClipBoard.SetText txt
  Else
    ClipBoard.SetText txt, format
  End If
End Sub

' Methode GetFormat: testet, ob die Zwischenablage
' Daten im angegebenen Format aufweist
Function GetFormat(format )
  On Error Resume Next
  GetFormat = ClipBoard.GetFormat(format)
End Function
```

Damit diese Codezeilen einen brauchbaren ActiveX-Server ergeben, sind außerdem diverse Einstellungen in PROJEKT|EIGENSCHAFTEN erforderlich. So lautet der Projektname »ClipBiblio«. Als Projekttyp wurde ActiveX-DLL eingestellt.

15.6.4 Object Linking and Embedding (OLE)

OLE bezeichnet das Einbetten eines Dokuments x in ein anderes Dokument y und die Mechanismen, wie x bearbeitet werden kann, ohne das Programm für y zu verlassen. (Konkreter: Sie betten eine Corel-Draw-Grafik in Excel ein und können die Grafik bearbeiten, ohne Excel zu verlassen.)

> **HINWEIS** Die Abkürzung OLE wurde von Microsoft aber eine Weile auch als Synonym für COM verwendet, also für *Component Object Model* (Microsofts Technologie zur Kommunikation zwischen Objekten). Später wurde der Begriff OLE durch ActiveX ersetzt, so dass OLE heute meist nur noch in seiner ursprünglichen Bedeutung verwendet wird.

Für Programmierer ist OLE insofern interessant, als in ein Excel-Tabellenblatt eingebettete Objekte über das Excel-Objektmodell angesprochen werden können. Besonders gut klappt das, wenn das eingebettete Objekt seinerseits via ActiveX-Automation bearbeitet werden kann – das ist aber keine zwingende Voraussetzung.

Grundlagen

Wenn Sie ein Objekt im interaktiven Betrieb in Excel einbetten möchten, führen Sie dazu EINFÜGEN | OBJEKT aus. Das Objekt ist nun innerhalb von Excel sichtbar, obwohl es von einem anderen Programm stammt. Wenn Sie ein OLE-Objekt bearbeiten möchten, aktivieren Sie es durch einen Doppelklick. Statt der Excel-Menüleiste wird jetzt die Menüleiste des jeweiligen Programms angezeigt.

Genau genommen müsste OLE für »Object Linking *oder* Embedding« stehen – es handelt sich dabei nämlich um zwei durchaus verschiedene Mechanismen. Was gerade beschrieben wurde, war *Object Embedding*: ein selbstständiges Objekt wurde in Excel eingebettet. Die Daten dieses Objekts werden in der Excel-Datei gespeichert.

Im Gegensatz dazu steht *Object Linking*: Dabei wird ein Ausschnitt einer Datei des jeweiligen Partnerprogramms kopiert und über die Zwischenablage (in Excel BEARBEITEN | INHALTE EINFÜGEN, Option VERKNÜPFT) in ein zweites Programm eingefügt. Bei einer Veränderung der Daten im Ursprungsprogramm werden die Daten auch in Excel aktualisiert. Die Daten sind aber Teil der Datei des Ursprungsprogramms und werden von diesem gespeichert. Eine Bearbeitung der Daten ist nur im Ursprungsprogramm möglich (und nicht innerhalb des Objektrahmens in Excel).

Vorhandene OLE-Objekte bearbeiten

Auf die in einem Tabellenblatt eingebetteten OLE-Objekte können Sie mit *OLEObjects* zugreifen. Diese Methode verweist auf *OLEObject*-Objekte. Die Eigenschaft **OLEType** dieses Objekts gibt an, ob es sich bei dem Objekt um ein eingebettetes Objekt (*xlOLEEmbed*) oder um ein verknüpftes Objekt (*xlOLELink*) handelt.

Eingebettete und verknüpfte Objekte

Eingebettete und verknüpfte Objekte können mit **Select** zum aktiven Objekt gemacht werden (entspricht dem einfachen Anklicken mit der Maus). *Activate* ermöglicht eine Bearbeitung des Objekts und entspricht dem Doppelklick auf das Objekt. Je nach OLE-Typ kann die Bearbeitung unmittelbar in Excel erfolgen (mit einem geänderten Menü), oder das jeweilige OLE-Programm erscheint in einem eigenen Fenster. Beachten Sie, dass *Activate* nicht vom Direktbereich aus verwendet werden kann!

Über diverse Eigenschaften von *OLEObject* können Sie Position und Größe des Objekts innerhalb des Blatts sowie optische Formatierungsdetails (Rahmen, Schatten etc.) einstellen. *Delete* löscht das Objekt (wobei bei eingebetteten Objekten die gesamten Daten verloren gehen, bei verknüpften Objekten dagegen nur der Verweis auf die im Ursprungsprogramm weiterhin vorhandenen Daten).

An die Objekte kann über die **Verb**-Methode ein Kommando übergeben werden. Viele OLE-Programme unterstützen nur zwei Kommandos, deren Kennnummern in den Konstanten *xlOpen* und *xlPrimary* gespeichert sind. *Verb xlOpen* führt dazu, dass das OLE-Objekt in einem eigenen Fenster bearbeitet werden kann (auch dann, wenn dieses OLE-Programm die direkte Bearbeitung innerhalb von Excel unterstützen würde). *Verb xlPrimary* führt das Defaultkommando des jeweiligen OLE-Programms aus. In vielen Fällen wird dadurch die Bearbeitung des Objekts innerhalb von Excel gestartet (wie durch die Methode *Activate*). Je nach OLE-Programm kann das Defaultkommando aber auch eine andere Wirkung haben. Manche OLE-Programme unterstützen daneben auch weitere Kommandos. Die Kennnummern dieser Kommandos müssen Sie der Dokumentation dieser Programme entnehmen.

Nur bei verknüpften Objekten

Verknüpfte Objekte können über die Methode **Update** auf den neuesten Stand gebracht werden. Mögliche Veränderungen der Daten im Ursprungsprogramm werden dann auch in Excel angezeigt. Die Eigenschaft *AutoUpdate* gibt an, ob das Objekt automatisch nach Veränderungen aktualisiert wird. Diese Eigenschaft kann nur gelesen, aber nicht verändert werden. Auch wenn die Eigenschaft auf *True* steht, erfolgt die automatische Aktualisierung nur in regelmäßigen Zeitabständen und nicht bei jeder Veränderung, da der Rechenaufwand dafür zu groß wäre.

OLE-Objekte mit ActiveX-Automation bearbeiten

Falls das OLE-Programm auch ActiveX-Automation unterstützt (was etwa bei allen Office-Komponenten der Fall ist), dann gelangen Sie über die *Object*-Eigenschaft des *OLEObject*-Objekts zur Schnittstelle für ActiveX-Automation. Vermutlich ist Ihnen jetzt vor lauter Objekten schwindlig geworden. Daher eine kurze Erklärung, was mit welchem »Objekt« gemeint ist: *OLEObject* ist ein normales VBA-Objekt wie *Range* oder *Font*. *Object* ist eine Eigenschaft von *OLEObject* und verweist auf ein neues Objekt, das den Ausgangspunkt für ActiveX-Automation darstellt.

15.6 ActiveX-Automation

Das folgende Beispiel fügt die beiden Worte »neuer Text« in ein Word-OLE-Objekt ein. Das Programm geht davon aus, dass im ersten Tabellenblatt als erstes Objekt ein OLE-Word-Objekt eingebettet ist (Menükommando EINFÜGEN|OBJEKT). Auf das OLE-Objekt wird über *Sheets* und *OLEObjects* zugegriffen. Über *Object.Application* gelangen Sie zum Word-*Application*-Objekt (das dieselbe Rolle spielt wie das Excel-*Application*-Objekt, also die Basis der Objektbibliothek darstellt). Über die Eigenschaft *Selection* kann das gleichnamige Objekt bearbeitet werden. Die Methode *Typetext* fügt schließlich einige Zeichen Text und mit *vbCrLf* einen Zeilenumbruch ein.

Beachten Sie, dass das OLE-Objekt vor der Ausführung von Automatisierungskommandos durch *Activate* aktiviert werden muss. Ein Kommando zur Deaktivierung fehlt, daher wird anschließend einfach eine Zelle des Excel-Tabellenblatts aktiviert, wodurch die Deaktivierung von Word erreicht wird.

```
' Datei 15\OLE-WinWord.xls, »Tabelle1«
Private Sub CommandButton1_Click()
  Dim winword As Word.Application
  On Error GoTo btn1_error
  Application.ScreenUpdating = False
  Sheets(1).OLEObjects(1).Activate
  Set winword = Sheets(1).OLEObjects(1).Object.Application
  With winword
    .Selection.Typetext "neuer Text" + vbCrLf
  End With
  Sheets(1).[A1].Activate
btn1_error:
  Application.ScreenUpdating = True
End Sub
```

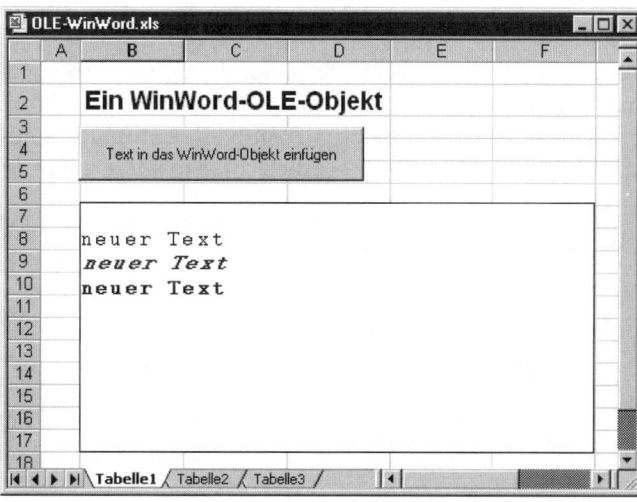

Bild 15.11: ActiveX-Automation für ein OLE-Objekt

Damit das Programm ausgeführt werden kann, muss in EXTRAS|VERWEISE die *Microsoft Word Object Library* aktiviert werden. Damit funktioniert die Expansion von Eigenschaften und Methoden der Word-Bibliothek wie bei der Excel-Bibliothek. Die Word-Objektbibliothek steht im Objektkatalog zur Verfügung, die Hilfe kann mit F1 aufgerufen werden etc.

> **TIPP**
>
> Wenn *Microsoft Word Object Library* nicht im VERWEISE-Dialog angezeigt wird, klicken Sie den Button DURCHSUCHEN an und wählen die Datei OfficeVerzeichnis/Office/MSO9.olb (Office 2000) bzw. OfficeVerzeichnis/Office10/MSWord.olb (Office 2002) aus.

Neue OLE-Objekte einfügen

Wenn Sie nicht – wie auf den letzten Seiten beschrieben – schon vorhandene OLE-Objekte bearbeiten möchten, sondern neue Objekte in ein Tabellen-, Diagramm- oder Dialogblatt einfügen wollen, stehen Ihnen mehrere Möglichkeiten zur Auswahl: Das Einbetten eines neuen leeren OLE-Objekts, das Einbetten einer Datei, das Verknüpfen einer Datei und das Verknüpfen eines Objekts aus der Zwischenablage.

Neues, leeres OLE-Objekt einbetten

Zum Einfügen eines neuen OLE-Objekts wenden Sie *Add* auf die *OLEObjects* an, wobei Sie im ersten Parameter die Bezeichnung des OLE-Programms angeben müssen. Die Syntax dieser Bezeichnung variiert von Programm zu Programm und ändert sich beinahe mit jeder Version. Zwei Beispiele für momentan gültige Zeichenketten sind *"Word.Document.8"* für ein Word-Objekt und *"Equation.3"* für ein Office-Formelobjekt. (Die Zeichenketten gelten gleichermaßen für Office 97, 2000 und 2002 – wohl, weil diese drei Office-Versionen intern recht ähnlich sind. Im Allgemeinen müssen Sie aber damit rechnen, dass sich die Zeichenketten mit der nächsten Office-Version wieder ändern.)

Die folgenden Zeilen fügen in das erste Tabellenblatt Ihrer Arbeitsmappe ein leeres Objekt für eine mathematische Formel ein. Die Bearbeitung dieser Formel muss manuell erfolgen. Der Formeleditor kann nicht per ActiveX-Automation gesteuert werden. Die Prozedur funktioniert nur, wenn der Formeleditor installiert wurde.

```
' Datei 15\OLE-Equation.xls, »Tabelle1«
Private Sub CommandButton1_Click()
  Sheets(1).OLEObjects.Add(Equation.3).Name = "neu"
  With Sheets(1).OLEObjects("neu")
    .Left = 10     'Größe und Position
    .Top = 10
    .Width = 50:   .Height = 50
    .Activate      'OLE-Objekt bearbeiten
  End With
  Sheets(1).[a1].Activate
End Sub
```

OLE-Objekt auf der Basis einer Datei einbetten

Zum Einbetten eines neuen Objekts, dessen Inhalt durch eine Datei des jeweiligen OLE-Programms bereits vorgegeben ist, verwenden Sie wiederum *Add*. Allerdings geben Sie jetzt die beiden benannten Parameter *Filename* und *Link* an. In der Beispielanweisung unten wird das neue Objekt sofort aktiviert. Sie könnten aber auch so wie im vorherigen Beispiel vorgehen und zuerst die Position des Objekts verändern.

```
Sheets(1).OLEObjects.Add( _
   Filename:="C:\Eigene Dateien\dok2.doc", Link:=False).Activate
```

OLE-Objekt auf der Basis einer Datei verknüpfen

Programmiertechnisch besteht der einzige Unterschied darin, dass Sie jetzt *Link:=True* angeben. Das hat die Konsequenz, dass die eigentlichen Daten weiterhin vom OLE-Programm gespeichert werden (und nicht innerhalb von Excel). Außerdem ist eine Bearbeitung der Daten nur im OLE-Programm (und nicht innerhalb von Excel) möglich.

OLE-Objekt aus der Zwischenablage einfügen und verknüpfen

Das Einfügen von OLE-Daten aus der Zwischenablage erfolgt interessanterweise nicht über *OLEObjects* und *Add*, sondern über die Methoden *Pictures* und *Paste*. Das auf diese Weise eingefügte Objekt gilt aber als »normales« OLE-Objekt, das nach dem Einfügen über *OLEObjects* bearbeitet werden kann. Voraussetzung für die korrekte Ausführung der folgenden Zeile ist es, dass Sie vorher in einem geeigneten OLE-Programm Daten markieren und in die Zwischenablage kopieren (z. B. einen Absatz in einem Word-Text).

```
Sheets(1).Pictures.Paste(Link:=True).Select
```

15.6.5 Automation und Visual Basic .NET

Beim neuen .NET-Framework und seinen Programmiersprachen Visual Basic .NET und C# basiert die Kommunikation zwischen Programmen bzw. Komponten nicht mehr auf OLE/COM/ActiveX, sondern auf neuen Mechanismen. Aus Kompatibilitätsgründen wird ActiveX aber weiter unterstützt, wenn auch mit Einschränkungen. Dieser Abschnitt beschreibt, wie Sie Excel via VB.NET steuern können.

> **VERWEIS**
>
> Zum Thema Automation gibt es gute Beiträge in der Knowledge-Base. (Weitere Artikel finden Sie, wenn Sie im Knowledge-Base-Suchformular nach *automate .NET* oder *automation .NET* suchen.)
>
> http://support.microsoft.com/default.aspx?scid=kb;en-us;Q301982
> http://support.microsoft.com/default.aspx?scid=kb;en-us;Q302814
>
> Wenn Sie mit C# statt mit VB.NET arbeiten, kann der folgende Artikel als Ausgangspunkt dienen:
>
> http://support.microsoft.com/default.aspx?scid=KB;EN-US;Q302084

Kein OLE-Feld

Es gibt in VB.NET 1.0/1.1 kein OLE-Feld mehr (auch keinen entsprechenden Ersatz). Damit sind Programme wie der in Abschnitt 14.6.2 demonstrierte Diagramm-Viewer nicht mehr möglich. VB.NET 2.0 soll aber wieder ein vergleichbares Steuerelement enthalten.

Varianten

Es gibt mehrere unterschiedliche Möglichkeiten, wie Excel-Funktionen durch ein .NET-Programm genutzt bzw. gesteuert werden können:

- **Objektzugriff durch *late binding*:** Hierfür erzeugen Sie ein Objekt der Klasse *excel.sheet* und greifen über Methoden und Eigenschaften auf alle weiteren Excel-Objekte zurück.

  Vorteil: Die Vorgehensweise funktioniert unabhängig von der .NET-Version und von der Excel-Version. Der Code sieht nahezu identisch aus wie unter VB6.

  Nachteile: Die Programmentwicklung ist ausgesprochen mühsam, weil die IntelliSense-Funktion nicht funktioniert und Sie ständig in der Hilfe nachsehen müssen, welche Eigenschaften oder Methoden eine bestimmte Klasse kennt, welche Parameter und Rückgabewerte es hierfür gibt etc. Zudem kann der Compiler die Korrektheit des Codes nicht überprüfen. Tippfehler (z.B. ein falscher Methodenname) werden daher erst bei der Ausführung des Programms bemerkbar.

- **Verwendung von Primary Interop Assemblies (PIAs):** Hierbei handelt es sich um .NET-Zwischenbibliotheken (*wrapper*), die den Zugriff auf Excel-Objekte durch .NET-Klassen, -Methoden und -Eigenschaften ermöglichen.

  Vorteil: Die Excel-Bibliothek fügt sich nahtlos in die .NET-Entwicklungsumgebung ein.

  Nachteile: PIAs stehen nur für Excel 2002 und 2003 zur Verfügung. Das resultierende .NET-Programm ist auf eine bestimmte Excel-Version fixiert.

- **Visual Studio Tools for Office (VSTO):** Hierbei handelt es sich um eine kostenpflichtige Erweiterung zu Visual Studio .NET 2003 und Office 2003. Sie können damit direkt aus der VS.NET-Entwicklungsumgebung Word- und Excel-Programme entwickeln. (Andere Office-Komponenten werden allerdings noch nicht unterstützt.) Als Programmiersprachen kommen VB.NET oder C# zum Einsatz.

  Vorteil: Die Erweiterung bietet im Vergleich zur einfachen PIA-Nutzung mehr Komfort und zusätzliche Funktionen (z.B. die Möglichkeit, Excel-Ereignisse durch .NET-Code zu verarbeiten).

  Nachteil: Teuer, setzt VS.NET 2003 und Excel 2003 voraus. (Ältere Versionen werden nicht unterstützt.)

15.6 ActiveX-Automation

Weitere Informationen zu den Visual Studio Tools finden Sie hier:

http://msdn.microsoft.com/vstudio/office/officetools.aspx
http://msdn.microsoft.com/office/understanding/vsto/

Als dieses Buch abgeschlossen wurde, arbeitete Microsoft bereits an einer neuen Version dieser Visual Studio Tools, die zusammen mit Visual Studio .NET 2005 ausgeliefert werden sollen. Einen Ausblick auf die neuen Funktionen geben die folgenden Seiten:

http://msdn.microsoft.com/vstudio/productinfo/roadmap.aspx
http://msdn.microsoft.com/office/understanding/vsto/gettingstarted/vsto05beta/

Im Folgenden werden nur die Varianten *late binding* und *PIA* näher diskutiert.

Late binding

late binding bedeutet, dass Sie VB.NET-Code erzeugen, ohne vorher einen Verweis auf eine Excel-Bibliothek einzurichten. Zur Steuerung von Excel verwenden Sie eine Variable des Typs *Object* und wenden darauf Methoden und Eigenschaften an. Der Compiler kann nicht überprüfen, ob es diese Methoden oder Eigenschaften überhaupt gibt. Die Verbindung zwischen Objekt und Methode oder Eigenschaft wird erst dann hergestellt, wenn das Programm ausgeführt wird – daher die Bezeichnung *late binding*. (Das Gegenteil von *late binding* wird als *early binding* bezeichnet und ist unter VB.NET der Normalfall.)

Wie bereits erwähnt, hat *late binding* zwei wesentliche Nachteile: Erstens müssen Sie bei der Codeentwicklung auf die IntelliSense-Funktionen verzichten und ständig in der Hilfe nachsehen, welche Eigenschaften oder Methoden eine bestimmte Klasse kennt. Zweitens kann der Compiler die Korrektheit des Codes nicht überprüfen. Tippfehler (z.B. ein falscher Methodenname) werden daher erst bei der Ausführung des Programms bemerkbar.

Um diese Nachteile zu umgehen, ist es am besten, den Code zuerst in einer anderen Programmiersprache (z.B. in VB6 oder in der VBA-Entwicklungsumgebung) zu entwickeln und den fertigen Code dann in das VB.NET-Programm einzufügen. Ganz ohne Änderungen ist das aber meist auch nicht möglich, weil die Namen von Klassen, Konstanten etc. unter VB.NET bisweilen anders sind.

> **TIPP** VB.NET unterstützt *late binding* nur dann, wenn *Option Strict Off* gilt!
> Mit *Option Strict On* kann ausschließlich *early binding* verwendet werden.

Late-binding-Verbindung zu Excel herstellen

Der Verbindungsaufbau zu Excel erfolgt wie bei VB6:

- Mit *CreateObject("bibliothek.objekt")* erzeugen Sie ein neues Objekt, z.B. eine Excel-Tabelle (*"excel.sheet"*). Falls das Programm noch nicht läuft, wird es dazu gestartet.

  ```
  Dim xl As Object          'late binding
  xl = CreateObject("excel.sheet")
  ```

- Mit *GetObject(dateiname)* öffnen Sie eine Datei und erhalten ebenfalls ein Objekt. *GetObject* startet bei Bedarf automatisch das richtige Programm (also z.B. Word, um die Datei *"beispiel.doc"* zu öffnen).

  ```
  Dim xl As Object          'late binding
  xl = CreateObject("C:\test\test.xls")
  ```

Die Methoden *Create-* und *GetObject* sind in der *Interaction*-Klasse von *Microsoft.Visual-Basic* definiert. Welcher Klasse die zurückgegebenen Objekte angehören, hängt von der Klassenbibliothek des Programms ab. Welche Zeichenketten an *CreateObject* übergeben werden dürfen, hängt davon ab, wie die Programme in der Registrierdatenbank registriert sind. (Die Tabelle mit allen zulässigen Objektnamen können Sie mit **regedit.-exe** ermitteln: HKEY_LOCAL_Machine|Software|Classes.)

Durch *Get-* oder *CreateObject* gestartete Programme sind normalerweise unsichtbar. Die Microsoft-Office-Komponenten können über *objekt.Application.Visible=True* sichtbar gemacht werden.

Late-binding-Verbindung zum Programm trennen

Bisweilen komplizierter als der Verbindungsaufbau ist es, sich von dem zu steuernden Programm wieder zu trennen, wenn es nicht mehr benötigt wird. Wenn Sie nicht aufpassen, läuft das (womöglich unsichtbare) Programm weiter.

Um das Programm explizit zu beenden, führen Sie üblicherweise *object.Application.-Quit()* aus. Das Programm wird dadurch aber keineswegs tatsächlich sofort beendet. Es läuft vielmehr (mindestens) weiter, solange es in Ihrem VB.NET-Programm noch Verweise auf irgendein Objekt des Programms gibt. Wie lange es derartige Verweise gibt, hängt davon ab, wann diese durch eine *garbage collection* aus dem Speicher entfernt werden.

Wenn Sie möchten, dass das externe Programm möglichst schnell beendet wird, dann sollten Sie folgenden Weg einschlagen: Achten Sie zum einen darauf, dass alle Variablen, die auf Objekte des Programms verweisen, entweder nicht mehr gültig sind (weil sie in einer Prozedur deklariert sind, die nicht mehr läuft) oder explizit auf *Nothing* gesetzt werden (also *doc = Nothing*). Lösen Sie zum anderen die *garbage collection* explizit zweimal hintereinander aus. (Fragen Sie mich nicht, warum gerade zweimal. Der Tipp stammt aus einem News-Gruppenbeitrag und hat sich in der Praxis bewährt.)

15.6 ActiveX-Automation

```
doc.Application.Quit()            'Programm zum Ende auffordern
doc = Nothing                     'Objektvariablen löschen
GC.Collect()                      'garbage collection auslösen
GC.WaitForPendingFinalizers()     'auf das Ende der gc warten
GC.Collect()                      'garbage collection nochmals auslösen
GC.WaitForPendingFinalizers()     'auf das Ende der gc warten
```

> **HINWEIS** Es kann sein, dass Excel schon läuft, wenn Sie *Get-* oder *CreateObject* ausführen. Dann wird das neue Objekt in der schon laufenden Instanz erzeugt. In diesem Fall sollten Sie das Programm nicht durch *Quit* beenden. Das Problem besteht allerdings darin, dass es in VB.NET nicht ohne weiteres zu erkennen ist, ob das Programm schon läuft. Daher sollten Sie vor der Ausführung von *Quit* überprüfen, ob im Programm noch andere Dokumente geöffnet sind. (In Excel können Sie das mit *Application.Workbooks.Count* tun.)

Late-binding-Beispiel – Daten aus einer Excel-Datei lesen

Wegen der oben schon beschriebenen Probleme beim Versuch, die Excel-Klassenbibliothek zu importieren, verwendet das Beispielprogramm *late binding*. Das Programm 15\vb.net-late-binding\bin\automation-excel.exe öffnet die Datei ..\sample.xls, liest die Zellen [A1] bis [C3] aus und zeigt die Werte im Konsolenfenster an, trägt in [A4] die aktuelle Zeit ein und schließt die Datei dann wieder.

Falls danach keine weitere Excel-Datei geöffnet ist (*Workbooks.Count = 0*), wird Excel durch *Quit* beendet. (Die Abfrage ist deswegen wichtig, weil Excel ja möglicherweise schon vor dem Programm gestartet wurde und dann nicht willkürlich beendet werden soll.) Excel endet allerdings erst nach zwei *garbage collections*, die alle Verweise auf das Excel-Objekt aus dem Speicher räumen.

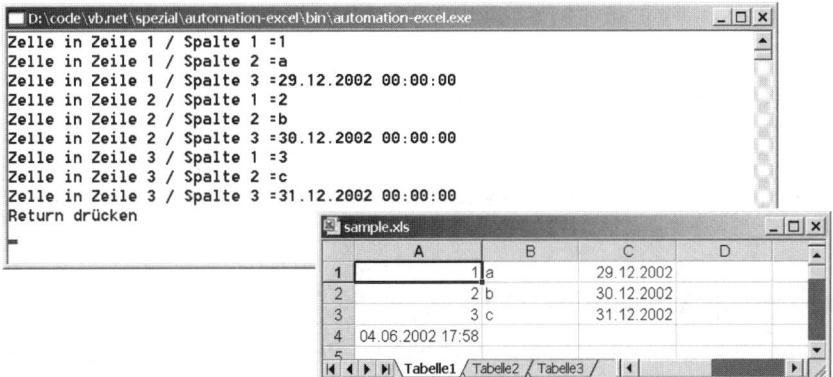

Bild 15.12: *ActiveX-Automation mit einem VB.NET-Programm*

```
' Beispiel 15\vb.net-late-binding\module1.vb
Option Strict Off
Sub Main()
  ' Excel-Datei bearbeiten
  process_xl_file()
  ' Excel beenden
  GC.Collect()                         'garbage collection auslösen
  GC.WaitForPendingFinalizers()        'auf das Ende der gc warten
  GC.Collect()                         'garbage collection nochmals auslösen
  GC.WaitForPendingFinalizers()        'auf das Ende der gc warten
  ' Programmende
  Console.WriteLine("Return drücken")
  Console.ReadLine()
End Sub

Sub process_xl_file()
  Dim i, j As Integer
  Dim xl, wb, ws As Object
  Dim fname As String
  fname = IO.Path.Combine(Environment.CurrentDirectory, _
    "..\sample.xls")
  wb = GetObject(fname)
  xl = wb.Application
  ' xl.Visible = True   'wenn Sie sehen wollen, was vor sich geht
  ' wb.NewWindow()
  ws = wb.Sheets(1)
  For i = 1 To 3
    For j = 1 To 3
      Console.WriteLine("Zelle in Zeile {0} / Spalte {1} ={2}", _
        i, j, ws.Cells(i, j).Value)
    Next
  Next
  ws.Cells(4, 1).Value = Now
  ' wb.Windows(wb.Windows.Count).Close()
  wb.Save()
  wb.Close()
  If xl.Workbooks.Count = 0 Then xl.Quit()
End Sub
```

Primary Interop Assemblies (PIAs)

Wie bei VB6 bzw. VBA besteht auch in VB.NET-Programmen die Möglichkeit, einen Verweis auf die ActiveX-Bibliotheken einzurichten, um so die Objekte der Excel-Bibliotheken möglichst bequem im VB.NET-Code zu nutzen. Dazu müssen die Bibliotheken allerdings mit einer .NET-Zwischenbibliothek (einem so genannten Wrapper) versehen werden. Das erfolgt automatisch, sobald Sie einen Verweis auf die Bibliothek herstellen. Allerdings funktioniert diese automatische Bibliotheksadaptierung bei den sehr komplexen Office-Objektbibliotheken nicht zufrieden stellend.

Abhilfe schaffen so genannte *primary interop assemblies* (PIAs). Dabei handelt es sich um von Microsoft vorgefertigte Wrapper-Bibliotheken, die als offizielle Schnittstelle verwendet werden sollen, um Konflikte zwischen verschiedenen selbst erstellten Wrapper-Bibliotheken zu vermeiden. Hintergrundinformationen zu diesem Thema finden Sie unter:

http://msdn.microsoft.com/library/en-us/dndotnet/html/whypriinterop.asp

Hier die Verfügbarkeit von PIAs je nach Office-Version:

- **Office 2000:** Für diese Office-Version gibt es leider keine PIAs.

- **Office 2002:** PIAs stehen im Internet zum kostenlosen Download zur Verfügung. Zuletzt waren Download-Links auf der folgenden Seite zu finden:

  http://msdn.microsoft.com/vstudio/downloads/tools/

- **Office 2003:** Die PIAs werden gleich mitgeliefert. Achten Sie bei der Installation darauf, dass die Komponente MICROSOFT OFFICE EXCEL | .NET-PROGRAMMIERUNTERSTÜTZUNG ausgewählt ist. (Sie können die Komponente auch nachträglich installieren, indem Sie in SYSTEMSTEUERUNG | SOFTWARE das Setup-Programm für Office 2003 starten. Die Komponente steht nur zur Auswahl, wenn das .NET-Framework 1.1 bereits installiert ist. Achtung: Die PIAs von Office 2003 sind nicht kompatibel mit dem .NET-Framework 1.0!)

PIA-Anwendung

Verweis auf die Objektbibliothek einrichten: Der erste Schritt bei der Entwicklung eines .NET-Programms, das auf Excel-Funktionen zurückgreift, besteht darin, einen Verweis auf die Objektbibliothek einzurichten. Dazu führen Sie in der VS.NET-Entwicklungsumgebung PROJEKT | VERWEIS HINZUFÜHREN aus, aktivieren das Dialogblatt COM und wählen die Bibliothek *MicrosoftExcel n.n Object Library* (siehe Bild 15.13).

Objektzugriff: Im VB.NET-Code können Sie nun auf alle Klassen der Excel-Bibliothek in der Form *Microsoft.Office.Interop.Excel.name* zugreifen, z.B. so:

```
Dim xlapp As Microsoft.Office.Interop.Excel.Application
```

Um den riesigen Tippaufwand für den vollständigen Klassennamen zu vermeiden, fügen Sie am Beginn Ihres Codes eine *Imports*-Zeile ein, die für *Microsoft.Office.Interop.Excel* das Kürzel *xl* definiert.

```
Imports xl = Microsoft.Office.Interop.Excel
...
Dim xlapp As xl.Application
```

Excel starten und beenden: Um Excel zu starten, erzeugen Sie einfach ein neues Objekt der Klasse *xl.Application*. Das Beenden von Excel ist aber wie beim *late binding* etwas aufwändiger: Sie müssen allen Variablen mit Excel-Objekten *Nothing* zuweisen, für *xlapp* die Methode *Quit* ausführen und dieses Objekt dann ebenfalls löschen und schließlich mit *GC.Collect()* und *GC.WaitForPendingFinalizers()* eine so genannte *garbage collection* auslösen, die alle nicht mehr benötigten Objekte aus dem Speicher entfernt. (Bei Tests mit VS.NET 2003 reichte ein Aufruf dieser Funktionen, während bei VS.NET 2002 und *late binding* zwei Aufrufe erforderlich waren – siehe oben.)

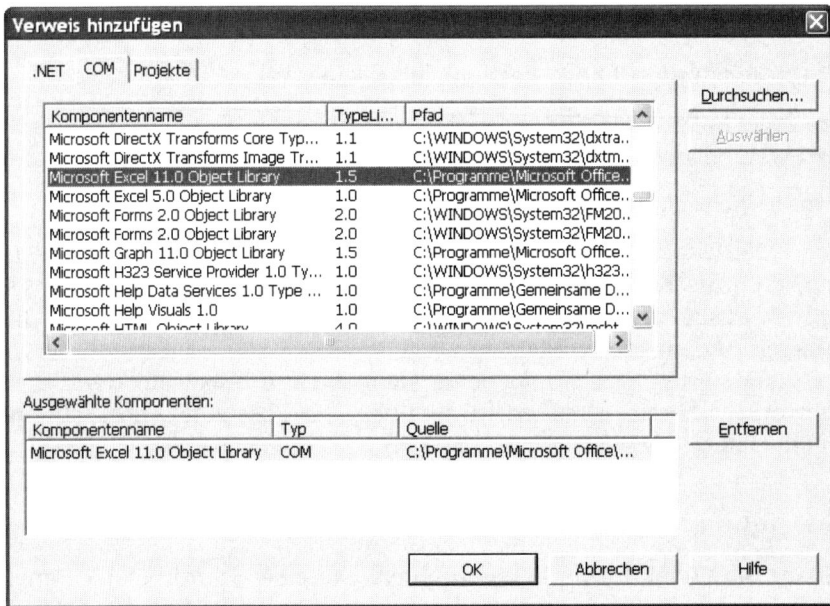

Bild 15.13: Verweis auf die Excel-Objektbibliothek einrichten

PIA-Beispiel

Das folgende Beispiel wurde mit VS.NET 2003 und Excel 2003 entwickelt und getestet. Es erfüllt dieselbe Aufgabe wie das *late-binding*-Beispiel: es lädt die Excel-Datei sample.xls, liest daraus einige Zellen, schreibt in eine Zelle das aktuelle Datum und speichert die Datei. Anschließend wird Excel beendet. Der Programmcode sieht so aus:

15.6 ActiveX-Automation

```vb
' Beispiel 15\vb.net-pia\module1.vb
Option Strict On
Imports xl = Microsoft.Office.Interop.Excel
Module Module1
  Sub Main()
    process_xl_file()
    ' Programmende
    Console.WriteLine("Return drücken")
    Console.ReadLine()
  End Sub

  Sub process_xl_file()
    Dim i, j As Integer
    Dim xlapp As xl.Application
    Dim wb As xl.Workbook
    Dim ws As xl.Worksheet
    Dim rng As xl.Range
    Dim fname As String
    ' Excel starten
    xlapp = New xl.Application
    fname = IO.Path.Combine(Environment.CurrentDirectory, _
      "..\sample.xls")
    wb = xlapp.Workbooks.Open(fname)
    ws = CType(wb.Sheets(1), xl.Worksheet)
    For i = 1 To 3
      For j = 1 To 3
        rng = CType(ws.Cells(i, j), xl.Range)
        Console.WriteLine("Zelle in Zeile {0} / Spalte {1} ={2}", _
          i, j, rng.Value)
      Next
    Next
    CType(ws.Cells(4, 1), xl.Range).Value = Now
    wb.Save()
    wb.Close()
    ' Excel beenden
    wb = Nothing
    ws = Nothing
    rng = Nothing
    If xlapp.Workbooks.Count = 0 Then xlapp.Quit()
    xlapp = Nothing
    GC.Collect()
    GC.WaitForPendingFinalizers()
  End Sub
End Module
```

15.6.6 Programme ohne ActiveX starten und steuern

Programm starten

Wenn Sie innerhalb eines VBA-Programms ein anderes Windows- oder DOS-Programm starten möchten, das nicht via ActiveX-Automation gesteuert werden kann, müssen Sie das Kommando *Shell* einsetzen. Als Parameter müssen Sie den Dateinamen und einen Moduswert angeben. Der Modus bestimmt, in welcher Form das Programm am Bildschirm erscheinen soll:

1. als normales Fenster mit Fokus
2. als Icon mit Fokus (das Programm scheint zwar in der Taskleiste auf, sein Fenster wird aber nicht geöffnet)
3. als Vollbild mit Fokus
4. als normales Fenster ohne Fokus
7. als Icon ohne Fokus

Als Defaultmodus gilt merkwürdigerweise der Modus 2, der am allerwenigsten zu gebrauchen ist. Sinnvoll sind Modus 1 (wenn der Anwender mit dem Programm arbeiten soll) oder Modus 7 (wenn das Programm ungestört im Hintergrund laufen soll).

Der Dateiname muss normalerweise vollständig (mit der Endung *.exe und dem gesamten Pfad) angegeben werden. Ohne diese Angaben findet Excel Programme, die sich im Windows-Verzeichnis befinden.

Wenn *Shell* als Funktion verwendet wird, liefert sie als Ergebnis die ID-Nummer des Programms zurück. Unter dieser Nummer wird das Programm Windows-intern verwaltet. Die Nummer kann dazu verwendet werden, das Programm zu einem späteren Zeitpunkt mit *AppActivate* wieder zu aktivieren. Durch die folgende Anweisung wird das Notepad-Programm gestartet.

```
ID = Shell("notepad", 2)
```

Beachten Sie bitte, dass VBA nach einer kurzen Verzögerung die Abarbeitung der Prozedur fortsetzt. Excel und das neu gestartete Programm laufen jetzt quasi gleichzeitig und unabhängig voneinander. Es gibt in VBA keine Möglichkeit festzustellen, ob ein Programm schon oder noch läuft. (Sie müssten dazu diverse DLL-Systemfunktionen verwenden, die Informationen über alle laufenden Prozesse ermitteln. Das erfordert aber eine ziemlich diffizile Programmierung, die über das Thema dieses Buchs hinausginge. Details finden Sie im KB-Artikel Q129796 in der MSDN-Library.)

Ein schon geladenes Programm aktivieren

Das Kommando *AppActivate* aktiviert ein bereits geladenes Programm. Dem Kommando wird als Parameter die ID-Nummer eines früheren *Shell*-Kommandos oder der Fenstertitel des zu aktivierenden Programms übergeben. VBA verhält sich bei der Interpretation dieses Parameters ziemlich gnädig: Groß- und Kleinschreibung spielen keine Rolle. Das Programm wird aktiviert, sobald es eindeutig identifizierbar ist.

AppActivate aktiviert das Programm, verändert aber nicht dessen Zustand. Wenn das Programm gerade den Zustand eines Icons aufweist, dann bleibt dieser Zustand aufrecht. Versuche, das Programm mit *SendKeys* in einen definierten Zustand zu versetzen (etwa mit Alt+Leertaste, Strg+W) scheitern daran, dass Excel die Tastenkombination für sich in Anspruch nimmt (weil es nach *AppActivate* eine Weile dauert, bis das Programm wirklich aktiviert wird). Falls *AppActivate* das angegebene Programm nicht finden kann, kommt es zum Fehler 5 (»Ungültiger Prozeduraufruf«).

Microsoft-Anwendungsprogramme starten bzw. aktivieren

Falls Sie nicht ein beliebiges Programm starten möchten, sondern eines der Microsoft-Anwendungsprogramme (insbesondere also Word, Access etc.), können Sie auch die Methode **ActivateMicrosoftApp** verwenden. Die Methode hat gegenüber *Shell* den Vorteil, dass Sie den genauen Dateinamen des Programms nicht wissen müssen.

An *ActivateMicrosoftApp* wird eine Konstante übergeben, die das Programm identifiziert (siehe Excel-Hilfe). Bedauerlicherweise fehlen in der Liste der Programme, die aktiviert werden können, die elementarsten Windows-Programme (etwa der Explorer).

Falls das Programm schon läuft, wird es wie mit *AppActivate* aktiviert. Die Methode liefert als Ergebnis *True* zurück, wenn der Programmstart bzw. die Aktivierung geglückt ist, andernfalls *False*.

```
Application.ActivateMicrosoftApp xlMicrosoftWord
```

Das aktive Programm steuern

Die einfachste Möglichkeit, ein mit *Shell*, *AppActivate* oder *ActivateMicrosoftApp* gestartetes bzw. aktiviertes Programm zu steuern, bietet das Kommando **SendKeys**: Es simuliert für das gerade aktive Programm eine Tastatureingabe. Die Syntax für die Zeichenkette, die als Parameter an *SendKeys* übergeben wird, können Sie der Hilfe entnehmen.

Auch wenn die Möglichkeiten von *SendKeys* auf den ersten Blick recht attraktiv aussehen, ist es in der Praxis so gut wie unmöglich, damit wirklich ein Programm zu steuern. Die Steuerung von Excel scheitert zumeist daran, dass die per *SendKeys* simulierten Tasten erst dann verarbeitet werden können, wenn kein VBA-Makro mehr läuft. Die Steuerung fremder Programme scheitert daran, dass Sie nicht in jedem Fall vorhersehen können, wie sich das Programm verhält. Außerdem müssen Sie darauf achten, dass Sie die Tasten nicht zu schnell senden – sonst werden Tasten »verschluckt« oder falsch interpretiert. Die Geschwindigkeit des zu steuernden Programms hängt wiederum von der Rechnergeschwindigkeit ab. Kurz und gut: *SendKeys* eignet sich für ein paar nette Gags, aber nie zur Steuerung eines Programms.

Neben dieser recht inflexiblen Steuerungsmöglichkeit kennt VBA noch zwei intelligentere Verfahren: ActiveX und DDE. ActiveX wurde ja bereits ausführlich behandelt. DDE steht für Dynamic Data Exchange und bezeichnet einen (schon ziemlich alten)

Steuerungsmechanismus, der schon unter Windows 95 kaum mehr Bedeutung hatte und in diesem Buch nicht weiter beschrieben wird.

15.6.7 Syntaxzusammenfassung

sh steht für ein Tabellen- oder Diagrammblatt, *oleob* für ein OLE-Objekt.

Programmstart und -steuerung	
id= Shell("datname")	fremdes Programm starten
AppActivate "fenstertitel"	bereits laufendes Programm
AppActivate id	aktivieren
Application.ActivateMicrosoftApp xlXxx	MS-Programm starten/aktivieren
SendKeys ".."	simuliert Tastatureingabe

OLE, ActiveX-Automation	
sh.OLEObjects(..)	Zugriff auf OLE-Objekte
sh.OLEObjects.Add ...	neues OLE-Objekt erzeugen
sh.Pictures.Paste link:=True	OLE-Objekt aus Zwischenablage einfügen
oleob.Select	wählt Objekt aus (normaler Mausklick)
oleob.Activate	aktiviert Objekt (Doppelklick)
oleob.Verb xlOpen/xlPrimary	führt OLE-Kommando aus
oleob.Update	aktualisiert verknüpftes OLE-Objekt
oleob.Delete	löscht OLE-Objekt
oleob.Object	Verweis für ActiveX-Automation
obj = GetObject("", "ole-bezeichn")	Verweis für ActiveX-Automation

Teil IV

Referenz

16 Objektreferenz

Das größte Problem im Umgang mit VBA besteht in der nahezu unüberschaubaren Zahl von Schlüsselwörtern. Dieses Referenzkapitel macht nicht den Versuch, die weit über 1000 Schlüsselwörter aufzuzählen oder gar zu beschreiben. (1000 Schlüsselwörter mal zwei Absätze ergäbe etwa 500 Seiten!) Diese Aufgabe erfüllt die Hilfe trotz mancher Unzulänglichkeiten weitaus besser als jeder gedruckte Text.

Das Kapitel gibt vielmehr einen Überblick über etwa 200 Objekte, die in der VBA-Programmierung ständig vorkommen. In alphabetischer Reihenfolge werden die wichtigsten Objekte der Excel-, ADO-, MS-Forms-, Office-, Binder-, Scripting-, VBA- und VBE-Bibliothek beschrieben. Dabei wird vor allem versucht, die Querverbindungen zwischen den Objekten deutlich zu machen und Eigenschaften und Methoden zu nennen, die diese Verbindungen herstellen.

Kapitelübersicht

16.1	Objekthierarchie	766
16.2	Alphabetische Referenz	773

16.1 Objekthierarchie

Dieser Abschnitt enthält einige hierarchische Listen, in denen die logische Beziehung, die VBA-Objekte zueinander haben, dargestellt ist. Die Listen beschränken sich jeweils auf Teilbereiche der Objekthierarchie. Sie erheben keinen Anspruch auf Vollständigkeit! Es ist aus Platzgründen unmöglich, eine vollständige Hierarchie *aller* Objekte darzustellen, weil die Objektliste zahllose Verästelungen aufweist, die zum Teil wieder auf ein gemeinsames Objekt führen, sich abermals teilen etc. Eine vollständige Objekthierarchie wäre viel zu lang, um dem Anspruch nach Übersichtlichkeit noch gerecht zu werden.

Im Zusammenhang mit der Objekthierarchie müssen die Begriffe *oben* und *unten* geklärt werden. Ein übergeordnetes Objekt steht in den folgenden Listen oben und in Abschnitt 16.2 links vom Ausgangsobjekt. Das in der Objekthierarchie höchste Objekt ist demnach das *Application*-Objekt, über dessen Methoden und Eigenschaften alle weiteren Objekte erreicht werden können. Dazu ein Beispiel: Dem Objekt *Workbook* sind zuerst *Workbooks* und schließlich *Application* übergeordnet, während *Sheets* und einzelne Blätter untergeordnet sind.

In den folgenden Listen sind ausschließlich Objekte genannt, nicht aber Eigenschaften und Methoden, die von einem Objekt zu einem anderen führen. Fallweise irritiert dabei der Umstand, dass es oft gleichnamige Objekte und Methoden bzw. Objekte und Eigenschaften gibt.

Innerhalb der Listen treten gelegentlich die Pfeilsymbole ⇒ auf. Diese Symbole zeigen an, dass an dieser Stelle eine weitere Verästelung auftritt, die etwas weiter unten separat dargestellt wird.

Excel

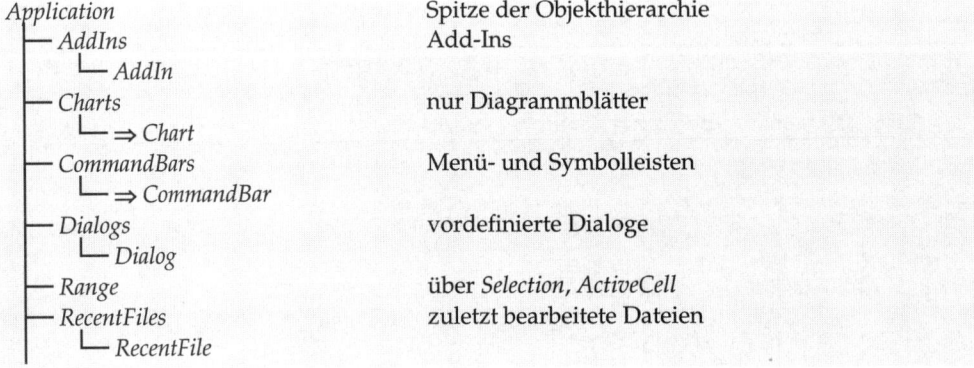

16.1 Objekthierarchie

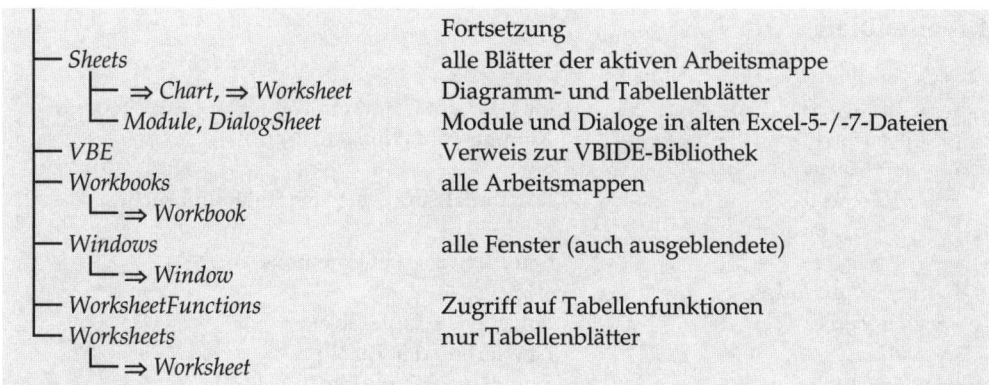

Arbeitsmappe

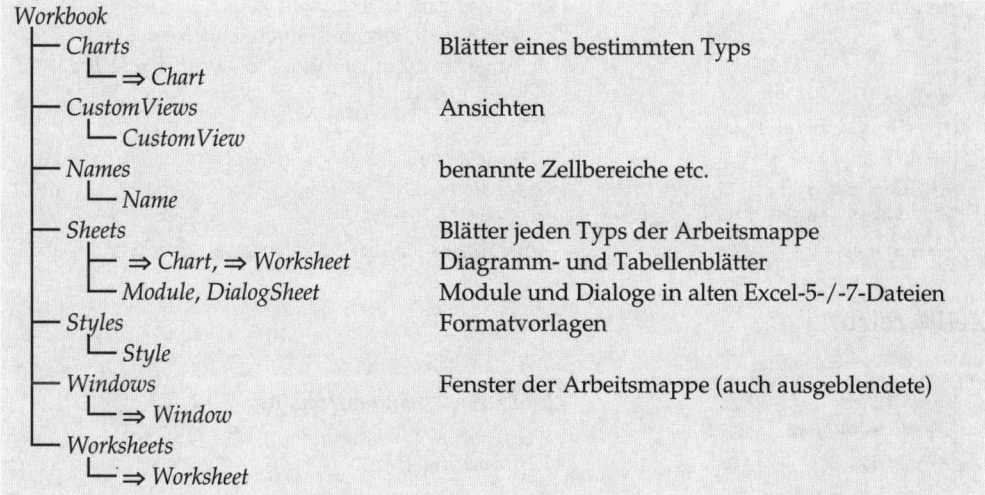

Fenster

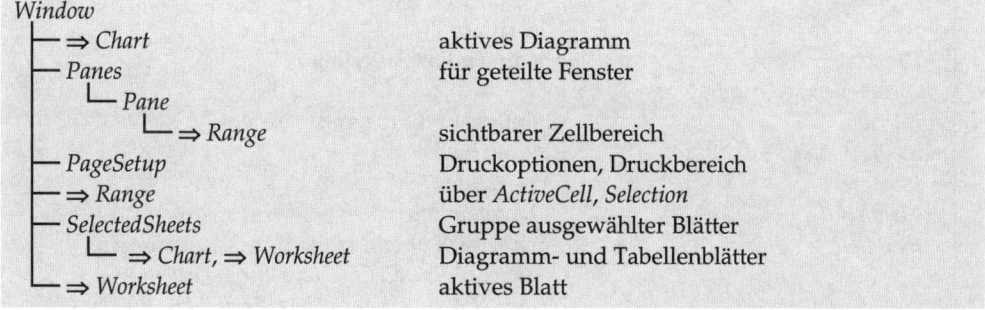

Tabellenblatt

```
Worksheet
    ├─ ChartObjects              eingebettete Diagramme
    ├─ Comments                  Kommentare (Notizen)
    │    └─ Comment
    ├─ H/VBreaks                 horizontale und vertikale Seitenumbrüche
    │    └─ H/VBreak
    ├─ HyperLinks                Querverweise/Internetlinks
    │    └─ Hyperlinks
    ├─ OLEObjects                eingebettete OLE-Objekte
    ├─ Outline                   Gliederung der Tabelle
    ├─ PageSetup                 Seitenlayout/Drucker
    ├─ PivotTables               Pivottabellen
    │    └─ ⇒ PivotTable
    ├─ Protection                Blattschutzoptionen (Excel 2002)
    │    └─ AllowEditRange       passwortgeschützter Zellbereich (Excel 2002)
    │         └─ UserAccess      Benutzer mit Zugriff ohne Passwort (Excel 2002)
    ├─ QueryTables               externe Daten
    │    └─ QueryTable
    ├─ ⇒ Range                   über Selection, Range, Columns, UsedRange, Cells etc.
    ├─ Scenarios                 Szenarios
    │    └─ Scenario
    └─ ⇒ Shapes                  Zeichnungs- und Steuerelemente, Objektgruppen
```

Zellbereich

```
Range
    ├─ ⇒ Areas                   Teilbereich bei Mehrfachauswahl
    │    └─ Range
    ├─ Borders                   Umrandung
    │    └─ Border
    ├─ Characters                einzelne Zeichen des Texts
    │    └─ Font
    ├─ Comment                   Kommentar (Notiz)
    ├─ Font                      Schriftart
    ├─ FormatConditions          bedingte Formatierung
    │    └─ FormatCondition
    ├─ Interior                  Hintergrundfarbe und -muster
    ├─ ⇒ PivotTable              Pivottabellen
    ├─ PivotField                Pivotfelder
    ├─ PivotItem                 Pivotelemente
    ├─ ⇒ Range                   Teilbereich über CurrentArray, CurrentRegion,
    │                              Range, SpecialCells, End, EntireRow,
    │                              EntireColumn, Dependents, Precedents, Previous etc.
    ├─ Style                     Formatierung des Bereichs
    └─ Validation                Validitätsbedingungen
```

Pivottabelle

```
PivotTable
   ├─ PivotCache                    Speicher für die zugrunde liegenden Daten
   ├─ PivotFields                   Pivotfelder bei normalen Pivottabellen
   │   └─ PivotField
   │       ├─ ⇒ Range               Daten, Beschriftung
   │       └─ PivotItems            Pivotelemente
   │           └─ PivotItem
   │               └─ ⇒ Range       Daten, Beschriftung
   ├─ ColumnFields                  Pivotfelder im Spaltenbereich
   ├─ DataFields                    Pivotfelder im Datenbereich
   ├─ PageFields                    Pivotfelder im Seitenbereich
   ├─ RowFields                     Pivotfelder im Zeilenbereich
   ├─ VisibleFields                 sichtbare Pivotfelder
   ├─ CubeFields                    Pivotfelder bei OLAP-Pivottabellen
   ├─ PivotFormulas                 Berechnungsfelder (Formelfelder)
   │   └─ PivotFormula
   └─ TableRange1, -2 ... ⇒ Range   Hauptdaten-, Spaltenbereich etc.
```

Shape-Objekte

```
Worksheet/Chart
   └─ Shapes                        alle Shape-Objekte innerhalb des Blatts
       └─ Shape                     ein Shape-Objekt
           ├─ ConnectorFormat       Verbindung zu anderen Objekten
           ├─ ControlFormat         zusätzliche Eigenschaften für Steuerelemente
           ├─ FillFormat            Hintergrundmuster (via Fill-Eigenschaft)
           ├─ GroupShapes           Einzelobjekte (via GroupItems, wenn
           │                        Type=msoGroup)
           │   └─ Shape
           ├─ HyperLink             Querverweise und Internetlinks
           ├─ LineFormat            Linieneigenschaften (via Line)
           ├─ LinkFormat            zusätzliche Eigenschaften für OLE-Objekte
           ├─ OLEFormat             noch mehr Eigenschaften für OLE-Objekte
           ├─ PictureFormat         Eigenschaften für Bildobjekte
           ├─ Range                 Verankerungszellen (via TopLeft-/BottomRightCell)
           ├─ Shadow                Eigenschaften für den Schatten
           ├─ ShapeNodes            Liniensegmente (via Nodes, wenn Type=msoFreeform)
           │   └─ ShapeNode
           ├─ ShapeRange            Einzelobjekte bei Mehrfachbearbeitung (via Range)
           │   └─ Shape
           ├─ TextEffectFormat      Eigenschaften für WordArt-Objekt
           ├─ TextFrame             Textbox innerhalb eines AutoForm-Objekts
           └─ ThreeDFormat          3D-Effekte (via ThreeD)
```

Diagrammobjekte

```
Workbook                                Teil 1: Zugriff
└─ Charts
   └─ Chart                             Hauptdiagramm im Diagrammblatt
      └─ ChartObjects
         └─ ⇒ Chart                     zusätzliche eingelagerte Diagramme
Worksheet
└─ ChartObjects
   └─ ChartObject
      └─ ⇒ Chart                        eingelagertes Diagramm in einem Tabellenblatt

Chart                                   Teil 2: elementare Diagrammelemente
├─ Axes                                 Achsen
│  └─ Axis
│     ├─ TickLabels                     Markierung von Achsenpunkten
│     ├─ DisplayUnitLabel               Beschriftung der Skalierungseinheit
│     └─ Gridlines                      Orientierungslinien
├─ ChartArea                            gesamtes Diagramm
├─ ChartTitle                           Titel
├─ Corners                              Ecken eines 3D-Diagramms
├─ DataLabels                           Beschriftung einzelner Datenpunkte
│  └─ DataLabel
├─ DataTable                            Quelldaten innerhalb des Diagramms anzeigen
├─ Floor, Walls                         Boden und Seitenwände eines 3D-Diagramms
├─ Legend                               Beschriftung der Datenreihen
├─ PlotArea                             nur Zeichnungsbereich
├─ SeriesCollection                     Datenreihen
│  └─ Series
│     ├─ Points                         einzelne Datenpunkte
│     │  └─ Point
│     ├─ Trendlines                     Trend- und Ausgleichslinien
│     │  └─ Trendline
│     └─ ErrorBars                      Kennzeichnung des Fehlerbereichs
├─ PivotLayout                          Steuerung der Pivotelemente bei Pivotdiagrammen
└─ Shapes                               eigenständige (Zeichnungs-)Objekte
   └─ Shape

Chart                                   Teil 3: Diagrammgruppen für Verbunddiagramme
└─ ChartGroups
   └─ ChartGroup                        Gruppe von Diagrammen gleichen Typs
      ├─ SeriesCollection               siehe oben
      ├─ DropLines                      nur Linien- und Flächendiagramm
      ├─ HiLoLines                      nur Liniendiagramm
      ├─ SeriesLines                    nur bei Balken- und Säulendiagrammen
      ├─ DownBars                       nur Liniendiagramm
      └─ UpBars                         nur Liniendiagramm
```

Datenbankprogrammierung (ADO-Bibliothek)

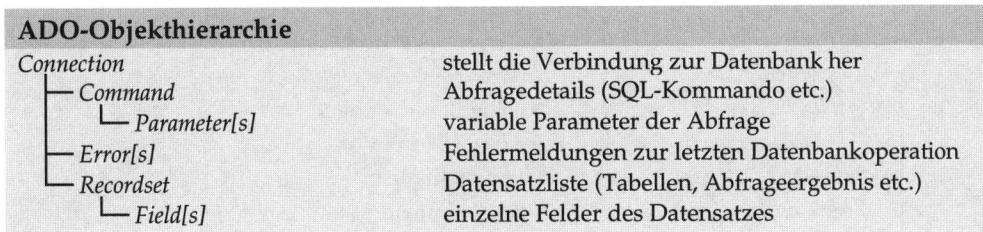

ADO-Objekthierarchie
Connection   stellt die Verbindung zur Datenbank her
├── Command   Abfragedetails (SQL-Kommando etc.)
│   └── Parameter[s]   variable Parameter der Abfrage
├── Error[s]   Fehlermeldungen zur letzten Datenbankoperation
└── Recordset   Datensatzliste (Tabellen, Abfrageergebnis etc.)
    └── Field[s]   einzelne Felder des Datensatzes

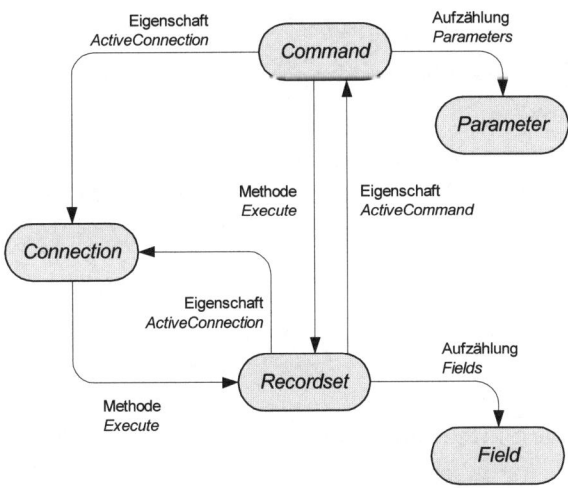

Bild 16.1: Verbindung zwischen den Objekten

Steuerung der Entwicklungsumgebung (VBIDE-Bibliothek)

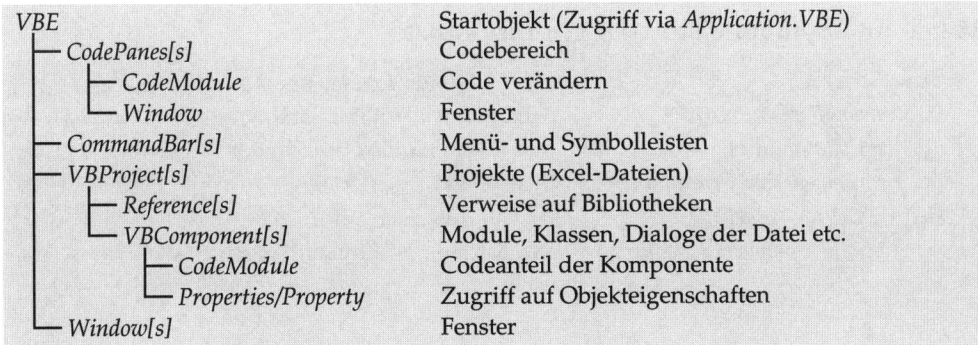

VBE   Startobjekt (Zugriff via *Application.VBE*)
├── CodePanes[s]   Codebereich
│   ├── CodeModule   Code verändern
│   └── Window   Fenster
├── CommandBar[s]   Menü- und Symbolleisten
├── VBProject[s]   Projekte (Excel-Dateien)
│   ├── Reference[s]   Verweise auf Bibliotheken
│   └── VBComponent[s]   Module, Klassen, Dialoge der Datei etc.
│   ├── CodeModule   Codeanteil der Komponente
│   └── Properties/Property   Zugriff auf Objekteigenschaften
└── Window[s]   Fenster

Benutzerdefinierte Dialoge und Steuerelemente (MS-Forms-Bibliothek)

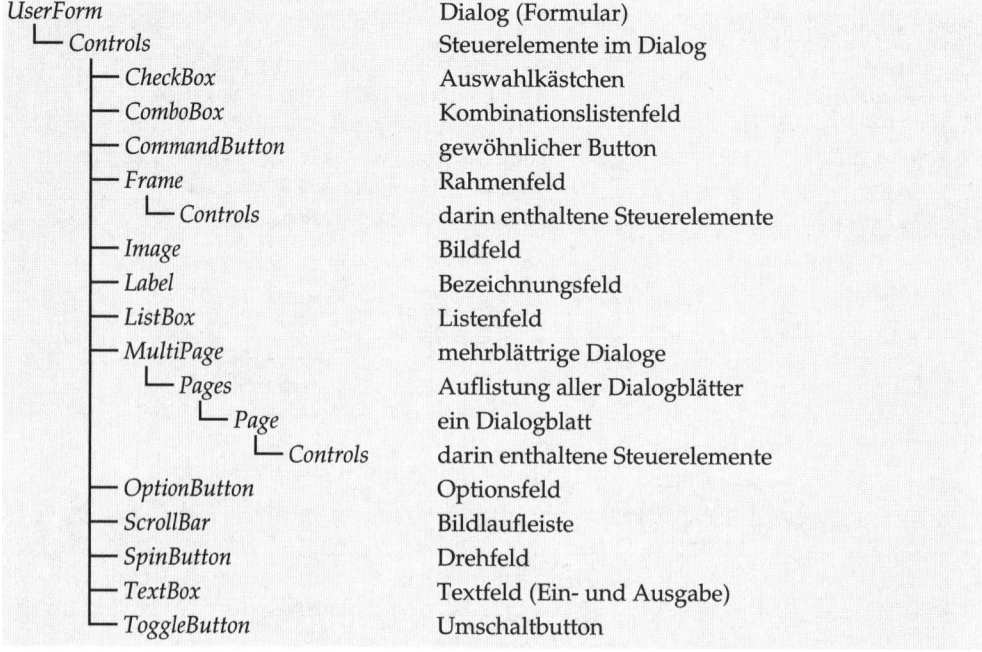

```
UserForm                            Dialog (Formular)
  └─ Controls                       Steuerelemente im Dialog
      ├─ CheckBox                   Auswahlkästchen
      ├─ ComboBox                   Kombinationslistenfeld
      ├─ CommandButton              gewöhnlicher Button
      ├─ Frame                      Rahmenfeld
      │   └─ Controls               darin enthaltene Steuerelemente
      ├─ Image                      Bildfeld
      ├─ Label                      Bezeichnungsfeld
      ├─ ListBox                    Listenfeld
      ├─ MultiPage                  mehrblättrige Dialoge
      │   └─ Pages                  Auflistung aller Dialogblätter
      │       └─ Page               ein Dialogblatt
      │           └─ Controls       darin enthaltene Steuerelemente
      ├─ OptionButton               Optionsfeld
      ├─ ScrollBar                  Bildlaufleiste
      ├─ SpinButton                 Drehfeld
      ├─ TextBox                    Textfeld (Ein- und Ausgabe)
      └─ ToggleButton               Umschaltbutton
```

Dateizugriff mit den File System Objects (Scripting-Bibliothek)

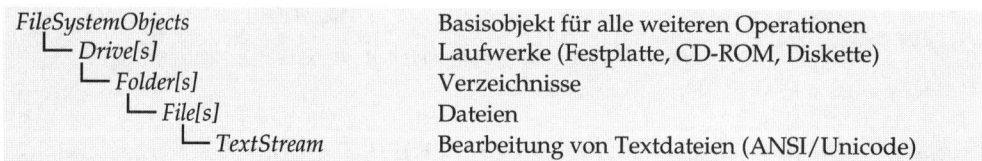

```
FileSystemObjects                   Basisobjekt für alle weiteren Operationen
  └─ Drive[s]                       Laufwerke (Festplatte, CD-ROM, Diskette)
      └─ Folder[s]                  Verzeichnisse
          └─ File[s]                Dateien
              └─ TextStream         Bearbeitung von Textdateien (ANSI/Unicode)
```

Menü- und Symbolleisten (Office-Bibliothek)

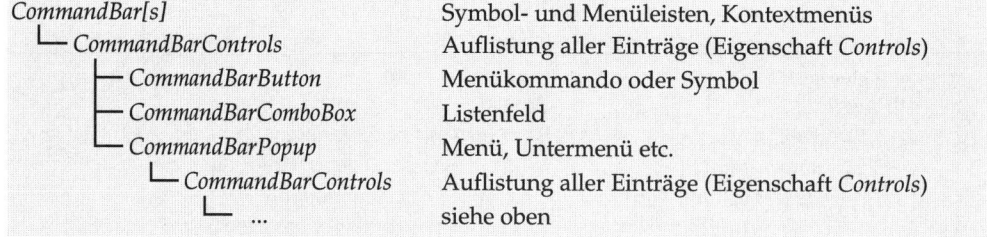

```
CommandBar[s]                       Symbol- und Menüleisten, Kontextmenüs
  └─ CommandBarControls             Auflistung aller Einträge (Eigenschaft Controls)
      ├─ CommandBarButton           Menükommando oder Symbol
      ├─ CommandBarComboBox         Listenfeld
      └─ CommandBarPopup            Menü, Untermenü etc.
          └─ CommandBarControls     Auflistung aller Einträge (Eigenschaft Controls)
              └─ ...                siehe oben
```

XML-Programmierung (Excel 2003)

Zwischen den XML-Objekten gibt es zahlreiche Querverweise. Daher bestehen viele Möglichkeiten zur Darstellung der Hierarchie. Hier wird als Ausgangspunkt ein *XPath*-Objekt verwendet.

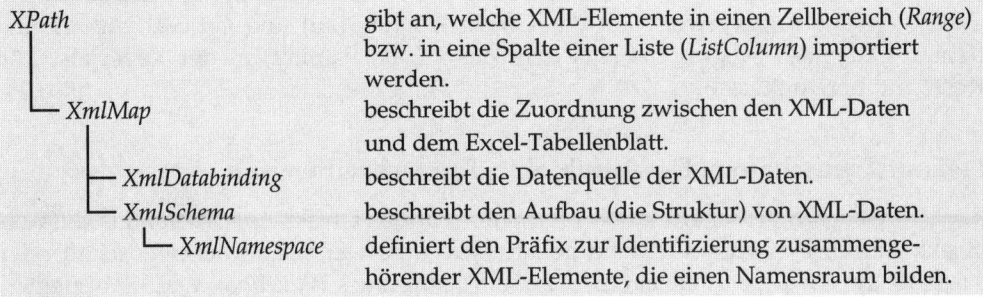

XPath	gibt an, welche XML-Elemente in einen Zellbereich (*Range*) bzw. in eine Spalte einer Liste (*ListColumn*) importiert werden.
XmlMap	beschreibt die Zuordnung zwischen den XML-Daten und dem Excel-Tabellenblatt.
XmlDatabinding	beschreibt die Datenquelle der XML-Daten.
XmlSchema	beschreibt den Aufbau (die Struktur) von XML-Daten.
XmlNamespace	definiert den Präfix zur Identifizierung zusammengehörender XML-Elemente, die einen Namensraum bilden.

16.2 Alphabetische Referenz

In der folgenden Referenz werden alle Grundobjekte von Excel sowie die wichtigsten Objekte der Office-, MS-Forms- und der ADO-Bibliothek beschrieben. Dabei wurde versucht, die jeweils wichtigsten bzw. die charakteristischen Eigenschaften und Methoden hervorzuheben und kurz ihre Funktion zu erläutern.

Aufzählobjekte

Bei Aufzählobjekten werden links die gleichnamige Methode und rechts die Parameter dieser Methode genannt. Genau genommen handelt es sich rechts um die *Item*-Methode, die aber fast nie angeschrieben wird (d. h., statt *Axes.Item(xlValue)* schreiben Sie in der Regel die Kurzform *Axes(xlValue)*). In den meisten Fällen erfolgt die Identifizierung eines Objekts aus einer Aufzählung durch die Angabe einer Indexnummer oder eines Namens (*Sheets(1)* oder *Sheets("Tabelle 1")*).

Bei den meisten Methoden, die zu Aufzählobjekten führen, sind auch Datenfelder als Argumente erlaubt. Beispielsweise liefert die Methode *Sheets(Array(1,2,3))* ein **Sheets**-Objekt, das die Blätter 1, 2 und 3 enthält. Jetzt können durch *Select* alle drei Blätter gemeinsam markiert werden etc.

Bei fast allen Aufzählobjekten der *Excel*-Bibliothek wird das erste Objekt mit *aufzählung(1)* angesprochen (also z.B. *Sheets(1)*), das letzte mit der Nummer *Count* (also z.B. *Sheets(Sheets.Count)*). Eine Ausnahme von dieser Regel ist die *Watches*-Aufzählung, bei der das erste Element den Index 0 hat (*Watches(0)*), das letzte den Index *Count-1*. Auch bei vielen externen Bibliotheken (etwa ADO) ist es üblich, dass der Index von 0 bis *Count-1* reicht.

Gleich bleibende Eigenschaften vieler Objekte

Eigenschaften, die praktisch bei allen Objekten in gleicher oder ähnlicher Form vorliegen, werden nicht jedes Mal neu beschrieben. Dazu zählen insbesondere *Count* (gibt die Anzahl der Elemente eines Aufzählobjekts an), *Index* (gibt die Indexnummer eines Objekts innerhalb der Aufzählung an), *Parent* (verweist auf das jeweils übergeordnete Objekt), *Application* (verweist auf das Objekt **Application**) und *Creator* (enthält eine Kennnummer des Programms, aus dem das Objekt stammt, in der Regel also die Kennnummer von Excel).

Defaulteigenschaften, Defaultobjekte, Kurzschreibweisen

Bei zahlreichen Eigenschaften und Methoden gilt das Objekt **Application** als Defaultobjekt. Ein Objekt muss nur dann genannt werden, wenn sich die Eigenschaft oder Methode auf ein anderes Objekt (z. B. auf ein bestimmtes **Workbook**-Objekt) bezieht.

Bei allen Objekten, die eine *Value*-Eigenschaft besitzen, gilt diese Eigenschaft als Defaulteigenschaft, die nicht explizit genannt werden muss.

Beim Zugriff auf Zellbereiche sowie auf Objekte in Tabellenblättern ist eine Kurzschreibweise in der Form *[A1]* erlaubt. Die vollständige Notation wäre *Range("A1")*. Die Kurzschreibweise mit den eckigen Klammern entspricht intern dem Aufruf der *Evaluate*- bzw. der *Item*-Methode.

Formalitäten

Damit Objekte von häufig gleichnamigen Methoden und Eigenschaften ohne weitere Hinweise unterschieden werden können, sind in diesem Abschnitt alle Objekte in fetter Schrift gesetzt.

Im linken Teil der Syntaxbox sind Methoden und Eigenschaften aufgezählt, die zum jeweils behandelten Objekt führen (Symbol ↗). Im rechten Teil der Syntaxbox sind Methoden, Eigenschaften oder Indizes aufgezählt, die vom behandelten Objekt zu anderen Objekten führen (Symbol ↘).

Im rechten oberen Eck der Syntaxboxen wird die Bibliothek angegeben, aus der die Objekte stammen. (Damit Objekte der ADO-, Binder-, Office- und MS-Forms-Bibliothek verwendet werden können, muss die jeweilige Bibliothek via EXTRAS|VERWEISE aktiviert werden.)

ADO	Ein Objekt der ActiveX-Data-Objects-Bibliothek (Zugriff auf externe Datenbanken).
Excel	Ein normales Excel-Objekt. Diese Objekte stehen in jedem VBA-Programm unter Excel ab Version 2000 zur Verfügung.
Excel 2002	Excel-Objekt, das erst ab Version 2002 zur Verfügung steht.
Excel 2003	Excel-Objekt, das erst ab Version 2003 zur Verfügung steht.

Office	Ein Objekt der Office-Bibliothek (Dokumenteigenschaften, Menü- und Symbolleisten etc.).
Office 2002	Office-Objekt, das erst ab Version 2002 (alias XP) zur Verfügung steht.
OfficeBinder	Ein Objekt der OfficeBinder-Bibliothek (Sammelmappen).
MSForms	Steuerelemente und andere Objekte der MS-Forms-Bibliothek (Gestaltung von Formularen).
Scripting	Ein Objekt aus der Microsoft-Scripting-Runtime-Bibliothek (betrifft vor allem die File Scripting Objects).
StdOLE	Ein Objekt aus der OLE-Automation-Bibliothek (betrifft nur *StdPicture* und *StdFont*).
VBA	Ein Objekt, das von der Programmiersprache VBA zur Verfügung gestellt wird (betrifft nur *Collection* und *ErrObject*).
VBE	Ein Objekt aus der VBA-Extension-Bibliothek (VBIDE im Objektkatalog).

Einordnung in die Objekthierarchie

In der grau unterlegten Syntaxbox jedes Objekts werden links die wichtigsten übergeordneten Objekte mit jener Eigenschaft oder Methode angeführt, die auf das beschriebene Objekt führen. Rechts werden die wichtigsten Eigenschaften oder Methoden des beschriebenen Objekts genannt, die zu weiteren untergeordneten Objekten führen. Auf diese Weise ist eine unmittelbare Einordnung des Objekts in die Objekthierarchie möglich.

Werfen Sie etwa einen Blick auf das *Axis*-Objekt: Die Methode *Axes* des übergeordneten *Chart*-Objekts führt auf das *Axis*-Objekt. Die beiden Eigenschaften *Major*- und *MinorGridlines* verweisen auf das untergeordnete Objekt *Gridlines*.

Die Querverweise im linken wie im rechten Teil der Syntaxbox sind in vielen Fällen unvollständig. Zum *Range*-Objekt führen beispielsweise Dutzende übergeordneter Methoden und Eigenschaften. Umgekehrt sind über die Eigenschaften und Methoden des *Workbook*-Objekts zahllose weitere Objekte erreichbar. Eine vollständige Querreferenz ist daher aus Platz- und Übersichtsgründen zumeist unmöglich.

AddIn — Excel

Application.AddIns(..) ↗

Das Objekt *AddIn* enthält einige Daten zu den in Excel registrierten Add-Ins. Die Eigenschaft *Installed* gibt an, ob das Add-In gerade aktiviert oder deaktiviert ist. Eine Veränderung des Werts dieser Eigenschaft verändert auch den Zustand des Add-Ins. *Path*, *Name* und *FullName* geben den Dateinamen der Add-In-Datei an, *Title* den im ADD-IN-Dialog angezeigten Titel und *Comments* eine kurze dazugehörige Erklärung.

AddIns
Excel

Application.AddIns ↗ *(index* oder *name)* ↘ *AddIn*

Das Objekt verweist auf die Liste aller in Excel registrierten Add-Ins. Ob diese Add-Ins tatsächlich aktiviert sind, können Sie über die *Installed*-Eigenschaft des *AddIn*-Objekts feststellen. Mit der Methode *Add* können Sie neue Add-Ins installieren. Dazu müssen Sie lediglich den Dateinamen des Add-Ins angeben.

Adjustments
Excel

Shape.Adjustments ↗
ShapeRange.Adjustments ↗

Viele *Shape*-Objekte (zu denen unter anderem alle Auto-Formen gehören, siehe ZEICHNEN-Symbolleiste) besitzen gelbe Adjustierungspunkte, mit denen im interaktiven Betrieb das Aussehen des Objekts verändert werden kann (etwa die Breite eines Pfeils oder die Form der Spitze). Diese Veränderungen werden in mehreren Fließkommazahlen gespeichert, die mit *Adjustments(n)* angesprochen werden. Ob und wie viele Adjustierungsparameter zur Verfügung stehen, können Sie mit *Adjustments.Count* feststellen. Schwieriger ist es, die Bedeutung des *n*-ten Parameters für das jeweilige Objekt festzustellen – die ist nämlich nicht dokumentiert. Folgen Sie dem Rat der Hilfe und verwenden Sie die Makroaufzeichnung!

AllowEditRange
Excel 2002

AllowEditRanges(n) ↗ *.Range* ↘ *Range*
AllowEditRanges.Add ↗ *.Users* ↘ *UserAccessList*
Worksheet.Protection.AllowEditRanges(n) ↗

Das Objekt enthält einen Zellbereich eines Tabellenblatts und ein dazugehörendes Passwort. Der Anwender kann auch bei geschützten Tabellenblättern innerhalb dieses Zellbereichs Veränderungen durchführen, wenn er das Passwort kennt. (Damit können unterschiedliche Bereiche einer Tabelle mit unterschiedlichen Passwörtern geschützt werden. Das kann praktisch sein, wenn mehrere Personen Zugriff auf die Datei haben.)

Der Zellbereich kann der *Range*-Eigenschaft entnommen werden, der Name des Bereichs der *Title*-Eigenschaft. Das Passwort kann zwar nicht unmittelbar ausgelesen, aber mit der Methode *ChangePassword* verändert werden. Optional können mit *Users.Add* Benutzer angegeben werden, die den Zellbereich auch ohne Passwort verändern dürfen.

16.2 Alphabetische Referenz

AllowEditRanges — Excel 2002

Protection.AllowEditRanges ↗   (index) ↘ *AllowEditRange*

Die Aufzählung verweist auf alle *AllowEditRange*-Objekte eines Tabellenblatts.

Application — Excel

Excel.Application ↗

```
.Workbooks      ↘ Workbook
.ActiveWorkbook ↘ Workbook
.Windows        ↘ Window
.ActiveWindow   ↘ Window
.ActiveSheet    ↘ Worksheet, Chart
.Commandbars    ↘ Commandbar
.AddIns         ↘ AddIn
```

Das Objekt *Application* steht an der Spitze aller Excel-Objekte. Über diverse Eigenschaften und Methoden gelangen Sie zum Teil direkt und zum Teil indirekt zu allen anderen in diesem Kapitel beschriebenen Objekten. In der Syntaxbox oben wurden nur einige besonders häufig benötigte Eigenschaften und Methoden aufgezählt.

Application verweist auf zahlreiche Eigenschaften, die globale Excel-Optionen steuern (beispielsweise *DisplayFormulaBar*, *Calculation*, *ScreenUpdating*, *WindowState*, *DisplayFullScreen*, *DisplayStatusBar*, *DisplayAlerts*). *Path* gibt den Pfad zur Excel.exe an. *Version* enthält die Nummer der aktuellen Excel-Version.

Über *Application* kann auf einige Tabellenfunktionen zugegriffen werden, so dass diese auch im VBA-Code verwendet werden können (etwa *Count*, *Index*, *Sum*, *VLookup* und *Lookup*).

Application gilt bei vielen Methoden und Eigenschaften als Defaultobjekt, so dass es nicht immer explizit genannt werden muss (etwa *ActiveSheet*, *ActiveWindow* etc.).

Wenn Sie in einem fremden Programm via ActiveX-Automation Excel steuern, müssen Sie der *Application*-Eigenschaft *Excel* voranstellen, um so anzugeben, dass sich das Kommando auf Excel bezieht. *Excel* darf auch im VBA-Code innerhalb von Excel verwendet werden, hat dort aber keine Wirkung.

Areas — Excel

Range.Areas ↗   (index) ↘ *Range*

Wenn Zellbereiche aus mehreren Teilbereichen zusammengesetzt sind, verweist das Objekt *Areas* auf die rechteckigen Teilflächen dieses Bereichs. Ob ein zusammengesetzter Bereich vorliegt, kann über die *Count*-Eigenschaft von *Areas* festgestellt werden.

AutoCorrect · Excel

Application.AutoCorrect ↗

Das *AutoCorrect*-Objekt steuert die in Excel (optional) stattfindende automatische Korrektur während der Eingabe von Texten. Die Eigenschaft *ReplaceText* gibt an, ob die automatische Korrektur aktiv ist. *ReplacementList* enthält ein Datenfeld mit den zu ersetzenden Texten und den dazugehörigen Korrekturen. Mit den Methoden *AddReplacement* und *DeleteReplacement* können dieser Liste Einträge hinzugefügt bzw. aus ihr gelöscht werden. *CapitalizeNamesOfDays* gibt an, ob die Anfangsbuchstaben von Wochentagen automatisch groß geschrieben werden sollen; *TwoInitialCapitals* bestimmt, ob solche TIppfehler automatisch korrigiert werden sollen.

AutoFilter · Excel

Worksheet.AutoFilter ↗ .Filters ↘ *Filter*

Das *AutoFilter*-Objekt ist zwar im Objektkatalog aufgezählt, aber leider nicht dokumentiert. (Gleiches gilt auch für die verwandten Objekte *Filters* und *Filter*). Insofern sind die folgenden Ausführungen mit Vorsicht zu genießen.

Mit der *AutoFilter*-Methode des *Range*-Objekts können Sie Filter für Datenbanken bzw. Listen in Tabellenblättern einrichten. Innerhalb eines Tabellenblatts kann immer nur ein Autofilter aktiv sein; dieser kann aber mehrere Filter enthalten (für jede Spalte der Datenbank einen). Das *AutoFilter*-Objekt ermöglicht den Zugriff auf die entsprechenden *Filter*-Objekte (*AutoFilter.Filters.Count* bzw. *AutoFilter.Filters(n)*). Die Eigenschaft *Range* gibt den Zellbereich der gesamten Datenbank an, die durch den Autofilter bearbeitet wird.

AutoRecover · Excel 2002

Application.AutoRecover ↗

Das Objekt steuert, ob (Eigenschaft *Enabled*), in welchem Intervall (*Time*) und in welches Verzeichnis (*Path*) Excel 2002 Sicherheitskopien aller offenen Dateien speichert.

Axes · Excel

Chart.Axes ↗ (typ, gruppe) ↘ *Axis*

Das Aufzählobjekt *Axes* verweist auf die Koordinatenachsen eines Diagramms (siehe *Axis*). Die Identifizierung erfolgt durch die Angabe des Typs (*xlCategory* für die X-Achse, *xlValue* für die Y-Achse und *xlSeries* für die dritte Achse bei 3D-Diagrammen). Bei 2D-Diagrammen mit zwei Y-Achsen muss durch den zweiten Parameter die Achsengruppe angegeben werden (*xlPrimary* oder *xlSecondary*).

Es gibt keine Methoden zum Hinzufügen oder Löschen von Achsen. Achsen werden durch die Veränderung der *AxisGroup*-Eigenschaften der Objekte *Chart* und *Series* erzeugt bzw. entfernt.

Axis — Excel

Chart.Axes(..) ↗

.*AxisTitle* ↘ **AxisTitle**
.*MajorGridlines* ↘ **Gridlines**
.*MinorGridlines* ↘ **Gridlines**
.*TickLabels* ↘ **TickLabels**

Das *Axis*-Objekt wird in Diagrammen zur Beschreibung der Merkmale von Koordinatenachsen verwendet. Diagramme sind normalerweise mit je einer X- und Y-Achse ausgestattet, 3D-Diagramme zusätzlich mit einer Z-Achse. Bei Verbunddiagrammen sind auch je zwei voneinander unabhängige X- bzw. Y-Achsen möglich (Zuordnung durch *AxisGroup*). Der Zugriff auf sämtliche Achsen erfolgt über die Methode *Axes*.

Die wichtigsten Eigenschaften sind *Minimum-* und *MaximumScale* (Wertebereich), *Haupt-* und *MinorUnit* (Abstände für Haupt- und Hilfsteilstriche sowie für Gitterlinien), *Major-* und *MinorTickMark* (zum Ein- und Ausschalten der Teilstriche) und *ScaleType* (zur Auswahl zwischen linearer und logarithmischer Skalierung).

Optische Details der Beschriftung können über die untergeordneten Objekte *AxisTitle* und *TickLabels* eingestellt werden.

AxisTitle — Excel

Axis.AxisTitle ↗

.*Interior* ↘ **Interior**
.*Border* ↘ **Border**
.*Font* ↘ **Font**

Das Objekt *AxisTitle* beschreibt das Aussehen des Titels einer Koordinatenachse eines Diagramms. Der Text des Achsentitels wird über die *Caption-* oder die *Text*-Eigenschaft gesteuert, die Schriftart über das gleichnamige untergeordnete Objekt. Der Ort des Titels kann über *Left* und *Top* verändert werden. Damit einer noch nicht beschrifteten Achse überhaupt ein Titel zugeordnet werden kann, muss zuerst die *HasTitle*-Eigenschaft des *Axis*-Objekts auf *True* gestellt werden.

Binder — OfficeBinder

CreateObject("Office.Binder") ↗
GetObject(..., "Office.Binder") ↗

.*ActiveSection* ↘ **Section**
.*BuiltinDocumentProperties* ↘ **DocumentProperty**
.*CustomDocumentProperties* ↘ **DocumentProperty**
.*Sections* ↘ **Section**

Das *Binder*-Objekt ermöglicht die VBA-Steuerung von Sammelmappen. Die Integration in das Excel-Objektmodell erfolgt mit ActiveX-Automation. Ein Objekt des Typs

Binder muss daher mit *CreateObject* oder *GetObject* erzeugt werden. Anschließend kann auf die einzelnen Abschnitte der Sammelmappe über die Eigenschaften *ActiveSection* und *Sections* zugegriffen werden.

Zur Verwaltung der Sammelmappen stehen unter anderem die Methoden *Open*, *Close*, *Save*, *SaveAs* und *PrintOut* zur Verfügung. Die Sichtbarkeit der Sammelmappenleiste am linken Rand kann über die Eigenschaft *LeftPane* gesteuert werden. *Path* und *Name* geben Pfad und Namen der Sammelmappendatei (Kennung *.odb) an. Zusätzliche Sammelmappeneigenschaften können über die *XxxDocumentProperties*-Eigenschaften gelesen und verändert werden.

Border — Excel

Range.Borders(..) ↗
diagrammobjekt.Border ↗

Das Objekt **Border** steuert die Umrandung bzw. die Linienform von einzelnen Zellen, Zellbereichen sowie von zahllosen Diagrammobjekten (beispielsweise **Series**, **ChartObject**, **ChartTitle**, **Oval**, **Legend** etc.). Die drei wesentlichen Eigenschaften sind *Color*, *LineStyle* (Linienform, z. B. punktiert) und *Weight* (Breite der Linien). Zur bequemen Einstellung der *Border*-Eigenschaften für einen Zellbereich steht auch die *Range*-Methode *BorderAround* zur Verfügung.

Borders — Excel

FormatCondition.Borders ↗
Range.Borders ↗
Style.Borders ↗

(index) ↘ **Border**

Das Aufzählobjekt verweist auf die sechs *Border*-Objekte, die das Aussehen der Umrandungslinien eines Zellbereichs sowie zweier diagonaler Linien bestimmen. Als Index werden die *XlBordersIndex*-Konstanten angegeben.

CalculatedFields — Excel

PivotTable.CalculatedFields ↗

(name oder index) ↘ **PivotField**

Das Aufzählobjekt verweist auf jene Pivotfelder einer Pivottabelle, die nicht unmittelbar aus den Quelldaten stammen, sondern errechnet sind. (Wenn in den Quelldaten Spalten mit *price* und *quantity* vorgesehen sind, kann aus dem Produkt dieser Zahlen ein neues Pivotfeld *sales* errechnet werden. Im interaktiven Betrieb führen Sie dazu das Kommando FORMELN | BERECHNETES FELD der Pivotsymbolleiste aus.) Für berechnete Pivotfelder gilt *IsCalculated=True*. Die Eigenschaft *Formula* enthält die Berechnungsformel.

CalculatedItems — Excel

PivotField.CalculatedItems ↗   *(name* oder *index)* ↘ *PivotItem*

Das Aufzählobjekt verweist auf Pivotelemente (nicht Felder), die sich aus einer Formel ergeben. (Im interaktiven Betrieb verwenden Sie zur Erstellung solcher Formeln das Kommando FORMELN | BERECHNETES ELEMENT der Pivotsymbolleiste. Sie können auf diese Weise z.B. eine Teilergebniszeile in die Pivottabelle einfügen, die Daten aus mehreren Zeilen zusammenfasst.) Für berechnete Pivotelemente gilt wie bei Pivotfeldern *IsCalculated=True*. Die Eigenschaft *Formula* enthält die Berechnungsformel.

CalculatedMember[s] — Excel 2002

PivotTable.CalculatedMembers ↗

Das Aufzählobjekt verweist auf Felder einer Pivottabelle, die berechnete Daten aus einer OLAP-Datenquelle enthalten. Die Eigenschaft *CalculatedMember.Formula* enthält die Berechnungsformel, wobei dabei eine spezielle Syntax zur Adressierung der mehrdimensionalen Daten erlaubt ist.

CalloutFormat — Excel

Shape.CalloutFormat ↗
ShapeRange.CalloutFormat ↗

Laut Hilfe steuert das *CalloutFormat*-Objekt diverse Eigenschaften bei *Shape*-Objekten des Typs »Legende mit Linie«. Es ist allerdings trotz mehrfacher Versuche nicht gelungen, ein AutoForm-Objekt zu erzeugen, das einen Zugriff auf *CalloutFormat* ohne Fehlermeldung erlaubt hätte.

CellFormat — Excel 2002

Application.FindFormat ↗   *.Font* ↘ *Font*
Application.ReplaceFormat ↗

Das Objekt beschreibt das Zellformat, das beim Suchen bzw. Ersetzen von Zellen berücksichtigt wird. Zur Einstellung des Formats greifen Sie über die Eigenschaften *FindFormat* bzw. *ReplaceFormat* auf das Objekt zu. *Clear* löscht alle bisher geltenden Einstellungen. Damit die Formateinstellungen beim Suchen bzw. Ersetzen berücksichtigt werden, müssen Sie bei den Methoden *Find* bzw. *Replace* die optionalen Parameter *SearchFormat:=True* und *ReplaceFormat:=True* angeben.

Characters   Excel

Range.Characters(..) ↗   *.Font* ↘ **Font**
objekt.Characters(..) ↗

Über die *Characters*-Methode können Sie auf einzelne Zeichen eines Texts in einer Zelle oder in einem Objekt (etwa **ChartTitle**, **TextBox** etc.) zugreifen und deren Schriftart verändern. Die Eigenschaften *Text* und *Caption* enthalten den ausgewählten Text. An die *Characters*-Methode muss die Nummer des ersten Zeichens und die Anzahl der Zeichen übergeben werden.

Chart   Excel

Workbook.Charts(..) ↗   *.ChartArea* ↘ **ChartArea**
ChartObject.Chart ↗   *.Axes* ↘ **Axis**
Workbook.ActiveChart ↗   *.SeriesCollection* ↘ **Series**

Das *Chart*-Objekt kann sowohl ein eingebettetes Diagramm in einem Tabellenblatt als auch das Hauptdiagramm eines Diagrammblatts sein. (Es existiert kein eigener Objekttyp für Diagrammblätter.) In jedem Fall stellt *Chart* das Ausgangsobjekt für den Inhalt und die optische Gestaltung eines Diagramms dar. Bei Diagrammen, die in Tabellenblättern eingebettet sind, steht zwischen dem Tabellenblatt und dem Diagramm noch das **ChartObject**, das Position und Größe des Diagramms bestimmt.

Vom *Chart*-Objekt verweisen über 30 Eigenschaften und Methoden auf untergeordnete Objekte, über die die meisten inhaltlichen und formalen Details des Diagramms gesteuert werden. Die drei wichtigsten Eigenschaften/Methoden sind in der Syntaxbox oben genannt. Einen vollständigen Überblick gibt die Objekthierarchieliste zum Thema Diagrammobjekte in Abschnitt 16.1.

Unmittelbar dem *Chart*-Objekt zugeordnet sind die Eigenschaften *Type* und *SubType*, durch die der Diagrammtyp eingestellt wird. Die Methode *ChartWizard* erstellt ein neues Diagramm. *Elevation*, *Rotation* und *Perspective* bestimmen die Blickrichtung auf 3D-Diagramme.

ChartArea   Excel

Chart.ChartArea ↗   *.Interior* ↘ **Interior**
    .Border ↘ **Border**

Das Objekt **ChartArea** beschreibt die optische Gestaltung des gesamten Diagramms (inklusive Achsen, Legende, Titel etc.). Im Gegensatz zu **ChartArea** steht das Objekt **PlotArea**, das nur den Hintergrund des grafischen Teils des Diagramms betrifft.

Die Gestaltung der Diagrammfläche erfolgt im Wesentlichen über die Subobjekte *Interior* (Farbe und Muster) und *Border* (Umrandung). Das Objekt erhält durch die Methoden *Copy*, *ClearFormats*, *ClearContents* und *Clear* eine zusätzliche Bedeutung: Diese Methoden betreffen nämlich nicht nur die Diagrammfläche, sondern das gesamte Diagramm.

ChartColorFormat — Excel

ChartFillFormat.Fore-/BackColor ↗

Ermöglicht die Einstellung von Farbübergängen in diversen Diagrammobjekten. Ein Unterschied zu *ColorFormat* ist nicht erkennbar. Siehe auch *ChartFillFormat* und *ColorFormat*.

ChartFillFormat — Excel

diagrammobjekt.Fill ↗   *.Fore-/BackColor* ↘ *ChartColorFormat*

Mit dem Objekt können wie mit *FillFormat* (siehe dort) Hintergrundeffekte eingestellt werden. Allerdings ist *ChartFillFormat* speziell für Diagrammobjekte vorgesehen, *FillFormat* dagegen nur für *Shape* und *ShapeRange*.

ChartGroup — Excel

Chart.ChartGroups(..) ↗   *.SeriesCollection* ↘ *Series*
Chart.XxxGroups(..) ↗

Diagrammgruppen fassen innerhalb eines Diagramms mehrere Datenreihen mit einem gemeinsamen Diagrammtyp zusammen. Diagrammgruppen sind nur für Verbunddiagramme erforderlich. (Verbunddiagramme sind Diagramme, in denen zwei Diagrammtypen vereint sind – z. B. ein Linien- und ein Punktdiagramm oder zwei Liniendiagramme mit unterschiedlichen Y-Achsen.) Die wichtigsten Eigenschaften sind *Type* und *SubType*, durch die der Diagrammtyp der Gruppe bestimmt wird.

ChartGroups — Excel

Chart.ChartGroups ↗   (*name* oder *index*) ↘ *ChartGroup*

Das Aufzählobjekt verweist auf *ChartGroup*-Objekte, die zur Bildung von Verbunddiagrammen erforderlich sind (siehe oben). Neben *ChartGroups* existieren zahlreiche weitere Methoden, die auf spezifische Teilgruppen der *ChartGroup*-Objekte verweisen, beispielsweise *AreaGroups*, *PieGroups* oder *LineGroups*. Es gibt keine eigene Methode zur Bildung von Diagrammgruppen – diese entstehen einfach dadurch, dass die *Type*- oder *SubType*-Eigenschaft einzelner Datenreihen individuell eingestellt wird.

ChartObject — Excel

Worksheet.ChartObjects(..) ↗   .Chart ↘ **Chart**
     .Interior ↘ **Interior**

Das Diagrammobjekt steht zwischen einem eingebetteten *Chart*-Objekt und dem Tabellenblatt. Es bestimmt vor allem Größe und Position des Diagramms. Diagrammobjekte sind prinzipiell auch in Diagramm- und Dialogblättern erlaubt, kommen dort aber selten vor.

Diagrammobjekte können mit den Methoden *Duplicate* vervielfacht und mit *Copy* in die Zwischenablage kopiert werden. Wichtig ist der Unterschied zwischen den Methoden *Select* und *Activate*: *Select* entspricht einem einfachen Mausklick, *Activate* einem doppelten Mausklick. Ein aktiviertes Diagramm muss durch die Zuweisung von *False* an ***ActiveWindow.Visible*** deaktiviert werden.

ChartObjects — Excel

***Worksheet*.ChartObjects** ↗   (*index* oder *name*) ↘ **Chart**

Die Aufzählung verweist auf die eingebetteten *ChartObject*-Objekte eines Tabellen-, Dialog- oder Diagrammblatts. Siehe **ChartObject**.

Charts — Excel

***Workbook*.Charts** ↗   (*index* oder *name*) ↘ **Chart**

Das Aufzählobjekt verweist auf Diagrammblätter. Beachten Sie dabei, dass es keinen eigenen Objekttyp für Diagrammblätter gibt, weswegen *Charts* genau genommen auf das Hauptdiagramm eines Diagrammblatts verweist. Das Blatt/Diagramm wird mit der Methode *Select* aktiviert und mit *PrintOut* am Drucker ausgegeben bzw. in der Seitenansicht dargestellt. Auf eingebettete Diagramme in Tabellenblättern müssen Sie über das Objekt *ChartObjects* zugreifen.

ChartTitle — Excel

***Chart*.ChartTitle** ↗   .Interior ↘ **Interior**
     .Font ↘ **Font**

Das Objekt beschreibt Text, Schriftart, Position und Aussehen des Titels eines Diagramms. Ob ein Diagramm überhaupt einen Titel hat, bestimmt die *Chart*-Eigenschaft *HasTitle*. Anschließend kann über die Eigenschaften/Methoden *Caption*, *Interior*, *Border* und *Font* das Aussehen des Titels eingestellt werden.

CheckBox — MS-Forms

UserForm.Controls(..) ↗

Das Objekt repräsentiert ein Auswahlkästchen (Ja/Nein-Entscheidung) in MS-Forms-Dialogen. Die wichtigste Eigenschaft ist *Value*, die je nach Zustand *True*, *False* oder *Null* (unbestimmt) enthält.

CodeModule — VBE

CodePane.CodeModule ↗
VBComponent.CodeModule ↗

Das *CodeModule*-Objekt ermöglicht die Veränderung von Programmcode. Dazu stehen Methoden wie *InsertLines*, *DeleteLines*, *AddFromFile* etc. zur Verfügung.

CodePane[s] — VBE

VBE.CodePanes ↗

.*CodeModule* ↘ **CodeModule**
.*Window* ↘ **Window**

Die Auflistung *CodePanes* und die daraus abgeleiteten *CodePane*-Objekte beschreiben Codebereiche in der VBA-Entwicklungsumgebung. (Hinweis: Wenn Sie VBA-Code verändern möchten, müssen Sie auf das *CodeModule*-Objekt zurückgreifen.)

Collection — VBA

(*index* oder *name*) ↘ **objekt**

Das Objekt ermöglicht die Definition eigener Auflistungen (Aufzählobjekte). Neue Objekte können mit *Add* hinzugefügt, vorhandene mit *Remove* entfernt werden. Die Anzahl der gespeicherten Objekte wird mit *Count* ermittelt.

ColorFormat — Excel

FillFormat.Fore-/BackColor ↗
LineFormat.Fore-/BackColor ↗
ShadowFormat.ForeColor ↗
ThreeDFormat.ExtrusionColor ↗

Bei einigen in Excel 97 neu eingeführten Objekten wird die Farbe nicht direkt als RGB-Wert, sondern über den Umweg eines *ColorFormat*-Objekts eingestellt. Die Defaulteigenschaft von *ColorFormat* lautet *RGB*, je nach *Type*-Einstellung kann die Farbe aber auch über die Eigenschaft *SchemeColor* eingestellt werden. *SchemeColor* erwartet Indexnummern für die gültige Farbpalette (deren Einstellung allerdings weder gelesen noch verändert werden kann).

ComAddIn[s] — Office

Application.ComAddIns(..) ↗

Application.ComAddins verweist auf die gleichnamige Aufzählung aller für Excel registrierten COM-Add-Ins. *ComAddIns* verweist auf die einzelnen *ComAddIn*-Objekte. Deren Eigenschaft *Description* enthält den Namen des COM-Add-Ins (also den Text, der im Dialog EXTRAS|COM-ADD-INS angezeigt wird). Die Eigenschaft *Connect* gibt an, ob das Add-In gerade aktiv ist oder nicht. Eine Veränderung von *Connect* hat dieselbe Wirkung wie die Veränderung des entsprechenden Auswahlkästchens im COM-ADD-INS-Dialog.

ComboBox — MS-Forms

UserForm.Controls(..) ↗

Das Steuerelement bietet eine Kombination aus einem ausklappbaren Listenfeld mit einem Textfeld. *List(n)* ermöglicht den Zugriff auf die Liste. Über *RowSource* kann die Liste einem Zellbereich der Tabelle entnommen werden. (Wenn das Steuerelement in einem Tabellenblatt verwendet wird, muss stattdessen *ListFillRange* verwendet werden. *LinkedCell* gibt dann an, in welche Zelle das Ergebnis der Auswahl übertragen werden soll.) *Text* enthält den ausgewählten bzw. eingegebenen Text, *Value* je nach Einstellung von *BoundColumn* ebenfalls den Text oder aber die Nummer des ausgewählten Listenelements.

Command — ADO

.ActiveConnection ↘ **Connection**
.Parameters(...) ↘ **Parameter**
.Execute ↘ **Recordset**

Das Objekt ermöglicht es, SQL-Kommandos mit Parametern und so genannte *stored procedures* (SQL-Prozeduren, die vom Datenbank-Server verwaltet werden) auszuführen. Der SQL-Code der Abfrage bzw. der Name der *stored procedure* wird in *CommandText* angegeben. Anschließend werden die Werte der Parameter eingestellt. Schließlich kann das Kommando mit der Methode *Execute* ausgeführt werden. Falls es sich bei dem Kommando um eine Abfrage handelt, liefert *Execute* als Ergebnis ein **Recordset**-Objekt.

CommandBar — Office

Application.CommandBars(..) ↗   .Controls ↘ **CommandBarControls**

Das Objekt beschreibt eine Menü- oder Symbolleiste. Genau genommen gibt es drei Typen (Eigenschaft *Type*): »normale« Symbolleisten (*msoBarTypeNormal*), Menüleisten (*msoBarTypeMenuBar*) und Kontextmenüs (*msoBarTypePopup*).

CommandBarButton — Office

CommandBar.Controls(..) ↗

Das Objekt repräsentiert einen normalen Eintrag in einem Menü bzw. in einer Symbolleiste. Je nach Einstellung von *Style* wird das Objekt als Symbol und/oder Text dargestellt.

CommandBarComboBox — Office

CommandBar.Controls(..) ↗

Das Menüelement kann sowohl als Texteingabefeld als auch als Listenfeld (in Symbolleisten) verwendet werden. Über den Verwendungstyp entscheidet *Style* (*msoControlDropdown*, *msoControlEdit* oder *msoControlComboBox*). Bei der Verwendung als Listenfeld wird die Liste mit den Methoden *AddItem*, *RemoveItem* und *Clear* bearbeitet. In jedem Fall kann der eingegebene Text bzw. der ausgewählte Eintrag aus *Text* entnommen werden.

CommandBarControl — Office

CommandBar.Controls(..) ↗   (*index* oder *name*) ↘ *CommandBarControl*

CommandBarControl dient als übergeordnetes Objekt für *CommandBarButton*, *-ComboBox* oder *-Popup*. Welcher Objekttyp nun tatsächlich gilt, können Sie mit *Type* feststellen. (Beachten Sie bitte, dass es auch einige *CommandBar*-Typen gibt, die zwar in eingebauten Menüs vorkommen, momentan aber nicht zur Programmierung verwendet werden können und daher nicht durch eigene Objekte repräsentiert werden!)

Wichtige Eigenschaften sind *Caption* (der Beschriftungstext), *TooltipText* (der gelbe Infotext, falls dieser von *Caption* abweichen sollte), *BeginGroup* (oberhalb bzw. links eine Trennlinie anzeigen) und *OnAction* (die aufzurufende Ereignisprozedur).

CommandBarControls — Office

CommandBar.Controls ↗   (*index* oder *name*) ↘ *CommandBarControl*

Die Auflistung führt zu den einzelnen Einträgen einer Symbol- oder Menüleiste bzw. eines Menüs oder Untermenüs. Formal handelt es sich bei den untergeordneten Objekten um *CommandBarControl*-Objekte. Tatsächlich erhalten Sie aber zumeist ein *CommandBarButton*, *-ComboBox* oder *-Popup*-Objekt (siehe *CommandControl*). Mit *Add* können neue Menüelemente hinzugefügt werden.

CommandBarPopup — Office

CommandBar.Controls(..) ↗   *.Controls* ↘ **CommandBarControls**

Dieses Objekt ist der Schlüssel zu eigenen Menüs in Menü- oder Symbolleisten, zu Untermenüs in Menüs etc. *Controls* verweist auf die untergeordneten Einträge, bei denen es sich um **CommandBarButton**, **-ComboBox** oder **-Popup**-Objekte handeln kann.

Die Möglichkeit, das Objekt in jeder Hierarchieebene neuerlich einzusetzen, macht den Objektzugriff oft recht unübersichtlich. Das Objekt eignet sich übrigens nicht für Kontextmenüs – die müssen als **CommandBar**-Objekte mit *Position=msoBarPopup* definiert werden.

CommandBars — Office

Application.CommandBars ↗   *(index* oder *name)* ↘ **CommandBar**

Das Objekt zählt alle vor- und benutzerdefinierten Symbol- und Menüleisten auf. Bei vordefinierten Symbol- und Menüleisten muss als Index der englische Name verwendet werden, also etwa *CommandBars("Worksheet Menu Bar")* für die normalerweise angezeigte Menüleiste.

CommandButton — MS-Forms

UserForm.Controls(..) ↗   *.Picture* ↘ **StdPicture**

Die wichtigste Buttoneigenschaft lautet *Caption* für den Beschriftungstext. Optional kann im Button auch ein Bild dargestellt werden (Eigenschaften *Picture* und *PicturePosition*). Das Anklicken löst – wenig überraschend – ein *Click*-Ereignis aus.

Wenn Sie das Steuerelement in Tabellenblättern verwenden, sollten Sie *TakeFocusOnClick* auf *False* stellen. Damit vermeiden Sie, dass der Eingabefokus nach dem Anklicken des Buttons dort bleibt (was im VBA-Code zu Problemen führen kann).

Comment — Excel

Range.Comment ↗   *.Next/.Previous* ↘ **Comment**
Range.AddComment(..) ↗   *.Shape* ↘ **Shape**

Das Objekt speichert den Inhalt und andere Informationen zu Zellnotizen (die seit Excel 97 auch Kommentare heißen). Über die Methode *Text* kann die Notiz gelesen und verändert werden. Die Methoden *Previous* und *Next* verweisen auf weitere Notizen im Tabellenblatt. Neue Notizen können mit der Methode *AddComment* des **Range**-Objekts erzeugt werden. *Range.ClearComments* löscht alle Notizen im angegebenen Zellbereich.

Comments — Excel

Worksheet.Comments ↗   *(index* oder *name)* ↘ *Comment*

Die Aufzählung ermöglicht den Zugriff auf alle Kommentare innerhalb eines Tabellenblatts, ohne dazu alle Zellen überprüfen zu müssen.

Connection — ADO

Recordset.ActiveConnection ↗   *.Execute* ↘ *Recordset*

Bevor Daten aus der Datenbank gelesen werden können, muss über das *Connection*-Objekt der Zugang hergestellt werden. Dazu wird mit der Methode *Open* eine Zeichenkette übergeben, die alle erforderlichen Parameter enthält (den gewünschten Datenbanktreiber, den Namen der Datenbank, eventuell den Netzwerknamen des Datenbank-Servers, eventuell Login-Name und Passwort etc.).

ConnectorFormat — Excel

Shape/ShapeRange.ConnectorFormat ↗   *.Begin-/EndConnectedShape* ↘ *Shape*

ConnectorFormat beschreibt die Verbindung zwischen zwei *Shape*-Objeken. Beispielsweise können zwei AutoForm-Rechtecke durch eine AutoForm-Verbindungslinie verbunden werden. In diesem Fall wird die Verbindung durch das *ConnectorFormat*-Objekt des *Shape*-Objekts der Verbindungslinie beschrieben.

Die wichtigsten Eigenschaften sind *Begin-* und *EndConnectedShape*, die auf die beiden Objekte verweisen, die miteinander verbunden werden. Zum Aufbau bzw. zum Lösen der Verbindung stehen die Methoden *BeginConnect/EndConnect* bzw. *BeginDisconnect/-EndDisconnect* (jeweils für das Start- und das Zielobjekt) zur Verfügung.

Control — MS-Forms

Das Objekt stellt gemeinsame Eigenschaften, Methoden und Ereignisse für alle MS-Forms-Steuerelemente zur Verfügung. Es wird selten direkt verwendet (höchstens zur Deklaration von Variablen oder Parametern).

ControlFormat — Excel

Shape.ControlFormat ↗

Wenn ein *Shape*-Objekt dazu verwendet wird, um ein Steuerelement (zumeist aus der MS-Forms-Bibliothek) in ein Tabellenblatt einzubetten, stellt das *ControlFormat*-Objekt einige Eigenschaften für das Steuerelement zur Verfügung. Das Objekt ermöglicht so die Kommunikation zwischen Tabellenblatt und Steuerelement. Zu den Eigenschaften zählen unter anderem *LinkedCell*, *ListFillRange* und *PrintObject*. Siehe auch Abschnitt 7.5.

Controls — MS-Forms

Frame.Controls ↗
Page.Controls ↗
UserForm.Controls ↗

(*index* oder *name*) ↘ *steuerelement*

Die Aufzählung verweist auf alle Steuerelemente eines Rahmenfelds, einer Dialogseite oder eines ganzen Dialogs. Als einzige Eigenschaft steht *Count* zur Verfügung. Mit den Methoden *Add* und *Remove* können per Programmcode neue Steuerelemente erzeugt bzw. wieder entfernt werden.

Corners — Excel

Chart.Corners ↗

Das Objekt bezeichnet die Eckpunkte des Quaders, der ein 3D-Diagramm umrahmt. Als einzig sinnvolle Methode steht *Select* zur Verfügung. Das Objekt ist zum Programmieren nicht von Bedeutung. Bei der manuellen Bearbeitung von Diagrammen können die Ecken ausgewählt und das ganze Diagramm anschließend mit der Maus verdreht werden.

CubeField — Excel

CubeFields(...) ↗
PivotField.CubeField ↗

.*TreeViewControl* ↘ *TreeViewControl*

Das Objekt beschreibt einige Merkmale von Pivotfeldern, die spezifisch für OLAP-Datenquellen gelten (z.B. *CubeFieldType=xlHierarchy* oder *xlMeasure*). Eine Menge weiterer Eigenschaften haben dieselbe Bedeutung wie bei *PivotField*, das sich auf Pivotfelder herkömmlicher Datenquellen bezieht.

CubeFields — Excel

PivotTable.CubeFields ↗

(*index* oder *name*) ↘ *CubeField*

Die Aufzählung verweist auf alle OLAP-Pivotfelder einer Pivottabelle und entspricht im Wesentlichen *PivotFields* für Pivotfelder herkömmlicher Datenquellen.

CustomProperty/CustomProperties — Excel 2002

Worksheet.CustomProperties ↗

Mit der **CustomProperties**-Aufzählung können Sie das Tabellenblatt mit zusätzlichen Informationen ausstatten. Jedes **CustomProperty**-Objekt besteht aus einem Namen (Eigenschaft *Name*) und einem beliebigen Objekt (*Value*).

Welchen Zweck diese in Excel 2002 eingeführte Aufzählung hat, ist allerdings schleierhaft. Die lapidare Information aus der Hilfe hilft wie so oft nicht weiter: *Diese Informationen können als Metadaten für XML verwendet werden*. Tests haben auf jeden Fall ergeben, dass eigene *CustomProperty*-Objekte, die einem Excel-Tabellenblatt hinzugefügt werden, beim Speichern der Arbeitsmappe als XML-Datei *gerade nicht* gespeichert werden. Die Informationen bleiben nur erhalten, wenn die Datei im gewöhnlichen *.xls-Format gespeichert wird.

CustomView — Excel

Workbook.CustomViews(..) ↗

Seit Excel 97 können zu einer Excel-Datei mehrere Einstellungen für den Drucker und für die Anzeige von Zeilen/Spalten (ein-/ausblenden) gespeichert werden. Im interaktiven Betrieb werden diese Einstellungen mit ANSICHT | ANSICHT ANPASSEN gespeichert bzw. aktiviert.

Über das *CustomView*-Objekt kann lediglich festgestellt werden, ob für eine bestimmte Ansicht Druckereinstellungen (*PrintSettings*) oder Zeilen-/Spalteneinstellungen (*RowColSettings*) gespeichert sind. Wie diese Einstellungen aussehen, kann nur ermittelt werden, wenn die jeweilige Ansicht durch *Show* aktiviert wird.

CustomViews — Excel

Workbook.CustomViews ↗   (*index* oder *name*) ↘ *CustomView*

Zählt alle zu einer Arbeitsmappe gespeicherten Ansichten auf. Mit der *Add*-Methode werden die aktuellen Einstellungen für den Drucker bzw. für Zeilen- und Spaltenansichten als neue Ansicht gespeichert. Siehe auch *CustomView*.

DataLabel — Excel

Series.DataLabels(..) ↗   *.Interior* ↘ *Interior*
Point.DataLabel ↗   *.Border* ↘ *Border*
Trendline.DataLabel ↗   *.Font* ↘ *Font*

Über das Objekt kann die Beschriftung einzelner Datenpunkte einer Datenreihe eines Diagramms eingestellt werden. Bevor das Objekt *DataLabel* verändert werden kann, muss die Eigenschaft *HasDataLabels* des Objekts *Series* auf *True* gestellt werden.

Der Typ der Beschriftung (Wert, Prozent oder individueller Beschriftungstext) wird über die *Type*-Eigenschaft eingestellt. Individuelle Texte werden über *Caption* oder *Text* angegeben. Die optische Formatierung erfolgt über *Orientation*, *Interior*, *Border* und *Font*.

In vielen Fällen ist der Einsatz der Methode *ApplyDataLabels* einfacher als eine Beschriftung jedes einzelnen Datenpunkts. Damit können alle Punkte eines *Series*-Objekts oder alle Datenreihen eines *Chart*-Objekts einheitlich durch Werte, Prozente etc. beschriftet werden.

DataLabels — Excel

Series.DataLabels ↗   *(index)* ↘ *DataLabel*

Das Aufzählobjekt verweist auf *DataLabel*-Objekte einer Datenreihe. Als *index* muss die Nummer des Datenpunkts angegeben werden. Siehe *DataLabel*.

DataObject — MS-Forms

Das Objekt wird bei OLE-Drop-Ereignissen (*BeforeDragOver*, *BeforeDropOrPaste*) an die jeweilige Ereignisprozedur übergeben. Es ermöglicht die Auswertung von Drag&-Drop-Operationen, also beispielsweise das Ablegen einer Datei aus dem Explorer in einem MS-Forms-Dialog. Das Objekt kann auch dazu verwendet werden, Daten aus der Zwischenablage zu lesen bzw. dorthin zu schreiben (Methoden *GetFromClipboard* bzw. *PutInClipboard*).

DataTable — Excel

Chart.DataTable ↗   *.Border* ↘ *Border*
     .Font ↘ *Font*

Seit Excel 97 können innerhalb eines Diagrammobjekts (üblicherweise unterhalb des eigentlichen Diagramms) auch die Quelldaten als Zahlenwerte angezeigt werden (DIAGRAMMOPTIONEN|DATENQUELLE). Per Programmcode wird die Datentabelle durch *Chart.HasDataTable=True/False* aktiviert bzw. wieder entfernt. Das Aussehen der Datentabelle kann durch die Eigenschaften von *DataTable* gesteuert werden, etwa durch *HasBorderOutline*, *ShowLegendKey* etc.

Debug — VBA

Beim Objekt *Debug* handelt es sich um ein allgemeines VBA-Objekt. *Debug* verweist auf das Testfenster der Programmierumgebung. Zu *Debug* existiert nur eine einzige Methode: *Print* führt Ausgaben im Testfenster durch.

DefaultWebOptions — Excel

Application.DefaultWebOptions ↗

Die Eigenschaften dieses Objekts steuern die Parameter des HTML-Exports von Excel (DATEI|SPEICHERN UNTER|EXTRAS|WEBOPTIONEN). Trotz der Endung *-s* handelt es sich nicht um ein Aufzählobjekt. Wenn die Webeigenschaften nicht global für Excel, sondern individuell für eine Datei eingestellt werden sollen, kann dafür das *WebOptions*-Objekt verwendet werden (Zugriff via *Workbook.WebOptions*).

Diagram — Excel 2002

DiagramNode.Diagram ↗ .Nodes ↗ *DiagramNodes*
Shape.Diagram ↗ .Parent ↗ *Shape*

Das Objekt beschreibt ein Geschäftsdiagramm (z.B. ein Organigramm oder ein Venn-Diagramm). Der Diagrammtyp wird durch die Eigenschaft *Type* bestimmt. Die Bestandteile des Diagramms werden durch *DiagramNode*-Objekte verwaltet, die über die *Nodes*-Eigenschaft angesprochen werden.

Sowohl Diagramme als auch ihre Komponenten werden intern durch *Shape*-Objekte dargestellt. Bei einem *Shape*-Objekt kann mit der Eigenschaft *HasDiagram* festgestellt werden, ob sich darin ein *Diagram*-Objekt befindet.

DiagramNode — Excel 2002

Diagram.DiagramNodes(..) ↗ .Children ↗ *DiagramNodeChildren*
DiagramNode.AddNode ↗ .TextShape ↗ *Shape*
DiagramNodeChildren.AddNode ↗

Das Objekt beschreibt einen Teil eines Geschäftsdiagramms, also z.B. ein Kästchen eines Organigramms oder einen Kreis eines Radialdiagramms. Wenn das Diagramm zur Darstellung von Hierarchien geeignet ist, können über *Children* die untergeordneten Elemente angesprochen werden.

DiagramNodeChildren — Excel 2002

DiagramNode.Children ↗ (index) ↘ *DiagramNode*

Die Aufzählung fasst mehrere *DiagramNode*-Objekte einer Ebene zusammen. Mit den Eigenschaften *First*- bzw. *LastChild* kann das erste bzw. letzte Element angesprochen werden.

DiagramNodes — Excel 2002

Application.Dialogs(..) ↗ (index) ↘ *DiagramNode*

Auch diese Aufzählung hilft bei der Adressierung von *DiagramNode*-Objekten. Im Unterschied zu *DiagramNodeChildren* fehlen die Eigenschaften *First*- und *LastChildren*, dafür gibt es die Methode *AddNode*. (Bei einem etwas durchdachteren Konzept hätte man auf eine der beiden Aufzählungen ohne weiteres verzichten können.)

Dialog — Excel

Application.Dialogs(..) ↗

Das Objekt dient zur internen Verwaltung der vordefinierten Excel-Dialoge. Diese Dialoge können mit der *Show*-Methode angezeigt werden. Selbst definierte Dialoge werden über das *DialogSheet*-Objekt verwaltet.

Dialogs — Excel

Application.Dialogs ↗   *(index)* ↘ *Dialog*

Das Aufzählobjekt enthält eine Liste aller vordefinierten Excel-Dialoge. Die Auswahl erfolgt durch die Indexangabe über *xlDialogNamexxx*-Konstanten.

Dictionary — Scripting

(index oder *name)* ↘ *objekt*

Das Objekt entspricht im Wesentlichen dem VBA-Objekt *Collection*, ist aber etwas leistungsfähiger. Es ermöglicht die Definition eigener Auflistungen (Aufzählobjekte). Neue Objekte können mit *Add* hinzugefügt, vorhandene mit *Remove* entfernt werden. Die Anzahl der gespeicherten Objekte wird mit *Count* ermittelt.

DisplayUnitLabel — Excel

Axis.DisplayUnitLabel ↗   *.Font* ↘ *Font*

Das Objekt beschreibt Text, Schriftart, Position und Aussehen der Beschriftung der Skalierungseinheit einer Koordinatenachse eines Diagramms. Ob die Achse überhaupt skaliert ist, bestimmt die *Axis*-Eigenschaft *HasTitle*. Wenn einer der vordefinierten Faktoren verwendet wird (z.B. *Axis.DisplayUnit = xlMillions*), enthält *Axis.Display-UnitLabel.Text* automatisch eine passende Beschriftungszeichenkette (z.B. "Millionen"). Wenn als Skalierungsfaktor dagegen ein beliebiger anderer Faktor verwendet wird (Eigenschaft *DisplayUnitCustom*), muss *DisplayUnitLabel.Text* entsprechend eingestellt werden.

DocumentProperties — Office

Workbook.BuiltinDocumentProperties ↗   *(name* oder *index)* ↘ *DocumentProperty*
Workbook.CustomDocumentProperties ↗
Binder:XxxDocumentProperties ↗

Das Aufzählobjekt enthält eine Liste aller Eigenschaften der angegebenen Excel-Datei bzw. der Sammelmappe. Diese Eigenschaften dienen zur Identifizierung und Suche nach Dokumenten und stellen eine Neuerung im Office-95-Paket dar. Zu den zahlreichen vordefinierten Eigenschaften für Excel-Arbeitsmappen zählen unter anderem *"Title"*, *"Subject"*, *"Author"*, *"Last Author"*, *"Revision Number"* etc. Daneben können mit der *Add*-Methode auch eigene Eigenschaften definiert werden. Im interaktiven Betrieb können die Dokumenteigenschaften mit DATEI|EIGENSCHAFTEN eingestellt bzw. neu definiert werden.

DocumentProperty — Office

Workbook.BuiltinDocumentProperties(..) ↗
Binder.CustomDocumentProperties(..) ↗

Das *DocumentProperty*-Objekt beschreibt eine Eigenschaft einer Excel-Datei bzw. einer Sammelmappe. Dabei gibt *Name* den Eigenschaftsnamen, *Type* seinen Typ und *Value* die aktuelle Einstellung an. Mit den Eigenschaften *LinkSource* und *LinkToContent* kann der Wert einer eigenen (benutzerdefinierten) Eigenschaft direkt mit dem Inhalt eines Tabellenblatts verbunden werden. Dazu muss *LinkToContent* auf *True* gesetzt werden und *LinkSource* ein benannter Zellbereich zugewiesen werden.

DownBars — Excel

ChartGroup.DownBars ↗

.Interior ↘ **Interior**
.Border ↘ **Border**

Das Objekt beschreibt das Aussehen von negativen Abweichungsbalken zwischen zwei Datenreihen eines Liniendiagramms. (Analog gibt es ein **UpBars**-Objekt, das positive Abweichungsbalken beschreibt.) Beachten Sie, dass es sich hier trotz des Plurals im Objektnamen nicht um eine Aufzählung handelt (d.h., es gibt kein eigenes *DownBar*-Objekt); daher können die Abweichungsbalken nur für die ganze Datenreihe, nicht aber für einen einzelnen Datenpunkt verändert werden.

Ob in einem Diagramm überhaupt Abweichungsbalken dargestellt werden, kann durch **ChartGroup.HasUpDownBars** festgestellt werden.

Das Aussehen der Abweichungsbalken wird über die Eigenschaften *Interior* und *Border* eingestellt. Damit werden die Innenfarbe und die Umrandung beeinflusst.

Drive — Scripting

Drives(...) ↗

RootFolder ↘ **Folder**

Das Objekt beschreibt eine Festplatte, ein Diskettenlaufwerk, ein CD-ROM-Laufwerk etc. *DriveType* gibt den Laufwerkstyp an, *TotalSize* die Gesamtkapazität, *FreeSpace* den noch freien Speicherplatz. *RootFolder* verweist auf das Wurzelverzeichnis (über das die Dateien und alle anderen Verzeichnisse angesprochen werden können).

Drives — Scripting

FileScriptingObject.Drives ↗ *(name* oder *index)* ↘ *Drive*

Die Aufzählung verweist auf alle Laufwerke des Computers.

DropLines — Excel

ChartGroup.DropLines ↗ *.Border* ↘ *Border*

Bei Linien- und Flächendiagrammen können zu den einzelnen Datenpunkten vertikale Bezugslinien gezeichnet werden. Dazu muss die *ChartGroup*-Eigenschaft *HasDropLines* auf *True* gestellt werden. Die Bezugslinien reichen von der x-Achse bis zum Datenpunkt. Über das Objekt *DropLines* (bzw. über dessen Subobjekt *Border*) kann dann das Aussehen der Bezugslinien eingestellt werden.

ErrObject — VBA

Das Objekt enthält Informationen zum letzten Fehler und kann beispielsweise in Fehlerbehandlungsroutinen ausgewertet werden. Die beiden wichtigsten Eigenschaften sind *Number* mit der Fehlernummer und *Description* mit einer kurzen Beschreibung. Das Objekt wird selten verwendet, weil dieselben Informationen auch über die schon bisher verfügbaren Funktionen *Err* und *Error* verfügbar sind.

Error/Errors — ADO

Connection.Errors ↗

Die Aufzählung verweist auf die Fehler, die bei der letzten ADO-Datenbankoperation aufgetreten sind. (Bei einem einzigen Kommando können mehrere Fehler auftreten, die von unterschiedlichen Datenbankbibliotheken bzw. vom Datenbanksystem selbst gemeldet werden.) Der meist kryptische Fehlertext befindet sich in *Description*. Darüber hinaus enthalten *Number* und *NativeNumber* die interne Provider-Fehlernummer sowie die ADO-Fehlernummer.

Error/Errors — Excel 2002

Range.Errors ↗

Die Aufzählung verweist auf mögliche Fehler innerhalb einer Zelle, soweit diese durch die automatische Fehlerüberprüfung festgestellt wurden. Dabei kann es sich z.B. um Zahlen handeln, die irrtümlich als Zeichenketten gespeichert sind, Daten mit nur zweistelliger Jahreszahl etc. Das Ausmaß der Fehlerüberprüfung wird durch das *ErrorCheckingOptions*-Objekt bestimmt (siehe unten).

Beachten Sie, dass die Eigenschaft *Range.Errors* nur auf eine einzelne Zelle angewendet werden darf, nicht auf einen Zellbereich. Untypisch und nicht intuitiv ist auch das Verhalten der *Errors*-Aufzählung: Es gibt weder *Count*, um die Anzahl der Fehler innerhalb der Zelle festzustellen, noch kann eine Schleife mit *For-Each* gebildet werden. Stattdessen muss als Index eine der sieben *XlErrorChecks*-Konstanten verwendet werden, so wie im folgenden Muster. Wenn die Eigenschaft *Value* des so adressierten *Error*-Objekts *True* enthält, liegt ein Fehler vor. (Warum die *Error[s]*-Objekte derart umständlich realisiert wurden, weiß nur Microsoft ...)

```
Dim c As Range
Set c = [a2]
If c.Errors(xlEmptyCellReferences).Value = True Then
  MsgBox "Formel verweist auf leere Zelle"
End If
If c.Errors(xlInconsistentFormula).Value = True Then
  MsgBox "Formel ist nicht konsistent"
End If
```

ErrorBars — Excel

Series.ErrorBars ↗   *.Border* ↘ *Border*

Fehlerindikatoren sind kleine vertikale oder horizontale Linien bei jedem Datenpunkt eines 2D-Diagramms, die den möglichen Fehlerbereich des Datenpunkts anzeigen. Fehlerindikatoren werden normalerweise mit der gleichnamigen Methode des *Series*-Objekts erzeugt. Über das *Border*-Subobjekt können Sie die optische Gestaltung der Fehlerlinien einstellen. Durch die Zuweisung von *False* an die *Series*-Eigenschaft *HasErrorBars* können die Fehlerlinien wieder entfernt werden.

ErrorCheckingOptions — Excel 2002

Application.ErrorCheckingOptions ↗

Die verschiedenen Eigenschaften dieses Objekts (z.B. *NumberAsText* oder *TextDate*) steuern den Umfang der automatischen Fehlerüberprüfung (EXTRAS|FEHLERÜBERPRÜFUNG).

Field — ADO

Recordset!name ↗
Fields("name") ↗

Das Objekt ermöglicht den Zugriff auf ein einzelnes Feld des gerade aktiven Datensatzes eines *Recordset*-Objekts. Dabei enthält die Eigenschaft *Value* den Inhalt des Felds. *Name*, *Type*, *Attributes* etc. geben zusätzliche Informationen über den Typ des Felds. *Recordset!name* ist die übliche Kurzschreibweise für *Recordsets.Fields("name").Value*.

Fields ADO

Recordset.Fields ↗   *(index* oder *name)* ↘ *Field*

Die Aufzählung verweist auf alle Datenfelder eines *Recordset*-Objekts.

File Scripting

Files(...) ↗   *.Drive* ↘ *Drive*
                                                   .OpenAsStream ↘ *TextStream*

Das Objekt beschreibt eine Datei auf der Festplatte (oder einem anderen Laufwerk). Wichtige Eigenschaften sind *Name* (der Dateiname), *Path* (Kombination aus Laufwerks-, Verzeichnis- und Dateiname), *Size* (Dateigröße), *Attributes* (Attribute, z.B. schreibgeschützt). Dateien können mit *Copy* kopiert, mit *Move* verschoben und mit *Delete* gelöscht werden. Textdateien können zudem als *TextStream*-Objekt geöffnet werden.

FileDialog Office 2002

Application.FileDialog(...) ↗   *.Filters* ↘ *FileDialogFilters*
                                 .SelectedItems ↘ *FileDialogSelectedItems*

Das Objekt ermöglicht die Auswahl einer Datei oder eines Verzeichnisses. Durch die *Show*-Methode wird ein entsprechender Dialog (DATEI ÖFFNEN, SPEICHERN UNTER) etc. angezeigt. Vorher können diverse Eigenschaften des Dialogs eingestellt werden, z.B. der Fenstertitel (*Title*), die Beschriftung des OK-Buttons (*ButtonName*) oder die im Dialog anzuzeigenden Dateitypen (*Filters*). Wenn der Dialog mit OK abgeschlossen wird, liefert *Show* als Ergebnis *True*. Die ausgewählten Namen können nun über die *SelectedItems*-Eigenschaft ermittelt werden.

FileDialogFilter Office 2002

FileDialog.Filters(n) ↗
FileDialogFilters.Add ↗

Das Objekt beschreibt einen Dateityp (z.B. *.txt) für die Dateiauswahl mit dem *FileDialog*-Objekt. Der Dateityp wird durch die Eigenschaften *Extension* (z.B. *"txt"*) und *Description* (z.B. *"Textdateien"*) beschrieben.

FileDialogFilters Office 2002

FileDialog.Filters ↗   *(index)* ↘ *FileDialogFilter*
                                       .Add ↘ *FileDialogFilter*

Die Aufzählung verweist auf alle *FileDialogFilter*-Objekte eines Dateiauswahldialogs. Bei den Dialogen *msoFileDialogOpen* und *msoFileDialogSaveAs* sind bereits eine Menge

16.2 Alphabetische Referenz

Filter vordefiniert, die nicht verändert werden können. Wenn Sie eigene Filter definieren möchten, müssen Sie den Dialog *msoFileDialogFilePicker* verwenden. Neue Filter fügen Sie dann so hinzu: *fd.Filters.Add("Textdateien", "*.txt")*.

FileDialogSelectedItems — Office 2002

FileDialog.SelectedItems ↗

Das Objekt enthält alle ausgewählten Dateien bzw. Verzeichnisse als Zeichenketten. Die Anzahl kann mit *Count* festgestellt werden, der Zugriff auf die einzelnen Zeichenketten erfolgt durch *(index)*, wobei das erste Element mit *index=1* angesprochen wird.

Files — Scripting

Folder.Files ↗ .Drives ↘ **Drive**

Die Aufzählung verweist auf alle Dateien innerhalb eines Verzeichnisses.

FileSystemObject — Scripting

.Drives ↘ **Drive**
.GetSpecialFolder ↘ **Folder**

Das Objekt bildet das Fundament der *File Scripting Objects* (kurz FSO), die einen objektorientierten Zugang auf Verzeichnisse und Dateien ermöglichen. Untergeordnete Objekte sind *Drive[s]*, *Folder[s]* und *File[s]*.

FillFormat — Excel

Shape/ShapeRange.Fill ↗ .Fore-/BackColor ↘ **ColorFormat**

Mit dem Objekt können für diverse Zeichnungsobjekte (*Shape*) Hintergrundeffekte eingestellt werden. Für Farbübergänge können über *Fore-* und *BackColor* zwei Farben angegeben werden; der Farbübergang wird dann durch die Eigenschaften *GradiantDegree* und *GradientStyle* gesteuert. Dem Objekt kann mit den Eigenschaften *TextureName* und *TextureType* auch eine Textur (Hintergrundbitmap) zugeordnet werden. Für Diagrammobjekte steht das verwandte Objekt *ChartFillFormat* zur Verfügung.

Filter — Excel

AutoFilter.Filters(..) ↗

Die drei Eigenschaften *Operator*, *Criteria1* und *Criteria2* des *Filter*-Objekts beschreiben das Filterkriterium für eine Spalte eines *AutoFilter*-Objekts. *On* gibt an, ob der Filter aktiv ist oder nicht.

Filters   Excel

AutoFilter.Filters ↗   (*index* oder *name*) ↘ *Filter*

Das Auflistungsobjekt verweist auf alle Filter eines Autofilters (für jede Spalte der Datenbank einen).

Floor   Excel

Chart.Floor ↗   .Interior ↘ *Interior*
                                                                                                .Border ↘ *Border*

Floor beschreibt die Bodenfläche von 3D-Diagrammen. Die optische Formatierung erfolgt über die beiden Subobjekte *Interior* und *Border*. Die Methode *ClearFormats* stellt die Standardformatierung der Bodenfläche wieder her. Siehe auch *Walls* für die Seitenwände eines 3D-Diagramms.

Folder   Scripting

Folders(...) ↗   .Files ↘ *Files*
FileSystemObject.GetSpecialFolder ↗   .SubFolders ↘ *Folders*

Das Objekt beschreibt eine Verzeichnis der Festplatte (oder eines anderen Laufwerks). Wichtige Eigenschaften sind *Name* und *Path* (Kombination aus Laufwerks- und Verzeichnisname), *Size* (Größe aller enthaltenen Dateien), *Attributes* (Attribute, z.B. schreibgeschützt).

Folders   Scripting

Folder.SubFolders ↗   .Drives ↘ *Drive*

Die Aufzählung verweist auf alle Unterverzeichnisse eines Verzeichnisses.

Font   Excel

Range.Font ↗
Characters.Font ↗
diagrammobjekt.Font ↗

Das *Font*-Objekt dient zur Einstellung der Schriftart von Zellbereichen, von einzelnen Textzeichen sowie von diversen Diagrammobjekten und Steuerelementen. Die wesentlichen Eigenschaften sind *Name* (für den Zeichensatznamen), *Size*, *Bold*, *Italic*, *Underline*, *Subscript*, *Superscript*, *Color* und *Background*.

FormatCondition — Excel

Range.FormatConditions(..) ↗ .Borders(..) ↘ *Border*
.Font ↘ *Font*
.Interior ↘ *Interior*

Die Formatierung einer Zelle oder eines Zellbereichs kann von maximal drei Bedingungen abhängig gemacht werden (FORMAT | BEDINGTE FORMATIERUNG). Auf diese Weise können etwa automatisch alle Werte, die einen Grenzwert überschreiten, durch fette Schrift hervorgehoben werden.

Die Eigenschaften *Formula1* und *-2* sowie *Operator* beschreiben die Bedingung, *Borders*, *Font* und *Interior* die daraus resultierende Formatierung. Mit *Delete* kann die bedingte Formatierung gelöscht werden.

FormatConditions — Excel

Range.FormatConditions ↗ (*index* oder *name*) ↘ *FormatCondition*

Die Aufzählung verweist auf die maximal drei bedingten Formate einer Zelle bzw. eines Zellbereichs. Durch *Add* kann ein neues Format hinzugefügt werden. *Delete* löscht alle bedingten Formate.

Frame — MS-Forms

UserForm.Controls(..) ↗ .Controls(..) ↘ *steuerelement*

Das Rahmenfeld dient zur optischen Gliederung von MS-Forms-Dialogen. Im Rahmen enthaltene Steuerelemente werden mit diesem Container-Feld verschoben und können unabhängig vom restlichen Dialog durch *Zoom* vergrößert oder verkleinert werden. *Controls* ermöglicht den Zugriff auf die Steuerelemente.

FreeFormBuilder — Excel

Shapes.BuildFreeForm(..) ↗

Freihandformen sind aus einer beliebigen Anzahl von Linien oder Kurven zusammengesetzt und werden normalerweise im interaktiven Betrieb gezeichnet. Wenn Sie Freihandobjekte per Code erzeugen möchten, müssen Sie die Methode *BuildFreeForm* verwenden. Die Methode liefert ein **FreeFormBuilder**-Objekt zurück, das anschließend mit der Methode *AddNodes* erweitert werden kann. Die Methode *ConvertToShape* wandelt das Objekt schließlich in ein **Shape**-Objekt um.

Gridlines — Excel

Axis.MajorGridlines ↗
Axis.MinorGridlines ↗
.Border ↘ **Border**

Das Objekt beschreibt die Gitternetzlinien im Hintergrund von Diagrammen. Gitternetzlinien sind jeweils einer Koordinatenachse zugeordnet, d. h. horizontale Linien der y-Achse und vertikale Linien der x-Achse. Ob und welche Gitternetzlinien angezeigt werden, bestimmen die beiden *Axis*-Eigenschaften *HasMajor-* und *HasMinorGridlines*. Der Abstand von Hauptlinien wird durch die *Axis*-Eigenschaft *MajorUnit* bestimmt. Dazwischen werden Hilfslinien gezeichnet, und zwar im Abstand *MinorUnit*. Die optische Gestaltung von Gitternetzlinien (Farbe und Linienform) erfolgt durch das Subobjekt *Border*.

Das Objekt **Gridlines** hat nichts mit den Gitternetzlinien in Tabellenblättern zu tun. Ob und wie dieses Gitternetz angezeigt wird, ist durch die **Window**-Eigenschaften *DisplayGridlines* und *GridlineColor* bestimmt.

GroupShapes — Excel

Shape/ShapeRange.GroupItems ↗
(*index* oder *name*) ↘ **Shapes**

Wenn mehrere Objekte durch das Kontextmenükommando GRUPPIERUNG zu einer Objektgruppe zusammengefasst werden, erzeugt Excel ein neues **Shape**-Objekt, dem die bisherigen Einzelobjekte untergeordnet werden. Der Zugriff auf die Einzelobjekte erfolgt durch die **GroupShapes**-Aufzählung, deren zwei wichtigsten Eigenschaften *Count* und *Item* sind. Siehe auch **Shape**.

HiLoLines — Excel

ChartGroup.HiLoLines ↗
.Border ↘ **Border**

Das Objekt beschreibt das Aussehen von Spannweitenlinien in Liniendiagrammen. Spannweitenlinien sind vertikale Linien, die die jeweils kleinsten und größten Datenpunkte aus mehreren Datenreihen verbinden. Ob im Diagramm Spannweitenlinien angezeigt werden, wird über die **ChartGroup**-Eigenschaft *HasHiLoLines* bestimmt. Das Aussehen der Linien wird durch das Subobjekt **Border** eingestellt.

HPageBreak — Excel

Worksheet.HPageBreaks(..) ↗
.Location ↘ **Range**

Das Objekt bezeichnet einen horizontalen Seitenumbruch in einem Tabellenblatt.

HPageBreaks — Excel

Worksheet.HPageBreaks ↗   *(index* oder *name)* ↘ *HPageBreak*

Die Auflistung ermöglicht den Zugriff auf alle manuellen Seitenumbrüche im Tabellenblatt.

HyperLink — Excel

objekt.eigenschaft ↗   *.Range* ↘ *Range*
Shape.HyperLink ↗   *.Shape* ↘ *Shape*

Das Objekt beschreibt einen Querverweis auf ein Dokument. Dabei kann es sich sowohl um eine bestimmte Stelle in der aktiven Datei, um eine andere lokale Datei oder um ein Dokument im Internet handeln. Die Adresse bzw. der Dateiname wird in *Address* angegeben, die genaue Position im Dokument (beispielsweise eine Zelladresse) in *SubAddress*.

HyperLinks — Excel

Chart/Worksheet.Hyperlinks ↗   *(index* oder *name)* ↘ *HyperLink*
Range.Hyperlinks ↗

Die Aufzählung ermöglicht den Zugriff auf alle Querverweise bzw. Internetlinks eines Blatts oder eines Zellbereichs.

Image — MS-Forms

UserForm.Controls(..) ↗   *.Picture* ↘ *StdPicture*

Das Bildfeld dient zur Anzeige von Bitmaps in Dialogen. Die Eigenschaft *Picture* verweist auf ein **StdPicture**-Objekt der StdOLE-Bibliothek. Das Bild kann durch die Funktion *LoadPicture* aus einer Datei geladen werden. Diverse Eigenschaften von **Image** bieten Formatierungsoptionen (Clipping, Anpassung des Bilds an die Größe des Steuerelements etc.).

Interior — Excel

Range.Interior ↗
diagrammobjekt.Interior ↗

Das Objekt beschreibt Farbe und Muster des Innenbereichs (also des Hintergrunds) von zahllosen Objekten. Beinahe alle Diagrammobjekte, Formatvorlagen etc. verweisen auf das **Interior**-Objekt. Die wichtigsten Eigenschaften sind *Color*, *Pattern* und *PatternColor*. Farben werden durch die Zuweisung eines *RGB*-Werts eingestellt. Alternativ können die Eigenschaften *Colors* bzw. *PatternColorIndex* verwendet werden, denen ein Farbindexwert zwischen 1 und 56 oder die Konstanten *xlNone* oder *xlAutomatic* zugewiesen werden.

Label — MS-Forms

UserForm.Controls(..) ↗   *.Font* ↘ *NewFont*

Das Labelfeld (Bezeichnungsfeld) dient zur Beschriftung anderer Steuerelemente in MS-Forms-Dialogen. Der Text wird mit *Caption* eingestellt.

LeaderLines — Excel

Series.LeaderLines ↗   *.Border* ↘ *Border*

Das Objekt ermöglicht bei einigen Diagrammtypen (etwa Kreisdiagrammen) die Formatierung von Linien, die zwischen Diagrammelementen und Beschriftungstext gezeichnet werden (im interaktiven Betrieb: DATENREIHE FORMATIEREN | DATENBESCHRIFTUNG | FÜHRUNGSLINIEN ANZEIGEN). Die Linien werden nur angezeigt, wenn die Eigenschaft *HasLeaderLines* von *Series* auf *True* gesetzt wird.

Legend — Excel

Chart.Legend ↗   *LegendEntries* ↘ *LegendEntry*
     Border ↘ *Border*

Das *Legend*-Objekt beschreibt die Legende eines Diagramms. (Die Legende ist ein rechteckiges Kästchen, in dem die Linien, Farben oder Muster des Diagramms aufgeschlüsselt und beschriftet sind.)

Über die Eigenschaften des Objekts werden Position, Größe und Format bestimmt (*Left*, *Top*, *Width*, *Height*, *Interior*, *Border*, *Font*, *Shadow*). Ob ein Diagramm überhaupt mit einer Legende ausgestattet ist, bestimmt die *Chart*-Eigenschaft *HasLegend*. Die eigentlichen Details der Legende, d. h. die Muster und deren Beschriftung, werden über das Subobjekt *LegendEntry* eingestellt.

LegendEntries — Excel

Legend.LegendEntries ↗   *(index)* ↘ *LegendEntry*

Das Aufzählobjekt verweist auf die Einträge in der Legende eines Diagramms. Es besteht keine Möglichkeit, die Anzahl der Einträge durch *Add* zu vergrößern; jeder Datenreihe und Trendlinie ist ein Legendeneintrag starr zugeordnet.

LegendEntry — Excel

Legend.LegendEntries(..) ↗   .Font ↘ *Font*
         .LegendKey ↘ **LegendKey**

Das Objekt beschreibt einen einzelnen Eintrag innerhalb der Legende eines Diagramms. Das Objekt hat relativ wenig eigene Eigenschaften bzw. Methoden: *Font* für den Beschriftungstext, *LegendKey* für die optische Darstellung der Datenreihe (siehe etwas weiter unten) und *Delete* zum Löschen des ganzen Eintrags. (Der Eintrag kann allerdings nicht wiederhergestellt oder neu eingefügt werden. Sie müssen die ganze Legende mit **Chart**.*HasLegend=False* löschen und mit *..=True* wieder neu erzeugen, und zwar mit allen Legendeneinträgen.)

Der Beschriftungstext des Legendeneintrags wird durch die *Name*-Eigenschaft des *Series*-Objekts bestimmt. Die Anordnung der Legendeneinträge innerhalb der Legende wird von Excel automatisch vorgenommen (je nachdem, wie viel Platz zur Verfügung steht).

LegendKey — Excel

LegendEntry.LegendKey ↗   .Border ↘ **Border**

Das Objekt bestimmt die optische Darstellung einer Datenreihe innerhalb der Legende (siehe **Legend**-Objekt). Eine Veränderung der Formatierung verändert auch die Formatierung der zugeordneten Datenreihe im Diagramm (und umgekehrt). Die wichtigsten Eigenschaften lauten *MarkerStyle*, *MarkerBackground*- und *MarkerForegroundColor* sowie *Border*.

LineFormat — Excel

Shape/ShapeRange.Line ↗   .Fore-/Backcolor ↘ **ColorFormat**

Das Objekt beschreibt das Aussehen von Linien und Pfeilen, die durch AutoForm-Objekte (siehe **Shape**) dargestellt werden. Zu den wichtigsten Eigenschaften zählen *Fore-* und *BackColor*, *DashStyle* und *Weight*. Pfeileigenschaften werden durch *BeginArrowheadLength*, *-Style* und *-Width* bzw. *EndArrowheadLength*, *-Style* und *-Width* eingestellt.

LinkFormat — Excel

Shape.LinkFormat ↗

Das Objekt enthält im Wesentlichen die Eigenschaft *AutoUpdate*, die bei verknüpften OLE-Objekten angibt, ob das Objekt bei einer Veränderung der Quelldaten automatisch aktualisiert wird. Die Methode *Update* führt diese Aktualisierung manuell durch.

ListBox — MS-Forms

UserForm.Controls(..) ↗

Das Listenfeld ermöglicht die bequeme Auswahl eines oder mehrerer Einträge aus einer Liste. Der Zugriff auf die Listenelemente erfolgt über *List*. Über *RowSource* kann die Liste einem Zellbereich der Tabelle entnommen werden. (Wenn das Steuerelement in einem Tabellenblatt verwendet wird, muss stattdessen *ListFillRange* verwendet werden. *LinkedCell* gibt dann an, in welche Zelle das Ergebnis der Auswahl übertragen werden soll.) *Text* enthält den ausgewählten bzw. eingegebenen Text, *Value* je nach Einstellung von *BoundColumn* ebenfalls den Text oder aber die Nummer des ausgewählten Listenelements.

ListColumn — Excel 2003

ListColumns(..) ↗

.DataFormat ↘ **ListDataFormat**
.Range ↘ **Range**
.XPath ↘ **XPath**

Das Objekt beschreibt eine Spalte in einer Liste. Mit der Eigenschaft *TotalsCalculation* kann angegeben werden, mit welcher Funktion das Ergebnisfeld der Spalte berechnet werden soll (z.B. *xlTotalsCalculationSum*). *Range* verweist auf den Zellbereich die Spalte.

Wenn die Daten der Liste aus einer XML-Datenquelle stammen, stellt das **XPath**-Objekt die Verbindung zu den XML-Daten her und gibt an, welches XML-Element importiert wurde bzw. später wieder exportiert werden soll.

ListColumns — Excel 2003

ListObject.ListColumns ↗

(*index* oder *name*) ↘ **ListColumn**

Die Aufzählung verweist auf die Spalten einer Liste. Mit *Add* kann an einer vorgegebenen Position eine neue Spalte eingefügt werden.

ListDataFormat — Excel 2003

ListColumn.DataFormat ↗

Das Objekt beschreibt die Formatierungseigenschaften einer Spalte einer Liste. Diese Eigenschaften sind unveränderlich vorgegeben (d.h., alle Eigenschaften des *ListDataFormat* sind read-only). Aus der Dokumentation zu Office 2003 geht leider nicht hervor, woher diese Eigenschaften stammen. Bei meinen Tests waren sämtliche Eigenschaften von **ListDataFormat** generell nicht belegt, unabhängig davon, welche Datenquelle der Liste zugrunde lag.

ListObject *Excel 2003*

ListObjects(..) ↗   .ListColumns(n) ↘ **ListColumn**
Range.ListObject ↗   .ListRow(n) ↘ **ListRow**
QueryTable.ListObject ↗   .Range, .TotalsRowRange ↘ **Range**
                                                                                      .XmlMap ↘ **XmlMap**

Das Objekt beschreibt eine Liste in einer Excel-Tabelle. Als Liste gilt dabei ein Zellbereich mit tabellarischen Daten, der seit Excel 2003 besonders komfortabel bearbeitet werden kann. Neue Listen können mit **Workbook.**ListObjects.Add erzeugt werden, wobei als Datenbasis ein existierender Zellbereich, eine XML-Datei oder eine externe Datenquelle (Datenbank) dienen kann.

Die Größe der Liste kann durch *Resize* verändert werden. *ShowTotals* gibt an, ob unterhalb der Liste Ergebniszellen dargestellt werden. *Unlist* löst die Liste auf. (Dabei bleiben alle Daten erhalten.)

ListObjects *Excel 2003*

Worksheet. ListObjects ↗   (*index* oder *name*) ↘ **ListObject**

Die Aufzählung verweist auf die Listen eines Tabellenblatts.

ListRow *Excel 2003*

ListRows(..) ↗   .Range ↘ **Range**

Das Objekt beschreibt eine Zeile einer Liste.

ListRows *Excel 2003*

ListObject. ListRows ↗   (*index* oder *name*) ↘ **ListRow**

Die Aufzählung verweist auf die Zeilen einer Liste. Mit *Add* kann an einer vorgegebenen Position eine neue Zeile eingefügt werden.

Mailer *Excel*

Workbook. Mailer ↗

Das Objekt steuert die Weiterleitung (Übertragung) der Arbeitsmappe via Netzwerk. Das Objekt ist nur von Interesse, wenn Sie auf einem Apple Macintosh mit der Netzwerkerweiterung PowerTalk arbeiten. Um eine Wurfsendung durchzuführen, stellen Sie die Eigenschaften von *Mailer* ein und starten die Verteilung mit *SendMailer*.

MultiPage — MS-Forms

UserForm.Controls(..) ↗   *.Pages(..)* ↘ *Page*

Das Objekt dient zur Verwaltung mehrblättriger Dialoge. Jedes Dialogblatt wird durch ein eigenes *Page*-Objekt repräsentiert (Zugriff über *Pages(n)*). *Value* gibt die gerade sichtbare Seite des Dialogs an.

Name — Excel

Workbook.Names(..) ↗

Das Objekt beschreibt normalerweise einen benannten Zellbereich. Dieser Zellbereich kann sowohl in Tabellenformeln als auch im VBA-Code durch die Angabe seines Namens (beispielsweise *[Gewinn]* statt *[F17]*) verwendet werden. Aus Kompatibilitätsgründen zu Excel 4 können *Name*-Objekte auch auf herkömmliche Makros verweisen, was sich in zahlreichen, ansonsten überflüssigen Eigenschaften niederschlägt.

Die wichtigsten Eigenschaften sind *Name* (mit den Namen des *Name*-Objekts) und *RefersTo* (mit einer Formel, die den Zellverweis enthält, z. B. *"=Tabelle1!$A$1"*).

Names — Excel

Workbook.Names ↗   *(index* oder *name)* ↘ *Name*

Das Aufzählobjekt verweist auf alle definierten Namen einer Arbeitsmappe. Namen werden in der Regel zur Bezeichnung von Zellbereichen verwendet (Kommando EINFÜGEN | NAMEN | FESTLEGEN). Im Programmcode können Bereiche einfach durch die Veränderung der *Name*-Eigenschaft des Bereichs benannt werden.

NewFont — MS-Forms

steuerelement.Font ↗

Das Objekt dient zur internen Darstellung von Zeichensätzen (*Font*-Eigenschaft vieler Steuerelemente). Dieselbe Funktion erfüllt auch das Objekt *StdFont* der StdOLE-Bibliothek.

ODBCError — Excel

Application.ODBCErrors(n) ↗

Das Objekt enthält in der Eigenschaft *ErrorString* eine Fehlermeldung zum letzten ODBC-Fehler. Solche Fehler können beim Datenbankzugriff auf Datenbankserver auftreten. Vielleicht würden Sie das Objekt eher in der ADO-Bibliothek zur Datenbankprogrammierung vermuten. ODBC-Fehler können aber auch direkt in Excel auftreten, etwa wenn in Pivottabellen oder *QueryTable*-Objekten auf externe Daten zugegriffen wird.

ODBCErrors — Excel

Application.ODBCErrors ↗   *(index)* ↘ *ODBCError*

Das Objekt listet alle beim letzten ODBC-Zugriff aufgetretenen Fehler auf. (Datenzugriffe via ODBC werden von einem ganzen Konglomerat von Funktionsbibliotheken verarbeitet. Auf jeder Ebene – die unterste stellt der Datenbank-Server selbst dar – können Fehler auftreten. Aus diesem Grund ist es möglich, dass ein ODBC-Zugriff gleich mehrere Fehlermeldungen liefert.) Ob Fehler aufgetreten sind, können Sie über die *Count*-Eigenschaft feststellen.

OLEDBError[s] — Excel

Application.OLEDBErrors(n) ↗

Die beiden Objekte entsprechen *ODBCError[s]*, gelten aber für Fehler, die durch die OLEDB-Bibliotheken verursacht wurden (z.B. beim Zugriff auf einen OLAP-Cube durch eine Pivottabelle).

OLEFormat — Excel

Shape.OLEFormat ↗   *.Object* ↘ *oleprogramm*

Das Objekt ist eine verkleinerte Variante von *OLEObject*, d.h., es enthält nur einen Bruchteil der Eigenschaften von *OLEObject*. Das Objekt dient speziell zur Bearbeitung von OLE-Objekten, die als *Shape*-Objekte in ein Excel-Tabellenblatt eingebettet sind.

OLEObject — Excel

Worksheet.OLEObjects(..) ↗   *.Object* ↘ *oleprogramm*

OLE-Objekte sind Objekte anderer Windows-Programme, die innerhalb Excels eingebettet sind und dort angezeigt werden (beispielsweise CorelDraw-Zeichnungen). OLE-Objekte können in benutzerdefinierten Dialogen, Diagrammen oder Tabellenblättern enthalten sein.

OLEObject beschreibt einige äußere Eigenschaften des Objekts, die von Excel aus (ohne Aufruf des OLE-Programms) verändert werden können – etwa Position, Größe, Rahmen und Schatten. Die Eigenschaft *OLEType* gibt an, wie das Objekt in Excel eingebunden ist: als eingebettetes, eigenständiges Objekt oder als verknüpftes Objekt einer anderen Datei. *Object* verweist auf das OLE-Programm und ermöglicht Object-Automation-Anwendungen.

Die Methode *Activate* ruft das zugeordnete OLE-Programm auf. *Update* bringt die Daten auf den neuesten Stand (das erfolgt normalerweise in regelmäßigen Abständen automatisch). Über *Verb* können (sehr wenige) vordefinierte Kommandos an das OLE-Programm übergeben werden.

OLEObjects — Excel

Worksheet.OLEObjects ↗   *(index* oder *name)* ↘ *OLEObject*

Das Aufzählobjekt verweist auf alle Objektgruppen in einem benutzerdefinierten Dialog, Diagramm oder Tabellenblatt. Siehe *OLEObject*.

OptionButton — MS-Forms

UserForm.Controls ↗

Das Optionsfeld ermöglicht die bequeme Auswahl einer von mehreren Optionen. Jede Option wird durch ein eigenes Optionsfeld gebildet. Zusammengehörige Optionsfelder müssen durch eine einheitliche *GroupName*-Einstellung gekennzeichnet werden (nur erforderlich, wenn in einem Dialog mehrere Optionsgruppen verwendet werden). Zur Auswertung muss die *Value*-Eigenschaft aller Optionsfelder getestet werden.

Outline — Excel

Worksheet.Outline ↗

Das Objekt *Outline* dient zur internen Darstellung einer hierarchischen Gruppierung einer Tabelle. (Solche Gruppierungen werden durch DATEN|TEILERGEBNISSE oder DATEN|GRUPPIERUNG UND GLIEDERUNG gebildet.) Die Methode *ShowLevels* gibt an, wie viele Zeilen- oder Spaltenebenen angezeigt werden sollen. Die Eigenschaften *SummaryColumn* und *SummaryRow* geben an, ob sich Ergebniszellen rechts bzw. unterhalb der Daten befinden (Defaulteinstellung) oder links bzw. oberhalb.

Aufbau und Veränderungen an Gliederungen erfolgen durch Methoden und Eigenschaften des *Range*-Objekts (*AutoOutline*, *ClearOutline*, *Group* und *Ungroup*). *OutlineLevel* gibt die Gliederungsebene einer einzelnen Spalte/Zeile an bzw. verändert sie.

Page — MS-Forms

MultiPage.Pages(..) ↗   *.Controls(..)* ↘ *steuerelement*

Das Objekt repräsentiert eine Seite aus einem mehrblättrigen Dialog (*MultiPage*). Die darin enthaltenen Steuerelemente werden über *Controls* angesprochen. Die Seite wird mit *Caption* beschriftet.

Pages
MS-Forms

MultiPage.Pages ↗ *(index oder name)* ↘ **Page**

Das Objekt listet alle Seiten eines mehrblättrigen Dialogs auf.

PageSetup
Excel

Chart.*PageSetup* ↗
Worksheet.*PageSetup* ↗

Das Objekt beschreibt alle druckerspezifischen Daten für die Seitengestaltung. Es steht für alle Blatttypen sowie für das *Window*-Objekt zur Verfügung. Die Druckereinstellung muss für jedes einzelne Blatt durchgeführt werden, die Daten gelten also *nicht* für eine ganze Arbeitsmappe!

Kopf- und Fußzeilen werden über die sechs Eigenschaften *Left-*, *Center-* und *RightHeader* bzw. *-Footer* eingestellt. *Left-*, *Right-*, *Top-* und *BottomMargin* bestimmen das Ausmaß der Seitenränder. *Orientation* bestimmt, ob im Hoch- oder Querformat gedruckt werden soll. *Zoom* definiert einen generellen Skalierungsfaktor für den Ausdruck (10 bis 400 Prozent).

Bei Tabellenblättern gibt *PrintArea* den zu druckenden Zellbereich an. *PrintTitleColumns* und *-Line* bestimmen jene Spalten/Zeilen, die auf *jeder* Seite gedruckt werden sollen. Bei Diagrammen bestimmt *ChartSize*, wie die zur Verfügung stehende Seitengröße genutzt werden soll.

Der eigentliche Ausdruck wird durch die Methode *PrintOut* gestartet, die für diverse Objekte (**Range**, alle drei Blatttypen, **Workbook**) zur Verfügung steht. In Tabellenblättern können über die *H/VPageBreaks*-Aufzählungen horizontale und vertikale Seitenumbrüche eingefügt werden.

Pane
Excel

Window.*Panes(..)* ↗ .*VisibleRange* ↘ **Range**
Window.*ActivePane* ↗

Das Objekt **Pane** beschreibt einen von maximal vier Fensterausschnitten, die durch das Teilen (und Fixieren) von Fenstern entstehen. Die Methode *Activate* wählt den gerade aktiven Ausschnitt aus. Die beiden Eigenschaften *ScrollColumn* und *ScrollRow* geben die Nummer der ersten sichtbaren Spalte/Zeile im Ausschnitt an bzw. verändern diese Spalte/Zeile. *VisibleRange* verweist auf den im Ausschnitt sichtbaren Zellbereich.

Panes — Excel

Window.Panes ↗   *(index)* ↘ *Pane*

Das Aufzählobjekt *Panes* verweist auf die Ausschnitte eines Fensters (siehe *Pane*). Wenn das Fenster nicht geteilt ist, enthält die Eigenschaft *Count* den Wert 1. Ungeteilte Fenster können durch die Veränderung der *Window*-Eigenschaften *Split* und *FreezePanes* an der aktuellen Cursorposition geteilt werden.

Parameter — ADO

Command!name ↗
Parameters(...) ↗

Das Objekt beschreibt einen Parameter eines Datenbankkommandos. *Name* und *Type* geben den Parameternamen und seinen Datentyp an. *Direction* bestimmt, ob es sich um einen Ein- oder Ausgabeparameter handelt. *Value* enthält den Wert des Parameters.

Parameter — Excel

QueryTable.Parameters(..) ↗   *.SourceRange* ↘ *Range*

Wenn in einem *QueryTable*-Objekt eine SQL-Abfrage mit Parametern verwendet wird (? im SQL-Text), dann können diese Parameter mit der *SetParam*-Methode des *Parameter*-Objekts eingestellt werden. Eine andere Vorgehensweise besteht darin, den Parameter via *SourceRange* aus einem Tabellenfeld zu lesen. Zur Aktualisierung der Daten muss anschließend in jedem Fall die *Refresh*-Methode von *QueryTable* ausgeführt werden.

Parameters — ADO

Command.Parameters ↗   *(index* oder *name)* ↘ *Parameter*

Die Aufzählung verweist auf alle Parameter eines SQL-Kommandos, das über ein ADO-*Command*-Objekt angesprochen wird.

Parameters — Excel

QueryTable.Parameters ↗   *(index* oder *name)* ↘ *Parameter*

Die Aufzählung listet alle Parameter einer SQL-Abfrage eines *QueryTable*-Objekts auf. (Aus jedem ?-Zeichen im SQL-Kommando resultiert ein Parameter.)

Phonetic[s] — Excel

Range.Phonetics ↗

Die *Phonetics*-Aufzählung verweist auf *Phonetic*-Objekte. Diese Objekte enthalten phonetische Informationen zu Zellen, die Inhalte in asiatischen Sprachen enthalten.

Picture — Excel 2002

PageSetup.Right-/Center-/LeftFooterPicture ↗
PageSetup.Right-/Center-/LeftHeader ↗

Das Objekt beschreibt eine Grafik, die in der Kopf- oder Fußzeile der Datei ausgedruckt wird. Dazu müssen zumindest der Dateiname (*FileName*) und die gewünschte Größe des Bilds angegeben werden. Die Einheit von *Height* und *Width* ist nicht dokumentiert; wahrscheinlich sind es Punkt (ca. 0,35 mm). *Width=100* bewirkt, dass die Grafik ca. 35 mm breit ausgedruckt wird. Außerdem muss in der *Footer*- oder *Header*-Eigenschaft des *PageSetup*-Objekts das Kürzel *&G* eingefügt werden. Es gibt die Position der Grafik innerhalb der Kopf- bzw. Fußzeile an.

```
ActiveSheet.PageSetup.LeftFooterPicture.Filename = "C:\test.bmp"
ActiveSheet.PageSetup.LeftFooterPicture.Height = 20
ActiveSheet.PageSetup.LeftFooterPicture.Width = 20
ActiveSheet.PageSetup.LeftFooter = "&G"
```

PictureFormat — Excel

Shape/ShapeRange.PictureFormat ↗

Das Objekt beschreibt Merkmale von Bildern, die in *Shape*-Objekten dargestellt werden (*Type=mso[Linked]Picture* oder *msoXxxOLEObject*). Zu den wichtigsten Eigenschaften zählen *Brightness* und *Contrast*. Mit *CropLeft*, *-Bottom*, *-Top* und *-Right* kann der sichtbare Bildausschnitt eingestellt werden.

Anmerkung: Bitmap-Dateien sollten mit *Shapes.AddPicture* eingefügt werden. Die Makroaufzeichnung greift stattdessen noch auf die nicht mehr unterstützte *Pictures*-Aufzählung zurück.

PivotCache — Excel

Workbook.PivotCaches(..) ↗
PivotTable.PivotCache ↗

Über das *PivotCache*-Objekt werden die einer Pivottabelle zugrunde liegenden Daten sowie (ähnlich wie bei *QueryTable*) die Verbindungsinformationen gespeichert. Das Objekt spielt insbesondere dann eine große Rolle, wenn die Basisdaten nicht aus einer

Excel-Tabelle, sondern aus einer externen Datenbank stammen. (Wenn eine Excel-Datei unerwartet groß wird, gibt der Ausdruck von *MemoryUsed* für alle *PivotCache*-Objekte oft eine schlüssige Begründung.)

PivotCaches — Excel

Workbook.PivotCaches ↗   (*index* oder *name*) ↘ *PivotCache*

Die Auflistung verweist auf die *PivotCache*-Objekte in einer Excel-Arbeitsmappe.

PivotCell — Excel 2002

Range.PivotCell ↗   *.Column-/RowItems* ↘ *PivotItemList*
                                                 .Data-/PivotField ↘ *PivotField*
                                                      .PivotTable ↘ *PivotTable*

Das Objekt beschreibt eine einzelne Zelle einer Pivottabelle. Die eigentliche Funktion des Objekts besteht darin, eine Verbindung zwischen einer einzelnen Tabellenzelle (*Range*) und einer Pivottabelle herzustellen. Interessant ist vor allem die Eigenschaft *PivotCellType*, die den Typ der Zelle angibt (z.B. *xlPivotCellValue*, *xlPivotCellSubtotal*). Die Eigenschaften *PivotTable*, *Column-* und *RowItems* bzw. *Data-* und *PivotField* verweisen auf verschiedene Bestandteile der Pivottabelle, in der sich das Feld befindet.

PivotField — Excel

PivotTable.PivotFields ↗   *.PivotItems* ↘ *PivotItem*

Pivotfelder sind die Gliederungsfelder von Pivottabellen. Es handelt sich dabei um jene Felder, die Sie von der Pivotsymbolleiste in die Bereiche »Seitefelder«, »Zeilefelder«, »Spaltenfelder« und »Daten« verschieben. Die Eigenschaften von Pivotfeldern steuern den eigentlichen Inhalt der Pivottabelle. Über die Methoden *Pivot-*, *Hidden-*, *Visible-*, *Parent-* und *ChildItems* kann auf einzelne Pivotelemente eines Pivotfelds zugegriffen werden.

PivotFields — Excel

PivotTable.PivotFields ↗   (*index* oder *name*) ↘ *PivotField*

Das Aufzählobjekt verweist auf die *PivotField*-Objekte einer Pivottabelle. Die Aufzählung erfasst nur die Pivotfelder, die unmittelbar aus der Datenbasis gebildet werden. Nicht berücksichtigt werden beispielsweise berechnete Felder (siehe *CalculatedFields*) und Datenfelder (*PivotTable.DataFields* bzw. *PivotTable.VisibleFields*), deren zusammengesetzter Name vom ursprünglichen Feldnamen abweicht (etwa "Summe – quantity" statt "quantity").

PivotFormula — Excel

PivotTable.PivotFormulas(..) ↗

Das *PivotFormula*-Objekt beschreibt ein Formelfeld in einer Pivottabelle. (Im interaktiven Betrieb werden Formelfelder durch das FORMELN-Untermenü erstellt.)

PivotFormulas — Excel

PivotTable.PivotFormulas ↗ *(index)* ↘ *PivotFormula*

Die Aufzählung listet alle Formelfelder einer Pivottabelle auf. (Die meisten Pivottabellen kommen ohne Formeln aus.)

PivotItem — Excel

PivotField.PivotItems(..) ↗ *.ChildItems* ↘ *PivotItems*

Pivotelemente sind die kleinsten Dateneinheiten einer Pivottabelle. Sie enthalten die Gruppen, in die ein Pivotfeld aufgeteilt wurde. (Bei einer Artikelliste, in der die Preiskategorien I, II und III vorkommen, existieren zum Pivotfeld »Preis« die Pivotelemente »I«, »II« und »III«.) Pivotelemente besitzen kaum eigene Eigenschaften, die Aufbau und Inhalt der Pivottabelle verändern. Einzig *ShowDetail* verändert die Anzeige von untergeordneten Details.

PivotItemList — Excel 2002

PivotField.PivotItems(..) ↗ *(index oder name)* ↘ *PivotItem*

Das Aufzählobjekt ist eine Variante zu *PivotItems* (siehe unten). Der einzige Unterschied besteht darin, dass die *Add*-Methode fehlt.

PivotItems — Excel

PivotField.PivotItems(..) ↗ *(index oder name)* ↘ *PivotItem*

Das Aufzählobjekt verweist auf die *PivotItem*-Objekte eines Pivotfelds. Siehe *PivotItem*.

PivotLayout — Excel

Chart.PivotLayout ↗ *.PivotFields* ↘ *PivotField*
 .PivotTable ↘ *PivotTable*

Das in Excel 2000 neu eingeführte Objekt *PivotLayout* stellt die Querverbindung zwischen einem Pivotdiagramm (*Chart*) und der dazugehörigen Pivottabelle her. Zudem kann direkt über *PivotLayout* auf all jene Eigenschaften von *PivotTable* zugegriffen werden, die das Layout (den Aufbau) einer Pivottabelle bestimmen. **Chart**.*PivotLayout*.*PivotFields* ist also eine Kurzschreibweise für **Chart**.*PivotLayout*.*PivotTable*.*PivotFields*. Wenn ein Diagramm nicht mit einer Pivottabelle verbunden ist (wenn es sich also um ein herkömmliches Diagramm handelt), enthält **Chart**.*PivotLayout* den Wert *Nothing*.

Beachten Sie bitte, dass der Objektvergleich **Chart**.*PivotLayout*.*PivotTable* Is **PivotTable** unter Umständen *False* liefert, auch wenn es sich um dieselbe Pivottabelle handelt. Wenn Sie einen derartigen Vergleich durchführen müssen, vergleichen Sie die Eigenschaften .*Worksheet*.*Name* und .*Address* von *PivotTable*.*TableRange1*.

PivotTable — Excel

Worksheet.*PivotTables* ↗ .*PivotFields* ↘ **PivotField**

Pivottabellen (Kreuztabellen) sind das wichtigste Instrument von Excel zur Analyse tabellarischer Daten (Listen). In Pivottabellen werden die Tabelleneinträge nach verschiedenen Kriterien zu Gruppen zusammengefasst und als Raster dargestellt. **PivotTable** dient zur Verwaltung von Pivottabellen. Die Eigenschaft *SourceData* verweist auf die Ausgangsdaten der Tabelle. Zahlreiche Eigenschaften wie *DataBodyRange*, *RowRange*, *ColumnRange* etc. verweisen auf jene Bereiche, in denen die Ergebnisse der Pivottabelle angezeigt werden.

Mit der Methode *AddFields* kann die Pivottabelle erweitert werden. *RefreshTable* bringt die Tabelle auf den neuesten Stand. *ShowPages* erstellt für ein ausgewähltes Seitenfeld eine oder mehrere neue Pivotdetailtabellen (in neuen Tabellenblättern).

Die Methoden *PivotFields*, *HiddenFields*, *DataFields*, *PageFields*, *ColumnFields* und *RowFields* verweisen jeweils auf ausgewählte **PivotField**-Objekte.

PivotTables — Excel

Worksheet.*PivotTables* ↗ (*index* oder *name*) ↘ **PivotTable**

Das Aufzählobjekt verweist auf alle Pivottabellen eines Tabellenblatts. Es existiert keine *Add*-Methode; neue Pivottabellen werden über die Methode *PivotTableWizard* erzeugt. Siehe **PivotTable**.

PlotArea — Excel

Chart.*PlotArea* ↗ .*Interior* ↘ **Interior**
.*Border* ↘ **Border**

Das Objekt beschreibt den Hintergrund des Zeichnungsbereichs eines Diagramms. Der Zeichnungsbereich ist jener Teilbereich des Diagramms, in dem die eigentliche Grafik angezeigt wird. Das Objekt steht im Gegensatz zu **ChartArea**, durch das der gesamte Diagrammbereich (inklusive Titel, Legende etc.) beschrieben wird. Die Gestal-

16.2 Alphabetische Referenz

tung des Zeichnungsbereichs erfolgt im Wesentlichen über die Subobjekte *Interior* (Farbe und Muster) und *Border* (Umrandung). Siehe auch *Floor* und *Walls* für die Begrenzungsflächen von 3D-Diagrammen.

Point — Excel

Series.Points(..) ↗

.*Border* ↘ *Border*
.*DataLabel* ↘ *DataLabel*

Das *Point*-Objekt beschreibt einen einzelnen Datenpunkt eines Diagramms. Datenpunkte sind innerhalb des Diagramms zu Datenreihen zusammengefasst, also zu Gruppen zusammengehöriger Daten. Über das *Point*-Objekt können der Datenpunkt selbst, der Linienabschnitt vom vorigen Datenpunkt zu diesem Datenpunkt und die Beschriftung des Datenpunkts optisch gestaltet werden. Dazu stehen die Eigenschaften *DataLabel*, *MarkerStyle*, *MarkerBackground-* und *MarkerForegroundColor* sowie *Border* zur Verfügung.

Points — Excel

Series.Points ↗

(index) ↘ *Point*

Das Aufzählobjekt verweist auf die Datenpunkte einer Datenreihe. Als *index* muss die Nummer des Datenpunkts angegeben werden (also 5 für den fünften Datenpunkt). Siehe *Point*.

Properties/Property — ADO

Connection.Properties ↗
Recordset.Properties ↗

Die Aufzählung listet dynamische Eigenschaften diverser ADO-Objekte (*Connection, Command, Field, Parameter, Recordset*) auf. Mit welchen Eigenschaften ein Objekt ausgestattet ist, hängt vor allem vom Datenbanktreiber ab (*Provider*-Einstellung in *Connection.ConnectionString*). Die wichtigsten *Property*-Eigenschaften sind *Name*, *Type*, *Attributes* und *Value*.

Properties/Property — VBE

VBComponent.Properties ↗

Die Aufzählung listet alle Eigenschaften (*Name*) und deren Einstellungen (*Value*) einer VBA-Komponente auf.

Protection
Excel 2002

Worksheet.Protection ↗ .AllowEditRanges ↘ AllowEditRanges

Das Objekt gibt mit den Eigenschaften *AllowFormattingCells*, *AllowSorting* etc. Auskunft über die Blattschutzoptionen. Die *AllowXxx*-Eigenschaften können nur gelesen, aber nicht verändert werden. Veränderungen erfolgen mit der *Protect*-Methode.

PublishObject
Excel

Chart/Range.CreatePublisher ↗
PublishObjects(..) ↗

Das Objekt verwaltet die Einstellungen einer HTML-Exportoperation für Excel-Daten (z.B. für einige Tabellenzellen, ein ganzes Tabellenblatt oder ein Diagramm). Der Export kann mit der Methode *Publish* jederzeit wiederholt werden. Wichtige Exporteigenschaften sind *FileName* (der Dateiname bzw. die HTML-Adresse), *HtmlType* (Art der HTML-Datei, z.B. *xlHtmlStatic*) sowie *Sheet* und *Source* zur Beschreibung der Datenquelle.

PublishObjects
Excel

Workbook.PublishObjects ↗ (*index* oder *name*) ↘ **PublishObject**

Die Aufzählung verweist auf alle Komponenten der Datei, die im HTML-Format exportiert werden können.

QueryTable
Excel

Range.QueryTable ↗
Worksheet.QueryTables(..) ↗

Das Objekt speichert alle relevanten Daten zur Durchführung eines Datenimports aus einer Textdatei, aus einer Datenbank, aus einem OLAP-Cube oder aus einer Webseite. Die Eigenschaft *QueryType* gibt den Typ der Datenquelle an. Wenn entsprechend der Abfragequelle alle weiteren Eigenschaften korrekt eingestellt sind, kann der Import mit *Refresh* durchgeführt bzw. wiederholt werden (zur Aktualisierung der Daten).

Wenn der Import mit MS-Query durchgeführt wurde (Kommando DATEN|EXTERNE DATEN|NEUE ABFRAGE), gilt *QueryType=xlODBCQuery*. In diesem Fall enthält die Eigenschaft *Connection* die Zugriffsinformationen zur Datenbankdatei bzw. zum Datenbank-Server. *CommandText* enthält den SQL-Code der Abfrage.

Bei einem Textimport gilt *QueryType=xlTextImport*. Die Eigenschaft *Connection* enthält jetzt die Zeichenkette "Text;" gefolgt vom vollständigen Namen der zu importierenden Datei. Die diversen Parameter des Imports werden durch eine ganze Reihe von *TextFileXxx*-Eigenschaften bestimmt.

QueryTables — Excel

Worksheet.QueryTable ↗   *(index* oder *name)* ↘ *QueryTable*

Die Auflistung verweist auf alle externen Datenquellen in einer Excel-Datei.

Range — Excel

Worksheet.Range(..) ↗   *.Cells* ↘ *Range*
Worksheet.Cells(..) ↗   *.Areas* ↘ *Range*
Application.ActiveCell ↗   *.Font* ↘ *Font*
Application.Selection ↗   *.Border* ↘ *Border*

Das Objekt *Range* kann eine einzelne Zelle, einen ganzen (unter Umständen aus mehreren Teilbereichen zusammengesetzten) Zellbereich sowie ganze Zeilen oder Spalten einer Tabelle umfassen. Es gibt zahllose Eigenschaften und Methoden, die von den verschiedensten Objekten auf Bereiche verweisen. Umgekehrt können ausgehend von einem *Range*-Objekt beinahe beliebig viele andere (Teil-)Bereiche angesprochen werden (z. B. über die Eigenschaften bzw. Methoden *CurrentRegion*, *SpecialCells*, *End*, *Dependents*, *EntireColumn*, *EntireRow*, *Precedents* etc.).

Aus mehreren Teilbereichen zusammengesetzte Bereiche müssen generell durch die Auswertung von *Areas* weiterverarbeitet werden. Das *Range*-Objekt liefert in diesem Fall nur den ersten Teilbereich.

Die Zeichenkette zur Beschreibung eines Zellbereichs kann mit *Address* ermittelt werden. (Wenn die Zellen A1:B4 ausgewählt sind, dann liefert *Selection.Address* die Zeichenkette "$A$1:$B$4".) Über mehrere Parameter kann das gewünschte Adressformat (absolut, relativ, A1 oder Z1S1, extern) ausgewählt werden.

Der Inhalt von Zellen kann über die Eigenschaften *Val* und *Formula* ausgelesen bzw. verändert werden. Bei Bereichen mit mehreren Zellen wird beim Lesen nur der Inhalt der ersten Zelle ermittelt, während das Schreiben alle Zellen verändert. Die *Text*-Eigenschaft einer Zelle kann nur gelesen, aber nicht verändert werden.

Die wichtigsten Eigenschaften und Methoden zur Formatierung von Zellen sind *Font*, *Border*, *Interior* (für die Hintergrundfarbe), *Orientation* (Textrichtung: horizontal, vertikal), *HorizontalAlignment* (links, zentriert, rechts, Blocksatz), *VerticalAlignment* (oben, Mitte, unten), *NumberFormat*, *Style*, *ColumnWidth* und *RowHeight*.

Zur Bewegung des Zellzeigers bzw. zur Veränderung des markierten Bereichs stehen die beiden Methoden *Select* und *Offset* zur Verfügung.

RecentFile — Excel

Application.RecentFiles(..) ↗

Das Objekt gibt den Dateinamen (Eigenschaften *Name* und *Path*) einer vor kurzem verwendeten Excel-Datei an. Mit der Methode *Open* kann diese Datei wieder geöffnet werden.

RecentFiles — Excel

Application.RecentFiles ↗   (index) ↘ *RecentFile*

Die Auflistung zählt die zuletzt geöffneten Excel-Dateien auf.

Recordset — ADO

Command.Open ↗   .*ActiveConnection* ↘ *Connection*
!*name* ↘ *Field*

Das Objekt ermöglicht die Bearbeitung von Datensatzlisten, die aus einer SQL-Abfrage resultieren. Das Objekt hat damit eine zentrale Bedeutung in ADO-Datenbankanwendungen, weil es sowohl das Lesen als auch das Verändern von Daten ermöglicht.

Die Datensatzliste wird mit der Methode *Open* erstellt. Die drei Eigenschaften *CursorLocation*, *CursorType* und *LockType* bestimmen, welche Funktionen das *Recordset*-Objekt unterstützt und wie effizient die interne Verwaltung erfolgt.

Bei einem geöffneten *Recordset*-Objekt kann über !*name* auf die Datenfelder des gerade aktiven Datensatzes zugegriffen werden. Um einen anderen Datensatz zu aktivieren, stehen die Methoden *MoveNext*, *MovePrevious* etc. zur Verfügung. Die Eigenschaften *EOF* und *BOF* zeigen an, ob die Navigation über das Ende bzw. den Anfang der Datensatzliste hinausgeführt hat.

RefEdit — RefEdit

UserForm.Controls(..) ↗

Das *RefEdit*-Steuerelement (Formelfeld) ist nicht Teil der MS-Forms-Bibliothek, sondern wird in der eigenständigen RefEdit-Bibliothek zur Verfügung gestellt. Es stellt eine Variante zum Textfeld dar und ermöglicht die komfortable Eingabe von Zellbezügen. *Value* enthält den eingegebenen Text bzw. den Zellbezug als Zeichenkette.

16.2 Alphabetische Referenz

Reference[s] — VBE

VBProject. References(..) ↗

References zählt alle Objektverweise (Bibliotheken) auf, die in einem VBA-Projekt benutzt werden. Über die Eigenschaften des untergeordneten *Reference*-Objekts können deren Name, Dateiname, eine kurze Beschreibung etc. ermittelt werden.

RoutingSlip — Excel

Workbook. RoutingSlip ↗

Das Objekt steuert die Weiterleitung (Übertragung) der Arbeitsmappe via E Mail. Die wichtigsten Eigenschaften sind *Recipients* (Liste jener Personen/Rechner, denen die Mappe gesandt werden soll), *Message* und *Subject* (Inhaltsangabe) und *Delivery*. Die Übertragung der Arbeitsmappen wird durch die **Workbook**-Methode *Route* gestartet.

Scenario — Excel

Worksheet. Scenarios(..) ↗   .ChangingCell ↘ **Range**

Szenarios sind ein Hilfsmittel, um verschiedene Änderungen an Ausgangsdaten eines Tabellenmodells miteinander zu vergleichen. Das *Scenario*-Objekt beschreibt, welche Zellen der Tabelle wie zu ändern sind. Das Objekt kennt zwei charakteristische Eigenschaften: *ChangingCell* verweist auf einen zumeist zusammengesetzten Zellbereich mit den variablen Werten. *Values* enthält ein Datenfeld, das jene Zahlenwerte angibt, die in die Zellen einzusetzen sind. Die Methode *ChangeScenario* stellt eine Möglichkeit dar, beide Eigenschaften gleichzeitig zu verändern.

Scenarios — Excel

Worksheet. Scenarios ↗   (*index* oder *name*) ↘ **Scenario**

Das Aufzählobjekt verweist auf die in einem Tabellenblatt definierten Szenarios. *Add* erstellt ein neues Szenario. Die Methode *CreateSummary* erstellt auf der Basis aller Szenarien einen Gesamtbericht (in einem neuen Tabellenblatt), in dem alle veränderten Zellen und die daraus resultierenden Ergebnisse angegeben werden.

ScrollBar — MS-Forms

UserForm. Controls ↗

Mit der Bildlaufleiste kann ein Zahlenwert (*Value*) innerhalb eines vorgegebenen Bereichs (*Min* bis *Max*) eingestellt werden.

Section   Binder

Binder.ActiveSection ↗
Binder.Sections(..) ↗

Das *Section*-Objekt beschreibt einen Abschnitt einer Sammelmappe. Die *Type*-Eigenschaft gibt an, um welchen Objekttyp es sich handelt. Die Eigenschaft gibt eine Zeichenkette zurück, die den OLE-Objekttyp (in der Syntax von *GetObject* bzw. *CreateObject*) beschreibt. Die *Object*-Eigenschaft ermöglicht den direkten Zugriff auf das zugrunde liegende Programm (Excel für eine Tabelle, Word für einen Text etc.). Zur Verwaltung des Abschnitts stehen die Methoden *Activate*, *Copy*, *Delete*, *Move*, *PrintOut* und *SaveAs* zur Verfügung.

Sections   Binder

Binder.Sections(..)

Das Aufzählobjekt listet alle Abschnitte einer Sammelmappe auf. Mit der *Add*-Methode können neue Abschnitte hinzugefügt werden.

Series   Excel

Chart.SeriesCollection(..) ↗   .Trendlines ↘ **Trendline**
ChartGroup.SeriesCollection(..) ↗   .Points ↘ **Point**
                                                                   .ErrorBars ↘ **ErrorBars**
                                                                  .DataLabels ↘ **DataLabel**

Datenreihen enthalten Gruppen zusammengehöriger Datenpunkte eines Diagramms. Eine Datenreihe kann beispielsweise alle Werte für einen Linienzug in einem Liniendiagramm enthalten. Falls im Diagramm mehrere Linienzüge dargestellt werden sollen, sind auch mehrere Datenreihen erforderlich.

Über das Objekt *Series* können verschiedene Formatierungsmerkmale für die grafische Anzeige der gesamten Datenreihe verändert werden. Dazu stehen generell dieselben Eigenschaften/Methoden wie für die individuelle Formatierung einzelner *Point*-Objekte zur Verfügung – siehe etwas weiter oben.

Type bestimmt den Diagrammtyp für die einzelne Datenreihe. (Durch die Wahl unterschiedlicher Diagrammtypen für mehrere Datenreihen entstehen aus Diagrammgruppen zusammengesetzte Verbunddiagramme.) Über *AxisGroup* wird die Datenreihe einer von zwei möglichen Koordinatenachsen zugeordnet. *PlotOrder* rückt einzelne Datenreihen in 3D-Diagrammen nach vorne oder nach hinten. *Smooth* bestimmt, ob die Kurve eines Liniendiagramms geglättet wird. Zusätzliche Effekte lassen sich über die Subobjekte *ErrorBars* und *Trendline* erzielen.

SeriesCollection — Excel

Chart.SeriesCollection ↗
ChartGroup.SeriesCollection ↗

(index oder name) ↘ *Series*

Das Aufzählobjekt verweist auf die Datenreihen eines Diagramms bzw. einer Diagrammgruppe in einem Verbunddiagramm (siehe *Series*). Über die Methoden *Paste* bzw. *Add* kann die Anzahl der Datenreihen vergrößert werden. *Extend* vergrößert die Anzahl der Datenpunkte der Datenreihen.

SeriesLines — Excel

ChartGroup.SeriesLines ↗

.Border ↘ *Border*

Verbindungslinien verbinden die Balken oder Säulen eines gestapelten Balken- oder Säulendiagramms. (»Gestapelt« bedeutet, dass mehrere Datenreihen nicht in eigenen Säulen, sondern in Teilen einer Säule übereinander dargestellt werden.) Verbindungslinien verdeutlichen so die Entwicklung der einzelnen Werte. Das Aussehen der Verbindungslinien wird über das *Border*-Subobjekt gesteuert.

ShadowFormat — Excel

Shape/ShapeRange.ShadowFormat ↗

.ForeColor ↘ *ColorFormat*

Das Objekt beschreibt die Schatteneffekte von *Shape*-Objekten. Die wichtigsten Eigenschaften sind *ForeColor* (die Farbe des Schattens), *OffsetX* und *-Y*.

Shape — Excel

Comment.Shape ↗
ConnectorFormat.Begin/EndConnectedShape ↗
FreeFormBuilder.ConvertToShape(..) ↗
Hyperlink.Shape ↗
Shapes.AddShape(..) ↗
Worksheet.Shapes(..) ↗

ConnectorFormat. ↘ *ConnectorFormat*
ControlFormat ↘ *ControlFormat*
GroupItems ↘ *GroupShapes*
Nodes ↘ *ShapeNodes*
TopLeftCell, BottomRightCell ↘ *Range*
...

Das *Shape*-Objekt dient primär zur Darstellung von AutoFormen (Linien, Rechtecke, Pfeile, Sterne etc. – siehe Symbolleiste ZEICHNEN). Es löst damit die diversen Zeichnungsobjekte aus Excel 5/7 ab. Das Objekt wird aber auch zur Verwaltung vollkommen fremder Objekte (etwa der MS-Forms-Steuerelemente) eingesetzt.

Es gibt eine ganze Reihe verwandter Objekte: *ShapeRange* ermöglicht die gemeinsame Bearbeitung mehrerer *Shape*-Objekte. Freihandformen stellen eine Sonderform von *Shape*-Objekten dar. In diesem Fall verweist die Eigenschaft *ShapeNodes* auf eine gleichnamige Auflistung von *ShapeNode*-Objekten. Mit den *GroupShape*-Objekt werden mehrere zu einer Gruppe zusammengefasste Elemente verwaltet.

ShapeRange — Excel

Shapes.Range(Array(..,..,..)) ↗ *(index* oder *name)* ↘ *Shape*
Charts/OLEObjects.ShapeRange ↗

Das Objekt ermöglicht die gemeinsame Berabeitung einer ganzen Ansammlung von *Shape*-Objekten. Dazu stehen die meisten Eigenschaften und Methoden des *Shape*-Objekts zur Verfügung. Darüber hinaus kann durch *Group* bzw. *ReGroup* eine Objektgruppe gebildet werden. (Diese liefert ein neues *Shape*-Objekt, das die Ansammlung vereint. Die Einzelobjekte können jetzt nur noch via *Shape.GroupItems* angesprochen werden. Diese Eigenschaft führt wiederum auf ein *GroupShape*-Objekt.)

ShapeNode — Excel

Shape/ShapeRange.Nodes(..) ↗

Das Objekt beschreibt ein Segment (also ein Linienstück oder eine Kurve) einer Freiform. Die Koordinatenpunkte werden über *Points* gelesen. Die Eigenschaft liefert ein zweidimensionales *Array* als Ergebnis. (Ein eindimensionales Feld hätte eigentlich auch gereicht.) Der Zugriff auf die beiden Koordinaten wird durch die folgenden Zeilen demonstriert.

```
'erster Koordinatenpunkt des ersten Shape-Objekts
'setzt Type=msoFreeform voraus
pt = Shapes(1).Nodes(1).Points
x = pt(1,1)
y = pt(1,2)
```

Andere wichtige Eigenschaften sind *SegmentType* (Linie oder Kurve) und *EditingType* (z.B. Eckpunkt oder Symmetriepunkt). Alle drei Eigenschaften können nur gelesen werden. Zur Veränderung müssen die *SetXxx*-Methoden des *ShapeNodes*-Objekts verwendet werden.

ShapeNodes — Excel

Shape/ShapeRange.Nodes ↗ *(index* oder *name)* ↘ *ShapeNode*

Wenn ein *Shape*-Objekt eine Freiform enthält (etwa einen frei gezeichneten Linienzug, *Shape.Type=msoFreeform*), dann verweist dessen Eigenschaft *Nodes* auf die Aufzählung *ShapeNodes*, über die die einzelnen Eckpunkte des Linienzugs angesprochen werden können. Außerdem können mit den Methoden *Insert* und *Delete* zusätzliche Liniensegmente eingefügt und mit *SetEditingType*, *SetPosition* und *SetSegmentType* bearbeitet werden. Siehe auch *FreeformBuilder*.

Shapes
Excel

Chart.Shapes ↗
WorkSheet.Shapes ↗

(index oder *name)* ↘ *Shape*
.Range ↘ *ShapeRange*

Die Auflistung zählt alle *Shape*-Objekte eines Tabellenblatts oder Diagramms auf. Neben den Zugriff auf einzelne *Shape*-Objekte kann mit *Range* auch auf mehrere Objekte gleichzeitig zugegriffen werden. Zum Erzeugen neuer *Shape*-Objekte stehen unzählige *Add*-Methoden zur Auswahl, etwa *AddShape, AddLine, AddCurve, AddOLEObject* etc. *SelectAll* selektiert alle *Shape*-Objekte .

Sheets
Excel

Application.Sheets ↗
Workbook.Sheets ↗
Window.SelectedSheets ↗

(index oder *name)* ↘ *Chart*
(index oder *name)* ↘ *Worksheet*

Das Aufzählobjekt verweist auf alle Blätter einer Arbeitsmappe bzw. der gerade aktiven Arbeitsmappe (wenn das Objekt *Application* oder gar kein Objekt angegeben wird) bzw. auf die in einem Fenster gemeinsam markierte Blattgruppe.

Beachten Sie bitte, dass es kein *Sheet*-Objekt gibt. *Sheets* verweist je nach Blatttyp auf ein *Chart*- oder *Worksheet*-Objekt! In Excel-5-/-7-Dateien kann *Sheets* auch auf Objekte des Typs *DialogSheet* oder *Module* verweisen.

Über das *Sheets*-Objekt sind alle Eigenschaften bzw. Methoden der jeweiligen *Xxx-Sheets*-Objekte zugänglich. Insbesondere können mit *Add* und *Delete* Blätter erzeugt bzw. gelöscht werden. *Select* aktiviert ein ausgewähltes Blatt. Die Eigenschaft *Visible* gibt an, ob ein Blatt im Blattregister angezeigt werden soll oder nicht. Mit der Methode *FillAcrossSheets* kann ein Zellbereich eines Tabellenblatts in alle durch *Sheets* erfasste Blätter kopiert werden.

SmartTag
Excel 2002

Range.SmartTags(...) ↗.*SmartTag*
Worksheet.SmartTags(...) ↗
SmartTags.Add ↗

.Range ↘ *Range*
.SmartTagActions ↘ *SmartTagActions*

Smart Tags sind kleine Menüs, deren Inhalt vom Inhalt einer Excel-Zelle abhängt. Über die Menüeinträge können zum Zellinhalt passende Aktionen ausgeführt werden. (Es kann z.B. eine Website mit weiterführenden Informationen angezeigt werden.)

Das *SmartTag*-Objekt weist nur wenige Eigenschaften auf: *Name* enthält eine interne Bezeichnung, die aber nur den Typ angibt (z.B. "*urn:schemas-microsoft-com:office:smarttags#stockticker*"). Mehrere Smart Tags eines Tabellenblatts können also durchaus denselben Namen haben! *SmartTagActions* verweist auf die für das Smart Tag verfügbaren Aktionen (siehe unten). *XML* enthält eine Beschreibung des Smart Tags im XML-

Format, wobei darin aber auch nicht viel mehr Informationen als in *Name* enthalten sind. *Range* verweist auf die Zelle, zu dem das *SmartTag* gehört.

SmartTagAction — Excel 2002

SmartTag.SmartTagActions(...) ↗

Das Objekt beschreibt eine Aktion, die für ein bestimmtes *SmartTag*-Objekt ausgeführt werden kann. Mit der Methode *Execute* kann diese Aktion tatsächlich ausgeführt werden. Die Eigenschaft *Name* gibt eine kurze Beschreibung der Aktion (wobei Beschreibung eigentlich übertrieben ist: der Text ist kürzer als der, der im Smart-Tag-Menü angezeigt wird; der Menütext kann per Code aber nicht ermittelt werden).

SmartTagActions — Excel 2002

SmartTag.SmartTagActions ↗ *(index)* ↘ *SmartTagAction*

Bitte beachten Sie, dass die Aufzählung nicht mit einer *For-Each*-Schleife durchlaufen werden kann. Sie müssen stattdessen eine Schleife von 1 bis *Count* bilden.

SmartTagOptions — Excel 2002

Workbook.SmartTagOptions ↗

Dieses Objekt steuert über zwei Eigenschaften, welche Smart-Tag-Funktionen in der aktuellen Arbeitsmappe aktiv sind: *DisplaySmartTags* gibt an, ob Smart Tags angezeigt werden. *EmbedSmartTags* gibt an, ob die Smart Tags auch in die Arbeitsmappe eingebettet werden können. Das bedeutet, dass die Smart-Tag-Informationen zusammen mit der Excel-Datei gespeichert werden und nach dem nächsten Laden selbst dann angezeigt werden, wenn die Smart-Tag-Funktion eigentlich deaktiviert ist.

SmartTagRecognizer[s] — Excel 2002

Application.SmartTagRecognizers ↗

Die Aufzählung *SmartTagRecognizers* verweist auf alle am Rechner installierten Smart-Tag-Erkennungsmodule (also *SmartTagRecognizer*-Objekte). Dabei handelt es sich normalerweise nur um zwei Module, eines für Outlook-Kontakte und ein zweites zur Verwaltung von Smart-Tag-Listen. (Es besteht aber keine Möglichkeit, per Programmcode festzustellen, welche Smart-Tag-Listen für dieses Modul installiert sind. Per Default ist es bei der englischen Office-Version nur eine Liste mit den Aktienkürzeln wichtiger amerikanischer Firmen.) Die Smart-Tag-Module werden übrigens auch im Dialogblatt EXTRAS | AUTOKORREKTUR-OPTIONEN | SMART TAGS angezeigt.

Die Eigenschaft *SmartTagRecognizers.Recognize* gibt an, ob die Smart-Tag-Funktion im Hintergrund ausgeführt wird (d.h., ob bei Neueingaben oder Veränderungen in Zellen automatisch Smart Tags eingefügt werden).

16.2 Alphabetische Referenz

Über das *SmartTagRecognizer*-Objekt können Sie den Dateinamen des Moduls (Eigenschaft *FullName*) feststellen und jedes Modul einzeln aktivieren/deaktivieren (Eigenschaft *Enabled*).

SmartTags — Excel 2002

Range.SmartTags ↗
Worksheet.SmartTags ↗
(index) ↘ *SmartTag*

Die Aufzählung verweist auf alle Smart Tags, die innerhalb des Zellbereichs bzw. des gesamten Tabellenblatts zur Verfügung stehen. Mit der Methode *Add* kann eine Zelle mit einem Smart Tag ausgestattet werden. An *Add* muss der Typname des Smart Tags übergeben werden. *Add* kann nur auf *Range*-Objekte angewendet werden, wenn diese genau eine einzige Zelle umfassen – andernfalls kommt es zu einem Fehler.

```
ActiveCell.SmartTags.Add( _
   "urn:schemas-microsoft-com:office:smarttags#stockticker")
```

SoundNote — Excel

Range.SoundNote ↗

Über das *SoundNote*-Objekt können einer Tabellenzelle Klänge bzw. Tonfolgen zugeordnet werden. Die Zuordnung der Toninformation erfolgt über die Methoden *Play* oder *Import*. Mit der Methode *Play* wird die Tonfolge am Lautsprecher des Rechners ausgegeben.

SpellingOptions — Excel 2002

Application.SpellingOptions ↗

Das Objekt gibt Auskunft über diverse Einstellungen der Rechtschreibprüfung. Beispielsweise enthält *DictLang* den Sprachcode (1033 für Englisch). *IgnoreCaps* gibt an, ob auch Wörter in Großbuchstaben überprüft werden sollen etc.

Speech — Excel 2002

Application.Speech ↗

Das Objekt steuert die automatische Sprachausgabe von Zellen (Eigenschaft *SpeakCellOnEnter*) und ermöglicht es mit der *Speak*-Methode, englische Sätze über die Sound-Karte auszugeben: *Application.Speech.Speak "I love Excel"*. Beachten Sie, dass das Objekt nur bei der englischen Excel-Version genutzt werden kann. Bei der deutschen Version tritt ein Fehler 1004 auf (*Anwendungs- oder objektdefinierter Fehler*).

SpinButton — MS-Forms

UserForm.Controls ↗

Mit dem Drehfeld kann ein Zahlenwert (*Value*) innerhalb eines vorgegebenen Bereichs (*Min* bis *Max*) eingestellt werden.

StdFont — StdOLE

objekt.Font ↗

Das Objekt dient zur internen Darstellung von Zeichensätzen (*Font*-Eigenschaft vieler Objekte). Dieselbe Funktion erfüllt auch das Objekt *NewFont* der MS-Forms-Bibliothek.

StdPicture — StdOLE

Image.Picture ↗

Das Objekt dient zur internen Darstellung von Bildern (Bitmaps, *Picture*-Eigenschaft bei diversen MS-Forms-Steuerelementen). Die StdOLE-Bibliothek stellt auch die beiden Funktionen *Load-* und *SavePicture* zur Verfügung, mit denen Bitmap-Dateien geladen bzw. gespeichert werden können.

Style — Excel

Workbook.Styles(..) ↗   *.Interior* ↘ **Interior**
Range.Style ↗   *.Borders* ↘ **Borders**
     .Font ↘ **Font**

Formatvorlagen sind vordefinierte Formate, die zur raschen Formatierung von Zellen bzw. Zellbereichen verwendet werden können. Formatvorlagen gehören zu den Daten einer Arbeitsmappe und werden mit ihr gespeichert. Um einen Zellbereich mit einer Formatvorlage zu gestalten, muss lediglich der **Range**-Eigenschaft *Style* die entsprechende Vorlage zugewiesen werden.

Formatvorlagen enthalten Informationen über Schriftart, Farben und Muster (Eigenschaft *Interior*), Umrandung der Zelle (Methode *Borders* für die vier Linien links, rechts, oben und unten), Zahlenformat (*NumberFormat*), Textausrichtung (*Orientation*, *Vertical-* und *HorizontalAlignment*, *WrapText*) und Zellschutz (*Locked*). Die sechs Eigenschaften *IncludeAlignment*, *-Pattern* etc. geben an, welche der sechs Teilformate durch die Formatvorlage verändert werden sollen. Sie können also auch Formate definieren, die nur Schriftart und Zahlenformat verändern und die restlichen Formatinformationen des Bereichs unverändert lassen.

Styles — Excel

Workbook.Styles ↗ *(index* oder *name)* ↘ **Style**

Das Aufzählobjekt verweist auf die in einer Arbeitsmappe definierten Formatvorlagen. Über die Methoden *Add* bzw. *Merge* werden weitere Formatvorlagen in die Liste aufgenommen.

Tab — Excel 2002

Worksheet.Tab ↗

Das Objekt ermöglicht es, die Hintergrundfarbe des Reiters eines Tabellenblatts zu verändern. Die folgende Anweisung stellt als Hintergrundfarbe Rot ein.

```
ActiveSheet.Tab.Color = RGB(255, 0, 0)
```

Beachten Sie, dass das Objekt keinen Zugriff auf den Text des Reiters gibt. Diesen können Sie mit **Worksheet.***Name* lesen bzw. verändern.

TextBox — MS-Forms

UserForm.Controls ↗ .*Font* ↘ **NewFont**

Das Textfeld ermöglicht die Eingabe (auch mehrzeiligen) Texts in eigenen Dialogen. Die wichtigste Eigenschaft lautet naturgemäß *Text*.

TextEffectFormat — Excel

Shape/ShapeRange.*TextEffect* ↗

Das Objekt beschreibt Merkmale eines WordArt-Objekts (**Shape**-Objekt mit *Type=msoTextEffect*).

TextFrame — Excel

Shape/ShapeRange.*TextEffect* ↗ .*Characters* ↘ **Characters**

Das Objekt beschreibt den Textbereich eines AutoForm-Objekts (**Shape**-Objekt mit *Type=msoAutoShape*). Der Zugriff auf den eigentlichen Text erfolgt durch das ***Characters***-Objekt, das eine individuelle Formatierung jedes einzelnen Buchstabens ermöglicht. Die Textausrichtung wird durch *Horizontal-* und *VerticalAlignment* eingestellt, der Rand zum AutoForm-Objekt durch *MarginLeft*, *-Top*, *-Right*, und *-Bottom*.

TextStream — Scripting

File.OpenAsStream ↗

Das Objekt ermöglicht das Lesen bzw. Schreiben einer Textdatei. Die wichtigsten Methoden sind *Read* und *ReadLine* zum Lesen einiger Zeichen bzw. einer ganzen Zeile sowie *Write* und *WriteLine* zum Schreiben einer Zeichenkette bzw. einer ganzen Zeile.

ThreeDFormat — Excel

Shape/ShapeRange.ThreeD ↗   *.ExtrusionColor* ↘ **ColorFormat**

Das Objekt beschreibt das 3D-Aussehen von **Shape**-Objekten. Durch geeignete Einstellungen können die an sich flachen **Shape**-Objekte dreidimensional erweitert werden.

Tipp: Bevor Sie die Eigenschaften ergründen, sollten Sie ein wenig mit der 3D-Symbolleiste experimentieren (3D-Symbol in der ZEICHNEN-Symbolleiste).

TickLabels — Excel

Axis.TickLabels ↗   *.Font* ↘ **Font**

Das Objekt beschreibt, wie die Teilstriche auf einer Koordinatenachse eines Diagramms beschriftet werden sollen. Charakteristische Eigenschaften und Methoden sind *Orientation*, *Font*, *NumberFormat* und *NumberFormatLinked* (*True*, wenn die Zahlenformate aus der Tabelle übernommen werden sollen).

Das Objekt hat weder Einfluss auf Ort und Inhalt der Beschriftung noch auf die Anzahl der Beschriftungspunkte. Diese Details werden durch **Axis**-Eigenschaften gesteuert, und zwar durch *TickLabelSpacing* und *-Position* sowie durch *TickMarkSpacing* (für x-Achsen) oder *MajorUnit* (für y-Achsen).

ToggleButton — MS-Forms

UserForm.Controls ↗   *.Picture* ↘ **StdPicture**

Der Umschaltbutton ist eine Variante zum gewöhnlichen Button. Die Besonderheit besteht darin, dass der Button nicht automatisch, sondern erst durch ein nochmaliges Anklicken wieder zurückspringt.

TreeviewControl — Excel

CubeField.TreeViewControl ↗

Das Objekt verweist auf das hierarchische Listenfeld, das bei OLAP-Pivotfeldern zur Auswahl der angezeigten Hierarchieebenen und -details eingesetzt wird. Über die Eigenschaft *Drilled* kann die Sichtbarkeit der dem **CubeField** entsprechenden Pivotda-

Trendline — Excel

Series.Trendlines(..) ↗   *.Border* ↘ **Border**
                                                                          .DataLabel ↘ **DataLabel**

Das Objekt beschreibt Trend-, Näherungs- oder Ausgleichskurven in Diagrammen. Trendlinien sind einzelnen Datenreihen zugeordnet und können nur bei einigen zweidimensionalen Diagrammtypen angezeigt werden. *Type* bestimmt den Typ der Trendlinie (z. B. *xlPolynomial, xlLogarithmic*). Bei Ausgleichskurven bestimmt *Period* die Anzahl der Datenpunkte, über die gemittelt wird. Bei polynomischen Näherungskurven bestimmt die Eigenschaft *Order* die Ordnung des Polynoms (2 bis 6). *Forward* und *Backward* bestimmen, wie viele Perioden die Kurve über den vorhandenen Datenbereich hinaus in die Zukunft oder in die Vergangenheit gezeichnet wird (zur Trendabschätzung).

Die optische Gestaltung der Kurve erfolgt über die Subobjekte **DataLabel** und **Border**. *DisplayEquation* und *DisplayRSquared* bestimmen, ob die Formel der Kurve und ein Koeffizient für das Ausmaß der erzielten Annäherung an die Daten in einem Textfeld angezeigt werden soll.

Trendlines — Excel

Series.Trendlines ↗   *(index* oder *name)* ↘ **Trendline**

Das Aufzählobjekt verweist auf die Trend-, Näherungs- oder Ausgleichskurven einer Datenreihe. Siehe **Trendline**.

UpBars — Excel

ChartGroup.UpBars ↗   *.Interior* ↘ **Interior**
                                                             .Border ↘ **Border**

Das Objekt beschreibt das Aussehen von positiven Abweichungsbalken zwischen zwei Datenreihen eines Liniendiagramms. Details finden Sie bei **DownBars** (für negative Abweichungsbalken).

UsedObjects — Excel 2002

Application.UsedObjects ↗   *(index)* ↘ **Object**

Die Aufzählung verweist auf alle von Excel zurzeit verwalteten Basisobjekte. Dazu zählen z.B. geladene Arbeitsmappen (**Workbook**-Objekte), darin enthaltene Tabellenblätter (**Worksheet**), Diagramme und ActiveX-Komponenten. Welchen Zweck die Aufzählung hat, ist nicht dokumentiert (und mir ist auch nichts eingefallen).

UserAccess
Excel 2002

UserAccessList(n) ↗
UserAccessList.Add(...) ↗
AllowEditRange.Users(n) ↗

Das Objekt enthält in der Eigenschaft *Name* den Namen eines Computerbenutzers, der einen Zellbereich eines geschützten Tabellenblatts ohne Passwort verändern darf. Der Name muss in der Form *"computername\loginname"* angegeben sein. Außerdem muss *AllowEdit=True* gelten.

UserAccessList
Excel 2002

AllowEditRange.Users ↗   (index) ↘ **UserAccess**

Die Aufzählung enthält alle Benutzer, die einen Zellbereich innerhalb eines geschützten Tabellenblatts ohne Passwortangabe verändern dürfen.

UserForm
MS-Forms

Dialogname ↗

.ActiveControl ↘ **steuerelement**
.Controls ↘ **Controls**
.steuerelementname ↘ **steuerelement**

Das *UserForm*-Objekt ist das Basisobjekt für alle MS-Forms-Dialoge. Es stellt eine Menge Eigenschaften zur Gestaltung des Dialogs zur Verfügung. *StartupPosition* beeinflusst den Ort, an dem der Dialog erscheint. *Picture* kann eine Bitmap enthalten, die als Dialoghintergrund angezeigt wird. Mit *Zoom* kann der gesamte Dialoginhalt verkleinert oder vergrößert werden.

Über die Aufzählung *Controls* können alle enthaltenen Steuerelemente angesprochen werden. (Im Programmcode wird aber zumeist direkt der Name der jeweiligen Steuerelemente verwendet.) *ActiveControl* verweist auf das gerade aktive Steuerelement (mit Tastaturfokus).

Validation
Excel

Range. Validation ↗

Das Objekt beschreibt, welche Eingaben in einem Zellbereich zulässig sind (interaktive Einstellung durch DATEN|GÜLTIGKEIT). Der zulässige Zahlentyp (beispielsweise Ganzzahl, Datum etc.) wird durch *Type* eingestellt. Der Zahlenbereich kann durch Grenzwerte in *Formula1* und *-2* eingeschränkt werden. Dazu muss mit *Operator* ein Vergleichsoperator angegeben werden (etwa *xlBetween*, *xlGreater* etc.) *Formula1* und *-2* können sowohl Werte als auch Zelladressen enthalten. (Im zweiten Fall werden die Grenzwerte aus den Zellen gelesen.) *InputMessage* gibt einen kurzen Infotext zur Eingabe, *ErrorMessage* enthält die Fehlermeldung, die bei Missachtung der Regeln angezeigt wird.

VBComponent[s]	VBE
VBProject.VBComponents(..) ↗	*.CodeModule* ↘ *CodeModule*
	.Properties(..) ↘ *Property*

VBComponents enthält eine Auflistung aller Komponenten eines VBA-Projekts (also Module und Dialoge, *Type*-Eigenschaft). Der Codeanteil einer Komponente wird via *CodeModule* angesprochen, die Eigenschaften via *Properties*. Wenn die Komponente einen Designer hat (damit ist etwa der Dialogeditor gemeint), kann mit *HasOpenDesigner* festgestellt werden, ob dieser aktiv ist.

VBE	VBE
Application.VBE ↗	*.CodePanes(..)* ↘ *CodePane*
	.CommandBars(..) ↘ *CommandBars*
	.VBProjects(..) ↘ *VBProject*
	.Window(..) ↘ *Window*

VBE ist das Startobjekt der gleichnamigen Bibliothek zur Programmierung der VBA-Entwicklungsumgebung. (Im Objektkatalog wird diese Bibliothek mit VBIDE bezeichnet.) Die Hauptaufgabe von *VBE* besteht darin, den Zugriff auf die untergeordneten Objekte zu ermöglichen (siehe Syntaxbox). Außerdem können über *ActiveCodePane*, *ActiveVBProject*, *ActiveWindow* und *SelectedVBComponent* die gerade aktiven Komponenten der Entwicklungsumgebung angesprochen werden.

VBProject[s]	VBE
VBE.ActiveVBProject ↗	*.References(..)* ↘ *Reference*
VBE.VBProjects ↗	*.VBComponents(..)* ↘ *VBComponent*

VBProjects enthält Verweise auf alle zurzeit geladenen Projekte (Excel-Dateien und Add-Ins). Über die Eigenschaften *VBComponents* und *References* können die einzelnen Komponenten (gemeint sind Module und Dialoge) und die Verweise auf externe Objektbibliotheken angesprochen werden.

VPageBreak	Excel
Worksheet.VPageBreaks(..) ↗	*.Location* ↘ *Range*

Das Objekt bezeichnet einen vertikalen Seitenumbruch in einem Tabellenblatt.

VPageBreaks — Excel

Worksheet.VPageBreaks ↗   *(index* oder *name)* ↘ *VPageBreak*

Die Auflistung ermöglicht den Zugriff auf alle manuellen Seitenumbrüche im Tabellenblatt.

Walls — Excel

Chart.Walls ↗   *.Interior* ↘ *Interior*
     .Border ↘ *Border*

Das Objekt beschreibt die beiden Seitenwände eines 3D-Diagramms. Durch die Subobjekte *Interior* und *Border* können Farbe und Umrandung dieser Wände eingestellt werden, allerdings nur für beide Wände gemeinsam. Siehe auch *Floor* für den Boden eines 3D-Diagramms.

Watch — Excel 2002

Application.Watches(n) ↗   *.Source* ↘ *Range*
Watches.Add ↗

Das Objekt beschreibt ein Überwachungsobjekt. Damit können einzelne Zellen von unterschiedlichen Tabellenblättern in einem Überwachungsfenster angezeigt werden (EXTRAS | FORMELÜBERWACHUNG | ÜBERWACHUNGSFENSTER). Die Eigenschaft *Source* gibt an, welche Zelle überwacht wird. Es fehlt aber merkwürdigerweise eine Eigenschaft mit der Information, in welchem Tabellenblatt sich die Zelle befindet.

Watches — Excel 2002

Application.Watches ↗   *(index)* ↘ *Watch*

Die Aufzählung verweist auf die Überwachungsobjekte von Excel. Beachten Sie, dass *index* bei *Watches* im Gegensatz zu fast allen anderen Excel-Aufzählungen mit 0 beginnt. *Watches(0)* verweist also auf das erste Überwachungsobjekt! *Watches* kann auch nicht zur Bildung von *For-Each*-Schleifen verwendet werden (*For Each w In Watches*). Stattdessen müssen Sie eine Schleife für den Index von *0* bis *Count-1* bilden.

WebOptions — Excel

Workbook.WebOptions ↗

Die Eigenschaften dieses Objekts steuern die Parameter des HTML-Exports einer Excel-Datei. (Für die globalen Exporteinstellungen von Excel müssen Sie stattdessen die Eigenschaften von *DefaultWebOptions* einstellen.)

Window — Excel

Workbook.Windows(..) ↗   *.Panes* ↘ ***Pane***
Application.ActiveWindow ↗   *.SelectedSheets* ↘ ***Sheets***

Das Objekt verweist auf ein Fenster innerhalb von Excel. Fenster werden mit *Activate* zum aktiven Fenster gemacht. Die Methoden *ActivateNext* bzw. *-Previous* wechseln zum nächsten bzw. vorangegangenen Fenster. Durch *NewWindow* und *Close* werden neue Fenster erzeugt bzw. geschlossen. Mit *Split* und *FreezePanes* werden Fenster in mehrere Ausschnitte geteilt.

Die Eigenschaft *Visible* bestimmt, ob ein Fenster ausgeblendet (unsichtbar) ist oder nicht. Über *WindowState* wird die Größe des Fensters (Icon, normal, maximiert) eingestellt. *Caption* enthält den Fenstertitel. Die Eigenschaften *ScrollColumn* bzw. *ScrollRow* bestimmen die Nummer der ersten sichtbaren Spalte/Zeile. *DisplayGridlines* gibt an, ob im Fenster Gitterlinien dargestellt werden.

Die **Window**-Eigenschaften bzw. Methoden *ActivePane*, *ActiveSheet*, *ActiveChart*, *ActiveCell*, *Panes*, *Selection* und *SelectedSheets* verweisen auf diverse untergeordnete Objekte.

Windows — Excel

Workbook.*Windows* ↗   *(index* oder *aufschrift)* ↘ ***Window***

Das Aufzählobjekt verweist auf die Fenster einer Arbeitsmappe. Der Zugriff erfolgt durch die Angabe der (internen) Fensternummer oder des Fenstertitels (*Caption*-Eigenschaft des **Window**-Objekts).

Window[s] — VBE

VBE.*Windows* ↗

Die Aufzählung **Windows** und das daraus abgeleitete **Window**-Objekt ermöglichen den Zugriff auf die Fenster der VBA-Entwicklungsumgebung. Bei Namenskonflikten mit den Excel-**Window[s]**-Objekten müssen Sie *VBE* voranstellen, also etwa *Dim w As VBE.Window*.

Workbook — Excel

Application.Workbooks(..) ↗   *.Charts* ↘ ***Chart***
Application.ActiveWorkbook ↗   *.DialogSheets* ↘ ***DialogSheet***
                                                                                      .Modules ↘ ***Module***
                                                                          .Worksheets ↘ ***Worksheet***

Das Objekt **Workbook** beschreibt eine Excel-Datei. Über die oben angeführten Methoden kann auf die Blätter der Arbeitsmappe zugegriffen werden, wobei nach den vier möglichen Blatttypen differenziert wird. Die Methode *Sheets* ermöglicht den Zugriff auf alle Blätter der Arbeitsmappe (unabhängig von ihrem Typ). *Windows* verweist auf die zur Arbeitsmappe gehörigen Fenster.

Die Arbeitsmappe kann mit den Methoden *Save* bzw. *SaveAs* gespeichert werden. *Close* schließt die Arbeitsmappe, wobei die Arbeitsmappe durch die Angabe eines optionalen Parameters ebenfalls gespeichert werden kann.

Workbooks — Excel

Application.Workbooks ↗   (*index* oder *name*) ↘ **Workbook**

Workbooks enthält die Liste aller geladenen Arbeitsmappen (auch der unsichtbaren, weil deren Fenster ausgeblendet sind). Der Verweis auf einzelne Arbeitsmappen kann entweder durch die Angabe der Indexnummer oder über den Dateinamen (ohne Pfad) erfolgen. Über *Add* kann eine neue, leere Arbeitsmappe angegeben werden. *Open* lädt eine bereits vorhandene Arbeitsmappe.

Worksheet — Excel

Workbook.Worksheets ↗   *.Range* ↘ **Range**
Application.ActiveSheet ↗   *.Cells* ↘ **Range**
     .XxxObjekts ↘ **XxxObjekt**

Tabellenblätter gehören neben Dialog-, Diagramm- und Modulblättern zu den Blättern einer Arbeitsmappe. Zahllose Methoden und Eigenschaften verweisen einerseits auf Zellbereiche (*Range*, *Rows*, *Columns*, *Cells*) und andererseits auf eingelagerte Steuerelemente, Zeichnungsobjekte, Diagramme, Pivottabellen etc.

Der Datenaustausch über die Zwischenablage erfolgt über die Methoden *Copy*, *Paste* und *PasteSpecial*. *Calculate* führt zu einer manuellen Neuberechnung der Tabelle (nur erforderlich, wenn die **Application**-Eigenschaft *Calculation* auf *xlManual* steht). Über die Eigenschaften *ConsolidationFunction*, *-Options* und *-Sources* werden die Details eines Konsolidierungsvorgangs eingestellt, der anschließend mit **Range**.*Consolidate* ausgeführt werden kann.

WorksheetFunctions — Excel

Application.WorksheetFunctions ↗

Über das Objekt können Excel-Tabellenfunktionen im VBA-Programmcode verwendet werden.

Worksheets — Excel

Workbook.Worksheets ↗   *(index* oder *name)* ↘ *Worksheet*

Das Aufzählobjekt verweist auf die Tabellenblätter einer Arbeitsmappe. Über die Methoden *Add* und *Copy* können neue Tabellenblätter erzeugt werden. *Select* macht ein Tabellenblatt zum aktiven Blatt.

XmlDataBinding — Excel 2003

XmlMap.DataBinding ↗

Das Objekt beschreibt den Datenursprung von XML-Daten. Die einzig relevante Eigenschaft lautet *SourceUrl* und enthält eine Zeichenkette der Datenquelle (also z.B. einen Dateinamen oder eine Internetadresse). Mit der Methoden *Refresh* werden die Daten neu eingelesen.

XmlMap — Excel 2003

ListObject.XmlMap ↗   *.DataBinding* ↘ *XmlDatabinding*
Workbook.XmlMaps(n) ↗   *.RootElementNamespace* ↘ *XmlNamespace*
XPath.Map ↗   *.Schemas(n)* ↘ *XmlSchema*

Das Objekt beschreibt die gemeinsamen Eigenschaften (Schema, Namensraum) sowie die Import-/Exportoptionen einer XML-Datenquelle. Das Objekt dient als Verbindungspunkt zwischen den XML-Daten (Objekte *XmlDatabinding*, *XmlSchema*, *XmlNamespace*) und den Zellen im Tabellenblatt, in die die Daten importiert werden (Objekt *XPath*).

Mit der Methode *Import* wird der Datenimport durchgeführt, wobei als Parameter die Datenquelle angegeben werden muss (XML-Dateiname oder Internetadresse). Das ist deswegen erforderlich, weil mit einem *XmlMap*-Objekt auch mehrere XML-Dateien importiert werden können, beispielsweise um die Daten aneinander zu fügen. *ImportXml* funktioniert analog, liest die Daten aber aus einer als Parameter übergebenen XML-Zeichenkette.

Sofern Excel in der Lage ist, die Daten wieder zu speichern (Eigenschaft *IsExportable*), kann dieser Vorgang mit den Methoden *Export* oder *ExportXml* durchgeführt werden. Die Methode *Delete* löscht das *XmlMap*-Objekt.

XmlMaps — Excel 2003

Workbook.XmlMaps ↗   *(index* oder *name)* ↘ *XmlMap*

Die Aufzählung verweist auf alle *XmlMap*-Objekte der Excel-Datei. Solche Objekte werden automatisch durch einen XML-Importvorgang (z.B. *ActiveWorkbook.XmlImport*) erzeugt. Explizit können Sie ein neues *XmlMap*-Objekt auch durch *Add* hinzufügen. Dabei müssen Sie als Parameter das XML-Schema übergeben, und zwar wahlweise als XML-Zeichenkette, durch einen Dateinamen oder durch eine Internetadresse.

XmlNamespace — Excel 2003

Workbook.XmlNamespaces(n) ↗
XmlMap.RootElementNamespace ↗
XmlSchema.NameSpace ↗

Das Objekt definiert einen Präfix. Das ist eine Zeichenkette, die den Namen von XML-Elementen vorangestellt werden kann. Präfixe ermöglichen es, zwischen unterschiedlichen, aber gleichnamigen XML-Elementen zu unterscheiden (z.B. <prefix1:name> und <prefix2:name>). Alle XML-Elemente mit einem bestimmten Präfix werden als Namensraum bezeichnet.

Das Objekt kennt nur zwei relevante Eigenschaften: *Prefix* enthält die Präfixzeichenkette und *Uri* die Adresse der Definition des Namensraums. (URI steht für *uniform resource identifier*. Die *Uri*-Zeichenkette sieht wie ein Dateiname oder eine Internetadresse aus.)

XmlNamespaces — Excel 2003

Workbook.XmlNamespaces ↗   (index) ↘ *XmlNamespace*

Die Aufzählung verweist auf alle *XmlNamespace*-Objekte der Excel-Datei.

XmlSchema — Excel 2003

XmlSchema(..) ↗   .Namespace ↘ *XmlNamespace*

Das Objekt beschreibt den Aufbau (die Struktur) von XML-Daten. Die Beschreibung erfolgt ebenfalls in XML und ist als Zeichenkette in der Eigenschaft *XML* enthalten. Optional können dem Schema Zusatzinformationen über den Namensraum beigefügt sein; diese befinden sich in einem eigenen Objekt (*XmlNamespace*).

XmlSchemas — Excel 2003

XmlMap.Schemas ↗   (index) ↘ *XmlSchema*

Die Aufzählung verweist auf alle Schemas eines *XmlMap*-Objekts. (In vielen Fällen gibt es für jedes *XmlMap*-Objekt nur ein Schema. Wenn mehrere Schemas vorliegen, dann verweist *Schemas(1)* auf das Primärschema für das Wurzelelement.)

XPath

Excel 2003

ListColumn.XPath ↗
Range.XPath ↗

.Map ↘ *XmlMap*

Das Objekt stellt die Zuordnung zwischen einzelnen Elementen aus einem XML-Datenstrom (***XmlMap***) und einem Zellbereich bzw. einer Spalte einer Liste her. Welche XML-Elemente importiert werden sollen, bestimmt ein XPath-Suchausdruck, der an die Methode *SetValue* übergeben wird. Der eigentliche Import findet aber erst statt, wenn für das zugrunde liegende ***XmlMap***-Objekt die *Import*-Methode ausgeführt wird.

Die Eigenschaften *Value* (für den XPath-Suchausdruck), *Map* und *Repeating* von ***XPath*** enthalten die an *SetValue* übergebenen Parameter. Die Eigenschaften können nur gelesen werden. Veränderungen müssen mit *SetValue* durchgeführt werden.

Um die Zuordnung zwischen einem ***Range-/ListColumn***-Objekt und den XML-Daten zu löschen, muss für das betreffende ***XPath***-Objekt die Methode *Clear* ausgeführt werden.

Anhang A
Die beiliegende CD-ROM

Auf der beiliegenden CD-ROM befinden sich im Verzeichnis Beispiele die Beispieldateien zu diesem Buch. Zur Installation kopieren Sie die Dateien an einen beliebigen Ort auf Ihrer Festplatte. Anschließend führen Sie per Doppelklick die Batchdatei ReadWrite.bat aus. Diese Datei enthält das DOS-Kommando:

```
ATTRIB /s /d -r *.*
```

Dadurch wird für alle Dateien (auch in den Unterverzeichnissen) das Read-Only-Attribut deaktiviert. Dieses Attribut ist automatisch bei allen Dateien gesetzt, die von einer CD-ROM kopiert werden.

Die Beispielprogramme sind kapitelweise organisiert (also alle Beispiele zu Kapitel 1 im Verzeichnis beispiel\01). Falls Sie die Beispielprogramme zu den Themen ActiveX-Automation ausprobieren möchten, müssen Sie eventuell das entsprechende Setup-Programm ausführen. Details und Hintergründe sind in Abschnitt 15.4 beschrieben.

Quellenverzeichnis

Gerhard Brosius: *Microsoft OLAP Services*. Addison-Wesley 1999.

Josef Broukal: *Excel schneller, rascher, sicherer mit VBA*. Seminarunterlagen zur VBA-Programmierung, Wien 1995.

Armin Hanisch: *XML mit .NET – Programmierung und Basisklassen*. Addison-Wesley 2002

Steve Harris, Rob Macdonald: *Moving to ASP.NET: Web Development with VB.NET*. Apress 2002.

Michael Kofler: *Visual Basic 6. Programmiertechniken, Datenbanken und Internet*. Addison-Wesley 1998.

Michael Kofler: *Visual Basic Datenbankprogrammierung*. Addison-Wesley 1999.

Michael Kofler: *Visual Basic .NET*. Addison-Wesley 2002.

Microsoft: *Office 2000 / Visual Basic Programmierhandbuch*. 1999 (wird mit Office 2000 Developer mitgeliefert).

Microsoft: *Office XP Entwicklerhandbuch*. 2001 (wird mit Office XP Developer mitgeliefert).

Microsoft: *Microsoft Developer Network* (MSDN-Library). http://msdn.microsoft.com.

Holger Schwichtenberg: *Windows Scripting*. Addison-Wesley 2001.

John Walkenbach: *Microsoft Excel 2000 Power Programming with VBA*. IDG Books Worldwide 1999.

Eric Wells: *Lösungen entwickeln mit Microsoft Excel*. Microsoft Press 1995.

Stichwortverzeichnis

! (*Single*-Datentyp) 104
$ (*String*-Datentyp) 104
% (*Integer*-Datentyp) 104
& (*Long*-Datentyp) 104
& (Verkettungsoperator) 236
@ (*Currency*-Datentyp) 104
[] (Kurzschreibweise) 774
_ (mehrzeilige Anweisungen) 94
(*Double*-Datentyp) 104
(Datum und Zeit) 244
#Else 91
#End If 91
#If 91
*.cub (OLAP-Cube-Datei) 663
*.dll (Dynamic Link Libraries) 727
*.olb (Objektbibliotheken) 142
*.tlb (Objektbibliotheken) 142
*.udl (ADO-DataLink) 616
*.xla (Add-Ins) 706
*.xlb (Konfigurationsdatei) 320, 439
*.xlt (Vorlagen) 324
2000 (Jahr) 243
3D-Effekte 830

A

A1-Schreibweise 204
Abbruch-Button 382
Abfragen 626
  MS-Query 604
  Verzweigungen 126
  SQL 601
Abs 233
Absolute Adressen 196
AbsolutePosition 622
Accelerator 385
AcceptAllChanges 71
AcceptLabelsInFormulas 72
Access-Datenbanken
  ConnectionString 615
  Import von Excel-Tabellen 608
  via ActiveX-Automation steuern 736
ActionControl 450
Activate 155, 193

Beispiel 461
Blatt 220
Diagramme 514
OLE 748
Pane 219, 811
Section 822
UserForm 413
Window 218
Workbook 217
ActivateMicrosoftApp 761
ActivateNext 218, 835
ActivatePrevious 218, 835
ActiveCell 191
ActiveChart 220, 671
ActiveControl 403
ActivePane 219
ActivePrinter 317
ActiveSection 780
ActiveSheet 220
ActiveWindow 218
ActiveWorkbook 217
ActiveX Data Objects 609
ActiveX-Automation 732
  Access-Beispiel 736
  ActiveX-Server programmieren 744
  Excel als ActiveX-Server 739
  Excel als OLE-Client 734
  Excel steuern 739
  für OLE-Objekte 748
  neue Bibliotheken in Excel 7 74
  neue Objekte erzeugen 744
  Objektklasse 734
  VB.NET 751
  Verbindung herstellen 734
ActiveX-Server
  selbst programmieren 744
ActiveX-Steuerelemente 386
  neu erstellen 388
Add 172
  AddIn 776
  CalculatedFields 675
  ChartObject 515
  CommandBar 452
  Name 196

OLE 750
Sections 822
Sheets 220
Smart Tags 827
Window 218
Workbook 217
AddChartAutoFormat 516
AddComment 197, 788
AddControl 403
AddCurve 825
AddDiagram 537
AddFields 816
AddIn 775
AddinInstall 709
AddIns 776, 783, 785
Add-Ins
   Add-In-Manager 707
   Dateigröße minimieren 125
   Euro 327
   Grundlagen 706
   laden 707
   Probleme 329
   selbst erstellen 706
   Verzeichnis 320
   Viren 187
AddinUninstall 709
AddItem 394
   CommandBarComboBox 445
AddLine 825
AddNodes 801
AddOLEObject 825
AddPicture 813
AddReplacement 778
Address 195, 819
   Beispiel 561, 579
AddressLocal 195
Adjustments 776
ADO 609
   Syntaxzusammenfassung 629
ADODB 610
ADOMD 666
ADOX 611
Adresskonvertierung 196
AdvancedFilter 559
AfterXmlExport 703
Aktionsabfragen 628
Aktive Arbeitsmappe 217
Aktive Objekte 140
Aktive Zelle 191

Aktives Fenster 218
Aktivierreihenfolge 385
Aktuelle Zeit 247
Aktuelles Datum 247
Aktuelles Verzeichnis 264
Alias 729
AllowEdit 832
AllowEditRange 312, 776
AllowEditRanges 777
AllowPng 319
AllowXxx 311
Altersberechnung 251, 548
AltStartupPath 276
And 127, 182
Änderungen rückgängig machen 95
Anfügen (Symbolleisten) 439
Ansicht 791
ANSI-Code 240
ANSI-Format 234
Anzeigefeld 409
API-Funktionen 727
AppActivate 760
AppendOnImport 698
Application 216, 774, 777
   Ereignis bei Tasteneingabe 157
   Ereignisse 160, 164
   Ereignisse, Beispiel 454
   in Klassenmodulen 152
   Objekthierarchie 766
   Optionen 317
ApplyCustomType 516
ApplyDataLabels 792
ApplyEuroformatting 329
Arbeitsblätter siehe *Worksheet* 219
Arbeitsmappen
   auswählen 217
   eigenes Menü 577
   erzeugen, Beispiel 520
   freigeben 313
   gemeinsam nutzen 71
   laden 221, 577
   schützen 310
   siehe *Workbook* 216, 835
   speichern 217
   Syntaxzusammenfassung 225
   testen, ob schon geladen 577
   Umgang mit 216
Areas 194, 777
Array 109

AS (SQL) 627
As Any 731
As datentyp 104
As New 147
Asc 240
ASMX 722
Assistenten selbst programmieren 425
AtEndOfLine 269
AtEndOfStream 269
Auflistung 172
Aufrufdialog 358
Aufzählmethoden 136
Aufzählobjekt selbst erzeugen 172
Aufzählobjekte 137, 773
Aufzeichnung von Makros 97
Ausdruck 319
   Beispiel Share.xlt 495
   Beispiel Speedy 487
   Diagramme 508
   Ereignis 155
   Seitenvorschau 496
   Tabellen 476
Ausrichtung (Winkel) 198
Ausschnitte von Fenstern 219
Auswahl siehe *Selection* 191
Auswahlhäkchen in Menüs 449
Auto_Close 153
Auto_Öffnen 153
Auto_Open 153
   Beispiel 224, 577
Auto_Schließen 153
AutoCorrect 778
Autofilter 553
AutoFilter 559, 778
AutoForm 72
   Objekte (*Shape*) 532
Autoformate 503
Automakros 153
Automation mit VB.NET 751
Automatisch speichern 95
AutoOutline 651
Autoprozeduren 153
AutoRecover 778
AutoScaleFont 72
AutoShapeType 533
AutoSize 389
AutoUpdate 748
AutoUpdateFrequency 71
AutoUpdateSaveChanges 71

Average 306
AVG (SQL) 627, 641
Axes 778
Axis 512, 779
AxisGroup 822
AxisTitle 779

B
BackColor 390
Background 800
Backup-Dateien 778
Backward 831
Bearbeitungsfeld 390
Bedingte Formate 475, 801
   VBA 71
Bedingte Kompilierung 91
Bedingte Zahlenformate 475
Bedingungen 127
BeforeClose 155
BeforeDoubleClick 156
BeforePrint 155
BeforeSave 155
BeforeXmlExport 703
BeginArrowheadLength 805
BeginArrowheadStyle 805
BeginArrowheadWidth 805
BeginConnectXxx 789
BeginGroup 444
Beispieldateien 56, 841
Benannte Parameter 119
Benannte Zellbereiche 196, 485
Benutzerdefinierte Diagrammtypen 326, 503
   Programmierung 516
Benutzerdefinierte Funktionen 47, 296
Benutzeroberfläche schützen 309
Benutzerverzeichnis 320
berechnete Felder 675
Bereich
   Adresse ermitteln 195
   alle Zellen bearbeiten 207
   als Parameter in Funktionen 300
   auswählen 192
   benannte Bereiche 196
   Format 198
   Geschwindigkeitsoptimierung 212
   in anderes Blatt kopieren 228
   in Mathematica-Liste umwandeln 287
   Inhalt 197

komplexe Bereiche auswählen 205
markieren 190
Rahmen 210
Schriftart 198
Schriftart verändern 209
Syntaxzusammenfassung 214
Umrandung 210
verknüpfen 229
verschieben 227
versetzen 192
zusammengesetzter Bereich 194, 208
zusammensetzen 195
Zwischenablage 227
Bericht mit Access ausdrucken 736
Beschriftung von Zellen 72
Bewegungsradius einschränken 308
Bezeichnungsfeld 389
Bibliothek 141
Bildfeld 409
Bildlaufleiste 408, 821, 828
   synchronisieren mit Textfeld 423
Binärdateien 274
Binder 779
Binder-Bibliothek 74, 779
BlackAndWhite 319
Blatt
   Blattgruppe 220
   Blattgruppe bearbeiten 290
   löschen 224
   Register 403
   Reihenfolge schützen 310
   schützen 309, 418
   Syntaxzusammenfassung 225
   Umgang mit Blättern 219
   wechseln 155
Blattliste
   erstes Blatt auswählen 224
   letztes Blatt auswählen 224
Block ein-/ausrücken 93
BOF (*Recordset*) 622
Bold 800
Bookmark 622
Boolean 104
Border 210, 780
BorderAround 199, 780
BorderColor 390
Borders 199, 780
BorderStyle 390
BottomMargin 319

BottomRightCell 419, 533
BoundColumn 396
Brightness 813
BuildFreeForm 801
BuildPath 268
Builtin 199
BuiltinDocumentProperties 794
Buttons 38, 401
   in Tabellenblättern 420
Byte 104
ByVal 115

C
Calculate 157, 343
CalculatedFields 780
CalculatedItems 781
CalculatedMember 781
Calculation 342
CalculationState 346
CallByName 140
CallOut 534
CalloutFormat 781
Cancel 382, 389
CancelUpdate 623
CapitalizeNamesOfDays 778
Caption 219, 389
Car-Sharing-Beispiel 491
CCur 239
CDate 248
CDbl 239
CD-ROM 841
Ceiling 232
Cell 192
CellFormat 203, 781
Cells 194
   Beispiel 642
CenterFooter 319, 811
CenterFooterPicture 813
CenterHeader 319, 811
CenterHeaderPicture 813
CenterHorizontally 319
CenterVertically 319
Change 156
   Listenfeld 397
ChangeFileAccess 318
ChangePassword 312
ChangeScenario 821
ChangingCell 821
Character 782

Characters 198
Chart 510, 782
   Ereignisse 165
   Objekthierarchie 770
ChartArea 511, 782
ChartColorFormat 783
ChartGroup 511, 783
ChartGroups 783
ChartObject 510, 514, 784
ChartObjects 784
Charts 220, 511, 784
ChartSize 811
ChartTitle 784
ChartType 510
ChartWizard 513
ChDir 264
ChDrive 264
CheckBox 399, 785
Checked 449
Children 537
Chr 240
CInt 232, 239
Class.cls 746
Class_Initialize 171
Class_Terminate 171
Clear 197, 203, 515, 839
   ClipBoard 744
   CommandBarComboBox 445
ClearComment 197
ClearComments 788
ClearContents 197, 515
   Beispiel 642
ClearFormats 197, 515, 800
ClearNotes 197
ClearOutline 651
Click
   Label 390
   Listenfeld 397
ClipBoard 744
ClipBoard.vbp 746
ClipboardFormats 228
CLng 232, 239
Close 272
   TextStream 269, 270
   Window 218
   Workbook 217, 836
Codeeingabe 91
   Block ein-/ausrücken 93
CodeModule 162

CodePane 785
Collection 172, 785
   Beispiel 463
Color 780, 800, 803
ColorFormat 785
ColorIndex 803
Colors 318
Column 194, 269
ColumnCount 395
ColumnDifferences 195
ColumnFields 674
ColumnGrand 673
ColumnHead 396
ColumnRange 673, 816
Columns 194
ColumnWidth 199
ColumnWidths 396
ComAddIn[s] 786
COM-Add-Ins 710
   Viren 187
ComboBox 786
Command 786
   ADO 624
CommandBar 441, 786
   Objekthierarchie 772
   Syntaxzusammenfassung 457
CommandBarButton 444, 787
CommandBarComboBox 787
CommandBarControl 443, 787
CommandBarControls 443, 787
CommandBarPopup 445, 788
CommandBars 441, 788
CommandButton 401, 788
   in Tabellenblättern 420
CommandText
   PivotCache 678
   QueryTable 604
CommandType
   PivotCache 678
Comment 197, 788
Comments 775, 789
Compiler (bedingte Kompilierung) 91
Connect (ComAddIn) 786
Connection 614, 789, 818
   Beispiel 611
   QueryTable 713
ConnectionString 614
ConnectionTimeout 614
ConnectorFormat 789

Consolidate 836
ConsolidationFunction 836
ConsolidationOptions 836
ConsolidationSources 836
Const 107
Contrast 813
Control 388, 789
ControlFormat 789
Controls 442, 443, 790
    Frame 403
ControlSource 389
    ListBox 396
ControlTipText 401
ConvertFormula 196
    Beispiel 583
ConvertToShape 801
Copy 460
    Blatt 221
    Diagramme 514
    File/Folder 268
    Range 227
    Section 822
CopyFace 444
CopyFile 268
CopyFolder 268
CopyFromRecordset 625
CopyPicture 517
Corners 790
Count 172, 774
COUNT (SQL) 627
CreateBackup 318
CreateEmbed (Visual Basic) 741
CreateEventProc 163
CreateFolder 267
CreateObject 734
    Beispiel 738
    VB.NET 754
CreateSummary 821
CreateTextFile 269
Creator 774
Criteria1/2 799
CropBottom 813
CropLeft 813
CropRight 813
CropTop 813
CSng 239
CStr 240
CSV-Format 286
CubeField 790

CubeFields 674, 790
CubeFieldType 790
cubes 663
CurDir 264
Currency 104
CurrentArray 206
CurrentPage 674
CurrentRegion 195, 206
    Beispiel 397, 580
CursorLocation 618
CursorType 618
CustomDocumentProperties 794
CustomProperty 790
CustomView 791
CustomViews 791
Cut 227
CutCopyMode 228
CVErr 366
    Beispiel 301

D
DAO 610
DashStyle 805
Data Source 611
data warehouse 663
DataBodyRange 673, 816
DataFields 674
DataLabel 791
DataLabelRange 673
DataLabels 792
DataLink-Datei 616
DataObject 229, 792
DataRange 674
DataTable 792
Date 104, 247
    Fehler 246
    internes Format 245
DateAdd 248
DateCreated 266
DateDiff 248
Dateiauswahl 217
Dateiauswahldialog 277, 374
Dateien 261
    Auswahldialog 374
    automatisch laden 323
    Dateiname auswählen 277
    drucken (Ereignis) 155
    Eigenschaften 267
    erzeugen/kopieren/löschen 268

lesen/speichern 271
Name auswählen 221
speichern (Ereignis) 155
Syntaxzusammenfassung 292, 295
temporäre 266
Textformat 290
Unicode 269, 274
DateLastAccessed 266
DateLastModified 266
Datenbanken 540
  Abfrage 818
  Anbindung für Mustervorlagen 478
  Autofilter 553, 778
  Begriffsdefinition 540
  Datensatzlisten 617
  Einführungsbeispiel 36
  erstellen 546
  Export im dBase-Format 608
  Filterkriterien 555
  filtern 553
  fremde Daten lesen 592
  Funktionen 563
  Glossar 541
  Grundfunktionen 545
  Grundlagen 540
  gruppieren 648
  Häufigkeitsverteilung 566
  Import von Daten 592
  konsolidieren 527, 567
  Mitarbeiterdatenbank 546
  MS-Query 592
  *Recordset*s 617
  relationale 586
  Serienbriefe 560
  sortieren 550
  Spezialfilter 555
  Suchen von Daten 552
  Syntaxzusammenfasung 563
  Teilergebnisse 648
  Textdatei importieren 278
Datenbankfunktionen 563
Datenbankmaske 548
Datenfelder 109
  in Tabellen übertragen 350
Datenglättung 506
Datenkanal 271, 272
Datenprotokollierung 517
Datenpunkte 505
Datenquelle 592, 792

Datenreihen 504
Datensatzlisten 617
  Navigation 621
  verändern 623
Datentypen 103
  eigene 106
  eigene, laden / speichern 276
DateSerial 247
DateValue 247
Datum
  360-Tage-Jahr 247
  Altersberechnung 251, 547, 548
  Beispiel 493, 547
  durch Drehfeld einstellen 428
  Konvertierung von/zu Zeichenketten 248
  rechnen mit 250
  Syntaxzusammenfassung 259
  Umgang mit 245
DATUM 249
  Beispiel 44
Datum und Zeit
  Formate 243
  Tabellenfunktionen 249
  VBA-Funktionen 247
Datumsformat 202
DATWERT 249
Day 247
Days360 247
DBANZAHL 566
dBase-Format
  Daten speichern 608
  Excel-Tabellen speichern 608
DBxxx-Funktionen 563
DDE 761
Deactivate 155
  Beispiel 461, 580
  UserForm 413
Deaktivieren von Diagrammen 514
Debug 92, 359, 792
Debugging 356
Decimal 104
Declare 729
Default 382, 389
Defaulteigenschaften 137, 774
DefaultFilePath 276
Defaultobjekte 137, 774
  in Klassenmodulen 152
DefaultWebOptions 717, 792

Defaultzeichensatz 318
DefDatentypXxx 104
Deklaration von DLL-Funktionen 729
Delay 408
Delete 197
   Blatt 221
   CommandBars 447
   Diagramme 514
   File/Folder 268
   OLE 748
   Section 822
   Smart Tags 719
   Worksheet, Probleme 638
DELETE 628
DeleteFile 268
DeleteFolder 268
DeleteReplacement 778
Delivery 821
Dependents 195
Destination 604
   QueryTable 713
Diagonale Linien 210
Diagram 536, 793
Diagramme 502, 536, 782
   Abweichungsbalken 795, 831
   als GIF exportieren 516
   Ausdruck 508, 516
   ausrichten 515
   auswählen und aktivieren 514
   Beispiel 517
   benutzerdefinierte Typen 503
   Bestandteile 504
   Bezugslinien 796
   Bodenfläche 800
   Datenglättung 506
   Datenprotokollierung 517
   Datenpunkt 817
   Datenreihen 822
   Datentabelle anzeigen 792
   deaktivieren 514
   Diagrammassistent 502
   einfügen 514
   Einführung 502
   Export 516
   Fehlerindikatoren 508
   Fehlerindikatoren 797
   Formatierungsmöglichkeiten 504
   Gitternetzlinien 802
   in Tabellen einlagern 502
   kopieren 514
   Legende 804
   löschen 514
   mit ActiveX-Automation 739
   Optionen 506
   Pivotdiagramme 667, 670
   Programmierung 509
   Seitenwände 834
   Spannweitenlinien 802
   Syntaxzusammenfassung 531
   Teilstrichbeschriftung 830
   Trendlinien 506, 831
   Typen 503
   Verbindungslinien 823
   Verbunddiagramme 503
   Zeichnungsbereich 816
Diagrammfläche siehe *ChartArea* 782
Diagrammvorlagen 326
DiagramNode 536, 793
DiagramNodeChildren 536, 793
DiagramNodes 793
Dialog 794
   Assistent 425
   aufrufen 383
   Beispiel 423
   Datenbankmaske 375, 548
   dynamisch verändern 427
   Einführungsbeispiel 380
   Erscheinungsposition 377
   exportieren 388
   gegenseitig aufrufen 424
   Gültigkeitskontrolle 423
   InputBox 376
   Kaskade 425
   Kette 425
   mehrblättrige 403
   optische Gestaltung 386
   Programmiertechniken 423
   selbst definieren 378
   Standarddialoge verwenden 372
   Warnungen unterdrücken 375
   zur Dateiauswahl 374
Dialogeditor 384
Dialogs 372, 794
DialogSheets 220
Dictionary 173, 794
Dim 102
Dim As New 147
DirectDependents 195

DirectPrecedents 195
Direktbereich 96, 353
   zur Fehlersuche 357
DisplayAlerts 224, 317, 346
   Beispiel 497
DisplayAutomaticPageBreaks 318
DisplayDrawingObjects 318
DisplayEquation 831
DisplayFormularBar 317
DisplayFormulas 318
DisplayGridlines 219, 318, 802, 835
DisplayHeadings 219, 318
DisplayHorizontalScrollBar 318
DisplayNoteIndicators 317
DisplayOutline 318, 651
DisplayRSquared 831
DisplaySmartTags 720, 826
DisplayStatusBar 344
DisplayUnit 512
DisplayUnitCustom 513
DisplayUnitLabel 512, 794
DisplayVerticalScrollBar 318
DisplayWorkbookTabs 318
DisplayZeros 318
DivID 717
DLL
   anwendungsspezifische DLL 728
   Definition 728
   Einführung 727
   Funktionen deklarieren 729
   Parameterliste 730
Do 131
DoCmd (Access) 736
DocumentProperties 794
DocumentProperty 795
DoEvents 347
Dokument schützen 310
Dokumenteigenschaften 794
Dokumentenverwaltung 74
Dokumentenvorschau 473
Doppelklick 156
Double 104
DownBars 795
DownLoadComponents 319
Drag&Drop 792
Drehfeld 408
   Beispiele 428
Drehwinkel 198
Drill-Down 661

Drilled 830
Drive 263, 266, 795
DriveExists 269
Drives 263, 796
DriveType 263
DropDownLines 454
Dropdown-Liste 393
DropDownWidth 454
DropLines 796
Drucken
   Druckbereich 319
   Ereignis 155
   Optionen 316
   Tabellen 476
Druckereinstellung 319
DTD-Datei 691
Duplicate 514
Dynamic Data Exchange 761
Dynamic Link Libraries siehe DLL 727
dynamische Felder 108

E
Each 130
Edit (DAO) 623
Editor 91
Eigene Datentypen 106
Eigene Tabellenfunktionen definieren 296
Eigenschaften 27, 136
   Defaulteigenschaften 137
   des Dokuments 794
   Projekt 90
   Syntaxzusammenfassung 149
   Unterscheidung zu Methoden 138
Eigenschaftsprozeduren 169
Eingabeabsicherung 46
Eingabeerleichterung 34
Einzelschrittmodus 359
Elevation 782
ElseIf 126
E-Mail 710
EmbedSmartTags 720, 826
Empty 105
EnableAutoFilter 318
EnableAutoRecover 318
EnableCancelKey 346, 367
Enabled-Beispiel 406
EnableEvents 154
EnableOutlining 318
EnablePivotTable 318

Encoding 319
End 206
EndArrowheadLength 805
EndArrowheadStyle 805
EndArrowheadWidth 805
EndConnectXxx 789
EntireColumn 194
EntireRow 194
Entwicklungsumgebung 84
   Optionen 89
   VBE 73
EnvelopeVisible 712
Environ 265, 732
EOF 273
   Beispiel 612
   Recordset 622
Eqv 182
Erase 109
Ereignis 27, 150
   externe Objekte 160
Ereignisprozeduren 151
   Beispiel 454
   per Programmcode erzeugen 161
   Steuerelemente 383
Err 366
ErrObject 796
Error 366
   ADO 796
   Excel 2002 796
ErrorBars 513, 797
ErrorCheckingOptions 797
ErrorMessage 832
Ersetzen (*Replace*-Methode) 203
Euro 237, 327
Euroconvert 327
   Probleme 329
Eurotool.xla 327
Evaluate 191
Even 232
Event 170
Excel 777
   Application 777
   individuell konfigurieren 315
   Konfigurationsdateien 320
   neue Bibliotheken 74
Excel.xlb 322, 439
Excel4IntlMacroSheets 220
Excel4MacroSheets 220
Excel9.olb 142

Excel-Bibliothek 142
ExclusiveAccess 71
Execute 719, 826
ExecuteExcel4Macro 351
Exit Do 131
Exit For 130
Exit Function 113
Exit Sub 113
Export 516
   Textformat 286
Export nach Access 608
Extend 823
Externe Datenquelle 819

F
Fakultät 120
False 127
Farben 785
Farbpalette 318, 535
Farbübergänge 799
Fehler
   Absicherung 362
   Behandlungsroutine 364
   ErrObject 796
   Suche 356
   Unterbrechung 96, 346, 367
Fehlerindikatoren in Diagrammen 508
Fehlerüberprüfung (*ErrorCheckingOptions*) 797
Feiertage 253
Felder 107
   an Prozeduren übergeben 115
   Anzahl der Dimensionen ermitteln 115
   Datenfelder 109
   dimensionieren 107
   dynamische 108
   in Tabellen übertragen 349
   Indexbereich ermitteln 109
   laden / speichern 276
   löschen 109
   umdimensionieren 108
Fenster
   alle Fenster in Icons verwandeln 222
   alle schließen 152
   Anordnung schützen 310
   Ausschnitte 219
   ein- und ausblenden 219
   Ereignisse 157
   Gitterlinien 219

Größe 219
Kopfzeilen 219
Optionen 316
Position 219
Syntaxzusammenfassung 225
teilen 222
Titel 219
Umgang mit 218
Windows 218
Zustand 219
Fensterausschnitt siehe *Pane* 811
Field 797, 798
File 267
   FSO 798
File System Objects 261
FileCopy 295
FileDateTime 295
FileDialog 278, 798
FileDialogFilter 798
FileDialogFilters 798
FileDialogSelectedItems 799
FileExists 269
FileLen 295
Filename (PublishObject) 818
Files 266, 267
   FSO 799, 800
FileSystemObject 262, 799
Fill 534
FillAcrossSheets 825
FillFormat 799
Filter 236, 559, 799
   in Datenbanken 553
Filterkriterien 555
   in MS-Query 601
FilterMode 318
Filters 559, 800
Find 203, 558, 622
FindControl-Beispiel 455
FindFormat 203, 781
FindNext 558
FindPrevious 558
FirstPageNumber 319
Fix 232
Floor 232, 800
Fm20.dll 142
Fokusprobleme 420
Folder 266, 800
FolderExists 269
Font 198, 390, 800, 808, 828

FooterMargin 319
For 129
For Each 130
ForAppending 269
ForeColor 390, 535
Formala 204
Format 240
FormatCondition 71, 476, 801
FormatCurrency 240
FormatDateTime 240, 249
Formatierung
   bedingte 475, 801
   suchen und ersetzen 203
FormatNumber 240
FormatPercent 240
Formatvorlage 28, 199, 828
Formelfeld 410
Formeln eintragen 527
Formula 198, 781
   Beispiel 332, 333
   PivotField 675, 780
Formula1/2 801, 832
FormulaHidden 309
FormulaLabel 72
FormulaR1C1 198, 204, 527
FormulaR1C1Local 204
Formulare
   ausdrucken 476
   intelligente 469
   siehe Dialoge 378
ForReading 269
Forward 831
ForWriting 269
Fragebogen 630
Frame 402, 801
FreeFile 272
FreeFormBuilder 801
FreeSpace 263
FreezePanes 219, 318, 812
Freigabe 71
Freigegebene Arbeitsmappen 313
Freihandformen 801
FROM (SQL) 626
FSO 261
Führungslinien 804
FullName
   AddIn 775
   Workbook 218
Function 112

PivotField 674
Funktionen
  aufrufen (*Run*-Methode) 119
  Kategorien 297, 298
  Rückgabewert 114
  selbst definieren 47
  siehe auch Prozeduren 112
  Tabellenfunktionen 231
Fußzeile 319
  Bild 813

G
Ganze Zahlen 105
Gauß-Algorithmus 253
Geburtsmonat 547
Gemeinsame Nutzung (*Workbook*) 71
Geschäftsdiagramme 536
Geschwindigkeitsoptimierung 212, 342
Gestaltung eigenständiger Programme 459
Get 275
GetAbsolutePath 268
GetAttr 295
GetBaseName 268
GetDriveName 268
GetFileName 268
GetFolder 266
GetFormat 744
GetObject 734
  Beispiel 736
  VB.NET 754
GetOpenFilename 217, 221, 277
GetParentFolderName 268
GetSaveAsFilename 218, 221, 277
GetTempName 266
GetText 744
GetWindowsDirectory 731
GIF (Diagramm-Export) 516
Gitternetzlinien 505
Gliederung 675, 810
GoalSeek 213
GoTo 193, 363
GradientDegree 799
GradientStyle 799
GridlineColor 318, 802
GridlineColorIndex 318
Gridlines 512, 802
Group 675, 824
GROUP BY (SQL) 626, 641
GroupItems 534

GroupShapes 802
Grundsätzlich neuberechnen 302
Gruppenfeld 402
Gruppierung
  Listen 648
  Pivottabellen 675
  Zeichnungsobjekten 802
Gültigkeitskontrolle 472
Gültigkeitsregeln 46

H
Haltepunkte 360
HasBorderOutline 792
HasDataLabels 791
HasDataTable 792
HasDisplayUnitLabel 512
HasDropLines 796
HasErrorBars 797
HasFormula 198
HasHiLoLines 802
HasLeaderLines 804
HasLegend 804
HasMajorGridlines 802
HasMinorGridlines 802
HasShape 538
HasTitle 779, 784
HasUpDownBars 795
Häufigkeitsverteilung 566
HeaderMargin 319
Height 419
  Dialog 427
  PlotArea 512
  Window 219
Hello-World-Beispielprogramm 92
Herkömmliche Makrokommandos 350
Hidden 307
HiddenFields 674
Hide 383
Hierarchie von Objekten 510, 766
HighlightChangesOnScreen 71
HighlightChangesOptions 71
HiLoLines 802
Hintergrundberechnungen 347
Hintergrundeffekt 799
Hochformat 319
HorizontalAlignment 198, 828, 829
Hour 247
HPageBreak 802
HPageBreaks 803, 811

HTML 722
HTML-Export 714
HTML-Import 713
HTML-Optionen 316
HtmlType 716, 818
HTTP 722
HyperLink 72, 803
HyperLinks 803

I
ID-Nummer 760
Id-Nummern (*CommandBar*) 448
If 126
Image 409, 803
Imp 182
Implements 171, 174
Import
    Datenbanken 592
    HTML-Datei 713
    SoundNote 827
    Textdateien 278
    Web-Import 713
    XML-Daten 701
ImportOption 698
IndentLevel 73, 199
Index-Aufzählobjekte 774
Index (Datenbanken) 542
Individuelle Konfiguration 315
Initialize 171, 413
Inkompatibilitäten 76
INNER JOIN (SQL) 626
Input 273
InputBox 375, 376, 583
InputMessage 832
Insert 197
INSERT INTO 628
InsertLines 163
InsideHeight 402, 512
InsideWidth 402, 512
Installed 775
Instancing 171
InStr 235, 582
InstrRev 236
Int 232
Integer 104
    Probleme 105
Integrated Security 615
Intelligente Formulare 469
    Einführungsbeispiel 42

Grenzen 497
Intellisense 92
Interactive 346
Interaktive HTML-Seiten 714
Interior 803
Internet 710
Intersect 195
    Beispiel 338, 397
Is 148, 181
    Probleme 682
IsAddin 706
IsCalculated 675, 780
IsDate 105
IsEmpty 105
    Beispiel 494
IsError 105
IsMissing 117
IsNull 105
IsNumeric 105, 241
    Beispiel 306
IsObject 105
IsRootFolder 266
Italic 800
Item 137

J
JAHR 250
Jahr 2000 243
Jahreskalender erzeugen 257
JETZT 249
Join 236

K
Kalender erzeugen 257
Kanalnummer ermitteln 272
Kaskade von Dialogen 425
KeepChangesHistory 71
Kette von Dialogen 425
KeyDown 392
KeyPress 392
KeyUp 392
Kill 295
Klassen 180
Klassenmodul 746
    Beispiel 161
    Defaultobjekt 152
Kombinationslistenfeld 393, 786
Kommentare 37, 94, 197, 788
Kompilierung, bedingte 91

Konfiguration 315
  Konfigurationsdateien 320
  Optionen 316
Konsolidierung von Tabellen 527, 567
Konstanten 107
Kontextmenüs
  ändern 450
  eigene 451
Kontrollausgaben 359
Kontrollkästchen 399
Konvertierung
  Adressen, absolut/relativ 196
  Euro 327
Koordinatenachsen 505, 778
Kopfzeile 319
  Bild 813
Kreisfläche 48
Kreuztabellen siehe Pivottabellen 651
Kurzschreibweise
  Defaultobjekte 774
  Evaluate 191
  für benannte Bereiche 196
  für Zellbezüge 191
  Item 137

L
Label 804
  Bezeichnungsfeld 389
  Sprungmarke 363
LabelRange 674
LargeChange 408
late binding 753
Laufwerke 263
Laufzeitfehler 362
LBound 109, 115
LCase 235
LeaderLines 804
Lebensdauer von Variablen 123
Left 234, 419
  Range 378
  Window 219
LeftFooter 319, 811
LeftFooterPicture 813
LeftHeader 319, 811
LeftHeaderPicture 813
LeftMargin 319
LeftPane 780
Legend 804
Legende 506

LegendEntries 804
LegendEntry 805
LegendKey 805
Len 235
Lib 729
LibraryPath 276
Like 127, 181, 238
  Beispiel 430
Line 535
  Shape 534
  TextStream 269
Line Input 273
LineFormat 805
LineStyle 780
Linien (AutoForm) 805
LinkedCell 572, 789
  Beispiel 634
LinkedControl 421
LinkFormat 805
LinkSource 795
LinkToContent 795
List 394
ListBox 806
  in Tabellenblättern 421
ListChangesOnNewSheet 71
ListColumn 689, 806, 807
ListColumns 806, 807
ListCount 394
ListDataFormat 806
Listen 688
Listenfeld 393, 572, 806
Listenfelder
  in Symbolleisten 445
  in Tabelle, Beispiel 493, 579
  in Tabellenblättern 421, 634
ListFillRange 421, 789
  Beispiel 579, 634
ListHeaderRows 557
ListIndex 394, 395
ListObject 688
ListRow 689, 807
ListStyle 394, 421
Literaturdatenbank 36
LoadPicture 409, 828
Loc 273
Location 671
LocationOfComponents 319
Locked 309
LockType 618

LOF 273
Logische Bedingungen 127
Long 104
  Probleme 105
Loop 131

M
MacroOptions 298
Mailer 711, 807
MailSystem 711
MajorTickMark 779
MajorUnit 779, 830
Makro 23
  absolute/relative Aufzeichnung 98
  aufrufen 95
  aufzeichnen 30, 97
  ausführen 31
  Funktionskategorie 297
  herkömmliche Makrosprache 350
  Optionen 95, 297
  relativ aufzeichnen 34
  Sicherheit 184
  Verzeichnis 320
  Vorlagen 350
  Virusschutz 184
Makroarbeitsmappe 98
Map 839
MAPI 711
MarginBottom 829
MarginLeft 829
MarginRight 829
MarginTop 829
MarkerBackgroundColor 805, 817
MarkerForegroundColor 805, 817
MarkerStyle 805, 817
Mathematica 287
Matrixfunktionen 301, 302
Matrizen als Parameter 117
Mausereignisse 156
  Mausklick 157
Max (ScrollBar) 408
MaximumScale 779
MaxMinVal 213
Me 140, 170
Mehrblättrige Dialoge 403, 808
Mehrdimensionale Daten(banken) 663
Mehrfarbige Zahlenformate 475
Mehrzeilige Anweisungen 94
Meldung anzeigen 375

MemoryUsed 678, 813
Menüleisten 786
  Menüverwaltungsbeispiel 577
  siehe Symbolleisten 434
Merge 829
Message 821
Methoden 27, 136
  Aufzählmethoden 136
  Syntaxzusammenfassung 149
  Unterscheidung zu Eigenschaften 138
MicrosoftOffice-Bibliothek 794
Mid 234
  Beispiel 582
Min (ScrollBar) 408
MinimumScale 779
MinorTickMark 779
MinorUnit 779
Minute 247
MINUTE 250
Mitarbeiterdatenbank 546
MkDir 295
Mod 181, 233
Mode (Connection) 614
Modf 233
Modulblätter 91
Moduleigenschaft 169
MONAT 250
Monat mit Drehfeld einstellen 428
Monatsprotokoll 525
Month 247
MonthName 249
Move
  File/Folder 268
  Section 822
MoveAfterReturn 317
MoveFile 268
MoveFirst 621
MoveFolder 268
MoveLast 621
MoveNext 621
  Beispiel 612
MovePrevious 621
Msado15.dll 142
Msado21.tlb 143
MSDASQL 616
MSDE 615
MS-Forms
  Bibliothek 378
  Steuerelemente 388

MsgBox 375
Mso.dll 143
Mso9.dll 142
MS-Query 592
   Abfragen 604
   Datenquelle definieren 592
   dynamischer Pfad 605
   Filterkriterien 601
   OLAP 663
   QueryTable 818
   Rechenfunktionen 599
   Relationen 599
   Sortierkriterien 601
   SQL 601
Multidimensionale Daten(banken) 663
MultiPage 403, 808
MultiRow 404
MultiSelect 395
Multitasking 347
MultiUserEditing 71
Mustervergleich 238
Mustervorlagen 324, 469, 471
   Grenzen 497
   mit Datenbankanbindung 478

N
Nachkommaanteil ermitteln 233
Name 218, 808
   AddIn 775
   Folder 266
   für Datenbankbereich 559
   MS-Query-Parameter 604
   Objekt 196
   RecentFile 820
   VBE versus Excel 162
   Virengefahr 188
   von Zellbereichen 485
Name As 295
Namensraum (XML) 692
Names 196, 808
   Beispiel 561
   Zuordnungsprobleme 196
Neuberechnung 157, 343
   bei eigenen Tabellenfunktionen 302
   grundsätzlich neuberechnen 302
New 147
NewFont 808
NewWindow 218, 835
NewWorkbook 161

Next 129, 364
Nodes 534
Not 127
NoteText 197
Nothing 148
   Beispiel 736
Notizen 37, 197, 788
Now 247
Null 105
   Vergleich mit 105
NullString 731
NumberFormat 199
NumberFormatLinked 830
NumberFormatLocal 199
   Beispiel 334

O
Oberflächengestaltung 459
Object 419, 748
   OLE 735
Objekte 27
   Aufzählobjekte 137
   Bibliothek 141
   Defaultobjekte 137
   Katalog 141
   Klasse 734
   Objektvariablen 146
   Syntaxzusammenfassung 149
   Typ 146, 148
   Umgang mit Objekten 135
   Unterscheidung zu Methoden und
      Eigenschaften 138
   Vergleich mit *Is* 148
   With 145
   Zugriff auf aktive Objekte 140
Objekthierarchie 766
   Diagramme 510
Objektvariablen 146
   löschen 148
ODBC 592
   ADO 616
   Fehler 808
ODBCError 808
ODBCErrors 809
Odd 232
ODER 474
Öffentliche Variablen 122
Office-Bibliothek 74
Office-Binder-Bibliothek 74, 779

Offset 192, 194
OffsetX/Y 823
OK-Button 382
OLAP 663
OLAP-Cubes 663
OLE 747
   ActiveX-Automation 748
   neue Objekte einfügen 750
   Objekte bearbeiten 747
OLE DB 592
OLEDBError 809
OLE-Drop 792
OLE-Feld (Visual Basic) 741
OLEFormat 419, 809
OLEObject 747, 809
   LinkFormat 805
OLEObjects 747, 810
OLEType 420, 747
On Error-Beispiel 162
On Error GoTo 363
On Error Resume Next 363
OnAction 157
   CommandBarButton 444
OnCalculate 166
OnEntry 166
OnEventXxx 152
OnKey 157
   Beispiel 224
Online-Hilfe 352
OnRepeat 158
OnSave 166
OnSheetActivate 166
OnSheetDeactivate 166
OnTime 158
OnUndo 158
Open 217, 272
   Connection 611
   Ereignis 155
   RecentFile 820
   Recordset 611
   Workbooks 836
OpenAsTextStream 269
OpenCurrentDatabase 736
OpenReport (Access) 736
OpenText 281
OpenTextFile 269
OpenXml 697
Operator 799, 801
Operatoren 181

Optimale Konfiguration 316
Option Base 108
Option Compare Text 182, 237
Option Explicit 103, 356
Option Private Module 122, 124
Optional 117
Optionale Parameter 117
OptionButton 399, 810
Optionen 316
   Diagramme 506
   Drucken 316
   Entwicklungsumgebung 89
   Fenster 316
   Makros 95
   Speichern 316
Optionsfelder 399
Or 127, 182
Order 831
ORDER BY (SQL) 626
Ordnung einer polynomischen Trendlinie 831
Organigramm 536
OrganizeInFolder 319
Orientation 73, 198, 319, 674
   Fehler bei Formelfeldern 675
   PageSetup 811
OriginalValue 623
Ostern 253
Outline 810
OutlineLevel 651

P
Page 404, 810
PageFields 674
PageRange 673
Pages 404, 811
PageSetup 318, 811
Pane 811
Panes 219, 812
PaperSize 319
Papiergröße 319
ParamArray 118
   Beispiel 300, 306
Parameter
   ADO 812
   benannte 119
   DLL 730
   Excel 812
   Prozeduren 114

Parent 774
ParentFolder 266
Passwortschutz für Zellbereich 312
Paste
  Diagramme 514
  Excel 742
  OLE 751
  Worksheet 227
PasteFace 444
PasteSpecial 228
  Beispiel 488, 528, 638
  Daten verknüpfen 229
Path 218
  ActiveWorkbook 276
  AddIn 775
  Application 276, 777
  Folder 266
  RecentFile 820
Pattern 803
PatternColor 803
PatternColorIndex 803
Period 831
Periodischer Aufruf von Prozeduren 159
PersonalViewListSettings 71
PersonalViewPrintSettings 71
Personl.xls 98, 323
Persönliche Makroarbeitsmappe 98, 323
Perspective 782
Pfeile (AutoForm) 805
Phonetics 813
Pi 107
PIA (*Primary Interop Assembly*) 752, 757
Picture 390, 409, 813, 828
PictureAlignment 409
PictureFormat 813
PicturePosition 390
Pictures 751, 813
PictureSizeMode 409
PictureTiling 409
PivotCache 678, 813
PivotCaches 814
PivotCell 814
PivotCellType 814
Pivotdiagramme 667, 815
  mit Tabelle verbinden 684
  per Code erzeugen 670
Pivotelemente 676
Pivotfelder 674
PivotField 814

PivotFields 814
PivotFormula 815
PivotFormulas 815
PivotItem 676, 815
PivotItemList 815
PivotItems 815
PivotLayout 815
Pivottabellen 651
  Beispiel 652
  berechnete Felder 675
  erzeugen per Code 668
  Gruppierung 675
  Layout 656
  löschen per Code 671
  Makroaufzeichnung 672
  Objekthierarchie 769
  Programmierung 668
  Syntaxzusammenfasung 685
PivotTable 816
PivotTables 816
PivotTableWizard 670
Placement 419, 533
Play 827
PlotArea 512, 816
PlotOrder 822
Point 512, 817
Points 817
Polymorphismus 171, 444
Popup-Menüs 451
Position 442
Precedents 195
Prefix 838
Preserve 108
Primary Interop Assembly (PIA) 752, 757
Print 92, 96
Print # 273
PrintArea 319, 811
PrintObject 478, 789
PrintOut 516, 784, 811
  Diagramme, Beispiel 522
  Sammelmappen 780
  Section 822
  Tabelle 487, 496
PrintSettings 791
PrintTitleColumns 319, 811
PrintTitleRows 319, 811
Private 124
Private Prozeduren 124
Programm

aktivieren 760
Anweisungen überspringen 360
Einzelschrittmodus 359
Fehler 364, 365
starten 760
steuern 761
Unterbrechung 346, 367
Programmcode ein-/ausrücken 93
Programmiertechniken 190
Programmierumgebung 91
Projekteigenschaften 90
Projektfenster 86
Prompt 615
PromptForSummaryInformation 317
Properties 163
  ADO 614
Property Get/Let/Set 169
Protect 309, 311, 318
ProtectContents 310
ProtectDrawingObjects 310
Protection 311, 314, 453, 818
ProtectScenarios 310
ProtectSharing 313
ProtectStructure 311
ProtectWindows 311
Protokolle 517
Provider 611
Prozedur 112
  aufrufen 119
  aus anderen Arbeitsmappen 125
  benannte Paramter 119
  definieren 93
  erlaubte Namen 113
  Felder als Parameter 115
  Gültigkeitsbereich 121
  logische Bedingungen 127
  Matrizen als Parameter 117
  Namenstabelle aufräumen 125
  optionale Parameter 117
  Parameterliste 114
  periodisch aufrufen 159
  variable Parameteranzahl 118
  vorzeitig verlassen 113
Prozedurale Programmierung 112
  Syntaxzusammenfassung 132
Prozedurliste 358
Public
  Beispiel 575
  Prozeduren 124

Type 107
Variablen 122
Publish 717, 818
PublishObject 818
PublishObject[s] 716
PublishObjects 818
Put 275

Q
Querformat 319
Query siehe MS-Query 592
QueryClose 414
QueryTable 605, 818
  Datenbankimport 604
  HTML-Import 713
  Parameter 812
  Textimport 281, 284
QueryTables 819
QueryType
  PivotCache 678
  QueryTable 605

R
Radialdiagramm 536
Rahmen 210
  alle löschen 211
  siehe *Border* 780
Rahmenfeld 402
RaiseEvent 170
Randomize 233
Range 190, 819
  FormulaLabel 72
  neu in Excel 97 73
  Objekthierarchie 768
  Shape 825
  Validitätskontrolle 832
RangeSelection 192
Read 269
ReadAll 269
ReadLine 269
ReadWrite.bat 841
Ready 346
RecentFile 820
RecentFiles 820
Rechenfunktionen in MS-Query 599
Rechnen mit Datum und Zeit 250
Rechnungsformular 482
Rechtschreibkorrektur 778
Recipients 821

Recognize 720
Record 827
RecordCount 622
    PivotCache 678
Recordset 617, 820
    Beispiel 611
    in Tabellenblatt kopieren 625
    Navigation 621
    QueryTable 818
    Typen 618
    verändern 623
Recover-Funktion 778
Redim 108
Redundanz 586
RefEdit 410, 820
Reference 821
ReferenceStyle 204
RefersTo 808
Refresh 818
    QueryTable 284
    XmlDataBinding 701
    XmlMap 697
RefreshTable 816
Regedit.exe 734
ReGroup 824
Reiter eines Tabellenblatts 829
RejectAllChanges 71
Rekursion 120
Relationale Datenbanken 586
    Grundlagen 586
    MS-Query 599
Relationen 588
Relative Adressen 196
Relative Makroaufzeichnung 34
RelyOnCSS 319
RelyOnVML 319
Remove 172
RemoveControl 403
RemoveItem (*CommandBarComboBox*) 445
RemoveSubtotal 650
Repeating 699, 839
Replace 203, 236
    Beispiel 640
ReplaceFormat 203, 781
ReplacementList 778
ReplaceText 778
Report (Access) 736
Reset 272
Resize 194, 689

Resume 364
RGB 535, 785
RGP 301
Right 234
RightFooter 319, 811
RightFooterPicture 813
RightHeader 319, 811
RightHeaderPicture 813
RightMargin 319
RmDir 295
Rnd 233
RootElementName 698
RootElementNamespace 698
Rotation 782
Round 232
RoundDown 232
RoundUp 232
Route 821
RoutingSlip 821
Row 194
    Beispiel 583
RowColSettings 791
RowDifferences 195
RowFields 674
RowGrand 673
RowHeight 199
RowRange 673, 816
Rows 194
RowSource 389, 396
Rückgabeparameter 114
Rückgängig-Kommando 158
Run 119, 350
Runden von Zahlen 232
Rundungsfehler 129

S
Sammelmappen 74
    Abschnitt 822
    siehe *Binder* 779
Save 217
    Workbook 836
SaveAs 217, 286
    Beispiel 487
    gemeinsame Nutzung 71
    Section 822
    Workbook 836
SaveCopyAs 217
Saved 218
SavePicture 828

ScaleType 779
Scenario 821
Scenarios 821
Schaltjahre 246
Schatten 823
schematische Darstellung 536
SchemeColor 785
Schleifen 129
   Rundungsfehler 129
   Syntaxzusammenfassung 132
Schlüssel 542
Schriftart siehe *Font* 800
Schutz
   Arbeitsmappen 310
   Benutzeroberfläche 309
   Blätter 309
   Blattreihenfolge 310
   Fensteranordnung 310
   Mechanismen 307
   Passwort für Zellbereich 312
   Symbolleisten 314
   Szenarios 309
   Tabellenblatt 309, 418
   Zeichnungsobjekte 309
   Zellen 309, 472
   Zellen, Beispiel 484
ScreenUpdating 342
Scripting Runtime Bibliothek 261
ScrollArea 308
ScrollBar 408, 821
ScrollBars (Rahmenfeld) 402
ScrollColumn 219, 811, 835
ScrollHeight 402
ScrollRow 219, 811, 835
ScrollWidth 402
Scrrun.dll 142, 261
Second 247
Section 822
Sections 822
Seek 273
Seiteneinrichtung siehe *PageSetup* 811
Seiteneinstellung 319
Seitenvorschau 496
Seitenwände 834
SEKUNDE 250
Select 193
   Blatt 220
   Diagramme 514
   OLE 748

SELECT (SQL) 626
Select Case 128
SELECT INTO 628
SelectAll 825
SelectedSheets 220
Selection 191
   Probleme 77
SelectionChange 156
SendKeys 41, 761
SendMail 710
Sequentielle Dateien 273
Serienbriefe 560
Series 512, 822
SeriesCollection 823
SeriesLines 823
Set 146
SetAttr 295
SetBackgroundPicture 318
SetFocus 386
SetSourceData 670, 684
SetText (ClipBoard) 744
SetValue 701, 839
Sgn 233
Shadow 534
ShadowFormat 823
Shape 72, 419, 823
   Freihandformen 801
   Hintergrundeffekt 799
   Steuerelemente 789
   Überblick 532
   Verbindungen 789
ShapeNode 824
ShapeNodes 824
ShapeRange 824
Shapes 825
ShareName 263
Sheet_Activate 155
Sheet_Deactivate 155
SheetBeforeDoubleClick 156
SheetCalculate 157
SheetChange 156
Sheets 220, 825
SheetsInNewWorkbook 317
Shell 760
ShortName 266
ShortPath 266
Show 372
   FileDialog 278
ShowDataForm 559

Beispiel 580
   Zellbereich Datenbank 42
ShowDetail 815
ShowLegendKey 792
ShowLevels 650
ShowPages 816
ShowPopup 451
ShowTotals 689
Sicherheit 64, 184
Sicherheitskopien 778
Signum-Funktion 233
Single 104
Size 800
   File / Folder 267
Skip 269
SkipLine 269
SmallChange 408
Smart Tags 717
SmartTag 825
SmartTagActions 719, 826
SmartTagOptions 826
SmartTagRecognizer[s] 826
SmartTagRecognizers 720
SmartTags 719, 827
Smooth 822
SOAP (*Simple Object Access Protocol*) 722
Soap Type Library 721
Solver-Add-In 213
SolverOk 213
SolverOptions 213
SolverSolve 213
Sort 559
   Beispiel 649
Sorted 394
Sortieren
   Datenbanken 550
   MS-Query 601
   Vergleich von Zeichenketten 236
SoundNote 827
SourceData 816
SourceType 716
Space 235
Spalten 194
   ausblenden 308
Spannweitenlinien siehe *HiLoLines* 802
SpecialCells 195
   Beispiel 561
SpecialEffect 390
Speech 827

Speicheroptionen 316
Speicherplatz sparen 546
SpellingOptions 827
Spezialfilter 555
Spezialschrift-Beispiel 210
SpinButton 408, 828
Split 219, 235, 318, 812
SplitColumn 219, 318
SplitRow 219, 318
Sprachausgabe 827
Sprungmarke 363
Sql 818
   QueryTable 604
SQL 601
   Beispiele 626
   Grundlagen 625
   Parameter 812
   Syntax 626
   Syntaxzusammenfassung 629
SQL Server 615
sql2string.exe 672
SQLOLEDB 615
Staff.doc 561
Standarddialoge 372
StandardFont 318
StandardFontSize 318
Standardmenü deaktivieren 452
Standardmenü verändern 460
StartupPath 276
StartupPosition 412
   Beispiel 426
Startverzeichnis
   Xlstart 323
Static 123
Statische Variablen 123
Statistikfunktionen 234
StatusBar 344
Statuszeile 343, 344
STDEV (SQL) 641
StdFont 828
StdOle2.tlb 142
StdPicture 828
Step 129
Steuerelemente 381
   Aktivierreihenfolge 385
   direkt im Tabellenblatt 415
   Eigenschaften 382
   Ereignisprozeduren 383
   in Tabellen 483

neu erstellen 388
Typen 388
Zugriffstaste 385
Steuerung fremder Programme 761
Str 240
StrComp 236
Strg+Untbr 346, 367
String 104, 234, 235
StrReverse 236
STUNDE 250
Style 199, 828
   CommandBarButton 444
   Listenfeld 634
Styles 318
Styles 199, 829
Sub 112
SubFolders 266
Subject 821
Submenüs 445
Subscript 800
Subtotal 649
Subtotals 674, 675
SubType 510, 783
Suchen (*Find*-Methode) 203, 552, 558
   Kritierien 553
Sum 231
SummaryColumn 650
SummaryRow 650
SUMME 231
Superscript 800
Supports 620
Symbol
  gestalten 33
  neu definieren 31
Symbolleisten 434, 786
  anfügen 439
  Auswahlhäkchen 449
  eigenes Standardmenü 452
  interaktiv bearbeiten 434
  kopieren 460
  löschen 440
  Objekthierarchie 441
  schützen 314
  speichern 439
  Syntaxzusammenfassung 457
  weitergeben 34
Syntaxfehler 92
Syntaxüberprüfung 89
Syntaxzusammenfassung

ADO 629
Arbeitsmappen 225
Blätter 225
Dateien 292, 295
Datenbanken 563
Datum und Zeit 259
Diagramme 531
DLL 732
Fenster 225
Klassen 180
Objekte, Methoden, Eigenschaften 149
Operatoren 183
Pivottabellen 685
prozedurale Programmierung 132
SQL 629
Variablenverwaltung 111
Zahlen und Zeichenketten 241
Zellbereiche 214
Szenarios schützen 309

T
Tab 829
Tabellen
   Ereignis bei Eingabe 156
   Ereignis bei Neuberechnung 157
   platzsparend speichern 546
   sichtbaren Bereich verkleinern 308
Tabellenblatt
   effizienter Umgang 347
   Inhalte aus Datenfeldern kopieren 350
   Inhalte aus Feldern kopieren 349
   Reiter 829
   schützen 418
   siehe auch *Worksheet* 836
   Werte rasch eintragen 348
Tabellenfunktionen 231
   eigene 47, 296
TabIndex 386
TableRange1/2 673
TabOrientation 404
TabRatio 319
TabStop 386
TabStrip 403
Tabulatorweite 94
Tag 389
   Beispiel 454
TAG 250
Tage360 247
TAGE360 250

Tagesdatum 247
Tagesprotokoll 522
TakeFocusOnClick 401, 420
Tastaturfokusprobleme 420
Tasteneingabe 157
Tastenkürzel 36
   in Visual Basic 99
Teilergebnisse 648
TemplatesPath 276
Temporäre Dateien 265
Temporäres Verzeichnis 265
Terminate 171, 413
Testfenster 96, 792
Text 198, 237
   CommandBarComboBox 445
   DiagramNode 538
   in AutoForm 829
TextAlign 389
Textassistent 279
Textausrichtung (Winkel) 198
TextBox 390, 829
TextColumn 396
Textdateien
   Open 273
   TextStream 269
Textdateien importieren 278
TextEffect 534
TextEffectFormat 829
Textexport 286
Textfeld mit Bildlaufleiste synchronisieren 423
TextFilePromptOnRefresh 285
TextFrame 829
Textimport
   OpenText 281
   QueryTable 284
TextShape 538
TextStream 269, 830
TextureName 799
TextureType 799
ThisWorkbook 217
ThreeD 534
ThreeDFormat 830
TickLabelPosition 830
TickLabels 830
TickLabelSpacing 830
TickMarkSpacing 830
Time 247
Timer 247

TimeSerial 247
TimeValue 247
Tipps und Tricks 342
Title 775
ToggleButton 401, 830
TooltipText 445
   Beispiel 454
   CommandBarButton 444
Top 419
   Range 378
   Window 219
TopLeftCell 533
TopMargin 319
Top-Ten-Autofilter 553
TotalsCalculation 689
TotalSize 263
TransitionEffect 404
TransitionPeriod 404
TreeviewControl 830
Trendline 513, 831
Trendlines 831
Trendlinien 505, 506
   Ordnung 831
TripleState 400
True 127
Trusted Connection 616
TwoInitialCapitals 778
Type 106
   Chart 510
   ChartGroup 783
   File 267
   Folder 266
   Get / *Put* 276
   Section 822
   Shape 533
   Trendline 831
TypeName 148, 353
Typenkonvertierungen 106

U
Überlauf 105
Überwachungsausdruck 360
Überwachungsbereich 97
Überwachungsobjekt 834
UBound 109, 115
UCase 235
UDDI 722
Uhrzeit
   durch Drehfeld einstellen 428

Umgang mit 245
Umfrage 630
Umrandung 210, 780
Umschaltbuttons 401
Umwandlungsfunktionen 239
UND 474
Underline 800
Undo 95
Ungroup 651
Unicode 234
  Dateien 269, 274
Union 195, 207
Unlist 689
Unload 55, 380, 413
Unprotect 309
UnprotectSharing 313
Unterbrechung 346, 367
Untermenüs 445
Unterprogramm
  siehe Prozedur 112
UpBars 831
Update 623
  OLE 748
UPDATE 628
Uri 838
UsableHeight 219
UsedObjects 831
UsedRange 192
UserAccess 312, 832
UserAccessList 312, 832
UserForm 378, 412, 832
UserLibraryPath 276
Users 312

V
Val 239
Validation 72, 832
Validitäsregeln 472
Validitätskontrolle 46, 72
Value
  ListBox 395
  OptionButton/CheckBox 400
  Range 197, 332
Value2 197
Values 821
Variablen 102
  aus anderen Arbeitsmappen 125
  Definition 102
  Gültigkeitsbereich 121
  in Dialogmodulen 383
  Lebensdauer 123
  Namen 103
  Namenstabelle aufräumen 125
  öffentliche 122
  statische 123
  Syntaxzusammenfassung 111
  Typen 103
  Verwaltung 102
Variablendeklaration 89
Variant 105
VarType 105
VB.NET-Automation 751
VBA 23
  Bibliothek 141
  Einführung 26
  Entwicklungsumgebung 84
  herkömmliche Makros 350
  nicht installieren 64
VBComponent 162
VBE 73, 833
VBE-Bibliothek 162
VBIDE 73, 833
  Beispiel 162
VBProject 163, 833
Venn-Diagramm 536
Verb 748
Verbindungen (*Shape*) 789
Verbunddiagramm 503
Vergleich von Zeichenketten 236
Vergleichsoperatoren 181
Verlag.mdb 586
Versetzen von Zellbereichen 227
Version 351, 777
Verteiler 479
VerticalAlignment 198, 828, 829
Verweis
  andere Arbeitsmappen 145
  auf Objekte 146
  Objektbibliotheken 144
Verzeichnisse 261, 266
  aktuelles 264
  Auswahldialog 278
  erzeugen/kopieren/löschen 267
  rekursiv verarbeiten 268
  temporäre 265
  Verzeichnisbaum lesen 268
Verzinsungstabelle 42
Verzweigungen 126

Syntaxzusammenfassung 132
Viren 64, 184, 324
   Add-Ins 187
Virenschutzoptionen 316
Visible 219, 307, 389
   Blatt 221
   Diagrammfenster 514
   Name 196
   Workbook 318
   Worksheet 318
VisibleFields 674
VisibleRange 811
Visual Basic für Applikationen 23, 26
Visual Studio Tools for Office 752
Vlassist.xla 481
Volatile 302
VolumeName 263
Vordefinierte Dialoge 372
Vorlagenassistent 478
Vorläuferprozedur 358
Vorschau 473
Vorzeichen 233
VPageBreak 833
VPageBreaks 811, 834
VSTO 752

W
Währungsformat 202
Walls 834
Warnungen nicht anzeigen 346
Watch 834
Watches 834
Watch-Expression 360
Web Services 720
Web-Import 713
Web-Komponenten 714
Web-Optionen 316
WebOptions 717, 834
WeekDay 247
WeekdayName 249
Weight 780, 805
Wend 132
WENN-Beispiel 45, 473
Werkzeugfenster 386
Werte kopieren 638
Wertparameter 115
WHERE (SQL) 626
While 132
Width 419

Dialog 427
PlotArea 512
Window 219
Window 835
   Ereignisse 157
   Objekthierarchie 767
   Optionen 318
WindowActivate 157
WindowDeactivate 157
WindowResize 157
Windows 218, 835
WindowState 219
Windows-Verzeichnis 265
   mit DLL-Funktion ermitteln 731
Winkel 198
WithEvents 160
Wochentag 247
WOCHENTAG 250
Word-Serienbriefe 560
WordArt 829
WordWrap 389
Workbook 216, 835
   Einstellung von Optionen 318
   Ereignisse 155, 165
   neu in Excel 97 71
   Objekthierarchie 767
   OnSave 166
Workbook_(De)Activate-Beispiel 461
WorkbookAfterXmlExport 703
WorkbookBeforeXmlExport 703
Worksheet 836
   Ereignisse 155, 165
   Objekthierarchie 768
WorksheetFunction 231, 836
Worksheets 220, 837
WrapText 198
Write (*TextStream*) 269
WriteBlankLines 269
WSDL 722
Wurzelverzeichnis 266

X
Xl8galry 503
Xl8galry.xls 320, 326
Xlstart-Verzeichnis 98, 323
Xlusrgal.xls 320, 504, 516
XML 66, 690, 722
   CustomProperties 791
   Ereignisse 703

Microsoft XML Library 721
Schema 691
XmlDatabinding 837
XmlDataQuery 699
XmlImport 697
XmlImportXml 698
XmlMap 698, 837
XmlMapQuery 699
XmlMaps 837
XmlNamespace 838
XmlSchema 838
Xor 182
XPath 693, 698, 839
XSD-Datei 691
XSLT 693

Y
Y2K 243
Year 247

Z
Z1S1-Schreibweise 204
Zahlen
    in Zeichenketten umwandeln 240
    runden 232
    Syntaxzusammenfassung 241
    umwandeln 231
Zahlenformate 199
    für Zeiten in Zellen 253
    mehrfarbige 475
Zeichenketten 234
    ein- und ausgeben 238
    eingeben 375
    Groß-/Kleinbuchstaben 235
    in Zahlen umwandeln 239
    lesen / speichern 275
    Mustervergleich 238
    suchen 235
    Syntaxzusammenfassung 241
    vergleichen 236
Zeichnungsobjekte 72
    schützen 309
    siehe *Shape* 532

Zeilen 194
    ausblenden 308
Zeit
    Beispiel 493
    durch Drehfeld einstellen 428
    Konvertierung von/zu Zeichenketten 248
    rechnen mit 250
    Syntaxzusammenfassung 259
ZEIT 249
Zeitdifferenz
    in Jahren 251, 548
    in Monaten 252
Zeitereignis 158
Zeitformate in Zellen 253
ZEITWERT 249
Zellbereich 819
    Bewegungsradius einschränken 308
    siehe Bereich 190
    Umgang mit 190
Zellbezüge
    RefEdit 820
    Schreibweise 204
Zellen
    Cells 194
    schützen 309, 472
    schützen, Beispiel 484
    Umgang mit 190
    Werte kopieren 638
Zieldiagramm 536
Zielwertsuche 213
Zoom 219, 319
    PageSetup 811
Zufallszahlen 233
    Beispiel 520
Zugriffstaste 385
Zusammengesetzte Bereiche 208
Zusatzsteuerelemente 386
Zwischenablage 227
    ActiveX-Automation 744
    Excel-Probleme 743
Zwischenergebnisse 675
Zyklusdiagramm 536

... aktuelles Fachwissen rund um die Uhr – zum Probelesen, Downloaden oder auch auf Papier.

www.InformIT.de

InformIT.de, Partner von **Addison-Wesley**, ist unsere Antwort auf alle Fragen der IT-Branche.

In Zusammenarbeit mit den Top-Autoren von Addison-Wesley, absoluten Spezialisten ihres Fachgebiets, bieten wir Ihnen ständig hochinteressante, brandaktuelle Informationen und kompetente Lösungen zu nahezu allen IT-Themen.

wenn Sie mehr wissen wollen ...   **www.InformIT.de**

THE SIGN OF EXCELLENCE

Das Excel-VBA Codebook

Monika Weber, Melanie Breden

2. Auflage

Der unentbehrliche Begleiter für jeden Excel-Programmierer!
Sofort einsatzfähige Codebeispiele helfen Ihnen, effizient zu arbeiten und schnell zum gewünschten Ziel zu kommen. Nahezu alle Kategorien der Programmierung und des Umgangs mit Excel werden abgedeckt.

Codebooks

954 Seiten, 1 CD-ROM
€ 59,95 [D] / € 61,70 [A]
ISBN 3-8273-2101-8

www.addison-wesley.de

THE SIGN OF EXCELLENCE

XML in Office 2003

Charles F. Goldfarb, Priscilla Walmsley

Mit Microsofts Office System 2003 gibt es erstmals eine weit verbreitete, einfach zu bedienende Arbeitsumgebung für die Erstellung und den Austausch von XML-Dateien. Die bekannten Autoren zeigen hierzu praktische, für jeden Anwender leicht nachzuvollziehende Beispiele und Einsatzmöglichkeiten.

500 Seiten
€ 49,95 [D] / € 51,40 [A]
ISBN 3-8273-2179-4

www.addison-wesley.de

THE SIGN OF EXCELLENCE

Excel für Controller
Effektiv und pragmatisch Excel nutzen
3., aktualisierte Auflage

Wolfram E. Mewes

Der unentbehrliche Begleiter für die tägliche Arbeit im Controlling, für Excel-Versionen von Excel 97 bis inklusive Excel 2003!
In der 3. Auflage zeigt Ihnen Wolfram E. Mewes auf bewährte Weise, wie Sie als Controller alle Excel-Funktionen effektiver nutzen. Neben den finanzmathematischen Funktionen beschreibt er unter anderem, wie Sie selber Automatisierungsmöglichkeiten in VBA programmieren können. Weitere Schwerpunkte sind die Anbindung von Excel an Datenbanken, die Analyse mit Hilfe von Pivot-Tabellen sowie OLAP.

Business & Computing

520 Seiten, 1 CD-ROM
€ 44,95 [D] / € 46,30 [A]
ISBN 3-8273-2122-0

www.addison-wesley.de

THE SIGN OF EXCELLENCE

Visual Basic .NET
Grundlagen, Programmiertechniken, Windows-Anwendungen

Michael Kofler

Sind Sie professioneller Programmierer? Suchen Sie nach einem soliden Fundament für die VB.NET-Programmierung im bewährten und preisgekrönten Kofler-Schreibstil? Möchten Sie eine tiefgehende Einführung in die wichtigsten .NET-Bibliotheken? Dann ist das das richtige Buch für Sie: Schwerpunkte sind die Neuerungen gegenüber VB6, Variablen- und Objektverwaltung, objektorientierte Programmierung, Umgang mit Dateien, Windows-Programmierung, Windows.Forms sowie Grafik und Drucken (GDI+). Praxisnahe Beispiele veranschaulichen die Entwicklung von .NET-Projekten.

Programmer's Choice

**1076 Seiten, 1 CD-ROM
€ 49,95 [D] / € 51,40 [A]
ISBN 3-8273-1982-X**

www.addison-wesley.de

THE SIGN OF EXCELLENCE

Das VB.NET Codebook

Andreas Barchfeld, Joachim Fuchs

Die besten Techniken für Visual Basic .NET mit einem Griff. Dieses Buch liefert Ihnen zahlreiche Beispiele und Lösungen, die Sie sofort in eigenen Projekten einsetzen können. Alle Codebeispiele sind zudem auf CD vorhanden. Einlegen, Auswählen, Einfügen – fertig.

848 Seiten, 1 CD
€ 59,95 [D]
ISBN 3-8273-2007-0

www.addison-wesley.de

THE SIGN OF EXCELLENCE

Programmierung mit der .NET-Klassenbibliothek

Holger Schwichtenberg, Frank Eller

Licht im Dschungel der .NET-Klassenbibliothek! In diesem Buch finden Sie Objektdiagramme, Beispiele und Hintergrundinfos zu den wichtigsten Klassen z.B. für ADO.NET, XML, Serialisierung, IO, Dienste, Performance-Counter, Registry, Active Directory, WMI, Prozesse, Threading, Reflection, GUI, Kryptographie. Mit Beispielen in VB.NET und C#.

1136 Seiten, 1 CD
€ 59,95 [D]
ISBN 3-8273-2128-X

www.addison-wesley.de

THE SIGN OF EXCELLENCE

Visual Basic 6

Programmiertechniken, Datenbanken, Internet

Michael Kofler

Dieses Buch gibt eine ebenso kompetente wie tiefgehende Beschreibung von Visual Basic. Seit der ersten Auflage zu Version 1 bildet es das Fundament für zehntausende professionelle Visual-Basic-Programmierer. Dank seiner Grundlagenorientierung beschreibt es nicht nur, wie Visual Basic funktioniert, sondern auch warum. Unzählige Beispielprogramme und Programmiertechniken helfen dabei, Visual Basic rasch und effizient einzusetzen. Das Buch macht dabei nicht an den Grenzen Visual Basic's halt, sondern beschreibt auch das Zusammenspiel mit anderen Komponenten (Office, Internet Explorer etc.). Kompakte Syntaxzusammenfassungen ergänzen die Online-Dokumentation Visual Basics und vermitteln den Überblick, der dort fehlt. Die vorliegende Neuauflage wurde vollständig überarbeitet; besondere Berücksichtigung finden die ADO-Datenbankbibliothek, die neuen Zusatzsteuerelemente und HTMLHelp.

Programmer's Choice

1200 Seiten, 1 CD-ROM
€ 49,95 [D] / € 51,40 [A]
ISBN 3-8273-1428-3

www.addison-wesley.de